Thomas Olk, Birger Hartnuß (Hrsg.)
Handbuch Bürgerschaftliches Engagement

Thomas Olk, Birger Hartnuß (Hrsg.)

Handbuch Bürgerschaftliches Engagement

Beltz Juventa · Weinheim und Basel 2011

Bibliografische Information der Deutschen Nationalbibliothek

Die Deutsche Nationalbibliothek verzeichnet diese Publikation in der Deutschen Nationalbibliografie; detaillierte bibliografische Daten sind im Internet über http://dnb.d-nb.de abrufbar.

Das Werk einschließlich aller seiner Teile ist urheberrechtlich geschützt. Jede Verwertung außerhalb der engen Grenzen des Urheberrechtsgesetzes ist ohne Zustimmung des Verlags unzulässig und strafbar. Das gilt insbesondere für Vervielfältigungen, Übersetzungen, Mikroverfilmungen und die Einspeicherung und Verarbeitung in elektronischen Systemen.

© 2011 Beltz Juventa · Weinheim und Basel
www.beltz.de · www.juventa.de
Druck: Beltz Druckpartner GmbH & Co. KG, Hemsbach
Bindung: Beltz Bad Langensalza GmbH, Bad Langensalza
Umschlaggestaltung: Atelier Warminski, Büdingen
Printed in Germany

ISBN 978-3-7799-0795-4

Vorwort

Bürgerschaftliches Engagement hat in den letzten Jahren in Öffentlichkeit, Politik und Wissenschaft eine wachsende Aufmerksamkeit erfahren. Hiermit sind durchaus unterschiedliche und zum Teil sogar widersprüchliche Erwartungen und Hoffnungen verbunden. Während einerseits befürchtet wird, dass das freiwillige und unentgeltliche Engagement der Bürgerinnen und Bürger als Ausfallbürge eines sich zurückziehenden Sozialstaates instrumentalisiert wird, werden hiermit andererseits weitreichende Hoffnungen verknüpft: Durch die Stärkung des bürgerschaftlichen Engagements und der Zivilgesellschaft soll die Demokratie weiterentwickelt, destruktive Folgen von Individualisierung und Pluralisierung kompensiert, der Sozialstaat reformiert und die moderne Arbeitsgesellschaft neu strukturiert werden. In gesellschaftstheoretischen Entwürfen ist von einem neuen Gesellschaftsvertrag zwischen Staat, Markt und Zivilgesellschaft die Rede, soll die Bedeutung von Engagement, Anteilnahme, Solidarität und kooperativem Handeln gegenüber den Handlungslogiken von Markt und Staat gestärkt werden. Trotz – oder gerade wegen – der intensiv geführten Kontroversen und Debatten wird allgemein anerkannt, dass dem bürgerschaftlichen Engagement in der modernen Gesellschaft ein zentraler Stellenwert zukommt. Über Wege und Strategien der Engagementförderung wird daher seit mindestens einem Jahrzehnt auf allen föderalen Ebenen des Staats sowie in allen Bereichen der Gesellschaft – also in Politik und Verwaltung, zivilgesellschaftlichen Organisationen und Wirtschaftsunternehmen – intensiv diskutiert.

Vom Internationalen Jahr der Freiwilligen 2001 und dem Bericht der Enquête-Kommission des Deutschen Bundestages „Zukunft des bürgerschaftlichen Engagements" gingen wichtige Impulse für die Entwicklung einer zivilgesellschaftlichen Reformpolitik aus. Darüber hinaus wurde eine Vielzahl von Empfehlungen zur Verbesserung der Rahmenbedingungen des bürgerschaftlichen Engagements formuliert. Zugleich wurde mit dem vom BMFSFJ initiierten Freiwilligensurvey ein Instrument der Dauerbeobachtung von Entwicklungen im bürgerschaftlichen Engagement installiert. Die Bilanz der letzten Jahre ist durchaus ermutigend, insgesamt aber zwiespältig. Während es einerseits durchaus gelungen ist, auf allen Ebenen des föderalen Staates eine engagementpolitische Agenda zu formulieren und Engagementpolitik als Querschnittsaufgabe zu etablieren, steht andererseits ein entschiedener Einbezug zivilgesellschaftlicher Akteure und Ressourcen in umfassende politische Reformvorhaben (Demokratiepolitik, Gesundheits-, Bildungs- und Pflegepolitik etc.) noch aus. Dennoch: Engagementpolitische Anliegen und Vorhaben werden im politischen Tagesgeschäft verstärkt berücksichtigt und auch im politischen Institutionensystem sind sie inzwischen erstaunlich fest verankert.

Neben der politischen Bedeutungsaufwertung ist auch die zunehmende Thematisierung des bürgerschaftlichen Engagements in Wissenschaft und Forschung hervorzuheben. Die Anzahl von Publikationen und wissenschaftlichen Studien zu diesem Thema nimmt ständig zu und es wird immer schwieriger, sich einen Überblick zu verschaffen. Die Zugänge zum Thema sind unterschiedlich, die Begrifflichkeiten und theoretischen Rahmenkonzepte sind vielfältig und trotz der quantitativen Zunahme von Beiträgen ist ein kumulativer Erkenntnisfortschritt angesichts des fehlenden Konsenses über Terminologien, theoretische Grundlagen und empirische Vorgehensweisen allenfalls in ersten Ansätzen zu erkennen. Bislang mangelt es an einer Systematisierung der unübersichtlichen Debatte und des kaum mehr überschaubaren Erkenntnisstandes. Was sind die Gemeinsamkeiten und Unterschiede von Konzepten wie Ehrenamt, freiwilliges oder bürgerschaftliches Engagement, welche Ausdrucks- und Organisationsformen freiwilligen und unentgeltlichen Engagements finden wir heute vor, welche Akteure und Bereiche spielen in diesem Feld eine Rolle und wie kann das freiwillige und unentgeltliche Engagement der Bürgerinnen und Bürger wirksam gefördert werden? Dies sind einige der Fragen, die aus der Sicht von Praktikern, von in öffentlichen und zivilgesellschaftlichen Organisationen sowie Wirtschaftsunternehmen tätigen Akteuren sowie von politischen Entscheidungsträgern dringend geklärt werden müssen, um sich im Feld orientieren und an einer Stärkung von Bürgerengagement und Zivilgesellschaft mitwirken zu können.

Mit dem vorliegenden Handbuch Bürgerschaftliches Engagement soll diese Lücke geschlossen werden. Es ist das erste Handbuch im deutschsprachigen Raum, das den Versuch unternimmt, das Spektrum bürgerschaftlichen Engagements in einer systematischen Analyse derart aufzubereiten, dass auch Leserinnen und Leser, die nicht zum „inneren Zirkel" des Diskurses um die Zivil- bzw. Bürgergesellschaft gehören, sich rasch einen Überblick über die politische und wissenschaftliche Debatte zum bürgerschaftlichen Engagements sowie Einblicke in einzelne Felder, ihre Grundlagen und Rahmungen, in Strukturen und Methoden der Engagementförderung verschaffen können. Hierfür ist es gelungen, namhafte Autorinnen und Autoren aus Praxis, Wissenschaft und Politik zu versammeln, die die Entwicklungen im Feld des bürgerschaftlichen Engagements, der Engagementförderung und Engagementpolitik der vergangenen Jahre entscheidend mitgeprägt haben. Mit ihren Beiträgen ist nunmehr ein umfangreiches Nachschlagewerk entstanden, das dieses Feld aus unterschiedlichen Perspektiven und wissenschaftlichen Disziplinen heraus erschließt.

Die Herausgeber des Handbuchs selbst haben in verschiedenen Rollen – unter anderem in der Enquête-Kommission „Zukunft des Bürgerschaftlichen Engagements" des Deutschen Bundestages sowie im Bundesnetzwerk Bürgerschaftliches Engagement (BBE) – eng kooperiert und konnten ihre langjährige wissenschaftliche und engagementpolitische Expertise in die Entwicklung dieses Handbuches einbringen.

Das Handbuch bietet eine Klärung zentraler historischer und begrifflicher Grundlagen (→ Kap. 1); es beschreibt systematisch Formen und Felder des bürgerschaftlichen Engagements (→ Kap. 3) sowie seine organisatorischen (→ Kap. 4) und rechtlichen (→ Kap. 2) Rahmungen. Forschungsansätze und empirische Daten zum freiwilligen Engagement (→ Kap. 6) werden ebenso präsentiert wie Methoden und Strategien der Engagementförderung (→ Kap. 5). Die Analyse von Erfahrungen und Anforderungen der Förderung bürgerschaftlichen Engagements durch Politik und öffentliche Verwaltung bildet die Grundlage für die Beschreibung eines sich derzeit konstituierenden Politikfeldes „Engagementpolitik" (→ Kap. 7).

Das Handbuch richtet sich als Kompendium an ein breites Spektrum von Leserinnen und Lesern: an die unmittelbar engagierten Bürgerinnen und Bürger, an die für dieses Thema Verantwortlichen in Politik, öffentliche Verwaltung, Initiativen, Vereinen, Verbänden, Netzwerken und Wirtschaftsunternehmen sowie an einschlägig arbeitende Wissenschaftlerinnen und Wissenschaftler. Es eignet sich damit auch als Grundlage für Lehre und Studium unterschiedlicher Disziplinen (wie etwa Politikwissenschaften, Volkswirtschaftslehre, Soziologie, Erziehungswissenschaften etc.) und richtet sich an Lehrende und Studierende dieser Fachrichtungen. Das Handbuch bietet Orientierung in einem unübersichtlichen Feld und bietet Strukturierungsvorschläge für sich überschneidende und kontroverse Diskurse sowie praktische Informationen und Anregungen.

Anders als in einem Wörterbuch sind die im vorliegenden Handbuch versammelten Beiträge nach verschiedenen Themenkomplexen geordnet. Dies ermöglicht der Leserin und dem Leser den raschen Zugriff auf jeweils interessierende Fragestellungen. Die Gliederung des Handbuchs selbst bietet eine Systematisierung des Themenfeldes, die für die Auseinandersetzung mit Fragen der Praxis sowie der Engagementforschung, -förderung und -politik hilfreich sein kann.

Abschließend sei an dieser Stelle allen Autorinnen und Autoren für ihre Mitwirkung an dem vorliegenden Handbuch herzlich gedankt. Im Rahmen der Systematik des Bandes wurde ihnen von den Herausgebern ein klar umrissenes Thema vorgegeben, das sie auf der Basis ihrer eigenen Expertise und persönlichen Erfahrungen, getragen von jeweils eigenen Positionierungen erschließen sollten, ohne dabei ein starres und vereinheitlichendes Schema vorzugeben. Dadurch ist es gelungen, die Bandbreite der Thematik durch unterschiedliche Herangehensweisen zu erschließen. Auf diese Weise ist ein materialreiches und – hoffentlich – anregendes und weiterführendes Handbuch entstanden.

Besonderer Dank gilt Frau Astrid Mährlein, die bei der Organisation der Arbeiten am Handbuch tatkräftig mitgewirkt hat, sowie Sophie Domann und Sandra Warmbrunn für ihre Unterstützung bei der redaktionellen Bearbeitung der Manuskripte.

Halle/Saale und Mainz, im Sommer 2011
Thomas Olk und Birger Hartnuß

Inhalt

1. Historische Zugänge und zentrale Begriffe

Christoph Sachße
Traditionslinien bürgerschaftlichen Engagements in Deutschland 17

Ansgar Klein
Zivilgesellschaft/Bürgergesellschaft 29

Jörg Bogumil und Lars Holtkamp
Bürgerkommune 41

Sebastian Braun
Sozialkapital 53

Gertrud M. Backes
Geschlechterdifferenz im Engagement 65

Roland Roth
Partizipation 77

2. Rechtliche Rahmenbedingungen

Karin Stiehr
Versicherungsschutz 91

Monika Jachmann
Gemeinnützigkeits- und Spendenrecht 103

Wolfram Waldner
Vereinsrecht 117

Ulrich Brömmling
Stiftungsrecht 129

3. Formen und Felder bürgerschaftlichen Engagements

3.1 Formen bürgerschaftlichen Engagements

Thomas Olk und Birger Hartnuß
Bürgerschaftliches Engagement 145

Michael Stricker
Ehrenamt 163

Dieter Grunow
Selbsthilfe 173

Gisela Jakob
Freiwilligendienste 185

Hans-Liudger Dienel
Bürgerbeteiligung 203

Holger Backhaus-Maul und Peter Friedrich
Gesellschaftliches Engagement von Unternehmen 215

3.2 Felder und Bereiche bürgerschaftlichen Engagements

Volker Rittner
Sport 233

Bernd Wagner
Kunst und Kultur 245

Cornelia Coenen-Marx
Kirche 257

Martina Löw
Natur- und Umweltschutz 267

Wolf R. Dombrowsky
Hilfs- und Rettungsdienste 277

Marion Reiser
Kommunalpolitisches Ehrenamt 291

Josef Schmid und Daniel Buhr
Politik und Interessenvertretung 305

Franz Hamburger
Soziale Arbeit 317

Wiebken Düx, Thomas Rauschenbach und Ivo Züchner
Jugendarbeit 329

Georg Theunissen
Arbeit mit behinderten Menschen 343

Birger Hartnuß und Thomas Olk
Schule 353

Karin Jurczyk
Familie 365

Jürgen Matzat
Gesundheitswesen 377

Thomas Klie
Altenhilfe und Altenpflege 391

Hasso Lieber
Justiz 407

Hartmut Häussermann
Stadt- und Dorfentwicklung 427

Susanne Huth
Migration und Integration 439

4. Organisationen und Strukturen des bürgerschaftlichen Engagements

4.1 Organisatorische Rahmungen des bürgerschaftlichen Engagements

Annette Zimmer
Vereine 453

Rolf G. Heinze
Verbände 465

Rupert Graf Strachwitz
Stiftungswesen 475

Karl-Werner Brand
Soziale Bewegungen 487

Burghard Flieger
Genossenschaften 499

Martin Rüttgers
Netzwerke 513

4.2 Infrastruktureinrichtungen der Engagementförderung

Wolfgang Thiel
Selbsthilfe und Selbsthilfekontaktstellen 527

Gabriella Hinn
Seniorenbüros 541

Olaf Ebert und Karsten Speck
Freiwilligenagenturen 553

Annemarie Gerzer-Sass
Mehrgenerationenhäuser 567

Irmgard Teske
Formen lokaler Infrastruktureinrichtungen.
Nachbarschaftshäuser, Mütterzentren/Familientreffs,
Bürgerbüros, lokale Anlaufstellen für Bürgerengagement 577

5. Methoden und Strategien der Engagementförderung

Thomas Kegel
Freiwilligenmanagement 595

Thomas Röbke
Netzwerkmanagement 611

Birger Hartnuß und Thomas Kegel
Qualifizierung 623

Hannes Wezel
Anerkennungskultur 635

Rainer Sprengel
Organisationsentwicklung 647

Jörg Deppe
Internet 661

Carola Schaaf-Derichs
Öffentlichkeitsarbeit 673

6. Forschung zum bürgerschaftlichen Engagement

Thomas Gensicke
Freiwilligensurvey 691

Thomas Olk
Qualitative Forschung 705

Mareike Alscher und Eckhard Priller
Organisationsbezogene Daten 719

Marcel Erlinghagen und Karsten Hank
Engagement im internationalen Vergleich 733

Chantal Munsch
Engagement und soziale Ungleichheit 747

7. Engagementpolitik

Birger Hartnuß, Thomas Olk und Ansgar Klein
Engagementpolitik 761

Konrad Hummel
Kommune 777

Frank W. Heuberger
Bundesländer 797

Susanne Lang und Serge Embacher
Bundespolitik 811

Markus Held
Engagementpolitik in Europa 823

Sachregister 837
Die Autorinnen und Autoren 841

1. Historische Zugänge und zentrale Begriffe

Christoph Sachße

Traditionslinien bürgerschaftlichen Engagements in Deutschland

Einführung

Das Konzept des bürgerschaftlichen Engagements ist ein Produkt der bürgerlichen Gesellschaft. Erst wenn Staat und Gesellschaft als separierte Bereiche geschieden sind; erst wenn die Sphäre des Politischen sich als öffentliche Gewalt verselbständigt und einer privatisierten, staatsfreien Gesellschaft gegenübertritt, ist die Unterscheidung von öffentlich-staatlichen und privat-gesellschaftlichen Funktionen und Aufgaben sinnvoll. Der Staat zieht sich aus seiner Rolle als Gestalter des gesellschaftlichen Lebens zurück (oder wird in gesellschaftlichen Auseinandersetzungen aus dieser Rolle verdrängt) und setzt die Gesellschaft als entpolitisierten Sektor privater Autonomie frei. An der Nahtstelle von Staat und Gesellschaft entsteht ein neuartiger Bereich, der zwar der privaten Gesellschaft zugehört, gleichwohl aber politisch relevant ist: die bürgerliche Öffentlichkeit. Im Vorfeld institutionalisierter Politik formieren sich private Bürger zum kritischen Publikum, das die staatliche Gewalt im Medium der öffentlichen Meinung kontrolliert und begrenzt und die Leerstelle, die der Rückzug des Staates hinterlässt, mit selbst organisierten Aktivitäten und Institutionen füllt (Habermas 1990). In Deutschland hat sich dieser Prozess schrittweise seit der Aufklärung vollzogen. Das absolutistische Konzept der „guten policey" (Pankoke 1986) wurde durch Institutionen und Organisationen bürgerlicher Öffentlichkeit und bürgerlicher Selbstverwaltung abgelöst. Dabei stehen im hier interessierenden Zusammenhang zwei Traditionszusammenhänge im Vordergrund, die sich im Laufe des 19. Jahrhunderts entfalten: die kommunale Selbstverwaltung und die bürgerliche Vereinskultur.

Die kommunale Selbstverwaltung

Die kommunale Selbstverwaltung in Deutschland verdankt ihre Entstehung der Preußischen Städteordnung vom November 1808. Diese zielte auf die Integration des aufstrebenden städtischen Bürgertums in den absolutistischen Staat durch das Angebot der Verwaltung der lokalen Angelegenheiten durch die Bürger selbst (Heffter 1969; Croon/Hofmann/Unruh 1971; Krabbe 1989: 8ff.). Die hier begründeten Selbstverwaltungsrechte zogen entsprechende Selbstverwaltungspflichten nach sich. § 191 der genannten

Städteordnung bestimmte, dass die Bürger zur Übernahme „öffentlicher Stadtämter" verpflichtet waren, ohne dafür ein Entgelt beanspruchen zu können. Diese Regelung markiert die Geburtsstunde des bürgerlichen Ehrenamtes in Deutschland. Dieses war seinem Ursprung nach administrativ, d. h. es war „Amt" i. S. der Ausübung öffentlicher Gewalt. Und es beinhaltete die Selbstverwaltung der *örtlichen* Angelegenheiten. Seine Entstehung war also untrennbar mit der Lokalgemeinschaft verbunden. Das *soziale* Ehrenamt wurde dann 1853 durch das berühmte „Elberfelder System" geschaffen, das die Durchführung der öffentlichen Armenpflege (als Teil der kommunalen Verwaltung) auf der Grundlage der Preußischen Städteordnung zur ehrenamtlichen Aufgabe der (männlichen) Bürger machte. Am Quartiersprinzip des Elberfelder Systems – jener Bindung der Zuständigkeit des Armenpflegers an sein unmittelbares räumliches Umfeld, der das System seine Bedeutung verdankt – wird der Lokalbezug des Ehrenamtes noch einmal besonders deutlich. Es hat die Eigenschaft des Bürgers und Nachbarn, die lokale Vertrautheit und Präsenz zur Voraussetzung.

Im Rahmen der kommunalen bürgerlichen Sozialreform, die auf den Aufbau einer kommunalen Verwaltung der „Daseinsvorsorge" zielte (Hofmann 1984; Krabbe 1985), begannen die deutschen Großstädte seit den 1890er Jahren auch, die herkömmliche Armenpflege zur kommunalen Sozialpolitik auszubauen (Sachße/Tennstedt 1988; Sachße 2003). Dieser Prozess setzte einen Schub der Bürokratisierung und Professionalisierung kommunaler Politik im Allgemeinen und kommunaler Sozialpolitik im Besonderen in Gang, der langfristig das Ehrenamt in der kommunalen Selbstverwaltung aushöhlte. Die Kommunalverwaltung ist heute eine bürokratische Verwaltung wie andere Verwaltungen auch. Bestimmte Aufgaben werden in ihrem Rahmen zwar bis heute ehrenamtlich wahrgenommen, aber sie haben eher randständige Bedeutung. Seine Funktion als konstitutives Element der kommunalen Selbstverwaltung hat das Ehrenamt heute verloren. Das gilt auch für die ehrenamtlichen Funktionen in der öffentlichen Armenfürsorge. Seit dem Ersten Weltkrieg und verstärkt seit den Jahren der Weimarer Republik wurden sie durch berufliche und fachlich qualifizierte Tätigkeiten ergänzt und überlagert. In der Bundesrepublik fristeten und fristen sie nur mehr ein Schattendasein (Berger 1979). Heute ist dagegen ein anderer Typus bürgerschaftlichen Engagements in den Vordergrund gerückt, den man nicht als Ehrenamt, sondern richtigerweise als freiwilliges Sozialengagement oder Freiwilligenarbeit bezeichnen sollte. Dieser Typus von Bürgerengagement entstammt der Tradition der bürgerlichen Vereinskultur.

Lokale und überlokale Vereinskultur

Der Verein (siehe den Beitrag von Zimmer in diesem Band) gilt gemeinhin als typische Organisationsform bürgerlichen Lebens und bürgerlicher Lebenswelt im 19. Jahrhundert (Nipperdey 1972; Tennfelde 1984). Vereine sind Resultat der Industrialisierung und – mehr noch – der Urbanisierung von Gesellschaft. Vereine sind Kennzeichen vor allem städtischer Lebensweise. Ihr sozialer Träger war vornehmlich das städtische (Bildungs-)Bürgertum. Der Verein als typische Organisation bürgerlicher Interessen und Lebensformen kann als Reaktion auf den Zerfall vormoderner Gesellungen und Gesellschaftsstrukturen im Laufe von Industrialisierung und Urbanisierung verstanden werden; als Versuch, traditionale Formen der Gemeinschaft durch eine moderne, „künstliche" Vergemeinschaftung zu ersetzen, die den Flexibilitäts- und Mobilitätserfordernissen der Industriegesellschaft entspricht. Bereits in der ersten Hälfte des 19. Jahrhunderts, verstärkt aber zwischen der Revolution von 1848 und der Reichsgründung, entwickelte sich in den deutschen Städten eine lokale Vereinskultur, die tendenziell alle Lebensbereiche umfasste. Im Prozess der gesellschaftlichen Modernisierung besetzten Vereine genau jenen Freiraum, den die Freisetzung der Gesellschaft vom Staat hinterließ und der oben als „bürgerliche Öffentlichkeit" bezeichnet wurde. Dabei bildete sich allerdings das begriffliche Verständnis dessen, was wir heute unter „Verein" verstehen, erst in einem längeren Prozess heraus. Noch in der ersten Hälfte des Jahrhunderts wurden Bergriffe wie Korporation, Association, Genossenschaft und Verein nahezu synonym gebraucht. Erst seit der Jahrhundertmitte beginnt ein Prozess der Differenzierung und Präzisierung, in dem die Aktiengesellschaften als Organisationsformen wirtschaftlicher Betätigung, die Genossenschaften als Selbsthilfeeinrichtungen und die Parteien als Organisationen politischer Willensbildung eigenes Profil gewinnen und der Verein die Gestalt des „Idealvereins" annimmt, wie sie dann im Bürgerlichen Gesetzbuch von 1900 juristisch ausgestaltet wird und bis heute besteht. Besonders ausgeprägt war die Vereinsbildung seit der Mitte des 19. Jahrhunderts in den gesellschaftlichen Bereichen Sport, Kultur und Soziales. Dabei differenzierten sich die Vereine in den verschiedenen Bereichen nach sozialer Schichtung und nach sozio-kulturellen Milieus. Von besonderer Bedeutung war vereinsmäßige Organisation für die Milieus, die politisch behindert bzw. verfolgt wurden: den Katholizismus und die Sozialdemokratie. Seit dem „Kulturkampf" der 1870er Jahre nahm die Vereinskultur des Katholizismus eine Intensität an, die bewirkte, dass sich die Konfession zu einem geschlossenen Sozialmilieu verdichtete (Bongartz 1879; Ritter 1954; Loth 1991). Und die Sozialdemokratie reagierte auf das Verbot der Partei durch das Sozialistengesetz (1878–1890) mit der Bildung einer Vielfalt von formal unpolitischen Sport-, Garten-, Lese- und Bildungsvereinen, die jedoch das Fortleben der politischen Bewegung sicherten und charakteristisch für die Arbeiterbewegung in Deutschland wurden. Der „staatsnahe" Protestantismus in Deutschland entwickelte folgerichtig keine Vereinskultur von vergleichbarer Intensität.

In der zweiten Hälfte des 19. Jahrhunderts wurde der Verein auch zur typischen Organisationsform der Privatwohltätigkeit, des privaten – konfessionellen wie nicht-konfessionellen – Engagements für die Notleidenden und Hilfsbedürftigen. In den deutschen Städten bestand neben der öffentlichen

Armenpflege eine bunte, unübersichtliche Vielzahl privater wohltätiger Einrichtungen für verschiedene Adressatenkreise und Problemlagen, die häufig nach Hunderten, in den Metropolen gar über Tausend zählte, wobei die Organisationsform des Vereins gegenüber der traditionellen Stiftung zunehmend an Bedeutung gewann (Sachße 1996a: 126). Der Wirkungskreis dieser Vereine war grundsätzlich lokal. Hier wiederholt sich also der Entstehungszusammenhang von bürgerlichem Sozialengagement und Lokalgemeinschaft, der auch die Entstehung der kommunalen Selbstverwaltung kennzeichnet. Eine Koordination von Maßnahmen und Leistungen gab es weder zwischen den Organisationen der Privatwohltätigkeit untereinander noch im Hinblick auf die öffentliche Armenpflege. Die Situation war vielmehr durch ein unkoordiniertes, überwiegend aber wohl friedliches Neben- und Durcheinander gekennzeichnet. Mit dem Ausbau der kommunalen Armenpflege zur kommunalen Sozialpolitik und damit der Expansion der kommunalen, öffentlichen Fürsorge auf Gebiete, die zuvor ausschließlich von der Privatwohltätigkeit betreut worden waren, wurde das zu einem Problem, dem öffentliche wie private Fürsorge durch dreierlei Rationalisierungs- und Zentralisierungsmaßnahmen Rechnung zu tragen suchten.

Zum ersten entwickelte vor allem die Stadt Frankfurt/Main einen bemerkenswerten Ansatz der Verzahnung und Koordination von öffentlicher und privater Fürsorgearbeit, um das nunmehr erforderliche Zusammenspiel von öffentlichem und privatem Sektor zu gewährleisten, der unter dem Namen „Frankfurter System" bekannt geworden ist (Sachße 1993). Der Frankfurter Ansatz bestand in Grundzügen darin, dass das städtische Armenamt versuchte, die privaten Vereinigungen dadurch in einen Kooperationsverbund einzubeziehen, dass es einerseits gezielt Aufgaben an private Vereine delegierte, diese dann systematisch subventionierte und schließlich die städtischen Interesse in der privaten Fürsorge dadurch zur Geltung brachte, dass Vertreter des Armenamtes in die Vorstände und Leitungsgremien der privaten Vereinigungen entsandt wurden. Zum zweiten setzte sich gerade in der Privatwohltätigkeit selbst die Ansicht durch, dass das planlose Nebeneinander heterogener Vereinstätigkeit von einer planvollen Koordination privater Fürsorgeanstrengungen durch freiwillige Zentralisierung der privaten Fürsorge abgelöst werden müsse. Die Aufgabenbestimmung der privaten Wohltätigkeit könne nicht mehr den einzelnen Vereinen überlassen bleiben, sondern bedürfe der Vereinheitlichung durch lokale Zentralinstanzen. Privates Engagement in der Fürsorge war angesichts neuer Massennotstände zwar verstärkt gefragt, aber es sollte nicht länger spontan, zufällig und punktuell sein, sondern die Anstrengungen der öffentlichen Fürsorge planmäßig ergänzen. Diesem komplexen Reformdruck sollten lokale Zentralen der Privatwohltätigkeit Rechnung tragen, die sich am Vorbild der angloamerikanischen „Charity Organization Societies" orientierten und in den 1890er Jahren in mehreren deutschen Städten entstanden. Die bedeutendsten dieser „Zentralen für private Fürsorge" waren die in Frankfurt und Berlin (Sachße/Tennstedt 1988: 38 ff.). Drittens schließlich wurden auch auf reichszentraler Ebene interessante Ansätze einer

Koordination öffentlicher und privater Fürsorgebestrebungen entwickelt. Charakteristisch war hier ein Typus von Reformvereinigung, in dem das Interesse an der Koordination öffentlicher und privater Anstrengungen in Fürsorge und Sozialpolitik mit dem Bestreben einer wissenschaftlichen Systematisierung sozialer Reform eine neue Verbindung einging. Gewählt wurde auch hier die zeittypische Organisationsform des bürgerlichen Vereins (vom Bruch 1985: 82 ff.). Gegenüber der klassischen, lokalen Vereinskultur hoben sich diese neuen, reichsweiten Reformvereinigungen aber deutlich ab. Sie waren überregional, professionell und auf umfassende Zielsetzungen hin ausgerichtet. Die traditionell-altruistische Motivation wurde hier durch wissenschaftliche, professions- und allgemeinpolitische Motivationen überformt. Dem entsprachen auch Forschung, Diskussion, Publikation und jährliche Kongresse als neue Tätigkeitsschwerpunkte. Die neuen Reformvereinigungen gewannen dadurch eine Dimension von Öffentlichkeit und Politisierung, die sie deutlich von der traditionellen Privatwohltätigkeit abgrenzten. Hier seien nur die wichtigsten dieser „Deutschen Vereine" genannt: der berühmte „Verein für Socialpolitik", der am 13. Oktober 1873 in Eisenach gegründet wurde und die verschiedenen Richtungen der Nationalökonomie, des zeitgenössischen „Kathedersozialismus", organisierte; der ebenfalls 1873 gegründete „Deutschen Verein für öffentliche Gesundheitspflege", der aus der Hygienebewegung des 19. Jahrhunderts hervorging und der 1880 gegründeten „Deutschen Verein für Armenpflege und Wohltätigkeit" (DV), der seit 1919 „Deutscher Verein für öffentliche und private Fürsorge" heißt, und sich bereits bis zur Jahrhundertwende zu einem Forum der Diskussion von Innovationen und Reformen kommunaler Sozialpolitik entwickelte. Der 1890 gegründete „Volksverein für das katholische Deutschland" und der 1896 gegründete protestantische „Nationalsoziale Verein" können als konfessionsspezifische Ausprägungen der „Deutschen Vereine" verstanden werden (Sachße 1996a; Sachße/ Tennstedt 1988: 128). Dieser Typus von reichsweit operierendem Verein bietet ein gutes Beispiel für die allmähliche Lockerung des Bezuges von freiwilligem Sozialengagement und Lokalgemeinschaft. Die Bereitschaft zu freiwilligem Engagement wurde bei ihnen nicht mehr über die lokale Selbstorganisation und die räumliche Nähe zum Problem motiviert, sondern – abstrakter – über Zentralwerte gesteuert und in „Wertgemeinschaften" organisiert. Mit dem „bürgerlichen Jahrhundert" ging auch die Zeit des bürgerlich-liberalen Sozialengagements zu Ende. Es wurde – sofern es sich nicht professionalisierte – von den neu entstehenden Wohlfahrtsverbänden gleichsam aufgesogen oder aber auf eine soziale Nischenexistenz reduziert.

Die Wohlfahrtsverbände

Der Erste Weltkrieg und die in seiner Folge entstehende Weimarer Republik veränderten die politischen und sozialen Rahmenbedingungen für freiwilliges Sozialengagement nachhaltig. Die Etablierung des Wohlfahrtsstaates, die Parlamentarisierung des politischen Systems und die Demokratisierung der Gesellschaft führten zu einem Bedeutungsverlust der klassisch-bürgerlichen Organisationen privater Wohlfahrtskultur und bürgerlichen Engagements. Sie waren allesamt dem Organisationsmilieu des Kaiserreichs verhaftet und taten sich nun schwer, den Anschluss an die neuartigen Problemstellungen und die neuen Formen ihrer Bearbeitung zu finden. Das Reich hatte erheblich an Bedeutung als regulierende und finanzierende Instanz in der Wohlfahrtspflege gewonnen. In Gestalt des Reichsarbeitsministeriums bestand jetzt ein zentraler Ansprechpartner für die Wohlfahrtsverbände, der seinerseits zentrale Ansprechpartner suchte. Von den überkommenen Organisationen der Sozialreform gelang es einzig dem DV durch eine mit der Namensänderung verbundene energische organisatorische Reform und inhaltliche Reformulierung seiner Ziele unter der zielstrebigen Führung seines neuen Vorsitzenden Wilhelm Polligkeit, den veränderten Verhältnissen gerecht zu werden (Sachße/Tennstedt 2005). Vor allem aber erwiesen sich jetzt die von der konfessionellen Wohlfahrtspflege bereits in der Vorkriegszeit entwickelten Ansätze der Spitzenverbandsbildung als zukunftsweisend. Der protestantische „Centralausschuß für die Innere Mission" (IM) war schon 1848 gegründet worden. Der „Caritasverband für das katholische Deutschland" (DCV) war 1897 gefolgt. Die Bedeutung beider war vor 1914 aber gering geblieben. Jetzt wurden sie organisatorisch gestrafft und gefestigt. Und neue Wohlfahrtsverbände wurden geschaffen. Bereits im Laufe des Weltkriegs – am 9. September 1917 – war die Zentralwohlfahrtsstelle der deutschen Juden in Berlin gegründet worden. Auch die Sozialdemokratie, die der privaten Wohltätigkeit grundsätzlich kritisch gegenüberstand, gründete 1919 einen eigenen Wohlfahrtsverband, den „Hauptausschuß der Arbeiterwohlfahrt". 1921 wurde – gleichsam als Gegenstück zur sozialistischen Arbeiterwohlfahrt – der Zentralwohlfahrtsausschuss der christlichen Arbeiterschaft ins Leben gerufen. Am 7. April 1924 wurde die Vereinigung der freien gemeinnützigen Wohlfahrtseinrichtungen Deutschlands gegründet, die aus der Vereinigung der freien gemeinnützigen Kranken- und Pflegeanstalten Deutschlands hervorging und seit 1932 den Namen Deutscher Paritätischer Wohlfahrtsverband führt. Das Deutsche Rote Kreuz, das die existierenden Vereine vom Roten Kreuz in Deutschland zusammenfasste, konstituierte sich – jenseits seiner traditionellen Aufgaben – im Jahre 1921 als Spitzenverband der Freien Wohlfahrtspflege (Kaiser 1996; Sachße 1996a; Sachße/Tennstedt 1988: 161 ff.). Diese Spitzenorganisationen gewannen besondere Bedeutung dadurch, dass sie sich ihrerseits in verschiedenen Dach- und Fachverbänden zusammenschlossen und eigene „Selbsthilfeorganisationen" gründeten: allen voran die Hilfskasse gemeinnütziger Wohlfahrtseinrichtungen Deutschlands, eine eigene Wohlfahrtsbank. Diese erhielt ihr Gewicht vor allem dadurch, dass das Reich öffentliche Subventionen für die freie Wohlfahrtspflege ausschüttete, die über die „HIKA" verwaltet wurden. Durch beide – öffentliche Subventionen und eigene Bank – gewannen die Spitzenorganisationen erheblich an Einfluss über ihre Mitgliedsorganisationen. Den Schlussstein des Formierungsprozesses der freien Wohlfahrtspflege bildete die Gründung der Deutschen Liga der freien Wohlfahrtspflege, eines Dachverbandes der Spitzenverbände der freien Wohlfahrtspflege, im Dezember 1924. Die Bildung und Vernetzung der Spitzenverbände der freien Wohlfahrtspflege ist als Korrelat zur Zentralisierung von Gesetzgebungsbefugnissen und finanziellen Ressourcen auf Reichs- und Landesebene zu verstehen; als Entwicklung eines verbandlichen Pendants zum zentralisierten Wohlfahrtsstaat. Sie bedeutete eine Angleichung an die Strukturen öffentlicher Verwaltung, die nicht mehr primär auf die Erbringung sozialer Dienste und Leistungen bezogen war, sondern auf die Beschaffung von Finanzmitteln und die Beeinflussung der Gesetzgebung. Die Konfessionen und die sozialdemokratische Arbeiterkultur, die bereits in der Zeit des Kaiserreichs in vielfältigen Vereinen und Assoziationen organisiert waren, schufen sich so eine neue, dem entstehenden Wohlfahrtsstaat angepasste und angemessene Form sozialer Repräsentation. Dadurch wurden öffentliche und freie Wohlfahrtspflege zu einem einheitlichen „wohlfahrtsindustriellen Komplex" verkoppelt, innerhalb dessen sowohl die Problemdefinitionen wie auch die Lösungsmuster exklusiv verhandelt wurden (Heinze/Olk 1981). Durch die Regelungen der §§ 6 RJWG und 5 RFV wurde dieses Kooperationsmuster offiziell in den gesetzlichen Grundlagen der Wohlfahrtspflege verankert. Damit war jene spezifische „duale" Struktur entwickelt, die als Umsetzung des im deutschen Sozialkatholizismus entwickelten „Subsidiaritätsprinzips" verstanden wurde und das System der Wohlfahrtspflege in Deutschland bis heute kennzeichnet: die gesetzliche Bestands- und Eigenständigkeitsgarantie der freien bei gleichzeitiger Förderungsverpflichtung und Gesamtverantwortung der öffentlichen Träger (Sachße 2003).

Für die Entwicklung von freiwilligem Sozialengagement ist der Aufstieg der Wohlfahrtsverbände von ambivalenter Bedeutung. Einerseits generieren sie als Wertgemeinschaften neue universelle Motivationsgrundlagen und schaffen einen verbreiterten Organisationsrahmen für freiwilliges Sozialengagement jenseits der traditionalen Lokalgemeinschaft. Andererseits aber leiten sie das Ende der Identität von freiwilligem Sozialengagement und privater Wohlfahrtskultur, ja tendenziell das Ende privater Wohlfahrtskultur überhaupt ein. In Form des Spitzenverbandes der Freien Wohlfahrtspflege hat sich der Wohlfahrtsverein – ohne die Rechtsform zu wechseln – von einer Institution bürgerlicher Selbstorganisation zu einer professionellen Großbürokratie gewandelt. Die professionell-bürokratischen Strukturen von Organisation und Arbeit aber unterminieren langfristig die Motivation zu freiwilligem Sozialengagement. Zwar rekrutieren die großen Wohlfahrtsverbände bis heute freiwillige Helfer in großer Zahl, aber die Entwicklung stagniert, während das hautberufliche Personal rapide zunimmt. Allein zwischen 1970 und 1996 hat sich die Anzahl der hauptberuflichen Mitarbeiterinnen und Mitarbeiter der Freien Wohlfahrtspflege von knapp 382.000 auf reichlich 1.200.000 fast verdreifacht (Bundesarbeitsgemeinschaft 1997: 1)! Freiwilligkeit und wertgebundenes Sozialengagement werden in aktuellen Selbstdarstellungen zwar nach wie vor als Spezifikum der Freien Wohlfahrtspflege gepriesen, aber die Neurekrutierung wird schwieriger. Freiwillige Arbeit wird zunehmend mit Gratifikationen wie Aufwandsentschädigungen oder Ausbildungsangeboten beworben, nähert sich damit aber dem beruflichen Handeln an. Heute geht es insoweit nicht mehr um grundsätzliche Alternativen, sondern um die Organisation fließender Übergänge. Die großen Wohlfahrtsverbände sind heute nicht länger Fundamente freiwilligen Sozialengagements auf wertgemeinschaftlicher Grundlage. Ihre aktuellen Probleme bei der Motivation freiwilliger Arbeit resultieren gerade aus dem Zerfall gesellschaftlicher Zentralwerte. Religion und Konfession sowie die Traditionen der Arbeiterbewegung sind zwar keineswegs gänzlich überlebt, aber sie haben als gesellschaftliche Gestaltungskräfte unübersehbar an Einfluss verloren.

Form- und Funktionswandel freiwilligen Sozialengagements

Diese Entwicklung bedeutet nun keineswegs das Ende des freiwilligen Sozialengagements oder des bürgerlichen Engagements überhaupt. Sie signalisiert allerdings einen neuerlichen Form- und Funktionswandel. Obwohl die Bereitschaft zur Übernahme freiwilliger Arbeit in der herkömmlichen Form längerfristig verpflichtender Tätigkeit in vorgegebenem verbindlichem Rahmen und fixierter institutioneller Anbindung abnimmt, nimmt die Bereitschaft zur Mitarbeit in flexibleren Kontexten und selbst bestimmten Formen zu (Gensicke/Picot/Geiss 2006). Deutlichen Ausdruck hat diese Tendenz in der seit 1980er Jahren erstarkten Selbsthilfebewegung gefunden. Hier entstand eine Vielfalt von unkonventionellen Projekten und Initiativen mit bemerkenswerter Breitenwirkung vor allem im Gesundheitsbereich, in denen die Betroffenen ihre Probleme selbst organisiert bearbeiten – an den etablierten Wohlfahrtsverbänden vorbei und z.T. in deren expliziter Kritik. Diese neuen, kritischen Formen bürgerschaftlichen Engagements weisen allerdings gänzlich andere Merkmale auf als das herkömmliche freiwillige Engagement. Sie sind dezentralisiert, pluralisiert und individualisiert. Es handelt sich um Formen des Engagements, in denen sich die reflexiven Strukturen einer individualisierten und pluralisierten Gesellschaft spiegeln; um eher expressive Tätigkeiten, die über „punktuelle Zeitverträge" (J.F. Lyotard) koordiniert werden und nicht mehr über zentralwertgesteuertes, formstabiles Dauerengagement. Das bedeutet die verstärkte Rückkehr zur Lokalgemeinschaft als Basis des Engagements, vor allem aber eine Pluralisierung seiner wertgemeinschaftlichen Grundlagen. In der sozialwissenschaftlichen Debatte der jüngeren Vergangenheit werden diese Bewegungen unter dem Stichwort der „neuen Subsidiarität" diskutiert (Heinze 1986; Sachße 1996b). Diese Debatte hat – nach einer anfänglichen Selbsthilfe-Euphorie – sehr deutlich gemacht, dass Selbsthilfe und Selbstorganisation die Einrichtungen und Leistungen bürokratisierter und professionalisierter sozialer Sicherung nicht ersetzen können, dass es vielmehr um neue Forme der Kombination und Koordination gehen muss (Evers/Olk 1996).

Das Stiftungswesen

Eine dritte Traditionslinie bürgerschaftlichen Engagement soll hier nicht unerwähnt bleiben: das Stiftungswesen (siehe den Beitrag von Strachwitz in diesem Band). Stiftungen nehmen aus zwei Gründen eine Sonderrolle im Rahmen des bürgerschaftlichen Engagements ein. Zum einen reicht ihre Tradition – anders als die von kommunaler Selbstverwaltung und Vereinskultur – weit in vorbürgerliche Zeiten zurück bis ins deutsche Frühmittelalter. Zum Zweiten unterscheiden sie sich von den anderen Organisationen bürgerschaftlichen Engagements vor allem dadurch, dass hier nicht menschliches Handeln für soziale Zwecke organisiert, sondern Vermögen für verschiedenste philanthropische Zwecke in Form einer eigenen Rechtspersönlichkeit bereitgestellt und dadurch willkürlichen Eingriffen von außen entzogen wird. Dadurch wird in besonderer Weise Dauerhaftigkeit und Nachhaltigkeit der Zweckverfolgung gewährleistet. Aus der Perspektive bürgerschaftlichen Engagements scheiden allerdings eine Reihe von Stiftungstypen von vornherein aus der Betrachtung aus. Insbesondere sind hier die öffentlich-rechtlichen Stiftungen und die Familienstiftungen zu nennen. Bei der öffentlich-rechtlichen Stiftung handelt es sich materiell um eine besondere Form der Staatsverwaltung, nicht um bürgerschaftliches Engagement; bei der Familienstiftung geht es darum, Vorsorge für künftige Familiengenerationen jenseits der Wechselfälle individueller Erbfolge zu treffen (Sprengel 2000: 234 f.). Stiftungen unterscheiden sich in operative Stiftungen und Förderstiftungen. „Operativ" sind Stiftungen, die den Stiftungszweck durch eigene Aktivitäten verfolgen. Hierher zählen die traditionelle Anstaltsstiftung, vornehmlich die Spitalstiftung, die Güter und Leistungen für bestimmte Gruppen von Bedürftigen bereitstellt und historisch die älteste Stiftungsform ist, und die moderne Projektstiftung, die selbst ihrem Stiftungszweck entsprechende Projekte durchführt (Toepler 2000). Förderstiftungen sind solche, die Mittel für Dritte bereitstellen, sei es zur Durchführung von dem Stiftungszweck entsprechenden Projekten, sei es für verschiedenste dem Stiftungszweck entsprechende Unterstützungsvorhaben. Vor allem die Inflationen in Deutschland nach den beiden Weltkriegen des 20. Jahrhunderts haben die Vermögen der deutschen Stiftungen stark dezimiert und damit die gesellschaftliche Bedeutung des Stiftungswesens gemindert. Seit Gründung der Bundesrepublik, vor allem aber seit den 1980er Jahren ist jedoch wieder ein starkes Ansteigen von Stiftungsgründungen und Stiftungsaktivitäten zu verzeichnen. Jüngste Änderungen des Gemeinnützigkeitsrechts (Gesetz 2007) zielen auf eine Erleichterung der Gründung von „Bürgerstiftungen" (Bertelsmann-Stiftung 2000; Pfeiffer 1998) sowie von Zustiftungen auch kleinerer Beträge zu bereits bestehenden Stiftungen, um damit das Stiftungswesen als Instrument bürgerschaftlichen Engagements auch für breitere Kreise zugänglich zu machen.

Literatur

Berger, Giovanna 1979: Die ehrenamtliche Tätigkeit in der Sozialarbeit. Motive, Tendenzen, Probleme. Dargestellt am Beispiel des Elberfelder Systems. Frankfurt/Bern/Las Vegas.

Bertelsmann Stiftung (Hrsg.) 2000: Handbuch Bürgerstiftungen. Ziele Gründung, Aufbau, Projekte. Gütersloh.

Bongartz, Arnold 1879: Das katholisch-sociale Vereinswesen in Deutschland. Geschichte, Bedeutung und Statistik desselben. Würzburg.

Bruch, Rüdiger Vom 1985: Bürgerliche Sozialreform im deutschen Kaiserreich. In: Bruch, Rüdiger Vom (Hrsg.): Weder Kommunismus noch Kapitalismus. Bürgerliche Sozialreform in Deutschland vom Vormärz bis zur Ära Adenauer. München: 61–179.

Bundesarbeitsgemeinschaft der Freien Wohlfahrtspflege (Hrsg.) 1997: Gesamtstatistik der Einrichtungen der Freien Wohlfahrtspflege, Stand 1.1.1996.

Croon, Helmuth/Hofmann, Wolfgang/Unruh, Georg Christoph Von 1971: Kommunale Selbstverwaltung im Zeitalter der Industrialisierung. Stuttgart.

Evers, Adalbert/Olk, Thomas (Hrsg.) 1996: Wohlfahrtspluralismus. Wiesbaden.

Gensicke, Thomas/Picot, Sibylle/Geiss, Sabine 2006: Freiwilliges Engagement in Deutschland 1999–2004. Wiesbaden.

Gesetz zur weiteren Stärkung bürgerschaftlichen Engagements v. 10. Oktober 2007, BGBl 2007, Teil 1, Nr. 50: 2332 ff.

Habermas, Jürgen 1990: Strukturwandel der Öffentlichkeit, Neuauflage. Frankfurt/Main

Heffter, Heinrich 1969: Die deutsche Selbstverwaltung im 19. Jahrhundert, 2. Aufl. Stuttgart.

Heinze, Rolf G. 1985: Neue Subsidiarität: Leitidee für eine zukünftige Sozialpolitik. Opladen.

Heinze, Rolf G./Olk, Thomas 1981: Die Wohlfahrtsverbände im System sozialer Dienstleistungsproduktion. In: Kölner Zeitschrift für Soziologie und Sozialpsychologie, 33/01: 94–114.

Hofmann, Wolfgang 1984: Aufgaben und Struktur der kommunalen Selbstverwaltung in der Zeit der Hochindustrialisierung. In: Jeserich, Kurt A. et al. (Hrsg.): Deutsche Verwaltungsgeschichte, Band 3. Stuttgart: 578–644.

Kaiser, Jochen Christoph 1996: Von der christlichen Liebestätigkeit zur freien Wohlfahrtspflege: Genese und Organisation konfessionellen Sozialengagements in der Weimarer Republik. In: Rauschenbach, Thomas/Sachße, Christoph/Olk, Thomas (Hrsg.): Von der Wertgemeinschaft zum Dienstleistungsunternehmen. Jugend- und Wohlfahrtsverbände im Umbruch, 2. Auflage. Frankfurt: 150–174

Krabbe, Wolfgang R. 1985: Kommunalpolitik und Industrialisierung. Die Entfaltung der städtischen Leistungsverwaltung im 19. und frühen 20. Jahrhundert. Fallstudien zu Dortmund und Münster. Stuttgart.

Krabbe, Wolfgang R. 1989: Die deutsche Stadt im 19. und 20. Jahrhundert. Göttingen.

Loth, Wilfried 1991: Soziale Bewegungen im Katholizismus des Kaiserreichs. In: Geschichte und Gesellschaft, 17. Jg.: 279–310

Nipperdey, Thomas 1972: Verein als soziale Struktur im späten 18. und frühen 19. Jahrhundert. In: Bookmann, H./et al. (Hrsg.): Geschichtswissenschaft und Vereinswesen im 19. Jahrhundert. Beiträge zur Geschichte historischer Forschung in Deutschland. Göttingen: 1–44.

Pankoke, Eckart 1986: Von „guter policey" zu „sozialer Politik", „Wohlfahrt", „Glückseligkeit" und „Freiheit" als Wertbindung aktiver Sozialstaatlichkeit. In: Sachße, Christoph/Tennstedt, Florian (Hrsg.): Soziale Sicherheit und soziale Disziplinierung. Frankfurt/Main: 148–180.

Pfeiffer, Christian 1998: Das Partizipationsmodell Bürgerstiftung. In: Strachwitz, Rupert Graf (Hrsg.): Dritter Sektor – Dritte Kraft. Stuttgart: S. 77–91.

Ritter, Emil 1954: Die katholisch-soziale Bewegung und der Volksverein. Köln.

Sachße, Christoph 1993: Frühformen der Leistungsverwaltung. Die kommunale Armenfürsorge im deutschen Kaiserreich. In: Jahrbuch für Europäische Verwaltungsgeschichte, Bd. 5: 1–20.

Sachße, Christoph 1996a: Verein, Verband und Wohlfahrtsstaat. Entstehung und Entwicklung der „dualen" Wohlfahrtspflege. In: Rauschenbach, Thomas/Sachße, Christoph/Olk, Thomas (Hrsg.): Von der Wertgemeinschaft zum Dienstleistungsunternehmen. Jugend- und Wohlfahrtsverbände im Umbruch. Frankfurt/ Main: 123–149.

Sachße, Christoph 1996b: Subsidiarität. In: Kreft, Dieter/Mielenz, Ingrid (Hrsg.): Wörterbuch soziale Arbeit. Weinheim und Basel: 592–595.

Sachße, Christoph 2003: Subsidiariät. Leitmaxime deutscher Wohlfahrtsstaatlichkeit. In: Lessenich, Stephan (Hrsg.): Wohlfahrtsstaatliche Grundbegriffe. Historische und aktuelle Diskurse. Frankfurt/Main: 191–212.

Sachße, Christoph/Tennstedt, Florian 1988: Geschichte der Armenfürsorge in Deutschland, Band 2, Fürsorge und Wohlfahrtspflege 1871–1929. Stuttgart u. a.

Sachße, Christoph/Tennstedt, Florian 2005: Der Deutsche Verein von seiner Gründung bis 1945. In: Fürsorge, Deutscher Verein Für Öffentliche Und Private (Hrsg.): Forum für Sozialreformen. 125 Jahre Deutscher Verein für öffentliche und private Fürsorge. Berlin: 17–115.

Sprengel, Rainer 2000: Stiftungen und Bürgergesellschaft. Ein empirischer, kritischer Überblick. In: Zimmer, Annette/Nährlich, Stefan (Hrsg.): Engagierte Bürgerschaft. Opladen: 231–245.

Tenfelde, Klaus 1984: Die Entfaltung des Vereinswesens während der industriellen Revolution in Deutschland. In: Dann, Otto (Hrsg.): Vereinswesen und bürgerliche Gesellschaft in Deutschland. München: 55–114.

Toepler, Stefan 2000: Organisations- und Finanzstruktur der Stiftungen in Deutschland. In: Zimmer, Annette/Nährlich, Stefan (Hrsg.): Engagierte Bürgergesellschaft. Opladen: 213–230.

Ansgar Klein

Zivilgesellschaft/Bürgergesellschaft

Definitorisches Verständnis

In einem *bereichslogischen Verständnis* (Gosewinkel et al. 2004) lässt sich der Raum der Zivilgesellschaft oder Bürgergesellschaft Idealtypisch abgrenzen von den Sphären des Staates, des Marktes und der Privatsphäre. Unter Zivil- oder Bürgergesellschaft wird unter Aufnahme unterschiedlicher Traditionslinien der Begriffsgeschichte (Schmidt 2007) die Gesamtheit der öffentlichen Assoziationen, Vereinigungen, Bewegungen und Verbände verstanden, in denen sich Bürger auf freiwilliger Basis versammeln und auch Einfluss auf politische Meinungsbildung nehmen. Zivilgesellschaft ist somit eine gesellschaftliche Sphäre jenseits des Staates, jedoch nicht jenseits des Politischen. Die für weitere Demokratisierung offene Zivilgesellschaft setzt ein Begriffsverständnis voraus, das die Zivilgesellschaft als einen politischen Raum konzipiert. Ideengeschichtliche Bezüge dieser repolitisierten Zivilgesellschaft bestehen zur „politischen Gesellschaft" der republikanischen Tradition, der freilich die von der Zivilgesellschaft vorausgesetzte, den politischen Liberalismus prägende Unterscheidung von Staat und Gesellschaft fremd ist (Taylor 1993).

Die Assoziationen der Zivilgesellschaft befinden sich in einem intermediären Raum der Öffentlichkeit *zwischen* Staat, Wirtschaft und Privatsphäre und stehen prinzipiell jedem offen. Neben den bezeichneten Organisationen und Assoziationen gehört auch ungebundenes Engagement (zum Beispiel Demonstrationen, Streiks, Petitionen oder Boykottmaßnahmen) zum zivilgesellschaftlichen Bereich, sofern es sich ebenfalls durch Freiwilligkeit, Öffentlichkeit, Gemeinschaftlichkeit sowie die Transzendierung privater Interessen auszeichnet. Doch bleibt Zivilgesellschaft angewiesen auf den staatlichen Schutz von Menschen- und Bürgerrechten und auf eine Dezentralisierung ökonomischer Macht. In einem *handlungslogischen Zugang* ist Zivilgesellschaft angewiesen auf motivierende zivile Verhaltensstandards wie Toleranz, Verständigung, Kompromissbereitschaft, Gewaltfreiheit, aber auch auf eine über das rein private Interesse hinausgehende Orientierung am Gemeinsinn. Als utopisches Moment kann das selbstregierte demokratische Zusammenleben gelten (zu Definitionen siehe Kocka 2003; Pollack 2003; Adloff 2005).

Im Folgenden wird Zivilgesellschaft/Bürgergesellschaft im Sinne der vorgestellten Bereichslogik vor allem als ein intermediäres Handlungs- und Akteursfeld mit seinen normativen Bezügen verstanden. In einem handlungslogischen Sinn ist von dort aus jedoch der Zugang von Staat und Wirtschaft anschlussfähig.

Historische Kontexte der Begriffsverwendung und des Begriffswandels

Der ideengeschichtliche Hintergrund

Im klassischen alteuropäischen Verständnis ist das „Haus" die maßgebliche ökonomische Einheit und Grundlage gesellschaftlicher Beziehungen (Göhler/Klein 1991: 260 ff.). Bürgerliche Gesellschaft ist die politisch-ständische Ordnung des Gemeinwesens, die sich über den Lebenskreis des Bürgers im Haus erhebt und in deren Herrschaftsform der Bürger eingebettet ist. Bürgerliche Gesellschaft ist von der politischen Herrschaftsform, dem „Staat", nicht abgelöst: „civitas", „societas civilis", „res publica" bezeichnen gleichermaßen die Gemeinschaft der Bürger, bürgerliche Gesellschaft ist so im klassischen Verständnis *societas civilis sive politica*. Dieses bereits von Aristoteles formulierte Gesellschaftsmodell bleibt, trotz aller Veränderungen der Herrschaftsstruktur, bis weit in die Neuzeit hinein maßgeblich. Erst im 17. und 18. Jahrhundert führt die Emanzipation des Bürgertums zu einem strukturellen Umbruch. Bürgerliche Gesellschaft als politische Organisationsform der Bürger, in welche der private ökonomische Bereich ständisch abgestuft eingelagert ist, wird nun zum primär ökonomischen Betätigungsfeld des sich emanzipierenden Bürgertums, welches der politischen Staatsgewalt gegenübersteht.

Seitens des Bürgertums ist entscheidender Stimulus zur Herausbildung der modernen Gesellschaft die Entwicklung umfassender Marktbeziehungen. Gesellschaft als horizontales Interaktionsmuster gegenüber der zentralisierten Staatsgewalt entsteht, wenn die Wirtschaft von dem Prinzip der Eigenversorgung durch vorwiegend häusliche Produktion und regionalen Gütertausch zu einer durch Arbeitsteilung bedingten, durch Manufakturen und Fabriken forcierten durchgängigen Verflechtung von Märkten gelangt. Die moderne bürgerliche Gesellschaft konstituiert sich somit durch die Prinzipien von Eigentum, Markt und Kapital. Die Ökonomie erhält einen zentralen Stellenwert im menschlichen Zusammenleben. Sie ist mit den Geboten der Religion (insbesondere im Calvinismus) und den Auffassungen der Moral unmittelbar und bruchlos verbunden. Von daher ist es nicht nur subjektives materielles Interesse, wenn das Bürgertum sich gegen ständisch-feudale Einengungen ebenso wie gegen staatliche Eingriffe zur Wehr setzt, dabei staatliche Hilfe durchaus in Anspruch nimmt und Einfluss auf die Entscheidungen der Krone und ihrer Administration zu gewinnen sucht. Es ist das Bemühen, politisch einen berechenbaren Rahmen herzustellen, um den persönlichen Vorteil in einer rational begründeten, religiös und moralisch fundierten sowie autonom gestalteten gesellschaftlichen Lebensführung zu finden.

Im 19. Jahrhundert ist die bürgerliche Gesellschaft – nach den Entwicklungsschüben der englischen Revolution im 17. Jahrhundert und der amerikanischen und französischen Revolution im 18. Jahrhundert – soweit ausgebildet, dass ihre Ordnungsprinzipien in West- und Mitteleuropa zu realen politischen und sozialen Bestimmungsfaktoren geworden sind: rechtliche Gleichheit der Staatsbürger, konstitutionell gesicherte politische Mitwirkungsmöglichkeiten und die Erlangung der gesellschaftlichen Position durch berufliche Leistung. An die Stelle einer berufsständisch oder durch ererbte Privilegien vorgegebenen Hierarchie tritt ein durch Besitz, Stellung im Produktionsprozess und Bildungsniveau definiertes, prinzipiell durchlässiges soziales Gefüge. An die Stelle überkommener korporativer Bindungen tritt der Individualismus als maßgebendes Prinzip sozialer Beziehungen.

Charakteristische Organisationsform der bürgerlichen Gesellschaft ist der freie Zusammenschluss in Vereinen, Assoziationen und Gesellschaften. Mit der Dekorporierung sind für die Individuen neue, durchgängige Orientierungen erforderlich. Sie finden sich in gesamtgesellschaftlich auftretenden politischen und sozialen Bewegungen mit ihren Ideen und Ideologien (Liberalismus, Konservatismus, Sozialismus etc.). Mit der Herausbildung der bürgerlichen Gesellschaft ist eine zunehmend organisierte Interessenwahrnehmung miteinander konkurrierender sozialer Großgruppen verbunden, die über das Bürgertum hinausgehend alle Schichten und Klassen in ihren vielfältigen Frontstellungen umfasst. Hier liegt der Ursprung des modernen Parteiwesens, das soziale Interessen in weltanschaulich begründeter Programmatik vertritt und auf diese Weise der Allgemeinheit zu dienen beansprucht.

Einer entstehenden bürgerlichen Öffentlichkeit fällt die Aufgabe zu, gesellschaftliche Praxis horizontal im Prinzip der Publizität zu vermitteln. Die sich auf eine Infrastruktur freier Assoziationen stützende bürgerliche Öffentlichkeit soll die Vermittlung partikularer Interessen und einer aufs Allgemeine gerichteten Vernunft ermöglichen. Die normative Idee der Öffentlichkeit verbindet das Prinzip der Volkssouveränität mit dem Anspruch auf eine vernünftige Selbstgesetzgebung, welche in Folge eines tief greifenden Säkularisierungsprozesses nicht mehr durch göttliche Vernunft garantiert werden kann. Bürgerliche Öffentlichkeit leistet so die interne Verkopplung einer sich in kollektiven Willensbildungsprozessen realisierenden Freiheit mit der Idee der Rationalität. Da die deliberative Öffentlichkeit im öffentlichen Räsonnement des (bildungs-)bürgerlichen Publikums nicht nur ästhetische oder philosophische, sondern auch politische Fragen verhandelt, bindet sie die politische Entscheidungsfindung an die Legitimitätsstandards guter Gründe.

In der bürgerlichen Gesellschaft wird der Begriff des Bürgers doppeldeutig. Ursprünglich „Stadtbürger", bezeichnet er nun einerseits in politischer Verallgemeinerung den „Staatsbürger" (citoyen), andererseits spezifiziert er den Bürger als Angehörigen eines besonderen Standes in Abgrenzung gegen Adel, Geistlichkeit und Bauernstand durch seine „Bürgerlichkeit". Sie drückt sich in Kultur und Lebensführung des Bürgertums, aber auch in seinen gesellschaftlichen Ordnungsvorstellungen als eine eigene Identität aus. Bürgerlichkeit als Lebensform, aber auch als leitende utopische Idee einer Gesellschaft der Freien und Gleichen – Grundvorstellung des Liberalismus – ist Kennzeichen des Bürgertums als sozialer Formation, vornehmlich des Bildungsbürgertums und der bildungsinteressierten Geschäftsleute.

Mit der Abstreifung geburtsständischer Privilegien und der Ausprägung einer Identität der „Bürgerlichkeit" ist die bürgerliche Gesellschaft freilich zugleich Klassengesellschaft. Der Bürger als bourgeois (Wirtschaftsbürger) steht, bedingt durch seine ökonomischen Interessen der Eigentumssicherung und der uneingeschränkten unternehmerischen Freiheit, aber auch durch sein Bildungsverständnis zunehmend in Defensive gegenüber den zunächst ausgeschlossenen, aber unaufhaltsam nachdrängenden Unterschichten. Die bürgerliche Gesellschaft gerät damit in offenen Widerspruch zu ihrem eigenen normativen Anspruch, den das liberale Bürgertum im 19. Jahrhundert nicht zu lösen vermag.

Dominierte in der deutschen Begriffsverwendung lange Zeit der Begriff der bürgerlichen Gesellschaft in der Tradition von Hegel und Marx, so unterscheidet das neuere Begriffsverständnis von Zivilgesellschaft .genauer zwischen Wirtschaft – bei Hegel und Marx noch als „bürgerliche Gesellschaft" beschrieben –, Staat und Zivilgesellschaft. In der angelsächsischen Theorietradition war hingegen die „civil society" ideengeschichtlich immer schon von einem anderen begrifflichen Zuschnitt. Da wir in Kontinentaleuropa historisch mit der Tradition eines starken Staates konfrontiert waren, ist hier das Konzept der „bürgerlichen Gesellschaft" immer auch um Abgrenzung der Gesellschaft vom Staat bemüht und hat sich in einer sehr stark etatistischen Theorietradition zu verorten und abzugrenzen gehabt. Da im Angelsächsischen dieser starke Staat aus historischen Gründen nicht den exponierten theoretischen Bezugspunkt bildete, finden wir in den Konzepten der civil society seit Locke und der schottischen Moralphilosophie bereits das Bemühen, in ganz eigenständiger Weise die zivilisierende Kraft gesellschaftlicher Entwicklungen und auch von Akteurszusammenhängen zu beschreiben und deren Folgen für Wirtschaft und Staat zu analysieren. In den letzten Jahrzehnten hat es in der deutschen Diskussion eine Differenzierung von bürgerlicher Gesellschaft und Zivilgesellschaft gegeben, die gleichsam an die angelsächsische Tradition anschließt.

Der neuere „Diskurs der Zivilgesellschaft"

Der neuere Diskurs der Zivilgesellschaft seit den 1970er Jahren (Klein 2001: 19–265) kann als weit ausholende und unabgeschlossene theoretische Suchbewegung nach den politischen Handlungsmöglichkeiten gesellschaftlicher Akteure zur Herstellung und Fortentwicklung demokratischer Formen der Politik verstanden werden. Seine Dynamik erhält der Diskurs im Kontext von Selbstverständigungsdiskursen demokratischer Akteure. In den *Zivilgesellschaftsdiskussionen in Ostmitteleuropa* dominiert eine antitotalitäre Stoßrichtung. Sie unterstreicht den freiheitsverbürgenden Sinn der Trennung von Staat und Gesellschaft, der den Diskurs der Zivilgesellschaft insgesamt normativ prägt. Eines der am weitesten verbreiteten Missverständnisse in der Rezeption des Zivilgesellschaftsdiskurses ist die Auffassung, er habe seine maßgeblichen Impulse vor allem aus Ostmitteleuropa erhalten. Demgegenüber ist die Eigenständigkeit der westlichen Zivilgesellschaftsdebatte zu unterstreichen.

Eine besondere Bedeutung haben in diesem Zusammenhang die so genannten *neuen sozialen Bewegungen*. Diese suchen nach normativen Bezugspunkten und ordnungspolitischen Deutungsrahmen ihrer eigenen Aktivitäten und ihres Akteursstatus, den sie als einen politischen Status gegenüber den Parteien und Verbänden des Systems der Interessenvermittlung reklamieren. Der Diskurs der Zivilgesellschaft wird in den westlichen Demokratien zu einem ordnungspolitischen Deutungsrahmen der neuen sozialen Bewegungen und auch – mit einem transnationalen Akzent – der NGOs. Mit der Parole der neuen Frauenbewegung „das Private ist politisch" wurden geschlechtsspezifische Arbeitsteilung, Rollenmuster und Ungleichheiten hinterfragt und grundlegende Abgrenzungen der politischen Ideengeschichte zwischen Privatsphäre, Zivilgesellschaft und Staat in Frage gestellt. Galt im klassischen Republikanismus der *oikos*, das Haus, noch als unhinterfragte Voraussetzung der Bürgertugenden einer Polis der Männer, so wird in den Konzeptdebatten der *neuen Frauenbewegung* zur Zivilgesellschaft die Familie zur Urform einer nach Kriterien von individuellen Autonomieansprüchen zu bewertenden Assoziation der Zivilgesellschaft selbst. Unhintergehbar wird im Kontext dieser Diskussionen zumindest die Einsicht, dass der Raum des Privaten historisch wandelbaren Grenzziehungen unterliegt, die selber einen politischen Charakter haben.

Einen weiteren bedeutenden aktuellen Verwendungskontext des Konzepts der Zivilgesellschaft stellt die Debatte über transnationale oder internationale Zivilgesellschaft dar. Die Protagonisten der Diskussion kommen zunächst vor allem aus der Gesellschaftspolitik. *NGO und globalisierungskritische Bewegungen* beziehen sich auf ein Konzept internationaler Zivilgesellschaft und verstehen sich zumeist selber als Akteure dieser internationalen Zivilgesellschaft. Ausgangspunkt ist die von der internationalen Politikforschung seit 1989 festgestellte Entwicklung eines zunehmenden Einflussgewinns der „Gesellschaftswelt" in einer Politikarena, in der zuvor die „Staatenwelt" gleichsam als Monopolist agieren konnte. Empirisch variiert der Einfluss zivilgesellschaftlicher Akteure auf politische Entscheidungsprozesse – konzeptionell in der Politikwissenschaft als Wandel von „government" zu „governance" reflektiert. Das Konzept der internationalen Zivilgesellschaft öffnet als Konzept normativ den Blick insbesondere auf die Entwicklung transnationaler Netzwerke und die dort möglichen Lern- und Sozialisationsprozesse mit ihren Folgen für ein gemeinsames normatives Hintergrundverständnis, auf Prozesse der Herausbildung transnationaler Öffentlichkeit und ihre Strukturen und deren Folgen für öffentliche Meinungsbildung sowie auf die Einflussnahme der public interest-Organisationen und NGOs auf politische Entscheidungsfindung. Der Einfluss der Zivilgesellschaft auf die Demokratisierung der Weltgesellschaft dürfte aus einer analytisch-empirischen Perspektive insbesondere bei der Beratung der Normen und Ziele für die globale Regulation und Rahmensetzung und bei der Überwachung und Kontrolle der Einhaltung dieser Normen durch die unterschiedlichsten zivilgesellschaftlichen Akteure liegen, während Koordination und Gewährleistung der Regulation des Globalisierungsprozesses eine zentrale Aufgabe der Staaten und der internationalen Institutionen bleiben.

Zur Aktualität der Zivilgesellschaftsdebatte: Fragestellungen, Forschungsbedarfe und politische Bezüge

Konzepte der Zivil- oder Bürgergesellschaft stehen im Zentrum der aktuellen demokratietheoretischen Diskussionen, aber auch der Debatten über die politischen und sozialen Integrationspotenziale moderner Gesellschaften („Sozialkapital"). In der politischen Soziologie sind analytische Anschlüsse an das normative Konzept der Zivilgesellschaft bei der Untersuchung des breiten Spektrums politischer Akteure, des sog. Dritten Sektors gemeinnütziger Nonprofit-Organisationen wie auch der an Bedeutung gewinnenden Politikfelder der „Engagement- und Demokratiepolitik" von wachsender Bedeutung. Konzepte der Zivil- oder Bürgergesellschaft sind vor diesem Hintergrund auch Referenzpunkte neuerer reformpolitischer Diskussionen.

Demokratietheorie

In der *demokratietheoretischen Diskussion* stehen Konzepte der Zivilgesellschaft mit ihrer Perspektive einer weitergehenden Demokratisierung repräsentativer Demokratien in Gegenstellung zu neueren Konzepten der „Postdemokratie" (Buchstein/Nullmeier 2006), die den Verlust folgenreicher Partizipation und einer Aushöhlung wie Funktionsstörung demokratischer Systeme diagnostizieren. Die Debatte kreist um die Implikationen dieses Programms für repräsentativ verfasste liberale Demokratien und bewegt sich nach anfänglichen Kontroversen jenseits eines direktdemokratischen Maximalismus und eines anti-institutionalistischen Denkens. In der Begründung demokratischer Selbstbestimmung können liberale Konzepte der Selbstgesetzgebung von republikanischen Konzepten der Selbstregierung unterschieden werden und findet sich auch der Versuch der Vermittlung beider in einem „neuen Republikanismus" demokratischer Selbstregierung.

Die diskurstheoretische Konzeption der Zivilgesellschaft bei *Cohen/Arato (1992)* und *Habermas (1992)* betont den moralischen Universalismus und die kognitive Rationalität deliberativer Öffentlichkeit. Die Zivilgesellschaft wird hier zum Rückhalt und Korrektiv einer demokratischen Selbstgesetzgebung, ohne dass ihr die Selbstorganisation der Gesellschaft im Ganzen zugetraut wird. Die politische Entscheidungsfindung bleibt im Staat konzentriert und nimmt die Impulse der Zivilgesellschaft nur durch den institutionellen Filter einer rechtsstaatlich gebundenen Politik auf. An die Stelle der liberalen Trennung einer auf den Staat konzentrierten Politik und einer unpolitischen bürgerlichen Gesellschaft tritt hier eine Abstufung innerhalb des Begriffes der politischen Gesellschaft entlang der Trennung von Zentrum und Peripherie des politischen Prozesses: Im Zentrum stehen die Institutionen und Akteure des repräsentativ verfassten Systems politischer Institutionen (politische Gesellschaft im engeren Sinne), während die Assoziationen der Zivilgesellschaft (als politische Gesellschaft im weiteren Sinne) deren Peripherie bilden. Zwischen politischer Gesellschaft und Zivilgesellschaft vermitteln im Sinne institutioneller Filterung Formen deliberativer Öffentlichkeit, auf die sich die staatlich-institutionelle, legislative Willensbildung und die politisch-administrative Entscheidungsfindung beziehen.

Im Anschluss an Hannah Arendt und die französischen Autoren Lefort, Gauchet und Castoriadis begründen *Ulrich Rödel, Günter Frankenberg* und *Helmut Dubiel (1989)* ihre Konzeption eines libertären Republikanismus. Dieser zielt auf eine Ausweitung und Stabilisierung bürgerschaftlicher Selbstbestimmung und Selbstregierung in einer repolitisierten, durch identitätspolitische Konflikte gekennzeichneten Zivilgesellschaft. In dieser Konzeption tritt die zivile als politische Gesellschaft in den Vordergrund, doch wird hier auch eine Selbstbegrenzung demokratischer Selbstregierung über ein allgemeines Prinzip politischer Instituierung eingeführt, das als antitotalitäre Garantie einer konstitutiven Verschränkung von privater Autonomie und demokratischer Selbstregierung verstanden wird. Den Autoren eines demokratischen Neorepublikanismus ist ein Verständnis der Politik als dialogischem Konfliktmodus und eine Konzeption politischen Handelns eigen, die sich abgrenzt von starken rationalistischen und kognitivistischen Deutungen in Konzepten deliberativer Demokratie.

Gegen eine konstitutionalistische Engführung der Konzeptionen demokratischer Selbstgesetzgebung, aber auch gegen den fehlenden Bezug des neorepublikanischen Konzeptes demokratischer Selbstregierung auf Fragen der Vermittlung eines intermediären Sektors vernetzter Assoziationsverhältnisse mit einer staatlich konzentrierten politischen Willensbildung und Entscheidungsfindung richten sich schließlich Konzepte der assoziationspolitischen Modernisierung der Demokratie (Offe/Preuß 1991; Cohen/Rogers 1994; Schuppert 1997). Diese Konzepte weiten zum einen den demokratischen Handlungsrahmen über die Kanäle der liberalrepräsentativen Institutionen des Staates hinaus auf Netzwerke, Verhandlungssysteme und deliberative Arenen aus, aber grenzen sich zum anderen – in Anknüpfung an den stärkeren diskurstheoretischen Begriff deliberativer Öffentlichkeit, der Anschlüsse an moralischen Universalismus und kognitive Rationalität ermöglicht – von der republikanischen Konzeption dialogischer, konflikthafter und kulturell selbstbezüglicher Praxis ab. Das von *Rainer Schmalz-Bruns* entwickelte Konzept „reflexiver Demokratie" (1995) nimmt jedoch nach dieser Korrektur das Konzept demokratischer Selbstregierung erneut auf. Aus einer institutionentheoretischen Perspektive werden hier nicht nur die Möglichkeiten einer Verlagerung politischer Willensbildung und Entscheidungsprozesse in die Gesellschaft erörtert, sondern zugleich auch solche institutionelle Reformen ins Auge gefasst, die die Chance bieten, die Bürger von allzu hohen Tugendzumutungen einerseits zu entlasten, andererseits aber zu moralischem Handeln zu motivieren und somit die Rationalität politischer Entscheidungen zu fördern. Damit gerät die Zivilgesellschaft von der Peripherie ins Zentrum des politischen Prozesses.

Sozialkapital

Spielen Konzepte der Zivilgesellschaft in der Demokratietheorie eine bedeutende Rolle auch bei der Frage nach *politischer* Integration, so hat sich mit der Diskussion um Konzepte des „Sozialkapitals" (siehe den Beitrag von Sebastian Braun in diesem Band) zugleich eine intensive Diskussion über die *Bedeutung der Zivilgesellschaft für Prozesse der sozialen Integration* etabliert (Putnam 1993 und 2000; Klein u. a. 2004).

Analytische und empirische Zugänge

Eine analytische und empirische Vermessung realer Zivilgesellschaften (Roth 2003) setzt weitere Anforderungen und ist zwangsläufig ein Vorhaben interdisziplinärer Art (Klein 2008). Die politische Soziologie bspw. kann Handlungslogik und Organisationsformen zivilgesellschaftlicher Akteure – vom Verein über Bürgerinitiative und soziale Bewegungen bis zu Verbänden und Parteien (Klein 2008) – untersuchen, die governance-Forschung die sich wandelnden Strukturen von Entscheidungsprozessen, die Netzwerkforschung die Interaktion der Akteure, die Rechtswissenschaften die Auswirkungen staatlicher Organisationsvorgaben. Das Verhältnis zwischen Wirtschaft und Zivilgesellschaft – genannt seien die Stichworte „Corporate Citizenship" und „Corporate Social Responsibility" (siehe den Beitrag von Backhaus-Maul/Friedrich in diesem Band) – gewinnt in den

Diskussionen der Wirtschaftsethik, der Verbraucherforschung, der Wirtschaftssoziologie u. a. zunehmend an Gewicht.

Zivilgesellschaft/Bürgergesellschaft in der aktuellen politischen Diskussion

Schließlich spielen *Konzepte von Bürger- und Zivilgesellschaft auch in den aktuellen politischen Diskussionen* eine Rolle: Es zeichnen sich Konturen einer „Engagementpolitik" und eines engagementpolitischen Feldes ab (Olk u. a. 2009). Die zahlreichen politischen Empfehlungen der Enquête-Kommission „Zukunft des Bürgerschaftlichen Engagements" machen die Bedeutung staatlicher Rahmenbedingungen für die Entwicklung von Zivilgesellschaft und bürgerschaftlichem Engagement deutlich (Enquête-Kommission 2002, Evers u. a. 2003). Doch erst eine Akzentuierung des Verständnisses der Zivilgesellschaft als organisierter Zivilgesellschaft macht Potenziale und Erfordernisse einer Reformpolitik deutlich, die sich nicht nur auf der Ebene der individuellen Anreize bewegen. Dies betrifft zum einen den Ausbau einer zivilgesellschaftlichen Infrastruktur, zum anderen die Entwicklung zivilgesellschaftlicher Organisationen (Zimmer/Priller 2004: 215ff.; kritisch Evers 2009). Mögliche Ziele einer organisationspolitisch ansetzenden Reformpolitik wären die Stärkung der organisierten Zivilgesellschaft und der engagementfördernden Infrastrukturen, die Entwicklung eines eigenen Sektorenbewusstseins der Akteure und der Ausbau von Kooperationen, Allianzen und Netzwerken für ihr stärker abgestimmtes Vorgehen. Unter derart verbesserten Voraussetzungen könnten insbesondere die Funktionen der Koproduktion sozialer Leistungen in einem „welfare mix" (siehe den Beitrag von Evers in diesem Band), aber auch die politischen und kulturellen Funktionen der Zivilgesellschaft gestärkt werden. Es setzt sich erst allmählich die Einsicht durch, dass der Staat durch eine Stärkung der Zivilgesellschaft auch sich selber zu stärken vermag.

Die demokratiepolitische Dimensionen der Engagementpolitik sticht hervor: Wer sich engagiert, möchte auch mitgestalten und mitentscheiden. Doch es macht einen Unterschied, ob man die Spielräume der Partizipation aus der Perspektive zivilgesellschaftlicher Organisationen (assoziative Demokratie), aus der Perspektive einer Beteiligung von Organisationseliten oder Experten (deliberative Demokratie) oder aus der Warte einer direktdemokratischen Entscheidungsfindung betrachtet. Zudem öffnen sich mit der Perspektive einer gesellschaftlichen Demokratisierung – mit den Möglichkeiten der Öffnung der gesellschaftlichen Einrichtungen von Kindergarten und Schule über Krankenhäuser bis zu Altenheimen – weitere große Themenfelder und Aufgaben der Engagementpolitik. Aus einer ordnungspolitischen Perspektive wird zudem deutlich, dass auf Ebene lokaler und kommunaler Partizipation zwar eine deutliche Ausweitung von Beteiligungsrechten erfolgte, dass aber die Kommunen im föderalen Gefüge immer weniger reale, auch durch vorhandene finanzielle Spielräume abgedeckte Gestaltungsmöglichkeiten haben.

Erst im Aufbau begriffen ist ein bereichsübergreifendes Verständnis der Engagementförderung. Dazu zählen nicht nur rechtliche Fragestellungen bspw. des Vereinsrechts, des Stiftungsrechts, des Zuwendungsrechts oder des Gemeinnützigkeitsrecht mit seinen steuerrechtlichen Konsequenzen für gemeinnützige Organisationen, sondern auch förderpolitische Fragestellungen, die bspw. auf Forschung zu und Ausbildung für den Bedarf gemeinnütziger Organisationen des Dritten Sektors, auf die Stärkung von Infrastruktur und Infrastruktureinrichtungen der Engagementförderung, auf Information und Beratung oder den Ausbau von rechtlich geregelten Angeboten von Freiwilligendiensten zielen.

Wirtschaft und Zivilgesellschaft

Notorisch schwach ausgeleuchtet sind die Wechselbezüge von Wirtschaft und Zivilgesellschaft. Die Marktwirtschaft lebt wie auch der Staat von Voraussetzungen, die sie nicht selber schaffen kann, d.h. von Vertrauen und sozialem Kapital. Umgekehrt ist eine Dezentralisierung von ökonomischer Macht, wie sie Marktgesellschaften kennzeichnet, ein für Zivilgesellschaft förderlicher Kontext. Doch lassen sich im modernen Kapitalismus auch Akteure und Formen unternehmerischen Handelns finden, die Zivilgesellschaft auszehren: „Diese Negativbeziehung zwischen Unternehmertum und Zivilgesellschaft findet sich wohl vor allem in besonders mobilen, räumlich fluiden, nirgendwo sesshaften Formen früheren und heutigen Unternehmertums, in der New Economy gestern und im internationalen Finanzkapitalismus heute. Es gibt Kapitalismus, der sich relativ zur Zivilgesellschaft parasitär verhält." (Kocka 2003: 34)

Die soziale Verantwortung von Unternehmen hat auch in Deutschland eine lange Tradition, doch stand sie bislang zumeist im Schatten der alles überragenden Verantwortungszuschreibungen an den Staat. Sie ist deshalb bisher auch nicht – wie etwa in der angelsächsischen Unternehmenskultur – zum Bestandteil eines strategisch ausgerichteten unternehmerischen Handelns geworden. Durch den Wandel der Sozialstaatlichkeit in Deutschland und die immer deutlicher werdenden Notwendigkeiten der kooperativen Erbringung sozialer Leistungen durch Staat, Wirtschaft und Bürgergesellschaft („welfare mix") sind die angelsächsischen Konzeptionen von Corporate Social Responsibility und Corporate Citizenship in den letzten Jahren verstärkt in den Fokus nicht nur der öffentlichen Diskussion, sondern auch der unternehmerischen Wahrnehmung geraten. In den Diskussionen wird hingegen deutlich, dass neben der Logik des Marktes für Unternehmen auch die Übernahme einer Rolle als zivilgesellschaftlicher Akteur möglich ist. Das machen zahlreiche praktische Aktivitäten von Unternehmen, von Unternehmensstiftungen oder auch Mäzenatentum deutlich.

Literatur

Adloff, Frank 2005: Zivilgesellschaft. Theorie und politische Praxis, Frankfurt/Main/ New York
Alexander, Jeffrey C., 2006: The Civil Sphere. Oxford.
Buchstein, Hubertus/Nullmeier, Frank 2006: Die Postdemokratie-Debatte. In: Forschungsjournal Neue Soziale Bewegungen, 19/4: 16–22.
Bourdieu, Pierre 1996: Die feinen Unterschiede. Kritik der gesellschaftlichen Urteilskraft. Frankfurt/Main
Cohen, Jean L./Arato, Andrew 1992: Civil Society and Political Theory. Cambridge/ Ma.-London.
Cohen, Jean 2003: Der amerikanische Diskurs der Zivilgesellschaft und seine Dilemmata. In: Lohmann, Gerog (Hrsg.):Demokratische Zivilgesellschaft und Bürgertugenden in Ost und West. Frankfurt/Main et al.: 73–84
Cohen, Joshua/Rogers, Joel 1994: Solidarity, Democracy, Association. In: Streeck, W. (Hrsg.): Staat und Verbände. Sonderheft 25 der Politischen Vierteljahresschrift. Opladen: 136–159.
Enquête-Kommission „Zukunft des Bürgerschaftlichen Engagements" des Deutschen Bundestags 2002: Bericht: Bürgerschaftliches Engagement: Auf dem Weg in eine zukunftsfähige Bürgergesellschaft. Opladen
Evers, Adalbert/Kortmann, Karin/Olk, Thomas/Roth, Roland 2003: Engagementpolitik als Demokratiepolitik. Reformpolitische Perspektiven für Politik und Bürgergesellschaft. In: Lohmann, Georg (Hrsg.): Demokratische Zivilgesellschaft und Bürgertugenden in Ost und West. Frankfurt/Main: 153–164.
Evers, Adalbert 2009: Gefährdungen von Zivilität. Zum Verhältnis von Zivilgesellschaft und Drittem Sektor. In: Forschungsjournal Neue Soziale Bewegungen 01/2009: 79–84.
Göhler, Gerhard/Klein, Ansgar 1991: Politische Theorien des 19. Jahrhunderts. In: Lieber, Hans Joachim (Hrsg.): Politische Theorien von der Antike bis zur Gegenwart Bonn: 259–656.
Gosewinkel, Dieter/Rucht, Dieter/van den Daele, Wolfgang/Kocka, Jürgen, 2004: Einleitung: Zivilgesellschaft – national und transnational. In: dies (Hrsg.): Zivilgesellschaft – national und transnational, WZB-Jahrbuch 2003: 11–26.
Habermas, Jürgen, 1992: Faktizität und Geltung. Beiträge zur Diskurstheorie des Rechts und des demokratischen Rechtsstaats. Frankfurt/Main
Klein, Ansgar 2001: Der Diskurs der Zivilgesellschaft. Politische Hintergründe und demokratietheoretische Folgerungen. Opladen.
Klein, Ansgar 2008: Zivilgesellschaft und Demokratie. Ideengeschichtliche, demokratietheoretische und politisch-soziologische Zugänge. In: Forschungsjournal Neue Soziale Bewegungen, 21/3: 189–238.
Klein, Ansgar/Kern, Kristine/Geissel, Brigitte/Berger, Maria (Hrsg.) 2004: Zivilgesellschaft und Sozialkapital. Herausforderungen politischer und sozialer Integration. Wiesbaden.
Kocka, Jürgen 2003: Zivilgesellschaft in historischer Perspektive. In: Forschungsjournal Neue Soziale Bewegungen, 16/2: 29–37.
Offe, Claus/Preuss, Ulrich 1991: Democratic Institutions and Moral Resources. In: Held, David (Hrsg.): Political Theory today. Cambridge: 143–171.
Olk, Thomas/Klein, Ansgar/Hartnuss, Birger (Hrsg.) 2009: Engagementpolitik. Die Entwicklung der Zivilgesellschaft als politische Aufgabe. Wiesbaden
Pollack, Detlef 2003: Zivilgesellschaft und Staat in der Demokratie. In: Forschungsjournal Neue Soziale Bewegungen,16/2: 46–58.
Putnam, Robert D. 1993: Making Democracy Work. Civic Traditions. In Modern Italy. Princeton/New Jersey.

Putnam, Robert D. 2000: Bowling Alone. The Collapse and Revival of American Community. New York u. a.

Rödel, Ulrich/Frankenberg, Dieter/Dubiel, Helmut 1989: Die demokratische Frage. Frankfurt/Main

Roth, Roland 2003: Die dunklen Seiten der Zivilgesellschaft. In: Forschungsjournal Neue Soziale Bewegungen, 16/2: 59–73.

Schmalz-Bruns, Rainer, 1995: Reflexive Demokratie. Die demokratische Transformation moderner Politik. Baden-Baden.

Schmidt, Jürgen (Hrsg.) 2007: Zivilgesellschaft. Bürgerschaftliches Engagement von der Antike bis zur Gegenwart. Texte und Kommentare. Reinbek.

Schuppert, Gunnar Folke 1997: Assoziative Demokratie. Zum Platz des organisierten Menschen in der Demokratietheorie. In: Klein, Ansgar/Schmalz-Bruns, Rainer (Hrsg.): Politische Beteiligung und Bürgerengagement in Deutschland. Bonn und Baden-Baden: 114–152.

Taylor, Charles 1993: Der Begriff der „bürgerlichen Gesellschaft" im politischen Denken des Westens. In: Brumlik, Micha/Brunkhorst, Hauke (Hrsg.): Gemeinschaft und Gerechtigkeit. Frankfurt/Main: 117–148.

Zimmer, Annette/Priller, Eckhard 2004: Gemeinnützige Organisationen im gesellschaftlichen Wandel. Ergebnisse der Dritte-Sektor-Forschung. Wiesbaden.

Jörg Bogumil und Lars Holtkamp

Bürgerkommune

Kommune und lokaler Raum sind aufgrund der Erfahrungsnähe und der lebensweltlichen Rückbindung der dortigen Problemstellungen von besonderer Bedeutung für das Engagement der Bürgerinnen und Bürger. Quantitativ finden gut 80 % des Engagements hier statt. Zudem sind in den Kommunen die Bedingungen für ein bereichsübergreifendes Verständnis von Engagementförderung aufgrund der geringeren Komplexität des politisch-administrativen Systems im Gegensatz zu den häufig unkoordinierten Fachpolitiken auf Bundes- oder Landesebene besonders günstig. Wichtiger für die Konzeption des Leitbilds der Bürgerkommune, die weitgehend von der Verwaltungspraxis ausging, war aber die Ergänzung der bis dahin rein betriebswirtschaftlich ausgerichteten Verwaltungsmodernisierung und die Anfang der 1990er Jahre einsetzende kommunale Haushaltskrise. Es waren also sicherlich nicht nur die in vielen Reden hervorgehobenen Potenziale der Kommunen, sondern häufiger auch die Haushaltsnot, die der Auslöser für die Engagementförderung vor Ort gewesen ist.

Wir wollen deshalb in einem ersten Schritt diese Entstehungsgeschichte und das Leitbild der Bürgerkommune nachzeichnen, womit zugleich die begrenzenden Rahmenbedingungen auf kommunaler Ebene verdeutlicht werden. In einem zweiten Schritt wird gezeigt, was das Konzept der Bürgerkommune in der lokalen Praxis leisten kann und wo es auf Grenzen stößt. Abschließend wird auf die vorwiegend aus der Wissenschaft an diesem Konzept vorgebrachte Kritik eingegangen, die aus unserer Sicht allerdings kaum sinnvolle Alternativen bietet, wenn man die Restriktionen des empirischen Partizipationsverhaltens und des kommunalen Handelns berücksichtigt.

Das Konzept der Bürgerkommune

Mit dem Neuen Steuerungsmodell wurde von der Kommunalen Gemeinschaftsstelle (KGSt) Anfang der 1990er Jahre ein neues Verwaltungsleitbild in die Welt gesetzt: das Dienstleistungsunternehmen Stadtverwaltung. Eine schlanke kundenorientierte Verwaltung schien die passende Antwort auf die Anfang der 1990er Jahre einsetzende kommunale Haushaltskrise zu sein. Der Bürger wurde im Neuen Steuerungsmodell auf die Rolle des zahlenden Kunden und die kommunale Vertretungskörperschaft auf die Funktionen eines Aufsichtsrates reduziert. Das Neue Steuerungsmodell stieß jedoch bald auf ganz erhebliche Implementations- und Akzeptanzprobleme und es wurde deutlich, dass die ökonomische Betrachtungsweise dem politischen

Charakter der kommunalen Selbstverwaltung und den unterschiedlichen Rollen des Bürgers nicht genügend Rechnung trägt. Zudem produzierte es hohe Kosten für Produktkataloge etc. und erweis sich nicht als geeignet einen nennenswerten Beitrag zur Haushaltskonsolidierung zu bringen (Holtkamp 2008; Bogumil et al. 2007).

Das Konzept der Bürgerkommune baut auf einen im Zuge des Neuen Steuerungsmodells formulierten Leistungsverstärker auf. Der Bürgermeister der nordrhein-westfälischen Stadt Arnsberg, Hans Josef Vogel, der als einer der Begründer des Bürgerkommune-Ansatzes in der Praxis gelten kann, postulierte schon früh eine starke Kundenorientierung der Verwaltung. Er führte in dezentralen Bürgerämtern die Leistungen der Verwaltung zusammen und warb mit dem Aktiven Beschwerdemanagement dafür, dass sich die Bürger über die Verwaltung beschweren sollten, damit diese ihren Output verbessern könne. Darüber hinaus bezog er die Bürger durch die Übergabe von Sportplätzen etc. an Vereine in die Mitgestaltung des kommunalen Outputs mit ein. Er setzte hierbei im Zuge der Kommunitarismusdebatte auf Appelle an die gemeinschaftliche Identität und immaterielle Anreize. Hinzu kamen aber auch finanzielle Anreize. So beteiligte er die Vereine an der „Rationalisierungsdividende" (Vogel 1999: 145), die durch Personaleinsparungen in der Stadtverwaltung im Zuge der Aufgabenübertragung zu verzeichnen war. Hierbei handelte es sich im Kern um ein ganz typisches Konsolidierungsinstrument, das in NRW-Kommunen mit immer weiter steigenden Haushaltsdefiziten vermehrt eingesetzt wurde und als Aufgabenübertragung auch in anderen Bereichen heute noch an Bedeutung zunimmt (Bürgerbäder, Bürgerstiftungen etc.). Das Konzept der Bürgerkommune war also von Anfang an durchaus auch auf knappe Haushaltsressourcen eingestellt.

Vor dem Hintergrund der Arnsberger Initiativen, weiterer Praktikerbeiträge und bereits vorliegender Evaluationsstudien zu einzelnen Beteiligungsinstrumenten wurde schließlich das Leitbild der Bürgerkommune systematisiert (Holtkamp 2000; Bogumil/Holtkamp 2001) und für die Praxis zusammengefasst. Danach geht es in der Bürgerkommune darum, parallel die Kunden-, Mitgestalter- und Auftraggeberrolle zu fördern. Die Beteiligung in der Auftraggeberrolle setzt bei der kommunalen Politikformulierung und Planung an (z.B. „runde Tische und Bürgerforen"), während die Mitgestalter- und Kundenrolle in der Phase der Politikumsetzung greift. Die Kundenrolle meint eher die passive Beurteilung des kommunalen Outputs, während unter der Mitgestalterrolle das aktive Mitproduzieren des Outputs zu verstehen ist.

Damit die Beteiligungsinstrumente in den einzelnen Rollen ihren vollen Nutzen entfalten können, bedarf es einer grundlegenden Umgestaltung des kommunalen Entscheidungssystems. Dieses gemeinsame „Dach" der Bürgerkommune besteht aus vier Bausteinen.

Abb. 1: Das Leitbild der Bürgerkommune

```
                    Kultur-
                    wandel
                  Delegation
             Partizipationsmanagement
          Politikübergreifende Koordination
```

Kundenorientierung	Mitgestalterrolle	Auftraggeberrolle
Instrumente:	Instrumente:	Instrumente:
• Kunden-befragungen	• Freiwilligen-agenturen	• Bürger-versammlungen
• Beschwerde-management	• Bürgerstiftungen	• Bürgerforen
• Bürgerämter	• Aufgaben-übertragung	• Perspektiven-werkstatt
• E-Government		• E-Democracy
• Wettbewerb		

Quelle: Eigene Darstellung

(1) Zunächst sollten Organisationsstrukturen geschaffen werden, die eine ressort- bzw. *politikfeldübergreifende Koordination* der Bürgerbeteiligung und Engagementförderung ermöglichen. Die Bürger haben nur wenig Verständnis für die unterschiedlichen Ressortgrenzen und möchten, dass die Probleme ihrer Lebenslage entsprechend ganzheitlich behandelt und Beteiligungsergebnisse ressortübergreifend umgesetzt werden. Im Idealfall ist unter politikfeldübergreifender Koordination zu verstehen, dass für den sich beteiligenden Bürger nach außen hin nur ein zentraler Ansprechpartner – z.B. ein so genannter Bürgerbeauftragter – zuständig ist, um ihm die übliche „Ämterralley" zu ersparen (One-Stop-Participation).

(2) Zwingend erforderlich ist ein *Partizipationsmanagement* durch die kommunalen Entscheidungsträger. Dieses ist der wichtigste Baustein, da man häufig in der kommunalen Praxis feststellen kann, dass relativ unreflektiert Beteiligungsinstrumente eingesetzt werden. Im Rahmen des Partizipationsmanagements sollen sich die kommunalen Entscheidungsträger *vor* dem Einsatz von Beteiligungsinstrumenten darüber Gedanken machen,

wann, an welcher Stelle, zu welchem Thema Bürger *wie* zu beteiligen sind. Aus der Perspektive der Nachhaltigkeit ist die Beteiligung von Bürgern nicht per se ein anstrebenswertes Gut, sondern erst dann, wenn die Beteiligungsangebote nach Möglichkeit so konzipiert sind, dass sie die Bereitschaft der Bürger zur Teilnahme an zukünftigen Beteiligungsangeboten stärkt. Dies setzt insbesondere voraus, dass hinterher zumindest ein Teil der Anregungen der Bürger tatsächlich auch umgesetzt wird. Die Beteiligung sollte sich, um dies gewährleisten zu können, eher auf die kleinräumige, weniger konfliktreiche Planung konzentrieren und weniger die umfassende Partizipation an abstrakten Leitbildern und ausgeprägten Standortkonflikten anvisieren (Holtkamp 2000).

(3) Die *Delegation von Verantwortung* auf Stadtteilebene, dezentrale Einrichtungen und Bürgergruppen bei kommunaler Rahmensteuerung ist ein weiterer wichtiger Baustein. Die Delegation führt zu erhöhten Anreizen der Bürger, sich an der Planung und Umsetzung lokaler Politik zu beteiligen, weil der einzelne Bürger sieht, dass es auf sein Handeln wirklich ankommt und Trittbrettfahrerverhalten aufgrund größerer sozialer Kontrolle unwahrscheinlicher ist als in größeren Einheiten.

(4) Darüber hinaus ist ein umfassender *Kulturwandel* erforderlich, der als kollektiver Lernprozess dazu führen sollte, dass die kommunalen Entscheidungsträger von sich aus auf die Bürger zugehen und die Beteiligung der Bürger eher als Bereicherung, denn als Beschneidung ihrer Kompetenzen und Gefährdung eingespielter Routinen empfinden. Kein Beteiligungskonzept, keine Dienstanweisung kann bewirken, dass die Bürgerkommune von den beteiligten Akteuren auch entsprechend umgesetzt wird. Kooperative Verhaltensweisen von Politik und Verwaltung, wie z.B. die frühzeitige umfassende Information der Bürger über wichtige kommunale Planungsvorhaben, lassen sich nicht anordnen, sondern kommen am ehesten zustande, wenn die Akteure von diesen Verhaltensweisen überzeugt sind.

Leistungen und Grenzen der Bürgerkommune

Ausgehend von den Ergebnissen empirischer Untersuchungen ergeben sich folgende Leistungen, Grenzen und Probleme der Bürgerkommune (Bogumil et al. 2003).

Leistungen

Die Bürgerkommune bzw. einzelne Instrumente zur Förderung der drei Beteiligungsrollen können folgende Leistungen erbringen:

- Durch Beteiligung gelingt es Teile der Bürgerschaft intensiver in die politische Willensbildung einzubeziehen. Sind die Beteiligungsinstrumente und das Beteiligungsthema sorgfältig ausgewählt, ist die Resonanz der Bürger auf Beteiligungsangebote überraschend groß. Von einer *generel-*

len Politikverdrossenheit kann damit *keine Rede* sein. Viele Bürger interessieren sich für kommunale Fragen und wollen sich durchaus konstruktiv in die Planung einbringen. Durch Beteiligung (bei Umsetzung von Beteiligungsergebnissen) kann dieses Interesse noch gefördert werden.
- Die Bürgerkommune kann zur Legitimationsentlastung der kommunalen Entscheidungsträger beitragen. Insbesondere die Verlagerung von Kompetenzen und Aufgaben auf Vereine kann dazu führen, dass Verteilungskonflikte dezentral gelöst werden und kostenintensive Ansprüche der Bürger reduziert werden.
- Darüber hinaus gelingt es den Fraktionen durch Bürgerbeteiligung in begrenztem Maße neue Mitstreiter zu gewinnen. Die Bürgerkommune kann damit ein Weg sein, die sich in kleineren und mittleren Städten abzeichnenden Rekrutierungsprobleme für qualifizierte Ratsmitglieder zu reduzieren. Sie leistet damit einen Beitrag zur „Reproduktion" der repräsentativen Demokratie auf kommunaler Ebene.
- Durch Beteiligung können die kommunalen Entscheidungsträger viertens grundsätzlich responsiver werden und bekommen Informationen mit hoher Qualität, die ihnen über die gewöhnlichen Instrumente (z. B. Expertengutachten) nicht zur Verfügung gestellt werden. Dieser „Informationsmehrwert" kann bei kommunaler Planung und Dienstleistungsproduktion auch zu effektiveren Problemlösungen führen.
- Die Bürgerkommune kann mitbewirken, dass die Bürger mit den Dienstleistungen der Verwaltung wesentlich zufriedener sind. Insbesondere durch die Einführung von Bürgerbüros und Aktivem Beschwerdemanagement wird die Kundenzufriedenheit nachweislich erhöht.
- Die Bürgerkommune kann in Teilbereichen einen Beitrag zur Haushaltskonsolidierung leisten, indem sie durch intensive Beteiligung Fehlinvestitionen vermeiden hilft und die Bürger und Vereine stärker ihre eigenen Ressourcen einbringen. Vor allem ist die Förderung von freiwilligem Engagement aber dazu geeignet, trotz immer engerer Haushaltsspielräume, eine breite Leistungspalette städtischer Angebote aufrechtzuerhalten und neue Angebote überhaupt noch entwickeln zu können. So werden heute in vielen Kommunen einige öffentliche Einrichtungen als Mischform zwischen Staat, Markt und Gemeinschaft geführt. In Evaluationen konnte gezeigt werden, dass hieraus häufiger „win-win-Lösungen" entstehen, die vielen Akteuren „zugute kommen können: der öffentlichen Hand, den Adressaten der Dienste, ihren Trägern" (Evers/Rauch/Stitz 2002: 248), wobei selektive finanzielle Anreize gerade für Routinetätigkeiten neben der Identifikation mit dem Verein oder der Einrichtung häufiger eine zentrale Rolle spielen.

Grenzen

Die Bürgerkommune kann aber nicht all ihre Versprechungen einlösen. Es zeigen sich drei grundsätzliche Begrenzungen:

(1) Die Bürgerkommune erreicht *nicht alle sozialen Gruppen* im gleichen Maße. So sind beispielsweise Frauen bei der Beteiligung im Rahmen der Auftraggeberrolle eindeutig unter- und bei der Mitgestalterrolle im sozialen Bereich deutlich überrepräsentiert. Zwar gibt es verschiedene Instrumente, die eine etwas stärkere repräsentative Beteiligung der Bürger gerade im Rahmen der Auftraggeberrolle gewährleisten (z. B. Planungszelle, Bürgerbefragung und „aufsuchende" Beteiligung), aber diese sind zumeist teurer als die konventionellen Verfahren und werden deswegen nur zögerlich implementiert. Diese durchweg zu erwartende soziale Schieflage gerade im Rahmen der Auftraggeberrolle spricht aber nicht dafür, die Bürgerbeteiligung wieder einzuschränken und den Rat und die direktgewählten Bürgermeister zu stärken. Denn in diesem Bereich zeigen sich gerade in den Führungsfunktionen noch viel stärkere soziale Schieflagen. So gibt es beispielsweise in Baden-Württemberg und Nordrhein-Westfalen nur 6% Bürgermeisterinnen und in CDU und SPD nur 9% weibliche Fraktionsvorsitzende. Die sozial ausgewogenere Repräsentation von Bevölkerungsgruppen ist somit für alle Demokratieformen auf kommunaler Ebene eine zentrale Herausforderung.

(2) Die Erwartung, dass durch die Bürgerkommune die vorhandene *Politikerverdrossenheit* maßgeblich *abgebaut* werden kann, sollte nicht zu hochgesteckt werden. Dazu sind die (Vor-)Urteile in Bezug auf Politiker viel zu stark als feste Einstellungen verankert. Die mangelnde Umsetzung von Beteiligungsergebnissen kann eher noch zu einer Forcierung der Politikerverdrossenheit beitragen. Zum Teil wird sogar befürchtet, dass es in der Bürgergesellschaft zu einer zweigeteilten Demokratiewirklichkeit kommt. „Unten" eine produktive und an Politik interessierte, aber parteien- und politikerverdrossene Bürgergesellschaft und „oben" die hiervon abgekapselte (partei-)politische Klasse. Allerdings gilt dieses Problem wohl im stärkeren Maße für die Bundes- und Landesebene, während auf kommunaler Ebene aufgrund der größeren räumlichen und sachlichen Nähe prinzipiell die Möglichkeit besteht, diese Kluft zu überbrücken. Dies setzt aber eine andere Verhaltensweise bei Kommunalpolitikern voraus. Kommunalpolitiker müssten dann lernen, mehr zuzuhören und parteipolitische Konflikte aus der Bürgerbeteiligung auszuklammern.

Kritik und Perspektiven

Das Leitbild der Bürgerkommune wurde vorwiegend in der wissenschaftlichen Literatur kritisiert, während es in der kommunalen Praxis auf eine breite Akzeptanz stößt. Es trage paternalistische Züge, sei zu stark auf die kommunalen Entscheidungsträger und zu wenig auf Emanzipationsprozesse der Bürger fokussiert und beteilige die Bürger nur an nebensächlichen Entscheidungen („Niedlichkeitsfalle") (Roth 2007). Das umfangreiche Demokratieversprechen werde durch die Betonung der Mitgestalterrolle nicht eingehalten, sondern die Bürger werden lediglich für Aufgabenkritik und

Outsourcing kommunaler Leistungen benutzt (Kersting 2008: 280). So zumindest die gängige wissenschaftliche Kritik.

Diese ist sicherlich nicht ganz unberechtigt und mag dazu beitragen, dass die Akteure auch stärker die gesellschaftlichen und demokratischen Grundannahmen zunächst wohlklingender Reformmodelle hinterfragen. Allerdings muss bezweifelt werden, dass diese Kritik tatsächlich handlungsrelevant wird, weil die partizipativen Alternativen hierzu bisher zu abstrakt und zu wenig praxistauglich bleiben. Unter Begriffen wie „partizipative Governance" oder „Good Governance" (Kersting 2008: 271 f.) erlebt derzeit in den Sozialwissenschaften die partizipatorische Demokratietheorie eine bemerkenswerte Renaissance. Hier wird eine „Maximierung von Selbstentfaltungs- und Selbstbestimmungschancen" (Walk 2008: 252) propagiert, die nicht nur zu einer stärkeren Partizipation und Legitimation führen soll, sondern auch zur effektiven und kostengünstigeren Umsetzung von politischen Maßnahmen. Häufig wird für derartige Erwartungen die ambitionierte Bürgerbeteiligung im Rahmen der Lokalen Agenda angeführt.

Empirische Studien kommen aber gerade in diesem Bereich zu einer ziemlich ernüchternden Bilanz. Die Beteiligungsergebnisse wurden häufig von den Kommunen nicht umgesetzt und von der Kommune autonome Projekte der Zivilgesellschaft erwiesen sich häufig nicht als lebensfähig. Erfolge in diesen Beteiligungsverfahren für die Bürger und die Kommune wurden vorrangig dann erzielt, wenn sie sich, wie es das Konzept der Bürgerkommune postuliert, auf kleine unstrittige Projekte konzentrierten (Holtkamp/Bogumil/Kißler 2006; Noll 2007). Alles andere ist auch in anderen Politikfeldern kaum umsetzbar, was nicht nur auf die kommunalen Entscheidungsträger zurückführbar ist, sondern auch bei den Bürgern kann keineswegs eine bedingungslose, altruistische Partizipationsbereitschaft vorausgesetzt werden. Häufiger geht es um durchaus egoistische, kleinräumige Anliegen. So setzt sich gerade die gut ausgebildete Mittelschicht nicht selten gegen Kinderspielplätze, Skaterparks und Asylbewerberheime ein (Sankt-Florians-Prinzip) und sind dabei zu keinem Kompromiss in Mediationsverfahren bereit. Die umfassende Bürgermitwirkung an allen Stadtentwicklungsfragen ist bei diesem Partizipationsverhalten illusorisch bzw. auch wenig wünschenswert (vgl. zu vielen weiteren Problemen und Selektivitäten von Bürgerbeteiligung Holtkamp/Bogumil/Kißler 2006).

Hinzu kommt eine zweite Restriktion bei der Umsetzung von mehr Partizipation, die zwar häufiger stichwortartig aufgeführt wird, deren Auswirkung auf das alltägliche kommunale Handeln in der Wissenschaft aber meist zu wenig beachtet wird. Die dauerhaft anhaltende kommunale Haushaltskrise im Verbund mit der Intervention der Aufsichtsbehörden führt in nicht wenigen Kommunen dazu, dass die notwendige Engagementinfrastruktur nicht im vollen Maße vorgehalten werden kann und auch hierdurch die Umsetzung von Beteiligungsergebnissen prekär wird. Der Bundesländervergleich zwischen Baden-Württemberg und Nordrhein-Westfalen zeigte bereits für das Jahr 2002, dass in Nordrhein-Westfalen aufgrund der deutlich schwierigeren kommunalen Haushaltslage die Instrumente zur Unterstützung der Mitgestalterrolle nicht so häufig eingesetzt wurden wie in Baden-Württemberg (Bogumil/Holtkamp/Schwarz 2003). Es gab weniger Freiwilligenzentralen, weniger Verwaltungsmitarbeiter, die die Funktion eines Bürgerbeauftragten erfüllen und die finanzielle Förderung von Vereinen und die Bereitstellung von Räumlichkeiten für Engagierte hat in Nordrhein-Westfalen keine große Priorität. Alles, was zumindest kurzfristig mehr Geld kostet, wurde in Nordrhein-Westfalen nur wenig realisiert. Dafür bestanden in NRW allerdings deutlich höhere Anreize, Aufgaben auf Bürger und Vereinen zu übertragen, als in Baden-Württemberg und in diesem Sinne Bürgerengagement auch gegen den Widerstand von Verwaltungsmitarbeitern aus diesen Aufgabenbereichen zu fördern. Seitdem hat sich die haushaltspolitische Polarisierung der Kommunen weiter verschärft. So haben sich in nur sieben Jahren bis zum Jahre 2006 allein die Kassenkredite der deutschen Kommunen zur Finanzierung der laufenden Haushaltsdefizite fast vervierfacht. Hiervon sind insbesondere Rheinland-Pfalz, Hessen, Niedersachsen und Nordrhein-Westfalen und bedingt die neuen Bundesländer stark betroffen, wie das folgende Diagramm am Beispiel der Entwicklung der Höhe der kommunalen Kassenkredite pro Einwohner verdeutlicht. Die süddeutschen Kommunen sind dagegen in der Regel (aufgrund deutlich besserer sozialstruktureller Ausgangsbedingungen) nicht mit gravierenden Haushaltsproblemen befasst.

Diese extrem gestiegenen kommunalen Kassenkredite in einigen Bundesländern gehen mit starken Eingriffen der Kommunalaufsicht einher, die nur mit der Bürgerkommune in einer „abgespeckten" Version vereinbar ist. Ende 2006 sind so zum Beispiel schon 114 der Kommunen in NRW im Nothaushaltsrecht – also mehr als 25 % der nordrhein-westfälischen Kommunen haben keinen genehmigten Haushalt (Holtkamp 2007; Bogumil/Holtkamp 2006). Damit wird das Nothaushaltsrecht insbesondere in den nordrhein-westfälischen Mittel- und Großstädten zum Normalfall. Unter diesen Bedingungen dürfen die Kommunen nur noch die Aufgaben wahrnehmen, zu denen sie rechtlich verpflichtet sind „oder die für die Weiterführung notwendiger Aufgaben unaufschiebbar sind" (Gemeindeordnung NRW). Insbesondere neue freiwillige Aufgaben, zu denen die Engagementinfrastruktur, große Teile der Vereinszuschüsse und der in Partizipationsangeboten geäußerten Bürgerwünsche gehören, dürfen die Kommunen unter diesen Bedingungen nicht mehr wahrnehmen.

Seit 2007 wurden als weiter verschärftes Aufsichtsmittel beratende Sparkommissare in drei Ruhrgebietskommunen (Hagen, Marl und Waltrop) eingesetzt. Sie haben die Aufgabe im Rathaus über Jahre die Kommunalpolitik bei den Sparbemühungen zu „begleiten". Werden ihre Vorschläge nicht umgesetzt, wird mit dem Austausch des Kommunalparlaments bzw. des Oberbürgermeisters gedroht (Holtkamp 2009). Diese Berater wissen sich angesichts der explodierenden Kassenkredite allerdings häufig auch keinen Rat mehr.[1]

Abb. 2: Kassenkredite der Kommunen pro Einwohner
(2000 und 2007 gruppiert nach Bundesländern)

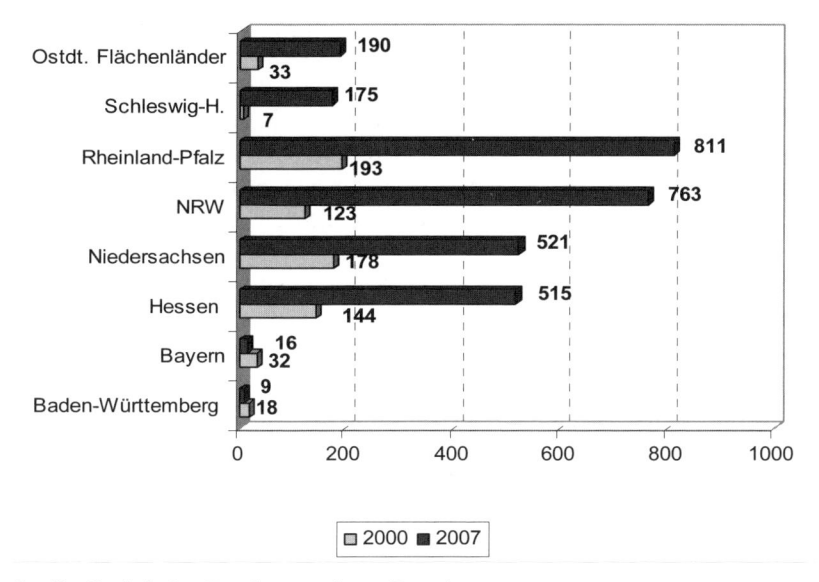

Bundesland	2000	2007
Ostdt. Flächenländer	33	190
Schleswig-H.	7	175
Rheinland-Pfalz	193	811
NRW	123	763
Niedersachsen	178	521
Hessen	144	515
Bayern	32	16
Baden-Württemberg	18	9

Quelle: Statistisches Bundesamt, eigene Berechnungen

Die umfassende Partizipation am Haushaltsplan beispielsweise im Rahmen des Bürgerhaushaltes bietet hier sicherlich auch keinen Ausweg. Abgesehen davon, dass gerade in Bürgerforen eher ausgabenexpansive Wünsche formuliert werden, wirkt Partizipation unter diesen Rahmenbedingungen eher zynisch. Spätestens im Nothaushaltsrecht ist der Haushaltsplan nur noch wenig aussagekräftig und wesentliche haushaltspolitische Entscheidungen werden in nichtöffentliche Verhandlungen mit den Aufsichtsbehörden verlagert. Durch Partizipation würden dann bei den Bürgern Erwartungen geweckt, die hinterher systematisch enttäuscht werden. Nach Ansicht der kommunalen Entscheidungsträger besteht hierin auch die größte Gefahr der Bürgerhaushalte in nordrhein-westfälischen Städten (Köllner 2004: 11), die deshalb weitgehend in NRW wieder eingestellt wurden. Übrig bleibt unter diesen Bedingungen teilweise nur eine Sparvariante der Bürgerkommune, wie sie die von der Kommunalaufsicht und der nordrhein-westfälischen Krisenstadt Hagen gemeinsam eingesetzte Zukunftskommission aktuell

---

[1] Die Stadt Waltrop ist weiterhin Spitzenreiterin unter den kreisangehörigen Kommunen in NRW mit einem Kassenkredit pro Einwohner in der Jahresrechnung 2007 von 2326 Euro und die Stadt Hagen in der Jahresrechnung 2008 von 4123 Euro. Damit liegen sie sehr deutlich über den bereits sehr hohen Durchschnittswerten aller nordrhein-westfälischen Kommunen (→ Abbildung 2).

formuliert hat: „Das Leitbild ‚Bürgerkommune' bildet eine ideale Plattform und Chance durch eine aktive und systematische Förderung bürgerschaftlichen Engagements die negativen Folgen des städtischen Rückzugs/Rückbaus zumindest in Teilen aufzufangen oder abzumildern." (Bezirksregierung Arnsberg/Stadt Hagen 2009)

Sicherlich kann sich die lokale Politikforschung diesen restriktiven Rahmenbedingungen und haushaltspolitischen Realitäten gedanklich entziehen, weiter anspruchsvolle Reformprogramme formulieren und zu dessen Realisierung „einfach" größere kommunale Handlungsspielräume und eine bessere Finanzausstattung einfordern. Dies ist im Kern das durchaus berechtigte Grundanliegen der lokalen Politikforschung seit dreißig Jahren, ohne dass es aber bisher für die Kommunen irgendeine Handlungsrelevanz gehabt hätte. Es ist nicht schwer zu prognostizieren, dass beispielsweise die nordrhein-westfälischen Kommunen weiterhin unter den hier skizzierten Rahmenbedingungen handeln müssen und anspruchsvolle Reformprogramme ihnen hierfür auch zukünftig keine praxistauglichen Handlungsempfehlungen geben werden. Bei der in der aktuellen Wirtschaftskrise bereits deutlich werdenden rasanten Zunahme der öffentlichen Verschuldung bei wegbrechenden Steuereinnahmen und der zudem von Bund und Ländern verabschiedeten „Schuldenbremse" im Zuge der Föderalismusreform II wird sich die Haushaltskrise in vielen größeren Städten im Gegenteil noch weiter verschärfen.

Unter diesen Rahmenbedingungen ist aber immerhin noch eine abgespeckte Version der Bürgerkommune realisierbar, die eine sinnvolle Orientierung für die kommunale Praxis geben kann (Bogumil/Holtkamp 2008). Danach konzentriert sich das Leitbild der Bürgerkommune pragmatisch darauf, was unter den derzeitigen Rahmenbedingungen in Kooperation mit der Kommunalpolitik und -verwaltung (und nicht gegen sie, wie teilweise durch Bürgerentscheide) möglich und wünschenswert ist. Die Bürger sollen dazu ermutigt werden, sich stärker mit ihrem Wissen und ehrenamtlichem Potenzial in konkrete, kleinere Projekte einzubringen, um eine bedarfsgerechte und effiziente, kommunale Aufgabenerledigung zu gewährleisten und Demokratie vor Ort produktiv mit zu gestalten. Nicht nur reden, sondern gemeinsam handeln ist danach der Anspruch von Partizipation.

Ohne den ehrenamtlichen Einsatz der Bürger werden viele Wünsche angesichts der Haushaltsprobleme nicht mehr umsetzbar sein. Nur in den Städten einiger weniger Bundesländer wird man sich die ausgebaute Variante der Bürgerkommune leisten können, in der die Städte stark in die Engagementinfrastruktur und -kultur investieren und in denen auch bei umfassenden Beteiligungsangeboten prinzipiell die Umsetzung von Beteiligungsergebnissen aus kommunalen Mitteln ermöglicht werden kann.

Literatur

Bezirksregierung Arnsberg/Stadt Hagen 2009: Bericht der Zukunftskommission 2009. Arnsberg.

Bogumil, Jörg/Grohs, Stephan/Kuhlmann, Sabine/Ohm, Anna K. 2007: Zehn Jahre Neues Steuerungsmodell – Eine Bilanz kommunaler Verwaltungsmodernisierung, Modernisierung des öffentlichen Sektors Sonderband 29. Berlin.

Bogumil, Jörg/Holtkamp, Lars 2001: Die Neugestaltung des kommunalen Kräftedreiecks, In: VOP 4/01: 10–12.

Bogumil, Jörg/Holtkamp, Lars 2006: Kommunalpolitik und Kommunalverwaltung – Eine policy-orientierte Einführung. Wiesbaden.

Bogumil, Jörg/Holtkamp, Lars 2008: Bürgerkommune: Nur auf kommunaler Ebene ist Beteiligung überschaubar möglich. In: Demokratische Gemeinde 9/08: 24–25.

Bogumil, Jörg/Holtkamp, Lars/Schwarz, Gudrun 2003: Das Reformmodell Bürgerkommune – Leistungen – Grenzen – Perspektiven, Schriftenreihe Modernisierung des öffentlichen Sektors Bd. 22. Berlin.

Evers, Adalbert/Rauch, Ulrich/Stitz, Uta 2002: Von öffentlichen Einrichtungen zu sozialen Unternehmen – Hybride Organisationsformen im Bereich sozialer Dienstleistungen, aus der Reihe: Modernisierung des öffentlichen Sektors, Sonderband 16. Berlin.

Holtkamp, Lars 2000: Bürgerbeteiligung in Städten und Gemeinden – Ein Praxisleitfaden für die Bürgerkommune. Berlin.

Holtkamp, Lars 2007: Wer hat Schuld an der Verschuldung? Ursachen nationaler und kommunaler Haushaltsdefizite, polis-Heft 64/07, FernUniversität Hagen. Hagen.

Holtkamp, Lars 2008: Das Scheitern des Neuen Steuerungsmodells. In: Der moderne Staat 2/08: 423–446.

Holtkamp, Lars 2009: Governance-Konzepte in der Haushaltskrise. In: Verwaltung und Management 3/09: 146–159.

Holtkamp, Lars/Bogumil, Jörg/Kißler, Leo 2006: Kooperative Demokratie – Das politische Potential von Bürgerengagement. Frankfurt.

Kersting, Norbert (Hrsg.) 2008: Politische Beteiligung. Wiesbaden.

Köllner, Angela 2004: Wenn BürgerInnen haushalten. In: Forum Kommunalpolitik 5/04: 10–11.

Noll, Sebastian 2007: Bürger und Kommune – Reform für mehr Bürgernähe – Eine Geschichte des Scheiterns? Marburg.

Roth, Roland 2007: Bürgerorientierung, Bürgerengagement, Corporate Citizenship. In: Sinning, Heidi (Hrsg.): Stadtmanagement – Strategien zur Modernisierung der Stadt (-Region). Dortmund: 132–143.

Vetter, Angelika 2008 (Hrsg.): Erfolgsbedingungen lokaler Bürgerbeteiligung. Wiesbaden.

Vogel, Hans-Josef 1999: Bürgerinnen und Bürger als Mitgestalter der Kommunen. In: Bogumil, Jörg/Vogel, Hans Josef (Hrsg.): Bürgerschaftliches Engagement in der kommunalen Praxis, KGSt. Köln: 86–106.

Walk, Heike 2008: Partizipative Governance – Beteiligungsformen und Beteiligungsrechte im Mehrebenensystem der Klimapolitik. Wiesbaden.

Sebastian Braun

Sozialkapital

Einleitung

Der Terminus Sozialkapital ist in Wissenschaft und Politik zu einem schillernden Modebegriff avanciert. Popularisiert wurde er seit Ende der 1970er Jahre insbesondere durch die soziologischen bzw. politikwissenschaftlichen Arbeiten von Pierre Bourdieu, James Coleman und Robert Putnam. Sie inspirierten mit ihren unterschiedlichen Begriffsverständnissen von Sozialkapital disparate Diskussionen über Zustand und Zukunft moderner Gesellschaften. Dabei hatte das Begriffsverständnis von Robert Putnam den mit Abstand nachhaltigsten Einfluss auf die breiten Diskussionen über die Bürgergesellschaft und die damit verbundenen Vorstellungen von bürgerschaftlichem Engagement als „Produzenten" von Sozialkapital in modernen Gesellschaften.

Die verschiedenen Ansätze und damit verbundenen Begriffsverständnisse sind eine wesentliche Ursache dafür, dass bislang ein übergreifender Konsens fehlt, was unter Sozialkapital zu verstehen ist. Ein Minimalkonsens zeichnet sich lediglich dahingehend ab, dass mit Sozialkapital die Gesamtheit all jener Ressourcen bezeichnet wird, die aus der Einbindung von Individuen in soziale Beziehungsnetzwerke resultieren und die auf der Mikro- und Makroebene ganz unterschiedliche soziale Effekte haben können (Braun/Weiß 2008).

Vor diesem Hintergrund wird im Folgenden zunächst der Begriff Sozialkapital in fachwissenschaftliche Bezüge eingeordnet (Abschnitt 2), um darauf aufbauend die Problem- und Begriffsgeschichte knapp zu rekonstruieren (Abschnitt 3). Dieser Abschnitt leitet über zu den drei maßgeblichen theoretischen Sozialkapital-Ansätzen von Pierre Bourdieu, James Coleman und Robert Putnam (Abschnitt 4). Diese drei konzeptionellen Abschnitte bilden die begriffliche und theoretische Folie, auf deren Grundlage die Diskussion über bürgerschaftliches Engagement als „Produzent" von Sozialkapital umrissen, eingeordnet und kritisch gewürdigt wird (Abschnitt 5).

Wissenschaftliche Einordnung des Sozialkapital-Begriffs

Der Begriff Sozialkapital ist der letzte Terminus, der seit der Erweiterung des ökonomischen Kapitalbegriffs um den des Humankapitals weite Verbreitung in Wissenschaft und Öffentlichkeit gefunden hat. Bisher mangelt es allerdings an systematischen Versuchen, die verschiedenen Ansätze und Konzepte von Sozialkapital, die auf der Grundlage soziologischer, ökonomischer und politologischer Theorien entwickelt wurden, zu analysieren und zu kritisieren (Braun 2001 a; Esser 2002).

Je nach theoretischem Ansatz und Forschungsdisziplin werden unterschiedliche Aspekte in den Mittelpunkt gerückt. Soziale Beziehungsnetzwerke, soziale Interaktionen, soziales Vertrauen, soziale Verpflichtungen oder Reziprozitätsnormen werden häufig als Dimensionen, teilweise aber auch als Indikatoren oder Äquivalente von Sozialkapital genommen. Darüber hinaus wird vielfach der Kapitalcharakter von Sozialkapital oder dessen Bedeutung als Kollektivgut hervorgehoben. Zumeist wird der Begriff zur Erklärung sozialer Phänomene verwendet, selten als zu erklärende Variable, wobei zwei zentrale Ebenen voneinander abgegrenzt werden können:

(1) Auf der *Mikroebene* – und dabei insbesondere in netzwerkorientierten Ansätzen – gilt Sozialkapital als eine individuelle, instrumentell einsetzbare Ressource, die dem Individuum aufgrund dessen Einbindung in bestimmte soziale Netzwerke zur Verfügung steht. Anders als das ökonomische oder das Humankapital ist es allerdings nicht im Besitz des Einzelnen, sondern stets gebunden an einen spezifischen sozialen Kontext. In dieser Perspektive bildet Sozialkapital ein nicht fungibles Gut, in das man durch „Beziehungsarbeit" investieren muss, um es zu „akkumulieren" oder zu erhalten.

Sozialkapital wird dabei zur Erklärung unterschiedlicher sozialer Phänomene herangezogen: zur Erklärung der Entstehung und (Re-)Produktion von sozialen Ungleichheiten (Bourdieu 1982, 1983), des Erwerbs von Humankapital (Coleman 1988) oder der günstigeren Zugangschancen zu Berufspositionen (Granovetter 1973). Soziale Netzwerke gelten in diesem Zusammenhang als Manifestationen von Sozialkapital, insofern als sie die Zugriffsmöglichkeiten auf andere Ressourcen (z.B. ökonomisches Kapital) maßgeblich beeinflussen. Je wertvoller die Ressourcen sind, über die ein Netzwerkmitglied verfügt, und je zügiger man auf dessen Ressourcen zurückgreifen kann, desto höher wird das Sozialkapital eines Individuums beurteilt.

(2) Auf der *Makroebene* gilt Sozialkapital als Eigenschaft eines sozialen Systems wie z.B. einer Region oder einer Gesellschaft. Sozialkapital geht in dieser Perspektive über die Beziehungen der Einzelnen insofern hinaus, als es sich um ein Kollektivgut handelt. Von diesem Sozialkapital profitieren alle Akteure eines sozialen Systems, ohne dass jede Person in den Aufbau oder Erhalt dieses Kollektivgutes investiert haben muss (Esser 2002; Portes 1998).

Diesem öffentlichen Gut wird für die Existenz und den Fortbestand moderner Gesellschaften eine grundlegende Bedeutung zugeschrieben, da es insbesondere drei gesellschaftliche Effekte hervorrufe: eine funktionierende soziale Kontrolle, ein generalisiertes soziales Vertrauen und eine allgemein akzeptierte Geltung von sozialen Normen und Werten (z. B. Putnam 2000). Vor diesem Hintergrund wird Sozialkapital zur Erklärung vielfältiger gesellschaftlicher Phänomene herangezogen: als Medium der sozialen Integration, als Basis für die Prosperität moderner Gesellschaften, als Grundlage für das Funktionieren moderner Demokratien und Marktwirtschaften oder für die Leistungsfähigkeit politischer Institutionen und als alternative Ressource zur Lösung sozialer Probleme in unterschiedlichen Bereichen (z. B. Bildung, Wohlfahrt oder Gesundheit).

Problem- und Begriffsgeschichte

Der Kerngedanke, der sich hinter den unterschiedlichen Konzepten von Sozialkapital verbirgt, ist nicht neu. Bereits die Gründerväter der Soziologie hoben hervor, dass Einbindung und Partizipation in sozialen Gruppen positive Auswirkungen auf das Individuum und die jeweilige Gruppe oder Gemeinschaft haben können. Ein Beispiel dafür ist Durkheim, der die Bedeutung des Gruppenlebens als Bollwerk gegen anomische Prozesse des Einzelnen betonte (Durkheim 1973). Ein anderes Beispiel ist Marx' Vorstellung von einer atomisierten „Klasse für sich" und einer mobilisierten und effektiven „Klasse für sich" (Marx 1967). Auch Tönnies Gegenüberstellung von „Gemeinschaft" und „Gesellschaft" lässt sich in diesen Diskussionszusammenhang einordnen (Tönnies 1991).

Vor diesem Hintergrund erfasst der Begriff Sozialkapital keinen wirklich bedeutenden neuen sozialwissenschaftlichen Gedanken. Seine wissenschaftliche und politische Bedeutung ist vielmehr darin zu sehen, dass er einerseits nahezu ausschließlich mit den positiven Effekten sozialer Beziehungsnetzwerke für Individuum und Gesellschaft assoziiert wird. Demgegenüber bleibt zumeist unterbelichtet, dass die Grenze sozialen Kapitals immer durch normative Regeln und den öffentlichen Diskurs gezogen wird, der in Gefälligkeitsbanknoten, Vetternwirtschaft oder Seilschaften eine Verletzung universaler Normen sieht, die schlimmstenfalls in Korruption endet (Braun 2001b). Andererseits wird mit dem Terminus Sozialkapital auf den Begriff des Kapitals rekurriert und damit auf metaphorische Weise die „Rentabilität" von nicht-monetarisierten Formen des sozialen Zusammenlebens thematisiert.

Genau in dieser eher metaphorischen Verwendungsweise taucht der Begriff Sozialkapital erstmals im Jahr 1916 bei Lydia Judson Hanifan auf, um den Zusammenhang zwischen Gemeinschaftsengagement und Demokratie zu erklären (Hanifan 1916). Seitdem wurde der Terminus Sozialkapital in unterschiedlichen Forschungsdisziplinen und -gebieten immer wieder aufgegriffen, ohne aber präzise Begriffsbestimmungen vorzunehmen. So führte 1977 der amerikanische Ökonom Glenn Loury den Sozialkapital-Begriff in die Wirtschaftswissenschaften ein (Loury 1977). Im Rahmen seiner Kritik an neoklassischen Theorien ethnisch bedingter Einkommensungleichheiten benutzte er den Sozialkapital-Begriff, um die sozialen Ressourcen zu identifizieren, die dem Aufbau von Humankapital dienten. Breite Aufmerksamkeit fand der Sozialkapital-Begriff allerdings erst durch die theoretischen und empirischen Arbeiten des französischen Soziologen Pierre Bourdieu, des amerikanischen Soziologen James Coleman und des amerikanischen Politologen Robert Putnam. An ihren Arbeiten orientiert sich die multidisziplinäre Forschung über Sozialkapital nach wie vor (Portes 1998).

Sozialkapital bei Pierre Bourdieu, James Coleman und Robert Putnam

(1) Den bislang elaboriertesten Begriff von Sozialkapital entfaltete *Pierre Bourdieu* im Rahmen seiner strukturalistischen Klassentheorie, die er insbesondere in den 1970er Jahren ausgearbeitet hat. Bourdieu thematisiert insbesondere die (Re-)Produktionsmechanismen sozialer Ungleichheiten in modernen Gesellschaften. Um diese Mechanismen zu analysieren, führt er den Kapitalbegriff in verschiedenen Erscheinungsformen ein und differenziert vor allem zwischen dem ökonomischen, kulturellen und sozialen Kapital. Diese Kapitalsorten, so Bourdieu (1983), stünden in Beziehung zueinander, seien gegenseitig ineinander umwandelbar und prägten somit den Handlungserfolg eines Individuums. Das Sozialkapital, das durch ständige „Beziehungsarbeit" in Form materieller oder symbolischer Austauschakte entstünde, definiert er als die „Gesamtheit der aktuellen und potentiellen Ressourcen, die mit dem Besitz eines dauerhaften Netzes von mehr oder weniger institutionalisierten Beziehungen gegenseitigen Kennens oder Anerkennens verbunden sind; oder, anders ausgedrückt, es handelt sich dabei um Ressourcen, die auf der Zugehörigkeit zu einer Gruppe beruhen" (Bourdieu 1983: 190f.). Je umfassender und kapitalreicher das Netz an individuellen Beziehungen ist, desto größer seien auch die Chancen, das vorhandene ökonomische und kulturelle Kapital zu erhöhen. Sozialkapital übt demnach also in erster Linie einen „Multiplikatoreffekt" auf die anderen Kapitalformen und deren Ungleichverteilung aus.

An Bourdieus Begriffsverständnis wird insbesondere bemängelt, dass seine Definition nicht eindeutig und insbesondere die Abgrenzung von Sozialkapital zu symbolischem Kapital – als der wahrgenommenen und legitim anerkannten Form der drei anderen Kapitalsorten (Prestige, Renommee etc.) – problematisch sei (z.B. Haug 1997). Darüber hinaus hat Bourdieu selbst keine empirische Forschung zu Sozialkapital durchgeführt, sondern vielmehr aus der individuellen Verfügbarkeit kulturellen und ökonomischen Kapitals auf den Bestand des individuellen Sozialkapitals geschlossen (Braun 1999).

(2) Weitgehend unabhängig von Bourdieu entwickelte *James Coleman* (1990) in den 1980er Jahren sein spezifisches Begriffsverständnis von Sozialkapital. Colemans Versuch besteht darin, den Sozialkapital-Begriff in einen komplexeren, an der Rational Choice-Theorie orientierten Rahmen einzubetten und dabei Entstehungsmechanismen (z. B. Reziprozität und Normen) sowie Formen und Konsequenzen des Sozialkapital-Besitzes (z. B. der privilegierte Zugang zu Informationen) herauszuarbeiten.

In Analogie zum Humankapital-Ansatz konzentriert er sich auf Sozialkapital als individuelle Ressource. Letzteres definiert er als Zusammensetzung verschiedener sozialer Gebilde, die erstens aus irgendeinem Aspekt einer Sozialstruktur bestehen und zweitens bestimmte Handlungen von Individuen begünstigen, die sich innerhalb der Struktur befinden (Coleman 1990). An diesem Begriffsverständnis wird insbesondere kritisiert, dass der Sozialkapital-Begriff einen Fremdkörper in Colemans theoretischem Ansatz darstelle, da die Rational Choice-Theorie keine Begriffe für wichtige soziale Beziehungen habe oder die Eigenschaften von Beziehungen als individuelle Persönlichkeitsmerkmale umdeute (im Überblick Haller 1999).

(3) Einen besonders nachhaltigen Einfluss auf neuere Debatten über Probleme der modernen Gesellschaft, den Einfluss einer funktionierenden Bürgergesellschaft auf die politische und ökonomische Performanz einer Gesellschaft oder die Funktionsfähigkeit demokratischer Institutionen hat seit den 1990er Jahren das Begriffsverständnis von Sozialkapital bei *Robert Putnam* (1993, 1995, 2000, 2001). Im Unterschied zu Bourdieu und Coleman konzipiert er Sozialkapital auf der Makroebene der Gesellschaft in der Absicht, eine Lösung zur Überwindung von Problemen kollektiven Handelns herauszuarbeiten.

Sozialkapital bezeichnet dabei drei wesentliche Elemente: 1. soziales Vertrauen, das die Kooperation zwischen Individuen erleichtere, 2. Reziprozitätsnormen, die zum Aufbau sozialen Vertrauens und zur Lösung sozialer Dilemmata beitragen würden, 3. Netzwerke bürgerschaftlichen Engagements, die generalisierte Reziprozitätsnormen pflegen und soziales Vertrauen aufbauen würden. Denn durch die individuelle Einbindung in solche Netzwerke bürgerschaftlichen Engagements würde, so Putnam (1995: 67), die Kooperation, das Erreichen bestimmter gemeinsamer Ziele und die soziale Integration der Gesellschaft gefördert werden.

An Putnams Begriffsverständnis von Sozialkapital werden insbesondere drei grundlegende Aspekte kritisiert: erstens würden Ursachen und Wirkungen von Sozialkapital vermischt, so dass tautologisch argumentiert werde; zweitens sei die Ausweitung des Begriffs auf Regionen und Länder theoretisch nicht ausgearbeitet; und drittens werde Sozialkapital in normativer Hinsicht nahezu ausschließlich mit positiven Effekten für Individuum und Gesellschaft gleichgesetzt, während das „unsoziale Kapital" weitgehend ausgeblendet bliebe, das selbst in der Alltagssprache unter Begriffen wie

"Vitamin-B", "Connections", "Cliquen" oder "Klüngel" hinreichend bekannt ist (Braun 2001 a, Esser 2002, Portes 1998).

Das Sozialkapital der Bürgergesellschaft

Ungeachtet dieser grundlegenden fachwissenschaftlichen Kritik hat seit den 1990er Jahren Putnams Begriffsverständnis von Sozialkapital einen besonders nachhaltigen Einfluss auf die wissenschaftlichen und öffentlichen Diskussionen entfaltet. Seitdem haben seine Forschungen und politischen Aktivitäten ein anhaltendes Interesse insbesondere am „Sozialkapital der Bürgergesellschaft" gerade auch in Deutschland ausgelöst und vielfältige Debatten initiiert (Braun 2001 b). Dies gilt in besonderer Weise für die Forschung und die gesellschaftspolitischen Diskussionen über das bürgerschaftliche Engagement. Soziales Kapital ist in diesem Kontext zu einem deutungsoffenen Terminus geworden, mit dem vor allem hohe Erwartungen an die Revitalisierung von sozialen Bindungen, Beziehungen und Netzwerken in einer dynamischen Bürgergesellschaft assoziiert werden, die mit ihren unausgeschöpften Ressourcen einen substanziellen Beitrag zu Demokratie und Wohlfahrt in Deutschland leisten könne.

Bürgerschaftliches Engagement als Produzent von Sozialkapital

Der nicht weiter explizierte Kerngedanke, der sich hinter diesen hohen Erwartungen und normativen Vorstellungen verbirgt, basiert auf zwei aufeinander aufbauenden Annahmen, die sich vereinfacht wie folgt zusammenfassen lassen (Braun 2007): Aufgrund der interaktiven Prozesse, die sich in dem normativen Feld eines bürgerschaftlich entstandenen und getragenen Sozialsystems – freiwillige Vereinigungen wie Vereine, Projekte, Initiativen oder Netzwerke – permanent abspielen würden, etabliere sich in diesen Interaktionsfeldern der assoziativen Lebenswelt eine besondere Wertsphäre, in der die Engagierten weit reichende bürgerschaftliche Kompetenzen und Dispositionen wie z. B. soziales Vertrauen und Reziprozitätsnormen erwerben bzw. aufbauen würden („Sozialisationsannahme").

Diese Kompetenzen und Dispositionen würden sie dann, so die darauf aufbauende „Transferannahme", in habitualisierter Form auf andere Lebensbereiche übertragen. In diesem Sinne erstrecke sich z. B. das erworbene Vertrauen als „generalisiertes Vertrauen" über alle gesellschaftlichen Bereiche und reduziere somit die Notwendigkeit zur sozialen Kontrolle. Abbau von sozialer Kontrolle hieße aber auch Reduktion von Kosten, und zwar im staatlichen ebenso wie im ökonomischen Sektor. „We shall review hard evidence", so Putnams plastische Ausdeutung dieser transaktionskostenökonomischen Argumentationsfigur, „that our schools and neighbourhoods don't work so well when community bonds slacken, that our economy, our democracy, and even our health and happiness depend on adequate stocks of social capital." (Putnam 2000: 27 f.)

Mit dieser Argumentation hat Putnam einer traditionsreichen soziologischen Diskussion über die sozialintegrative Funktion bürgerschaftlichen Engagements in modernen Gesellschaften nicht nur eine bedeutende ökonomische Gedankenfigur hinzugefügt. Er hat diese Diskussion auch mit einer klassisch politikwissenschaftlichen Debatte über die aktive Partizipation des Bürgers in einem demokratischen Gemeinwesen verbunden. Denn der Begriff Sozialkapital impliziert bei Putnam nicht nur gemeinschaftliche Bindungen, soziales Vertrauen und Reziprozitätsnormen, die sich allesamt im bürgerschaftlichen Engagement (re-)produzierten. Vielmehr sei der Sozialkapital-Begriff auch „closely related to what some have called ‚civic virtue'" (Putnam 2000: 19).

Die Renaissance des aktiven Bürgers und der assoziativen Lebenswelt

Angesprochen ist damit eine normative Dimension von Demokratie, die vor dem Erfahrungshintergrund mit der deutschen Geschichte einen Allgemeinplatz darzustellen scheint: dass eine Demokratie ohne den „homo democraticus" zum Scheitern verurteilt sei (Schmitz 2000). Vor diesem normativen Argumentationshintergrund entfaltete sich in den letzten Jahren unter dem Leitbild der „Bürgergesellschaft" eine weit gespannte Diskussion über „eine Gesellschaft selbstbewusster und selbstverantwortlicher Bürger, eine Gesellschaft der Selbstermächtigung und Selbstorganisation" (Enquête-Kommission 2002: 76), in der das Verhältnis von Rechten und Pflichten neu auszubalancieren sei und in der die Bürger umfangreichere Verantwortung für das politische Gemeinwesen zu übernehmen hätten.

In diesem Kontext wurde auch der antiquiert klingende Begriff der „Bürgertugend" revitalisiert und mit dem Terminus der „freiwilligen Selbstverpflichtung" in ein moderneres Staats- und Gesellschaftsverständnis übersetzt. Dieser Begriff zeigt bereits an, dass es in der Diskussion über das Sozialkapital der Bürgergesellschaft nicht nur um das Problem der juridischen Festlegung des Bürgerstatus geht, sondern insbesondere auch um die Qualifikationen und Dispositionen, über die ein Bürger verfügen sollte, um als solcher gelten zu können. Und dazu gehörten Elemente wie politische Partizipationsfähigkeit und Partizipationsbereitschaft, Gemeinsinn im Sinne der freiwilligen Bereitschaft zu Solidarität und Engagement oder Gemeinwohlorientierung im Sinne eines Interesses an der Mehrung nicht nur privater, sondern auch öffentlicher Güter (z.B. Münkler 1997; Putnam 2000; 2001; Schmitz 2000).

Diese Annahme begründet auch die hohe Bedeutung, die der lokalen Ebene und den dort agierenden freiwilligen Vereinigungen als „Generatoren" und „Katalysatoren" von Sozialkapital zugesprochen wird (Braun 2003). Denn in der lokalen Ebene wird der primäre Ort bürgerschaftlichen Engagements gesehen, insofern als die „Demokratie in überschaubaren Einheiten" auf persönlicher Bekanntheit und pragmatischer Vertrautheit mit den Aufgaben basiere, so dass der Einzelne die handelnden Akteure und die sachlichen Zusammenhänge kenne (dazu z. B. Enquête-Kommission 2002; Offe und Fuchs 2001). Als strukturelle Grundlage dafür gilt die Vielzahl von freiwilligen Vereinigungen mit lebensweltlichen Bezügen, denn sie würden den Raum für plurale Identitäten schaffen und die Unterschiedlichkeit der Lebenswelten zum Ausdruck bringen, unmittelbare Möglichkeiten zu bürgerschaftlichem Engagement eröffnen und somit als „Schule der Demokratie" fungieren (z. B. Anheier/Priller/Zimmer 2000; Baur/Braun 2003; Putnam 1995, 2000).

Der „kompetente Bürger" in der „assoziativen Demokratie"

In dieser klassischen Argumentationsfigur, die von Alexis de Tocquevilles vor weit mehr als 150 Jahren verfasstem Reisebericht über die Demokratie in Nordamerika (de Tocqueville 2001) bis hin zur sozialwissenschaftlichen Forschung über die politische Kultur moderner Gesellschaften reicht (grundlegend Almond/Verba 1963), gilt das bürgerschaftliche Engagement in der assoziativen Lebenswelt als zentrales Element stabiler Demokratien, da es die Verbindung von Mitgliedschafts- und Staatsbürgerrolle ermögliche. Mitgliedschaften, aktive Mitarbeit und politische Partizipation in freiwilligen Vereinigungen werden dabei mit der – im klassischen Republikanismus als „guter Bürger" bezeichneten – Figur des „kompetenten Bürgers" verbunden. Letzterer verfüge über kognitive, prozedurale und habituelle Fähigkeiten und Dispositionen, um in einem demokratischen Gemeinwesen sinnhaft, verständig und erfolgreich handeln und insofern mit den „Zumutungen der Demokratie" umgehen zu können (Buchstein 1996, 2002). Dabei wird ein wechselseitiger Verstärkungszusammenhang zwischen einer derartigen bürgerschaftlichen Kompetenz einerseits und der Mitgliedschaft, Mitarbeit und Partizipation in der assoziativen Lebenswelt andererseits vermutet (Putnam 1995, 2000, 2001).

„Assoziative Demokratie" lautet eine entsprechende Vision, in der der Vielzahl von freiwilligen Vereinigungen die Schnittstellen- bzw. Vermittlungsfunktion zwischen den als gegensätzlich gedachten Bereichen von Individuum und Staat, von privat und staatlich oder von Staat und Gesellschaft zugedacht wird (Cohen und Rogers 1994; Schuppert 1997). Diese Vermittlungsfunktion hat Streek (1987) als einen komplexen und institutionell zu leistenden Prozess beschrieben, der für das Zurücklegen des langen Weges vom Individuum zur Gesellschaft von elementarer Bedeutung sei. Dieser Prozess bilde in einem demokratischen Gemeinwesen eine Voraussetzung für den erfolgreichen Übergang vom Jedermann zum Citoyen und erzeuge insofern das Sozialkapital, das Putnam (2000) als unabdingbar für die soziale, politische und ökonomische Performanz moderner Gesellschaften betrachtet.

Zusammenfassung, Ausblick

Bilanziert man die verschiedenen Begriffsverständnisse und empirischen Operationalisierungen von Sozialkapital, dann wird deutlich, dass es sich um einen deutungsoffenen Catch-All-Term handelt, der in sehr unterschiedlichen theoretischen Zusammenhängen und empirischen Forschungsrichtungen verwendet und zur Erklärung einer Vielzahl von Phänomenen eingesetzt wird. So soll der Sozialkapital-Begriff u. a. zur Lösung des „Theory-Gaps" in der Netzwerkforschung, zur Handlungsmodellierung im Rational-Choice-Ansatz und zur Erklärung wirtschaftlichen Handelns in der neoklassischen Ökonomie beitragen. Allerdings ist es nicht nur fraglich, ob der Sozialkapital-Begriff diesen Erwartungen genügen kann. Es stellt sich auch die grundlegende Frage, ob die Verwendung des Sozialkapital-Begriffs in so vielfältigen Bedeutungszusammenhängen überhaupt sinnvoll ist. Zumindest steht in den verschiedenen Forschungsrichtungen ein elaboriertes Begriffsinventar zur Verfügung, das die jeweils gemeinten Sachverhalte präziser zu fassen vermag als der vielfach eher vage gebrauchte Sozialkapital-Begriff (z. B. Matiaske/Grözinger 2008).

Dies gilt auch und im Speziellen für die zahlreichen, durch Putnams Begriffsverständnis inspirierten Annahmen über bürgerschaftliches Engagement als Produzenten von Sozialkapital; denn gerade in diesem Kontext steht den hohen normativen Erwartungen an bürgerschaftliches Engagement ein gravierendes Defizit in der wissenschaftlichen Forschung gegenüber. Zwar ist der Sozialkapital-Begriff durch Putnams inspirierende Arbeiten in zahlreiche Wissenschaftsdisziplinen und -forschungsrichtungen eingebunden worden, womit auch der Debatte über bürgerschaftliches Engagement Impulse verliehen wurden (z. B. Badura/Greiner/Rixgens/Ueberle/Behr 2008; Haus 2002; Lüdicke/Diewald 2007; Wilbers 2004). Gleichwohl steht in der Regel nicht die Erforschung des bürgerschaftlichen Engagements im Zentrum dieser multidisziplinären Sozialkapital-Forschung; vielmehr gilt bürgerschaftliches Engagement in zumeist unspezifischer und nicht weiter elaborierter Form als „Generator" oder „Katalysator" von Sozialkapital, um auf dieser unhinterfragten Prämisse andere Forschungsthemen zu bearbeiten. Die komplizierten Beziehungen und Wirkungsmechanismen zwischen der Struktur bürgerschaftlichen Engagements und z. B. der Entstehung von Vertrauen, Normen, Bürgerkompetenzen oder sozialen Netzwerken sind hingegen bislang nicht zu einem eigenen Untersuchungsschwerpunkt der Sozialkapital-Forschung gemacht worden (Braun 2002).

Mit dem Versuch, das freiwillige Engagement in Deutschland oder die Mitgliedschaften in der assoziativen Lebenswelt differenzierter zu erfassen, wurde in letzter Zeit zwar ein deutlicher Fortschritt in der empirischen Forschung gemacht (z. B. Gensicke/Picot/Geiss 2006). Die grundlegenden methodologischen und methodischen Diskussionen, die diese Versuche ausgelöst haben, machen zugleich aber auch deutlich, dass sich die Forschung noch an ganz grundsätzlichen Fragestellungen abarbeitet. Methodisch komplexere empirische Untersuchungen zu spezifischen Aspekten des Zusammenhangs von bürgerschaftlichem Engagement und Sozialkapital stehen bislang noch weitgehend aus (Braun 2008).

Wie allein schon die vielfältigen Thesen über bürgerschaftliches Engagement als Produzenten von Sozialkapital erkennen lassen, die sich aus soziologischen, politologischen, ökonomischen und geschichtswissenschaftlichen Perspektiven speisen, sollten zukünftige Studien über bürgerschaftliches Engagement im Kontext der Sozialkapital-Forschung interdisziplinär angelegt sein – eine Forschungsstrategie, die bislang nur unzureichend berücksichtigt wurde. Eine solche interdisziplinäre Engagement-Forschung müsste wiederum, und darauf hatte bereits Max Weber (1924) hingewiesen, ihre Theoriebildung wesentlich umfangreicher als bisher von der empirischen Forschung aus betreiben; denn – wie Weber (1924: 447) damals salopp formulierte – „ohne solche trockene, triviale, viel Geld und viel Arbeitskraft einfach in den Boden stampfende Arbeit ist nichts zu machen". Auf einer derartigen, nach und nach zu entwickelnden Datengrundlage könnte man sich dann auch mehr und mehr jenem Anspruch nähern, den der wiederentdeckte Alexis de Tocqueville (2001: 253) einst in den heute überschwänglich klingenden Worten fasste: „In den demokratischen Ländern ist die Lehre von den Vereinigungen die Grundwissenschaft; von deren Fortschritten hängt der Fortschritt aller anderen ab".

Literatur

Almond, Gabriel A./Verba, Sidney 1963: The Civic Culture: Political attitudes and democracy in five nations. Princeton.

Anheier, Helmut K./Priller, Eckhard/Zimmer, Annette 2000: Zur zivilgesellschaftlichen Dimension des Dritten Sektors. In: Hans-Dieter Klingemann/Neidhardt, Friedhelm (Hrsg.): Zur Zukunft der Demokratie. Herausforderungen im Zeitalter der Globalisierung. Berlin: 71–98).

Badura, Bernhard/Greiner, Wolfgang/Rixgens, Petra/Ueberle, Max/Behr, Martina 2008: Sozialkapital: Grundlagen von Gesundheit und Unternehmenserfolg. Berlin.

Baur, Jürgen/Braun, Sebastian 2003: Integrationsleistungen von Sportvereinen als Freiwilligenorganisationen. Aachen.

Bourdieu, Pierre 1982: Die feinen Unterschiede. Kritik der gesellschaftlichen Urteilskraft. Frankfurt am Main.

Bourdieu, Pierre 1983: Ökonomisches Kapital, kulturelles Kapital, soziales Kapital. In: Reinhard Kreckel (Hrsg.): Soziale Ungleichheiten. Soziale Welt Sonderband 2. Göttingen: 183–198.

Braun, Sebastian 1999: Elitenrekrutierung in Frankreich und Deutschland. Köln.

Braun, Sebastian 2001 a: Putnam und Bourdieu und das soziale Kapital in Deutschland. Der rhetorische Kurswert einer sozialwissenschaftlichen Kategorie, Leviathan. Zeitschrift für Sozialwissenschaft 29: 337–357.

Braun, Sebastian 2001 b: Bürgerschaftliches Engagement – Konjunktur und Ambivalenz einer gesellschaftspolitischen Debatte. In: Leviathan. Zeitschrift für Sozialwissenschaft 29: 83–109.

Braun, Sebastian 2002: Soziales Kapital, sozialer Zusammenhalt und soziale Ungleichheit. Integrationsdiskurse zwischen Hyperindividualismus und der Abdankung des Staates. In: Aus Politik und Zeitgeschichte, B 29–30: 6–12.

Braun, Sebastian 2003: Freiwillige Vereinigungen als Produzenten von Sozialkapital? In: Verbandsmanagement – Fachzeitschrift für Verbands- und Nonprofit-Management 29, 1: 28–37.

Braun, Sebastian 2007. Sozialintegrative Potenziale bürgerschaftlichen Engagements für Jugendliche in Deutschland. Gütersloh.

Braun, Sebastian 2008: Sozialkapital und Bürgerkompetenz – soziale und politische Integrationsleistungen von Vereinen. Eine theoretische und empirische Untersuchung. Abschlussbericht zum Forschungsprojekt an die Deutsche Forschungsgemeinschaft (DFG). Paderborn: Universität Paderborn.

Braun, Sebastian/Weiß, Christina 2008: Sozialkapital. In: Gosepath, Stefan/Hinsch, Wilfried/Rössler, Beate (Hrsg.): Handbuch der politischen Philosophie und Sozialphilosophie, Band 2 N–Z. Berlin: Walter de Gruyter: 1225–1229.

Buchstein, Hubertus 1996: Die Zumutungen der Demokratie. Von der normativen Theorie des Bürgers zur institutionell vermittelten Präferenzkompetenz. In: Beyme, Klaus von/Offe, Claus (Hrsg.): Politische Theorien in der Ära der Transformation. Opladen: 295–324.

Buchstein, Hubertus 2002: Die Bürgergesellschaft – eine Ressource der Demokratie? In: Breit, Gottfried/Schiele, Siegfried (Hrsg.): Demokratie-Lernen als Aufgabe der politischen Bildung. Bonn: 198–222.

Cohen, Jean/Rogers, Joel 1994: Solidarity, Democracy, Association. In: Wolfgang Streeck (Hrsg.), Staat und Verbände. Opladen: 136–159.

Coleman, James 1990: Foundations of Social Theory. Cambridge.

Coleman, James 1988: Social Capital in Creation of Human Capital. In: American Journal of Sociology 94: 95–121.

Durkheim, Emile 1973: Der Selbstmord. Neuwied/Berlin.

Enquête-Kommission „Zukunft des Bürgerschaftlichen Engagements" Deutscher Bundestag 2002: Bericht Bürgerschaftliches Engagement: auf dem Weg in eine zukunftsfähige Bürgergesellschaft. Opladen.

Esser, Hartmut 2000: Soziologie. Spezielle Grundlagen. Band 4: Opportunitäten und Restriktionen. Frankfurt am Main.

Gensicke, Thomas/Picot, Sibylle/Geiss, Sabine 2006: Freiwilliges Engagement in Deutschland 1999–2004. Ergebnisse der repräsentativen Trenderhebung zu Ehrenamt, Freiwilligenarbeit und bürgerschaftlichem Engagement. Wiesbaden.

Granovetter, Marc 1973: The Strength of Weak Ties. In: American Journal of Sociology 78.

Haller, Max 1999: Soziologische Theorie im systematisch-kritischen Vergleich. Opladen.

Hanifan, Lydia Judson 1916: The Rural School Community Center. In: Annals of the American Academy of Political and Social Science 67.

Haug, Sonja 1997: Soziales Kapital. Ein kritischer Überblick über den aktuellen Forschungsstand. Arbeitspapier 15 des Mannheimer Zentrum für Europäische Sozialforschung. Mannheim.

Haus, Michael (Hrsg.) 2002: Bürgergesellschaft, soziales Kapital und Politik. Theoretische Analysen und empirische Befunde. Opladen.

Lüdicke, Jörg/Diewald, Martin (Hrsg.) 2007: Soziale Ungleichheit durch soziale Netzwerke? Zur Rolle von Sozialkapital in modernen Gesellschaften. Wiesbaden: 201–234.

Loury, Glenn 1977: A Dynamic Theory of Racial Income Differences. In: P. Wallace und A. LaMund (Hrsg.): Women, Minorities, and Employment Discrimination, Lexington.

Marx, Karl 1967: Capital. Vol 3. New York.
Münkler, Herfried 1997: Der kompetente Bürger. In: Klein, Ansgar/Schmalz-Bruns, Reinhard (Hrsg.): Politische Beteiligung und Bürgerengagement in Deutschland. Möglichkeiten und Grenzen. Bonn: 153–172.
Offe, Claus/Fuchs, Susanne 2001: Schwund des Sozialkapitals? Der Fall Deutschland. In: Putnam, Robert D. (Hrsg.): Gesellschaft und Gemeinsinn. Sozialkapital im internationalen Vergleich. Gütersloh: 417–514.
Portes, Alejandro 1998: Social capital: Its origins and applications in modern sociology. Annual Review of Sociology 24: 1–24.
Putnam, Rorbert D. 1993: Making Democracy Work. Civic Traditions in Modern Italy. Princeton.
Putnam, Robert D. (Hrsg.) 2001: Gesellschaft und Gemeinsinn. Sozialkapital im internationalen Vergleich. Gütersloh.
Putnam, Robert D. 2000: Bowling alone. The collapse and revival of American community, New York.
Putnam, Robert D. 1995: Bowling alone. America's Declining Social Capital. In: Journal of Democracy, 6: 65–78.
Schmitz, Sven-Uwe 2000: Homo democraticus. Demokratische Tugenden in der Ideengeschichte. Opladen.
Schuppert, Gunnar Folke 1997: Assoziative Demokratie. Zum Platz des organisierten Menschen in der Demokratietheorie. In: Klein, Ansgar/Schmalz-Bruns, Reinhard (Hrsg.): Politische Beteiligung und Bürgerengagement in Deutschland. Möglichkeiten und Grenzen. Bonn: 115–152.
Streeck, Wolfgang 1987: Vielfalt und Interdependenz. Überlegungen zur Rolle von intermediären Organisationen in sich ändernden Umwelten. Kölner Zeitschrift für Soziologie und Sozialpsychologie, 39: 471–495.
Tocqueville, Alexis de, 2001 (1835): Über die Demokratie in Amerika. Stuttgart.
Tönnies, Ferdinand 1991: Gemeinschaft und Gesellschaft. Darmstadt. 3. Aufl. des Neudr. der 8. Aufl. von 1935.
Weber, Max 1924: Rede auf dem Deutschen Soziologentag in Frankfurt. In: Weber, Max: Gesammelte Aufsätze zur Soziologie und Sozialpolitik. Tübingen: 431–449.
Wenzel Matiaske/Grözinger, Gerd 2008: Sozialkapital: eine (un)bequeme Kategorie. Ökonomie und Gesellschaft, Jahrbuch 20. Marburg.
Wilbers, Karl (Hrsg.) 2004: Das Sozialkapital von Schulen: die Bedeutung von Netzwerken, gemeinsamen Normen und Vertrauen für die Arbeit von und in Schulen. Bielefeld.

Gertrud M. Backes

Geschlechterdifferenz im Engagement

Einführung: Geschlechterdifferenzen als blinder Fleck der Engagementforschung

Die Diskussionen um und die Entwicklung des Engagements in unserer Gesellschaft werden seit einiger Zeit in besonderer Weise von zwei Trends geprägt: Erstens: Das freiwillige Engagement ist mittlerweile zu einem recht hoch gehandelten Thema der politischen und wissenschaftlichen Agenda avanciert. Ihm wird eine nicht unerhebliche Bedeutung für die Gestaltung und Bewältigung wichtiger gesellschaftlicher Aufgaben (wie z.B. Integration, soziale Probleme etc.) zugeschrieben. Und zweitens: Mit dem demografischen Wandel wird der steigende Anteil älterer Menschen als Zunahme potenzieller Ressourcen zur Gestaltung der Gesellschaft im Sinne von „Arbeit *nach* der Arbeit" gesehen. Allgemein wird das Engagement für andere zunehmend im Zusammenhang mit der Verfolgung eigener Bildungs- und Entwicklungsinteressen thematisiert und interpretiert (Backes 2000, 2006). In der öffentlich-politischen Diskussion steht allerdings die Nutzung oder sogar Instrumentalisierung der Potenziale und Ressourcen stärker im Vordergrund, die oft sozialpolitisch und arbeitsmarktstrategisch begründet werden.

Trotz verstärkter wissenschaftlicher Bearbeitung ist die Behandlung des Themas immer noch in besonderer Weise durch Alltäglichkeit des Wissens geprägt. Die tiefer liegenden Strukturen und Bedeutungen, so auch die der Geschlechterdifferenzen, bleiben dabei meist verdeckt (Backes 2006). Möglichkeiten, aber auch Illusionen der Beschäftigung im Engagement werden kritisch diskutiert, besonders wenn es um „Arbeit *statt* der Arbeit" geht, allerdings selten unter der Perspektive der Geschlechterarbeitsteilung. Engagement scheint widersprüchlicher und vielschichtiger zu sein, als Diskussion und empirisch-deskriptive Darstellung erkennen lassen (Backes 1987, 2006). Dies gilt ganz besonders hinsichtlich der Sozialstruktur im Engagement, und hier vor allem auch der Geschlechterdifferenz, die sich im Engagement durchaus auch – so meine These – als Geschlechterungleichheit abbildet. Weder in der öffentlichen noch in der wissenschaftlichen Diskussion wird angemessen *über die Bedeutung der Geschlechterdimension (als Element von Sozialstruktur und von Identitätsbildung) im Engagement* reflektiert. Zu bestehenden „Geschlechterdifferenzen" im Engagement wird jedoch wenig explizit – oder gar tiefere Strukturen und Verhältnisse, Bedeutungen und Folgen analysierend – geforscht oder auch nur öffentlich-politisch reflektiert. Es bleibt i.d.R. bei einer Beschreibung der Anteile von Frauen und Männern in den jeweiligen Engagementbereichen (siehe Alterssurvey, Bericht der Enquêtekommission, 5. Altenbericht); dem folgen allenfalls schmale Kommentare hinsichtlich des hierarchisch eher tiefer stehenden „weiblichen" und eher höher stehenden „männlichen" Ehrenamtes.

Im Folgenden wird es daher darum gehen, das freiwillige Engagement insbesondere unter Gesichtspunkte der Geschlechterdifferenz(en) und Geschlechterungleichheit(en) genauer zu betrachten. Dazu muss in erster Linie auf begründete Annahmen zurückgegriffen werden, die sich zwar durch Legionen alltäglicher Beobachtungen und Erfahrungen stützen, in empirischen Studien jedoch bislang nicht hinlänglich als belegt gelten können. Was nicht verwundert, da die Geschlechterdimension des Engagements in ihren tiefer liegenden Bedeutungsgehalten und Hintergründen nach wie vor im „toten Winkel" der Engagementforschung liegt. Für das Vorgehen bedeutet dies, bestehende Informationen zu Engagement unter der Perspektive ihrer Geschlechterdimensionen zu reflektieren.

Begriffe – Diskussionen – Motivationen: geschlechterspezifisch gesehen

Engagement im weitesten Sinne beschreibt Tätigkeiten „zwischen Haus- und Erwerbsarbeit" (Backes 1987): Hier wird das geleistet, was aus Haus- und Erwerbsarbeit heraus fällt bzw. dort keinen Platz findet, noch nicht oder nicht mehr bearbeitet wird. Ein (freiwilliges) Engagement ist – das gilt jedenfalls für weite Teile des bürgerschaftlichen Engagements – nicht professionell, nicht finanziell entlohnt, nicht sozial gesichert, es setzt keine formalen Qualifikationen voraus. Im Vergleich zu einer „klassischen" (vertraglich geregelten) Erwerbstätigkeit beruht Engagement hinsichtlich der Rechte und Pflichten auf Absprache, nicht auf einem (Arbeits-)Vertrag. Im Idealfall ist freiwilliges bzw. ehrenamtliches Engagement die von Zwängen und Notwendigkeit der Sorge für den eigenen Lebensunterhalt freie Beteiligung an der Gestaltung von Gemeinwesen und Gesellschaft (Backes 1987, 2006). Darüber hinaus kann zwischen formalen und eher informellen Engagementformen unterschieden werden; darauf verweist z.B. die Diskussion um „alte" oder „neue" Ehrenamtlichkeit (Kolland 2002: 79 ff.):

- Das *(alte) Ehrenamt* wird i.d.R. als öffentlich, unentgeltlich ausgeübtes Amt in Verbänden oder Selbstverwaltungskörperschaften bezeichnet, bei dem einer Arbeitsleistung keine monetäre Gegenleistung gegenübersteht und deren Ergebnis Konsumenten/innen außerhalb des eigenen Haushalts zufließt. Für diese Tätigkeiten mit erwerbsähnlichem Charakter werden häufig Aufwandsentschädigungen bezahlt und auch bestimmte Versicherungsleistungen angeboten (z.B. Unfallversicherung bei der Rettung). Zumeist werden Personen in ein Amt gewählt und verpflichten sich für einen bestimmten Zeitraum. Gemeint sind damit Tätigkeiten in Sport-

und Kulturvereinen, in den Kirchen, in politischen und gewerkschaftlichen bzw. in Wohlfahrtsorganisationen (z. B. Rotes Kreuz).
- Bei Freiwilligenarbeit (auch „neues" Ehrenamt) ist Entscheidungsfreiheit ein tragendes Element. Hauptelement ist ein modernes, gering institutionalisiertes, kaum Wert gebundenes und eher milieuunabhängiges Engagement individualisierter, freier, spontaner Menschen, die sich subjektiv zu einer entsprechenden Tätigkeit verpflichten. Freiwilligenarbeit wird dabei zumeist in informellen Sozialnetzen (wie Nachbarschaft und Freundeskreis) geleistet, aber auch in mehr organisierter Form im Rahmen von Selbsthilfegruppen und freien Initiativen. Sie entspricht ihrem Charakter nach eher der Hausarbeit. Leistungen werden kaum monetär abgegolten, wie z. B. bei Tätigkeiten in der Nachbarschaftshilfe, Betreuung von älteren Menschen, Hilfe bei der Sicherung von Schulwegen.

Stärker auf Engagement in Form des „politischen", aber auch des „sozialen" Ehrenamtes verweist die Diskussion um „bürgerschaftliches Engagement": Schon die „Mitarbeit in Vereinen, die Übernahme eines Gemeinderats-Mandats oder die Mitwirkung an der Organisation von Bürgerbegehren und Bürgerentscheiden in Kommunen" können „als Formen bürgerschaftlichen Engagements" gelten (Gabriel 2004: 339). Dieser Begriff ist weit und zugleich eng gefasst, denn er zielt einerseits nur auf politische Aktivitäten im weiteren Sinn ab und schließt andererseits fast alle möglichen Formen der Tätigkeiten in diesem Bereich ein. Der Begriff des „bürgerschaftlichen Engagements" fungiert als eine Art Sammelbegriff für das breite Spektrum an möglichen Formen der freiwilligen und gemeinwohlorientierten Aktivitäten im Rahmen einer Zivil- bzw. Bürgergesellschaft. Die politische Einbettung ist damit unverkennbar. Begriffe wie Ehrenamt und Freiwilligenarbeit können sich im „bürgerschaftlichen Engagement" wiederfinden (Heinze/Olk 2001; Enquête-Kommission 2002), sind aber keine Synonyme desselben. Bürgerschaftliches Engagement wird von der Enquête-Kommission charakterisiert als: freiwillig, nicht auf materiellen Gewinn ausgerichtet, gemeinwohlorientiert, öffentlich bzw. im öffentlichen Raum stattfindend und wird in der Regel gemeinschaftlich/kooperativ ausgeübt. Nicht zuletzt ist ein Engagement dann spezifisch „bürgerlich", wenn die Agierenden in ihrer Eigenschaft als Bürgerinnen und Bürger handeln.

Um der Begriffsvielfalt entgegenzuwirken, wurden bisher und werden auch im Folgenden die allgemeinen Bezeichnungen des (freiwilligen) Engagements bzw. des ‚Ehrenamts' benutzt, weil diese Begriffe – entgegen aller wissenschaftlichen bzw. öffentlichen Moden – einen Oberbegriff für alle Formen des freiwilligen, gemeinwohlorientierten und unbezahlten Engagements darstellen. Darüber hinaus „signalisiert der Begriff des „freiwilligen Engagements" das Bemühen, die Vielfalt „alter" und „neuer" Formen des Engagements ohne Anklang an traditionell eingeführte oder einseitige semantische Konnotationen auf einen einheitlichen Begriff zu bringen" (Olk 2004: 29).

Bei allen Diskussionen fällt auf: Engagement wird in den letzten Jahren mehr Bedeutung für die gesellschaftliche Partizipation zugeschrieben. Es fehlt aber ein weitgehender Bezug auf die gesellschaftliche Partizipation und das gezielte Ansprechen beider Geschlechter hinsichtlich des Engagements: Zwar wird mehr oder weniger regelmäßig über die Geschlechterproportionen in Engagementformen berichtet. Spezifische Gründe und Motive für Engagement oder auch für dessen Ausbleiben, brachliegende Ressourcen oder (unterschiedliche) Engagementschwerpunkte und -formen beider Geschlechter werden jedoch bislang nicht in angemessener Weise thematisiert oder gar systematisch untersucht. Hinsichtlich des Zugangs zu Engagement – wie auch zu anderen Arbeitsverhältnissen (Erwerbsarbeit, Hausarbeit) – befinden sich beide Geschlechter über den Lebensverlauf durchaus in strukturell unterschiedlichen und ungleichen Positionen.

Eine entsprechend sensibilisierte Betrachtung der Gründe für Engagement spiegelt seine Geschlechterdimension durchaus wider, muss jedoch als solche auch gelesen bzw. erkannt werden: Verba et al. (1995) identifizieren drei Faktoren, die zur Übernahme eines freiwilligen Engagements führen können: Motive, Ressourcen und die Einbindung in mobilisierende Netzwerke. Diese Faktoren sind unmittelbar miteinander verknüpft und bedingen sich wechselseitig. Für die Übernahme eines Engagements müssen Frauen wie Männer, Ältere wie Jüngere neben der Motivation über ausreichende Ressourcen verfügen und in soziale Netzwerke eingebunden sein. Nach Gabriel et al. (2004: 341) müssen im Engagement Möglichkeiten bestehen, sozioökonomische Ressourcen in intellektuelle bzw. kognitive Ressourcen umzusetzen. Ein weiteres, wesentliches Motiv ist die verfügbare Zeit. Engagement konkurriert am stärksten mit anderen möglichen Freizeitaktivitäten. Denn Erwerbs- oder Familienarbeit gehen vor Engagement. Folgt man dieser Argumentation, müssten gerade Frauen und Männer *ohne* (relevante) arbeitsmarkt- oder haus- und familienarbeitsbedingte Zwänge bei ausreichender Zeit sich in besonderem Maße engagieren. Dass sich hierbei – in unterschiedlichen Lebensphasen verschieden – durchaus geschlechterspezifische Unterschiede und Ungleichheiten zeigen, spiegelt sich u.a. im rein quantitativ geringeren Engagement von Frauen. Und: Mit viel Zeit besitzt man jedoch nicht automatisch auch die entsprechenden (u.a. materiellen, intellektuellen, netzwerkbezogenen, informationellen) Ressourcen, die für ein Engagement notwendig sind. Zudem sind für unterschiedliche und verschiedene interessante Engagementformen auch verschiedene Ressourcen erforderlich. Auch dies dürfte relevante Geschlechterdifferenzen im Engagement erklären, ist aber bislang nicht hinlänglich untersucht.

Empirische Studien geben seit langem Aufschluss über die Motivation, die nicht mehr nur in altruistischen oder karitativen Motiven begründet liegt (Backes 1992). Der Wunsch nach einem Gewinn für das eigene Leben gewinnt zunehmend an Bedeutung (BMFSFJ 2001: 236). In entsprechenden Studien wurden als häufigste Motive für Engagement genannt: „Anderen Menschen zu helfen", „so akzeptiert zu werden, wie man ist", „das Gefühl bekommen, gebraucht zu werden" und „seine Fähigkeiten einzubringen". Motive können sich im Zeitverlauf ändern. Letztlich setzt jedes Engagement unterschiedliche Ressourcen, Zeitaufwand und soziale Kontakte voraus und wird von vielfältigen Motiven getragen (Gabriel et al. 2004). Was dann zur Ausübung eines freiwilligen Engagements führt, ist ein Produkt aus verschiedenen Faktoren, die sich je nach Alter, Geschlecht, biografischer Situation und sozialer Lage unterscheiden (können).

Entwicklungstrends des Engagements im sozialen Wandel: Annäherung oder weitere Differenz im Engagement der Geschlechter?

Im Prozess der Modernisierung lassen sich hinsichtlich des Engagements drei wesentliche Trends zusammenfassen: Pluralisierung, Individualisierung und Wandel der Motive (BMFSFJ 2006: 201 f.): Klassische Formen des Ehrenamts werden durch neue Formen ersetzt. Mit klassischen Formen sind beispielsweise Aktivitäten in Vereinen und Verbänden gemeint. Sie sind stärker organisationsgebunden und werden daher auch als formelles Engagement bezeichnet, während sich mit den neuen Formen zunehmend informelle Engagements herausbilden, die organisatorisch wenig gebunden sind. Mit Pluralisierung geht Individualisierung einher. Der Begriff der Individualisierung hat seine Wurzeln zwar in der sozial- und familienpolitischen Debatte um die Krise der Familie (Beck 1986), kann aber auf Engagement übertragen werden. Denn auch hier finden sich Loslösungstendenzen von traditionellen Bindungen. Das sogenannte ‚neue Ehrenamt' wird eher in Form eines Projektmanagements gestaltet, es ist also zeitlich begrenzter und nicht mehr auf ‚Lebenszeit' angelegt. Zudem besitzen anscheinend geschlechtsspezifische und familiäre Rollen *„eine geringere Bedeutung und Bindungskraft für die Auswahl der Organisationsformen und Bereiche"* (BMFSFJ 2006: 201). So hat z.B. das Engagement von Seniorinnen und Senioren *„... weniger mit dem Lebensabschnitt Alter, sondern mehr mit der Zugehörigkeit zu einem bestimmten sozialen und kulturellen Milieu im Lebensverlauf zu tun"* (Enquête-Kommission 2002: 213). Als hinlänglich empirisch untersucht kann diese Entwicklung weg von geschlechter- (oder auch altersspezifischen) sozialen Rollen bei der Entscheidung für oder gegen (ein bestimmtes) Engagement allerdings nicht angesehen werden.

Allgemein findet ein Wandel von altruistischen hin zu selbstverwirklichungs-, spaß- und ereignisbezogenen Motiven bei der Übernahme eines Engagements statt. Die Übernahme eines Engagements wird als zunehmend auch von der „biographischen Passung" abhängig beschrieben, d.h. Motiv, Lebenssituation und Engagementgelegenheiten müssen ‚biografisch passen'. Engagement kann auch aus egoistischen Motiven heraus ausgeübt werden, z.B. um den eigenen Nutzen im Sinn einer Reputation zu erhöhen.

Neu daran ist jedoch, dass solche Motive keinem gesellschaftlichen Tabu mehr unterliegen. Die heutige Thematisierung der stärker selbstbezogenen Motive in Untersuchungen hängt u. a. mit einem entsprechenden kulturellen Wertewandel zusammen. Selbstbezogene Motive (wie Selbstfindung, Selbsthilfe, Selbstverwirklichung u. Ä.) gelten heute als legitime und durchaus darstellbare Beweggründe, aktiv zu sein. Dies war in den 1960er und 1970er Jahren nicht der Fall. *„Dieser Motivwandel des Engagements wird mit dem übergreifenden gesellschaftlichen Wertewandel in Verbindung gebracht, bei dem Pflicht- und Akzeptanzwerte an Bedeutung verlieren und Selbstentfaltungswerte an Relevanz hinzugewinnen"* (Olk 2004: 30). Eine auch nur ansatzweise Untersuchung dieses Motivwandels vor dem Hintergrund geschlechterspezifischer Lebens- und Arbeitsverläufe und damit auch Engagementbiographien fehlt bislang. Dabei ist unmittelbar nachvollziehbar, dass die sog. „egoistische Motivation" durchaus sehr verschiedene Hintergründe in den Lebensrealitäten beider Geschlechter haben kann: so z. B. als Alternative und Ausgleich zur Konzentration auf Familienarbeit mit allen diesbezüglich bekannten Folgen oder als Ausgleich zu einer einseitig beanspruchenden Managementposition.

Neben den eher positiven Entwicklungen des Engagements lassen sich auch einige kritische Entwicklungen skizzieren (Beher et al. 2000; Backes 1987, 2006). Diese sind besonders bedeutsam für Geschlechterdifferenzen, auch im Sinne von Geschlechterungleichheit im Engagement: Freiwilliges Engagement wird (zunehmend) geringfügig bezahlt, wodurch die Gefahr einer ungeschützten, schlecht bezahlten Form von ‚Erwerbsarbeit' entsteht, die wiederum eher Frauen konkret betrifft. Durch regelmäßige Qualifizierung (zu Beginn und begleitend zur ‚Arbeit') entsteht ein Trend zur Fachlichkeit bzw. zur Halb-Professionalität. Oftmals gibt es finanzielle Anreize an Freie Träger für den Einsatz Ehrenamtlicher. Damit wird jedoch die eigentliche Idee des Engagements unterlaufen und die ‚geringfügige' Arbeit gestärkt; auch hier trifft es eher Frauen. Eine Entwicklung des Engagements zum ‚Ersatz-Arbeitsverhältnis' für Erwerbslose, für vorzeitig in den Ruhestand Versetzte, im Alter nach Beschäftigungsalternativen suchende Personengruppen ist allgemein zu beobachten. Das Engagement driftet in seiner Bedeutung auseinander: Einerseits in seiner symbolischen Bedeutung als freiwillige, freigestaltbare, ganzheitliche, unbezahlte, spontane und zweckfreie Hilfe von Mensch zu Mensch und andererseits in seiner Erfahrung als ‚Arbeitsverhältnis dazwischen' mit Ersatz- und Pufferfunktionen. Aufgrund ihrer spezifischen Arbeits- und Lebensverhältnisse sind Frauen hier stärker betroffen. Damit einhergehend wächst die Gefahr, dass zwischen dem sogenannten ‚zweiten Arbeitsmarkt' und den neuen Formen freiwilligen Engagements eine Konkurrenzsituation entsteht. In beiden Fällen fehlen den ‚Arbeitskräften' Alternativen. Eine gesellschaftliche Verknappung und sozial ungleiche Verteilung von sinnvollen Beschäftigungs- und Verdienstmöglichkeiten trägt dazu bei, dass den diesbezüglich relativ Benachteiligten die Probleme der Schnittstelle zwischen geringfügigen Beschäftigungsverhältnissen und freiwilligem Engagement zugeschoben werden.

Zusammenfassend lässt sich festhalten, dass der gesellschaftliche Wandel das Engagement wesentlich beeinflusst hat und mehr Spielraum bietet, in dem Engagement eben nicht mehr die Übernahme eines „Ehrenamtes" auf Lebenszeit bedeutet. Damit entsteht auch eine größere Offenheit und Flexibilität gegenüber geschlechterspezifisch differenten Lebens- und Arbeitsverläufen. Darüber hinaus sind selbstbezogene Motive vermehrt gesellschaftlich legitimiert, was dem allgemeinen Trend der Individualisierung entgegenkommt und dadurch Anreize schafft, sich stärker freiwillig zu engagieren. Vor diesem Hintergrund stellt sich verstärkt die Frage, wer sich wann im Lebenslauf welches Engagement zum eigenen Nutzen leisten kann, und sie trifft in besonderer Weise im Zusammenhang mit Geschlechterlebenslagen zu. So wird auch deutlich, dass das Engagement nicht nur positiven, sondern auch negativen Entwicklungen unterworfen ist und ganz besonders Gefahr läuft, ökonomisch instrumentalisiert zu werden. Das Engagement verliert seine Symbolkraft durch halbprofessionelle Tendenzen und kann sich zu einer der Erwerbsarbeit ähnlichen Form entwickeln. Hier sind ganz besonders Menschen dies- und jenseits geschützter Erwerbsarbeit in Gefahr, also auch vor allem Frauen im Kontext ihrer prekären Beschäftigungsbiographien.

Empirische Befunde und ihre Aussagen zur Geschlechterdifferenz

Empirische Befunde des letzten Jahrzehnts zeigen deutliche Unterschiede im Engagement zwischen Männern und Frauen, unterschiedlich nach Alter, Familienstand bzw. Lebensform und Engagementbereich. Im zeitlichen Vergleich sind zunehmende Zugangsquoten zu beobachten, wobei Männer tendenziell höhere Werte als Frauen aufweisen und in den alten Bundesländern höhere Zugangswerte als in den neuen zu verzeichnen sind:

Tab. 1: Zugangsquoten in das Engagement in den alten und neuen Bundesländern im Vergleich der Zeiträume 1994/1998 und 2003/2007, in %

	Alte Bundesländer		Neue Bundesländer	
	1994/98	2003/2007	1994/98	2003/2007
Gesamt	30,3	35,5	25,1	30,5
Frauen	29,2	35,0	22,5	29,9
Männer	31,6	35,9	28,7	31,3

(Bezugspunkt: Nichtaktive 1994 bzw. 2003); Quelle: Alscher et al. 2009: 35

Nach dem Freiwilligensurvey 2004 sind Frauen vor allem in den Engagementbereichen „Gesundheitsbereich" (74%), „Schule/Kindergarten" (62%), „Kirche/Religion" (65%) und „Sozialer Bereich" (63%) vertreten, während Männer in den Bereichen „Unfall- und Rettungsdienste/Feuerwehr" (81%), „Politische Interessenvertretung" (77%), „Berufliche Interessenvertretung" (74%) und „Sport und Bewegung" (62%) zu finden sind. In den Engagementbereichen „Kirche/Religion", „Sozialer Bereich" und „Gesundheitsbereich" sind im Vergleich zu Frauen doppelt so viele Männer mit Leitungs- oder Vorstandsfunktionen betraut (Alscher et al. 2009: 38). Hinzu kommt ein vergleichsweise höherer zeitlicher Umfang von männlichen ehrenamtlichen Führungskräften.

Nach Daten des Alterssurveys geht mit steigendem Alter das Engagement zurück (Künemund 2006). Dementsprechend verringert sich auch die Wahrscheinlichkeit von Engagement von 40% bei den 45- bis 54-Jährigen auf 29% bei den 65- bis 74-Jährigen. Dabei engagieren sich Männer häufiger als Frauen. Zu vermuten ist aber, dass freiwillig ausgeübte Tätigkeiten von Frauen häufig nicht als solche gesehen werden und somit in Befragungen auch nicht angegeben und erfasst werden. Neben dem Geschlecht spielen aber auch Faktoren wie die Haushaltsgröße, der Erwerbsstatus und die Bildung eine große Rolle. Je größer der Haushalt und je höher der Bildungsabschluss, desto wahrscheinlicher ist die Teilnahme an einem freiwilligen Engagement.

Fazit und Konsequenzen aus Geschlechterperspektive

Chancen des Engagements (Backes 2006) lassen sich wie folgt zusammenfassen und aus der Perspektive von Geschlechterdifferenzen einschätzen:

1. Engagement kann eine *spezifische Form der Selbsthilfe im Umgang mit den Veränderungen, insbesondere mit Beschäftigungs- und Integrationsproblemen, im Lebenslauf* sein. Vor diesem Hintergrund gewinnt es seine geschlechterspezifische Bedeutung.
2. Engagement kann *Sprungbrett in neue Bereiche* sein, zu Befreiung von festgefahrenen Alltagsstrukturen beitragen und psychosoziale Entwicklungen fördern. Es kann ein Weg sein, sich als gestaltendes Gesellschaftsmitglied zu begreifen und zu einem anderen (Selbst-)Bild beitragen. Es kann einer sukzessiven Entdeckung neuer Bewegungsspielräume gleichkommen, die im Idealfall auch Freiheits- und Gestaltungsmöglichkeiten offen lassen, kann *Selbstbestätigung, Selbstvertrauen, Zufriedenheit und Gesundheit* verbessern. Im Kontext geschlechterdifferenzierter Vergesellschaftung in unterschiedliche Lebens- und Arbeitsverläufe gewinnt Engagement bei Frauen und Männern verschiedene Konturen: zwischen der ‚Arbeit statt' und der ‚Arbeit neben' und ‚ergänzend'.

3. Engagement hat sich in den letzten Jahren von einem stärker an den Sozialstatus gebundenen Tun zu einem zumindest auch auf Lebensphasen und damit auch Geschlechterlebenslagen bezogenen Tun hin entwickelt.
4. Es wird meist dann attraktiv, wenn es darum geht, zumindest zeitweilig das Fehlen anderer sinnvoller oder hinreichender Beschäftigung auszugleichen (hieran wird die Selbsthilfefunktion deutlich!). Ob es dann auch realisiert werden kann, obliegt sozialer Unterschiede und Ungleichheit, auch nach Geschlecht.
5. Die Formen des Engagements sind vielfältiger geworden. Es gibt eine bunte Palette von karitativem Tun für andere, z. B. im Rahmen einer Kirchengemeinde oder eines Verbandes, über soziales Engagement in Vereinen bis hin zu Selbsthilfe, die ebenfalls mit unbezahlter freiwilliger Arbeit in der Gruppe oder im Verein einhergehen kann. Damit entwickeln sich mehr Wahlmöglichkeiten für Frauen und Männer in sehr verschiedenen Lebens- und Arbeitskonstellationen, das jeweils als sinnvoll erscheinende und mögliche Engagement zu finden.
6. Dies entspricht auch z. B. den Bedürfnissen nach Engagement jenseits der eigenen Familie oder (früherer) beruflicher Tätigkeit: bei Frauen und Männern in den verschiedenen Lebensphasen durchaus verschieden.

Risiken des Engagements (Backes 2006) sind ebenfalls unter Geschlechterperspektive differenziert einzuschätzen:

1. Die *Chancen der Teilhabe sind sozial ungleich verteilt*. Längst nicht alle Menschen, für die eine solche Beschäftigung sinnvoll und wichtig wäre, haben Zugang zu einem (qualitativ zufriedenstellenden) sozialen oder gar politischen Engagement. Noch sind Frauen aufgrund ihrer Lebens- und Arbeitskonstellationen hier häufiger im Nachteil.
2. Damit gehen vor allem *geschlechterspezifische Beteiligung und soziale Ungleichheit* einher. Frauen sind oft in weniger sichtbaren und prestigeträchtigen Bereichen freiwillig engagiert und erfahren somit gesellschaftlich weniger Aufmerksamkeit.
3. Bei fehlenden materiellen Voraussetzungen besteht die *Gefahr, dass Engagement zur schlecht bezahlten, ungeschützten Fast-Erwerbsarbeit* wird. Fehlen die immateriellen Voraussetzungen, kann es zum *Ersatz statt zur Alternative oder Ergänzung* werden.
4. In der *heute (noch) häufig üblichen Form bietet soziales Engagement oft nur wenig Grundlage für Selbsthilfe*. Es ist eher einseitig an den Interessen der Organisationen und Klienten ausgerichtet. Hier finden sich häufiger Frauen.
5. Auch die *Beteiligung – insbesondere von Frauen – an der Gestaltung des Engagements ist relativ gering*. Voraussetzungen hierfür werden noch zu wenig entwickelt und genutzt.
6. *Ausbeutung* droht dann, wenn bei der Auswahl und Gestaltung des Engagements die Interessen und Voraussetzungen auf Seiten der Engagierten nicht hinreichend Berücksichtigung finden. Bislang trifft dies eher auf Engagementformen zu, in denen überwiegend Frauen tätig sind.

7. Die in der Diskussion erwähnten Handlungsspielräume für Engagierte müssen von diesen oft erst erkämpft werden, da neben einer „biografischen Passung" das Engagement auch „institutionell passen" muss. Traditionelle Institutionen sind noch zu wenig auf die gewandelten Bedürfnisse der potenziell Engagierten eingestellt. Das führt zu einer einseitigen Angebotskultur und vernachlässigt die Nachfrage nach Engagement (z.B. die Erwartungen und Wünsche potenziell Engagierter) (Olk 2004). Es ist zu vermuten, dass sich weitaus mehr Frauen wie Männer ansprechen ließen, wenn Handlungsspielräume an – auch geschlechterspezifische – Lebenssituationen stärker angepasst würden.
8. In vielen Fällen führen starre Strukturen und ökonomische Kalküle zu Konkurrenzbeziehungen zwischen Hauptamtlichen und freiwillig Engagierten; dies kann Formen der „Ausbeutung" bzw. der Instrumentalisierung annehmen. Sozial besser Positionierte können sich hier eher zur Wehr setzen und auf eine Ausbalancierung der Interessen hinwirken. Dabei ist derzeit noch eine Geschlechterdisbalance zu beobachten: Frauen engagieren sich eher aus Lebens- und Arbeitssituationen heraus, in denen sie stärker angewiesen sind und sich aus dieser schwächeren Position heraus weniger gegen Instrumentalisierung zur Wehr setzen.

Hier wie an vielen Stellen der vorangegangenen Ausführungen wird deutlich, dass eine geschlechterdifferenzierende und geschlechtersensible Analyse des Engagements dringend erforderlich ist: eine Analyse, die nicht nur quantitativ Frauen und Männer in Engagementpositionen aufzeigt, sondern den konkreten Bedingungen und Formen, Handlungs- und Gestaltungsspielräumen wie Voraussetzungen nachgeht. Für eine Analyse des Engagements in der modernen Gesellschaft, das stark von Lebensphasen und Lebenslagen – so auch der Geschlechter – geprägt ist, in dem Fragen der Ungleichheit, Macht und Disbalance des Einflusses eine erhebliche Rolle spielen, ist dies unerlässlich.

Literatur

Alscher, Mareike/Dathe, Dietmar/Priller, Eckhars/Speth, Rudolf 2009: Bericht zur Lage und zu den Perspektiven des bürgerschaftlichen Engagements in Deutschland. Berlin: WZB.

Backes, Gertrud M. 1987: Frauen und soziales Ehrenamt. Augsburg.

Backes, Gertrud M. 1992: Soziales Ehrenamt. Handlungsperspektive für Frauen im Alter. In: Karl, Fred/Tokarski, Walter (Hrsg.): Bildung und Freizeit im Alter, Bern: Hans Huber: 93–110.

Backes, Gertrud M. 2000: Ehrenamtliches Engagement. In: Wahl, Hans-Werner/ Tesch-Römer, Clemens (Hrsg.): Angewandte Gerontologie in Schlüsselbegriffen. Stuttgart: 195–202.

Backes, Gertrud M. 2006: Widersprüche und Ambivalenzen ehrenamtlicher und freiwilliger Arbeit im Alter. In: Schroeter, Klaus R./Zängl, Peter (Hrsg.): Altern und bürgerschaftliches Engagement. Aspekte der Vergemeinschaftung und Vergesellschaftung in der Lebensphase Alter. Wiesbaden: 63–95

Beck, Ulrich 1986: Risikogesellschaft. Auf dem Weg in eine andere Moderne. Frankfurt/Main.
Beher, Karin/Liebig, Reinhard/Rauschenbach, Thomas 2000: Strukturwandel des Ehrenamts. Gemeinwohlorientierung im Modernisierungsprozeß. Weinheim und München.
Bundesministerium für Familie, Senioren, Frauen und Jugend (BMFSFJ) (Hrsg.) 2001: Dritter Bericht zur Lage der älteren Generation. Berlin.
Bundesministerium für Familie, Senioren, Frauen und Jugend (BMFSFJ) (Hrsg.) 2006: Potenziale des Alters in Wirtschaft und Gesellschaft. Der Beitrag älterer Menschen zum Zusammenhalt der Generationen. Berlin.
Enquête-Kommission „Zukunft des Bürgerschaftlichen Engagements" des Deutschen Bundestages 2002: Bericht Bürgerschaftliches Engagement: auf dem Weg in eine zukunftsfähige Bürgergesellschaft. Opladen.
Gabriel, Oscar W./Trüdinger, Eva-Maria/Völkl, Kerstin 2004: Bürgerengagement in Form von ehrenamtlicher Tätigkeit und sozialen Hilfsleistungen. In: Statistisches Bundesamt: Alltag in Deutschland. Analysen zur Zeitverwendung. Forum der Bundesstatistik, Band 43, Wiesbaden: 337–357.
Heinze, Rolf G./Olk, Thomas (Hrsg.) 2001: Bürgerengagement in Deutschland. Opladen.
Kolland, Franz 2002: Ehrenamtliche Tätigkeit der jungen Alten. In: Karl, Fred/Zank, Susanne (Hrsg.): Zum Profil der Gerontologie. Kasseler Gerontologische Schriften Band 30: 79–87.
Künemund, Harald 2006: Tätigkeiten und Engagement im Ruhestand. In Tesch-Römer, Clemens/Engstler, Heribert/Wurm, Susanne (Hrsg.): Altwerden in Deutschland. Wiesbaden: 289–327.
Olk, Thomas 2004: Modernisierung des Engagements im Alter – Vom Ehrenamt zum bürgerschaftlichen Engagement? Online-Dokument, URL: http://www.inbas-sozialforschung.de/download/bas-band13-th_olk.pdf (Zugriff: Juli 2007).
Verba, Sidney/Schlozman, Kay Lehman/Brady, Henry 1995: Voice and Equality Civic Voluntarism in American Politics, Cambridge, Mass., London.

Roland Roth

Partizipation

Partizipation als Tendenz unserer Zeit

Partizipation wird als ein zentrales Struktur- und Handlungsprinzip moderner demokratischer Gesellschaften angesehen (Kaase 1994). Sie sind „aktive Gesellschaften" (Etzioni 1968), weil ein wachsender Teil der Bevölkerung selbstbewusst und gezielt verändernd in das gesellschaftliche Geschehen eingreift. Der Anspruch, über die eigenen unmittelbaren Interessen hinaus etwas aktiv gestalten zu können, ist in allen Lebensbereichen spürbar. Dies hat dazu geführt, dass es heute von der Wiege bis zur Bahre alternative Formen der Lebensgestaltung gibt („altri codici" im Sinne des italienischen Bewegungsforschers Alberto Melucci – 1996). Demokratie wird hier erneut in der Tradition von John Dewey und Hannah Arendt als Lebensform sichtbar, als gemeinsame Gestaltung des Zusammenlebens.[1]

In der politischen Sphäre hat dies in den letzten Jahrzehnten zu einer Verschiebung von einer elitenorientierten und elitensuchenden Bürgerschaft hin zu einer Bürgerschaft, die Eliten immer wieder aufs Neue herausfordert. Am deutlichsten wird dieser Wandel am Bedeutungszuwachs „unkonventioneller" Formen der Partizipation, die sich in Gestalt von Protest und sozialen Bewegungen, von Bürgerinitiativen und Nichtregierungsorganisationen, von Boykott und zivilem Ungehorsam, von aktiven Konsumenten und anspruchsvollen Nutzern öffentlicher Einrichtungen ausgebreitet haben. Partizipationsansprüche haben also nicht nur „vorpolitische" Sphären, wie das Geschlechterverhältnis, das Soziale, die Technologieentwicklung oder das Naturverhältnis „politisiert", sondern auch im politischen Raum werden gesteigerte Partizipationserwartungen praktisch geltend gemacht. Das vorherrschende „realistische" Demokratie-Verständnis der Nachkriegszeit, eine auf Wahlen gegründete Form repräsentativer Herrschaft von konkurrierenden Eliten, die den Bürger und die Bürgerin weitgehend von eigenem politischen Handeln jenseits der Beteiligung an Wahlen entlasten, wurde partizipativ und protestierend aufgekündigt.

Das Konzept „Bürgerschaftliches Engagement" versucht beiden Dimensionen dieser gesamtgesellschaftlichen Tendenz in Richtung Partizipation Rechnung zu tragen, in dem es einerseits das freiwillige Aktivwerden als

---

1 Zur Auslotung der verschiedenen Lesarten von Demokratie und dem unterschiedlichen Gewicht, das Partizipation dabei zukommt, bieten zwei demokratiepädagogische Sammelbände eine Fülle von Hinweisen (Himmelmann/Lange 2005; Lange/Himmelmann 2007).

übergreifendes Moment vielfältiger Aktivitäten in allen Gesellschaftsbereichen hervorhebt und andererseits mit dem Verweis auf Bürgerschaft einen erweiterten demokratischen Gestaltungsanspruch signalisiert (Gensicke/ Geiss 2006).

Nach einigen begrifflichen Klärungsangeboten und demokratietheoretischen Verortungen wird am Ende dieses Beitrags erneut auf diese zeitdiagnostische Lesart des Partizipationsgeschehens eingegangen.

Partizipation – einfach und voraussetzungsvoll zugleich

In der ausufernden Debatte, was unter Partizipation zu verstehen sei, helfen einfache Unterscheidungen. Ob in Sachen Demokratie generell oder bezogen auf einzelne Gruppen und Institutionen lassen sich vier Formen von Politik entlang der Präpositionen „für", „mit", „von" und „gegen" unterscheiden. Am Beispiel Kinderpolitik lässt sich dies wie folgt verdeutlichen:

- Eine Politik *für* Kinder versucht kindgerechte Bedingungen des Lebens und Aufwachsens zu schaffen, betreibt Familienförderung und Kinderschutz, ohne dabei Kinder selbst zu beteiligen. Die Haltung ist wohlmeinend, verzichtet aber auf die Stimme und Beteiligung der Zielgruppe.
- Eine Politik *mit* Kindern setzt dagegen auf deren Stimme in Konsultationen, nutzt ihr Expertenwissen, fördert ihre Aktivitäten, vielleicht sogar ihre Mitarbeit an der Umsetzung von Projekten.
- Eine Politik *von* Kindern findet immer dann statt, wenn Kinder selbst aktiv werden, sich ungefragt und ohne Auftrag einmischen, sich selbstbestimmt und unabhängig artikulieren.
- Eine Politik *gegen* Kinder wäre immer dann gegeben, wenn unmittelbar gegen die Interessen und Wünsche von Kindern gehandelt wird – die „Spielen verboten"-Schilder oder die Vertreibung von unbequemen Jugendlichen aus öffentlichen Räumen sind dafür alltägliche Beispiele.

Wenn wir von Partizipation sprechen, geht es vor allem um das „Mit". Die Ausgestaltung dieser Mitwirkung kann eine große Bandbreite haben, die von der bloßen Anhörung und Konsultation über die Mitbestimmung bis zur Mitgestaltung im Sinne der Umsetzung von Entscheidungen und Projekten reicht. Um dies zu verdeutlichen, wird häufig auf das Bild der Partizipationsleiter zurückgegriffen, das Stufen der Beteiligung unterscheidet. In unserem Sinne gehören symbolische Formen, die lediglich das „Für" bespielen (wie z.B., um bei der Kinderpolitik zu bleiben, das Probesitzen in Parlamenten) ebenso wenig zur Beteiligung wie die Selbstorganisation und Selbstverwaltung von Kindern, von der Anti-Politik ganz zu schweigen.

Partizipation als Mitwirkung hat einige Voraussetzungen, die nicht selbstverständlich sind. Sie verlangt eine Anerkennung von Zugehörigkeiten, d.h. eine Antwort auf die Frage, wer als Teil (Part) eines Ganzen angesehen wird. Frauen, Fremde, Kinder, Jugendliche, Menschen mit Behinderungen etc. sind nur einige der Bevölkerungsgruppen, denen Zugehörigkeit, Anerkennung und damit auch Partizipation lange verweigert wurde bzw. noch immer wird. Im politischen Raum wird diese Zugehörigkeit als „citizenship" (Bürgerschaft, bzw. Staatsbürgerschaft) ausgestaltet. „Mit" heißt stets mit Anderen, d. h. verweist auf eine Mehrzahl von Beteiligten und schließt die Anerkennung einer Pluralität von Sichtweisen, Bedürfnissen und Interessen ein, die in den Partizipationsprozess Eingang finden und dort ausgehandelt werden sollen. Es geht dabei nicht nur um das „Wer", sondern auch um das „Wie", nicht nur um die Zulassung oder Einladung zur Beteiligung, sondern um deren konkrete Ausgestaltung durch Rechte, Regeln und Verfahren. Schließlich gehören Resultate, Erfolge und Wirkungen notwendig zur Partizipation. Sie ist kein Spiel und kein Selbstzweck. Die Erfahrung, dass es um etwas geht, kann bereits am Anfang eines Partizipationsprozesses stehen, wenn z. B. Kinder- und Jugendparlamente über einen festen Etat verfügen, über den die Beteiligten verfügen können. Forderungen und Ansprüche können auch das Ergebnis von Beteiligungsprozessen sein. Schon der Begriff „Teilhabe" macht deutlich, dass es um etwas gehen soll. Partizipation zielt zugleich auf die Legitimation dieser Ergebnisse durch Verfahren, gleichgültig ob es um neue Regeln, Rechte und Pflichten geht, um die Verteilung von Anerkennung, die Gewichtung der politischen Agenda oder um die Verteilung von Ressourcen geht. Wer sich beteiligt hat bzw. Gelegenheit zur Beteiligung hatte, ist gehalten, die Ergebnisse des Beteiligungsverfahrens zu akzeptieren – und sei es auch nur, um sie bei nächster Gelegenheit zu revidieren.

Partizipation und Demokratie

Diese Beschreibung von wesentlichen Dimensionen eines gehaltvollen Partizipationsbegriffs hat bereits dessen Nähe zum demokratischen Regieren deutlich werden lassen. Erinnert sei an die berühmte Definition von Abraham Lincoln in seiner Gettysburg Adresse von 1863 wonach Demokratie als *„government of the people, by the people, and for the people"* zu begreifen sei. Diese Formulierung stellt klar, dass moderne Demokratien als Kombinationen von unterschiedlichen Formen der politischen Beteiligung zu begreifen sind. Sie reichen von Formen der Selbstorganisation und Selbstverwaltung (*of the people*), wie sie klassisch auf kommunaler Ebene und in freiwilligen Vereinigungen zu finden sind, bis zu den repräsentativen Formen, wo gewählte Vertreter „im Namen des Volkes" regieren und wieder abberufen werden können (*for the people*). Dazwischen liegt ein weites Feld mehr oder weniger direkter Beteiligung, das von Sachvoten bis zur Delegation und Übernahme von öffentlichen Aufgaben reicht (*by the people*).

Von Partizipation wird vor diesem Hintergrund in zwei Versionen gesprochen. Ein *weiter* Begriff von Partizipation hebt darauf ab, dass in allen Formen von Demokratie Beteiligung gefordert ist. Repräsentative Demokratie setzt zumindest auf Wahlbeteiligung und die Bereitschaft, öffentliche

Ämter zu übernehmen. Wahlvereine und Parteien organisieren den politischen Wettbewerb und greifen dabei auch auf ehrenamtliches Engagement zurück. Dass Selbstverwaltung von der intensiven Beteiligung der Mitglieder einer Gemeinschaft lebt, dürfte ebenfalls unstrittig sein. Eine mittlere Position nehmen die mehr oder weniger intensiven Formen der Beteiligung (Anhörungen, Übernahme von Ehrenämtern etc.) ein, die auf begrenzte Mitwirkung setzen. Einzig auf dieses mittlere Feld zwischen Selbstverwaltung und Repräsentation bezieht sich ein *enger* Begriff von Partizipation. Auch wenn im gesamten Spektrum demokratischer Teilhabe Engagementformen angeboten werden, die sich z.B. im Zeitbedarf und den Kompetenzanforderungen erheblich unterscheiden. Den einen Pol bildet die Beteiligung an Wahlen, die weder zeitlich noch kognitiv besondere Anforderungen stellt. Der andere Pol wird durch Formen der Selbstverwaltung gebildet, die ein verantwortliches Dauerengagement abfordern. Partizipationsangebote im engeren Sinne liegen zumeist auf einem *mittleren, thematisch und zeitliche begrenzten Anspruchsniveau.*

Zwei weitere Unterscheidungen kennzeichnen die Dynamik der aktuellen Partizipationsdebatte. Zum einen geht es um den *Politikbegriff.* (Politische) Partizipation findet einzig dort statt, wo es um Formen der Einflussnahme und Beteiligung am politischen System geht. Daneben gibt es vielfältige Formen gesellschaftlichen Engagements, z.B. in Vereinen, Kirchengemeinden oder öffentlichen Einrichtungen, die zumeist im Abseits institutioneller Politik liegen. Diese feinsäuberliche Trennung zwischen politischer und gesellschaftlicher Partizipation und der damit verbundene enge, institutionell geprägte Politikbegriff sehen sich von einem an Boden gewinnenden Politikverständnis herausgefordert, das Politik als Gestaltung von Lebensweisen in allen gesellschaftlichen Bereichen ansiedelt. Ob z.B. Kinder in ihren Familien oder in der Schule eine Stimme haben, die gehört und berücksichtigt wird, ob sie an der Entscheidung über die Schulwahl oder die nächsten Unterrichtsthemen beteiligt werden, ist nicht nur für deren Kompetenzentwicklung und Selbstbewusstsein von Bedeutung. Diese alltägliche Partizipation entscheidet auch darüber, ob sich Demokratie als Lebensweise etabliert hat. Sie macht zudem deutlich, dass Politik immer weniger als Frage der Substanz und oder der institutionellen Sphäre angesehen wird. Wir erleben, dass vormals als unpolitisch geltende Themen zum Gegenstand heftiger politischer Debatten werden können (z.B. Fragen der Technikwahl, des Umgangs mit der Natur oder der geschlechtsspezifischen Rollenerwartungen). Über das Gewicht und die Bearbeitung dieser neuen Themen wird nicht nur mit den klassischen politischen Mittel entschieden, sondern sie verlangen häufig veränderte Lebensweisen oder Konsummuster, d.h. eine andere Alltagskultur, die sich nicht staatlich verordnen lässt.

In der politischen Soziologie wird klassisch zwischen *konventionellen*, verfassten Formen der Partizipation (wie die Beteiligung an Wahlen oder die Mitgliedschaft in Parteien) und *unkonventionellen* Formen (wie die Mitarbeit in Bürgerinitiativen, die Beteiligung an Demonstrationen und sozialen Bewegungen oder der Boykott von Markenfirmen) unterschieden, die auf Eigenaktivitäten aus der Bürgerschaft zurückgehen. In der Regel nehmen auch nichtverfasste Initiativen und Proteste verfassungsmäßig garantierte politische Mitwirkungsrechte in Anspruch (z.B. die Versammlungs- und Vereinigungsfreiheit). Gleichzeitig gehören vormals unkonventionelle Formen, wie z.B. die Straßendemonstration, längst zum Standardrepertoire vieler Bürgerinnen und Bürger, d.h. sie sind „normal" geworden. Dennoch macht es Sinn zwischen Formen der Partizipation zu unterscheiden, die institutionell ausgestaltet sind und rechtlich, administrativ sowie mit Ressourcen unterstützt werden (wie z.b. politische Wahlen), und solchen Formen, die auf ein hohes Maß an Selbstorganisation und Eigenaktivität setzen (müssen), wie z.b. Bürgerinitiativen oder soziale Bewegungen. Oft entscheidet sich die Nachhaltigkeit von Beteiligungsangeboten, etwa in Form von Kinder- und Jugendparlamenten, an Fragen der institutionellen Garantien, der praktischen Ausgestaltung und konkreten Unterstützung des Partizipationsprozesses.

Wenn wir gegenwärtige Demokratien in vergleichender Perspektive betrachten, können die angebotenen Unterscheidungen helfen, ein konturiertes Bild zu gewinnen. Ihr konkreter partizipativer Gehalt ließe sich demnach u.a. mit folgenden Fragen bestimmen:

- Wie stark ist das mittlere Feld demokratischer Beteiligung („by the people") auf den jeweiligen Ebenen des politischen Systems (bei uns vor allem Kommunen, Länder, Bund Europäische Union), sowie in verschiedenen Politikfeldern und Lebensbereichen ausgestaltet und mit einer Vielzahl von Akteuren besetzt?
- Welchen Einfluss kann dieses partizipative Feld auf repräsentative Institutionen und Entscheidungsprozesse ausüben?
- Wie stark entspricht dieses Partizipationsgeschehen selbst demokratischen Normen und gewährt z.B. gleiche Beteiligungschancen?
- In welchem Umfang können die Ergebnisse von Partizipationsprozessen eine besondere Legitimation beanspruchen, d.h. gründen sie auf fairen, transparenten und allgemein zugänglichen Verfahren?
- Ist es gelungen, Exklusionstendenzen zu vermeiden und soziale Barrieren abzubauen, die notwendig mit zeitlich und kognitiv anspruchsvolleren Beteiligungsverfahren verbunden sind?

Je positiver die Antworten ausfallen, desto eher können wir von einer partizipativen, starken oder auch bescheidener von einer funktionierenden Demokratie sprechen: „A functioning democracy ... requires many interdependent elements and processes that are based on a culture of citizen participation in public affairs."[2]

---

[2] Das „International Institute for Democracy and Electoral Assistance (IDEA)" in Stockholm (www.idea.int) hat sich besonders mit bürgernahen Formen der Qualitätsmessung von Demokratien befasst und dazu Handbücher vorgelegt – vgl. Beetham et al. 2008.

Demokratieentwicklung: kontroverse Zeitdiagnosen und gegenläufige Trends

Zwanzig Jahre nach dem Mauerfall sind die optimistischen Erwartungen einer weltweiten Welle der Demokratisierung, die auch den Demokratien des Westens einen Zuwachs an demokratischer Substanz bescheren wird (erinnert sei nur an die Praxis der „Runden Tische", die von den Bürgerbewegungen eingebracht wurde), längst Geschichte. Sorgen scheinen zu überwiegen, Substanzverluste werden beklagt. Symptomatisch dafür ist die schnelle Ausbreitung des Begriffs „*Postdemokratie*", den Colin Crouch (2004) in zeitdiagnostische Debatte eingebracht hat. Aber es werden auch gegenläufige Entwicklungen beobachtet und mit dem Begriff „*Bürgerdemokratie*" zusammengefasst. Es geht hier nicht darum, diese konträren Trendaussagen zu bewerten, sondern um das spezifische Gewicht, das sie Partizipationsprozessen zuweisen.

Zu den Stichworten der „postdemokratischen" Krisendiagnose gehören u. a.[3]:

- die *Schrumpfung des politischen Gestaltungsraums* durch die Privatisierung öffentlicher Güter und Dienstleistungen, die Selbstregulierung wichtiger privater Akteure (z. B. im Bereich der Finanzdienstleistungen) sowie die Übernahme betriebswirtschaftlicher Kalküle im öffentlichen Bereich. Damit wird die Reichweite politischen und besonders partizipativen Gestaltens drastisch eingeschränkt,
- die *Krise repräsentativer Verfahren*. Die Responsivität und Verantwortlichkeit von Regierungen erreichen in den Bewertungen von Bürgerinnen und Bürgern immer neue Tiefststände. Das Gefühl, selbst nicht vertreten zu werden und keinen Einfluss auf politische Entscheidungen zu haben, ist heute mehrheitsfähig, das Systemvertrauen und Demokratievertrauen sind rückläufig. Dazu haben z. B. eine wachsende Korruptionsintensität, die Besetzung des öffentlichen Raums durch in sich abgeschlossene politische Eliten, von ungewählten Experten und Lobbyisten geprägte Reformpolitik, der wachsende Einfluss des „großen Geldes", von Medienunternehmen und starken Lobbygruppen erheblich beigetragen,
- *Performanzkrise des politischen Systems*. Erwartungen an die Leistungsfähigkeit von Politik haben sich drastisch reduziert. So gehen heute etwa zwei Drittel der jungen Menschen davon aus, dass die Politik nicht in der Lage sein wird, die großen Herausforderungen unserer Zeit zu lösen. Das gilt vor allem für Problemlagen (wie z. B. die Klima- und Armutspolitik), die transnationale Lösungen erfordern.
- *Strukturkrise der politischen Interessenvertretung*. Um das System politischer Interessenvermittlung steht es nicht gut. Zu den Krisensymptomen zählen die sinkende Wahlbeteiligung und die Erosion der großen

---

3 Zu diesem Abschnitt und darüber hinaus (mit zahlreichen Belegen und Literaturhinweisen) vgl. Roth 2009.

Mitgliederparteien. Auch die Wertschätzung von und die Mitgliedschaft in Verbänden und Gewerkschaften wird kleiner,

Während diese Krisensymptome mehr oder weniger stark in allen westlichen Demokratien zu beobachten sind, hat die deutsche Vereinigung zusätzliche Verwerfungen mit sich gebracht, die aus den Transformationsprozessen in den osteuropäischen Länder bekannt sind (Buzogany/Frankenberger 2007).

Die genannten Krisenelemente bilden bei weitem keine vollständige Liste (vgl. ergänzend diverse Beiträge in Brodocz et al. 2008). Unabhängig davon werden in anderen Zeitdiagnosen gegenläufige Entwicklungen betont und auf wachsende demokratische Potentiale und Ressourcen in Richtung Bürgerdemokratie verwiesen:

- *Partizipatorischer Überfluss.* Der Niedergang konventioneller Formen der politischen Beteiligung ist in vielen westlichen Demokratien mit einem Aufschwung „unkonventioneller" Beteiligung verbunden. Es ist, so lauteten schon die Befunde der frühen „Political Action"-Studie (Barnes u. a. 1979), zu einer Verschiebung im Handlungsrepertoire der Bürgerinnen und Bürger gekommen – und nicht zu einem Zerfall politischen Interesses, demokratischer Orientierungen und politischen Handelns. Eine international vergleichende Studie zu diesem Thema von Pippa Norris, deren Befunde vielfach bestätigt wurden, trägt daher den hoffnungsvollen Titel „demokratischer Phönix" (2002),
- *Wachsende Bereitschaft zu freiwilligem Engagement.* Die Botschaft der Freiwilligensurveys von 1999 und 2004 (Gensicke u. a. 2006) fällt eindeutig aus: bürgerschaftliches Engagement gibt es in der Bundesrepublik auf hohem und steigendem Niveau. Bürgerschaftliches Engagement weist eine hohe Überschneidung mit dem auf, was bisher über Partizipation gesagt wurde. Auch wenn nur ein kleiner Teil der Engagierten ihre Tätigkeit als politisch definieren, stiftet ein weites Politikverständnis den größten gemeinsamen Nenner. Ein zentrales Motiv der Engagierten ist es, wie wir aus vielen Studien wissen, zumindest im Kleinen etwas gestalten zu können.
- *Neue technologische Möglichkeiten.* Die Ausbreitung neuer Informationstechnologien und die enorme Verbilligung von Transportkosten erlauben eine Ausweitung politischer Räume und die Intensivierung politischer Kommunikation. Das schnelle Anwachsen internationaler Nichtregierungsorganisationen in den letzten beiden Jahrzehnten ist eine der konkreten Ausdrucksformen (vgl. Brunnengräber u. a. 2005). Preisgünstige Internetkommunikation hat nicht nur die grenzüberschreitende Wahrnehmung und Vernetzung erleichtert, sondern auch lokalen Initiativen zur Demokratieentwicklung Auftrieb gegeben (e-democracy). Neue Informationstechnologien sind dabei, politische Kampagnen und Wahlkämpfe zu verändern – und dies nicht nur im negativen Sinne gesteigerter Manipulationsmöglichkeiten, sondern auch zugunsten eines demokra-

tischen Mehrwerts, wie z.B. deliberative und gemeinschaftsbildende Elemente der Wahlkampagne vom Obama gezeigt haben.
- *Transnationale Impulse.* Mit den Globalisierungsprozessen findet auch ein verstärkter internationaler Austausch von neuen Partizipationsformen und -verfahren statt. Die weltweite Karriere der zunächst in brasilianischen Städten erprobten „Bürgerhaushalte" (zuerst 1989 in Porto Alegre) bietet hierfür ein markantes Beispiel. Sozialforen sind ebenfalls auf diesem Wege populär geworden. Aber auch Formen der Kinder- und Jugendbeteiligung haben im Zuge der Umsetzung der Normen der UN-Kinderrechtskonvention von internationalen Erfahrungen seit 1989 profitiert.

Ambivalenzen partizipativer Politik

Demokratische Ideale lassen auf den ersten Blick keinen Zweifel zu: Mehr Partizipation ist eine uneingeschränkt positive Sache. Dies gilt allerdings nur mit Einschränkungen in einer Gesellschaft, in der die Fähigkeit zur Beteiligung ungleich verteilt ist. Wer partizipieren will, braucht Ressourcen (Wissen, freie Zeit, soziale Kontakte etc.). Sie oder er muss biografisch die Gelegenheit haben, positive Beteiligungserfahrungen zu machen. Am besten ist es, wenn Partizipation Teil des Selbstkonzepts geworden ist, d.h. von dem Vertrauen getragen wird, dass eigenes Engagement möglich und wirksam ist. Analog zu den Bildungschancen sind auch die Beteiligungschancen und -kompetenzen gesellschaftlich ungleich verteilt. Die Beteiligungsbarrieren sind bei partizipativen Arrangements deutlich höher als z.B. bei Wahlen. Partizipative Zugewinne stehen deshalb in dem Verdacht, eine zusätzliche Prämie für ressourcenstärkere Bevölkerungsgruppen darzustellen und damit politische Gleichheit, eine zentrale demokratische Norm, zusätzlich zu schwächen. Aus diesem Dilemma führen nur verstärkte Anstrengungen in Richtung Empowerment von bisher bildungs- bzw. beteiligungsfernen Bevölkerungsgruppen.

Ein zweites Problemfeld entsteht aus dem Zusammenhang von Partizipation und Verantwortung für die Resultate und die Umsetzung der Beteiligungsergebnisse. Während für Partizipation zunächst keine grundsätzlichen Grenzen auszumachen sind, gilt dies sehr wohl für die Verantwortung bei der Umsetzung. Aus dem Grundsatz, wer sich beteiligt übernimmt auch Verantwortung, ergibt sich rasch eine Überlastungsfalle, wenn sich Beteiligte, wie dies im Sinne authentischer Beteiligung zu wünschen wäre, für die Ergebnisse von Partizipationsprozessen verantwortlich fühlen und auch gemacht werden können. Nicht-Beteiligung kann rational erscheinen, wenn es darum geht, sich vor Überforderung durch die Abwälzung von Verantwortung zu schützen. Dies muss keine grundsätzliche Grenzen von Partizipationsprozessen darstellen, erfordert aber entsprechend partizipationsfreundliche Arrangements mit klaren Verantwortlichkeiten und angemessenen Ressourcen.

Diese Ambivalenzen werden durch internationale Erfahrungen gesteigert, die mit verschiedenen Varianten des „participatory engineering" gemacht wurden (Zittel 2008). Gemeint ist die Strategie politischer Eliten, Legitimations-, Leistungs- und Qualitätsprobleme repräsentativer Demokratien durch eine gezielte Ausweitung von Partizipationsgelegenheiten zu bearbeiten. Westeuropäische Länder sind dabei sehr unterschiedliche Wege gegangen, die von der Stärkung der Nutzerrechte bei kommunalen Dienstleistungen, über die intensivere Nutzung von konsultativen Verfahren (Bürgerforen, Bürgergutachten etc.) bis zur Einführung von direktdemokratischen Entscheidungsverfahren reichen. Der Schwerpunkt der Veränderungsaktivitäten liegt dabei auf der kommunalen Ebene. Ob durch die bisher umgesetzten partizipativen Strategien die demokratische Qualität des politischen Prozesses gesteigert werden konnte, wird von wissenschaftlichen Beobachtern bezweifelt (vgl. Zittel/Fuchs 2007), weil viele der Beteiligungsangebote keine bindende Wirkung entfalten, sie auf einige wenige Bereiche begrenzt bleiben und auf einer politischen Ebene angeboten werden, deren politische Gestaltungskraft in einem Gesamtgefüge, das bis zur Europäischen Union und zu transnationalen Institutionen reicht, eher zu schwinden scheint. Zudem fehlt es produktiven Verknüpfungen mit jenen Partizipationsbegehren, die z. B. in Gestalt von Bürgerinitiativen oder Protesten aus der Zivilgesellschaft entstehen.

Aktuelle Lesarten von Partizipation

Die gegenläufigen Trends der Demokratieentwicklung lassen sich weder miteinander aufrechnen, noch kommt ihnen machtpolitisch eine ähnliche Bedeutung zu. Sie verweisen auf ein Dilemma, das bereits in Lincolns Demokratiedefinition steckt. Wie verhalten sich die verschiedenen Elemente repräsentativer, partizipativer und assoziativer Demokratie zueinander und wie kann es zu einem produktiven, demokratieförderlichen Zusammenspiel kommen? Wie steht es um das Verhältnis von Demokratie als Herrschaftsform zur Demokratie als Lebensform?

Assoziative Selbstverwaltungsformen haben historisch seit dem 19. Jahrhundert schnell an Bedeutung verloren, auch wenn sie immer wieder belebt worden sind und in der neueren kommunitaristischen Strömung besonders in den USA (durch Autoren wie Sandel, Barber, Etzioni oder Walzer) eine Wiederentdeckung erfuhren. In den letzten Jahrzehnten ist es zu bemerkenswerten Terraingewinnen direkter und partizipativer Verfahren, bürgerschaftlichen Engagements sowie unkonventioneller Beteiligung gekommen. Sie rechtfertigen die Leitidee einer „Bürgerdemokratie", die auf eine politisch aktive Bürgerschaft setzt. Damit ist keine Absage an repräsentative Verfahren verbunden, sie bedeutet allerdings eine Zurückweisung repräsentativer Alleinvertretungsansprüche.

Vieles deutet darauf hin, dass die partizipative Herausforderung auf kommunaler Ebene angekommen ist und mit einer Ausweitung direkt-demokratischer Verfahren (Direktwahl der Bürgermeister, Bürgerbegehren und Bürgerentscheid, flexible Wahllisten etc.) beantwortet wurde. Auf den anderen politischen Ebenen sind bislang eher Blockaden im stark durch repräsentative Verfahren und Institutionen geprägten politischen System der Bundesrepublik zu beobachten.[4] Das „für die Bürger" wird trotzig umso stärker behauptet je geringer diese Legitimationsvermutung in der Bürgerschaft geteilt wird. Die demokratisch produktive Nutzung der „Ressource" Partizipation steht noch weitgehend aus. Dazu würde auch gehören, deren Eigensinn und Gestaltungsanspruch anzuerkennen und dafür entsprechende, auch institutionelle Rahmenbedingungen zu schaffen.

Am besten durchgespielt, mit institutionellen Wegmarken versehen und durch praktische Erfahrungen gestärkt, ist die Idee einer starken Demokratie, die auf eine aktive Bürgerschaft setzt, bislang auf kommunaler Ebene. Allerdings ist die Initiative der „Bürgerkommunen" bislang nicht über eher kleine Reformnetzwerke hinausgekommen. Es ist dabei wenig tröstlich, dass der Versuch, mehr partizipative Demokratie zu wagen, ausgerechnet auf einer Ebene ansetzt, die zwar durch große Bürgernähe, aber auch durch notorisch knappe Ressourcen, rechtliche Überregelung und geringe Gestaltungsspielräume gekennzeichnet ist (vgl. Roth 2009a). Immerhin sind Konturen einer kommunalen Praxis deutlich geworden, die konsequent auf die Partizipation der Bürgerschaft setzt (vgl. Hummel 2009).

Für eine Ausgestaltung partizipativer Demokratie sprechen nicht nur Normen, wie die Partizipationsnorm der UN-Kinderrechtskonvention, und Leitbilder, wie z.B. das der *„aktiven Bürgerschaft"*, das nicht nur in vielen Dokumenten der Europäischen Union zu finden ist. Die Argumente für mehr Partizipation sind auf der individuellen Ebene (soziale Kompetenz, informelles Lernen, Selbstwirksamkeit, Anerkennung, soziale Vernetzung etc.) ebenso überzeugend wie auf gesellschaftlicher Ebene (u.a. Innovations- und Zukunftsfähigkeit, Steigerung des Sozialkapital, der Korrekturfähigkeit, Legitimation und Akzeptanz gemeinsam getroffener Entscheidungen durch partizipative Verfahren). Dies dürfte weitere Runden auf dem Wege zu einer partizipatorischen Demokratie anstoßen.

Dieser Doppelnutzen muss nicht Postulat bleiben. Ein eindrucksvolles Beispiel, wie so etwas praktisch aussehen könnte, gibt die Kinder- und Jugendbeteiligung der Stadt Bern. Ein Kinderbüro und ein Kinderparlament mit einem stattlichen eigenen Etat und Einfluss auf die kommunalen Entscheidungsgremien gehören ebenso dazu wie sozialräumliche Partizipationsstrukturen für Jugendliche und ein kommunales Leitbild, das sich dazu bekennt *mit* Kindern und Jugendlichen Politik machen zu wollen (vgl. das

---

4 Am Beispiel der Reaktionen auf die demokratischen Herausforderungen der neuen sozialen Bewegungen wird diese Einschätzung im Schlusskapitel des Handbuchs von Roth/Rucht (2008) genauer dargelegt.

Konzept für eine kindergerechte Stadt von 1999). Im jugendpolitischen Konzept des Gemeinderats findet sich für den Bereich Partizipation der Leitsatz „In der Stadt Bern werden Jugendliche zu Mitsprache, Mitentscheidung, Mitgestaltung ermutigt und aufgefordert, und zwar mit ihren Mitteln und in den Bereichen ihrer Erlebniswelt. Wo möglich werden die dazu notwendigen Strukturen und Mittel von der Stadt unterstützt oder bereitgestellt." (Beide sind abzurufen auf der Netzseite www.bern.ch.)

Nun mag offen bleiben, wie weit Bern in Sachen Partizipation vorangeschritten ist. Deutlich wird aber, dass Politikfelder umgekrempelt werden müssen und eine eigene Infrastruktur notwendig ist, wenn Partizipation als Alltagspraxis etabliert werden soll. Dies bedeutet stets auch Machtverzicht durch etablierte politische Akteure einerseits, sowie Vertrauen und Anerkennung in die angesprochene Bürgerschaft andererseits.

Die einfache politische Botschaft, wer partizipiert, will etwas gestalten können, findet in der Bundesrepublik nur begrenzte Anerkennung. Neuere Debatten über die Zukunft des bürgerschaftlichen Engagements weisen in eine andere Richtung, wie der einschlägige Lagebericht des Berliner Wissenschaftszentrums verdeutlicht (vgl. WZB 2009). Hier ist es gelungen, den politischen Stachel dieser Formen der Partizipation unsichtbar werden zu lassen. Auch dort, wo von Engagementpolitik die Rede ist, geht es in erster Linie um sozialintegrative und sozialtechnische Leistungen Engagierter, um ihren Beitrag bei der Lösung sozialer Probleme. So unstrittig es ist, dass Partizipation zur besseren Integration und zu angemesseneren Problemlösungen in vielen Politikbereichen beitragen kann, so wenig sollte dabei übersehen werden, dass die im Engagement zum Ausdruck gebrachten Gestaltungsansprüche nur mit hohen gesellschaftlichen Kosten ignoriert werden können. Enttäuschung und Rückzug, thematische Eingrenzung und soziale Rückbildung der Trägerschaft dürften einige der erwartbaren Reaktionen sein, wenn der nicht immer sehr laut, aber doch deutlich vorgebrachte Anspruch partizipativer Mitgestaltung unbeachtet bleibt. Partizipation ist in erster Linie ein demokratiepolitisches Konzept mittlerer Reichweite, sozialintegrative Effekte sind dagegen eher eine Nebenwirkung. Offen bleibt dennoch, ob diese Sichtweise angesichts politischer Entleerung und sozialtechnischer Vereinnahmungen Bestand hat.

Literatur

Barnes, Samuel et al.: Political Action. Beverly Hills: Sage, 1979
Beetham, David/Carvalho, Edzia/Landman, Todd/Weir, Stuart 2008: Assessing the Quality of Democracy. A Practical Guide, Stockholm: International IDEA
Brodocz, André/Llanque, Marcus/Schaal, Gary S. (Hrsg.) 2008: Bedrohungen der Demokratie. Wiesbaden: VS Verlag
Brunnengräber, Achim/Klein, Ansgar/Walk, Heike (Hrsg.) 2005: NGOs im Prozess der Globalisierung. Mächtige Zwerge – umstrittene Riesen. Wiesbaden: VS Verlag
Crouch, Colin 2008: Postdemokratie. Frankfurt/M: Suhrkamp (englisch Org. 2004)

Etzioni, Amitai 1968: The Active Society. New York: Free Press
Gensicke, Thomas/Geiss, Sabine 2006: Bürgerschaftliches Engagement: Das politisch-soziale Beteiligungsmodell der Zukunft, in: Hoecker, Beate (Hrsg.): Politische Partizipation zwischen Konvention und Protest. Opladen: Barbara Budrich, 308–328
Gensicke, Thomas/Picot, Sibylle/Geiss, Sabine 2006: Freiwilliges Engagement in Deutschland 1999–2004. Wiesbaden: VS Verlag
Himmelmann, Gerhard/Lange, Dirk (Hrsg.) 2005: Demokratiekompetenz. Beiträge aus Politikwissenschaft, Pädagogik und politischer Bildung. Wiesbaden: VS Verlag
Hummel, Konrad 2009: Die Bürgerschaftlichkeit unserer Städte. Berlin: Eigenverlag des Deutschen Vereins für Öffentliche und Private Fürsorge
Kaase, Max 1994: Partizipation. In: Holtmann, Everhard et al. (Hrsg.): Politik-Lexikon. München/Wien: Oldenbourg, 442–445
Klein, Ansgar/Schmalz-Bruns, Rainer (Hrsg.) 1997: Politische Beteiligung und Bürgerengagement in Deutschland. Möglichkeiten und Grenzen. Baden-Baden: Nomos
Lange, Dirk/Himmelmann, Gerhard (Hrsg.) 2007: Demokratiebewusstsein. Interdisziplinäre Annährungen an ein zentrales Thema der Politischen Bildung. Wiesbaden: VS Verlag
Melucci, Alberto 1996: Challenging Codes: Collective Action in the Information Age. Cambridge: Cambridge University Press
Norris, Pippa 2002: Democratic Phoenix. Reinventing Political Activism. Cambridge: Cambridge University Press
Roth, Roland 2009: Handlungsoptionen zur Vitalisierung von Demokratie, Gütersloh: Bertelsmann-Stiftung (download: http://www.bertelsmann-stiftung.de/cps/rde/xbcr/ SID-DF8A8405-AECD555D/bst/xcms_bst_dms_29175_29176_2.pdf
Roth, Roland 2009a: Die Bedeutung des bürgerschaftlichen Engagements für die Zukunftsfähigkeit der Kommunen, in: Forschungsjournal Neue Soziale Bewegungen, Heft 3 (22), S. 123–130
Roth, Roland/Rucht, Dieter (Hrsg.) 2008: Die sozialen Bewegungen in Deutschland seit 1945. Ein Handbuch. Frankfurt/New York: Campus Verlag
Wissenschaftszentrum Berlin Projektgruppe Zivilengagement (WZB) 2009: Bericht zur Lage und zu den Perspektiven des bürgerschaftlichen Engagements in Deutschland, Berlin: WZB
Zittel, Thomas 2008: Participatory Engineering: Promises and Pitfalls. In: Kohler-Koch, Beate et al., Opening EU-Governance to Civil Society. Gains and Challenges. Mannheim: Universität (Connex Report No. 5), 119–144
Zittel, Thomas/Fuchs, Dieter (Hrsg.) 2007: Participatory Democracy and Political Participation: Can Participatory Engineering Bring Citizens Back In? London: Routledge

2. Rechtliche Rahmenbedingungen

Karin Stiehr

Versicherungsschutz

Einleitung

Der Versicherungsschutz für ehrenamtlich und bürgerschaftlich Engagierte[1] hat seit dem Bericht der im Dezember 1999 eingesetzten Enquête-Kommission des Bundestages „Zukunft des Bürgerschaftlichen Engagements" ein hohes Maß an öffentlicher Aufmerksamkeit gewonnen. In nicht allzu großer Ferne liegen Debatten, in denen auf Seiten der Engagierten nicht nur diffuse Ängste im Hinblick auf den eigenen Versicherungsstatus herrschten, sondern auch Vorwürfe gegenüber den Verbänden und der Politik erhoben wurden, man stände mit einem Bein im Gefängnis und mit dem anderen im Armenhaus. Demgegenüber neigten Hauptamtliche angesichts der unerfreulichen Aussicht, ihre freiwilligen Mitarbeiterinnen und Mitarbeiter zu verlieren, zur Aussage, sie seien gegen alle erdenklichen Risiken versichert. Beide Positionen waren und sind so nicht haltbar. Nicht alle Risiken sind auch versicherbar. Dennoch hat der Unmut unter den Engagierten zu einer starken Sensibilisierung für die Problematik und in nur wenigen Jahren zu maßgeblichen Verbesserungen geführt.

Im Folgenden wird der derzeitige Stand der Absicherung von ehrenamtlich und bürgerschaftlich Engagierten gegen Risiken ihrer Arbeit in ihren Grundsätzen beschrieben. Hierzu ist zunächst zu unterscheiden, um welche möglichen Schäden es bei der Ausübung einer Freiwilligenarbeit gehen kann:

- Engagierte können selbst Opfer eines körperlichen Schadens werden. Hier stellt sich die Frage nach einer Unfallversicherung, die in gravierenderen Fällen eine möglichst schnelle Wiederherstellung der Gesundheit unterstützt, bei Invalidität eine finanzielle Grundsicherung bietet und im Todesfall finanzielle Probleme der Hinterbliebenen überbrückt. Gesetzliche und private Unfallversicherungen sind Thema des folgenden Kapitels.
- Engagierte können aber auch Schäden verursachen, zum Beispiel am Eigentum anderer Personen, mit denen sie im Zuge ihrer Arbeit zu tun haben. Gegen Regressansprüche abgesichert sind sie in diesem Fall mit ei-

---

[1] Im Folgenden wird der Begriff „ehrenamtlich engagiert" in erster Linie auf Funktionsträger bezogen, die ein Wahlamt bekleiden. Demgegenüber bezeichnet „bürgerschaftlich engagiert" die Arbeit in freien Initiativen ohne eigenen Rechtsstatus. „Freiwillige" oder „Engagierte" generell werden als übergeordnete Sammelbegriffe verwendet.

ner Haftpflichtversicherung. Haftungsrisiken und verbreitete Formen ihrer Absicherung sind Gegenstand von Kapitel 3.
• Weitere nennenswerte Risiken für Engagierte im Hinblick auf finanzielle Nachteile, deren Absicherung wünschenswert wäre, stellen sich vor allem im Straßenverkehr. Auf sie wird in Kapitel 4 eingegangen.

Der umfassendste Versicherungsschutz gegen Risiken der Freiwilligenarbeit läuft aber ins Leere, wenn die potentiellen Nutznießer der getroffenen Vorkehrungen darüber nicht informiert werden und deshalb die Leistungen nicht in Anspruch nehmen können. Informationen, die auch juristischen Laien eine unkomplizierte Orientierung für den jeweiligen Einzelfall geben, stellen eine große Herausforderung dar. Entsprechende Bemühungen im Hinblick auf nutzerfreundliche Informationsangebote werden in einem abschließenden Ausblick behandelt.

Versicherung von Unfallrisiken

Gesetzliche Unfallversicherung

Falls Engagierte im Zuge ihrer Tätigkeiten einen Schaden an Körper oder Gesundheit erleiden, genießen sie erhebliche Vorteile, wenn sie zum Kreis derjenigen Personen gehören, für den der Gesetzgeber einen Unfallversicherungsschutz nach Sozialgesetzbuch (SGB) VII vorgesehen hat. Der Versicherungsschutz erstreckt sich dabei nicht nur auf die unmittelbare Ausübung der Tätigkeit, sondern auch auf die vorbereitende Ausbildung und auf die direkten Wege vom und zum Einsatzort.

Die Träger der gesetzlichen Unfallversicherung sind Berufsgenossenschaften und Unfallkassen[2], so dass in der medizinischen Behandlung von Arbeitsunfällen die Zuständigkeit der Krankenkassen entfällt. Daher bleibt gesetzlich versicherten Engagierten die Zahlung der Praxisgebühr und des Eigenanteils an Medikamenten erspart. Darüber hinaus wird in schwereren Fällen ihre Behandlung in spezialisierten Kliniken und Reha-Einrichtungen durchgeführt. Bei bleibenden Schäden wird im Bedarfsfall die Wohnung rollstuhlgerecht umgebaut oder ein behindertengerechter Pkw gestellt. Freiwillige, die zum Kreis der gesetzlich Versicherten nach SGB VII gehören, können auch ein Verletztengeld erhalten, selbst wenn sie keinerlei Einkommen aus ihrer Tätigkeit hatten. Bei Todesfällen sind Witwen- und Waisenrenten möglich. Die Versicherung der Engagierten ist für sie entweder kostenlos und besteht automatisch oder ist für einen sehr geringen jährlichen Beitrag auf Antrag abzuschließen. Allerdings kann es im Einzelfall nicht ganz einfach sein herauszufinden, ob ein gesetzlicher Unfallversicherungsschutz besteht.

---

2 Für eine Übersicht über die Zuständigkeiten der einzelnen Versicherungsträger vgl. http://www.vbg.de/imperia/md/content/produkte/informationen/uebersicht_ehrenamt.pdf

Ursprünglich ausschließlich für Erwerbstätige konzipiert, wurden Freiwillige erstmals im Jahr 1928 von der gesetzliche Unfallversicherung berücksichtigt, wenn sie in Organisationen der Unglückshilfe oder in der Wohlfahrtspflege tätig waren. Geleitet von der politischen Wahrnehmung der Bedeutung einzelner Engagementbereiche wurde der versicherte Personenkreis sukzessive erweitert. So kamen 1963 Ehrenamtliche in der Landwirtschaft, in öffentlich-rechtlichen Einrichtungen, insbesondere im kommunalen und kirchlichen Bereich sowie in Bildungseinrichtungen hinzu. Eine Novelle im Jahr 2005 dehnte schließlich den Versicherungsschutz auf Engagierte in Vereinen aus, die im Auftrag von Kommunen und Kirchen tätig sind. Zugleich wurde für bestimmte Ehrenamtliche, die gewählte Funktionsträger in bislang nicht berücksichtigten gemeinnützigen Organisationen waren, die Möglichkeit einer freiwilligen Versicherung geschaffen. Mit dem Unfallversicherungsmodernisierungsgesetz im Jahr 2008 wurde das Angebot der freiwilligen Versicherung schließlich auf weitere Engagierte erweitert.

Der Kreis der Engagierten, die heute nach Sozialgesetzbuch VII qua Gesetz unfallversichert sind bzw. sich freiwillig versichern lassen können, ist vielfältig. Zu ihnen gehören u. a.[3]:

- Personen, die sich in Organisationen zur Hilfe in Unglücksfällen oder im Zivilschutz engagieren, z.B. in Feuerwehren, Rettungs- und Sanitätsdiensten (§ 2 Abs. 1 Nr. 12);
- Personen, die ehrenamtlich oder bürgerschaftlich im Gesundheitswesen oder der Wohlfahrtspflege engagiert sind, z.B. Grüne Damen, Leiterinnen von Selbsthilfegruppen, Mitglieder von Nachbarschaftshilfen und Besuchsdiensten (§ 2 Abs. 1 Nr. 9);
- Personen, die ehrenamtlich oder bürgerschaftlich in Einrichtungen der schulischen oder beruflichen Bildung engagiert sind, z.B. als Elternbeirat, ehrenamtlich Lehrende oder Helfer bei Schulfesten (je nach Trägerschaft § 2 Abs. 1 Nr. 2, Nr. 8, Nr. 9 oder 10a);
- Personen, die sich in der Landwirtschaft engagieren, z.B. in Maschinenringen, Berufsverbänden oder als Vorstandsmitglieder des Deutschen Landfrauenverbands (§ 2 Abs. 1 Nr. 5d und 5e);
- Personen, die für eine öffentlich-rechtliche Religionsgemeinschaft ehrenamtlich oder bürgerschaftlich tätig sind oder eine solche Tätigkeit erkennbar mit deren Einverständnis ausüben, z.B. Mitglieder des Kirchenvorstands oder des Kirchenchors und Gemeindemitglieder, die beim Pfarrfest helfen (§ 2 Abs. 1 Nr. 10b);
- Personen, die sich in einer Einrichtung einer öffentlich-rechtlichen Religionsgemeinschaft engagieren, z.B. in der Notfallseelsorge, kirchlichen Schulen, Altenheimen und Kindergärten (§ 2 Abs. 1 Nr. 10b);

---

3 Die folgende Liste dient lediglich einer groben Orientierung. Ob ein gesetzlicher Versicherungsschutz tatsächlich besteht, bedarf im Einzelfall der Überprüfung.

- Personen, die als Vereinsmitglied im Auftrag oder mit Zustimmung einer öffentlich-rechtlichen Religionsgemeinschaft tätig sind, z. b. als Mitglied einer Ortsgruppe der Katholischen Frauengemeinschaft Deutschlands mit Zustimmung der Pfarrgemeinde beim Weltkirchentag mithelfen (§ 2 Abs. 1 Nr. 10 b);
- Personen, die für eine Kommune oder ein Land oder deren Einrichtungen ehrenamtlich oder bürgerschaftlich tätig sind, z. B. als ehrenamtliche Beigeordnete fungieren, in kommunalen Seniorenbüros mitarbeiten oder Neubürgerinnen und Neubürger begrüßen (§ 2 Abs. 1 Nr. 10 a);
- Personen, die als Vereinsmitglied im Auftrag bzw. mit Zustimmung einer Kommune oder eines Landes handeln, z. B. als Schulförderverein den Schulhof mit Spielgeräten ausstatten, als Kleingartenverein Baumpatenschaften übernehmen oder als Förderverein das örtliche Freibad betreiben (§ 2 Abs. 1 Nr. 10 a);
- Personen, die sich in Verbänden oder Arbeitsgemeinschaften von Körperschaften, Anstalten oder Stiftungen des öffentlichen Rechts engagieren, also beispielsweise in Ausschüssen von Handwerkskammern oder als Vorstands- oder Beiratsmitglied der berufsständischen Kammern des Gesundheits- und Veterinärwesens (§ 2 Abs. 1 Nr. 10 a);
- Personen, die sich für ihren Verein über die in der Satzung definierten Aufgaben hinaus wie Arbeitnehmer – also mit vorgegebener Zeit, Art und Dauer der Tätigkeit – engagieren, die z. B. als lizenzierte Übungsleiter Sportgruppen leiten oder sich als Vereinsmitglied am Bau des Vereinsheim beteiligen (§ 2 Abs. 2 Satz 1);
- Personen, die anerkannt pflegebedürftige Angehörige, Freunde oder Bekannte in häuslicher Umgebung pflegen und keine Vergütung über das gesetzliche Pflegegeld hinaus erhalten (§ 2 Abs. 1, Nr. 17);
- Ehrenamtliche Betreuerinnen und Betreuer nach dem Betreuungsgesetz (in Vereinen nach § 2 Abs. 1 Nr. 9, als individuell Betreuende nach § 2 Abs. 1 Nr. 10 a);
- Personen, die in anderen als den oben aufgeführten, steuerrechtlich als gemeinnützig anerkannten Vereinen und Verbänden ein Wahlamt bekleiden oder von entsprechenden Ehrenamtsträgern beauftragt werden (§ 6 Abs. 1 Nr. 3); dabei handelt es sich um eine beitragspflichtige freiwillige Versicherung auf Antrag;
- Personen, die in Gremien und Kommissionen für Arbeitgeberorganisationen und Gewerkschaften sowie selbstständigen Arbeitnehmervereinigungen mit sozial- oder berufspolitischer Zielsetzung tätig sind (§ 6 Abs. 1 Nr. 4); auch hier handelt es sich um eine beitragspflichtige freiwillige Versicherung auf Antrag.

Neben den oben aufgeführten, kraft Gesetz unfallversicherten Personengruppen sind in einigen Bundesländern auch alle anderen im gemeinnützigen Bereich Engagierten kraft Satzung (gemäß § 3 Abs. 1 Nr. 4 SGB VII) gesetzlich unfallversichert. Dies ist der Fall in Nordrhein-Westfalen, Hamburg und Sachsen-Anhalt.

Private Gruppenunfallversicherungen

Für Engagierte, die nicht zum Kreis der oben genannten Personen gehören und im Zuge Ihres Engagements einen Schaden an Körper und Gesundheit erleiden, übernimmt die Krankenversicherung die Behandlungskosten. Für den Fall ernsthafter und andauernder Beeinträchtigungen der körperlichen oder geistigen Leistungsfähigkeit bestehen jedoch weitere Schutzvorkehrungen.

Eine lange Tradition in privaten, das heißt nicht-gesetzlichen Formen der Absicherung haben die klassischen Träger des freiwilligen Engagements, nämlich Kirche und Sport. Während das Engagement im kirchlichen Bereich inzwischen hinreichend durch die gesetzliche Unfallversicherung abgedeckt ist[4], sorgen die Sportversicherungen der Landessportbünde noch immer dafür, dass bei Invalidität Lücken im gesetzlichen Unfallversicherungsschutz geschlossen und die schlimmsten finanziellen Folgen zumindest gemildert werden.

Um auch Versicherungslücken in anderen Engagementbereichen zu schließen, sind in den letzten Jahren die Länder tätig geworden. Sie haben pauschale Sammelverträge zum Unfallversicherungsschutz all derjenigen ehrenamtlich und bürgerschaftlich Engagierten abgeschlossen, für die keine anderweitige gesetzliche oder private Unfallversicherung (insbesondere über den Träger[5]) besteht. Dies ist der Fall seit

- 2002 in Hessen,
- 2003 in Niedersachsen,
- 2004 in Rheinland-Pfalz und Nordrhein-Westfalen[6],
- 2005 in Berlin und im Saarland,
- 2006 in Baden-Württemberg, Bremen und Brandenburg,
- 2007 in Bayern und Sachsen,
- 2008 in Mecklenburg-Vorpommern und Thüringen.

Damit lässt sich feststellen, dass ehrenamtlich und bürgerschaftlich Engagierte in allen Bundesländern mit Ausnahme von Schleswig-Holstein auch

---

4 In einigen Landeskirchen gelten private Gruppenunfallversicherungen für Engagierte noch immer, und sie werden additiv zur gesetzlichen Unfallversicherung wirksam.
5 Die individuelle Unfallversicherung des oder der Engagierten gilt als Ausschlusskriterium nur in Hessen, Niedersachsen und Thüringen. In den anderen Bundesländern erhalten Freiwillige somit Leistungen von ihrer eigenen Versicherung und von der Unfallversicherung ihres Landes.
6 Obwohl im Jahr 2006 die nordrhein-westfälischen Gemeindeunfallversicherungsverbände kraft Satzung praktisch und unentgeltlich für das Gemeinwohl Tätige in den Kreis der gesetzlich Unfallversicherten einschlossen, wurde die private Gruppenunfallversicherung des Landes aufrecht erhalten. Ausgeschlossen sind nämlich bei alleiniger Geltung der *gesetzlichen Unfallversicherung kraft Satzung* zum Beispiel Vorstandsmitglieder von gemeinnützigen Vereinen, die das Angebot zur freiwilligen Unfallversicherung auf Antrag und gegen eine Beitragsprämie entweder nicht kannten oder nicht angenommen haben.

jenseits der gesetzlichen Unfallversicherung nun über eine gute Absicherung gegen Risiken von Invalidität und Tod verfügen. Die Gruppenunfallversicherungen der Länder sind für die Engagierten kostenlos, und sie sind denkbar unbürokratisch. Für sie ist keine Registrierung erforderlich. Im Falle eines Schadens wird dieser einfach dem zuständigen Versicherungsunternehmen gemeldet.

Versicherung von Haftungsrisiken

Haftungsrisiken in der freiwilligen Arbeit

Neben der Absicherung gegen Unfallschäden gehört auch die Versicherung von Haftungsrisiken zu den wichtigsten Rahmenbedingungen für die Freiwilligenarbeit. Ehrenamtlich oder bürgerschaftlich Engagierte sind wie jede andere Person, „die vorsätzlich oder fahrlässig das Leben, den Körper, die Gesundheit, die Freiheit, das Eigentum oder ein sonstiges Recht eines anderen verletzt, diesem kraft Gesetz zum Ersatz des Schadens verpflichtet" (§ 823 BGB).

Trotzdem sind Engagierte in dieser Hinsicht auch rechtlich nicht ungeschützt.[7] Zwischen den Trägerorganisationen, die eine Leistung anbieten, und den Empfängern dieser Leistung besteht nämlich – ohne dass es hierfür der Schriftform bedarf – ein „Dienstleistungsvertrag". Verursacht ein vom Träger beauftragter Freiwilliger einen Schaden, kann die geschädigte Person frei wählen, ob sie den Träger, den Schadensverursacher oder auch beide haftbar macht.

Zwar könnte der Träger, wenn er den Schaden ausgleichen muss, im Prinzip den Schadensverursacher im zweiten Schritt in Regress nehmen. Nach der geltenden Rechtssprechung ist dies aber unbillig, wenn der Schaden nicht vorsätzlich oder grob fahrlässig herbeigeführt wurde. Grobe Fahrlässigkeit wird nur dann unterstellt, wenn schon sehr einfache und naheliegende Erwägungen zu möglichen Schadenfolgen unterbleiben, z.B. wenn kleine Kinder beim Schwimmen oder beim Lagerfeuer unbeaufsichtigt bleiben.

Angesichts des enormen Ausmaßes an Schäden, die selbst geringfügige Nachlässigkeiten zur Folge haben können, kann ein Träger durch die Handlungen seiner hauptamtlichen oder freiwilligen Mitarbeiterinnen und Mitarbeiter ernsthaft in Schwierigkeiten geraten. Die Absicherung gegen solche Risiken ist folglich nicht nur eine wichtige Schutzvorkehrung für Personen, die im Auftrag des Trägers handeln, sondern liegt auch in dessen Eigeninteresse.

---

7 Zu besonderen Regelungen, die für Feuerwehr und Rettungsdienste gelten, vgl. Molkentin 2007: 131

Vereinshaftpflichtversicherungen

Träger mit eigener Rechtspersönlichkeit, also z.B. eingetragene Vereine (e.V.) oder gemeinnützige Gesellschaften mit beschränkter Haftung (gGmbH) können sich mit dem Abschluss einer eigenen Vereins- bzw. Betriebshaftpflichtversicherung vor Regressansprüchen schützen. Private Haftpflichtversicherungen schließen, wenn keine Sondervereinbarungen bestehen, die ehrenamtliche Arbeit im Vorstand oder in anderen Wahlämtern nicht ein. Selbst dort, wie in Kapitel 3.3. ausführlicher beschrieben wird, wo Gruppenversicherungen durch die Länder bestehen, sichern diese nur das persönliche deliktische Haftungsrisiko der Engagierten ab. Die finanziellen Mittel von Trägern mit eigener Rechtspersönlichkeit bleiben im Fall von Regressansprüchen ungeschützt.

Vereinshaftpflichtversicherungen decken alle Grade der Fahrlässigkeit, also auch grobe Fahrlässigkeit, ab. Ehrenamtlich und bürgerschaftlich Engagierte sollten jedoch ausdrücklich als versicherter Personenkreis definiert werden, weil z.B. der Begriff „Beschäftigte" im Zweifelsfall allein auf hauptamtliche Mitarbeiterinnen und Mitarbeiter bezogen werden könnte. Jede Vereinshaftpflichtversicherung sollte passgenau auf die Tätigkeitsfelder der Organisation abgestimmt sein, was eine detaillierte Beschäftigung mit Versicherungsfragen erfordert. Besondere Vorsicht ist im Hinblick auf die „Allgemeinen Haftpflichtversicherungsbedingungen" (AHB) geboten. Sie schließen oft die eigentlich riskanten Bereiche des Versicherungsnehmers aus und sollten nicht unbesehen übernommen werden.

Der Einschluss folgender Komponenten könnte – je nach Tätigkeitsspektrum der Trägerorganisation – bei der Gestaltung von Vereinshaftpflichtversicherungen von Bedeutung sein:

- „Schäden der Versicherten untereinander", weil andernfalls Schäden, die sich Mitglieder von Vereinen gegenseitig zufügen, ausgeschlossen sind,
- „Mietsachschäden" bei regelmäßiger Verwendung angemieteter Gegenstände,
- das „Abhandenkommen von Sachen" im Falle der Verwahrung von Gegenständen,
- der Verlust von Schlüsseln bei überlassenen Schlüsseln zu Gebäuden mit einer zentralen Schließanlage,
- „Tätigkeitsschäden" bei der Beauftragung von Ehrenamtlichen zu Tätigkeiten an fremden Sachen,
- die Tierhalterhaftung beim Halten oder Hüten von Tieren.

Weiterhin werden von Vereinen bei Bedarf u.a. abgeschlossen:

- Veranstalterhaftpflichtversicherungen bei der Durchführung von Veranstaltungen, Freizeiten und Reisen, insbesondere wenn an ihnen Kinder und Jugendliche teilnehmen,
- Privathaftpflichtversicherungen für betreute Personen, wenn Schäden, die durch sie verursacht werden könnten, abgesichert sein sollen,

- Vermögensschadenhaftpflichtversicherungen für fehlerhaftes Verhalten, wie die falsche Auslegung oder Umsetzung einer Vorschrift, mit unmittelbaren finanziellen Schäden für den Verein oder für Außenstehende,
- Vertrauensschadenhaftpflichtversicherungen zum Schutz des Vereins gegen kriminelle Handlungen, z. B. die Veruntreuung von Vereinsmitteln.

Rahmen- und Sammelhaftpflichtversicherungen

Wenn ein Träger Mitglied in einem Dachverband oder eine rechtlich unselbstständige Außenorganisation einer zentralen Einrichtung ist, kann die übergeordnete Organisation Rahmenverträge für Versicherungen vereinbaren oder Sammelverträge für ihre Mitglieder bzw. Gliederungen abschließen. Die dort ausgehandelten Bedingungen sind auf die Bedarfe der Einrichtungen vor Ort zugeschnitten und entbinden diese von der Schwierigkeit, selbst passgenaue Verträge auszuhandeln. Darüber hinaus entstehen durch die große Zahl der Versicherten in der Regel auch finanzielle Vorteile.

Rahmen- und Sammelverträge der Kirchen und des Sports

Wie auch im Bereich der Unfallversicherung besteht die längste Tradition in der Gestaltung von Gruppenhaftpflichtversicherungen für ehrenamtlich und bürgerschaftlich Engagierte in den Bereichen der Kirche und des Sports.

Landeskirchen und (Erz-)Bistümer sorgen für den Abschluss pauschaler Sammelverträge für den Haftpflichtversicherungsschutz ihrer Gliederungen. Neben der pauschalen Mitversicherung der kirchlichen Gliederungen umfassen die Sammelversicherungsverträge oft auch kirchennahe Vereine wie den Christlichen Verein junger Menschen (CVJM), Kolping oder kirchliche Fördervereine. Versichert ist das persönliche gesetzliche Haftungsrisiko aus der dienstlichen oder freiwilligen Tätigkeit aller Mitarbeiterinnen und Mitarbeiter. Für Einrichtungen, die in Trägerschaft der Diakonie oder Caritas in den Bereich der Wohlfahrtspflege – z. B. Kindergärten oder Altenheime – fallen, werden individuelle Haftpflichtversicherungen abgeschlossen.

Haftpflichtversicherungen sind auch regulärer Bestandteil der Sportversicherungen, die alle Landessportbünde bzw. Landessportverbände als Sammelversicherungen für ihre Mitglieder und Fachverbände ihres Einzugsbereichs abgeschlossen haben. Sie berücksichtigen im Detail die besonderen Risiken und Tätigkeitsfelder im Breiten- und Leistungssport. Da ehrenamtliche bzw. freiwillige Arbeit das Rückgrat des organisierten Sports bildet, stellt sie für die Konzeption der Sportversicherungen einen maßgeblichen Aspekt dar.

So gelten Sportversicherungen unter anderem für

- alle aktiven und passiven Mitglieder der Organisationen im Landesverband,
- alle Funktionäre, namentlich im Sinne von Organmitgliedern und anderen Mitgliedern, die durch den Vorstand ihres Vereins oder Landesverbands mit der Wahrnehmung bestimmter Funktionen beauftragt wurden,

- alle Übungsleiter, Turn- bzw. Sportlehrer, Trainer, Schieds-, Kampf- und Zielrichter,
- alle zur Durchführung einer Veranstaltung beauftragten Helfer, also auch Nichtmitglieder.

Die Allgemeinen Versicherungsbedingungen für die Haftpflichtversicherung sind um zahlreiche Aspekte erweitert, darunter besondere Sportveranstaltungen wie Pferderennen, Radrennen, Box- und Ringkämpfe, Sonderrisiken bei Veranstaltungen, Schlüsselverlust und Auslandsschäden. Darüber hinaus werden Mitgliedsvereinen von den Versicherungsbüros der Landessportbünde und -verbände innerhalb von Rahmenverträgen individuell abzuschließende Zusatzversicherungen für Tätigkeitsfelder angeboten, die über die Kernaufgaben von Sportvereinen hinausgehen.

Sammelverträge der Länder

Parallel zu den in Kapitel 2.2 beschriebenen Gruppenunfallversicherungen haben alle Länder – und seit 2006 auch Schleswig-Holstein – Haftpflichtversicherungen für ehrenamtlich und bürgerschaftlich Engagierte abgeschlossen. Versichert ist das persönliche deliktische Haftungsrisiko von Engagierten im Hinblick auf Personen- und Sachschäden nach § 823 BGB. Wo in Materialien der Länder von Vermögensschäden die Rede ist, beziehen sich diese nicht auf direkte Vermögensschäden, wie die fehlerhafte Beratung von Außenstehenden oder die nicht fristgerechte Abgabe von Steuererklärungen. Nur ehrenamtliche Betreuerinnen und Betreuer, die vom Gericht eingesetzt wurden, sind gegen entsprechende Schäden versichert. Das Lehrbuchbeispiel für einen nachgelagerten Vermögensschaden, wie er durch die Sammelverträge der Länder versichert ist, ist das Einparken des Autos eines Geschäftsmannes, der aus diesem Grund einen Termin verpasst und den damit verbundenen Auftrag verliert.

In manchen Bundesländern ist eine Selbstbeteiligung der Engagierten Bestandteil des Sammelvertrags. Diese bewegt sich, wenn vorhanden, meist in einer Größenordnung von 50 Euro, um die vergleichsweise kostenträchtige Bearbeitung von Bagatellschäden zu vermeiden. Überschritten wird dieser Betrag lediglich in Baden-Württemberg (250 Euro), Bremen und Niedersachsen (150 Euro) sowie dem Saarland und Sachsen-Anhalt (100 Euro).

Für die Haftpflichtversicherung über die Sammelverträge der Länder gelten in der Regel folgende Voraussetzungen:

- Die Tätigkeit findet in einer rechtlich unselbstständigen Vereinigung, also einem nicht eingetragenen Verein oder einer Initiative ohne jeglichen Anspruch an einen Vereinsstatus statt.[8]

---

8 In Hessen sind laut Informationsmaterialien auch kleine eingetragene Vereine über den Sammelvertrag des Landes versichert. Dies führt in der Praxis zu erheblichen Irri-

- Die Tätigkeit erfolgt im jeweiligen Bundesland oder geht von diesem aus.[9]
- Es besteht keine vorrangige Haftpflichtversicherung.

Die letztgenannte Bedingung ist in Verbindung mit einer Empfehlung für Versicherungsunternehmen zu sehen, die der Gesamtverband der Deutschen Versicherungswirtschaft im Jahr 2002 im Zuge von Gesprächen mit der Enquête-Kommission „Zukunft des Bürgerschaftlichen Engagements" erarbeitet hat. Demnach sollten, abweichend von bisherigen Auslegungen, „nicht-verantwortliche" freiwillige Tätigkeiten im Rahmen der Privathaftpflichtversicherung geschützt sein. Ausgeschlossen sollten somit nur noch „verantwortliche" Tätigkeiten sein, also z.B. solche, die im Zuge eines Wahlamts mit klar definierten Verantwortungsbereichen ausgeübt werden. Aber auch informelle Führungspositionen in freien Initiativen mit einer Gesamtverantwortung für das Geschehen fallen unter das Ausschlusskriterium.

In manchen Ländern war deshalb von vornherein der Versicherungsschutz auf „verantwortliche" Tätigkeiten beschränkt, denn die Abwicklung von Schäden aus „nicht-verantwortlichen" Tätigkeiten sollte, so das Konzept, von den Engagierten über ihre Privathaftpflichtversicherung erfolgen. Dies führte zu einer Reihe von Problemen: Zum einen waren nicht alle Versicherungsunternehmen geneigt, der Empfehlung ihres Verbands zu folgen, so dass Engagierte sehr schnell in Beweiszwang gerieten, dass sie trotzdem Anspruch auf Versicherungsschutz hätten. Zum anderen wurden Leiterinnen und Leiter freier Initiativen in die Situation versetzt, die privaten Versicherungsverhältnisse ihrer Mitglieder zu überprüfen und gegebenenfalls den Abschluss einer Privathaftpflichtversicherung zur Voraussetzung einer Mitarbeit zu machen. Inzwischen hat sich in den Haftpflichtversicherungen der Länder mehrheitlich die Perspektive durchgesetzt, dass Freiwillige unabhängig von einer bereits bestehenden individuellen Haftpflichtversicherung über die Landesverträge zu schützen sind und es in der Verantwortung des Versicherers auf Landesebene liegt, die Abwicklung des Schadens in Abstimmung mit einer möglicherweise vorrangigen Privathaftpflichtversicherung zu regeln. Nur in Bremen und Niedersachsen sind weiterhin Schäden aus „nicht-verantwortlichen" Tätigkeiten aus den Landesverträgen ausgeschlossen, weil das Bestehen einer privaten Haftpflichtversicherung vorausgesetzt wird.

---

tationen, weil die Frage, unter welchen Aspekten ein Verein als klein angesehen wird, nicht eindeutig beantwortet wird.

9 Lediglich für Niedersachsen gilt der Wohnsitz als Voraussetzung für die Leistungen unabhängig davon, wo das Engagement ausgeübt wird.

Versicherung von Risiken im Straßenverkehr

Ein Feld, in dem große Schäden für alle Beteiligten entstehen können, ist der Straßenverkehr. Wenn ein Verkehrsunfall verursacht wird, tritt für Schäden stets die Kfz-Haftpflichtversicherung des Fahrzeughalters ein. Während der Schadenausgleich für die Unfallopfer unmittelbar gegeben ist, erwachsen dem Halter des Fahrzeugs, mit dem der Unfall verursacht wurde, jedoch spürbare Nachteile. Sofern keine Vollkaskoversicherung besteht, müssen die Eigenschäden am Fahrzeug zumindest teilweise selbst getragen werden. Darüber hinaus erfolgt eine Höherstufung bei den zu zahlenden Prämien.

Außer einer vernünftigen Gestaltung ihrer Kfz-Haftpflichtversicherungen können Trägerorganisationen zur Abwehr eigener Schäden wenig tun; sie gehören zu den Betriebsrisiken der Organisation. Unternehmen jedoch Engagierte Auftrags- oder Dienstfahrten für ihre Träger mit ihrem eigenen Pkw, haben sie im Hinblick auf die ihnen entstehenden finanziellen Nachteile in der Regel einen Schadenersatzanspruch gegen ihren Träger, da es sich um sogenannte „risikotypische Begleitschäden" handelt (Molkentin 2007: 133). Versichern können sich Trägerorganisationen gegen diese Ansprüche, indem sie eine Dienstreise-Fahrzeugversicherung abschließen, die im Idealfall sowohl eine Kaskoversicherung als auch eine Rabattverlustversicherung beinhaltet.

Da es sich um einen besonders schadenanfälligen Bereich handelt, sind diese Versicherungen teuer und üblicherweise können sie sich nur große Trägerorganisationen leisten. Allerdings sind sie Bestandteil einiger Sammelverträge, die die Kirchen für ihre örtlichen Gliederungen abschließen. Weiterhin können sie über Zusatzmodule der Sportversicherung und der Versicherung für DPWV-Mitglieder ergänzend abgeschlossen werden.

Informationsangebote zum Versicherungsschutz im ehrenamtlichen und bürgerschaftlichen Engagement

Die weiter oben beschriebenen Vorkehrungen zur Absicherung von ehrenamtlich und bürgerschaftlich Engagierten dokumentieren, welche weitreichenden Verbesserungen in nur wenigen Jahren durch die Politik auf Bundes- und Länderebene erreicht wurden. Das Sicherungsnetz weist nur noch wenige Lücken auf, und auch an deren Schließung wird gearbeitet.

Ebenso wichtig wie der Versicherungsschutz im Ehrenamt sind gute und verständliche Informationen darüber. Wo kein Wissen über die vorhandenen Regelungen und Verfahren besteht, können Leistungen nicht in Anspruch genommen werden.

Um diesem Manko entgegenzuwirken, haben die Berufsgenossenschaften und Unfallkassen große Anstrengungen unternommen, für die jeweils in ihren Einzugsbereich fallenden Personenkreise spezielle Informationen herauszugeben und sie im Internet leicht zugänglich zu machen. Engagierte im Gesundheits- und sozialen Bereich werden auf der Homepage der Berufsgenossenschaft für Gesundheitsdienst und Wohlfahrtspflege über ihre gesetzliche Unfallversicherung informiert. Die Verwaltungsberufsgenossenschaft hat jeweils spezielle Materialien für Engagierte in anderen gemeinnützigen Organisationen, in Religionsgemeinschaften, in Sportvereinen, in Gewerkschaften und Arbeitgebervereinigungen entwickelt. Der Bundesverband der Unfallkassen informiert Schöffen und Zeugen, und die Landesunfallkassen widmen dem Thema Ehrenamt eigene Bereiche auf ihren Webseiten. Die Versicherer der Kirchen und des Sports klären ebenfalls in eigenen Publikationen und im Internet über die getroffenen Vereinbarungen zur Unfall- und Haftpflichtversicherung in ihren jeweiligen Bereichen auf. Hinzu kommen die Informationsmaterialien für Engagierte, in den die Unfall- und Haftpflichtversicherungen in den unterschiedlichen Bundesländern erläutert werden. Weitere Informationen, die dem Überblick dienen, haben das Bundesministerium für Arbeit und Soziales zur Unfallversicherung und der Gesamtverband der Deutschen Versicherungswirtschaft zur Unfall- und Haftpflichtversicherung herausgegeben.

Da somit eine Fülle von Informationen vorliegt, entsteht derzeit im Rahmen des Projekts „Engagiert in Deutschland" ein Zugangsportal: http://www.sicher-engagiert.de/, das auf vorhandene Materialien zurückgreift und sie bündelt. Das internetgestützte Auskunftssystem zu den je nach Tätigkeit und Bundesland verschiedenen Bedingungen des Versicherungsschutzes soll den Engagierten als Wegweiser dienen, der ihnen einen möglichst raschen und unkomplizierten Zugang zu Informationen über die für sie individuell relevanten Unfall- und Haftpflichtversicherungen ermöglicht.

Literatur

Bundesministerium für Arbeit und Soziales (Hrsg.) 2007: „Zu Ihrer Sicherheit", Unfallversichert im Ehrenamt. Bonn.
Molkentin, Thomas 2007: Sozial engagiert – aber sicher, Unfallversicherung und Haftpflicht im Ehrenamt. Wiesbaden.
Stiehr, Karin 2003: Ehrenamtlich helfen, ARD-Ratgeber Recht. München.

Monika Jachmann

Gemeinnützigkeits- und Spendenrecht

Einführung

Steuergesetzlich geregelt ist das „Bürgerschaftliche Engagement" vor allem im sog. steuerlichen Gemeinnützigkeits- und Spendenrecht.[1] Der Gesetzgeber leistet damit einen wesentlichen Beitrag zur Aktivierung der Bürgergesellschaft, wenngleich der Begriff „Bürgerschaftliches Engagement" in den Steuergesetzen grundsätzlich[2] nicht erscheint. Anknüpfungspunkt der steuerlichen Prämierung Bürgerschaftlichen Engagements ist nicht allgemein zivilgesellschaftliches Agieren bzw. sich Engagieren, sondern vielmehr der steuerliche Gemeinnützigkeitsstatus eines Vereins, einer Stiftung oder sonstigen Körperschaft. Die diesen Gemeinnützigkeitsstatus konstituierenden Normen und die an ihn unter bestimmten Voraussetzungen anknüpfenden Steuervergünstigungen bilden das steuerliche Gemeinnützigkeitsrecht im weiteren Sinne.

An die Verfolgung gemeinnütziger Zwecke im steuerlichen Sinn sind neben diversen Steuererleichterungen für die gemeinnützige Körperschaft und ihre Akteure (s. u. 3.3, 4.1) auch nicht steuerliche Vorteile geknüpft, so etwa die Befreiungen von der Beitragspflicht nach den Kommunalabgabegesetzen, die Gewährung von Zuschüssen durch die öffentliche Hand, die Überlassung von in der öffentlichen Hand befindlichen Einrichtungen, Kostenfreiheit von Vereinsregistereintragungen wie auch Mitgliedschaften in einem gemeinnützigen Dachverband. Ferner kann die Einstellung eines Ermittlungs- oder Strafverfahrens gegen Zahlung eines Geldbetrages nach § 153 a StPO erfolgen. Die Aussetzung einer Strafe zur Bewährung unter der Auflage einer Zahlung zu Gunsten einer gemeinnützigen Einrichtung kann nach § 56 b StGB angeordnet werden.

---

1 Die folgenden Ausführungen basieren im Wesentlichen auf dem Stand des Gesetzes zur weiteren Stärkung des bürgerschaftlichen Engagements (BGBl. I 2007, 2332, zum 1.1.2007 in Kraft getreten).
2 Zu einer Ausnahme vgl. § 52 Abs. 2 Nr. 25 AO: Förderung des bürgerschaftlichen Engagements zugunsten gemeinnütziger, mildtätiger und kirchlicher Zwecke (sog. gemeinnütziger Zweck nach dem Katalogtatbestand des § 52 II AO, vgl. dazu u. 3.1.1). Zur Frage, ob und in welchem Umfang das bürgerschaftliche Engagement dadurch zum Gegenstand steuerlicher Förderung wird, vgl. zusammenfassend Volkmann/Wittke, BB 2010, S. 859, 862 ff. Allgemein zum Bürgerschaftlichen Engagement als Rechtsbegriff vgl. Igl, Bürgerengagement und Recht, in: Olk/Klein/Hartnuß (Hrsg.), Engagementpolitik, Die Entwicklung der Zivilgesellschaft als politische Aufgabe, 2010, S. 175 f.

Die Grundstruktur des steuerlichen Gemeinnützigkeits- und Spendenrechtes

Gemeinnützigkeitsrecht

Grundlegende Voraussetzung des Gemeinnützigkeitsstatus einer Körperschaft ist die Verfolgung gemeinnütziger, mildtätiger oder kirchlicher Zwecke (§§ 52–54 Abgabenordnung (AO)), die allgemein als steuerbegünstigte Zwecke bezeichnet werden (vgl. § 51 I S. 1 AO).[3] Diese müssen durch eine Körperschaft selbstlos (§ 55 AO), ausschließlich (§ 56 AO) und unmittelbar (§ 57 AO) wahrgenommen werden (vgl. § 51 I S. 1 AO – sog. materielle Voraussetzungen). Körperschaften sind die Körperschaften, Personenvereinigungen und Vermögensmassen im Sinne des Körperschaftsteuergesetzes (§ 51 I S. 2 AO, § 1 I KStG), insbesondere GmbHs, Vereine oder Stiftungen. Auf natürliche Personen, Gesellschaften bürgerlichen Rechts oder Personenhandelsgesellschaften finden die §§ 52 ff. AO keine Anwendung. Neben der Verfolgung steuerbegünstigter Zwecke ist der Körperschaft im Rahmen der steuerlichen Gemeinnützigkeit eine wirtschaftliche Tätigkeit nicht unbegrenzt erlaubt (§§ 55 I, 64 ff. AO, dazu unten 3.2). Die Körperschaft hat weiter strenge formale Anforderungen zu wahren (§§ 59–63 AO), die insbesondere ihre Satzung betreffen.

Der in den §§ 51 ff. AO geregelte Kern des Gemeinnützigkeitsrechtes (sog. Allgemeiner Teil) bildet die Grundlage für die in den Einzelsteuergesetzen geregelten Steuererleichterungen (sog. Besonderer Teil des steuerlichen Gemeinnützigkeitsrechtes[4]).

Spendenrecht

Um einen Anreiz zur finanziellen Unterstützung der gemeinnützigen Körperschaft zu schaffen, lässt der Gesetzgeber für natürliche Personen und Körperschaften die Möglichkeit eines steuerlichen Spendenabzuges (§ 10b EStG, § 9 I Nr. 2 KStG, § 9 Nr. 5 GewStG) zu; steuertechnisch handelt es sich bei § 10b EStG um einen Sonderausgabenabzug. Der Spender kann Spenden an eine gemeinnützige Körperschaft abziehen, soweit diese nicht 20 % des Gesamtbetrages der Einkünfte (§ 2 III EStG)[5] übersteigen (§ 10b I S. 1 Nr. 1 EStG). Die darüber hinaus gehenden Spenden können ggf. in den Folgejahren berücksichtigt werden.[6] Die steuerliche Auswirkung des steuer-

---

3 Ab 1.1.2009 wird bei der Verfolgung steuerbegünstigter Zwecke im Ausland vorausgesetzt, dass durch die im Ausland ausgeübte steuerbegünstigte Tätigkeit die inländische Bevölkerung oder das Ansehen Deutschlands im Ausland gefördert wird (§ 51 II AO i. d. F. des Jahressteuergesetzes 2009, BGBl. I 2008, 2794). Vgl. dazu zusammenfassend Unger, DStZ 2010, 154.
4 Vgl. dazu Jachmann/Unger, in Beermann/Gosch, Kommentar zu AO/FGO, vor §§ 51–68 AO Rn. 37 ff. u. 81 ff.
5 Dabei handelt es sich um die Summe aller Einkünfte des Steuerpflichtigen.
6 Dies erfolgt auf Grundlage eines Spendenvortrages (s. u. „Spendenabzug").

lichen Spendenabzuges beim Spender bestimmt sich nach dem persönlichen Steuersatz des Spenders.[7] Bei einem zu versteuernde Einkommen von z. B. 50.000 Euro kann der Spender einen Spendenabzug von max. 10.000 Euro vornehmen (§ 10b I S. 1 Nr. 1 EStG), so dass sich das zu versteuernde Einkommen auf 40.000 Euro reduziert. Der Spender hätte nach derzeitigem Steuertarif eine maximale Steuerersparnis von ca. 3.800 Euro.[8]

Das steuerliche Gemeinnützigkeitsrecht im Einzelnen

Voraussetzungen des Gemeinnützigkeitsstatus

Materielle Voraussetzungen der Gemeinnützigkeit (§§ 52–58 AO)

Steuerlich begünstigt sind gemeinnützige, mildtätige und kirchliche Zwecke (§§ 52–54 AO), die von einer Körperschaft selbstlos (§ 55 AO), ausschließlich (§ 56 AO) und unmittelbar (§ 57 AO) verfolgt werden müssen.

Eine Körperschaft verfolgt gemeinnützige Zwecke (§ 52 AO), wenn eine Tätigkeit einem der Katalogtatbestände des § 52 II AO (z. B. Sportförderung) entspricht und diese Tätigkeit die Allgemeinheit auf materiellem, geistigem oder sittlichen Gebiet selbstlos fördert (§ 52 I S. 1 AO).

Die Allgemeinheit wird jedenfalls dann nicht gefördert, wenn der geförderte Kreis fest abgeschlossen ist oder infolge seiner Abgrenzung dauerhaft nur klein sein kann (§ 52 I S. 2 AO). Ein abgeschlossener Kreis ist insbesondere die Zugehörigkeit zu einer Familie oder zur Belegschaft eines Unternehmens. Körperschaften, die auch Nicht-Mitglieder fördern,[9] dürfen sich aber aus einem fest abgeschlossenen Personenkreis zusammensetzen, da der Kreis der Begünstigten selbst nicht fest abgeschlossen ist. Richtet sich die Tätigkeit dagegen auf die eigenen Mitglieder,[10] muss die Körperschaft der Allgemeinheit offen stehen. Dies ist der Fall, wenn alle der Körperschaft beitreten können und die Mitglieder auf diese Weise die Allgemeinheit repräsentieren.[11] Letzteres scheidet aus, wenn finanzielle Zugangsvoraussetzungen bestimmte Bevölkerungsschichten ausschließen.[12]

---

7 Dabei ist zu Fragen, wie hoch der prozentuale Anteil der Steuerlast an dem zu versteuernden Einkommen ist (§ 2 V EStG).
8 Vgl. Einkommensteuertabellen, Grund- und Splittingtabellen 2010. Zur Vereinfachung wurde die Steuerlast bei einem zu versteuernden Einkommen (§ 2 V EStG) von 50.050 Euro (= 12.868 Euro tarifliche Einkommensteuer) mit der Steuerlast bei einem zu versteuernden Einkommen von 40.008 Euro (= 9.010 Euro tarifliche Einkommensteuer) verglichen. Die Steuerersparnis beträgt hier 3.858 Euro.
9 Z. B. Jugendförderung (§ 52 II Nr. 4 AO) durch einen Verein, der nur Mitarbeiter einer bestimmten Firma als Mitglieder aufnimmt.
10 Z. B. Sportverein (§ 52 II Nr. 21 AO), der seine Sportanlagen nur Vereinsmitgliedern zur Verfügung stellt.
11 BFH v. 13.12.1978, BStBl II 1979, 488. Vgl. auch Jachmann/Unger (Fn. 4), § 52 AO Rz. 25.
12 Vgl. zu den von der Finanzverwaltung festgelegten Höchstgrenzen AEAO zu § 52, Nr. 1.

Ob ein begünstigter Kreis dauerhaft nur klein sein kann, bestimmt sich insbesondere nach räumlichen (z.B. Förderung eines Stadtgebietes) oder beruflichen Merkmalen (z.B. Förderung einer bestimmten Berufsgruppe). Entscheidend ist die Größe der geförderten Gruppe, wodurch eine bewusste Begrenzung der geförderten Personenzahl verhindert werden soll. Wird der Kreis der Geförderten durch vorhandene Kapazitäten oder auf eine Großstadt begrenzt, ist dies aber unschädlich.[13]

Die Mittelweitergabe an eine Körperschaft des öffentlichen Rechts stellt für sich genommen noch keine Förderung der Allgemeinheit dar (§ 52 I S. 3 AO). Eine solche Mittelweitergabe kann aber für die Körperschaft unschädlich sein, wenn die Körperschaft des öffentlichen Rechts die ihr von der gemeinnützigen Körperschaft zugewendeten Mittel für steuerbegünstigte Zwecke verwendet (§ 58 Nr. 1 AO).

Die Voraussetzungen der Förderung auf materiellem, geistigem oder sittlichem Gebiet sind unbestimmt formuliert und eröffnen einen großen Interpretationsspielraum. In der Praxis werden diese Merkmale aber regelmäßig schon bejaht, wenn einer der Katalogtatbestände des § 52 II AO erfüllt ist.[14]

Neben den in § 52 II AO genannten Zwecken können zusätzlich weitere Zwecke (zentral) durch eine Landesfinanzbehörde – für das jeweilige Gebiet des betreffenden Bundeslandes – für gemeinnützig erklärt werden, wenn diese Zwecke die Allgemeinheit auf materiellem, geistigem oder sittlichem Gebiet selbstlos fördern (§ 52 II S. 2 und 3 AO). Die einzelne Steuererleichterung, die auf einen Zweck außerhalb des Kataloges des § 52 II AO gestützt wird, ist aber weiterhin gegenüber dem für die gemeinnützige Körperschaft zuständigen Finanzamt zu erklären. Dieses hält dann mit dem landesweit zuständigen Finanzamt Rücksprache, ob der verfolgte Zweck über den Katalog des § 52 II S. 1 AO hinaus für gemeinnützig erklärt werden kann.

Mildtätige Zwecke (§ 53 AO) werden verfolgt, wenn ein Dritter infolge seines körperlichen, geistigen oder seelischen Zustandes auf Hilfe angewiesen ist (persönliche Hilfsbedürftigkeit – z.B. Pflegebedürftigkeit wegen Altersdemenz) oder nur über eine gewisse Höhe von Bezügen[15] verfügt (wirtschaftliche Bedürftigkeit) und die Tätigkeit der Körperschaft darauf gerichtet ist, diese bedürftigen Personen selbstlos zu fördern. Die wirtschaftliche Bedürftigkeit, die anhand geeigneter Belege nachzuweisen ist, liegt bei einem Alleinstehenden vor, wenn seine Bezüge nicht das Fünffache des Regelsatzes der Sozialhilfe im Sinne des § 28 SGB XII übersteigen (§ 53 Nr. 2 AO).

---

13 BFH v. 13.12.1978, BStBl II 1979, 488; v. 20.12.2006, BStBl. II 2010, 331.
14 Jachmann/Unger (Fn. 4), § 52 AO Rz. 7.
15 Die Bezüge der unterstützten Person setzen sich aus den Einkünften im Sinne des Einkommensteuergesetzes und anderer zur Bestreitung des Unterhalts bestimmter oder geeigneter Bezüge zusammen.

Kirchliche Zwecke (§ 54 AO) werden verfolgt, wenn eine Körperschaft eine öffentlich-rechtliche Religionsgemeinschaft selbstlos fördert.[16]

Das Erfordernis der Selbstlosigkeit (§ 55 AO) der Körperschaft soll die Verfolgung sog. eigenwirtschaftlicher Zwecke verhindern. Eine Körperschaft handelt nicht selbstlos, wenn sie in erster Linie eigenwirtschaftliche Zwecke – z. B gewerbliche Zwecke oder sonstige Erwerbszwecke – verfolgt. Dieser Grundsatz wird um konkrete Ver- und Gebote ergänzt:

- Bindung des Vermögens an die satzungsmäßigen Zwecke (§ 55 I Nr. 1 S. 1 AO),
- Verbot von Gewinnausschüttungen an Mitglieder der Körperschaft und Verbot von Zuwendungen an Mitglieder in ihrer Eigenschaft als Mitglieder (§ 55 I Nr. 1 S. 2 AO),
- Verbot von Zahlungen an das Mitglied über den Kapitalanteil hinaus bei Verlust der Mitgliedschaft in der Körperschaft (§ 55 I Nr. 2 AO),
- Verbot der Begünstigung Dritter (§ 55 I Nr. 3 AO),
- Verwendung des Vermögens nach Auflösung der Körperschaft für steuerbegünstigte Zwecke – sog. Grundsatz der Vermögensbindung (§ 55 I Nr. 4 AO) und
- Gebot der zeitnahen Mittelverwendung (§ 55 I Nr. 5 AO).

Ob in erster Linie eigenwirtschaftliche Zwecke verfolgt werden, wird von der Finanzverwaltung nach Maßgabe der – weiterhin kritisierten[17] – sog. Geprägetheorie i. S. einer quantitativ-prozentualen Überwiegensformel ausgelegt.[18]

Ausschließlichkeit (§ 56 AO) setzt voraus, dass die Körperschaft nur ihre steuerbegünstigten satzungsmäßigen Zwecke verfolgt. Steuerbegünstigte Zwecke werden unmittelbar (§ 57 AO) ausgeführt, wenn die Körperschaft selbst oder durch eine Hilfsperson[19] tätig wird, deren Handeln, insbesondere nach den bestehenden rechtlichen und tatsächlichen Beziehungen, als Wirken der Körperschaft selbst anzusehen ist (vgl. § 57 I S. 2 AO). Dies ist anzunehmen, wenn die Hilfsperson – ohne ein Angestellter sein zu müssen – auf Weisung der Körperschaft einen konkreten Auftrag ausführt.

---

16 Beispiele sind Dombau- und Paramentenvereine, Priesterseminare, kirchliche Unterstützungskassen sowie Stiftungen zur Versorgung von Geistlichen oder Hinterbliebenen von Geistlichen (Tipke in Tipke/Kruse, Kommentar zur AO/FGO, § 54 AO Rz. 1).
17 Vgl. Tipke in Tipke/Kruse, Kommentar zur AO/FGO, § 55 AO Rz. 5, Schiffer/Sommer, BB 2008, 2432 u. auch BFH v. 15.7.1998, BStBl II 2002, 162 u. BFH v. 4.4.2007, BStBl. II 2007, 631 (Grenzen der wirtschaftlichen Tätigkeit in § 56 AO zu suchen; vgl. dazu auch Jachmann/Liebl, Gemeinnützigkeit kompakt, 2009, 45 ff.).
18 AEAO zu § 55, Nr. 2.
19 Die Hilfsperson kann eine natürliche oder juristische Person sein (AEAO zu § 57 AO, Nr. 2). Zum Status der Gemeinnützigkeit der Hilfsperson vgl. BFH v. 17.2.2010; BStBl. II 2010, 1006.

Ausnahmen von diesen strengen Grundsätzen (§§ 55–57 AO) bestehen insoweit, als die gemeinnützige Körperschaft z.b. ihre Mittel an eine andere steuerbegünstigte Körperschaft zur Verfolgung steuerbegünstigter Zwecke weiter geben kann (§ 58 Nr. 1 AO), oder eine gemeinnützige Stiftung max. ein Drittel ihres Einkommens zur Unterhaltung des Stifters oder seiner nächsten Angehörigen einsetzen kann (§ 58 Nr. 5 AO).[20]

Formale Anforderungen der Gemeinnützigkeit (§§ 59–63 AO)

Zusätzlich zu den materiellen Voraussetzungen ist erforderlich, dass sich der Zweck der Körperschaft und die Einhaltung der o.g. Voraussetzungen aus der Satzung, dem Stiftungsgeschäft oder der sonstigen Verfassung (das Gesetz spricht allgemein von „Satzung") ergeben (§ 59 1. Halbs. AO).

Die inhaltlichen Anforderungen an die Satzung werden durch §§ 60 I, 61 AO konkretisiert. Demnach muss z.b. der Grundsatz der Vermögensbindung (§ 55 I Nr. 4 AO – vgl. oben 3.1.1.) bereits in der Satzung so genau bestimmt werden, dass geprüft werden kann, ob der Verwendungszweck steuerbegünstigt ist. Wird die Satzung geändert, so dass die Vermögensbindung nicht mehr eingehalten wird, so kann der Körperschaft der Status der Gemeinnützigkeit bis zu zehn Jahren rückwirkend aberkannt werden (§ 61 III AO). Es wird regelmäßig zur Besteuerung aller Erträge kommen. Um Streitigkeit über den notwendigen Inhalt einer Satzung zu vermeiden, wird ab 1.1.2009 in einer sog. Mustersatzung – als Anlage zur Abgabenordnung – verbindlich für alle Körperschaften geregelt, was die Satzung aus Gründen des steuerlichen Gemeinnützigkeitsrechtes beinhalten muss (§ 60 I S. 2 AO).[21]

In zeitlicher Sicht müssen die Anforderungen an die Satzung für Zwecke der Körperschaft- und Gewerbesteuer während des gesamten Veranlagungs- oder Bemessungszeitraums, bei den anderen Steuern (z.B. Umsatzsteuer, Erbschaftsteuer) im Zeitpunkt der Entstehung der Steuer eingehalten werden (§ 60 II AO).

Auch die tatsächliche Geschäftsführung der Körperschaft muss auf die selbstlose, ausschließliche und unmittelbare Verfolgung des nach der Satzung bestimmten steuerbegünstigten Zwecks ausgerichtet sein (§§ 59 2. Halbs., 63 I AO). Den Nachweis darüber hat die gemeinnützige Körperschaft durch ordnungsgemäße Aufzeichnungen über ihre Einnahmen und Ausgaben zu erbringen (§ 63 III AO).

---

20 Vgl. für weitere Beispiele § 58 AO und zum Ganzen auch Jachmann/Unger (Fn. 4), § 58 AO Rn. 6.
21 Anlage zu § 60 AO (eingefügt aufgrund JStG 2009, BGBl. II 2008, 2794; zum verbindlichen Charakter der gesetzl. Mustersatzung vgl. Köster, DStZ 2010, 166.

Die wirtschaftliche Tätigkeit der gemeinnützigen Körperschaft (§§ 64–68 AO)

Die gemeinnützige Körperschaft darf in gewissem Umfang auch wirtschaftlich tätig sein (s. o. 3.1.1, Selbstlosigkeit – § 55 AO). Die wirtschaftliche Tätigkeit wird regulär besteuert, soweit ein wirtschaftlicher Geschäftsbetrieb (§ 14 AO) mit Einnahmen über 35.000 Euro vorliegt (§ 64 III AO)[22]. Wirtschaftlicher Geschäftsbetrieb ist eine selbständige nachhaltige Tätigkeit, durch die Einnahmen oder andere wirtschaftliche Vorteile erzielt werden. Vom – regulär besteuerten – wirtschaftlichen Geschäftsbetrieb ist die Vermögensverwaltung ausgenommen (§ 14 S. 1 2. Halbs. AO); um eine solche handelt es sich, wenn Kapitalvermögen verzinslich angelegt oder unbewegliches Vermögen vermietet wird, so dass nur eine sog. Vermögensnutzung vorliegt (§ 14 S. 3 AO). Steuerbegünstigt wie die Vermögensverwaltung ist auch ein sog. Zweckbetrieb. Dabei handelt es sich um einen wirtschaftlichen Geschäftsbetrieb, der dazu dient, die steuerbegünstigten und in der Satzung festgelegten Zwecke der Körperschaft zu verwirklichen, wobei diese (steuerbegünstigten) Zwecke nur durch einen Zweckbetrieb erreicht werden können und dieser Betrieb nicht zu anderen Wirtschaftsteilnehmern, die keiner steuerlichen Vergünstigung unterliegen, nicht in größerem Umfang in Wettbewerb tritt, als es bei Erfüllung der steuerbegünstigten Zwecke vermeidbar ist (§ 65 AO).[23]

Danach sind vier sog. Sphären der gemeinnützigen Körperschaft zu unterscheiden:

- Die ideelle Sphäre (selbstlose, ausschließliche und unmittelbare Verfolgung des satzungsmäßigen steuerbegünstigten Zwecks).
- Die Vermögensverwaltung (dient nicht der Verfolgung des satzungsmäßigen steuerbegünstigten Zwecks).
- Der wirtschaftliche Geschäftsbetrieb (partieller Wegfall der Steuervergünstigung).
- Der Zweckbetrieb (Ausübung des steuerbegünstigten Zweckes mittels eines wirtschaftlichen Geschäftsbetriebes).

3.3 Steuererleichterungen

Gemeinnützige Körperschaften sind von der Körperschaft- (§ 5 I Nr. 9 S. 1 KStG) und Gewerbesteuer (§ 3 Nr. 6 S. 1 GewStG) befreit, soweit sie keinen wirtschaftlichen Geschäftsbetrieb (§ 64 AO) unterhalten. Von der Grundsteuer sind sie befreit, solange Grundbesitz für ihre steuerbegünstigten Zwecke verwendet wird (§ 3 I S. 1 Nr. 3 lit. b GrStG). Die ausschließ-

---

22 Wird diese Grenze überschritten, unterfallen auch die 35.000 Euro der regulären Besteuerung (sog. Freigrenze).
23 Vgl. zur Übertragung der Grundsätze des § 65 AO auf die weiteren Zweckbetriebe nach § 66 ff. AO BFH v. 18.9.2007, BStBl. II 2009, 126 (dazu Schauhoff/Kirchhain, DStR 2008, 1713).

liche (und unmittelbare) Verfolgung steuerbegünstigter Zwecke zieht Befreiungen von der Erbschaft- und Lotteriesteuer nach sich (§ 13 I Nr. 16 lit. b S. 1 und Nr. 17 ErbStG, § 18 Nr. 2 RennwLottG). § 3 Nr. 5 u. Nr. 5a KraftStG sieht für bestimmte Arten von gemeinnütziger und mildtätiger Tätigkeiten eine Steuerbefreiung von der Kraftfahrzeugsteuer vor (z.B. Einsatz von Fahrzeugen im Feuerwehrdienst, wenn der Einsatzzweck bereits äußerlich durch das Fahrzeug erkennbar ist; Einsatz von Fahrzeugen gemeinnütziger bzw. mildtätiger Organisationen ausschließlich zu humanitären Zwecken im Ausland).

Umsätze einer gemeinnützigen Körperschaft unterliegen, abgesehen von solchen eines wirtschaftlichen Geschäftsbetriebs, dem ermäßigten Umsatzsteuersatz von 7% (§ 12 II Nr. 8 lit. a S. 1 UStG).[24] Trotz ermäßigtem Steuersatz ist der volle Vorsteuerabzug möglich. Abgesehen vom ideellen Bereich (vgl. 3.2) werden die erzielten Erträge der Körperschaft regelmäßig einen solchen steuerbaren Umsatz darstellen.[25] Daneben regelt § 4 UStG unabhängig vom Status der Gemeinnützigkeit generelle Steuerbefreiungen, die zum Teil ausdrücklich an das Gemeinnützigkeitsrecht anknüpfen (z.B. Nr. 18 lit. a: freie Wohlfahrtspflege, die u.a. ausschließlich und unmittelbar steuerbegünstigten Zwecken dient). Darüber hinaus weisen zahlreiche Steuerbefreiungen eine thematische Nähe zum Gemeinnützigkeitsrecht auf (vgl. § 4 Nr. 14–27 UStG). Gemeinnützige Körperschaften können zudem eine Steuervergünstigung nach § 4a UStG (Einsatz von Gegenständen im Drittland) beantragen. In den Grenzen des § 23a UStG (Körperschaften ohne Buchführungspflicht) können sie ihre abziehbaren Vorsteuerbeträge pauschal mit 7% der steuerpflichtigen Umsätze berechnen, wenn sie nicht zur Führung von Büchern verpflichtet sind (vgl. §§ 140 ff. AO, §§ 238 ff. HGB).

Unter bestimmten Voraussetzungen kann bei gemeinnützigen Körperschaften vom Kapitalertragsteuerabzug absehen werden (§ 44a Abs. 4 u. 7 EStG – z.B. Festgeld oder Leistungen eines Vereines, die mit einer Gewinnausschüttung einer GmbH vergleichbar sind).

Natürliche Personen erhalten für bestimmte im Dienste gemeinnütziger Körperschaften ausgeübte Tätigkeiten (Ausbildung, Betreuung) eine sog. steuerfreie Aufwandsentschädigung von bis zu 2.100 Euro im Jahr (§ 3 Nr. 26 EStG).[26] Liegen die Voraussetzungen des § 3 Nr. 26 EStG nicht vor, sind Einnahmen von bis zu 500 Euro als Aufwandsentschädigung steuer-

---

24 Für Zweckbetriebe gilt dies nur, solange es zu keinen Wettbewerbsverzerrungen kommt (§ 12 II Nr. 8 lit. a S. 3 UStG).
25 Im ideellen Bereich können steuerbare Umsätze vorliegen, wenn einem Mitgliedsbeitrag eine gewisse Gegenleistung gegenüber steht (vgl. EuGH v. 21.3.2002, Kennemer Golf & Country Club, EuGHE I 2002, 3293 u. BFH v. 9.8.2007, BFHE 217, 314).
26 Vgl. dazu EuGH v. 18.12.2007, Jundt, EuGHE I 2007, 12231, BFH v. 22.7.2008, BStBl. II 2010, 265.

frei, wenn die im Dienste einer gemeinnützigen Körperschaft ausgeübte Tätigkeit einen steuerbegünstigten Zweck (§§ 52–54 AO) fördert (§ 3 Nr. 26a EStG, sog. Ehrenamtsfreibetrag).[27] § 29 I Nr. 4 ErbStG sieht ein Erlöschen der Erbschaft- und Schenkungsteuer nachträglich vor, soweit Vermögensgegenstände, die von Todes wegen oder durch Schenkung unter Lebenden erworben worden sind, innerhalb von 24 Monaten nach Entstehung der Erbschaftsteuer einer inländischen Stiftung zugewendet werden, die steuerbegünstigten Zwecken (§§ 52–54 AO) – mit Ausnahme bestimmter Freizeitzwecke (z.B. Karneval, Hundesport, vgl. § 52 II Nr. 23 AO) – dient. Für die Zuwendung an die Stiftung darf aber nicht zugleich ein Spendenabzug (§ 10b EStG, § 9 I Nr. 2 KStG, § 9 Nr. 5 GewStG) vorgenommen worden sein. § 6 I Nr. 4 S. 4 u. 5 EStG sieht ein sog. Buchwertprivileg[28] für Sachzuwendungen aus einem Betriebsvermögen an eine gemeinnützige Körperschaft vor.

Das Spendenrecht im Einzelnen

Spendenabzug
(§ 10b EStG, § 9 I Nr. 2 KStG, § 9 Nr. 5 GewStG)

Spenden und Mitgliedsbeiträge (Zuwendungen) an eine inländische juristische Person des öffentlichen Rechtes oder an eine nach § 5 I Nr. 9 KStG steuerbefreite Körperschaft zur Förderung steuerbegünstigter Zwecke (§§ 52–54 AO) können von der Bemessungsgrundlage der Einkommensteuer abgezogen werden (Geldspende – § 10b I S. 1 EStG). Einer solchen Zuwendung muss ein freiwilliger Mitteltransfer zugrunde liegen, der dem Empfänger ohne eigene Gegenleistung zufließt,[29] das geldwerte Vermögen des Spenders mindert und den Spender endgültig wirtschaftlich belastet[30]. Im Jahr der Zuwendung können 20% (Nr. 1) oder 4‰ der gesamten Umsätze und der im Kalenderjahr aufgewendeten Löhne und Gehälter (Nr. 2) vom Gesamtbetrag der Einkünfte (§ 2 III EStG) abgezogen werden. Mitgliedsbeiträge sind nur dann nicht dem Spendenabzug unterworfen, wenn die empfangende Körperschaft eine der in § 10b I S. 3 EStG genannten Tätigkeiten, z.B. Sport (§ 52 II Nr. 21 AO), ausübt. Soweit Zuwendungen wegen der Überschreitung des zulässigen Höchstbetrages nicht im Jahr der Zuwendung abziehbar sind, ist ein sog. Spendenvortrag und damit ein Spendenabzug in späteren Jahren möglich (§ 10b I S. 9f. EStG).

Zusätzlich kann eine Spende in den Vermögensstock einer gemeinnützigen Stiftung des privaten oder des öffentlichen Rechts von bis zu einer Million

---

27 Die Tätigkeit kann im ideellen Bereich oder für einen Zweckbetrieb der gemeinnützigen Körperschaft erfolgen (vgl. zum Ganzen BMF-Schreiben v. 25.11.2008, BStBl. I 2008, 985 u v. 14.10.2009, BStBl. I 2009, 1318).
28 Vgl. dazu Seer, GmbHR 2008, 785 u. Hüttemann, DB 2008, 1590.
29 Vgl. BFH v. 4.4.2007, BStBl. II 2007, 631.
30 BFH v. 24.9.1985, BStBl. II 1986, 726; v. 20.2.1991, BStBl. II 1991, 690.

Euro geltend gemacht werden (§ 10b Ia EStG). Hierfür muss die Spende der Stiftung auf Dauer zur Kapitalausstattung zugewendet werden, nicht zum laufenden Verbrauch. Der Betrag von einer Million kann auf zehn Jahre verteilt und innerhalb dieses Zeitraumes nur einmal steuerlich berücksichtigt werden (§ 10b Ia S. 2 EStG).[31]

Gespendet werden können auch Wirtschaftgüter (Sachspende – § 10b III EStG). Deren Höhe bestimmt sich grundsätzlich nach dem sog. gemeinen Wert des Wirtschaftsgutes (vgl. § 9 II S. 1 BewG). Nutzungen und Leistungen können nicht Gegenstand einer Sachspende sein (§ 10b III S. 1 EStG); sie sind aber in Form einer „abgekürzten Geldspende"[32] als sog. Aufwandsspende abzugsfähig, wenn der Spender für Nutzungen oder Leistungen einen Anspruch auf Vergütung hat und auf diesen Anspruch freiwillig und zeitnah verzichtet (§ 10b III S. 5 u. 6 EStG).

Für Zuwendungen an politische Parteien i.S.d. § 2 ParteiG (Parteispenden) ist ein Spendenabzug von bis zu 1.650 Euro möglich, soweit keine sog. Steuerermäßigung nach § 34g EStG durchgeführt wurde,[33] obwohl politische Parteien nicht gemeinnützig sind.

Jede Zuwendung muss vom Spender dem Finanzamt durch eine sog. Zuwendungsbestätigung nach amtlich vorgeschriebenen Vordruck[34] nachgewiesen werden (§ 50 I EStDV). Der Empfänger muss u.a. bestätigen, dass die Zuwendung erfolgt ist und die Spende für steuerbegünstigte Zwecke verwendet wurde. Er hat entsprechende Aufzeichnungen zu führen (§ 50 IV EStDV). „Zur Hilfe in Katastrophenfällen", für Kleinspenden bis 200 Euro und für Parteispenden reichen Zahlungsnachweise bzw. Beitragsquittungen als Nachweis aus (vgl. § 50 II u. III EStDV). Eine neu gegründete gemeinnützige Körperschaft kann Zuwendungsbestätigungen ausstellen, nachdem das für sie zuständige Finanzamt eine sog. vorläufige Bescheinigung[35] über den Status ihrer Gemeinnützigkeit ausgestellt hat.

Waren bisher sog. Direktspenden an eine Körperschaft im Ausland nicht zum Spendenabzug zugelassen,[36] sind diese nunmehr abziehbar, wenn die empfangende ausländische Körperschaft ihren Sitz im EU-Ausland oder

---

31 Vgl. dazu ausführlich BMF-Schreiben v. 18.12.2008, BStBl. I 2009, 16.
32 OFD Frankfurt v. 21.2.2002, S 2223 A – 22 – St II 25.
33 Der Spendenabzug senkt die zu zahlende Einkommensteuer in Abhängigkeit zum persönlichen Einkommensteuersatz (s.o. B.II.). Dagegen führen Steuerermäßigungen zu einer Minderung der zu zahlenden Einkommensteuer selbst.
34 Zu den aktuellen amtlichen Mustern und einer Verwendung der alten Muster (BMF-Schreiben v. 18.11.1999 u. 7.12.2000, BStBl. I 1999, 979 u. BStBl. I 2000) bis 31.12.2008 vgl. BMF-Schreiben v. 13.12.2007 (BStBl. I 2008, 4) u. v. 31.3.2008, BStBl. I 2008, 565.
35 Vgl. dazu Jachmann/Unger (Fn. 4), Vor §§ 51–68 AO Rn. 58.
36 Vgl. BFH v. 09.10.2001, BFH/NV 2002, S. 191.

einem EWR-Staat[37] hat (§ 10b I S. 1, 2 EStG).[38] Die bisherige Rechtslage, die den Spendenabzug pauschal versagte, nur weil die empfangende Körperschaft im EU-Ausland ansässig ist, verstieß gegen Unionsrecht. Dem Spender muss wenigstens die Nachweismöglichkeit eröffnet werden, dass die ausländische Körperschaft gemeinnützig i.S.v. §§ 51 ff. AO ist.[39] Gelingt dem Spender dieser Nachweis, ist der Spendenabzug bei Spenden an Körperschaften, die im Unionsgebiet ansässig sind, zulässig.[40]

Die dargestellten Grundsätze der Geld-, Sach-, Aufwandsspende und Spende in einen Vermögensstock einer Stiftung gelten im Wesentlichen auch für die Ermittlung des gewerbesteuerlichen Gewinns eines Gewerbebetriebs einer natürlichen Person bzw. einer Personengesellschaft (§ 9 Nr. 5 GewStG). Körperschaften können eine Geld-, Sach- und Aufwandsspende bei der Körperschaft- und Gewerbesteuer steuerlich geltend machen (§ 9 I Nr. 2 KStG, §§ 8 Nr. 9, 9 Nr. 5 GewStG).

Vertrauensschutz und Spendenhaftung
(§ 10b IV EStG, § 9 III KStG, § 9 Nr. 5 S. 8-12 GewStG)

Der Spender kann zwar die zweckentsprechende Verwendung der Zuwendung – die bei der empfangenden Körperschaft nur unmittelbar zu steuerbegünstigten Zwecken verwendet werden darf – nicht gewährleisten, darf aber grundsätzlich auf die Richtigkeit der Zuwendungsbestätigung vertrauen. Er kann den Spendenabzug geltend machen – unabhängig davon, ob der Empfänger die §§ 51 ff. AO einhält und wie die Zuwendung tatsächlich verwendet wurde –, solange er die Bestätigung nicht durch unlautere Mittel (vgl. § 130 II Nr. 2 AO) oder falsche Angaben (vgl. § 130 II Nr. 3 AO) erwirkt hat, oder ihm die Unrichtigkeit der Bescheinigung bekannt oder infolge grober Fahrlässigkeit nicht bekannt war (§ 10b IV S. 1 EStG).

Wer eine Bestätigung vorsätzlich oder grob fahrlässig ausstellt (Ausstellerhaftung) oder dafür sorgt, dass die Zuwendung nicht zu den in der Bestätigung angegebenen Zwecken verwendet wird (Veranlasserhaftung), haftet

---

37 Zusätzlich ist erforderlich, dass mit diesen Staaten ein Amtshilfeabkommen besteht und sie Unterstützung bei der Beitreibung leisten (§ 10b I S. 3 EStG).
38 Bisher waren ausländische Körperschaften generell vom steuerlichen Gemeinnützigkeitsrecht ausgeschlossen (vgl. § 5 II Nr. 2 KStG a.F.). Infolge der Rechtsprechung des EuGH (v. 14.9.2006, Centro di Musicologia Walter Stauffer, EuGHE I 2006, 8203) und BFH (v. 20.12.2006, BStBl. II 2010, 331) gelangen Körperschaften aus dem EU-Ausland in den Genuss des steuerlichen Gemeinnützigkeitsrechts, wenn diese die Voraussetzungen der §§ 51–68 AO einhalten. Dahingehend entgegenstehendes nationales Recht bleibt unangewendet. Als Folge dieser Rechtsprechung wurde § 5 II Nr. 2 KStG durch das JStG 2009 (BGBl. I 2009, 2794) geändert.
39 EuGH v. 27.1.2009, Rs C-318/07, Persche, EuGHE I 2009, 359.
40 Vgl. § 10b I S. 1–5 EStG; zur Beachtung des sog. Strukturellen Inlandsbezugs durch die empfangende Körperschaft vgl. § 10b I 6 EStG und Fn. 3.

(vgl. § 191 AO) pauschal i.H.v. 30% (bzw. 15% bei der Gewerbesteuer) des zugewendeten Betrages (§ 10b IV S. 2 u. 3 EStG). Hierdurch wird der beim Spender weiterhin zulässige Spendenabzug abgegolten. Im Falle der sog. Ausstellerhaftung wird grundsätzlich die begünstigte Körperschaft haften, da ihr i.d.R. das Handeln des jeweiligen Ausstellers der unrichtigen Zuwendungsbestätigung zugerechnet wird.[41] Der Handelnde haftet selbst, wenn er erkennbar missbräuchlich gehandelt hat. Im Rahmen der Veranlasserhaftung haftet derjenige, der die Zuwendung zweckentfremdet hat. Ab 1.1.2009 gilt dies aber nur noch dann, wenn die begünstigte Körperschaft nicht erfolgreich in Anspruch genommen werden konnte (§ 10b IV S. 4 EStG)[42].

Schluss

Insgesamt bietet das steuerliche Gemeinnützigkeits- und Spendenrecht in zentralen Betätigungsfeldern Bürgerschaftlichen Engagements erhebliche Steuervorteile, freilich nur um den Preis der Wahrung seiner materiellen und formalen Voraussetzungen, die vielfach als einengend empfunden werden. Um jedoch die verfassungsrechtlich vorgegebenen Anforderungen der Besteuerungs- und Wettbewerbsgleichheit nicht zu verletzen, sind diese strikten Bindungen wie auch eine steuergesetzliche Festlegung der steuerbegünstigten Zwecke unvermeidbar. Sorgfalt walten lassen sollten die gemeinnützigen Akteure freilich in besonderer Weise mit Blick auf etwaige wirtschaftliche Tätigkeiten einer gemeinnützigen Körperschaft. Bei Spendenfehlverwendungen sind Haftungsfolgen für den Handelnden selbst zu befürchten – nicht nur für die gemeinnützige Körperschaft. Zudem kann die Finanzverwaltung bei einem Verstoß gegen den Grundsatz der satzungsmäßigen Vermögensbindung die Erträge der gemeinnützigen Körperschaft rückwirkend bis zu zehn Jahre zu besteuern.

Literatur

Buchna, Johannes/Andreas Seeger/Wilhelm Brox 2010: Gemeinnützigkeit im Steuerrecht: Die steuerlichen Begünstigungen für Vereine, Stiftungen und andere Körperschaften – steuerliche Spendenbehandlung. Achim.
Brinkmeier, Thomas 2008: Vereinsbesteuerung – Steuervorteile durch Gemeinnützigkeit. Wiesbaden.
Fischer, Daniel J./Marcus Helios 2008: Die Vereinsbesteuerung in der Praxis. Köln.
Hüttemann, Rainer 2011: Gemeinnützigkeits- und Spendenrecht. Köln.
Jachmann, Monika/Sebastian Unger 2009: Kommentierung zu §§ 51–63 AO. In: Gosch, Dietmar (Hrsg.): Beermann/Gosch – Kommentar zur Abgabenordnung und Finanzgerichtsordnung. Bonn.

---

41 Vgl. BFH v. 17.2.1989, BStBl. II 1990, 263.
42 Geändert auf Grund des JStG 2009, BGBl. I 2008, 2794.

Jachmann, Monika 2011: Stiftungen im europäischen Umfeld aus gemeinnützigkeitsrechtlicher Sicht. In: Weitz, Barbara/Deutsche Stiftungsagentur GmbH/ C.F.L. Pues GmbH (Hrsg.). In: Rechtshandbuch für Stiftungen – Praxisnachschlagewerk für alle Stiftungsarten. Hamburg.

Jachmann, Monika/Klaus Liebl 2009: Gemeinnützigkeit kompakt. Stuttgart u. a.

Schauhoff, Stephan 2010: Handbuch der Gemeinnützigkeit. München.

Wigand, Klaus/Cordula Hasse-Theobald/Markus Heuel/Stefan Scholte 2009: Stiftungen in der Praxis – Recht, Steuern, Beratung. Wiesbaden.

Wolfram Waldner

Vereinsrecht

Einleitung

Das Vereinsrecht in Deutschland ist ungeachtet des gesellschaftlichen Wandels im letzten Jahrhundert im Wesentlichen unverändert geblieben. Es unterscheidet nach wie vor zwischen Vereinen, die in das Vereinsregister eingetragen sind (sog. „rechtsfähigen Vereine") und solchen, bei denen das nicht der Fall ist, die aber in der Rechtsprechung gleichwohl als rechtsfähig anerkannt sind. Eine Regelung, der vor 100 Jahren noch völlig unbekannten Großvereine mit Geschäftsbetrieben, die erhebliche wirtschaftliche Bedeutung haben (z. B. der ADAC oder Vereine der Fußballbundesliga), fehlt. Eine Reform des Vereinsrechts wird seit langem diskutiert, ist aber in naher Zukunft nicht zu erwarten.

Arten der Vereine

Vereinsbegriff

Unter einem Verein im rechtlichen Sinn versteht man einen auf Dauer angelegten, vom Wechsel der Mitglieder unabhängigen Zusammenschluss von Personen, die einen gemeinsamen Zweck erfolgen, unter einem Gesamtnamen im Rechtsverkehr auftreten und durch einen Vorstand vertreten werden.

In der Wahl seines gemeinsamen Zwecks ist der Verein frei, soweit dieser nicht ausdrücklich gegen ein gesetzliches Verbot verstößt. Keinesfalls muss der Zweck eines Vereins „staatstragend" sein, so dass sich Bürgerinitiativen, die sich dem Kampf gegen die Atomenergie verschrieben haben, ebenso als Verein organisieren können wie Raucherklubs, deren Zweck die Umgehung der Vorschriften von Nichtraucherschutzgesetzen ist.

Eingetragene Vereine

Vereine, die in das Vereinsregister eingetragen sind, nennt das Gesetz „rechtsfähige Vereine" (§ 21 BGB).[1] Allerdings führt diese Bezeichnung in

---

1 Die „wirtschaftlichen Vereine" (Vereine, die ihre Rechtsfähigkeit durch eine staatliche Verleihung erwerben, § 22 BGB) spielen heute in der Rechtswirklichkeit praktisch keine Rolle mehr.

die Irre, da auch die Vereine, die das Gesetz als „nicht rechtsfähig" bezeichnet, inzwischen von der Rechtsprechung als mögliche Träger von Rechten und Pflichten anerkannt, also ebenfalls rechtsfähig sind. Es ist deshalb zweckmäßiger, von eingetragenen und nicht eingetragenen Vereinen zu sprechen. Eingetragene Vereine sind juristische Personen, also selbst Träger von Rechten und Pflichten: Ihnen selbst, nicht den Mitgliedern „gehört" das Vereinsvermögen; für Schulden haftet nur das Vereinsvermögen, nicht etwa das Vermögen der Vereinsmitglieder. In das Grundbuch und andere öffentliche Register werden sie unter ihrem Namen eingetragen; ihr Vorstand kann sich dadurch legitimieren, dass er einen Vereinsregisterauszug vorlegt.

Das wesentliche Erfordernis für die Eintragung eines Vereins ist, dass er nicht auf einen wirtschaftlichen Geschäftsbetrieb gerichtet sein darf (§ 21 BGB). Dadurch soll vermieden werden, dass unternehmerische Tätigkeiten in der Rechtsform des Vereins ausgeübt werden, da – anders als bei den dafür vorgesehenen Rechtsformen (insbesondere: Kommanditgesellschaft, GmbH, Aktiengesellschaft, eingetragene Genossenschaft) – das Vereinsrecht keine Schutzmechanismen für die mit wirtschaftlicher Betätigung zwangsläufig verbundenen Risiken kennt; es gibt im Vereinsrecht weder die Notwendigkeit einer Kapitalausstattung noch irgendeine Verpflichtung zur Buchführung oder zur Veröffentlichung von Abschlüssen. Bei Vereinen ohne wirtschaftliche Zielsetzung ist ein solcher Schutz auch nicht erforderlich; dass ein Verein so wie ein wirtschaftliches Unternehmen am Rechtsverkehr teilnimmt, erlaubt der Gesetzgeber hingegen nicht. Deshalb können Vereine, die schon nach ihrer Satzung einen solchen Zweck verfolgen, nicht in das Vereinsregister eingetragen werden; nimmt ein Verein – entgegen seiner Satzung – derartige Tätigkeiten auf, kann ihm durch Löschung im Vereinsregister seine Rechtsfähigkeit entzogen werden (§ 43 Abs. 2 BGB).

Die Frage, ob ein Verein eine solche unerlaubte Tätigkeit beabsichtigt, hat erhebliche praktische Bedeutung und beschäftigt – wenn sich Vereine gegen ablehnende Beschlüsse des Vereinsregisters mit Rechtsmitteln zur Wehr setzen – sehr häufig die Gerichte. Eine wirtschaftliche Betätigung, die die Eintragung in das Vereinsregister hindert, wird in der Rechtsprechung angenommen, wenn

- der Verein in der gleichen Weise wie ein Unternehmer am Markt Güter oder Leistungen für jedermann anbietet (Beispiel: Verein, der eine Gaststätte betreibt),
- der Verein seine Leistungen zwar nur seinen Mitgliedern anbietet, aber es sich um Leistungen handelt, die üblicherweise auch anderen angeboten werden (Beispiel: Verein, der für seine Mitglieder die Versorgung mit Trinkwasser übernimmt),
- der Verein für seine Mitglieder Leistungen erbringt, die sich diese andernfalls selbst im Rahmen ihres Unternehmens beschaffen müssten

(Beispiel: Verein, der für seine Mitglieder günstige Einkaufskonditionen aushandelt).

Auf die Absicht, Gewinn zu erzielen, kommt es dabei nicht an. Ebenso wenig ist letztlich entscheidend, ob ein Verein gemeinnützig ist, wenngleich normalerweise wirtschaftliche Betätigung auch die Anerkennung der Gemeinnützigkeit durch das Finanzamt hindert.

Die Abgrenzung des wirtschaftlichen Vereins zum nichtwirtschaftlichen, sog. „Ideal-"Verein ist allerdings vielfach zweifelhaft und auch umstritten: So wurde etwa ein Verein, der seinen Mitgliedern Ferienwohnrechte im time-sharing-Modell anbietet, als wirtschaftlicher Verein angesehen, ein Verein, der für seine Mitglieder die gemeinschaftliche Nutzung von Autos („car-sharing") organisiert, dagegen als Idealverein angesehen.

Da gerade bei größeren Vereinen eine gewisse wirtschaftliche Betätigung mit dem Vereinsleben fast zwangsläufig verbunden ist, ist anerkannt, dass diese dann für die Qualifikation des Vereins als nichtwirtschaftlich unschädlich ist, wenn sie im Vergleich zum Hauptzweck des Vereins eindeutig untergeordnete Bedeutung hat. Deswegen kann es beispielsweise zwar nicht Hauptzweck des Vereins sein, eine Gaststätte zu betreiben; es schadet aber nicht, wenn ein Sportverein eine Vereinsgaststätte unterhält, mit deren Erträgen er die Sportanlagen instandhält (sog. „Nebenzweckprivileg"). Auch hier sind die Grenzen unscharf und fließend, was sich etwa dann zeigt, wenn ein Sportverein eine Profifußballerabteilung unterhält, die von ihren Umsätzen her manches mittelständische Unternehmen weit übertrifft.

Nicht eingetragene Vereine

In § 54 BGB wird hinsichtlich der für die dort „nicht rechtsfähige" Vereine genannten Vereine, die sich nicht in das Vereinsregister eintragen lassen, auf die Vorschriften über die Gesellschaft bürgerlichen Rechts verwiesen. Diese Regelung ist nur historisch zu verstehen und wird heute von der Rechtsprechung nicht mehr angewandt. Vielmehr gelten die Vorschriften über den eingetragenen Verein entsprechend, soweit sich nicht aus dem Fehlen der Eintragung zwingend Besonderheiten ergeben. Auch die Frage der steuerlichen Anerkennung als gemeinnützig hat mit der Eintragung oder Nichteintragung nichts zu tun; sowohl eingetragene als auch nicht eingetragene Vereine können gemeinnützig sein.

Da es an einer Eintragung fehlt, ist der nicht eingetragene Verein keine juristische Person, aber ein „eigenständiges Rechtsgebilde".[2] Anders, als man früher meinte, steht deshalb auch beim nichtrechtsfähigen Verein das Vermögen ihm selbst, nicht seinen Mitgliedern zu; er kann deshalb auch Erbe oder Mitglied eines anderen Vereins oder Gesellschafter einer Handels-

---

2 Entscheidung des Bundesgerichtshofs vom 2.7.2007 – II ZR 111/05 –, abrufbar unter www.bundesgerichtshof.de.

gesellschaft sein. Will ein solcher Verein allerdings Grundbesitz erwerben, ergeben sich Probleme daraus, dass mangels eines Registers Identität und Befugnis der für ihn Handelnden nicht nachgewiesen werden können; es müssen also entweder die Namen aller Mitglieder ins Grundbuch mit eingetragen (und bei Änderungen die Eintragungen berichtigt!) werden oder – was meist praktischer ist – ein Treuhänder mit dem Erwerb für den nicht eingetragenen Verein beauftragt werden. Und während beim eingetragenen Verein für in seinem Namen vorgenommene Geschäfte stets nur der Verein (aber weder die Mitglieder noch der Vorstand) haften, haftet beim nicht eingetragenen Verein nicht nur sein Vermögen, sondern stets auch der Handelnde selbst persönlich (§ 54 Satz 2 BGB). Es ist also mit einem hohen Risiko verbunden, für einen nicht eingetragenen Verein zu handeln, wenn die Gefahr besteht, dass das Vereinsvermögen nicht ausreichen wird, um den eingegangenen Verpflichtungen nachzukommen. Wenn dagegen kein derartiges Haftungsrisiko besteht und auch kein Grundbesitz erworben werden soll, kann bei kleineren Vereinen durchaus erwogen werden, auf die Eintragung in das Vereinsregister zu verzichten.

Die Gründung eines eingetragenen Vereins

Zur Gründung eines Vereins ist zunächst die Abhaltung einer Gründungsversammlung erforderlich, in der die Satzung des künftigen Vereins beschlossen und der erste Vorstand gewählt wird; diejenigen Personen, die die Vereinssatzung unterschreiben, sind Gründungsmitglieder des Vereins. Es ist theoretisch möglich, dass ein Verein von zwei Personen gegründet wird und erst durch den späteren Beitritt weiterer Mitglieder die Mindestzahl von sieben Mitgliedern erreicht wird, die nötig ist, um ihn zum Vereinsregister anmelden zu können. In der Praxis nehmen aber fast stets (mindestens) sieben Personen an der Gründung teil, so dass die Anmeldung nach der Gründung unverzüglich erfolgen kann.

Bei der Gestaltung der Satzung lässt das Gesetz den Vereinsgründern einen weiten Spielraum; es gibt nur einige wenige Muss- und Soll-Vorschriften, deren Nichtbeachtung zur Verweigerung der Eintragung führen kann; im Übrigen sind die Gründer in der Formulierung der Satzung frei, solange das Wesen des Vereins als eines von der Willensbildung seiner Mitglieder geprägten Personenverbandes nicht beeinträchtigt wird.

Vorgeschrieben sind folgende Angaben:

- der Zweck des Vereins, der so konkret formuliert sein muss, dass das Registergericht prüfen kann, worin die Tätigkeit des neu gegründeten Vereins bestehen soll;
- der Name des Vereins, der sich von den Namen der übrigen an demselben Ort bestehenden eingetragenen Vereine unterscheiden muss (§ 57 Abs. 2 BGB) und nach der Eintragung den Zusatz „eingetragener Verein" (üblicherweise abgekürzt: e.V.) enthalten muss und nicht irrefüh-

rend sein darf: Ein Verein darf sich beispielsweise nicht „Bundesverband" nennen, wenn er in Wahrheit gar nicht bundesweit tätig ist und ihm nur wenige Mitgliedsvereine angehören;
- der Sitz des Vereins, der sich – soweit nichts anderes bestimmt wird – dort befindet, wo die Verwaltung des Vereins geführt wird (§ 24 BGB); allerdings ist der Verein in der Wahl seines Sitzes frei und kann jeden beliebigen Ort zu seinem Sitz bestimmen, wenn er nur dort postalisch erreichbar ist, während der Schwerpunkt der Vereinsaktivitäten durchaus an anderer Stelle liegen kann;
- die Absicht, den Verein in das Vereinsregister eintragen zu lassen;
- Bestimmungen darüber, auf welche Weise sich der Beitritt zum Verein vollzieht. Zweckmäßig ist es, für den Beitritt ein Aufnahmeverfahren vorzusehen; lässt man eine schlichte Beitrittserklärung genügen, dann besteht die Gefahr, dass der Verein durch den massenhaften Beitritt zahlreicher neuer Mitglieder „unterwandert" wird.
- Bestimmungen über das Ausscheiden aus dem Verein; die Möglichkeit des Austritts ist zwingend und darf lediglich von der Einhaltung einer Kündigungsfrist abhängig gemacht werden, die zwei Jahre nicht überschreiten darf (§ 39 Abs. 2 BGB);
- Bestimmungen über die von den Mitgliedern zu leistenden Beiträge. Schweigt die Satzung über zu leistende Beiträge, brauchen die Mitglieder keine Beiträge zu entrichten. Es ist nicht nötig und auch nicht zweckmäßig, die Höhe der Mitgliedsbeiträge in der Satzung anzugeben, weil sonst bei jeder Änderung der Beitragshöhe die Satzung geändert werden muss. In der Regel überlässt die Satzung die Festlegung vielmehr einem Vereinsorgan, meist dem Vorstand oder der Mitgliederversammlung. Sonderbeiträge und Sonderumlagen sind ebenfalls nur bei ausdrücklicher Satzungsbestimmung zulässig; die Rechtsprechung fordert hier darüber hinaus die Festlegung einer Obergrenze;[3]
- Bestimmungen über die Bildung des Vorstands und zwar des Vorstands als des Organs, das den Verein nach außen vertritt (§ 26 BGB). Fehlt eine solche Bestimmung, so besteht der Vorstand aus einer Person. Das Vereinsorgan „Vorstand" besteht nicht notwendig aus allen Personen, die zur Geschäftsführung des Vereins bestellt sind; gerade bei größeren Vereinen ist es üblich, für die Besorgung bestimmter Vereinsangelegenheiten eine Vielzahl von Personen zu bestellen, die dann als „Gesamtvorstand" oder „Vorstandschaft" die Geschicke des Vereins lenken. Vorstand im Sinne des Gesetzes sind aber auch bei solchen Vereinen nur die vertretungsberechtigten Personen; nur diese sind auch in das Vereinsregister einzutragen;
- Bestimmungen über die Einberufung der Mitgliederversammlung und die Protokollierung ihrer Beschlüsse. Nach dem Gesetz muss die Einberufung in den Fällen erfolgen, in denen sie die Satzung vorschreibt

---

[3] Entscheidung des Bundesgerichtshofs vom 24.9.2007 – II ZR 91/06, abzurufen unter www.bundesgerichtshof.de.

(üblich ist eine Regelung, dass die Mitgliederversammlung einmal jährlich vom Vorstand einberufen werden muss) oder wenn 1/10 der Mitglieder dies schriftlich unter Angabe des Zwecks und der Gründe verlangt (§§ 36, 37 BGB), wobei die Satzung allerdings nach der Rechtsprechung auch eine höhere Quote bestimmen darf.

Alle weiteren Satzungsbestimmungen sind fakultativ; der Verein entscheidet also selbst, ob er seine Satzung um solche Bestimmungen ergänzen will. So kann beispielsweise geregelt werden, wer Mitglied des Vereins werden kann, welche Sanktionen verhängt werden können, wenn ein Mitglied seine Pflichten verletzt, wie die Zuständigkeiten auf die verschiedenen Vereinsorgane verteilt werden, wie eine Mitgliederversammlung einberufen wird und abzulaufen hat und wie die Haftung des Vorstands gegenüber dem Verein geregelt ist.

Die Satzung kann nachträglich geändert werden (Satzungsänderung). Dazu bedarf es eines Beschlusses der Mitgliederversammlung, der – wenn die Satzung keine anderen Vorgaben enthält – mit Dreiviertelmehrheit gefasst werden muss; eine Änderung des Vereinszwecks bedarf sogar der Zustimmung aller Mitglieder (§ 33 Abs. 1 BGB). Satzungsänderungen werden erst mit ihrer Eintragung in das Vereinsregister wirksam.

Die Vereinsmitglieder

Wer Mitglied eines Vereins werden kann, bestimmt in erster Linie die Satzung. Wenn diese schweigt, bestehen keinerlei Begrenzungen. Die Satzung kann aber beispielsweise nur volljährige natürliche Personen als Mitglieder zulassen und auch andere Erfordernisse (z. B. die Festsetzung einer Höchstzahl von Mitgliedern) aufstellen. Sogar eine Satzungsbestimmung, wonach nur Männer oder nur Frauen als Mitglieder zugelassen sind, wird trotz des verfassungsrechtlichen Gleichbehandlungsgrundsatzes (Art. 3 Abs. 2 GG) grundsätzlich als rechtswirksam angesehen; allerdings kann bei sog. „Monopolvereinen" etwas anderes gelten. Mitglied eines Vereins zu werden, erfordert immer die Bereitschaft des Betreffenden zur Mitgliedschaft. Deshalb sind Bestimmungen in Vereinssatzungen, dass bestimmte Personen „automatisch" Mitglied oder gar Vorstandsmitglied sind (z. B. der Ortspfarrer bei einem örtlichen kirchlichen Verein) dahin auszulegen, dass diese Person ohne ein besonderes Beitrittsverfahren und ohne Wahl Mitglied bzw. Vorstandsmitglied wird, wenn sie dies zu sein wünscht.

Einen Anspruch auf Aufnahme in einen Verein oder auch nur auf eine Prüfung des Aufnahmegesuchs oder eine Begründung, warum es abgelehnt worden ist, besteht grundsätzlich nicht; jeder Verein entscheidet selbst, wer bei ihm Mitglied werden kann und wer nicht. Eine Ausnahme besteht nur dann, wenn ein Verein eine Monopolstellung in seinem Bereich innehat und damit die Mitgliedschaft bei ihm entweder aus ideellen oder aus wirtschaftlichen Gründen von entscheidender Bedeutung ist.

Ein Grundsatz des Vereinsrechts ist der der Gleichbehandlung aller Vereinsmitglieder. Es darf deshalb ein Mitglied nicht ohne sachlichen Grund benachteiligt oder bevorzugt werden. Das schließt freilich nicht aus, dass es verschiedene Klassen von Mitgliedern gibt, die sich hinsichtlich ihrer Rechte und Pflichten unterscheiden, etwa Vollmitglieder, Fördermitglieder (die z. B. kein Stimmrecht in der Mitgliederversammlung haben) und Ehrenmitglieder (die z. B. von der Beitragspflicht befreit sind).

Nicht selten enthalten Vereinssatzungen Bestimmungen darüber, wie der Verein auf die Verletzung von Mitgliedspflichten reagieren kann. Als Sanktionen kommen Vereinsstrafen (z. B. Rüge; zeitweiliger Ausschluss von den Vereinseinrichtungen), aber auch der Ausschluss aus dem Verein in Betracht. Sanktionen bedürfen einer eindeutigen Regelung in der Satzung, sowohl was die Voraussetzungen als auch die Folgen anlangt. Zwar nimmt die Rechtsprechung an, auch bei Fehlen einer Satzungsbestimmung könne ein Mitglied aus einem wichtigen Grund ausgeschlossen werden; sinnvoller ist aber in jedem Fall, die Ausschlussgründe genau zu bezeichnen und im Einzelnen zu regeln, wer für den Ausschluss zuständig ist und ob ein Mitglied, das sich zu Unrecht bestraft oder ausgeschlossen fühlt, an eine andere Vereinsinstanz appellieren kann; hier kommen insbesondere „Vereinsgerichte" in Betracht, die allerdings in der Regel keine echten Schiedsgerichte im juristischen Sinn darstellen[4] und deshalb im Streitfall den Weg zu den staatlichen Gerichten nicht ausschließen. Die Satzung kann auch vorsehen, dass bei Eintritt bestimmter Umstände die Mitgliedschaft ohne weiteres endet. Deshalb bestehen keine Bedenken dagegen, Mitglieder, die längere Zeit mit der Zahlung der Vereinsbeiträge in Rückstand sind, in einem vereinfachten Verfahren („Streichung von der Mitgliederliste") aus dem Verein auszuschließen.

Vereinsorgane

Der Vorstand

Nahezu alle Vereinssatzungen regeln die Zahl der Mitglieder des Vorstands. Er kann aus einer oder mehreren Personen bestehen; im letzteren Fall ist es zwar nicht vorgeschrieben, aber sehr zweckmäßig, auch die Art und Weise der Vertretung des Vereins (z. B. durch jedes Vorstandsmitglied einzeln oder durch jeweils zwei Vorstandsmitglieder gemeinschaftlich) zu regeln. Diese Vertretungsbefugnis kann nicht von Umständen abhängig gemacht werden, die sich nicht aus dem Vereinsregister ergeben; unzulässig ist deshalb beispielsweise eine Bestimmung, dass der 2. Vorsitzende nur dann zur Vertretung des Vereins berechtigt ist, wenn der 1. Vorsitzende verhindert ist. Zulässig ist es dagegen, die Vertretungsmacht des Vorstands

---

4 Entscheidung des Bundesgerichtshofs vom 27.5.2004 – III ZB 53/03, abzurufen unter www.bundesgerichtshof.de.

in der Weise zu beschränken, dass er für bestimmte Geschäfte der Zustimmung der Mitgliederversammlung bedarf; häufig geschieht dies für Geschäfte, die eine bestimmte Größenordnung übersteigen. Eine solche Beschränkung muss in das Vereinsregister eingetragen werden, um Dritten gegenüber wirksam zu sein. Besteht der Vorstand aus mehreren Personen, müssen bei der Gründung des Vereins alle Vorstandsmitglieder besetzt sein; dagegen wird es überwiegend als möglich angesehen, dass bei späteren Wahlen einzelne Vorstandsämter vakant bleiben.

In der Benennung der Vorstandsämter ist der Verein frei; nicht einmal die Bezeichnung „Vorstand" muss unbedingt verwendet werden. Häufig ist etwa der Titel „Präsident" zu finden; andere Amtsbezeichnungen sind von der Funktion des Amtsinhabers (z. B. Schriftführer, Kassier, Sportwart) abgeleitet. Die Vorstandsmitglieder müssen nach dem Gesetz nicht zwangsläufig Vereinsmitglieder sein; sie müssen auch weder deutsche Staatsangehörige sein noch – jedenfalls nach der heute ganz überwiegenden Meinung – ihren Wohnsitz im Inland haben. Die Satzung kann solches aber selbstverständlich vorschreiben und noch andere Qualifikationen verlangen, z. B. eine bestimmte Dauer der Vereinsmitgliedschaft. Ob es zulässig ist, mehrere Vorstandsposten durch eine Person zu besetzen (sog. „Personalunion"), wird unterschiedlich beurteilt, so dass eine ausdrückliche Regelung in der Satzung sehr empfehlenswert ist.

Die Bestellung des Vorstands erfolgt grundsätzlich durch einen Beschluss der Mitgliederversammlung (§ 27 Abs. 1 BGB); die Satzung kann aber auch eine andere Art und Weise der Bestellung des Vorstands vorsehen (z. B. auch die Selbstergänzung des Vorstands, wenn ein Vorstandsmitglied weggefallen ist, sog. „Kooptation"). Vor allem bei kirchlichen Vereinen sind Satzungsbestimmungen häufig, wonach der Vorstand durch ein Organ außerhalb des Vereins (z. B. durch eine Kirchenbehörde) bestimmt wird. Solche Bestimmungen sind im Rahmen der Vereinsautonomie grundsätzlich zulässig, solange den Vereinsmitgliedern zumindest die Möglichkeit bleibt, unerwünschte Vorstandsmitglieder aus wichtigem Grund abzuberufen und durch Satzungsänderung eine andere Weise der Vorstandsbestellung anzuordnen.

Der erste Vorstand wird in aller Regel anlässlich der Gründung des Vereins von den Gründern gewählt; spätere Vorstandswahlen erfolgen nach Maßgabe der Vereinssatzung; in aller Regel ist hierfür die Mitgliederversammlung zuständig. Durch ordnungsgemäße Wahl eines neuen Vorstands ist die Vorstandsbestellung (auch ohne Registereintragung) wirksam; eine unverzügliche Anmeldung der Neuwahl zum Vereinsregister ist aber sehr ratsam, weil gegenüber gutgläubigen Dritten der alte Vorstand bis zur Eintragung der Änderung als berechtigt gilt, für den Verein zu handeln (§ 68 BGB).

Ratsam sind Satzungsbestimmungen über die Amtsdauer des Vorstands, wobei es bei einem mehrköpfigen Vorstand auch zulässig ist, die Amtszeiten der Vorstandsmitglieder unterschiedlich festzulegen. Andernfalls gilt die Bestellung bis auf Widerruf. Dieser ist nach dem Gesetz jederzeit möglich, kann aber durch die Satzung auf das Vorliegen eines wichtigen Grundes für die Abberufung beschränkt werden (§ 27 Abs. 2 Satz 2 BGB). Ist eine bestimmte Amtsdauer festgelegt, ist eine Satzungsbestimmung ratsam, wonach der Vorstand im Amt bleibt, bis ein neuer Vorstand bestellt ist, damit der Verein bei einer Verzögerung der Wahl nicht handlungsunfähig wird.

Nach dem Gesetz haftet der Vorstand dem Verein für die gewissenhafte Erfüllung der ihm obliegenden Aufgaben; verletzt er diese, ist er zum Schadensersatz verpflichtet, auch wenn ihm nur leichte Fahrlässigkeit zur Last fällt. Dies wurde schon bisher häufig als unangemessen angesehen und diese Haftung in der Satzung beschränkt. Seit 2009 haftet der ehrenamtlich (d. h. unentgeltlich oder für eine Vergütung von nicht mehr als 500 Euro jährlich) tätige Vorstand auch gesetzlich dem Verein und den Vereinsmitgliedern gegenüber nur für Vorsatz und grobe Fahrlässigkeit. Schädigt das Vorstandsmitglied Dritte, ist die Haftung hingegen nicht beschränkt. Allerdings hat der Verein das Vorstandsmitglied von dieser Haftung freizustellen, sofern es nicht vorsätzlich oder grob fahrlässig gehandelt hat. Dem Dritten haftet neben dem Vorstand auch der Verein (§ 31 BGB).

Mitgliederversammlung

Die Mitgliederversammlung ist das Vereinsorgan, durch das die Vereinsmitglieder an der Willensbildung des Vereins mitwirken. Die Teilnahme an der Mitgliederversammlung muss allen Vereinsmitgliedern offen stehen (auch wenn sie dort möglicherweise kein Stimmrecht haben); ist auch dies ausgeschlossen, kann von einer Mitgliedschaft im Rechtssinn nicht gesprochen werden. Grundsätzlich kann ein Mitglied nur persönlich an der Mitgliederversammlung teilnehmen; das Recht, einen bevollmächtigten Vertreter zu entsenden, besteht nur, wenn die Satzung dies ausdrücklich bestimmt.

Nach dem Gesetz ist jede Mitgliederversammlung beschlussfähig; die Satzung kann aber das Erscheinen einer bestimmten Anzahl von Mitgliedern (Quorum) vorschreiben. Beschlüsse werden grundsätzlich mit einfacher Mehrheit gefasst; diese ist erreicht, wenn die Zahl der Ja-Stimmen die der Nein-Stimmen übersteigt; Stimmenthaltungen werden nicht mitgerechnet. Auch hier kann die Satzung abweichende Bestimmungen treffen und z.B. auch das Verfahren bei Wahlen regeln.

Weitere Vereinsorgane

Während Vorstand und Mitgliederversammlung für jeden Verein obligatorisch sind, ist es der Vereinssatzung überlassen, daneben weitere Vereinsorgane zu schaffen, die einzelne Vereinsaufgaben übernehmen. In zahlreichen Vereinen gibt es ein (oft als „Beirat", „Aufsichtsrat" oder „Vereinsausschuss" bezeichnetes) Organ zur Überwachung oder Beratung des

Vorstands. Zusammensetzung und Aufgaben eines solchen Vereinsorgans bestimmen sich, da es keine gesetzliche Regelung gibt, ausschließlich nach der Satzung.

Dagegen sieht das Gesetz ausdrücklich die Möglichkeit vor, für einzelne Geschäftsbereiche des Vereins „besondere Vertreter" zu bestellen (§ 30 BGB). Auch hierfür ist eine satzungsmäßige Grundlage erforderlich; die Satzung sollte auch regeln, für welche Geschäfte der besondere Vertreter handlungsbefugt ist und wie er den Verein vertritt.

In vielen Vereinssatzungen sind schließlich Kassenprüfer oder Revisoren vorgesehen, deren Aufgabe es ist, die finanziellen Verhältnisse des Vereins in regelmäßigen Abständen zu prüfen und der Mitgliederversammlung über das Ergebnis ihrer Prüfung zu berichten. Dieser Bericht ist regelmäßig die Grundlage dafür, den Vorstand zu „entlasten". Hierunter versteht man einen Beschluss der Mitgliederversammlung, dass diese die Geschäftsführung des Vorstands billigt und auf etwaige Ansprüche gegen den Vorstand wegen seiner bisherigen Tätigkeit verzichtet, soweit ihr solche Ansprüche bekannt sind oder bei sorgfältiger Prüfung der Geschäftsführung hätten bekannt sein können.

Vereinsverbände, Gesamtvereine

Viele Vereine sind in eine größere Organisation eingebunden, die seinerseits einen Verein darstellt. Man spricht dann von einem Vereinsverband. Umgekehrt sind überregional aktive Vereine mit einer großen Zahl von Mitgliedern oft – teils sogar in mehreren Stufen (Landesverband, Bezirksgruppe, Ortsgruppe) untergliedert, die unselbständige Untergliederungen, aber auch selbständige Vereine sein können; hier spricht man von einem Gesamtverein. Organisation und Aufgaben der Untergliederung bestimmen sich nach der Satzung des Gesamtvereins.

Im Gesamtverein werden die Mitgliedschaftsrechte in den höheren Organisationsstufen oft nicht mehr durch die Versammlung aller Mitglieder ausgeübt, sondern durch eine Vertreterversammlung (auch Delegiertenversammlung genannt), die durch die Mitglieder der unteren Stufe gewählt werden; diese tritt an die Stelle der Mitgliederversammlung, muss aber einerseits alle Gruppen von Mitgliedern ausreichend und gleichmäßig repräsentieren, andererseits gewährleisten, dass Vereinsminderheiten ihre Stimme auch in der Delegiertenversammlung zu Gehör bringen können. Genaue Bestimmungen in der Satzung über die Art und Weise der Bestellung der Delegierten sind hier zur Vermeidung von Streitigkeiten dringend zu empfehlen.

Das Vereinsregister

Auskunft über die eingetragenen Vereine und ihre Rechtsverhältnisse gibt das bei den Amtsgerichten geführte Vereinsregister, dessen Einsicht jedermann gestattet ist; in vielen Bundesländern wird es bereits in elektronischer Form geführt, so dass die Einsicht (nach vorheriger Anmeldung bei der Landesjustizverwaltung) auch über das Internet erfolgen kann. Ein neugegründeter Verein, der eingetragen werden möchte, muss sich durch den Vorstand in notariell beglaubigter Form zur Eintragung anmelden. Zuständig ist beim Registergericht der Rechtspfleger, der prüft, ob der Verein eintragungsfähig ist und die Satzung die erforderlichen Bestimmungen enthält (§ 60 BGB). Die Kosten der notariellen Beglaubigung sind nur gering (meist 15,47 Euro); für die Eintragung fallen Gerichtskosten von 52 Euro sowie die Kosten der Bekanntmachung der Eintragung durch das Gericht an.

In gleicher Weise ist in notariell beglaubigter Form anzumelden und in das Vereinsregister einzutragen, wenn

- sich Änderungen im Vorstand ergeben haben (§ 67 Abs. 1 BGB),
- die Satzung geändert wurde (§ 71 Abs. 1 BGB),
- der Verein durch Beschluss der Mitgliederversammlung aufgelöst wurde (§ 74 Abs. 2 BGB).

Für die Erstanmeldung wird von vielen Gerichten die Mitwirkung aller Vorstandsmitglieder gefordert, während für spätere Anmeldungen nach gefestigter Rechtsprechung so viele Vorstandsmitglieder ausreichend sind, wie auch sonst zur Vertretung des Vereins erforderlich sind; vertritt also nach der Satzung jedes Vorstandsmitglied einzeln, genügt die Anmeldung durch ein Vorstandsmitglied. Mit der Anmeldung müssen die Urkunden vorgelegt werden, aus der sich die anzumeldenden Tatsachen ergeben, also bei der Neugründung die Vereinssatzung und das Protokoll der Gründungsversammlung, bei späteren Änderungen das Protokoll über die Mitgliederversammlung, in der die Änderungen beschlossen worden sind.

Die Auflösung des Vereins

Haben sich die mit der Gründung des Vereins verknüpften Erwartungen nicht realisiert oder wollen die Vereinsmitglieder aus anderen Gründen den Verein auflösen, bedarf dies eines Beschlusses der Mitgliederversammlung, der – wie die Satzungsänderung – einer Dreiviertelmehrheit der erschienenen Mitglieder bedarf, wenn die Satzung nichts anderes vorschreibt. Mit der Eintragung des Auflösungsbeschlusses in das Vereinsregister ist der Verein allerdings noch nicht beendet, da zunächst noch die Vereinsgläubiger befriedigt werden müssen und ein etwa verbleibendes Vereinsvermögen verteilt werden muss. Für diese Aufgabe müssen Liquidatoren bestellt werden; in aller Regel übernehmen die letzten Vorstandsmitglieder diese Aufgabe. Eine Verteilung des Vereinsvermögens unterbleibt, wenn der Verein als gemeinnützig anerkannt war. Dann muss die Satzung nämlich eine Bestimmung enthalten, dass das verbleibende Vereinsvermögen einer anderen gemeinnützigen Körperschaft zufällt.

Nach Beendigung der Liquidation kann das Erlöschen des Vereins in das Vereinsregister eingetragen werden; diese Anmeldung ist aber nicht vorgeschrieben, so dass sie vielfach unterbleibt.

Literatur

Reichert, Bernhard 2007: Handbuch Vereins- und Verbandsrecht, 11. Aufl. München/Neuwied.
Sauter, Eugen/Schweyer, Gerhard/Waldner, Wolfram 2006: Der eingetragene Verein, 18. Aufl. München.
Stöber, Kurt 2004: Handbuch zum Vereinsrecht, 9. Aufl. Köln.

Ulrich Brömmling

Stiftungsrecht

Einleitung

Das Stiftungswesen in Deutschland ist in dynamischer Entwicklung. Wie groß das Interesse an der Rechtsform Stiftung ist, zeigt sich an den steigenden Errichtungszahlen: Die Hälfte der rund 16.000 Stiftungen nahm erst in den letzten 12 Jahren die Arbeit auf.

Inzwischen ist die Rede so häufig von Stiftungen, dass man versucht ist, nicht mehr von einem Boom, sondern von einer Inflation zu sprechen. Dass Stiftungen dabei nur eine Form des bürgerschaftlichen Engagements sind, aber keineswegs immer die beste Lösung für bestimmte Anliegen, rückt dabei zuweilen in den Hintergrund.

Die rechtlichen Rahmenbedingungen für die Errichtung und das Management von Stiftungen sind einfach zu überschauen. Das „Gesetz zur weiteren steuerlichen Förderung von Stiftungen" vom 14.07.2000 hat der Rechtsform der gemeinnützigen Stiftung erhebliche zusätzliche Vergünstigungen eingeräumt. Das „Gesetz zur Modernisierung des Stiftungsrechts" vom 15.07.2002 hat den Errichtungsprozess insgesamt vereinfacht. Dies gilt vor allem für die Vereinheitlichung vieler Regelungen in den Stiftungsgesetzen der 16 Länder. Inzwischen sind auch die Landesstiftungsgesetze reformiert; dennoch bleiben feine Unterschiede zwischen den Ländern bestehen. Mit dem „Gesetz zur weiteren Stärkung des bürgerschaftlichen Engagements", einer Reform des Gemeinnützigkeitsrechts vom 10. Oktober 2007 dürften die Reformen im Stiftungsbereich für die kommenden zehn Jahre abgeschlossen sein. Weitere Vergünstigungen für Stifterinnen und Stifter sind nicht zu erwarten. Das vorliegende Kapitel zum Stiftungsrecht liefert einen Überblick über die verschiedenen Rechtsquellen und Rechtsformen im Stiftungswesen, erläutert die Kerneigenschaften einer Stiftung und gibt Hinweise zum Stiftungserrichtungs- und -verwaltungsprozess.

Stiftungswirklichkeit und Daten

16.000 Stiftungen gibt es in Deutschland. Zählt man die unselbstständigen und kirchlichen Stiftungen dazu, kommt man auf eine Zahl um die 80.000. Allerdings liegen keine belastbaren Zahlen und Statistiken über die Stiftungen der letztgenannten Rechtsformen vor. Die Finanzbehörden, bei denen die vielen tausend unselbstständigen Stiftungen bekannt sind, führen über diese keine öffentlichen Register.

Auch zum Gesamtvermögen der Stiftungen und ihren jährlichen Ausgaben liegen keine belastbaren Zahlen vor. Immerhin lässt sich sagen, dass eine kleine Zahl von Stiftungen über mehr als die Hälfte des gesamten Stiftungskapitals verfügt. Hinsichtlich der Ausgaben für den Stiftungszweck gibt es nur eine Stiftung bürgerlichen Rechts, die im dreistelligen Millionenbereich fördert.[1] Bei den Stiftungen des öffentlichen Rechts, die häufig öffentliche Gelder weiterleiten, gibt es mehrere solcher großen Stiftungen.[2]

Die meisten Stiftungen aber sind klein. Stiftungen sind immer mehr auch für Vereine und Bürgerinitiativen zu einem Instrument des bürgerschaftlichen Engagements geworden. Sie gründen Stiftungen, weil das Wort „Stiftung" ihrem Anliegen einen besonders ehrenwerten Klang verleiht. Aus den Erträgen des in der Regel bei solchen Stiftungen geringen Stiftungskapitals lässt sich allerdings wenig für den Stiftungszweck.

Obwohl es immer mehr kleine Stiftungen gibt, die zum Teil nur mühevoll überleben können, sind die Städte und Länder in einen Stiftungswettbewerb eingetreten.[3] Stiftungshauptstädte sind Hamburg und Frankfurt, Hamburg nach absoluten Zahlen und Frankfurt, wenn man die Zahl der Stiftungen zur Einwohnerzahl ins Verhältnis setzt (Bundesverband Deutscher Stiftungen (Hrsg.): StiftungsReport 2008/2009. Berlin 2008: 16). Positiv an diesem Wettbewerb ist allerdings zu bemerken, dass sich im Zuge solcher Konkurrenz die Stiftungsbehörden verstärkt darum bemühen, serviceorientiert zu arbeiten.

Auch zu Zeiten, als es noch kein „bürgerschaftliches Engagement" im heutigen Verständnis gab, haben Menschen gestiftet. Maecenas war einer der ersten großen Förderer der Kunst. Zur Sicherung des Seelenheils[4] stifteten Christen in die Armenkasse der Kirche. Im Islam tauchen im 11. Jahrhundert fromme Stiftungen („Waqf") auf. Zu Beginn des 19. Jahrhunderts bekam das Stiftungswesen durch Bürgervereine einen neuen Schub. Wirklich neu aber ist in den vergangenen Jahren, dass immer mehr Stiftungen zu

---

1 So förderte die VolkswagenStiftung Projekte im Bereich Wissenschaft und Forschung im Jahr 2007 mit 112,8 Millionen Euro. Vgl.: VolkswagenStiftung (Hrsg.): Jahresbericht 2007. Hannover 2008: 176.
2 Nach Angaben des Bundesverbandes Deutscher Stiftungen lagen die Gesamtausgaben der Georg-August-Universität Stiftung Öffentlichen Rechts im Jahr 2006 bei 821.636.000 Euro. Keine andere Institution, die sich Stiftung nennt, hat Ausgaben in vergleichbarer Höhe. Die nächst große Stiftung nach Ausgaben ist die Stiftung Preußischer Kulturbesitz mit 256.106.000 Euro im Jahr 2006. Vgl. Bundesverband Deutscher Stiftungen (Hrsg.): Verzeichnis Deutscher Stiftungen. Berlin 2008, Band 1: 27.
3 Näheres dazu bei Ulrich Brömmling: Am Rande bemerkt: Neues aus der Stiftungsszene. Die Kolumne. In: Barbara Weitz, Jörg Martin, Lothar Pues (Hrsg.): Rechtshandbuch für Stiftungen. NL 17. VD18 2/8: 1.
4 Ein besonders sprechendes Beispiel für dieses Stiftermotiv findet sich in einem Kirchenfenster in Ardagger, das der Stifter der Kirche, der Passauer Dompropst Heinrich, im 13. Jahrhundert mit folgendem Spruch versah: „HAC PRO STRVCTVRA PECCATA DEUS MEA CURA" – „Für dieses Bauwerk möge Gott meine Sünden heilen". Vgl. Ulrich Brömmling: Die Kunst des Stiftens. Berlin 2005: 11.

Lebzeiten errichtet werden. Die „gute Tat der toten Hand" ist eher aus der Mode gekommen. Ebenfalls neu ist die Begeisterung für die Idee der Bürgerstiftung. Hier engagieren sich viele Bürger einer Region gemeinsam in einer Stiftung für viele verschiedene Stiftungszwecke vor Ort.[5]

Wie andere gemeinnützige Stiftungen sind Stiftungen zu besonderer Transparenz verpflichtet. Außer den Regelungen zur Rechnungslegung, die von den Stiftungsaufsichten der Länder angeordnet sind, und der Prüfung durch die Finanzbehörden im Falle der Gemeinnützigkeit gibt es jedoch keinen gesetzlichen Zwang zur Offenlegung der Aktivitäten der Stiftungen.

Stiftungsbegriff

Eine Legaldefinition des Begriffes „Stiftung" findet sich in den deutschen Gesetzestexten an keiner Stelle. Dies unterscheidet sich übrigens nicht von den Stiftungsgesetzen der meisten anderen Staaten, die ebenfalls keine Legaldefinition vorsehen. In der Rechtspraxis hat man sich für das Verständnis von „Stiftungen" auf folgende Definitionskomponenten geeinigt:

Eine Stiftung ist eine eigentümerlose Vermögensmasse, die auf Dauer einem bestimmten Zweck gewidmet ist.

Die vier Eigenschaften „eigentümerlos", „Vermögensmasse", „dauerhaft" und „zweckgerichtet" haben jedoch in den vergangenen Jahrzehnten zum Teil eine erhebliche Aufweichung erfahren. So gibt es in Ausnahmefällen die Möglichkeit, eine „Stiftung auf Zeit" zu errichten, die nach und nach ihr Vermögen für den Stiftungszweck einsetzt. Auch der Begriff „Vermögensmasse" stimmt nicht für Stiftungen aller Rechtsformen. Selbst bei der rechtsfähigen Stiftung bürgerlichen Rechts und vor allem bei der Stiftung öffentlichen Rechts ist häufig aus den Erträgen des Stiftungsvermögens der Stiftungszweck nicht zu erfüllen – ursprünglicher Gedanke der Errichtung von Stiftungen. Unselbstständige Stiftungen können sogar mit noch geringerem Stiftungskapital errichtet werden.

Das Recht auf Stiftung

Jeder kann eine Stiftung errichten: Das „Recht auf Stiftung" ist in Deutschland seit 2002 festgeschrieben. Bis dahin galt eine Genehmigungspflicht durch die Stiftungsbehörden. Im neuen § 80 Abs. 2 BGB heißt es, dass die Stiftung als rechtsfähig anzuerkennen ist, wenn das Stiftungsgeschäft den Anforderungen des § 81 Abs. 1 genügt, die dauernde und nachhaltige Erfüllung des Stiftungszwecks gesichert erscheint und der Stiftungszweck das

---

5 Auf Juist zum Beispiel sind bereits 100 Menschen Stifter der „Juist-Stiftung" geworden. Dabei hat die Insel insgesamt nur 1.800 Einwohner.

Gemeinwohl nicht gefährdet.[6] Auch wenn es de facto bereits vor der Gesetzesreform von 2002 ein Recht auf Stiftung gab, wurde dieser Rechtsanspruch de lege erst im neuen Gesetz formuliert. Sobald die erforderlichen Unterlagen beigebracht sind, ist die Anerkennung auszusprechen. Umgekehrt kann die Anerkennung nur dann versagt werden, wenn die Unterlagen unvollständig sind. Die Stiftungsbehörde kann einzelne zusätzliche Regelungen in der Satzung anregen, davon aber nicht die Anerkennung der Rechtsfähigkeit der Stiftung abhängig machen (Nissel 2002: 55).[7]

Stifterwille und Stiftungszweck

Der Wille des Stifters ist oberstes Gesetz einer Stiftung. Dies führt dazu, dass ein Stiftungszweck, einmal formuliert, nur mit großer Mühe geändert werden kann. Dies mag für die Praxis eine Hürde darstellen, sichert aber dem Stifter die „Ewigkeit" seiner Willenserfüllung.

Grundsätzlich kann eine Stiftung für jeden beliebigen Zweck errichtet werden. Der Stiftungszweck darf nur nicht gegen das Grundgesetz oder gegen gute Sitten verstoßen. Sittenwidrigkeit ist ein schwer auszulegendes Kriterium. So wandten sich viele Stiftungsexperten gegen die Stiftungserrichtung von Magnus Gäfgen, der den Bankierssohn Jakob von Metzler entführt und dann ermordet hatte. Die Erträge seiner Stiftung sollten Verbrechensopfern zu Gute kommen. Da hier nicht der Zweck selbst sittenwidrig war, sich allerdings Kritik am Motiv und an den Hintergründen der Stiftungserrichtung regte, taten sich die Stiftungsbehörden mit der Entscheidung schwer, ob die Stiftung anzuerkennen sei oder nicht.[8]

Der einmal formulierte Stiftungszweck darf nur in Ausnahmefällen geändert werden, etwa wenn eine Erfüllung nicht mehr möglich oder sinnvoll ist. Bei der Formulierung eines Stiftungszweckes ist man also gut beraten, wenn man gleich mehrere Zwecke in die Satzung aufnimmt und den Stiftungszweck nicht zu sehr beschränkt. Je breiter der Stiftungszweck gefasst ist, desto größer ist später die Handlungsfreiheit der Stiftung. Eine spätere Erweiterung des Stiftungszweckes ist nur bei gleichzeitiger Mittelzuführung möglich.

Der Stifterwille muss also klar definiert sein, damit man die Intention der Stifter auch noch nach deren Tod versteht. Ging es einem Stifter, der Projekte in Norwegen fördern wollte, um die Schönheit des Landes und der

---

6 § 81 Abs. 1 enthält Hinweise zum Inhalt des Stiftungsgeschäftes. Vgl. hierzu das Kapitel „Stiftungserrichtung".
7 Reinhard Nissel begleitete den Reformprozess des Stiftungsrechts federführend vom Bundesjustizministerium aus. Aus seinen Ausführungen zu den einzelnen Punkten des Rechts erklärt sich auch noch Jahre später der gesamte Diskussionsprozess im Vorfeld der Gesetzesnovelle.
8 Hierzu auch: „Wir brauchen keine Stiftungen zur Resozialisierung". F.A.Z. 19. Januar 2007.

Menschen in diesem skandinavischen Land? Dann könnte die Förderung in Zukunft auch auf Island oder die Färöer ausgedehnt werden. Oder schätzte der Stifter den Widerstandswillen des norwegischen Volkes gegen eine Mitgliedschaft in der EU? Dann könnte, falls in Norwegen nicht mehr genügend förderungswürdige Projekte gefunden werden, auch in der Schweiz gesucht werden. Eine solche Intention des Stifters lässt sich später leichter erkennen, wenn die Satzung mit einer Präambel eröffnet wird.

Stiftungskapital

Gesetzlich ist keine Mindestgrenze für Stiftungen festgelegt. So ist die Schwelle, ab der eine Finanzbehörde die Gemeinnützigkeit einer Stiftung bescheinigt, denkbar niedrig. Unselbstständige Stiftungen sind schon mit einem Vermögen von 500 Euro und weniger gegründet worden. Diese Stiftungen verweisen darauf, dass sie in den ersten Jahren durchaus ihre Arbeit durch Einwerbung von Spenden erfüllen können.

Bei den rechtsfähigen Stiftungen bürgerlichen Rechts liegt die Latte schon etwas höher. Zwar gibt es auch hier keine gesetzlich festgeschriebene Mindestgrenze für das Stiftungskapital. Doch die Verwaltungspraxis zeigt eine Untergrenze beim Kapital (auch hier gibt es allerdings Ausnahmen): Erst ab 50.000 Euro kann die Anerkennung erfolgen. Sinnvoll ist eine Stiftung meist erst ab 1 Million Euro – denn nur Erträge und Spenden werden für den Stiftungszweck verwandt.

Unterschiedliche Stiftungszwecke erfordern unterschiedliche Mindesthöhen des Kapitals bei Stiftungserrichtung. So kann eine Stiftung mit einem Startkapital von 50.000 Euro durchaus Bildungsprojekte in Syrien, Gambia oder Myanmar fördern. Soll die Stiftung jedoch die medizinische Grundlagenforschung unterstützen (und dies durch eigene Projekte und nicht durch einfache Ausschüttung der Erträge an bereits bestehende Forschungseinrichtungen), so scheint dies erst sinnvoll ab einer Kapitalhöhe von rund einer Million Euro.

Die Annahme, Stiftungsvermögen sei totes Kapital, das besser direkt auszugeben wäre, ist Unsinn. Das beste Beispiel liefert die VolkswagenStiftung: Sie hat in den letzten 45 Jahren 28.373 Projekte mit 3,35 Milliarden Euro gefördert. Ihr Kapital beträgt immer noch 2,4 Milliarden Euro.

Gemeinnützigkeit und Stifterrente

Rund 95 Prozent aller Stiftungen sind gemeinnützig. Seit 2000 gibt es besondere Steuererleichterungen. Die Reform des Gemeinnützigkeitsrechts im Sommer 2007 hat die Rahmenbedingungen weiter verbessert. Eine Million Euro kann jeder Bürger alle zehn Jahre ins Kapital einer gemeinnützigen Stiftung geben. Der Stifter trennt sich von seinem Kapital. Allerdings darf er eine „Stifterrente" vorsehen: Bis zu einem Drittel der Erträge aus dem Stiftungskapital stehen ihm dann als Altersversorgung zur Verfügung.

Von einer Erstdotation spricht man, wenn die Stiftung mit der Zuwendung erst errichtet wird. Spendet man einen Betrag ins Stiftungskapital einer bereits bestehenden Stiftung, ist der Begriff „Zustiftung" gebräuchlich. Das zugestiftete Vermögen wird zur Erhöhung des Stiftungskapitals verwendet. Aus ihm werden keine laufenden Projekte finanziert.

Hinsichtlich des Zeitpunkts der Errichtung und der steuerlichen Geltendmachung sieht § 84 BGB vor, dass die Stiftung als vor dem Tod des Stifters entstanden gilt, auch wenn sie erst nach dem Tode als rechtsfähig anerkannt wird.

Doch Stiftungen bürgerlichen Rechts und unselbstständige Stiftungen dürfen, soweit sie gemeinnützig sind Spenden für laufende Projekte entgegennehmen. Diese Mittel müssen im Jahr des Eingangs oder im Folgejahr für den Stiftungszweck eingesetzt werden. Eine Ausnahme bildet die Bildung von Rückstellungen für besondere Projekte, die in der Regel die Verwendung erst zu einem späteren Zeitpunkt möglich macht. Dieses Gebot wird auch auf Erträge aus dem Stiftungskapital angewendet; auch sie sind zeitnah auszugeben.

Für Zuwendungen an Stiftungen gelten, über den allen Stiftungen vorbehaltenen Sonderabzug von bis zu einer Million Euro alle zehn Jahre hinaus, die gleichen Grenzen der Abzugsfähigkeit wie bei Vereinen. Große wie kleine Stifter können Zuwendungen an gemeinnützigen Organisationen bis zu einer Höhe von 20% des zu versteuernden Einkommens des Stifters bzw. Spenders geltend machen. Dies gilt seit der Reform des Gemeinnützigkeitsrechts für alle gemeinnützigen Zwecke gleichermaßen.

Nicht steuerbegünstigt ist die Errichtung von Familienstiftungen. Familienstiftungen fördern ausschließlich oder teilweise das Wohl einer bestimmten Familie. Bis auf das Land Brandenburg sind solche Familienstiftungen möglich. Familienstiftungen sind nicht nur nicht steuerbefreit, es wird auch alle 30 Jahre ein Erbanfall fingiert – dabei wird jeweils eine Erbersatzsteuer fällig.

Rechtsformen

Stiftungen treten in unterschiedlichen Rechtsformen auf, u.a. als unselbstständige Stiftung, als Stiftungsverein oder Stiftungs-GmbH. Und selbst unter den rechtsfähigen privaten Stiftungen bürgerlichen Rechts gibt es eine Vielzahl von Sonderformen und Abwandlungen. Für die einzelnen, z.T. seltenen Formen von Stiftungskörperschaften kann vor allem das „Handbuch des Stiftungsrechts" herangezogen werden (s.u.). Die häufigsten Rechtsformen seinen gleichwohl hier mit Beispielen aufgeführt.

Die bekannteste und klassische Rechtsform einer Stiftung ist die rechtsfähige Stiftung des bürgerlichen Rechts. Derzeit gibt es in Deutschland über 16.000 Stiftungen dieser Rechtsform. Wenn von amtlichen Statistiken die Rede ist, werden meist die Zahlen der rechtsfähigen Stiftungen bürgerlichen Rechts genannt. Die BGB-Stiftung hat die §§ 80–88 des Bürgerlichen Gesetzbuches zur Grundlage. Die klassischen Eigenschaften, die einer Stiftung zugerechnet werden, sind Eigenschaften, die auf die Stiftung bürgerlichen Rechts zutreffen. Die Stiftung bürgerlichen Rechts entsteht durch die Anerkennung durch die Stiftungsbehörde.

Kleine Schwester der rechtsfähigen selbstständigen Stiftung bürgerlichen Rechts ist die *unselbstständige Stiftung*, auch treuhänderische oder fiduziarische Stiftung genannt. Die Errichtung kommt ohne jeden Aufwand aus: Grundlage ist ein Vertrag zwischen Stifter und Treuhänder. Da die unselbstständige Stiftung keine eigene Rechtspersönlichkeit besitzt, erhält der Treuhänder das ihm anvertraute Vermögen mit der Auflage, es gewissenhaft zu verwalten und die Erträge dem vom Stifter vorgesehenen Zweck zuzuführen.

Die *Stiftung öffentlichen Rechts* kommt durch einen Gesetzesakt zustande. Dieses Bundes- oder Landesgesetz bestimmt auch die Verfassung der Stiftung (§ 85 BGB). Hier ist der Staat Stifter, entweder Bund oder Land, entweder alleine oder gemeinsam mit Einzelpersonen oder anderen Organisationen.[9] Gegen die Rechtsform der Stiftung öffentlichen Rechts sind häufig von Stiftungsorganisationen Einwände und Bedenken erhoben worden, weil sie nur selten um über ein hinreichendes Vermögen verfügen, um aus den Erträgen den Stiftungszweck erfüllen zu können. Dagegen lässt sich einwenden, dass auch nur eine Minderheit der rechtsfähigen Stiftungen bürgerlichen Rechts allein mit den Erträgen aus dem Stiftungskapital auskommt, also auf zusätzliche Einnahmen angewiesen ist. Diese zusätzlichen Einnahmen speisen sich bei den Stiftungen bürgerlichen Rechts zumeist aus Spenden, teilweise auch aus öffentlichen Zuschüssen, bei den Stiftungen öffentlichen Rechts aus Haushaltszusagen, die aber im Falle von Haushaltssperren mäßig verlässlich scheinen. Für die Rechtsform der Stiftung öffentlichen Rechts spricht die Möglichkeit der Einbindung von Experten- und Betroffenengruppen in Entscheidungsprozesse, die sonst dem tagespolitischen Geschäft unterworfen wären.[10]

---

9 Das Gesetz zur Errichtung einer Stiftung „Mutter und Kind - Schutz des ungeborenen Lebens" (MuKStiftG) trägt zum Beispiel das Ausfertigungsdatum: 13.07.1984 und wurde bereits zweimal geändert, mit der Bekanntmachung vom 19. März 1993 (BGBl. I S. 406), und durch Änderung des Artikels 18 der Verordnung vom 21. September 1997 (BGBl. I S. 2390)".

10 Die Stiftung Jüdisches Museum Berlin zum Beispiel, zustande gekommen durch „Gesetz zur Errichtung einer „Stiftung Jüdisches Museum Berlin" vom 16. August 2001 (BGBl. I S. 2138)" kann die Stiftung ihre Entscheidungen mit unterschiedlichen Experten besetzen. § 6 des Stiftungsgesetzes sieht für den Stiftungsrat folgende Besetzung vor: (1) Der Stiftungsrat besteht aus sieben, vom Bundespräsidenten für

Kirchliche Stiftungen haben unter den Stiftungen in Deutschland einen Sonderstatus. Aus der verfassungsgemäßen Zusicherung der Unantastbarkeit des Kirchengutes (Art. 140 GG) ergibt sich, dass die Kirchen ihr Vermögen, auch das ihr über Stiftungen anvertraute Vermögen selbstständig verwalten dürfen. Oft beeinflussen aber kirchliche Stiftungen in ihren Aktivitäten weltliche Belange; in diesem Fall unterstehen sie wie andere Stiftungen auch der (weltlichen) staatlichen Stiftungsaufsicht.

Kommunale Stiftungen können als selbstständige oder unselbstständige Stiftungen auftreten. Es handelt sich hierbei um Stiftungen, deren Zwecke nach dem Willen des Stifters im Rahmen der öffentlichen Aufgaben einer kommunalen Körperschaft liegen. Die Stiftung wird dann nach dem Willen des Stifters von der kommunalen Körperschaft verwaltet wird (Seifart/Campenhausen 1999: § 30 Rn. 4 ff.).[11]

Die *Stiftung e. V.*, auch *Stiftungsverein* genannt, ist keine wirkliche Stiftung, sondern ein gewöhnlicher Verein, der sich in der Regel aus öffentlichkeitswirksamen Beweggründen den Namen „Stiftung" gegeben hat. Die Stiftung e.V. hat korporatistische Elemente, oberstes Organ ist die Mitgliederversammlung, die unter Umständen vielleicht nur aus Vorstand oder Vorstand und Beirat besteht.

Auch die *Stiftungs-GmbH* ist keine Stiftung im klassischen Sinne. Die Stiftungs-GmbH wird häufig von Stiftern gewählt, die zunächst noch stärkeren Einfluss auf die laufenden Aktivitäten nehmen wollen. So ist die Änderung des Stiftungszweckes bei der Stiftungs-GmbH leichter zu bewerkstelligen.

Ein Sonderfall, der in vielen Rechtsformen auftreten kann, ist die *Verbrauchsstiftung*. Sie ist im deutschen Stiftungswesen nicht häufig anzutreffen. Als Beispiel sei die Stiftung Erinnerung, Verantwortung und Zukunft genannt. Die Stiftungsinitiative zur Entschädigung von Zwangsarbeitern und ihrer Angehörigen aus der Zeit der NS-Diktatur wurde als eine Mischform aus gewöhnlicher Kapitalstiftung und Verbrauchsstiftung errichtet. Ein Teil des gesammelten Stiftungskapitals von rund 5 Mrd. Euro war direkt zur Entschädigung der Opfer und ihrer Angehörigen vorgesehen und ist weitestgehend bereits ausgezahlt.

---

eine Amtszeit von fünf Jahren berufenen Mitgliedern: 1. zwei Vertretern oder Vertreterinnen des Bundes, die von der Bundesregierung benannt werden; 2. einem Mitglied, das der Bundespräsident auswählt; 3. einem Vertreter oder einer Vertreterin des Landes Berlin, der oder die vom Berliner Senat benannt wird; 4. einem Mitglied, das vom Zentralrat der Juden in Deutschland benannt wird; 5. zwei von der Bundesregierung nach vorheriger Anhörung des Direktors oder der Direktorin benannten sachverständigen Persönlichkeiten, deren Engagement geeignet ist, die Angelegenheiten der Stiftung in besonderer Weise zu fördern.

11 Seifart und v. Campenhausen erklären die Bedingtheit der Zuordenbarkeit einer kommunalen Stiftung als Stiftung im engeren Sinne, indem sie darauf hinweisen, dass in einigen älteren Landesstiftungsgesetzen sowie im Stiftungsgesetz der DDR die kommunale Stiftung nur als „kommunale Körperschaft" bezeichnet wurde.

Keine gesonderte Rechtsform, aber sehr wohl eine besondere Konstruktion innerhalb der deutschen Stiftungslandschaft ist die *Bürgerstiftung*. Eine Bürgerstiftung ist eine Stiftung von Bürgern für Bürger, die lokal begrenzt, hinsichtlich ihres Stiftungszweckes aber unbegrenzt aktiv ist. Gerade im Zusammenhang mit bürgerschaftlichem Engagement kommt der Bürgerstiftung besondere Aufmerksamkeit zu, da sie viele Mitwirkungselemente eines Vereins hat, gleichzeitig aber in der Rechtsform der rechtsfähigen Stiftung des bürgerlichen Rechts auftritt.

Die *Familienstiftung* kann nicht als Sonderfall einer Rechtsform gelten, da sie sich nur hinsichtlich ihres privatnützigen Zweckes von anderen Stiftungen unterscheidet. Sie unterliegt in gleicher Form der Stiftungsaufsicht.

In anderen Staaten gibt es neben den Stiftungen noch die besondere Rechtsform des Trust. Trusts dienen unter anderem in den USA, in Kanada und Liechtenstein der Vermögensnachfolge über Generationen. Die Erträge des Vermögens werden im Trust gesammelt oder an die Beneficiaries verteilt. Errichter können sich in der Regel darauf verlassen, dass sie als Grantor anonym bleiben. Die Errichtung von Trusts ist jedoch in Deutschland nicht möglich.

Quellen des Stiftungsrechts

Das Bürgerliche Gesetzbuch liefert nur wenige Bestimmungen zum Stiftungsrecht. In den §§ 80–88 sind Errichtungsvoraussetzungen und Auflösung geregelt. Denn Stiftungsrecht ist Landesgesetz. Durch die Reform des Stiftungsprivatrechts im Jahr 2002 waren die Ländern in den letzten Jahren gehalten, ihre Landesstiftungsgesetze zu reformieren und den neuen Gegebenheiten anzupassen. Die Reform brachte vor allem einen Abbau formeller Errichtungsvoraussetzungen. Die Landesstiftungsgesetze unterscheiden sich bis auf wenige Ausnahmen nur in Nuancen.

Auch Teile des Vereinsrechts finden bei Stiftungen Anwendung. Dies gilt selbstverständlich uneingeschränkt für Stiftungen, die als Stiftung e.V. tätig sind. Auf rechtsfähige Stiftungen bürgerlichen Rechts finden Vorschriften der §§ 23 und 26, des § 27 Abs. 3 und der §§ 28 bis 31, 42 finden auf Stiftungen entsprechende Anwendung, die Vorschriften des § 27 Abs. 3 und des § 28 Abs. 1 jedoch nur insoweit, als sich nicht aus der Verfassung, insbesondere daraus, dass die Verwaltung der Stiftung von einer öffentlichen Behörde geführt wird, ein anderes ergibt. Die Vorschriften des § 28 Abs. 2 und des § 29 finden allerdings auf Stiftungen, deren Verwaltung von einer öffentlichen Behörde geführt wird, keine Anwendung (Vgl. § 86 BGB).

Wie das Vereinrecht für Stiftungsvereine gilt, so gilt das GmbH-Recht allein für Stiftung-GmbHs. Erst in Verbindung mit einzelnen Bestimmungen des Gemeinnützigkeitsrechts wird die Stiftungs-GmbH zu einem Teil der Stiftungslandschaft in Deutschland.

Weiterhin können die Gemeindeordnungen der Länder auf einzelne vermögens- und haushaltsrechtliche Vorgänge Anwendung finden (vgl. u. a. § 1 StiftG NRW).

Die Errichtung von kirchlichen Stiftungen ist kirchlichem Recht unterworfen. Man findet die entsprechenden Paragrafen für die katholische Kirche im Kodex Iuris Canonici (CIC). Der CIC unterscheidet zwischen selbstständigen frommen Stiftungen, die „Gesamtheiten von Sachen, die zu den in can. 114, § 2 aufgezählten Zwecken bestimmt und von der zuständigen kirchlichen Autorität als juristische Personen errichtet worden sind", und den unselbstständigen frommen Stiftungen, Vermögen, das einer öffentlichen juristischen Person „auf irgendeine Weise übergeben worden ist mit der Auflage, für längere, im Partikularrecht zu bestimmende Zeit aus den jährlichen Erträgnissen Messen zu feiern und andere bestimmte kirchliche Funktionen durchzuführen" (Can. 1303 § 1 CIC).

Stiftungsaufsicht

Die Kontrolle über die Einhaltung der Satzung und des Stifterwillens obliegt den Ländern und dort der jeweiligen Stiftungsaufsicht. War diese bin in die 1990er Jahre hinein dezentral bei den einzelnen Regierungspräsidenten angesiedelt, gibt es seit dem Gesetz zur Modernisierung des Stiftungsrechts eine stärkere Tendenz, die Aufsicht zentral bei einem Ministerium des Landes zu führen. In der Regel ist dies das jeweilige Innenministerium, in Bremen der Senat für Inneres und Sport, in Berlin die Senatsverwaltung für Justiz und in Hamburg die Justizbehörde. In Baden-Württemberg, im Freistaat Bayern, in Hessen, Niedersachsen, Nordrhein-Westfalen und im Freistaat Sachsen gibt es zusätzlich zur obersten Stiftungsbehörde des Landes noch dezentrale Stiftungsaufsichten. Rheinland-Pfalz hat neben dem Innenministerium eine zentrale Stiftungsbehörde bei der Aufsichts- und Dienstleistungsdirektion Trier, Referat 23/Stiftungsaufsicht.[12]

Stiftungsregister

Ein öffentliches Stiftungsregister ist nach geltendem Recht nicht vorgesehen. Dennoch veröffentlichen inzwischen die meisten Stiftungsbehörden eine aktuelle Liste über die von ihnen beaufsichtigten Stiftungen im Internet.[13] Aus rechtlicher Sicht muss der Frage, ob eine Registerführung sinn-

---

12 Die Zuständigkeiten wechseln. In manchen Ländern sind Anerkennungsverfahren und Aufsicht über bestehende Stiftungen behördlich getrennt. Eine gut gepflegte jeweils aktuelle Übersicht findet man auf den Internetseiten der Aktiven Bürgerschaft e.V.: www.aktive-buergerschaft.de.
13 Die Liste wird auf freiwilliger Basis geführt, d. h. kein Stifter hat eine Pflicht, seinen Namen und seine Stiftung in der Auflistung wiederzufinden.

voll ist, ohnehin die Frage vorausgehen, welche Stiftungen ein solches Stiftungsregister enthalten soll, d. h. ob sich der Stiftungsbegriff schützen lässt.

Stiftungserrichtung

Eine Stiftung wird in der Regel mit der Verkündigung ihrer Anerkennung rechtsfähig. Diese Anerkennung, die früher noch „Genehmigung" hieß, sprechen die Stiftungsbehörden der Länder aus. Sie stützen sich dabei auf voneinander leicht abweichende Landesstiftungsgesetze. Die Hürden für die Errichtung sind niedrig. Der Zweck darf nicht wider gute Sitten oder Grundgesetz verstoßen. Mit dem Errichtungswillen – dem „Stiftungsgeschäft" – und der Satzung sind die wichtigsten Unterlagen zusammen. Das Stiftungsgeschäft, das in schriftlicher Form gefasst sein muss, enthält die verbindliche Erklärung des Stifters, ein Vermögen zur Erfüllung eines von ihm vorgegebenen Zweck zu widmen (§ 81 Abs. 1 S. 1–2 BGB). § 81 Abs. 1 Satz 3 BGB regelt den Inhalt des Stiftungsgeschäfts: „Durch das Stiftungsgeschäft muss die Stiftung eine Satzung erhalten mit Regelungen über 1. den Namen der Stiftung, 2. den Sitz der Stiftung, 3. den Zweck der Stiftung, 4. das Vermögen der Stiftung, 5. die Bildung des Vorstands der Stiftung." Das Stiftungsgeschäft ist das zentrale Dokument bei der Stiftungserrichtung. Die Verfassung einer Stiftung wird durch das Stiftungsgeschäft bestimmt (§ 85 BGB). Eine entsprechende Satzung ist ebenfalls bei der Vorbereitung einer Stiftungserrichtung zu formulieren. Sie enthält Angaben zur Zusammensetzung und Aufgabenverteilung der Gremien, zu Stiftungszweck und Zweckverwirklichung, zum Sitz der Stiftung und zu Grundlagen des Managements.

Die Erklärung im Stiftungsgeschäft ist verbindlich: Wird die Stiftung als rechtsfähig anerkannt, ist der Stifter auch verpflichtet, das in dem Stiftungsgeschäft zugesicherte Vermögen auf die Stiftung zu übertragen (§ 82 BGB).

Eine Stiftung kann von Todes wegen oder schon zu Lebzeiten errichtet werden. War vor 20 Jahren noch die Stiftung durch Testament der Normalfall, interessieren sich die potenziellen Stifterinnen und Stifter häufig für die Errichtung einer Stiftung schon zu Lebzeiten. Aus dem Gesetzestext ergibt sich, dass sich die Errichtung einer Stiftung von Todes wegen komplizierter gestalten kann, weil der Stifter bei Unklarheiten oder Missverständnissen natürlich nicht mehr nach seinem wirklichen Wunsch gefragt werden kann.[14]

---

14 Wie viele ungeklärten Fragen auf Grund einer testamentarisch erklärten Absicht, eine Stiftung zu errichten, entstehen können, zeigt § 83 BGB: „1 Besteht das Stiftungsgeschäft in einer Verfügung von Todes wegen, so hat das Nachlassgericht dies der zuständigen Behörde zur Anerkennung mitzuteilen, sofern sie nicht von dem Erben oder dem Testamentsvollstrecker beantragt wird. 2 Genügt das Stiftungsgeschäft nicht den Erfordernissen des § 81 Abs. 1 Satz 3, wird der Stiftung durch die zuständige Behörde

Im Hinblick auf die genaue Formulierung des Stiftungszweckes in der Stiftungssatzung ist es ratsam, mit der zuständigen Finanzbehörde Kontakt aufzunehmen. Die Finanzbeamten sind in der Regel kooperativ und können so vorab unverbindlich mitteilen, ob die formulierte Satzung zu einer Gewährung der Gemeinnützigkeit führen wird.

Satzungsänderungen und Auflösung

Der Errichtungsprozess einer Stiftung ist in der Regel unumkehrbar. Der Stifter kann nicht mehr von seiner Erklärung zurücktreten, ein Vermögen dauerhaft einem bestimmten Zweck zu widmen, sobald die Stiftung rechtsfähig geworden ist. Bis zur Anerkennung der Stiftung als rechtsfähig ist der Stifter allerdings zum Widerruf des Stiftungsgeschäfts berechtigt. Sobald er die Anerkennung bei der zuständigen Behörde beantragt hat, kann er diesen Widerruf nur der Stiftungsbehörde gegenüber erklären. Auch der Erbe des Stifters kann die Errichtung einer Stiftung nicht umkehren oder die Stiftung auflösen (vgl. § 81 Abs. 2 BGB).

Eine Stiftung – mit Ausnahme des seltenen Falles der Verbrauchsstiftung – ist auf Ewigkeit angelegt. Die Auflösung ist daher nur in sehr seltenen Fällen möglich oder wünschenswert oder überhaupt realisierbar. § 87 Abs. 1 BGB formuliert es wie folgt: Ist die Erfüllung des Stiftungszwecks unmöglich geworden oder gefährdet sie das Gemeinwohl, so kann die zuständige Behörde der Stiftung eine andere Zweckbestimmung geben oder sie aufheben. So wurde die Tierschutzverein-Stiftung der Bürger Wilhelmshaven und Umgebung im Jahr 2008 nach 20 Jahren auf Betreiben der Stiftung aufgelöst. Die Stiftungsorgane sahen keine hinreichend gesicherte Langzeit-Perspektive im Sinne ihrer satzungsgemäßen Zielsetzung. Um eine zweckgerechte Verwendung der Gelder im Sinne wirklichen Tierschutzes auch künftig sicherzustellen, vererbte die Stiftung ihr Kapital dem Deutschen Tierschutzbund.[15]

Die Stiftungsaufsicht achtet bei der Umwandlung des Stiftungszweckes stets darauf, den Willen des Stifters zu berücksichtigen. Dabei sollen auch nach Änderung des Stiftungszweckes die gleichen Personen oder Gruppen durch die Erträge des Stiftungskapitals gefördert werden, die bereits vom Stifter als Destinatäre gedacht waren (§ 87 Abs. 2 BGB). Da das Land, in dem die aufzulösende Stiftung ihren Sitz hat, selbst über das Stiftungskapital verfügen kann, falls keine gemeinnützige Einrichtung genannt ist, die

---

vor der Anerkennung eine Satzung gegeben oder eine unvollständige Satzung ergänzt; dabei soll der Wille des Stifters berücksichtigt werden. 3 Als Sitz der Stiftung gilt, wenn nicht ein anderes bestimmt ist, der Ort, an welchem die Verwaltung geführt wird. 4 Im Zweifel gilt der letzte Wohnsitz des Stifters im Inland als Sitz."

15 Eine ausführliche Stellungnahme hierzu und gleichsam ein Nachruf auf die Stiftung findet sich in: Peter Hopp (Hrsg.): 20 Jahre Tierschutzverein-Stiftung der Bürger Wilhelmshaven und Umgebung. Wilhelmshaven 2008, S. 81.

anspruchsberechtigt ist, empfiehlt es sich, selbst bei der Formulierung der Satzung eine entsprechende Institution zu benennen (§ 88 BGB).

Wird der Zweck der Stiftung durch die Stiftungsaufsicht geändert – etwa weil er nicht mehr dem Sinn des Grundgesetzes oder der Vorstellung von gemeinem Wohl entspricht, muss die Behörde den Vorstand der Stiftung zu Rate ziehen (§ 87 Abs. 3 BGB).

Stiftungsmanagement

Als „drittes konstitutives Merkmal" neben Vermögen und Stiftungszweck wird die Organisation oder das Management einer Stiftung bezeichnet (Mecking 2008: 78). Die üblichen Fragen des Managements sollen hier keine Vertiefung erfahren. Denn Personalangelegenheiten, Controlling, Wirtschaftspläne und Haushaltsführung sind in entsprechender Art und Weise bei anderen Formen bürgerschaftlichen Engagements zu beachten.

Einzig in der Rechenschaftspflicht gegenüber der Stiftungsaufsicht unterscheiden sich Stiftungen von anderen gemeinnützigen Körperschaften. Die Anforderungen an das Management sind von Bundesland zu Bundesland verschieden. Weiterhin muss sich eine Stiftung in ihrem Management auf den Grad der Transparenz und der Medien- und Öffentlichkeitsarbeit einstellen. Auch die Öffentlichkeitsarbeit erfordert besonderes Vorgehen, das hier im rechtlichen Kontext aber vernachlässigt werden soll. Bei der Medien- und Öffentlichkeitsarbeit von Stiftungen ist vor allem auf Urheberrechte zu achten.[16]

Wichtiger und besonderer Punkt beim Management von Stiftungen ist der Umgang mit den wichtigsten Partnern, den Förderempfängern. Hier sind auf beiden Seiten professionelle Verhaltensweisen gefragt. Die Stiftung muss ihre Fördergebiete klar definieren und öffentlich kommunizieren und deutlich machen, wann eine Förderung grundsätzlich möglich, wann unmöglich ist. Der Antragsteller ist seinerseits gefordert, sein Projekt ebenfalls klar zu beschreiben und so zu formulieren, dass der potenziell fördernden Stiftung die Möglichkeiten einer Unterstützung dargelegt werden.

Nach und nach breitet sich die Philosophie der „Donor Services" auch in Deutschland aus. Wer etwas gibt, will diese gute Tat auch gewürdigt sehen. Der Geförderte verpflichtet sich mit der Annahme einer Förderung nicht zur Werbung und Öffentlichkeitsarbeit für die Stiftung auch wenn sie zum guten Ton gehören dürfte. Wer sich bürgerschaftlich mit einer Stiftung engagiert, kann das Management aber zu weiten Teilen einer Stiftungsverwal-

---

16 Ausführlich zu den rechtlichen Fragen der Öffentlichkeitsarbeit in gemeinnützigen Organisationen siehe auch Diercks 2007: 225–274

tung überlassen. Wie tief diese in die inhaltlichen Fragen der Stiftungsorganisation eingreift, kann in einem Besorgungsvertrag geregelt werden.[17]

Reformbedarf

Drei Gesetzesnovellen innerhalb der vergangenen zehn Jahre haben den Spielraum für Stifterinnen und Stifter, aber auch für Stiftungen deutlich erweitert. Das Gemeinnützigkeitsrecht ist innerhalb der EU nicht vereinheitlicht. Über eine Harmonisierung wird derzeit debattiert. So wird es voraussichtlich in einigen Jahren die Rechtsform der Stiftung europäischen Rechts geben, die sich vor allem für Stiftungen mit grenzüberschreitenden Stiftungszwecken eignet. Bei der Förderung von Projekten im Ausland besteht derzeit die Gefahr der Doppelbesteuerung.

Weitere Themen, in denen in den kommenden Jahrzehnten noch Reformbedarf in Gesetzen und Verwaltungspraxis besteht, sind die Einführung eines Stiftungsregisters, die engere Zusammenarbeit von Stiftungsbehörden und Finanzbehörden, die Stärkung der Transparenz im Stiftungswesen, die stiftungsethische Debatte, die Ausweitung der so genannten „Stifterrente" auf namentlich zu benennende Personen und Partner in Lebenspartnerschaften, und die mögliche zumindest teilweise Aufhebung des Endowmentverbotes.

Literatur

Bertelsmann Stiftung (Hrsg.) 2003: Handbuch Stiftungen. Wiesbaden.
Brömmling, Ulrich 2005: Die Kunst des Stiftens. Berlin.
Brömmling, Ulrich (Hrsg.) 2007: Nonprofit-PR. Konstanz .
Diercks, Carsten J. 2007: Rechtliche Aspekte der Kommunikation. In: Ulrich Brömmling (Hrsg.): Nonprofit-PR. Konstanz: 225–274.
Mecking, Christoph 2008: Facts and Figures. In: Olaf Werner, Ingo Saenger (Hrsg.): Die Stiftung. Recht, Steuern, Wirtschaft. Stiftungsrecht. Berlin.
Nissel, Reinhard 2002: Das neue Stiftungsrecht. Stiftungen bürgerlichen Rechts. Leitfaden. Berlin.
Pues, Lothar; Scheerbarth, Walter 2004: Gemeinnützige Stiftungen im Steuerrecht. München.
Seifart, Werner; v. Campenhausen, Axel 1999: Handbuch des Stiftungsrechts. München.
Strachwitz, Rupert Graf; Mercker, Florian (Hrsg.) 2005: Stiftungen in Theorie, Recht und Praxis. Handbuch für ein modernes Stiftungswesen. Berlin.
Timmer, Karsten 2005: Stiften in Deutschland. Die Ergebnisse der Stifterstudie. Gütersloh
Turner, Nikolaus (Hrsg.) 2009: Gemeinsam Gutes anstiften. Berlin.
Weitz, Barbara, Martin, Jörg, Pues, Lothar (Hrsg.) (ohne Jahr): Rechtshandbuch für Stiftungen. Losblattwerk. Verlag Dashoefer Hamburg.
Werner, Olaf; Saenger, Ingo (Hrsg.) 2008: Die Stiftung. Recht, Steuern, Wirtschaft. Stiftungsrecht. Berlin.

---

17 Als Stiftungsverwaltungen kommen Einzelpersonen oder aber professionelle Stiftungsagenturen in Betracht wie zum Beispiel die Deutsche Stiftungsagentur in Neuss oder der Stifterverband für die Deutsche Wissenschaft in Essen.

3. Formen und Felder bürgerschaftlichen Engagements

3.1 Formen bürgerschaftlichen Engagements

Thomas Olk und Birger Hartnuß

Bürgerschaftliches Engagement

Einleitung

Der Begriff des „bürgerschaftlichen Engagements", der eng mit dem Konzept der Bürger- bzw. Zivilgesellschaft verknüpft ist, hat seit der zweiten Hälfte der 1980er Jahre sowohl in den öffentlichen Debatten als auch in der sozialwissenschaftlichen Forschung an Bedeutung hinzugewonnen. Zunächst im Zusammenhang mit den demokratischen Umbrüchen in Mittel- und Osteuropa im Verlaufe der 1980er Jahre wiederbelebt, entwickelte sich der Begriff des bürgerschaftlichen Engagements im Verlaufe der 1990er Jahre allmählich zu einem neuen Terminus, der aus Sicht seiner Protagonisten besser geeignet erschien, sowohl neuere empirische Entwicklungen in diesem Feld als auch veränderte Sichtweisen auf das Phänomen des freiwilligen, unentgeltlichen und gemeinwohlorientierten Engagements der Bürgerinnen und Bürger auf den Begriff zu bringen.

Der überraschend anmutende Aufstieg einer neuen Begrifflichkeit für zumindest teilweise altbekannte Phänomene verdankt sich also der Inszenierung einer neuen Begriffspraxis in Öffentlichkeit, Politik und Wissenschaft. Diese wurde nicht zuletzt durch die Enquête-Kommission des Deutschen Bundestages „Zukunft des bürgerschaftlichen Engagements" (2002) ins Werk gesetzt und dann durch weitere gesellschaftliche Akteure und Institutionen fortgesetzt. Dies verweist darauf, dass der Begriff des bürgerschaftlichen Engagements nicht allein – vielleicht nicht einmal vordringlich – als ein wissenschaftlicher Terminus verstanden werden darf. Er ist das semantische Substrat eines im Übergang von den 1980er zu den 1990er Jahren neu entstandenen Diskurses über veränderte Ausdrucksformen und normative Begründungsmuster für freiwilliges und unentgeltliches Engagement und seine Bedeutung für die Integration moderner, hochkomplexer Gesellschaften.

Diese „Polyvalenz" ist allerdings keineswegs spezifisch, sondern teilt der Begriff des bürgerschaftlichen Engagements mit seinen Konkurrenten. Auch der altehrwürdige Begriff des Ehrenamtes (vgl. zur Begriffsgeschichte Korte 1961 sowie Sachße 2002) ist keineswegs ausschließlich ein wissenschaftlicher Terminus sondern ein in bestimmten gesellschaftlichen Organisationsmilieus und Bereichen gebräuchlicher normativer Leitbegriff, der zur identitären Selbstvergewisserung und zur semantischen Abgrenzung gegenüber „außenstehenden" Kulturen in Anschlag gebracht wird. Anders wäre nicht zu erklären, dass im Bereich des Sports, der Wohlfahrtspflege und des Rettungswesens am Begriff des Ehrenamtes als eines Oberbegriffs für alle Ausdrucksformen des freiwilligen, unentgeltlichen und gemeinwohlorientierten Engagements festgehalten wird, obwohl es sich bei den hiermit bezeichneten Tätigkeiten weder um ein öffentliches Amt handelt noch dessen Übernahme mit den entsprechenden Insignien einer öffentlichen „Ehrerweisung" verbunden sein muss. Er erhält allerdings zusätzlich seine besondere Plausibilität in diesen organisatorischen Kontexten, weil sich der Begriff des Ehrenamtes hier besonders gut als Gegenbegriff zum Begriff des Hauptamtes und damit zur Einordnung der hiermit bezeichneten Personengruppen und Tätigkeiten in den arbeitsteiligen Kontext der in diesen Bereichen anzutreffenden Vereine und Verbände eignet.

Nicht anders ist der Begriff des freiwilligen Engagements einzuordnen. Auch hierbei handelt es sich sowohl um eine Begrifflichkeit, die als wissenschaftlicher Terminus eingesetzt werden kann (etwa im Freiwilligensurvey, vgl. Gensicke u. a. 2006), aber andererseits auch als spezifischer Diskursbegriff fungiert. Mit dem Begriff des freiwilligen Engagements wird die Freiwilligkeit des Engagements betont; Engagement erscheint hier als eine frei gewählte Aktivität, die den subjektiven Bedürfnissen, Interessen und Sinnorientierungen der Individuen entspricht und deshalb als Ausdruck eines individuellen Lebensstils – und nicht als Ausdruck von Pflichterfüllung – ausgeübt wird. Das sich hier andeutende Verständnis des freiwilligen und unentgeltlichen Engagements gewinnt als Folge gesellschaftlicher Individualisierungs- und Pluralisierungsprozesse an Attraktivität und scheint sich in besonderer Weise zur Kennzeichnung moderner Formen des Engagements (neues Ehrenamt) zu eignen. Die sich hier andeutende Verschiebung in der Dominanz spezifischer gesellschaftlicher Diskurse über das freiwillige Engagement lassen sich auch auf der Ebene der individuellen Orientierungen und Selbstverständnisse der freiwillig Engagierten wieder finden. So wählen auch im Jahre 2009 die befragten Engagierten am häufigsten den Begriff „Freiwilligenarbeit" zur Charakterisierung ihrer eigenen Tätigkeit, während der Begriff des „Ehrenamtes" an zweiter Stelle verharrt. Dabei behauptet sich die Bezeichnung Ehrenamt über die drei Wellen des Freiwilligensurveys hinweg mit erstaunlicher Stabilität und findet insbesondere – wenn auch nicht nur – bei den älteren Jahrgängen Zuspruch, während bei den jüngeren Jahrgängen der Begriff Freiwilligenarbeit überwiegt. Demgegenüber bleibt der Begriff des bürgerschaftlichen Engagements in dieser Hinsicht ein sozialwissenschaftlicher Kunstbegriff, der im Selbstverständnis der Engagierten auf niedrigem Niveau zur Selbstbeschreibung des eigenen Engagements (1999: 6%, 2009: 9%) herangezogen wird (vgl. Gensicke u. a. 2009: 15).

Gesellschaftliche Hintergründe für den Aufschwung des Konzepts bürgerschaftliches Engagement

Das neue gesellschaftliche und wissenschaftliche Interesse am bürgerschaftlichen Engagement ist also – wie angedeutet – Ausdruck veränderter Bedingungen und Ausdrucksformen des Engagements und neuer Erwartungshaltungen durch gesellschaftliche und politische Akteure. Diese veränderten Erwartungshaltungen haben mit der Diskussion um die Reform des Sozialstaates, den spürbar werdenden Individualisierungs- und Pluralisierungsprozessen der modernen Gesellschaft, der Debatte um die Weiterentwicklung der Demokratie sowie mit der Debatte um die Zukunft der Arbeitsgesellschaft zu tun (Heinze/Olk 2001: 11 f.):

- *Reform des Sozialstaats*: In der Debatte um die Reform des Sozialstaats wird der „Ressource Bürgersinn" in mehreren Hinsichten eine neue Bedeutung zugemessen. Es geht sowohl um die finanzielle Entlastung eines vermeintlich unfinanzierbar gewordenen Sozialstaates, als auch um die „Humanisierung" und Qualitätssteigerung der öffentlichen Leistungsproduktion durch eine stärkere Beteiligung des Engagements der Bürgerinnen und Bürger sowie um die Weiterentwicklung sozialer Einrichtungen und Dienste durch den systematischen Einbezug bürgerschaftlicher Beiträge im Bereich von Altenhilfe, Gesundheitswesen, Kinder- und Jugendhilfe und Stadtentwicklung etc.
- In der Diskussion um *die Folgen von Individualisierungs- und Pluralisierungsprozessen* wurde im Anschluss an den „Kommunitarismus" postuliert, durch eine Stärkung von Bürgertugenden und Gemeinwohlorientierungen die sozialmoralischen Grundlagen einer zunehmend durch ökonomische Nutzenkalküle geprägten Gesellschaft zu stärken.
- In der Debatte um die *„Demokratisierung der Demokratie"* ging es um die Frage danach, inwiefern die repräsentative Demokratie weiterentwickelt werden könnte, indem den Bürgerinnen und Bürgern vermehrte und verbesserte Möglichkeiten der Mitbestimmung und Beteiligung bei der Formulierung öffentlicher Anliegen und der Gestaltung von Politik eingeräumt werden.
- Bei der Debatte um die *Zukunft der Arbeitsgesellschaft* ging es unter dem Leitbegriff einer „Tätigkeitsgesellschaft" darum, durch die Erweiterung des Arbeitsbegriffs und die Stärkung von Alternativen zur Erwerbsarbeit zu einer Ausweitung des Spektrums identitätsstiftender und produktiver Tätigkeiten beizutragen und damit Probleme der Engführung der Sinnsuche und Teilhabe auf dem Erwerbsarbeitsmarkt zu überwinden.

Die Auflistung ausgewählter Debatten rund um das bürgerschaftliche Engagement und die Zivilgesellschaft macht deutlich, dass das gestiegene Interesse am bürgerschaftlichen Engagement höchst unterschiedliche und ambivalente Erwartungen und Hoffnungen beinhaltet. Manche der damals artikulierten Erwartungen und Hoffnungen haben sich als illusionär erwiesen, andere sind auch heute noch bedeutsam, ohne dass erkennbar wäre, ob die gesellschaftliche Entwicklung und die Prioritäten und Interventionen von Politik und Verwaltung dazu geeignet und in der Lage wären, dem bürgerschaftlichen Engagement und der Zivilgesellschaft einen gewichtigeren Stellenwert bei der Bewältigung aktueller gesellschaftlicher Herausforderungen einzuräumen.

Zum Stand der Klärung des Begriffs bürgerschaftliches Engagement

Angesichts des Bedeutungsaufschwungs des Begriffs des bürgerschaftlichen Engagements könnte der Eindruck einer weitgehenden Klarheit über die Verwendung der Begrifflichkeit entstehen. Dies ist allerdings nicht der Fall (dieser Sachverhalt gilt übrigens auch für den Begriff des Ehrenamtes; vgl. den Beitrag von Stricker in diesem Band). Ein Blick auf die immer noch ansteigende Anzahl von Publikationen zu diesem Thema belegt, dass die vor zehn Jahren formulierte Einschätzung, dass es sich bei dem Begriff des bürgerschaftlichen Engagements nicht um einen fest umrissenen, wohl definierten Terminus, sondern um einen deutungsoffenen und an seinen Rändern unscharfen Begriff handelt (vgl. Heinze/Olk 2001: 13), nach wie vor zutreffend ist. Es ist von den Autoren in diesem Zusammenhang bereits darauf hingewiesen worden, dass die Vagheit und Mehrdeutigkeit des Begriffs seiner extensiven Verwendung keineswegs geschadet hat. Die Offenheit für unterschiedliche Intentionen und Interessen hat den Begriff viel mehr hoch anschlussfähig gemacht für verschiedenste Verwendungszusammenhänge und begriffliche Konkretionen. Dies hängt – wie angedeutet – nicht zuletzt mit dem grundlegenden Sachverhalt zusammen, dass der Begriff des bürgerschaftlichen Engagements nicht allein ein wissenschaftlicher Terminus sondern vor allem auch ein gesellschaftlicher Praxisbegriff ist, der von interessierten gesellschaftlichen Akteuren zur Propagierung ihrer Sichtweise und ihrer Anliegen benutzt wird.

Umso überraschender ist, dass sich im Hinblick auf die operationale Definition der Phänomene, die unter diesem Begriff subsumiert werden, große Einigkeit zwischen den Vertretern des Begriffs des bürgerschaftlichen Engagements und Vertretern des Begriffs „freiwilliges Engagement" besteht. So hat die Enquête-Kommission „Zukunft des bürgerschaftlichen Engagements" in ihrem Bericht eine operationale Definition des Terminus bürgerschaftliches Engagement vorgelegt, die folgende Kriterien umfasst: Danach ist bürgerschaftliches Engagement freiwillig, nicht auf materiellen Gewinn gerichtet, gemeinwohlorientiert, öffentlich bzw. findet im öffentlichen Raum statt und wird in der Regel gemeinschaftlich/kooperativ ausgeübt (vgl. ebd.: 86). Man könnte nun meinen, dass auf diese Weise eine klare Definition vorliegt, und dass es auf dieser Grundlage einfach sein müsste, den Begriff des bürgerschaftlichen Engagements von anderen Begrifflichkeiten (wie z.B. des freiwilligen Engagements) abzugrenzen. Überraschenderweise ist dies aber nicht der Fall. Stattdessen beruft sich der Freiwilligensurvey in seinem Bericht zur zweiten Welle 2004 in der konzeptionellen Einleitung (Gensicke u.a. 2006) auch auf die Definition der Enquête-Kommission und verwendet dieselben Definitionskriterien nun für den Terminus des freiwilligen Engagements.

Dieser zunächst verwirrend anmutende Umstand macht darauf aufmerksam, dass auf der Ebene der operationalen Definition, also auf der wissenschaftlichen Verwendungsebene, ganz offensichtlich keinerlei Unterschiede zwischen bürgerschaftlichem Engagement und freiwilligem Engagement gemacht werden. Soweit also der Umfang und die Struktur freiwilliger, gemeinwohlorientierter und unentgeltlicher Tätigkeiten in der Bevölkerung gemessen werden soll, kann von identischen Definitionskriterien ausgegangen werden. Dieser auf den ersten Blick überraschende Befund erweist sich bei näherem Zusehen als konsequent, wenn man bedenkt, dass eine wichtige Funktion des neu eingeführten Begriffs des bürgerschaftlichen Engagements darin bestehen sollte, bislang isoliert betrachtete Formen des freiwilligen Engagements mit „Bedacht in den gleichen Begriffstopf" zu werfen (vgl. Roth 2000: 32). Genau dies entspricht auch der Intention des Freiwilligensurveys, der mit einem weitgespannten Begriffskonzept möglichst die Gesamtheit aller unterschiedlichen Formen des freiwilligen, unentgeltlichen und gemeinwohlorientierten Engagements in der deutschen Wohnbevölkerung zu messen beabsichtigt.

Insofern lohnt es sich, bei der begrifflichen Schärfung des Konzepts des bürgerschaftlichen Engagements bei der Argumentation von Roland Roth aus dem Jahre 2000 anzusetzen. Hierfür spricht, dass er den Begriff als einen mehrdeutigen, programmatischen Arbeitsbegriff verwendet, der es ermöglicht, gesellschaftliche Erfahrungen aus der Vergangenheit und der Gegenwart, sonst zumeist isoliert verhandelte Konzepte und politische Leitbilder sowie unterschiedliche Ausdrucksformen des Engagements in einen begrifflichen Zusammenhang zu bringen (ebd.:30). Aus seiner Sicht umfasst bürgerschaftliches Engagement daher:

- *konventionelle und neue Formen der politischen Beteiligung*, wie zum Beispiel das ehrenamtliche Engagement im Gemeinderat oder die Mitarbeit in Parteien, Verbänden und Gewerkschaften aber auch Bürgerinitiativen und sozialen Bewegungen;
- *die freiwillige bzw. ehrenamtliche Wahrnehmung öffentlicher Funktionen*, etwa als Schöffin, Wahlhelfer, Elternbeiräte oder in Bürgerinitiativen und Vereinen;
- *klassische und neue Formen des sozialen Engagements*, wie etwa das traditionelle soziale Ehrenamt in Diensten und Einrichtungen der freien Wohlfahrtspflege, aber auch neue Formen der Ehrenamtlichkeit in Freiwilligenagenturen, Hospizgruppen und Tafel-Initiativen;

- *alte und neue Formen der gemeinschaftsorientierten moralökonomisch geprägten Eigenarbeit*, die von Nachbarschaftshilfe, Genossenschaften bis hin zu neuen Formen der solidarischen Ökonomie reichen;
- sowie nicht zuletzt *klassische und neue Formen gemeinschaftlicher Selbsthilfe*, wie sie sich seit den 1970er Jahren in Selbsthilfegruppen im Gesundheitsbereich, in der Kinder- und Jugendarbeit, im Sport und anderen Bereichen herausgebildet haben.

Die eigentümliche Produktivität der Kategorie des bürgerschaftlichen Engagements identifiziert Roth insbesondere darin, dass sie es ermöglicht, „Brücken zu schlagen". Bislang oft getrennt geführte Diskurse, ordnungspolitische Leitbilder sowie gesellschaftliche Erfahrungen, die sich in einem breiten Spektrum disparater Handlungsformen und Tätigkeiten des Engagements niederschlagen, werden in einem einzigen Begriff zusammengefasst und damit in einen gemeinsamen sinnhaften Zusammenhang gestellt. Insbesondere führt der Begriff des bürgerschaftlichen Engagements die bislang getrennt betrachteten Ausdrucksformen der politischen Partizipation (sowohl durch konventionelle Formen wie die Beteiligung an Wahlen als auch durch unkonventionelle Formen wie die Mitwirkung bei Demonstrationen, in sozialen Bewegungen, Boykotts etc.) einerseits und das soziale Engagement, wie es bislang unter dem Begriff des Ehrenamtes diskutiert wurde, zusammen. Darüber hinaus werden „alte" und „neue" Formen des bürgerschaftlichen Engagements einbezogen und damit weit verbreitete Formen einer abgrenzenden Begriffspraxis überwunden.

Es wird allerdings ebenso darauf aufmerksam gemacht, dass der Begriff des bürgerschaftlichen Engagements ein normativer Qualitätsbegriff ist, der besondere Ansprüche an seinen Gegenstand stellt. Insoweit ist es nur in den Fällen sinnvoll, von bürgerschaftlichem Engagement zu sprechen, in denen bei dessen Verwendung bürgerschaftliche von anderen Engagementformen unterschieden werden können. Es sind insbesondere drei Bedeutungskomponenten, die hier relevant sind. So lässt sich (1) feststellen, dass unterschiedliche Formen des bürgerschaftlichen Engagements in einem gesellschaftlichen Bereich zwischen den Sphären der privaten Familienhaushalte, dem Markttausch und der staatlichen Intervention – also im Bereich der Bürger- oder Zivilgesellschaft – angesiedelt sind. Darüber hinaus ist zu bedenken, dass nicht jede freiwillige Tätigkeit jenseits von Markt, Staat und Familie automatisch als „bürgerschaftlich" geadelt werden kann. Hierzu gehört darüber hinaus (2) die grundsätzliche Lokalisierung dieser Aktivitäten im öffentlichen Raum (also nicht in nach außen abgedichteten Beziehungsnetzwerken, Klüngelrunden oder partikularistischen Interessengemeinschaften) und (3) ihre grundsätzlichen Orientierung am Wohl Dritter (Gemeinwohlbezug). Freiwillige und unentgeltliche Aktivitäten und Handlungsformen sind also nur dann als bürgerschaftlich zu qualifizieren, wenn sie – neben der Beförderung der Interessen der beteiligten Akteure – immer auch das „Wohl aller" befördern und damit zum Gemeinwohl beitragen.

Bürgerschaftliches Engagement – eine weite und eine enge Begriffsverwendung

Das spezifische Verständnis von bürgerschaftlichem Engagement, das sich hier andeutet, enthält allerdings zwei widersprüchliche Botschaften, die im weiteren Verlauf der begrifflichen Praxis als Grundlage und Ausgangspunkt für unterschiedliche begriffliche Verwendungsweisen dienen konnten. Die erste Botschaft verweist auf den umfassenden, „inklusiven" Charakter des Begriffs des bürgerschaftlichen Engagements. Es sollen bewusst divergierende Formen des freiwilligen, unentgeltlichen und gemeinwohlorientierten Engagements mit ihren jeweiligen individuellen und kollektiven Selbstverständnissen und normativen Begründungsmustern in einem einheitlichen Konzept zusammengefasst werden. Diese Bedeutungsfacette lädt zu einer deskriptiven und weitgefassten Begriffsverwendung und Bedeutungszuschreibung ein. Folgt man dieser Absicht, dann ist es sinnvoll, mit dem Begriff des bürgerschaftlichen Engagements spezifischere Begrifflichkeiten wie Ehrenamt, Selbsthilfe, politische Partizipation, politischer Protest, ziviler Ungehorsam freiwillige soziale Tätigkeiten etc. in einem einheitlichen Dachbegriff zusammenzufassen. So fungiert der Begriff des bürgerschaftlichen Engagements „als eine Art von Sammel- und Oberbegriff für ein breites Spektrum unterschiedlicher Formen und Spielarten unbezahlter, freiwilliger und gemeinwohlorientierter Aktivitäten" (Heinze/Olk 2001: 15). Möchte man wissen, wie viele Menschen sich in diesem Sinne in Deutschland bürgerschaftlich engagieren, in welchen Bereichen diese Menschen engagiert sind und welche sonstigen Strukturmerkmale dieses Engagements aufweist, dann kann man sich – wie es sich bei der Diskussion um die operationalen Merkmale des Begriffs abgezeichnet hat – voll und ganz auf die empirischen Ergebnisse des Freiwilligensurveys mit seinen inzwischen vorliegenden drei Wellen (1999, 2004 sowie 2009) beziehen (vgl. den Beitrag von Gensicke in diesem Band). Danach sind ca. ein gutes Drittel der deutschen Wohnbevölkerung bürgerschaftlich engagiert und hat dieses Engagement zwar in dem Fünfjahreszeitraum von 1999 zu 2004 von 34% auf 36% leicht zugenommen, stagniert seitdem aber auf diesem, im europäischen Maßstab relativ hohen Niveau (vgl. Gensicke u.a. 2006, sowie Gensicke u. a. 2009).

Diese Art der Begriffsverwendung wirft allerdings die grundsätzliche Frage auf, ob es möglich ist, den Begriff des bürgerschaftlichen Engagements tatsächlich ausschließlich als analytischen, sozialwissenschaftlichen Terminus zu verwenden, der aufgrund klarer Operationalisierungskriterien auch zur Messung von Umfang und Struktur dieses Engagements herangezogen werden kann, oder ob es zur Ausschöpfung des Bedeutungspotenzials des Begriffs des bürgerschaftlichen Engagements nicht immer auch der normativen Bedeutungskomponenten bedarf, die das „bürgerschaftliche" am bürgerschaftlichen Engagement qualifizieren. Genau diese Intention scheint in der zweiten Botschaft der Begriffsverwendung bei Roth auf: nämlich die

Qualifizierung des bürgerschaftlichen Engagements als eines normativ gehaltvollen Konzepts, das nur dann sinnvoll ist, wenn die hiermit bezeichneten Phänomene bestimmte normative Standards einer bürgerschaftlichen Handlungslogik erfüllen (Roth 2000: 31 f.). Die entsprechenden Unterscheidungskriterien werden bei Roland Roth mit Öffentlichkeit und Gemeinwohlbezug (bzw. Gemeinwohlverträglichkeit) benannt und verweisen auf die Offenheit von Formen des bürgerschaftlichen Engagements für die Mitwirkung weiterer Bürgerinnen und Bürger jenseits der eigenen privaten Gemeinschaften und partikularistischen Interessenzirkel sowie auf den Nutzen dieses Handelns sowohl für die beteiligten Individuen als auch für nicht beteiligte Akteure bzw. für ein wie immer definiertes Gemeinwohl.

Ein Plädoyer für ein nicht-normatives, analytisches Konzept von Zivilgesellschaft und bürgerschaftlichem Engagement hält dagegen Pollack (vgl. 2003), verwickelt sich damit aber in Widersprüche. Er versteht unter Bürger- bzw. Zivilgesellschaft „die Gesamtheit der öffentlichen Assoziationen, Vereinigungen, Bewegungen und Verbände, in denen sich Bürger auf freiwilliger Basis versammeln. Diese Assoziationen befinden sich im Raum der Öffentlichkeit und stehen prinzipiell jedem offen. Die in ihnen sich engagierenden Bürger verfolgen nicht lediglich ihre persönlichen Interessen und handeln in der Regel kooperativ. Neben den bezeichneten Organisationen und Assoziationen gehört auch ungebundenes Engagement zum zivilgesellschaftlichen Bereich, sofern es sich ebenfalls durch Freiwilligkeit, Öffentlichkeit, Gemeinschaftlichkeit sowie die Transzendierung privater Interessen auszeichnet." (Pollack 2003: 49) Weiter geht er davon aus, dass die Zivilgesellschaft keine handlungsfähige Einheit im Sinne eines kollektiven Akteurs ist sondern gegensätzliche soziale und politische Interessen und unterschiedliche Interpretationen dessen, was das Allgemeinwohl sein könnte, enthält und damit auch durch Konflikte, Diskussionen und Spannungen gekennzeichnet ist. Auch Handlungsformen, die sich nicht auf universelle Werte beziehen sondern partikulare Interessen vertreten, möchte er aus der Zivilgesellschaft keineswegs ausschließen (vgl. ebd.: 51). Insofern möchte er auch Akteure, die eher Konflikte schüren, Gewalt anwenden sowie Andersdenkende nicht anerkennen ebenso wie verschiedene Formen der Korruption und des Klientelismus, also die „dunklen Seiten der Zivilgesellschaft" (Roth 2004), nicht von vornherein aus der Zivilgesellschaft ausschließen, womit er sich an Konzepten der „real civil society" (Heins 2002) anlehnt.

Allerdings bemerkt er in seiner Argumentation selbst, dass ein rein deskriptives, von allen normativen Implikationen bereinigtes Konzept von Zivilgesellschaft und bürgerschaftlichem Engagement derart anspruchslos wird, dass damit jeglicher Bezug auf eine „zivilgesellschaftliche Handlungslogik" verloren geht (vgl. ebd.: 52). Insofern räumt er ein, dass es sinnvoll und möglich ist „festzuhalten, dass zur Zivilgesellschaft die Fähigkeit zur Selbstrelativierung, zur Toleranz, zur Anerkennung des Anderen als gleichwertig und damit ein inklusives Demokratieverständnis gehört." (Ebd.: 52)

Obwohl es also durchaus sinnvoll ist, das Konzept der Zivilgesellschaft von normativen Überfrachtungen zu befreien und einen nüchternen Blick auf die Zivilgesellschaft zu werfen, verirrt sich eine rein analytische Beschreibung der Zivilgesellschaft in inhaltsleeren Abstraktionen und konzeptionell anspruchslosen Deskriptionen. Es bleibt dann ein relativ blasser sektoraler Begriff der Zivilgesellschaft übrig, der nichts mehr über die „Zivilität" der in dieser Sphäre vorkommenden Handlungsmodi aussagen kann (vgl. hierzu auch Gensicke 2011). Letztlich kommt jede begriffliche Annäherung an das Konzept der Zivilgesellschaft nicht ohne Bezugnahme auf zivile Handlungsnormen wie Anteilnahme, Gewaltfreiheit, Toleranz und Anerkennung der Rechte von anderen aus.

An diesem Doppelcharakter des Konzepts des bürgerschaftlichen Engagements als eines sowohl analytischen als auch normativen aufgeladenen Begriffs setzt auch der Bericht der Enquête-Kommission an. Mit dem Bericht der Enquête-Kommission wurde erstmals die Vielfalt der Erscheinungs- und Organisationsformen, in denen sich bürgerschaftliches Engagement entfaltet, zusammenfassend vorgestellt und die Bedeutung des Engagements für den Zusammenhalt der Gesellschaft herausgestellt. Auch der Kommissionsbericht versteht unter bürgerschaftlichem Engagement sowohl politisches als auch soziales Engagement. Dazu kommt das weite Feld der Selbsthilfe (vgl. auch den Beitrag von Grunow in diesem Band) und das bislang noch unterentwickelte Phänomen des gesellschaftlichen Engagements von Unternehmen, also die diversen Formen und Instrumente des Spendens, der Bereitstellung von Dienstleistungen oder die Unterstützung des ehrenamtlichen Engagements der Mitarbeiter im Rahmen von unternehmerischen Aktivitäten des „Corporate Citizenship" (CC) bzw. des „Corporate Volunteering" (CV) (vgl. Enquête-Kommission 2002, S. 65 f.).

Nicht nur der Facettenreichtum und die Vielschichtigkeit des Engagements sind hierbei bemerkenswert, sondern auch die Begründung für die Einführung einer neuen ungewohnten Begrifflichkeit. Mit der bewussten Verwendung des Begriffs „Bürgerschaftliches Engagement" zur Kennzeichnung der genannten Aktivitäten sollte die klassische Kategorie des Ehrenamts keinesfalls desavouiert, als vielmehr der neue konzeptionelle Bezugsrahmen – nämlich die Bürgergesellschaft als Leitidee – etabliert werden, die seitdem den Hintergrund der aktuellen Auseinandersetzungen um Rolle und Funktion des bürgerschaftlichen Engagements in der modernen Gesellschaft abgibt. Der Begriff des Ehrenamtes benennt dann einen wichtigen Teilaspekt des gesamten bürgerschaftlichen Engagements (vgl. auch Stricker in diesem Band); nämlich das Engagement in Vereinen und Verbänden, z. B. kirchlichen Institutionen, Sport- oder Kulturvereinen, Wohlfahrtsverbänden etc. sowie insbesondere solche Formen des Engagements, die mit der Übernahme von Funktionen in Gremien von gemeinnützigen Vereinigungen verbunden sind sowie echte öffentliche Ehrenämter, z. B. als Schöffe, Bürgermeister, Wahlhelfer etc.

Die Enquête-Kommission des Deutschen Bundestages hat sich in ihrem Abschlussbericht im Jahr 2002 bei ihrer Analyse der unterschiedlichen Formen und Ausprägungen von freiwilligem Engagement bewusst für einen qualifizierten Begriff bürgerschaftlichen Engagements ausgesprochen. Sie nutzt den Terminus einerseits als Sammelbegriff für verschiedene gesellschaftliche Aktivitätsformen, belegt ihn andererseits mit einer starken normativen Konnotation, indem auf die Stärkung und Beförderung von zivilgesellschaftlichen Handlungsorientierungen wie Anteilnahme, Solidarität, Gewaltlosigkeit und Anerkennung der Rechte anderer Bürgerinnen und Bürger im bürgerschaftlichen Engagement hingewiesen wird.

Gegenüber älteren Diskussionen um das Ehrenamt zeichnet sich die Debatte um das bürgerschaftliche Engagement als vor allem durch den Bezug auf die Zivil- bzw. Bürgergesellschaft[1] als Rahmenkonzept aus (vgl. auch Klein in diesem Band). Bürgergesellschaft beschreibt danach eine gesellschaftliche Sphäre, in der die Bürgerinnen und Bürger auf der Basis gesicherter Grundrechte und im Rahmen einer politisch verfassten Demokratie durch das Engagement in selbstorganisierten Vereinigungen und durch die Nutzung von Beteiligungsmöglichkeiten die Geschicke des Gemeinwesens – sei dies auf lokaler, landes- oder bundesweiter Ebene – wesentlich mit prägen können (vgl. Enquête-Kommission 2002: 57 ff.). Folgt man kommunitaristischen Lesarten, dann ist die so bezeichnete Bürger- oder Zivilgesellschaft durch verschiedenste Gemeinschaften geprägt. Neben traditionalen Gemeinschaftsformen wie Nachbarschaften bzw. Kirchengemeinden gehören auch soziale Unterstützungsnetzwerke, Vereine sowie solidarische Zusammenschlüsse dazu. Die Motivation und Bereitschaft zum bürgerschaftlichen Engagement entspringt daher nicht zufällig oft dem Wunsch der Bürgerinnen und Bürger, ihrer Gemeinschaft „etwas zurück zu geben" bzw. Anteil an den Nöten und Problemlagen der Angehörigen solcher Gemeinschaften zu nehmen. Neben dieser kommunitaristischen hat auch die republikanische Strömung politischen Denkens das Konzept der Bürger- bzw. Zivilgesellschaft der Enquête-Kommission geprägt. Nach dem Vorbild historischer (Stadt-) Republiken – etwa der griechischen Polis, aber auch der Stadtstaaten in Nord- und Mittelitalien – wird die Zivilgesellschaft als eine Gesellschaft aktiver Bürger verstanden, die auf der Grundlage staatlich garantierter Rechte bereit und gewillt sind, sich an der Gestaltung gemeinsamer Anliegen zu beteiligen und damit sowohl eigene Interessen zu befördern als auch dem Gemeinwesen insgesamt zu dienen. Bürgerschaftliches Engagement gilt in diesem Zusammenhang als bestimmender Handlungsmodus der Zivil- bzw. Bürgergesellschaft (vgl. auch Münkler 2000).

---

1 Die Begriffe Bürgergesellschaft und Zivilgesellschaft werden in der aktuellen Diskussion überwiegend synonym verwendet, auch wenn sie unterschiedlichen Begriffstraditionen entspringen. Auch die Enquête-Kommission hat sich für eine synonyme Begriffswendung entscheiden.

Dabei geht die Enquête-Kommission keineswegs davon aus, dass den Engagierten der bürgerschaftliche Charakter ihres Engagements jederzeit bewusst sein muss – in vielen Formen dieses Engagements, etwa im Bereich geselliger Formen der Freizeitgestaltung, sind die zivilgesellschaftlichen Bezüge und die Auswirkungen dieses Engagements auf das Gemeinwesen oft sehr indirekt und wenig sichtbar. Dennoch geht es bei allen diesen Aktivitäten immer auch darum, die eigenen Interessen gegenüber anderen Interessen abzuwägen, Kompromisse zu finden und alle diese Aktivitäten haben Auswirkungen auf unbeteiligte Dritte bzw. das übergreifende Gemeinwesen, auch wenn solche Wirkungen nicht unmittelbar beabsichtigt sind. Die Bürgerschaftlichkeit des bürgerschaftlichen Engagements ergibt sich also hier nicht immer zwingend aus der subjektiven Intention sondern aus der objektiven Funktion diesen Engagements, das in jedem Falle dazu beiträgt, soziales Kapital zu bilden (vgl. Braun in diesem Band) und das Gemeinwesen qualitativ weiter zu entwickeln.

Ein solches, „emphatisches" Verständnis von bürgerschaftlichem Engagement und Zivilgesellschaft wäre – und dies hat der Bericht der Enquête-Kommission auch deutlich gemacht – äußerst folgenreich für die ordnungspolitische Ausgestaltung der Arbeitsteilung zwischen Markt, (Sozial-)Staat und Zivilgesellschaft. Während die gesellschaftliche Modernisierungsdynamik bis in die jüngere Vergangenheit hinein vor allem durch die Bedeutungsaufwertung und Entgrenzung der Handlungslogik des privatwirtschaftlichen Bereichs (Markt und Wettbewerb) sowie durch einen elitistischen, in abgeschirmten Zirkeln des professionellen Politikbetriebs ablaufenden politischen Prozess der Entscheidungsproduktion und einer Ausweitung bürokratischer Handlungslogik gekennzeichnet ist, werden Zivilgesellschaft und bürgerschaftliches Engagement allenfalls an den Rändern und in den Nischen der übrigen Gesellschaftssektoren gewürdigt und gefördert. Bürgerschaftliches Engagement und zivilgesellschaftliche Handlungslogik sind überall dort willkommen, wo Staat und Markt nicht hin reichen bzw. bürgerschaftliche Initiativen und zivilgesellschaftliche Netzwerke Probleme aufspüren und Lösungen entwickeln, die bislang im Bereich privatwirtschaftlicher Unternehmungen und staatlicher Bürokratien (noch) nicht bewältigbar bzw. handhabbar erscheinen. Demgegenüber würde eine Ordnungspolitik, die auf bürgerschaftliches Engagement und Zivilgesellschaft setzt, Formen der Selbstorganisation, Kooperation und Bürgerbeteiligung auch jenseits bisher praktizierter Formen eine neue Bedeutung zuweisen. Soziales Engagement und politische Beteiligung wären nicht Ausnahmen von der Regel, sondern normale Bestandteile des Funktionierens wohlfahrtsstaatlicher Handlungsprogramme. Die Folgen für die Debatte um eine moderne Engagementstrategie hat Evers in folgenden drei Punkten prägnant zusammengefasst (Evers 2003: 92 f.):

- Im Rahmen einer anspruchsvollen Konzeption von Zivilgesellschaft wird neben dem sozialen Engagement auch das politische Engagement in all

seinen Spielarten als ein wesentlicher Bestandteil des bürgerschaftlichen Engagements anerkannt.
- In einer so verstandenen Zivilgesellschaft gibt es nicht nur die Wahl zwischen „freiwilligem", im Sinne von beliebigem Engagement einerseits und dem verpflichtenden Engagement (Pflichtjahr) andererseits, sondern mit der stärkeren Institutionalisierung von Gemeinwohlverpflichtungen werden Rahmenbedingungen gesetzt, die verbindliche Formen der „freiwilligen Selbstverpflichtung" der Aktivbürger selbstverständlicher und akzeptierter machen.
- Eine anspruchsvolle Konzeption von Zivilgesellschaft führt auch zu einer Neudefinition staatlicher Aufgaben vor allem im sozialpolitischen Bereich. Wenn bürgerschaftliches Engagement und die Eigenbeiträge der Bürgerinnen und Bürger zu einem normalen Bestandteil des sozialpolitischen Aufgabenvollzugs werden sollen, dann müssen die Rahmenbedingungen in den Einrichtungen und Diensten des Sozial- und Gesundheitsbereichs derart ausgestaltet sein, dass diese Beiträge anerkannt, gefördert und gewertschätzt werden und den bürgerschaftlich Engagierten einen klar definierten Stellenwert bei der Produktion sozialer Dienste zugesprochen wird. Die zivilgesellschaftliche „Qualität" sozialer Dienste und Einrichtungen orientiert sich dann nicht ausschließlich an rechtlichen und professionspolitischen Kriterien, sondern an der Anforderung, das bürgerschaftliche Engagement als ein qualitatives Element in den kooperativen Aufgabenverbund einzufügen und damit den Nutzen und Mehrwert der Dienstleistungen sowohl für die Adressaten als auch für die beteiligten Akteure zu erhöhen.

Bürgerschaftliches Engagement – ein überforderter Begriff?

Die Diskussion um einen „qualifizierten" Begriff des bürgerschaftlichen Engagements macht deutlich, dass nicht jedes Engagement, nur weil es freiwillig und unentgeltlich geschieht, auch als bürgerschaftlich qualifiziert werden muss, weil nicht jede Form des Engagements bestimmten qualitativen Kriterien der „Bürgerschaftlichkeit" entspricht. Folgt man diesem Gedankengang, dann verbietet sich die Verwendung des Begriffs des bürgerschaftlichen Engagements als eines reinen Sammel- und Oberbegriffs für alle erdenklichen Spielarten freiwilliger und unentgeltlicher Tätigkeiten. Genau in diesem Sinne kritisiert Evers die „gedankenlose Verwendung" des Begriffs bürgerschaftliches Engagements (Evers 2009). Er knüpft an den Gedanken von Michael Walzer (1992: 79) an, wonach die Menschen als soziale Wesen nicht nur (Staats-)Bürger, sondern immer auch Produzenten, Konsumenten, Mitglieder einer Nation und noch vieles andere mehr sind. Dies bedeutet, dass Bürgerinnen und Bürger unter Bezugnahme auf unterschiedliche Identitäten für freiwilliges und unentgeltliches Engagement motiviert werden können. Mal ist es ihre Rolle als Staatsbürger, mal als Mitglied einer lokalen Gemeinschaft, mal ihre Eigenschaft als Beteiligte an einem sozialen Netzwerk oder einer Bürgerinitiative, die zu ihrem Engagement führen. Es muss also nicht immer ihre Identität als Bürger einer politischen Gemeinschaft sein, die sie dazu bringen, sich jenseits der Privatsphäre im öffentlichen Raum einzubringen und sich zu engagieren. Auch können die unterschiedlichen Identitäten als Konsumenten, Staatsbürger, Bürger einer politischen Gemeinde oder sogar der Europäischen Gemeinschaft in bestimmten Fällen miteinander in Konflikt geraten, sodass die Einzelnen immer wieder ihre unterschiedlichen Identitätsbindungen und Loyalitäten gegeneinander abwägen und ausbalancieren müssen. Folgt man dieser Argumentation, dann wäre nur in denjenigen Fällen von bürgerschaftlichem Engagement zu sprechen, in denen die Bürgerinnen und Bürger tatsächlich in ihrer Rolle als Mitglieder eines bestimmten politischen Gemeinwesens, sei dies nun auf lokaler, Landes-, nationaler oder europäischer Ebene, handeln. Daneben gäbe es aber eine Fülle weiterer Formen des Engagements, die genauso wichtig und bedeutsam sein können, denen aber das Adjektiv „bürgerschaftlich" nicht zugeordnet werden kann.

Dieser Versuch, den Begriff des bürgerschaftlichen Engagements mit Bezug auf unterschiedliche Identitätsdefinitionen und Loyalitäten der Bürgerinnen und Bürger zu qualifizieren, hat den Vorteil, dass die Beliebigkeit der Rede von bürgerschaftlichem Engagement beendet und die Klassifizierung eines Engagements als bürgerschaftlich begrifflich präzisiert werden könnte. Der Nachteil besteht allerdings darin, dass mit einem solchen „qualifizierten" Konzept des bürgerschaftlichen Engagements keinerlei Aussagen mehr über den quantitativen Umfang und die Stabilität dieses Engagements gemacht werden könnte. Ob die Bürgerinnen und Bürger in bestimmten konkreten Fällen in ihrer Identität als Mitglieder einer politischen Gemeinschaft handeln oder als Konsumenten, Mitglieder bestimmter (religiösen, politischen, sozialen) Gemeinschaften etc. lässt sich in empirischen Studien kaum identifizieren. Zum anderen wäre hiermit die Möglichkeit – und damit Gefahr – verbunden, dass die anderen Formen des Engagements, die nicht als bürgerschaftlich qualifiziert werden können, als weniger wichtig oder anerkennungswürdig bezeichnet und damit in ihrem Wert herabgestuft werden könnten.

Einen anderen Weg, einen qualifizierten Begriff von bürgerschaftlichem Engagement auf die Bedingungen der modernen Gesellschaft anzuwenden, begeht Herfried Münkler (Münkler/Krause 2001), indem er das bisherige Denken über bürgerschaftliches Engagement aus bestimmten Engführungen befreit. Im Nachvollzug der Ideengeschichte zum aktiven Bürger von der attischen Demokratie über die italienischen Stadtstaaten bis zur Gegenwart konstatiert er eine normative Idealisierung des Tugenddiskurses, die in der Realgeschichte der Demokratie in zyklischen Abständen zu entsprechenden Enttäuschungen der überhöhten Erwartungen in Form eines privatistischen Rückzugs der Bürger geführt habe. Wer angesichts der vielfältigen Bindungen und Loyalitäten der Bürgerinnen und Bürger zu hohe Erwartungen im

Hinblick auf ihr politisches Engagement und ihre Beteiligung an der Gestaltung des Gemeinwesens entwickelt, überfordert die Bürger und zwingt sie, angesichts bestehender pluraler Loyalitäten und der Zeitknappheit immer wieder gegen das Ideal des politischen Aktivbürgers zu verstoßen. Eine Folge hiervon ist die Beobachtung eines zyklischen Verlaufs des politischen Engagements der Bürgerinnen und Bürger, das historische Phasen des Aufschwungs des politischen Interesses und politischen Phasen des Abschwungs und des privatistischen Rückzugs kennt (vgl. Hirschman 1984). Zum zweiten erkennt Münkler eine Engführung der Aufmerksamkeit auf die Sphäre des Politischen und damit auf das Verhältnis zwischen Bürger und Staat: „Stets betritt der aktive Bürger erst dann den Raum des Politischen, wenn er sich in Handlungszusammenhänge begibt, die mit dem Staat bzw. den ihm zugehörigen Institutionen und Organen verflochten sind, oder er deren Handeln zu beeinflussen sucht. Das nicht direkt mit Staatshandeln verbundene Engagement wird nur unzureichend thematisiert." (Münkler/ Krause 2001: 312) Hieraus folgt ein zu anspruchsvoll konzipiertes Verständnis bürgerschaftlicher Aktivität. Wenn in der politischen Theorie ein Bürger nur dann als aktiver Bürger gelten darf, wenn er neben einem entsprechenden Wissen über die Funktionsweise des politischen Systems auch über Kenntnisse und Fertigkeiten verfügt und die Motivation und Bereitschaft entwickelt, sich in seinem Verhalten am Gemeinwohl zu orientieren, dann führt dies zu einer moralischen und kognitiven Überforderung – zumindest aber zu einer Überbeanspruchung des Bürgers –, was vielfach zu einem Rückzug aus der Politik beiträgt.

Insofern nimmt Münkler – ebenso wie Evers – Bezug auf Michael Walzer, zieht allerdings aus der bei Walzer vorgenommenen Betonung gemeinschaftsbezogener sozialer Handlungsräume neben der Sphäre des Politischen eine ganz andere Schlussfolgerung: Unterstellt man das Konzept der pluralen Identitäten von Michael Walzer, dann können auch jene Einstellungen und Motive als Ausdruck eines gut entwickelten Gemeinsinns gelten, die Bürger dazu bringen, *sich freiwillig und gemeinschaftlich an der Erzeugung öffentlicher Güter zu beteiligen*. Es geht dann nicht primär darum, dass sich Bürger dauerhaft politisch betätigen, sondern darum, ob die Bürger fähig sind, immer wieder auch Interessen zu verfolgen, die über ihre unmittelbaren Eigeninteressen hinausgehen und den Angehörigen anderer Gemeinschaften sowie dem übergeordneten Gemeinwohl nützen. Dies würde bedeuten, dass die Organisation eines Straßenfestes, die Mitwirkung an der Errichtung eines Kindergartens oder der Aufbau eines Gemeindezentrums in diesem Sinne als bürgerschaftliches Engagement gelten können, da diese Aktivitäten zur Erzeugung und Vermehrung öffentlicher Güter beitragen und damit das Gemeinwohl bereichern (ebd.: 314).

Der Vorteil dieses Verständnisses des Begriffs des bürgerschaftlichen Engagements besteht darin, dass bescheidenere und moralisch weniger anspruchsvolle Ansprüche an die kognitiven und motivationalen Kompetenzen der Bürger gestellt und dennoch die positive Funktion unterschiedlicher

Formen des Engagements für das Gemeinwesen wahrgenommen werden. Selbstverständlich grenzt sich auch diese Begriffsverwendung gegen „unzivile" Formen des Engagements, also etwa rassistische Netzwerke rechtsextremer Aktivisten, partikularistische Interessenklüngel oder clanartige Mafiastrukturen, insgesamt also den „dunklen Seiten der Zivilgesellschaft", ab. Aber gerade auf diesem Wege ist sichergestellt, dass der Begriff des bürgerschaftlichen Engagements nicht zu einem konturlosen Allerweltsbegriff verkommt, sondern als qualifizierter Begriff zivilgesellschaftlichen Handelns mit seinen Auswirkungen auf das politische Gemeinwesen und die übergreifende Gesellschaft in Anschlag gebracht werden kann.

Auch werden vor diesem Hintergrund Bemühungen unverständlich, die darauf abzielen, den Begriff des bürgerschaftlichen Engagements durch den Begriff des „Zivilengagements" abzulösen (vgl. etwa Priller sowie Alscher u.a. 2009). Abgesehen davon, dass der Begriff des Zivilengagements – eingestandenermaßen – vom Bundesministerium für Familie, Senioren, Frauen und Jugend im Kontext der „Initiative Zivilengagement" als ein politischer Kampagnenbegriff und nicht als ein wissenschaftlicher Terminus eingeführt worden ist, verfehlen auch die eingeführten Begründungen für diesen Begriff jegliche Plausibilität. So argumentiert etwa Priller (2011: 35), dass der Begriff des bürgerschaftlichen Engagements ausschließlich die Teilhabe- und Demokratisierungsfunktion betont, während der Aspekt der Erbringung von Leistungen im Kontext der Wohlfahrtsproduktion in den Hintergrund gedrängt werden würde. Ferner wird der Begriff des Zivilengagements bzw. des zivilgesellschaftlichen Engagements mit Bezugnahme auf den amerikanischen Terminus des „civic engagement" (vgl. Skocpol/Fiorina 1999) legitimiert.

Wie allerdings die gesamte bisherige Argumentation dieses Beitrages gezeigt hat, lag die Intention der Einführung des Begriffs des bürgerschaftlichen Engagements keineswegs bei der Privilegierung politischer Partizipation sondern vielmehr gerade in der Integration von politischer Beteiligung und sozialem Engagement in einem einheitlichen Begriff. Von einer einseitigen Schwerpunktsetzung auf politisches Handeln kann also keine Rede sein. Aber auch der Verweis auf die Kategorie des civic engagement überzeugt keineswegs. Hatte doch bereits die Enquête-Kommission bei ihrer Begriffswahl selbst auf diese Kategorie des civic engagement rekurriert und den angelsächsischen Begriff „civic" lediglich durch den deutschen Begriff des bürgerschaftlichen ersetzt. Insofern kann festgestellt werden, dass die Kategorie des bürgerschaftlichen Engagements im Rahmen der Arbeit der Enquête-Kommission mit genau jenen Argumenten eingeführt worden ist, mit denen heute versucht wird, für den Begriff des zivilgesellschaftlichen Engagements zu werben.

Literatur

Alscher, M./Dathe, D./Priller, E./Speth, R. (Hg.): Bericht zur Lage und zu den Perspektiven des bürgerschaftlichen Engagements in Deutschland. Berlin 2009: BMFSFJ.

Anheier, H. K./Kehl, K./Mildenberger, G./Spengler, N.: Zivilgesellschafts- und Engagementforschung: Bilanz, Forschungsagenden und Perspektiven. In: Priller, E./ Alscher, M./Dather, D./Speth, R. (Hg.): Zivilenengagement. Herausforderungen für Gesellschaft, Politik und Wissenschaft. Berlin 2011, S. 119–133.

Bogumil, J./Holtkamp, L./Schwarz, G.: Das Reformmodell Bürgerkommune. Leistungen – Grenzen – Perspektiven. Berlin 2003.

Dathe, D.: Engagement: Unbegrenzte Ressource für Zivilgesellschaft? In: Priller, E./ Alscher, M./Dather, D./Speth, R. (Hg.): Zivilenengagement. Herausforderungen für Gesellschaft, Politik und Wissenschaft. Berlin 2011, S. 41–56.

Braun, S.: Bürgerschaftliches Engagement – Konjunktur und Ambivalenz einer gesellschaftspolitischen Debatte. In: Leviathan, 29. Jg., H 1, 2001, S. 83–109.

Enquête-Kommission „Zukunft des Bürgerschaftlichen Engagements" (Hg.): Bericht. Bürgerschaftliches Engagement: auf dem Weg in eine zukunftsfähige Bürgergesellschaft. Opladen 2002.

Evers, A.: Verschiedene Konzeptionalisierungen von Engagement. Ihre Bedeutungen für Analyse und Politik. In: Kistler, E./Noll, H.-H./Priller, E. (Hg.): Perspektiven gesellschaftlichen Zusammenhalts. Empirische Befunde, Praxiserfahrungen, Meßkonzepte. Berlin 1999, S. 53–65.

Evers, A.: Zivilgesellschaft – Realität oder Postulat? In: Rauschenbach, T./Düx, W./ Sass, E. (Hg.): Kinder- und Jugendarbeit – Wege in die Zukunft. Gesellschaftliche Entwicklungen und fachliche Herausforderungen. Weinheim 2003, S. 85-98.

Evers, A.: Bürgerschaftliches Engagement. Versuch einem Allerweltsbegriff wieder Bedeutung zu geben. In: Bode, I./Evers, A./Klein, A. (Hg.): Bürgergesellschaft als Projekt. Eine Bestandsaufnahme zu Entwicklung und Förderung zivilgesellschaftlicher Potenziale in Deutschland. Wiesbaden 2009, S. 66-79.

Gensicke, T.: Notwendigkeit einer integrierten Theorie für die Beschreibung der Zivilgesellschaft: In: Priller, E./Alscher, M./Dather, D./Speth, R. (Hg.): Zivilenengagement. Herausforderungen für Gesellschaft, Politik und Wissenschaft. Berlin 2011, S. 153–177.

Gensicke, T./Picot, S./Geiss, S.: Freiwilliges Engagement in Deutschland 1999 – 2004. Wiesbaden 2006.

Gensicke, T./Picot, S./Geiss, S.: Hauptbericht des Freiwilligensurveys 2009. Ergebnisse der repräsentativen Trenderhebung zu Ehrenamt, Freiwilligenarbeit und Bürgerschaftlichen Engagement. Berlin 2009.

Hartnuß, B./Klein, A.: Bürgerschaftliches Engagement. In: Deutscher Verein für öffentliche und private Fürsorge (Hg.): Fachlexikon der sozialen Arbeit. 7. Auflage. Berlin 2011

Heins, V.: Das Andere der Zivilgesellschaft. Zur Archäologie eines Begriffs. Bielefeld 2002.

Heinze, R. G./Olk, T.: Bürgerengagement in Deutschland – Zum Stand der wissenschaftlichen und politischen Diskussion. In: Heinze, R. G./Olk, T. (Hg.): Bürgerengagement in Deutschland. Bestandsaufnahmen und Perspektiven. Opladen 2001, S. 11–26.

Hirschman, A. O.: Engagement und Enttäuschung. Über das Schwanken der Bürger zwischen Privatwohl und Gemeinwohl. Frankfurt/M. 1984.

Klein, A.: Der Diskurs der Zivilgesellschaft. Politische Hintergründe und demokratietheoretische Folgerungen. Opladen 2001.

Klein, A./Olk, T./Hartnuß, B.: Engagementpolitik als Politikfeld: Entwicklungen und Perspektiven. In: Olk, Thomas/Klein, Ansgar/Hartnuß, Birger (Hg.): Engagementpolitik. Die Entwicklung der Zivilgesellschaft als politische Aufgabe. Wiesbaden 2010, S. 24– 59.

Müller, S./Rauschenbach, T. (Hg.): Das soziale Ehrenamt. Nützliche Arbeit zum Nulltarif. Weinheim und München 1988.

Münkler, H.: Ehre, Amt und Engagement. Wie kann die knappe Ressource Bürgersinn gesichert werden? In: Forschungsjournal Neue Soziale Bewegungen, Jg. 13, Heft 2. 2000, S. 22–32.

Münkler, H./Krause, S.: Der aktive Bürger – Eine Gestalt der politischen Theorie im Wandel. In: Leggewie, C./Münch, R. (Hg.): Politik im 21. Jahrhundert. Frankfurt/M. 2001, S. 299–320.

Olk, T.: Das soziale Ehrenamt. In: Sozialwissenschaftliche Literatur Rundschau, 10. Jg., 1987, Heft 14, S. 84–101.

Olk, T.: Bürgerengagement und aktivierender Staat – zwei Seiten einer Medaille? In: Brosziewski, A./Eberle, T. S./Maeder, C. (Hg.): Moderne Zeiten. Reflexionen zur Multioptionsgesellschaft. Konstanz 2001, S. 83–97.

Pollack, D.: Zivilgesellschaft und Staat in der Demokratie. In: Forschungsjournal Neues Soziale Bewegungen, Jg. 16, H2, 2003, S. 46–58.

Roth, R.: Bürgerschaftliches Engagement – Formen, Bedingungen, Perspektiven. In: Zimmer, A./Nährlich, St. (Hg.): Engagierte Bürgerschaft. Traditionen und Perspektiven. Opladen 2000, S. 25–48.

Roth, R.: Die dunklen Seiten der Zivilgesellschaft – Grenzen einer zivilgesellschaftlichen Fundierung von Demokratie. In: Klein, A./Kern, K./Geißel, B./Berger, M. (Hg.): Zivilgesellschaft und Sozialkapital. Herausforderungen politischer und sozialer Integration. Wiesbaden 2004, S. 41–64.

Priller, E.: Dynamik, Struktur und Wandel der Engagementforschung: Rückblick, Tendenzen und Anforderungen. In: Priller, E./Alscher, M./Dather, D./Speth, R. (Hg.): Zivilenengagement. Herausforderungen für Gesellschaft, Politik und Wissenschaft. Berlin 2011, S. 11–40.

Sachße, C.: Traditionslinien bürgerschaftlichen Engagements in Deutschland. In: Aus Politik und Zeitgeschichte. B. 9, 2002, S. 3–5.

Skocpol, T./Fiorina, M. P. (eds.): Civic Engagement in American Democracy. Washington, New York 1999.

Michael Stricker

Ehrenamt

Der Begriff des Ehrenamtes ist im alltäglichen Sprachgebrauch gegenwärtig. Daher sollte es auf den ersten Blick möglich sein, in einigen wenigen Sätzen zu definieren, was gemeint ist. Bei genauer Betrachtung wird allerdings schnell deutlich, dass dem nicht so ist. Eine große Anzahl von Veröffentlichungen befasst sich mit der Diskussion um begriffliche Unschärfen im Zusammenhang mit bürgerschaftlichem Engagement (zusammenfassend in Lochner 2008; Zimmer 2007). Einvernehmen besteht darüber, dass der Begriff des Ehrenamtes einen Teilaspekt des gesamten bürgerschaftlichen Engagements umschreibt. Im Kern wird Ehrenamt als Synonym für eine klassische und historisch gewachsene Form von gemeinwohlorientierten Tätigkeiten verstanden. Typischerweise wird vom Ehrenamt dann gesprochen, wenn Bürgerinnen und Bürger sich in strukturierten Organisationsformen, z. B. in kirchlichen Institutionen, Sport- oder Kulturvereinen, Wohlfahrtsverbänden, sozialen Organisationen, staatlichen Einrichtungen oder Organen, engagieren, die Tätigkeit unentgeltlich erbracht wird und öffentlich bzw. im öffentlichen Raum stattfindet (Beher et al. 2008: 49; Enquête-Kommission 2002: 86; Mayerhofer 2003; Badelt 2002). Als Ehrenamt werden daher gleichermaßen die Übernahme von Funktionen in Gremien von Vereinen, Stiftungen, Verbänden und Nonprofit-Unternehmen, als auch die Tätigkeit als Schöffe, Wahlhelfer oder in einer anderen öffentlichen Funktion sowie die aktive Hilfe in der direkten Betreuung, Unterstützung oder Anleitung von anderen Menschen bezeichnet (Schwarz 2000).

Der Dritte – weder staatliche noch erwerbswirtschaftliche – Sektor der Gesellschaft unterliegt derzeit Veränderungsprozessen, die sich unter anderem mit dem Leitbild der Modernisierung ausdrücken lassen. Demnach nähmen Bürgerinnen und Bürger bei ihrem ehrenamtlichen Engagement immer öfter eine Kosten-Nutzen-Abwägung vor und seien nur dann zum Engagement bereit, wenn sich die individuelle Investition unmittelbar lohne. Der Ertrag müsse sich in Form von Qualifikationsgewinnen oder dem Zugewinn an Selbsterfahrung bemerkbar machen (Vogt 2005: 52–55; mit Bezug auf weitere Autoren). Solche Elemente werden in der Literatur mit dem „neuen" Ehrenamt in Verbindung gebracht (Beher/Liebig/Rauschenbach 2000).

Die weitere und genauere Eingrenzung des Ehrenamtsbegriffs soll anhand von Kriterien erfolgen, die Beher/Liebig/Rauschenbach (2002) systematisch aus empirischen Studien herauskristallisiert haben. Demnach werden Formen von gemeinwohlorientiertem Engagement als Ehrenamt bezeichnet, wenn sie folgende Merkmale erfüllen (zusammenfassend in Stricker 2007, mit Bezug auf weitere Autoren):

Ein Ehrenamt beschreibt ein tätiges, gemeinwohlorientiertes Engagement von Bürgerinnen und Bürgern. Es beschreibt personen- oder sachbezogene Arbeit.

Mit dem Begriff des Ehrenamtes ist die Vorstellung verbunden, dass Bürgerinnen und Bürger sich an Aktivitäten beteiligen, die demokratischen Prinzipien folgen und die auf die Steigerung des Wohlergehens einer Gesellschaft ausgerichtet sind. Unter Ehrenamt wird daher eine aktive Beteiligung an der gemeinwohlorientierten Aufgabenerfüllung von Vereinen, Gruppen oder sonstigen Assoziation verstanden. Gemeinwohlorientiert sind die Zwecke der Institutionen dann, wenn sie soziale, kulturelle, kirchliche, politische, ökologische oder sportliche Ziele ohne Gewinnerzielungsabsicht verfolgen. Beurteilungskriterien, ob eine Organisation nach unserem steuerrechtlichen Verständnis gemeinwohlorientiert ist, sind in § 52 der Abgabenordnung festgelegt. Dort wird detailliert beschrieben, unter welchen Voraussetzungen eine Körperschaft gemeinnützigen Zwecken dient, also die „Allgemeinheit auf materiellem, geistigem oder sittlichem Gebiet selbstlos" fördert.

Bei der Verwendung des Begriffs Ehrenamt schwingt daher mit, dass der bzw. die ehrenamtlich Tätige formell Mitglied einer Gruppe ist, die als gemeinnützige Körperschaft anerkannt ist. Dies ist aber nicht in allen Fällen gegeben. Bei hoheitlich übernommenen Ehrenämtern (z. B. Wahlhelfern oder Schöffen) ist eine Mitgliedschaft zur Institution gerade nicht gegeben. Auch kann sich Engagement auf gemeinwohlorientierte Aktivitäten erstrecken, die aber (noch) nicht als gemeinnützig im Sinne des Steuerrechts anerkannt sind. Gleichwohl handelt es sich in den Beispielen um eine Tätigkeit, die üblicherweise als Ehrenamt klassifiziert wird. Die bloße Zahlung eines Beitrags aus einem Mitgliedsverhältnis an eine als gemeinnützig anerkannte Körperschaft oder das bloße Spenden von Geld stellen hingegen kein Ehrenamt dar. Nur zahlende Mitglieder sind nicht ehrenamtlich tätig (Putnam 1999: 49–51).

Die ehrenamtlich übernommenen Tätigkeiten können personen- oder sachbezogenen ausgeübt werden. Bei den personenbezogenen Arbeiten wirken sowohl die aktiv Engagierten als auch die Empfänger der Leistung mit. Als Beispiel für eine personenbezogene Tätigkeit kann ein als Schatzmeister in einem Sportverein Tätiger fungieren, der die Kasse des Vereins führt und gleichzeitig die Kindergruppe trainiert. Beide Tätigkeiten sind auf eine direkte (im Falle der Kassenführung mittelbare) Unterstützung der zum Sportverein gehörenden Personen ausgerichtet.

Als sachbezogene Arbeiten werden Tätigkeiten verstanden, die keinen direkten Bezug zu Personen haben, die Empfänger der Leistung sind, sich gleichwohl aber am Gemeinwohl ausrichten. Als Beispiel hierfür kann die Aktivistin einer Umweltschutzorganisation angeführt werden. Im Gegensatz zur personenbezogenen Arbeit steht bei diesem Typ von Tätigkeiten die vermittelnde Art und Weise im Vordergrund, mit der das Ziel der Gemeinwohlorientierung erreicht werden soll (BeherLiebig/Rauschenbach 2002: 115).

Das Ehrenamt bezeichnet eine nicht erwerbsmäßig ausgeübte Tätigkeit.

Die ehrenamtliche Tätigkeit wird grundsätzlich unentgeltlich und nicht vergütet erbracht. Die Unentgeltlichkeit als wesentliches Strukturmerkmal ist in der Literatur unumstritten und historisch belegt. So wurde der Begriff erstmals in einem Gesetz der Landesgemeindeordnung für Westfalen aus dem Jahre 1856 benutzt, um Merkmale für das Amt eines Gemeindevorstehers zu definieren (Winkler 1988: 37). Demnach sollte dieser seinen Dienst unentgeltlich – nur gegen eine Dienstunkostenpauschale – entrichten. Eindeutig ist bereits in dieser Formulierung, dass mit der Tätigkeit keine Vergütung verbunden ist, die der Sicherung des Lebensunterhaltes dient. Eine Vergütung im Sinne von bezahlter Arbeit schließt die Bezeichnung Ehrenamt aus.

Allerdings ist die schon 1856 zugestandene Kostenpauschale bis heute in ihrer Art und Höhe umstritten und lässt Fragen nach der Unentgeltlichkeit und ihrem Stellenwert aufkommen. Bereits im 19. Jahrhundert wurden Reisekosten, Auslagen und pauschale Tagessätze unter anderem für versäumte Zeit und entgangenen Gewinn aus dem Hauptberuf erstattet (Winkler 1988: 38). Die Praxis einer solchen Kostenerstattung hat sich bis heute fortgesetzt bzw. der Aufwand aus einem Ehrenamt wird der Einfachheit halber pauschal, d. h. ohne Nachweis der tatsächlich entstandenen Kosten, abgegolten. Im Laufe der Jahrzehnte haben sich hierzu bei staatlichen Instanzen (Fiskus, Kommunalverwaltungen, Gerichte u. a.) in unterschiedlichen Kontexten akzeptierte Rahmenbedingungen entwickelt, die konkrete Einzelfragen regeln und zum Teil in gesetzlichen Normen verankert sind. Gerade eine geringe Vergütung oder eine unbürokratische Regelung über die Erstattung von Aufwendungen stellt auch eine Art des Ausdrucks von allgemeiner Wertschätzung dar (Jakob 2006: 68).

Im Spannungsfeld zwischen vergüteter und ehrenamtlicher Aufgabenwahrnehmung bzw. in einem Aktionsumfeld, das von Marktmechanismen geprägt ist, scheint die Monetarisierung des Ehrenamtes ein probates Mittel zu sein, um Wertschätzung gegenüber den Aktiven auszudrücken (Vogt 2005: 54). Auch aus dem politischen Raum werden den Akteuren zur Anreizsteigerung für bürgerschaftliches Engagement Instrumente angeboten, die auf eine Monetarisierung abstellen. So hat der Deutsche Bundestag im Juli 2007 unter dem Leitsatz „Hilfen für Helfer" das „Gesetz zur weiteren Stärkung des bürgerschaftlichen Engagements" verabschiedet. Das Gesetz sieht neben einer großzügigeren und transparenten Regelung des Spendenrechts vor, dass aus ehrenamtlichen Tätigkeiten ein Betrag in Höhe von bis zu 500 Euro im Jahr für Nebeneinkünfte im gemeinnützigen, mildtätigen oder kirchlichen Bereich steuerfrei bleibt (§ 3 Nr. 26a Einkommensteuergesetz). Darüber hinaus wurde die so genannte steuerfreie Übungsleiterpauschale nach § 3 Nr. 26 des Einkommensteuergesetzes von 1.848 Euro auf 2.100 Euro jährlich angehoben. Daher wird bei Zahlung einer angemessenen Aufwandsentschädigung oder einer geringfügigen Vergütung, die der Arbeitsleistung nicht angemessen ist, die Einordnung als Ehrenamt regelmäßig nicht verworfen (Stricker 2007: 39).

Problematischer wird die Beurteilung in Fällen, in denen Mitarbeiterinnen oder Mitarbeiter, die gegen Entgelt beschäftigt werden, in ihrer Freizeit über die arbeitsrechtlich geschuldete Leistung hinaus für ihren Arbeitgeber „ehrenamtlich" tätig sind. Ein enger Zusammenhang von freiberuflicher oder gewerblicher Berufstätigkeit von Engagierten mit der Institution, für die sie ehrenamtlich tätig sind, lässt Zweifel an der Unentgeltlichkeit der Leistung aufkommen (Cnaan/Handy/Wadsworth 1996). Als Beispiel ist an einen Verwaltungsmitarbeiter einer Hilfsorganisation zu denken, der am Wochenende in seiner Freizeit Dienstleistungen im Wasserrettungsdienst erbringt. Oder an eine Rechtsanwältin, die alle Prozesse für einen Kulturverein führt, diesen in juristischen Fragen berät und gleichzeitig Vorstandsmitglied des Vereins ist. Im gewerblichen Bereich sind Fallkonstruktionen möglich, in denen es zu Geschäftsbeziehungen zwischen der Organisation und den ehrenamtlich Tätigen kommt. Denkbar ist, dass ein Sportverein sämtliche Versicherungen über eine Agentur abschließt, die vom Präsidenten des Sportvereins betrieben wird. Es stellt sich daher die Frage, wann die Grenze zur erwerbsmäßig ausgeübten Tätigkeit überschritten ist. Eine Antwort wird sich nur bei Betrachtung des konkreten Einzelfalls geben lassen. Alle originären Tätigkeiten in diesen Beispielen werden unentgeltlich ausgeführt, so dass eine Zuordnung zum Ehrenamt zulässig erscheint.

Nicht von einem Ehrenamt, sondern von erwerbsmäßig ausgeübter Arbeit wird bei Tätigkeiten auszugehen sein, die sich zwar zwischen freiwilligem und unentgeltlichem Engagement einerseits und honorierten Tätigkeiten andererseits bewegen, die aber – zumindest zum Teil – der Sicherung des Lebensunterhalts dienen. Dafür sind so genannte Mini-Jobs oder Arbeitsgelegenheiten, die im Rahmen der Reform der Arbeitsförderung im Sozialgesetzbuch II eingeführt wurden und umgangssprachlich als „1-Euro-Jobs" bezeichnet werden, anschauliche Beispiele.

Ein Ehrenamt wird regelmäßig und außerhalb des sozialen Nahraums für Andere (Fremdhilfe) ausgeübt.

Die Bezeichnung beschreibt eine Tätigkeit, die nicht nur einmalig oder sporadisch ausgeübt wird. Vielmehr stellt ein Ehrenamt eine aktive Beteiligung an der Verwirklichung der Ziele der angehörenden Institution über einen längeren Zeitraum dar. Der Aspekt der Regelmäßigkeit stellt darauf ab, dass die Tätigkeit längerfristig und mit einer gewissen Verbindlichkeit ausgeübt wird. In der Praxis reicht der zeitliche Umfang der Tätigkeit von täglich, mehrmals wöchentlich, mehrmals monatlich bis zu weniger als einmal im Monat (Gensicke/Picot/Geiss 2005: 334–335). Das einmalige Kuchenbacken aus Anlass eines Gemeindefestes würde daher kein Ehrenamt darstellen.

Die Nutznießer der erbrachten Dienstleistung sind Unbekannte, zu denen der bzw. die Ehrenamtliche in der Regel zuvor keinen Kontakt hatte. Die gemeinsame Beziehung bzw. Bindung entwickelt sich aus der Tätigkeit heraus. Ehrenamtliche im Sinne dieses Merkmals sind nur Personen, die außerhalb ihres familiären Umfeldes, ihres Freundes- und Bekanntenkreises für ursprünglich Fremde tätig werden. Ehrenamtliches Engagement richtet sich demnach an jedermann. Selbsthilfe wird daher vom Begriff des Ehrenamtes abgegrenzt.

Ein Ehrenamt wird sowohl in formal legitimierten und in formal nicht legitimierten Funktionen als auch mit oder ohne Qualifikation ausgeübt.

Wie zuvor dargelegt, ist die bzw. der Engagierte grundsätzlich als Gruppenmitglied organisatorisch angebunden. Die Einbindung in eine Assoziation führt zwangsläufig zu einer Institutionalisierung des Engagements und dazu, dass sich innerhalb der Institution Verhaltensnormen entwickeln und Regelungen für die Entscheidungsfindung getroffen werden. Insoweit ist hierdurch ein gewisser Grad an Institutionalisierung verbunden. „Formal legitimiert" drückt in diesem Zusammenhang aus, dass ehrenamtlich Tätige ihre Funktion dadurch erhalten haben, dass sie gewählt, delegiert, ernannt oder durch einen sonstigen formellen Akt bestimmt wurden.

Häufigste Rechtsform für Organisationen, in denen das Ehrenamt stattfindet, ist der Verein. Ein klassisches Beispiel für eine formal legitimierte Funktion des Ehrenamtes ist daher der Vereinsvorstand. Diese Form des Ehrenamtes ist an eine dauerhafte Position und eine feste Aufgabenübertragung gebunden. Häufig wird diese Funktion durch Wahl erlangt, gelegentlich auch durch Delegation, Ernennung oder Berufung zugewiesen. Demgegenüber steht eine Tätigkeit in „nicht formal legitimierter Funktion", womit ein Engagement beschrieben wird, das an eine einfache Zugehörigkeit zur Organisation geknüpft ist. Die Tätigen sind an der tatsächlichen operativen Aufgabenerfüllung der Institution beteiligt. Typische Beispiele sind der Übungsleiter im Sportverein, das Mitglied der Freiwilligen Feuerwehr, die Rettungssanitäterin in der Hilfsorganisation oder die Grüne Dame im Krankenhaus.

Mit dieser Differenzierung wird auch dem Umstand entsprochen, dass ein Ehrenamt sowohl eine leitende als auch eine ausführende Tätigkeit umfassen kann. Gerade in großen Vereinen und Verbänden stehen oft ehrenamtlich Tätige den Organisationen in Vorständen oder Präsidien vor und hauptamtlich Beschäftigte führen die Geschäfte der laufenden Verwaltung. Insbesondere in basisnahen Organisationen beeinflussen die Ehrenamtlichen durch diese Konstellation den Zweck und die Zielsetzung der Organisation (Mayerhofer 2003: 108).

Ehrenamt beschreibt auf der einen Seite eine Funktion, die an der Spitze der Hierarchie einer Körperschaft ausgeübt wird. Solche prestigeträchtigen Ehrenämter haben hauptsächlich Männer inne. Auf der anderen Seite werden aber auch einfache Tätigkeiten wie Telefon- oder Schreibdienste als Ehrenamt bezeichnet. Diese Funktionen sind an der unteren Ebene der Hierarchie angesiedelt (Badelt 2002: 576). Insofern umschreibt der Begriff Funktionen, die sich an beiden Rändern der Hierarchie von Organisationen tummeln.

Die ehrenamtliche Tätigkeit kann „mit und ohne (formell anerkannte) Qualifikation" erbracht werden. In Fortführung des Beispiels des Schatzmeisters in dem Sportverein wird angenommen, dass er als Steuerberater niedergelassen ist. Er hat die formal erforderliche Qualifikation, um die Aufgaben wahrnehmen zu können. Innerhalb der Dimension „ohne formell anerkannte Qualifikation" ist eine weitere Differenzierung des Grades der Eignung erforderlich. So ist denkbar, dass Personen für die Ausübung ihrer ehrenamtlichen Tätigkeit entweder keine Qualifizierungsmaßnahmen ergreifen oder sich durch den Besuch von Lehrgängen und Kursen für die konkrete Tätigkeit qualifizieren. So trainiert der Schatzmeister im Beispiel neben der verwaltenden Tätigkeit auch die Kindergruppe des Vereins „als Laie", ohne dafür pädagogisch qualifiziert zu sein. Allerdings könnte er im Rahmen seiner Tätigkeit eine vom Sportverein organisierte Fortbildung besucht haben und zum Übungsleiter ausgebildet worden sein.

Die Differenzierung nach dem Grad der Qualifikation ermöglicht eine gestufte Abgrenzung zur Laienarbeit im engeren Sinne, also zu einer Tätigkeit, die ohne Qualifikation ausgeübt wird. Diese Unterscheidung erscheint sinnvoll, da häufig mit dem Begriff des Ehrenamtes die Dienstleistungserbringung durch Laien verknüpft wird, gleichzeitig aber Anbieter von sozialen Dienstleistungen fachliche Qualitätsstandards – nachgewiesen durch formale Qualifizierungsabschlüsse der tätigen Personen – einhalten müssen. In fast allen Tätigkeitsbereichen ist eine Qualifizierung für ehrenamtlich übernommene Tätigkeiten denkbar und nicht unüblich.

Ein Ehrenamt wird grundsätzlich freiwillig, eigeninitiativ und unabhängig vom staatlichen Apparat ausgeübt.

Freiwilligkeit, Eigeninitiative und Unabhängigkeit vom staatlichen Apparat entsprechen dem Grundverständnis von bürgerschaftlichem Engagement und somit auch dem des Ehrenamtes. Dem liegt der Gedanke zugrunde, dass niemand zur Verrichtung einer ehrenamtlichen Tätigkeit gezwungen werden kann. Es kann davon ausgegangen werden, dass Organisationen keinerlei physischen, rechtlichen oder ökonomischen Zwang ausüben können, um Menschen zum Engagement zu bewegen. Damit wird klargestellt, dass es keine gegenseitigen (arbeits-)rechtlichen Verpflichtungen gibt und es den Engagierten freigestellt bleibt, für welches Aufgabenfeld sie sich in welchem zeitlichen Umfang einbringen. Damit wird freilich nicht ausgeschlossen, dass einzelne Maßnahmen wie Art, Ausführung, Umfang und Zeitpunkt der Tätigkeit reglementiert sein können oder es andere Formen von Regeln gibt, die Engagierte zu beachten haben. Auch bedeutet die Freiwilligkeit nicht, dass es über Art und Umfang der Tätigkeit keine Absprachen und Vereinbarungen geben kann.

Zweifel an den Kriterien Freiwilligkeit, Eigeninitiative und staatliche Unabhängigkeit sind allerdings dort anzumelden, wo Bürgerinnen und Bürger zur Übernahme von öffentlichen oder hoheitlichen Ämtern verpflichtet werden, was bei Schöffen oder Wahlhelfern der Fall ist (Beher/Liebig/Rauschenbach 2002: 112). Gleichwohl werden auch diese Tätigkeiten regelmäßig als Ehrenamt bezeichnet.

Fallkonstruktionen, die in die Nähe einer hoheitlichen Aufgabenerfüllung rücken, sind im Bereich des Katastrophenschutzes und bei Organisationen zu finden, die, dem Subsidiaritätsprinzip folgend, Aufgaben der öffentlichen Daseinsvorsorge übernommen haben. In zweierlei Hinsicht besteht daher Klärungsbedarf:

Erstens – Freistellung vom Wehrdienst: Wehrpflichtige Männer, die sich über einen Zeitraum von sechs Jahren zum ehrenamtlichen Dienst im Zivil- oder Katastrophenschutz verpflichtet haben, werden nach § 13a Wehrpflichtgesetz nicht zum Wehrdienst herangezogen, solange sie dieser Verpflichtung nachkommen. Insofern stellt sich durchaus die Frage, ob diese Tätigkeit tatsächlich freiwillig, eigeninitiativ und unabhängig vom staatlichen Apparat erbracht wird. Insbesondere nach Beginn des Engagements und Abschluss einer Verpflichtungserklärung ist die Austrittsbarriere für den Wehrpflichtigen sehr hoch. Der Grundsatz der Freiwilligkeit wird durch den Regelungsinhalt der gesetzlichen Norm gleichwohl nicht in einem so hohen Maße durchbrochen, dass vom Wehrdienst freigestellte Männer definitionsgemäß nicht mehr zur Gruppe der Ehrenamtlichen gehören. Die Entscheidung darüber, ob ein Wehrpflichtiger sich ehrenamtlich im Zivil- und Katastrophenschutz engagiert und als Nebeneffekt von der Ableistung des Wehrdienstes freigestellt wird, ist letztlich sein freier Wille und erfolgt eigeninitiativ.

Zweitens – Unabhängigkeit vom Staat: Wie bereits erwähnt, hat die Anwendung des Subsidiaritätsprinzips zur Folge, dass die Erbringung weit reichender sozialer Dienstleistungen durch staatliche Institutionen oder Sozialversicherungsträger auf Organisationen des Dritten Sektors übertragen wurde. Damit geht einher, dass Träger sozialer Dienstleistungen über Vertragsbeziehungen bzw. über Verwaltungsvorschriften oder gesetzliche Bestimmungen nicht frei von Zwängen gegenüber dem Staat sind und ihre Organisationsstrukturen schleichend angepasst haben. Zumindest ist eine hohe ökonomische Abhängigkeit der Institutionen gegenüber dem Staat entstanden, da die erbrachten Dienstleistungen öffentlich finanziert werden. Insoweit ist eine gewisse Abhängigkeit der sozialen Leistungsträger vom Staat nicht von der Hand zu weisen. Allerdings erscheint der Effekt systemimmanent für das Subsidiaritätsprinzip zu sein. Wenn Leistungen öffentlich finanziert, aber nicht durch staatliche Träger erbracht werden sollen, bedingt dies, dass sich der staatliche Sektor für die Aufgabenerfüllung Partner suchen muss. Hierdurch entsteht zwangsläufig eine Nähe der Vertragsparteien.

Gerade den ehrenamtlich Engagierten kommt hier eine besondere Funktion zu, die die Unabhängigkeit vom Staat garantiert. Für sie trifft die ökonomische Abhängigkeit aufgrund der Unentgeltlichkeit ihrer Leistung nicht zu. Insofern findet die Tätigkeit von ehrenamtlich Engagierten – zumindest in Bezug auf ihre Tätigkeiten – in weitgehender Unabhängigkeit vom Staat statt. Angesichts der Herausforderungen der demografischen Verschiebung, der postmodernen Patchworkfamilien und des Berufsnomadentums wird in Zukunft den Ehrenamtlichen und der Rekrutierung neuer Interessenten eine besondere Bedeutung zukommen (Strasser/Stricker 2008).

Literatur

Badelt, Christoph 2002: Ehrenamtliche Arbeit im Nonprofit Sektor. In: Badelt, Christoph (Hrsg.): Handbuch der Nonprofit Organisation. Strukturen und Management. Stuttgart: 573–604.

Beher, Karin/Krimmer, Holger/Rauschenbach, Thomas/Zimmer, Annette 2008: Die vergessene Elite. Führungskräfte in gemeinnützigen Organisationen. Weinheim und München.

Beher, Karin/Liebig Reinhard/Rauschenbach, Thomas 2000: Strukturwandel des Ehrenamtes: Gemeinwohlorientierung im Modernisierungsprozeß. Weinheim und München.

Beher, Karin/Liebig, Reinhard/Rauschenbach, Thomas 2002: Das Ehrenamt in empirischen Studien – ein sekundäranalytischer Vergleich. Stuttgart.

Cnaan, Ram A./Handy, Femida/Wadsworth, Margaret 1996: Defining Who Is a Volunteer: Conceptual and Empirical Considerations. In: Nonprofit and Voluntary Sector Quarterly. 25/03: 364–383.

Enquête-Kommission: ‚Zukunft des Bürgerschaftlichen Engagements', Deutscher Bundestag (Hrsg.) 2002: Bericht 'Bürgerschaftliches Engagement: auf dem Weg in eine zukunftsfähige Bürgergesellschaft'. Schriftenreihe, Band 4. Opladen.

Gensicke, Thomas/Picot, Sybille/Geiss, Sabine 2005: Freiwilliges Engagement in Deutschland 1999–2004. Ergebnisse der repräsentativen Trenderhebung zu Ehrenamt, Freiwilligenarbeit und bürgerschaftlichem Engagement. Durchgeführt im Auftrag des Bundesministeriums für Familie, Senioren, Frauen und Jugend. München.

Jakob, Gisela 2006: Anerkennungskultur als Ausdruck einer modernen Engagementförderung. In: Möltgen, Thomas: Ehrenamt – Qualität und Chance für die soziale Arbeit – Reader zur Sommeruniversität Ehrenamt 2006 Köln. Kevelaer: 62–77.

Lochner, Barbara 2008: Ehrenamtliches Engagement in Wohlfahrtsverbänden. Die Notwendigkeit ehrenamtliches Engagement in Wohlfahrtsverbänden neu zu bewerten und neu zu gestalten. Saarbrücken.

Mayerhofer, Helene 2003: Der Stellenwert Ehrenamtlicher als Personal in Nonprofit-Organisationen. In: Eckardstein, Dudo von/Ridder, Hans-Gerd (Hrsg.): Personalmanagement als Gestaltungsaufgabe im Nonprofit und Public Management. München: 97–118.

Putnam, Robert D. 1999: Demokratie in Amerika am Ende des 20. Jahrhunderts. In: Graf, Friedrich Wilhelm/Platthaus, Andreas/Schleissing, Stephan (Hrsg.): Soziales Kapital in der Bürgergesellschaft. Stuttgart: 21–70.

Schwarz, Peter 2000: Ehrenamt und Hauptamt. In: Hauser, Albert/Neubarth, Rolf/Obermair, Wolfgang: Sozial-Management: Praxis-Handbuch soziale Dienstleistungen. Neuwied: 379–393.

Strasser, Hermann/Stricker, Michael 2008: Bürgerinnen und Bürger als Helfer der Nation? In: Aus Politik und Zeitgeschichte (Beilage der Wochenzeitung Das Parlament), 12–13: 33–38.

Stricker, Michael 2007: Ehrenamt als soziales Kapital. Partizipation und Professionalität in der Bürgergesellschaft. Berlin.

Vogt, Ludgera 2005: Das Kapital der Bürger: Theorie und Praxis zivilgesellschaftlichen Engagements. Frankfurt am Main.

Winkler, Joachim 1998: Das Ehrenamt: zur Soziologie ehrenamtlicher Tätigkeit dargestellt am Beispiel der deutschen Sportverbände. Schorndorf.

Zimmer, Annette 2007: Vom Ehrenamt zum Bürgerschaftlichen Engagement. Einführung in den Stand der Debatte. In: Schwalb, Lilian/Walk, Heike: Local Governance – mehr Transparenz und Bürgernähe? Wiesbaden: 95–108.

Dieter Grunow

Selbsthilfe

In der Fachliteratur wird der Begriff Selbsthilfe häufig mit Selbsthilfegruppen gleichgesetzt (z.B. Runge/Villmar 1986; Röhrig 1991). Trotz der Tatsache, dass die Bedeutung des Themas nicht selten dieser spezifischen Entwicklung zugeschrieben wird (Hauff 1989), wird hier dieser Engführung nicht gefolgt sondern dem breiten Spektrum von Selbsthilfeaktivitäten in der Gesellschaft Rechnung getragen (Klingemann 1986; Grunow 1987; BMJFFG 1990).

Der Beitrag wird in drei Schritte gegliedert:

- Begriffliche Spezifikation
- Selbsthilfeformen
- Forschungskonzepte und Praxisperspektiven

Begriffliche Spezifikation

Selbsthilfe ist ein Alltagsbegriff mit vielfältigen Inhalten und Sinnbezügen. Sowohl wissenschaftliche Analysen als auch praktische Handlungskonzepte erfordern deshalb präzisierende Erläuterungen der Begriffsverwendung. Dies gilt umso mehr als der Begriff in gewisser Weise ein Paradox darstellt. Dies entsteht durch den Begriff „Hilfe", der als Unterstützungsleistung (Entlastung) umschrieben werden kann. Dieser Aktivität liegt in der Regel ein Bedarf an Hilfe bzw. an Unterstützung zu Grunde, der von den betreffenden Akteuren selbst festgestellt und/oder von Dritten beobachtet werden kann. Dieser Hilfebedarf impliziert nun aber gerade, dass sich der betreffende Akteur selbst nicht (hinreichend) helfen kann.

Das Paradox lässt sich teilweise in der Zeitdimension auflösen. Dabei wird unterstellt, dass die aktuelle externe Hilfe diesen externen Hilfebedarf in der Zukunft auflöst, d.h. dass der derzeit Hilfebedürftige sich dann wieder selbst helfen kann. Eine andere Variante könnte eine zeitsynchrone „Hilfe zur Selbsthilfe" darstellen, die ggf. eine Verknüpfung von Eigenleistung und Hilfe durch Dritte beinhaltet. Schließlich kann eine Auflösung des Widerspruchs durch verschiedene subjektive Bewertungen erfolgen. So könnte der Hilfebedarf subjektiv überschätzt bzw. das eigene Problembewältigungspotenzial unterschätzt werden, so dass die Aufforderung „versuch es selbst, Du kannst es" zu einer eigenständigen Bewältigung des Problems führen kann. Schließlich ist auch zu fragen, wessen Probleme (Hilfsbedürftigkeiten) zur Debatte stehen. Grundsätzlich werden die Begriffe „Problem" und „Hilfebedarf" sehr breit verwendet: sie können sich auf einzelne Personen, Gruppen, Organisationen, gesellschaftliche Sektoren, ganze Gesellschaften oder übergreifende Regionen beziehen. Je größer (z.B. im Sinne der Personenzahlen) der betrachtete Gegenstandsbereich ist, desto eher kann man von „Selbst"hilfe sprechen – auch wenn diese in spezifischen Situationen (Erdbeben; Finanzkrise einer Bank, Familienkonflikt) durch die Hilfe Dritter ergänzt werden kann (muss).

Dabei verliert man jedoch das Unterscheidungspotenzial des Begriffes und den Bezug zu den gesellschaftlichen Sektoren (Funktionssystemen), in denen man sich bewegt. Im Rahmen der in diesem Handbuch behandelten Themen ist die Grenzziehung dadurch möglich, dass der Schwerpunkt auf die Zivilgesellschaft und den so genannten Dritten Sektor gelegt wird, wobei es mit Verweis auf Begriffe wie „Bürgerschaftliches Engagement" auch um Aktivitäten im öffentlichen Interesse bzw. im öffentlichen Sektor geht: z.B. die Beteiligung an der örtlichen Sozialplanung, die Mitgestaltung von Grünflächen oder die Übernahme der Aufsicht in öffentlichen Schwimmbädern etc. Diese Praktiken werden häufig im Rahmen der Konzeption eines „Schlanken-Staates" oder einer „Bürgerkommune" erörtert. Selbsthilfe ist hierbei mit zwei verschiedenen Bedeutungen versehen: „Do it yourself, weil es deine Privatangelegenheit ist" oder die Bürger sollen öffentliche Aufgaben übernehmen, die zuvor meist in bzw. von öffentlichen Einrichtungen durchgeführt wurden und für die nun das Geld fehlt. Dies kann situativ sein (z.B. die Bekämpfung von Überschwemmungsfolgen) oder eine dauerhafte Übernahme von privater Verantwortung für Aufgaben in allgemeinem Interesse beinhalten. Aber selbst diese Zuordnung bleibt ambivalent, weil auch individuelle (private) Notsituationen der Fokus des Engagements sein können – u.a. weil die öffentliche Hand nicht (mehr) präsent ist. Die Entscheidung über die Verankerung der Praktiken ist also keineswegs klar und schon gar nicht dauerhaft zu treffen. Eine Besonderheit stellt dabei der juristische Selbsthilfebegriff dar, der ausdrücklich ein Eingreifen eines Privatmenschen zulässt, obwohl ein öffentlicher Funktionsträger dafür zuständig wäre. Dass der Selbsthilfebegriff in all diesen Situationen gleichermaßen sinnvoll verwendet werden kann, ist zu bezweifeln.

Um den Beitrag überschaubar zu halten und die Überlappungen mit anderen Themen dieses Handbuches zu minimieren wird folgende Schwerpunktsetzung vorgenommen: Als den Kern des Selbsthilfebegriffes sehen wir im Folgenden die Bewältigung von privaten Angelegenheiten, Aufgaben und Krisen. Es sind nicht die öffentlichen Aufgaben, die im Mittelpunkt stehen. Und es sind nicht die förmlichen und kollektiven sondern die privatindividuellen Formen der Hilfeleistung. Dabei wird allerdings nicht auf das „do it yourself" im strikten Sinne abgehoben, sondern die Beteiligung weiterer Personen eingeschlossen. In diesem Fall wird von „primär-sozialer Selbsthilfe" gesprochen, d.h. es geht um Selbsthilfe in informellen sozialen Netzwerken.

Auch wenn man Selbsthilfe auf die Bewältigung privater Probleme in primär-sozialen Netzwerken fokussiert, ist es sinnvoll, Komplementär- und Kontrastbegriffe zur Typisierung dieses Handlungsfeldes heranzuziehen und zugleich die oft fließenden Übergänge zu anderen Konfigurationen und Praktiken der Zivilgesellschaft in den Blick zu rücken.

Obwohl hier vor allem die Formen der Selbsthilfe betrachtet werden, sind diese nicht ohne Bezug zu dem Charakter des Hilfebedarfs bzw. der Probleme zu beschreiben. Definiert man ein „Problem" als Diskrepanz zwischen einem erwünschten (Soll-)Zustand und den realen Gegebenheiten (Ist-Zustand), dann kann man einen endlosen Problemkatalog zusammenstellen. Aus diesem Grund ist die wissenschaftliche Literatur wie die Praxisdiskussion primär auf gesellschaftlich bedeutsame Problemfelder ausgerichtet (chronische Gesundheitsprobleme, Suchtprobleme, Pflege, Kindererziehung u.a.m.). Eine querschnittsartige Behandlung von Selbsthilfe – wie in diesem Beitrag unternommen – fehlt weitgehend. Dabei muss gleichwohl – wenn auch nur illustrativ an Problemsituationen angeknüpft werden. Sehr vereinfacht lassen sich materielle und ideelle Probleme unterscheiden – die Hilfen sind dann materieller Art (z.B. Geldzuwendung) oder immaterieller Art (z.B. personbezogene Dienstleistungen). Die folgenden Ausführungen klammern die materiellen Probleme weitgehend aus – so z.B. die auf Geldmangel reagierende Selbsthilfe durch das Fälschen von Banknoten (Blüten) oder den Geldtransfer in der Verwandtschaft. Im Hinblick auf die immateriellen Probleme werden die personbezogenen Hilfen (z.B. Beratung, Babysitting) stärker berücksichtigt als die technischen Hilfen (Reparatur einer Dusche).

- Individuelle Selbsthilfe vs. Eigenarbeit im Haushalts-/Familienalltag
 Die schillernde Begrifflichkeit von Selbsthilfe wird an dieser Gegenüberstellung von Aktivitäten von Individuen besonders deutlich: soll das Waschen der eigenen Haare oder das Zubereiten einer Mahlzeit als Selbsthilfe angesehen werden – oder ist es besser mit dem Begriff Alltagsroutine zu fassen? Dies schließt natürlich nicht aus, dass auch solche Alltagsroutinen in bestimmten Fällen (z.B. bei Kleinkindern) zu einem Problem werden können, das externe Hilfe erfordert. Eine präzise Grenzziehung ist also kaum möglich; sie kann auch in der Zeitentwicklung systematisch verschoben werden, weil sich Sichtweisen verändern und – vor allem – weil die zunehmende funktionale Differenzierung der modernen Gesellschaften neues Wissen und Spezialisierungen hervorbringt, die ein verändertes Licht auf die Alltagsroutinen werfen.

- Individuelle Selbsthilfe vs. primär soziale Selbsthilfe
 Mit dieser Unterscheidung lässt sich der Kern dessen herausarbeiten, was hier als Selbsthilfe (mit Blick auf Dienstleistungen) erörtert wird. Es geht um die Unterstützungsleistungen im (Haushalts-)Alltag, die von Personen des sozialen Netzes (meist unter Beteiligung der betroffenen Person) geleistet werden. Die Formen der Selbsthilfe haben eine sachliche (auf

welches Problem wird reagiert), eine zeitliche (wie lange kann die Hilfe erbracht werden) und eine soziale Dimension (welche Beziehungen bestehen zu den helfenden Personen). Das primäre Netz ist die Familien- bzw. die Verwandtschaftsstruktur, der i.d.R. universalistische Beziehungen zu Grunde liegen; dagegen ist der Kreis der Freunde/Bekannten, Arbeitskollegen, Nachbarn sowie besondere Selbsthilfegruppen meist funktional spezifisch ausgerichtet. Die Hilfestellungen sind meist altruistisch und/oder beruhen auf Gegenseitigkeit (Reziprozität).

- Selbsthilfegruppen vs. Selbsthilfeorganisationen
  Die Selbsthilfegruppen (SHG) sind zwar ebenfalls mikrosoziale Gebilde, müssen jedoch von den anderen Mustern (wie Familie etc.) unterschieden werden, weil ihr Entstehen und ihre Funktion im engen Sinne durch Hilfebedarf induziert und problemspezifisch sind. In ihnen finden sich Personen zusammen (organisieren sich), die mit den gleichen Problemen konfrontiert sind – und sich auf Grund dieser gleichen Betroffenheit („Du stehst mit dem Problem nicht allein da") gegenseitig helfen können. Der Zusammenschluss Gleichbetroffener kann u.U. auch zur Artikulation von Interessen gegenüber Dritten (z.B. der Politik oder der organisierten Fremdhilfe) führen. Dazu werden Selbsthilfeorganisationen gegründet wie die Deutsche Rheumaliga. Sie nehmen meist eine Doppelfunktion wahr: die Artikulation von Interessen (der Betroffenen und ihrer Angehörigen) und die Koordination von diversen Arten von Selbsthilfe-Aktivitäten.

- Primär-soziale Selbsthilfe vs. organisierte Fremdhilfe
  Die funktionale Differenzierung der modernen Gesellschaft ermöglicht immer mehr und immer spezifischere (Dienst-)Leistungen, die von eigens dafür eingerichteten Organisationen und ihrem Personal erbracht werden. Dies kann freiwillig und unentgeltlich (altruistisch) erfolgen (z.B. durch kirchliche Wohlfahrtsverbände) oder durch Geldzahlung honoriert werden.

- Laienhilfe vs. professionelle Hilfe
  Ein Anlass für die Wiederentdeckung der Selbsthilfe war die Kritik an Qualität und Kosten der professionellen Fremdhilfe. Die organisatorische Ausdifferenzierung von personbezogenen Dienstleistungen ging meist mit einer Verberuflichung und Professionalisierung einher. Um diese Tätigkeiten zu unterstützen und gleichzeitig neue Erwerbsquellen zu erschließen, werden zudem technische Hilfsmittel produziert, die schließlich auch den Charakter von „verstofflichten Dienstleistungen" aufweisen können.

- Ko-Produktion und Substitution von primär-sozialer Selbsthilfe und organisierter (professioneller) Fremdhilfe
  Die Darstellung der verschiedenen Aspekte der Selbsthilfe hat nicht nur wegen der begrifflichen Unschärfen sondern auch aus gegenstandsbezogenen sachlichen Gründen immer wieder Interdependenzen erkennen lassen. Eine Präzisierung kann über die genauere Bestimmung von Sub-

stitutionsmöglichkeiten und/oder über die Komplementarität der verschiedenen Beiträge zur Problemlösung erfolgen: wer leistet was? In der Mikroanalyse der personbezogenen Dienstleistungen spricht man drüber hinaus von Ko-Produktion – soweit die hilfebedürftigen Personen auch bei organisierter professioneller Fremdhilfe mitwirken müssen.

Schaubild: Selbsthilfe-Muster im Überblick

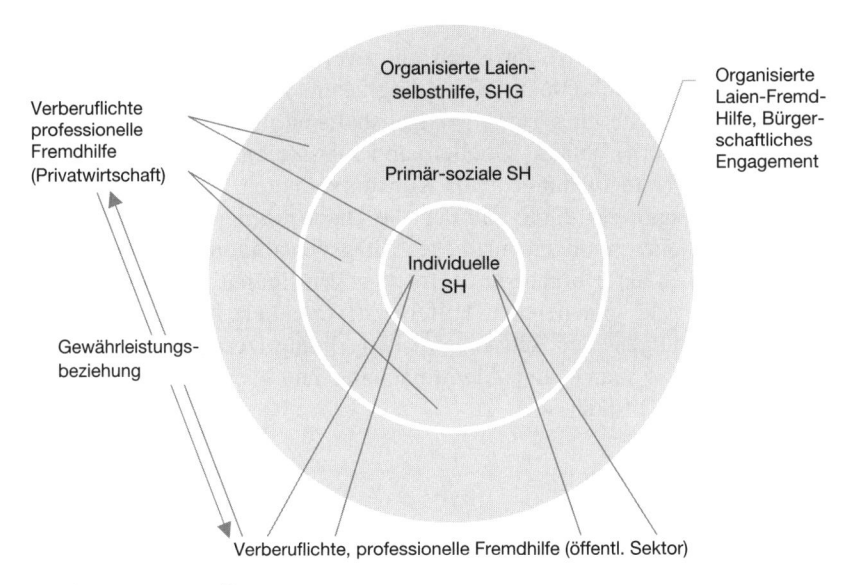

Quelle: Eigene Darstellung

Ein weit gefasster Begriff von Selbsthilfe umfasst alle drei im o. a. Schaubild dargestellten Kreise. Im Hinblick auf die Bereitstellung öffentlicher Hilfen wird mit dem Begriff der Subsidiarität quasi eine Rangfolge der Zuständigkeiten definiert: Erst wenn die Möglichkeiten der Kreise erschöpft sind kommen Leistungen der öffentlichen Hand ins Spiel. Dies ist allerdings zunächst nur eine normative Setzung, die in konkreten Arrangements nicht immer durchgehalten werden kann: eine präzise Bestimmung der Ausschöpfung von Selbsthilfepotenzialen ist eben nicht möglich. Eine alternative Kompensation für fehlende Selbsthilfepotenziale stellt das ggf. vorhandene Angebot am Markt dar – vorausgesetzt, die Nutzer können dafür zahlen. Die Angebote der Privatwirtschaft werden z. T. auch genutzt, um (öffentlich) rechtlich verbriefte Leistungen verfügbar zu machen. Hierfür hat sich in den letzten Jahren der Begriff der Gewährleistungsverwaltung durchgesetzt.

Selbsthilfeformen

Die Abgrenzungsschwierigkeiten bei der Bestimmung von Selbsthilfeaktivitäten wirken sich auch auf die empirische Beschreibung von Qualitäten und Quantitäten aus. Details können aus Umfangsgründen nicht präsentiert werden, sondern es geht um die Beschreibung typischer Zugangsweisen.

Selbsthilfe als individuelle „Hilfe" für sich selbst

Diese Selbsthilfevariante ist vor allem mit zwei Darstellungen verbunden: 1. die allgemeine Beschreibung von alltäglichen Verrichtungen, die sich u.a. mit der Arbeitsteilung zwischen Haushaltsmitgliedern (insbesondere Frauen und Männern) befasst; Quellen sind z.B. Zeitbudget-Studien, aber auch spezifische Untersuchungen zum Konsumverhalten, zur Freizeitgestaltung usw. (Opaschowski 2006: 312ff.); die Daten werden u.a. auch dafür verwendet, Kostenrechnungen für diese Alltagsbewältigung aufzustellen – vor allem wenn es dafür organisierte Hilfen gegen Entgelt gibt; 2. enger an dem faktischen oder potenziellen Hilfebedarf orientiert ist die Erfassung (von Einschränkungen) der Activities of daily living (ADL-Skala), ein Instrumentarium, das v.a. in der Altenforschung und -versorgung Verwendung (§ 14 SGB XI) findet.

Primär-soziale Selbsthilfe

Wie oben erläutert entspricht dieses Segment am ehesten dem, was allgemein mit dem Begriff bzw. dem Konzept Selbsthilfe assoziiert wird. Dabei kann zwischen unterschiedlichen Graden der Universalität oder Spezifität sozialer Beziehungsmuster in primär-sozialen Netzen unterschieden werden. Aktive Auswahl oder zufällige Zusammensetzung der sozialen Netze ist ein ebenfalls wichtiges Merkmal. Schließlich geht es auch um die Frage, ob ein Beziehungsmuster primär mit Blick auf Probleme/Hilfebedarf entstanden ist.

Zunächst werden die Netze betrachtet, die meist „irgendwie vorhanden" sind.

- (Familien-)Haushalt, Verwandte
  Die primäre Adresse für soziale Selbsthilfe sind Personen aus dem Familien- bzw. dem erweiterten Verwandtschaftskreis. Insofern kann man davon ausgehen, dass fast alle Bevölkerungsmitglieder diesbezügliche Aktivitäten durchführen. Die Sozialbeziehungen sind im Prinzip als universalistisch anzusehen, d.h. dass die Verwandtschaft für alle Arten von Hilfebedarf zu mobilisieren ist. Zudem können solche Hilfebeziehungen dauerhaft asymmetrisch sein: z.B. bei einer dauerhaften Betreuung eines behinderten Familienmitgliedes. De facto hängen konkrete Hilfeleistungen aber von der Qualität der Sozialbeziehungen, der anderweitigen Belastung der Personen (z.B. bei der so genannten Sandwichgeneration)

und der räumlichen Nähe ab. Eine zentrale Rolle spielen Hilfen zwischen den Generationen: z. B. der Aufwand für Kinderbetreuung und die Versorgung älterer Menschen.

- Nachbarn
  Nachbarn kann man sich nur im begrenzten Maße, z. B. durch Auswahl der Wohngegend, aussuchen. Das Potenzial für die Entwicklung sozialer Beziehungen besteht durch die räumliche Nähe und die damit u. U. gegebene gemeinsame Problem-Betroffenheit sowie die Möglichkeit der (wechselseitigen) Hilfeleistung. Nach den Haushaltsmitgliedern sind die Nachbarn einfach „am nächsten dran", können ggf. unmittelbar den Hilfebedarf beobachten. Die Hilfeleistungen basieren häufig auf dem Prinzip der Reziprozität: A leistet das Gleiche für B wie B für A (z. B. Blumen im Garten gießen). Die Arten der empirisch erfassten Selbsthilfe in der Nachbarschaft liegen daher auch in allen Aktivitäten, die durch die Situation geprägt sind: „konkurrenzlose" Leistungen auf Grund der räumlichen Nähe; Krisenreaktion („Erste Hilfe"), Beobachtung/Monitoring, Arbeitsteilung bei gewissen Verrichtungen (vom Einkauf etwas mitbringen) oder gemeinsame Problemlösungen (z. B. bei Überschwemmung).
  Aus der zufälligen sozialen Beziehungen mit situations-/raumspezifischen Hilfemustern können sich andere Formen entwickeln: z. B. Freundeskreise mit multifunktionalen Bezugspunkten oder bürgerschaftliche Initiativen, um die Lärmbelastung des Wohnquartiers zu bekämpfen. Sie können sogar organisierte verberuflichte Leistungen ersetzen oder ergänzen (wie z. B. die „Überwachung" der öffentlichen Sicherheit in der Nachbarschaft). Übersichtsdaten zur Nachbarschaftshilfe werden nicht erhoben; gleichwohl wird oft unterstellt, dass wegen der Individualisierung der Menschen oder wegen der Siedlungsformen (z. B. Hochhäuser) diese Form der sozialen Selbsthilfe stark verringert wurde bzw. nur noch in Krisensituationen funktioniert. Insofern gibt es neuerdings spezifische Modelle des Bauens und des Zusammenlebens mehrerer Familien.

- Arbeitskolleg/innen
  Für Arbeitskolleg/innen gelten ähnliche Prinzipien wie für die Nachbarschaft. Allerdings ist hierbei das soziale Netz meist in Organisationen eingebaut und von diesen beeinflusst. Die wechselseitige Hilfe ist deshalb zunächst auch auf die Situation am Arbeitsplatz konzentriert. Dabei können die Probleme vom Arbeitsplatz und seinen Anforderungen stammen, aber auch von den Personen mitgebracht werden: z. B. Personen mit Alkoholproblemen, deren Verhalten Arbeitskollegen beeinflusst und umgekehrt. Die Tatsache, dass viele Menschen im Durchschnitt weit mehr Stunden in der Woche mit Arbeitskolleg/innen verbringen als mit Haushalts- oder Familienmitgliedern bietet zugleich ein erhebliches Potenzial für andere Inhalte (z. B. Bewältigung von finanziellen Problemen) und andere Formen sozialer Vernetzung (z. B. Freundeskreis; solidarische Bekämpfung von Missständen im Betrieb). Systematische Daten

über die Inhalte und Intensität (wechselseitiger) Hilfeleistung unter ArbeitskollegInnen werden nicht erhoben.

Im nächsten Abschnitt werden soziale Beziehungen bzw. Netzwerke behandelt, die von den einzelnen Fokuspersonen gewählt werden (können).

- Freundeskreis; Bekannte
Im Gegensatz zu den bisher betrachteten Formen primär-sozialer Selbsthilfe kommen Netze von Bekannten und vor allem von Freunden durch bewusste Auswahlentscheidungen zustande. Dabei kann die Breite und Intensität der Verbindung sehr unterschiedlich ausfallen. Während viele Bekanntengruppen eher funktional spezifisch ausgerichtet sind – z.B. auf der Grundlage übereinstimmender Interessen oder Freizeitaktivitäten – haben enge Freundschaftsnetze mehr Ähnlichkeit mit Familienstrukturen. Im Hinblick auf Hilfeleistungen können letztere also universalistisch sein: man spricht über alle Themen und man hilft sich auch in verschiedenen Situationen.
Bekanntengruppen können sich allerdings auch explizit bilden, um bestimmte öffentlichen Probleme lösen zu helfen: z.B. Eltern, die um die Sicherheit ihrer Kinder auf dem Schulweg besorgt sind. Für die Zuordnung zur Selbsthilfe gehört hier, dass die Beteiligten i.d.R. auch Betroffene sind. Hier gibt es dann Überschneidungen mit Selbsthilfegruppen sowie mit organisierter Laien-Fremdhilfe oder bürgerschaftlichem Engagement.

Sonderformen mikro-sozialer Selbsthilfe

- Selbsthilfegruppen (incl. selbst organisierter Kinderkrippen u.Ä.)
Ein spezifischer Problembezug ist charakteristisch für die Entstehung von Selbsthilfegruppen (SHG). Sie sind nicht irgendwie da (wie Familien) oder kommen irgendwie zustande (wie Freundeskreise), um dann ggf. für (wechselseitige) Hilfeleistungen genutzt zu werden, sondern sie entstehen explizit für spezifische wechselseitige Hilfeleistungen. Dabei können die Probleme individuell verankert sein (z.B. Suchtkranke) oder ein Merkmal des sozialen Settings (Familie), des Umfeldes o.Ä. sein (z.B.: die Lärmbelästigung durch den Straßenverkehr). Vor allem das erstgenannte Muster hat in den letzten drei Jahrzehnten große Aufmerksamkeit erhalten. Seine Besonderheit liegt in der Verknüpfung von direkter oder indirekter individueller Betroffenheit einerseits mit den in der Betroffenheit verankerten Problemlösungs- bzw. Hilfepotenzialen andererseits: der Erfahrungsaustausch und die wechselseitige Unterstützung von gleichermaßen betroffenen Personen. Im Mittelpunkt stehen personale oder interpersonale (also physische, psychische oder soziale) Probleme.

Obwohl krankheitsbezogene SHG seit Beginn der Neubewertung von Selbsthilfe in den 1970er Jahren eindeutig dominieren (Borgetto 2004), wurden auch lebensproblembezogene SHG, versorgungsbezogene SHG Umweltschutz-Zusammenschlüsse und Gegenkultur-Zusammenschlüsse hervorgehoben (Kickbusch/Trojan 1981: 258 ff.). Die quantitative Bestimmung ist schwierig, weil es z.T. ein Prinzip der Gruppen ist, informell (autonom) und von der Öffentlichkeit unbeobachtet tätig zu werden. Man kann gegenwärtig von etwa 100.000 SHG in Deutschland ausgehen; etwa 3 bis 5% der Bevölkerung dürfte damit schon Erfahrungen gemacht haben – z.T. nicht ganz freiwillig, da SHG inzwischen schon Bestandteile von Therapie- und Reha-Plänen geworden sind (zusammenfassend: Grunow 2006). Die neuesten Bestandszahlen tragen die ca. 400 Bundesvereinigungen und Dachverbände der SHG zusammen (z.B. NAKOS 2008).

(Erfolgreiche) Selbsthilfegruppen können sich auch zu beratender Fremdhilfe als organisiertem Dienstleistungsangebot wandeln oder zumindest eine enge Verknüpfung mit organisierten und/oder professionellen Dienstleistern herstellen. Dies lässt sich vor allem im Gesundheitssektor beobachten.

Forschungskonzepte und Praxisperspektiven

Der Begriff „Forschungskonzepte" steht hier pauschal für alle Versuche, jenseits der reinen Bestandsbeschreibungen Wirkungszusammenhänge im Hinblick auf primär-soziale Selbsthilfe zu analysieren und zu erklären. Dabei ist zu beachten, dass es teilweise um sehr grundlegende Fragen der menschlichen Natur und des sozialen Zusammenhalts der Gesellschaft geht, die hier noch nicht einmal ansatzweise erörtert werden können. Es geht also nur um die Darstellung von Stichworten, die zu vertiefender Analyse anregen können.

- Altruismus (Nagel 2005): Besonderes Interesse wird u.a. der Rolle des Helfers bzw. der Helferin entgegen gebracht – vor allem, wenn diese mit „altruistischem Handeln" verknüpft ist.
- Gelernte Hilflosigkeit (Seligmann 1979): Das Prinzip der Subsidiarität verweist auf ein Risiko der dauerhaften und breit gestreuten Nutzung von Hilfeleistungen: im „chronifizierten" Zustand kann bei Hilfebedürftigen von „gelernter Hilflosigkeit" gesprochen werden: die betreffenden Personen werden unselbständig, antriebsarm und „bequem".
- Reziprozität (Tausch) (Stegbauer 2002): Hierbei wird die Wechselbeziehung zwischen Hilfebedürftigem und Helfendem thematisiert. Der Begriff bedeutet „Gegenseitigkeit", so dass damit auch grundlegende Tauschverhältnisse in den Blick gerückt werden (können).
- Social support (Nestmann 1988): Die Sozialpsychologie hat sich lange mit dem Thema „Soziale Unterstützung" als basalem Phänomen sozialen Zusammenhalts beschäftigt – wobei auch der Mangel an social support im Hinblick auf das psychische Wohlbefinden Beachtung findet.

- Soziale Alltäglichkeit (Grunow 1981): Selbsthilfe als Form sozialer Alltäglichkeit verweist auf den Prozess der „Normalisierung" von einseitigen oder wechselseitigen Hilfeleistungen. Der Kontrast zwischen nicht alltäglich bzw. außergewöhnlich einerseits und Alltagsroutine andererseits steht hierbei im Mittelpunkt. Die Forschung geht der Frage nach, wie sich solche Muster etablieren und vor allem wie sie über lange Zeit hinweg stabil gehalten werden können.
- Schnittstellenanalyse zu verberuflichten, professionellen und/oder entgeltbasierten Systemen (Jacobsen/Vosswinkel 2005): Die verschiedenen Formen der Selbsthilfe sind nicht strikt abzugrenzen. Dies gilt nicht nur für die Schnittstelle zur organisierten Laienhilfe (Fremdhilfe) und zum bürgerschaftlichen Engagement (öffentliche Angelegenheiten) sondern auch für die Schnittstelle zu beruflichen/professionellen, organisierten und sei es direkt oder indirekt (über Versicherungssysteme) bezahlten Dienstleistungen. Generell gilt es zu prüfen, ob überhaupt oder ggf. mit welchen Kosten und Folgeeffekten eine Substitution von mikrosozialer Selbsthilfe möglich ist. Häufiger geht es allerdings um die Analyse von komplementären Beziehungen, von gegenseitiger Ergänzung oder von Ko-Produktion.

Die zuletzt erwähnten Sachverhalte geben Hinweise auf Praxiskonzepte und -projekte, die das Ziel verfolgen, das Selbsthilfepotenzial verschiedener Bevölkerungs- und Betroffenengruppen zu fördern. In der Regel geht es dabei um Informationsvermittlung, um die Einübung von bestimmten alltagsbezogenen Praktiken oder um Organisationshilfen. Sie können sich auf Alltagsroutinen ebenso wie auf außergewöhnliche Ereignisse beziehen. Betrachtet man das Spektrum der Selbsthilfemuster und verknüpft man sie mit den Varianten von alltäglichem und nicht-alltäglichem Hilfebedarf in der Bevölkerung, dann müssen auch die Wege der Entwicklung von Selbsthilfefähigkeit als in qualitativer und quantitativer Hinsicht unüberschaubar eingestuft werden. Die sichtbaren Wege sind allenfalls die Spitze des Eisberges: Infobroschüren, Schulungskurse in der VHS, Verbraucherberatung, Gebrauchsanweisungen, Förderung von Selbsthilfegruppen, Demonstrationsvideos, Hotlines für Nachbarschaftshilfe oder Krisenbeistand usw. Der Hauptteil der Selbsthilfe-Aktivitäten, der durch primäre und sekundäre Sozialisation sowie durch learning by doing erworben wird, tritt erst bei Selbsthilfe-Versagen in Erscheinung – und das heißt konkret bei der Suche nach Substituten. Angesichts der gigantischen Kosten, die damit verbunden sein können, wird (stattdessen) oft mit Kampagnen zur Belebung von Selbsthilfekapazitäten reagiert. Dazu können dann allerdings auch alle Arten freiwilliger ehrenamtlicher oder wie immer sonst bezeichneter Unterstützungsleistung gehören. Für alle diese Formen nicht-berufsmäßiger und nicht-erwerbsmäßiger Aktivität wird zugleich sichtbar, dass sie keineswegs dauerhaft einfach so da sind, sondern von Generation zu Generation weitervermittelt und aktiviert werden müssen.

Literatur

Borgetto, Bernhard 2004: Selbsthilfe und Gesundheit. Berlin.
BMJFFG (Hrsg.) 1990: Private Unterstützungsnetze. Schriftenreihe des BMJFFG, Bd. 257. Bonn.
Diewald, Martin 1991: Soziale Beziehungen: Verlust oder Liberalisierung? Soziale Unterstützung in informellen Netzwerken. Berlin.
Grunow, Dieter 1981: Formen sozialer Alltäglichkeit: Selbsthilfe im Gesundheitswesen. In: Badura, Bernhard/Ferber, Christian v. (Hrsg.) 1981: Selbsthilfe und Selbstorganisation im Gesundheitswesen. München: 125–146.
Grunow, Dieter 1987: Ressourcen wechselseitiger Hilfe im Alltag. In: Keupp, Rainer/Röhrle, Bernd (Hrsg.), Soziale Netzwerke. Frankfurt/Main: 245–267.
Grunow, Dieter 1991: Laienpotential (im Gesundheitswesen) für wen? – von den Schwierigkeiten, sich helfen zu lassen. In: Nippert, Reinhardt P./Willi, Pöhler/Slesina, Wolfgang (Hrsg.): Kritik und Engagement. München: 213–224.
Grunow, Dieter 2006: Selbsthilfe. In: Hurrelmann, Klaus/Laaser, Ulrich/Radzum, Oliver (Hrsg.): Handbuch Gesundheitswissenschaften. Weinheim und München: 1053–1076
Hauff, Michael v. 1989: Neue Selbsthilfebewegung und staatliche Sozialpolitik. Wiesbaden.
Jacobsen, Heike/Voswinkel, Stephan (Hrsg.) 2005: Der Kunde in der Dienstleistungsbeziehung: Beiträge zur Soziologie der Dienstleistung. Wiesbaden.
Kickbusch, Ilona/Trojan, Alf (Hrsg.) 1981: Gemeinsam sind wir stärker. Frankfurt a.M.
Klingemann, Harald (Hrsg.) 1986: Selbsthilfe und Laienhilfe. Lausanne.
Nagel, Thomas 2005: Die Möglichkeit des Altruismus. Berlin.
NAKOS 2008, Jahresbericht Selbsthilfe Berlin.
Nestmann, Frank 1988: Die alltäglichen Helfer. Theorien sozialer Unterstützung und eine Untersuchung alltäglicher Helfer aus vier Dienstleistungsberufen. Berlin, New York.
Opaschowski, Horst W. 2006: Einführung in die Freizeitwissenschaft. Wiesbaden.
Röhrig, Peter 1991: Gesundheitsselbsthilfe. Stuttgart, New York.
Runge, Brigitte/Vilmar, Fritz 1986: Auf dem Weg zur Selbsthilfegesellschaft? Essen.
Seligman, Martin E. P. 1979: Erlernte Hilflosigkeit. München, Wien, Baltimore.
Stegbauer, Christian 2002: Reziprozität. Einführung in soziale Formen der Gegenseitigkeit Wiesbaden.

Gisela Jakob

Freiwilligendienste

Die Freiwilligendienste erfahren in den letzten Jahren eine ungeahnte Aufmerksamkeit und Aufwertung in Öffentlichkeit und Politik. Die Enquete-Kommission „Zukunft des Bürgerschaftlichen Engagements" des Deutschen Bundestags (2002: 251 ff.) würdigt sie als „besondere, staatlich geförderte Form bürgerschaftlichen Engagements" und empfiehlt ihren Ausbau als Lernort für die Übernahme sozialer Verantwortung. Dem wurde in dem Gesetz zur Förderung von Jugendfreiwilligendiensten 2008 Rechnung getragen, indem die Freiwilligendienste als „besondere Formen des bürgerschaftlichen Engagements", die die „Bildungsfähigkeit der Jugendlichen" fördern, bestimmt werden (§ 1 Abs. 1 JFDG). Anknüpfend an die neuere Bildungsdebatte werden die Freiwilligendienste in ihrer Bedeutung als Lernorte für nicht-formale und informelle Bildungsprozesse diskutiert.

Über die bildungs- und engagementpolitische Aufmerksamkeit hinausgehend lässt sich in den letzten Jahren ein verstärkter staatlicher Zugriff auf die Freiwilligendienste beobachten, der mit der Einrichtung eines Bundesfreiwilligendienstes in der Regie der ehemaligen Bundesamtes für Zivildienst seinen vorläufigen Höhepunkt erreicht hat. Damit setzt sich ein Trend fort, der bereits mit der Reform des Zivildienstgesetzes und des Jugendfreiwilligendienstgesetzes 2002 und dem damit ermöglichten Ersatz des Zivildienstes durch einen Freiwilligendienst begonnen hat. In den Kontext einer zunehmenden staatlichen Indienstnahme gehört auch die stark steuernde Rolle, die der Staat, vertreten durch die drei zuständigen Bundesministerien, bei den generationsbezogenen Freiwilligendiensten sowie den neu geschaffenen internationalen Freiwilligendiensten „weltwärts" und „kulturweit" übernommen hat. Damit werden staatsnahe Trägerstrukturen geschaffen, und die zivilgesellschaftliche Ausrichtung der Freiwilligendienste wird zugleich geschwächt. Einzelne Akteure warnen bereits vor einer „Verstaatlichung" der Freiwilligendienste (Brombach 2009).

In dem vorliegenden Beitrag wird der derzeit zu beobachtende Wandel der Freiwilligendienste anhand von fünf zentralen Entwicklungstrends rekonstruiert: der Ausweitung und Ausdifferenzierung der Formen, Trägerstrukturen und Einsatzfelder, der Nutzung als integrationspolitisches Instrument, der zunehmenden Internationalisierung und Öffnung für alle Generationen sowie der Ausweitung der staatlichen Steuerung in dem Bereich.

Freiwilligendienste – eine begriffliche Annäherung

Freiwilligendienste sind eine besondere Form bürgerschaftlichen Engagements, deren organisatorische Struktur durch vertragliche Regelungen festgelegt ist. Im Unterschied zu anderen Formen bürgerschaftlicher Tätigkeiten sind Dauer, Aufgaben und Zielsetzungen sowie Einsatzstellen und Trägerstrukturen verbindlich geregelt und werden in vertraglichen Vereinbarungen zwischen den Trägerorganisationen und den Teilnehmer-/innen ausformuliert. Das Freiwillige Soziale Jahr (FSJ) und das Freiwillige Ökologische Jahr (FÖJ) als die beiden klassischen, gesetzlich geregelten Jugendfreiwilligendienste können von Jugendlichen und jungen Erwachsenen nach Beendigung der Schulpflicht bis zum Alter von 27 Jahren im In- und Ausland absolviert werden. Die Dienste sind Vollzeitdienste, die in der Regel ein Jahr oder auch bis zu 18 oder in Ausnahmefällen sogar bis zu 24 Monate dauern können. Die Freiwilligen erhalten Taschengeld, Unterkunft und Verpflegung.

Neben den gesetzlich geregelten Jugendfreiwilligendiensten gibt es darüber hinaus privatrechtlich geregelte Freiwilligendienste, die nicht einem Bundesgesetz oder einer EU-Verordnung unterliegen, sich aber am Modell von FSJ und FÖJ orientieren.

Über diese formalen Kriterien hinausgehend besteht der inhaltliche Kern der Jugendfreiwilligendienste im Zusammenspiel von Bildungsprozess und Orientierungsphase einerseits und Übernahme sozialer Verantwortung und Tätigkeit mit „Ernstcharakter" andererseits (Jakob 2004). Die Dienste sind im Übergang zwischen Schule und Ausbildung bzw. Beruf angesiedelt sind und ermöglichen den Teilnehmer-/innen in dieser Statuspassage umfassende berufliche, soziale und persönliche Bildungsprozesse. Lern- und Bildungserfahrungen werden dadurch ermöglicht, dass die jungen Freiwilligen in verantwortungsvolle Tätigkeiten eingebunden sind und mit der obligatorischen pädagogischen Begleitung die Möglichkeit erhalten, fachliches Wissen zu erwerben und ihre Erfahrungen zu reflektieren.

Neben den Jugendfreiwilligendiensten wurde im Kontext des Bundesprogrammes „Freiwilligendienst aller Generationen" ein völlig neuer Typus von Freiwilligendiensten etabliert, der mit der Aufnahme in den gesetzlichen Unfallversicherungsschutz (§ 2 Abs. 1a SGB VII) seit kurzem auch gesetzlich geregelt ist. Freiwilligendienste sind demnach Tätigkeiten, die mindestens 8 Wochenstunden und 6 Monate dauern und Angehörigen aller Generationen bereitstehen. Mit dieser sog. Legaldefinition wird der Freiwilligendienst-Begriff ausgeweitet und wird dabei allerdings auch diffus, weil unklar ist, was denn nun die formale und inhaltliche Struktur eines Freiwilligendienstes ausmacht. Der geplante Bundesfreiwilligendienst, der nach Aussetzen der Wehrpflicht voraussichtlich 2011 beginnen wird, verstärkt diese Unklarheiten weiter. Zielgruppen sind neben Jugendlichen und jungen

Erwachsenen Angehörige aller Generationen, die sich mindestens 20 Stunden/Woche zu einem Freiwilligendienst verpflichten.

Ausdifferenzierung und Ausweitung

Gesetzlich geregelte Freiwilligendienste

Bereits seit den 1990er Jahren lässt sich der Prozess einer Ausdifferenzierung der Freiwilligendienste beobachten. Mit dem *Freiwilligen Ökologischen Jahr (FÖJ)* wird 1993 ein weiterer Freiwilligendienst neben dem bis dahin etablierten *Freiwilligen Sozialen Jahr (FSJ)* geschaffen. Während das FSJ in den Bereichen Soziales, Gesundheit, Pflege und Behinderung angesiedelt ist, weiten sich damit die Einsatzfelder für junge Freiwillige auf Bereiche des Umwelt- und Naturschutzes aus. Diese Entwicklung setzt sich fort, als im Jahr 2002 mit der Novellierung der FSJ- und FÖJ-Gesetze die gesetzliche Grundlage für ein FSJ im Sport und im Kulturbereich geschaffen wurde. Zwar ist das FSJ im sozialen und wohlfahrtspflegerischen Bereich nach wie vor der Freiwilligendienst mit der höchsten Zahl an Teilnehmer-/innen (siehe die tabellarische Übersicht weiter unten). Die anderen Freiwilligendienste haben sich aber als kleine Bereiche etabliert, die gut nachgefragt sind.

Eine weitere Neuerung bestand darin, dass 2002 erstmals das FSJ und das FÖJ im Ausland geregelt worden sind, so dass sich mittlerweile ein kleines Segment von etwa 1.700 gesetzlich geregelten Freiwilligendienstplätzen im Ausland herausgebildet hat, von denen allerdings der weitaus größte Teil (1.200 Plätze im Jahr 2008) von Zivildienstleistenden belegt wurde, die auf der Grundlage des § 14 c ZDG einen Freiwilligendienst erbringen.[1]

Die Zahl der gesetzlich geregelten und im Rahmen des Bundeskinder- und jugendplans geförderten Freiwilligendienste ist in den letzten Jahren stetig gestiegen, von 2001/02 knapp 13.000 Plätzen auf mehr als 18.000 Plätze im Jahr 2007/08 (BMFSFJ 2008; auch Autorengruppe Bildungsberichterstattung 2010: 263). Darüber hinaus haben auch die Träger angesichts der starken Nachfrage bei den Jugendlichen und bei den Einrichtungen unabhängig von einer staatlichen Förderung zusätzliche Freiwilligendienstplätze geschaffen, deren Anzahl aber nicht systematisch erfasst wird. Der Bundesarbeitskreis FSJ, ein Zusammenschluss der FSJ-Trägerorganisationen, geht davon aus, dass im Jahr 2008 insgesamt knapp 35.000 junge Freiwillige ein FSJ im In- oder Ausland absolviert haben (Brombach 2009: 4). Hinzu kommen knapp 2.300 Teilnehmer-/innen im FÖJ (BMFSFJ 2008).

---

1 Die Zahlen beruhen auf verschiedenen Quellen: Auskünften aus dem für die gesetzlich geregelten Freiwilligendienste zuständigen BMFSFJ und auf der Statistik des Bundesamtes für Zivildienst (www.zivildienst.de). Je nach Quelle und Erhebungszeitpunkt können sich die Zahlen unterscheiden.

Lokal und regional begrenzte Freiwilligendienste

Jenseits der gesetzlichen Vorgaben von vertraglich geregelten, einjährigen Vollzeit-Freiwilligendiensten in Trägerschaft etablierter Verbände sind in den letzten Jahren von Stiftungen wie der Robert Bosch Stiftung (Guggenberger 2000), Kirchengemeinden (Baldas/Roth 2003), einzelnen regionalen Trägern und Bundesländern *neue Freiwilligendienste* für junge Menschen eingerichtet worden. Diese neuen Formen orientieren sich zwar am Vorbild des FSJ und FÖJ, unterliegen allerdings nicht unbedingt den gesetzlichen Regelungen, haben andere Finanzierungsmodalitäten und experimentieren mit neuen Formen und Vorgaben.[2]

Bereits 2001 hat das baden-württembergische Sozialministerium in Kooperation mit der Landesstiftung Baden-Württemberg das mittlerweile beendete Modellprojekt eines *„Lokalen Freiwilligendienstes"* initiiert, das Jugendlichen im Alter zwischen 14 und 27 Jahren einen flexiblen unentgeltlichen Einsatz zwischen 40 Stunden und 12 Monaten ermöglichte und dabei neue Zielgruppen wie Schüler-/innen und Studierende im Blick hatte. Bei der Organisation kamen dabei neben den klassischen Freiwilligendienstträgern auch neue Akteure wie lokale Anlaufstellen für Engagementförderung und Freiwilligenagenturen ins Spiel.

Die Landesregierungen in Hessen und Rheinland-Pfalz haben ab dem Schuljahr 2008/09 ein Freiwilliges Soziales Jahr an Schulen eingerichtet. In Hessen waren im Jahrgang 2008/09 bereits 263 Teilnehmer-/innen in einem FSJ und 27 junge Männer im Rahmen ihres Zivildienstes an 290 Schulen tätig (Hessischer Landtag 2008). Das Projekt wird vom Kultusministerium finanziell unterstützt und in Kooperation mit etablierten FSJ-Trägern durchgeführt.

Weitere lokal begrenzte Freiwilligendienste, die sich am FSJ orientieren, aber neue Träger und Einsatzstellen eröffnen, sind z.B. das *FSJ im Rahmen von Städtepartnerschaften*, das von der Kölner Freiwilligenagentur durchgeführt wird (www.freiwillig-koeln.de). Einzelne örtliche Jugendverbände bieten sog. *Kurzzeit-Dienste* an, die sich auf wenige Stunden im Monat beschränken.

Mit diesen neuen Modellen reagieren die Organisationen auf einen Bedarf bei den Jugendlichen, die sich jenseits der Vorgaben eines gesetzlich geregelten Vollzeit-Freiwilligendienstes zeitlich befristet engagieren wollen. Damit ist allerdings auch verbunden, dass sich die Grenzen zwischen einem Freiwilligendienst und einem „regulären" bürgerschaftlichen Engagement auflösen und der Freiwilligendienst-Begriff diffundiert.

---

2 Im Rahmen dieses Beitrages können keineswegs alle neuen Freiwilligendiensten vorgestellt werden, sondern die Auflistung hier repräsentiert eine Auswahl.

Freiwilligendienste als integrationspolitisches Instrument

In den Freiwilligendiensten sind die Gruppe der sozial benachteiligten Jugendlichen ebenso wie die Gruppe der Freiwilligen mit Migrationshintergrund bislang erheblich unterrepräsentiert. Nur 11% der FSJ- und FÖJ-Teilnehmer-/innen waren im Jahr 2003 junge Menschen mit einem Hauptschulabschluss, während 37% einen Realschulabschluss und 51% Abitur hatten (Engels/Leucht/Machalowski 2008: 133). Nur etwa 6 bis 7% der Teilnehmer-/innen sind junge Freiwillige aus dem Ausland, in Deutschland lebende Freiwillige mit ausländischer Herkunft, Migrant-/innen und Spätaussiedler-/innen (ebd. 2008: 134). 37% der FSJ- und 46% der FÖJ-Träger hatten in den Jahren 2003 bis 2005 keine Teilnehmer-/innen mit Migrationshintergrund (ebd. 2008: 134–135). Dieser geringe Anteil von Migrant-/ -innen ist in Zugangsbarrieren bei den jungen Migrant-/innen selbst sowie auch in den hohen Anforderungen mancher Einsatzstellen und in nach wie vor wirksamen Ausgrenzungsmechanismen der Organisationen und Einrichtungen begründet.

Angesichts dieses Defizits haben einzelne Träger und das BMFSFJ in den letzten Jahren gezielt Projekte in Gang gesetzt, um Möglichkeiten zur Integration von sozial benachteiligten Freiwilligen und Teilnehmer-/innen mit Migrationshintergrund zu erproben (vgl. Liebig 2009). Ein erster Versuch war das 1999 bis 2004 laufende Modellprojekt eines *„Freiwilligen Sozialen Trainingsjahrs" (FSTJ)*, das im Kontext des Bundesprogramms „Entwicklung und Chancen junger Menschen in sozialen Brennpunkten" als niedrigschwelliges Angebot für benachteiligte Jugendliche im Übergang zwischen Schule und Beruf konzipiert war (Förster/Kuhnke/Skrobanek 2006).

In dem Projekt FSJ^{plus} des Diakonischen Werkes Württemberg wird der zwei Jahre dauernde Freiwilligendienst mit einem Realschulabschluss verknüpft (vgl. Diakonisches Werk der evangelischen Kirche in Württemberg 2007). Die 20 bis 30 jungen Erwachsenen mit Hauptschulabschluss sind während ihres Freiwilligendienstes abwechselnd in sozialen Einrichtungen tätig und in Schulunterricht eingebunden.

Das vom BMFSF geförderte Modellprogramm *„Freiwilligendienste machen kompetent"* zielte darauf, bildungsbenachteiligte Jugendliche, darunter auch junge Migrant-/innen, für einen Freiwilligendienst zu gewinnen (www.fwd-kompetent.de, Hoorn/ Rindt/ Stampfl 2010). In acht Projekten an zwölf Standorten wurde erprobt, ob und wie ein FSJ oder ein FÖJ organisiert sein müssen, um Jugendliche ohne Schulabschluss oder mit Hauptschulabschluss für einen Freiwilligendienst zu gewinnen, der zugleich die Bildungs- und Berufsfähigkeit der Teilnehmer-/innen stärkt. Das Programm wurde von FSJ und FÖJ-Trägern umgesetzt. An einzelnen Standorten haben dabei klassische Freiwilligendienstträger mit Migrantenselbstorganisationen als neuen Trägern zusammen gearbeitet.

Im Dezember 2008 hat das Projekt „*Migrantenorganisationen als Träger von Freiwilligendiensten*" begonnen, bei dem die Türkische Gemeinde in Deutschland, der Berliner Senat und das BMFSFJ kooperieren (www.mofreiwilligendienste.de).

Mit diesen neuen Freiwilligendiensten reagieren Politik und Trägerorganisationen darauf, dass die Gruppe der heranwachsenden Kinder und Jugendlichen und damit auch die Zielgruppen für einen Freiwilligendienst heterogener werden. Mehr als ein Viertel der jungen Menschen im Alter bis 25 Jahre (insgesamt 5,8 Mio. Menschen) und rund ein Drittel der Kinder unter sechs Jahren (1,4 Mio. Kinder) haben mittlerweile einen Migrationshintergrund (Liebig 2009: 32). Neben integrationspolitischen Gründen wird für die Trägerorganisationen und Einrichtungen die Gruppe der jugendlichen Migrant-/innen immer wichtiger, um weiterhin die im Rahmen von Freiwilligendiensten erbrachten Leistungen aufrecht zu erhalten.

Alle diese Freiwilligendienste, die besondere Maßnahmen für benachteiligte Jugendliche vorhalten, bewegen sich auf dem schmalen Grad von Freiwilligendiensten und Jugendberufshilfe. Aus der Perspektive der Freiwilligendienste besteht deshalb eine Anforderung darin, dass nicht arbeitsmarkt- und berufspolitische Inhalte und Zielsetzungen überwiegen, sondern dass die Besonderheit eines Freiwilligendienstes als Ort für umfassende Bildungsprozesse und als bürgerschaftliches Engagement erhalten bleibt.

Trend zur Internationalisierung

Als weitere Entwicklung lässt sich eine Tendenz zur Ausweitung der internationalen bzw. Auslands-Freiwilligendienste beobachten.

Internationale Freiwilligen- und Friedensdienste

Mit den Friedens- und Jugendgemeinschaftsdiensten, die sich in den Jahren nach dem Zweiten Weltkrieg im Umfeld der beiden Kirchen und anderer Religionsgemeinschaften herausgebildet haben und vom Gedanken der Versöhnungs- und Friedensarbeit getragen waren, wurden die Grundlagen für internationale Freiwilligendienste gelegt (vgl. Gestrich 2000, Stell 2000). Nach einer Statistik des Arbeitskreises Lernen und Helfen in Übersee, einem Zusammenschluss von Trägern internationaler Freiwilligendienste, nahmen im Jahr 2007 insgesamt 1.330 Freiwillige an einem FSJ im Ausland und 68 an einem FÖJ im Ausland teil (AKLHÜ 2008). Darüber hinaus waren im Jahr 2007 insgesamt 4.262 junge Menschen in einen sog. privatrechtlich geregelten Freiwilligendienst in den Mitgliedsorganisationen des AKHLÜ integriert (AKLHÜ 2008). 57 % davon waren allerdings Engagements in Workcamps, die zwischen 3 und 12 Wochen gedauert haben.

Europäischer Freiwilligendienst (EFD)

Eine explizit europapolitische Ausrichtung haben die Freiwilligendienste mit dem Europäischen Freiwilligendienst (EFD) erhalten, der nach einer Modellphase 1998 eingeführt wurde und auch in dem neuen, seit 2007 gültigen Programm der EU-Kommission, JUGEND IN AKTION, fortgeführt wird (Europäische Kommission 2007). Der EFD soll dazu beitragen, die Idee von einem europäischen Bildungsraum voranzutreiben, bei den Teilnehmer-/innen das Bewusstsein für die europäische Integration zu fördern und ihnen interkulturelle Erfahrungen zu ermöglichen (vgl. Sieveking 2000). Zwar ist der EFD auch in dem neuen, bis 2013 gültigen Jugendprogramm der EU-Kommission ein fester Bestandteil. Mit seinen ca. 1.200 Plätzen, die in Deutschland für die Entsendung und die Aufnahme Freiwilliger im Jahrgang 2008/09 gefördert wurden, ist er allerdings ein kleiner Bereich geblieben, der die hohe Nachfrage nicht decken kann.

Die neuen internationalen Freiwilligendienste „weltwärts" und „kulturweit"

Seit 2008 bzw. 2009 gibt es den neuen entwicklungspolitischen Freiwilligendienst „weltwärts" und den auf die internationale Kulturarbeit ausgerichteten Dienst „kulturweit". Während die Ressortzuständigkeit für Freiwilligendienste bislang beim Bundesjugendministerium (BMFSFJ) lag, treten mit den neuen Freiwilligendiensten erstmalig auch andere Bundesministerien auf den Plan. „Weltwärts" wird unter der Federführung des Bundesministeriums für Entwicklung und Zusammenarbeit (BMZ) durchgeführt. „Kulturweit" ist vom Auswärtigen Amt in Kooperation mit der Deutschen UNESCO-Kommission initiiert worden.

In beiden Freiwilligendiensten werden junge deutsche Freiwillige in Entwicklungsländer und in Staaten Mittel- und Osteuropas entsandt. „Weltwärts" hat dabei einen explizit entwicklungspolitischen Auftrag und soll einen „Beitrag zur entwicklungspolitischen Informations- und Bildungsarbeit" erbringen (Bundesministerium für wirtschaftliche Zusammenarbeit und Entwicklung 2007). In dem Programm „kulturweit" engagieren sich die Teilnehmer-/innen primär in Institutionen der Auswärtigen Kultur- und Bildungspolitik wie den Auslandsinstituten des Deutschen Akademischen Austauschdienstes, dem Deutschen Archäologischen Instituts, dem Goethe-Instituts, dem Pädagogischen Austauschdienst und der Zentralstelle für das Auslandsschulwesen (Kettner 2009). Den Teilnehmer-/innen sollen Lern- und Bildungserfahrungen in fremden Kulturen ermöglicht werden. Beide Freiwilligendienste zielen desweiteren darauf, mit dem Freiwilligendienst die jeweiligen Partnerorganisationen und den Aufbau zivilgesellschaftlicher Strukturen zu unterstützen.

Im Jahrgang 2009/10 waren über 3.521 Freiwillige mit „weltwärts" unterwegs, davon 60,1% junge Frauen (vgl. www.bildungsbericht.de/daten

2010/d5_2010.xls). Bei einem vollen Ausbau sind 10.000 Plätze vorgesehen, die mit einem Etat von 70 Mio. Euro gefördert werden sollen.[3] „Kulturweit" ist für max. 400 Teilnehmer-/innen konzipiert und verfügt über einen Etat von 4 Mio. Euro.

Auch wenn der Ausbau der internationalen Freiwilligendienste zu begrüßen ist und dies dem Interesse junger Menschen nach solchen Tätigkeiten entspricht, weisen die neuen Freiwilligendienste einige strukturelle Probleme auf. Bislang ist offen, ob das Engagement junger Freiwilliger ohne einschlägige berufliche Qualifizierung einen sinnvollen und nützlichen Beitrag zur Entwicklung in den jeweiligen Ländern erbringen kann. In Fachkreisen wird bemängelt, dass beide Freiwilligendienste nur die Entsendung junger Freiwilliger aus Deutschland vorsehen, jungen Menschen aus den Entwicklungsländern aber keine Möglichkeit für einen Freiwilligendienst in Deutschland eröffnet wird.[4] Darüber hinaus wird die vergleichsweise üppige finanzielle Ausstattung der Freiwilligendienste kritisiert, während die gesetzlich geregelten Freiwilligendienste im In- und Ausland erheblich unterfinanziert sind. Die staatliche Förderung in dem „weltwärts"-Programm liegt mit einer projektbezogenen Zuwendung von 580 Euro im Monat erheblich über der Unterstützung eines FSJ-Platzes im Ausland, der bislang mit 92 Euro pro Monat gefördert wird.[5]

Aus einer sozialpolitischen Perspektive werfen die neuen Freiwilligendienste ein Gerechtigkeitsproblem auf. Aufgrund der Zugangsvoraussetzungen eines Mindestalters von 18 Jahren und geforderter Fremdsprachenkenntnisse werden vor allem junge Menschen in ihrer Entwicklung unterstützt, die bereits über gute berufliche Startchancen verfügen. Die vorliegenden Teilnehmerzahlen von „weltwärts" zeigen, dass dies in erster Linie ein Programm für Abiturient-/innen ist, während junge Menschen mit anderen Schulabschlüssen ausgegrenzt bleiben. 70 % der Teilnehmer-/innen sind Abiturient-/innen und rund 20 % Studierende (Baur 2009). Der Anteil der Haupt- und Realschulabsolvent-/innen liegt bei nur rund 10 %.

Mit beiden Programmen werden neue Freiwilligendienste in staatlicher Regie etabliert, während die Position zivilgesellschaftlicher Organisationen als den klassischen Trägern von Freiwilligendiensten geschwächt wird. So nimmt bei „weltwärts" der Deutsche Entwicklungsdienst (ded) eine dominierende Rolle ein, indem er mit der Umsetzung des Programms beauftragt

---

3 Zwischenzeitlich war in der Öffentlichkeit von einer Kürzung des Etats die Rede. Das federführende Ministerium hat die Nachricht allerdings dementiert.
4 In einer sog. Potsdamer Erklärung haben sich auch Rückkehrer-/innen, die einen Freiwilligendienst im Rahmen des „weltwärts"-Programms absolviert haben, für ein Incoming von jungen Freiwilligen aus Entwicklungsländern ausgesprochen (Potsdamer Erklärung 2009).
5 Mit der Einführung des Bundesfreiwilligendienstes und einer neuen gesetzlichen Grundlage soll die staatliche Förderung für 3.000 Plätze im Bereich der Internationalen Freiwilligendienste auf 350,- €/Monat erhöht werden (vgl. Eckpunkte des Bundesfreiwilligendienstes 2010).

worden ist und zugleich einen der größten Träger des neuen Freiwilligendienstes repräsentiert. „Kulturweit" wird unter der Federführung der Deutschen UNESCO-Kommission als einer zwar eigenständigen, aber „staatsnahen" Organisation mit hoheitlichen Aufgaben durchgeführt. Mit derartigen Trägerkonstruktionen wird der staatliche Einfluss auf die Freiwilligendienste ausgeweitet, und damit zugleich ihre zivilgesellschaftliche Ausrichtung unterlaufen.

Öffnung der Freiwilligendienste für alle Generationen

Mit dem vom BMFSFJ initiierten und geförderten Modellprojekt „Generationsübergreifende Freiwilligendienste" wurde 2005 der Anfang gemacht, um Freiwilligendienste auf alle Generationen auszuweiten. Zielgruppe waren nicht mehr nur junge Erwachsene im Übergang zwischen Schule und Beruf, sondern das Projekt zielte auf Menschen aller Generationen und sollte neue Begegnungen zwischen den Angehörigen verschiedener Generationen ermöglichen.

In der Projektlaufzeit 2005 bis 2008 waren 54 Projekte mit ca. 140 Trägern und 1.400 Einsatzstellen an dem Modellprogramm beteiligt (Klie/Pindl 2008: 59). In dieser Zeit haben über 6.700 Freiwillige einen generationsübergreifenden Freiwilligendienst erbracht (vgl. Klie/Pindl 2008: 59). 21% der Teilnehmer-/innen waren Senior-/innen und 21% Erwerbslose.

Mit dem Generationenbezug hat das Modellprogramm ein wichtiges gesellschaftliches Thema aufgegriffen und ein Signal für die Engagementförderung gesetzt. Darüber hinaus hat das Programm einen Professionalisierungsschub bewirkt, weil Begleitung, Qualifizierung, klare Vereinbarungen und eine angemessene Anerkennung der Freiwilligen als Standards einer modernen Engagementförderung in den beteiligten Organisationen eingeführt worden sind (vgl. Perabo 2009: 6). Als Erfolg kann des Weiteren bilanziert werden, dass mit dem Modellprogramm neuen Zielgruppen wie Erwerbslose und Menschen im Ruhestand sowie neuen Trägern wie z.B. Freiwilligenagenturen der Zugang zu Freiwilligendiensten eröffnet worden ist (vgl. Baldas/Roth/Schwalb 2009).

Die Umsetzung des Modellprogramms war allerdings von Anfang an mit vielfältigen Problemen behaftet. Der Generationen verbindende Anspruch des Programms war eine hohe Hürde und konnte nur von einzelnen Projekten realisiert werden. Die Orientierung an einem Freiwilligendienst und den damit verbundenen Anforderungen einer vertraglichen Regelung, einer Einbindung in die Sozialversicherung und einer pädagogischen Begleitung ließ sich nicht oder nur mit einem erheblichen bürokratischen Aufwand umsetzen. Zielgruppen wie Senior-/innen und erwachsene Arbeitslose waren nicht bereit, sich in das enge Korsett eines Freiwilligendienstes zu begeben, sondern hatten völlig andere Vorstellungen und Zeitressourcen. Die Spannbreite bei den wöchentlichen Einsatzzeiten erstreckte sich letztendlich von einer Stunde bis zu 40 Stunden (Klie/Pindl 2008: 61). Insbesondere die kurzen Einsätze ähnelten dabei mehr einem freiwilligen bürgerschaftlichen Engagement, wie es in zahlreichen Vereinen und Einrichtungen tagtäglich erbracht wird.

Als weiteres Problem des Modellprojektes stellte sich heraus, dass damit die Tendenz zur Bezahlung und Monetarisierung des Engagements befördert wurde. 41 % der Freiwilligen erhielten eine finanzielle Entschädigung jenseits des reinen Auslagenersatzes, die bei zwei Dritteln zwischen 50 und 150 Euro lag (ZZE 2008: 54; zitiert nach Stemmer 2009: 34). Diese Aufwandsentschädigungen haben zwar dazu beigetragen, dass auch Personen mit niedrigen Einkommen und Erwerbslose für den generationsübergreifenden Freiwilligendienst gewonnen werden konnten (ZZE 2008: 54; zitiert nach Stemmer 2009: 34). Damit ist allerdings eine Dynamik forciert worden, die für die Engagementförderung insgesamt problematisch ist. Eine geringfügige Bezahlung verändert die Haltungen zu einem Engagement, schafft neue Abhängigkeiten zwischen den Trägerorganisationen und den Freiwilligen, befördert die Konkurrenz zwischen „bezahlten Ehrenamtlichen" und unbezahlten Ehrenamtlichen und weckt Erwartungen auf eine dauerhafte Praxis, die von den Organisationen gar nicht bedient werden kann (vgl. Jakob 2005). Hinzu kommt, dass die Zahlung von pauschalen Aufwandsentschädigungen, die über die Kosten des Aufwandes hinausgehen, dazu beitragen, einen „Niedriglohnbereich" zu etablieren, in dem jenseits von Sozialversicherungspflichten und professionellen Standards soziale Dienstleistungen erbracht werden (Stemmer 2009).

Anknüpfend an die Erfahrungen mit dem Modellprojekt hat das BMFSFJ das *Programm „Freiwilligendienste aller Generationen"* etabliert, in dem derzeit 46 sogenannte Leuchtturmprojekte in Kommunen gefördert werden. Das Programm bestimmt einen Freiwilligendienst als ein Engagement von mindestens 8 Stunden wöchentlich bei einer Mindestdienstzeit von 6 Monaten, bei dem die Freiwilligen qualifiziert und begleitet werden. Eine Aufwandsentschädigung kann gezahlt werden. Sogenannte mobile Kompetenzteams, die von den Ländern koordiniert und kofinanziert werden, sollen die Akteure vor Ort unterstützen und die Einführung des neuen Feiwilligendienstes (über die Leuchtturmprojekte hinaus) unterstützen. Zudem werden Qualifizierungsmöglichkeiten angeboten. Im Unterscheid zum Vorgängerprogramm der generationsübergreifenden Dienste werden hier jedoch keine Freiwilligendienstplätze finanziert. Das Programm zielt vielmehr darauf, eine neue Infrastruktur zur Förderung der neuen Freiwilligendienste aller Generationen zu schaffen. Mit der Integration in den gesetzlichen Unfallversicherungsschutz (§ 2 Abs. 1a SGB VII) wird diese neue Variante eines Engagements mit seinen spezifischen Bedingungen als Freiwilligendienst etabliert.

Freiwilligendienste im staatlichen Zugriff

Aufgrund ihrer gesetzlichen Regelungen und der finanziellen Förderung durch Bund und Länder waren das FSJ und FÖJ zwar immer schon recht „staatsnah", und wurden durch die staatlichen Fördermodalitäten mit gesteuert. In den letzten Jahren lässt sich allerdings eine Tendenz zur staatlichen Indienstnahme der Freiwilligendienste beobachten, die mit einer zunehmenden Reglementierung und Normierung einhergeht. In diesen Prozess gehört die strukturelle Angleichung zwischen Freiwilligendiensten und Zivildienst, bei der es vor allem darum ging, die Veränderungen im Zivildienst und damit verbundene reduzierte Leistungen durch Freiwilligendienste zu kompensieren. Ungeachtet der unterschiedlichen gesellschaftlichen Funktionen und der Differenzen zwischen dem Zivildienst als einem Pflichtdienst und dem Freiwilligendienst als einer freiwilligen Verpflichtung wurde von der Bundespolitik – mit weitgehender Zustimmung der wohlfahrtsverbandlichen Trägerorganisationen – eine Annäherung der beiden Dienste forciert.

Mit dem Jugendfreiwilligendienstgesetz und der parallelen Einführung des § 14c ZDG im Jahr 2002 wurde die Angleichung beider Dienste entscheidend vorangetrieben. Damit konnte ein Zivildienst durch einen Freiwilligendienst in Form eines FSJ oder FÖJ ersetzt werden. Bis 2008 ist die Zahl der durch das Bundesamt für Zivildienst geförderten Zivildienstleistenden in einem Freiwilligendienst auf über 6.000 im Jahr gestiegen (Bundesamt für Zivildienst 2009). Wenn man diese Zahl mit den 18.600 vom Bund geförderten regulären FSJ- und FÖJ-Plätze vergleicht (Deutscher Bundestag 2008: 2), wird deutlich, dass 2008 etwa ein Viertel der staatlich unterstützten FSJ- und FÖJ-Plätze von Zivildienstleistenden belegt wurde. Der für Zivildienstleistende offensichtlich attraktive Freiwilligendienst und der deutlich höhere finanzielle Zuschuss für Zivildienstleistende haben diese Entwicklung befördert. Während ein FSJ im Inland bislang lediglich mit 72 Euro und ein FÖJ mit 153 Euro im Monat aus dem Bundeskinder- und Jugendplan gefördert wurde,[6] betrug die finanzielle Unterstützung für Zivildienstleistende, die vom Bundesamt für Zivildienst erbracht wird, 421,50 Euro (ebd.).

Mit dem von der Bundesregierung geplanten neuen Bundesfreiwilligendienst soll der Wegfall der Zivildienstleistenden kompensiert werden, wenn die allgemeine Wehrpflicht ausgesetzt wird. Parallel zu den 35.000 geförderten Plätzen im Bereich der Jugendfreiwilligendienste sollen weitere 35.000 Plätze im Rahmen des Bundesfreiwilligendienstes und mit Mitteln aus dem bisherigen Zivildienstetat gefördert werden (vgl. Eckpunkte des Bundesfreiwilligendienstes 2010). Der neue Bundesfreiwilligendienst orien-

---

6 Parallel zur Regelung des Bundesfreiwilligendienstes wird auch die Förderung der bestehenden Jugendfreiwilligendienste erhöht. Ein FSJ- und FÖJ-Platz soll dann pauschal mit 200,- €/Monat gefördert werden.

Tab. 1: Überblick über die Freiwilligendienste im Jahr 2008/2009

Freiwilligendienst	Teilnehmer-/innen bzw. Plätze 2008/09	Fördermittel des Bundes (in Euro)
Freiwilliges Soziales Jahr (FSJ)[7]	16.420 (KJP-gefördert) (davon 549 FSJ Kultur 460 FSJ Sport 419 FSJ Ausland) + 116 „FWD machen kompetent" + 5.991 Zivis im FSJ + ca. 15.000 ohne KJP-Förderung **Gesamt: 37.748 Plätze**	14,3 Mio.[8]
Freiwilliges Ökologisches Jahr (FÖJ)	2.170 (KJP-gefördert) (davon 32 Ausland) + 298 Zivis im FöJ **Gesamt: 2.468 Plätze**	3,3 Mio.
FWD als Ersatz für Zivildienst (§ 14c ZDG)[9]	6.247	31,36 Mio.
Europäischer Freiwilligendienst (EFD)[10]	ca. 1.200	3,5 Mio.
Internationale Freiwilligen-dienste (2007)[11]	7.060 (ins Ausland vermittelt)	Keine Angaben möglich
Weltwärts	2.257[12]	70 Mio. (stehen für 10.000 Plätze bereit)
Kulturweit	400	4 Mio. (stehen bereit)
Freiwilligendienst aller Generationen	keine Orientierung an Plätzen!	23,5 Mio (für 3 Jahre)

---

7 Die Zahlen zum FSJ und FÖJ sind entnommen aus: Autorengruppe Bildungsberichterstattung 2010, S. 263 und Deutscher Bundestag (2008). Je nach Zählweise und Zeitpunkt der Erhebung können die Zahlen in den verschiedenen Quellen etwas differieren.
8 Hier kommen noch die Kosten für die neuen Modellprojekte hinzu.
9 Vgl. Statistik des Bundesamtes für Zivildienst (www.zivildienst.de).
10 Auskünfte des Büros „Jugend für Europa".
11 60% (4.262) erfolgten im Rahmen von privatrechtlich geregelten Freiwilligendiensten und 40% (2.798) als gesetzlich geregelte Freiwilligendienste (AKLHUE 2008). Die Daten beruhen auf einer Trägerbefragung der Mitgliedorganisationen des AKLHUE, so dass Überschneidungen mit den aufgelisteten Daten zum FSJ und FÖJ im Ausland sowie zum EFD berücksichtigt werden müssen.
12 2009/10 waren bereits 3.521 Teilnehmer-/innen mit „weltwärts" unterwegs (vgl. www.bildungsbericht.de/daten2010/d5_2010.xls).

tiert sich an den Regelungen der Jugendfreiwilligendienste, steht jedoch Menschen allen Alters offen. Für Jugendliche und junge Erwachsene ist er als Vollzeitdienstdienst angelegt. Für Teilnehmer-/innen älter als 27 Jahre gilt eine Dienstzeit von mindestens 20 Stunden wöchentlich. Der Freiwilligendienst sollte in der Regel 12 Monate dauern, mindestens jedoch 6 Monate und höchstens 24 Monate umfassen. Auch in dem neuen Freiwilligendienst ist eine pädagogische Begleitung obligatorisch. Dazu gehören 25 Seminartage, wovon 5 Tage der politischen Bildungsarbeit in den staatlichen Zivildienstschulen vorbehalten sind.

Mit dem neuen Bundesfreiwilligendienst wird ein Instrument geschaffen, mit dem der Staat einen direkten Zugriff auf die Freiwilligendienste erhält. Die organisatorische Umsetzung erfolgt durch das derzeitige Bundesamt für Zivildienst, das dabei mit den Einsatzstellen kooperiert. Die Freiwilligen stehen in einem Rechtsverhältnis mit dem Bund, die Einsatzstellen übernehmen die Sicherstellung von Unterkunft und Verpflegung sowie – im Auftrag des Bundes – die Auszahlung von Taschengeld und sonstigen Geldersatzleistungen. Damit spielen die bisherigen Trägerorganisationen für die Organisation des neuen Freiwilligendienstes (Auswahl der Teilnehmer-/innen, Qualifizierung und Begleitung der Einsatzstellen etc.) keine Rolle mehr. Ob sie bei der pädagogischen Begleitung und der Durchführung der Seminartage eingebunden sind, lässt sich den öffentlich zugänglichen Unterlagen zurzeit (Januar 2011) nicht entnehmen.

Zu den in Tabelle 1 aufgelisteten Zahlen kommen die lokal und regional angesiedelten Freiwilligendienste hinzu, die nur z.T. im Rahmen eines FSJ oder FÖJ gefördert werden.

Resümee

Erfolge

Als vorteilhafte Entwicklungen des Ausbaus der Freiwilligendienste seit den 1990er Jahren lässt sich bilanzieren, dass damit neue Einsatzbereiche entstanden und neue Freiwillige gewonnen worden sind. Die Zahl der Teilnehmer-/innen ist seither stetig gestiegen. Damit ist es gelungen, mehr Teilnehmer-/innen und neue Zielgruppen zu gewinnen und neue Trägerorganisationen wie Verbände aus dem Sport- und Kulturbereich, Schulen oder Organisationen aus der Entwicklungszusammenarbeit einzubeziehen. Bei den Trägerstrukturen haben sich darüber hinaus neue Kooperationen entwickelt, indem etwa ein klassischer Freiwilligendienstträger mit neuen Akteuren wie z.B. Migrantenselbstorganisationen zusammen arbeitet.

Für die Jugendfreiwilligendienste lässt sich als Erfolgsbilanz festhalten, dass sich im Zuge der fachlichen Debatten, forciert durch die Enquete-Kommission und rechtlich kodifiziert im „Gesetz zur Förderung von Jugendfreiwilligendiensten" (JFDG) ein Verständnis von Freiwilligendiensten als besonderer Form bürgerschaftlichen Engagements herausgebildet hat, bei dem das Zusammenspiel von Bildungsprozessen und Übernahme gesellschaftlicher Verantwortung hervorgehoben wird. Damit ist die jugendpolitische Verengung der vergangenen Jahrzehnte aufgebrochen worden, und die Freiwilligendienste werden in ihrer Bedeutung für umfassende Bildungsprozesse und in ihren Möglichkeiten eines Lernortes für bürgerschaftliches Engagement anerkannt. Die Jugendfreiwilligendienste haben sich zu einem quantitativ umfangreichen und ausdifferenzierten Bereich entwickelt, der sowohl in seiner individuellen Bedeutung für die Freiwilligen als auch in seiner gesellschaftlichen Funktion akzeptiert wird.

Auswirkungen einer staatlichen Indienstnahme der Freiwilligendienste

Die Ausweitung und Neuausrichtung der Freiwilligendienste geht allerdings damit einher, dass staatliche Reglementierungen an Bedeutung gewonnen haben, während die zivilgesellschaftliche Seite der Freiwilligendienste geschwächt wurde. Dies hat bereits mit der Einführung von § 14c ZDG und der damit verbundenen Vermischung von Freiwilligendiensten und Zivildienst begonnen und setzt sich in den neuen entwicklungs- und kulturpolitischen Freiwilligendiensten und deren Trägerkonstruktionen und Förderbedingungen fort. Auch die programmatische und inhaltliche Ausrichtung der „Freiwilligendienste aller Generationen" ist stark von staatlichen Vorgaben bestimmt. Der neue Bundesfreiwilligendienst und dessen geplante gesetzliche Regelung markieren den vorläufigen Höhepunkt dieser Entwicklung. Der Bundespolitik geht es dabei offensichtlich darum, „mit Freiwilligendiensten ein flächendeckendes und umfassendes System eines dienstrechtlich geprägten bürgerschaftlichen Engagements einzuführen" (Speth 2010). Die Freiwilligendienste werden damit zu einem Instrument, um staatliche Zielsetzungen wie die Kompensation für reduzierte oder demnächst wegfallende Zivildienststellen und die Sicherung staatlicher Einrichtungen und Zugriffsmöglichkeiten durchzusetzen.

Dabei wird eine Beschädigung des erfolgreichen Modells der Jugendfreiwilligendienste ebenso in Kauf genommen wie eine Schwächung der Zivilgesellschaft. Der inflationäre Gebrauch des Freiwilligendienst-Begriffs hat zur Folge, dass damit das Label der (Jugend-)Freiwilligendienste als einem in Vollzeit erbrachten Engagement, das in einer Übergangsphase angesiedelt ist und vielfältige Bildungsprozesse ermöglicht, verloren geht. Hinzu kommt, dass der neue Bundesfreiwilligendienst möglicherweise zu einer Konkurrenz für die bestehenden Jugendfreiwilligendienste wird. Wenn der staatliche Zuschuss für einen Platz in dem neuen Freiwilligendienst höher ausfallen sollte als die vorgesehene Pauschale von 200 Euro für einen FSJ- und FÖJ-Platz, dann sind Konflikte und Konkurrenzen vorprogrammiert.

Konfliktlinien zeichnen sich allerdings auch für das bürgerschaftliche Engagement ab. Mit der Einführung eines bezahlten und staatlich besonders geförderten Freiwilligendienstes für Menschen aller Generationen wird die Grundlage für neue Verwerfungen und Konflikte in den zivilgesellschaftlichen Organisationen gelegt. Bereits die Erfahrungen des Modellprojekts generationsübergreifender Freiwilligendienste haben auf das Problem einer Monetarisierung des Engagements hingewiesen, wenn Entgelte und Bezahlungen etabliert werden, die über eine Erstattung des entstandenen Aufwands hinausgehen. Die Konstruktion des Bundesfreiwilligendienstes leistet derartigen Monetarisierungstendenzen und damit verbundenen neuen Konfliktpotenzialen Vorschub.

Literatur

Arbeitskreis „Lernen und Helfen in Übersee" e.V. 2008: Statistische Übersicht zu Personenvermittlungen 2007. In: www.entwicklungsdienst.de/fileadmin/users/Publikationen_AKLHUE/2008/Statistik-2007_web.pdf. Download am 15.09.2009

Autorengruppe Bildungsberichterstattung (Hrsg.) 2010: Bildung in Deutschland 2010. (Dritter Bildungsbericht). In: www.bildungsbericht.de. Zugriff am 7.12.2010

Baldas, Eugen/Roth, Rainer A. (Hrsg.) 2003: Freiwilligendienste haben es in sich. Studien zu Art, Umfang und Ausbaumöglichkeiten von Freiwilligendiensten im kirchlich-sozialen Umfeld. Freiburg i.B.

Baldas, Eugen/Roth, Rainer A./Schwalb, Helmut (Hrsg.) 2009: Talente einsetzen – Solidarität stiften. Modellprogramm Generationsübergreifende Freiwilligendienste. Freiburg i.Br.

Baur, Hans-Peter 2009: weltwärts bewegt! In: BBE-Newsletter 5/2009. URL: http://www.b-b-e.de/fileadmin/inhalte/aktuelles/2009/03/nl05_baur.pdf – Download vom 27.03.2009

Bundesamt für Zivildienst (2009): Dienstantritte im Freiwilligen Sozialen und Ökologischen Jahr nach § 14c ZDG. In: www.zivildienst.de, Zugriff am 19.8.2009

Bundesministerium für Familie, Senioren, Frauen und Jugend (BMFSFJ) 2008: Freiwilliges Soziales Jahr (FSJ) und Freiwilliges Ökologisches Jahr (FÖJ). Material für die Presse vom März 2008.

Bundesministerium für wirtschaftliche Zusammenarbeit (Hrsg.) 2007: Richtlinie zur Umsetzung des entwicklungspolitischen Freiwilligendienstes „weltwärts". Bonn.

Brombach, Hartmut 2009: Jugendfreiwilligendienste in Deutschland – Lernen in der Zivilgesellschaft oder staatliche Vereinnahmung? In: BBE-Newsletter 5/2009. URL: http://www.b-b-e.de/fileadmin/inhalte/aktuelles/2009/03/nl05_brombach.pdf – Download vom 27.03.2009

Deutscher Bundestag 2008: Kleine Anfrage zur "Bundesförderung von Jugendfreiwilligendiensten und Möglichkeiten der verstärkten Förderung von Jugendlichen mit Migrationshintergrund". Drucksache 16/11460 vom 17.12.2008

Diakonisches Werk der evangelischen Kirche in Württemberg e.V. (Hrsg.) 2007: FSJ^{plus} – Freiwilliges Soziales Jahr und Realschulabschluss. Projektbericht 2005–2007. Stuttgart.

Eckpunkte des Bundesfreiwilligendienstes 2010: In: www.bmfsfj.de/BMFSFJ/zivildienst,did=164612.html. Zugriff am 4.1.2011

Engels, Dietrich/Leucht, Martina/Machalowski, Gerhard 2008: Evaluation des freiwilligen sozialen Jahres und des freiwilligen ökologischen Jahres. Wiesbaden.

Enquete-Kommission „Zukunft des Bürgerschaftlichen Engagements", Deutscher Bundestages 2002: Bericht Bürgerschaftliches Engagement: auf dem Weg in eine zukunftsfähige Bürgergesellschaft. Opladen.

Europäische Kommission 2007: Integrationsstrategie des Programms „Jugend in Aktion" (2007-2013). CJ/05/2007-2-DE. Brüssel.

Förster, Heike/Kuhnke, Ralf/Skrobanek, Jan (Hrsg.) 2006: Am Individuum ansetzen. Strategien und Effekte der beruflichen Förderung von benachteiligten Jugendlichen. Wiesbaden.

Gestrich, Andreas 2000: Geschichte der Jugendgemeinschaftsdienste. In: Guggenberger a.a.O.: 84–104.

Guggenberger, Bernd (Hrsg.) 2000: Jugend erneuert Gemeinschaft. Freiwilligendienste in Deutschland und Europa. Baden-Baden.

Hessischer Landtag 2008: Kleine Anfrage der Abg. Henzler (FDP) vom 21.07.2008 betreffend Freiwilliges Soziales Jahr an Schulen und Antwort des mit der Leitung des Kultusministeriums beauftragten Ministers der Justiz. Drucksache 17/424 vom 08.09.2008

Hoorn, Alexandra/Rindt, Susanne/Stampfl, Tina 2010: Praxisleitfaden „Freiwilligendienste machen kompetent". Inklusion benachteiligter Jugendlicher in das Freiwillige Soziale Jahr und das Freiwillige Ökologische Jahr. Hrsg.: Institut für Sozialarbeit und Sozialpädagogik. Frankfurt am Main

Jakob, Gisela 2004: Freiwilligendienste zwischen Tradition und Erneuerung. In: Slüter, Uwe/Schmidle, Marianne/Wißdorf, Sabine (Hrsg.): Bürgerschaftliches Engagement. Grundlage für Freiwilligendienste. Düsseldorf: 15-34

Jakob, Gisela 2005: Jugendfreiwilligendienste und generationsoffene Freiwilligendienste. In: Hessisches Sozialministerium (Hrsg.): Werkstatt für neues Engagement am 11. November 2005 in Frankfurt. Wiesbaden: 16-28.

Kettner, Tobias 2009: Kulturweit Menschen verbinden. In: BBE-Newsletter 5/2009. URL: http://www.b-b-e.de/fileadmin/inhalte/aktuelles/2009/03/nl05_kettner.pdf - Download vom 27.03.2009

Klie, Thomas/Pindl, Theodor 2008: Das Bundesmodellprogramm "Generationsübergreifende Freiwilligendienste". In: neue praxis 38, 1: 58-77.

Liebig, Reinhard 2009: Freiwilligendienste als außerschulische Bildungsinstitution für benachteiligte junge Menschen. Wiesbaden.

Perabo, Christa 2009: Abschlussbericht der wissenschaftlichen Begleitung des Bundesmodellprogramms Generationsübergreifende Freiwilligendienste – GÜF. In: BBE-Newsletter 5/2009. URL: http://www.b-b-e.de/fileadmin/inhalte/aktuelles/2009/03/nl05_perabo.pdf. Download vom 27.03.09

Potsdamer Erklärung der und jetzt?! – Konferenz TeilnehmerInnen 2009. In: www.b-b-e/fileadmin/inhalte/aktuellcs/09/nl18_potsdamer_erklaerung.pdf. Zugriff am 03.09.2009

Sieveking, Klaus (Hrsg.) 2000: Europäischer Freiwilligendienst für Jugendliche. Statusfragen und rechtspolitische Probleme. Neuwied, Kriftel.

Speth, Rudolf 2010: In eigener Regie! Plädoyer für eine überfällige Entstaatlichung der Freiwilligendienste in Deutschland. In: Newsletter Nr. 11/2010 von wegweiser-buergergesellschaft.de in: www.buergergesellschaft.de, Zugriff am 11.06.2010

Stell, Maren 2000: Kontinuität und Aufbruch. Zur Politik und Soziologie der Jugendgemeinschaftsdienste seit den fünfziger Jahren. In: Guggenberger a.a.O.: 105-121.

Stemmer, Philipp 2009: Freiwilligendienste in Deutschland. Eine Expertise zur aktuellen Landschaft der Inlands- und Auslandsfreiwilligendienste in Deutschland im Auftrag des Wissenschaftszentrums Berlin (WZB). In: http:/www.wzb.eu/zkd/zcm/zeug/pdf/expertise_stemmer-zze.pdf. Download am 09.09.2009

www.bildungsbericht.de/daten2010/d5_2010.xls, Zugriff am 4.12.2010

www.freiwillig-koeln.de

www.fwd-kompetent.de
www.mo-freiwilligendienst.de
Zentrum für zivilgesellschaftliche Entwicklung (ZZE) 2008: Die wissenschaftliche Begleitung des Bundesmodellprogramms Generationsübergreifende Freiwilligendienste. Abschlussbericht. Freiburg

Hans-Liudger Dienel

Bürgerbeteiligung

Was ist Bürgerbeteiligung?

Unter Bürgerbeteiligung versteht man die politische Mitwirkung von Bürgerinnen und Bürgern an Entscheidungen des Staates auf lokaler, regionaler, nationaler oder auch supranationaler Ebene außerhalb der Wahl von Parlamenten. Es geht also um Formen der direkten und deliberativen Demokratie. Der breitere Begriff des bürgerschaftlichen Engagements umfasst neben der im engeren Sinne politischen Bürgerbeteiligung auch das gemeinwohlorientierte, ehrenamtliche Engagement von Bürgerinnen und Bürgern. Mit dem gemeinwohlorientierten Engagement ist zwar meist auch ein gewisser politischer Einfluss verbunden, allerdings ist das nicht der Hauptzweck, und der Einfluss wirkt oft nicht direkt auf das politische System im engeren Sinn. Innerhalb der Bürgerbeteiligung können wir formelle und informelle Verfahren unterscheiden.

Formelle Verfahren sind rechtlich verankerte, direktdemokratische Verfahren zur Bürgerbeteiligung, etwa das Volksbegehren und der Volksentscheid. Diese direktdemokratische Bürgerbeteiligung hatte in der frühen Bundesrepublik Deutschland, seit 1949 eine parlamentarische Demokratie, verhältnismäßig wenig Spielraum und Tradition. Ganz anders die kleine Schweiz, in der die direkte Demokratie in Form von vielen Volksentscheiden eine Jahrhunderte lange geübte Praxis darstellt. In Deutschland waren formelle Verfahren auf der Bundesebene mit einer Ausnahme, der Neugliederung der Bundesländer, überhaupt nicht vorgesehen. Der Grund für diese Zurückhaltung gegenüber den eigenen Bürgern ist einfach: die Väter und Mütter des Grundgesetzes (= der deutschen Verfassung) waren aufgrund der Erfahrungen mit der Massenbegeisterung in Weimarer Republik und dem nationalsozialistischen Staat skeptisch gegenüber der direkten Demokratiefähigkeit ihrer Bürger/innen. Auf Landesebene – Deutschland ist ein föderaler Staat mit derzeit 16 relativ autonomen Bundesländern mit eigenen Ministerpräsidenten – sah das allerdings ganz anders aus (siehe auch folgende Tabelle). Hier gab es in vielen Ländern und über die Jahrzehnte zunehmend sowohl Volksbegehren und Volksentscheide und auf kommunaler Ebene noch häufiger das hier sogenannte Bürgerbegehren und den Bürgerentscheid. Grundsätzlich kann man sagen, dass die direktdemokratischen, formellen Verfahren in den letzten 20 Jahren deutlich an Häufigkeit und Bedeutung zugenommen haben. Begehren und Entscheid hängen dabei eng zusammen. Das Begehren ist immer der erste Schritt, die erste Hürde, die genommen werden muss, um den Bürger- oder Volksentscheid zu erzwingen, in vielen Fällen gegen die etablierte parlamentarische Mehrheit. Neben den direktdemokratischen Verfahren gibt es aber auch eine Reihe weiterer formeller Verfahren der Bürgerbeteiligung insbesondere auf kommunaler Ebene, auf die weiter unten eingegangen wird.

Von den formellen Verfahren grenzt sich die breite Palette der *informellen Verfahren* ab. Das sind die unterschiedlichsten Verfahren der meist deliberativen, also beratenden Bürgerbeteiligung, die gesetzlich zwar nicht verankert sind, aber auf der insbesondere kommunalen Ebene im Alltag eine viel größere Rolle spielen. Zu diesen informellen Verfahren gehören beispielsweise die andernorts im Buch geschilderten Planungszellen/Bürgergutachten, die Zukunftswerkstätten, das Bürgerpanel und viele Verfahren mehr. Als Bundeskanzler Willy Brandt bei der Regierungsübernahme durch die erste sozialdemokratische Bundesregierung im Jahre 1969 ankündigte, „wir wollen mehr Demokratie wagen", meinte er in erster Linie diesen breiten Ausbau informeller demokratischer Beteiligung auf allen Ebenen der Republik. Es gab damals allerdings bereits eine etablierte Form der informellen Beteiligung von Bürgervereinen, in erster Linie bürgerlichen Honoratiorenverbänden, auf der kommunalen Ebene. Diese Form der beratenden, konstruktiven, politisch oft eher konservativen, jedenfalls bürgerlichen Mitwirkung wurde seit den späten 1960er Jahren von einer neuen Generation des Engagements abgelöst, die unter bürgerschaftlicher Mitwirkung eher den Widerstand gegen das herrschende System verstand. Diese „außerparlamentarische Opposition" manifestierte sich auf lokaler Ebene in einer Vielzahl von Bürgerinitiativen gegen staatliche und wirtschaftsseitige Projekte, insbesondere im Bereich der Verkehrs- und Stadtplanung sowie im Kampf gegen die Umweltverschmutzung. Bürgerbeteiligung erhielt durch diese breite Bewegung, die viele übergroße Planungen in Deutschland verhindert hat, gleichwohl die Aura des Verzögerns und Verhinderns. Die Entwicklung von deliberativen, demokratischen Verfahren reagierte auf diese Situation, in dem neue Methoden für die konstruktive Problemlösung vorgeschlagen und erprobt wurden, die nun „mehr konstruktive Demokratie wagen" wollten. Bevor wir uns im Folgenden eine Reihe von einzelnen, wichtigen Verfahren anschauen, blicken wir noch einmal auf die Entwicklung der formellen und informellen Bürgerbeteiligung in Ländern und Kommunen insgesamt.

Formelle Bürgerbeteiligungsverfahren auf der Ebene der Bundesländer

Als Verfahren der direkten Demokratie sind auf der Länderebene der Volksbegehren und der Volksentscheid rechtlich verankert. Es gibt keine einheitliche Regelung, sondern große Unterschiede zwischen den Bundesländern. Die notwendigen Bedingungen für Volksbegehren und Volksentscheid werden in den Landesverfassungen der einzelnen Bundesländer detailliert geregelt. Beim Quorum, den Ankündigungsfristen und der Mindestbeteiligung sind die Unterschiede sehr groß, wie Tabelle 1 zeigt.

Tab. 1: Quoren für Volksbegehren und Volksentscheid in den Bundesländern

Bundesland	Volksbegehren		Volksentscheid	
	Unterschriftenquorum	Eingangsfrist (A) oder frei (F)	Zustimmungsquorum einfaches Gesetz	Zustimmungsquorum verfassungsänderndes Gesetz
Baden-Württ.	16,6%	14 Tage (A)	33%	50%
Bayern	10%	14 Tage (A)	kein Quorum	25%
Berlin	7% einfache Gesetze 20% Verfassungsänderungen	4 Monate (F)	25%	50% + 2/3-Mehrheit
Brandenburg	ca. 4%	4 Monate (A)	25%	50% + 2/3-Mehrheit
Bremen	10% / 20%	3 Monate (F)	25%	50%
Hamburg	5%	21 Tage (A+F)	20%	50% + 2/3-Mehrheit
Hessen	20%	14 Tage (A)	kein Quorum	nicht möglich
Meck.-Vorpom.	keine Frist (F)	33%	50% + 2/3-Mehrheit	
Niedersachsen	10%	12 Monate (F)	25%	50%
Nordrh.-Westf.	8%	8 Wochen (A)	15%	50% Beteiligungsquote + 2/3-Mehrheit
Rheinland-Pfalz	ca. 10%	2 Monate (A)	25%	50%
Saarland	20%	14 Tage (A)	50%	nicht möglich
Sachsen	Ja	8 Monate (F)	kein Quorum	50%
Sachsen-Anhalt	11%	6 Monate (F)	25%	50% + 2/3-Mehrheit
Schlesw.-Holst.	5%	6 Monate (A)	25%	50% + 2/3-Mehrheit
Thüringen	10% (F) 8% (A)	4 Monate (F) 2 Monate (A)	25%	40%

Quelle: Nicolas Bach, nexus Institut Berlin, 2010

Im Jahr 2008 ist im Bundesland Berlin ein Volksentscheid zum Weiterbetrieb des Innenstadtflughafens Tempelhof am Quorum knapp gescheitert. Zwar hat die Mehrheit der abstimmenden Bürger/innen für den Weiterbetrieb gestimmt, allerdings gingen nur knapp 22% und nicht die geforderten mind. 25% aller abstimmungsberechtigten Bürger/innen zu Wahl. Dieses Beispiel zeigt, dass das Quorum auch bei wichtigen, und in diesem Fall emotional anrührenden Themen eine ganz hohe Hürde ist, die oft verfehlt wird.

Formelle Verfahren auf der kommunalen Ebene

Auch auf kommunaler Ebene gibt es keine einheitliche Regelung für direktdemokratische Verfahren. Jedes Bundesland regelt dies individuell. Die Zahl der eingesetzten Verfahren ist aber in jedem Fall deutlich größer als auf der Länderebene. Neben dem Bürgerbegehren und dem Bürgerentscheid, wie der Volksentscheid auf kommunaler Ebene in der Regel genannt wird, gibt es zusätzlich ein Reihe unterschiedlicher Möglichkeiten der direkten Einflussnahme auf die Politik. Die lokal ansässigen Bürger/innen müssen z. b. angehört werden bei der Änderung des Bebauungsplans und den sogenannten Planfeststellungsverfahren für Straßen. Diese Beteiligungsrechte sprechen aber in der Regel der Bürger nur als direkt Betroffenen an, z. b. an Anlieger einer Straße, aber nicht als Souverän und Verantwortlichen für das große Ganze, den Staat. Sie regeln die Wahrnehmung von Betroffenenrechten, etwa Einspruchs- und Widerspruchsrechten gegenüber Bauplanungen. Bürger/innen können in diesen Verfahren im Wesentlichen nur „dagegen" sein oder schweigen. Allerdings sind in den vergangenen Jahrzehnten zunehmend Verfahren für eine konstruktivere Bürgerbeteiligung an kommunalen Planungsprozessen entwickelt worden, etwa das „Planning for Real". Doch damit wären wir schon bei den informellen Verfahren. Bürgerbegehren und Bürgerentscheid haben auf kommunaler Ebene niedrigere Quoren, wie Tabelle 2 zeigt. Damit liegen die Hürden für ihren Einsatz deutlich tiefer.

Tab. 2: Quoren für kommunale Bürgerbegehren und -entscheide (in %)

Bundesland	Unterschriftenquorum Bürgerbegehren	Zustimmungsquorum Bürgerentscheid
Baden-Württemberg	5–10	25
Bayern	3–10	10–20
Berlin	3	15
Brandenburg	10	25
Bremen	10	25
Stadt Bremerhaven	10	30
Hamburg (Bezirke)	2–3	Nein
Hessen	10	25
Mecklenburg-Vorpom.	2,5–10	25
Niedersachsen	10	25
Nordrhein-Westfalen	3–10	20
Rheinland-Pfalz	6–15	30
Saarland	5–15	30
Sachsen Ja	(5–)15	25
Sachsen-Anhalt	6–15	25
Schleswig-Holstein	10	20
Thüringen	13–17	20–25

Quelle: Nicolas Bach, nexus Institut Berlin, 2010

Informelle Bürgerbeteiligungsverfahren

Kommen wir nun zu der breiten Palette unterschiedlicher informeller Verfahren der Bürgerbeteiligung, die meist für die Lösung kommunaler Probleme eingesetzt werden, aber keinesfalls darauf beschränkt sind. Die folgende Tabelle präsentiert nicht nur eine Auflistung von unterschiedlichen Verfahren, die allesamt erst seit den 1970er Jahren entwickelt worden sind, sondern auch eine Liste von Einsatzgebieten, sprich politischen Problemlagen. Hier unterscheiden wir insgesamt fünf verschiedene Problemlagen. Prioritär erscheint auf den ersten Blick die Aufgabe der Lösung eines konfliktuösen politischen Problems, bei dem verschiedene alternative Lösungen bereits vorliegen. Dieser Problemtyp, den wir auch teilen können in Konfliktlösung und Entscheidungsfindung, unterscheidet sich grundsätzlich von Problemlagen, bei denen Lösungen erst noch entwickelt werden müssen. Wir kennen beides aus der Kommunalpolitik, und es gibt natürlich einen großen Überlappungsbereich. Dennoch macht es Sinn, diese zwei (drei) unterschiedlichen Problemlagen idealtypisch zu unterscheiden. Neben den beiden idealtypischen Problemlagen können wir zusätzlich zwei weitere Problemlagen und damit Funktionen unterscheiden, nämlich das Informationsproblem bzw. Informationsmanagement und das Beschwerdeproblem bzw. Beschwerdemanagement. Viele Verfahren dienen weniger der Lösung von Problemen als vorbereitend der Information der Bürger/innen oder auch der Entgegennahme und Bearbeitung von individuellen oder kollektiven Beschwerden. Tabelle 3 zeigt nun ohne weitere Erklärung die spezifischen Stärken einzelner informeller Verfahren für die Lösung der genannten Problemlagen.

Tab. 3: Spezifische Stärken unterschiedlicher Bürgerbeteiligungsverfahren

	Bürger-konferenz	Open Space	Bürger-Panel	Zukunfts-werkstatt	Mediation	Petition	Bürgeraus-stellung	Planungs-zellen
Konfliktlösung					×			×
Szenarioentwicklung/ Entwicklung von Lösungsvorschlägen	×	×	×	×				×
Entscheidungsfindung				×	×			×
Information/Schaffung einer Diskussionsgrundlage	×	×	×				×	
Beschwerdemanagement					×	×		

Quelle: Eigene Darstellung, 2011

Zukunftswerkstatt

Die von Robert Jungk und Norbert Müllert in den 1970er Jahren entwickelte Methode der Zukunftswerkstatt versetzt die teilnehmenden Bürger/innen in die Lage, konkrete Lösungen zu erarbeiten, für deren Umsetzung die sich im Anschluss an die Zukunftswerkstatt selbst engagieren sollten. Robert Jungk wollte, dass die Zukunftswerkstatt den Teilnehmer/innen Mut zur Gestaltbarkeit der (eigenen) Zukunft macht und aus der resignativen Haltung, „nichts machen zu können", heraushilft. Die Zukunftswerkstatt eignet sich deshalb insbesondere für die Aktivierung und Beteiligung von Menschen, die bisher politisch wenig interessiert oder aktiv waren. Die Anwendungsgebiete sind breit gestreut, denn die Entwicklung von Lösungsideen bei Problemlagen wird in unterschiedlichsten Kontexten (Wirtschaft, Kommunen und Bildung) gebraucht. Das Verfahren besteht dramaturgisch aus drei Phasen: Auf eine Kritikphase folgt eine Fantasie- und schließlich eine Realisierungsphase. Die einzelnen Phasen dauern nach Möglichkeit jeweils einen ganzen Tag. (Jungk 1981)

Kennzeichen des Verfahrens
- Kritikphase: Problemsituation wird kritisch beleuchtet.
- Fantasiephase: Wünschbare Utopien (Lösungen) werden entworfen.
- Realisierungsphase: Entworfene Lösungsansätze werden auf ihre Realisierbarkeit geprüft.
- Zulassung und Förderung unterschiedlicher Sichtweisen und Blickwinkel.

Beispiel

Zukunftswerkstätten zu attraktiven ländlichen Lebensmodellen für junge Menschen und Familien in Sachsen-Anhalt
http://www.prolandleben.de/web/pdf/Zusammenfassung.pdf

Planungszelle/Bürgergutachten

Auch das von Peter Dienel Anfang der 1970er Jahre entwickelte Bürgerbeteiligungsverfahren „Planungszelle" (das er einige Jahre später um obligatorische Bürgergutachten zur Präsentation der Empfehlungen ergänzte), war ein Beitrag zu mehr Demokratie, der nicht den Staat bekämpfen sollte, sondern im Gegenteil, staatlichen Stelle aufforderte, durch die Beauftragung von Planungszellen, mehr Demokratie zu ermöglichen. Weil sie von oben initiert werden, sind Planungszellen in gewisser Weise das Gegenteil einer Bürgerinitiative. Eine Planungszelle besteht aus einer Gruppe von ca. 25 zufällig ausgewählten Personen, die als Gutachter eingeladen und von ihren arbeitstäglichen Verpflichtungen freigestellt werden, um innerhalb von meistens vier Tagen, assistiert von neutralen Moderatoren, Lösungen zu einem vorgegebenen Problem zu erarbeiten. Initiator und Auftraggeber sind in der Regel staatliche Stellen. Experten und Lobbyisten haben Zugang zum

Verfahren als Referenten, aber die Diskussionen finden wie beim Schöffengericht nur unter den Bürgerinnen statt. Oft arbeiten 4 bis 12 Planungszellen parallel an einem Thema, um die Repräsentativität der Empfehlungen zu erhöhen. Die Ergebnisse der Planungszelle werden in einem Bürgergutachten zusammengefasst, das in einer öffentlichen Veranstaltung von den Bürger/innen dem Auftraggeber übergeben wird. Planungszellen und Bürgergutachten sind in hohem Maße sachorientiert. Ihre Empfehlungen haben wegen der Zufallsauswahl eine große Akzeptanz bei der Bevölkerung. (Zur Entwicklung des Verfahrens siehe auch den zweiten Beitrag von Hans-Liudger Dienel in diesem Sammelband).

Kennzeichen des Verfahrens
- Zufallsauswahl der Bürger/innen
- Vergütung und Freistellung
- Kontroverse Experten-Informationen
- Kleine Arbeitsgruppen mit wechselnder Zusammensetzung
- Ergebnisveröffentlichung in einem Bürgergutachten

Beispiel
Bürgergutachten zur Zukunft des Problemquartiers Magdeburger Platz im Berliner Bezirk Tiergarten. http://www.nexus-berlin.com/Nexus/Bereiche/Buergergesellschaft/magdeburger.html

Mediation

Mediation ist uraltes Verfahren der Konfliktlösung (das schon der israelische König Salomo praktizierte), welches seit den 1970er Jahren in den USA und in Deutschland eine neue Konjunktur als informelles, freiwilliges Verfahren für die Entwicklung von Problemlösungen, die von allen Beteiligten akzeptiert werden, erlebte. Zu den wichtigsten Protagonisten des Verfahrens gehörte in Deutschland Horst Zillessen. Der neutrale Mediator unterstützt die Eigenverantwortlichkeit der Konfliktparteien und fördert die selbständige Erarbeitung von Lösungsoptionen. Inzwischen gibt es in Deutschland viele hundert ausgebildete Mediatoren/innen, eigene Studiengänge und verschiedene Fortbildungen. Zu den politischen Anwendungsgebieten gehört die Lösung von Vielparteienkonflikten unter der Vermittlung eines neutralen, unparteiischen Dritten (Zillesen 1998)

Kennzeichen des Verfahrens
- Freiwilligkeit der Teilnahme, Ergebnisoffenheit, Informiertheit der Beteiligten;
- Konflikte werden von Konfliktparteien selbst gelöst;
- Abwägung zwischen den Interessen der beteiligten Konfliktparteien;
- Zukunftsgestaltung liegt im Zentrum des Verfahrens.

Beispiel

Mediation – Wiener Platz in München: Erfolgreiche Vermittlung zwischen Anwohnern, Geschäftsinhabern, Stadtverwaltung und Bürgerinitiativen über die Neugestaltung des Wiener Platzes in München.
http://www.sellnow.de/docs/wienerplatz.pdf

Petition

Das Petitionsrecht bezeichnet das Recht, eine Eingabe an staatliche Verwaltungsstellen oder Parlamente zu senden, ohne Nachteile befürchten zu müssen. Eingaben, Bitten und Beschwerden an die Herrschenden hat es zu allen Zeiten gegeben. In Monarchien und Diktaturen war und ist die Eingabe oft die einzige Möglichkeit für die Bevölkerung, sich gegen staatliche Willkür zu wehren. Dabei ist der Einzelne in der Position eines Bittstellers, der sein Anliegen an die Herrschenden richtet, ohne einen Rechtsanspruch auf Beantwortung oder gar Erfüllung zu besitzen. In Deutschland besteht ein Rechtsanspruch auf Beantwortung. Im Jahr 2005 sind zudem Online-Petitionen an den Petitionsausschuss des Deutschen Bundestages und Öffentliche Petitionen eingeführt worden. Auf diese Weise ist aus dem individuellen Beschwerderecht ein deliberatives Verfahren geworden. Neben Verwaltungsbeschwerden haben viele Petitionen auch Vorschläge zur gesellschaftlichen und politischen Innovation zum Inhalt. (Bockhofer 1999)

Kennzeichen des Verfahrens
- Individuelle Petition: eine Person reicht eine Petition ein.
- Sammelpetitionen: eine Gruppe von Personen reicht eine Petition ein.
- Öffentliche Petition: eine Petition wird veröffentlicht und jede Person hat für eine begrenzte Zeit die Möglichkeit diese Petition zu unterzeichnen.
- Petitionen werden in Deutschland von einem Petitionsausschuss bearbeitet.
- Ausgestaltung des Petitionswesens variiert in verschiedenen Ländern deutlich.

Beispiel

Petition für die bessere Erreichbarkeit der Mitarbeiter/innen in der Bundesagentur für Arbeit. (Eine Übersicht über alle öffentlichen Petitionen mit Diskussionen an den Petitionsausschuss des Deutschen Bundestags steht im Web unter: https://epetitionen.bundestag.de/)

Bürgerkonferenz/Konsensuskonferenz

Die von der dänischen Behörde für Technikfolgenabschätzung erstmalig eingeführte Methode der Konsensuskonferenz hat sich inzwischen vor allem in den Vereinigten Staaten ausgebreitet. Spektakulärer Auftakt für die Einführung dieses Beteiligungsverfahrens in Deutschland war die erste Konsensuskonferenz zur Zukunft der Gendiagnostik in Dresden im Jahr

2001. Seither sind aber nicht nur Themen der Technikfolgenabschätzung behandelt worden, sondern zunehmend auch ganz andere kontroverse Themen. Zum Teil, wie etwa in Dresden, firmiert die Methode auch unter dem Begriff der Bürgerkonferenz. Wenn nicht Bürger/innen sondern Interessenvertreter/innen als Teilnehmer einer Konsensuskonferenz ausgewählt werden, kann das Verfahren die gegenteilige Wirkung haben: am Ende der Konferenz sind die Interessenvertreter noch stärker ihrer Position verpflichtet, als am Anfang, weil sie von ihrer Rolle als Vertreter von Partikularinteressen während der Konsensuskonferenz nicht abstrahieren konnten. Der Erfolg des Verfahrens hängt davon ab, das die Teilnehmer/innen eine neue Rolle und Perspektive einnehmen. Dies gelingt Bürger/innen besser als Vertretern von konkreten Interessen.

Kennzeichen des Verfahrens
- Die persönlich angesprochenen Stakeholder und Experten oder auch im Zufall ausgewählten Teilnehmer/innen treffen sich im Vorfeld der Konferenz an zwei Wochenenden, um Informationen zu erhalten und Fragen an Expert/innen zu formulieren.
- Durchführung: Fragen an und Diskussion mit Expert/innen.
- Abschluss: Verfassung und öffentliche Präsentation eines Schlussdokuments.

Beispiel
„Streitfall Gen-Diagnostik" – Deutsches Hygiene-Museum Dresden
http://www.bioethik-diskurs.de/Buergerkonferenz/Konsensus.html/

Open Space

Der Erfinder des Beteiligungsverfahrens Open Space, der amerikanische Organisationsberater Harrison Owen hat laut eigener Aussage das Verfahren als Nebenprodukt einer von ihm vorbereiteten internationalen Konferenz entwickelt. Bei dieser Tagung erwiesen sich die Kaffeepausen als der effektivste Teil der Konferenz. Owen machte daraufhin die offene Kaffeepause zum Grundprinzip des Verfahrens: Die Teilnehmer/innen am Open Space bestimmen in diesem Verfahren ohne Frontalprogramm durch ihre Aktivitäten Richtung, Verlauf und Inhalte des Prozesses und arbeiten selbstverantwortlich und simultan an ganz unterschiedlichen Unterthemen. Wenn gut anmoderiert, kann Open Space sehr motivieren, und Kreativität anregen. Am Ende stehen weniger Entscheidungen als viele neue Ideen und Anregungen. Es eignet sich besonders gut für die Vorbereitung und Einstimmung auf Umstrukturierungsprozesse. Das Verfahren hat in Deutschland viele Anwender gefunden, und Harrison Owen war und ist entsprechend oft in Deutschland zu Fortbildungen und Schulungen.

Kennzeichen des Verfahrens

- Anmoderation im Plenum;
- anschließend sehr offene, selbstorganisierte Struktur in Arbeitsgruppen;
- Arbeitsgruppen können jederzeit gewechselt werden;
- für nahezu jede Gruppengröße geeignet.

Beispiel

Open Space – Rostocker Stadtteil Groß Klein „Zu Hause in Groß Klein"; Thema: Wie kann das Wohnen in Groß Klein wieder attraktiver gemacht werden?
http://www.buergergesellschaft.de/politische-teilhabe/modelle-und-methoden-der-buergerbeteiligung/ideen-sammeln-kommunikation-und-energie-buendeln/praxis-open-space-rostocker-stadtteil-gross-klein/103430/

Bürgerpanel

Das von Helmut Klages nach der Jahrtausendwende entwickelte Verfahren des Bürgerpanels ist eine regelmäßige, sich wiederholende, standardisierte Befragung von im Zufall ausgewählten Bürger/innen zu aktuellen kommunalpolitischen Themen. Die Fragebögen werden online gestellt und somit allen Bürger/innen die Möglichkeit zur Teilnahme eröffnet. Das Verfahren arbeitet also komplett ohne Diskussionen und Meinungsbildungsprozesse. Klages hat seine demokratische Erfindung als eine Reaktion auf die fehlende Verbreitung der kleingruppenorientierten Verfahren verstanden. Viele Bürger/innen seien durch Zukunftswerkstätten, Planungszellen und Open Space nicht erreichbar. Demgegenüber seien die Befragungen offener für alle Bürger/innen.

Kennzeichen des Verfahrens

- Einbeziehung breiter Bevölkerungsteile sowie Informationsversorgung der gewählten demokratischen Interessenvertretung und Verwaltungsführung;
- mehrjährige Befragung einer repräsentativen Gruppe von 500–1000 Bürger/innen (3–4 Befragungen pro Jahr);
- zeitnahe Rückkopplung der Ergebnisse und ihrer Durchführbarkeit an die Bürgerschaft, politische Entscheidungsträger und Verwaltung.

Beispiel

Bürgerbefragung „Aktives Arnsberg": Regelmäßige repräsentative Befragungen der Bürgerschaft zu kommunalen Themen
http://www.arnsberg.de/buergerpanel/index.php

Bürgerausstellung

Auch die Bürgerausstellung ist eine eher jüngere demokratische Erfindung, die durch biografische, emotionale und ästhetische Elemente die Bürgerbeteiligung und ihre Ergebnisse attraktiver machen möchte. Sie ist im Kern eine Ausstellung, bei der jedes Plakat die Perspektive einer Person auf ein vorgegebenes Thema vorstellt. Sie visualisiert also persönliche Perspektiven bei der Erarbeitung von Problemlösungen und präsentiert sie einem großen Personenkreis. Grundgedanke der von Heiner Legewie und Hans-Liudger Dienel entwickelten Bürgerausstellungen ist es, Einstellungen, Ziele und Motivationen von Interessengruppen zu präsentieren und anschließend einen öffentlichen Dialog darüber zu ermöglichen. Ausgangspunkt ist dabei die Befragung verschiedener Akteure zu einem interessierenden Problem oder Thema. In diesen Interviews berichten die Akteure über ihre Haltung zum Thema, ihr Engagement, die Schwierigkeiten, Hoffnungen, Lösungsideen. Gleichzeitig werden ästhetische Elemente – häufig Fotos – hergestellt, die den Akteur und die Quintessenz seiner Perspektive veranschaulichen. Auf dieser Basis entsteht dann die Bürgerausstellung, in der Bilder und Interviewpassagen kombiniert werden und damit in plastischer Weise eine neue, lebendige Sichtweise auf Thematik oder Problemfeld bieten. Die Bürgerausstellung dient der Information, der Anregung zur weiteren Diskussion und der Transparenz über einen Diskussions- und Veränderungsprozess.

Kennzeichen des Verfahrens

- Kombination von Fotos und qualitativen Interviews zu einem Plakat;
- Ästhetisch ansprechende und emotional biografische Präsentation der Sichtweisen unterschiedlicher Akteure;
- Eröffnung der Bürgerausstellung in einem Festakt ist Teil des Verfahrens;
- Bürgerausstellung als Mittel zur Information, Transparenzschaffung und Initiierung weiterer Diskussion.

Beispiel

Bürgerausstellung „Wandern und Wiederkommen – Magdeburger Rückkehrgeschichten": In der Bürgerausstellung wurden Motive von Abwanderern für ihre Rückkehr nach Magdeburg präsentiert.
http://www.partizipative-methoden.de/buergerausstellungen/

Literatur

Bockhofer, Reinhard (Hrsg.) 1999: Mit Petitionen Politik verändern. Baden-Baden.
Dienel, Hans-Liudger/Schophaus, Malte 2003: Die Bürgerausstellung. In Astrid Ley/ Weitz, Ludwig (Hrsg.): Praxis Bürgerbeteiligung. Ein Methodenhandbuch. Bonn: 83–90
Dienel, Peter C. 2002: Die Planungszelle. 5. Aufl. Wiesbaden.

Ley, Astrid/Weitz, Ludwig (Hrsg.) 2003: Praxis Bürgerbeteiligung. Ein Methodenhandbuch. Bonn.
Owen, Harrison 2001: Die Erweiterung des Möglichen. Die Entdeckung von Open Space. Stuttgart.
Robert Jungk/Müllert, Norbert R. 1981: Zukunftswerkstätten. Mit Phantasie gegen Routine und Resignation. München.
Zilleßen, Horst (Hrsg.) 1998: Mediation. Kooperatives Konfliktmanagement in der Umweltpolitik. Wiesbaden.

Holger Backhaus-Maul und Peter Friedrich

Gesellschaftliches Engagement von Unternehmen

Begriffe und Diskussionen

Die Wirtschaft und ihre Unternehmen sind in den führenden Nationen einer globalisierten Welt eine der wichtigsten und zugleich dynamischsten gesellschaftlichen Institutionen. Die klassische Frage nach der Rolle von Unternehmen in der Gesellschaft ist insofern – in Kenntnis globaler Einflüsse und nationaler Besonderheiten – immer wieder neu zu bestimmen. Das gesellschaftliche Selbstverständnis von Unternehmen kommt im freiwilligen und selbstbestimmten gesellschaftlichen Engagement von Unternehmen trefflich zum Ausdruck, dass über das wirtschaftliche Kerngeschäft und die Erfüllung gesetzlicher Bestimmungen hinausgeht (Backhaus-Maul et al. 2010a).

In Deutschland ist das Selbstverständnis von Unternehmen und Wirtschaft traditionell gesellschaftlich geprägt: Von der sozial engagierten protestantischen Unternehmerpersönlichkeit, die sich bereits im Kaiserreich freiwillig karitativ engagiert und die Grundlagen für eine betriebliche Sozialpolitik geschaffen hat, über die politische Rolle namhafter deutscher Unternehmen im Faschismus bis hin zur Idee der sozialen Marktwirtschaft in der alten Bundesrepublik und der Vorstellung von einer gesellschaftlichen Unternehmensverantwortung im neuen Deutschland erstreckt sich die wechselvolle gesellschaftliche Rolle von Unternehmen (Abelshauser 2004, Aßländer 2009, Heidbrinck/Hirsch 2008). In der sozialstaatlich eingehegten und „gezähmten" Variante des Kapitalismus in Deutschland (Beckert 2006) werden – im Schatten der staatlichen Hierarchie – die Rechte und Pflichten von Unternehmen gegenüber Arbeitnehmern und Gewerkschaften sowie Gesellschaft insgesamt in Verhandlungen vereinbart und gesetzlich festgelegt. Insgesamt können Unternehmen in Deutschland – bei allen politischen Ambivalenzen – seit Jahrhunderten auf eine national geprägte gesellschaftliche Tradition verweisen (Backhaus-Maul 2008).

Die aktuelle und zugleich globale Debatte über die gesellschaftliche Rolle von Unternehmen hat ihre Ursprünge in der wirtschaftlichen Krise in den USA der 1980er Jahre. Im Zuge der damaligen wirtschaftlichen Umbrüche wurde angesichts der für die US-Wirtschaft einschneidenden Folgen des globalisierten Wettbewerbs auch die grundsätzliche Frage nach der gesellschaftlichen Rolle von Unternehmen und Wirtschaft sowie ihres Beitrags zur gesellschaftlichen Revitalisierung gestellt (Seeleib-Kaiser 2001). Diese „nationale US-amerikanische Debatte" über die Rolle von Unternehmen als „Bürger" bzw. „Corporate Citizen" (Backhaus-Maul 2003, Habisch 2003, Schrader 2003) wurde in Europa in den 1990er Jahren zunächst in Großbritannien, Dänemark und den Niederlanden rezipiert, während sich in Deutschland Wirtschaft und Unternehmensverbände unter Verweis auf die eigene nationale Tradition zunächst in Zurückhaltung übten.

Mittlerweile wird die Diskussion über das gesellschaftliche Engagement von Unternehmen in Deutschland einerseits von Fachleuten, wie Unternehmens- und Kommunikationsberatern sowie Expertinnen und Experten in den jeweiligen Politikfeldern, geführt. Andererseits wird sie in den verschiedenen Disziplinen der Wirtschafts- und Sozialwissenschaften, wie der Wirtschaftsethik und Betriebswirtschaftlehre sowie der Soziologie, theoretisch-konzeptionell und empirisch bearbeitet (Polterauer 2008). Ein besonderes Potenzial bei der Erforschung des gesellschaftlichen Engagements von Unternehmen bietet die Wirtschaftssoziologie (Maurer 2008, Mauer/ Schimank 2008), deren Tradition bis zu den Klassikern Max Weber (1921) und Josef Schumpeter (1947) zurückreicht. Im Mittelpunkt der jüngeren Wirtschaftssoziologie stehen Fragen der Steuerung und Koordination von Wirtschaft sowie der Rolle von Unternehmen in einer funktional ausdifferenzierten und globalisierten (Welt-)Gesellschaft (Maurer 2008, Beckert 2006).

Neben oder vielleicht auch vor den Sozialwissenschaften haben die Wirtschaftswissenschaften die Auseinandersetzung mit dem gesellschaftlichen Engagement von Unternehmen initiiert und dynamisiert. Dieses gilt insbesondere für die Wirtschafts- und Unternehmensethik sowie für die Betriebswirtschaftslehre. Die Wirtschafts- und Unternehmensethik erörtert die grundlegende und zugleich zentrale Frage nach den sozialkulturellen Grundlagen und ordnungspolitischen Rahmenbedingungen eines dauerhaft erfolgreichen wirtschaftlichen Handels (grundlegend Homann 2002, Aßländer/Ulrich 2009, Habisch 2003, Pies 2001, Suchanek 2000), während sich die Betriebswirtschaftslehre mit Beiträgen zum Management, zur Steuerung und zur Kommunikation des gesellschaftlichen Engagements in Unternehmen hervortut (Schwerk 2008).

Insgesamt aber ist bei der Einschätzung der aktuellen Diskussion über das gesellschaftliche Engagement von Unternehmen in Deutschland zu bedenken, dass weder theoretisch-konzeptionelle noch empirische Forschungen, sondern vielmehr konkrete gesellschaftspolitische Herausforderungen und globale Kommunikationsprozesse für die Genese dieses Themas in Deutschland von ausschlaggebender Bedeutung waren. Die deutsche Diskussion über das gesellschaftliche Engagement von Unternehmen ist folglich geprägt vom Bemühen, konkrete Phänomene mit „modernen" und deutungsoffenen Begriffen zu umschreiben.

Vor dem Hintergrund einer traditionsgeprägten Staatlichkeit in Deutschland und einer entsprechend regulierten gesellschaftlichen Rolle von Unternehmen mit gesetzlichen Verpflichtungen und politischen Vereinbarungen weist das im Kontext dieses Handbuches besonders interessante freiwillige gesellschaftliche Engagement von Unternehmen (Corporate Citizenship) deutlich über den politisch normierten und staatlich gesetzten Rahmen unternehmerischer Verantwortung (Corporate Social Responsibility) hinaus (zum Folgenden die Abbildung). Der international gebräuchliche Begriff der Corporate Social Responsibility kennzeichnet in Deutschland die gesetzlich geregelte Verantwortung von Unternehmen, die einerseits im politischen Entscheidungsprozess unter maßgeblicher Beteiligung von Unternehmensverbänden und Gewerkschaften ausgehandelt und anderseits im wirtschaftlichen Kerngeschäft von Unternehmen implementiert wird. Der Corporate Citizenship-Begriff hingegen thematisiert das darüber hinausgehende freiwillige gesellschaftliche Engagement, das in vielfältigen Sach-, Geld- und Dienstleistungen entsprechend den Vorstellungen des jeweiligen Unternehmens über eine „guten Gesellschaft" zum Ausdruck kommt. Die Spannbreite des gesellschaftlichen Engagements von Unternehmen in Deutschland erschließt sich folglich erst dann, wenn man sowohl das freiwillige gesellschaftliche Engagement als auch die – im internationalen Vergleich aber nicht als gering zu veranschlagende – gesetzlich geregelte Verantwortung bzw. Verpflichtung von Unternehmen im institutionellen Arrangement der sozialen Marktwirtschaft in einer Gesamtschau betrachtet (Backhaus-Maul/Braun 2007, Heidbrink 2008, Hiß 2005).

Facetten des gesellschaftlichen Engagements von Unternehmen

Im Folgenden wird das – im Kontext dieses Bandes relevante – „freiwillige" gesellschaftliche Engagement von Unternehmen (2) zunächst anhand seiner Organisationsformen, Instrumente und Verfahrensweisen in ausgewählten Handlungsfeldern veranschaulicht. Im dritten Teil (3) werden sozialwissenschaftlich relevante theoretisch-konzeptionelle Überlegungen sowie empirische Befunde dargestellt und erläutert. Abschließend (4) werden gesellschaftspolitische Grundannahmen und Möglichkeiten der Förderung des gesellschaftlichen Engagements von Unternehmen kurz skizziert.

Tab. 1: Facetten des gesellschaftlichen Engagements von Unternehmen

	Corporate Social Responsibility (CSR)
Leitvorstellung	regulierte – globale – Zivilgesellschaft
Entscheidung	Korporatismus
Organisationsform	Betrieb
Regelung	gesetzliche und vertragliche Regelungen auf der Grundlage betriebswirtschaftlicher Kriterien und Verfahren

Instrumente	betriebswirtschaftl. Standards, Mess- und Evaluationsinstrumente
Referenzrahmen	fachliche betriebliche Perspektive mit selektivem Umweltbezug
	Corporate Citizenship (CC)
Leitvorstellung	„gute Gesellschaft"
Entscheidung	Unternehmensentscheidung
Organisationsform	Unternehmensführung
Regelung	konzeptionelle Überlegungen und vertragliche Vereinbarungen auf der Grundlage von unternehmerischen Nutzenerwägungen und Freiwilligkeit
Instrumente	Bereitstellung von Sach-, Geld- und Dienstleistungen, Stiftungen, Mitarbeiterengagement
Referenzrahmen	gesellschaftliche Rolle von Unternehmen

Quelle: Eigene Darstellung

Handlungsfelder und Formen des gesellschaftlichen Engagements von Unternehmen

Das gesellschaftliche Engagement von Unternehmen findet traditionell in den Bereichen Soziales, Kultur und Sport statt. Zugleich mit der Industrialisierung haben sich einige namhafte und weitsichtige Unternehmer zugunsten ihrer Arbeiter und deren Familien sozialfürsorgerisch engagiert. Bereits im Deutschen Kaiserreich und verstärkt in der Weimarer Republik erschlossen Unternehmen für sich Kunst und Kultur als Gegenstand ihres gesellschaftlichen Engagements. In der Gründungsphase der Bundesrepublik Deutschland fanden – vor dem Hintergrund der politischen Rolle namhafter deutscher Unternehmen im Faschismus – vermeintlich apolitische Betätigungsfelder wie Sport und Freizeit zunehmende Aufmerksamkeit im gesellschaftlichen Engagement von Unternehmen. Spätestens seit den 1990 Jahren erweitern Unternehmen ihren Aktionsradius indem sie sich neue Felder des gesellschaftlichen Engagements, insbesondere im Bildungs- und Erziehungsbereich, erschließen (Friedrich 2008).

Das Gemeinsame des Unternehmensengagements in den verschiedenen Handlungsfeldern kommt darin zum Ausdruck, dass es sich zumeist um Aktivitäten handelt, die keiner oder nur einer geringen staatlichen Regulierung unterliegen. Freiwilligkeit erweist sich bei der Auswahl der Engagementfelder und -themen als ein konstitutives Merkmal des gesellschaftlichen Engagements von Unternehmen.

In ihrem gesellschaftlichen Engagement können Unternehmen auf ein breites Repertoire an Instrumenten zurückgreifen, das sich von Geld- und Sachspenden (Corporate Giving) über Stiftungsaktivitäten (Corporate Foundations) bis hin zum Mitarbeiterengagement (Corporate Volunteering) erstreckt.

Das Spenden – in erster Linie von Geldleistungen – ist wohl die am weitesten verbreitete Variante des Unternehmensengagements. Spenden sind Geld-, Sach- und Dienstleistungen zugunsten gemeinnütziger Zwecke und Organisationen ohne Gegenleistung (Mecking 2008). Gleichwohl erfährt der Spender in der Regel durch sein Handeln öffentliche Aufmerksamkeit und Anerkennung. Seit einigen Jahren erproben Unternehmen darüber hinaus auch die Möglichkeiten des Match Giving, bei dem das tätige Engagement von Unternehmensmitarbeitern – je nach Art und Höhe des Engagements – durch gestaffelte Spendenzahlungen des Unternehmens anerkannt und gefördert wird (Strachwitz/Reimer 2008).

Vom Spenden deutlich zu unterscheiden ist das Sponsoring von gemeinnützigen Organisationen. Beim Sponsoring handelt es sich um eine finanzielle Zuwendung eines Unternehmens an eine gemeinnützige Organisation, die – im Unterschied zur Spende – in Erwartung konkreter wirtschaftlich relevanter Gegenleistungen vertraglich vereinbart wird. Konsequenterweise ordnet Christoph Mecking (2008) auch das „zweckgebunde Marketing" (Cause Related Marketing) dem Sponsoring zu. Zweckgebundenes Marketing bedeutet, dass beim Kauf eines speziellen Produktes ein Teil des Erlöses an gemeinnützige Organisationen „gespendet" wird (Mecking 2008). Ähnlich stellt sich die Sachlage beim so genannten Public-Privat-Partnership (PPP) dar: Unternehmen werden im Rahmen ihres wirtschaftlichen Kerngeschäftes an der Erbringung einer öffentlichen Aufgabe beteiligt. Ein typisches Beispiel hierfür ist es, wenn ein Bauunternehmen auf eigene Kosten das Gebäude für eine öffentliche Schule erstellt, um sie dann an den zuständigen öffentlichen Träger langfristig und gewinnbringend zu vermieten bis das Gebäude nach Ablauf einer kalkulatorischen Frist von zumeist mehreren Jahrzehnten in den Besitz des öffentlichen Trägers übergeht (Maaß 2005, Polterauer 2008).

Eine institutionalisierte Form des gesellschaftlichen Engagements von Unternehmen stellen die verschiedenen Varianten von Stiftungen dar (Nährlich/Hellmann 2008, Schwertmann 2005, Strachwitz/Mercker 2005, Strachwitz/Reimer 2008). Dieses Instrument ermöglicht Unternehmen ein kontinuierliches und zweckorientiertes gesellschaftliches Engagement. Je nach Rechtsform und Zwecksetzung lässt sich zwischen einer Förderstiftung und einer operativen Stiftung unterscheiden, wobei eine Förderstiftung die Aktivitäten Dritter unterstützt, während eine operative Stiftung selbst gesetzte Ziele in eigener Regie sowie mit eigenen Maßnahmen und Ressourcen umsetzt. Denkbar ist auch, dass Unternehmen eine eigene Stiftung gründen oder sich im Sinne einer Zustiftung an einer bestehenden Stiftung, etwa einer Bürgerstiftung, beteiligen (grundlegend Nährlich/Strachwitz/Hinterhuber/Müller 2005). Als traditionsreiche deutsche Unternehmen mit einer eigenen Stiftung sind etwa Bertelsmann, Bosch, Deutsche Bank, Körber und Volkswagen zu nennen. Unternehmensstiftungen sind aber nicht immer nur dem gesellschaftlichen Engagement verpflichtet, sondern haben in den Fällen, in denen sie zugleich Miteigentümer des Unternehmens sind, für das

Unternehmen selbst eine grundlegende wirtschaftliche Bestandssicherungsfunktion.

Seit einigen Jahren erfährt das Repertoire des gesellschaftlichen Engagements von Unternehmen in Deutschland durch die unternehmerische Förderung des Mitarbeiterengagements eine merkliche Erweiterung (Corporate Volunteering) in gemeinnützigen Organisationen und Tätigkeitsfeldern (Bartsch 2008). Von Unternehmensseite kann dieses Mitarbeiterengagement in unterschiedlicher Art und Weise gefördert werden. So können Unternehmen das Engagement ihrer Mitarbeiter in gemeinnützigen Organisationen und Tätigkeitsfeldern durch Freistellungen unterstützen. Oder Unternehmen initiieren mit ihren Mitarbeitern eigene Engagementprojekte. Eine andere – weit verbreitete – Variante der Förderung des Mitarbeiterengagements sind lokale Freiwilligentage, an denen sich Mitarbeiter eines oder mehrerer Unternehmen in konkreten Projekten engagieren, wie z.B. der Renovierung einer Kindertagesstätte oder der Organisation eines Ausflugs für Bewohner einer Behinderteneinrichtung. Im Vergleich zu den vorgenannten Möglichkeiten fanden in den vergangenen Jahren Programme wie „Blickwechsel", „SeitenWechsel®", oder „Switch" besondere Aufmerksamkeit, in denen sich Mitarbeiter/innen von privatgewerblichen Unternehmen mit ihren spezifischen Kompetenzen und Erfahrungen für ein bis zwei Wochen in gemeinnützigen Diensten und Einrichtungen betätigen. So befassen sich Unternehmensmitarbeiter etwa damit, eine Marketingkampagne für eine gemeinnützige Organisation zu entwickeln, in betriebswirtschaftlichen Angelegenheiten zu beraten oder Strategien für eine verbesserte Personalentwicklung zu entwickeln. Darüber hinaus kann es in Einzelfällen auch zu einem längerfristigen Engagement von Unternehmensmitarbeitern (Secondment) in gemeinnützigen Organisationen kommen (Mutz 2008, Ettlin 2008). Unter günstigen Konstellationen hat ein derartiges Mitarbeiterengagement in Einzelfällen einen wechselseitigen Mitarbeiteraustausch zwischen Unternehmen und gemeinnützigen Organisationen zur Folge. In jedem Fall aber ist das Engagement von Unternehmensmitarbeitern eine Begünstigung gemeinnütziger Organisationen (Bartsch 2008, Mutz 2008, Wettenmann 2004).

Zum Stand der Forschung

Die wissenschaftliche Auseinandersetzung mit dem gesellschaftlichen Engagement von Unternehmen befindet sich sowohl in theoretisch-konzeptioneller als auch in empirischer Hinsicht noch in den Anfängen (Backhaus-Maul et al. 2010b). Gleichwohl kann aber an sozialwissenschaftliche Diskussionen über die Rolle von Unternehmen in der Gesellschaft (Maurer/Schimank 2008) sowie an wirtschaftswissenschaftliche Auseinandersetzungen über die Verantwortung von Unternehmen (Aßländer/Ulrich 2009) angeknüpft werden. Zudem ist das gesellschaftliche Engagement von Unternehmen in der deutschen Fachöffentlichkeit kein grundsätzlich neues Thema (z.B. Nyssen 1971), sondern es ist Mitte der 1990er Jahre wieder entdeckt worden (z.B. Janning/Bartjes 1999, Westebbe/Logan 1995).

Die Renaissance dieses viel versprechenden Themas hat in den vergangenen Jahren zunächst dazu geführt, dass erste quantitative Befragungen zum Stand des gesellschaftlichen Engagements von Unternehmen durchgeführt wurden (Polterauer 2008). Die weit überwiegende Mehrzahl dieser Untersuchungen wurde durch außerwissenschaftliche Organisationen aus der Beratungs-, Kommunikations- und Marktforschungsbranche durchgeführt. Dabei wurden sowohl inhabergeführte (FORSA 2005, Maaß 2005) als auch börsennotierte Unternehmen (Bertelsmann Stiftung 2007) zu ihren Engagementfeldern, ihrem Ressourceneinsatz sowie den Formen und Instrumenten ihres gesellschaftlichen Engagements befragt. Die Ergebnisse dieser ersten Untersuchungen sind bemerkenswert: So geben – bei fast allen Untersuchungen – über 90% der befragten Unternehmen an, dass sie sich freiwillig in unterschiedlichen gesellschaftlichen Aufgabenfeldern engagieren (Braun 2008, CCCD 2007, FORSA 2005). Von diesen freiwillig gesellschaftlich engagierten Unternehmen erklären wiederum 70%, dass sie ihrem derzeitigen und zukünftigen Engagement hohe Bedeutung beimessen (Bertelsmann Stiftung 2005). Angesichts dieser Bedeutungszuschreibung überrascht es nicht, dass rund 80% der befragten Unternehmen die Verantwortung für diesen Aufgabenbereich bei der Unternehmensführung ansiedeln (Bertelsmann Stiftung 2005), wobei für die konkrete Durchführung von Maßnahmen und Projekten mehrheitlich die Kooperationen mit gemeinnützigen Organisationen gesucht wird (Seitz 2005; Bertelsmann Stiftung 2005).

Die Aussagekraft dieser Erhebungen ist jedoch eingeschränkt, da die zugrunde liegenden Begrifflichkeiten zumeist unpräzise und in hohem Maße deutungsoffen sind. Zudem zielen die die Untersuchungen leitenden Fragestellungen in der Regel nicht auf einen wissenschaftlichen Erkenntnisgewinn ab, sondern sind im weitesten Sinne unternehmens- und gesellschaftspolitisch begründet (Polterauer 2008). Neben diesen quantitativen Untersuchungen sind in den vergangenen Jahren einige explorative Untersuchungen und – zumeist im Rahmen wissenschaftlicher Qualifikationsarbeiten – erste qualitative Fallstudien entstanden (siehe die Hinweise in Polterauer 2008). So haben Frank W. Heuberger, Maria Oppen und Sabine Reimer (dies. 2004) in einer explorativen Studie das gesellschaftliche Engagement einer kleinen Anzahl ausgewählter Unternehmen untersucht. Die Befunde legen den Schluss nahe, dass es sich beim gesellschaftlichen Engagement um Suchbewegungen und Experimente von Unternehmen handelt, die sich darum bemühen, ihre Rolle in einer sich grundlegend verändernden Gesellschaft zu finden. In den konkreten Vollzügen ihres gesellschaftlichen Engagements sind Unternehmen dabei – so die qualitative Studie von Brigitte Rudolph (dies. 2004) – in hohem Maße auf die Zusammenarbeit mit gemeinnützigen Organisationen und Stakeholdern angewiesen. Dabei handelt es sich nicht um einmalige Akte einseitiger Unterstützung, sondern um die Entwicklung gemeinsamer Ideen und Projekte in der Zusammenarbeit von so grundlegend unterschiedlichen Organisationen wie privatgewerblichen Unternehmen und Non-Profit-Organisationen.

Die empirischen Untersuchungen zum gesellschaftlichen Engagement von Unternehmen werden durch eine Vielzahl höchst heterogener theoretisch-konzeptioneller Arbeiten in den Sozial- und Wirtschaftswissenschaften flankiert. So werden beispielsweise in der Soziologie der relative Bedeutungs- und Steuerungsverlust des Nationalstaates (Curbach 2007; Feil et al. 2005; Hiß 2006; Rieth/Zimmer 2004; Windolf 2002) sowie das Wechselspiel zwischen unternehmerischen und gesellschaftlichen Dimensionen im Unternehmensengagement thematisiert (Polterauer 2009; Reimer 2002). Die Politikwissenschaft nähert sich dem gesellschaftlichen Engagement von Unternehmen u. a. im Rahmen der Elitenforschung (z. B. Rucht et al. 2007; Speth 2006) und in grundlagentheoretischen Arbeiten zur Steuerung und Koordinierung (Governance) von Gesellschaft (Beckert 2006; Benz et al. 2007; Mayntz/Scharpf 1995). In den Wirtschaftswissenschaften wird der wirtschaftsethischen Fundierung (Homann 2002; Habisch 2003; Pies 2001; Suchanek 2000; Aßländer/Ulrich) sowie der Implementierung von Instrumenten und Verfahren des gesellschaftlichen Engagements im Rahmen „gesellschaftsorientierter" Managementkonzepte und -vorstellungen besondere Bedeutung beigemessen (Czap 1990; Pinter 2006; Schwerk 2008; Stizel 1977). Darüber hinaus verdienen die Kommunikationswissenschaften zukünftig größere Aufmerksamkeit, die sich verstärkt darum bemühen, die Genese und den Verlauf der aktuellen Diskussion über das gesellschaftliche Engagement von Unternehmen als Ergebnis eines globalen Kommunikationsprozesses zu erforschen und zu analysieren (Altmeppen 2009; Paar 2005; Wittke 2003).

Um dem Thema gesellschaftliches Engagement von Unternehmen gerecht zu werden, reicht es aber nicht aus, unter einem verengten Blickwinkel die Veränderungen von Unternehmen zu betrachten, sondern vielmehr ist es angezeigt, die veränderte Rolle von Unternehmen in der Gesellschaft zu untersuchen. So arbeiten Andrew Crane, Dirk Matten und Jeremy Moon (2008) heraus, dass die Diskussion über das gesellschaftliche Engagement von Unternehmen auf weit grundlegendere Veränderungen in der Aufgaben- und Rollenverteilung zwischen Staat, Wirtschaft und Zivilgesellschaft verweisen (Crane et al. 2008 sowie Backhaus-Maul 2006; Habisch 2003; Schrader 2003). Im Kern geht es dabei vor allem um den Wandel von Staatlichkeit, der eine zunehmende Verantwortungsübertragung auf Unternehmen und Zivilgesellschaft zur Folge hat (Crane et al. 2008).

Für ein sachgerechtes Verständnis des gesellschaftlichen Engagements von Unternehmen ist letztlich eine wissenschaftlich-analytische Herangehensweise unabdingbar, die aber durch „gut gemeinte" normative Überhöhungen und simplifizierende „strategisch-instrumentelle" Deutungen des Themas durch Teile einer außerwissenschaftlichen „Beratungsszene" massiv erschwert werden. Der gesellschaftliche Eigensinn und -wert des gesellschaftlichen Engagements von Unternehmen verschwindet bisweilen hinter einer Nebelwand „politischer" Rollenzuweisungen, latenter Beteuerungen eines vermeintlichen unternehmensstrategischen Nutzens und dem Versprechen vager gesellschaftlicher Effekte in einer nicht näher terminierten Zukunft. Dass es beim gesellschaftlichen Engagement von Unternehmen aber im Wesentlichen um „Gesellschaft" geht, gerät bei derart „wissenschaftlich enthaltsamen" Deutungsversuchen zumeist nicht in den Blick.

Gesellschaftspolitische Grundannahmen und förderliche Bedingungen

Die gesetzlich geregelte unternehmerische Verantwortung mit den entsprechenden Arbeits-, Sozial- und Umweltstandards unterliegt den üblichen Möglichkeiten und Grenzen staatlicher Steuerung und Regulierung. Über Art und Umfang dieser gesetzlich geregelten unternehmerischen Verantwortung wird in Deutschland auch in Zukunft in korporatistischen Verhandlungsstrukturen zwischen Unternehmensverbänden, Gewerkschaften und Staat diskutiert und entschieden werden. Mit dem sukzessiven Bedeutungswandel und Steuerungsverlust des Nationalstaates stehen Unternehmen aber mittelbar vor der Herausforderung, neben der Erfüllung gesellschaftlicher Pflichten freiwillig eigene Beiträge zur Human- und Sozialkapitalbildung sowie zur Gestaltung und Steuerung von Gesellschaft zu leisten. Dem Wirtschaftssystem selbst fällt in wachsendem Maße Mitverantwortung für die Reproduktion seiner eigenen sozialkulturellen Grundlagen erfolgreichen wirtschaftlichen Handelns zu. Dabei eröffnet freiwilliges gesellschaftliches Engagement Unternehmen – neben den bekannten korporatistischen Instrumenten und Verfahren politischer Einflussnahme und Beteiligung – neuartige gesellschaftliche Möglichkeiten der Mitentscheidung und Mitgestaltung, etwa durch den Einsatz betrieblicher Personal- und Sachressourcen sowie unternehmerischer Kompetenzen und Erfahrungen in engagementpolitisch relevanten Feldern. Auf diese hervorragende Gelegenheit zur selbstbestimmten und freiwilligen Mitentscheidung und Mitgestaltung in gesellschaftspolitischen Angelegenheiten stellt für nicht wenige Unternehmen zunächst eine Irritation und Herausforderung dar. Sollten sich Unternehmen trotz dieser Gelegenheit in den nächsten Jahren weiterhin in gesellschaftspolitischer Enthaltsamkeit üben, so würde sich die politische Rhetorik von Wirtschaftsverbänden über den dominanten, expansiven und in alle Lebensbereiche intervenierenden Staat rückblickend als schlichte Schutz- und Abwehrbehauptung erweisen.

Aber es ist auch zu bedenken, dass das von Unternehmen selbst gewählte Engagement mit Unsicherheiten und besonderen Herausforderungen einhergeht, da sich Unternehmen hier außerhalb ihrer eigentlichen Domäne

– dem Wirtschaftssystem – in sozialen, pädagogischen, kulturellen, sportlichen und ökologischen Tätigkeitsbereichen von Non-Profit-Organisationen engagieren. Sie tun dieses – wohlgemerkt jenseits ihrer wirtschaftlichen Kompetenzen – quasi als Laien, in Kenntnis des latenten Risikos eines Scheiterns und mit Aussicht auf befremdliche und irritierende Erfahrungen, die – in einem positiven Sinne – wiederum die Grundlage für wirtschaftliche Innovationen sein können.

Dieses freiwillige gesellschaftliche Engagement von Unternehmen ist selbstredend keine staatliche Aufgabe und keiner direkten staatlichen Förderung zugänglich, sondern ist unternehmensgesteuert und kann staatlicherseits allenfalls durch engagementförderliche Rahmenbedingungen begünstigt werden (Backhaus-Maul/Braun 2007). Aus den eingangs skizzierten sachlichen Gründen geht es nicht um neue Varianten direkter staatlicher Steuerung und Förderung des gesellschaftlichen Engagements von Unternehmen, sondern im Sinne des klassischen Subsidiaritätsprinzips um die staatliche Unterstützung einer zivilgesellschaftlichen Infrastruktur im Bedarfsfalle: In den Fällen, in denen gesellschaftliche Institutionen und Organisationen nicht selbst dazu in der Lage sind, ihre Engagementpotenziale hinreichend zu entfalten, kann ergänzend und befristet auf das Repertoire staatlicher Engagementförderung zurückgegriffen werden. In erster Linie ist aber davon auszugehen, dass die am gesellschaftlichen Engagement von Unternehmen beteiligten Organisationen ihre Engagementaktivitäten mit eigenen Ressourcen grundsätzlich selbst leisten können. Die Instrumente und Verfahren einer staatlichen Engagementförderung sind demgegenüber nachrangig und zugleich zeitlich, sachlich und sozial begrenzt einzusetzen.

Die Sinnhaftigkeit und Zweckmäßigkeit einer staatlichen Zurückhaltung bei der Förderung des freiwilligen gesellschaftlichen Engagements von Unternehmen wird deutlich, wenn man bedenkt, dass es nicht die klassischen politischen Interessenorganisationen sind, d. h. Parteien und Verbände, die dieses Engagementfeld prägen, sondern dass diese Bedeutung Unternehmen und Non-Profit-Organisationen zukommt. Als Adressaten des freiwilligen gesellschaftlichen Engagements von Unternehmen verdienen gemeinnützige bzw. Non-Profit-Organisationen besondere Aufmerksamkeit. Letztlich sind es diese Organisationen, die aus dem Engagement von Unternehmen im Sport-, Kultur-, Sozial- und Ökologiebereich Leistungen für Bürger entwickeln. Dabei ist in Rechnung zu stellen, dass die Fähigkeit zur Zusammenarbeit mit Unternehmen für die Mehrzahl der Non-Profit-Organisationen in Deutschland keine kulturelle Selbstverständlichkeit und gepflegte Routine ist. Non-Profit-Organisationen sind in Deutschland als Empfängerinnen staatlicher Subventionen und Zuwendungen sowie aufgrund ihrer politischen Privilegierung unter korporatistischen Bedingungen latent „staatsorientiert" (Backhaus-Maul 2009). Erschwerend kommt noch hinzu, dass der deutsche Non-Profit-Sektor eine überaus geordnete soziale Welt repräsentiert. Fein nach staatlichen Zuständigkeitsmustern in die Sparten Bildung, Soziales, Ökologie, Kultur und Sport aufgeteilt, sind voneinander separierte „Parallelgesellschaften" entstanden, die sich mit staatlicher Förderung und Privilegierung jahrzehntelang selbst genügten und sich erst mit der latenten Ressourcenschwäche des öffentlichen Zuwendungsgebers nach neuen Kooperationspartnern umsehen (Braun 2007, Nährlich 2008). Eine staatliche Förderung könnte maßgeblich dazu beitragen, Non-Profit-Organisationen fachlich und sachlich überhaupt erst einmal in die Lage zu versetzen, mit Unternehmen auf „Augenhöhe" verhandeln und kooperieren zu können. Dabei kommt intermediären Organisationen besondere Bedeutung zu, die Unternehmen beraten und zwischen Wirtschaft und Zivilgesellschaft vermitteln (z. B. Dresewski 2004; Jakob/Janning 2007; Nährlich/Biedermann 2008).

Unter den skizzierten gesellschaftspolitischen Prämissen unterliegt die gesetzlich geregelte gesellschaftliche Verantwortung von Unternehmen den üblichen Möglichkeiten und Grenzen staatlicher Steuerung und Regulierung, während freiwilliges gesellschaftliches Engagement von Unternehmen unternehmensgesteuert und auf eine zivilgesellschaftliche Infrastruktur angewiesen ist. Den Schlüssel zum Erfolg – oder auch Misserfolg – des freiwilligen gesellschaftlichen Engagements von Unternehmen in Deutschland halten daher Unternehmen selbst in der Hand. Die Förderung des freiwilligen gesellschaftlichen Engagements von Unternehmen ist in erster Linie eine Unternehmensaufgabe und darüber hinaus keine staatliche, sondern eine zivilgesellschaftliche Angelegenheit.

Literatur

Abelshauser, Werner 2004: Deutsche Wirtschaftsgeschichte seit 1945. München.
Altmeppen, Klaus-Dieter 2009: Journalistische Beobachter in der öffentlichen (Verantwortungs-) Kommunikation. Strukturen und Probleme. In: Backhaus-Maul, Holger/Biedermann, Christiane/Polterauer, Judith/Nährlich, Stefan (Hrsg.): Corporate Citizenship in Deutschland: Gesellschaftliches Engagement von Unternehmen. Bilanz und Perspektiven, 2. Auflage. Wiesbaden: 489–508.
Aßländer, Michael/Ulrich, Peter 2009: 60 Jahre Soziale Marktwirtschaft: Illusionen und Reinterpretationen einer ordnungspolitischen Integrationsformel. Bern.
Backhaus-Maul, Holger 2009: Akteure in der Sozialwirtschaft: institutionalisierte Routinen und neue Gestaltungsspielräume. In: Archiv für Wissenschaft und Praxis der sozialen Arbeit, Heft 3: 62–84.
Backhaus-Maul, Holger 2008: Traditionspfad mit Entwicklungspotenzial. In: Aus Politik und Zeitgeschichte, Heft 31: 14–20.
Backhaus-Maul, Holger 2006: Gesellschaftliche Verantwortung von Unternehmen in der Bürgergesellschaft. In: Aus Politik und Zeitgeschichte, Heft 12: 32–38.
Backhaus-Maul, Holger 2004: Corporate Citizenship im deutschen Sozialstaat. In: Aus Politik und Zeitgeschichte, Heft 14: 23–30.
Backhaus-Maul, Holger 2003: Engagementförderung durch Unternehmen in den USA. Über die produktive Balance zwischen Erwerbsarbeit, Familienleben und bürgerschaftlichem Engagement. In: Enquête-Kommission „Zukunft des Bürgerschaftlichen Engagements" des Deutschen Bundestages (Hrsg.): Bürgerschaftliches Engagement und Unternehmen. Opladen: 85–147.

Backhaus-Maul, Holger/Biedermann, Christiane/Nährlich, Stefan/Polterauer, Judith (Hrsg.) 2010: Corporate Citizenship in Deutschland: Gesellschaftliches Engagement von Unternehmen. Bilanz und Perspektiven. 2. Auflage. Wiesbaden.

Backhaus-Maul, Holger/Braun, Sebastian 2007. Gesellschaftliches Engagement von Unternehmen in Deutschland. Konzeptionelle Überlegungen, empirische Befunde und engagementpolitische Perspektiven. In: Olk, Thomas/Klein, Ansgar/ Hartnuß, Birger (Hrsg.): Engagementpolitik. Die Entwicklung der Zivilgesellschaft als politische Aufgabe. Wiesbaden: 303–326.

Backhaus-Maul, Holger/Braun, Sebastian 2007: Gesellschaftliches Engagement von Unternehmen in Deutschland. Konzeptionelle Überlegungen und empirische Befunde. In: Stiftung und Sponsoring/Rote Seiten, Heft 5: 1–15.

Bartsch, Gabriele 2008: Corporate Volunteering – ein Blickwechsel mit Folgen. In: Backhaus-Maul, Holger/Biedermann, Christiane/Nährlich, Stefan/Polterauer, Judith (Hrsg.): Corporate Citizenship in Deutschland. Bilanz und Perspektiven. Wiesbaden. S. 323–334.

Beckert, Jens 2006: Wer zähmt den Kapitalismus? In: ders./Ebbinghaus, Bernhard/ Hassel, Anke/Manow, Philip (Hrsg.): Transformation des Kapitalismus. Frankfurt/New York: 425–442.

Benz, Arthur/Lütz, Susanne/Schimank, Uwe/Simonis, Georg (Hrsg.) 2007: Handbuch Governance. Wiesbaden.

Bertelsmann Stiftung (Hrsg.) 2005: Die gesellschaftliche Verantwortung von Unternehmen. Dokumentation der Ergebnisse einer Unternehmensbefragung der Bertelsmann Stiftung. Gütersloh.

Braun, Sebastian 2008: Gesellschaftliches Engagement von Unternehmen. In: Aus Politik und Zeitgeschichte, Heft 31: 6–14.

Braun, Sebastian 2007: Corporate Citizenship und Dritter Sektor. Anmerkungen zur Vorstellung: „Alle werden gewinnen …". In: Forschungsjournal Neue Soziale Bewegungen, Heft 2: 186–190.

CCCD (Hrsg.) 2007: Gesellschaftliches Engagement von Unternehmen in Deutschland und im transatlantischen Vergleich mit den USA. Berlin.

Crane, Andrew/Matten, Dirk/Moon, Jeremy 2008: Corporations and Citizenship. Cambridge.

Curbach, Janina 2006: Corporate Social Responsibility – Unternehmen als Adressaten und Aktivisten einer transnationalen Bewegung. In: Rehberg, Karl-Siegbert (Hrsg.): Die Natur der Gesellschaft. Verhandlungen des 33. Kongresses der Deutschen Gesellschaft für Soziologie in Kassel. Frankfurt/New York: 65–74.

Czap, Hans (Hrsg.) 1990: Unternehmensstrategien im sozio-ökonomischen Wandel. Berlin.

Dresewski, Felix 2004: Corporate Citizenship. Ein Leitfaden für das soziale Engagement mittelständischer Unternehmen. Berlin.

Ettlin, Tony 2008: Secondment. In: Habisch, André/Schmidpeter, René/Neureiter, Martin (Hrsg.): Handbuch Corporate Citizenship. Corporate Social Responsibility für Manager. Berlin u. a.: 269–276.

Feil, Moira/Carius, Alexander/Müller, Aike 2005: Umwelt, Konflikt und Prävention. Eine Rolle für Unternehmen? Forschungsbericht. Berlin.

FORSA 2005: „Corporate Social Responsibilty" in Deutschland. Bericht im Auftrag der Initiative Neue Soziale Marktwirtschaft. Berlin.

Friedrich, Peter 2008: Unternehmensengagement im deutschen Bildungssystem. Zwischen strategischen Unternehmensinteressen und persönlichen Präferenzen. In: Blätter der Wohlfahrtspflege, Heft 6: 219–221.

Habisch, André 2003: Corporate Citizenship. Gesellschaftliches Engagement von Unternehmen in Deutschland. Berlin u.a.

Heidbrink, Ludger 2008: Wie moralisch sind Unternehmen. In: Aus Politik und Zeitgeschichte, Heft 31: 3–6.
Heidbrink, Ludger/Hirsch, Alfred (Hrsg.) 2008: Verantwortung als marktwirtschaftliches Prinzip: Zum Verhältnis von Moral und Ökonomie. Frankfurt/New York.
Heuberger, Frank W./Oppen, Maria/Reimer, Sabine 2004: Der deutsche Weg zum bürgerschaftlichen Engagement von Unternehmen: Thesen zu „Corporate Citizenship" in Deutschland. In: Friedrich-Ebert-Stiftung (Hrsg.): betrifft: Bürgergesellschaft, Heft 12. Bonn.
Hiß, Stefanie 2006: Warum übernehmen Unternehmen gesellschaftliche Verantwortung? Ein soziologischer Erklärungsversuch. Frankfurt/New York.
Homann, Karl 2002: Vorteile und Anreize. Zur Grundlegung einer Ethik der Zukunft. Tübingen.
Homann, Karl/Suchanek, Andreas 2000: Ökonomik. Tübingen.
Jakob, Gisela/Janning, Heinz 2007: Freiwilligenagenturen als Mittler zwischen Unternehmen und Non-Profit-Organisationen. In: Wirtschaftspsychologie, Heft 1: 14–22.
Janning, Heinz/Bartjes, Heinz 1999: Ehrenamt und Wirtschaft: internationale Beispiele bürgerschaftlichen Engagements der Wirtschaft. Stuttgart.
Maaß, Frank 2005: Corporate Citizenship als partnerschaftliche Maßnahme von Unternehmen und Institutionen. In: Institut für Mittelstandsforschung (Hrsg.): Jahrbuch zur Mittelstandsforschung. Bonn/Wiesbaden: 67–129
Mauer, Andrea (Hrsg.) 2008: Handbuch Wirtschaftssoziologie. Wiesbaden.
Maurer, Andrea/Schimank, Uwe (Hrsg.) 2008: Die Gesellschaft der Unternehmen – Die Unternehmen der Gesellschaft. Gesellschaftstheoretische Zugänge zum Wirtschaftsgeschehen. Wiesbaden.
Mayntz, Renate/Scharpf, Fritz W. (Hrsg.) 1995: Gesellschaftliche Selbstregelung und politische Steuerung. Frankfurt/New York.
Mecking, Christoph 2008: Corporate Giving: Unternehmensspende, Sponsoring und insbesondere Unternehmensstiftung. In: Backhaus-Maul, Holger/Biedermann, Christiane/Nährlich, Stefan/Polterauer, Judith (Hrsg.): Corporate Citizenship in Deutschland. Bilanz und Perspektiven. Wiesbaden: 307–322.
Moon, Jeremy/Crane, Andy/Matten, Dirk 2008: Citizenship als Bezugsrahmen für politische Macht und Verantwortung der Unternehmen. In: Backhaus-Maul, Holger/Biedermann, Christiane/Nährlich, Stefan/Polterauer, Judith (Hrsg.): Corporate Citizenship in Deutschland. Bilanz und Perspektiven. Wiesbaden: 45–67.
Mutz, Gerd 2008: Corporate Volunteering. In: Habisch, André/Schmidpeter, René/ Neureiter, Martin (Hrsg.): Handbuch Corporate Citizenship. Corporate Social Responsibility für Manager. Berlin u.a.: 241–250.
Nährlich, Stefan 2008: Euphorischer Aufbruch und gesellschaftliche Wirkung. In: Aus Politik und Zeitgeschichte, Heft 31: 26–31.
Nährlich, Stefan/Biedermann, Christiane 2008: Gemeinnützige Organisationen als Partner. In: Habisch, André/Schmidpeter, René/Neureiter, Martin (Hrsg.): Handbuch Corporate Citizenship. Corporate Social Responsibility für Manager. Berlin u.a.: 419–430.
Nährlich, Stefan/Hellmann, Bernadette 2008: Bürgerstiftungen. In: Habisch, André/ Schmidpeter, René/Neureiter, Martin (Hrsg.): Handbuch Corporate Citizenship. Corporate Social Responsibility für Manager. Berlin u.a.: 231–240.
Nährlich, Stefan/Strachwitz, Rubert Graf/Hinterhuber, Eva Maria/Müller, Karin (Hrsg.) 2005: Bürgerstiftungen in Deutschland. Bilanz und Perspektiven. Wiesbaden.
Nyssen, Friedhelm (Hrsg.) 1971: Schulkritik als Kapitalismuskritik. Göttingen.
Paar, Simone 2005: Die Kommunikation von Corporate Citizenship. St. Gallen.
Pies, Ingo, 2001: Ordnungspolitik in der Demokratie. Tübingen.
Pinter, Anja 2006: Corporate Volunteering in der Personalarbeit. Ein strategischer Ansatz zur Kombination von Unternehmensinteresse und Gemeinwohl? Lüneburg.

Polterauer, Judith 2009: „Gesellschaftlicher Problemlösung" auf der Spur. Gegen ein unterkomplexes Verständnis von „Win-win"-Situationen bei Corporate Citizenship. In: Backhaus-Maul, Holger/Biedermann, Christiane./dies./Nährlich, Stefan (Hrsg.): Corporate Citizenship in Deutschland: Gesellschaftliches Engagement von Unternehmen. Bilanz und Perspektiven, 2. Auflage. Wiesbaden, 612–643.

Polterauer, Judith 2008: Unternehmensengagement als „Corporate Citizen". Ein langer Weg und ein weites Feld für die empirische Corporate Citizenship-Forschung in Deutschland. In: Backhaus-Maul, Holger/Biedermann, Christiane/Nährlich, Stefan/dies. (Hrsg.): Corporate Citizenship in Deutschland. Bilanz und Perspektiven. Wiesbaden: 149–182.

Polterauer, Judith/Nährlich, Stefan 2009: Corporate Citizenship. Funktion und gesellschaftliche Anerkennung von Unternehmensengagement in der Bürgergesellschaft. In: Backhaus-Maul, Holger/Biedermann, Christiane/dies./ders. (Hrsg.): Corporate Citizenship in Deutschland: Gesellschaftliches Engagement von Unternehmen. Bilanz und Perspektiven, 2. Auflage. Wiesbaden, S. 561–587.

Reimer, Sabine 2002: Corporate Citizenship. Zwischen Gemeinwohlorientierung und Gewinnmaximierung. Eine empirische Studie, unv. Diplomarbeit. Berlin.

Rieth, Lothar/Zimmer, Melanie 2004: Transnational Corporations and Conflict Prevention. The Impact of Norms on Private Actors. Tübinger Arbeitspapiere zur internationalen Politik und Friedensforschung, Heft 43. Tübingen.

Rucht, Dieter/Imbusch, Peter/Rucht, Dieter/Alemann, Annette v./Galonska, Christian 2007: Über die gesellschaftliche Verantwortung deutscher Wirtschaftseliten: Vom Paternalismus zur Imagepflege. Wiesbaden.

Rudolph, Brigitte 2004: Neue Kooperationsbeziehungen zwischen dem Dritten und dem Ersten Sektor – Wege zu nachhaltigen zivilgesellschaftlichen Partnerschaften? In: Birkhölzer, Karl/Kistler, Ernst/Mutz, Georg (Hrsg.): Der Dritte Sektor. Partner für Wirtschaft und Arbeitsmarkt. Wiesbaden: 35–97.

Schrader, Ulf 2003: Corporate Citizenship. Die Unternehmung als guter Bürger? Berlin.

Schwerk, Anja 2008: Strategisches gesellschaftliches Engagement und gute Corporate Governance. In: Backhaus-Maul, Holger/Biedermann, Christiane/Nährlich, Stefan/Polterauer, Judith (Hrsg.): Corporate Citizenship in Deutschland: Bilanz und Perspektiven. Wiesbaden: 121–145.

Schwertmann, Philipp 2005: Unternehmensstiftungen im Spannungsfeld von Eigennutz und Gemeinwohl. In: Adloff, Frank/Birsl, Ursula/ders. (Hrsg.): Wirtschaft und Zivilgesellschaft. Theoretische und empirische Perspektiven. Wiesbaden: 199–224.

Seeleib-Kaiser, Martin 2001: Globalisierung und Sozialpolitik. Ein Vergleich der Diskurse und Wohlfahrtssysteme in Deutschland, Japan und den USA. Frankfurt/New York.

Seitz, Bernhard 2002: Corporate Citizenship: Zwischen Idee und Geschäft. Auswertungen und Ergebnisse einer bundesweit durchgeführten Studie im internationalen Vergleich. In: Wieland, Josef/Conradi, Walter (Hrsg.): Corporate Citizenship. Gesellschaftliches Engagement – unternehmerischer Nutzen. Marburg: 23–195.

Speth, Rudolf 2006: Lobbyismus als Elitenintegration? Von Interessenvertretung zu Public Affairs-Strategien. In: Münkler, Herfried/Straßberger, Grit/Bohlender, Matthias (Hrsg.): Deutschlands Eliten im Wandel. Frankfurt/New York: 221–235.

Stitzel, Michael 1977: Unternehmerverhalten und Gesellschaftspolitik. Stuttgart.

Strachwitz, Rupert Graf/Mercker, Florian (Hrsg.) 2005: Das Stiftungswesen. Ein Handbuch. Berlin.

Strachwitz, Rupert Graf/Reimer, Sabine 2008: Stiftungen. In: Habisch, André/ Schmidpeter, René/Neureiter, Martin (Hrsg.): Handbuch Corporate Citizenship. Corporate Social Responsibility für Manager. Berlin u.a.: 217–230.

Schumpeter, Joseph A. 1947: Kapitalismus, Sozialismus und Demokratie. Tübingen.

Suchanek, Ingo 2000: Normative Umweltökonomik. Tübingen.

Weber, Max 1921: Wirtschaft und Gesellschaft. Tübingen.

Westebbe, Achim/Logan, David 1995: Corporate Citizenship: Unternehmen im gesellschaftlichen Dialog. Wiesbaden.

Wettenmann, Thomas 2004: Corporate Volunteering aus Sicht des Marketing – Chancen und Risiken eines Planungsprozesses. In: Aktive Bürgerschaft: Aktuelle Beiträge zu Corporate Citizenship. Diskussionspapiere zum Non-Profit-Sektor, Heft. 26. Berlin: 19–42.

Windolf, Paul 2002: Die Zukunft des Rheinischen Kapitalismus. In: Allmendinger, Jutta/Hinz, Thomas (Hrsg.): Organisationssoziologie, Sonderheft 42 der Kölner Zeitschrift für Soziologie und Sozialpsychologie. Wiesbaden: 414–442.

Wittke, Ulla 2003: „Tu Gutes, aber verständige dich vorher darüber"? Zum Beitrag der Public Relations zu Corporate Social Responsibility, unv. Magisterarbeit. Berlin.

3.2 Felder und Bereiche bürgerschaftlichen Engagements

Volker Rittner

Sport

Einleitung

Prägend für das sportbezogene ehrenamtliche Engagement sind zuallererst seine Vielfalt, Popularität bzw. Robustheit sowie geographische Verbreitung. Tatsächlich existiert in Deutschland kaum ein Ort ohne sportbezogene ehrenamtliche Tätigkeit. Mit den ca. 91 000 Sportvereinen und den von ihnen vertretenen ca. 27,5 Mio. Mitgliedschaften verbindet sich eine sehr differenzierte und leistungsfähige Infrastruktur einer weitgehend auf Ehrenamtlichkeit beruhenden Sportversorgung. Noch bestehende beträchtliche Unterschiede zwischen alten und neuen Bundesländern, nach der die Organisationsquote in den alten Bundesländern überwiegt, gehen darauf zurück, dass es vor der Wiedervereinigung zwei höchst unterschiedliche Sportsysteme auf deutschem Boden gab. Eine mit den Sportvereinen in der Bundesrepublik vergleichbare Einrichtung mit ihren Ehrenamtlichkeitsstrukturen gab es in der ehemaligen DDR nicht; die dort vorherrschenden Betriebssportgemeinschaften waren mit ihrer Bindung an die Betriebe von vornherein in einen Kontext hauptamtlicher Arbeitsvollzüge eingespannt (Baur/ Braun 2000).

Vielfalt und Nähe zur Lebenswelt

Insbesondere drei Energiefelder bilden die Grundlagen für die Vielfalt ehrenamtlichen Engagements im Sport: die Nähe zur sozialen Lebenswelt und eine symmetrische Reziprozitätsstruktur mit „Belohnungen" empfundener Selbstwirksamkeit, der körperlich-materielle Charakter der Sportausübung sowie die fest verankerte Zuschreibung von positiven Funktionen zur Gesundheitswirkung, Persönlichkeitsbildung und sozialen Integration in der Alltagskultur. Im Wettkampfsport beispielsweise ist die anschauliche körperliche Leistung sowohl für Aktive als auch für Betreuer, Trainer und sonstige Funktionsträger unmittelbar messbar, direkt zurechenbar und im Modus sozialer Anerkennung erfahrbar. Mit den skizzierten Merkmalen verbindet sich ein Universum von ehrenamtlichen Funktionen und Aktivitäten. Dabei wird das Heer der Vereinsvorstände, Kassenwarte, Abteilungsleiter, Übungsleiter, Jugend-, Presse- und Frauenwarte in den Vereinen und Verbänden ergänzt durch ein Zweit- und Schattenuniversum vieler anonymer, mehr oder weniger spontaner bzw. regelmäßiger, oft unscheinbarer Aktivitäten und Hilfeleistungen. Insbesondere eine alltägliche Ehrenamtlichkeit im Kinder- und Jugendsport steht in einer engen Beziehung zu Dynamiken familiärer Sozialisationsprozesse. Das Waschen verschwitzter Trikots, die regelmäßigen Fahrdienste zum Training oder zum Wettkampf oder auch das Grillen und Kuchenbacken bei Vereinsfesten verdanken sich zu einem guten Teil dem Engagement von Väter- und Mütterrollen.

Das Universum einer Vielfalt von Tätigkeiten ist auch ein Universum der Heterogenität der Kontexte bzw. Vereine und Sportart-Traditionen. So haben über 60% der Vereine weniger als 300 Mitglieder und weniger als 3% mehr als 2000 Mitglieder (Breuer 2009: 648). Zwar ist die Anzahl der Mitglieder ein wichtiger Faktor hinsichtlich Organisationskultur, Leistungsfähigkeit bzw. auch Umweltsensibilität der Vereine und ihres Umgangs mit Ehrenamtlichkeit bzw. bezahlter Tätigkeit; bestimmend sind insbesondere aber auch Spartenzahl, Sportart-Tradition und geographische Lage (Stadt-Land-Unterschiede bzw. Sozialraum-Zugehörigkeit in urbanen Gebieten), die das Merkmal der Mitgliederzahl unterschiedlich überlagern bzw. relativieren können. So haben sich sehr unterschiedliche Ehrenamtskulturen im Rahmen der jeweiligen Sportart herauskristallisiert. Relativ gut erforscht ist mittlerweile das Ehrenamtsmilieu des Fußballs (Delschen 2006; Schiffer 2004). Evident ist, dass ein kleiner Fußballverein in einem Vorort einer Großstadt, möglicherweise auch in einem sozialen Brennpunkt, ein anderes sozial-moralisches Milieus aufweist als ein Golfclub oder Segelverein in gehobener Lage.

Anzumerken ist die Prägung einer spezifischen Kultur der Ehrenamtlichkeit im Sport durch die Nähe zu basalen Prozessen der sozialen Lebenswelt. Konstitutiv ist das Merkmal der Binnenorientierung bzw. Kongruenz, nicht Differenz, so wie sie für andere Formen der Genese bürgerschaftlichen Engagements eher charakteristisch ist. Zwischenmenschliche Notsituationen und deren Bewältigung, die Ausgangspunkt für die Bildung von Hilfeleistungen und Professionen in anderen gesellschaftlichen Engagementbereichen sind, stehen in den ehrenamtlichen Hilfestellungen, die das gemeinsamen Sporttreiben ermöglichen, zumindest nicht im Vordergrund. Erst in einem relativ späten Entwicklungsstadium der Differenzierung des Sportsystems und einer Erweiterung des Sportbegriffs öffnet sich der Sport explizit für gesellschaftspolitische Problemlagen im Bereich der Gesundheit, sozialen Integration und Persönlichkeitsbildung bzw. Sozialisation.

Sinngebung der Ehrenamtlichkeit und Funktionszuweisungen

Das Ehrenamt im Sport als eine höchst erfolgreiche Form der Selbstorganisation des Dritten Sektors gilt als eine Bereicherung der Zivilgesellschaft und als ein Wert an sich. Der gesellschaftliche Nutzen des Ehrenamts und der Nutzen des Sports werden in den Programmatiken eng aufeinander bezogen. Ausgiebig Gebrauch von dieser Politik der Ineinssetzung von Sport und Ehrenamtlichkeit jenseits des bezahlten Profisports machen sowohl der auf der Basis des Subsidiaritätsprinzips fördernde neo-korporatistische Staat als auch die Sportverbände und -vereine als Interessenorganisationen. Herausgehoben werden insbesondere die Integrationsfunktion, die Gesundheitsfunktion (Gesundheitsförderung und Prävention), die Sozialisationsfunktion sowie die demokratische Funktion. Mit derartigen Aussagen, die zumeist sehr abstrakt bleiben und weitgehend ungeprüft sind (Rittner/ Breuer 2004), verbinden sich allerdings drei Probleme, die eher gegen die wohlwollenden Auffassungen und Zuschreibungen arbeiten: die Überdehnung des Anspruchs, die Folgenlosigkeit der Bekenntnisse sowie die Fehlsteuerung von Ressourcen, die aus Überschätzung der Wirkungskraft des Sports entstehen. Gelegentliche Überprüfungen warten demnach mitunter mit unangenehmen Überraschungen für die Akteure auf, so z.B. ernüchternde Befunde zur vermeintlich durchgehend starken Sozialisationskraft von Sportvereinen (Brettschneider/Kleine 2002). Eine kluge Politik der Förderung des Ehrenamts im Sport wird deshalb folgende Gesichtspunkte sehen und austarieren müssen: (1) Tatsächlich gibt es hinsichtlich Popularität, Akzeptanz und vorhandener Infrastruktur spezifische Potentiale des Sports und der körperlichen Aktivität; diese sind aber nicht naturgegeben, sondern müssen erschlossen werden; (2) angesichts der Integrationsprobleme postindustrieller Gesellschaften gibt es auch einen wachsenden Stellenwert der gesellschaftspolitischen Potentiale des Sports; (3) zugleich sind aber die Eigentümlichkeiten und Leistungsgrenzen von Freiwilligenorganisationen zu sehen, die nicht von vornherein ein sozialpolitisches Mandat haben bzw. beanspruchen und Eigenwilligkeit aufweisen; (4) schließlich ist zu beachten, dass eine verstärkte gesellschaftspolitische Inanspruchnahme und Förderung des Sports für Zielsetzungen wie beispielsweise der Prävention und sozialen Integration Nebeneffekte bewirkt, die den Charakter der Freiwilligenassoziation und Ehrenamtlichkeit verändern.

Quantitative Befunde

Für die Erfassung des ehrenamtlichen Engagements stehen neben einer Vielzahl von Einzeluntersuchungen (Horch 1983; Winkler/Karhausen/ Meier 1985; Heinemann/Schubert 1992 u. 1994; Baur/Braun 2000 u. 2003; Emrich/Pitsch/Papathanassiou 2001; Radtke 2007; Braun 2008) insbesondere zwei neuere grundlegende Datenquellen zur Verfügung: Zum einen der Freiwilligensurvey des Bundesministeriums für Familie, Senioren, Frauen und Jugend (BMFSFJ) aus den Jahren 1999 und 2004 (Gensicke/ Picot/Geiss 2006; zu Spezifika des Sports gegenüber anderen Engagementbereichen vgl. Rittner/Keiner/Keiner 2006) und zum anderen der Sportentwicklungsbericht des Deutschen Olympischen Sportbundes (DOSB) und des Bundesinstituts für Sportwissenschaft. Hier liegen mittlerweile zwei Publikationen aus den Berichtsjahren 2005/2006 und 2007/2008 vor (Breuer 2007 u. 2009). Während sich der Freiwilligensurvey auf die Einstellungen der engagierten Personen konzentriert, vermittelt der auf systematischen Online-Befragungen beruhende Sportentwicklungsbericht hingegen die Perspektive der für das sportbezogene Engagement ganz entscheidenden Organisationsform Verein.

Tatsächlich ist der Bereich „Sport und Bewegung", so wie er im Freiwilligensurvey erfasst wird, der größte Bereich sowohl bei der „gemeinschaftlichen Aktivität" als auch der „freiwilligen Tätigkeit" in der Bundesrepublik Deutschland. So waren 40% der Befragten (Bevölkerung über 14 Jahre) im Jahr 2004 im Bereich „Sport und Bewegung" gemeinschaftlich aktiv. Auch bei der „freiwilligen Tätigkeit" ist „Sport und Bewegung" mit 11% der Befragten der stärkste Bereich, der Anteil ist seit 1999 stabil geblieben.

Die überragende Bedeutung der Organisationsform Verein zeigt sich im Vergleich zu anderen Engagementbereichen. Über 90% der freiwillig Tätigen im Sportbereich sind in Vereinen tätig, nur 4,6% in Initiativen/Projekten und sonstigen selbstorganisierten Gruppen, wobei es gegenüber 1999 allerdings eine leichte Verschiebung zugunsten der letzteren gegeben hat. Hingegen spielen bei den freiwillig Tätigen in anderen Bereichen staatliche und kommunale Einrichtungen, Kirchen sowie selbstorganisierte Gruppen eine größere Rolle neben der Organisationsform Verein und Verband.

Das Ehrenamt im Sport ist weiterhin – zumindest wenn es um Formen der stabilen Mitarbeit in formalen Positionen geht – mittelschichtgeprägt. Nach wie vor ist es, allerdings im abnehmenden Maße, männlich dominiert. Hier wirkt ganz offensichtlich eine Tradition nach, in der die Sportvereine und -verbände lange Zeit ein Männerterritorium darstellten. Wenn man Merkmale wie Erwerbstätigkeit oder die Größe des Freundeskreises als Indikatoren für soziale Integration betrachtet, so sind freiwillig Tätige im Sport überdurchschnittlich gut in die Gesellschaft integriert. Sie sind stärker integriert als Personen, die in keinem Bereich freiwillig tätig sind. Hinsichtlich der Kriterien Arbeitslosigkeit und Größe des Freundeskreises sind sie auch besser eingebunden als freiwillig Tätige in anderen Bereichen (Rittner/Keiner/ Keiner 2006).

Aus der ergänzenden Perspektive des Sportentwicklungsberichts geht hervor, dass sich die Ehrenamtlichen in den Sportvereinen auf etwa 2,1 Mio. ehrenamtliche Positionen verteilen, davon 1 Mio. Positionen auf die Vorstandsebene und 1,1 Mio. auf die Ausführungsebene (Trainer, Übungsleiter, Schiedsrichter, Kampfrichter). Männer dominieren mit 1,4 Mio. Positionen gegenüber 670.000 von Frauen besetzten Positionen. Im Durchschnitt ist jeder Ehrenamtliche 17.6 Stunden pro Monat engagiert.

Die Gewinnung bzw. Bindung ehrenamtlicher Mitarbeiter steht an erster Stelle der von den Vereinen wahrgenommenen Probleme. Auffallend sind zwei weitere Befunde: Die Zahl der Kooperationen mit anderen Politikbereichen bzw. Akteuren des Gemeinwohls ist seit der Erhebung aus dem Jahr 2005 in bemerkenswert starker Weise gestiegen, andererseits ist sowohl die

Zahl der ehrenamtlichen Mitarbeiter als auch die Zahl der hauptamtlich Tätigen gesunken. Teilweise beträchtliche Zuwachsraten finden sich für Kooperationen mit anderen Sportvereinen, Schulen, Kindergärten, Wirtschaftsunternehmen, Krankenkassen, Jugendämtern, kommerziellen Anbietern und Gesundheitsämtern.

Aufschlussreich für Fragen zur Integrationskraft des Sports sind die Daten zum Migrationshintergrund der ehrenamtlich Tätigen. In den Vereinen sind gut 2,8 Mio. Menschen mit entsprechender Zugehörigkeit organisiert. 13,5 % aller Vereine haben Ehrenamtliche mit Migrationshintergrund. Bei 7,4 % der Vereine sind diese auf Vorstandsebene, bei 9,9 % auf Ausführungsebene tätig (Breuer 2009: 32–35).

Bedenkt man, dass das sportbezogene Engagement tatsächlich eher innengerichtet ist – mit der Erstellung von „Clubgütern" in Vereinen (Heinemann 1995) – so bleibt festzuhalten, dass dennoch die Gesichtspunkte einer allgemeinen, relativ konsistenten „Kultur bürgerschaftlichen Engagements", die sich über alle Engagementbereiche erstreckt, überwiegen. Die Tätigkeit soll vor allem Spaß machen, man will sympathische Menschen kennenlernen und anderen Menschen helfen. Unterstrichen wird weiterhin das Engagement für das Gemeinwohl. Auch Motive der persönlichen Weiterentwicklung spielen eine Rolle. Es geht darum, die Kenntnisse zu erweitern, Eigenverantwortung zu übernehmen und Anerkennung zu finden. Deutlich weniger stark ausgeprägt sind die Verfolgung eigener Interessen, die Möglichkeit, eigene Probleme zu lösen sowie der berufliche Nutzen durch die Tätigkeit.

Unterschiede in den Ausprägungen, die sich gleichwohl finden, lassen eine erwartbare Tendenz erkennen (Rittner/Keiner/Keiner 2006). Im sportbezogenen Engagement kommen Momente der Binnen- bzw. Innenorientierung („Spaß", „sympathische Menschen kennenlernen") stärker zum Ausdruck, beim nichtsportbezogenen Engagement hingegen eher Orientierungen eines altruistischen Komplexes („Helfen", „expliziter Gemeinwohlbezug"). Anzumerken bleibt allerdings, dass die Datenbasis für die Analyse unterschiedlicher, bereichsbezogener Typen der Ehrenamtlichkeit nur beschränkt ergiebig ist. Das ideell besetzte Thema „Ehrenamt" wirkt bei Selbstauskünften, so wie sie bei nahezu allen verfügbaren Daten gegeben sind, eher homogenisierend als differenzierend. Die aus vielen Untersuchungen immer wieder hervorgehende Klage über die Schwierigkeit der Rekrutierung von ehrenamtlichen Mitarbeitern, insbesondere des Nachwuchses, wird man auch gegenwärtig kaum als Ausdruck einer tieferen Krise des Ehrenamts im Sport interpretieren können. Tatsächlich hat die Krisen-Rhetorik die Entwicklung des Sports kontinuierlich begleitet. Sieht man die quantitative Erfolgsgeschichte der Sportvereine gerade auch im Unterschied zu anderen Großorganisationen wie Parteien, Gewerkschaften und Kirchen, so wurde das Wachstum der Sportorganisationen über die Jahrzehnte offenbar nicht nennenswert durch einen Mangel an Ehrenamtlichen behindert. Die Klage ist offenbar eher als ein Topos der „moralischen Ökonomie" von Ehrenamtlichen zu verstehen. Der zeitunabhängige Sachverhalt, wonach ehrenamtliche Mitarbeit generell knapp und damit immer und jederzeit schwer zu gewinnen ist, stellt vermutlich die Ursache für die nicht ermüdende Klage über den Nachwuchsmangel dar. Nicht ausgeschlossen ist allerdings, dass die Umstände der Genese einer „neuen Ehrenamtlichkeit" als Schwierigkeiten der Nachwuchsrekrutierung wahrgenommen werden (Horch/Niessen/ Schütte 2003).

Ehrenamt und Weiterbildung

Ist die Tätigkeit im Sport auch Bildungsarbeit? Die Standpunkte eines alten Streits sind von der gesellschaftlichen Entwicklung und einem modifizierten Bildungsbegriff mittlerweile überholt worden. Dem „Argument der großen Zahl" entspricht auch eine qualitative Seite. So sind im Geltungsbereich des DOSB nach eigenen Angaben gut 500 000 gültige Übungsleiter-Lizenzen im Umlauf. Die ca. 30 000 Lizenzen „Sport in der Rehabilitation" als auch 25 000 gültigen Lizenzen „Sport in der Prävention" (DOSB 2009) dokumentieren das Bemühen um eine zielgerichtete Qualifizierung der Laienarbeit.

Hat man die Gesichtspunkte eines Idealtyps der Ehrenamtlichkeit, d. h. Leistungen der unentgeltlichen und emotional spontanen Hilfeleistung vor Augen, so muss man die Ambivalenzen des Professionalisierungsprozesses sehen. So verbinden sich mit den erworbenen Qualifikationen der Anspruch auf Honorierung und eine fortschreitende Spreizung auf dem Laien-Experten-Kontinuum, d. h. eine weitere Entfernung vom Idealtypus der unentgeltlichen Mitarbeit in einer idealen Freiwilligenvereinigung. Damit korrespondiert die Erkenntnis, dass insbesondere die modernen Großsportvereine die meisten Zuwendungen und Subventionen bekommen, also jene Vereinstypen, welche die organisatorischen Voraussetzungen für die bürokratische Bewältigung formaler Abläufe aufweisen.

Dynamiken des ehrenamtlichen Engagements im Sport

Ein in der Außenwahrnehmung möglicherweise bestehender Eindruck, dass es sich beim Sport um eine kontinuierliche und gleichsam unbeirrbare lineare Erfolgsgeschichte der Ehrenamtlichkeit handelt, ist unzutreffend. Richtig ist, dass der Erfolg auf vielfältige Dynamiken und Mischungsverhältnisse zurückgeht, die mit überkommenen Klischees von der „schönsten Nebensache der Welt" nicht mehr zu greifen sind. Charakteristisch sind Verschiebungen und Übergangsstrukturen. Zwar gibt es nach wie vor Formen eines idealtypischen Ehrenamts der anspruchslosen Hingabe; andererseits finden sich hybride Formen von Verberuflichung und Professionalisierung bzw. bezahlter Tätigkeit sowie entstehende Konturen eines „neuen Ehrenamtes". Wenn gleichwohl mit Recht von einer Erfolgsgeschichte des sportbezogenen Ehrenamts gesprochen werden kann, dann muss also die zugrundeliegende Geschichte der Ausbalancierung neuer Passungsverhältnisse zwischen dem ehrenamtlichen Engagement und den veränderten Ansprüchen der Umwelt gesehen werden.

Wandel der Sportbedürfnisse als Professionalisierungsdruck

Ein massiver Veränderungsdruck auf die Rahmenbedingungen ehrenamtlichen Engagements, aber auch auf das Engagement selbst geht von einem grundlegenden Wandel der Sportbedürfnisse in der Bevölkerung aus. Es kann von einer veränderten Struktur der Nachfrage nach Sport und der Inklusion völlig neuer Bevölkerungsgruppen gesprochen werden. Die mittlerweile dominanten Motive – Gesundheit, Fitness, Spaß – weisen als Gemeinsamkeit die Entfernung vom ehemals dominanten Wettkampfsport sowie die Tendenz zur Ausbildung eigener Sportmodelle auf. So zeigen die einschlägigen Bevölkerungsbefragungen, dass die Mehrzahl der Aktivitäten auf dieser Grundlage mittlerweile selbstorganisiert zustande kommt, und dass die kommerziellen Sportanbieter, die sich auf eine damit verbundene neue Struktur der Nachfrage nach Sport konzentrieren, zunehmend erfolgreich auf einem Markt sportbezogener Dienstleistungen operieren; in bestimmten Ballungsgebieten erreicht ihre Mitgliederzahl fast die Quote der Sportvereine. Folgende Faktoren einer strukturverändernden Kraft des Bedürfniswandels sind damit verbunden: Der Verlust des Organisations- und Deutungsmonopols der Sportvereine, der Abbau des Idealtyps einer voraussetzungslosen, hingebungsvollen, vor-reflexiven Form des Engagements, Verschiebungen hinsichtlich der Laien-Experten-Distanz und die Etablierung neuer Sportmodelle, die divergierende Dienstleistungsideale und Logiken entwickeln bzw. sich an universale Maßstäbe von Professionalität binden.

Tatsächlich lässt sich die Ausdifferenzierung neuer Sportmodelle beobachten, die jeweils eine eigene Rationalität bzw. Logik entwickeln. Im Gesundheitssport werden der Betreuer/Trainer tendenziell zum Gesundheitsberater bzw. Sporttherapeuten und der Abteilungsleiter zum Manager von Gesundheitsangeboten. Im Freizeitsport, in dem zunehmend Dienstleistungsansprüche an Unterhaltung und „Spaß" entstehen, sind Animateur-Fähigkeiten zu entfalten. Die Perspektivendifferenz, die sich zwischen den Aktiven und den Betreuern bzw. Funktionsträgern schiebt – Ansprüche auf Gesundheit, Körperformung und Spaß sind nicht mehr kompatibel mit den Normen des Wettkampfsports und den Biographien der sich zur Verfügung stellenden Übungsleiter – muss durch Geld bzw. Wissen geschlossen werden. Geld und Wissen werden in dem Maße notwendig und funktional, als die traditionelle Symmetrie des Wettkampfsports, mit gemeinsamen Zielen an der Verbesserung der sportlichen Leistung zu arbeiten, an moralischer Verpflichtungskraft einbüßt. Zentrale Faktoren der Umstellung der Erfolgsbedingungen ehrenamtlichen Handelns im Sport kommen damit zum Zuge. Teilweise wird die ehemals ehrenamtliche Tätigkeit selbst zur bezahlten Tätigkeit (so im Übungsbetrieb), teilweise muss die sportbezogene Ehrenamtlichkeit ein neues Verhältnis zu diesen veränderten Voraussetzungen des Organisationserfolgs finden und sie in ein Verhältnis zu den traditionellen Normen setzen – eine delikate Managementaufgabe, die sich zunehmend aus den Normen der Wirtschaftsfremdheit des traditionellen Sports löst.

Bedenkt man, dass die großen Mitgliedererfolge der Sportvereine in erster Linie auf den Gesundheits- und Freizeitsport zurückzuführen sind, so tritt damit die wichtigste Ursache einer Veränderung des Bedingungsgefüges ehrenamtlichen Handels im Sport hervor. Das überkommene „ehrwürdige" Steuerungsmedium Solidarität/Gemeinschaft wird zunehmend durch die Steuerungsmedien Geld und Wissen ergänzt, wenn nicht in Teilbereichen substituiert. Die unterschiedlichen Logiken der Wohlfahrtsproduktion im Sport und die auszugleichenden Ansprüche von Privatheit, Staat und Wirtschaft bedingen eine bislang nicht gekannte Komplexität sportbezogener Ehrenamtlichkeit und seiner Erfolgsvoraussetzungen. Mit vereinfachten Vorstellungen idealistischer und „reiner Ehrenamtsbegrifflichkeit" oder einer emphatischen Abgrenzung gegenüber Markt und Staat ist dieser Prozess einer Abkehr von schlichten Selbsthilfeformen einer gleichsam naturwüchsigen Ehrenamtlichkeit nicht zu fassen, erst recht nicht mit dem Postulat der Autonomie gegenüber Staat und Markt (vgl. auch Strob 1999). Charakteristisch für das Prozessieren von Ehrenamtlichkeit im gegenwärtigen Sport ist damit ein Szenario, in dem drei Dinge feststehen: Ehrenamtlichkeit ist weiterhin unentbehrlich als sinngebendes Prinzip und als Einheitsvorstellung des Sports, sie ist unverzichtbar als zentrale, auch ökonomische Ressource der Vereine und Verbände für die Gemeinschaftsarbeit; sie steht aber zugleich in höchst unterschiedlichen Wechselbezügen zu den Steuerungsmedien Geld und Wissen, die bei der Bewältigung eines veränderten Umfelds zunehmend unentbehrlich werden.

Eine mit dem Wandel verbundene Unsicherheit zeigt sich nicht zuletzt in den Leitbildern der Organisationen, die nicht selten Merkmale einer tastenden, unsicheren „Benchmarking-Politik" aufweisen. Wenn sich Vereine und Verbände als Dienstleister verstehen bzw. die Produktion von Dienstleistungen in ihren neuen Leitbildern propagieren, so wird damit nicht nur ein unsicheres organisatorisches Selbstverständnis, sondern auch problematisches Verständnis zum Standort einer Freiwilligenassoziation deutlich.

Veränderungsdruck durch gesellschaftspolitische Zielsetzungen

Dass gesellschafts- bzw. sozial- und gesundheitspolitischen Zielsetzungen, die häufig mit finanziellen Förderungsmaßnahmen verbunden sind, Einfluss auf das Gefüge der Ehrenamtlichkeit in den Organisationen nehmen, zeigt sich an verschiedenen Effekten. Charakteristisch sind die Erweiterung des

Sportbegriffs, neue Organisationsformen und Strukturbildungen bzw. Experimente. Die „sozialen Initiativen des deutschen Sports", die vor diesem Hintergrund entstanden, sind ein Beispiel. Als ein neuer Organisationstypus, der durch die Berührung mit Problemen der Jugendhilfe, der Gesundheitspolitik bzw. Sozialpolitik entsteht, erfordern und forcieren sie professionelles Handeln und erzwingen zugleich neue Formen der Kooperation zwischen Sportorganisationen und anderen kommunalen Akteuren, d.h. den Aufbau von Netzwerkstrukturen. Dabei zeigt sich der Professionalisierungsdruck nicht nur in der Zunahme bezahlter Tätigkeiten in diesem (beschränkten) Tätigkeitsfeld, sondern auch in erhöhten Anforderungen an die Qualifikationen der ehrenamtlichen Mitarbeiter (zu den Voraussetzungen und Effekten beispielsweise des groß angelegten, bundesweiten Projektzusammenhangs „Integration durch Sport" vgl. neuerdings Baur 2009).

Fragen einer Straffung und Neuausrichtung ehrenamtlicher Tätigkeit bzw. neue Arrangements zwischen Ehrenamtlichkeit und Hauptamtlichkeit verbinden sich im Weiteren auch mit Problemen institutioneller Selbstbehauptung in den Politikarenen der Kommunen. Dies ist zum Beispiel der Fall bei der Einführung der Ganztagsschule oder bei Aufgabenstellungen der Entwicklung einer kommunalen Sportentwicklungsplanung, die den veränderten Sportbedürfnissen in der Bevölkerung aber auch der demografischen Entwicklung Rechnung trägt. Leistungsgrenzen des alten Integrationsmediums Solidarität zeigen sich insbesondere auf der Ebene der interorganisatorischen Interaktionen. Allein schon die Divergenz der „Arbeitszeiten" zwischen den unterschiedlichen Organisationskulturen ist ein Problem. Die zweckrational und hauptamtlich operierenden Institutionen – Schulen, Kindertagesstätten, Jugend- und Gesundheitsämter etc. – nehmen wenig Rücksicht auf die Zeitrestriktionen der Ehrenamtlichen, die gewöhnlich nach der Dienstzeit liegen. Nur wenige Vereine können entsprechende Erwartungen erfüllen und auch inhaltlich-sachlich auf Augenhöhe verhandeln.

„Halbe Professionalisierung": Professionalisierung, aber geringe Verberuflichung

Es kann von der Eigentümlichkeit einer „gespaltenen" bzw. „halben Professionalisierung" des Sports gesprochen werden, die der darauf bezogenen Ehrenamtlichkeit einen uneinheitlichen Charakter geben. Dem gewachsenen Professionalisierungsdruck, der aus der Bewältigung veränderter Sportbedürfnisse und im Umgang mit neuen bislang sportabstinenten Bevölkerungsgruppen resultiert, und sich im Kontakt mit anderen Professionen (Gesundheit, Sozialarbeit, Bildung) verstärkt, folgt nur eine sehr zögerliche Verberuflichung bzw. hauptberufliche Tätigkeit. Nach dem letzten Sportentwicklungsbericht ist sie sogar rückläufig. Auch das Wachstum bezahlter Tätigkeiten im Übungsbetrieb, das sich schon in den 90er Jahren des letzten Jahrhunderts abzeichnete (Mrazek/Rittner 1991), zeigt das Bild einer „halben Professionalisierung". Bezahlte Tätigkeiten, die im engeren Übungsbetrieb mittlerweile Normalität sind, erreichen nicht den Status berufsförmiger Arbeit, also die Form der Hauptamtlichkeit. Offensichtlich gelingt es dem Sport in einem Spannungsfeld von Ehrenamtlichkeit, Aufwandsentschädigung, teilweise bezahlter Tätigkeit und marginaler Hauptamtlichkeit die neuen Ressourcen Geld und Wissen auch unterhalb der Schwelle der Hauptamtlichkeit zu finden und einzusetzen. Unter diesem Gesichtspunkt ist im Unterschied zur Geschichte der Wohlfahrtsverbände von einem Sonderweg der Professionalisierung im Sport zu sprechen, gewissermaßen von einer Selbstbehauptung der Ehrenamtlichkeit in einem eigenartigen Zwischenstadium von Prozessen, die sich auf einem Kontinuum der Laien-Experten-Distanz bewegen (vgl. Horch 1992; Horch/Niessen/Schütte 2003).

Zukunft des Ehrenamts im Sport

Die Konturen eines zukünftigen Ehrenamts im Sport sind in der Verquickung mit den gesamtgesellschaftlichen Dynamiken der postindustriellen Gesellschaft schon jetzt in Kraft bzw. deutlich erkennbar.

Ein zukünftiges Ehrenamt des Sports wird insbesondere folgende Entwicklungen aufgreifen und bewältigen müssen: (1) die weitere Anpassung des Ehrenamts an die Dynamik sich verändernder Lebensstile und Persönlichkeits-Ideale der postindustriellen Gesellschaft; (2) die Verstärkung von Fähigkeiten zur Kooperation mit anderen Akteuren der Wohlfahrtsproduktion bzw. des Dritten Sektors unter dem Gesichtspunkt der kommunalen Integration; (3) die Weiterführung und Intensivierung der Maßnahmen zur Qualifizierung des Ehrenamtes sowie die Entwicklung von Leitbildern, die die Passung der unterschiedlichen Logiken ehrenamtlichen Handelns nachvollziehbar machen; (4) die Arbeit mit einem erweiterten Sportbegriff und den darauf gründenden Konzepten und Instrumenten der Steuerung der Sportentwicklung und des Organisationslernens, die Leistungen einer „reflexiven Strukturation" (Giddens 1997) ermöglichen.

Die Leistungsfähigkeit eines zukünftigen Ehrenamts im Sport wird zweifellos davon abhängen, inwiefern es gelingt, eine Doppelaufgabe zu meistern; zum einen geht es um den Erhalt der Nähe zu den sich verändernden Lebensstilen, zum anderen um die Bewältigung dieser Nähe mit den Mitteln gemeinwohlbezogener Organisationen, also mit Mitteln und Ressourcen, die nicht dem Sog marktbezogener Dienstleistungs-Ideale erliegen dürfen. Dies erfordert ein modernes Ehrenamt, das in den sozialen Lebenswelten der postindustriellen Gesellschaft auf der Basis einer „prinzipiengeleiteten Flexibilität" (Habermas 1996) operiert.

Literatur

Baur, Jürgen (Hrsg.) 2009: Evaluation des Programms „Integration durch Sport". Band 1 und 2 (ASS-Materialien Nr. 35). Potsdam.
Baur, Jürgen/Braun, Sebastian 2000: Freiwilliges Engagement und Partizipation in ostdeutschen Sportvereinen. Eine empirische Analyse zum Institutionentransfer. Köln.
Baur, Jürgen/Braun, Sebastian (Hrsg.) 2003: Integrationsleistungen von Sportvereinen als Freiwilligenorganisationen. Aachen.
Braun, Sebastian 2008: Ehrenamtlichkeit im Sportverein. In: Kurt Weis/Gugutzer, Robert (Hrsg.): Handbuch Sportsoziologie. Schorndorf: 161–170.
Brettschneider, Wolf-Dietrich/Kleine, Torsten 2002: Jugendarbeit in Sportvereinen. Schorndorf.
Breuer, Christoph (Hrsg.) 2007: Sportentwicklungsbericht 2005/2006. Analyse zur Situation der Sportvereine in Deutschland. Köln.
Breuer, Christoph (Hrsg.) 2009: Sportentwicklungsbericht 2007/2008. Analyse zur Situation der Sportvereine in Deutschland. Köln.
Delschen, Ansgar 2006: Ehrenamtliche im Sport. Münster.
DOSB (Hrsg.) Sept. 2009: Infodienst Sportentwicklung; Qualität, die anerkannt wird: Das Bildungssystem der Sportverbände. Frankfurt.
Emrich, Eike/Pitsch, Werner/Papathanassiou, Vassiliou 2001: Die Sportvereine. Ein Versuch auf empirischer Grundlage. Schorndorf.
Gensicke, Thomas/Picot, Sybille/Geiss, Sabine 2006: Freiwilliges Engagement in Deutschland 1999–2004. Wiesbaden.
Giddens, Anthony 1997: Die Konstitution der Gesellschaft. Grundzüge einer Theorie der Strukturierung. Frankfurt.
Habermas, Jürgen. 1996: Die Einbeziehung des anderen. Studien zur politischen Theorie. Frankfurt.
Heinemann, Klaus 1995: Einführung in die Ökonomie des Sports. Schorndorf.
Heinemann, Klaus/Schubert, Manfred 1992: Ehrenamtlichkeit und Hauptamtlichkeit in Sportvereinen. Schorndorf.
Heinemann, Klaus/Schubert, Manfred 1994: Der Sportverein. Ergebnisse einer repräsentativen Untersuchung. Schorndorf.
Horch, Heinz-Dieter 1983: Strukturbesonderheiten freiwilliger Vereinigungen. Analyse und Untersuchung einer alternativen Form menschlichen Zusammenarbeitens. Frankfurt a.M.
Horch, Heinz-Dieter 1992: Geld, Macht und Engagement in freiwilligen Vereinigungen. Berlin.
Horch, Heinz-Dieter/Niessen, Christoph/Schütte, Norbert 2003: Sportmanager in Verbänden und Vereinen. Köln.
Mrazek, Joachim/Rittner, Volker 1991: Übungsleiter und Trainer im Sportverein. Band 1: Die Personen und Gruppen. Schorndorf.
Radtke, Sabine 2007: Ehrenamtliche Führungskräfte im organisierten Sport. Biographische Zusammenhänge und Motivationen. Hamburg.
Rittner, Volker/Breuer, Christoph 2004: Gemeinwohlorientierung und soziale Bedeutung des Sports. Köln.
Rittner, Volker/Keiner, Robert/Keiner, Richard 2006: Freiwillige Tätigkeit im Sport. Sportbezogene Auswertung des Freiwilligensurveys des BMFSFJ 19990 und 2004. Ms. Köln.
Schiffer, Jürgen 2004: Fußball als Kulturgut. Eine kommentierte Bibliographie. Köln.
Strob, Burkhard 1999: Der vereins- und verbandsorganisierte Sport: Ein Zusammenschluss von (Wahl)Gemeinschaften? Münster.
Winkler, Joachim/Karhausen, Ralf-Rainer/Meier, Rolf 1985: Verbände im Sport. Eine empirische Analyse des Deutschen Sportbundes und ausgewählter Mitgliedsorganisationen. Schorndorf.

Bernd Wagner

Kunst und Kultur

Beim Wiederaufbau der kulturellen Infrastruktur nach dem II. Weltkrieg wurde zwar auch an den Traditionen bürgerschaftlichen Kulturengagements wie der Kunst-, Museums- und Musikvereine angeknüpft, aber insgesamt war das kulturelle Leben und die Kulturlandschaft in den ersten beiden Jahrzehnten der Bundesrepublik vor allem durch staatlich-kommunales Handeln geprägt. Das änderte sich mit dem kulturpolitischen Aufbruch ab den endsechziger Jahren unter dem Motto „Bürgerrecht Kultur" (Hermann Glaser) und „Kultur für alle" (Hilmar Hoffmann), dem bald noch ein „und von allen" angehängt wurde.[1] In dieser Zeit begann verstärkt eine Revitalisierung bürgerschaftlicher Aktivitäten im Kulturbereich in neuen Formen. Stadtteilkulturaktivitäten, soziokulturelle Zentren, freie Theatergruppen, Kinder- und Jugendkulturarbeit, kulturpädagogische Projekte, Jugendkunst- und Musikschulen sind Beispiele dieser damals für die Bundesrepublik neuartigen Kulturbewegung, die von zivilgesellschaftlichen Akteuren, Initiativen und Vereinen getragen war und zu einem großen Teil auf ehrenamtlich-bürgerschaftlichem Engagement beruhte. Diese kulturell-künstlerische Bewegung war eine wesentliche Triebkraft der reformorientierten Neuen Kulturpolitik und konnte sich umgekehrt in diesem Rahmen erst richtig entfalten. Dabei wurde auch teilweise auf Erfahrungen bürgerschaftlichen Kulturengagements und auf Ansätze der Arbeiterkulturbewegung im 19. Jahrhundert zurückgegriffen.

Das neue gesellschaftliche Engagement im Kulturbereich betraf nicht nur die neuen, nichtinstitutionellen Kulturaktivitäten, sondern auch die traditionellen Kunstsparten und Kulturinstitutionen wie Museen, Theater, Musikangebote u. a. Ehrenamtlich-bürgerschaftliches Engagement findet hier einerseits in Form von Freundeskreisen und Fördervereinen statt, die teilweise schon eine bis ins 19. Jahrhundert zurückreichende Tradition haben und in den 1970er und 1980er Jahren sich verstärkt mit Leben füllten, und andererseits zunehmend durch individuelle ehrenamtliche Mitarbeit etwa bei

---

1 Wenn hier auf die ersten vier Jahrzehnte nach dem Zweiten Weltkrieg Bezug genommen wird, bezieht sich das auf die Entwicklung in der Bundesrepublik. Die kulturelle und kulturpolitische Entwicklung in der DDR ist wegen ihrer grundsätzlich anderen Gesellschaftsordnung nicht vergleichbar mit der bundesrepublikanischen. Im „Arbeiter- und Bauernstaat" konnte es kein Anknüpfen an die Traditionen bürgerlichen Vereinslebens und Kulturengagements geben, allerdings an die der Arbeiterkulturbewegung. Das kulturelle Leben in der DDR war von der Partei und ihren Massenorganisationen wie dem *FDGB* und dem *Kulturbund* geprägt. Diese Entwicklung einzubeziehen, bedürfte einer eigenen Untersuchung, die es m.W. noch nicht gibt.

Besucherführungen, im Museumsshop oder bei kulturpädagogischen Aktivitäten. Im Zentrum der Freundeskreise und Fördervereine steht die finanzielle Unterstützung durch Spendenakquise, Fundraising und mäzenatische Förderung.

Der kulturelle Aufbruch in den siebziger Jahren des vorigen Jahrhunderts hatte zwar sein Zentrum in den Städten, fand aber auch etwas zeitversetzt im ländlichen Raum statt. Das betraf auch die Zunahme bürgerschaftlichen Engagements im Kulturbereich mit der Gründung von Kulturvereinen, von Kunstspeichern, Heimatmuseen und ähnlichen Aktivitäten und Initiativen, die neben das traditionelle kulturelle Vereinswesen besonders im Musikbereich traten. Zudem sind im ländlichen Raum viele Kulturangebote, obwohl in gemeindelicher oder kreislicher Trägerschaft, auch in ihrem Kernbestand auf ehrenamtliche Arbeit angewiesen. In unterschiedlichem Umfang sind in den einzelnen Bundesländern zum Beispiel die Volkshochschulen in ländlichen Regionen ehrenamtlich organisiert. Bibliotheksarbeit, vor allem in konfessionellen Büchereien – das sind knapp 40% aller öffentlichen Büchereien –, wird auf dem Land vielfach ehrenamtlich betrieben. Das Gleiche trifft auf kleinere Museen zu. In Hessen hat sich beispielsweise zwischen 1975 und 1995 die Zahl der ehrenamtlich geleiteten Museen verdoppelt. Zwei Drittel der 280 Museen im *Hessischen Museumsverband*, das sind in erster Linie solche im ländlichen Raum, werden ehrenamtlich geleitet.

Mit der Zunahme bürgerschaftlicher Aktivitäten im Kulturbereich ging auch ein langsamer Mentalitätswandel einher. Bürgerschaftliche Vereine und Institutionen wurden mit der Zeit auch als kulturpolitische Akteure neben der kommunal-staatlichen Kulturpolitik und den von ihr getragenen Institutionen als Partner anerkannt und nicht nur als soziokulturelle „Nischenangebote" angesehen oder gern gesehene finanzielle Unterstützer aufwändiger Theaterinszenierungen, des Kaufs teurer Gemälde und großer Ausstellungsprojekte, wie sie seit jeher zu den Aktivitäten etwa von Theaterförder- oder Museumsvereinen gehören.

Ein über lange Zeit im kulturpolitischen Denken in der Bundesrepublik verbreiteter Etatismus begann langsam zu bröckeln und bürgerschaftliche Träger- und Kulturvereine, Stiftungen, Mäzene und Freundeskreise wurden mit der Zeit auch als wichtige Akteure der Kulturpolitik und Träger der kulturellen Infrastruktur, was sie seit jeher waren, wahrgenommen. Denn solange es Kulturinstitutionen, Kulturförderungen und Kulturpolitik in der modernen Gesellschaft gibt, waren diese nie allein in staatlich-kommunaler Hand, sondern immer auch von gesellschaftlichen und privatwirtschaftlichen Akteuren mitgetragen.

Die lange Tradition bürgerschaftlicher Kulturaktivitäten

In der zweiten Hälfte des 18. und mit Beginn des 19. Jahrhunderts, teilweise auch schon früher, entstanden zahlreiche Assoziationen, Vereine und Gesellschaften, in denen sich Bürger zum Zweck des Austauschs, der Unterhaltung und der Geselligkeit zusammenschlossen. Einen großen Anteil nahmen hier kulturell-künstlerische Aktivitäten ein. Im 18. Jahrhundert entstanden die *collegia musica* musizierender und musikliebender Bürger, Lesegesellschaften und Geselligkeitsvereine, die bald zu zentralen Orten des kulturellen städtischen Lebens wurden. Kunst und Kultur waren hier vor allem Medien der Selbstverständigung und Orte des geselligen Beisammenseins des entstehenden und an die Macht strebenden Bürgertums. Sie dienten darüber hinaus dem Bürgertum zur Kritik an Adel und Fürstentum sowie zur Abgrenzung gegenüber den nachdrängenden „unterbürgerlichen" Schichten. Im Laufe des 19. Jahrhunderts kam es zu einem raschen Aufschwung von kulturellen Vereinsgründungen um unterschiedliche künstlerisch-kulturelle Interessen und entlang von Kunstsparten, die teilweise wie die Gesangs- und Geschichtsvereine in engem Zusammenhang mit der Nationalbewegung standen.

Aus diesem vom Bürgertum getragenen kulturellen Vereinswesen entstanden mit der Zeit Kultureinrichtungen: aus Lesegesellschaften bildeten sich Bibliotheken, aus Kunstvereinen Ausstellungsgebäude und Kunstmuseen, aus Geschichtsvereinen historische Museen. Neben den von Vereinen betriebenen Kultureinrichtungen gründeten in dieser Zeit auch bürgerliche Mäzene Kunst- und andere Museen. Mit diesen Kunstinstituten schuf sich das selbstbewusste Bürgertum des 19. Jahrhunderts jene Orte der Selbstverständigung und des geselligen Lebens, die die traditionellen Kulturinstitutionen, die höfischen Theater, fürstlichen Kunstsammlungen und Klosterbibliotheken ihnen nicht bieten konnten.

Hinzu kamen in der zweiten Jahrhunderthälfte die von konfessionellen Bildungsvereinen getragenen Volksbildungseinrichtungen wie Lesehallen und Volksbibliotheken. In dieser Zeit bildeten sich auch in der Arbeiterbewegung eigene Formen und Orte kulturellen Lebens und der Selbstverständigung. Arbeiterbildungsvereine und proletarische Gesangsvereine, Volksbühnenbewegung und Volksbibliotheken traten neben die Kultureinrichtungen des Bürgertums und des Hofes.

Viele der bürgerlichen Vereine waren aber mit einer längerfristigen Trägerschaft von entsprechenden Kultureinrichtungen finanziell und personell überfordert, sodass sich in der zweiten Hälfte des 19. und mit Beginn des 20. Jahrhunderts eine Reihe von Kooperationsmodellen einer gemeinsamen Trägerschaft und Finanzierung herausgebildet hatten, bei denen die Kommunen und die Vereine jeweils unterschiedliche Aufgaben übernahmen. Besonders ausgeprägt waren solche frühen öffentlich-privaten Partnerschaften im Museums- und Bibliotheksbereich. Aber auch beim Bau von Theatergebäuden, Konzerthallen und anderen Kultureinrichtungen kam es öfter zu solchen Arrangements von öffentlicher Hand und Zusammenschlüssen kunstinteressierter Bürger oder privatwirtschaftlichen Kulturanbietern. Viele der heutigen Kultureinrichtungen gehen auf bürgerschaftliche Initiativen im späten 18. und im 19. Jahrhundert zurück, ebenso viele der heutigen Kunst- und Theatervereine, Museums- und wissenschaftlich-kulturellen Gesellschaften und ein großer Teil des kulturellen Vereinswesen mit Gesangsvereinen und Laienkulturgruppen, lokalen Heimat- und Geschichtsvereinen.

Die Bedeutung des kulturellen Vereinswesens und der davon getragenen Kultureinrichtungen gingen mit der Ausweitung der kommunal-staatlichen Kulturaktivitäten in der Weimarer Republik zurück und kamen in der Zeit des Nationalsozialismus unter dem Gleichschaltungs- und Kontrolldruck von Staat und Partei weitgehend zum Erliegen. Auch in den ersten beiden Jahrzehnten der Bundesrepublik dominierte wie erwähnt eine stärker staatlich-kommunale Ausrichtung der Kulturangebote und der Kulturpolitik.

Notnagel für Kulturabbau oder Ausdruck bürgerschaftlicher Kulturverantwortung?

Einen dritten Schub bürgerschaftlichen Engagements im Kulturbereich nach der Gründungszeit im 18./19. Jahrhundert und der Revitalisierung im Rahmen des kulturpolitischen Aufbruchs in den 1970er Jahren gab es ab Mitte der 1990er Jahre im Zusammenhang mit der Finanznot der öffentlichen Haushalte, die die Kommunen zur Reduzierung von Leistungen und Schließung von Einrichtungen zwang. Inzwischen gibt es kaum eine Kommune, in der nicht bürgerschaftliches Engagement die Weiterführung von Einrichtungen und Leistungsangeboten ermöglicht hat. Das reicht von der Aufrechterhaltung der Öffnungszeiten von Stadtteilbibliotheken über Führungen in Museen bis zur Finanzierung einer Operninszenierung durch Spendensammlung des Theaterfreundeskreises. In einigen Fällen konnten durch solches Engagement auch beabsichtigte oder bereits beschlossene Schließungen, etwa von Bibliotheken in Stadtteilen oder in kleinen Kommunen, rückgängig gemacht werden, indem Bürger die Trägerschaft meist in Kooperation mit der Kommune übernommen haben.

Diese Einbindung bürgerschaftlichen Engagements in die Finanzierungsnöte der öffentlichen Kulturangebote führte zu teilweise kontroversen Debatten im Kultursektor über Ehrenamt und Bürgerengagement. Befürchtet wurde besonders, dass Ehrenamt und bürgerschaftliches Engagement als Ausfallbürgschaften für zurückgehende öffentliche Mittel dienen und damit einen „Kulturabbau" verschleiern sollten, dass Ehrenamtliche hauptamtlich Beschäftigte verdrängen würden und dass eine Entprofessionalisierung der Kulturarbeit stattfinde.

Dabei fing die Diskussion über bürgerschaftlich-ehrenamtliches Engagement im Kulturbereich schon früher an und war Teil der allgemeinen gesellschaftlichen Debatten über die Überforderung des Sozial*staates* und seinen Umbau zu einer Wohlfahrts*gesellschaft*, zum aktivierenden Staat und zur Zivilgesellschaft unter der Fragestellung „Krise des Wohlfahrtsstaates und die Zukunft der Kulturpolitik", wie beispielsweise eine Tagung u. a. zum ehrenamtlich-bürgerschaftlichen Engagement im Kulturbereich 1996 hieß (Wagner/Zimmer 1997).

Ausgangspunkt dieser Überlegungen war die „dauerhafte Überforderung kommunaler Leistungsfähigkeit" und eine daraus begründete neue Orientierung der Kulturpolitik, die „weg von Versorgungs- und Fürsorgeansprüchen hin zu mehr Mitverantwortung, Mitwirkung und Mitgestaltung der Bürgerinnen und Bürger führt", wie der damalige Beigeordnete des *Kulturausschusses des Deutschen Städtetages* Bernd Meyer in einem Grundsatzbeitrag in der Zeitschrift *der städtetag* 1997 unter der Überschrift „Kultur in der Stadt – Herausforderung für eine neue Bürgerkultur" schrieb. Bezugspunkte sind für ihn dabei die Debatten um die Arbeitsgesellschaft und zivilgesellschaftliche Selbstorganisation sowie um kommunitaristische Ansätze, aus denen eine neue „privat-öffentliche Verantwortungspartnerschaft für die Kultur" begründet wird (Meyer 1997).

Diese Impulse wurden in der „Hanauer Erklärung" des *Kulturausschusses des Deutschen Städtetages* „Kulturpolitik und Bürgerengagement" vom Oktober 1997 aufgegriffen, in der die Ausgestaltung einer neuen Verantwortungspartnerschaft zwischen kommunalen Kultureinrichtungen und kommunaler Kulturpolitik einerseits und bürgerschaftlichem Engagement anderseits als wichtige Aufgabe einer kulturpolitischen Neuorientierung gefordert wird: „Um im Sinne einer neuen Kulturverantwortung bürgerschaftliche Mitarbeit, Mitverantwortung, Mitgestaltung und Mitfinanzierung in öffentlich geförderten Kultureinrichtungen zu erreichen, ist eine Umorientierung dieser Einrichtungen wünschenswert: Öffentliche Kultureinrichtungen sollten

- sich die vielfach vorhandene kulturelle, künstlerische und soziale Kompetenz der Bürgerschaft zunutze machen;
- engagierten Bürgerinnen und Bürgern die Möglichkeit zur gestaltenden Mitwirkung in Kultureinrichtungen geben;
- die freiwillige und ehrenamtliche Mitarbeit von Bürgerinnen und Bürgern suchen und fördern;
- über ein zeitgemäßes Fund-Raising nicht nur die Finanzierungsstruktur verbessern, sondern auch ihre Verankerung in der Bevölkerung stärken (Friend-Raising)." (Deutscher Städtetag 1997: 60f.)

Im Kulturbereich waren diese Ideen bei weitem nicht unstrittig, und in der Auseinandersetzung hierüber kamen sehr unterschiedliche Auffassungen zur Bedeutung, den Möglichkeiten und Gefahren eines verstärkten ehrenamtlichen Engagements im Kulturbereich zum Ausdruck. Vor allem Verbände traditioneller Kultureinrichtungen wie etwa der *Deutsche Bühnenverein* und der *Deutsche Bibliotheksverband* sahen und sehen teilweise noch heute das ehrenamtliche Engagement im Kulturbereich erheblich kritischer. Sie fürchten unter anderem unzulässige Mitspracheansprüche von fachfremden Interessierten, eine Entwertung, Entprofessionalisierung und Entqualifizierung der Arbeit der ausgebildeten Fachkräfte bis zur Verdrängung hauptamtlich Beschäftigter durch Ehrenamtliche sowie einen zusätzlichen Zeitaufwand für die Betreuung der ehrenamtlichen Aktiven. Vor allem wird aber kritisiert, dass die Debatten um stärkeres ehrenamtliches Engagement im Kulturbereich nur die finanziellen Einsparungen der öffentlichen Haushalte im Kulturbereich bemänteln sollen.

Inzwischen ist diese grundsätzliche Kritik seltener geworden und in den meisten Kulturverbänden und -sparten wird nun relativ unideologisch über Vorteile und Möglichkeiten, Gefahren und Risiken von Freiwilligenarbeit in der Kultur diskutiert. Gleichwohl gibt es solche kontroverse Debatten weiterhin wie beispielsweise im Bibliotheksbereich.[2]

Ehrenamtlich-bürgerschaftliches Engagement in Kunst und Kultur heute

Wie verbreitet bürgerschaftlich-ehrenamtliches Engagement im Kulturbereich heute ist, wird im Freiwilligensurvey, der 2004 zum zweiten Mal nach 1999 erhoben wurde, deutlich.[3] Danach betätigen sich etwa 70% der Bevölkerung in Vereinen, freiwilligen Zusammenschlüssen und anderen Gemeinschaftsaktivitäten außerhalb der Erwerbsarbeit. Der Bereich „Kultur und Musik" liegt mit 18% nach „Sport und Bewegung" (40%) und „Freizeit und Geselligkeit" (25,5%) an dritter Stelle. 36% der Bevölkerung engagiert sich darüber hinaus freiwillig-ehrenamtlich. Hierbei steht der Bereich „Kunst und Musik" gemeinsam mit dem „Sozialen Bereich" mit jeweils 5,5% nach „Sport und Bewegung" (11%), „Schule und Kindergarten" (7%) und „Kirche und Religion" (6%) an vierter Stelle. Bei der türkischstämmigen Bevölkerung liegt der Anteil der insgesamt Engagierten

---

2 Siehe zu den Verbandsdiskussionen beispielsweise die Stellungsnahmen von Vertretern von Kulturverbänden im „Jahrbuch Kulturpolitik 2000" (Institut für Kulturpolitik 2001, S. 250–268) und bei Ermert (2003: 71–131). Zu den besonders ausgeprägten Diskussionen im Bibliotheksbereich siehe zusammenfassend Hauke/Busch (2003) sowie die fortgesetzte Diskussion in der Fachzeitschrift *Buch und Bibliothek*, u. a. den Schwerpunkt „Trend zum Ehrenamt" in der Februarausgabe 2008, die Leserbriefe dazu in den folgenden Heften und die Beiträge im Heft 10/2008 und 1/2009.
3 Die folgenden Daten in diesem Abschnitt stammen aus dem Freiwilligensurvey (Gensicke/Picot/Geiss 2006) und der gesonderten Auswertung für den Bereich „Kultur und Musik" durch Sabine Geiss (2007). In einer eigenen Studie wurde mit den Fragestellungen des Freiwilligensurvey das bürgerschaftliche Engagement der türkischstämmigen Bevölkerung untersucht (Halm/Sauer 2007), auf die sich hier ebenfalls gestützt wird.

bei 10% (gegenüber 36% in der Gesamtbevölkerung) und bei 3% (gegenüber 5,5%) im Bereich „Kunst und Musik".

Von den 5,5% Engagierten im Kulturbereich freiwillig Engagieren entfällt der größte Teil mit 55% die Chöre, Musik- und Gesangsgruppen mit einem Anteil von an der Spitze. Weitere Schwerpunkte sind „Kunst Allgemein", „Theater" und „Heimat- beziehungsweise Brauchtumspflege" mit jeweils zehn Prozent. Die Museen und die Kulturmusikförderung folgen mit jeweils 3%. Die restlichen 9% verteilen sich auf die übrigen Sparten.

Freiwilliges Engagement im Kultur- und Musikbereich zeichnet sich nach dem Freiwilligensurvey gegenüber anderen Engagementbereichen durch andere Tätigkeitsschwerpunkte aus. So spielen beispielsweise die Organisation von Veranstaltungen, die Öffentlichkeitsarbeit und Verwaltungsaufgabe im Kulturbereich eine größere Rolle. Dabei unterscheiden sich hier die Tätigkeitsinhalte von Frauen und Männern in geringerem Umfang voneinander als in anderen Feldern. Im Kultur- und Musiksektor üben Frauen in ähnlichem Maße wie Männer „anspruchsvollere Tätigkeiten" wie die Organisation von Veranstaltungen, die Gruppenleitungen und die Öffentlichkeitsarbeit aus. Ausgenommen sind allerdings die Leitungs- und Vorstandsfunktionen, die auch hier eine Männerdomäne sind.

Bezogen auf die Altersstruktur zeigt sich, dass der Zuwachs an Engagierten auch im kulturellen Bereich auf eine wachsende Zahl von Menschen in den mittleren und älteren Jahrgängen zurückgeht. Im kulturellen Feld sind noch immer mehr Männer engagiert als Frauen, aber der Anteil der Frauen ist gegenüber der letzten Erhebung von 3,7 auf 4,8% gestiegen, bei den Männer dem gegenüber lediglich von 6,2 auf 6,5%. Ähnlich erfreulich ist auch die positive Entwicklung des kulturellen Engagements in Ostdeutschland. Hier ist zwischen 1999 und 2004 der Anteil von 3,2 auf 4,5% gewachsen. Der Anteil im Westen stieg dagegen lediglich von 5,3 auf 5,8%. Wie in fast allen anderen Feldern gilt auch für den Bereich „Kultur und Musik", dass sich hier die besser gebildeten Menschen häufiger engagieren als die weniger gebildeten. Dieser „Elite-Effekt" hat sich sowohl im Bereich „Kultur und Musik" als auch im gesamten freiwilligen Sektor seit der vorgehenden Untersuchung verstärkt.

Bei den Motiven unterscheiden sich die Engagierten im Kulturbereich wenig von denen in den anderen gesellschaftlichen Sektoren. An der Spitze stehen auch hier „mit anderen Menschen zusammenkommen" und „die Gesellschaft mitgestalten". Diese beiden Motive liegen im Kulturbereich leicht über dem gesellschaftlichen Durchschnitt. Auch bei den Erwartungen differieren die Vorstellungen der Engagierten im Kulturbereich nicht signifikant von denen in anderen Feldern. An der Spitze steht, „dass die Tätigkeit Spaß machen muss", gefolgt von „dass man anderen Menschen helfen kann" (hier etwas weniger als im gesellschaftlichen Durchschnitt) und „dass man etwas für das Gemeinwohl tun kann" sowie „dass man mit sympathischen

Menschen zusammenkommt" (hier gibt es eine etwas größere Abweichung gegenüber den Engagierten in den anderen Feldern).

Die dominierende Organisationsform ist im Kulturbereich der Verein mit 64%. Bezogen auf alle Engagementbereiche liegt der Anteil bei 43%. Gruppen, Initiativen und Projekte machen im Kulturbereich 13% aus, gefolgt von kirchlichen und religiösen Einrichtungen mit 7%.

Die Zufriedenheit der im Kultursektor Engagierten ist auch verglichen mit denen in anderen Feldern Aktiven relativ hoch. Insgesamt wird die Situation besser eingeschätzt als 1999, was sicher auch darauf zurückzuführen ist, dass mit der Zeit eine Anerkennungskultur sowie eine bessere Einbindung der ehrenamtlich Engagierten in den einzelnen Arbeitsbereichen und Kultureinrichtungen stattgefunden hat. Die Zufriedenheit betrifft auch die Wünsche gegenüber Staat und Öffentlichkeit mit der Ausnahme, dass eine größere Anerkennung in Presse und Medien als sehr wünschenswert angesehen wird.

Einsatzfelder und Aktivitäten

Es gibt keine künstlerische Sparte, kein kulturelles Feld und keine Art von Kunst- oder Kultureinrichtungen, bei denen nicht bürgerschaftlich-ehrenamtliches Engagement einen Beitrag leistet zur Produktion, Rezeption oder Vermittlung der kulturell-künstlerischen Arbeit. Und es gibt auch keine Tätigkeit in diesem vielgestaltigen Feld, die nicht auch in der einen oder anderen Form von ehrenamtlich-bürgerschaftlich Engagierten wahrgenommen wird. Dabei sind die Einsatzfelder und die Aktivitäten von diesen Engagierten so vielfältig wie die Kunst- und Kulturbereiche und die Tätigkeiten darin.[4]

Zu den Einsatzfeldern und Tätigkeiten bürgerschaftlich-ehrenamtlichen Engagements im Kunst- und Kulturbereich gehören neben der praktischen Mitarbeit auch die unterstützenden Aktivitäten der Förder- und Trägervereine, der Freundes- und Unterstützerkreise sowie der Stiftungen, hier insbesondere der Bürgerstiftungen, und das individuelle Mäzenatentum, auf die hier leider aus Platzgründen nicht eingegangen werden kann.[5]

---

4 Siehe hierzu als Beispiel die Sammlung von Praxisbeispielen bei Wagner/Witt (2003) und für Felder, auf die im Folgenden nicht eingegangen wird u. a. für die Denkmal- und Heimatpflege Udo Mainzer (2006) und Michael Corsten u. a. (2008, S. 117–146); für den Bereich Soziokultur den Themenschwerpunkt im *Informationsdienst Soziokultur* (2/2007, S. 2–11), für die Musik Liebing/Koch (2007) und Reimers (2006), für Volkshochschulen den Schwerpunkt „Ehrenamt" im Heft 2/2008 von *DIE. Zeitschrift für Erwachsenenbildung* (S. 30–45) sowie insgesamt das Kapitel „Bürgerschaftliches Engagement in der Kultur" im Abschlussbericht der *Enquêtekommission „Kultur in Deutschland" des Deutschen Bundestages* (Deutscher Bundestag 2007, S. 161–195).
5 Siehe hierzu u. a. die Erhebung des *Kulturkreises der deutschen Wirtschaft* „Förder- und Freundeskreise der Kultur in Deutschland" (Kulturkreis der Deutschen Wirtschaft 2007), Sprengel/Strachwitz (2008) und Wolf (2008) sowie die entsprechenden Ab-

... z. B. Museen

Ehrenamtliche Arbeit im Museumsbereich hat die längste Tradition und ist hier und im Musikbereich am verbreitetsten. Von den über 6.000 Museen in Deutschland sind 56% in öffentlicher, 38% in privater und 6% in gemischter privat-öffentlicher Trägerschaft. Gut die Hälfte der statistisch erfassten Museen (55%) werden haupt- oder nebenamtlich geleitet, die anderen ehrenamtlich (45%). Die Museen in öffentlicher Trägerschaft werden in der Regel von hauptamtlich Beschäftigten geführt. Ein Drittel der Museen arbeitet mit freiem und ehrenamtlichem Personal (Statistische Ämter des Bundes und der Länder 2005).

Bei einer gesonderten Erhebung des ehrenamtlichen Personals im Museumsbereich im Rahmen der statistischen Gesamterhebung an den deutschen Museen für das Jahr 2003 gaben etwas über 3.000 Museen an, ehrenamtliches Personal einzusetzen (49%), 1.475 verneinten die Frage (24%) und 1.650 machten keine Angaben (27%). Insgesamt waren es über 30.000 Ehrenamtliche, davon mehr als die Hälfte in Volkskunde- und Heimatmuseen. Bezogen auf die Trägerschaft waren davon 13.000 in vereinsgetragenen Museen aktiv und etwa ebenso viele in öffentlich getragenen Museen (Staatliche Museen 2004: 49–62).

Von den etwa 20.000 Personen, die 2007 im museumspädagogischen Bereich in Museen arbeiteten, sind lediglich 5 Prozent hauptamtlich Beschäftigte, 34 Prozent Honorarkräfte und knapp 50 Prozent ehren- und nebenamtlich beschäftigt (Staatliche Museen 2008, 45 f.).

Museumsdienste und Aufsicht, Besucherführung, Auskunfts- und Informationsarbeit, museumspädagogische Aufgaben, Dokumentation, Archive und Ordnungsarbeiten, Ausstellungsplanung und -organisation, Forschungs- und Ausgrabungstätigkeiten, Publikationen, Kataloge, EDV-Unterstützung, Betrieb des Museumsshops und des Museumscafés – das sind alles Arbeiten, die in kommunalen, hauptamtlich getragenen Museen unabhängig von ihrer Art auch teilweise von Ehrenamtlichen (mit) wahrgenommen werden.

Auch wenn die Zahl der ehrenamtlich Aktiven in den größeren hauptamtlich getragenen Museen in den letzten Jahren gestiegen ist, so arbeitet das Gros dieser Freiwilligen in Museen ohne hauptamtlich Beschäftigte. Sie haben deshalb nahezu das ganze Arbeitsspektrum, das beim Betreiben eines Museums anfällt, zu leisten. Ohne das breite ehrenamtliche Engagement im Museumsbereich wäre nicht nur das Leistungsangebot in den öffentlich getragenen Einrichtungen erheblich eingeschränkt, sondern die Museumslandschaft wäre sehr viel ausgedünnter und dürrer, da vor allem im ländlichen Raum viele Heimat-, Geschichts-, Naturkunde- und kulturgeschicht-

---

schnitte im Schlussbericht der *Enquêtekommission „Kultur in Deutschland" des Deutschen Bundestages* (Deutscher Bundestag 2007, S. 162–182)

liche Museen überhaupt nicht existieren würden (siehe hierzu auch Vonderach 2003).

... z. B. öffentliche Bibliotheken

Von den etwa 12.000 öffentlichen Bibliotheken in Deutschland befinden sich knapp 57% in kommunaler und 42% in kirchlicher Trägerschaft. 22% der Beschäftigten in kommunalen Bibliotheken sind ehrenamtlich tätig, in den kirchlich getragenen sind es 98%, das heißt Letztere werden nahezu ausschließlich ehrenamtlich betrieben. Wird nicht nur die Anzahl der Bibliotheken betrachtet, sondern werden die Bestands- oder Ausleihezahlen zugrunde gelegt, dann verschieben sich zwar die Anteile zugunsten der kommunalen Bibliotheken und damit der hauptamtlich Beschäftigten, da diese einen Anteil von 80% des Bestandes und 85% der Ausleihe haben, aber trotzdem ist die Bedeutung ehrenamtlicher Mitarbeit im Bibliotheksbereich immens.

Bezogen auf den Stadt-Land-Unterschied wird deutlich, dass die kommunal getragenen öffentlichen Bibliotheken im ländlichen Raum ebenfalls zu einem erheblichen Teil auf ehrenamtlicher Mitarbeit basieren. Von den knapp 4.300 ehrenamtlich in kommunalen Bibliotheken Engagierten arbeiten 3.900, das heißt neun Zehntel in Büchereien im ländlichen Raum und 370, ein Zehntel in den Bibliotheken in den Städten. Die 3.900 ehrenamtlich Aktiven in kommunalen Bibliotheken auf dem Land machen ein Drittel aller dort Tätigen aus, die Hauptamtlichen knapp die Hälfte und Nebenberufliche etwa 20%. Neben dem Stadt-Land-Unterschied ist in Bezug auf ehrenamtliche Mitarbeit in Bibliotheken auch eine Ost-West-Differenz signifikant, da 95% aller Freiwilligen in Bibliotheken auf die alten Bundesländer entfallen (Angaben nach Seefeldt 2000).

In hauptamtlich betriebenen Bibliotheken wird je nach Größe und Art von ehrenamtlich Mitarbeitenden eine Vielzahl von Aufgaben wahrgenommen. Hierzu gehören unter anderem Ausleihe und Aufsicht, Sortier- und Einstellarbeiten, Beratung und Information, Mitentscheidung bei der Medienauswahl, Bibliotheksführungen und Benutzereinführungen, die aufsuchende Bibliotheksarbeit und mobile Bücherdienste etwa in Krankenhäusern oder Altenheimen, Veranstaltungsdurchführungen und Organisation von Bücherbasaren, pädagogische Betreuung und Vorlesenachmittage für Kinder sowie EDV-Unterstützung, besonders bei Internetauftritten.

In den in der Regel kleinen ehrenamtlich geführten Bibliotheken wird nahezu die gesamte Bibliotheksarbeit von Ehrenamtlichen geleistet, meist angeleitet durch hauptamtlich besetzte Bibliotheksfachstellen.

Eine neuere Entwicklung im Feld ehrenamtlichen Engagements in der Bibliotheksarbeit gibt es seit den 1990er Jahren mit der Finanznot der Kommunen, die auch öfter zum Einstellen von Bibliothekszweigstellen geführt hat. In mehreren Fällen wurden von Schließung bedrohte kleinere Zweigstellen oder Stadtteilbibliotheken durch ehrenamtlich Engagierte – manchmal allein, manchmal in Kooperation mit hauptamtlichen Bibliotheksmitarbeiter/innen in der Zentralstelle – weitergeführt. Dabei sind der Institutionalisierungsgrad der neuen Organisationsform, die Einbindung hauptamtlichen Personals und die Tätigkeitsfelder der ehrenamtlich Aktiven sehr unterschiedlich. Das trifft auch auf die Kosten- und Verantwortungsteilung zwischen Kommune respektive Hauptbücherei und Verein zu.

Wie im Museumsbereich und bei der Mehrzahl der anderen traditionellen Kultureinrichtungen, vor allem den Theatern, gibt es auch bei Bibliotheken Freundeskreise und Fördervereine. Aus einer Umfrage von 2001 geht hervor, dass etwa ein Drittel der Bibliotheken von solchen Vereinen unterstützt werden. Dabei wurde auch festgestellt, dass gerade in den neunziger Jahren ein regelrechter Gründerboom solcher unterstützenden Zusammenschlüsse um einzelne Bibliotheken stattgefunden hatte, denn über 70% von ihnen wurden in dieser Zeit gegründet (Freudenberg 2002).

Die beiden hier beispielhaft angeführten Felder bürgerschaftlich-ehrenamtlichen Engagements stehen stellvertretend für die Breite und die Vielgestaltigkeit dieser Aktivitäten im gesamten Feld von Kunst und Kultur und zeigen, welchen Beitrag das bürgerschaftlich-ehrenamtliche Engagement zu unserer lebendigen, reichhaltigen Kulturlandschaft leistet und wie arm diese ohne die schätzungsweise zwei Millionen hier ehrenamtlich Engagierten wäre.

Literatur

Corsten, Michael/Kauppert, Michael/Rosa, Hartmut 2008: Quellen Bürgerschaftlichen Engagements. Die biographische Entwicklung von Wir-Sinn und fokussierten Motiven. Wiesbaden.
Deutscher Bundestag 2007: Schlussbericht der Enquête-Kommission „Kultur in Deutschland". Berlin: Bundestagsdrucksache 16/7000.
Deutscher Städtetag/Kulturausschuss 1997: „Kulturpolitik und Bürgerengagement. Hanauer Erklärung". in: Kulturpolitische Mitteilungen, Heft 79 (IV/97): 60–61.
Ermert, Karl (Hrsg.) 2003: Bürgerschaftliches Engagement in der Kultur. Politische Aufgaben und Perspektiven. Wolfenbütteler Akademie-Texte, Bd. 12. Bundesakademie für kulturelle Bildung Wolfenbüttel. Wolfenbüttel.
Freudenberg, Tim 2002: Bibliotheken profitieren. Freundeskreise und Fördervereine für Bibliotheken: eine Übersicht. In: Buch und Bibliothek. Heft 5/2002: 312–316.
Geiss, Sabine 2007: Freiwilliges Engagement im Engagementbereich „Kultur und Musik". Hauptergebnisse des Freiwilligensurveys 1999 bis 2004 im Auftrag der Bundesvereinigung kulturelle Kinder- und Jugendbildung e.V. und mit Unterstützung des Bundesministerium für Familie, Senioren, Frauen und Jugend. München: TNS Infratest Sozialforschung, April 2007 (MS).
Gensicke, Thomas/Picot, Sybille/Geiss, Sabine 2005: Freiwilliges Engagement in Deutschland 1999–2004. Ergebnisse der repräsentativen Trenderhebung zu Ehrenamt, Freiwilligenarbeit und bürgerschaftlichem Engagement. Durchgeführt im Auftrag des Bundesministeriums für Familie, Senioren, Frauen und Jugend. München.
Glaser, Hermann/Stahl, Karl H. 1986: Bürgerrecht Kultur. Berlin.

Halm, Dirk/Sauer, Martina 2007: Bürgerschaftliches Engagement von Türkinnen und Türken in Deutschland. Wiesbaden.

Hauke, Petra/Busch, Rolf (Hrsg.) 2003: Ehrensache?! Zivilgesellschaftliches Engagement in öffentlichen Bibliotheken. Positionen – Modelle – Grundlagen. Bad Honnef.

Hoffmann, Hilmar 1979: Kultur für alle. Perspektiven und Modelle, Frankfurt/Main

Institut für Kulturpolitik 2001: Jahrbuch für Kulturpolitik 2000. Thema: Bürgerschaftliches Engagement. Essen.

Kulturkreis der deutschen Wirtschaft 2007: Förder- und Freundeskreise der Kultur in Deutschland. Berlin.

Liebing, Stefan/Koch, Angela (Hrsg.) 2007: Ehrenamt Musik 2. Vereine und Institutionen auf dem Weg in die Zukunft. Regensburg.

Mainzer, Udo 2006: Amt und Ehrenamt in der Denkmalpflege. Eine Skizze mit rheinischem Schwerpunkt. In: Dem Erbe verpflichtet. 100 Jahre Kulturlandschaftspflege im Rheinland. Köln: Rheinischer Verein für Denkmalpflege und Landschaftsschutz: 149–166.

Meyer, Bernd 1997: Kunst in der Stadt – Herausforderung für eine neue Bürgerkultur. In: der städtetag, Heft 5/1997: 318–322.

Reimers, Astrid 2006: Laienmusizieren. In: Deutscher Musikrat (Hrsg.): Musikalmanach 2007/2008. Daten und Fakten zum Musikleben in Bundesrepublik Deutschland. Regensburg: 38–50.

Seefeldt, Jürgen 2000: Bürgerengagement am Beispiel der Bibliotheken – insbesondere im ländlichen Raum. Berlin.

Sprengel, Rainer/Strachwitz, Rupert Graf 2008: Private Spenden für Kultur. Bestandsaufnahme. Analyse. Perspektiven. Maecenata Schriften, 2. Stuttgart.

Staatliche Museen zu Berlin – Preußischer Kulturbesitz/Institut für Museumsforschung 2008: Statistische Gesamterhebung an den Museen der Bundesrepublik Deutschland im Jahr 2007. Heft 62. Berlin.

Staatliche Museen zu Berlin – Preußischer Kulturbesitz/Institut für Museumsforschung 2004: Statistische Gesamterhebung an den Museen der Bundesrepublik Deutschland im Jahr 2003. Heft 58. Berlin.

Statistische Ämter des Bundes und der Länder (Hrsg.) 2005: Museumsbericht 2004. Wiesbaden.

Vonderach, Gerd 2005: Museumsengagement auf dem Lande. Eine empirische Studie zum ehrenamtlichen und privaten Engagement in ländlichen Museen. Neue Land-Berichte, Bd. 1. Aachen.

Wagner, Bernd (Hrsg.) 2000: Ehrenamt, Freiwilligenarbeit und bürgerschaftliches Engagement in der Kultur. Dokumentation eines Forschungsprojekts. Dokumentation 55. Bonn.

Wagner, Bernd/Witt, Kirsten (Hrsg.) 2003: Engagiert für Kultur. Beispiele ehrenamtlicher Arbeit im Kulturbereich. Dokumentation 59. Bonn/Essen

Wagner, Bernd/Zimmer, Annette (Hrsg.) 1997: Krise des Wohlfahrtsstaates – Zukunft der Kulturpolitik. Edition Umbruch 18. Essen/Bonn.

Wolf, André Christian 2009: Geld ist nicht alles. Bürgerstiftungen als Förderer von Kunst und Kultur. In: Kulturpolitische Mitteilungen, Heft 124 (I/2009): 76–77

Cornelia Coenen-Marx

Ehrenamtliches Engagement in der Kirche

Vom Lückenbüßer zum Kompetenzträger

Kleiner, älter, ärmer an Geld und an hauptamtlichem, pastoralem Personal werde die Kirche im Jahre 2025 sein, heißt es in einem Perspektivpapier der Evangelischen Kirche in Hessen und Nassau. Das Reformpapier, das die Chancen in der Krise betont, mahnt einen Paradigmenwechsel im Verständnis des ehrenamtlichen Engagements an, der auf die „hohe Mobilität und individuelle Lebensgestaltung" Rücksicht nimmt, die Möglichkeiten der Mitgestaltung und Mitentscheidung stärkt und die Anforderungen an Hauptamtliche deutlich verändert.[1] „Mehr Professionalität im Umgang mit Ehrenamtlichen" heißt in vielen Landeskirchen die Devise für eine Kirche der Zukunft. Die Kompetenz der Ehrenamtlichen soll anerkannt, ihre Professionalität mit Informations- und Weiterbildungsangebote gestärkt werden. Ehrenamtsakademien werden gegründet, landeskirchliche Ehrenamtsgesetze verabschiedet, landesweite Ehrenamtspreise ausgelobt und auch auf der regionalen Ebene werden Haupt- und Ehrenamtliche im Freiwilligenmanagement weitergebildet.

Das Zukunftspapier" Kirche der Freiheit", das die Evangelische Kirche in Deutschland im Sommer 2006 herausgab, formuliert, es gehe darum, das Priestertum aller Getauften und das freiwillige Engagement als Kraftquellen der evangelischen Kirche zu fördern. Dabei solle „der ehrenamtliche und nicht hauptamtliche Dienst – auch in der Beteiligung am Verkündigungsauftrag der Kirche – eine klare Würdigung erfahren." Bei der Formulierung von Handlungszielen heißt es dann: „Die Gewinnung, Begleitung und Qualifizierung von Ehrenamtlichen gehört für die evangelische Kirche zu den wichtigsten Zukunftsaufgaben. Die Zahl der ehrenamtlich Engagierten im Verhältnis zu der Gesamtzahl der Kirchenmitglieder sollte gegenüber heute deutlich erhöht werden."[2]

Die Forderungen nach bundesweiten Standards in Qualitätsmanagement und Personalentwicklung für Freiwillige, nach verbesserten Aus-, Fort- und Weiterbildungsangeboten und einer Werbekampagne der Kirche für die Gewinnung Ehrenamtlicher, dass der „Strukturwandel des Ehrenamts", von

---

[1] Perspektive 2025- Prozess zur Entwicklung von Prioritäten und Posterioritäten in der EKHN, Darmstadt 22.März 2007
[2] Kirche der Freiheit, Perspektiven für die evangelische Kirche im 21.Jahrhundert, Ein Impulspapier des Rates der EKD, Hannover 2006

dem in den letzten Jahren viel die Rede war, längst in den Kirchen angekommen ist. Die Verantwortlichen wissen: Ehrenamtliche brauchen Freiräume für eigene Gestaltungsmöglichkeiten und für ein zugleich sinnvolles wie selbstbewusstes Tun, das in der Erwerbsarbeit oft vermisst wird. Eine neue Kultur der Wertschätzung etabliert sich – mit Auslagenersatz und Zertifikaten, mit klaren Vereinbarungen und Kompetenzen und vor allem mit wechselseitiger Achtung und (relativer) Gleichberechtigung von Haupt- und Ehrenamtlichen.

Denn deutlich häufiger als in anderen Bereichen gibt es in den Kirchen Hauptamtliche im Umfeld ehrenamtlicher Arbeit. Damit verfügen Freiwillige in den Kirchen auch in höherem Maße über Ansprechpartner. Die Ausgangsposition im Blick auf Begleitung, Beratung und Fortbildung ist also gut. Allerdings werden die Mitbestimmungsmöglichkeiten vor allem der hoch engagierten Frauen immer noch als geringer wahrgenommen als in anderen Bereichen – immerhin jede zehnte Frau beurteilt sie als nicht ausreichend.

Freiwilliges Engagement und Priestertum aller

1,1 Millionen Menschen engagierten sich nach der Statistik der Evangelischen Kirche in Deutschland 2005 in den evangelischen Gemeinden. Rechnet mal allerdings die Ehrenamtlichen in Verbänden und Diakonie mit, ist sicherlich von der doppelten Größe auszugehen. Von den etwa 23 Freiwilligen in Deutschland sind nach grober Schätzung ungefähr die Hälfte im Umfeld der großen Kirchen aktiv. Leider beruhen solche Zahlen noch immer auf Schätzungen, da die Konfessionszugehörigkeit der vielen zivilgesellschaftlich Engagierten in den Bereichen Jugend, Kultur und Soziales, vor allem in Diakonie und Caritas, in kirchlichen Jugendverbänden oder Kirchenchören noch nicht differenziert erfragt wird. Es steht zu hoffen, dass sich das bei der nächsten Erhebung des Freiwilligensurveys ändert. Ehrenamtliche Tätigkeit hat in den Kirchen eine lange Tradition und ist zudem im Aufwind. Im deutschen Durchschnitt ist die Zahl der freiwillig Engagierten in den Kirchen in der Zeit von 1999 bis 2004 um 0,5 Prozentpunkte gewachsen. Dabei war die stärkste Zunahme bei den 14- bis 30-Jährigen (nämlich um 2,5%) und bei den 46- bis 65-Jährigen (um 3%) zu verzeichnen. Ehrenamtliche unterstützen die Organisation bei der Erfüllung ihres Auftrags – sie sind aber zuerst Anwältinnen und Anwälte für ihre Anliegen, vielfältig vernetzt in Familie, Beruf und Gemeinwesen.

Strittig ist dabei der Begriff Ehrenamt selbst, der – anders als in der Diakonie – in der Kirche nach wie vor geläufig ist. Er setzt das Tun der ehrenamtlich Engagierten immer schon ins Gegenüber zu den so genannten Hauptamtlichen, also den beruflich Tätigen, ähnlich wie der – für Haupt- wie Ehrenamtliche genutzte Begriff der „Laien" in der katholischen Kirche alle anderen Dienste immer schon ins Verhältnis zum priesterlichen Amt setzt.

So sind es in der katholischen Kirche im Wesentlichen die „Laienorganisationen" und Verbände, die das Ehrenamt tragen und sich dabei im Gegenüber zur „Amtskirche" eher als Bewegung verstehen. Und auch wenn der Begriff „Laien" angesichts eines anderen Verständnisses vom Pfarramt in der evangelischen Kirche eigentlich keinen Sinn hat, so ist gleichwohl zum Beispiel vom Kirchentag als einer „Laienbewegung" die Rede. Von ihrem inneren Selbstverständnis her lebt die evangelische Kirche aber vom „Priestertum aller Getauften" und damit von der Aufhebung des grundsätzlichen Gegenübers von Laien und Amt.

Der Begriff „Ehrenamt" löst deshalb oft ambivalente Gefühle aus, auch wenn er ursprünglich keinerlei abwertenden Charakter hatte, sondern im Gegenteil das freie und unentgeltliche Engagement der Bürger für Staat, Gesellschaft und Kirche markierte. In einer Zeit rückläufiger kirchlicher Finanzen und notwendiger Veränderungsprozesse aber, in der Haupt- und Ehrenamtliche um Gestaltungsspielräume und Einflussmöglichkeiten ringen, verbindet er sich mit dem Eindruck mancher Engagierten, dass letztlich die Hauptberuflichen im Zentrum der Entscheidungsstrukturen stünden. Die starke Verberuflichung in Kirche und Jugendarbeit, in Diakonie und Caritas, die seit der wohlfahrtsstaatlichen Entwicklung Mitte der 1960er Jahre in der Bundesrepublik prägend war, stellt historisch aber keinesfalls den Normalfall dar. Tatsächlich haben sich viele dieser Dienste seit der Mitte des 19. Jahrhunderts aus dem Engagement von „Laien" und Verbänden wie der Inneren Mission oder dem Kolpingwerk, dem Sozialdienst Katholischer Frauen oder dem Christlichen Verein Junger Menschen entwickelt.

Johann Hinrich Wichern, der in der Mitte des 19. Jahrhunderts alles daran setzte, dass die Kirche seiner Zeit aus einer „obrigkeitlichen Anstalt" zur geschwisterlichen Gemeinschaft wurde, in der Menschen unterschiedlicher Herkunft und Milieus einander in Liebe verbunden waren, sah die wichtigsten Potenziale zur Veränderung in den Vereinen und Stiftungen der engagierten Bürgerinnen und Bürger. Diese „Netzwerke der brüderlichen Liebe" bildeten für ihn den Kern der Kirche im Volk und für das Volk. Dabei gehörten Gottesdienst und Diakonie, Religion und soziales Engagement der Bürger für Wichern untrennbar zusammen. Versteht man das „Priestertum aller" in seinem Sinne, dann geht es darum, die eigene Berufung zu finden, die eigenen Gaben zu entdecken und einzusetzen und damit der Gemeinschaft zu dienen – gleich, ob beruflich oder im freiwilligen Engagement. Denn der Dienst von Christinnen und Christen lebt immer aus der Freiheit.

In ihren Leitlinien und Ehrenamtsgesetzen erinnern verschiedene evangelische Landeskirchen an die prinzipielle Gleichwertigkeit der verschiedenen Ämter, Dienste und Funktionen. So heißt es in den Leitlinien für das Ehrenamtliche Engagement der Evangelischen Kirche im Rheinland: „Haupt- und ehrenamtliche Tätigkeiten ergänzen einander und sind zusammen Ausdruck des Reichtums an Fähigkeiten und Gaben, die der „Leib Christi" braucht, um lebendig zu sein".

Religiöse Bindung und Motive freiwilligen Engagements

Natürlich bedarf es heute nicht mehr der Verbundenheit mit der Kirche, um sich freiwillig zu engagieren, es bedarf nicht einmal mehr einer religiösen Verwurzelung. Dennoch weisen empirische Studien darauf hin, dass Religiosität und soziale Verantwortung bis heute stark miteinander verknüpft sind. Die Ergebnisse des Bertelsmann-Religionsmonitors, für den in Deutschland 334 Evangelische, 304 Katholiken und 315 Konfessionslose befragt wurden, zeigen, dass hierzulande religiöse Bindung nicht zuerst mit Gottesdienstteilnahme assoziiert wird; vielmehr geht es darum, sich einer christlichen Wertegemeinschaft zugehörig zu fühlen, die von vielen nach wie vor von den Kirchen verkörpert wird. Immerhin jeder zweite freiwillig Engagierte in Deutschland ist nach den Angaben des Freiwilligensurvey der Kirche „stark" bzw. „mittel" verbunden (Freiwilligensurvey; Grosse 2006).

Aber auch als eigener Engagementbereich spielen „Kirche und Religion" eine wesentliche Rolle, nach „Sport" und „Bildung" ist „Kirche und Religion" der drittgrößte Bereich, in dem sich Menschen in Deutschland freiwillig engagieren. Und – wie in den meisten anderen Bereichen auch – hat das Engagement zwischen der 1. und 2. Untersuchung 1999 und 2004 leicht zugenommen: 6% der Bevölkerung sind ehrenamtlich in diesem Bereich tätig (1999: 5,5%). 7% der Protestanten, 10% der Katholiken und 0,5% der Konfessionslosen sind im Bereich „Kirche und Religion" engagiert und viele geben an, ihre Kraft aus ihrem Glauben zu schöpfen, gleich, ob sie in Diakonie und Caritas, in der kirchlichen Jugendarbeit, beim Roten Kreuz oder in der Feuerwehr engagiert sind. Das Engagement aus christlicher Überzeugung bleibt entscheidend wichtig für unsere Zivilgesellschaft.

Wer sich in der Kirche engagiert, unterscheidet sich denn auch in seinen oder ihren Motiven kaum vom Durchschnitt aller Engagierten. Es geht darum, „die Gesellschaft zumindest im Kleinen mit zu gestalten" und „mit anderen Menschen zusammen zu kommen". Die kulturpessimistische These, das „alte Ehrenamt" mit seiner altruistischen Motivation sei durch das zeitlich begrenzte neue Ehrenamt mit starkem Selbstverwirklichungsinteresse abgelöst worden, trifft allerdings so einfach nicht zu. Nach der 4. Kirchenmitgliedschaftsuntersuchung der EKD aus dem Jahr 2006 nehmen altruistische Motive sogar eine Spitzenstellung ein. Dabei ist zu bedenken, dass Tätigkeiten im kirchlich-religiösen Bereich häufiger als in anderen Bereichen von über 65-Jährigen ausgeübt werden (22% der ehrenamtlich Engagierten in der Kirche sind über 65 Jahre, im Verhältnis zu 13% im Durchschnitt aller Bereiche.). Aufgrund der hohen Beteiligung Älterer liegt das Durchschnittsalter der Freiwilligen in der Kirche mit 49,4 Jahren vier Jahre höher als in den anderen Bereichen. Die Motivstruktur älterer Ehrenamtlicher unterscheidet sich aber deutlich von der der jüngeren. Während nur ein knappes Drittel der unter 45-Jährigen im kirchlich-religiösen Bereich ‚voll und ganz' der Aussage zustimmt: „Mein Engagement ist eine

Aufgabe, die gemacht werden muss, und für die sich schwer jemand findet", bejaht über die Hälfte der über 65-Jährigen dieses ‚Pflicht'-Motiv. Aber auch bei den Evangelischen in Ostdeutschland, die für die letzte Kirchenmitgliedschaftsuntersuchung befragt wurden, zeigt sich deutlicher als im Westen eine Solidarverpflichtung auf lokaler Ebene, z. B. in der Nachbarschaftshilfe. Dort halten drei von vier Befragten das Motiv „anderen Menschen helfen" für wichtig oder sehr wichtig.

In einer Untersuchung der Beteiligung nach Lebensstiltypen von Claudia Schulz wird deutlich, dass sich empirische Gemeinwohlorientierung und Selbstbezug nicht als Gegensätze darstellen müssen: So findet das Altruismusmotiv bei dem jugendkulturell-modernen Typ eine fast ebenso hohe Zustimmung wie das Motiv „Spaß haben". Umgekehrt stimmt der hochkulturell-traditionsorientierte Typ diesem Engagementgrund immerhin zu mehr als 40 % zu. Es hat also wenig Sinn, den Strukturwandel aus Gegensätzen heraus zu interpretieren. Freiwillig Engagierte in der Kirche verbinden vielmehr selbstbezogene und altruistische Motive, die beide Wertschätzung erfahren müssen. Es geht ihnen um ein Gleichgewicht von Geben und Nehmen, das auch ein nachhaltiges Engagement ermöglicht.

Wichtig ist, mit der Vielfalt der Motivationslagen und Engagementslogiken zu rechnen. Die Engagementbereitschaft der unterschiedlichen Lebensstiltypen verlangt eine hohe Passfähigkeit der Beteiligungsstrukturen. Während die einen klare Vorgaben und verlässliche Terminierungen erwarten, sehen andere ihr Engagement als persönlichen Zugang zur Kirche, als Selbstaneignung ihres Glaubens. Die utilitaristischen Werte des neuen Ehrenamts allerdings spielen im kirchlichen Ehrenamt keine oder nur eine sehr geringe Rolle. Dagegen sind die Motive deutlicher ausgeprägt, die auf Kommunikation und einen Sinnzusammenhang ausgerichtet sind. Beate Hofmann sieht darin einen Hinweis darauf, dass in der Kirche diejenigen Elemente des neuen Ehrenamts von Bedeutung sind, die im Zusammenhang mit einer christlich geprägten Werteorientierung stehen.

Soziale Strukturen und Potenziale

Ähnlich wie im sozialen Engagement oder in der Bildungsarbeit wird auch das Engagement in der Kirche deutlich (zu zwei Dritteln) von Frauen getragen. Männer sind nur im Bereich der ehrenamtlichen Leitungsfunktionen und Wahlämter stärker vertreten. Dass Frauen hier noch immer unterrepräsentiert sind, könnte auch ein Grund dafür sein, dass sie mit ihren Mitwirkungsmöglichkeiten deutlich unzufriedener sind. Insofern bleibt für die Kirche eine doppelte Aufgabe – nämlich attraktive neue Engagementbereiche für Männer zu schaffen und die Mitbestimmungsmöglichkeiten der Frauen zu verbessern.

Formal besser Gebildete sind wie in allen Engagementbereichen auch in den Kirchen deutlich überrepräsentiert – bei den Protestanten sind es sogar 57 %.

Und immerhin 52% der protestantischen Engagierten (gegenüber 44% im Durchschnitt) stuften ihre finanzielle Situation im Jahr 2004 als sehr gut oder gut ein, so die Sonderauswertung des Sozialwissenschaftlichen Instituts der EKD zu den Freiwilligensurveys. Dabei ist im bundesweiten Vergleich die hohe Spendenaktivität von kirchlich Engagierten besonders auffällig. So verweisen 85% der Protestanten gegenüber 71% aller Engagierten auf Spenden innerhalb der letzten 12 Monate. Zeit- und Geldspenden sind offensichtlich miteinander verbunden. Auch der Freiwilligensurvey von 2004 bestätigt für alle Altersgruppen einen positiven Zusammenhang von freiwilligem Engagement, Bildungsstatus, Haushaltseinkommen, Größe von Familie- und Freundeskreis und kirchlicher Verbundenheit. Spirituelle Kraftquellen und soziale Netze der Kirchen sind also eine wichtige Ressource, die gerade auch von älteren Menschen besonders geschätzt wird.

Immerhin 10,8 Jahre – und damit zwei Jahre länger als im Durchschnitt aller Engagementbereiche – sind Ehrenamtliche im Schnitt in der Kirche tätig, was möglicherweise auch mit der Altersstruktur zu tun hat. In einer Untersuchung der Evangelisch-lutherischen Kirche in Bayern waren 22,2% der Befragten immerhin 20 Jahre engagiert. Die für das moderne Ehrenamt charakteristische geringere zeitliche Bindung ist im kirchlichen Ehrenamt vor allem auf dem Land noch nicht nachhaltig zu erkennen; etwas andere Werte zeigen sich bei jüngeren Freiwilligen im städtischen Raum. Angesichts der zunehmenden Flexibilität der Wirtschaftswelt und den Mobilitätserwartungen an Arbeitnehmerinnen und Arbeitnehmer legt sich allerdings nahe, gerade auch in Leitungsfunktionen kürzere Amtsdauern und gestufte Engagementmöglichkeiten vorzusehen, um die Beteiligung jüngerer Engagierter zur verbessern.

Auch die Tatsache, dass das kirchliche Engagement derzeit in hohem Maße von festen Terminen – mit Aufgaben z.B. einmal in der Woche oder einmal im Monat – gekennzeichnet ist, muss in den Blick genommen werden. Diakonie und Caritas kennen nach der Einführung von Freiwilligenagenturen und Bürgerbüros inzwischen auch andere Beteiligungsformen. Gerade hier sind allerdings die Übergänge zwischen Ehrenamt, Honorartätigkeit und Ein-Euro-Job inzwischen fließend. Vor allem in Leitungsaufgaben wenden Freiwillige in Kirche und Diakonie besonders viel Zeit auf – nämlich zwischen neun und zwanzig Stunden. Neben dem Kompetenzgewinn, der oft genug mit den durchaus anspruchsvollen Aufgaben in Leitung, Bildung und Kultur erfahren wird, kommt es in Kirche, Diakonie und Caritas wie im gesamten sozialen Bereich gleichzeitig auch zu Überforderungssituationen angesichts hoch komplexer Aufgaben.

Chancen des Alters nutzen

Die überdurchschnittlich hohe Beteiligung älterer Freiwilliger in den Gemeinden und Diensten der Kirche wird gelegentlich kritisch gesehen – und das, obwohl die Beteiligung Jugendlicher keinesfalls geringer ist als in anderen Arbeitsfeldern. Schlechter sieht es nur mit der Beteiligung der mittleren Generation zwischen 31 und 45 aus; das Engagement in Schule und Bildung oder auch im Sportvereinen hat hier deutlich Vorrang. Dabei muss allerdings bedacht werden, dass diese Jahrgänge in der Kirche aufgrund der Austritte früherer Generationen im Vergleich zur Gesamtbevölkerung eher unterrepräsentiert sind. Tatsächlich stellt die hohe Beteiligung Älterer in der Kirche zugleich eine Chance dar. Angesichts des demografischen Wandels werden gerade die jungen Alten mehr und mehr umworben – in Kultur und Bildungsarbeit, aber auch in sozialen Diensten. Während Menschen in der so genannten „Rush-hour" des Lebens, in der Phase von Karriereorientierung und Familiengründung, unter erheblichem Zeitdruck stehen, können die älteren Bürgerinnen und Bürger ihre Erfahrung und ihre Freiheit einbringen, um den fragilen Zusammenhalt einer mobilen Gesellschaft zu stärken. Die Kirchen können viel dazu beitragen, die gesellschaftliche Reserviertheit gegenüber dem Alter aufzulösen, wenn sie das ehrenamtliche Engagement Älterer in den eigenen Gemeinden angemessen würdigt und nicht für selbstverständlich hält.

Dabei ist es entscheidend, die Pädagogisierung des Ehrenamts zu überwinden, wie wir sie vielleicht noch vom „Altennachmittag" früher Zeiten kennen. Nicht jeder Pfarrer oder jede Pfarrerin muss nun aber zum Freiwilligenmanager werden. Die Arbeit in Selbsthilfegruppen oder in der Tafelbewegung, in Sozialkaufhäusern oder Umweltprojekten zeigt, wie aus Betroffenen Engagierte werden können, die anderen auf ihrem Weg helfen. Pfarrerinnen und Pfarrer sollten ihre Professionalität nutzen, um Menschen in den Reflexions- und Veränderungsprozessen, in neuen Begegnungen und Erfahrungen seelsorglich zu begleiten. Gerade am Ende der Erwerbsphase tut sich die Chance auf, die ungelebten Seiten der eigenen Biographie zum Leuchten zu bringen und schlummernde Gaben neu zu entdecken. In der Auseinandersetzung mit dem gelebten Leben, auch mit seinen Schattenseiten, mit Verlusten, Scheitern und Endlichkeit, können neue Kräfte der Solidarität und Mitverantwortung wachsen. Produktivität gewinnt dann einen anderen Klang: es geht nicht länger nur um Wirtschaftlichkeit und Effektivität; es geht darum, wie wir unsere Erfahrungen einsetzen, damit wir selbst und andere Sinn und ein lohnendes Leben finden.

Ältere Menschen in Gemeinden und Diensten der Kirche können so zu Begleitern und Mentoren, zu Lesehelfern und Seniortrainern werden. Als Freiwillige in Sozial- und Diakoniestationen leisten sie Nachbarschaftshilfe, in Selbsthilfeorganisationen wie „Rent a Grent" arbeiten sie als Leihomas, in Mehrgenerationenhäusern geben sie den Kindern ein Stück Kontinuität in wechselnden Alltagsmustern. Mit all dem tragen sie entscheidend dazu bei, dass die Wohnquartiere wirklich lebendig und lebenswert bleiben und dass im wahrsten Sinne des Wortes „die Kirche im Dorf" bleibt". Wo Gemeinden diese Potenziale nutzen, können sie selbst zu Mehrgenerationenhäusern werden; zu Orten, an denen das Ehrenamt nicht nur in der eigenen Gruppe oder Alterskohorte verbleibt, sondern soziale Grenzen überschreitet.

Von der Betreuungskirche zur Beteiligungskirche

Viele Freiwillige – gerade die Jüngeren – suchen Alternativen zu den hocheffizienten Großorganisationen. Sie engagieren sich, um das Politische und Soziale in ihrem Nahraum mit und neu zu gestalten. Vielen scheinen große Organisationen ihnen nicht nah genug bei den Menschen zu sein und die Kreativität der Aktiven bürokratisch einzuhegen. Sie wollen sich aber durchaus professionell und effektiv einbringen. So sind zurzeit ca. 80.000 Bürgerinnen und Bürger in der Hospizbewegung tätig, und auch die Zahl der Engagierten in der Tafelbewegung wächst stetig. Diese neue Selbstbestimmung und Freiheit wird die Kirche in Zukunft berücksichtigen müssen – und sie hat in den Ortsgemeinden gute Voraussetzungen dafür, wenn sie akzeptiert, dass der Wunsch nach Mitarbeit nicht unbedingt bedeutet, dass Menschen sich voll mit der Institution identifizieren wollen. Angesichts anderer Freizeit- und Gestaltungsmöglichkeiten schauen viele genau hin, ob ihre Gaben und die Herausforderungen wirklich zusammen passen und ob ihre Persönlichkeit und biographische Prägung berücksichtigt werden.

Wer sich bislang in der Kirche engagiert, ist meistens von anderen angesprochen worden. Nur jede oder jeder Dritte wird von sich aus initiativ. Die Gewinnung von Freiwilligen ist nach wie vor eine Aufgabe der Leitungskräfte und hauptamtlichen Repräsentanten. Um in Zukunft auch die zu erreichen, die eher kirchendistanziert, aber auf der Suche sind, braucht es neue Wege wie Läden und Kirchencafés, aber auch eine Öffnung und Kooperation mit Freiwilligenagenturen, Seniorenbüros und Unternehmen. Bürgerschaftliches Engagement ist heute Institutionen- und einrichtungsübergreifend und auch die Kirchengemeinden sind darauf angewiesen, mit anderen Organisationen zu kooperieren, wenn es darum geht, sich für das Gemeinwohl einzusetzen und auch die zu erreichen, die oft übersehen werden und nur geringe Teilhabechancen haben: Demenzerkrankte und pflegende Angehörige, Hartz IV-Empfänger und junge Migranten. Ihnen Beteiligung zu ermöglichen und das Gemeinwesen zu stärken, bleibt auch 150 Jahre nach Wichern oder Kolping eine wesentliche Aufgabe der Kirche. Dazu gilt es, deren Kompetenzen wahrzunehmen, zeitlich befristetes Engagement zu würdigen, Vorurteile und Milieuverengung zu überwinden und auch in Krisen Chancen zu entdecken.

Die gegenwärtigen Veränderungsprozesse in Kirche und Gesellschaft sind eine Chance, das ehrenamtliche Engagement neu wahrzunehmen und zu würdigen. Wie zu Beginn beschrieben, muss die derzeit noch hohe Dichte von Hauptamtlichen genutzt werden, um eine neue Professionalität im Umgang mit Ehrenamtlichen zu gewinnen. Hauptamtliche sollten ihre Kräfte im Sinne einer Assistenz für die Gewinnung, Beratung, Information, Begleitung und Fortbildung für Freiwillige; aber auch zur Weiterentwicklung ehrenamtlicher Mitwirkungsstrukturen und zur Konfliktbewältigung einsetzen. In vielen Kirchenkreisen und Dekanaten finden inzwischen gemeinsame Fortbildungen von Haupt- und Ehrenamtlichen wie z.B. im Rahmen des Freiwilligenmanagements statt. Leitungsgremien in der Kirche müssen sich bewusst machen, dass die positiven wie die negativen Erfahrungen der Ehrenamtlichen in erheblichem Umfang an andere Gemeindemitglieder weitergegeben werden.

Es gilt aber auch, die Quellen zu entdecken und zu pflegen, aus denen viele Menschen bei ihrem Einsatz schöpfen: sei es das gemeinsame Singen in einem Chor, die Schönheit der alten Kirche am Ort, für deren Erhalt sie sich einsetzen, oder Sterbe- und Trauerrituale, die die Hospizbewegung neu entdeckt. Für zwei Drittel der Ehrenamtlichen in der Evangelisch-lutherischen Kirche in Bayern ist die geistliche Begleitung ihrer Arbeit wichtig. Unsere Sozialkultur ist durch Spiritualität geprägt. Die Kirchen stellen Gleichnisse, Bilder und Symbole wie die Werke der Barmherzigkeit bereit, die bis heute von einer großen Mehrheit intuitiv verstanden werden.

Die Kirchen tun gut daran, mit den starken Ressourcen, die sie freiwillig Engagierten bieten können, bewusst und nachhaltig umzugehen. Beim Umsteuern auf eine Kirche, die kleiner, ärmer an Geld und ärmer an Hauptamtlichen, aber reich in der Beteiligung Freiwilliger ist, braucht es deshalb im Prozess selbst gemeinsame Bildungsanstrengungen und ein Veränderungsengagement, das die Ehrenamtlichen einbezieht. Wo das gelingt, bestehen gute Chancen, dass sich auch in Zukunft Engagierte aus verschiedenen Milieus und Altersgruppen beteiligen und dass die Beteiligung weiter wächst.

Literatur

Bertelsmann-Stiftung 2007: Religionsmonitor 2008, Gütersloh
Baldas, Eugen/Bangert, Christopher (Hrsg.) 2008: Ehrenamt und freiwilliges Engagement in der Caritas, Allensbacher Repräsentativbefragung. Freiburg.
Brummer, Andreas/Freund, Annegret 2008: „Freiwilliges Engagement, Motive, Bereiche, klassische und neue Typen". In: Hermelink, Jan/Latzel, Thorsten (Hrsg.), „Kirche empirisch- Ein Werkbuch". Gütersloh.
Fischer, Ralf 2004: „Ehrenamtliche Arbeit, Zivilgesellschaft und Kirche, Bedeutung und Nutzen unbezahlten Engagements für Gesellschaft und Staat". Stuttgart.
Grosse, Heinrich W. 2006: „Freiwilliges Engagement in der Evangelischen Kirche hat Zukunft"- Ergebnisse einer neuen empirischen Studie, 2. Auflage. Hannover.
Hofmann, Beate 2006: Evaluation des Kirchengesetzes über den Dienst, die Begleitung und die Fortbildung von Ehrenamtlichen in der Evangelisch-Lutherischen Kirche in Bayern. EFH Nürnberg.
Schulz, Claudia 2006: „Wie Lebensstile die kirchliche Mitgliedschaft bestimmen". In Huber, Wolfgang/Friedrich, Johannes/Steinacker, Peter (Hrsg.) „Kirche in der Vielfalt der Lebensbezüge" (4. EKD-Erhebung über Kirchenmitgliedschaft). Gütersloh.
Sommer-Loeffen, Karen (Hrsg.) 2009: „Systematische Ehrenamtsarbeit, Eine Praxishilfe für Kirche und Diakonie". Düsseldorf.
Wichern, Johann Hinrich 1968: Über Armenpflege. Der Anteil der freiwilligen oder Privatwohltätigkeit an der christlichen Armenpflege, 1856. In Wichern, Johann Hinrich: Sämtliche Werke, Band III Teil 1, Die Kirche und ihr soziales Handeln. Berlin und Hamburg.

Martina Löw

Natur- und Umweltschutz

„Nein, du kannst die Welt nicht allein retten –
aber etwas mehr tun als gestern."
Leo Hickmann

Ein ganz normaler Samstag im Juni 2009 in Berlin. Viele Menschen gehen einkaufen wie in jeder anderen Stadt auch. In einem Laden in Berlin ist es anders als sonst. Mehrere hundert meist jüngere Menschen gehen in diesem ganz bestimmten Laden einkaufen, in dem sie sonst nicht einkaufen. Warum tun sie es trotzdem? Sie machen bei einer modernen Form des Umweltengagements mit – Carrotmob. Ein Carrotmob dreht das Prinzip des Boykotts um und belohnt Geschäfte, die bereit sind, Nachhaltigkeit zu unterstützen. Für diese Form des Engagements setzten sich Menschen in ihrer Freizeit ein. Sie bringen die Aktion in die Öffentlichkeit, überprüfen die Umsetzung in den Läden und helfen gegebenenfalls bei der Umsetzung. Und der neuste Trend ist damit noch längst nicht erreicht. „Weltverbesserungscommunities" wie Utopia, bewegung.taz oder greenaction sind die neuen Aktionsschmieden der Online-Generation, um nur einige zu nennen.

Der gleiche Samstag, nur viele Kilometer entfernt in einem kleinen Dorf in Niederbayern. Zehn Kinder kriechen durch die Büsche. Sie sammeln alles, was nichts mit Natur zu tun hat, in große Mülltüten. Wieder einige hundert Kilometer entfernt, vielleicht in einer niedersächsischen Kleinstadt, sitzen vier Herren mittleren Alters zusammen. Sie debattieren über ihre Möglichkeiten, auf den ablehnenden Bescheid zu ihrer Stellungnahme zu reagieren. Ihre Stellungnahme bezog sich auf eine geplante Umgehungsstraße durch ein Flora-Fauna-Habitat (FFH)-Gebiet. Nach einigem Hin und Her entscheiden sie sich, mit diesem aktuellen Fall von geplanter Naturzerstörung in die Presse zu gehen.

Engagement für Natur- und Umweltschutz hat heute viele Gesichter, on- wie offline. Und es kann unterschiedlich lang ausfallen. Im ersten Beispiel spielte sich das Engagement im Rahmen von Projektarbeit ab, das immer in eigenem Ermessen verlängert, erweitert oder beendet werden kann. Im zweiten Beispiel sind die Kinder vielleicht nur bei dieser einen Aktion dabei. Ein engagierter Mensch ist jedoch für die Betreuung der Kinder zuständig und hat damit ein kontinuierlicheres Engagement in der Umweltbildung. Im dritten Fall kann es unter Umständen zu Klagen kommen. Solche Klagen können sich über Jahre vielleicht sogar über mehrere rechtliche Instanzen ziehen. Für ein solches Engagement ist schon ein sehr langer Atem von Nöten.

Die moralischen Hürden als Umwelt- und Naturschützer/-in sind hoch. Kann ich mich für den Umwelt- und Naturschutz einsetzen und dennoch ein eigenes Auto fahren oder vielleicht in den Urlaub fliegen? Die zu erreichenden Ziele sind ebenso hoch. Wer kann schon von sich behaupten, geplante Kohle- und Atomkraftwerke in Deutschland verhindert zu haben und damit für kommende Generationen viele Tonnen CO2 einzusparen. Das und ähnliches sind die Ziele der Natur- und Umweltschützer/-innen in Deutschland. Selbst im Kleinen wird immer groß gedacht. Der Erhalt einer kleinen Streuobstwiese von einer kleinen Gruppe mit fünf Ehrenamtlichen bedeutet den Erhalt einer aussterbenden Art in Deutschland. Dieser Anspruch ist Fluch und Segen für das Engagement im Natur- und Umweltschutz. Denn diesem Anspruch kann man kaum gerecht werden.

Leo Hickmann, der oben zitierte englische Autor, versuchte sich ein Jahr lang in öko-korrektem Leben ebenso wie der New Yorker Colin Beavan. Beide schrieben jeweils ein Buch darüber. Beide haben das Scheitern zum Lebensinhalt gemacht. Denn „Gut leben statt viel haben" (BUND 2008: 31) lautet die Losung heute mehr denn je.

Eine kleine Historie

Die gesamte Geschichte des Engagements für Umwelt- und Naturschutz darzustellen, ist in diesem Rahmen nicht möglich. Dennoch soll hier ein kurzer Einblick in die traditionsreiche Geschichte des Ehrenamtes im Naturschutz vorangestellt werden. Von der unheimlichen Natur bis zur Natur als heimlicher Star bedurfte es einer ganzen Kulturepoche: der Aufklärung. Im 18. Jahrhundert empfanden die oberen Schichten es chic, Zeit mit Sport und Abenteuer in der Natur zu verbringen. Die ersten Wandervereine entstanden. Diese Vereine machten es sich zur Aufgabe, Wanderkarten zu erstellten sowie Wege, Aussichtstürme und Unterschlupfmöglichkeiten anzulegen. Mit diesem Tun wurde das wachsende Interesse der Oberschicht befriedigt, der Zugang zu den Schönheiten der Natur wurde ermöglicht. Mit Naturschutz hatte das alles noch nichts zu tun. Doch je mehr die Menschen mit der Natur in Berührung kamen, umso mehr waren sie von der Schönheit und Vielfältigkeit fasziniert.

Vor allem die einsetzende Industrialisierung und die damit verbundene Naturzerstörung führten dann zu einem kontinuierlich wachsenden natur- und landschaftsschützerischen Engagement. Damit waren die Gegenpole ausgemacht: Wachstum und Schutz. Bis heute ist dieses Dilemma der Motor für ein Engagement im Umwelt- und Naturschutz. Und bis heute lässt sich seit der Zeit der Industrialisierung konstatieren, dass der Ökonomie ein größerer Stellenwert als der Ökologie eingeräumt wird.

Im Jahr 1804 wurde auf kurfürstlicher Verfügung in Bamberg ein „Volksgarten" geschaffen und damit unfreiwillig Deutschlands ältestes Naturschutzobjekt[1]. 1836 kostete die Schaffung des ersten Naturschutzgebietes Deutschlands 10.000 Taler. Die preußische Regierung kaufte den Drachenfels, der als Steinbruch genutzt wurde, um ihn vor weiterer Zerstörung für den Kölner Dombau zu schützen (Erdmann 2006: 1). Ab diesem Zeitpunkt kann ebenso von einer Erfolgsgeschichte des Natur- und Umweltschutzes gesprochen werden, der ohne das vielfältige und umfangreiche Engagement vieler Menschen nicht zustande gekommen wäre.

Die ersten ehrenamtlichen Naturbeobachter/-innen kamen Ende des 19. Jahrhunderts aus den Heimatverbänden. Veränderungen in der Natur wurden beobachtet, gemeldet und bei amtlicher Nicht-Reaktion gegebenenfalls Ortsansässige mobilisiert.

Schnell entstand neben einer staatlichen Naturschutzverwaltung (1906, Gründung der Staatlichen Stelle für Naturdenkmalpflege in Preußen) die rein ehrenamtliche, unbezahlte Naturschutzarbeit: das Beauftragungswesen. Die Naturschutzbeauftragten waren in Orten, Kreisen, Bezirken, Ländern und Provinzen unabhängige Ansprechpartner vor Ort und maßgebliches Bindeglied zwischen staatlichem und ehrenamtlichem Naturschutz. Das Beauftragungswesen ist im Prinzip noch aktiv, wird aufgrund von fehlender Rechtsgrundlage, fehlender Bestellung von Beauftragten oder Nachwuchsmangel jedoch immer weniger ausgeführt. Die Arbeit der Naturschutzbeauftragten war aber mehr als „nur" das Bindeglied zwischen staatlichem und ehrenamtlichem Naturschutz. Diese Beauftragten haben am Sinn des Naturschutzes beharrlich festgehalten und so dazu beigetragen, dass Umwelt- und Naturschutz heute aus keiner Debatte in Deutschland wegzudenken ist.

„Die Professionalisierung des Naturschutzes, wie sie nach Ablösung des Reichsnaturschutzgesetzes durch den Ausbau der Naturschutzbehörden mit fachlich qualifiziertem Stammpersonal realisiert wurde, ist letztlich als vielleicht größter Erfolg der ehrenamtlichen Beauftragten selbst zu sehen. Mit bewundernswerter Beharrlichkeit und hoher Frustrationstoleranz war es ihnen – allen Widrigkeiten zum Trotz – letztlich gelungen, den Naturschutz aus der völligen Bedeutungslosigkeit herauszuholen." (Leh 2006: 22)

Umwelt- und Naturschutz sind demnach ein beständiges und vielfältiges Fach im Kanon des bürgerschaftlichen Engagements. Es wird nur nicht als „alt" wahrgenommen. Was nach Röscheisen (2005) vornehmlich an der fehlenden Datenlage liegt. Bis auf wenige Ausnahmen, gibt es keine umfangreichen empirischen Untersuchungen darüber, wer, wann, wie viel und wo im Natur- und Umweltschutz geleistet hat. Über die Gründe für dieses Fehlen lässt sich nur spekulieren.

---

1 http://www.waldwissen.net/themen/wald_gesellschaft/naturschutz/lwf_bamberger_hain_2007_DE

Fast kann man sagen, dass sich diese geschichtliche Form nicht viel von der heutigen Form des Engagements im Natur- und Umweltschutz unterscheidet. Vielfach wird immer noch vom Ehrenamt im Natur- und Umweltschutz gesprochen. Es wird mit Verantwortung verknüpft und persönlich hoher Einsatzbereitschaft.

Protest als Engagementform

30 Jahres hat es gedauert, bis die Staustufen in der Donau endgültig vom Tisch waren. Die Widerständler gegen das „Bombodrom" in der Kyritz-Ruppiner Heide mussten nicht ganz so lange warten – nur 17 Jahre. Soziale Bewegungen und politische Kampagnen prägten das Engagement im Umwelt- und Naturschutz, besonders stark ab Mitte der 1970er Jahre. Auch heute noch sind sie ein wichtiger Bestandteil der Arbeit für den Umwelt- und Naturschutz. Neben ganz praktischem Tun im Biotop wird der Umwelt- und Naturschutz in Deutschland von der Bevölkerung mit Protestaktionen und Demos verknüpft.

Umwelt- und Naturschutz und die neuen sozialen Bewegungen hängen unweigerlich zusammen. „Parallel zur Zerfallsphase der Studentenbewegung ab 1969 nahmen die sog. Neuen sozialen Bewegungen mit ihren Großthemen [...] Lebensqualität in den Städten, Ökologie und Atomkraft [...] einen Aufschwung. Sie prägten in den 1970er und 1980er Jahren nicht nur das Protestgeschehen mit einem Anteil von knapp Dreivierteln an allen „unkonventionellen" Protesten, sondern beeinflussten die gesamte politische Agenda und die politische Kultur der Bundesrepublik." (Rucht 2003: 98) Diese Entwicklung führte sogar zur Gründung einer neuen Partei, die inzwischen in der Mitte der Bevölkerung angekommen ist: Bündnis90/die Grünen.

In den 1970er Jahren begann der Bewusstseinswandel. 1970 gab es das erste europäische Naturschutzjahr. Bis dahin war das Thema Natur- und Umweltschutz medial eher marginal vertreten. Nun begann der Transport von Umweltproblemen in den Medien – die Situation von Fließgewässern (Schaumberge, Fischsterben, usw.), Luftreinheit und Waldsterben. Alles Ergebnis des deutschen Wirtschaftswunders mit massiven Eingriffen in die Natur bzw. die natürlichen Abläufe. Damals gab es noch den Ausspruch der sozialliberalen Regierung – „keine Gemeinde weiter als 20 km entfernt von einer Autobahn". Diese Regierungsarbeit führte zu umfangreiche Gründungen von Bürgerinitiativen, die Keimzellen für den Natur- und Umweltschutz. Und dann kam die erste massive Problematisierung eines Umweltthemas: die Atomkraft.

Mit den Protesten gegen den Bau eines Kernkraftwerkes in der Gemeinde Wyhl zeichnet sich der Beginn der Anti-Atomkraft-Bewegung in Deutschland ab. Die ehrenamtlich geführten Aktionen, Proteste und Demonstrationen wurden Massenphänomene und mit einer großen Beharrlichkeit durchgeführt. Unkonventionelle Aktionen nahmen hier ihren Anfang, wie zum Beispiel Bauplatzbesetzungen. Im konkreten Fall kam es nach einer Kundgebung am 23. Februar 1975 zu einer Besetzung des Bauplatzes, die über acht Monate andauern sollte. Der Bau des Kernkraftwerks Wyhl wurde durch die Aktionen und die nachfolgenden Gerichtsverhandlungen schließlich verhindert. Die Aktion wurde zum Vorbild für Proteste gegen weitere Atomanlagen; prominenteste Beispiele sind der Widerstand gegen den Bau des Kernkraftwerks Brokdorf ab 1976, den „Schnellen Brüter" in Kalkar 1977 und gegen den Bau der Wiederaufarbeitungsanlage Wackersdorf ab 1985. Zum Teil waren 100.000 Menschen bei Demos und Kundgebungen auf den Beinen. Natur- und Umweltschutz sowie Anti-AKW-Bewegung stellten auch in den Jahren 1993–2000 zusammen beinahe 25 % an den öffentlich registrierten Protesten (Rucht 2003: 98).

Bei den Protesten um die Versenkung der Ölplattform Brent Spar 1995 bildete sich eine neue Form des Engagements, die Konsumentenentscheidung oder die „Abstimmung mit den Füßen". Die Firma Shell, die eine Ölplattform nicht abtragen, sondern einfach in der Nordsee versenken wollte, musste schließlich von ihrem Vorhaben Abstand nehmen, da sich die ganze Sache für den Konzern zum wahren Marketing-Debakel auswuchs. Der Boykott von Shell-Tankstellen, verbreitet über die Umwelt- und Naturschutzverbände zeigte Wirkung. Massenweise blieben den Tankstellen die Käufer aus. Inzwischen sind Großkonzerne vorsichtig geworden bei allzu offensichtlichen „Öko-Schweinereien". Das Potenzial der Mobilisierungsfähigkeit von Konsumenten durch die Umweltverbände wird nicht mehr unterschätzt.

Ein weiterer Meilenstein für das Gesamtbild des Engagements im Umwelt- und Naturschutz war die Konferenz für Umwelt und Entwicklung 1992 in Rio de Janeiro. Von dem Protest gegen etwas zur Aktion für etwas – so könnte die Entwicklung nach der Konferenz in Rio bezeichnet werden. Es entstanden in kommunalen Zusammenhängen die Agenda 21-Gruppen. „Ich muss von den Zinsen des Kapitals leben, nicht vom Kapital selbst", der Weg war frei für eine generations-, sozial- und umweltverträgliche Entwicklung.

Verfahrensrecht und bürgerschaftliches Engagement ist und bleibt das wichtigste Standbein der Arbeit von Umwelt- und Naturschutzverbänden. Ohne Bürgerbeteiligung ist Umweltschutz nichts wert. Beteiligung von anerkannten Verbänden und Klagen sind ein starkes Argument in der öffentlichen Auseinandersetzung. Proteste sowie Beteiligungsmethoden und -verfahren bleiben aber unersetzlich. Durch neue rechtliche Rahmenbedingungen sind in Deutschland neue Herausforderungen im Umweltschutz entstanden. Die Fälle, in denen sich Bürger/-innen in diesem Land beteiligen können, sind in den letzten Jahren deutlich gewachsen. Die Beteiligungsverfahren wurden aber im gleichen Atemzug zeitlich verkürzt oder inhaltlich beschnitten.

Umwelt- und Naturschutzverbände, Agenda 21-Gruppen, Bürgerinitiativen – sie sind Multiplikatoren für die Bewusstseinsbildung in der Gesellschaft und für ein verändertes Konsumverhalten des Einzelnen. Darüber hinaus sind sie wichtige Multiplikatoren für die Umweltpolitik. Ambitionierte Umwelt- und Naturschutzpolitik ist heute ohne dieses gesellschaftliche Engagement gar nicht möglich.

Schlicht kann gesagt werden: Staatliche Maßnahmen sind oft entstanden durch die Naturschutzbewegung: die ökologische Steuerreform, die Nachhaltigkeitsdebatte, das Umweltministerium. Einfach ist das Engagement jedoch oft nicht. Es gehört auch Mut und Zivilcourage dazu, sich im Umwelt- und Naturschutz zu engagieren und klare Positionen zu vertreten. Man legt sich mit dem Nachbarn an oder sogar mit Verwandten, denn es wird konkret, wenn es um den Erhalt von Arbeitsplätzen versus den Erhalt der Natur geht.

Umwelt- und Naturschutz ist etabliert

Umwelt- und Naturschutzverbände haben grundsätzlich ein positives Image in der Bevölkerung. Zumindest wird ihnen eine deutlich höhere Umweltkompetenz zugesprochen und damit mehr Vertrauen verglichen mit anderen Einrichtungen, Organisationen oder Parteien (Kuckartz 2006). Mehr als alle anderen Engagementbereiche ist der Umwelt- und Naturschutz aber weiterhin stark auf das freiwillige Engagement der Bevölkerung angewiesen. Der Deutsche Naturschutzring (DNR) – der Dachverband der deutschen Umwelt- und Naturschutzverbände, hat insgesamt 5,5 Millionen Mitglieder. Diese Mitgliederzahlen konnten zwischen 1988 und 2001 in den großen Natur- und Umweltschutzverbänden sogar um 30 bis zu 250% gesteigert werden (Roose 2002: 32). Grob geschätzt stehen in den deutschen Natur- und Umweltschutzverbänden etwa 1.250 Hauptamtliche 250.000 Ehrenamtlichen gegenüber.

Jedes Kind wächst heute mit Mülltrennung auf, weiß, dass es Wasser sparen soll und Hühner in Massentieranlagen kein glückliches Leben haben. Ob das im späteren Leben allerdings zu entsprechenden Verhaltensweisen führt, steht auf einem anderen Blatt. Die Bevölkerung kommt mit dem Engagement im Umwelt- und Naturschutz unter zwei Sichtweisen in Berührung: einmal, indem das Engagement für sie von Vorteil ist oder sie zumindest nicht näher tangiert – oder wenn es sie in ihrem eigenen Engagement oder ihrer Lebensweise beeinträchtig. Das aktive Engagement bzw. Menschen, die sich aktiv für den Umwelt- und Naturschutz einsetzen, können daher auch kritisch oder sogar ablehnend betrachtet werden, wenn der „erzwungene" Umweltschutz vor der eigenen Haustür passiert. Ihnen haftet das Stigma des Spielverderbers und der Spaßbremse an. Engagement für Umwelt- und Naturschutz wird und kann es nicht nur in der „netten" Variante geben. Allerdings bedeutet das weiterhin ein hohes Frustpotenzial der

Engagierten in den unbequemen Bereichen. Evers (2006) stellt sogar die Wahrnehmung in Frage, dass „andere Dimensionen von Bürgergesellschaft und bürgerschaftlichem Engagement nur noch wenig Aufmerksamkeit erfahren oder gar aus dem Assoziationszusammenhang mit dem Wort Bürgergesellschaft ganz heraus zu fallen drohn."

Da passt es ins Bild, dass „viele Ehrenamtliche – und dieses gilt explizit für den Naturschutz – [...] die unzureichende Wertschätzung und Anerkennung ihrer Arbeit durch Politik und Verwaltung" (Schulte 2006: 79) beklagen. Ehrenamtlich für den Umwelt- und Naturschutz tätig zu sein, heißt heute auch immer noch, von Behörden beschimpft zu werden. Groteskerweise wissen diese Behörden aus Bund, Land und Gemeinden, dass sie „viele der ihnen verbindlich vorgeschriebenen Aufgaben ohne die Unterstützung und Zuarbeit der Naturschutz-Ehrenamtlichen gar nicht würden erfüllen können. Die Unterstützung des ehrenamtlichen Engagements durch die Naturschutzfachministerien und -behörden des Bundes und der Länder darf daher sicherlich nicht nur als ausbaufähig, sondern als deutlich verbesserungswürdig eingestuft werden" (Schulte 2006: 84). Jeder kennt das Beispiel vom Feldhamster[2], der als Jobbremse herhalten muss oder die Kreuzkröte[3], die den Papst vertrieb.

Die Diskussion um das „neue" Engagement, projektbezogen und kurzfristig, stellt den Umwelt- und Naturschutz vor besondere Herausforderungen. Wie in den oben genannten Beispielen zur Donau und Kyritz-Ruppiner Heide ist kurzfristig nicht der gewünschte Erfolg zu erzielen. Die Herausforderung für die bereits Engagierten, neue Mitstreiter zu motivieren, besteht also darin, das langfristige Ziel in viele kleine Teilabschnitte zu unterteilen, mit vielen einzelnen Mitmachmöglichkeiten. Nur arbeiten Umweltschützer noch kaum in dieser Art und Weise. Das große Ziel ist Antrieb und Aktionsradius, die Schritte darauf zu werden oft gar nicht als einzelne Ziele oder Aufgaben an sich betrachtet.

Potenziale für Engagement im Umwelt- und Naturschutz

Oft entsteht der Eindruck, „dass es sich bei den im Umwelt- und Naturschutz Engagierten um einen eher außergewöhnlichen Personenkreis handelt, der sich in verschiedenen umweltrelevanten Fragen und Einstellungen deutlich vom Bevölkerungsdurchschnitt abhebt" (Kuckartz 2006). Viele Studien belegen – nicht nur für den Umweltschutz –, dass interne Vereinsstrukturen Menschen daran hindern, tatsächlich aktiv zu werden. Mitglied-

---

2 Der nach EU-Recht und Bundesnaturschutzgesetz streng geschützte Feldhamster wurde in den Land- und Bundestagswahlkämpfen 2005 von Politikern immer wieder als Grund für den ausbleibenden Wirtschaftsaufschwung diffamiert und zum Symbol für die angeblich überzogenen Forderungen des Naturschutzes gestempelt.
3 Aufgrund der dort lebenden Kreuzkröte musste die Abschlussmesse des Papstes beim Weltjugendtag 2005 in Köln vom Flughafen Hangelar verlegt werden.

schaften werden demnach sogar eher vermieden, was nicht gleichbedeutend ist mit dem Rückgang des Spendenverhaltens. In jüngster Zeit steigen auch bei den Umwelt- und Naturschutzverbänden die Mitgliederzahlen nicht mehr so rasant wie in den 1980er und 90er Jahren. Dennoch bleibt das Spendenverhalten unbenommen. Mehr Menschen wollen fördern oder spenden anstatt Mitglied zu werden. Das ist unverbindlicher und trägt zum guten Gewissen bei. Ziel muss es demnach sein, diese Spender wieder mehr in den Verbandsablauf zu integrieren. Das bedeutet wiederum: hohe fachliche Ansprüche, geschlossene Gruppen, verkrustete interne Strukturen und Gremienstreitereien zeugen nicht von einem modernen, offenen, einladenden Verein.

Laut Freiwilligensurvey 2004 gibt es eine positive Entwicklung in der Einstellung der Bevölkerung zum allgemeinen bürgerschaftlichen Engagement. Verbände und Initiativen im Umwelt- und Naturschutz könnten diese Potenziale für sich nutzen. Nur wie? Der erste Schritt ist und bleibt die Information über die Möglichkeit eines Engagements. Was kann ich wo, mit wem zusammen machen. Viele potentiell Interessierte wissen gar nicht, welche Angebote und Möglichkeiten es gibt. Wenn auch nicht für alle Bereiche des Umwelt- und Naturschutzes zutreffend, so herrscht doch folgende Meinung vor: Es „sei in vielen Umwelt- und Naturschutzorganisationen die Einstellung verbreitet, dass freiwillig Engagierte gewissermaßen ‚von selber' kommen, bereits ausreichend Wissen mitbringen und sich auch ihre Aufgaben selbst suchen würden. Genau diese hohe Eintrittsschwelle schreckt viele prinzipiell Interessierte jedoch ab" (Kuckartz 2006: 195). Verständlich, dass diese hohen fachlichen Ansprüche und geschlossene Gruppen Schwierigkeiten bereiten. Diese Hemmnisse gibt es im Natur- und Umweltschutz wie in jedem anderen Engagementbereich auch. Oft werden dagegen gerade im Natur- und Umweltschutz projektorientierte bzw. kurzfristige Aktionen, z. B. Müllsammeln, Streuobst sammeln usw. angeboten; sie werden nur oft nicht als Engagement oder Einstieg in ein Engagement wahrgenommen.

Die größte Herausforderung bleibt das Verhältnis von bezahltem (Hauptamt) und unbezahltem Engagement. Es ist im Umweltbereich am deutlichsten auf dem Ehrenamt gewichtet (verglichen mit den anderen großen Engagementbereichen wie etwa Soziales, Sport, Kultur). Bei einer Untersuchung im Göttinger Raum ergab sich ein Verhältnis von einem Hauptamtlichen auf acht Ehrenamtliche im Umweltbereich. In keinem anderen Bereich ist das Verhältnis so weit auseinander. Zum Vergleich kommen in dieser Studie im sozialen Bereich zwei Hauptamtliche auf einen Ehrenamtlichen (Instruments & Effects 2004: 14).

Gerade für die überwiegend ehrenamtlich getragenen Vereine bedeutet dies, dass bezahlte Koordinationsstrukturen immer wichtiger werden zur Aufrechterhaltung der Angebote und Aktivitäten. Ehrenamtliche Arbeit kann daher den Ausfall bezahlter Arbeit nicht ausgleichen; mit dem dauerhaften

Verlust gesicherter Strukturen in Form von Erwerbsarbeit (v.a. durch Wegfall von ABM-Stellen) droht vielmehr auch das ehrenamtliche Engagement wegzubrechen (Instruments & Effects 2004: 14).

Bundesweit sieht das Verhältnis sogar noch weit schlechter aus als im Göttinger Raum. Bei 1.250 Hauptamtlichen auf 250.000 Ehrenamtlichen im Umwelt- und Naturschutz (ein Verhältnis von 1:200) ist der Ruf nach Professionalisierung des Freiwilligenmanagements fast schon grotesk. In großen Sozialverbänden mit hauptamtlicher Struktur bis hinunter zur Ortsebene scheint diese Maßnahme eine machbare Aufgabe. Für Umwelt- und Naturschutzverbände mit einer hauptamtlichen Struktur oft nur auf Landesebene ist dies eine kaum realisierbare Aufgabe. Warum? Engagement passiert auf lokaler Ebene. Von der Landesebene aus lässt sich lokales Engagement jedoch nur bedingt professionell begleiten und aufbauen. Nun kann die Antwort sein: Freiwilligenkoordination auf der lokalen Ebene kann auch von Ehrenamtlichen vor Ort durchgeführt werden. Nun stellt sich aber schnell die Frage, was diese Ehrenamtlichen vor Ort noch alles leisten sollen; am besten professionelle Freiwilligenkoordination, aber auch professionelle Presse- und Öffentlichkeitsarbeit, natürlich Umweltbildung, den klassischen Biotopschutz und nicht zu vergessen die Aufgaben eines anerkannten Umweltverbandes: fachliche Arbeit z.B. für Stellungnahmen zu Planfeststellungsverfahren und anderem. Niemand wird leugnen können, dass das alles ohne hauptamtliche Kräfte einfach nicht zu leisten ist. Die finanzielle Situation lässt eine Finanzierung bis in die lokalen Ebenen allerdings nicht zu. Dieses Dilemma zu durchbrechen, ist eine der künftigen Aufgaben im Umwelt- und Naturschutz.

Richtig bleibt, dass die fachlichen Ansprüche zumindest für die Eintrittsschwellen möglichst niedrig gehalten werden sollten. Ein besonderes Augenmerk sollte in den Umwelt- und Naturschutzverbänden daher auf die Fort- und Weiterbildung bzw. auf ein Qualifizierungssystem für Freiwillige gelegt werden.

Nicht zu vergessen ist die Schaffung „ehrenamtsfreundlicher Organisationsstrukturen, wie zum Beispiel die Formulierung von Leitlinien und klaren Zielsetzungen für die Arbeit der freiwillig Engagierten und die Optimierung der Kommunikationsflüsse" (Kuckartz 2006: 195).

Engagement für den Umwelt- und Naturschutz und Arbeit gegen Umweltzerstörung durch Menschen werden auch in der Zukunft notwendig sein. Bürgerschaftliches Engagement muss dabei ein wichtiger Faktor bleiben und in dem einen oder anderen Bereich sogar wieder ausgebaut werden. Engagierte können die Ideale im persönlichen Gespräch glaubwürdig vermitteln und den Kontakt zur Bevölkerung halten.

Engagement im Umweltbereich ist heute schon geprägt von der Online-Welt. Dies wird sich weiter ausbauen in Online-Kampagnen, Chats und Blogs zu Nachhaltigkeit. Es wird aber auch weiter den ganz praktischen

Naturschutz geben und geben müssen sowie die Bildung für nachhaltige Entwicklung. On- und Offline sind Partner, die sich sehr gut ergänzen können und dem Engagement für Umwelt- und Naturschutz in Deutschland und international zu noch mehr Erfolg verhelfen wird.

Literatur

Brot für die Welt/EED/BUND (Hrsg.) 2008: Zukunftsfähiges Deutschland in einer globalisierten Welt. Ein Anstoß zur gesellschaftlichen Debatte. Frankfurt/Main.

Erdmann, Karl-Heinz 2006: Naturschutz hat Geschichte. In: Bundesamt für Naturschutz (Hrsg.): Natur und Landschaft. Zeitschrift für Naturschutz und Landschaftspflege, Jg. 81 (1): 1.

Evers, Adalbert 2006: Bürgergesellschaft light? Eine Wortmeldung. In: Forschungsjournal Neue Soziale Bewegungen, Jg.19 (2): 103–108.

Instruments & Effects 2004: Bestandsaufnahme der Finanzierungsstrukturen und Beschäftigungssituation in Not-for-Profit Organisationen unter besonderer Berücksichtigung der Beschäftigungsförderung. Bestandsaufnahme der Finanzierungsstrukturen und Beschäftigungssituation von Organisationen aus den Bereichen Soziales, Kultur, Umwelt und Sport. Ergebniszusammenfassung I.

Kuckartz, Udo/Rheingans-Heintze, Anke 2006: Trends im Umweltbewusstsein. Umweltgerechtigkeit, Lebensqualität und persönliches Engagement. Wiesbaden.

Leh, Almut 2006: Die ehrenamtlichen Wurzeln des staatlichen Naturschutzes in Deutschland. In: Bundesamt für Naturschutz (Hrsg.): Freiwilligenarbeit im Naturschutz.

Roose, Jochen/Rucht, Dieter 2002: Unterstützung der Umweltbewegung. Rückblick und Perspektiven. In: Forschungsjournal Neue Soziale Bewegungen. Jg.15 (4): 29–39.

Röscheisen, Helmut 2005: Der Deutsche Naturschutzring. Geschichte, Interessensvielfalt, Organisationsstruktur und Perspektiven des Dachverbandes Natur- und Umweltschutzverbände, Inauguraldissertation. Bochum.

Rucht, Dieter 2003: Bürgerschaftliches Engagement in sozialen Bewegungen und politischen Kampagnen. In: Enquête-Kommission „Zukunft des Bürgerschaftlichen Engagements" Deutscher Bundestag (Hrsg.): Bürgerschaftliches Engagement in Parteien und Bewegungen. Opladen: 17–155.

Schulte, Ralf 2006: Freiwillige in Naturschutzverbänden. In: Bundesamt für Naturschutz (Hrsg.): Freiwilligenarbeit im Naturschutz. Münster.

Wolf R. Dombrowsky

Hilfs- und Rettungsdienste

Historische Ursprünge und Entwicklungen

Hilfs- und Rettungsdienste kommen bei akuten Erkrankungen, Unfällen und Katastrophen aufgrund spezifischer Gesetzgebungen der Bundesländer zum Einsatz. Für den Verteidigungsfall und den Zivilschutz liegt die Zuständigkeit beim Bund. Alle Formen stellen gegenseitige Beistandsleistungen innerhalb und zwischen Gemeinschaften gegenüber Notlagen dar, zu denen jeder Bürger herangezogen werden kann.[1] In den Hilfs- und Rettungsdiensten engagieren sich rund 1,8 Millionen Bürger freiwillig und ehrenamtlich. Ihre Tätigkeiten regeln Rettungsdienst-, Brandschutz-, Feuerwehr- und Katastrophenschutzgesetze (Glass 2005). Historisch gehen alle Dienste auf personale Treueverhältnisse[2] zurück, die sich als Dienstleistungspflichten erhalten haben. Als Hand- und Spanndienste, Fronarbeit und Wehrpflicht gehen sie auf antike Rechtsformen zurück (Akasoy 2007; Manthe 2003; Weber 1891: 141 ff.). Spezifische Gesetzgebungen zu Schutz und Hilfe, insbesondere zum Bau- und Hochwasserschutz (Weintritt 2009), finden sich bereits in Mesopotamien, Assyrien und Ägypten, während sich Brandschutz und Feuerwehrwesen überwiegend aus militärischen Formationen entwickelten (Hornung 1985).

Die Herausbildung spezifischer Hilfeformen gegenüber Notlagen wie Krankheit, Invalidität, Siechtum, Armut oder Alter folgte eigenständigen Kultur- und Entwicklungsmustern, auch wenn eine gemeinsame „Ursprungsbedingung" in der wachsenden Distanzierungsfähigkeit von „magisch-mythisch-religiösen" Weltverständnissen hin zu „logisch-wissenschaftlichen" Auffassungen (Russo 2005) gesehen werden kann. Am deutlichsten lässt sich dies am Umgang mit Krankheit und Tod nachvollziehen. Ausgeprägte, beruflich spezialisierte Methoden und Verfahren der Heilmittel, Heil-, Wund- und Zahnbehandlung, der Pflege und eines Veterinärwesens, gab es schon vor den umfänglichen Aufzeichnungen aus Mesopotamien, Ägypten und der ägäischen Welt (Pichot 1995) als heiliges und somit gehütetes Wissen, was sich weit länger in den „Bewirkungszuschreibun-

---

1 Dies gilt für den Verteidigungsfall (Art. 12a GG; Arbeitssicherstellungsgesetz) ebenso wie für Dienstverpflichtungen bei Großschadenslagen oder Katastrophen oder für die so genannten Pflichtfeuerwehren, vor allem aber für die generelle Pflicht jedes Bürgers zur Hilfeleistung.
2 Bis heute zählt die *persönliche* Treuepflicht des Beamten gegenüber seinem Dienstherrn zu den unverzichtbaren Grundsätzen des Berufsbeamtentums.

gen" und vermittelnden Verhaltensanweisungen bewahrte, als in den zunehmend zu *techne*[3] ausdifferenzierenden Anwendungen, vor allem der Chirurgie (Grmek 1999).

Vom Heiligen Wissen zur Institutionalisierung

Krankheit erschien, je „*theo*-logischer" desto inbrünstiger, als Unheil, Fluch, Verwünschung, Besessenheit, „Zeichen", häufiger noch als „Sanktion" für Verfehlungen.[4] Jede Bewirkung musste „richtig" beantwortet werden, um wieder unbeschadet leben zu können.[5] Ein im heutigen Sinne „medizinischer" Umgang mit Krankheit entwickelte sich eher über positionale Differenzierung als durch systematisches Forschen. Ein professionalisiertes Arztwesen entstand zuerst herrschaftsnah und löste sich allmählich aus der Engführung oder Personalunion mit magisch-religiösem Wissen und dessen Positionsinhabern.

Dabei sind drei Bewegungstendenzen zu unterscheiden: „Wissen" über Helfendes, Rettendes und Heilendes erwuchs „von Unten", als Erfahrungswissen. Aufgrund seiner Besonderheiten bewirkte es vermutlich von Anbeginn auch soziale Besonderungen, einschließlich realer wie ritueller Absonderungen samt positionaler Ausdifferenzierung (Medizinmann, Druide, „Weise Frau", Schamane, Priester(in), Zauberer). Parallel zu allgemeinen Akkumulationsbewegungen wurden auch vereinzelte Wissensbestände akkumuliert, verschriftlicht und zu professionalisiertem Wissen verdichtet (Tempel- und „Leib"ärzte), um von dort aus wiederum nach „Unten" zu diffundieren und neuerlich erzähltes „Volkswissen" zu werden.

Am ehesten lassen sich derartige Transformationen am Bade-, Barbier- und Feldscherwesen und den Auseinandersetzungen dieser Zünfte mit der Kirche und der entstehenden akademisch-universitären Medizin nachvollziehen. Mit dem Zerfall des römischen Imperiums verfielen sowohl der ordnende Rahmen wie auch die von ihm organisierten und konzentrierten Wissensbestände, ohne jedoch völlig zu verschwinden.[6] Am stärksten betroffen

---

3 Rafael Capurro (1991) hat den Übergang von theo- zu techno-theo- und schließlich techno-logischer Handlungsethik bei den Griechen herausgearbeitet. Die Chirurgie (*cheir urgia* = mit der Hand machen) zählte deshalb auch zu den Handwerken und immer näher an techno-logia, denn theo-logia.
4 Die Festschrift für Jan Assmann (Rothöhler/Manisali 2008) versammelt Beispiele magischer, kultischer und ritueller (Be)Handlungen, die heute als Okkultismus, Schamanismus, Weisse und Schwarze Magie bezeichnet werden.
5 „Krankheit" als Oberbegriff gab es gar nicht. Vielmehr wurden „Symptome" als „Mitteilungen" interpretiert und, je nach gesehener Bedeutung an dafür geeignete „Zuständige" übergeben und sodann in festgelegten Prozeduren „bearbeitet" (Hartmann 1982).
6 Ihre Blüte erreichte die Medizin im Römischen Reich mit Aulus Cornelius Celsus Enzyklopädie „De Medicina" (um 30 n.Chr.) und Galenos von Pergamon (auch Galen, 129–204 n. Chr.), einem gebürtigen Griechen, der mit seinem Hauptwerk „Methodi Medendi" für mehr als ein Jahrtausend die Grundlagen der Heilkunst legte.

waren die „häuslichen Wissensbestände", während Mönchtum und Weltgeistliche zu Wissenden aufstiegen. Bis zum 12. Jahrhundert übten vor allem klerikale Medizinkundige ärztliche Tätigkeiten aus, doch hatten sich schon seit Galen zunehmend Wundbehandlung, Chirurgie und Innere Medizin auseinander entwickelt.[7] Für die Bevölkerung dieser Epoche lässt sich aus heutiger Sicht nicht von medizinischer Versorgung sprechen. Reale Kenntnisse und Quacksalberei ließen sich von der Laienschaft kaum unterscheiden, fachgerechte ärztliche Behandlungen kaum bezahlen. Die Gemeinschaften behalfen sich selbst; in jeder Siedlung gab es „Kundige" und „Grenzwissende",[8] aber eben auch die Bader (balneatoren) und Barbiere, die noch am ehesten über medizinisches Wissen zur akuten Wundversorgung und Behandlung von Brüchen und Verrenkungen verfügten, oft genug aber auch den schlechten Ruf ihrer Zünfte mehrten.[9]

Krankheit, Alter, Tod

Die Rolle der Hospitäler ist für die Entwicklung von Hilfs- und Rettungsdiensten von besonderer Bedeutung, als in ihnen ganz unterschiedliche Traditionen und Ausprägungsformen von Helfen und Behandeln zusammenflossen, indem sie Kranken-, Alten- und Sterbehospize, Armenpflege sowie bruder- und landsmannschaftliche Gesellungsstätten vereinten (Rehberg 2007). Darin eingewoben waren die weit älteren Traditionen der drei großen Ritterorden, der Templer, der Malteser und der Johanniter, die sich verpflichtet hatten, Arme zu beköstigen und Pilger aufzunehmen (Militzer 2005).[10] Die Gewichtungen verschoben sich im Laufe der Kreuzzüge und Kriege gegen die islamischen Truppen immer nachhaltiger in Richtung Verletzungs- und Wundbehandlung und Krankenpflege.[11] Obgleich die Orden ihre Aufgaben ausdrücklich christlich interpretierten und Spitäler als Häuser Gottes ansahen, ging der Qualitätsstandard zumeist weit über ver-

---

7 Die Erklärung „Ecclesia abhorret a sanguine" (die Kirche vergießt kein Blut) des Konzil von Tours (1162/63) untersagte den Ärzten aus dem Klerus die Ausübung der Chirurgie.
8 Kräuterfrauen, Hebammen, weise Frauen, Wahrsagerinnen und Hagezussen waren Bestandteil von Volkskultur und Volksglauben. Ihre Dämonisierung und Verwandlung zu Hexen beschreiben Terhart (2001) und Behringer (2002).
9 Bis heute meint „Schröpfen" den Aderlass aber auch finanziell ausnehmen. Die Begriffsherkunft von Quacksalber ist nicht eindeutig, sie könnte von Quecksilber stammen, das in vielen Salben und Mitteln zur Syphilis-Behandlung enthalten war oder aus den niederländischen Wörtern „kwakkeln" (anpreisen, schnattern) und „zalver" (Salbenverkäufer). Aderlässe kannte schon die antike Medizin als Mittel gegen „schlechtes Blut".
10 Die Aufnahme von Pilgern verrät den Ursprung aus Gastfreundschaft und Gasthaus. Noch vor der Eroberung Jerusalems 1099 durch die Kreuzfahrer gründeten Kaufleute aus Amalfi das erste Spital, das dann die Johanniter übernahmen.
11 Verbürgt ist, dass mindestens vier ausgebildete Ärzte und vier Chirurgen angestellt waren und es spezielle Räumlichkeiten für Gebärende und Kinder gab (Geldsetzer 2003).

gleichbare Einrichtungen hinaus. Auch wenn die Orden die Neuerungen in der Medizin nicht vermittelten, gelten sie doch als Drehscheibe des Austauschs zwischen antiken, arabischen und europäischen Einflüssen (Toll 1998). Weder das moderne Krankenhaus noch die ambulante medizinische Versorgung, aus der letztlich die präklinische Notfallmedizin hervorging, wären ohne diese Amalgame denkbar gewesen (Lawrence et al. 1995).

Einen besonderen Einfluss auf die Entwicklung von Hilfs- und Rettungsdiensten hatten die Vorstellungen über den Tod und der darauf fußende Umgang mit Sterben und Toten (Assmann et al. 2004; Ziegler 1975). Aus religiösen wie rechtlichen Gründen schien die Idee einer Wiederbelebung nach dem Niedergang Roms bis etwa zum 17. Jahrhundert unmöglich (Ahnefeld 2003; Lentz/Luxem 2005), obgleich Ägyptern wie Griechen einschlägige Verfahren bekannt waren. Die Atemspende, von Mund-zu-Mund oder mittels eines Blasebalges, kam erst zögerlich und unter großen Vorbehalten in Gebrauch.[12] Gerade beim Umgang mit Sterben oder Verstorbenen mischten sich Aberglaube („Wiedergänger"), Religion und rechtliche Bestimmungen,[13] die erst durch zunehmende Unfälle und damit verbundene Wiederbelebungserfolge überwunden werden konnten.[14]

Den Durchbruch zu einer Notfallmedizin im heutigen Sinne bewirkte die öffentliche Kritik an den Folgen des Brandes im Wiener Ringtheater 1881. Die unmittelbar nachfolgende Gründung der „Wiener Freiwilligen Rettungsgesellschaft" inspirierte auch Deutschland und England. Rettungskongresse wurden abgehalten und Rettungsdienste und -gesellschaften gegründet. Ähnlich den Feuerwehren stellten sie mobile Einheiten mit speziellem Gerät auf, um immer effektiver dem neuzeitlichen „Prinzip des Rettungswesens" folgen zu können: So schnell wie möglich Hilfe zum Patienten zu bringen, statt den Patienten ins Krankenhaus. Folgerichtig zur technischen Entwicklung ergaben sich daraus der Rettungswagen und schließlich die Rettung per Schiff, Flugzeug und Hubschrauber.[15]

---

12 Ahnefeld (2003:21) verweist auf die Untersuchungen der Royal Human Society, die 1774 die Atemspende für unbedenklich erklärte.
13 Große Bedeutung hatte die amtliche Feststellung des Todes. Bis zum Eintreffen einer Amtsperson durfte nichts angerührt oder verändert werden. Dabei spielte auch die Frage nach einem möglichen Suizid, der als Todsünde galt, eine bedeutsame Rolle. In der Antike dagegen war der selbst zugefügte Tod Bestandteil des Ehrhaften. Anton van Hooff (2005) wies anhand antiker Quellen nach, dass das Nichtertragen eines körperlichen Leidens („impatientia dolores") akzeptabler Grund zum Suizid war.
14 Ludwig XV. erließ 1740 ein Avis, das unterlassene Hilfeleistung unter Strafe stellt; Franz II. erließ 1799 eine Verordnung zur Lebensrettung. Als erster Notarzt gilt Adalbert Vinzenz Zarda, der 1792 an der Universität Prag Vorlesungen über „Rettungsmittel in plötzlicher Lebensgefahr" hielt.
15 Dabei handelte es sich um die Nutzung neuer technischer Möglichkeiten. Von der Sache her finden sich „Ambulanzen" bereits in der Antike, als umgebaute Streitwagen. Napoléon machte daraus „fliegende Ambulanzen", mit denen während der Schlacht Verwundete geborgen wurden (Lentz/Luxem 2006, Kap. 28.1)

Nationalstaat, Soziale Frage und Militär

Angesichts der Gründungswelle von Rettungsdiensten und -gesellschaften könnte vermutet werden, dass die heutigen Träger des Zivil- und Katastrophenschutzes vor allem daraus hervorgegangen seien. Tatsächlich aber wird vor allem am Wandel der Polizeiaufgaben (Haupt 1986) deutlich, dass die „Herstellung und Erhaltung guter Ordnung" ursprünglich Gefahrenabwehr und Wohlfahrtspflege integrierte. Die alte „Verwaltungspolizey" umfasste Bau-, Feld-, Forst-, Armen-, Gewerbe- und Gesundheitspolizei (Tenfelde 1986: 256); Kontrolle und Intervention waren nicht getrennt. Die Entstehung einer staatlich regulierten Armenfürsorge (Sachße/Tennstedt 1980) zeigt, dass die zentral-europäischen Staaten zwar versuchten, Gehorsam und Unterordnung durchzusetzen, zugleich aber auch die Probleme der „sozialen Frage" möglichst flexibel lösen zu wollen.[16] So vereinte das weit über seine regionalen Grenzen strahlende „Elberfelder System" der Armenpflege[17] die Möglichkeiten der preußischen Kommunalreform, des ehrenamtlichen Engagements der Honoratiorenschicht („Ehrenbeamte"), urchristlich-kirchliche Traditionen und zeitgenössische Ideologeme ganz unterschiedlicher Herkünfte, von proletarischer bis genossenschaftlicher Solidarität, über Vaterlandsliebe und Bürgersinn bis zu sozialrevolutionären Utopien (Reulecke 1986).[18]

Vor allem Formen des „Ehrenamtes"[19] schienen besonders geeignet, den zunehmend politisch polarisierenden Problemen von Industrialisierung und Urbanisierung begegnen zu können.[20] Sowohl im Begriff „Amt", als auch in „Dienst" kommt zum Ausdruck, dass sich innerhalb der Umwälzungen von „Arbeit" Sonderformen herausbildeten, die bis heute Gegenstand wissenschaftlicher Kontroverse (Cunningham 2008) und wirtschaftlicher Differenzierung geblieben sind: Während die dem Zivil- und Katastrophenschutz zugezählten Dienste in Deutschland und Österreich flächendeckend freiwil-

---

16 Schon 1844 befasste sich Friedrich Engels mit der Lage der Arbeiterklasse in England; Henry Mayhew (1861) kam zu ganz ähnlichen Ergebnissen für London.
17 Vor allem England nahm daran Maß (Mommsen 1982), aber auch Frankreich und Österreich (Kocka 1986). Zum Elberfelder System siehe Lammers (1870) und Berger (1979).
18 Bedeutsam war der Einfluss von Robert Owen (1989) und Charles Fourier (1980) sowie Theodor Hertzka (1890) für die Genossenschaftsidee.
19 Das Ehrenamt dürfte ursprünglich kultische, dann soziale Institution gewesen sein. Nur ehren- und tugendhafte Personen durften bestimmte Aufgaben oder Dienste (amt, althdt. „ambahti" = Dienst im Auftrag) ausführen (Ehrenjungfrau, Schöffe). Schon in der Antike war ein ehrhafter Lebenswandel Voraussetzung zur Übernahme öffentlicher Ämter. Dies schwingt bis heute im Ehrenbeamten mit (Beher/Liebig/Rauschenbach 2000).
20 Generell werden diese Probleme dem Terminus „Soziale Frage" subsummiert (Pankoke 1970; Tönnies 1926).

lig und ehrenamtlich geblieben sind,[21] haben sich die Rettungsdienste international zu eigenständigen Berufsbildern[22] und Leistungsanbietern auf ganz unterschiedlichen Märkten fortentwickelt (Schmiedel/Betzler 1999; Pohl-Meuthen et al. 2000).[23]

Entstehung und Ausdifferenzierung der modernen Hilfs- und Rettungsdienste folgte somit ganz verschiedenen, historisch eigenständigen Strängen, von der Antike über das christliche Kloster- und Hospizwesen bis zu Humanismus und Aufklärung. Doch erst die enormen Umwälzungen im Gefolge von Industrialisierung und Urbanisierung bewirkten jene neuzeitlichen Differenzierungen, die Formen der Selbsthilfe „von Unten" und der organisierten Hilfen „von Oben" hervorbrachten, die die Hilfs- und Rettungsdienste bis heute prägen.

Die historischen Hilfs- und Rettungsdienste

Unmittelbar der „Arbeiterfrage" entwuchs der Arbeiter Samariter Bund (ASB). Um sich bei Arbeitsunfällen selbst helfen zu können formierte sich der ASB 1908 als Zusammenschluss örtlicher Bünde zu einer Selbsthilfeorganisation der Arbeiterschaft.[24] Im geistigen Mittelpunkt stand jedoch nicht die medizinische Hilfe, sondern der Kampf um bessere und sichere Arbeits- und Lebensbedingungen (Labisch 1979). Nach dem 1. Weltkrieg setzte der ASB sein Bemühen um Arbeitssicherheit und Unfallschutz fort. Er deckte Missstände und Versäumnisse auf, untersuchte Unfallursachen und kümmerte sich um die gesundheitlichen und hygienischen Belange der Arbeiter-

---

21 So rechnet Teichert (1993:193) die „Katastrophenhilfsdienste" der „Selbsthilfeökonomie" zu, in der alle „informellen, vorwiegend unbezahlten Aktivitäten außerhalb des Haushalts stattfinden.

22 Durch das „Gesetz über den Beruf der Rettungsassistentin und des Rettungsassistenten" (RettAssG) vom 10. Juli 1989 und der dazugehörenden Ausbildungs- und Prüfungsverordnung (RettAssAPrV) vom 7. November 1989 gibt es in der Bundesrepublik Deutschland erstmals einen gesetzlich geregelten Ausbildungsberuf für den Rettungsdienst. Dem RettAss untergeordnet sind der Rettungssanitäter und der Rettungshelfer. Entsprechungen für Helferfunktionen in den Fachdiensten des Zivil- und Katastrophenschutzes gibt es nicht.

23 Die EU dringt bei den Leistungserbringungen im gesamten Angebotsbereich von Rettungsdienst bis Krankentransport auf Marktöffnung samt Ausschreibung. Als Gegenstrategie werden Formen der „Rekommunalisierung" diskutiert, also der neuerlichen Verstaatlichung entsprechender Dienste, um die möglichen Diskontinuitäten der Versorgung wie der Beschäftigung zu umgehen. In Schweden bildeten sich Kommunen übergreifende „Regionalrettungsdienste", in Schleswig-Holstein eine mehrere Landkreise einschließende „Rettungsdienst Kooperation" (RKiSH) für Rettung und Krankentransport

24 Nach einem schweren Unfall laden Berliner Zimmerleute im November 1888 zu einem „Lehrkursus über Erste Hilfe bei Unglücksfällen" ein. Daraus entstehen „Wanderversammlungen" unter ärztlicher Leitung, aus denen der „Samariterkursus für Arbeiter und Arbeiterinnen" und 1896 die „Arbeiter-Samariter-Kolonne"entsteht (Müller 1988).

schaft und ihrer Familien. Konflikte mit den Berufsgenossenschaften und der Sozialversicherung blieben nicht aus, ebenso wenig mit anderen Organisationen und Institutionen, vor allem, als der ASB auch in der Wohlfahrtspflege aktiv wurde und Kindererholungsheime gründete, Schülerspeisungen durchführte und sich in die Bekämpfung von Tuberkulose und Geschlechtskrankheiten einmischte (vgl Hähner-Rombach 2005; Saretzki 2000). Nach massiven Behinderungen während Kaiserzeit und Weimarer Republik wurde der ASB 1933 verboten, sein Vermögen beschlagnahmt und seine Hilfs- und Rettungseinrichtungen wurden an andere Organisationen verteilt. Nach dem 2. Weltkrieg formierte sich der ASB neu, blieb in der DDR jedoch verboten.

Das Deutsche Rote Kreuz erwuchs anderen Traditionen und anderen Zusammenhängen. Ein auf Henry Dunant fokussierter Gründungsmythos unterschlägt die ideen- und handlungsgeschichtliche Breite des historischen Zusammenhangs. Nicht erst Solferino (1859) oder der Krieg Preußens gegen Österreich (1866) hatten zur Gründung von „Hilfsvereinen zur Pflege im Felde verwundeter und erkrankter Krieger" (Grundhewer 1987) und „Vaterländischen Frauenvereinen" (Schulte 1998) geführt, aus denen dann vielerorts Rot-Kreuz-Vereine wurden. Schon vor den Napoleonischen Kriegen, dann massiv während des Krimkriegs und des amerikanischen Bürgerkriegs, gab es privat initiierte Versuche,[25] den wachsenden Blutzoll der Schlachtfelder durch „thätige Barmherzigkeit im Felde" (Riesenberger 1992) zu mildern. Dunant wuchs im calvinistisch-christlichen Milieu Genfs auf und fühlte sich eher der Armenfürsorge und Resozialisation Straffälliger verpflichtet. Dass sich sein Verständnis von Hilfsvereinen durchsetzte, hat vor allem mit der Kompatibilität zu politischen und militärischen Motiven zu tun und weniger mit einer originären „Rotkreuzidee", die es anfangs so wenig gab wie das Symbol. Von Anbeginn erfolgten die Rotkreuz-Gründungen im Wechselspiel patriotischer Motivationen und militärischer Interessen.[26]

Der Versuch, die vielfältigen Hilfs- und Rettungsdienste, Samaritervereine, Feuer- und Wasserwehren, Turn-, Frauen- und Kriegervereine, Spitäler und Ambulanzen 1893 zu einem „organischen kraftvollen Körper" zusammenschließen,[27] scheiterte jedoch und führte eher zu Abgrenzungs- und Mono-

---

25 Die berühmtesten waren Florence Nightingale (1820–1910) und Clarissa Harlowe Barton (1821–1912), die beide nicht nur höchst fortschrittliche Sanitätswesen in Kriegen aufbauten, sondern auch Versehrten- und Waisenpflege und, wie Barton im Deutsch-Französischen Krieg 1870/71, Versöhnungswerke.
26 Der Vereinstag der deutschen Rotkreuz-Hilfsvereine 1871 in Nürnberg plädierte für den Namen „Rotes Kreuz", der sich ab 1873 durchsetzte. Die 1878 verabschiedete Kriegssanitätsordnung zeigt die Ausrichtung auf die militärischen Erfordernisse. 1898 erhielten das Rote Kreuz und die Ritterorden das exklusive Recht der Unterstützung des Kriegssanitätsdienstes und zur Ausbildung und Organisation der Kriegskrankenpflege.
27 So der „Samariterkongress", den der Deutsche Samariterbund dazu organisierte. Der Bund vereinte als Dachorganisation die Samariterbünde des ASB sowie die von

polisierungstendenzen, die auch die Beziehungen zu den Ritterorden erfassten, nicht zuletzt, weil die meisten Aufgabenträger von den gleichen staatlichen Zuwendungen abhingen. Dies gilt ebenso für die Aufgaben der Wohlfahrtspflege, die zwischen den beiden Weltkriegen zunehmend Bedeutung gewannen und ein weiteres Konkurrenzfeld eröffneten. Neben den konfessionellen Wohlfahrtverbänden entstanden der „Hauptausschuß für Arbeiterwohlfahrt" (1919) als Teil der sozialdemokratischen Arbeiterbewegung, die Vereinigung der freien, gemeinnützigen Kranken- und Pflegeanstalten (1920) und das DRK als Wohlfahrtsverband (1921).[28] Alle Verbände wurden zunehmend in das System staatlicher Sozialpolitik „inkorporiert" und finanziell abhängig (Heinze/Olk 1981).

Zu den sozialen Verwerfungen der Zwischenkriegszeit traten die politischen hinzu (Schulz 1987). Revolutionen, Staatsstreiche, Freikorps, Straßenkämpfe und Arbeitsniederlegungen bestimmten den Alltag.[29] Die Technische Nothilfe (TENO), die aus dem Berliner Freikorps der Garde-Kavallerie-Schützen-Division, den ihr unterstehenden Technischen Abteilungen und „Zeitfreiwilligen" hervorging (Lindhardt 2006), sollte Ausfälle personell und technisch überbrücken helfen. Im Dritten Reich war die TENO in den Luftschutz eingegliedert (Hampe 1963), in den 1950er Jahren entstand sie als Technisches Hilfswerk neu.

Schutz vor Elementargewalten

Eine durchaus eigenständige Entwicklung nahmen die Hilfs- und Rettungsdienste am und im Wasser. Durch die mittelalterlich geprägte Angst vor dem Wasser[30] wurde Schwimmen-Können zur Ausnahme, nahmen Todesfälle durch Ertrinken stark zu.[31] Erst die Aufklärung wandelte die Sicht auf

---

Friedrich von Esmarch gegründeten „Deutschen Samaritervereine" (Goldmann 2000), deren Vorbild die 1877 in England vom Johannitcrorden initiierte „St. John's Ambulance Association" war.

28 Aus der Vereinigung der Kranke- und Pflegeanstalten wurde 1930 der „Deutsche Paritätische Wohlfahrtsverband". Die Doppelrolle des DRK als nationale Hilfsorganisation und als Wohlfahrtsverband beleuchtet Boeßenecker (2005).

29 Margit Szöllösi-Janze (1998: 414 ff.) beschreibt diesen Alltag, auch, wie die TENO nach Spartakusaufstand und Streiks versorgungswichtige Betriebe, Transport, Verkehr und Versorgung aufrechterhält. Zu den Gründern der Nothilfe gehörten neben Otto Lummitzsch auch Wissenschaftler wie Fritz Haber.

30 Verschiedene Strömungen kamen zusammen: Barbarossas Ertrinken 1190 erschütterte das Reich, die „Wasserprobe" war als Methode der Rechtsfindung eher berüchtigt und das Ertränken war als Strafe und Geburtenregelung für Mensch und Tier gebräuchlich.

31 Das erste Lehrbuch zum Schwimmen mit Hinweisen zur Rettung Ertrinkender schrieb Nicolaus Wijnmann 1538; der bayerische Pfarrer Sebastian Albinus gab 1675 Ratschläge zur Wiederbelebung heraus.

die Natur und ihre Elemente.³² 1767 entstand in Amsterdam die erste Rettungsgesellschaft, ein Jahr später in Hamburg die „Gesellschaft zur Rettung Ertrunkener". Allerdings dauerte es noch lange, bis 1865 die „Deutsche Gesellschaft zur Rettung Schiffbrüchiger" und 1913 in Leipzig die „Deutsche Lebensrettungs-Gesellschaft (DLRG) entstanden. Bereits vorher existierten allerdings zahlreiche „Wasserwehren" und „Wasserwachten", die von anderen Initiativen ins Leben gerufen worden waren, auch von Feuerwehren, Rotkreuz- und Kriegervereinen. Deutlich sind auch die Überschneidungen mit Hilfs- und Rettungsdiensten zum Hochwasser- und Überschwemmungsschutz. Strand- und Deichvögte, Deichwächter und Sturmgucker sind an allen Küsten bekannte Formen der Vorsorge, ähnlich der Feuerwache. Überall wo die Lebensgrundlagen durch periodische (Schneeschmelze, Frühjahrs- und Herbststürme) oder ständige Gefahren (Herd- und Werkstattfeuer) bedroht waren, entstanden Wach-, Alarm- und Einsatzformen.³³

Dies gilt ganz besonders für die Gefahr von Bränden. Der Zusammenhang kultureller Entwicklung und Feuergebrauch ist so eng, dass „Feuerschutz" neben der Wundbehandlung als das älteste Bemühen um Hilfs- und Rettungsdienstformen angesehen werden kann. Letztlich entging kaum eine größere Siedlung einer Feuersbrunst (Allemeyer 2007).³⁴ Rechtliche, organisatorische und technische Maßnahmen finden sich seit der Antike, insbesondere in allen Verdichtungsräumen. Aus Gründen der Disziplin und notwendiger Fertigkeiten griffen alle Gemeinwesen vor allem auf Soldaten und Handwerker zurück und bildeten daraus polizeiähnliche Verbände. Für Deutschland ist „Feuerwehr" (in Anlehnung an „Bürgerwehr") seit 1847 verbürgt (vorher firmierten sie zumeist unter „Brandgilden"), von da an entstand ein neuer Typus militärähnlich gedrillter, durchtrainierter und technisch modern ausgerüsteter Feuerwehr-Männer, die oftmals auch Turner waren.³⁵ Seinen Gründungs-Boom erlebte das freiwillige Feuerwehrwesen um die Jahrhundertwende, die erste Berufsfeuerwehr entstand 1851 in

---

32 Meer und Gebirge wurden zur Erbauung und Erholung „entdeckt" (Zelle 1987), es entstanden erste See- und Moorbäder (Heiligendamm bei Doberan 1793), sowie Schwimm- und Freiluftvereine. 1886 entstand der Deutsche Schwimmverband und in ihm die erste Abteilung „Lebensrettungsgesellschaft DSV".

33 Natürlich entstanden auch Missbrauchsformen, von Strandräuberei bis Trittbrettfahrerei und darauf bezogene Legislativ- und Exekutivmaßnahmen (Jütsche Low 1242 bis Strandungsordnung 1874).

34 Dies gilt vor allem für städtische Ballungszentren wie Rom (64 n.Chr.), London (1212, 1666), Basel (1417), Hamburg (1842) und natürlich die kriegsbedingten Feuerstürme (Friedrich 2002; Brunswig 1981).

35 Die so genannten „Turnerfeuerwehren" entstanden 1843 in Hanau als Reaktion auf das Versagen der städtischen Pflichtwehren beim Hamburger Stadtbrand 1842. Oftmals wird dabei unterschlagen, dass vor allem die preußischen Turnvereine in den Napoleonischen Befreiungskämpfen eine wichtige politische Rolle gespielt hatten. In den süddeutschen Staaten wurde während des Vormärz die Idee der Volksbewaffnung von den Turnern wieder aufgegriffen, was sie bei den Landesfürsten in Verruf brachte. Das Engagement in und über Feuerwehr war daher auch eine politische Positionierung demokratischer Ideen gegen die Fürstenherrschaft.

Berlin. Heute verstehen sich die freiwilligen Feuerwehren als „größte Bürgerinitiative" mit rund 1,2 Millionen Mitgliedern.

Schutz und Hilfe heute

Im Zuge der Wiederbewaffnung beider deutscher Staaten wurden auch Zivil- und Katastrophenschutz wiedererrichtet.[36] Seitdem aber haben sich die Handlungsbedingungen für alle Hilfs- und Rettungsdienste maßgeblich gewandelt, – sowohl was die Bedrohungslage und Risikopotenziale anbelangt, als auch die Rahmenbedingungen des Handelns selbst, von der europäischen Harmonisierung bis hin zu veränderten globalen Strukturen. Ereignisse wie SARS, „Vogel"- oder „Schweine"-Grippe zeigen das pandemische Potenzial des Weltverkehrs, Strom- und Kommunikationsausfälle in ganz Europa das Abhängigkeitspotenzial so genannter „kritischer Infrastrukturen". Die Hilfs- und Rettungssysteme, die sich aus dem Bereich „klassischer", dem 18. und 19. Jahrhundert entstammender thermischer und mechanischer Schäden entwickelt und fortlaufend ausdifferenziert haben, sind weder zur Steuerung solcher Infrastrukturen geeignet noch zur Überbrückung ihres Ausfalls. Längst sind neben den bestehenden Hilfs- und Rettungsdiensten neue, integrierte „Sicherheitsdienstleister" entstanden, die Informations- und Kommunikationstechnik, Datenverarbeitung, Netzwerk-Management, Prozess-, Finanz- und Hardwaremanagement, Eigentums- und Kapitalschutz, Versicherungs- und Objektschutz, Personen- und Datenschutz vereinen.[37] Wie weit die Umwälzungen inzwischen allerdings auch gehen, verdeutlichen Hilfs- und Rettungsunternehmen, die „Schutz" mit Mitteln organisieren und durchsetzen, die dem demokratischen Rechtsstaat verwehrt sind und durchaus die Gefahr bergen, Gewaltmonopol wie Rechtsstaatlichkeit aufzulösen.[38]

---

36 Die Rolle der Organisationen im Nationalsozialismus ist weitgehend untersucht. Aufschlussreich sind Morgenbrod/Merkenich (2008), Hammerschmidt (1999), und immer noch relevant Hampe (1963)
37 Das materielle Gefahrenmanagement, Corporate Governance, Offenlegungs- und Informationspflichten sowie die Gesetze zur „Kontrolle und Transparenz im Unternehmensbereich" (KonTraG) und zur „zur weiteren Reform des Aktien- und Bilanzrechts, zu Transparenz und Publizität" (TransPuG) wachsen mit Genehmigungs- und Kontrollrechten zu neuen Formen des Gefahrenmanagements zusammen. „Fraud Prevention and Detection" bezeichnet inzwischen Maßnahmen zur Entdeckung, Beseitigung und Vorbeugung von absichtlichen Störungen (Sabotage, Datendiebstahl, Manipulation) bis zu so genannten „dolosen Handlungen" (Unterschlagung, Untreue, Korruption, Bilanzfälschung etc.). Firmen wie Kroll Int. Publizieren sogar eigene Fraud Reports (http://www.kroll.com/about/library/fraud/)
38 Negative Publizität erlangten Firmen wie Blackwater (Scahil 2007), Kellog, Brown & Root oder DynCorp Int. Napoleoni (2008) stellt Zusammenhänge her zwischen organisierter Kriminalität, Geheimdiensten und privaten Kriegs- wie Sicherheitsfirmen, die sie für die neuen „Hilfs- und Rettungsdienste" hält.

Derweil stößt das traditionelle System der Hilfs- und Rettungsdienste an innere wie äußere Grenzen. Im Inneren resultieren sie aus den historischen Verkrustungen des subsidiären, föderalen Systems und einem Mitwirken, das die Vorteile staatlicher Alimentierung nicht mehr missen möchte (Heinze/Olk 1984), außen aus den Veränderungen der Arbeitswelt, ihren gestiegenen Qualifikations- und Ausbildungserfordernissen, gewandelten Rollen- und Karrieremustern, einer inzwischen kaum mehr legitimierbaren Wehr- und Geschlechterungerechtigkeit und vor allem veränderten Formen freiwilligen und ehrenamtlichen Engagements[39] in einer alternden Gesellschaft. Zunehmend wird deutlich, dass Selbsthilfe immer wichtiger wird. So bilden sich in Hochwasserregionen Schutzgemeinschaften oder „Neighbor-Watch"-Gruppen gegenüber kriminellen Gefährdungen, sowie ungezählte Selbsthilfegruppen für Knappheits- und Notlagen. Unterhalb der staatlich organisierten Ebene von Hilfs- und Rettungsdiensten entstehen so neue Formen spontaner bürgerschaftlicher Kooperation (Beher et al. 2000).

Literatur

Ahnefeld, Friedrich Wilhelm 2003: Vom Samariter zum Notarzt. ADAC Luftrettung 2/2003: 19–25

Akasoy, Anna 2007: The Man-Made Disaster: Fire in Cities in the Medieval Middle East. In: Schenk, Gerrit Jasper/Engels, Jens Ivo (eds.): Historical Disaster Research. Concepts, Methods and Case Studies. Historische Katastrophenforschung. Begriffe, Konzepte und Fallbeispiele. Historical Social Research. Historische Sozialforschung HSR No. 121, Vol. 32, 3: 75–87

Allemeyer, Marie Luisa 2007: Fewersnoth und Flammenschwert. Stadtbrände in der frühen Neuzeit. Göttingen.

Assmann, Jan/Maciejewski, Franz/Michaels, Axel (Hrsg.) 2004: Trauerrituale im Kulturvergleich. Heidelberg.

Beher, Karin/Liebig, Reinhard/Rauschenbach, Thomas 2000: Strukturwandel des Ehrenamts. Gemeinwohlorientierung im Modernisierungsprozeß. Weinheim, München.

Behringer, Wolfgang 2002: Hexen. Glaube, Verfolgung, Vermarktung. München.

Berger, Giovanna 1979: Die ehrenamtliche Tätigkeit in der Sozialarbeit – Motive, Tendenzen, Probleme, dargestellt am Beispiel des „Elberfelder Systems". Frankfurt/Main

Boeßenecker, Karl-Heinz 2005: Spitzenverbände der freien Wohlfahrtspflege. Eine Einführung in Organisationsstrukturen und Handlungsfelder der deutschen Wohlfahrtsverbände. Weinheim und München.

Brunswig, Hans 1981: Feuersturm über Hamburg. Die Luftangriffe auf Hamburg im 2. Weltkrieg und ihre Folgen. Stuttgart.

Capurro, Rafael 1991: Platons techno-theo-logische Begründung der Ethik im Dialog „Charmides" und die aristotelische Kritik, Concordia. Internationale Zeitschrift für Philosophie, 20/1991: 2–20

---

39 Nach den Erhebungen im Zuge der „Freiwilligensurveys" wirkten 2004 rund 3 Prozent der Frauen und 8 Prozent der Männer aktiv in Freiwilligen Feuerwehren und im Rettungsdienst mit (Gensicke/Picot/Geiss 2006: 238), wobei zwischen Engagement und Aktivität, als Übernahme tatsächlicher Aufgaben, unterschieden wird. Zudem hat sich die Engagementquote zwischen 1999 und 2004 um 2 Prozent auf 36% erhöht, wobei junge Menschen (14-24) das größte Zuwachspotenzial zeigten, während die Bereitschaft, sich längerfristig oder gar dauerhaft zu binden, abnahm.

Cunningham, Ian 2008: Employment Relations in the Voluntary Sector. London, New York.

Engels, Friedrich 1972: Lage der arbeitenden Klasse in England. In: Karl Marx/ Friedrich Engels – Werke. Band 22, 3. Auflage, unveränderter Nachdruck der 1. Auflage 1963, Berlin/DDR: 265–278

Gensicke, Thomas/Picot, Sibylle/Geiss, Sabine 2006: Freiwilliges Engagement in Deutschland 1999–2004. Ergebnisse der repräsentativen Trenderhebung zu Ehrenamt, Freiwilligenarbeit und bürgerschaftlichem Engagement. Im Auftrag und herausgegeben vom Bundesministerium für Familie, Senioren, Frauen und Jugend. Wiesbaden.

Glass, Winfried (Hrsg.) 2005: Allein gelassen in der Katastrophe. Selbsthilfe der Bevölkerung in der Sicherheitsvorsorge – ein Ratgeber für Familie, Beruf und Betrieb. Bonn.

Goldmann, Justus 2000: Geschichte der medizinischen Notfallversorgung. Vom Programm der Aufklärung zur systemischen Organisation im Kaiserreich (1871–1914). Bielefeld (Diss. Univ. Bielefeld).

Grmek, Mirko D. 1989: Diseases in the Ancient Greek World. Baltimore.

Grmek, Mirko D. (Hrsg.) 1999: Western Medical Thought from Antiquity to the Middle Ages. Cambridge, Mass.

Gründer, Johann W. 1859: Geschichte der Chirurgie. Von den Urzeiten bis zu Anfang des 18. Jahrhunderts. Breslau.

Grundhewer, Herbert 1987: Von der freiwilligen Kriegskrankenpflege bis zur Einbindung des Roten Kreuzes in das Heeressanitätswesen. In: Bleker, Johanna/Schmiedebach, Heinz-Peter (Hrsg.): Medizin und Krieg: Vom Dilemma der Heilberufe 1865 bis 1985. Frankfurt/Main: 29–44

Hampe, Erich 1963: Der Zivile Luftschutz im Zweiten Weltkrieg. Dokumentation und Erfahrungsberichte über Aufbau und Einsatz. Frankfurt/Main

Hähner-Rombach, Sylvelyne 2005: Sozialgeschichte der Tuberkulose. Vom Kaiserreich bis zum Ende des Zweiten Weltkriegs unter besonderer Berücksichtigung Württembergs. Stuttgart.

Hammerschmidt, Peter 1999: Die Wohlfahrtsverbände im NS-Staat. Die NSV und die konfessionellen Verbände Caritas und Innere Mission im Gefüge der Wohlfahrtspflege des Nationalsozialismus. Opladen

Hartmann, F., 1982: Der ganze Mensch – ein Thema antiker und gegenwärtiger Medizin. In:

Hieber, Lutz/Müller, Rudolf Wolfgang (Hrsg.) 1982: Gegenwart der Antike. Zur Kritik bürgerlicher Auffassungen von Natur und Gesellschaft. Frankfurt/Main: 120–151

Haupt, Heinz-Gerhard 1986: Staatliche Bürokratie und Arbeiterbewegung: Zum Einfluß der Polizei auf die Konstituierung von Arbeiterbewegung und Arbeiterklasse in Deutschland und Frankreich zwischen 1848 und 1880. In: Kocka, Jürgen unter Mitarbeit von E. Müller-Luckner (Hrsg.): Arbeiter und Bürger im 19. Jahrhundert. Varianten ihres Verhältnisses im europäischen Vergleich. Schriften des Historischen Kollegs. Kolloquien 7. München: 219–254

Heinze, Rolf G./Olk, Thomas 1981: Die Wohlfahrtsverbände im System sozialer Dienstleistungsproduktion, Kölner Zeitschrift für Soziologie und Sozialpsychologie, 33/1981, 1: 94–114

Heinze, Rolf G./Olk, Thomas 1984: Sozialpolitische Steuerung. Von der Subsidiarität zum Korporatismus. In: Glagow, Manfred (Hrsg.): Gesellschaftssteuerung zwischen Korporatismus und Subsidiarität. Bielefeld: 162–194

Hertzka, Theodor 1890: Freiland. Ein sociales Zukunftsbild. Leipzig.

Hornung, Wolfgang 1985: Feuerwehrgeschichte. Brandschutz und Löschgerätetechnik von der Antike bis zur Gegenwart. Stuttgart.

Jakob, Gisela 1993: Zwischen Dienst und Selbstbezug. Eine biographieanalytische Untersuchung ehrenamtlichen Engagements. Opladen.

Kocka, Jürgen unter Mitarbeit von E. Müller-Luckner (Hrsg.) 1986: Arbeiter und Bürger im 19. Jahrhundert. Varianten ihres Verhältnisses im europäischen Vergleich. Schriften des Historischen Kollegs. Kolloquien 7. München.

Kollesch, Jutta/Nickel, Diethard 1979: Antike Heilkunst. Ausgewählte Texte aus den medizinischen Schriften der Griechen und Römer. Ditzingen.

Labisch, Alfons: Der Arbeiter-Samariter-Bund 1888–1933: Ein Beitrag zur Geschichte der Arbeitersamariterbewegung. In: Ritter, Gerhard A. (Hrsg.): Arbeiterkultur. Königstein: 145–167

Lammers, August 2006: Das Armenwesen in Elberfeld. In: Emminghaus, Arwed (Hrsg.): Das Armenwesen und die Armengesetzgebung in europäischen Staaten. Berlin. (Elibron classics series) (Originalnachdruck von 1870, Berlin: F.A. Herbig)

Lawrence, Conrad/Neve, Michael/Nutton, Vivian/Porter, Roy/Wear, Andrew 1995: The Western Medical Tradition 800 BC to AD 1800. Cambridge (UK).

Lentz, Dennis/Luxem, Jürgen 2006: Geschichte des Rettungsdienstes. In: Luxem, Jürgen/Kühn, Dietmar/Runggaldier, Klaus (Hrsg.): Rettungsdienst RS/RH. München: 454

Linhardt, Andreas 2006: Die Technische Nothilfe in der Weimarer Republik. Norderstedt.

Maltheus, Michael (Hrsg.) 2005: Funktions- und Strukturwandel spätmittelalterlicher Hospitäler im europäischen Vergleich. Stuttgart.

Manthe, Ulrich (Hrsg.) 2003: Die Rechtskulturen der Antike. Vom Alten Orient bis zum Römischen Reich. München.

Mayhew, Henry 1996: Die Armen von London, Hrsg. v. Kurt Tezeli von Rosador. Frankfurt/Main (Die Andere Bibliothek) (London Labour and the London Poor 1861)

Militzer, Klaus 2005: Die Rolle der Spitäler bei den Ritterorden. In: Maltheus, Michael (Hrsg.): Funktions- und Strukturwandel spätmittelalterlicher Hospitäler im europäischen Vergleich. Stuttgart: 213–242

Mommsen, Wolfgang J. (Hrsg.), 1982: Die Entstehung des Wohlfahrtsstaates in England und Deutschland 1850–1950. Stuttgart

Morgenbrod, Birgitt/Merkenich, Stephanie 2008: Das Deutsche Rote Kreuz unter der NS-Diktatur 1933–1945. Paderborn, München, Wien, Zürich.

Müller, Wilhelm 1988: Mit einem Unfall fing es an! Illustrierte Geschichte des Arbeiter-Samariter-Bundes. Wiesbaden.

Napoleoni, Loretta 2008: Die Zuhälter der Globalisierung. München.

Owen, Robert 1989: Eine neue Auffassung von der Gesellschaft: Ausgewählte Texte. Herausgegeben und eingeleitet von Lola Zahn. Übersetzt von Regine Thiele und Lola Zahn. Berlin.

Pankoke, Eckart 1970: Sociale Bewegung, sociale Frage, sociale Politik: Grundfragen der deutschen „Socialwissenschaft" im 19. Jahrhundert. Stuttgart.

Pichot, André 1995: Die Geburt der Wissenschaft. Von den Babyloniern zu den frühen Griechen. Frankfurt/Main, New York.

Pohl-Meuthen, Ulrike/Koch, B./Kuschinsky, B. 2000: Rettungsdienst in Europa – eine vergleichende Bestandsaufnahme. In: Johanniter Forum Berlin Heft 11/2000: 28–40

Rehberg, Andreas 2007: Die Römer und ihre Hospitäler. Beobachtungen zu den Trägergruppen der Spitalsgründung in Rom (13.-15. Jahrhundert). In: Drossbach, Gisela (Hrsg.): Hospitäler in Mittelalter und Früher Neuzeit. Frankreich, Deutschland und Italien. Eine vergleichende Geschichte. Pariser Historische Studien 75. München: 225–260

Reulecke, Jürgen 1986: Formen bürgerlich-sozialen Engagements in Deutschland und England im 19. Jahrhundert. In: Kocka, Jürgen (Hrsg.): Arbeiter und Bürger im 19.

Jahrhundert. Varianten ihres Verhältnisses im europäischen Vergleich. München: 261–285

Riesenberger, Dieter 1992: Für Humanität in Krieg und Frieden. Das Internationale Rote Kreuz 1863–1977. Göttingen.

Rothöhler, Benedikt/Manisali, Alexander (Hrsg.) 2008: Mythos und Ritual: Festschrift für Jan Assmann zum 70. Geburtstag. Münster.

Russo, Lucio 2005: Die vergessene Revolution oder die Wiedergeburt des antiken Wissens. Berlin, Heidelberg.

Sachße, Christoph/Tenstedt, Florian 1980: Geschichte der Armenfürsorge in Deutschland. Vom Spätmittelalter bis zum 1. Weltkrieg. Stuttgart.

Saretzki, Thomas 2000: Reichsgesundheitsrat und Preußischer Landesgesundheitsrat in der Weimarer Republik. Berlin. (Diss. FU Berlin)

Scahill, Jeremy 2007: Blackwater: The Rise of the World's Most Powerful Mercenary Army. New York.

Schmiedel, Reinhard/Betzler, Emil 1999: Ökonomische Bedingungen im Rettungsdienst, Notfall & Rettungsmedizin (Springer Verlag) 2, 1: 35–38

Schulte, Regina 1998: Die verkehrte Welt des Krieges. Studien zu Geschlecht, Religion und Tod. Frankfurt/Main, New York.

Schulz, Gerhard 1987: Zwischen Demokratie und Diktatur. Bd. 1. Berlin.

Szöllösi-Janze, Margit, 1998: Fritz Haber 1868–1934. Eine Biographie. München.

Teichert, Volker 1993: Das informelle Wirtschaftssystem. Analyse und Perspektiven von Erwerbs- und Eigenarbeit. Opladen.

Tenfelde, Klaus 1986: Polizei und Klassenverhältnisse. Deutsch-französische Unterschiede. In: Kocka, Jürgen unter Mitarbeit von E. Müller-Luckner (Hrsg.): Arbeiter und Bürger im 19. Jahrhundert. Varianten ihres Verhältnisses im europäischen Vergleich. Schriften des Historischen Kollegs. Kolloquien 7. München: 255–260

Terhart, Franjo 2001: Weise Frauen und magische Kulte. Priesterinnen, Sibyllen, Hexen und andere Zauberinnen. Berlin.

Thorwald, Jürgen/Weber, Annemarie 1965: Die Geschichte der Chirurgie Stuttgart.

Tönnies, Ferdinand 1989: Die Entwicklung der sozialen Frage bis zum Weltkriege, Unveränd. Nachdr. d. 4., verb. Aufl., Berlin u. Leipzig, de Gruyter, 1926. – Berlin.

Toll, Christopher 1998: Arabic Medicine and Hospitals in the Middle Ages a Probable Model for the Military Orders' Care of the Sick. In: Nicholson H. (Hrsg.), The Military Orders, II: Welfare and Warfare. Aldershot: 35–41

Van Hooff, Anton 2005: Vom „willentlichen Tod" zum Selbstmord. In: A. Bähr/H. Medick (Hrsg.): Sterben von eigener Hand. Selbsttötung als kulturelle Praxis. Köln, Weimar, Wien: 23–43

Weber, Max 1891: Die römische Agrargeschichte in ihrer Bedeutung für das Staats- und Privatrecht. Tübingen.

Wessels, Christiane 1994: Das soziale Ehrenamt im Modernisierungsprozess. Chancen und Risiken des Einsatzes beruflich qualifizierter Frauen. (Diss. Univ. Trier) Pfaffenweiler.

Weintritt, Otfried 2009: The Floods of Baghdad in the Late Abbasid Era (900–1250). In: Pfister, Chr./Mauch, Chr. (eds.), Natural Hazards: Responses and Strategies in Global Perspective. Lanham, MD.

Zelle, Carsten 1987: Angenehmes Grauen. Literaturhistorische Beiträge zur Ästhetik des Schrecklichen im achtzehnten Jahrhundert. Hamburg.

Marion Reiser

Kommunalpolitisches Ehrenamt

Kommunalpolitisches Ehrenamt: Tradition und Bedeutung

Die kommunale Selbstverwaltung ist eine der zentralen Traditionslinien bürgerschaftlichen Engagements in Deutschland und gilt als die ‚Keimzelle' einer vitalen Bürgergesellschaft. Ihre Entstehung ist untrennbar mit der Steinschen preußischen Städteordnung von 1808 verknüpft, deren Ziel es war, das Bürgertum enger in den absolutistischen Staat zu integrieren und „durch selbstverantwortliche Beteiligung der Bürgerschaft an der öffentlichen Verwaltung in der Kommunalebene den Gemeinsinn und das politische Interesse des einzelnen neu zu beleben und zu kräftigen" (BVerfGE 11, 266 (274). Die Selbstverwaltungsrechte begründeten gleichzeitig auch die Pflicht zur Übernahme von ehrenamtlichen „öffentlichen Stadtämtern" (§ 191 der Städteordnung), die damit „die Geburtsstunde des bürgerlichen Ehrenamtes" (Sachße 2002) darstellt.

Die bürgerschaftliche Mitwirkung in der kommunalen Selbstverwaltung wurde schon seit den Zeiten des Freiherrn vom Stein als ‚Schule der Demokratie' und als eine Stätte bezeichnet, in der die Auswirkungen der jeweiligen Entscheidungen für den Bürger unmittelbar erfahrbar und begreifbar sind. Durch die Mitwirkung der Bürger soll der Übermacht der Verwaltungsbürokratie entgegengewirkt und Bürgernähe gewährleistet werden, die sich praktisch insbesondere in der Berufung von Bürgern in Ehrenämter zeigt. Gleichzeitig wird das ehrenamtliche Engagement in der Kommunalpolitik als wichtige Lernstation und als Teil der ‚Ochsentour' zu den hauptamtlichen Positionen auf den höheren Ebenen betrachtet. Hier können die Bürger politische Techniken entwickeln und deren Beherrschung erlernen, welche sie für die politische Karriere benötigen. Die Gemeinde gilt somit als ursprüngliches Feld für die politische Betätigung des Bürgers. Dabei herrscht auf kommunaler Ebene nach wie vor das Idealbild des Bürgers in der Politik vor – die Vorstellung, dass Politik die Angelegenheit aller ist.

Ein kommunalpolitisches Ehrenamt zeichnet sich dadurch aus, dass ein Bürger „nebenberuflich in einem öffentlich-rechtlichen Rechtsverhältnis einen auf Dauer berechneten oder besonders bedeutsamen Kreis von Verwaltungsgeschäften" (Mann 2007: 348) in der kommunalen Selbstverwaltung übernimmt. Für ein kommunalpolitisches Ehrenamt eignen sich dabei fast alle Funktionen in der Gemeindeverwaltung. Während das Ehrenamt somit in der Regel dauerhaft ausgeübt wird, handelt es sich bei einer ehrenamtlichen Tätigkeit um die Erledigung bloß zeitweise auftretender Aufgaben (z. B. Wahlhelfer). (Zur Abgrenzung von Ehrenamt und bürgerschaftlichem Engagement Zimmer 2007).

Formen und Ausmaß des Kommunalpolitischen Ehrenamts

Auf der kommunalen Ebene in Deutschland existieren vielfältige Formen kommunalpolitischer Ehrenämter (→ Tabelle 1). Diese können erstens danach differenziert werden, auf welcher Ebene sie ausgeübt werden: Auf der Gemeindeebene, auf der sublokalen Ebene oder auf der Kreis- bzw. Regionsebene. Zweitens können sie danach unterschieden werden, welche Funktionen sie in der kommunalen Selbstverwaltung ausüben: Ein Ehrenamt in einer kommunalen Vertretungskörperschaft, als Gemeindevorstand oder in der kommunalen Verwaltung. Aufgrund der unterschiedlichen Gemeindeordnungen in Deutschland in den einzelnen Bundesländern variieren zum einen Bezeichnungen und Stellung der Organe, zum anderen existieren teilweise weitere Formen, die es in anderen Bundesländern nicht gibt bzw. die nicht als Ehrenamt ausgeübt werden (zu den institutionellen Rahmenbedingungen in den einzelnen Bundesländern Kost/Wehling 2003). Im Folgenden werden die zentralen Formen, ihre rechtlichen Rahmenbedingungen und ihr Ausmaß erläutert.

Tab. 1: Formen des kommunalpolitischen Ehrenamts

	Ehrenämter in kommunalen Vertretungskörperschaften	Ehrenämter im Gemeindevorstand und in der Verwaltung
Sublokale Ebene	– Ortsräte – Bezirksversammlungen	Ortsvorsteher
Gemeindeebene	– Gemeinderäte – Verbandsgemeinderäte – Sachkundige Einwohner – Ausländerbeiräte	– Bürgermeister – Beigeordnete und Magistratsmitglieder
Kreisebene	Kreistagsmitglieder	–
Regionsebene Bezirksebene	– Mitglieder der Regionalversammlung – Bezirkstage (Bayern)	–

Quelle: Eigene Zusammenstellung

Ehrenämter in den kommunalen Vertretungskörperschaften

Die größte Gruppe kommunalpolitisch Ehrenamtlicher sind die Mandatsträger in den kommunalen Vertretungskörperschaften, d. h. in den Gemeinderäten, Orts- und Bezirksräte, Kreistagen, Regionalversammlungen und

Bezirkstagen. Grundlage für ihre Arbeit ist Art. 28 I 2 des Grundgesetzes, aus dem das Prinzip der repräsentativen Demokratie auf kommunaler Ebene hervorgeht.

Die wichtigste Gruppe sind dabei die *Ratsmitglieder* (je nach Gemeindeordnung auch Stadtrat, Gemeinderat, Gemeindevertreter, Ratsherr oder Stadtverordneter) auf der Gemeindeebene. In allen Gemeindeordnungen in Deutschland ist der Rat das zentrale Organ der Gemeinde und die politische Vertretung der Gemeindebürger. Er hat das Recht, grundsätzlich über die wesentlichen Angelegenheiten der kommunalen Selbstverwaltung zu entscheiden, sofern sie nicht dem Bürgermeister kraft Gesetzes vorbehalten sind (Wollmann 1999). Die Mitglieder des Rates sind unabhängig von der Größe der Gemeinde und ihrer Funktion (Fraktions- oder Ausschussvorsitzender) ehrenamtlich tätig[1] und werden entsprechend den Vorschriften des jeweiligen Kommunalwahlrechts für vier, fünf oder sechs Jahre von den Bürgern gewählt. Ihre Anzahl variiert je nach Bundesland und nach der Einwohnerzahl der Gemeinde und schwankt zwischen sechs Ratsmitgliedern in den kleinsten Gemeinden Rheinland-Pfalz' bis zum größten Kommunalparlament mit 93 Stadtverordneten in Frankfurt am Main. Insgesamt gibt es in Deutschland ca. 200.000 ehrenamtliche Gemeinderäte.

Weitere kommunalpolitische Ehrenämter üben die Mitglieder der *Verbandsgemeinderäte* aus. So haben sich in vielen Bundesländern selbständige Gemeinden zur Erledigung ihrer Verwaltungsgeschäfte in sogenannte Verbandsgemeinden (je nach Bundesland auch Samtgemeinden oder Verwaltungsgemeinschaften) zusammengeschlossen. Diese neuen Gebietskörperschaften – je nach Bundesland mit unterschiedlichen Aufgaben (z. B. § 67 GO RLP) – verfügen ebenfalls über eigene gewählte Gemeindevertretungen.

Neben den gewählten ehrenamtlichen Ratsmitgliedern gibt es weitere ehrenamtlich Tätige in den Gemeinderäten. So können die Räte nach den Gemeindeordnungen aus ihrer Mitte Ausschüsse bilden, in die weitere Ehrenamtliche, die nicht dem Rat angehören, berufen werden, sogenannte *Sachkundige/-verständige Einwohner*. Das Ziel ist dabei, dauerhaft zusätzlichen Sachverstand in die Ausschüsse zu bringen.

Eine weitere wichtige Gruppe der kommunalpolitischen Ehrenamtlichen auf der Gemeindeebene sind die Mitglieder der *Ausländerbeiräte*. Aktives und passives Wahlrecht haben dabei volljährige Ausländer, die seit mindestens drei Monaten in der Gemeinde leben sowie Deutsche, die durch die Einbürgerung die deutsche Staatsangehörigkeit erworben haben. Ihre Aufgabe ist es, die Interessen der ausländischen Einwohner zu vertreten (zu den

---

1 Eine Ausnahme stellen die Abgeordneten der Parlamente der drei Stadtstaaten Hamburg, Bremen und Berlin dar. Die Stadtstaaten haben einen institutionellen Sonderstatus in ihrer Doppelfunktion als Bundesland und Kommune. Hier sind die Abgeordneten nicht ehrenamtlich, sondern formal (semi-)professionell tätig.

Aufgaben und Rechten in den verschiedenen Bundesländern Wagner 2000). Über die Gesamtzahl der Ehrenamtlichen in Ausländerbeiräten gibt es keine Studien. In Hessen gibt es beispielsweise in 100 Kommunen Ausländerbeiräte mit insgesamt 1.010 Ehrenamtlichen.

Auf der *sublokalen Ebene* existieren in allen Bundesländern in Städten und Gemeinden weitere kommunale Vertretungskörperschaften mit ehrenamtlichen Mitgliedern: Ortsräte (je nach Bundesland heißen sie auch Ortsausschuss, Ortschaftsrat, Beirat, Ortsteilvertretung) und Bezirksvertretungen. Diese vertreten die Interessen der Ortsteile, Stadtteile oder Bezirke gegenüber der gesamtstädtischen oder gesamtgemeindlichen Verwaltung. In den westdeutschen Bundesländern erhielten sie insbesondere im Zuge der Gemeindereformen in den 1970er Jahren eine bedeutende Rolle. Ziel war es dabei, den Verlust der gemeindlichen Selbständigkeit zu kompensieren, die Belange der Ortschaften zu wahren und gleichzeitig die Integration der neuen Gemeinden bzw. Städte zu verbessern. Die Kompetenzen der Ortsbeiräte und Bezirksvertretungen variieren dabei je nach Gemeindeordnung und Hauptsatzung der Gemeinde: Teilweise sind sie nur beratend tätig, teilweise verfügen sie über ein eigenes Budget. Die ehrenamtlichen Mitglieder werden entweder gleichzeitig mit dem Gemeinderat bei den Kommunalwahlen direkt gewählt oder entsprechend der bei Gemeinderatswahlen auf die politischen Gruppen in diesem Ortsteil entfallenen Stimmenanteilen bestellt. Ihre Rechtsstellung entspricht dabei jener der Gemeinderatsmitglieder. Über die Anzahl der ehrenamtlichen Mitglieder in Ortsbeiräten und Bezirksvertretungen gibt es keine gesicherten Zahlen. Die Anzahl liegt aber nach Schätzungen bei 300.000 Ehrenämtern in diesen sublokalen Räten.

Oberhalb der Gemeindeebene ist auf der Ebene der Landkreise der *Kreistag* die kommunale Volksvertretung. Dieser legt die Grundsätze für die Verwaltung fest und entscheidet über alle Angelegenheiten, soweit nicht der Landrat kraft Gesetzes zuständig ist oder ihm der Kreistag bestimmte Angelegenheiten übertragen hat. Der Landkreis und die kreisangehörigen Gemeinden teilen sich die Erledigung derjenigen Aufgaben, die von den kreisfreien Städten alleine wahrgenommen werden. Die Kreistagsmitglieder aller 301 Landkreise üben ebenfalls ein kommunalpolitisches Ehrenamt aus. Die Mitglieder werden wie die Ratsmitglieder im Rahmen der Kommunalwahlen gewählt und verfügen über die gleiche Rechtsstellung. Die Gesamtzahl der Kreisräte richtet sich nach der Zahl der Einwohner im Landkreis und beträgt je nach Gemeindeordnung zwischen 24 und 100 Kreisräten. Nach eigenen Berechnungen gibt es in Deutschland aktuell ca. 20.000 ehrenamtliche Kreistagsmitglieder.

Weitere kommunalpolitische Ehrenämter üben die Mandatsträger der *Regionalversammlungen*, die vermehrt oberhalb der Kreisebene eingerichtet werden (z. B. Regionsversammlung der Region Stuttgart), sowie der Bezirkstage in Bayern (März 2003) aus.

Ehrenämter im Gemeindevorstand und der Verwaltung

Neben den Ehrenämtern in den kommunalen Vertretungskörperschaften gibt es Ehrenämter in der kommunalen Verwaltung. Die zentrale Form ist hierbei die des *ehrenamtlichen Bürgermeisters*. Er ist das Oberhaupt einer Gemeinde oder Stadt. Die Rechtsstellung des Bürgermeisters unterscheidet sich dabei auch nach den Kommunalreformen der 1990er Jahre noch deutlich zwischen den Bundesländern (zu den Einzelheiten Kost/Wehling 2003). Seit den Reformen der 1990er Jahren wird der Bürgermeister – mit Ausnahme der ehrenamtlichen Bürgermeister in Schleswig-Holstein – von den Bürgern direkt für einen Zeitraum von fünf bis acht Jahren gewählt. Während die Mitglieder der Gemeindeparlamente unabhängig von der Gemeindegröße (formal) ehrenamtlich tätig sind, gibt es haupt- und ehrenamtliche Bürgermeister. Die genauen Regelungen sind von Bundesland zu Bundesland verschieden und in der Kommunalverfassung geregelt. Dabei lassen sich drei Gruppen von Bundesländern unterscheiden:

(1) So gibt es erstens Bundesländer, in denen laut Gemeindeordnung Bürgermeister grundsätzlich hauptamtlich tätig sind und es somit keine ehrenamtlichen Bürgermeister (mehr) gibt, wie in Nordrhein-Westfalen (§ 67 GO NRW), Hessen (§ 44 HGO), Niedersachsen (§ 61 NGO) und dem Saarland (§ 54 f. KSVG). In Niedersachsen (bis 1996) und Nordrhein-Westfalen (bis 1994) galt bis zu den grundlegenden Reformen der Kommunalverfassungen die Norddeutsche Ratsverfassung. Diese zeichnete sich durch eine Doppelspitze mit einem ehrenamtlichen Bürgermeister, der Vorsitzender des Rates und oberster politischer Repräsentant war, und einem hauptamtlichen Stadtdirektor als Leiter der Verwaltung aus. Im Zuge der Reformen wurde die Doppelspitze abgeschafft und der – nun hauptamtliche – Bürgermeister ist seitdem auch Verwaltungschef (Bogumil/Heinelt 2005). Durch die Reformen entfiel daher die Ehrenamtlichkeit des Bürgermeisters in diesen beiden Bundesländern. In den drei Stadtstaaten üben die Bürgermeister die Funktionen des Ministerpräsidenten eines Bundeslandes aus und sind ebenfalls hauptamtlich tätig.

(2) In einer zweiten Gruppe von Bundesländern – in Baden-Württemberg, Bayern, Sachsen und Thüringen – gibt es eine Differenzierung des Status des Bürgermeisters je nach Gemeindegröße. Dabei liegt die Vorstellung zugrunde, dass ab einer bestimmten Einwohnerzahl die Aufgaben des Bürgermeisters mit einem Ehrenamt vom Zeitaufwand her nicht mehr zu erfüllen sind. Die Grenze, ab der die Bürgermeister verpflichtend hauptamtlich tätig sind, liegt dabei in Baden-Württemberg bei 2.000 (§ 42 GemO), in Sachsen bei 3.000 (§ 51 GO Sachsen) und in Bayern (Art. 34 GO Bayern) und Thüringen bei 10.000 Einwohnern (§ 28 GO Thüringen). Bis zu dieser Einwohnerzahl können die Gemeinden per Hauptsatzung bestimmen, ob der Bürgermeister ehren- oder hauptamtlich tätig ist. Diese Handlungsautonomie wird dabei je nach Bundesland und vor allem Gemeindegröße sehr unterschiedlich angewendet. Entsprechend variiert der Anteil der ehrenamt-

lichen Bürgermeister an allen Bürgermeistern stark und beträgt in Baden-Württemberg 6%, in Sachsen 22%, in Bayern 46% und in Thüringen 83%.

(3) Eine dritte Gruppe von Bundesländern sieht ehrenamtliche Bürgermeister grundsätzlich und ausschließlich in den selbständigen Gemeinden sogenannter Verbandsgemeinden vor (2.1). Ihre Stellung unterscheidet sich im Vergleich zu den hauptamtlichen Bürgermeistern in den verbandsfreien Gemeinden insbesondere dadurch, dass sie daher nicht die Leitung der Verwaltung innehaben. Diese Regelungen finden sich in Brandenburg (§ 59 GO Brandenburg), Mecklenburg-Vorpommern (§ 39 KV M-V), Rheinland-Pfalz (§ 51 GO R-P), Schleswig-Holstein (§ 48 GO S-H) und Sachsen-Anhalt (§ 57 GO SA). In diesen Bundesländern dominieren die kleinen amtsangehörigen Gemeinden, so dass hier die große Mehrheit der Bürgermeister ehrenamtlich tätig ist: Nach eigenen Berechnungen üben in Brandenburg 65%, in Sachsen-Anhalt und Schleswig-Holstein je 82%, in Mecklenburg-Vorpommern 95% und in Rheinland-Pfalz 98% der Bürgermeister ein Ehrenamt aus.

Insgesamt sind in Deutschland aktuell 6.982 (58%) der 12.112 Bürgermeister in selbständigen Gemeinden ehrenamtlich tätig.

Ortsvorsteher (auch Ortssprecher oder Ortsbürgermeister) und *Bezirksbürgermeister* üben ebenfalls ein kommunalpolitisches Ehrenamt aus. Diese sind die Vertreter eines stadt- bzw. gemeindezugehörigen Ortes gegenüber der zuständigen Gemeinde und deren Organen. Die rechtliche Stellung des Ortsvorstehers ist dabei je nach Bundesland unterschiedlich. Er vertritt den Bürgermeister bei dem Vollzug der Beschlüsse des Ortschaftsrats und bei der Leitung der örtlichen Verwaltung. Er wird in den meisten Bundesländern aus den Reihen des Ortsrates gewählt und ist gleichzeitig dessen Vorsitzender. Nach Schätzungen gibt es ca. 30.000 Ortsvorsteher bzw. Bezirksbürgermeister.

Eine weitere Form sind die *Beigeordneten* (oder auch weitere Bürgermeister), die zumeist Stellvertreter des Bürgermeisters sind. Diese sind je nach Gemeindeordnung und Gemeindegröße ehren- oder hauptamtlich tätig. Die ehrenamtlichen Beigeordneten werden zumeist aus der Mitte des neu zu konstituierenden Gemeinderats gewählt. Eine besondere Bedeutung haben die Beigeordneten im Rahmen der Magistratsverfassung in Hessen. Der Magistrat (bzw. in Gemeinden ohne Stadtrecht der Gemeindevorstand) leitet als „eine Art kollektiver Gemeindevorstand" (Holtmann 1990: 7) die Verwaltung. Er besteht aus dem (Ober-)Bürgermeister sowie den hauptamtlichen und ehrenamtlichen Beigeordneten. Dabei darf die Zahl der hauptamtlichen die der ehrenamtlichen nicht übersteigen (§ 44 HGO). Die ehrenamtlichen Beigeordneten werden von der Stadtverordnetenversammlung i.d.R. nach Proporz gewählt, so dass (fast) alle Fraktionen im Magistrat vertreten sind. In Hessen gilt gemäß der Stein'schen Städteordnung die Unvereinbarkeit der Mitgliedschaft in Stadtverordnetenversammlung und Magistrat, d.h. wer aus dem Rat dorthin gewählt worden ist, muss seinen Sitz in der Stadtverordnetenversammlung aufgeben.

Insgesamt gibt es somit vielfältige Formen des kommunalpolitischen Ehrenamts und ca. 600.000 Ehrenämter in diesem Bereich. Die meisten Ehrenamtlichen üben das Ehrenamt in einer kommunalen Vertretungskörperschaft aus (zu Professionalisierungstendenzen 4.2). Die Funktion des Bürgermeisters ebenso wie weitere Funktionen in der Verwaltung waren früher ebenfalls überwiegend Ehrenämter, wurden aber im Zuge des Wachstums der Städte und ihres Strukturwandels zunehmend in hauptamtliche Positionen umgewandelt (Hofmann 2007). Heute werden diese Positionen nur noch auf der sublokalen Ebene und in kleinen Gemeinden ehrenamtlich ausgeübt.

Zur Frage, wer ein kommunalpolitisches Ehrenamt ausübt, entstanden vielfältige Studien, die für alle Ehrenamtlichen zu sehr ähnlichen Erkenntnissen kommen (Kost/Wehling 2003; Naßmacher/Naßmacher 2007; Reiser/Krappidel 2008): So sind sie mehrheitlich männlich, wobei der Frauenanteil in den letzten Jahren deutlich anstieg. Sie gehören überwiegend der mittleren Alterskohorte an und verfügen über ein hohes Bildungsniveau. Das Berufsprofil ist bei Unterschieden zwischen den politischen Gruppierungen stark vom öffentlichen Dienst, dem „neuen Mittelstand" sowie von den Selbständigen geprägt. Zudem sind die Mandatsträger häufig nicht in Parteien, sondern in Kommunalen Wählergemeinschaften engagiert oder treten als unabhängige Einzelbewerber bei den Wahlen an. Studien zeigen bei großen Unterschieden zwischen den Bundesländern einen deutlichen (Wieder-)Aufstieg der parteiunabhängigen Wählergruppen in den vergangenen Jahren (Holtkamp/Eimer 2006; Reiser/Rademacher/Jaeck 2008).

Rechtliche Rahmenbedingungen des kommunalpolitischen Ehrenamts

Um die ehrenamtliche Ausübung der Ämter und Mandate zu ermöglichen und zumutbar zu machen, haben die Landesgesetzgeber in den jeweiligen Kommunalverfassungen rechtliche Rahmenbedingungen erlassen. Dabei zeichnen sich die gemeinsamen Leitvorstellungen der Landesgesetzgeber durch drei Grundsätze aus (Heuvels 1986): Erstens durch das *Prinzip der Ehrenamtlichkeit*, das in den Gemeindeordnungen festgeschrieben ist. Dies bedeutet, dass das Ehrenamt nicht als Beruf ausgeübt wird, durch den der Mandatsträger seinen Lebensunterhalt verdient. Mit der Ehrenamtlichkeit verknüpft ist das *Prinzip der Nebenberuflichkeit* der Amtsführung. Da heutzutage nahezu jeder einen Beruf ausüben muss, um sein Einkommen zu sichern, kann das kommunalpolitische Ehrenamt nur neben der Erwerbstätigkeit ausgeübt werden. Um die nebenberufliche Amtsführung zu ermöglichen, ist in allen Gemeindeordnungen festgelegt, dass die Ehrenamtlichen für die unmittelbar mit dem Mandat verbundenen Tätigkeiten vom Arbeitgeber freizustellen sind (zu den Problemen der Freistellungspraxis 4.2). Des Weiteren steht den Inhabern eines Ehrenamts in vielen Gemeindeordnungen Sonderurlaub zur Teilnahme an Fortbildungsveranstaltungen im Zusammenhang mit seinem Ehrenamt zu. Darüber hinaus ist festgeschrieben, dass den Ehrenamtlichen durch ihr Amt beruflich keine Nachteile entstehen dürfen. Um dies zu gewährleisten, genießen die ehrenamtlichen Mandatsträger nach den kommunalrechtlichen Bestimmungen einen besonderen Kündigungsschutz (zu den Problemen der Vereinbarkeit 4.2). Zur Erleichterung der Vereinbarkeit von Familie und Mandat werden in vielen Bundesländern zudem die Kinderbetreuungskosten während der mandatsbedingten Abwesenheit vom Haushalt erstattet (z.B. § 45 Abs. 6 GO NRW; § 39 Abs. 5 NGO).

Das dritte *Prinzip* umfasst die *Unentgeltlichkeit* und die finanzielle Entschädigung für den Aufwand. Dieses Prinzip liegt auch allen gesetzlichen Entschädigungsregelungen zugrunde. Dies bedeutet, dass der kommunale Mandatsträger kein Einkommen erhält, ihm jedoch der besondere Aufwand, der durch das Amt entsteht, ersetzt wird. Ehrenamtlich Tätige haben Anspruch auf Ersatz ihrer Auslagen und ihres Verdienstausfalls. Die konkreten Richtlinien divergieren dabei zwischen den einzelnen Bundesländern (Reiser 2009). Dadurch soll gewährleistet sein, dass die Wahrnehmung des Ehrenamtes zumutbar ist. Eine Entschädigung darüber hinaus, die einen alimentativen Charakter hätte, ist unzulässig. Dennoch zeigen sich hier Professionalisierungstendenzen (4.2).

Aktuelle Herausforderungen und Lösungsansätze

Das kommunalpolitische Ehrenamt steht vor großen Herausforderungen. Im Folgenden werden zwei zentrale aktuelle Entwicklungen erläutert – die Rekrutierungsprobleme (1) und die (informelle) Professionalisierung der ehrenamtlichen Mandate (2).

Rekrutierungsprobleme

In den letzten Jahren verstärken sich die Schwierigkeiten, Kandidaten für die ehrenamtlichen Mandate und Ämter zu rekrutieren. Dies betrifft sowohl die Kandidatur für ehrenamtliche Bürgermeisterposten als auch jene für Mandate in Gemeinde- und Stadträten. So haben Parteien, aber auch Wählergemeinschaften verstärkt Probleme, ihre Listen für Gemeinderatswahlen aufzustellen bzw. treten nicht mehr mit eigenen Listen an, weil sie nicht mehr genügend Kandidaten für die Listen finden (Bußmann 1998). Insbesondere in den kleinen Kommunen Ostdeutschlands (< 5.000 Einwohner) gibt es häufig keine politischen Gruppierungen, so dass stattdessen teilweise lokale Vereine wie die Freiwillige Feuerwehr oder Sportvereine kandidieren (Reiser/Rademacher/Jaeck 2008). Die Problematik zeigte sich z.B. deutlich bei den Kommunalwahlen 2009. So fielen wegen fehlender Kandidaten in sieben Gemeinden in Mecklenburg-Vorpommern und Sachsen-Anhalt die Kommunalwahlen und in 40 Gemeinden die Bürgermeisterwahlen aus.

Diese Rekrutierungsschwäche der Parteien wird erstens auf die sinkenden Mitgliedergliederzahlen der Parteien und die Parteienverdrossenheit zurückgeführt. In Ostdeutschland ist diese Problematik aufgrund der sehr schwachen Parteibindungen, des geringeren Mitgliederstands, der schwächeren Organisationsdichte und der aufgrund der kleinteiligen Gebietsstruktur in Relation zur Einwohnerzahl sehr hohen Anzahl von öffentlichen Mandaten noch ungleich stärker (Boll/Holtmann 2001; Niedermayer 2009). Die Parteien haben darauf teilweise mit veränderten Rekrutierungsmechanismen reagiert (zu den Nominierungsprozessen Holtkamp 2008). Während früher für die Kandidatur auf einer Parteiliste für den Gemeinderat ein längeres parteipolitisches Engagement und die Bewährung in der Partei ein wichtiges Kriterium für die Nominierung war, rekrutieren die Parteien nun verstärkt auch aus dem passiven Mitgliederkreis und parteiungebundene Bürger, um ihre Listen vervollständigen zu können (dazu Reiser 2006; Bußmann 1998). Zudem bieten die Ortsparteien, die Kommunalpolitischen Vereinigungen der Parteien und die Landeszentralen für politische Bildung Vorbereitungsseminare – z.B. speziell für Frauen – an, um neue Personengruppen für eine Kandidatur zu gewinnen und vorzubereiten.

Zweitens werden die Rekrutierungsschwierigkeiten auf die Veränderung der Motivstruktur der bürgerschaftlichen Partizipation zurückgeführt. So zeigen Studien, dass das dauerhafte Engagement in den traditionellen Ehrenämtern zurückgeht, während das bürgerschaftliche Engagement insgesamt zunimmt. Der Zuwachs wird dabei vor allem bei den neuen Formen der Ehrenamtlichkeit festgestellt, die zumeist individuell motiviert, häufig gelegenheitsaktiv, vorrangig sozial orientiert und selten politisch ausgerichtet sind (Heinze/Olk 2001).

Ein dritter Grund für die Rekrutierungsschwierigkeiten liegt in der schwierigen Vereinbarkeit von Mandat mit Beruf und/oder Familie aufgrund des hohen Zeitaufwands (4.2).

Professionalisierung der kommunalen Mandate

Bereits seit den 1970er Jahren gibt es Hinweise, dass ein Mandat insbesondere in größeren Städten nicht mehr ehrenamtlich und nebenberuflich auszuüben ist und sich die Mandatsträger de-facto professionalisieren.

Dies wird insbesondere mit dem hohen *Zeitaufwand* für die Ausübung der Ehrenämter begründet. So zeigen vielfältige Studien, dass insbesondere in Großstädten ein wöchentlicher Zeitaufwand von 25 bis 60 Stunden pro Woche für ein Mandat aufgewendet werden muss. Insofern liegt die zeitliche Belastung für die Ratstätigkeit in den Großstädten bei mindestens einer Halbtags-, bei den Führungspositionen im Rat sogar bei einer hauptamtlichen Tätigkeit. Hinsichtlich dieser Situation wird das „Dilemma zwischen (formal) ehrenamtlicher Tätigkeit in der kommunalen Vertretungskörperschaft und dem dafür (tatsächlich) erforderlichen Zeitaufwand" beklagt (Naßmacher/Naßmacher 2007: 211).

Als eine zentrale Folge werden bereits seit den 1970er Jahren *Funktionsdefizite* der Kommunalparlamente in der kommunalwissenschaftlichen Forschung diskutiert und konstatiert, dass das Kommunalparlament als „Diskussionsforum" und „Kontrollgremium" ausfalle (Berkemeier 1972: 202). So sind die Ratsmitglieder zeitlich überlastet und haben ein „quantitatives Problem" in der Informationsverarbeitung, weil sie insbesondere von der Verwaltung mit Vorlagen überflutet werden. Gleichzeitig haben die Räte zudem ein „qualitatives Informationsdefizit" (Simon 1988: 49f.), da ihnen aufgrund der komplexen kommunalpolitischen Materie zuverlässige und rechtzeitige Informationen und Kenntnisse fehlen. Die Komplexität und die Probleme haben sich seit den 1970er Jahren noch zugespitzt. So sind die Entscheidungsprozesse und Vorgänge nach Einschätzung der Ratsmitglieder komplexer geworden, zum einen durch die Einbindung weiterer Akteure in die Entscheidungsprozesse. Zum anderen machen die (formalen) Privatisierungen der kommunalen Unternehmen einen Gesamtüberblick schwieriger, und die Stadträte beurteilen ihre Aufgaben in den Aufsichtsräten als sehr kompliziert (Reiser 2006). Um diesen Problemen entgegenzuwirken, bieten insbesondere die kommunalpolitischen Vereinigungen und Stiftungen der politischen Parteien ebenso wie die kommunalen Spitzenverbände Qualifizierungen und Fortbildungen für die ehrenamtlichen Kommunalpolitiker an. Dies wird von den Ehrenamtlichen positiv beurteilt, scheitert jedoch häufig am hohen Zeitaufwand. Zweitens zeigen Untersuchungen, dass die Fraktionsgeschäftsstellen der Fraktionen – bei großen Unterschieden zwischen den Bundesländern – personell immer besser ausgestattet werden (Holtkamp 2009; Reiser 2009). Durch die inhaltliche Unterstützung der Ehrenamtlichen durch professionelle Fraktionsmitarbeiter werden diese zeitlich entlastet und die Abhängigkeit von der Verwaltung sinkt (z.B. § 56 Abs. 3 GO NRW).

Eine „schleichende" (Christner 1991) bzw. „informelle Professionalisierung" (Reiser 2006) wird auch bezüglich der *Aufwandsentschädigungen* festgestellt. Wie unter 3. erläutert, haben die Mandatsträger Anspruch auf Ersatz von mandatsbedingten Unkosten. Die Höhe der Aufwandsentschädigungen variiert bei den Städten mit mehr als 100.000 Einwohnern nach einer Studie sehr stark zwischen den Bundesländern und Städten: Während die Entschädigungen in den ostdeutschen Städten, in Nordrhein-Westfalen und Niedersachsen auf einem Niveau liegen, in denen die Entschädigung tatsächlich lediglich ein Ersatz für die Aufwendungen ist, zeigen sich insbesondere in den Städten in Bayern und Baden-Württemberg deutliche Professionalisierungstendenzen. Hier liegen die Aufwandsentschädigungen auf einem sehr hohen Niveau, das an die Diäten der Hamburger Bürgerschaftsabgeordneten heranreicht und von denen die Ratsmitglieder – zumindest teilweise – leben können. Damit sind sie hier vielfach de facto nicht mehr ehrenamtlich tätig (zu den Ergebnissen und Einflussfaktoren Reiser 2009).

Schwierigkeiten der Vereinbarkeit von Beruf und Mandat: Aufgrund des hohen Zeitaufwands in größeren Städten wird diskutiert, inwiefern das Mandat überhaupt noch ehrenamtlich und nebenberuflich auszuüben ist und wie die Ratsmitglieder konkret Beruf und Mandat vereinbaren können. Die gesetzlichen Freistellungsregelungen (3) sollen gerade ermöglichen, dass die Ratsmitglieder ihr Mandat ehrenamtlich und nebenberuflich ausüben können und dass ihnen beruflich dadurch keine Nachteile entstehen. In Großstädten müssen Ratsmitglieder jedoch durchschnittlich 25% bis 35% der Arbeitszeit vom Arbeitgeber freigestellt werden, damit sie an Sitzungen des Rates teilnehmen können. Studien (Reiser 2006; Ronge 1994: 282) zeigen daher deutlich, dass die Freistellungspraxis häufig von den gesetzlichen Regelungen abweicht. So ergab eine Untersuchung in vier Großstädten, dass 89% der Ratsmitglieder durch das Mandat Nachteile am Arbeitsplatz erfahren haben (Reiser 2006).

Daher besteht Konsens in Wissenschaft und Praxis, dass ein Mandat im Rat einer Großstadt mit einem „normalen" Beruf kaum vereinbar ist und dass daher nur noch bestimmte Personen- und Berufsgruppen ein ehrenamtliches Mandat in einer Großstadt ausüben können. Als wichtiges Kriterium für die Möglichkeit der Vereinbarkeit von Beruf und Mandat wird dabei die Abkömmlichkeit vom Beruf gesehen. Abkömmlich seien insbesondere Personen, „die nicht durch eine genau festgelegte, fremdbestimmte Arbeitszeit gebunden sind" (Naßmacher/Naßmacher 2007). Als Ergebnis davon können noch bestimmte Gruppen wie „leitende Angestellte privater Unternehmen, hauptamtliche Mitarbeiter von Parteien, Genossenschaften, Gewerkschaften und anderen Verbänden, Angehörige des öffentlichen Dienstes (u. a. Lehrer aller Schularten) aber auch Rentner, Pensionäre und Hausfrauen" (Naßmacher/Naßmacher 2007) ein Mandat in Großstädten ausüben.

Allerdings zeigte eine Untersuchung in vier Großstädten (Reiser 2006), dass der Beschäftigungssektor allein nicht entscheidend für die Zugänglichkeit zu kommunalen Mandaten ist, sondern dass die Vereinbarkeit bedingt ist durch das Wechselspiel zwischen den Anforderungen des Mandats in der jeweiligen Stadt und der konkreten individuellen Position im eigentlichen Beruf. Die Stadträte haben Einflussmöglichkeiten, aktiv auf die Vereinbarkeit von Beruf und Mandat einzuwirken. So zeigte die Studie, dass 85% der Ratsmitglieder nach der Übernahme des Mandats Strategien anwenden, um Beruf und Mandat vereinbaren zu können. Die wichtigsten Strategien sind dabei die (vollständige) Freistellung, der Arbeitsplatzwechsel, flexiblere Arbeitszeiten und die Reduzierung der Arbeitszeit. Durch diese Strategien ermöglichen die Mandatsträger eine Ausübung des Mandats und befinden sich damit häufig aber auch in einer Situation zwischen Ehrenamt und Berufspolitik. Insgesamt sind somit bei den Ratsmitgliedern in Großstädten starke informelle Professionalisierungsprozesse zu konstatieren – von einer ehrenamtlichen Ausübung kann hier häufig nicht mehr gesprochen werden. Damit zeigen sich ähnliche Entwicklungen wie sie auch bereits bei anderen Funktionen der kommunalen Selbstverwaltung zu beobachten waren (1. und 2.)

Literatur

Berkemeier, Karl-Heinz 1972: Das kommunale Schein-Parlament: Ausgeschaltet aus dem Planungsprozess. In: Zeitschrift für Parlamentsfragen. 3. Jg. (1972). Heft 2: 202–208

Bogumil, Jörg/Heinelt, Hubert 2005: Bürgermeister in Deutschland. Wiesbaden

Boll, Bernhard/Holtmann, Everhard 2001: Parteien und Parteimitglieder in der Region: Sozialprofil, Einstellungen, innerparteiliches Leben und Wahlentscheidung in einem ostdeutschen Bundesland. Das Beispiel Sachsen-Anhalt. Wiesbaden

Bußmann, Frank Erwin 1998: Dorfbewohner und Kommunalpolitik. Bonn

Christner, Thomas 1991: Entschädigungsregelungen für Mitglieder kommunaler Vertretungskörperschaften. Frankfurt am Main, Bern, New York, Paris

Heuvels, Klaus 1986: Diäten für Ratsmitglieder? – Zur Frage der Übertragbarkeit der Grundsätze des „Diäten-Urteils" des Bundesverfassungsgerichts auf den kommunalen Bereich. Köln

Hofmann, Wolfgang 2007: Die Entwicklung der kommunalen Selbstverwaltung von 1848 bis 1918. In: Mann, Thomas/Püttner, Günter (Hrsg.): Handbuch der kommunalen Wissenschaft und Praxis 1: Grundlagen und Kommunalverfassung. Berlin: 73–92

Holtkamp, Lars 2009: Professionalisierung der Kommunalpolitik? Empirische und normative Befunde. In: Edinger, Michael/Patzelt, Werner J. (Hrsg.): Politik als Beruf PVS Sonderheft.

Holtkamp, Lars 2008: Kommunale Konkordanz- und Konkurrenzdemokratie. Wiesbaden

Holtkamp, Lars/Eimer, Thomas R. 2006: Totgesagte leben länger... Kommunale Wählergemeinschaften in Westdeutschland. In: Jun, Uwe et. al (Hrsg.): Kleine Parteien im Aufwind. Zur Veränderung der deutschen Parteienlandschaft. Frankfurt am Main/New York: 249–276

Kost, Andreas/Wehling, Hans-Georg 2003: Kommunalpolitik in den deutschen Ländern. Wiesbaden

März, Peter 2003: Kommunalpolitik im Freistaat Bayern. In: Kost, Andreas/Wehling, Hans-Georg (Hrsg.): Kommunalpolitik in den deutschen Ländern, Wiesbaden: 41–63

Mann, Thomas 2007: Die Rechtstellung von Bürgern und Einwohnern. In: Mann, Thomas/Püttner, Günter (Hrsg.): Handbuch der kommunalen Wissenschaft und Praxis 1: Grundlagen und Kommunalverfassung. Berlin: 331–352

Naßmacher, Hiltrud/Nassmacher, Karl-Heinz 2007: Kommunalpolitik in Deutschland. Wiesbaden

Niedermayer, Oskar, 2009: Parteimitglieder in Deutschland: Version I/2009. Berlin: Freie Universität Berlin; Otto-Suhr-Institut. Elektronische Ressource: http://www.polsoz.fu-berlin.de/polwiss/forschung/systeme/empsoz/schriften/ Arbeitshefte/ahosz15.pdf [19.05.2009]

Olk, Thomas/Heinze, Rolf G. (Hrsg.) 2001: Bürgerengagement in Deutschland – Zum Stand der wissenschaftlichen und politischen Diskussion. In: Heinze, Rolf G./Olk, Thomas (Hrsg.): Bürgerengagement in Deutschland. Bestandsaufnahmen und Perspektiven. Opladen: Leske + Budrich: 11–26

Reiser, Marion 2009: Ressourcen- oder Mitgliederbasiert? Zwei Formen politischer Professionalisierung auf der lokalen Ebene und ihre institutionellen Ursachen. In: Edinger, Michael/Patzelt, Werner J. (Hrsg.): Politik als Beruf. Politische Vierteljahresschrift, Sonderheft 44/2009, i.E.

Reiser, Marion 2006: Zwischen Ehrenamt und Berufspolitik: Professionalisierung der Kommunalpolitik in deutschen Großstädten. Wiesbaden

Reiser, Marion/Krappidel, Adrienne 2008: Parteien ohne Parteilichkeit? Analyse zum Profil parteifreier Gruppierungen. In: Reiser, Marion et al. (Hrsg.): Parteifrei im Parteienstaat. Kommunale Wählergemeinschaften im Ost-West-Vergleich. SFB 580 Mitteilungen, Band 25: 74–97

Reiser, Marion/Rademacher, Christian/Jaeck Tobias (2008): Präsenz und Erfolg Kommunaler Wählergemeinschaften im Bundesländervergleich. In: Vetter, Angelika (Hrsg.): Erfolgsbedingungen lokaler Bürgerbeteiligung. Wiesbaden: 123–147

Ronge, Volker 1994: Der Zeitaspekt ehrenamtlichen Engagements in der Kommunalpolitik. In: Zeitschrift für Parlamentsfragen. Jg. 25, Heft 2: 267–282

Sachße, Christoph 2002: Traditionslinien bürgerschaftlichen Engagements. In: Enquête-Kommission „Zukunft des Bürgerschaftlichen Engagements" Deutscher Bundestag (Hrsg.): Bürgerschaftliches Engagement und Zivilgesellschaft. Opladen: 23–28

Wagner, Marc 2000: Der Ausländerbeirat. Frankfurt am Main.

Wollmann, Hellmut 1999: Kommunalvertretungen: Verwaltungsorgane oder Parlamente? In: Wollmann, Hellmut/Roth, Roland (Hrsg.): Kommunalpolitik. Politisches Handeln in den Gemeinden. Opladen: 50–66

Zimmer, Annette 2007: Vom Ehrenamt zum Bürgerschaftlichen Engagement. Einführung in den Stand der Debatte. In: Schwalb, Lilian/Walk, Heike (Hrsg.): Local Governance – mehr Transparenz und Bürgernähe? Wiesbaden: 95–108

Josef Schmid und Daniel Buhr

Bürgerschaftliches Engagement und Interessenpolitik durch Verbände und Parteien[1]

Der Begriff des Bürgerschaftlichen Engagements dient als Bezeichnung für ein weites Feld an konkreten Aktivitäten und wissenschaftlichen Debatten. Vorzugsweise wird damit das Phänomen der Partizipation der Bürger am gesellschaftlichen und politischen Leben auch mit Begriffen wie Zivilgesellschaft, Dritter- oder Non-Profit-Sektor belegt.

In einigen Aspekten wird so die Brücke zu Vereinen und Verbänden gelegt, bei denen dann die Funktion der Interessenvertretung dominierend ist (zum Beispiel Gewerkschaften Schmid 2002/FES). Zentrale Bezugspunkte sind dabei ferner die Bereiche Politik und Wirtschaft – allerdings sind wichtige andere Felder wie Sport und Musik ebenfalls durch große Interessenorganisationen strukturiert. Noch markanter fällt der Politik- und Staatsbezug bei den Parteien aus. Ihnen kommt bei der politischen Willensbildung – von der ehrenamtlichen Basis bis zu den hauptamtlichen Funktions- und Amtsträgern – eine verfassungsmäßige gestützte zentrale Funktion zu.

Insofern bilden bürgerschaftliches Engagement (im engeren Sinne) und Interessenvertretung durch Verbände und Parteien zwei Pole eines breiten Kontinuums – gelegentlich ist auch von einem schwierigen Verhältnis die Rede. Dies hängt nicht zuletzt mit dem unterschiedlichen „Reifegrad" der Organisationen, ihrer Größe und Ressourcenausstattung zusammen. Harmonieren oder konkurrieren bürgerschaftliches Engagement sowie Interessenverbände und Parteien miteinander? Ist es ein Mit- oder ein Gegeneinander? Um die Klärung dieser Unterschiede und Gemeinsamkeiten sowie der einschlägigen wissenschaftlichen Ansätze geht es im folgenden Beitrag.

Wissenschaftliche Diskursstränge

In der aktuellen politikwissenschaftlichen Debatte über bürgerschaftliches Engagement lassen sich vier Stränge unterscheiden (Frech 2007):

(1) Der demokratietheoretische Diskussionsstrang erörtert verschiedene Formen und Ansätze bürgerschaftlichen Engagements und fragt nach deren

---

1 Wir danken Stewart Gold und Christian Förster für hilfreiche Unterstützung.

Reformpotenzial – beispielsweise nach direktdemokratischen Elementen (Bürgerbegehren, Volksentscheide), die eine repräsentative Demokratie ergänzen könnten.

(2) Der wohlfahrtsstaatliche Strang analysiert unter dem Leitgedanken der Reform und Modernisierung des Staates, wie Bürgerinnen und Bürger sowie Dritte Sektor-Organisationen in das Angebot öffentlicher Leistungen eingebunden werden können. Angesichts der „Krise des Sozialstaats" wird ein „neuer Bürgersinn" gefordert, der soziale Dienstleistungen unter direkter Beteiligung von Bürgerinnen und Bürgern erbringt.

(3) Der politisch-ethische Diskussionsstrang stellt die Frage nach den zivilethischen Grundlagen gemeinwohlorientierter Handlungen – nach Wertgrundlagen, Einstellungs- und Verhaltensmustern, ohne die ein demokratisches Gemeinwesen kaum funktionieren kann.

(4) Der verwaltungswissenschaftliche Diskurs fragt nach Möglichkeiten der Einbindung bürgerschaftlichen Engagements in die öffentliche Leistungserstellung und nach Konzepten öffentlich-privater Partnerschaften.

Die gesellschaftliche Relevanz und die Präsenz des Politischen (im dreifachen Sinne von Politics, Policy und Polity) innerhalb dieser Diskurse lenken natürlich auch den Blick der mehr oder weniger großen Interessenverbände und der Parteien auf sich; zumal dann, wenn es um staatliche Regelungen und Interventionen geht. Längst ist nämlich nicht mehr nur zivilgesellschaftliche Selbstorganisation, sondern ebenfalls staatliche Engagementpolitik am Werk und versucht, das bürgerschaftliches Engagement etwa durch steuerliche Vergünstigungen zu fördern.[2]

Ehrenamt und bürgerschaftliches Engagement

Die Entstehung und Popularität des Wortpaars „Bürgerschaftliches Engagement" sind in engem Zusammenhang mit der Arbeit der Enquête-Kommission des Deutschen Bundestages der ersten Legislaturperiode der rot-grünen Koalition unter Bundeskanzler Gerhard Schröder (SPD) zu sehen. Insofern spielen die Parteien (im Parlament) durchaus eine initiierende Rolle bei der Etablierung und Institutionalisierung des Themas. Ziel und Auftrag der Kommission war es, den engen Zusammenhang – das Miteinander – von Engagement, Bürgerschaft und Bürgersinn deutlich zu machen.

So grenzten sich die Mitglieder der Kommission mit ihrer Begriffswahl insbesondere von einer Tradition ab, die den Einsatz für das Gemeinwohl

---

2 In diesem Sinne umfasst Engagementpolitik a) alle staatlichen Maßnahmen und Interventionen, die sich auf das BE beziehen (im Sinne von Policy); b) diejenigen politische Prozesse, die dieses Phänomen beeinflussen wollen (im Sinne von Politics); c) den politischen Ordnungsrahmen, in dem sich dies abspielt (im Sinne von Polity).

primär mit dem Begriff der „Ehre" verbindet.³ In der deutschen Tradition ist ein Ehrenamt eine staatlich abgeleitete Tätigkeit – und kein Akt der Selbstorganisation: Man tut etwas für seine Gemeinde und sein Land, doch die Initiative hierzu geht nicht „von unten" aus. Mit der Einführung der neuen Begrifflichkeit (Bürgerschaftliches Engagement) wird eine neue Perspektive gewählt. Stärker in den Fokus rückt hier (bewusst) genau dieses Engagement von unten, nämlich die Selbstorganisation der vielen Bürgerinnen und Bürger. Das Bürgerschaftliche Engagement hat daher nicht den Staat im Blick, sondern angesprochen sind vor allem die selbstorganisierten Aktivitäten (Zimmer 2005; Bericht der Enquête-Kommission Zukunft des Bürgerschaftlichen Engagements des 14. Deutschen Bundestages 2002). Die Vorstellungen über Bürgerschaftliches Engagement bewegen sich also entlang der Pole Staat und Gesellschaft beziehungsweise Beruf und Freizeit.

Gerade im Umfeld der Wohlfahrts- und Jugendverbände, Kirchen, Gewerkschaften und Parteien wurde Bürgerschaftliches Engagement häufig als Ehrenamt bezeichnet. Ein Ehrenamt – etwa in einem Vorstand – auszuüben, bedeutet in diesem Kontext, sich organisiert, unentgeltlich und regelmäßig zu engagieren – verbunden mit einer Zuordnung zu traditionellen, lokalen und wertgebundenen Milieus (Rauschenbach 1999b). Das beinhaltet auch eine altruistische Motivation, bei welcher der Nutzen für die Allgemeinheit beziehungsweise für Dritte im Vordergrund steht.⁴

Andererseits gibt es das sogenannte „neue Ehrenamt", das häufig mit einem „Engagement mit Adjektiven" verbunden ist und begriffliche Konsequenzen aus dem Strukturwandel des Ehrenamts (Rauschenbach 1999a; Dörner/ Vogt 2001) gezogen hat, wobei dieser Wandel vor allem an der zeitlichen Dimension des Engagements festgemacht wird: weg vom regelmäßigen, zeitintensiven, lebenslangen Ehrenamt hin zum projektorientierten, zeitlich begrenzten Engagement, das mit Selbstverwirklichungsaspekten (in Abgrenzung zu altruistischen Motiven des alten Ehrenamts) verbunden wird. Engagement soll – neben möglichen Karriereaspekten – vor allem Spaß machen, die wichtigste Erwartung von Engagierten an ihre freiwillige Tä-

---

3 Das Ehrenamt ist, vereinfacht gesagt, eine Not-Erfindung des preußischen Staates zu Zeiten leerer Kassen im ersten Viertel des 19. Jahrhunderts.
4 In der deutschen Geschichte sind es zwei Traditionslinien, die zu einer Verwirklichung der Zivilgesellschaft beziehungsweise zu einer deutlichen Annäherung an die normativen Vorgaben geführt haben: Einerseits die kommunale Selbstverwaltung, andererseits die bürgerliche Vereinskultur (Sachße 2002). Im Unterschied zu früher ist heute Bürgerschaftliches Engagement nicht mehr auf das Bürgertum begrenzt, sondern erfährt eine breite gesellschaftliche Verankerung, von der allerdings noch immer „Randgruppen" wie Arbeitslose oder Menschen mit niedrigem Bildungsniveau ausgeschlossen sind. Der pluralistische Chor hat also immer noch einen „Oberschichtenakzent" (Schattschneider 1975). Erwerbstätigkeit und höherer Bildungsabschluss führen zu mehr bürgerschaftlichem Engagement. (Engagementatlas 2009). Gerade aber die Einbeziehung aller Gruppen ermöglicht erst eine Stärkung der Demokratie durch die Teilhabe aller, was wiederum auf eine Stärkung der Zivilgesellschaft hinausläuft.

tigkeit, wie der Freiwilligensurvey (1999: 112) aber auch der aktuelle Engagementatlas (Engagementatlas 2009) herausfanden.

Empirisch bietet das Feld des Bürgerschaftlichen Engagements viele Möglichkeiten. So macht die aktuelle Studie des Engagementatlas den volkswirtschaftlichen Nutzen des bürgerschaftlichen Engagements sichtbar: jedes Jahr engagieren sich Männer, Frauen, Jugendliche und Senioren ehrenamtlich und unentgeltlich in einem Umfang, welcher der Arbeitskraft von 3,2 Millionen Vollzeit-Beschäftigten entspricht (Engagementatlas 2009). Die Engagementquote beträgt damit mehr als ein Drittel (34,3 %) der Bevölkerung – „eine aktive Bürgergesellschaft ist in weiten Teilen bereits Wirklichkeit." (Engagementatlas 2009: 3)

Doch wie verhält es sich zum deutschen Parteien- und Verbändestaat bzw. zum Handlungsfeld Politik? Hier fällt auf, dass diese Bereiche wohl eher neben- denn miteinander agieren. Denn nur wenige Menschen engagieren sich in diesem Feld, das traditionell von korporatistischen Interessenvertretern und Volksparteien dominiert wird: nur 7,8 % der Engagierten arbeiten im Bereich „Politik und Interessenvertretung" (Engagementatlas 2009). Bürgerschaftlich Engagierte übernehmen hauptsächlich Tätigkeiten im sozialen und kommunikativen Bereich und ergänzen das funktionalisierte Sozial-, Gesundheits- und Pflegewesen sinnvoll. Gemeinsam mit Kirche und Religion sind dies Bereiche, die insbesondere für Frauen bedeutsam sind.

Abb. 1: Engagementbereiche (Engagementatlas 2009: 11)

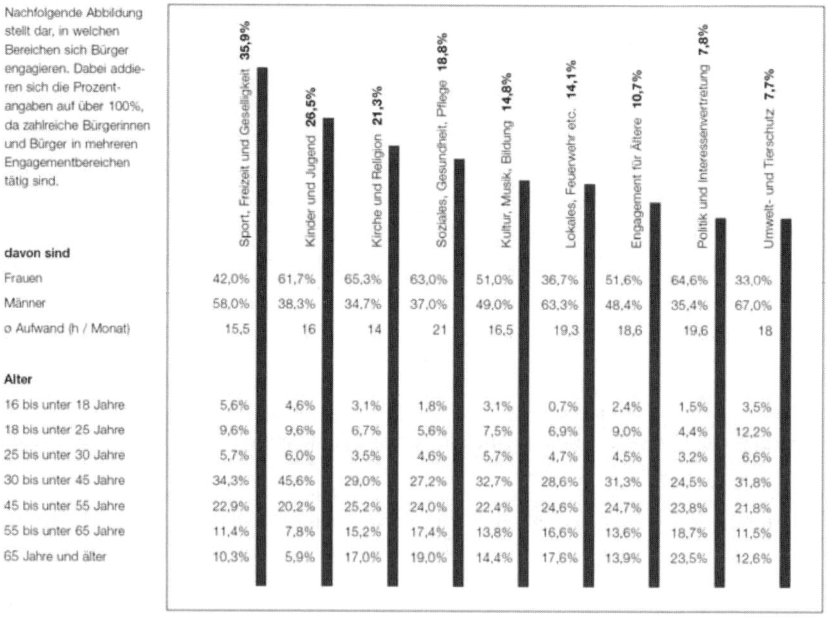

Nachfolgende Abbildung stellt dar, in welchen Bereichen sich Bürger engagieren. Dabei addieren sich die Prozentangaben auf über 100%, da zahlreiche Bürgerinnen und Bürger in mehreren Engagementbereichen tätig sind.

	Sport, Freizeit und Geselligkeit 35,9%	Kinder und Jugend 26,5%	Kirche und Religion 21,3%	Soziales, Gesundheit, Pflege 18,8%	Kultur, Musik, Bildung 14,8%	Lokales, Feuerwehr etc. 14,1%	Engagement für Ältere 10,7%	Politik und Interessenvertretung 7,8%	Umwelt- und Tierschutz 7,7%
davon sind									
Frauen	42,0%	61,7%	65,3%	63,0%	51,0%	36,7%	51,6%	64,6%	33,0%
Männer	58,0%	38,3%	34,7%	37,0%	49,0%	63,3%	48,4%	35,4%	67,0%
ø Aufwand (h / Monat)	15,5	16	14	21	16,5	19,3	18,6	19,6	18
Alter									
16 bis unter 18 Jahre	5,6%	4,6%	3,1%	1,8%	3,1%	0,7%	2,4%	1,5%	3,5%
18 bis unter 25 Jahre	9,6%	9,6%	6,7%	5,6%	7,5%	6,9%	9,0%	4,4%	12,2%
25 bis unter 30 Jahre	5,7%	6,0%	3,5%	4,6%	5,7%	4,7%	4,5%	3,2%	6,6%
30 bis unter 45 Jahre	34,3%	45,6%	29,0%	27,2%	32,7%	28,6%	31,3%	24,5%	31,8%
45 bis unter 55 Jahre	22,9%	20,2%	25,2%	24,0%	22,4%	24,6%	24,7%	23,8%	21,8%
55 bis unter 65 Jahre	11,4%	7,8%	15,2%	17,4%	13,8%	16,6%	13,6%	18,7%	11,5%
65 Jahre und älter	10,3%	5,9%	17,0%	19,0%	14,4%	17,6%	13,9%	23,5%	12,6%

Männer sind hauptsächlich in Verbänden, Gewerkschaften und Parteien engagiert. Dies entspricht der häufigen Präsenz männlicher Engagierter in den Tätigkeitsbereichen „Politik" und „Berufliche Interessenvertretung außerhalb des Betriebes". Und der Unterschied in der strukturellen Verortung männlichen und weiblichen Engagements hat sich im Vergleich der beiden Freiwilligensurveys (1999 und 2004) sogar noch weiter vergrößert – so war eine mögliche zweite freiwillige Tätigkeit von Frauen 2004 viel seltener in Verbänden, Gewerkschaften und Parteien angesiedelt (Freiwilligensurvey 2004; BMFSFJ 2006).

Interessenvertretung, Verbände und Parteien

Die Vertretung und Vermittlung – d.h. die Selektion und Aggregation – von Interessen bildet ein grundlegendes Merkmal moderner, d.h. funktional ausdifferenzierter und demokratisch strukturierter Gesellschaften (Schmid 2007) und prägt das Verhalten der Individuen. In der Politikwissenschaft wird der Interessenbegriff in unterschiedlichen Dimensionen verwandt (von Alemann 1985: 5):

- die individuelle Dimension, die auf Bedürfnisse und Antriebe des einzelnen Menschen abzielt,
- die materielle Dimension, die sich auf die Erzielung von Nutzen in der Interaktion mit anderen Individuen bezieht,
- die gesellschaftliche bzw. politische Dimension, bei der diese Aspekte in der Auseinandersetzung mit konkurrierenden anderen Nutzenprofilen verknüpft werden.

Diese Interessendimensionen spielen für die Motivation zum Bürgerschaftlichen Engagement eine wichtige Rolle (siehe Freiwilligensurvey 2004; BMFSFJ 2006). Die Organisation, Vermittlung und Vertretung von Interessen durch Verbände und Parteien lässt sich auf die in der Sozialwissenschaft übliche Dreiteilung des Politikbegriffs beziehen, wobei die Trennung der drei Dimensionen nur analytischen und keinen realen Charakter besitzt (dazu Rohe 1994). Interessenvertretung ist Politics, insofern es um politische Entscheidungen und Auseinandersetzungen, um den Kampf um politische Machtanteile und Einfluss geht. Sie ist aber auch auf Policy bezogen, weil es um materielle Politiken und Problemlösungen, um die inhaltliche Dimension von Staatstätigkeiten geht. Schließlich hängen Verbände und Parteien als „offizielle" Interessenvertreter eng mit dem Aspekt der Polity zusammen: sie sind Teil der politischen Ordnung und der Organisationsformen des demokratischen Gemeinwesens.

Sind Interessengruppen – zu denen die Klassiker übrigens auch die Parteien gezählt haben – also das Rohmaterial der Politik? (Bentley 1908) So prominent die Vertreter, die vor einem zu großen Einfluss organisierter Interessen warnen (Eschenburg 1955) – die Vorteile einer auf Interessen gegründeter Gesellschaftsordnung sind nicht von der Hand zu weisen: Zum einen führen solche Gesellschaftsordnungen zu einer hohen Persistenz und Voraussagbarkeit der individuellen Verhaltensmuster und zum anderen machen sie es dem Souverän schwer, seine Macht zu missbrauchen (Schmid 1998). Je höher ihre Leistungskapazitäten in der Interessenvermittlung, desto höher die politische Stabilität und der ökonomische Wohlstand etwa in Form von Beschäftigung und Sozialleistungen (Schmitter/Streeck 1985). Als Organisationen der Interessenvertretung und -vermittlung kommt Verbänden ein prominenter Stellenwert zu. Ihre Vielfalt und Eigenart ist zugleich Ausdruck gesellschaftlicher Modernisierung und Differenzierung, was wiederum ihre Einbindung erschwert und unter Umständen zu einer Überforderung des politischen Systems führen kann.[5]

Abb. 2: Verbände und ihr Netzwerk der Einflussnahme (eigene Darstellung)

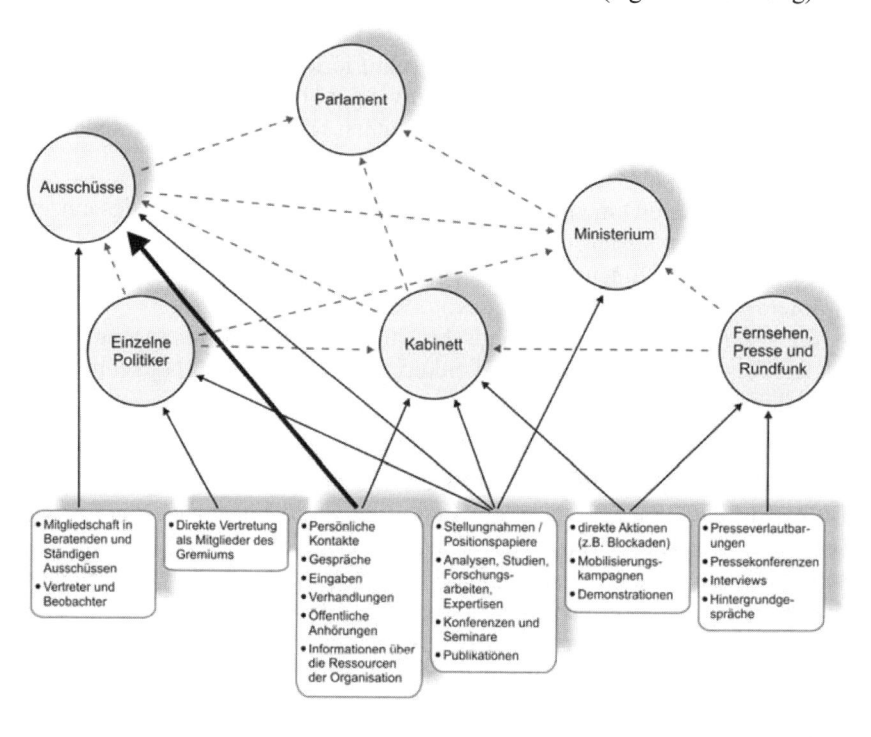

---

[5] Verbände umfassen aus der Sicht der Politikwissenschaft den intermediären Raum zwischen der Lebenswelt des Einzelnen und den Institutionen des politischen und zum Teil auch des ökonomischen Systems. Sie sind Zusammenschlüsse mit einer freiwilligen Mitgliedschaft, übernehmen die Vertretung individueller Interessen und Bedürfnisse sowie in einigen Fällen die Produktion von Dienstleistungen. Sie stellen ferner organisierte soziale Gebilde dar, was ein gewisses Ausmaß an interner Formalisierung und Strukturbildung sowie der Grenzziehung gegenüber der Umwelt impliziert und sie etwa von lockeren Bürgerinitiativen oder spontanen politischen Aktionen unterscheidet. Sie haben in modernen Gesellschaften durch die verfassungsmäßigen Grundrechte und die Koalitionsfreiheit eine legale Basis erhalten, in deren Rahmen sie Einfluss auf die Politik nehmen.

Zu den Mitteln, die Verbände dabei einsetzen, gehören Informationspolitik (durch Stellungnahmen und Anhörungen), aber auch öffentlicher Druck und Demonstration sowie personelle Verflechtungen, Spenden und Lobbyismus bis hin zur Korruption (Schmid 1998; Heinze 2008).

In Verbänden findet die Vielfalt gesellschaftlicher Interessen ihren Ausdruck; so umfasst etwa die „Lobby-Liste" des Deutschen Bundestages mehr als 1700 Einträge, Schätzungen über ihre gesamte Zahl liegen noch weit höher. Allerdings spiegeln sie nicht alle in der Gesellschaft vorhandenen Interessen wider, da manche nicht oder nur schlecht organisierbar sind. Zugleich spielen die Ressourcen, die ein Verband zur Lösung bestimmter Probleme zur Verfügung stellen kann (etwa Expertise und Einrichtungen), eine Rolle. Daher besteht zwischen einzelnen Verbänden ein Machtgefälle, was zu kritischen Debatten über ihre Funktion und Legitimation geführt hat.

Parteien sind in ihrer Entwicklung durch eine Vielfalt an Strukturen und Funktionen gekennzeichnet, die in verschiedenen Typologien erfasst worden sind. Weber (1964) etwa unterscheidet in Bezug auf die Ziele zwischen Patronage-, Klassen-, Weltanschauungs- und Interessenparteien; im Hinblick auf die strukturellen Merkmale differenziert er zwischen (aristokratischen) Gefolgschafts-, (bürgerlichen) Honoratioren- und (sozialistischen) Massenparteien mit bürokratischem Apparat. Später Autoren (wie Neumann 1973 bzw. Kirchheimer 1965) heben angesichts der Entwicklungen in den 1950er Jahren mit der Massenintegrations- und der Allerweltspartei auf gegensätzliche organisatorische Integrationsmuster und soziale Reichweite ab. Charakterisiert der erste Typus eine enge, totale Einbindung von Mitgliedern („von der Wiege bis zur Bahre"), so spielt im zweiten der Erfolg beim Wähler die zentrale Rolle („catch-all party"). Gerade in der Bundesrepublik hat das dem letzten Typus nahestehende Konzept der Volkspartei einen beachtlichen analytischen und normativen Stellenwert erhalten. In jüngeren Arbeiten ist inzwischen von einem Wandel zur „Kartellpartei" bzw. zur „professionalisierten Wählerpartei" (von Beyme 2000) die Rede. Dieser neue Typus lebt vor allem von staatlichen Ressourcen, ist zentralisiert und wird von Berufspolitikern getragen; ferner haben sich Regierung und Opposition arrangiert. Parteien sind demnach eher Teil des Staates, als dass sie noch zwischen diesem und der Gesellschaft vermitteln. Sie bieten zudem wenig Attraktion für individuelles Engagement jenseits von Karriereambitionen.

Das folgende Schaubild zeigt, wie sich die unterschiedlichen Formen der Interessenvertretung ausdifferenziert haben und nun arbeitsteilig nebeneinander wirksam werden. Solche funktionalen Unterschiede lassen sich bei den unterschiedlichen institutionellen Kontexten des Bürgerschaftliches Engagements fortführen (vgl. Tab. 2).

Tab. 1: Funktionale und institutionelle Differenzierung des Systems der politischen Interessenvermittlung aus systemtheoretischer Sicht (Schmid 1998: 46)

Kriterium	Partei	Verband	Bewegung
Operations-modus	Besetzung politischer Ämter	Repräsentation von Mitgliederinteressen	Protesthandlungen
Zentrale Ressourcen	Wählerstimmen	Expertenwissen; Geld; Zugang zum Entscheidungssystem; Leistungsverweigerung	Emphase der Anhängerschaft
Interne Verfahrensgrundlage	Satzung; hohe Rollenspezifikation	Satzung; hohe Rollenspezifikation	Freies Aushandeln; geringe Rollenspezifikation

Tab. 2: Abgrenzung Ehrenamt vs. bürgerschaftliches Engagement in unterschiedlichen institutionellen Kontexten

	Ehrenamt in der öffentlichen Institution	Ehrenamt und Engagement im Verband	Bürgerschaftliches Engagement
Operations-modus	Besetzung politischer Ämter	Repräsentation von Mitgliederinteressen	Gemeinschaftlich-kooperative Leistungen für Dritte
Zentrale Ressourcen	Expertenwissen; Delegation durch Wahl und Proporz	Expertenwissen; Wahl, regelmäßige Aktivität	Motive und Kompetenzen des Engagierten
Interne Verfahrensgrundlage	Gesetz; hohe Rollenspezifikation	Satzung; hohe Rollenspezifikation	Spontaneität; geringe Rollenspezifikation

Gegenwärtig fokussiert sich die Forschung zunehmend auf Krisenerscheinungen, vor allem der Tarifparteien; bei diesen zeigt sich eine nachlassende Rekrutierungs- und Bindungsfähigkeit, was mit Schlagworten wie „Aussterben der Stammkunden" oder „Tarifflucht" signalisiert wird. Dies ist die Folge der gewandelten soziökonomischen und politischen Rahmenbedingungen einerseits und mangelnder organisatorischer Anpassung andererseits (zum Gesamten: Schmid 1998). Zugleich manifestiert sich hier die Konkurrenz der neuen Engagementformen gegenüber den traditionellen. Auch im Bereich der Politik finden lokale, befristete Initiativen oder aktuelle Ein-Punkt-Themen stärkeren Zulauf als die etablierten Großorganisationen. Bei den Verbänden geht der Wandel vom „geordneten Verhandlungsmodell zu ad-hoc-Lösungen und ‚punktuellem' Lobbying" (Heinze 2008: 243). Das trifft in analoger Weise auf die Parteien zu, die funktional darauf angelegt sind, breite Interessen zu aggregieren und in politische Mehrheiten zu transformieren. Sie sind Kernstrukturen der repräsentativen Demokratie

– hoch organisiert und in ihren Abläufen formalisiert und reguliert. In besonderem Maße gilt dies für die großen Volksparteien, aber auch die GRÜNEN unterliegen den Systemzwängen des Parlamentarismus und des Parteienwettbewerbs. Mitgliederverluste, Rückgang der „treuen" Wähler etc. sind hier – ähnlich wie bei den Tarifparteien – seit Jahren zu beobachten, ja skeptische Beobachter sprechen sogar von der Krise der Volksparteien. Wahrscheinlich ist dies eine Folge der Dominanz und Selektivität der Mitgliedschaftsrolle bzw. der restringierten Partizipations- und Engagementangebote. Nur wenige Bürgerinnen und Bürger wollen die Partei als Karrierevehikel nutzen oder „große Politik" machen.

Abb. 3: Mit- oder Gegeneinander? Organisations-Sektoren der Gesellschaft (Engagementatlas 2009: 41)

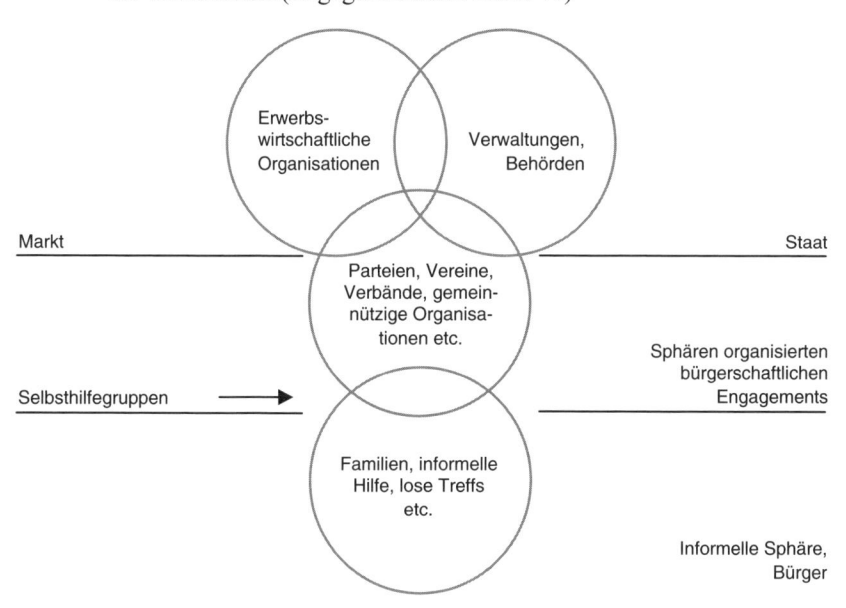

Mit- oder Gegenspieler

Kommen wir zurück zur Ausgangsfrage: Harmonieren oder konkurrieren Verbände, Parteien und Bürgerschaftliches Engagement miteinander? Die Antwort lautet „sowohl als auch". So finden sich Ansätze, die Verbände und Parteien vor allem als Elitenkartelle begreifen – was sie auf den ersten Blick vom Bürgerschaftlichen Engagement unterscheiden mag. Und tatsächlich operieren die großen Interessenverbände und die Parteien gerade in den Bereichen, wo es Geld und Macht zu verteilen gibt, eher als Gegenspieler. Aber nicht nur korporatistische Ansätze unterstreichen das große Potenzial der Verbände zum Mitspieler; nicht zuletzt, weil es große Überschneidungen gibt. Systemtheoretische Konzepte wiederum betrachten das Verhältnis als arbeitsteilige Ausdifferenzierung, als unterschiedliche Formen des Engagements bzw. als Nebeneinander der Handlungsfelder und Organisationen. Die großen Verbände und die Parteien reagieren darauf und versuchen verstärkt Elemente Bürgerschaftlichen Engagements zu integrieren und mehr Partizipation für einfache Mitglieder zu realisieren. Denn beide leben ebenfalls vom Engagement ihrer Mitglieder – die große Einheitsgewerkschaft (etwa beim Streik) genauso wie der örtliche Sportverein oder die Parteien.

Literatur

Alemann, Ulrich von/Forndran, Erhard (Hrsg.) 1983: Interessenvermittlung und Politik. Opladen.
Alemann, Ulrich von/Heinze, Rolf G. (Hrsg.) 1979: Verbände und Staat. Vom Pluralismus zum Korporatismus. Opladen.
Alemann, Ulrich von/Schmid, Josef 1998: Die Gewerkschaft ÖTV. Reformen im Dickicht gewerkschaftlicher Organisationspolitik. Baden-Baden.
Bericht der Enquête Kommission Zukunft des Bürgerschaftlichen Engagements des 14. Deutschen Bundestages, 2000. Opladen.
Beyme von, Klaus 2000: Parteien im Wandel, Wiesbaden.
Bundesministerium für Familie, Senioren, Frauen und Jugend 2004: Freiwilliges Engagement in Deutschland 1999–2004. Repräsentativerhebung zu Ehrenamt, Freiwilligenarbeit und bürgerschaftlichem Engagement. Berlin. Online: http://www.bmfsfj.de/Kategorien/Forschungsnetz/forschungsberichte,did=73430.html.
Dörner, Andreas/Vogt, Ludgera 2001: Das Kapital der Bürger. Freiwilligenarbeit als Herausforderung der Politik. In: Gegenwartskunde 50, Heft 1: 43–56.
Eschenburg, Theodor 1955: Herrschaft der Verbände? Stuttgart.
Frech, Siegfried 2007: Bürgerschaftliches Engagement. In: Landeszentrale für Politische Bildung Baden-Württemberg (Hrsg.): Der Bürger im Staat, Heft 4: 202–203.
Generali Gruppe Deutschland/Prognos 2009: Engagementatlas 09. Aachen. Online: http://zukunftsfonds.amb-generali.de/internet/csr/csr_inter.nsf/ContentByKey/MPLZ-7L3EHX-DE-p/$FILE/Engagementatlas%202009_PDF_Version.pdf. Letzter Zugriff: 2. Dezember 2008.
Heinze, Rolf G. 2008: Regieren durch Verhandeln?,. In: Jann, Werner/König, Klaus (Hrsg.), Regieren zu Beginn des 21. Jahrhunderts, Tübingen.
Kirchheimer, Otto 1965: Der Wandel des westeuropäischen Parteiensystems, in: Politische Vierteljahresschrift, 6. Jg.: 20–41.
Lehmbruch, Gerhard 1987: Administrative Interessenvermittlung. In: Windhoff-Héritier, Adrienne (Hrsg.): Verwaltung und ihre Umwelt. Festschrift für Thomas Ellwein. Opladen. S. 11–43.
Neumann, Sigmund ³1973: Die Parteien der Weimarer Republik, Stuttgart.
Rauschenbach, Thomas 1999a: Einleitungsstatement der Podiumsdiskussion „Vielfalt oder Verwirrung? Zur Begrifflichkeit des Ehrenamts." 15. Januar 1999, Bonn-Bad Godesberg. Online: http://www.buerger-fuer-buerger.de/podium_ text.htm.
Rauschenbach, Thomas 1999b: Freiwillige, ehrenamtliche Tätigkeit. Online: http://www.freiwillig2001.de, letzter Zugriff: 1. Dezember 2008.
Rohe, Karl 1994: Politik. Begriffe und Wirklichkeiten. Eine Einführung in das politische Denken. 2. Auflage. Stuttgart.
Sachße, Christoph 2002: Traditionslinien bürgerschaftlichen Engagements in Deutschland. In: Aus Politik und Zeitgeschichte, Band 9: 3–5.
Schattschneider, Elmer 1975: Semisovereign People. A Realist's View of Democracy in America. New York.

Schmid, Josef 1998: Verbände. Interessenvermittlung und Interessenorganisationen. Ein Lehr- und Arbeitsbuch. München.

Schmid, Josef 2002: Bürgerschaftliches Engagement – Gewerkschaften – Arbeitswelt. Bonn. Online: http://library.fes.de/fulltext/stabsabteilung/01413.htm, letzter Zugriff: 1. Dezember 2008.

Schmid, Josef/Otto, Ulrich/Plank, Sven/Schönstein, Stephanie/Steffen, Christian 2002: Intentionen, Instrumente und Wirkungseinschätzungen ausgewählter Förderstrategien Bürgerschaftlichen Engagements im föderalen Staat. In: Enquête-Kommission „Bürgerschaftliches Engagement" (Hrsg.) . Opladen.

Streeck, Wolfgang (Hrsg.) 1994: Verbände und Staat. In: PVS-Sonderheft 25. Opladen.

Weber, Max 1964: Wirtschaft und Gesellschaft, Köln

Wissenschaftliche Beirat beim Bundesministerium für Wirtschaft und Technologie 2000: Aktuelle Formen des Korporatismus. Gutachten. Berlin. Online: http://www.bmwi.de/BMWi/Redaktion/PDF/A/aktuelle-formen-des-korporatismus,property=pdf,bereich=bmwi,sprache=de,rwb=true.pdf.

Zimmer, Annette 2005: Vom Ehrenamt zum Bürgerschaftlichen Engagement. Einführung in den Stand der Debatte. In: Forschungsjournal Neue Soziale Bewegungen, Jg. 18, Heft 3: 29–38.

Zimmer, Annette 2007: Vom Ehrenamt zum Bürgerschaftlichen Engagement. Einführung in den Stand der Debatte. In: Schwalb, Lilian/Walk, Heike (Hrsg.): Local Governance – mehr Transparenz und Bürgernähe. Wiesbaden.

Franz Hamburger

Bürgerschaftliches Engagement im sozialen Bereich

Geschichtliche Aspekte

Die Soziale Arbeit als Beruf ist aus dem bürgerschaftlichen Engagement hervorgegangen. Dabei lassen sich zwei Entwicklungslinien identifizieren: Von der ehrenamtlichen Armenfürsorge zur kommunalen Sozialpolitik einerseits und von der bürgerlichen Privatwohltätigkeit zur professionellen Bürokratie und zum Freiwilligenengagement der Freien Träger andererseits (Sachße 2002; siehe auch den Beitrag von Sachße in diesem Band). Das soziale Ehrenamt kam exemplarisch im „Elberfelder System" der kommunalen Armenpflege in der Mitte des 19. Jahrhunderts zum Ausdruck. Die ehrenamtlich tätigen Bürger fungierten als Armenbesucher, die sich in den Wohnvierteln der Armen auskannten und nach gründlicher Kontrolle Gaben verteilten. Mit der Jahrhundertwende begann eine Verberuflichung der sozialen Hilfe, die dann in der Weimarer Republik noch stärker professionalisiert wurde.

Auch die bürgerlichen Vereine entstanden im Modernisierungsprozess des 19. Jahrhunderts und richteten zum Teil soziale Aktivitäten auf den kommunalen Kontext (siehe den Beitrag von Zimmer in diesem Band). In den sozial caritativ tätigen Vereinen und Stiftungen engagierte sich ein bürgerliches und/oder christliches Milieu, das die modernen Wohlfahrtsverbände hervorbrachte, in ihnen wirksam war und ist, zugleich aber von der professionalisierten Wohlfahrt aufgezehrt wurde. Gegenüber dem Überlegenheitsanspruch der geschulten Berufstätigkeit konnten sich das ehrenamtliche und das bürgerschaftliche Sozialengagement nicht mehr als dominante Typen der Hilfeleistung halten.

Die Verwandlung der freiwilligen sozialen Tätigkeit in einen Beruf kann freilich nicht einfach nach einem Modell der Konsekution rekonstruiert werde. So lassen sich beruflich Tätige in den Armenanstalten des 15. und 16. Jahrhunderts nachweisen, ebenso finden sich die Anfänge der „sozialpädagogischen" Ausbildung im Zusammenhang mit der Heimerziehung im 18. Jahrhundert (Amthor 2003). Schon früh finden sich dabei die Modelle, dass hauptberuflich im Auftrag und unter Kontrolle eines kommunalpolitischen Ehrenamts gearbeitet wurde; aber auch, dass die hauptberufliche Leitung für die Koordination ehrenamtlicher Tätigkeiten verantwortlich war.

Diese Komplementär-Modelle lassen sich als bestimmtes Muster in der gesamten Geschichte der Sozialen Arbeit beobachten.

Formen und Felder

Der Freiwilligensurvey (FWS) für die Bundesrepublik Deutschland unterscheidet 14 Bereiche, in denen Gemeinschaftsaktivität und freiwilliges Engagement beobachtet werden können (Gensicke/Picot/Geiss 2006). Dabei ermöglichen die beiden Erhebungswellen 1999 und 2004 auch Aussagen zu Entwicklungstendenzen in den jeweiligen Bereichen. Der Bereich „Soziales" wird recht offen definiert und liegt bei den Gemeinschaftsaktivitäten in quantitativer Hinsicht auf dem 5. Rang einer Rankingliste der Gemeinschaftsaktivitäten. Im Jahr 1999 gaben 11 % der Bevölkerung an, involviert zu sein, im Jahr 2004 tun dies 13 %. Die Steigerungsrate ist im Vergleich zu anderen Bereichen hoch. Bei sozial beteiligten Männern ist diese Steigerungsrate recht stark ausgeprägt, auch wenn Frauen im Sozialen engagierter sind; doch der Abstand zwischen den Geschlechtern ist kleiner geworden.

Der FWS definiert „Jugendarbeit und Bildungsarbeit für Erwachsene" als einen eigenen Bereich der Gemeinschaftsaktivität. Hier sind 2004 7 % der Bevölkerung involviert (1999: 6 %), bei den 14- bis 30-Jährigen liegt der Anteil bei 9,5 %. Die Jugend- und Jugendbildungsarbeit kann – auf der Grundlage des SGB VIII – als ein sozialpädagogisches Handlungsfeld verstanden werden und bedarf deshalb hier der Berücksichtigung. Bei anderen Bereichen der Gemeinschaftsaktivität und des freiwilligen Engagements sind Überschneidungen zu vermuten (Sport und Bewegung, Schule und Kindergarten, Kirche und Religion, Gesundheit, Justiz und Kriminalitätsprobleme), indem ein bestimmtes Handeln auch dem sozialen Bereich und einer sozialpädagogischen Tätigkeit zugeordnet werden kann.

Dies trifft insbesondere für das explizite freiwillige *Engagement* zu, bei dem der Bereich „Soziales" mit 5,5 % (1999: 4 %) einen noch höheren Stellenwert (mit Kultur nach Sport, Schule und Kirche auf dem 4. Rang) einnimmt.

Im Bereich des Sozialen werden die freiwilligen Tätigkeiten besonders ausgeprägt als „Ehrenamt" verstanden (41 % im Jahr 2004). Höhere Werte bei der Zuordnung zu „Ehrenamt" finden sich nur noch bei „beruflicher Interessenvertretung" und „Kirche und Religion". Dies lässt sich gut mit der Organisiertheit des jeweiligen Feldes erklären. Die Zuordnung der eigenen Tätigkeit zur Kategorie „Freiwilligenarbeit" ist zwischen 1999 und 2004 deutlich zurückgegangen. Sechs Prozent der Befragten ordnen die Tätigkeit der Kategorie „Selbsthilfe" zu; dies ist der höchste Wert von allen Bereichen. Im Bereich des Sozialen lassen sich also Tendenzen im Selbstverständnis der Engagierten identifizieren: ein Trend geht zum „Ehrenamt" und die eigene Tätigkeit wird feldspezifisch stärker als Selbsthilfe verstanden.

An den Daten des FWS lassen sich weitere Merkmale des Engagements im sozialen Bereich erkennen, die das besondere Profil der Engagierten zum Ausdruck bringen: Deutlich mehr als in anderen Bereichen ist bei ihnen der Typus des „Gemeinwohlorientierten" (im Gegensatz zu dem des Geselligkeits- und des Interessenorientierten) vertreten. Relevant sind auch die Besonderheiten der Organisationsform: Der „Verband" als Ort der Tätigkeit ist nur bei Berufsorganisationen häufiger vertreten als beim sozialen Bereich, die Kirche spielt eine große Rolle (wie bei der Jugendarbeit auch) und die private Stiftung hat an Bedeutung gewonnen. Die Engagierten sind – wie die meisten Engagierten – Mitglied ihrer Organisation, in denen überwiegend auch hauptamtliche Mitarbeiter tätig sind, wobei ausreichende „Möglichkeiten zur Mitsprache und Mitentscheidung" gegeben sind (74%). Dennoch sind nur 28% in ein Amt gewählt bzw. haben Leitungsfunktion. Im Adressatenprofil unterscheidet sich der soziale Bereich deutlich von allen anderen Engagementfeldern: Ältere Menschen sind die Hauptadressaten, Kinder und Jugendliche haben deutlich an Bedeutung verloren.

Während der FWS seine Klassifikationen aus der Perspektive der freiwillig Engagierten entwickelt, kann eine institutionell akzentuierte Betrachtung weitere Aspekte herausarbeiten. So hat das Ehrenamt in Jugend- und in Wohlfahrtsverbänden eine spezifische Bedeutung allein schon deshalb, weil der „Wohlfahrtsverband als ein spezifischer organisatorischer Verwirklichungsraum des Ehrenamts mit eigenen kulturellen, sozialen und strukturellen Dimensionen" (Beher u. a. 2002: 35) zu betrachten ist und „der weitaus größte Teil der Jugendverbandsarbeit ehrenamtlich erbracht" (ebd.: 108) wird.

Die Wohlfahrtsverbände betrachten sich als „Gemeinwohl-Agenturen" und beanspruchen eine besondere Qualität der Sozialen Arbeit, die über eine tauschförmig erbrachte Dienstleistung hinausgeht. Diese Qualität soll sich aus den ethischen Grundlagen Sozialer Arbeit, besonders aus den ehrenamtlich erbrachten Leistungen ergeben. Dabei waren auch Jugend- und Sozialarbeit vom „Strukturwandel des Ehrenamts" besonders betroffen, als sich in der zweiten Hälfte des 20. Jahrhunderts ein großer Sozialmarkt herausbildete. Wenn die sozialen Leistungen ein Drittel des Bruttosozialprodukts ausmachen, dann sind die einschlägigen Dienstleistungen in diesem Sektor nur noch begrenzt in einer korporatistischen Struktur zu erbringen und bedürfen marktlicher Steuerungsmechanismen. Im Strukturwandel wird das ehrenamtliche Engagement zu einer spezifischen Ressource im Kampf um Marktanteile. Dies setzt sich fort in Phasen restriktiver Sozialpolitik am Ende des 20. Jahrhunderts, zumal gesellschaftspolitische Programmformeln wie die vom „aktivierenden Staat" oder der „partizipativen Zivilgesellschaft" dem freiwilligen Engagement eine neue bürgerschaftliche Legitimation verleihen.

Die *Formen* der ehrenamtlichen Mitarbeit lassen sich unterschiedlich differenzieren. *Eine* Aufteilung unterscheidet die direkte Partizipation in der inhaltlichen sozialen Arbeit, den Organisationsablauf unterstützende Tätigkeiten sowie Leitungs- und Repräsentationsaufgaben (van Santen 1999). Bei den Freien Trägern der Kinder- und Jugendhilfe sind diese Formen recht unterschiedlich verteilt. Die Ehrenamtlichen sind hier durchgehend bei der inhaltlichen Arbeit selbst, also der Beziehungsarbeit mit Kindern und Jugendlichen, beteiligt; dies ist bei den Jugendverbänden besonders ausgeprägt. Bei diesen sind sie auch organisatorisch tätig, die Leitungs- und Repräsentationsaufgaben werden deutlich weniger von ihnen wahrgenommen (ebd.: 43); dieser Befund verweist auf einen hohen Verberuflichungsprozess auch bei Jugendverbänden.

Das traditionelle Ehrenamt hat schon eine Vielfalt von Formen hervorgebracht (Nächstenhilfe in Nachbarschaften, Gemeinden, Kirchengemeinden, Tätigkeiten in ambulanten Fachdiensten und stationären Einrichtungen, „außerberufliche freiwillige und unentgeltliche Tätigkeiten juristischer, betriebs- und hauswirtschaftlicher, ärztlicher und pflegerischer Experten" (Bock 2002: 18). Dieses Spektrum wird erweitert durch die Vielfalt von Gelegenheiten im „neuen" Ehrenamt, das durch die Selbsthilfebewegung und die Bürgerinitiativen der 1970er Jahre hervorgebracht wurde und mit Freiwilligenagenturen systematisch ausgebaut und gefördert wird (Beher u. a. 2000: 259 ff.; Rosenkranz/Weber 2002). Die Zeit der „Handlanger, Lückenbüßer, Freiheitskünstler" (Bock 1998), als was die Ehrenamtlichen in der Zeit des wohlfahrtsstaatlichen Ausbaus in der zweiten Hälfte des 20. Jahrhunderts mit seinem Verberuflichungsschub gegolten haben mögen, scheint vorbei. Marktzwänge, Sozialstaatsumbau und die Programmatik der Bürgerschaftlichkeit (Hering 2007) lassen das Freiwilligenengagement wieder deutlicher zum Strukturmerkmal des sozialen Bereichs werden, in dem es im ganzen Spektrum der Tätigkeiten erscheint.

Eine spezifische Gruppe sind dabei ehrenamtliche Führungskräfte, die sich auszeichnen durch hohe Identifikation mit der Organisation, häufig in ihr sozialisiert sind und häufig auch für die Rekrutierung von Ehrenamtlichen, generell für das Freiwilligenmanagement Verantwortung haben (Beher u. a. 2008). Die Kooperation zwischen ehrenamtlichen und hauptberuflichen Führungskräften wird von beiden Gruppen positiv bewertet, positionsspezifische Differenzierungen fallen dabei nicht ins Gewicht.

Umfang

Die Daten zum Umfang des freiwilligen Engagements im sozialen Bereich sind unterschiedlich. Der FWS erhebt – auch dank seiner offenen Zugangsweise – einen erheblichen Umfang an freiwilligem Engagement (36 % der Bevölkerung), gemeinschaftlicher Beteiligung (34 %) sowie Engagementpotenzial (32 %). Gegenüber 1999 haben sich alle diese Gruppen erweitert (Gensicke u. a. 2006). 23,4 Millionen Menschen (ab 14 Jahre) sind also in Deutschland freiwillig engagiert. Die 5,5 %, die angeben, im sozialen Bereich aktiv zu sein, machen also 3,575 Millionen Personen aus. Sie beantworten die Frage, ob sie „im sozialen Bereich, z.B. in einem Wohlfahrtsverband oder einer anderen Hilfsorganisation, in der Nachbarschaftshilfe oder einer Selbsthilfegruppe" aktiv sind, positiv (ebd.: 378, Fragebogentext). Die Abgrenzung zu anderen Bereichen kann freilich nicht genau vorgenommen werden, insofern

- beim Gesundheitsbereich Besuchsdienste, Mitarbeit in einem Verband oder in einer Selbsthilfegruppe,
- bei außerschulischer Jugendarbeit die Betreuung von Kinder- und Jugendgruppen,
- bei beruflicher Interessenvertretung eine Arbeitsloseninitiative,
- bei Kriminalitätsproblemen die Betreuung von Straffälligen oder Verbrechensopfern und
- bei „Freizeit und Geselligkeit" die Aktivität in einer Jugendgruppe oder in einem Seniorenclub (ebd.: 378 f.)

erhoben wurde. Legt man einen „weiten" Begriff von sozialpädagogischem Handeln zu Grunde (Hamburger 2008) und gerade nicht einen engeren Begriff von beruflicher Sozialer Arbeit, dann müssen positive Antworten in den genannten Bereichen einem „Sozialen Engagement im weiteren Sinne", also unabhängig von der Selbstzuordnung der Befragten bzw. der Zuordnung der telefonisch Befragenden, zugeordnet werden. Man kann also von mehr als 3,5 Millionen sozial Engagierten ausgehen. Für das Jahr 1996 hatte die Bundesarbeitsgemeinschaft der Freien Wohlfahrtspflege das Gesamtvolumen auf 2,5 bis 3 Millionen geschätzt (Beher u.a. 2000: 67). Der zeitliche Umfang des Engagements erweist sich im Vergleich zur beruflich erbrachen Leistung „eindeutig als untergeordnete Größe" (ebd.: 73). Dies ergibt sich so eindeutig, dass eine Strategie der Ausweitung des Ehrenamts unter dem Gesichtspunkt der Rekrutierung und Betreuung betriebswirtschaftlich als kontraproduktiv bezeichnet werden kann.

Wenn man an der hohen Bewertung des freiwilligen Engagements festhalten will, muss man seine Produktivität entweder funktional (wie in der Jugendarbeit) aufzeigen oder aber seine Bedeutung in verschiedenen Tätigkeiten, die hauptberuflich nicht erbracht werden sollen oder können, nachweisen, wobei diese Tätigkeiten für die Adressaten des Engagements die Qualität der in Anspruch genommenen sozialen Leistungen fühlbar verbessert (z.B. Besuchsdienste in Einrichtungen, deren hauptberufliches Personal funktional ausgelastet ist). Die These vom bereichsspezifischen Passungsverhältnis von beruflich und freiwillig erbrachten Leistungen bzw. dem quantitativen Verhältnis von Ehrenamtlichen und Berufstätigen wird durch verschiedene Studien belegt (Beher u.a. 2000: 80ff.). In den kleinen Mitgliedsorganisationen der Parität sind die Ehrenamtlichen besonders in der Vorstandsarbeit engagiert, während in der Leitung einer größeren Einrichtung Hauptberuflichkeit dominiert. Hinzu kommen feldspezifische Heterogenitäten: „Während etwa in dem Arbeitsfeld Betreuungsvereine 20-mal mehr Ehrenamtliche als Hauptberufliche arbeiten, ist das Verhältnis im Arbeitsfeld Altenhilfe deutlich anders. Dort kommen auf 100 Hauptberufliche durchschnittlich nur 2 Ehrenamtliche" (ebd.: 91).

Diese Differenzierungen können sich verschieben in dem Maße, wie auch in der Sozialen Arbeit Projekte und andere zeitlich begrenzte Programme und Initiativen an die Stelle dauerhaft organisierter Angebote treten oder diese zumindest ergänzen. Denn das „neue Ehrenamt" zeichnet sich durch eine Engagementmotivation aus, die „zeitlich übersichtlich" sein will (Beher u. a. 2000; Bierhoff 2002). Gleichzeitig ist mit einer Zunahme des ehrenamtlichen Engagements zu rechnen, denn der FWS hat ein beachtliches Reservoir an Potenzial für freiwilliges Engagement identifiziert; diese Potenzialanalyse wird bestätigt durch die Daten des sozioökonomischen Panels, das seit 1985 einen Anstieg des Engagements verzeichnet (Beher/Liebig 2005: 754; van Santen 1999: 31).

Organisateure

Die Wohlfahrtsverbände, die Kirchen und die Jugendarbeit sind „klassische" Organisationen, in denen sich Freiwilligenengagement entfaltet. Dies ergibt sich daraus, dass sie funktionsnotwendig basisorientiert aufgebaut sind und Dachorganisationen vor allem subsidiäre Aufgaben haben. Während dies bei Jugendverbänden strukturell unveränderbar scheint, solange sie eine demokratische Struktur haben und sich als selbstbestimmte Sozialisationsräume für Jugendliche verstehen (Beher u. a. 2002: 99 ff.), erscheinen die Wohlfahrtsverbände als schwer bewegliche Großinstitutionen des Wohlfahrtsmarktes (Bauer 2005). Auf den zweiten Blick wird deutlich, dass auch sie in der Regel aus vielen (rechtlich) selbständigen Vereinen und lokalen Organisationen bestehen, die sich verbandsförmig zusammengeschlossen haben, aber über eigene Steuerungsmechanismen verfügen. In diesen Steuerungskonstellationen sind Ehrenamtliche teilweise – wie bei der Parität – prominent vertreten.

Während die Freien Träger auf eine lange Tradition der freiwilligen Mitarbeit zurückblicken können und mit ihr sich gesellschaftspolitisch positionieren, haben die Kommunen mit Feuerwehr und Rettungsdiensten einen anderen Schwerpunkt. Lediglich mit der finanziellen Unterstützung von Initiativen und Fremd- und Selbsthilfegruppen, die diese freilich oft hart erkämpfen mussten, haben sie Freiwilligenarbeit gefördert und ermöglicht. Dies hat sich mit der Einrichtung von „kommunalen Selbsthilfebüros" und Freiwilligenagenturen geändert. Die Kommunen befriedigen mit ihnen sowohl den Bedarf an neuen Unterstützungsbedürfnissen, den sie kostengünstig abdecken können, und gleichzeitig die Hilfebereitschaften des neuen Ehrenamts (Motsch 2002; Rahn 2002; Enquête-Kommission 2003 b).

Der Staat als Akteur hat über die symbolische Förderung und Anerkennung durch lobende Worte und bescheidene Preisgelder hinaus das Ehrenamt durch rechtliche Absicherungen gefördert (Wollenschläger 2002). Gerade dieser Rahmen des Ehrenamts befindet sich im ersten Jahrzehnt des 21. Jahrhunderts im Ausbau, indem die Erfassung und Anerkennung von Qualifikationen zum Bestandteil des Bildungssystems wird und Zugänge zu Leistungen des Sozialversicherungssystems gebahnt werden; insbesondere aber sind steuerrechtliche Vergünstigungen von Bedeutung.

Nach dem amerikanischen Vorbild – durchaus auch in der Tradition des deutschen patriarchalischen Kapitalismus – wird Freiwilligenarbeit zunehmend auch von Unternehmen organisiert und gefördert. Neben der tatsächlichen Hilfeleistung stehen hier besonders Chancen des Qualifikationserwerbs und des Imagegewinns im Vordergrund (Rosenkranz/Weber 2002). Das *Corporate Volunteering* ist zum Marketinginstrument geworden.

Die Rolle vom Unternehmen wird publizistisch gut vermarktet, spielt aber quantitativ nur eine randständige Rolle. Freiwilliges soziales Engagement wird als Kompetenzerwerb gefördert, auch als Nachweis sozialer Verantwortlichkeit unterstützt. Die entsprechenden Programme und Kampagnen sind professionell organisiert, richten sich häufig auch an leicht ansprechbare Adressaten (z.B. Jugendverbände) und folgen Themenkonjunkturen. Deutlich stärker und kontinuierlicher ist das *Social Sponsoring* durch Betriebe und Unternehmen (Enquête-Kommission 2003a).

Insgesamt hat sich ein großer Teil der Freiwilligenarbeit zunehmend selbst organisiert. In der Bundesarbeitsgemeinschaft der Freiwilligenagenturen sind ca. 300 Agenturen zusammengeschlossen (www.bagfa.de). Diese Agenturen sind eine Reaktion auf die Beobachtung, dass spontane Bürgerinitiativen und die Selbsthilfebewegung ein beachtliches Potenzial an Freiwilligenengagement freisetzen können. Die enge Verbindung von Selbst- und Fremdhilfe und die punktuelle oder systematische Verknüpfung mit den Strukturen organisierter Hilfe ist charakteristisch für neuere Entwicklungen im Umkreis von Arbeitslosigkeit (Barloschky 2003) oder sozialem Ausschluss generell (Holz 2003) oder von und für Migranten (Gensicke u.a. 2006: 302ff.).

Problemlagen

In der Sozialen Arbeit ist das Verhältnis von ehrenamtlicher/freiwilliger und hauptberuflicher Arbeit immer prekär und zugleich doch strukturell von wechselseitiger Abhängigkeit bestimmt. Empirisch lassen sich Prozesse der Kumulation (von ehrenamtlich und beruflich geleisteter Hilfe), der wechselseitigen Substitution und der Komplementarität beobachten (Beher u.a. 2000: 61ff.). Dabei treten zwei Verlaufstypen hervor: In Projekten und Modellen, auch in solchen der Selbsthilfe, formieren sich durch bürgerschaftlich Engagierte neue Handlungsfelder, die dann (teilweise) verberuflicht werden. In durch Marktmechanismen dominierten Sektoren sorgen Engagierte für die besondere Qualität (z.B. Besuchsdienste in Altenheimen) oder für die Absicherung und Kontrolle von Strukturentscheidungen (Beratungs- und Steuerungsgremien). Auch wenn die Legitimationsgrundlagen für ehrenamtliches Handeln (freiwillig erbracht, intrinsisch zuwendungsorientiert, „Qualität durch Motivation") und für berufliches Handeln („Qualität durch Ausbildung und Erfahrung") eher komplementär verstanden werden können, ergeben sich im Prozess des tatsächlichen Zusammenfügens der Handlungslogiken Spannungen und krisenerzeugende Reibungen, die durch das Hohe Lied auf „Volunteering" (Bock 2002) nicht behoben werden.

Als „Pioniere" artikulieren freiwillig Engagierte neue Hilfebedarfe und entwickeln gleichzeitig neue Formen der sozialen Unterstützung; als „Hilfstruppen" machen sie die beruflich erbrachte Soziale Arbeit stark und entlasten sie, als vermeintliche „Jobkiller" werden sie zum Konkurrenten und gelegentlich auch Totengräber der beruflich erbrachten Leistung hoch stilisiert (Bauer 1998). Allerdings lässt sich das Substitutionsmodell empirisch wenig beobachten, es dominieren eher Formen der Arbeitskontraktion, der Lohnabsenkung, der Ablaufrationalisierung, der Funktionsausweitung unterschiedlicher Formen gemeinnütziger Arbeit. Hinzu kommen neue Praktika und ihre Ausweitung, Freiwillige im Sozialen Jahr, geringfügig Beschäftigte, Honorarkräfte und Nebentätigkeiten. Zwischen Hauptberuflichkeit und Ehrenamt hat sich ein breites Feld an Übergangspositionen entwickelt. Dieses Feld ist durchaus konfliktträchtig, weil vor allem die „sozialen Tagelöhner" um die festen Stellen konkurrieren und Freiwillige an einer Verberuflichung interessiert sind. Der Wettbewerb als Lebensform einer durchkapitalisierten Gesellschaft hat auch den sozialen Bereich erfasst.

Während diese erste Problemlage eher gesellschaftspolitisch induziert ist, ergibt sich die zweite aus den fachlichen Ansprüchen und möglicherweise veränderten Anforderungen an Soziale Arbeit im Kern ihrer Interaktionsbeziehungen. Sie wirkt ja in Interaktionen und durch deren Struktur. Die Sozialarbeiter-Klient-Beziehung hat Hildegard Müller-Kohlenberg (1993) zu einem Dreiecksverhältnis erweitert und damit den freiwilligen Helfer in eine systematische Konzeption der Sozialen Hilfe eingebaut. In diesem „triangulierten Modell" tritt der Hilfesuchende vor allem in Beziehung zu dem kompetenten Laien, der im Modell des „gut informierten Bürgers" (Alfred Schütz) zu einem ersten Typus konstruiert worden war. Der methodisch bewusste Sozialarbeiter tritt in diesem Dreiecksverhältnis vor allem als Berater des Laienhelfers, als Organisator des Handlungsfeldes, Trainer des Laienhelfers und Vertreter der Einrichtung in der Öffentlichkeit auf. Die Grundidee der Triangulation zielt also auf die aufeinander abgestimmte Nutzung der besonderen Fähigkeit der Freiwilligen, die in intrinsischer Motivation ihr Wissen und ihre Erfahrung für den Klienten aktivieren, und der beruflichen Experten, die methodische Schulung und wissenschaftliche Reflexivität handlungsentlastet einsetzen können.

Auch wenn dieses Modell von Müller-Kohlenberg nur für bestimmte Tätigkeitsfelder entwickelt wurde, schließt es Konflikte nicht aus. Diese könnten unter Bedingungen der beschriebenen Konkurrenzverhältnisse eskalieren. Eine zweite Problematik liegt in der Verfügung über Wissen. Freiwillig Engagierte können über ein fachliches Wissen verfügen (aus Medien, Ausbildung, Familien- und Berufserfahrung, Schulung für Freiwilligendienste), das sie auf dieselbe Stufe wie die Berufstätigen stellt, gelegentlich auch übertrifft. Angesichts der generell niedrigen Weiterbildungsaktivitäten der Berufstätigen ist vor allem dann mit solchen Konstellationen zu rechnen, wenn resignative Einstellungen mit der Dauer der Berufstätigkeit verbunden sind; in solchen Fällen verschwindet auch rasch der Vorsprung an konkreter Feldkenntnis. Diese Problematik wird auch in neueren Konzepten des „Managements *der* Ehrenamtlichen" gesehen und werden Ratschlage für den richtigen Umgang gegeben (Rosenkranz/Weber 2002); ob freilich das Konzept des Managements, das die Freiwilligen im Modus des *Genetivus objectivus* behandelt, genau dies zu realisieren erlaubt, bleibt offen. Eine Konsequenz liegt aber auf der Hand: Die Problematik der Relationierungen verschiedener Personalgruppen in den Sozialen Diensten verdient mehr Beachtung in der Berufsausbildung für den sozialen Bereich.

Perspektiven

Die hinter der Programmatik zum Ausbau des bürgerschaftlichen Engagements liegende Grundsatzdiskussion bezieht sich auf die epochale Frage der Möglichkeit von Sozialstaatlichkeit und Sicherung von Verwirklichungschancen für alle Bürger. Die Kritik an der Rede vom überforderten Sozialstaat verweist auf die verkehrte Verteilung des gesellschaftlichen Reichtums und sieht mit der Forderung nach freiwilligem Engagement den Schatten der Bürgerpflichten heraufziehen, die an die Stelle sozialer Rechte zu treten scheinen (Elsen 2007: 70 ff.). Vormoderne Verhältnisse drohen. Diese werden auch als „Re-feudalisierung" beschrieben (Butterwegge 2007), weil Privatwohltätigkeit und Almosenverteilung an die Stelle von rechtlichen Ansprüchen treten. Der Arme konstituiert sich an der „Tafel", nicht mehr durch Arbeitslosen- und notfalls auch Sozialhilfe.

In welcher Weise sich Staat, Markt, Selbstsorge und gemeinwohlorientierte Freiwilligenarbeit verknüpfen und ob die „neo-feudale Absetzung" (wie sie Hans-Joachim Hoffmann-Nowotny [1973] für die Integration von Arbeitsmigranten analysiert hatte) sich epochal und gesellschaftsumfassend ausbreitet, lässt sich tatsächlich schwer absehen. Die beobachtbaren Transformationsprozesse mit ihren Chancen und Risiken (Olk 2007) haben dem Freiwilligenengagement zu neuem Auftrieb verholfen und – soweit eine soziale Legierung in der Gesellschaft geschaffen wird – die soziale Zwischenmenschlichkeit gerade in der Krise gestärkt.

Dies trifft recht eindeutig beispielsweise auf die *Aidshilfe* oder die *Hospizbewegung* zu. Die Aidshilfe konstituierte sich als Selbsthilfebewegung – wie ein Teil der Drogenhilfe in den 1960er Jahren – und wird im Lauf der

Zeit so unterstützt, dass Hauptberufliche und Freiwillige heute die Hilfe leisten. Die Hospizbewegung entstand in den 1960er Jahren in England und bildet heute weltweit ein Netz von Hospizen und Palliativstationen, in dem beruflich und ehrenamtlich gearbeitet wird (Student 1999). Die Entstehung dieses Handlungsfeldes ist typisch für die Entstehung neuer Hilfebedarfe und ihre Abdeckung durch Freiwilligendienste. Die Begleitung Sterbender war bis weit in das 20. Jahrhundert eine Aufgabe des privaten und gemeindlichen Zusammenhangs. Auch in Kliniken und Altenheimen war und ist die medizinische, pflegerische und seelsorgerische Versorgung vielfach organisiert. Mit dem Bedeutungsrückgang kirchlich-religiöser Betreuung und den Finanzierungsproblemen des Gesundheitssystems sind strukturelle Notlagen – die Begleitung Sterbender und ihrer Angehörigen – entstanden, die typischerweise im Stil einer sozialen Bewegung aufgegriffen werden. Bewegungen sind ein zentraler Vorläufer und Bestandteil der Freiwilligenarbeit, durch die bis heute die Hospize wesentlich getragen werden.

Ein anderes Beispiel für den „Wachstumssektor" Freiwilligenarbeit sind die *Tafeln*. Durch sie werden Lebensmittel (kurz vor dem Verfallsdatum) an Bedürftige gegen geringes Entgelt ausgegeben. Die Tafeln werden von Unternehmen unterstützt und haben in wenigen Jahren einen lokal und national hohen Organisationsgrad erreicht. 1993 wurde in Berlin die erste Tafel gegründet; Ende 2008 sind ca. 800 Tafeln bundesweit im Bundesverband Deutsche Tafel e.V. (www.tafel.de) zusammengeschlossen; sie organisieren ca. 35.000 Ehrenamtliche.

Die Diskussion über die sozialpolitischen Aufgaben der Tafeln dürfte exemplarisch die Perspektiven der Freiwilligenarbeit im sozialen Bereich charakterisieren. Konkrete Notlagen mobilisieren erhebliche und umfangreiche Hilfebemühungen. Dies zeigt sich nicht nur im Hinblick auf Spendenbereitschaft bei Katastrophen, sondern auch im Hinblick auf die Bereitschaft zum zeitlich begrenzten oder ausgedehnten Handeln. Die Legitimation dieses Handelns wird aus der konkreten Notlage abgeleitet, die (zunächst einmal) nicht durch Verweis auf andere Hilfen behoben werden kann; dabei ist auch das Bewusstsein, „Lückenfüller" in einem Versorgungssystem zu sein, nicht hinderlich. Die Tafeln werden gleichzeitig aber auch kritisiert als Formen einer überholten und entwürdigenden Verteilung von Almosen, die an die Stelle sozialer Rechte und einer „armutsfesten" Grundsicherung getreten seien. Damit werde der Rückkehr einer feudalistischen Hilfepraxis und der Stabilisierung der Kluft zwischen arm und reich Vorschub geleistet.

Diese Diskussion wird die Freiwilligenarbeit im sozialen Bereich begleiten, ihr Ende ist nicht abzusehen, ebenso wenig das Ende ihrer Expansion. Wenn es zutreffend ist, dass nicht notwendigerweise ein erheblicher Abbau des Sozialstaats zu erwarten ist, so gilt doch als sicher, dass mit einem weiteren institutionellen Umbau der Produktion von Wohlfahrtsstaatlichkeit

(Olk 2003) zu rechnen ist. Dabei wird eben bürgerschaftliches Engagement eine große Rolle spielen.

Während diese Prognosen in Bezug auf den Bedarf an freiwilligem Engagement eindeutig sind, sind globale Aussagen – wie im FWS – zum Potenzial auf der Grundlage von Befragungen relativ positiv; da die Grundlage für Engagement aber im Verlauf der kindlichen/familiären und jugendlichen Sozialisation gelegt werden (Olk 2003: 213 ff.; Beher u. a. 2008: 125 ff.) und deren Veränderungen schwerer überschaubar sind, bleibt die Warnung vor überfordernden Erwartungen und Instrumentalisierungen begründet (Aner 2006).

Literatur

Amthor, Ralph Christian 2003: Die Geschichte der Berufsausbildung in der Sozialen Arbeit. Weinheim und München.
Aner, Kirsten 2006: Wunsch und Wirklichkeit – Zivilgesellschaftliches Engagement zwischen sozialpolitischen Erwartungen und individuellem Handeln. In: neue praxis 36: 53–68
Barloschky, Katja 2003: Bürgerschaftliches Engagement im Feld „Arbeitslosigkeit und soziale Integration. In: Enquête-Kommission „Zukunft des Bürgerschaftlichen Engagements"/Deutscher Bundestag (Hrsg.): Bürgerschaftliches Engagement und Sozialstaat. Opladen: 139–158
Bauer, Rudolph 2005: Freie Träger. In: Thole, Werner (Hrsg.): Grundriss Soziale Arbeit. Wiesbaden: 449–464
Bauer, Rudolph 1998: Macht das Ehrenamt arbeitslos? Oder hilft das Ehrenamt neue Arbeitsplätze zu schaffen? Freiwillige in der Sozialen Arbeit: Pioniere, Hilfstruppen und Jobkiller. In: Sozial Extra 1998, Heft 10: 2–3
Beher, Karin/Krimmer, Holger/Rauschenbach, Thomas/Zimmer, Annette 2008: Die vergessene Elite. Führungskräfte in gemeinnützigen Organisationen. Weinheim und München.
Beher, Karin/Liebig, Reinhard/Rauschenbach, Thomas 2002: Das Ehrenamt in empirischen Studien – ein sekundäranalytischer Vergleich. Stuttgart.
Beher, Karin/Liebig, Reinhard/Rauschenbach, Thomas 2000: Strukturwandel des Ehrenamts. Gemeinwohlorientierung im Modernisierungsprozess. Weinheim/ München.
Beher, Karin/Liebig, Reinhard 2005: Soziale Arbeit als Ehrenamt. In: Thole, Werner (Hrsg.): Grundriss Soziale Arbeit. Wiesbaden: 751–760
Bierhoff, Hans-Werner: Wie entsteht soziales Engagement und wie wird es aufrechterhalten? In: Rosenkranz, Doris/Weber, Angelika (Hrsg.) 2002: Freiwilligenarbeit. Einführung in das Management von Ehrenamtlichen in der Sozialen Arbeit. Weinheim und München: 21–30
Bock, Teresa: Vom Laienhelfer zum freiwilligen Experten. Dynamik und Struktur des Volunteering. In: Rosenkranz, Doris/Weber, Angelika (Hrsg.) 2002: Freiwilligenarbeit. Einführung in das Management von Ehrenamtlichen in der Sozialen Arbeit. Weinheim und München: 11–20
Butterwegge, Christoph 2007: Sinnkrise des Sozialen – das Ende des Wohlfahrtsstaates? In: Hering, Sabine (Hrsg.): Bürgerschaftlichkeit und Professionalität. Wiesbaden: 23–31
Elsen, Susanne 2007: die Ökonomie des Gemeinwesens. Weinheim und München.
Enquête-Kommission „Zukunft des Bürgerschaftlichen Engagements"/Deutscher Bundestag (Hrsg.) 2003(a): Bürgerschaftliches Engagement von Unternehmen. Opladen.

Enquête-Kommission „Zukunft des Bürgerschaftlichen Engagements"/Deutscher Bundestag (Hrsg.) 2003(b): Bürgerschaftliches Engagement in den Kommunen. Opladen.

Gensicke, Thomas/Picot, Sibylle/Geiss, Sabine 2006: Freiwilliges Engagement in Deutschland 1999–2004. Ergebnisse der repräsentativen Trenderhebung zu Ehrenamt, Freiwilligenarbeit und bürgerschaftlichem Engagement. Wiesbaden.

Hamburger, Franz 2008: Einführung in die Sozialpädagogik. Stuttgart.

Hering, Sabine (Hrsg.) 2007: Bürgerschaftlichkeit und Professionalität. Wirklichkeit und Zukunftsperspektiven Sozialer Arbeit. Wiesbaden.

Holz, Gerda 2003: Engagement für von Diskriminierung und sozialem Ausschluss bedrohte Gruppen – Schwerpunkte, Formen, Barrieren. In: Enquête-Kommission „Zukunft des Bürgerschaftlichen Engagements"/Deutscher Bundestag (Hrsg.): Bürgerschaftliches Engagement und Sozialstaats. Opladen: 159–211

Luhmann, Niklas 1973: Formen des Helfens im Wandel gesellschaftlicher Bedingungen. In: Otto, Hans-Uwe/Schneider, Siegfried (Hrsg.): Gesellschaftliche Perspektiven der Sozialarbeit. 1. Halbband, Neuwied: 21–43

Motsch, Peter 2002: Die Stadt und ihre engagierten Bürger. Kommunale Erfahrungen mit Freiwilligenarbeit. In: Rosenkranz, Doris/Weber, Angelika (Hrsg.): Freiwilligenarbeit. Einführung in das Management von Ehrenamtlichen in der Sozialen Arbeit. Weinheim und München: 145–152

Müller-Kohlenberg, Hildegard 1993: Methode oder Beziehung? Ein Vorschlag zur Triangulation der Hilfe. In: Rauschenbach, Thomas/Ortmann, Friedrich/Karsten, Maria-Eleonora (Hrsg.): Der sozialpädagogische Blick. Lebensweltorientierte Methoden in der Sozialen Arbeit. Weinheim und München: 67–81

Olk, Thomas 2003: Bürgerschaftliches Engagement ermutigen und fördern – Eckpunkte einer Politik der Unterstützung freiwilliger und gemeinwohlorientierter Aktivitäten in Staat und Gesellschaft. In: neue praxis 33/2003: 306–325

Olk, Thomas 2007: Zwischen Sozialmarkt und Bürgergesellschaft – Die Wohlfahrtsverbände im expandierenden Sozialstaat. In: Hering, Sabine (Hrsg.): Bürgerschaftlichkeit und Professionalität. Wiesbaden: 33–40

Rahn, Erik 2002: Makler sozialen Engagements. Strukturen und Arbeitsweisen von Freiwilligenagenturen. In: Rosenkranz, Doris/Weber, Angelika (Hrsg.): Freiwilligenarbeit. Einführung in das Management von Ehrenamtlichen in der Sozialen Arbeit. Weinheim und München: 133–144

Sachße, Christoph 2002: Traditionslinien bürgerschaftlichen Engagements. In: Enquête-Kommission „Zukunft des Bürgerschaftlichen Engagements"/Deutscher Bundestag (Hrsg.): Bürgerschaftliches Engagement und Zivilgesellschaft. Opladen: 23–28

Santen, Eric van 1999: Ehrenamtliches Engagement im Wandel – Bedeutung und Folgen für freie Träger der Kinder- und Jugendhilfe. In. Weigel, Nicole u. a. (Hrsg.): Freien Trägern auf der Spur. Analysen zu Strukturen und Handlungsfeldern der Jugendhilfe. München und Opladen: 27–52

Student, Johann-Christop (Hrsg.) 1999: Das Hospiz-Buch. Freiburg.

Wollenschläger, Michael 2002: Freiwillig – aber sicher. In: Rosenkranz, Doris/Weber, Angelika (Hrsg.): Freiwilligenarbeit. Weinheim und München: 63–78

Wiebken Düx, Thomas Rauschenbach und
Ivo Züchner

Bürgerschaftliches Engagement
in der Jugendarbeit

Einleitung

Zum Engagementbegriff in der Jugendarbeit

Das Engagement in der Jugendarbeit wird seit jeher als Ehrenamt bezeichnet. Der Begriff des bürgerschaftlichen Engagements entstammt eher einer politikwissenschaftlichen Debatte um die Zivilgesellschaft und wird im Bereich der Jugendarbeit bislang so gut wie nicht verwendet. Ehrenamtliche Aktivität und das Selbstverständnis als Ehrenamtliche prägten die Entwicklung der Jugendarbeit und die Jugendverbandsgeschichte und markieren dort bis heute den Unterschied zwischen dem beruflichen und dem ehrenamtlichen Personal. Alternativ zum Ehrenamt sprechen die Engagierten in der Jugendarbeit auch von „Freiwilligenarbeit" oder „freiwilligem Engagement" (41 Prozent). Aber immerhin 28 Prozent von ihnen verstehen ihre Tätigkeit als „Ehrenamt" (Gensicke/Picot/Geiss 2006).

Die verbandliche Jugendarbeit basiert in ihrem Kern auf dem Engagement junger Menschen, die – so die typische Verbandsbiographie – über Familie und Freunde in den Verband kommen und dann dort auch Aufgaben und Funktionen übernehmen, z.B. die Leitung einer Gruppe. Im Selbstverständnis der Jugendverbände ist freiwilliges Engagement von Jugendlichen für Jugendliche bis heute ein konstitutives Merkmal (Teil III). Im Unterschied zur offenen Jugendarbeit, die ganz überwiegend beruflich organisiert ist, ist die verbandliche Jugendarbeit das Zentrum des freiwilligen Engagements in der Jugendarbeit.

Engagement zwischen Jugendalter und Jugendverbänden

Entsprechend diesem Selbstverständnis sind Jugendverbände zentrale Orte des Engagements junger Menschen. Wirft man einen Blick auf die Empirie, so bestätigt sich, dass es hier im Vergleich zu den anderen gesellschaftlichen Bereichen des Engagements sehr viele junge Engagierte gibt (auch Düx u.a. 2008). Demzufolge hat in der Summe fast die Hälfte aller befragten Erwachsenen, die in ihrer Jugend engagiert waren, bereits bis zum Alter von 14 Jahren ein Engagement aufgenommen. In der einschlägigen Literatur findet man mit Blick auf das Engagement junger Menschen eine Altersspanne zwischen 11 und 30 Jahren. Das Alter der in der Jugendarbeit Engagierten ist nach oben allerdings nicht begrenzt.

Jugendliches Engagement und das Engagement in der Jugendarbeit sind, auch wenn sie sich zu großen Teilen überschneiden, nicht gleichzusetzen. Entsprechend wird nachfolgend kurz auf das Engagement junger Menschen eingegangen, bevor in einem zweiten Teil das freiwillige Engagement in der Jugendarbeit dargestellt wird.

Das Engagement im Jugendalter

Bedeutung des freiwilligen Engagements im Jugendalter

Das freiwillige Engagement von Jugendlichen gerät zunehmend in den Blick von Öffentlichkeit und Politik. Jugendlichem Engagement wird heute sowohl gesellschaftliche als auch individuelle Bedeutung zugeschrieben.

Gesellschaftliche Bedeutung: In Demokratien, die auf der aktiven Beteiligung ihrer Mitglieder beruhen, erscheint das soziale und politische Engagement Jugendlicher als ein Gradmesser für deren spätere aktive Teilhabe an der Gestaltung einer demokratischen Zivilgesellschaft. Um auch zukünftig bürgerschaftliches Engagement in gemeinnützigen Organisationen und damit die Grundlagen für die Zivilgesellschaft aufrechtzuerhalten, kommt der Einbindung junger Menschen eine wichtige Bedeutung zu. Das Nachwachsen Jugendlicher in bürgerschaftliches Engagement und gesellschaftliche Verantwortungsübernahme wird entsprechend als eine der Voraussetzungen für die Weiterentwicklung einer demokratischen Zivilgesellschaft gesehen (Enquête-Kommission 2002).

Individuelle Bedeutung: Darüber hinaus wird freiwilligem Engagement aber auch eine hohe individuelle Bedeutung zugemessen. Es bietet Jugendlichen Möglichkeiten für erste eigene Erfahrungen in der Arbeit gesellschaftlicher Organisationen, für Lern- und Bildungsprozesse, den Erwerb vielfältiger Kompetenzen, das Hineinwachsen in demokratische Spielregeln sowie für Teilhabe, Mitbestimmung, Selbstorganisation und Interessenvertretung. Die Übernahme von Verantwortung für andere, für Inhalte oder Sachen erscheint heute als ein wichtiger Aspekt der sozialen Integration Heranwachsender in einer tendenziell desintegrativen Gesellschaft (Düx u. a. 2008; Enquête-Kommission 2002). Empirisch zeigt sich, dass das freiwillige Engagement junger Menschen einen wichtigen Schritt aus dem privaten in den öffentlichen Raum und damit eine Ausweitung ihres Erfahrungshorizonts ermöglicht (Buhl/Kuhn 2005). Neben Eltern und Freunden stellt soziales Engagement eine von drei Säulen dar, die zu einer erfolgreichen Entwicklung, gesellschaftlicher Partizipation und sozialer Integration Heranwachsender beitragen können (Reinders 2005).

Empirische Befunde zum Engagement im Jugendalter

Mittlerweile kann auf eine ganze Reihe von Forschungsergebnissen zum jugendlichen Engagement zurückgeblickt werden (Düx 1999; Düx/Sass 2006). Grundsätzlich ist damit auf eine in den letzten Jahren erheblich verbesserte Datengrundlage zu verweisen, dennoch schwanken Angaben zum Umfang des Engagements sowie zur Verteilung auf Felder und Inhalte in den vorliegenden Studien je nach verwendeten Begrifflichkeiten und Fragestellungen. Entsprechend ergeben sich je nach Fragestellung, Definition von Engagement, Untersuchungsrichtung und gewählten Alterseinteilungen in den verschiedenen Studien sehr unterschiedliche Quoten ehrenamtlich engagierter Jugendlicher.

Quantitativer Umfang des Engagements: Beim Vergleich unterschiedlicher repräsentativer bundesdeutscher Bevölkerungsumfragen zu Mitgliedschaft und freiwilligem Engagement der Altersgruppe der 14- bis 20-Jährigen kommt van Santen auf eine Bandbreite von 12 bis 40 Prozent Engagierter (van Santen 2005). In diesen Studien reicht die Fragestellung von freiwilligem – auch kurzzeitigem und projektgebundenem – Engagement bis hin zur Ausübung eines Amtes. Diese unterschiedlichen Zahlen machen auch die Schwierigkeit der empirischen Erfassung freiwilligen Engagements Jugendlicher deutlich (Düx 2000; BMFSFJ 2005; Züchner 2006). Zieht man die beiden Freiwilligensurveys als bislang umfangreichste Datensätze zum bürgerschaftlichen Engagement in Deutschland heran, so engagieren sich bundesweit 36 Prozent aller jungen Menschen zwischen 14 und 24 Jahren. Zu ganz ähnlichen Befunden gelangt auch die letzte Shell-Jugendstudie (Shell Deutschland Holding 2006). Die beiden Freiwilligensurveys ermittelten zudem den höchsten Anteil ehrenamtlich Engagierter bei den unter 20-Jährigen.

Unterschiede in der Herkunft: Allerdings finden sich innerhalb der Gruppe junger Menschen deutliche Unterschiede im Engagement. So belegen unterschiedliche Studien, dass sich überwiegend sozial gut integrierte deutsche Jugendliche mit höherer Schulbildung engagieren (Gaiser/de Rijke 2006; Düx u.a. 2008; Reinders 2009) und der Zugang zum Engagement sowie die Art des Engagements mit den sozialen Ressourcen und den kulturellen Interessen im Elternhaus korrespondieren. Nach wie vor engagieren sich mehr männliche als weibliche Jugendliche, auch findet sich ein deutlich geringerer Anteil Engagierter bei den Jugendlichen mit Migrationshintergrund (Gensicke/Picot/Geiss 2006), was nicht zuletzt auch mit ihrer im Schnitt geringeren schulischen Qualifikation zusammenhängen dürfte (etwa Düx u.a. 2008). Weitere milieuspezifische Einflussfaktoren für ein Engagement Heranwachsender sind Merkmale wie großer Freundeskreis, stabile Wohnverhältnisse oder Religionszugehörigkeit (Gensicke/Picot/Geiss 2006).

Bereiche des Engagements Jugendlicher: Laut Shell-Studie 2006 sind 40 Prozent der befragten Jugendlichen in Vereinen aktiv, 23 Prozent im Bereich Schule/Hochschule, 15 Prozent in einer Kirchengemeinde, -gruppe,

13 Prozent in einem selbst organisierten Projekt, 12 Prozent in Jugendorganisationen (Shell Deutschland Holding 2006). In der Untersuchung von Düx u. a. (2008) engagieren sich Jugendliche bis zu 22 Jahren überwiegend im kirchlichen Umfeld (22%), im Sport (21%), in den Rettungsdiensten (12%) und in Jugendverbänden (10%). In allen Bereichen geben mindestens 50 Prozent der Engagierten an, auch in der Jugendarbeit, dem typischen Einstiegsfeld für jugendliches Engagement, ehrenamtlich tätig gewesen zu sein. Dabei bezieht sich das Engagement junger Menschen bis zu 24 Jahren überwiegend auf die Arbeit mit Kindern und Jugendlichen. Schule und Jugendarbeit geben über 80 Prozent der jungen Engagierten Kinder und Jugendliche als Zielgruppe ihres Engagements an, im Sport sind es in dieser Altersgruppe 70 Prozent, im kirchlich/religiösen Bereich zwei Drittel (Gensicke/Picot/Geiss 2006). Das heißt, die freiwillige Tätigkeit junger Menschen richtet sich überwiegend an Gleichaltrige bzw. an nur wenig jüngere Personen, in der Regel als Gruppenarbeit im Rahmen der außerschulischen Jugendarbeit (Enquête-Kommission 2002).

Engagement in der Jugendarbeit

Die Jugendarbeit hat eine lange Tradition der freiwilligen Teilnahme, der aktiven Teilhabe, der Mitbestimmung und Selbstorganisation Heranwachsender. Sie ist seit jeher das zentrale Einstiegsfeld für jugendliches Engagement. Jugendarbeit umfasst dabei u. a. die offene Jugendarbeit in Jugendzentren und Kinder- und Jugendtreffs, die Angebote und Aktivitäten der Jugendverbände und internationale Jugendbegegnungen sowie Maßnahmen der Kinder- und Jugenderholung. Sie richtet sich schwerpunktmäßig an Heranwachsende im Schulalter, die sich hier zum Zweck von Freizeit, Bildung und Erholung mit anderen treffen. Dabei werden sie von Berufstätigen oder Ehrenamtlichen pädagogisch begleitet und unterstützt (Thole 2000).

Die Jugendarbeit setzt ihrer Konzeption nach mit ihren freiwilligen, niedrigschwelligen Angeboten an den alltäglichen Bedürfnissen, den Freizeitinteressen sowie den selbst gewählten Bildungswünschen der Heranwachsenden an. Sie will ihnen mit unterschiedlichen Möglichkeiten der aktiven Teilnahme, der Mitgestaltung und Verantwortungsübernahme eine breite Palette von Gelegenheiten für Entwicklungs-, Sozialisations- und Bildungsprozesse eröffnen, die sich von anderen gesellschaftlichen Institutionen, vor allem der Schule, grundlegend unterscheiden.

Während in den offenen Angeboten der Jugendarbeit vielfach Fachkräfte und Honorarkräfte eingesetzt werden, sind in der verbandlichen Arbeit bis heute überwiegend freiwillig Engagierte tätig. Wenn von ehrenamtlichem Engagement in der Jugendarbeit gesprochen wird, ist somit meist das Engagement in der verbandlichen Jugendarbeit gemeint. Vor allem die Jugendverbandsarbeit betont neben ihren Bildungsangeboten die zentrale Bedeutung von Verantwortungsübernahme und Engagement Jugendlicher in ihrer Arbeit.

Jugendverbände als Orte freiwilligen Engagements

Jugendverbände haben sich in den vergangenen hundert Jahren zu einem wesentlichen Träger der Jugendarbeit entwickelt und gehören neben Kommunen, Kirchen und Initiativen zu den zentralen Trägern der Jugendarbeit in Deutschland (Gängler 2002).

Jugendverbände lassen sich gemäß ihrer Organisationsziele in Freizeit-, Sport- und Naturschutzverbände, Hilfsorganisationen sowie politische und konfessionelle Jugendorganisationen unterscheiden. Für Heranwachsende erfüllen sie insgesamt Funktionen als soziale und kulturelle Bildungs- und Freizeitorte. Sie bieten Räume und Gelegenheiten der Begegnung und Gemeinschaft mit Gleichaltrigen und Erwachsenen, der Auseinandersetzung mit Sinn- und Wertfragen sowie der Unterstützung im jugendlichen Alltag (BMFSFJ 2005). Als gemeinsame Rahmenbedingungen ihrer Arbeit lassen sich folgende Charakteristika nennen: Freiwilligkeit der Teilnahme und Mitarbeit, Milieunähe, Traditions- und Wertgebundenheit, Selbstorganisation und Mitbestimmung, Ehrenamtlichkeit, vereinsmäßige Organisationsstrukturen und ebensolche Finanzierung (Düx 2000).

Zu den Jugendverbänden wird eine Vielzahl von Organisationen gerechnet, die Angebote der Jugendarbeit auf der Basis von Freiwilligkeit und spezifischen Wertorientierungen durchführen. Ihre inhaltlichen und weltanschaulichen Ziele und Programme prägen ihre Angebote. Dabei ist die Jugendgruppe noch immer Kern der verbandlichen Jugendarbeit. Daneben bestehen aber vielfältige andere Angebote von konfessionell-weltanschaulichen über politische, kulturelle, freizeitbezogene oder ökologische bis hin zu unterschiedlichsten Varianten sach- und fachbezogener Angebote, etwa im Sport, Rettungswesen oder Naturschutz, von interkulturellen Begegnungen über Workshops, Ferienlager oder Reisen bis hin zu politischen Aktionen, Events und Musikveranstaltungen, offenen Angeboten und zeitlich begrenzten Projekten. Dabei zeigt sich zuletzt ein Anwachsen projektbezogener und kurzfristiger Arbeitsformen. Zunehmend entwickeln Jugendverbände offene, teilweise selbstorganisierte und individualisierte Angebote (Gängler 2002).

§ 12 des SGB VIII legt fest, dass die eigenverantwortliche Tätigkeit der Jugendverbände vom öffentlichen Träger gefördert werden soll. Dem Gesetz zufolge wird dort Jugendarbeit von jungen Menschen selbst organisiert, gemeinschaftlich gestaltet und mitverantwortet. Demgemäß ist die Arbeit der Jugendverbände auf Dauer angelegt und meist auf die eigenen Mitglieder ausgerichtet, kann aber auch Nicht-Mitglieder einbeziehen.

Jugendverbände als überwiegend ehrenamtlich geprägte Organisationen haben ein genuines Interesse an der Einbindung junger Menschen ins Engagement, um ihr Angebot aufrechterhalten zu können und ihren Fortbestand zu sichern. Ehrenamtlichkeit ist im Selbstverständnis der Verbände auch heute noch die tragende Säule der Jugendverbandsarbeit. Ehrenamtlich Engagierte tragen die Jugendarbeit seit Bestehen der Verbände durch ihre Arbeit mit Kindern und Jugendlichen, durch die Übernahme von Leitungs-, Verwaltungs- und Organisationsaufgaben sowie durch jugend- und verbandspolitische Interessenvertretung.

Historische Entwicklung des Ehrenamts in der Jugendarbeit

Zur Zeit des deutschen Kaiserreichs gingen Jugendverbände als Organisationen wert- und milieugebundenen sozialen Engagements aus den sozialkulturellen Milieus jener Zeit und der damit verbundenen Vereinskultur hervor. Ihre Wurzeln liegen in der bürgerlichen und der sozialistischen Jugendbewegung, aber auch in der Verbandsbildung im Rahmen der Jugendpflege (Giesecke 1981). Im Laufe der Zeit haben sich die Formen des ehrenamtlichen Engagements in den Jugendverbänden gewandelt. Zu Beginn waren Ehrenamtliche „reputierliche Erwachsene", insbesondere Männer (Thole 2000). Im Gefolge der Jugendbewegung und ihrem Anspruch auf Selbstorganisation engagierten sich viele Jugendliche ehrenamtlich. Letztere waren vor allem im Bereich der pädagogischen Arbeit in Jugendgruppen und auf Fahrten aktiv. Demgegenüber übernahmen die Erwachsenen Verbandsfunktionen, Leitungsgremien, Organisations- und Führungsaufgaben und die Interessensvertretung nach außen. Trotz der aus der Jugendbewegung stammenden und noch immer programmatisch von den Jugendverbänden hoch gehaltenen Parole „Jugend führt Jugend", ist die Jugendarbeit immer auch ein Ort gewesen, an dem sich unterschiedliche Generationen begegnen.

Spezifische Charakteristika des Engagements im Jugendverband

Das Ehrenamt im Jugendverband war – im Unterschied zu vielen anderen Feldern des Sozial- und Erziehungswesens – nie ein karitatives Engagement für soziale Randgruppen oder Notlagen, sondern für „normale" Jugendliche. Vom Engagement in anderen gesellschaftlichen Bereichen unterscheidet es sich nicht nur dadurch, dass hier überwiegend ehrenamtlich gearbeitet wird und die Adressatengruppe ausschließlich aus Kindern und Jugendlichen besteht, sondern dass Ehrenamtliche selbst in ihrer Mehrheit junge Menschen sind. Gegenüber privaten Kontexten wie der Clique oder auch der Familie besteht in den Jugendverbänden der Vorteil der gemeinsamen Zielsetzung und Programmatik, der pädagogischen Begleitung durch Erwachsene, aber auch Unterstützung durch begleitende Weiterbildungsangebote und vielfältige Kontaktmöglichkeiten. Verantwortungsübernahme im Rahmen eines freiwilligen Engagements stellt für Heranwachsende oft die erste Gelegenheit und Herausforderung dar, sich in Ernst- und Echtsituationen handelnd zu erfahren und zu bewähren.

Das freiwillige Engagement in der Jugendverbandsarbeit zeichnet sich durch folgende inhaltlichen Merkmale aus, die in den Verbänden unterschiedlich stark ausgeprägt sind:

- Freiwilligkeit der Teilnahme;
- Verantwortungsübernahme Jugendlicher für andere Personen, Inhalte und Aufgaben, durch die sie Erfahrungen konkreter Nützlichkeit sowie gesellschaftlicher Relevanz ihres Tuns machen können;
- Partizipation und Beteiligung an gemeinsamen Entscheidungsprozessen, wodurch demokratisches Handeln geübt und praktiziert werden kann;
- Frei- und Gestaltungsspielräume, die die Jugendlichen in den Jugendverbänden zur Erprobung, aber auch zum Mitbestimmen und zum selber Organisieren vorfinden;
- Arbeit in der Gleichaltrigengruppe, die eine bedeutende Rolle für Interesse und Spaß an der freiwilligen Tätigkeit sowie für die Bereitschaft zur Verantwortungsübernahme spielt;
- Erfahrungslernen, bei dem Handeln und Lernen – anders als in der Schule – eng verknüpft sind oder zusammenfallen;
- Unterstützung durch erwachsene Mitarbeiter.

Empirische Befunde zum Engagement in der Jugendarbeit

Genaue, allgemeingültige und -akzeptierte Aussagen über die Anzahl der ehrenamtlichen Engagierten in der Jugend(verbands)arbeit liegen nicht vor. Ihre Gesamtzahl lässt sich nur annäherungsweise schätzen (Düx 2000; van Santen 2005; Züchner 2006). Angaben über den Anteil Ehrenamtlicher an der Gesamtzahl des Personals in der Jugendarbeit schwanken zwischen 78 und 90 Prozent, bzw. zwischen 250.000 und 1 Mio. Personen (Düx 2000).

Ein zentrales Problem ist dabei, dass ehrenamtliches Engagement nur schwer statistisch erfasst werden kann bzw. von den Jugendverbänden selbst auch nicht einheitlich erfasst wird. Viele direkt Befragte ordnen zudem ihr Engagement nicht unbedingt einem Jugendverband zu, sondern etwa der örtlichen Kirchengemeinde oder dem Sportverein, selbst wenn sie de facto an verbandlichen Angeboten teilnehmen. Betrachtet man exemplarisch die Bereiche des Freiwilligensurveys, so wird deutlich, dass vielen von ihnen inhaltlich auch bestimmte Jugendverbände zugeordnet werden können. So finden sich in den Bereichen Sport/Bewegung, Kultur/Musik, Freizeit/Geselligkeit, sozialer Bereich, Jugendarbeit und Erwachsenenbildung, Umwelt/Natur- und Tierschutz, Politik, Kirche/Religion sowie Unfall-/Rettungsdienst/Feuerwehr auch Träger der außerschulischen Jugendarbeit.

Wenn man dennoch, etwa anhand der DJI-Surveyerhebung 2007, Daten heranzieht, können sowohl Zahlen als auch deren Schwierigkeiten demonstriert werden. Auch dieser Survey gibt den Befragten Kategorien vor, die sich nicht eindeutig und ausschließlich auf die Jugendarbeit beziehen (Sport/Kirche), dennoch kann mit diesen Daten ein erster Eindruck von der Beteiligung in diesen Feldern vermittelt werden (Tab. 1).

Tab. 1: Aktivität und Engagement Jugendlicher in ausgewählten Organisationen

	Anteil aktiver Jugendlicher an der altersentsprechenden Bevölkerung in %	Anteil aktiver Jugendlicher, die ein Amt oder eine Aufgabe haben	
		... an der altersentsprechenden Bevölkerung in %	... an den aktiven Jugendlichen in %
Sportverein	65,4	18,5	28,4
Technische Vereine (THW, Jugendfeuerwehr, DLRG)	9,7	3,4	35,8
Kirche/kirchliche/religiöse Jugendgruppe	32,9	14,4	44,1
Jugendverband (Landjugend, Naturschutz, Schülerverband)	7,1	2,0	27,6
Jugendzentrum/Kinder- und Jugendtreff	21,0	3,2	15,1

Quelle: DJI-Surveyerhebung 2007, Befragung der 13- bis 17-Jährigen (n=1.387)

So wird sichtbar, dass die verschiedenen Bereiche des Engagements auch in der Jugendarbeit unterschiedlich stark ausgeprägt sind (besonders stark in Sport und Kirche), dass aber die Teilnahme in vielen Fällen auch zu ehrenamtlichem Engagement führt. Schaut man auf den Anteil derer, die als Aktive auch ein Amt oder eine Aufgabe übernommen haben, so wird deutlich, dass sowohl bei den 13- bis 17-Jährigen als auch bei den 18- bis 26-Jährigen in allen Vereinen und Verbänden über ein Viertel auch Funktionen übernehmen (→ Tab. 2).

Gleichzeitig wird deutlich, dass das Jugendalter eine Zeit hohen Engagements ist. Der Blick auf die jungen Erwachsenen bis 26 Jahre zeigt ein etwas geringeres Aktivitäts- und Engagementniveau bezogen auf die altersentsprechende Gesamtbevölkerung.

Ein anderer Weg, um etwas über Anzahl und demografische Merkmale der ehrenamtlich Engagierten in der Jugendarbeit zu erfahren, ist die Erfassung über die Jugendleitercard, die „Juleica". Diese wurde 1999 als bundesweit einheitlicher Nachweis für Ehrenamtliche in der Jugendarbeit eingeführt. Sie bescheinigt den Jugendleitern eine verbindliche Ausbildung. Bis zum Herbst 2008 wurden seit der Einführung ca. 320.000 Karten ausgestellt. Im

Jahresschnitt finden sich jeweils etwas über 100.000 gültige Juleicas (zu Daten und Aussagekraft Arbeitsstelle Kinder- und Jugendhilfestatistik 2009).

Tab. 2: Aktivität und Engagement junger Erwachsener in ausgewählten Organisationen

Organisation	Anteil aktiver junger Erwachsener an der altersentsprechenden Bevölkerung in %	Anteil der Aktiven, die ein Amt oder eine Aufgabe haben	
		... an der altersentsprechenden Bevölkerung in %	... an den aktiven jungen Erwachsenen in %
Sportverein	43,0	11,4	26,6
Kirche/kirchliche/religiöse Gruppe	18,7	6,8	36,1
Jugendverband/Studentenverband	16,5	6,0	36,2

Quelle: DJI-Surveyerhebung 2007, Befragung der 18- bis 33-Jährigen (Auswahl der unter 27-Jährigen) (n=921)

Herausforderungen und Ausblick

Strukturwandel des Ehrenamts in der Jugendverbandsarbeit

Gesellschaftliche Veränderungsprozesse betreffen auch die Arbeit der Jugendverbände. Verberuflichung und Verfachlichung der Kinder- und Jugendhilfe, Auflösung sozial-kultureller Milieus, die Freisetzung der Menschen aus traditionellen Bindungen, Individualisierungs- und Pluralisierungsprozesse wirken sich auf die Angebots-, Mitglieds- und Personalstruktur der Jugendverbände aus. Die Bemühungen der Verbände um ehrenamtlichen Nachwuchs sowie die Diskussionen der letzten Jahre weisen auf strukturelle Probleme der Jugendverbände hin, auf die die Verbände reagieren müssen:

- *Das Rekrutierungsproblem:* Da Ehrenamtliche nicht mehr selbstverständlich nachwachsen, müssen Verbände verstärkt Anstrengungen unternehmen, um Kinder und Jugendliche in ihre Organisationen einzubinden und für ehrenamtliches Engagement zu gewinnen – besonders dann, wenn man die sich abzeichnende demografische Entwicklung berücksichtigt. Dabei stellt sich u. a. die Frage, ob sich die Organisationen des freiwilligen Engagements der Herausforderung stellen wollen (und können), auch solchen Kindern und Jugendlichen Zugang in das Lernfeld Engagement zu ermöglichen, die bislang unterrepräsentiert sind, wie etwa Hauptschüler/innen und Migrant/innen. Hier muss über Wege nachgedacht werden, auch bildungsfernen und bisher kaum erreichten Jugendlichen den Zugang zu einem Engagement und den darin enthaltenen Lernpotenzialen, Erlebnis- und Kontaktmöglichkeiten zu erleichtern.

- *Das Konkurrenzproblem:* Jugendverbände sind heute in Bezug auf Freizeitangebote nur noch ein Veranstalter unter vielen. Zudem könnte mit der Etablierung von Ganztagsschulen ein Konkurrenzproblem hinsichtlich der freien Zeit Heranwachsender entstehen. Das Engagement der Alterskohorte von 14 bis 21 Jahren ist zu 88 Prozent ein Engagement von Schülerinnen und Schülern. Schüler sind die Gruppe, die am ehesten über disponible Zeit verfügen. Ihr Engagement findet häufig während der Woche am Nachmittag statt, während erwerbstätige Jugendliche eher auf die Abendstunden und Wochenenden angewiesen sind. Daher bot die Halbtagsschule günstige Voraussetzungen für freiwilliges Engagement der Heranwachsenden. Hier wird künftig verstärkt zu beachten sein, inwieweit durch die Verkürzung der Gymnasialzeit (G8) sowie die Verbreitung der Ganztagsschule Jugendlichen die Zeit für das Engagement fehlt.
- *Das Gratifikationsproblem:* Ehrenamtliche Mitarbeit ist nicht zum Nulltarif zu haben. Die Verbände haben in den letzten Jahren verstärkt unterschiedliche Formen der materiellen und symbolischen Gratifikationen entwickelt, um Engagierte zu gewinnen und zu halten.
- *Das Fachlichkeitsproblem:* Die immer komplexer werdenden Förderstrukturen sowie die wachsenden pädagogischen Anforderungen führen zu einer verstärkten Verfachlichung der Arbeit sowie zu einem erhöhten Leistungsdruck für die Ehrenamtlichen.
- *Das Qualifizierungsproblem:* Gesellschaftliche Entwicklungen der Verrechtlichung, Verfachlichung, Professionalisierung und Institutionalisierung haben dazu geführt, dass die Anforderungen an die Qualifikation der Ehrenamtlichen auf der pädagogischen, der organisatorischen sowie der politischen Ebene der Jugendverbandsarbeit deutlich gestiegen sind. Daher wurde vor einem Jahrzehnt bundesweit die Juleica eingeführt. Sie dient zur Legitimation und als Qualifikationsnachweis und bescheinigt den Jugendleiter/innen eine verbindliche Ausbildung. Umfang und Inhalt der Ausbildung sind in den einzelnen Bundesländern jedoch unterschiedlich geregelt.

Engagement und Bildung

In den letzten Jahren wurden die Bildungspotenziale jugendlichen Engagements verstärkt in den Mittelpunkt gerückt. In Wissenschaft, Politik und den Organisationen des freiwilligen Engagements wird allgemein davon ausgegangen, dass das Engagement Jugendlicher Lern- und Bildungsprozesse, insbesondere sozialer Art, sowie das Hineinwachsen in demokratische Spielregeln befördert (Thole/Hoppe 2003; Enquête-Kommission 2002; Otto/Rauschenbach 2004; Corsa 1998, 2003). So sind die Themen Bildung, Demokratielernen und Kompetenzerwerb durch freiwilliges Engagement in den letzten Jahren zunehmend in den Blick der empirischen Forschung geraten. In der jüngeren Jugendverbandsforschung werden auch Fragen des Kompetenzerwerbs, des sozialen Lernens und der Nachhaltigkeit der im Engagement erworbenen Fähigkeiten aufgeworfen (Lehmann 2005; Fauser/Fischer/Münchmeier 2006; Schwab 2006; Reinders 2005; Richter/Jung/Riekmann 2006). Hofer/Buhl (2000) kommen bei der Sichtung empirischer Studien zum Einfluss freiwilligen Engagements auf die Persönlichkeitsentwicklung Jugendlicher zu dem Befund, dass trotz der Heterogenität der Forschungsergebnisse von positiven Einflüssen sozialen Engagements auf die Persönlichkeitsentwicklung ausgegangen werden kann.

Die Studie von Düx u.a (2008) weist darauf hin, dass im Engagement Heranwachsender neben sozialen und persönlichkeitsbildenden Eigenschaften und Fähigkeiten insbesondere Organisations-, Leitungs-, Team- und Gremienkompetenzen entwickelt und vertieft werden. Anders als in der Schule wird überwiegend durch Handeln in Realsituationen gelernt im Sinne von „learning by doing". Die in § 11 des SGB VIII definierte Aufgabe der Jugendarbeit, junge Menschen zu Selbstbestimmung und gesellschaftlicher Mitverantwortung sowie zu sozialem Engagement zu befähigen, scheinen die Jugendverbände zu erfüllen. Sie fungieren als Ermöglichungsräume, in denen Heranwachsende befähigt werden, in realen Situationen gesellschaftliche Verantwortung zu übernehmen und damit an der Gestaltung der Gesellschaft teilzuhaben.

In puncto Kompetenzerwerb wird deutlich, dass die in ihrer Jugend Engagierten verglichen mit der Gruppe der Nicht-Engagierten über ein breiteres Spektrum an Erfahrungen und Kompetenzen verfügen. Besonders groß sind die Differenzen zwischen den beiden Gruppen, wenn es um Organisations-, Gremien- und Leitungskompetenzen geht. Zudem zeigte sich ein Zusammenhang dieses jugendlichen Engagements zur gesellschaftlichen Beteiligung im Erwachsenenalter. Freiwilliges Engagement Jugendlicher hat auch Auswirkungen auf das gesellschaftliche Engagement im Erwachsenenalter: Wer als Jugendlicher gesellschaftliche Verantwortung durch freiwilliges Engagement übernimmt, macht dies mit großer Wahrscheinlichkeit auch als Erwachsener.

Literatur

Arbeitsstelle Kinder- und Jugendhilfestatistik 2009: Auswertung von Grundinformationen zu den Jugendleiter/innen – Juleica-Daten – für den Deutschen Bundesjugendring (www.juleica.de/uploads/media/Juleica_Statistik2008.pdf (letzter Zugriff: 23.08.09).

Buhl, Monika/Kuhn, Hans-Peter 2005: Erweiterte Handlungsräume im Jugendalter: Identitätsentwicklung im Bereich gesellschaftlichen Engagements. In: Schuster, Beate H./Kuhn, Hans-Peter/Uhlendorf, Harald (Hrsg.): Entwicklung in sozialen Beziehungen – Heranwachsende in ihrer Auseinandersetzung mit Familie, Freunde und Gesellschaft. Stuttgart: 217-237.

Bundesministerium für Familie, Senioren, Frauen und Jugend (Hrsg.) 2005: Zwölfter Kinder- und Jugendbericht. Bericht über die Lebenssituation junger Menschen und die Leistungen der Kinder- und Jugendhilfe in Deutschland. Bildung, Betreuung und Erziehung vor und neben der Schule. Berlin.

Corsa, Mike 1998: Jugendliche, das Ehrenamt und die gesellschaftspolitische Dimension. In: Recht der Jugend und des Bildungswesens, 46.Jg., Heft 3: 322–334.

Corsa, Mike 2003: Jugendverbände und das Thema „Jugendarbeit und Schule" – aufgezwungen, nebensächlich oder existenziell? In: deutsche jugend, 51. Jg., Heft 9: 369–379.

Düx, Wiebken 1999: Das Ehrenamt im Jugendverband. Ein Forschungsbericht. Frankfurt.

Düx, Wiebken 2000: Das Ehrenamt in Jugendverbänden. In: Beher, Karin/Liebig, Reinhard/Rauschenbach, Thomas (Hrsg.): Strukturwandel des Ehrenamts. Weinheim und München: 99–142.

Düx, Wiebken/Sass, Erich 2006: Lernen in informellen Settings. Ein Forschungsprojekt der Universität Dortmund und des DJI. In: Tully, Claus J. (Hrsg.): Lernen in flexibilisierten Welten. Wie sich das Lernen der Jugend verändert. Weinheim und München: 201–218.

Düx, Wiebken/Prein, Gerald/Sass, Erich/Tully, Claus J. 2008: Kompetenzerwerb im freiwilligen Engagement. Wiesbaden.

Enquête-Kommission 2002: „Zukunft des bürgerschaftlichen Engagements". Deutscher Bundestag. Bericht. Bürgerschaftliches Engagement: auf dem Weg in eine zukunftsfähige Bürgergesellschaft, Schriftenreihe. Band 4. Opladen.

Fauser, Katrin/Fischer, Arthur/Münchmeier, Richard 2006: Jugendliche als Akteure im Verband. Ergebnisse einer empirischen Untersuchung der Evangelischen Jugend. Band 1. Opladen/Farmington Hills.

Gängler, Hans 2002: Jugendverbände. In: Schröer, Wolfgang/Struck, Norbert/ Wolff, Mechthild (Hrsg.): Handbuch Kinder- und Jugendhilfe. Weinheim und München: 581–593.

Gaiser, Wolfgang/Rijke, Johann de 2006: Gesellschaftliche und politische Beteiligung. In: Gille, Martina/Sardei-Biermann, Sabine/Gaiser, Wolfgang/de Rijke, Johann (Hrsg.): Jugendliche und junge Erwachsene in Deutschland. DJI-Jugendsurvey. Band 3. Wiesbaden: 213–275.

Gensicke, Thomas/Picot, Sibylle/Geiss, Sabine 2006: Freiwilliges Engagement in Deutschland 1999–2004. Ergebnisse der repräsentativen Trenderhebung zu Ehrenamt, Freiwilligenarbeit und bürgerschaftlichem Engagement. Wiesbaden.

Giesecke, Hermann 1981: Vom Wandervogel bis zur Hitlerjugend. Jugendarbeit zwischen Politik und Pädagogik. München.

Gille, Martina/Sardei-Biermann, Sabine/Gaiser, Wolfgang/Rijke, Johann de 2006: Jugendliche und junge Erwachsene in Deutschland. Lebensverhältnisse, Werte und gesellschaftliche Beteiligung 12- bis 29-Jähriger. DJI-Jugendsurvey. Band 3. Wiesbaden.

Hofer, Manfred/Buhl, Monika 2000: Soziales Engagement Jugendlicher: Überlegungen zu einer technologischen Theorie der Programmgestaltung. In: Kuhn, Hans-Peter/ Uhlendorf, Harald/Krappmann, Lothar (Hrsg.): Sozialisation zur Mitbürgerlichkeit. Opladen: 95–111.

Jakob, Gisela 1993: Zwischen Dienst und Selbstbezug. Opladen.

Lehmann, Tobias 2005: Jugendverbände, Kompetenzentwicklung und biografische Nachhaltigkeit. Eine neue Perspektive auf Jugendverbandsarbeit. In: Jugendpolitik, 4. Jg., Heft 2: 16–19.

Otto, Hans-Uwe/Rauschenbach, Thomas (Hrsg.) 2004: Die andere Seite der Bildung. Zum Verhältnis von formellen und informellen Bildungsprozessen. Wiesbaden.

Reinders, Heinz 2005: Jugend. Werte. Zukunft. Wertvorstellungen, Zukunftsperspektiven und soziales Engagement im Jugendalter. Landesstiftung Baden-Württemberg (Hrsg.): Schriftenreihe der Landesstiftung. Baden-Württemberg/Stuttgart.

Reinders, Heinz 2009: Bildung und freiwilliges Engagement im Jugendalter. Expertise für die Bertelsmann-Stiftung. Schriftenreihe Empirische Bildungsforschung. Band 10. Würzburg.

Richter, Helmut/Jung, Michael/Riekmann, Wibke 2006: Jugendverbandsarbeit in der Großstadt. Perspektiven für Mitgliedschaft und Ehrenamt am Beispiel der Jugendfeuerwehr Hamburg. Hamburg.

Santen, Erik van 2005: Ehrenamt und Mitgliedschaften bei Kindern und Jugendlichen. Eine Übersicht repräsentativer empirischer Studien. In: Rauschenbach, Thomas/ Schilling, Matthias (Hrsg.): Kinder- und Jugendhilfereport II. Weinheim und München: 175–202.

Shell Deutschland Holding (Hrsg.) 2006: Jugend 2006. Eine pragmatische Generation unter Druck. Frankfurt.

Schwab, Jürgen 2006: Bildungseffekte ehrenamtlicher Tätigkeit in der Jugendarbeit. In: deutsche jugend, 54. Jg., Heft 7/8: 320–328.

Thole, Werner 2000: Kinder- und Jugendarbeit. Eine Einführung. Weinheim und München.

Thole, Werner/Hoppe Jörg (Hrsg.) 2003: Freiwilliges Engagement – ein Bildungsfaktor. Berichte und Reflexionen zur ehrenamtlichen Tätigkeit von Jugendlichen in Schule und Jugendarbeit. Frankfurt.

Züchner, Ivo 2006: Mitwirkung und Bildungseffekte in Jugendverbänden – ein empirischer Blick. In: deutsche jugend. 54. Jg., Heft 5: 201–209.

Georg Theunissen

Bürgerschaftliches Engagement und Arbeit mit behinderten Menschen

Bürgerschaftliches Engagement in der Behindertenarbeit ist in den letzten Jahren durch Entwicklungen auf dem Gebiete des Wohnens, der Menschenrechte und Leitprinzipien entscheidend befördert worden.

Bis vor wenigen Jahrzehnten war es weltweit Gepflogenheit, Menschen mit Behinderungen in Sondereinrichtungen zu institutionalisieren. Anstalten oder Heime sollten als ein beschützender Lebensraum fungieren, zugleich hatten sie aber auch die Funktion, die Gesellschaft vor behinderten Menschen zu schützen.

Dieses medizinisch-psychiatrisch legitimierte System der Institutionalisierung wurde vor etwa 50 Jahren in einigen hoch entwickelten Industrienationen (USA, skandinavische Länder) radikal in Frage gestellt. Bürgerrechts-, Behinderten- und Empowermentbewegungen von Eltern behinderter Kinder konstatierten inhumane Zustände und Menschenrechtsverletzungen in Behinderteneinrichtungen, kritisierten ihren Charakter als „totale Institution" (Goffman 1972) und wandten sich gegen Prozesse der Ausgrenzung, Ghettoisierung, Benachteiligung und Diskriminierung behinderter Menschen. Ziel war es, durch gesellschaftliche Integration Menschen mit Behinderungen ein Wohnen und Leben in der Gesellschaft zu ermöglichen.

Vor diesem Hintergrund wurden vor allem in Nordamerika und Nordeuropa unter Leitprinzipien der Integration, Normalisierung und Deinstitutionalisierung groß angelegte Reformen auf dem Gebiete des Wohnens eingeleitet, die zur Auflösung von Anstalten oder Heimen führten und Menschen mit Behinderungen ein selbstbestimmtes Leben in der eigenen Wohnung oder in kleinen, häuslichen Wohngruppen ermöglichen sollten (Theunissen 2009: 374 ff.).

Hierzulande war hingegen die Kritik an der Institutionalisierung verhaltener, was zur Folge hatte, dass Reformen auf dem Gebiete des Wohnens nur unzureichend umgesetzt wurden (Theunissen/Schirbort 2006: 61 f.).

Allerdings war es vor allem in den USA, aber auch in Großbritannien oder Norwegen zu einigen skandalösen Maßnahmen gekommen (Dalferth 1998; Theunissen 2009, 378 ff.), die eine Überprüfung der Reformen notwendig machten. In dem Zusammenhang wurden konzeptionelle Unzulänglichkeiten deutlich, die eine Weiterentwicklung und Neubestimmung der Leitprinzipien von der Integration zur Inklusion beförderten.

Von der Integration zur Inklusion

Mit Blick auf das Wohnen wird bis heute unter Integration ein Input-Prinzip verstanden, indem Menschen mit Behinderungen in gemeindenahe Wohnformen eingegliedert werden sollen. Diese Praxis läuft aber nur auf eine räumliche Integration hinaus, die kein Garant dafür ist, dass eine funktionale Integration statthat, indem Menschen mit Behinderungen allgemeine Dienstleistungsangebote nutzen, am gesellschaftlichen Leben partizipieren und sich sozio-kulturell integriert erleben. Was nutzt es einem behinderten Menschen, wenn er zwar räumlich integriert in einem Wohnheim oder einer Wohngemeinschaft lebt, aber kaum Kontakte zu seiner Außenwelt hat und ihm das Leben in der Gesellschaft fremd bleibt?

Die Reduktion des Integrationsbegriffs auf räumliche Eingliederung führt auf handlungspraktischer Ebene zur Vernachlässigung des Kontextes. Das gilt zum Beispiel für Reformen oder Konzepte, die infrastrukturelle, soziale und kulturelle Bedingungen sowie eine Vernetzung und Einbettung der Wohnformen in einem eng umschriebenen Sozialraum (Stadtteil, Wohnviertel) missachten.

Des Weiteren begünstigt das Input-Prinzip die Annahme, dass es zwei Welten gibt: die der Nichtbehinderten und die der behinderten Menschen. Die Welt der Nichtbehinderten gilt als Normalität und wird zur Norm für Personen mit Behinderungen erklärt. Zugleich wird durch die Zwei-Welten-Theorie das Trennende betont. Hinzu kommt, dass Integration im Sinne von Eingliederung eine Ausgrenzung in Sondereinrichtungen voraussetzt. Dabei scheint vielerorts die Vorstellung verbreitet zu sein, dass eine Integration in kleine, gemeindenahe Wohnformen (z.B. betreutes Wohnen) nur für behinderte Menschen mit einem relativ hohen Grad an Selbstständigkeit geeignet sei. Menschen mit schweren intellektuellen oder mehrfachen Behinderungen gehören demnach weiterhin ins Heim.

Zu guter Letzt sei erwähnt, dass Integration als Input-Prinzip mit der Gepflogenheit einhergeht, vom grünen Tisch aus Wohnangebote zu planen und zu implementieren. Eine solche Top-Down-Praxis geht nicht selten an den Interessen von Menschen mit Behinderungen vorbei. Das gilt gleichfalls für die Profizentrierung, die mit der Top-Down-Praxis eng verknüpft ist.

Dem Begriff Inklusion, abgeleitet vom lateinischen Verb „includere" (einschließen), liegt hingegen das Verständnis einer Gesellschaft zugrunde, in der jeder Mensch das Recht hat, als vollwertiges und gleichberechtigtes Mitglied anerkannt zu werden. Diese von Bürgerrechts- und Behindertenbewegungen beförderte Vorstellung hat soeben in der UN-Konvention über die Rechte behinderter Menschen Eingang gefunden, und ebenso hat sie hintergründig die jüngste Revision des Verständnisses von Behinderung der Weltgesundheitsorganisation beeinflusst. Inklusion als unmittelbare gesellschaftliche Zugehörigkeit bezieht sich aber nicht nur auf Menschen mit Behinderungen, sondern sie hat ebenso andere Gruppen im Blick, die allzu leicht marginalisiert, ausgegrenzt und benachteiligt werden. Vor diesem Hintergrund wird unter der Leitidee der Inklusion das Leben in einer multikulturellen Gesellschaft in den Blick genommen, in der die Verschiedenheit von Menschen und die Verwirklichung individueller Lebensentwürfe in einem sozial verträglichen Ganzen akzeptiert und unterstützt wird. Ein solches selbstbestimmtes Leben in sozialer Inklusion lässt zugleich die Zwei-Welten-Theorie obsolet werden.

Werden Rechte auf Selbstbestimmung, gesellschaftliche Teilhabe und Unterstützung zur Maxime von Inklusion erklärt, müssen Interessen und Angebote aus der Betroffenen-Perspektive gegenüber einer Top-Down-Praxis und Profizentrierung priorisiert werden. Das bedeutet, dass zum Beispiel häusliche Wohnformen im Sinne von Inklusion nicht als Alternative zu einem Heim, sondern als bedarfs- und bedürfnisorientierte Regelsysteme definiert und implementiert werden müssen.

Die Vorstellung eines Lebens in Inklusion oder einer inklusiven Kultur ist an die Voraussetzung geknüpft, dass allen Mitgliedern einer Gesellschaft wichtige soziale und kulturelle Systeme (z. B. öffentliche Einrichtungen, allgemeine Bildungssysteme und Dienstleistungen, Arbeitsplätze in regulären Betrieben) verfügbar und zugänglich sein müssen. Um diesbezüglich Barrierefreiheit zu schaffen, müssen die Strukturen, Institutionen und Dienstleistungsagenturen der Gesellschaft so verändert werden, dass sie den Rechten, Interessen und Bedürfnissen aller Mitglieder einer Gesellschaft entsprechen können. Dadurch sollen zugleich Prozesse einer Selektion und Separation vermieden werden. Anstelle einer Ausgrenzung von so genannten „integrationsunfähigen" Personen wird ein Sozialraum zugrunde gelegt, in dem jeder, der hilfebedürftig ist, angemessene Unterstützung erfahren soll. Konzepte wie Community Care (dazu Theunissen/Schirbort 2006; Theunissen 2009: 385 ff.) haben hier ihren Platz. Zu ihrer Implementierung ist es unabdingbar, nicht nur individuelle Ressourcen, sondern ebenso soziale (v.a. informelle) zu erschließen und zu nutzen.

Dazu bedarf es einer bürgerzentrierten Behindertenarbeit, die am ehesten gedeihen kann, wenn soziale Kontakte und ein gemeinsames Miteinander von Menschen mit und ohne Behinderungen in qualitativer Hinsicht gefördert und gelebt werden. Die Bedeutung dieser Aufgabe kann nicht hoch genug eingeschätzt werden. So verlangt ein Leben in Inklusion zum Beispiel Wohnkonzepte, die den Kontext, das Umfeld, Bezugs- und Umkreispersonen mit einbeziehen. Das Scheitern mancher Reformen oder die Unzulänglichkeiten einiger Integrationsprojekte waren nicht selten dem Fehlen der Kontextorientierung und Bürgerzentrierung geschuldet. Gerade die bürgerzentrierte Arbeit ist aber mit ein Garant dafür, dass Menschen mit Behinderungen informelle Unterstützung erfahren, um sich sozial zugehörig erleben, sozial kommunizieren und am sozio-kulturellen Leben partizipieren zu können.

Möglichkeiten bürgerzentrierter Behindertenarbeit

Abgesehen von einem undifferenzierten, visionären Gesellschaftsbegriff (dazu Kulig 2006) scheint die Idee der Inklusion eine verheißungsvolle Angelegenheit zu sein. Darauf hat bereits der Gesetzgeber reagiert, indem Forderungen nach Selbstbestimmung und gesellschaftlicher Teilhabe behinderter Menschen im neunten Sozialgesetzbuch aufgegriffen wurden. Gleichfalls findet der Leitgedanke der Inklusion im Bereich der Behindertenhilfe immer mehr Zuspruch, wenngleich sich hierzulande die Implementierung einer bürgerzentrierten Behindertenarbeit erst in blassen Anfängen befindet.

Dies hängt damit zusammen, dass vor dem Hintergrund der Gepflogenheit, die Belange und Unterstützung behinderter Menschen an eigens dafür geschaffene Organisationen der Behindertenhilfe zu überantworten, viele Jahrzehnte die nichtbehinderte Bevölkerung kaum dazu veranlasst wurde, sich um Personen mit Behinderungen zu kümmern. Dadurch haben heute viele das Sozialinteresse und Helfen „verlernt". Zudem sahen sich die Organisationen der Behindertenhilfe als Garanten für das Wohlergehen behinderter Personen (Wagner-Stolp 2009); und jenseits eines auferlegten kooperativen Arrangements mit strukturell eingebundenen Ehrenamtlichen (z.B. Vereinsvorstände) standen viele professionelle Dienstleister einer engen Zusammenarbeit mit der nichtbehinderten Bevölkerung oder mit Freiwilligen (volunteers) eher skeptisch gegenüber. Erst in jüngster Zeit, nicht zuletzt bedingt durch Situationen eines Eingekeiltseins zwischen einem von Kostenträgern auferlegten Einspardruck einerseits und den Rechten und Interessen behinderter Menschen andererseits, scheinen sich immer mehr Organisationen und Einrichtungen der Behindertenhilfe nach außen zu öffnen, indem sie gezielt über Öffentlichkeitsarbeit die Zusammenarbeit mit nichtbehinderten Bürgern aufsuchen und erkannt haben, dass durch freiwilliges Engagement zusätzliche Qualität und Impulse in die hauptamtlich geleistete Arbeit eingebracht und neue Erfahrungsräume zur Gewinnung von mehr Lebensqualität für Menschen mit Behinderungen erschlossen werden können (Fink 2004; Wagner-Stolp 2004, 2009). Das betrifft zum Beispiel die Erkenntnis, dass informelle, abrufbare Unterstützungsformen durch Freundschaften, Bekanntschaften, Nachbarschaften nicht nur gegen Vereinsamung oder zur Prävention psychischer Belastungen und Krisen, sondern ebenso für die Entwicklung des Gefühls der gesellschaftlichen Zugehörigkeit wertvoll sind.

Internationalen und nationalen Studien (dazu Theunissen/Schirbort 2006: 75f.) ist zu entnehmen, dass vor allem intellektuell behinderten Menschen, die in gemeindeintegrierten, kleinen Wohnformen leben, oftmals im Unterschied zur nichtbehinderten Bevölkerung nur schwache und kleinere soziale Netze mit einem weitaus geringeren Unterstützungspotenzial (sowohl bei Verrichtungen des alltäglichen Lebens als auch bei Gefälligkeiten oder persönlichen Problemen) zur Verfügung stehen, so dass sozial schützende und unterstützende Faktoren weithin entfallen. Im Vergleich zur Mehrheit der nichtbehinderten Bevölkerung haben Menschen mit Behinderungen nicht zuletzt aufgrund fehlender finanzieller Möglichkeiten (Armut) in der Regel geringere Partizipationschancen und Freizeitkontakte, und darüber hinaus spielen nachbar- und freundschaftliche Beziehungen zu nichtbehinderten Bürgern als soziale Ressource kaum eine Rolle. Das betrifft vor allem auch ältere Menschen mit Behinderungen.

Folglich sollte sich ein Schwerpunkt bürgerzentrierter Behindertenarbeit auf Aufbau, Beratung und Begleitung eines Freiwilligenengagements im gesellschaftlichen Bezugsfeld beziehen. Die Palette entsprechender Möglichkeiten zur Schaffung sozialer Netze durch Freiwilligenarbeit ist breit: Denkbar sind Hilfen bei der Gestaltung von Beziehungen im direkten Wohnumfeld mit der Nachbarschaft, so zum Beispiel die Unterstützung und Begleitung konkreter Nachbarschaftshilfe, die Förderung und Unterstützung von Gemeinde- bzw. Stadtteilfesten oder eine Vermittlungs- bzw. Brückenhilfe beim Aufsuchen kultureller Ereignisse oder öffentlicher Orte wie Kneipen, Cafés, Kino, Kirchengemeinde, Altenclub etc.

Zur Unterstützung solcher Prozesse kann die Gründung eines Hilfsvereins freiwillig engagierter Personen nützlich sein. So gibt es zum Beispiel in Halle (Saale) den Verein „IDEAL" (Integration durch aktives Leben), der das Ziel verfolgt, Freiwillige für eine Freizeitassistenz zu gewinnen, auszubilden und an Menschen mit Behinderungen zu vermitteln (dazu Theunissen/Schirbort 2006: 266 ff.). In ähnlichen Bahnen bewegt sich das aus den USA stammende Konzept der „best buddies", welches die Förderung von Freundschaften nichtbehinderter und behinderter Jugendlicher und junger Erwachsener explizit zum Ziel erklärt. Hierzu ist unlängst eine erste Metaanalyse erschienen, deren Ergebnisse ermutigend sind (Hardman/Clark 2006). Weitere Erfolg versprechende Programme zur Förderung von Freundschaften und Bekanntschaften zwischen intellektuell behinderten und nichtbehinderten Menschen sind der Arbeit von Amado (1993) zu entnehmen (dazu Theunissen/Schirbort 2006: 275 ff.).

Eine darüber hinaus gehende Möglichkeit besteht darin, bei Freiwilligenagenturen und Vereinen, Eltern- oder Angehörigengruppen für so genannte Patenschaften für Menschen mit Behinderungen zu werben. Ebenso kann im Rahmen von Biographiearbeit nach Personen Ausschau gehalten werden, die früher einmal im Leben eines Betroffenen eine positive Rolle gespielt haben. Ziel dieser Idee ist es, alte Freundschaften oder Bekanntschaften zu reaktivieren. Ein weiterer Vorschlag bezieht sich auf das Aufsuchen bestimmter Institutionen, Unternehmen oder Geschäfte (z. B. Polizei, Sozialamt, sozialpsychiatrischer Dienst, Kaufhäuser, Kneipen), um freiwillige Netzwerkpartner anzuwerben und zu gewinnen, die als Kontakt- und Vertrauenspersonen, Ansprechpartner, Berater wie auch Vermittler bei sozialen Konflikten fungieren sollen.

Zur Unterstützung all dieser Vorschläge bedarf es von Zeit zu Zeit so genannter Netzwerktreffen, die für alle Beteiligten, einschließlich des behinderten Menschen und seiner professionellen Helfer, Gelegenheit bieten, Erfahrungen auszutauschen, Informationen weiter zu geben wie auch Probleme zu besprechen. Die Koordination eines solchen Treffens kann im Rahmen eines Unterstützungsmanagements (dazu Theunissen/Schirbort 2006: 216ff.) erfolgen.

Bemerkenswert sind neben der Netzwerkförderung durch Freiwilligenengagement ebenso „bürgerzentrierte Aktionsprogramme", die explizit auf Förderung sozio-kultureller Teilhabe und Inklusion zielen (Theunissen 2009: 408). Das Interessante an diesen Programmen ist, dass sie sowohl behinderte als auch nichtbehinderte Menschen (Mitarbeiter, Angehörige, Freiwillige) mit einbeziehen. Auf der Basis eines gemeinsamen Planens, Handelns und Lernens sind sie darauf angelegt, den Blick für individuelle Bedürfnisse und Möglichkeiten gegenseitiger Unterstützung zu schärfen, persönliche und soziale Ressourcen zu erschließen, eine Aktionsgruppe zu organisieren und einen auf die Bedürfnis- und Interessenlage sowie auf die ermittelten Ressourcen abgestimmten Aktionsplan zu entwerfen, umzusetzen und zu evaluieren. In ähnlichen Bahnen bewegt sich das Kölner Projekt „IncluCity", in dem Menschen mit Behinderungen gemeinsam mit Studierenden, Dozenten und anderen nichtbehinderten Mitbürgern an der Idee einer „inklusiven Stadt" arbeiten (dazu www.inclucity.de). Im Rahmen gemeinsamer Gespräche und Aktivitäten sollen kommunikative Barrieren überwunden und neue Formen eines gemeinsamen Lernens praktiziert werden, so dass sich facettenreiche Vertrauenspartnerschaften entwickeln können.

Bei aller Wertschätzung der genannten Möglichkeiten dürfen freilich spezifische Probleme nicht unerwähnt bleiben. So sind zum Beispiel soziale Netzwerke, die vom freiwilligen Engagement getragen werden, nicht per se schützend, unterstützend oder entwicklungsfördernd. Zum Beispiel können soziale Netze oder Unterstützungsleistungen durch Freiwillige auch bevormundend oder einengend sein. Wichtig ist, dass sie Selbstbestimmung und Hilfe zur Selbsthilfe ermöglichen sowie Betroffene nicht infantilisieren oder stigmatisieren. Menschen mit Behinderungen sollten die Freiwilligenarbeit als „ventilatorisch" und valide erleben können, und sie sollten immer das Gefühl haben, von ihren Netzwerkpartnern respektiert zu werden.

Des Weiteren wird aus dem Lager der Behindertenhilfe der nichtbehinderten Bevölkerung häufig mangelnde Solidarität und Gleichgültigkeit gegenüber behinderten Menschen nachgesagt. Zum Beispiel ist Seifert (2001: 211) im Rahmen einer Untersuchung über Einstellungen nichtbehinderter Nachbarn gegenüber schwerstbehinderten Menschen mit Verhaltensauffälligkeiten zu dem Ergebnis gekommen, dass „in unserer Gesellschaft eine grundsätzliche Bereitschaft zur Integration (und Akzeptanz geistig behinderter Menschen im unmittelbaren Wohnumfeld, G. T.) nicht vorausgesetzt werden kann – schon gar nicht bei ‚störenden' Verhaltensweisen."

Um die nichtbehinderte Bevölkerung für die Wertschätzung, Interessen und Rechte behinderter Menschen zu sensibilisieren und um die Bereitschaft zu erhöhen, Personen mit Behinderungen als Nachbarn zu akzeptieren, sollten daher vertrauensbildende Maßnahmen als wichtiger Bestandteil bürgerzentrierter Behindertenarbeit nicht zu kurz kommen (z. b. durch frühzeitige Kontakte; Informationen über Art der Behinderung, Wünsche, Bedürfnisse und Stärken des Betroffenen; gegenseitiges Kennenlernen; Informationen zum Umgang mit auffälligem Verhalten; Einbeziehung mittelständischer Betriebe beim Umbau eines Wohnhauses). Die Vernachlässigung dieser Aufgabe ist ebenso ein Kunstfehler wie das Versäumnis, gemeinsam mit behinderten Menschen soziale Netze und deren Möglichkeiten zu erschließen (z. B. über individuelle Hilfe-, Zukunfts- oder Lebensstilplanungen und Netzwerkanalysen) sowie den Einzelnen falls nötig auf Kontakte und Formen einer Zusammenarbeit mit freiwilligen Unterstützern sowie auf ein soziales (Zusammen-)Leben in der Gemeinde gezielt (pädagogisch) vorzubereiten. Zudem kann es von Vorteil sein, ihn im Hinblick auf Kleidung, Aussehen oder Auftreten zu einer „likeable person" (Theunissen/Schirbort 2006: 76) anzuregen, um unverkrampfte, positive Interaktionen und soziale Kontakte zu fördern. Ferner sollten auch Menschen mit Behinderungen dazu angestiftet werden, sich in ihrem Sozialraum freiwillig zu engagieren, so dass lebendige, reziproke Beziehungen zwischen Nehmenden und Gebenden mit oder ohne Behinderung entstehen können.

Perspektiven für die Zukunft

Beobachtungen und Erfahrungen auf dem Gebiet des bürgerschaftlichen Engagements lassen den Schluss zu, dass die Bereitschaft, Menschen mit Behinderungen freiwillig zu unterstützen, ebenso wie in einigen anderen Feldern der sozialen Arbeit bei weitem noch nicht ausgeschöpft ist und dass sich weitaus mehr Bürgerinnen und Bürger engagieren würden, wenn die Möglichkeiten dafür günstig wären. Hierzu hat einerseits die Politik durch die Schaffung geeigneter Rahmenbedingungen ihren Beitrag zu leisten (z. B. Unterstützung von Selbsthilfekontaktstellen, Freiwilligenagenturen, Erstattung von Fahrkosten, Übernahme einer Haftpflichtversicherung). Andererseits muss sich die Behindertenhilfe auf Freiwillige einstellen, die sich nicht mehr wie früher mit einem institutionell oder organisatorisch eingebundenen, wertkonformen Ehrenamt zufrieden geben, sondern die als selbstbewusste Subjekte hervortreten, denen es um Mitsprache und Mitverantwortlichkeit geht.

Vor diesem Hintergrund ist es verständlich, dass Organisationen der Behindertenhilfe, die sich durch verkrustete Strukturen eines Funktionärswesens oder Dominanz von Eigeninteressen auszeichnen, für Bürger, die sich sozial engagieren möchten, eher unattraktiv sind. Beliebt sind vor allem selbstorganisierte Initiativen oder kleine Nischen mit überschaubaren Strukturen und Möglichkeiten direkter und aktiver Partizipation. Dabei kann es sich um bereits erwähnte Formen einer informellen Unterstützung behinderter Menschen zur Teilhabe am gesellschaftlichen Leben handeln, so beispielsweise um „regelmäßige Begleitung bei Besuchen des Gottesdienstes, bei Besuchen von Kultur- und Sportereignissen; Unterstützung bei Freizeittätigkeiten; Mithilfe bei der Einbeziehung in das Vereinsleben in der Gemeinde; Begleitung zum Arzt, zu Ämtern, zum Einkaufen; Anlernen einfacher Haushaltstätigkeiten" (Fink 2004: 104).

Ebenso denkbar sind aber auch kurzfristige Projekte wie so genannte Corporate Citizenship oder Community Involvement Programme, in denen Beschäftigte eines Unternehmens in Behinderteneinrichtungen bzw. in der direkten Arbeit mit behinderten Menschen freiwillig tätig werden und dafür von ihrem Arbeitgeber freigestellt werden. Über entsprechende Unternehmenskooperationen in der Behindertenarbeit berichten Hovestädt (2004) und Franz (2005). Wenngleich dieser Ansatz, der im angloamerikanischen Sprachraum Tradition hat und hierzulande noch entwicklungsbedürftig ist, einem Gemeinwesen bzw. Gemeinwohlinteressen zugutekommt, darf die Gefahr nicht verkannt werden, dass er zu einseitigen Wohltätigkeitsveranstaltungen entgleiten kann, wenn sich Unternehmen oder die Geschäftswelt als „Wohltäter" dem Behinderungsbild eines hilfe- und belieferungsbedürftigen Mängelwesens bedienen. Um solche Effekte zu vermeiden, bedarf es einer guten Kooperation zwischen Anbieter und Adressaten und einer reflektierten Präsentation der Projekte.

Dass Ansätze wie Corporate Citizenship oder die zuvor genannten Formen der Freiwilligenarbeit die Behindertenhilfe bereichern und beleben können, hat Wagner-Stolp (2004: 7) treffend vermerkt: Freiwillige „bringen den unverstellten Blick auf unsere Dienste und Einrichtungen mit. Sie stellen (auch) kritische Fragen. Sie bereichern durch Unbefangenheit. Sie tragen Energie in die Arbeitsfelder. Sie bringen neue Ideen mit. Sie lassen frischen Wind Einzug halten."

Um die Zusammenarbeit mit Freiwilligen fruchtbar werden zu lassen, bedarf es aber nicht nur einer Aufgeschlossenheit, sondern auch einer gezielten Fortbildung und Vorbereitung von Hauptamtlichen der Behindertenhilfe auf Unterstützung des Freiwilligenengagements (dazu Wagner-Stolp 2009). Als erstrebenswert gilt die Schaffung neuer Funktionsstellen, zum Beispiel die eines „Freiwilligenkoordinators" und „Brückenbauers", dessen Aufgabe es ist, in einem Stadtteil oder in einer Gemeinde Kontakte herzustellen, das Gespräch mit der nichtbehinderten Bevölkerung zu suchen, Informationen zu geben, Vertrauen zu stiften oder soziale Unterstützungsmöglichkeiten aufzuzeigen. Wichtig ist, dass es auf jeden Fall vonseiten der Behindertenhilfe verlässliche Ansprechpartner für die Freiwilligenarbeit gibt. Ferner benötigt jedes freiwillige Engagement im Bereich der Behindertenarbeit einen klar definierten Platz.

Dadurch kann zugleich die Freiwilligenarbeit als ein die hautamtliche Arbeit unterstützendes und ergänzendes Angebot positioniert werden, um die Qualität eines individuellen Hilfe- oder Zukunftsplans eines behinderten Menschen zu erhöhen. Organisationen der Behindertenhilfe, die dem bürgerschaftlichen Engagement aufgeschlossen gegenüberstehen, sollten hierbei aber nicht in den Fehler verfallen, neue Angebote oder Projekte nur mit Freiwilligen zu erarbeiten. Entscheidend sind die Wünsche und Interessen der behinderten Menschen, deren Stimme im Sinne von Empowerment Gewicht haben sollte (dazu Theunissen 2009). Erscheinen lediglich Institutionen oder Organisationen der Behindertenhilfe als Ansprechpartner für Freiwillige, bleibt allzu leicht die Frage im Dunklen, welche Interessen durch freiwilliges Engagement vertreten werden sollen. Der Verdacht drängt sich auf, dass Menschen mit Behinderungen in einem Objektstatus unter dem Dach der Organisationen der Behindertenhilfe belassen werden. Ansprechpartner für bürgerschaftliches Engagement sollten daher nicht ausschließlich die hauptamtlichen Dienstleister oder Organisationen sein, sondern immer die Betroffenen selbst (z.B. repräsentiert durch Heim- oder Werkstatträte, Selbstvertretungsgruppen, People First, ggf. auch gesetzliche Betreuer oder Angehörige als Stellvertreter). Sich dafür wegbereitend einzusetzen wäre eine wichtige zukünftige Aufgabe der Organisationen der Behindertenhilfe.

Schlussbemerkung

Wenngleich all diese Überlegungen für die Idee einer „inklusiven Bürgergesellschaft" von zentraler Bedeutung sind, gibt es sehr wohl auch Vorbehalte gegenüber der damit verknüpften Aufwertung des freiwilligen Engagements. Diese beziehen sich vor allem auf die Befürchtung einer Entprofessionalisierung und Entwertung helfender Berufe sowie auf Folgewirkungen wie Qualitätsverlust, Abbau von Standards und Stellen. Solche Gefahren sind real, um sie abzufedern ist es wichtig, bürgerschaftliches Engagement als Bestandteil eines Gesamtkonzepts zur Gewinnung von mehr Lebensqualität und zugleich als Chance für Inklusion und gesellschaftliche Teilhabe von Menschen mit Behinderungen zu begreifen.

Tatsache ist, dass unsere Gesellschaft vor einer Reihe bedeutsamer sozialer Herausforderungen steht, die weder allein vom Staat, noch von einem sich (selbst erhaltenden) System der Behindertenhilfe gelöst werden können, welches den Interessen und Rechten behinderter Menschen zuwiderläuft. Es wäre aber ebenso unzureichend, nur auf bürgerschaftliches Engagement zu setzen, da solche Unterstützungen immer freiwillig sind und daher von heute auf morgen entfallen können; und es wäre genauso verantwortungslos, nur auf den freien Markt zu setzen. Vielmehr ist es für die Zukunftsfähigkeit einer modernen Gesellschaft unabdingbar, ein Reformpaket in den Blick zu nehmen, in dem Staat, Wirtschaft, Wohlfahrtsverbände oder -organisationen, Bürgerinnen und Bürger gemeinsam neue soziale Partnerschaften und Kooperationsformen eingehen. Dafür steht letztlich der Begriff der Bürgergesellschaft, die freilich nur dann funktionieren kann, wenn sich die beteiligten Instanzen wie Staat (v.a. Land, Kommune, Kreis), Wirtschaft und Dienstleistungserbringer sowie der Dritte Sektor (Wohlfahrtsverbände und -organisationen, selbstorganisierte Bürgerinitiativen, Selbsthilfegruppen etc.) auf Leitprinzipien und Grundsätze einer demokratischen und humanen Gesellschaft für Menschen mit und ohne Behinderungen einlassen.

Nur durch die gemeinsame Orientierung an Grundsätzen einer inklusiven, demokratischen Gesellschaft lassen sich Gefahren eines eigeninteressegeleiteten Wirkens minimieren. Das erfordert nun aber nicht weniger Staat, sondern den „ermöglichenden" Staat, der entsprechende Rahmenbedingungen zu schaffen hat, so dass sich eine inklusive Gemeinde und Kultur entfalten kann. Vor diesem Hintergrund stellen „Bürgergesellschaft und bürgerschaftliches Engagement ... für den Staat kein *Sparprogramm* dar, sondern ein *Investitionsprogramm*: Investitionen in eine angemessene Engagementförderung; Investitionen in mehr Demokratie und erweiterte Spielräume für Bürgerbeteiligung an politischen Entscheidungsprozessen; Investitionen eben in eine zukunftsfähige Gesellschaft" (Roß 2006: 6).

Literatur

Amado, Angela 1993 (Hrsg.): Friendships and Community Connections between People with and without Developmental Disabilities. Baltimore.

Dalferth, Matthias 1998: Enthospitalisierung in westlichen Industrienationen am Beispiel der USA/Kalifornien, Norwegen und Schweden. In: Theunissen, Georg/Lingg, Albert (Hrsg.): Leben und Wohnen nach der Enthospitalisierung. Bad Heilbrunn 1998: 88–113

Fink, Franz 2004: Es müssen nicht immer Experten sein! In: Neue Caritas Jahrbuch 2005. Freiburg: 102–104

Franz, Steffen 2005: Corporate Citizenship in der Behindertenhilfe – Erfahrungen und Perspektiven aus Großbritannien und Deutschland. Unv. Diplomarbeit. Institut für Rehabilitationspädagogik. Martin-Luther-Universität Halle-Wittenberg

Goffman, Ervin 1972: Asyle. Frankfurt

Hardman, Michael L./Clark, Christine 2006: Promoting Friendship Through Best Buddies: A National Survey of College Program Participants. In: Mental Retardation, 44/1: 56–63

Hovestädt, Alfred 2004: Caritas und Ford: Gemeinsam sozial. In: Jahrbuch Neue Caritas 2005. Freiburg: 219–223

Kulig, Wolfram 2006: Soziologische Anmerkungen zum Inklusionsbegriff in der Heil- und Sonderpädagogik. In: Theunissen, Georg/Schirbort, Kerstin (Hrsg.) a. a. O.: 49–58

Roß, Paul-Stefan 2006: Bürger sucht Gesellschaft. Auf dem Weg zur Teilhabe für alle. In: Fachdienst der Lebenshilfe, 3: 1–9

Seifert, Monika 2001: Auffälliges Verhalten – eine Zumutung für die Nachbarschaft? In: Theunissen, Georg (Hrsg.): Verhaltensauffälligkeiten – Ausdruck von Selbstbestimmung? Bad Heilbrunn: 193–222

Theunissen, Georg 2009: Empowerment und Inklusion behinderter Menschen. Einführung in Heilpädagogik und Soziale Arbeit. 2. erw. Aufl. Freiburg.

Theunissen, Georg/Schirbort, Kerstin 2006 (Hrsg.): Inklusion von Menschen mit geistiger Behinderung. Stuttgart.

Wagner-Stolp, Wilfried 2004: Freiwilligenengagement in der Lebenshilfe. In: Fachdienst der Lebenshilfe, 4: 6–8

Wagner-Stolp, Wilfried 2009: Beruf: „Schaltstelle zur Gemeinde". Das neue Tätigkeitsfeld der Freiwilligenkoordination, in: Theunissen, Georg/Wüllenweber, Ernst (Hrsg.): Zwischen Tradition und Innovation. Handlungskonzepte und Methoden in der Heilpädagogik. Marburg: 467–475

Birger Hartnuß und Thomas Olk

Schule

Für den Zusammenhalt und die Zukunftsfähigkeit unserer Gesellschaft gewinnt bürgerschaftliches Engagement zunehmend an Bedeutung. Es ist daher auch nicht verwunderlich, dass die Frage danach, wie Bereitschaft und Motivation zum freiwilligen Engagement entstehen und welche Bedeutung die Zivilgesellschaft für unser Bildungssystem hat, zunehmend virulent wird. Bürgerschaftliches Engagement kommt nicht von selbst und automatisch zustande, sondern bedarf entsprechender normativer Orientierungen und Handlungsdispositionen, die erworben und erlernt werden müssen. Im folgenden Beitrag steht daher die Schule als zentrale Instanz im Erziehungs- und Bildungssystem im Mittelpunkt.

Inzwischen hat sich in Anlehnung an Debatten im angelsächsischen Raum auch in Deutschland dafür der Begriff „civic education" durchgesetzt. Gemeint ist damit im Kern die Erziehung und Bildung zum „kompetenten, mündigen Bürger". Im Begriff „civic education" bündeln sich Ansätze und Strategien der politischen Bildung, der Stärkung von Partizipation von Kindern und Jugendlichen, der demokratischen Gestaltung des Alltags in pädagogischen Einrichtungen sowie der Förderung des freiwilligen Engagements (Hartnuß 2007: 165). Ziel ist die Entwicklung bzw. Herausbildung von Bereitschaften und Fähigkeiten zur Mitbestimmung bei und Mitgestaltung von allgemeinen gesellschaftlichen und sozialen Belangen.

Bürgerschaftliches Engagement im Zusammenhang von Bildung, Schule und Lernen zu diskutieren, ist bislang alles andere als selbstverständlich. Die aktuellen Debatten um die Krise der Schule und um Perspektiven moderner Bildung verweisen jedoch auf überraschende Anknüpfungspunkte und Bezüge zwischen Bildung, Schule und bürgerschaftlichem Engagement. Die öffentliche Debatte um die PISA-Studie hat tiefe Verunsicherungen ausgelöst. Nachdem erste Reaktionen vor allem auf schulinterne Reorganisation und die Intensivierung kognitiver Wissensvermittlung gerichtet waren, gehen die Reformbestrebungen inzwischen auch in andere Richtungen, die neue Denk- und Handlungsoptionen sichtbar werden lassen.

Bürgerschaftliches Engagement und Bildung

Wir können gegenwärtig von einer „neuen Bildungsdebatte" sprechen, die sich deutlich von den Diskussionen um eine Bildungsreform der vergangenen Jahre unterscheidet. Es geht nicht mehr nur um kleinere Korrekturen, sondern um grundlegende Veränderungen, um eine konzeptionelle und institutionelle Neudefinition unseres Bildungs- und Erziehungssystems (Olk 2007). Diese Bemühungen um eine Neubestimmung von Bildung und Erziehung sind keineswegs auf Deutschland beschränkt, sondern lassen sich auch in anderen europäischen Ländern beobachten. In Europa befindet sich die Schule als Institution und das schulische Lernen insgesamt in einer Krise, so die niederländische Erziehungswissenschaftlerin Manuela du Bois-Reymond (2007). Die Anforderungen einer globalisierten Wissensgesellschaft, die tief greifenden Umbrüche im System der Arbeit und der Arbeitsbiographien und nicht zuletzt soziale Ausgrenzungsprozesse haben dazu beigetragen, dass wir völlig neue Formen des Lernens und der Bildung benötigen, um die gesellschaftlichen Herausforderungen meistern zu können (du Bois-Reymond 2007).

Neue Konzepte von Bildung und Lernen bauen auf der grundlegenden Einsicht auf, dass neben dem formellen Lernen in der Schule zunehmend auch das außerschulische und informelle Lernen anerkannt, gefördert und mit dem schulischen Lernen verknüpft werden muss. Gelernt wird an vielen Orten, auch im bürgerschaftlichen Engagement. Hier liegt die zentrale Herausforderung, um Schule und bürgerschaftliches Engagement neu zu denken und damit sowohl für das bürgerschaftliche Engagement als auch für die Schule neue Perspektiven zu eröffnen.

Die geforderte grundlegende konzeptionelle und institutionelle Neudefinition unseres Bildungs- und Erziehungssystems zielt auf ein umfassendes Lern- und Bildungskonzept, das die unterschiedlichen Bildungsinstitutionen, Bildungsorte, Bildungsaufgaben und Bildungsprozesse in ein neues Verhältnis bringt, das Kindern und Jugendlichen optimale Bildungs- und Teilhabechancen bietet, sie auf die Bewältigung von Anforderungen des Alltags und der Zukunft vorbereitet. Der zwölfte Kinder- und Jugendbericht (BMFSFJ 2005) stellt dieses neue erweiterte Bildungsverständnis in den Mittelpunkt seiner Analysen und Überlegungen.

Bildung zielt demnach auf eine allgemeine Lebensführungs- und Bewältigungskompetenz. Ein entsprechend erweitertes Bildungskonzept verbindet Aufgaben der kulturellen und materiellen Reproduktion mit Aspekten der sozialen Integration und des sozialen Lernens (Rauschenbach/Otto 2004: 20ff). Der zwölfte Kinder- und Jugendbericht unterscheidet in seinem Bildungskonzept daher zwischen einem kulturellen, einem materiell-dinglichen, einem sozialen und einem subjektiven Weltbezug (BMFSFJ 2005: 110f.). Mit Bezug auf die kulturelle Welt geht es um die Aneignung des kulturellen Erbes. In der materiell-dinglichen Welt müssen Wissen und Kompetenzen erworben werden, die erforderlich sind, um sich mit der gegenständlichen Welt auseinanderzusetzen, sich diese anzueignen und weiterzuentwickeln. Der soziale Weltbezug zielt auf das Verstehen der sozialen Ordnung der Gesellschaft, die Auseinandersetzung mit den Regeln des kommunikativen Umgangs und der politischen Gestaltung des Gemeinwesens, aber auch auf die Entwicklung von Kompetenzen zur Beteiligung an der Gestaltung der sozialen Umwelt. Der subjektive Weltbezug markiert die Prozesse der Personwerdung, Identitätsbildung und Persönlichkeitsentfaltung als wichtige Bildungsdimensionen.

Bildung und Lernen werden in diesem Konzept verstanden als ein selbstgesteuerter erfahrungsbezogener Kompetenzbildungsprozess, als ein „anhaltender und kumulativer Prozess des Erwerbs der Fähigkeit zur Selbstregulierung und als subjektive Aneignung von Welt in der aktiven Auseinandersetzung mit und in diesen Weltbezügen" (ebd. 2005: 111). Voraussetzung für solche Bildungsprozesse sind Bedingungen und Gelegenheiten, konkrete Kontexte, in denen die Welt in diesen unterschiedlichen Dimensionen erschlossen werden kann. Hier geht es sowohl um Orte, an denen diese Zugänge möglich werden, als auch um Modalitäten, die es den Menschen ermöglichen, sich lernend mit der Welt auseinanderzusetzen.

Im Kontext eines solchen Bildungsverständnisses kommt bürgerschaftlichem Engagement ein hoher Stellenwert zu. Seine Bedeutung für Bildungsprozesse wird im zwölften Kinder- und Jugendbericht ausdrücklich hervorgehoben. Bildung umfasst demnach nicht nur kognitives Wissen, sondern auch soziales Lernen – Kompetenzen wie Kommunikations-, Kooperations- und Teamfähigkeit, Empathie und soziales Verantwortungsbewusstsein – sowie demokratisches Beteiligungshandeln und bürgerschaftliche Kompetenzen – also Partizipations- und Mitbestimmungsfähigkeiten als mündige Bürgerinnen und Bürger.

Bürgerschaftliches Engagement ist dabei sowohl Bildungsfaktor bzw. -ziel als auch Bildungsort. Engagement und die dabei stattfindenden informellen Bildungsprozesse z. B. in Vereinen, Projekten und Initiativen eröffnen Möglichkeiten für ein informelles Lernen in lebensweltlichen Zusammenhängen, für ein gemeinsames Problemlösen zusammen mit anderen. Dabei steht der Erwerb von Wissen in engem Zusammenhang mit der Aneignung bürgerschaftlicher Kompetenzen. Wissen wird dadurch intensiver und nachhaltiger angeeignet; Teamfähigkeit und Verantwortlichkeit sind Teil des Lernvorgangs.

Die Zusammenhänge zwischen freiwilligem Engagement und informellem Lernen wurden im Freiwilligensurvey 2004 auch empirisch erfasst. Demnach lässt sich freiwilliges Engagement als wichtiges informelles Lernfeld beschreiben. Im Engagement werden einerseits Fachwissen, andererseits soziale und organisatorische Kompetenzen erworben. Dies gilt besonders bei jungen Menschen. Sie erwerben durch ihr Engagement vielfach Fähigkeiten, die für sie persönlich wichtig sind. 55 % der Engagierten im Alter zwischen 14 und 30 geben an, dass das Engagement in sehr hohem bzw. hohem Maße Gelegenheiten zum Erlernen von Fähigkeiten bietet, die für sie persönlich wichtig sind (Gensicke u. a. 2006: 27 ff.). Dass in Settings des freiwilligen Engagements informelle Lernprozesse stattfinden und dabei Kompetenzen erworben werden, die für eine moderne Bildung hohe Bedeutung haben, belegen auch die Ergebnisse einer empirischen Studie der

Technischen Universität Dortmund und des Deutschen Jugendinstituts zum informellen Lernen im Jugendalter (Düx u. a. 2008). Demnach verfügen in ihrer Jugend engagierte Erwachsene über mehr Erfahrungen und auch Kompetenzen als Nicht-Engagierte. Dies gilt insbesondere für Organisations-, Gremien- und Leitungskompetenzen. Ein weiterer zentraler Befund der Studie betrifft die sozialisatorische Wirkung freiwilligen Engagements: Wer als Jugendlicher gesellschaftliche Verantwortung übernimmt, engagiert sich mit großer Wahrscheinlichkeit auch als Erwachsener.

Schule und Bürgergesellschaft

Bislang ist weder ein breiter gesellschaftlicher Diskurs darüber im Gange, warum „bürgerschaftliches Engagement" in der Schule betrieben werden sollte, noch hat das bürgerschaftliche Engagement Eingang gefunden in die allgemeinen pädagogischen Zielbestimmungen der Schule (Edelstein 2007). Wenn jedoch – ausgehend von einem erweiterten Verständnis – Bildung nicht nur kognitives Wissen, sondern auch soziales Lernen (Kompetenzen wie Kommunikations-, Kooperations- und Teamfähigkeit, Empathie und soziales Verantwortungsbewusstsein) sowie demokratische Beteiligung und bürgerschaftliche Kompetenzen (Partizipations- und Mitbestimmungsfähigkeiten als mündige Bürgerinnen und Bürger) umfasst, dann sind auch die pädagogischen Institutionen gefordert, Arrangements zur Verfügung zu stellen, die es ermöglichen, dass in der nachwachsenden Generation Bereitschaft und Fähigkeiten zur Übernahme von Verantwortung für das Gemeinwesen und zur aktiven Beteiligung an der Gestaltung des sozialen, kulturellen und politischen Lebens entwickelt werden.

Der Schule als einziger Einrichtung, die (grundsätzlich) alle Kinder und Jugendlichen erreicht, kommt dabei besondere Aufmerksamkeit zu. Aber auch wenn die Bedeutung bürgerschaftlicher Kompetenzen für ein modernes Verständnis von Bildung anerkannt wird, stellt sich dennoch die grundsätzliche Frage, ob die Institution Schule als eine tragende Säule des Bildungssystems strukturell überhaupt dazu in der Lage ist, diese Komponenten von Bildung zu vermitteln, entsprechende Lern- und Erfahrungsräume zu eröffnen und dabei auch noch mit anderen gesellschaftlichen Institutionen und Akteuren zu kooperieren, oder ob diese Anforderungen an die Schule eher naiv sind, von vornherein eine Überforderung bedeuten und von daher zum Scheitern verurteilt sind. Rauschenbach (2005) macht in diesem Kontext auf einige Spannungsfelder zwischen Schule und bürgerschaftlichem Engagement aufmerksam, die vergegenwärtigen, dass beide Bereiche unterschiedlichen Funktionslogiken unterliegen und nicht ohne weiteres miteinander vereinbar sind. So ist die Schule eine Pflichtveranstaltung, der die Wahlfreiheit des bürgerschaftlichen Engagements gegenüber steht. Die Schule ist in erster Linie von professioneller, bezahlter Arbeit akademisch ausgebildeter Pädagogen geprägt. Bürgerschaftliches Engagement dagegen lebt vom Engagement aus freien Stücken, nicht von bezahlter

Arbeit. Schule steht in dem strukturellen Zwang zur Leistungsbewertung und Differenzbildung. Sie ist damit ein Ort der Selektion. Bürgerschaftliches Engagement lebt vom gemeinschaftlichen Tun, vom gemeinsamen Handeln für eine Idee oder ein Vorhaben ohne direktem Leistungsdruck und Bewertung. Schule ist eine eigenständige Lernwelt, die tendenziell vom persönlichen Lebensumfeld der Schülerinnen und Schüler abgekoppelt ist. Bürgerschaftliches Engagement entfaltet sich dagegen in aller Regel in lebensweltlichen Bezügen sozialer Orte und Nahräume. Dort werden sie im ganzheitlichen Sinne als Mensch wahrgenommen, wohingegen sie in der Schule vor allem Träger der Schülerrolle sind. Inhalte und Themen schulischen Lernens sind durch Curricula und Lernpläne weitgehend vorgegeben, Wahl- und Entscheidungsspielräume sind eingeschränkt. Im freiwilligen Engagement ist es dagegen offen, für welche Projekte ich mich entscheide. Im konkreten Engagement gibt es wiederum deutlich mehr Mitbestimmungs- und Mitgestaltungsmöglichkeiten als in der Schule. Schulisches Lernen findet häufig ohne unmittelbaren Bezug auf konkrete Anlässe und direkte Verwertbarkeit statt, bleibt damit abstrakt. Bürgerschaftliches Engagement setzt in der Regel unmittelbar an realen Situationen an und versucht, Lösungen für konkrete Anforderungen zu entwickeln. Und schulisches Lernen ist in der Regel „Vorratslernen" in einer „Als-ob-Situation", es ergeben sich aus künstlichen Lernarrangements keine direkten und unmittelbaren Folgen. Bürgerschaftliches Engagement dagegen ist stets Handeln in realen Situation mit realen Konsequenzen des eigenen Tuns.

Aus dieser idealtypischen Gegenüberstellung lässt sich leicht schließen, dass sich Partizipation und Bürgerengagement als Bildungsziel nicht ohne weiteres, in traditioneller Form curricular in der Schule verankern lässt. Im Schulalltag stoßen daher Demokratie- und Engagement-Lernen, insbesondere wenn sie den schulischen Kernbereich des Unterrichts berühren, immer wieder an Grenzen Notendruck, begrenztes Zeitbudgets, enge Lehrplanvorgaben und frontalen Unterrichtsmethoden (siehe die Beiträge in Böhme/Kramer 2001) stehen dem entgegen. Demokratie- und Engagement-Lernen kann daher nicht allein im Unterricht stattfinden. Die Förderung von Partizipation und Bürgerengagement müssen vielmehr als Prinzipien im Schulalltag spür- und erfahrbar sein und sich als Elemente der Schulkultur entfalten.

Eine solche Schul- und Lernkultur lässt sich jedoch nicht in einem künstlichen, hermetisch gegenüber der realen Lebenswelt abgeschotteten Lernort Schule entwickeln. Schule ist dabei auf die Kooperation mit außerschulischen Partnern Akteuren angewiesen; sie muss sich hin zu ihrem Umfeld öffnen und selbst Teil des Gemeinwesens werden. Diese Forderung (einer gemeinwesenorientierten Schule) ist nicht neu und in den vergangenen Jahren haben Impulse für eine äußere Öffnung im Schulsystem spürbare Verbreitung gefunden. Eine Untersuchung des Deutschen Jugendinstituts macht darauf aufmerksam, dass es kaum noch eine Schule gibt, die keine Beziehungen zu Einrichtungen, Diensten und Organisationen im Wohnumfeld aufgebaut hat (Behr-Heintze/Lipski 2005). Die Aufnahme von Kontakten und die Kooperation von Schule mit außerschulischen Partnern sind eine wichtige Bereicherung für schulisches Leben und Lernen und eröffnen darüber hinaus neue Chancen auch für Engagement- und Demokratie-Lernen. Umgekehrt ist Kooperation allein jedoch noch kein Garant dafür, dass sich Schulen eine demokratische „Verfassung" geben und sich Partizipation als Gestaltungsprinzip schulischen Alltags manifestiert. Dafür bedarf es beider Seiten, gepaart mit einer äußeren Öffnung der Schule für Kooperationen, Partnerschaften, Bündnisse mit Akteuren der Zivilgesellschaft müssen sich Bürgengagement und Demokratie im Selbstverständnis der Schule niederschlagen, und zwar derart, dass sich demokratische Spielregeln in den normalen Mechanismen und Abläufen des schulischen Alltags widerspiegeln und von allen in und an Schule Beteiligten erlebt werden.

Worum es bei der Etablierung bürgerschaftlicher Bildungsansprüche in der Schule geht, ist daher nicht weniger als ein Prozess schulischer Organisationsentwicklung, in der demokratische Prinzipien der Mitbestimmung und Mitgestaltung sowie die Öffnung der Schule hin zum Gemeinwesen Eingang finden in schulische Leitbilder und Selbstverständnisse, die sich im Schulalltag als Kultur der Teilhabe niederschlagen. Die Enquête-Kommission des Bundestages hat hierfür ein Leitbild entworfen, mit dem sie die *Schule als demokratischen Ort und partnerschaftlich orientiertes Lernzentrum im Gemeinwesen* beschreibt. Dieses Leitbild zeichnet sich durch eine enge Verknüpfung und Kombination von Strategien der inneren und äußeren Öffnung von Schule aus. Wege der inneren Öffnung zielen darauf ab, durch neue Formen des Unterrichtens und Lernens Prinzipien wie Handlungsorientierung, eigentätiges und verständnisintensives Lernen zu stärken und dabei Erfahrungen der demokratischen Mitbestimmung und der Verantwortungsübernahme in realen Handlungs- und Entscheidungssituationen zu ermöglichen. Gleichzeitig geht es um die demokratische Gestaltung des Schulalltags insgesamt bspw. durch die Aufwertung der Rolle von Schüler- und Elternvertretungen, die Stärkung von Begegnungs- und Kooperationsformen und das Engagement von Schülern, Lehrern und Eltern. Strategien der äußeren Öffnung zielen auf die Einbettung der Schulen in das umliegende Gemeinwesen, ihre Integration in die lokale Bürgergesellschaft. Durch die enge Zusammenarbeit mit öffentlichen Einrichtungen, zivilgesellschaftlichen Akteuren sowie Wirtschaftsunternehmen können Zugänge und Sichtweisen in Prozesse des schulischen Lernens und Lebens einbezogen werden. Dadurch erfährt Schule eine lebensweltliche Öffnung und Bereicherung. Sie kann dadurch gleichzeitig für Aktivitäten und gemeinschaftliches Leben der Gemeinde aufgeschlossen werden und sich zu einem Zentrum des Gemeinwesens entwickeln.

In Deutschland wird gegenwärtig verstärkt auf den Ausbau von Ganztagsschulen gesetzt. Die Ausdehnung der täglichen Schulzeit und die dabei zum Tragen kommenden pädagogischen Konzepte innerhalb und außerhalb des Unterrichts bieten vielfältige Anlässe und Gelegenheiten für Zusammenleben und -arbeiten im Sinne einer demokratischen und bürgerschaftlichen Gemeinschaft. Umgekehrt eröffnen bürgerschaftliche Perspektiven der Schule (nicht nur der Ganztagsschule) sowohl neue Chancen für Unterricht und Wissensvermittlung als auch für einen umfassenden Bildungsanspruch, der soziale und bürgerschaftliche Kompetenzen neben kongnitiven und intellektuellen Kompetenzen einbezieht. Formen der Kooperation der Schule mit der Jugendhilfe sowie anderen Akteuren des Gemeinwesens können wichtige Beiträge für die Verbesserung der Bedingungen für Bildung, Erziehung und Betreuung liefern.

Erfahrungen, Ansätze und Methoden

Eine zentrale Form der Einübung von Demokratie und Mitbestimmung in der Schule ist die *Schülerpartizipation*. Hierzu gehören die Übernahme formaler Funktionen wie Klassen- und Schülersprecher, die Mitgliedschaft in Schülerräten und Schulkonferenzen, aber auch die Mitarbeit bei Schülerzeitungen oder Projekten in der Schule. Inzwischen gibt es vielerorts Initiativen, die formalen Mitbestimmungsmöglichkeiten in der Schule auf eine breitere Basis zu stellen und damit das schulische Leben insgesamt zu demokratisieren. Der Aufbau von Klassenräten, Stufen- und Schulparlamenten verfolgt einen basisdemokratischen Ansatz, der Partizipation und Mitbestimmung jeder und jedes Einzelnen in der Schule von Anfang an ermöglicht (Edelstein 2008).

Zahlreiche gesellschaftliche Akteure und Organisationen bemühen sich intensiv darum, *Möglichkeiten für Mitbestimmung und Mitgestaltung von Kindern und Jugendlichen* zu stärken. Partizipation ist zentrales Anliegen von Bundes- und Landesjugendringen. Stiftungen wie die Deutsche Kinder- und Jugendstiftung und die Stiftung Demokratische Jugend entwickeln neue Praxismodelle und beteiligen sich an ihrer Umsetzung. Servicestellen für Jugendbeteiligung sind Ansprechpartner und bieten vor Ort Unterstützung an. Im BLK-Programm „Demokratie lernen & leben" wurden zahlreiche Praxisbausteine und Anregungen erarbeitet, die in Schulen erprobt und umgesetzt werden können. Leider gab es für das Programm nach seinem Ausklang keine Anschluss- bzw. Transfermöglichkeit. Die Deutsche Gesellschaft für Demokratiepädagogik (DeGeDe) bemüht sich seither intensiv darum, die in dem Programm gesammelten Erfahrungen und Erkenntnisse in der schulischen Wirklichkeit zu verankern. Dennoch sind die Potenziale für Selbst- und Mitbestimmung von Schülerinnen und Schülern in der Schule längst nicht ausgeschöpft (Bertelsmann Stiftung 2007).

Wichtiger Ausdruck bürgerschaftlicher Öffnung von Schulen sind Formen der Zusammenarbeit mit Vereinen, Verbänden und anderen Einrichtungen im schulischen Umfeld. *Schulkooperationen* mit Organisationen und Einrichtungen der Kinder- und Jugendarbeit, des Sports, der Kultur, des Natur- und Umweltschutzes etc. gehören inzwischen immer mehr zur Normalität im deutschen Schulsystem – insbesondere in Ganztagsschulen. Die Öffnung der Schulen für Kooperationen und Partnerschaften mit öffentlichen Einrichtungen und gesellschaftlichen Organisationen im schulischen Umfeld ist inzwischen in den Schulgesetzen aller Länder verankert. Externe Akteure, Ressourcen und Potenziale bereichern schulisches Leben, tragen zur Öffnung gegenüber dem Gemeinwesen bei und unterstützen erfahrungsorientiertes Lernen. Dies allein ist jedoch noch kein Hinweis auf eine Verankerung demokratischer und bürgergesellschaftlicher Prinzipien im Schulalltag (Behr-Heintze/Lipski 2005). Gleichwohl ist das Spektrum bürgerschaftlicher Initiativen in und für Schulen außerordentlich bunt und vielfältig.

Projektunterricht ist eine etablierte Unterrichtsform; dabei arbeiten Schulen regelmäßig mit Partnern im schulischen Umfeld zusammen. Projekttage und Projektwochen tragen häufig dazu bei, dass der räumliche Rahmen der Schule überschritten wird und Schülerinnen und Schüler Erfahrungen in Realität und Alltag von Unternehmen, Einrichtungen und Organisationen machen. Sie sind damit ein wichtiger Baustein der äußeren und inneren Öffnung.

Auch *Sozialpraktika und Seitenwechselprojekte* sind inzwischen an vielen Schulen verankert. Sie ermöglichen Schülerinnen und Schüler Einblicke in fremde Lebenswelten und ermöglichen das Erproben von Verantwortungsübernahme und Engagement. Dabei kooperieren Schulen mit sozialen Einrichtungen und Organisationen wie bspw. Pflegeheimen, Krankenhäusern oder sozialen Projekten für Wohnungslose. Nicht selten unterstützen Freiwilligenagenturen und ähnliche Einrichtungen die Schulen durch Beratung, Begleitung und Vermittlung entsprechender Einsatzstellen.

Besondere Bedeutung hat im schulischen Kontext die *Beteiligung von Eltern* sowie die *Zusammenarbeit mit Elternfördervereinen*, die sich an vielen Schulen gegründet haben. Über die traditionelle Arbeit der Elternvertretungen hinaus spielt die Unterstützung von Elterninitiativen und schulische Fördervereinen eine zunehmend wachsende Rolle. Dabei akquirieren sie nicht nur finanzielle Mittel für die Schule, sie bringen sich auch mit vielfältigen Aktivitäten in das Schulleben ein und fungieren als Agenten für die Gewinnung und Vermittlung externer Kompetenzen (z. B. für Projektwochen). Nicht selten sind Fördervereine Träger für bestimmte Vorhaben und Projekte wie Schulfeste oder Schulkonzerte.

An Bedeutung gewonnen haben in den vergangenen Jahren auch unterschiedliche Formen von *Patenschafts- und Mentoring-Projekten*. Dabei geht es sowohl um Hilfen bei den Hausaufgaben, um Schlichtung von Konflikten und Schwierigkeiten im Schulalltag wie zu Hause als auch um Unterstützung bei Bewerbungen und bei dem Einstieg in Ausbildung und Beruf. Das Spektrum dieser Aktivitäten ist inzwischen erheblich angewachsen. Insbesondere Seniorinnen und Senioren nutzen diese Möglichkeiten, um ihre Erfahrungen und Kompetenzen in der nachberuflichen Phase für das

Gemeinwohl einzubringen. Sie bereichern damit den schulischen Alltag und bieten Kindern und Jugendlichen in der Schule Angebote, die von professionellen Pädagogen in dieser Form häufig nicht angeboten werden können.

Zwar gibt es im Bereich der Öffnung der Schule vielfältige Ansätze und Erfahrungen der Kooperation und Unterstützung, jedoch sind solche Projekte und Vorhaben, in denen es ausdrücklich um die Verknüpfung von schulischen und außerschulischen Lernprozessen und um den Erwerb bürgerschaftlicher Kompetenzen geht, mit Blick auf die Gesamtheit unserer Schulen bislang noch die Ausnahme. In diesem Zusammenhang hat in Deutschland seit einigen Jahren die Lehr-Lern-Methode des *Service Learning* an Bedeutung gewonnen (vgl. hierzu ausführlich Sliwka 2004). Service Learning ist ein Lehr-Lernprinzip. Es beinhaltet das Lernen gesellschaftlicher Verantwortung in Verbindung mit der praxisorientierten Vermittlung konkreter Wissensinhalte und der Öffnung der Schule gegenüber dem Gemeinwesen. In Deutschland hat die Freudenberg-Stiftung viel zur Adaptation dieses noch recht jungen Ansatzes beigetragen. Inzwischen hat sich ein bundesweites Netzwerk „Service Learning" gegründet, das sich um die Weiterentwicklung und Verbreitung dieses Instruments bemüht. Baden-Württemberg ist bislang das einzige Land, das das Lernen von gesellschaftlicher und sozialer Verantwortung in Form des TOP SE (Themenorientiertes Projekt Soziales Engagement) curricular im Rahmenlehrplan der Realschule verankert hat.

Herausforderungen und Perspektiven

Noch ist es ein weiter Weg, bis bürgerschaftliches Engagement in angemessener Form in den aktuellen Bildungsreformprozessen verankert ist (Hartnuß 2008, Hartnuß/Heuberger 2010). Dies kann jedoch nur gelingen, wenn deutlich wird, dass es sich hierbei nicht um eine beliebige zusätzliche Aufgabe für Schule handelt, sondern es um den Kernauftrag der Schule selbst geht. Schule kann ihren Auftrag durch eine bessere Verzahnung unterschiedlicher Formen des Lernens und durch die Nutzung der Bildungspotenziale bürgerschaftlichen Engagements besser erfüllen. Mehr noch: Sie ist bei der Erfüllung ihrer Aufgaben in zunehmendem Maße auf bürgerschaftliches Engagement angewiesen (Olk 2007). Die Bemühungen um die Ausbildung sozialer, demokratischer und bürgerschaftlicher Kompetenzen und die dafür notwendigen Kooperationen von Schule mit dem Gemeinwesen müssen daher auch in Konzepten von Schulqualität ihren Niederschlag finden. Schulen, die sich um Möglichkeiten für Mitbestimmung und Mitgestaltung bemühen, die mit Organisationen und Akteuren im Gemeinwesen zusammenarbeiten, sind bessere Schulen.

Die Verknüpfung von Schule und Bürgergesellschaft braucht Druck und Initiative sowohl „von oben" über Fachdiskurs und bildungspolitische Initiative als auch „von unten" durch eine lebendige Praxis guter Projekte und Modelle. Die bestehenden Ansätze gilt es daher zu stärken und fortzuentwickeln. Dabei sind Möglichkeiten des gegenseitigen Lernens und des Transfers erprobter Modelle von zentraler Bedeutung. Vernetzung, Bündnisse und Partnerschaften sind auch hier der richtige Weg, um erfolgreichen Ideen in möglichst vielen Schulen verbreiten zu können. Infolge der Föderalismusreform sind die Länder hierbei in besonderer Weise gefordert.

Inzwischen gibt es einen reichhaltigen Fundus an Erfahrungen, Ideen und Modellen für das Lernen von Bürgerschaftlichkeit und die Kooperation von Bildungseinrichtungen mit dem Gemeinwesen. Die gesammelten Erfahrungen gilt es aufzubereiten, so dass Modelle transparent und übertragbar werden. Dabei sind Qualitätskriterien zu entwickeln und zu sichern. Erfahrungen aus dem BLK-Programm „Demokratie lernen & leben" und aus dem Feld des Service Learning zeigen, dass dies erfolgreich möglich ist.

Die Öffnung der Schule für Kooperationen und Partnerschaften mit der Bürgergesellschaft, für die Verschränkung unterschiedlicher Formen des Lernens braucht Qualifizierung und Weiterbildung. Die pädagogischen Fachkräfte in Schule und Gemeinwesen müssen bereits in ihrer Ausbildung auf ein neues Selbstverständnis von Bildung und Lernen vorbereitet werden, das Zusammenarbeit und Partnerschaften als konstitutives Element einschließt. Das nötige Wissen und die Kompetenzen für eine partnerschaftliche Kooperation zwischen den Institutionen des öffentlichen Bildungs- und Erziehungssystems mit der Bürgergesellschaft benötigen Verankerung in den Curricula der Ausbildungsgänge von Lehrerinnen und Lehrern, Sozialpädagoginnen und Sozialpädagogen und müssen einfließen in die Konzepte der Fort- und Weiterbildung. Entsprechende Impulse und Vorstöße gilt es gezielt an die Kultusministerkonferenz und die Hochschulrektorenkonferenz heranzutragen und ihre Umsetzung einzufordern.

Veränderungen im öffentlichen Bildungs- und Erziehungssystem sind kompliziert und langwierig. Massive Bedenken und Widerstände begleiten die Reformprozesse. Bürgergesellschaftliche Reformperspektiven haben es dabei häufig schwer, sich Gehör zu verschaffen. Daher ist es geboten, nicht nur hartnäckiger zu argumentieren, sondern auch mit schlagkräftiger Unterstützung. Bürgerschaftliche Akteure brauchen mehr Vernetzung und Bündelung sowie die Unterstützung aus Wissenschaft, Politik, Wirtschaft und Medien. Bündnispartner aus diesen Bereichen, die sich mit Anliegen der Engagement- und Demokratieförderung identifizieren, können die Bemühungen wirkungsvoll unterstützen und so den öffentlich Druck auf das Bildungs- und Schulsystem erhöhen. Der Dreh- und Angelpunkt ist dabei, ob es gelingt, die zentralen Planer und Entscheidungsträger aus Schulentwicklungs- und Bildungspolitik an den Tisch zu bekommen, sie von den Chancen und Notwendigkeiten einer bildungspolitischen und bildungspraktischen Verankerung bürgerschaftlichen Engagements zu überzeugen und gemeinsam mit ihnen Strategien ihrer Realisierung zu entwerfen.

Literatur

Behr-Heintze, Andrea/Lipski, Jens 2005: Schulkooperationen. Stand und Perspektiven der Zusammenarbeit zwischen Schulen und ihren Partnern. Ein Forschungsbericht des DJI. Schwalbach/Ts.

Bertelsmann Stiftung 2007: Vorbilder bilden. Gesellschaftliches Engagement als Bildungsziel. Carl Bertelsmann-Preis 2007. Gütersloh.

Böhme, J./Kramer, Rolf-T. (Hrsg.) 2001: Partizipation in der Schule. Theoretische Perspektiven und empirische Analysen. Opladen.

Bundesjugendkuratorium/Sachverständigenkommission für den Elften Kinder- und Jugendbericht/AGJ 2002: Bildung ist mehr als Schule – Leipziger Thesen. In: Forum Jugendhilfe, 26. Jg., Heft 3: 2.

Bundesministerium für Familie, Senioren, Frauen und Jugend (Hrsg.) 2005: Zwölfter Kinder- und Jugendbericht. Bonn/Berlin.

du Bois-Reymond, Manuela/Diepstraten, Isabelle 2007: Neue Lern- und Arbeitsbiographien. In Kahlert, Heike/Mansel, Jürgen (Hrsg.): Bildung, Berufsorientierung und Identität im Jugendalter. Weinheim und München.

Düx, Wiebken/Prein, Gerald/Sass, Erich/Tully,Claus J. 2008: Kompetenzerwerb im freiwilligen Engagement. Eine empirische Studie zu informellen Lernen im Jugendalter. Wiesbaden.

Edelstein, Wolfgang: Überlegungen zum Klassenrat 2008: Erziehung zu Demokratie und Verantwortung. In: Die Ganztagsschule, H. 2.

Edelstein, Wolfgang 2007: Schule und bürgerschaftliches Engagement. Vortrag auf der Tagung „Bürgergesellschaft und Bildung – Gesellschaftliches Engagement als Bildungsziel" der Bertelsmann Stiftung und des BBE, Berlin, 17.09.2007.

Enquête-Kommission „Zukunft des Bürgerschaftlichen Engagements" (Hrsg.) 2002: Bericht. Bürgerschaftliches Engagement: auf dem Weg in eine zukunftsfähige Bürgergesellschaft. Opladen.

Evers, Adalbert/Rauch, Ulrich/Stitz, Uta 2002: Von öffentlichen Einrichtungen zu sozialen Unternehmen. Hybride Organisationsformen im Bereich sozialer Dienstleistungen. Berlin.

Fatke, Reinhard/Schneider, Helmut: Die Beteiligung junger Menschen in Familie, Schule und am Wohnort. In: Bertelsmann Stiftung (Hrsg.) 2007: Kinder- und Jugendbeteiligung in Deutschland. Entwicklungsstand und Handlungsansätze. Gütersloh.

Gensicke, Thomas/Picot, Sybille/Geiss, Sabine 2006: Freiwilliges Engagement in Deutschland 1999–2004. Ergebnisse der repräsentativen Trenderhebung zu Ehrenamt, Freiwilligenarbeit und bürgerschaftlichem Engagement, in Auftrag gegeben und herausgegeben vom Bundesministerium für Familie, Senioren, Frauen und Jugend. Wiesbaden.

Hartnuß, Birger 2007: civic education. In Fachlexikon der sozialen Arbeit. 6. Aufl., Baden-Baden: 165–166.

Hartnuß, Birger 2008: Bildungspolitik und Bürgergesellschaft. In: Bürsch, Michael (Hrsg.): Mut zur Verantwortung. Mut zur Einmischung. Bürgerschaftliches Engagement n Deutschland. Bonn: 80–101.

Hartnuß, Birger/Heuberger, Frank 2010: Ganzheitliche Bildung in Zeiten der Globalisierung. Bürgerschaftliche Perspektiven für die Bildungspolitik. In: Olk, Thomas/Klein, Aansgar/Hartnuß, Birger (Hrsg.): Engagementpolitik. Die Entwicklung der Zivilgesellschaft als politische Aufgabe. Wiesbaden.

Olk, Thomas 2007: Engagierte Bildung – Bildung mit Engagement? Zur Bedeutung des bürgerschaftlichen Engagements für die Bildungsreform. Eröffnungsvortrag auf der Fachtagung „Engagierte Bildung – Bildung mit Engagement? Bildung – Schule – Bürgerengagement in Ostdeutschland" am 4. und 5. Mai 2007 in Halle (Saale).

Olk, Thomas/Roth, Roland 2007: Mehr Partizipation wagen. Argumente für eine verstärkte Partizipation von Kindern und Jugendlichen (herausgegeben von der Bertelsmann Stiftung) Güterloh.

Rauschenbach, Thomas/Otto, Hans-U. (Hrsg.) 2004: Die neue Bildungsdebatte. Chance oder Risiko für die Kinder- und Jugendhilfe? In: Otto, Hans-U./Rauschenbach, Thomas (Hrsg.): Die andere Seite der Bildung. Zum Verhältnis von formellen und informellen Bildungsprozessen. Wiesbaden: 9–29.

Rauschenbach, Thomas 2005: Schule und bürgerschaftliches Engagement – zwei getrennte Welten? Anmerkungen zu einer schwierigen Beziehung. In: „Bürgerschaftliches Engagement als Bildungsziel (in) der Schule" Fachtagung am 29./30.10.2004 in Mainz. Tagungsdokumentation, Berlin.

Sliwka, Anne 2004: Service Learning: Verantwortung lernen in Schule und Gemeinde. In: Edelstein, Wolfgang/Fauser, Peter (Hrsg.): Beiträge zur Demokratiepädagogik. Eine Schriftenreihe des BLK-Programms „Demokratie lernen und leben". Berlin.

Karin Jurczyk

Familie

Einleitung

Familie und bürgerschaftliches Engagement sind zwei Handlungsfelder, die kaum systematisch in ihrem Zusammenhang betrachtet wurden (Glück/ Magel/Röbke 2004; Olk 2005). Dies gilt auch für die entsprechenden Politikfelder. Im Alltag der Familienmitglieder und in der Familienbiografie sind sie jedoch vielfältig verknüpft, wobei sich die Inhalte derartiger Verknüpfungen im Lebensverlauf ändern. Bürgerschaftliches Engagement ist dabei eine Ressource für Familien und Familien sind umgekehrt Ressource für Engagement. Dabei findet ein Austausch innerhalb und zwischen den Generationen statt wie auch innerhalb und außerhalb von Familiensystemen. Im Folgenden werden die Verbindungslinien zwischen Familie und Engagement im sozialen Wandel sowie ihre aktuellen politischen Rahmungen beleuchtet.[1]

Neue Familien und neue Familienpolitik: Bürgerschaftliches Engagement als Baustein

Spätestens mit den Bürgerbewegungen der 1970 und 1980ger Jahre ändert sich das klassische Ehrenamt in Richtung moderner Formen bürgerschaftlichen Engagements. So verbreiteten sich etwa im Kontext der „Kinderladenbewegung" familienbezogene Selbsthilfeinitiativen, die einen dritten Weg zwischen privat-familialer und öffentlicher Kinderbetreuung finden wollten (Gerzer-Sass 2003) und damit neue Übergänge zwischen privaten, staatlichen und marktlichen Räumen schufen. Das scheinbar private und feminisierte Problem der so genannten Vereinbarkeit von Beruf und Familie sollte durch eine Erweiterung des Familiensystems und eine Öffnung der Kernfamilie bewältigt werden, dabei aber dennoch am familialen Lebenszusammenhang ansetzen (Gerzer-Sass 2003: 100). Die Gegenstände der Initiativen variierten mit dem Familienverlauf und spezifischen Familienkonstellationen von der Stillgruppe über die Elterinitiative zur Betreuung bis hin zu den multifunktionalen Mütterzentren (Gerzer-Sass et al. 2002). Professionelle, Semi-Professionelle und Eltern – um deren Expertenstatus gestritten wurde – sollten kooperieren. Diese Bewegungen trugen, oft kon-

---

[1] Der Text fußt auf dem gemeinsamen Artikel mit Martina Heitkötter „Freiwilliges Engagement von und für Familien – politische Rahmungen" in Olk/Klein/Hartnuß 2009.

fliktbaft, oft kreativ zur Verbesserung des Alltagslebens von Familien, im Nebeneffekt jedoch auch zur Politisierung des Privaten bei (Gerzer-Sass 2003: 103; Jurczyk/Oechsle 2008). Selbsthilfeinitiativen machten sowohl die Leistungen von Familie, v.a. die Bildung sozialen Kapitals, transparent als auch den Lerncharakter familialer Lebenswelten, die zu Kompetenzzuwächsen führen können, wenn man aktiv an ihnen partizipiert (Thiessen/ Schuhegger 2009). Familie selber als Lernfeld für bürgerschaftliches Engagement zu betrachten, ist jedoch voraussetzungsvoll: zwar können in familialen Gemeinschaften soziale Kompetenzen als Sinn für wechselseitige Sorge entstehen, deren Übertragung auf außerfamiliale Bereiche ist aber nicht selbstverständlich, sondern muss als sozialisatorisches Ziel extra vermittelt und eingeübt werden.[2]

Die Partizipation von Familien bei der Gestaltung ihres Umfeldes war normativ aufgeladener Selbstzweck und funktionales Ziel zugleich. Deutlich wurde jedenfalls, dass Selbsthilfegruppen auch Reaktionen auf den Wandel von Familie waren.

Der Wandel von Familie im Postfordismus

Im Verlauf der Industrialisierung festigte sich – insbesondere nach 1945 – in Deutschland ein fordistisches Gesellschaftsmodell mit einem stabilen, arbeitsteiligen Verhältnis zwischen Familie und Erwerbsarbeit. Diese bildeten zwei voneinander relativ streng getrennte Sphären mit geschlechtsspezifischen Zuweisungen. Die Ernährerrolle des Mannes war unhinterfragt, Eltern lebten meist verheiratet mit ihren Kindern in einem gemeinsamen Haushalt zusammen. Erwerbsarbeit war überwiegend innerhalb von „Normalarbeitsverhältnissen" geregelt, d.h. als sozialrechtlich abgesicherte Vollzeiterwerbsarbeit mit stabilen, geregelten Arbeitszeiten.

Seit Mitte der 1970er Jahre hat sich dieses Bild grundlegend verändert: der gesellschaftliche und ökonomische Wandel kann als „Entgrenzung" von Arbeit und Leben, Privatem und Öffentlichem, Arbeitszeit und Freizeit beschrieben werden (Jurczyk/Oechsle 2008). Im „Postfordismus" verändert sich nicht nur die Erwerbswelt, sondern auch die Familie und – stets verschränkt mit beiden Sphären – die Geschlechterverhältnisse (Jurczyk et al. 2009).

Im Bereich *Familie* wandelt sich die „Normalfamilie" in ihrer Form, zeitlichen und räumliche Struktur sowie der innerfamilialen Geschlechter- und Generationenverhältnisse (Kapella et al. 2009). Die *Haushalts- und Familienformen* sind von *Vielfalt und Dynamik* geprägt: nichteheliche Lebensgemeinschaften und Geburten nehmen ebenso zu wie Alleinerziehende, die Scheidungsraten haben sich auf einem relativ hohen Niveau eingependelt.

---

2 Es gibt Hinweise darauf, dass Familie ein „Übungsfeld der Demokratie" sein kann: lernen Kinder und Jugendliche hier partizipatives Verhalten, übertragen sie dies auf Schule und Politik (Alt et al. 2005).

Die Geburtenraten sind in Deutschland auf ca. 1,4 Kinder pro Frau gesunken, die Haushaltsgrößen nehmen ab, nah verfügbare soziale Netze schrumpfen (Kapella et al. 2009). Es bilden sich jedoch auch Nachtrennungsfamilien mit neuen Elternschaftskonstellationen; häufig spielt sich dabei das Familienleben in verschiedenen Haushalten ab, es wird multilokal. Die *innerfamilialen Geschlechterverhältnisse* sind vor allem durch die steigende Erwerbsbeteiligung von Müttern gekennzeichnet; diese waren in Ostdeutschland jedoch bereits zuvor hoch, auch als Vollzeitarbeit (Jurczyk et al. 2009: 51 ff.). Während die Geburt von Kindern die Erwerbsbeteiligung von Frauen vor allem in Westdeutschland durch Unterbrechungen und Teilzeitarbeit stark beeinflusst, verändern Väter ihre Erwerbsbeteiligung kaum, es steigt jedoch ihre Motivation, sich intensiver um Kinder zu kümmern (Zerle/Krok 2008). Ein Indikator für die (begrenzte) Steigerung väterlichen Engagements ist die Teilhabe von Vätern an der Elternzeit. Aufgrund der höheren Erwerbsbeteiligung von Frauen und neuer Geschlechterbilder finden verstärkt Aushandlungen zwischen Männern und Frauen statt (Jurczyk et al. 2009: 221 ff.), die Zustimmung zur traditionellen Arbeitsteilung geht zurück, wenngleich mit deutlichen Unterschieden zwischen Ost und West, den Geschlechtern sowie Alterskohorten (Statistisches Bundesamt 2006b).

Die Entgrenzungsprozesse von Familien und Geschlechterverhältnissen werden begleitet und forciert durch zeitliche und räumliche Flexibilisierungen der *Erwerbsarbeit* und wachsende berufsbiografische Diskontinuitäten. Das „Normalarbeitsverhältnis" hat in den letzten Jahrzehnten zugunsten atypischer Beschäftigung an Bedeutung verloren (Keller/Seifert 2007), *Beschäftigungsformen* haben sich pluralisiert und *Arbeitzeiten* flexibilisiert und polarisiert (Seifert 2007). Auch Erwerbsarbeit wird multilokaler, *Umzugs- und Pendelmobilität* nehmen zu (Schneider et al. 2008). Gleichzeitig ändert sich die Qualität von Erwerbsarbeit: sie wird dichter, intensiver und „subjektivierter" (Moldaschl/Voß 2003).

Diese *„doppelten Entgrenzungsprozesse"* ändern die Konstellationen, unter denen Fürsorge bislang erbracht und Familie hergestellt wurde; sie erfordern von Familien neue Gestaltungsleistungen im Rahmen ihrer alltäglichen Lebensführung und bringen zwar neue Chancen an gesellschaftlicher Teilhabe, aber auch neue Belastungen mit sich. Viele Eltern sind erschöpft, sie erbringen Fürsorge am Rande ihrer Fähigkeiten und vernachlässigen vor allem die Sorge um sich selber (Jurczyk et al. 2009). Forciert wird dies durch ein institutionelles „Mismatching": Die Kontextinstitutionen von Familie – Kindergarten und Schule, Behörden und Geschäfte, Unternehmen etc. – bleiben trotz Entgrenzungen am fordistischen Modell von Familien orientiert, das allzeit verfügbare Mutter voraussetzt. Gleichzeitig wachsen aber die gesellschaftlichen Ansprüche an Eltern, insbesondere an deren Bildungsleistungen. Institutionelle Arbeitsteilungen und Verantwortlichkeiten zwischen Familie, Betreuungs-, Bildungs- und Hilfesystemen sowie Zivilgesellschaft werden derzeit neu austariert (BMFSFJ 2006).

Mit den beschriebenen gesellschaftlichen Veränderungen rückt eine neue Perspektive auf Familie in den Vordergrund. Familie wird von einer scheinbar selbstverständlich gegebenen Ressource zu einer zunehmend voraussetzungsvollen Aktivität derjenigen, die in Familien leben bzw. leben wollen. *Familie als Herstellungsleistung* fokussiert zum einen auf die Prozesse, in denen im alltäglichen und biographischen sozialen Handeln Familie als gemeinschaftliches Ganzes permanent neu hergestellt wird (Schier/ Jurczyk 2007), zum andern auf die konkreten, vielfältigen Praktiken und Gestaltungsleistungen der Familienmitglieder, um Familie im Alltag lebbar zu machen. Zusammenfassen lässt sich, dass Familien unter den Bedingungen „doppelter Entgrenzung" verstärkt auf gesellschaftliche Unterstützung auch durch bürgerschaftliches Engagement angewiesen sind, ihre eigenen Ressourcen hierfür jedoch knapper werden.

Das Konzept neuer Familienpolitik als Wohlfahrtsmix

In Reaktion auf den familialen Wandel geht die aktuelle Familienpolitik im Hinblick auf bürgerschaftliches Engagement über die Förderung von Familienselbsthilfeinitiativen im Sinn der 1970er und 1980er Jahre deutlich hinaus. Neue Ansätze der Familienpolitik sind verknüpft mit einer aktivierenden Sozial- und Arbeitsmarktpolitik (Dingeldey 2006), die im Sinn von „workfare" statt „welfare" auf die Beschäftigungsfähigkeit aller erwachsenen gesellschaftlichen Mitglieder setzt, dabei in neuer Weise auf zivilgesellschaftliche Potenziale zurückgreift und diese systematisch in ihre Politikstrategien einbaut. Dabei wird es als Aufgabe der öffentlichen Hand angesehen, geeignete Rahmenbedingungen zu schaffen, damit zivilgesellschaftliches und individuelles Engagement ermöglicht und initiiert wird (Behrens et al. 2005).

Die Umrisse einer modernisierten Familienpolitik im Kontext des Siebten Familienberichts der Bundesregierung (BMFSFJ 2006) betonen die Notwendigkeit staatlicher und zivilgesellschaftlicher Unterstützung familialer Leistungen, dabei wird Familie aber als Akteur und nicht passiver Leistungsempfänger gesehen. Qualitative Orientierungspunkte für eine nachhaltige Familienpolitik sind sowohl Flexibilität als auch Verlässlichkeit. Dies wird konkretisiert an den drei Ressourcen, auf die Familien angewiesen sind: Zeit, Infrastruktur und Geld. Bei allen Ressourcen ist bürgerschaftliches Engagement impliziert, dies zeigt sich in den entsprechenden Zukunftsszenarien des Siebten Familienberichts (Heitkötter 2009: 260ff.). Bei dem *Szenarium „Zeit"* bezieht sich dies auf die Zielsetzung von Zeitwohlstand, der die Integration von Familie in soziale Netzwerke sowie in den sozialen Nahraum einschließt. Zeitwohlstand setzt aber auch voraus, dass andere gesellschaftliche Mitglieder im Alltag bereit sind, Zeit für Familien zu „schenken". Instrumente einer solchen Zeitpolitik sind Zeitbüros und Mobilitätspakte, die lokale Zeitanbieter und -nachfrager auf einander abstimmen. Wechselt man von zur Lebensverlaufsperspektive, so beinhaltet das Ziel der „Entzerrung des Lebensverlaufs" und des geschlechtsneutralen „Optionszeitenmodells" auch Zeit für weitere gesellschaftlich wichtige Fürsorge- und Teilhabeaufgaben; bürgerschaftliches Engagement ist hier mitgedacht. Optionszeiten umfassen die vielfältige, nicht nur auf Kinderbetreuung bezogene Nutzung der durch die verlängerte Lebenserwartung „gewonnenen Jahre". Veränderte Lebensverlaufsmodelle ermöglichen die Realisierung aktiver Generationenbeziehungen, wechselseitiger Fürsorge und Unterstützung sowie intensivierten, evtl. phasenspezifischen zivilgesellschaftlichen Engagements. Das *Szenarium „Infrastrukturen"* thematisiert bürgerschaftliches Engagement sowohl hinsichtlich der Aktivierung von Nachbarschaften als auch im Hinblick auf neue Verbundsysteme wie Familienzentren und Mehrgenerationenhäuser, die über die segmentierte Einrichtungslogik ebenso hinausgehen wie über die abgegrenzten Handlungslogiken von Professionellen, Semiprofessionellen und Laien. Beim dritten *Szenarium „Geld"* geht es weniger um mehr Geld für Familien als um dessen passgenaue Verteilung für spezifische Bedarfe und Familienphasen. Bürgerschaftliches Engagement hat in diesem Kontext eine durchaus ambivalente Bedeutung als mögliches Sparpotenzial für öffentliche Ausgaben, dass Programme zur Aktivierung und Pflege von Gemeinsinn auch „kosten", muss in den Blick genommen werden.

Initiativen im Zusammenhang von Familien- und Engagementpolitik

Nachhaltige Familienpolitik rekurriert auf einen Politiktyp, der sich durch folgende Merkmale auszeichnet, die gerade auch unter dem Blickwinkel der Handlungslogik von bürgerschaftlichem Engagement von und für Familien relevant sind:

- *Einbezug eines erweiterten Kreises von Akteuren:* Um den vielschichtigen neuen Problemlagen im Alltag von Familien gerecht zu werden, sind bereichsübergreifende Akteurskonstellationen erforderlich, die neben Sozialstaat, kommunaler Politik und Verwaltung auch Unternehmensverbände, Betriebe, Gewerkschaften sowie Organisationen des Dritten Sektors, also Vereine, Verbände, Freiwilligenagenturen etc. und die Familien selbst umfassen.

- *Verändertes Selbstverständnis und Funktionswandel staatlichen Handelns:* Unter dem Leitbild des „ermöglichenden" Sozialstaats treten vernetzungs- und verhandlungsorientierte sowie partizipative Politikformen in den Vordergrund und ergänzen hierarchisch ausgerichtete Steuerungsstrategien. Politik und Verwaltung auf den verschiedenen Handlungsebenen nehmen eine initiierende sowie moderierende Rolle wahr.

- *Aufwertung der lokalen Ebene:* Angesichts der Regionalisierung veränderter Arbeitsmärkte, Generationen- und Geschlechterverhältnisse und

Lebenslagen greifen Standardlösungen zu kurz, um bedarfsgerechte Rahmenbedingungen für Familien herzustellen. Deshalb werden regionale und vor allem kommunale – z.T. auch kleinräumig stadtteilbezogene – Handlungsebenen bedeutsamer.

- *Neue Bündnisstrategie:* Die vorangegangenen Merkmale werden im familienpolitischen Handlungsansatz, Bündnisse quer durch die Gesellschaft zu initiieren und zu unterstützen, integriert. Beispielhaft sind die „Allianz für Familie" auf Bundesebene (Mohn/von der Leyen 2007) und die „Lokalen Bündnisse für Familie" (BMFSFJ 2005). Ein Schwerpunkt liegt dabei auf der Gewinnung von Akteuren aus der Wirtschaft.

Nachfolgend werden mit den Lokalen Bündnissen für Familie sowie Selbsthilfeinitiativen exemplarisch Formen engagementbezogener Familienpolitik dargestellt.

Lokale Bündnisse für Familie: Seit Beginn der Bundesinitiative „Lokale Bündnisse für Familie" im Januar 2004 hat die Idee, örtliche Netzwerke zur konkreten Verbesserung der Lebens- und Arbeitsbedingungen für Familien zu gründen und vielfältige lokale Akteure für mehr Familienfreundlichkeit vor Ort zu aktivieren, bundesweit Schule gemacht. Lokale Bündnisse für Familie sind mittlerweile zu einer festen Größe der örtlichen Familienpolitik geworden. Über 400 solcher Bündnisse sind entstanden bzw. bereits existierende familienpolitisch ausgerichtete Zusammenschlüsse, wie etwa kommunale Familientische, der Initiative beigetreten. Eine Untersuchung der Prozessverläufe bei der Gründung hat gezeigt, dass Lokale Bündnisse nicht selten aus ähnlichen Vernetzungen auch aus dem zivilgesellschaftlichen Kontext, beispielsweise aus dem Bereich der Lokalen Agenda 21 oder anderen Netzwerken, entstanden sind (Heitkötter/Schröder 2006).

Lokale Bündnisse für Familien haben eine Vielzahl von Projekten unterstützt bzw. hervorgebracht, die bürgerschaftliches Potenzial vor Ort aktivieren und auf dem bürgerschaftliches Engagement von und für Familien aufbauen (Projektdatenbank des DJI-Begleitprojekts www.dji.de/lokale-buendnisse sowie Glück/Magel/Röbke (2004). Hierzu gehören bspw. „Familienpatenschaften" oder „Stadtteilmütter-Projekte", die auch Familien mit Migrationshintergrund einbeziehen. Generationenübergreifend angelegte Projekte unterstützen die Solidarität und wechselseitige Hilfe zwischen „Jung und Alt" (Vorleseprojekte zwischen Kindergärten und Seniorenheimen, Computerkurse von Jugendlichen für Senioren/innen). Betreuungsprojekte, die als „Leih-Oma/Opa-Service" aktive Senioren/innen ohne eigene Enkelkinder „vor Ort" an junge Familien vermitteln, ergänzen die öffentliche Kinderbetreuung. Deutlich wird, dass über bürgerschaftlich ausgerichtete Familienpolitik nicht nur innerfamiliale Beziehungen unterstützt und gestärkt werden, sondern auch generationenübergreifende und außerfamiliale Austauschbeziehungen. Umgesetzt wird dies bspw. in den Programmen „Mehrgenerationenhäuser" sowie „Generationenübergreifende Freiwilligendienste" des BMFSFJ (siehe www.mehrgenerationenhaeuser.de sowie www.freiwilligendienste-aller-generationen.de.

Allerdings stößt die Politik der strategischen Kooperationen im Rahmen von Bündnissen an Grenzen (Olk 2005: 45), da diese „Win-Win-Situationen" suchen *müsse;*

„wo sich (aber) (Einfügung K.J.) divergierende bzw. konfligierende Interessenlagen auch auf dem Wege der Verhandlung nicht überbrücken lassen, werden Akteure nicht bereit sein, produktive Beiträge zu leisten, sondern die Suche nach gemeinsamen Lösungen torpedieren bzw. ganz aus diesen Bündnissen aussteigen" (Olk 2005: 45).

Angesichts dessen dürfen derartige Bündnisse nicht mit überzogenen Erwartungen überfordert werden. Auch wird bei weitem nicht an allen Standorten mit den Lokalen Bündnissen eine explizit engagementpolitische Strategie verfolgt. Standorte, wo dies geschieht, sind sich bewusst, dass über die Aktivierung und Vernetzung von Akteuren aus der Wirtschaft und dem dritten Sektor hinaus ohne das gleichzeitige Engagement von Bürgerinnen und Bürgern eine Verbesserung der Rahmenbedingungen für Familien keine durchschlagenden und vor allem nachhaltigen Erfolge zu erzielen sind. Auf der strategisch-programmatischen Ebene scheint das zivilgesellschaftliche Potenzial der Lokalen Bündnisse für Familie nicht hinreichend bewusst und wird auch noch nicht zielgerichtet ausgeschöpft. Hier liegen ungenutzte Chancen der Bündnisstrategie im Sinne demokratisch-zivilgesellschaftlicher Praxis.

Selbsthilfeinitiativen: Fast die Hälfte der Selbsthilfeorganisationen und -vereinigungen ist familienbezogen (Thiel 2007). Dies wird besonders deutlich bei selbst organisierten Eltern-Kind-Gruppen oder etwa bei „Selbsthilfegruppen gemeinsamer Sorge nach Trennung und Scheidung". Oft wird dabei aber über das Kernthema hinausgegangen und weitere Bereiche wie das familiale Umfeld, Partnerschaft, Arbeit in den Blick genommen. Bezogen auf die Mitwirkung von Selbsthilfeorganisationen in Lokalen Bündnissen für Familie bestehen zwar grundsätzlich Möglichkeiten, da an zahlreichen Bündnisstandorten auch Selbsthilfekontaktstellen vorhanden sind. Abgesehen von wenigen Einzelfällen ist ein Durchbruch zur Mitarbeit an den lokalen Bündnissen auf breiter Ebene allerdings bislang noch nicht gelungen (Thiel 2007: 42).

Zusammenfassen lässt sich, dass das Engagement von Familien im Rahmen von Selbsthilfe sowie auf das Gemeinwesen ausgerichtete politische Strategien einen mehrfachen Nutzen hat. Erstens können, wenn Familien selber eine Stimme erhalten, die differenzierten und wechselnden Bedarfe von Familien adäquater wahrgenommen und in Planungen, aber auch in Gestaltungsprozesse einbezogen werden. Zweitens sind Familien und ihre Mitglieder Ko-Produzenten des Sozialen: Sie können ihre Potenziale in das Gemeinwesen einbringen und damit nicht nur für sich selber, sondern auch für die Fortentwicklung von Nachbarschaften, Initiativen und vernetzten Angeboten wie Familienzentren wertvolle Leistungen im Sinn zivilgesellschaftlichen Engagements erbringen. Auf diesem Weg werden die Potenziale und nicht nur – wie üblich – die Belastungen des demografischen Wandels sichtbar. Der Defizitblick auf Familien wird abgelöst durch die Fokussierung auf ihre Ressourcen und Potenziale, ihre Kreativität und Kompetenzen. Dadurch wird drittens eine Aktivierung von Familien möglich – im Sinne einer Herauslösung aus der teils als Belastung empfundenen isolierten Privatheit und die Erschließung von weiteren zivilgesellschaftlichen Potenzialen.

Familien und bürgerschaftliches Engagement im Alltag und Lebensverlauf – einige empirische Befunde der Freiwilligensurveys

Die empirische Gestalt des freiwilligen Engagements von Eltern lässt sich auf Basis der Daten der Freiwilligensurveys von 1999 und 2004 dargestellen (Geiss/Picot 2009). Eine zentrale Voraussetzung für die Übernahme von bürgerschaftlichem Engagement ist – neben dem Interesse – genügend Zeit, die dafür eingesetzt werden kann. Eltern sind aufgrund von Kindererziehung, Familienarbeit und Erwerbsarbeit eine zeitlich stark beanspruchte Bevölkerungsgruppe, sie engagieren sich trotz des engen Zeitbudgets jedoch überdurchschnittlich und in steigenden Maße freiwillig: im Jahr 2004 haben 42 % der Befragten mit Kindern freiwillige Tätigkeiten übernommen (1999 40 %) (Geiss/Picot 2009: 295). Deutlich seltener hingegen waren Männer und Frauen ohne Kinder im Haushalt freiwillig engagiert (34 % der Befragten). Die eigenen Kinder sind häufig der Anlass für die Eltern, sich freiwillig zu engagieren: 43 % der bürgerschaftlichen Tätigkeiten von Eltern kommen (eigenen) Kindern und Jugendlichen zugute (Geiss/Picot 2009: 296). Der Löwenanteil bürgerschaftlichen Engagements von Eltern ist im Bereich „Kindergarten und Schule" angesiedelt.

Kritisch zu sehen ist, dass fast die Hälfte der Eltern ihr Engagement als Aufgabe bezeichnet, die „gemacht werden muss und für die sich sonst niemand findet". Da sich hinter elterlichem bürgerschaftlichem Engagement oft das Bemühen um ein besseres Funktionieren von Institutionen verbirgt, ist fraglich, inwieweit hier überhaupt von „freiwilligem" Engagement gesprochen werden kann oder nicht eher fehlende Ressourcen verschleiert bzw. auf dem Rücken der Familien in Anspruch genommen werden. Bürgerschaftliches Engagement darf nicht als kostengünstige Antwort auf Alltagsprobleme genutzt werden, die Familien dann doch selbst bewältigen müssen (Notz 2007: 17). Dies ist besonders problematisch angesichts der knappen Zeit- und Energieressourcen „doppelt entgrenzter" Familien (siehe Abschnitt 2.1). Auch Rinderspacher (2003) diskutiert die Kehrseite der Bürgergesellschaft als eine Verlagerung von bislang öffentlichen Aufgaben in die Verantwortungsbereiche von Bürgerinnen und Bürgern – von der Renovierung der Klassenräume bis hin zur Pflege von Angehörigen. Ohne dieses Dilemma lösen zu können, muss eine familiensensible Engagementförderung zukünftig jedenfalls verstärkt auf eine Entlastung der mittleren Generation von Eltern hinwirken, die sich sowohl in besonderem Maße für die nachfolgende wie für die vorangehende Generation engagieren.

Eine *Geschlechterperspektive* zeigt, dass sich Mütter geringfügig seltener als Väter engagieren, allerdings nehmen die Unterschiede ab (Rinderspacher 2003: 302). Dies wird auf die Mehrfachtätigkeit von Frauen zurückgeführt (Zierau 2001), denn das freiwillige Engagement von Vätern und Müttern bedingt sich wechselseitig: Der vollzeitberufstätige Familienvater könnte sich ohne eine (ver-)sorgende Frau nicht in dem Maße freiwillig einbringen. Umgekehrt könnte sich die typische weibliche Engagierte, die zumindest in Westdeutschland meist teilzeitbeschäftigt ist und in Partnerschaft oder Familie lebt, ohne das Einkommen des Partners ebenfalls nicht im gegebenen Umfang engagieren (Klenner/Pfahl/Seifert 2001). Die Daten des zweiten Freiwilligensurveys zeigen, dass die Verfügbarkeit von außerhäuslicher Kinderbetreuung einen wichtigen Einflussfaktor für das Engagement von Müttern darstellt: wenn eine Kindertagesbetreuung für Kinder im Vorschulalter zur Verfügung steht, erhöht sich die Engagementbeteiligung von Müttern von 27 % auf 44 % deutlich (Geiss/Picot 2009: 303). Die aktuellen familienpolitischen Maßnahmen der Bundesregierung stellen also auch eine Stellschraube dar, über die mehr Engagement insbesondere von Müttern erzeugt werden kann.

Engagementfördernde Familienpolitik setzt erweitertes Vereinbarkeitsmodell voraus

Bürgerschaftliches Engagement kann angesichts der doppelten Entgrenzung von Familie und Erwerb als Schaffen neuer Familien ergänzender Formen sorgender Netze interpretiert werden. Hierfür braucht es Zeit und Ressourcen, Infrastruktur- und Beratungseinrichtungen und eine Kultur der Offenheit für Kooperationen. Dies zu ermöglichen, ist eine Anforderung sowohl an die Familienpolitik als auch an die Engagementpolitik.

Die zentrale Herausforderung für die Familienpolitik besteht jedoch darin, den Blick auf Vereinbarkeit über die beiden Pole Familie und Beruf hinaus auf den Bereich des bürgerschaftlichen Engagements zu weiten. Der Vereinbarkeitstopos der Familienpolitik muss im Sinn demokratischer Praxis der Bürgerinnen und Bürger dreipolig verstanden werden. Denn Bürgerrechte umschließen für beide Geschlechter das Recht auf gesellschaftliche Teilhabe an Familie, Erwerbsleben sowie an Zivilgesellschaft und Öffentlichkeit (Tronto 2000). Kritisch ist zu diskutieren, welche alltagsbezogenen Aufgaben von Familien selber übernommen und welche durch den Staat geleistet werden, welche marktförmig zu organisieren sind und welche als bürgerschaftliches Engagement sowie als Selbsthilfe erbracht werden können und sollen. Es bedarf zur Verständigung hierüber breiter gesellschaftlicher Diskurse, die nicht nur auf unmittelbar greifbare Erfolge ausgerichtet sind. Das Feld der Engagementpolitik hat vordringlich zur Kenntnis zu nehmen, dass die meisten Bürgerinnen und Bürger in familiale Fürsorgebeziehungen unterschiedlichster Art, die nicht nur auf Kinder bezogen sind, eingebunden sind. Die empirischen Daten haben gezeigt, dass sich Familien bereits überdurchschnittlich bürgerschaftlich engagieren. Gleichzeitig ist dieses Potenzial nicht unerschöpflich. Neben Ermöglichungsstrategien von Engagement von Familienmitgliedern sind daher ebenso Entlastungsstrategien – vor allem der mittleren Generation – von zuviel gleichzeitigen Anforderungen zu entwickeln. Zu fördern ist hierfür das Engagementpotenzial insbesondere derjenigen ohne familiale Verpflichtungen sowie der über 55-Jährigen mit Blick.

Literatur

Alt, Christian/Markus Teubner/Ursula Winklhofer 2005: Partizipation in Familie und Schule. Übungsfeld der Demokratie. In: Aus Politik und Zeitgeschichte, Heft 41: 24–31

Behrens, Fritz/Rolf Heinze/Josef Hilbert/Sybille Stöbe-Blossey (Hrsg.) 2005: Ausblicke auf den aktivierenden Staat. Von der Idee zur Strategie. Berlin

Bundesministerium für Familie, Senioren, Frauen und Jugend (Hrsg.) 2006: Zwölfter Kinder- und Jugendbericht. Bildung, Betreuung und Erziehung vor und neben der Schule. Berlin

Bundesministerium für Familie, Senioren, Frauen und Jugend (Hrsg.) 2006: Familie zwischen Flexibilität und Verlässlichkeit. Perspektiven für eine lebenslaufbezogene Familienpolitik. Siebter Familienbericht. Berlin

Dingeldey, Irene 2006: Aktivierender Wohlfahrtsstaat und sozialpolitische Steuerung. In: Aus Politik und Zeitgeschichte, Heft 8/9: 3–9

Geiss, Sabine/Sibylle Picot 2009: Familien und Zeit für freiwilliges Engagement. In: Heitkötter, Martina/Karin Jurczyk/Andreas Lange/Uta Meier-Gräwe (Hrsg.): Zeit für Beziehungen? Zeit und Zeitpolitik für Familien. Opladen: 291–317

Gerzer-Sass, Annemarie 2003: Familienselbsthilfe und bürgerschaftliches Engagement. In: Enquête-Kommission „Zukunft des Bürgerschaftlichen Engagements" Deutscher Bundestag (Hrsg.): Bürgerschaftliches Engagement und Sozialstaat. Opladen: 125–139

Gerzer-Sass, Annemarie/Wolfgang Erler/Cornelia Hönigschmid/Monika Jaeckel/ Michael Kaufmann/Rudolf Pettinger/Jürgen Sass/Birgit von Tschilschke 2002: Familienselbsthilfe und ihr Potential für eine Reformpolitik von ‚unten'. Individuelle, familiale und gemeinwesenbezogene Wirkungen und Leistungen von Familienselbsthilfe. Bonn.

Glück, Alois/Holger Magel/Thomas Röbke (Hrsg.) 2004: Neue Netze des bürgerschaftlichen Engagements. Stärkung der Familien durch ehrenamtliche Initiativen. Heidelberg/München/Berlin.

Heitkötter, Martina/Delia Schröder 2006: Lokale Bündnisse für Familie – Wie entstehen neue familienpolitische Arrangements vor Ort? In: Theorie und Praxis der Sozialen Arbeit, Jg. 57, 3: 18–21

Heitkötter, Martina, 2009: Der „temporal turn" in der Familienpolitik – zeitpolitische Gestaltungsansätze vor Ort für mehr Zeitwohlstand in Familien. In Heitkötter, Martina/Jurczyk, Karin/Lange, Andreas/Meier-Gräwe, Uta (Hrsg.) 2009: Zeit für Beziehungen? Zeit in und Zeitpolitik für Familien. Opladen: 401–428

Jurczyk, Karin/Michaela Schier/Peggy Szymenderski/Andreas Lange/G. Günter Voß 2009: Entgrenzte Arbeit – Entgrenzte Familie. Grenzmanagement im Alltag als neue Herausforderung. Berlin.

Jurczyk, Karin/Mechthild Oechsle (Hrsg.) 2008: Das Private neu denken. Erosionen, Ambivalenzen, Leistungen. Münster.

Kapella, Olaf/Christiane Rille-Pfeffer/Marina Rupp/Norbert F. Schneider (Hrsg.) 2009: Die Vielfalt der Familie. Tagungsband zum 3. Europäischen Fachkongress Familienforschung. Opladen.

Keller, Berndt/Hartmut Seifert 2007: Atypische Beschäftigungsverhältnisse. Flexibilität, soziale Sicherheit und Prekarität. In: Keller, Berndt/Hartmut Seifert (Hrsg.), Atypische Beschäftigung. Flexibilisierung und soziale Risiken. Berlin: 11–25

Klenner, Christine/Svenja Pfahl/Hartmut Seifert 2001: Ehrenamt und Erwerbsarbeit – Zeitbalance oder Zeitkonkurrenz? Ministerium für Arbeit und Soziales, Qualifikation und Technologie des Landes Nordrhein-Westfalen (Hrsg.). Düsseldorf.

Mohn, Liz/Ursula von der Leyen 2007: Familie gewinnt. Die Allianz und ihre Wirkungen. Gütersloh

Moldaschl, Manfred/G. Günter Voß 2003: Subjektivierung von Arbeit. München/Mering.

Notz, Gisela 2007: Familie heute ... und was hat das mit bürgerschaftlichem Engagement zu tun? In: NAKOS (Hrsg.), Familie und bürgerschaftliches Engagement. Hemmnisse überwinden, Kooperationen stärken, Netzwerke bilden. Berlin: 10–23

Olk, Th./Ansgar Klein/Birger Hartnuß (Hrsg.) 2009: Engagementpolitik. Die Entwicklung der Zivilgesellschaft als politische Aufgabe. Wiesbaden.

Olk, Thomas 2005: Zivilgesellschaftliche Verantwortung für eine neue Kultur des Aufwachens. In: Bündnis für Familie (Hrsg.): Familie und Zivilgesellschaft. Nürnberg: 21–47.

Rinderspacher, P. Jürgen 2003: Zeit für alles – Zeit für nichts? Die Bürgergesellschaft und ihr Zeitverbrauch. Bochum.

Schier, Michaela/Karin Jurczyk 2007: „Familie als Herstellungsleistung" in Zeiten der Entgrenzung. In: Aus Politik und Zeitgeschichte, Heft 34: 10–17

Schneider, Norbert/Silvia Ruppental/Detlef Lück/Heiko Rüger/Andrea Dauber 2008: Germany – A Country of Locally Attached but Highly Mobile People. In: Schneider, Norbert/Meil Gerardo (Hrsg.), Mobile Living Across Europe. Relevance and Diversity of Job-Related Spatial Mobility in Six European Countries. Opladen: 105–147

Seifert, Hartmut 2007: Arbeitszeit – Entwicklungen und Konflikte. In: Aus Politik und Zeitgeschichte, Heft 4/5: 17–24

Statistisches Bundesamt (Hrsg.) 2006b: Datenreport 2006. Bonn: Statistisches Bundesamt

Thiel, Wolfgang 2007: „Familie" im Handlungsfeld der Selbsthilfe und Selbsthilfekontaktstellen. In: NAKOS (Hrsg.): Familie und bürgerschaftliches Engagement. Hemmnisse überwinden, Kooperationen stärken, Netzwerke bilden. Berlin: 34–46

Thiessen, Barbara/Lucia Schuhegger 2009: Kompetent durch Familienarbeit? In: Weiterbildung, Heft 2: 14–16

Tronto, Joan 2000: Demokratie als fürsorgliche Praxis. In: Feministische Studien extra 18: 25–42

Zerle, Claudia/Isabelle Krok 2008: Null Bock auf Familie? Der schwierige Weg junger Männer in die Vaterschaft. Gütersloh.

Zierau, Johanna 2001: Genderperspektive – Freiwilligenarbeit, ehrenamtliche Tätigkeit und bürgerschaftliches Engagement bei Männern und Frauen. In: Picot, Sibylle (Hrsg.), Freiwilliges Engagement in Deutschland. Schriftenreihe des BMFSFJ, Bd. 194, Stuttgart/Berlin/Köln: 15–110

Jürgen Matzat

Bürgerschaftliches Engagement im Gesundheitswesen

Kaum ein anderer Bereich unserer Gesellschaft ist so stark professionalisiert wie das Gesundheitswesen. Ärzte gelten als *die* Profession schlechthin. Eine Jahrhunderte alte Tradition, strenge Zulassungskriterien, geregelte Ausbildungsgänge, Staatsexamen und Approbation zur Ausübung der Heilkunde, Pflichtmitgliedschaft in Organen der Selbstverwaltung (Kammern), die (inzwischen nicht mehr ganz so) freie Niederlassung in Praxen und das starke Selbstbewusstsein als sog. „freier Beruf", ein sehr hoher gesellschaftlicher Status, ein besonderer ethische Anspruch an den eigenen Stand (Hippokratischer Eid) etc. Für Laien hingegen sind im Gesundheitswesen traditionellerweise andere Rollen vorgesehen: als „Patient", als „Fall", als „Nutzer", neuerdings auch – horribile dictu – als „Kunde". Wo aber finden wir die Bürger mit ihrem Engagement?

Bei allen denkbaren Überschneidungen und Mischformen wird hier von drei Grundtypen ausgegangen:

- individuelles Engagement auf dem Boden sozialer und moralischer Einstellungen,
- gesellschaftspolitisches Engagement,
- Engagement aus unmittelbarer persönlicher Betroffenheit (Selbsthilfe).

Individuelles Engagement auf dem Boden sozialer und moralischer Einstellungen

Dieser Engagement-Typus ist an klassischen Formen des persönlichen Helfens, der Nächstenliebe, der Krankenpflege etc. orientiert und hat seine Wurzeln in entsprechenden religiösen oder humanistischen Traditionen. Bei einer Internetrecherche im Frühjahr 2009 findet man nach jeweils eigenen Angaben etwa 400.000 freiwillige Helfer beim Deutschen Roten Kreuz, 35.000 beim Malteser Hilfsdienst, 22.000 bei der Johanniter-Unfallhilfe und 17.000 beim Arbeiter-Samariter-Bund. Deutlich stiller ist es um die Helfergruppen in Gesundheitsinstitutionen, wie etwa die „Grünen Damen" der Evangelischen und Ökumenischen Krankenhaus- und Altenheimhilfe, von denen mehr als 11.000 in ca. 700 Gruppen in Deutschlands Kliniken und Heimen Patienten ehrenamtlich Hilfe und Beistand anbieten. Darüber hinaus existieren an vielen Krankenhäusern unorganisierte (bzw. nur lokal organisierte) Helfergruppen. Sie haben Zeit, sie hören zu, sie lesen vor, sie lotsen durch die verwirrenden Abteilungen einer großen Institution, sie erledigen Besorgungen für bettlägerige Patienten usw.

In vielen Krankenhäusern gibt es neben solchen ehrenamtlichen Helfern auf den Stationen auch offiziell bestellte Patientenfürsprecher, die ihr Amt ehrenamtlich ausüben.

Seit den 1980er Jahren sind in Deutschland etwa 160 stationäre Hospize und etwa 1.500 ambulante Hospizdienste entstanden, in denen nach Angaben der Bundesarbeitsgemeinschaft Hospiz neben einigen wenigen Hauptamtlichen etwa 80.000 Menschen ehrenamtlich tätig sind.

Eine gänzlich neue Bürgerinitiative ist die Aktion Demenz, die versucht, durch Aktivierung von Bürgerengagement „demenzfreundliche Kommunen" zu schaffen. Ohne Zweifel ein Problembereich, der zukünftig die Leistungsfähigkeit unserer professionellen Versorgungssysteme bei weitem überfordern würde, wenn man sie damit alleine ließe.

An dieser Stelle sei auch die Deutsche Lebensrettungsgesellschaft (DLRG) erwähnt, für die über 47.000 ehrenamtliche Helfer an etwa 5.000 Badestellen Wache halten. Man würde sie zunächst eher dem Sport- und Freizeitbereich zuordnen. Aber ihre Tätigkeit hat natürlich eminent bedeutsame Auswirkung auf die Gesundheit der dort versammelten Menschen, mitunter auf Leben und Tod.

Bei der Telefonseelsorge, die von den beiden großen Kirchen in bemerkenswerter ökumenischer Eintracht getragen wird, sind mehr als 7.000 Menschen bundesweit ehrenamtlich als Berater tätig. Man erreicht sie 24 Stunden pro Tag, an 365 Tagen im Jahr, d.h. also vor allem auch dann, wenn nachts und an Wochenenden die professionellen Dienste der gesundheitlichen und psychosozialen Versorgung geschlossen sind. Die Telefonseelsorge ist die wichtigste Einrichtung zur Suizid-Prophylaxe; ihre ehrenamtlichen Berater retten manches Menschenleben.

Hier müssen auch die ca. 6.000 freiwilligen Suchtkrankenhelfer angesprochen werden, die im Rahmen der Abstinenzverbände (s.u.) Ausbildungen erhalten und dann dort in der Betreuung von Suchtkranken und der Stabilisierung von Abstinenten tätig werden. Ein großer Teil der Suchterkrankungen in Deutschland wird in diesem ehrenamtlichen Laiensystem (oft in enger Kooperation mit Sucht-Beratungsstellen) „behandelt". Etwa ein Viertel der Mitglieder von Sucht-Selbsthilfegruppen finden zu einem abstinenten Leben, *ohne* jemals professionelle Hilfe in Anspruch genommen zu haben. Das Engagement als freiwilliger Suchtkrankenhelfer erwächst in der Regel aus persönlicher Betroffenheit (d.h. einer eigenen Suchterkrankung oder der von Angehörigen) und hat daher eine starke Überschneidung mit der Sucht-Selbsthilfe (s.u.).

Gesellschaftspolitisches Engagement

Hier ist in erster Linie an die Ausläufer der sog. „Gesundheitsbewegung" gedacht, in der sich seit den 80er Jahren eine Vielzahl von kritischen Fachleuten aus Medizin, Pflege, Psychotherapie, Sozialarbeit usw. zusammenfanden, zu denen aber von Anfang an, und später in wachsender Zahl, Patientinnen und Patienten hinzustießen. Vereint waren sie in ihrer kritischen Sicht des Gesundheitswesens, und die berühmte Ottawa-Charta der WHO diente vielen als programmatische Plattform. Wie andere soziale Bewegungen auch (z. B. Frauenbewegung, Friedensbewegung, Ökologiebewegung) blieb die Gesundheitsbewegung insgesamt weitgehend unorganisiert oder besser gesagt: organisationsarm. Es sind daraus jedoch eine ganze Reihe kleiner örtlicher „Bewegungs-Institutionen" entstanden wie Gesundheitsläden, Patientenberatungsstellen, Frauen-Gesundheitszentren, Selbsthilfe-Kontaktstellen (s. u.) oder ähnliches. Hier arbeitet zwar inzwischen meist hauptamtliches Personal (oft unterbezahlt und auf unsicheren Arbeitsplätzen), aber die bezahlten Mitarbeiter selber sind in aller Regel über ihre Stundenkontingente hinaus engagiert und aktiv. Die Grenzen zwischen Haupt-, Neben- und Ehrenamt sind in diesem Bereich außerordentlich fließend.

Andere „Gesundheits-Bewegte" engagieren sich unorganisiert, privat und also von keiner Statistik erfasst. Man denke beispielsweise an die unentgeltliche Betreuung von Asylanten oder Folter- und Katastrophenopfern, an Auslandseinsätze im Urlaub etwa bei „Médecins sans frontières", an friedenspolitisches Engagement in der IPPNW, an Vorstandstätigkeit in einem örtlichen Psychiatrie-Verein oder ähnliches.

Selbstverständlich ist solches Engagement nicht auf Menschen beschränkt, die sich selber als der Gesundheitsbewegung zugehörig empfinden. Deshalb sei an dieser Stelle auch auf Engagement-Formen verwiesen, die nicht unbedingt von gesellschaftskritischen Einstellungen motiviert sein müssen: die Mitarbeit in den Selbstverwaltungsorganen von Ärzteschaft und gesetzlicher Krankenversicherung. Wie auch immer man diese Einrichtungen bewerten mag, es sind Körperschaften des öffentlichen Rechts, die quasi-staatliche Funktion wahrnehmen und für ein funktionierendes, hochwertiges Gesundheitswesen in unserem Lande sorgen.

Die ehrenamtliche Mitwirkung „sachkundiger Personen", meist aus Selbsthilfeorganisationen, in Gremien des Gesundheitswesens wird unten gesondert behandelt (Absatz über „Politische Mitwirkung").

Engagement aus unmittelbarer persönlicher Betroffenheit (Selbsthilfe)

Ein dritter Sektor von bürgerschaftlichem Engagement spielt im Gesundheitsbereich eine ganz besondere Rolle: das Engagement aus eigener, direkter, persönlicher Betroffenheit. Patientinnen und Patienten schließen sich zusammen und werden aktiv in Selbsthilfegruppen und Selbsthilfeorganisationen (Matzat 2004). Die Rolle der kollektiven Selbsthilfe im Gesundheitswesen wird gerne als eine „vierte Säule" beschrieben (Matzat 2002) – neben den Praxen der niedergelassenen Ärzte, den Krankenhäusern und dem öffentlichen Gesundheitsdienst. In keinem Lande Europas hat die Selbsthilfebewegung, ihre finanzielle Förderung und ihre fachliche Unterstützung eine solche Verbreitung und Ausdifferenzierung gefunden wie in Deutschland. „Die Selbsthilfe" tritt in dreierlei Weise in Erscheinung: in Form von Selbsthilfe*gruppen*, Selbsthilfe*organisationen* und Selbsthilfe-*Kontaktstellen*. So hat es auch seinen Niederschlag in der deutschen Gesetzgebung gefunden (§ 20 c SGB V, § 29 SGB IX und § 45 d SGB XI).

Die Zahl der örtlichen Selbsthilfegruppen wird aufgrund von empirisch gestützten Hochrechnungen auf 70.000 bis 100.000 geschätzt mit ca. 3 Millionen Mitgliedern. (Zum Vergleich: die im Deutschen Bundestag vertretenen Parteien haben ca. 2 Millionen Mitglieder.) Basis hierfür sind Erhebungen, die von der wissenschaftlichen Begleitforschung im Rahmen zweier Modellprogramme der Bundesregierung in den 80er und 90er Jahren durchgeführt wurden (Braun et al. 1997).

Mehr als 100 überregionale Selbsthilfe-Organisationen von chronisch kranken und behinderten Menschen mit ca. 1 Million Mitgliedern haben sich in der Bundesarbeitsgemeinschaft Selbsthilfe von Menschen mit Behinderung und chronischer Erkrankung und ihren Angehörigen e.V. zusammengeschlossen.

Die Deutsche Hauptstelle für Suchtfragen (DHS) bildet das Dach für eine große Anzahl von Gruppen der Abstinenz- und Selbsthilfeverbände in der Suchtkrankenhilfe: Blaues Kreuz in Deutschland (BKD), Blaues Kreuz in der Evangelischen Kirche (BKE), Bundesarbeitsgemeinschaft der Freundeskreise für Suchtkrankenhilfe (BAG), Deutscher Guttempler-Orden (I.O.G.T.) und Kreuzbund. (Die Anonymen Alkoholiker gehören – entsprechend ihrem Unabhängigkeits-Gebot – der DHS *nicht* an.)

Ein umfangreiches Adressenverzeichnis von bundesweiten Selbsthilfevereinigungen („Grüne Adressen") wird jährlich von der NAKOS (Nationalen Kontakt- und Informationsstelle zur Anregung und Unterstützung von Selbsthilfegruppen) der Deutschen Arbeitsgemeinschaft Selbsthilfegruppen e.V. zusammengestellt und aktualisiert. Die Ausgabe 2007/08 enthält insgesamt über 400 „Grüne Adressen", die auch auf CD-ROM und im Internet verfügbar sind (www.nakos.de).

In etwa 300 Städten und Kreisen der Bundesrepublik lassen sich lokale Anlaufstellen (Selbsthilfe-Kontaktstellen) identifizieren, an die sich alle Interessierten, ob Betroffene, Angehörige oder Fachleute, wenden können, um Fragen bezüglich Selbsthilfegruppen zu klären, und zwar unabhängig von der spezifischen Thematik. Dort hat man den besten Überblick über die Selbsthilfegruppen-Szene vor Ort, vor allem auch über die Vielzahl der "unorganisierten" Gruppen, die den o.g. Dachverbänden *nicht* angehören. Ein entsprechendes Verzeichnis von Selbsthilfegruppen-Unterstützungsstellen („Rote Adressen") wird ebenfalls von der NAKOS herausgegeben. (Beitrag „Selbsthilfekontaktstellen" von Wolfgang Thiel in diesem Band.)

Selbsthilfegruppen

Der Fachverband Deutsche Arbeitsgemeinschaft Selbsthilfegruppen e.V. definiert folgendermaßen:

„Selbsthilfegruppen sind freiwillige, meist lose Zusammenschlüsse von Menschen, deren Aktivitäten sich auf die gemeinsame Bewältigung von Krankheiten, psychischen oder sozialen Problemen richten, von denen sie – entweder selber oder als Angehörige – betroffen sind. Sie wollen mit ihrer Arbeit keinen Gewinn erwirtschaften. Ihr Ziel ist eine Veränderung ihrer persönlichen Lebensumstände und häufig auch ein Hineinwirken in ihr soziales und politisches Umfeld. In der regelmäßigen, oft wöchentlichen Gruppenarbeit betonen sie Authentizität, Gleichberechtigung, gemeinsames Gespräch und gegenseitige Hilfe. Die Gruppe ist dabei ein Mittel, die äußere (soziale, gesellschaftliche) und die innere (persönliche, seelische) Isolation aufzuheben. Die Ziele von Selbsthilfegruppen richten sich vor allem auf ihre Mitglieder und nicht auf Außenstehende; darin unterscheiden sie sich von anderen Formen des Bürgerengagements. Selbsthilfegruppen werden nicht von professionellen Helfern geleitet; manche ziehen jedoch gelegentlich Experten zu bestimmten Fragestellungen hinzu." (Deutsche Arbeitsgemeinschaft Selbsthilfegruppen 1987).

Die klassischen Bestimmungsstücke von Ehrenamtlichkeit und bürgerschaftlichem Engagement sind in dieser Definition enthalten: Freiwilligkeit, Unentgeltlichkeit, (relative) Verbindlichkeit. Hinzu kommt als zentrales und differenzierendes Kriterium die eigene Betroffenheit. Hier wird die Wirkung der Gruppenselbsthilfe „nach innen" betont, auf die unmittelbar Beteiligten und Engagierten, ohne die soziale und politische Dimension auszuklammern. Es geht im Wesentlichen um Probleme, zu deren Lösung individuelle Erkenntnis- und Veränderungsprozesse beitragen können, weniger um die Interessenvertretung und die Hoffnung auf Veränderung Anderer oder der Verhältnisse. „Reden hilft!" heißt ein dazu passender Slogan. Meist etwa sechs bis zwölf Personen treffen sich zu wöchentlichen Sitzungen von ca. 90 Minuten Dauer. Diese Art Selbsthilfegruppe steht in der Tradition der professionellen Psychotherapie, man könnte verkürzt sagen, es handelt sich um eine „Gruppentherapie ohne Therapeut". Hier wird im Engagement betroffener Bürger ein Beitrag zur psychologisch-therapeutischen Basisversorgung der Bevölkerung im weitesten Sinne geleistet (Matzat 2009). Viele Mitglieder solcher Selbsthilfegruppen haben auch schon in irgendeiner Form professionelle psychotherapeutische Hilfe erfahren, von wenigen Beratungsgesprächen etwa im Rahmen von stationären Reha-Maßnahmen über längerfristige ambulante Behandlungen bis zu Aufenthalten in psychiatrischen oder psychosomatischen Fachkliniken (Höflich et al. 2007). Sie suchen Selbsthilfegruppen auf als eine Form der Nachsorge, als „Auffrischung" bei erneuten Problemen oder auch parallel als Ergänzung zu einer Einzeltherapie. Ihre Therapieerfahrungen bringen sie in die Selbsthilfegruppen-Arbeit mit ein. Sie sind keineswegs naive Dilettanten, die eher noch weiteren Schaden anrichten, so wie es in der Anfangsphase der Selbsthilfegruppen-Bewegung von vielen Fachleuten befürchtet wurde. Vielmehr ist Laienkompetenz im psychosozialen Bereich (Müller-Kohlenberg 1996) weiter verbreitet und sehr viel wirksamer als man gemeinhin annimmt.

In der Debatte über Selbsthilfegruppen und ihre segensreichen Wirkungen wird dies allzu gerne vergessen: Person und „Methode" müssen zueinander passen, sonst ist erfolgreiche Arbeit nicht zu erwarten. Aus diesem Grund sind Selbsthilfegruppen auch *nicht* wie übliche Versorgungsangebote planbar und als „Leistungserbringer" verlässlich; aus diesem Grunde kann die Teilnahme *nicht* „verschrieben" werden; und aus diesem Grunde können sie *keinen* „Versorgungsauftrag" übernehmen.

Selbsthilfegruppen nach dem 12-Schritte-Programm

Ein ganz besonderer Fall, weitgehend unabhängig vom Gesundheitssystem und nicht auf finanzielle Förderung angewiesen, sind die Anonymen oder 12-Schritte-Selbsthilfegruppen. Sämtliche Anonymous-Gruppen haben ihre jeweiligen Programme und Verfahrensweisen von den Anonymen Alkoholikern (AA) abgeleitet. Ihre Gemeinschaften werden seit jeher „vom Prinzip der Freiwilligkeit und Selbstverantwortlichkeit geprägt" (Emotions Anonymous Interessengemeinschaft o. J.: 10). Wie ließe sich Bürgerschaftliches Engagement besser definieren?

Anonymous-Gruppen sind stets „offen"; d.h. jederzeit können neue Betroffene hinzustoßen, wenn sie nur den ernsthaften Wunsch haben, von ihrer Sucht loszukommen, emotional gesund zu werden und diese Gesundheit zu erhalten. Es gibt keine formale Mitgliedschaft, keine Vereinsvorstände, Satzungen o.ä. „In einer Gruppe sind alle Mitglieder gleichermaßen mitverantwortlich für das, was in der Gruppe geschieht. Wir brauchen keine Autoritätspersonen, die als ‚Leiter' der Gruppe auftreten. Alle sind gleich wichtig", heißt es dort (a.a.O.). Eine Art „Nicht-Organisation" nach basisdemokratischen Idealen. Die Redebeiträge werden stets eingeleitet mit einer Art Bekenntnis („Ich heiße Peter, und ich bin Alkoholiker", oder „Ich heiße Brigitte, und ich bin magersüchtig"), womit der sonst üblichen Verleugnung von Krankheiten demonstrativ ein Ende gemacht werden soll. Sie bestehen aus Erzählungen über das eigene Schicksal, die Erkrankung, Versuche zu ihrer Bewältigung, Rückfälle und Rückschläge, wichtige Ereignisse aus der vergangenen Woche oder aus der Lebensgeschichte, Pläne und Vorhaben für die Zukunft, Ängste und Freuden. Die Gesprächsregeln der Anonymous-Gruppen verbieten es, nachzufragen oder Ratschläge zu geben; jeder spreche über sich selbst. Die Ähnlichkeit der Lebensläufe ist für neue Gruppenmitglieder oft frappierend: „Die anderen erzählen ja *meine* Geschichte!" Dies trägt enorm zur Gruppenkohäsion bei und erleichtert Prozesse des Lernens am Modell. Hieraus ergibt sich auch die große Bedeutung von Veteranen als lebenden Beweisen für die Wirksamkeit der Selbsthilfegruppen-Arbeit. Sie sind Vorbild und Ansporn, selber ebenfalls Verantwortung zu übernehmen für die eigene Genesung, und zwar *mit*, und *durch,* zugleich aber auch *für* die anderen Gruppenmitglieder. „Du allein kannst es, aber Du kannst es nicht allein", heißt es bei den Anonymen Alkoholikern.

Eine andere Eigenheit der Anonymous-Gruppen drückt sich bereits in ihrer Namensgebung aus: das Gruppenmitglied braucht seine Identität nicht preiszugeben. Angaben zur Person werden nicht verlangt, es gibt keinerlei schriftliche Aufzeichnungen, keine Aktenführung. Die Aufforderung „Was Du in diesen vier Wänden hörst, lass' es hier!" hängt in vielen Räumen, die von Anonymous-Gruppen für ihre „Meetings" genutzt werden. Diese Schweige(selbst)verpflichtung und die weitgehende Anonymität ist gerade für Menschen mit Suchtkrankheiten oder anderen psychischen Störungen von großer Bedeutung, um ihre Ängste vor gesellschaftlicher Missachtung und ganz realen Nachteilen zu dämpfen.

Ein weiteres Spezifikum von Anonymous-Gruppen ist ihr Konzept von „Spiritualität". Ihr Programm basiert auf dem „Vertrauen in eine Macht, die größer ist als wir selbst und wirkt durch die Liebe und die Annahme in der Gruppe" (a. a. O.: 7). Die Rede ist von einer „höheren Macht", allerdings so, „wie jeder von uns sie versteht". Es handelt sich also nicht – wie z. B. bei sektenartigen Gruppierungen – um vorgegebene Glaubenssätze, und es gibt auch keine diesbezüglichen Autoritäten („Gurus").

Anonymous-Selbsthilfegruppen sind in ihrem ganzen Ansatz radikal Individuum-zentriert („*Ich* muss das erste Glas stehen lassen!"); aber der 12. Schritt ihres Programms verpflichtet doch auch dazu: „Nachdem wir durch diese Schritte ein seelisches Erwachen erlebt haben, versuchen wir, diese Botschaft an andere Alkoholiker weiterzugeben". Die analytische Trennung zwischen Selbsthilfe und ehrenamtlichem Engagement, in diesem Fall für andere Trinker, ist bei 12-Schritte-Gruppen gar nicht vorzunehmen. Das eine geht nicht ohne das andere.

Verbandlich organisierte Selbsthilfe

Ganz anders als mit den weitgehend innen-orientierten Selbsthilfe*gruppen* oder den politisch bewusst abstinenten Anonymous-Gruppen verhält es sich mit den großen Selbsthilfe*organisationen*. Sie sind sehr wohl in der gesundheits- und sozialpolitischen Arena präsent, jede für sich, oft aber auch vertreten durch ihre Dachorganisationen, wie Bundesarbeitsgemeinschaft Selbsthilfe von Menschen mit Behinderung und chronischer Erkrankung und ihren Angehörigen (BAG SELBSTHILFE) (Danner et al. 2009) oder Deutscher Paritätischer Wohlfahrtsverband (DPWV) (Englert/Niermann 1996). Diese nehmen in dem schwer überschaubaren Feld eine Mediatoren- und Bündelungsfunktion wahr, teilweise sogar eine gewisse ordnungspolitische Funktion in der Vermittlung zwischen in der Selbsthilfe engagierten Bürgern, Staat und Öffentlichkeit.

Selbsthilfeorganisationen nehmen Einfluss auf Gesetzgebungsverfahren, werden als Sachverständige gehört und vertreten die Interessen der Betroffenen, etwa im Rahmen der sogenannten Patientenvertretung nach § 140 f. SGBV (s.u.). Sie sind weitgehend anerkannte Partner der Kranken- und Rentenversicherung, der Ärzteschaft und in einigen Fällen auch der pharmazeutischen Industrie.

Besonders wichtig ist den Vertretern dieser Verbände immer wieder der Hinweis auf ihre demokratische Legitimation (neben der durch die Betroffenen-Kompetenz). Die Regeln und Gepflogenheiten des Vereinswesens kommen – zumindest auf Bundes-, oft auch auf Landes- und manchmal auf Ortsebene – zur Geltung. Es gibt Mitgliedsbeiträge, Satzungen, Vorstandswahlen, Delegiertenversammlungen, Rechenschaftsberichte, Rechnungsprüfungen etc.

Hier wird ein ungeheures Potenzial an bürgerschaftlichem Engagement eingesetzt, ohne das sich die gesundheitliche Selbsthilfebewegung in ihrer Breite gar nicht hätte entfalten können. Allerdings unterscheidet sich der persönliche Einsatz in der Selbsthilfe von dem in vielen anderen Feldern bürgerschaftlichen Engagements dadurch, dass er im Wesentlichen von ganz erheblichem Leidensdruck, der im wahrsten Sinne am eigenen Leibe erfahren wird, motiviert ist und gerade im Falle von chronischen Krankheiten und Behinderungen manchmal über lange Zeiträume hinweg praktiziert wird (werden muss). Insofern ist dieses Engagement auch nicht ganz „freiwillig". Schließlich ist zu betonen, dass man es hier stets mit solchen Menschen zu tun hat, die in spezifischer Weise gehandicapt und benachteiligt sind, ihre Aktivitäten also noch gegen einen zusätzlichen Widerstand ausführen, der zu den bei anderen Menschen üblichen Hindernissen oder Ausreden hinzukommt (etwa Mangel an Zeit, Informationen oder materiellen Ressourcen). Selbsthilfe-Engagement von Betroffenen verdient also doppelte Anerkennung!

Eine höchst problematische „Nebenwirkung" der steigenden und inzwischen weithin anerkannten fachlichen Kompetenz auf Seiten der Selbsthilfe, gepaart mit den dort vorherrschenden hohen moralischen Werten von Engagement, Solidarität und Zuwendungsbereitschaft, liegt allerdings darin, dass staatliche Stellen und Institutionen des Gesundheitswesens die Selbsthilfe als wohlfeile Abschiebemöglichkeit für unliebsame oder schwierige Fälle sehen könnte. „Allzu schnell passt sich die Bürger-Engagementbewegung dieser Logik an: Sie bietet sich feil für Dienstleistungen, errechnet, dass sie billiger wirtschaftet bei gleicher Zuverlässigkeit" (Hummel 2000). Dies gilt natürlich genauso für die Selbsthilfe.

Insbesondere was die Patienteninformation angeht, hat sich in Selbsthilfe-Organisationen ein bemerkenswertes Know-how angesammelt. Man kann dort Broschüren erhalten, die Krankheitsbilder allgemeinverständlich erklären, Tips zu Ernährungsumstellung, Gymnastik oder Vorsorgeuntersuchungen geben, auch Aufklärung über Diagnose- und Behandlungsmöglichkeiten, schließlich Information über Rechtsansprüche etwa auf Kuren und Rehabilitationsmaßnahmen oder einen Schwerbehindertenausweis und entsprechende Vergünstigungen. Selbsthilfeorganisationen leisten in diesem Sinne Bildungsarbeit, und sie tragen zum „Empowerment" (Stark 1996) der Betroffenen bei.

Während in der „reinen Gruppenselbsthilfe" häufig zwischen der Rolle des Helfenden und des Hilfe-Empfangenden je nach Bedarf gewechselt wird, haben sich in vielen Ortsgruppen der Selbsthilfe-Organisationen klarere Rollen- und Arbeitsteilungen herausgebildet. Hier gibt es „Leiterinnen" und „Kassenwarte", „Öffentlichkeitsbeauftragte" und „Delegierte". Es ist allgemein üblich, dass sich Gruppenmitglieder, vor allem aber neue Interessenten, auch individuell und außerhalb der Gruppensitzung an die Gruppenleiter wenden, um sich von ihnen persönlich beraten zu lassen. Statt des Beratens *miteinander* im Sinne des wechselseitigen Erfahrungsaustausches in der Gruppe wird hier nun ein Leidensgenosse fast wie ein Klient betreut (Janota 2007). Dies geschieht ehrenamtlich vor allem auf der Basis eigener persönlicher Erfahrung, die von beiden am Beratungsprozess Beteiligten für umfangreicher oder valider gehalten wird als jene des Neulings – meist natürlich vollkommen zurecht. Etliche Selbsthilfeorganisationen bemühen sich sehr darum, ihre „ehrenamtlichen Mitarbeiter" (ganz so, wie es auch in anderen Bereichen des bürgerschaftlichen Engagements diskutiert oder bereits praktiziert wird) in speziellen Schulungskursen auf diese Rolle vorzubereiten und so die angebotene Beratung zu verbessern. Solche Fortbildungsangebote dokumentieren die beachtlichen Bemühungen von Selbsthilfeorganisationen, für ihre Informations- und Beratungsangebote „die Qualität zu sichern". Ein bemerkenswertes Beispiel hierfür ist der „Leitfaden für Beraterinnen" der Frauenselbsthilfe nach Krebs (Kirchner et al. 2005).

Selbsthilfe-Kontaktstellen

Selbsthilfe-Kontaktstellen gelten in Deutschland als das dritte Element der Selbsthilfe. Sie sind die zentrale Infrastruktur vor Ort für diese Form bürgerschaftlichen Engagements aus eigener Betroffenheit. Viele von ihnen sind aus der Bewegung heraus entstanden, sie stehen sozusagen mit einem

Bein in der professionellen und mit dem anderen in der Selbsthilfe-Welt. Der Begriff „Selbsthilfe-Kontaktstelle", „Kontaktstelle für Selbsthilfegruppen" o. ä. hat sich in den letzten 25 Jahren zu einem Terminus Technicus entwickelt, der auf ein Arbeitsgebiet mit spezieller Fachlichkeit, mit eigenen Fähigkeiten, Fertigkeiten und Werthaltungen hinweist (Braun et al. 1997; Matzat 1999). In diesem Band werden Selbsthilfe-Kontaktstellen in einem eigenen Betrag von Wolfgang Thiel dargestellt.

Gesellschaftliche Akzeptanz

Die fachliche Wertschätzung und öffentliche Anerkennung von Selbsthilfegruppen ist keineswegs selbstverständlich und bestand nicht von Anfang an (Matzat 1998). Bis Ende der 70er Jahre wurden sie praktisch überhaupt nicht zur Kenntnis genommen – von den Fachleuten nicht, von den Krankenkassen nicht, von Politik und Verwaltung nicht. Eine Wende wurde eingeleitet durch Forschungsprojekte an den Universitäten Gießen und Hamburg (Moeller 1978; Moeller 2007; Moeller et al. 1984; Trojan 1986), die ein ungewöhnliches öffentliches Echo fanden. Offenbar war die Zeit reif. Seither hat sich ein enormer Wandel vollzogen, der dazu führte, dass 1992 *„Selbsthilfegruppen und -kontaktstellen"* erstmals in einem Gesetzestext auftauchten, nämlich im § 20 SGB V, jenes Sozialgesetzbuches, welches die Leistungen der gesetzlichen Krankenkassen regelt. Inzwischen gilt die Version des § 20 c. Derzeit müssen die gesetzlichen Krankenkassen 0,57 Euro pro Versichertem pro Jahr zur Förderung der Selbsthilfe (also Selbsthilfegruppen, Selbsthilfeorganisationen und Selbsthilfe-Kontaktstellen) ausgeben.

Als für die Selbsthilfe „maßgebliche Spitzenorganisationen" wurden die Bundesarbeitsgemeinschaft Selbsthilfe von Menschen mit Behinderung und chronischer Erkrankung und ihren Angehörigen (BAG SELBSTHILFE) (damals noch: Bundesarbeitsgemeinschaft Hilfe für Behinderte – BAGH), der Deutsche Paritätische Wohlfahrtsverband (DPWV) und die Deutsche Arbeitsgemeinschaft Selbsthilfegruppen (DAG SHG) anerkannt. Später kam die Deutsche Hauptstelle für Suchtfragen (DHS) hinzu. Diese „Spitzenorganisationen" sind an der Umsetzung des § 20 c zu beteiligen.

Es zeigte sich, dass in diesem wichtigen gesellschaftlichen Bereich des Gesundheitswesens von den herrschenden Kräften das bürgerschaftliche Engagement von Betroffenen in Selbsthilfegruppen und Selbsthilfeorganisationen keineswegs immer begrüßt und gefördert wird, sondern oft eher beargwöhnt, gescheut und behindert. Die Beteiligung von besser informierten und qualifizierten Patienten als „Ko-Produzenten von Gesundheit" (Badura/ Schellschmidt 1999), aber auch als Interessenvertretung von Betroffenen gegenüber Kostenträgern und Leistungserbringern waren bislang in unserem selbstverwalteten Gesundheitswesen in keiner Weise vorgesehen, und man tut sich auch jetzt noch sehr schwer damit. Rhetorik statt realer Beteiligung kennzeichnet gegenwärtig (noch) die Lage (Thiel 2007). Anscheinend wird weder der „Demokratie-Gewinn" noch der ökonomische Nutzen (Engelhardt et al. 2009) gesehen, der von einem stärkeren Engagement der Betroffenen zu erwarten ist – umso mehr natürlich, je angemessener es gefördert wird.

Politische Mitwirkung

Seit dem 1.1.2004 wirken gemäß § 140f. SGB V sog. „sachkundige Personen" als Patientenvertreter in den Gremien des Gemeinsamen Bundesausschusses mit (Danner/Matzat 2005). Sie haben damit die Möglichkeit, die Erfahrungen von Patientinnen und Patienten mit dem Versorgungsgeschehen im Gesundheitswesen in die Entscheidungsfindung beim Gemeinsamen Bundesausschuss, dem höchsten Gremium der gemeinsamen Selbstverwaltung im deutschen Gesundheitswesen, einzubringen. Ein Mitentscheidungsrecht steht den Patientenvertretern bislang allerdings nicht zu.

Nach der sog. Patientenbeteiligungsverordnung des BMG gibt es zwei Säulen der Patientenbeteiligung, nämlich einerseits die im Deutschen Behindertenrat (DBR) zusammengeschlossenen Betroffenen-Organisationen und andererseits die sog. Beraterverbände: Deutsche Arbeitsgemeinschaft Selbsthilfegruppen (DAG SHG), Bundesarbeitsgemeinschaft der PatientInnenstellen (BAGP) und Verbraucherzentrale Bundesverband (vzbv). Die Entsendung der bislang etwa 200 von ihnen benannten „sachkundigen Personen" nehmen sie gemeinsam und einvernehmlich vor. Die Aufgaben der Patientenvertretung im Gemeinsamen Bundesausschuss werden ehrenamtlich wahrgenommen.

Auf Länderebene gibt es ähnliche Ausschüsse, in denen ebenfalls Patientenvertreter – hunderte an der Zahl – beteiligt sind.

Neben dieser „System-Beteiligung" werden Patientenvertreter seit neustem ebenfalls einbezogen in die Erstellung von Versorgungsleitlinien, die Ärzten (wie auch Patienten) wissenschaftlich fundierte („evidence based") Hinweise für die Behandlung einzelner Krankheiten an die Hand geben sollen. Erfahrungen und Lösungsvorschläge von Patienten(organisationen) sollen auf diese Weise zur Verbesserung der Versorgung beitragen. Es versteht sich von selbst, dass diese neue Bürgerbeteiligung im Gesundheitswesen (Francke/Hart 2001; Dierks et al. 2006) die hier engagierten „Laien" mit erheblichen Anforderungen konfrontiert und ihnen eine hohe Mitverantwortung für den Bestand und die Funktionsfähigkeit unseres gesundheitlichen Versorgungssystem aufbürdet. *Bürgerschaftliches Engagement* ist hier in ganz besonderer Weise mit *bürgerschaftlicher Verantwortung* für das Gemeinwohl verbunden.

Literatur

Badura, Bernhard/Henner, Schnellschmidt 1999: Sozialwissenschaftlicher Gutachtenteil. In: Badura, Bernhard et al. (Hrsg.): Bürgerorientierung des Gesundheitswesens. Baden-Baden: 39–101

Braun, Joachim et al. 1997: Selbsthilfe und Selbsthilfeunterstützung in der Bundesrepublik Deutschland. Stuttgart.

Danner, Martin/Jürgen Matzat 2005: Patientenbeteiligung im Gemeinsamen Bundesausschuss – Ein erstes Resümee. In: Verhaltenstherapie & Psychosoziale Praxis 1: 141–144.

Danner, Martin et al. 2009: Entwicklungslinien der Gesundheitsselbsthilfe. Erfahrungen aus 40 Jahren BAG SELBSTHILFE. In: Bundesgesundheitsbl Gesundheitsforsch Gesundheitsschutz 1/2009: 3–10

Deutsche Arbeitsgemeinschaft Selbsthilfegruppen 1987: Selbsthilfegruppen-Unterstützung. Ein Orientierungsrahmen. Gießen.

Dierks, Marie-Luise et al. 2006: Bürger- und Patientenorientierung im Gesundheitswesen. Robert Koch-Institut (Hrsg.): Gesundheitsberichterstattung des Bundes, Heft 32.

Emotions Anonymous Interessengemeinschaft: Information für die Öffentlichkeit. o.O. o.J. (4. Auflage).

Engelhardt, Hans Dietrich et al. 2009: Leistungen von Selbsthilfegruppen und deren ökonomische Bewertung. In: Bundesgesundheitsbl-Gesundheitsforsch-Gesundheitsschutz 1/2009: 64–70

Englert, Gerhard/Thomas Niermann 1996: Die Bedeutung von Selbsthilfegruppen für behinderte und chronisch kranke Menschen. In: Zwierlein, Eduard (Hrsg.): Handbuch Integration. Neuwied.

Francke, Robert/Dieter Hart 2001: Bürgerbeteiligung im Gesundheitswesen. Baden-Baden.

Höflich, Anke et al. 2007: Selbsthilfegruppen für psychisch und psychosomatisch Kranke – Versorgungsangebot, Inanspruchnahme, Wirksamkeit. Bremerhaven.

Hummel, Konrad 2000: Bürger sucht Gesellschaft. Freiwilliges Engagement von Menschen und die Dialektik seiner politischen Förderung. In: Blätter der Wohlfahrtspflege. Heft 11+12, 2000: 241–247.

Janota, Bernd 2007: Neue Anforderungen an die Selbsthilfe – oder: Ein Tag im Leben von Frau Hellmann. In: Deutsche Arbeitsgemeinschaft Selbsthilfegruppen (Hrsg.): Selbsthilfegruppenjahrbuch 2007. Gießen: 71–80.

Kirchner, Christine et al. 2005: Beratung in der Selbsthilfe am Beispiel der Frauenselbsthilfe nach Krebs. Essen.

Matzat, Jürgen 1998: Anders helfen – Selbsthilfegruppen und Fachleute arbeiten zusammen. In: Haland-Wirth, Trin et al.: Unbequem und engagiert. Horst-Eberhard Richter zum 75. Geburtstag. Gießen: 269–277.

Matzat, Jürgen 1999: Kontaktstellen für Selbsthilfegruppen – Professionelle Hilfe zur Selbsthilfe. In: Günther, Peter/Eckhard Rohrmann (Hrsg.): Soziale Selbsthilfe – Alternative, Ergänzung oder Methode sozialer Arbeit? Heidelberg: 205–217.

Matzat, Jürgen 2002: Die Selbsthilfe als Korrektiv und „vierte Säule" im Gesundheitswesen. In: Forschungsjournal Neue Soziale Bewegungen, Heft 3, Juli 2002: 89–97.

Matzat, Jürgen 2004: Wegweiser Selbsthilfegruppen. Eine Einführung für Laien und Fachleute. Gießen.

Matzat, Jürgen 2009: Selbsthilfegruppen als Beitrag zu einer psychosomatischen Medizin. In: Adler, Rolf et al. (Hrsg.): Uexküll Psychosomatische Medizin, München, 7. Aufl.

Moeller, Michael Lukas 1978: Selbsthilfegruppen. Reinbek.

Moeller, Michael Lukas 2007: Anders helfen. Selbsthilfegruppen und Fachleute arbeiten zusammen. Gießen.

Moeller, Michael Lukas et al. 1984: Psychologisch-therapeutische Selbsthilfegruppen. Stuttgart.
Müller-Kohlenberg, Hildegard 1996: Laienkompetenz im psychosozialen Bereich. Opladen.
Stark, Wolfgang 1996: Empowerment. Neue Handlungskompetenzen in der psychosozialen Praxis. Freiburg.
Thiel, Wolfgang 2007: Bürgerschaftliches Engagement, Selbsthilfe und Welfare Mix. In: Deutsche Arbeitsgemeinschaft Selbsthilfegruppen (Hrsg.): Selbsthilfegruppenjahrbuch 2007. Gießen: 143–151.
Trojan, Alf (Hrsg.) 1986: Wissen ist Macht. Frankfurt.

Thomas Klie

Altenhilfe und Altenpflege

Vorbemerkung

Die Erwartungen an das bürgerschaftliche Engagement sind gerade in der Arbeit von und mit älteren Menschen (traditionell „Altenhilfe"), und in der „Sorge" um hochbetagte Menschen besonders groß. Das dokumentieren nicht zuletzt die vielfältigen und groß angelegten Bundesmodellprogramme[1], die kommunal- und landespolitische Rhetorik in der Seniorenpolitik (DStGB (Hrsg.), 2009), aber auch die Gesetzgebung, wenn etwa im Pflegeweiterentwicklungsgesetz sog. „geschützte Budgets" für die Förderung bürgerschaftlichen Engagements in Pflegekontexten im Rahmen der Sozialversicherung geschaffen wurden (§ 45 d SGB XI, im Einzelnen Klie in LPK SGBXI Rz. 4). So werden mit dem „zivilgesellschaftlichen Projekt" große Hoffnungen verbunden.

Ältere Menschen profitieren von den neuen sozialen Netzwerken, sie gewinnen neue Fähigkeiten, sie arbeiten an ihrer Integrität im Sinne der Fähigkeit gelebtes wie ungelebtes Leben zu akzeptieren und Daseinsthemen als grundlegend für eigene Entwicklung zu erleben und leisten im Sinne der Generativität: einen über die Begrenztheit des eigenen Lebens hinausgehenden Beitrag für die Gesellschaft und die nachfolgende Generation – so Praxisbeispiele und Programmatik der Engagementförderung.

In diesem Beitrag soll sowohl der Bedeutung des bürgerschaftlichen Engagements für und durch ältere Menschen besondere Aufmerksamkeit geschenkt, als auch die Bedeutung bürgerschaftlichen Engagements in der Pflege alter Menschen profiliert werden. Dabei wird das Doppelgesicht des Alters – die Potenziale und die Verletzlichkeit – ebenso deutlich wie die unterschiedlichen Funktionen bürgerschaftlichen Engagements: eben als Altersmanagement, als Gestaltungsoption eines Lebens im Alter, und als Beitrag zur Sicherung von Teilhabe und Integration für Menschen, die auf Unterstützung anderer verwiesen sind.

---

1 „Alter schafft Neues": http://www.bmfsfj.de/bmfsfj/generator/BMFSFJ/Service/themen-lotse,thema=thema-potenziale-des-alters.html

Paradigmenfolge in der Altenhilfe

„Freiheit statt Fürsorge", so titelte Konrad Hummel 2001, als er zur programmatischen Reform der kommunalen Altenhilfe aufrief (Hummel 2001). Damit setzte er Akzente gegen ein fürsorgerisch dominiertes Altenhilfeverständnis, das mit Beginn der modernen Diakonie und Caritas seine Wurzeln im ausgehenden 19. Jahrhundert hat. Es ging damals um die Existenzsicherung älterer, und hier insbesondere „siecher" Menschen. Die historischen Kontexte waren ebenso wie die Semantik andere: Man sprach von Siechenhäusern. Bewohnerinnen und Bewohner von Alten- und Pflegeheimen waren „Insassen", in sie schützenden und ihnen Lebensunterhalt gewährenden Institutionen, „Anstalten" genannt. Die Einrichtungen trugen einen stark reglementierenden Charakter. Nach dem Zweiten Weltkrieg entwickelte sich aus der sogenannten „Altenfürsorge" die Altenhilfe, die in den 1970er Jahren als Rechtsanspruch und zugleich programmatisch mit ihrem Verpflichtungsgehalt für die Kommunen durch aktive Gestaltung zuträglicher Lebensbedingungen für ältere Menschen zu schaffen, ein neues Profil erhielt (Schettle 2007). Auch wenn die fürsorgerisch-betreuende Altenhilfe lange Zeit noch die Aktivitäten sowohl der Kommunen als auch der Wohlfahrtsverbände geprägt hat, findet sich in der programmatischen Vorschrift der Altenhilfe im Sozialhilferecht, § 71 SGB XII, auch die Förderung der Betätigung und des gesellschaftlichen Engagements älterer Menschen wieder und dies an erster Stelle des Kataloges von Aufgaben der kommunalen Altenhilfe. Mit Beginn einer sich etablierenden sozialen Gerontologie und einer kritischen Auseinandersetzung mit Defizitbildern des Alters wurde die kommunale Altenhilfe einem grundlegenden Modernisierungsprozess unterworfen: Der „aktive Alte" wurde zum Leitbild einer auf Erkenntnissen der Interventionsgerontologie beruhenden Arbeit mit und für ältere Menschen. Einhundert Jahre nach der Entdeckung der Kindheit als eigene Lebensphase wurden nun auch Alter und Altern als eigenständige Lebensphase und Lebensaufgabe – und mit ihnen die Potenziale des Alters – entdeckt und interpretiert (Rosenmayr 1983). Rosenmayr entfaltete erstmals anthropologisch und soziologisch das Bild einer „bunten Altersgesellschaft" (Rosenmayr 1994). Wurden ältere Menschen in Abkehr von einer fürsorgerisch dominierten Altenhilfe zunächst zu Kunden sozialer Dienstleistungen und damit befreit aus einengenden Rollen und defizitären Altersbildern, wurden sie gleichzeitig auch als durchaus widerständige (Graue Panther) aber auch Gesellschaft mitgestaltende Bürgerinnen und Bürgern in die öffentliche Wahrnehmung gerückt. Das Paradigma der „Freiheit" wird inzwischen durch das Bild der Selbst- und Mitverantwortlichkeit älterer Menschen ergänzt, zum einen im Sinne einer individuell-verantwortlichen Lebensführung, zum anderen im Sinne der Mitverantwortung für die Gestaltung einer (Generationen-) gerechten Gesellschaft (Klie/Student 2007).

Abb. 1: Die Paradigmen in der „Altenhilfe" und Seniorenpolitik

3 aktuell
Mitverantwortung
- Bürgerschaftliches Engagement
- Freiwilligendienste
- pp

2 1980er/90er
Freiheit
- Konsum
- Seniorenvertretung
- Graue Panther
- Altenbildung
- Produktivität
- pp

1 1960er/70er
Fürsorge
- Altenhilfe
- Altenkreise
- Altenheime
- pp

Quelle: Eigene Darstellung

Der 5. Altenbericht (BMFSFJ 2006) hat das Thema Potenziale des Alters in den Mittelpunkt gestellt und dem Engagement älterer Menschen besondere Aufmerksamkeit geschenkt. Die vielfältigen Bundesprogramme zur Förderung des Engagements älterer Menschen etwa „Erfahrungswissen für Initiativen"[2], „Aktiv im Alter"[3], „Freiwilligendienste aller Generationen"[4] oder das Memorandum „Mitgestalten und Mitentscheiden"[5] thematisieren die aktive, mitverantwortliche Gestaltungsrolle älterer Menschen in unterschiedlichen Formen bürgerschaftlichen Engagements. Das Leitbild des Ruhestandes ist passé. Altern ist und wird in seinen Schattierungen zu einer öffentlich wahrgenommenen und unterstützten Gestaltungsaufgabe: Individuell, in Gemeinschaften und kollektiv (Blaumeiser 2002). Entsprechend hat sich die sogenannte Altenhilfe, und haben sich vor allem kommunale Angebote für ältere Menschen diversifiziert. All die Akzentuierungen der Potenziale des Alters ändern aber nichts daran, dass mit dem Alter, insbesondere im hohen Alter, häufig eine besondere Verwiesenheit auf die Unterstützung anderer und eine besondere Vulnerabilität verbunden ist. Mit dem hohen Alter werden in vielfältiger Weise Einschränkungen wahrscheinlicher und die Bürgerinnen und Bürger sind aufgefordert, weltoffen in dem Sinne zu sein, auch ein Leben anzunehmen und mitzutragen, dass etwa unter dem Vorzeichen der Demenz steht, als Angehöriger und als potenziell selbst betroffener Mensch. Die Akzeptanz von Abhängigkeit (Kruse

---

2 http://www.erfahrung-ist-zukunft.de/Webs/EiZ/Content/DE/Artikel/Angebote/bmfsfj-erfahrungswissen-fuer-initiativen.html
3 http://www.aktiv-im-alter.net/
4 http://www.alter-schafft-neues.de/freiwilligendienste-aller-generationen.html
5 http://www.bagso.de/memorandum.html;
http://www.seniorenbueros.org/fileadmin/user_upload/Startseite/Das_20Memorandum.pdf

2007) stellt eine kulturelle aber auch individuelle (Entwicklungs-)Aufgabe dar. Altenhilfe sozialpolitisch betrachtet als Unterstützung eines gelingenden Alterns, als Hilfe zur Gestaltung der Herausforderungen, die mit dem Alter und Altern verbunden sind (Schulz-Nieswandt 2006) zielt sowohl auf die Förderung bürgerschaftlichen Engagements älterer Menschen als eine Form der Lebensgestaltung und Erhaltung von Potentialen des Alters, als auf auch den Schutz vulnerabler älterer Menschen. So stehen die Paradigmen nicht gegeneinander sondern nebeneinander und bilden die Schattierungen eines angemessenen Altersbildes ab (Deutscher Verein 2006).

Bürgerschaftliches Engagement als Altersaktivität

In seinen vielfältigen Variationen erscheint bürgerschaftliches Engagement als eine zeitgemäße Form der Altersaktivität im Kontext der Leitbilder eines produktiven und aktiven Alters. Bürgerschaftliches Engagement eröffnet neue Rollenoptionen für das Alter und kann auch deshalb eine hohe Relevanz für die Identität im Dritten Lebensalter gewinnen (Wouters 2005). Bürgerschaftliches Engagement avanciert aber gleichzeitig zu einem Kernelement eines neuen Vergesellschaftungsmodells, das mit der Betonung der Ressourcen und der Handlungspotenziale älterer Menschen zum Einen das Leitbild des verdienten Ruhestandes ergänzt aber zugleich auch Verpflichtungselemente in sich trägt. Bürgerschaftliches Engagement enthält Befreiungsmöglichkeiten aus traditionellen Rollenbildern und Vorstellungen, die mit dem Alter assoziiert sind und Autonomiespielräume zur Entfaltung einer allseitig entwickelten Persönlichkeit und zur Förderung gesellschaftlicher Partizipationsprozesse. Es werden mit ihm somit Chancen eröffnet, im Rahmen intergenerativ angelegter Ermöglichungsstrukturen Formen der aktiven Mitgestaltung von Gesellschaft zu fördern. Gleichzeitig besteht die Gefahr, dass das bürgerschaftliche Engagement von älteren Menschen im Kontext für notwendig erachteter Umbaumaßnahmen des Sozialstaates eingesetzt wird, deren Folgen es kompensieren soll. Die sozialen und gesellschaftspolitischen Potenziale des Alters werden keineswegs unschuldig postuliert, sondern sind eng mit dem Diskurs um die notwendige Weiterentwicklung des Sozialstaates verwoben. Die gesellschaftliche Altersaktivität ist sowohl mit der Erhaltung von Kompetenzen und persönlicher Erfüllung als auch mit dem gesellschaftlichen Interesse an der Nutzung des Humankapitals älterer Menschen verbunden. Auf den „engagierten Alten" ruhen angesichts der Engpässe in der Finanzierung sozialer Leistung große Hoffnungen von Sozialpolitikern (Aner 2008). Dass es in einer Zeit des demografischen Wandels und einer Gesellschaft des langen Lebens zu einer Neuverteilung öffentlicher Aufgaben und ihrer Erledigungs- und Erfüllungsformen kommt und kommen muss, ist unbestritten. Umso wichtiger scheint es, bürgerschaftliches Engagement in seinen Entfaltungs- und Nutzendimensionen in eine demokratische Beteiligungskultur und den Aufbau entsprechender Strukturen auf kommunaler Ebene einzubinden. Dies geschieht programmatisch im Bundesmodellprogramm „Aktiv im Alter" auf der Grundlage des Memorandums „Mitgestalten und Mitentscheiden". Auch moderne Planungsansätze in der kommunalen Altenhilfe setzen auf die Partizipation älterer Menschen an Planungsprozessen und ihrer aktiven Mitgestaltung des Gemeinwesens (Blaumeiser 2002). Eine bürgerschaftlich ausgerichtete Altenhilfe fordert und fördert nicht nur bürgerschaftliches Engagement durch Freiwilligenagenturen, durch vielfältige Angebote zum bürgerschaftlichen Engagement, sondern bezieht ältere Menschen als „Mitentscheider" in die kommunalen Gestaltungsaufgaben mit ein.

Abb. 2: Spielarten der Beteiligung

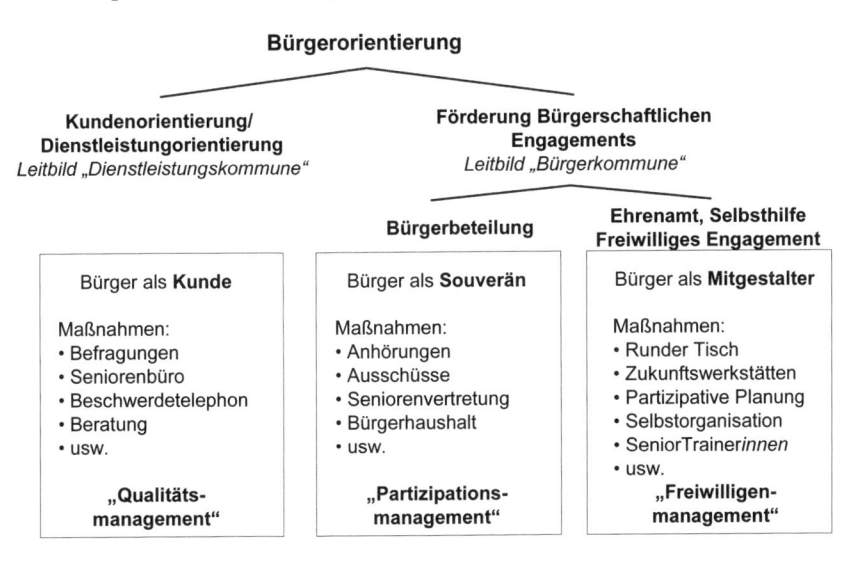

	Bürgerorientierung	
Kundenorientierung/ Dienstleistungorientierung Leitbild „Dienstleistungskommune"	Förderung Bürgerschaftlichen Engagements Leitbild „Bürgerkommune"	
	Bürgerbeteiligung	Ehrenamt, Selbsthilfe Freiwilliges Engagement
Bürger als **Kunde**	Bürger als **Souverän**	Bürger als **Mitgestalter**
Maßnahmen: • Befragungen • Seniorenbüro • Beschwerdetelephon • Beratung • usw.	Maßnahmen: • Anhörungen • Ausschüsse • Seniorenvertretung • Bürgerhaushalt • usw.	Maßnahmen: • Runder Tisch • Zukunftswerkstätten • Partizipative Planung • Selbstorganisation • SeniorTrainer*innen* • usw.
„Qualitätsmanagement"	„Partizipationsmanagement"	„Freiwilligenmanagement"

© zze Zentrum für zivilgesellschaftliche Entwicklung

Bürgerschaftliches Engagement in einem kompetenz-orientierten Verständnis (Klie 2007), setzt an den individuellen Kompetenzen und an dem Interesse an Kompetenzerwerb (Lebenslanges Lernen) an. Seine Förderung muss insofern seine Vielfalt sichern und in hohem Maße individualisiert sein, bei gleichzeitigem Gemeinschaftsbezug. Bürgerschaftliches Engagement kennt vielfältige Felder von intergenerativen Engagementformen über Kultur, Umwelt, Soziales und Sport, vom klassischen Ehrenamt über die Selbsthilfe bis zur Bürgerinitiative. Mit dem Bild von der „bunten Altersgesellschaft" korreliert auch die Vielfalt von Engagementformen Älterer. Bürgerschaftliches Engagement älterer Menschen befindet sich zwischen Selbstorganisation und Förderung. Es verlangt öffentliche Würdigung und Wahrnehmung, die ihrerseits dazu beitragen, dass bürgerschaftliches Engagement zu den Optionen von Altersaktivität für möglichst viele Menschen gehört. Die Heterogenität der Netzwerke bürgerschaftlichen Engagements, die Optionalität von unterschiedlichen Engagementformen, das Statuspotenzial, dass mit Engagementformen verbunden ist und die Transparenz der Aktivitäten bürgerschaftlichen Engagements sind wichtige Voraussetzungen und Prinzipien der Gestaltung einer Engagement unterstützenden Altenhilfe (Brauer 2009). Andernfalls bleibt bürgerschaftliches Engagement für zahlreiche Bevölkerungsgruppen verschlossen und sie werden nicht eingebunden in einen zivilgesellschaftlichen Politikansatz.

Empirie

Ältere Menschen – insbesondere die über 70-Jährigen – sind unter den Engagierten in Deutschland unterrepräsentiert. Gleichzeitig wird das zwischen den Jahren 1999 und 2004 dokumentierte Wachstum des freiwilligen Engagements entscheidend getragen durch die Altersgruppen ab 55 (Gensicke u.a. 2006). Die „fortgeschrittenen" Jahrgänge erweisen sich damit als ein wichtiger Motor des bürgerschaftlichen Engagements. So stieg die Engagementquote der ab 55-Jährigen in Baden-Württemberg von 1999 bis 2004 von 33% um 5%-Punkte auf 38% und in Hessen von 33% auf 37%. Aber auch in den meisten anderen Bundesländern zeigte sich ein Zuwachs beim bürgerschaftlichen Engagement der älteren Generation. Die Verantwortungsübernahme für die Gesellschaft und das Bestreben, diese im Kleinen mitzugestalten, sind folglich auch und gerade bei den Menschen ab 55 nachhaltig ausgeprägt. Bürgerschaftliches Engagement älterer Menschen ist beispielsweise in Baden-Württemberg besonders in Organisationsstrukturen der Vereine, Kirchen und religiösen Einrichtungen eingebunden, sowie zunehmend auch in Formen der Selbstorganisation von Senioren. Bei den älteren „Alten" ist das Engagement wesentlich geringer ausgeprägt. Engagiert waren 1999 31% und 2004 37% der 60- bis 70-Jährigen und 20% respektive 22% der über 70-Jährigen. Der Anteil der Männer unter älteren Menschen, die sich engagieren, ist deutlich höher als die der Frauen (Gensicke u.a. 2006). Dabei gibt es wichtige Einflussgrößen für das Engagementniveau. Hohe Kirchenbindung hat „positiven" Einfluss auf das Engagement und die Engagementbereitschaft: Es engagieren sich besonders die Status-, Gesinnungs- und Demographie-Eliten in der Bevölkerung. Ältere in den neuen Bundesländern gehören zu den am wenigsten engagierten Gruppen (bei den über 70-Jährigen 14%).

Alleinlebende Bürgerinnen und Bürger mit einem geringeren politischen Interesse und mit einem einfachen Schulabschluss gehören zu den besonders wenig „engagierten" Gruppen (Gensicke u.a. 2006). Von hoher Bedeutung für das Engagementpotenzial ist die Größe des Freundes- und Bekanntenkreises. Hinsichtlich der Beteiligung und Intensität des bürgerschaftlichen Engagements Älterer lässt sich generell sagen, dass bei den Frauen unter den „jungen Alten" und den Männern unter den „älteren Älteren" eine steigende Beteiligung festzustellen ist, dass der jeweils eingebrachte Zeitaufwand mit knapp 20 Stunden pro Monat beträchtlich ist und sich ältere Menschen überwiegend traditionell engagieren, wesentlich häufiger als andere in kirchlichen Zusammenhängen.

Abb. 3: Bereiche des freiwilligen Engagements (unter 30 Jahre/über 65 Jahre)

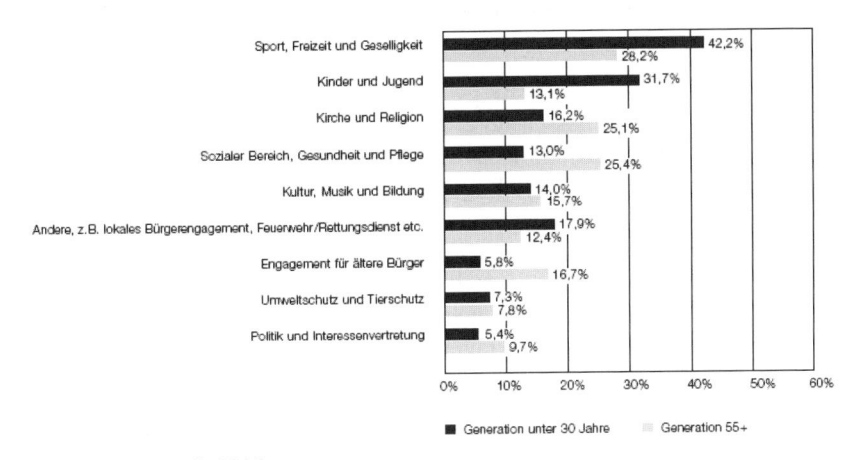

Bereich	Generation unter 30 Jahre	Generation 55+
Sport, Freizeit und Geselligkeit	42,2%	28,2%
Kinder und Jugend	31,7%	13,1%
Kirche und Religion	16,2%	25,1%
Sozialer Bereich, Gesundheit und Pflege	13,0%	25,4%
Kultur, Musik und Bildung	14,0%	15,7%
Andere, z.B. lokales Bürgerengagement, Feuerwehr/Rettungsdienst etc.	17,9%	12,4%
Engagement für ältere Bürger	5,8%	16,7%
Umweltschutz und Tierschutz	7,3%	7,8%
Politik und Interessenvertretung	5,4%	9,7%

Quelle: Prognos AG, 2006

Die Zahlen des Freiwilligen-Surveys werden im Wesentlichen gestützt durch den Engagementatlas 2009 (Meister 2009). Hier werden zusätzlich regionalisierte Aussagen zum Engagementniveau getroffen, die allerdings mit einem erheblichen (statistischen) Unsicherheitsfaktor versehen sind. Auch werden die alterstypischen Engagementbereiche deutlich: Das Engagement Älterer bezieht sich stark auf die Bereiche Kirche und Religion, Soziales und Pflege und das Engagement für ältere Bürgerinnen und Bürger. Insgesamt wird auch hier deutlich, dass ältere Menschen in erheblichem Umfang bürgerschaftlich engagiert sind und ihre Zahl steigt. Gleichwohl beteiligt sich nur eine Minderheit der älteren Menschen am bürgerschaftlichen Engagement. Ältere Engagierte werden deutlich häufiger für eine Tätigkeit geworben und entwickeln sich so in zivilgesellschaftliche Aktivitäten hinein, während Jüngere dies häufiger eigeninitiativ tun. Dies spricht dafür, dass Ältere gezielter über Möglichkeiten des bürgerschaftlichen Engagements zu informieren, und entsprechende Gelegenheitsstrukturen zu schaffen sind. Es besteht nach wie vor ein ausgeprägter Beratungsbedarf älterer Bürgerinnen und Bürger über die Vielfalt an Möglichkeiten, sich zu engagieren und zwar sowohl bei bereits Engagierten, als auch bei solchen, die prinzipiell zum Engagement bereit sind. In internationaler Perspektive erscheint generell die Bedeutung „institutioneller Gelegenheitsstrukturen" für die Realisierung produktiven Alters auch in Formen bürgerschaftlichen Engagements zuzunehmen. Dabei werden zum Teil erhebliche Länderunterschiede hinsichtlich des Ausmaßes informeller produktiver Tätigkeiten unter Älteren, wie in der Bevölkerung insgesamt, deutlich (Hank, Stuck 2009). Mit Bezug auf die Share-Untersuchung in 11 Ländern liegt Deutschland mit 10% ehrenamtliches Engagement von Älteren im Mittelfeld, zusammen mit Österreich, Frankreich und der Schweiz. In Spitzenpositionen befinden sich die Niederlande (21%) und (jeweils zwischen 16%–17%) Schweden, Dänemark und Belgien. Das ehrenamtliche

Engagement liegt dagegen deutlich niedriger in Italien (7%), Griechenland (3%) und Spanien (2%) (Erlinghagen/Hank 2008). Interessanterweise sind Korrelationen zwischen Sozialstaatsniveau und Engagementquote überdeutlich (Blinkert 2009).

Die empirischen Daten lassen durch den jeweils spezifischen Handlungsbedarf in der Altenhilfe Zusammenhänge erkennen (Olk 2009). Eine auf Partizipation und bürgerschaftliches Engagement hin orientierte Altenhilfe verhält sich Zielgruppensensibel, sucht nach passfähigen Engagementformen insbesondere für Bürgerinnen und Bürger, für die Barrieren zu Engagementfeldern hin bestehen, folgt den genannten Prinzipien der Engagementförderung die ihrerseits korrelieren mit einem gerontologisch reflektierten, offenen und diversifizierten Altersbild. Die Präventionswirkung bürgerschaftlichen Engagements ist unbestritten. Gesellschaftliches Engagement hat Einfluss auf Wohlbefinden und Gesundheit (Warendorf/Siegrist 2008). Die verminderte Anzahl depressiver Symptome bei Engagierten unterstreicht das. Bürgerschaftliches Engagement und die Eröffnung von Zugängen zu ihm hat viel mit einer erfolgreichen und produktiven Gestaltung des Alters zu tun, die möglichst vielen Menschen eröffnet werden sollte. Das Engagement Älterer muss nicht neu erfunden werden, es ist fester Bestandteil intergenerativer Aktivität. Die bundesweit initiierten Modellprogramme, die auf große Resonanz stoßen, – dies gilt auch in Bezug auf die Kommunalpolitiker, auch wenn auf dieser Ebene nur geringe finanzielle Mittel bereitgestellt werden – laden zu experimentellen Rollenspielen und zu einer innovativen kommunalen Alten(hilfe)politik ein. Sie dürfen nicht auf Rollenkonformität hin festgelegt werden und sollten Einladungen zu Rollenvielfalt und zur Aneignung von neuen Rollenidentitäten im Alter enthalten. Merkmal des bürgerschaftlichen Engagements ist seine Freiwilligkeit. Es gibt auch ein Altern, auch gelingendes, das sich nicht eingebunden weiß in Formen dessen, war hier als bürgerschaftliches Engagement proklamiert wird.

Engagement und die Pflege älterer Menschen

Besondere Erwartungen werden im Zusammenhang mit Bewältigung von Pflegeaufgaben an das Engagement Älterer geknüpft. Die Zahl der Pflegebedürftigen nimmt zu, die Zahl der informell Pflegenden deutlich ab. Die Schere zwischen Bedarf und Pflegepotenzial geht auf.

Dabei ist die Pflegebereitschaft und damit das jeweils zur „Verfügung stehende" Pflegepotential je nach sozialem Milieu sehr unterschiedlich ausgeprägt, was zu einer sozial differenzierenden Betrachtungsweise einlädt. Während im klassischen Unterschichtsmilieu die Bereitschaft, Pflegeaufgaben in traditionellen Formen der Familienpflege zu übernehmen am ausgeprägtesten ist, ist die Bereitschaft im liberal bürgerlichen Milieu deutlich geringer, dafür aber die Bereitschaft zum bürgerschaftlichen Engagement stärker ausgeprägt.

Altenhilfe und Altenpflege   399

Abb. 4: Entwicklung der „Pflegelücke"

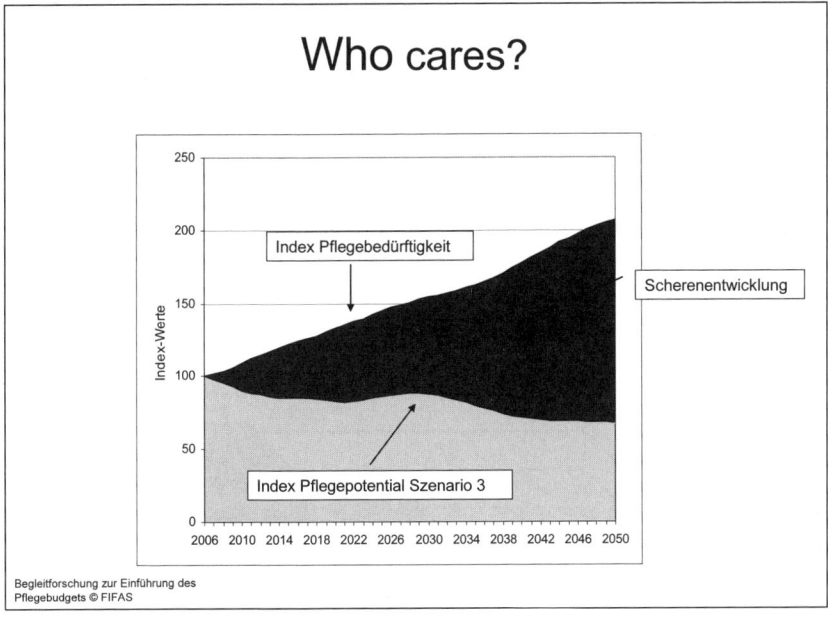

Who cares?

Quelle: Blinkert/Klie (2008)

Abb. 5: „Fernraum-" und „Nahraumsolidarität" in den sozialen Milieus;
Gemeinwesenorientiertes Engagenemtn und Pflegebereitschaften

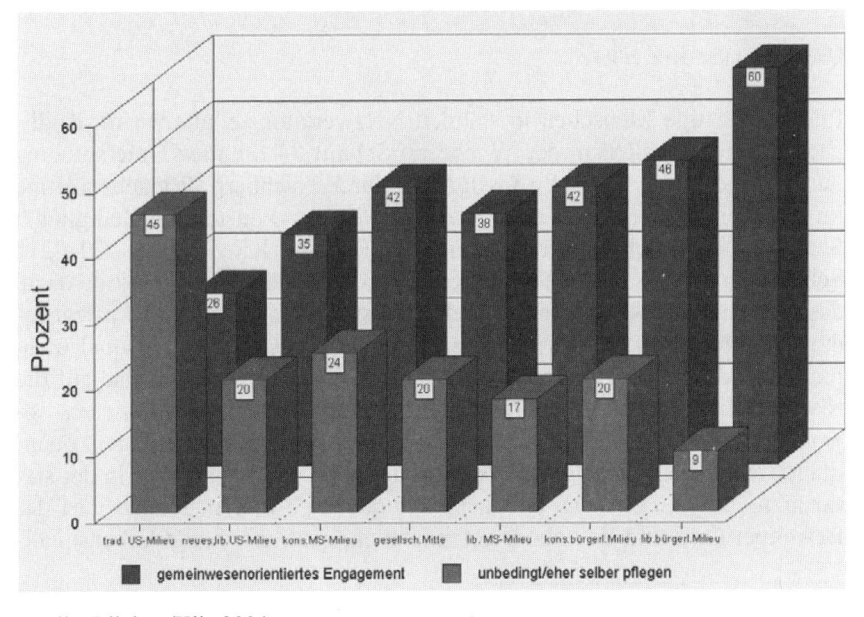

Quelle: Blinkert/Klie 2004

Bürgerschaftliches Engagement in Pflegekontexten gewinnt für die Lebensqualität Pflegebedürftiger auch dadurch an Bedeutung, dass durch den mit der Pflegeversicherung 1994 eingeführten Pflegebedürftigkeitsbegriff ein enges Pflegeverständnis zur Grundlage des Leistungsrechts der Pflegeversicherung gemacht wurde: Der sogenannte. verrichtungsbezogene Pflegebedürftigkeitsbegriff akzentuiert besonders somatische Pflegebedarfe, vernachlässigt jedoch die psychische und soziale Dimension des Unterstützungsbedarfes auf Pflege angewiesener Menschen. Wie ausgeprägt die Bedeutung sozialer Unterstützung für auf Pflege angewiesene Menschen ist, machen die Ergebnisse der Begleitforschung zum Modellprojekt „Pflege-Budget" deutlich:

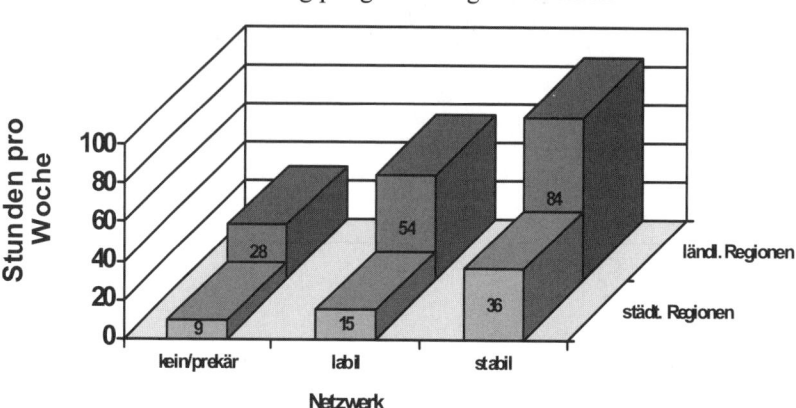

Abb. 6: Soziale Unterstützung pflegebedürftiger Menschen

Quelle: Blinkert/Klie 2004

Pflegebedürftige Menschen in stabilen Netzwerkkonstellationen im ländlichen Bereich erhalten in der Woche im Schnitt 84 Stunden Unterstützung durch Angehörige, durch Professionelle, durch Nachbarn. Pflegebedürftige im städtischen Bereich mit einer prekären Netzwerkkonstellation lediglich 9 Stunden bei durchschnittlich gleichem Bedarf (Klie 2009a: 20–22)[6]. Schließlich führen personelle Engpässe im stationären Pflegesektor dazu, dass ganzheitliche Betreuungs- und Unterstützungskonzepte für pflegebedürftige Menschen in Einrichtungen durch das bestehende Personal nicht hinreichend umgesetzt werden können. Man ist in gewisser Weise auf die Koproduktion durch Angehörige und freiwillig Engagierte verwiesen, sowohl unter quantitativen als auch unter qualitativen Gesichtspunkten: quantitativ reicht das Zeitbudget der Mitarbeiterinnen und Mitarbeiter in der stationären Pflege nicht aus, um den individuellen Unterstützungsbedarf der Bewohnerinnen und Bewohner aufzunehmen, qualitativ hängt Lebensquali-

---

6 Siehe hier auch die Ergebnisse des Abschlussberichtes „Pflegebudget" unter: http://www.pflegebudget.de

tät und soziale Teilhabesicherung auch davon ab, in wie weit Menschen als Bürgerinnen und Bürger, als Angehörige und Nachbarn die Integration von Menschen mit Behinderungen und Pflegebedarf leisten. Insofern gibt es vielfältig Anlässe und Gelegenheiten, bürgerschaftliches Engagement im Pflegesektor zu verankern, zu fordern, zu fördern und in die Konzepte des Leistungsrechts ebenso zu integrieren, wie in die Handlungskonzepte der Professionellen und der Träger von Einrichtungen. Der Gesetzgeber hat die Bedeutung bürgerschaftlichen Engagements in Pflegekontexten aufgenommen, zuletzt durch das Pflegeweiterentwicklungsgesetz und die sowohl im ambulanten als auch im stationären Bereich vorgesehenen begrenzten finanziellen Unterstützungsformen für die Förderung bürgerschaftlichen Engagements in Pflegekontexten (§§ 45 d und 82 b SGB XI). Dabei kann man sich ordnungspolitisch darüber streiten, ob die Förderung bürgerschaftlichen Engagements Bestandteil der leistungsrechtlichen Konzeption von Sozialversicherungen sein soll oder aber in einem subsidiär angelegten Sozialpolitikkonzept nicht eher auf die kommunale und verbandliche Handlungs- und Verantwortungsebene gehört (Klie 2009 b):

Die Erscheinungsformen bürgerschaftlichen Engagements im Care-Sektor sind vielfältig. Es gibt seit Langem bestehende, nicht selten monetarisierte Formen des Ehrenamtes, etwa in der Nachbarschaftshilfe. Sie haben auch ihre wichtige Funktion darin, die Kosten für die Altenarbeit und die Betreuung älterer niedrig zu halten (Anheier 2009). Die eigentliche Vitalität bürgerschaftlichen Engagements in Care Kontexten speist sich aus der Selbsthilfe und vielen örtlichen Initiativen. In über 100 örtlichen Alzheimer Gesellschaften finden sich unterschiedliche Selbsthilfe- und Freiwilligenaktivitäten. Freundeskreise haben sich vielfach im Zusammenhang mit stationären Pflegeeinrichtungen gebildet. Die „grünen" Damen und Herren sind in Krankenhaus- und Altenhilfeeinrichtungen tätig. In den 1990er Jahren hat sich in Deutschland eine breite Hospizbewegung etabliert, die im ambulanten Bereich auch auf eine gewisse Unterstützung durch die gesetzliche Krankenversicherung rechnen kann. Jeweils eine große Rolle spielen die ehrenamtlichen Betreuerinnen und Betreuer. Sie betreuen zwar nur eine Minderheit der Pflegebedürftigen und Menschen mit Behinderung, da die überwiegende Mehrheit von ihnen durch Familienangehörige gesetzlich vertreten und betreut wird. Dennoch haben sie für ihre Klientel eine große Bedeutung in advokatorischer Hinsicht.

Spezifische Zahlen über freiwilliges und ehrenamtliches Engagement im Care-Sektor liegen jenseits allgemeiner Datensätze, wie denen des Freiwilligensurveys, nicht vor. Das hängt mit den sehr unterschiedlichen Zusammenhängen, Organisationsformen und Ebenen zusammen, in denen es stattfindet und gefördert wird. Die folgenden Zahlen bieten eine Art Collage aus relevanten, zumeist Trägereigenen Angaben.

Insgesamt sind für die in der Freien Wohlfahrtspflege zusammengeschlossenen großen Trägerverbände (AWO, Caritas, Diakonie, DRK, Parität,

ZWST) nach Angaben der Friedrich Ebert Stiftung etwa 2,5 bis 3 Millionen Menschen ehrenamtlich tätig – viele davon im Care-Sektor. Nach Angaben der Evangelischen und Ökumenischen Krankenhaus- und Altenheim-Hilfe waren zu Beginn des Jahres 2007 in 443 Krankenhäusern und 265 Alteneinrichtungen bundesweit insgesamt 11.126 Grüne Damen und Herren (10.430 Damen und 696 Herren) tätig.

Für den Hospiz- und Palliative Care-Bereich, der in 16 Landesarbeitsgemeinschaften mit ambulanten, teilstationären und stationären Hospizen, Palliativstationen, aber auch überregionalen Organisationen im Deutschen Hospiz- und Palliativverband (DHPV; URL: www.hospiz.net) verfasst ist, werden ca. 80.000 ehrenamtlich Engagierte genannt[7].

Für etwa 84.000 Betreute (von insgesamt 1,2 Mio.) sind ehrenamtliche Betreuer tätig, viele davon für pflegebedürftige Menschen.

Vielfältige Modellprojekte haben in den vergangenen Jahren die Verbindung von bürgerschaftlichem Engagement und professioneller Pflege zum Gegenstand gehabt. Zunächst das Modellprogramm des BMFSFJ zur Entwicklung von Altenhilfestrukturen der Zukunft, zur Einbeziehung von Ehrenamt in die Pflege im Rahmen der Modellförderung nach § 8 Abs. 3 SGB XI, das Modellprogramm „Pflegebegleiter", das die qualifizierte Beratung und Unterstützung von pflegenden Angehörigen durch Freiwillige zum Gegenstand hatte. Auch die Bundesmodellprogramme „Alter schafft Neues" und „Freiwilligendienste aller Generationen" kennen zahlreiche Aktive, die im Bereich der Pflege tätig sind. Wie unterschiedlich die Länder die bundesrechtlichen Rahmenbedingungen zur Stützung von Formen bürgerschaftlichen Engagements in Care Kontexten aufgenommen haben zeigen die Zahlen über den Ausbau sog. niederschwelliger Hilfen für auf Pflege angewiesene Personen:

Die Forderung nach verstärkter Einbeziehung von Freiwilligen und von bürgerschaftlich Engagierten in Care-Kontexte findet keinesfalls ohne Kontroversen statt (zum Diskussionsstand Klie/Hils 2009). So werden in pflegewissenschaftlichen Positionen vertreten, dass etwa (schwer) Demenzkranke nicht durch bürgerschaftlich Engagierte betreut werden dürfen. Die Arbeitsmarktrelevanz von bürgerschaftlich Engagierten wird betont, unter Gendergesichtspunkten das Problem der Verfügbarkeit von Frauen für Pflegeaufgaben problematisiert und die Mischformen von bezahlter und unbezahlter Tätigkeit unter dem Firmenschild „Ehrenamt" kritisiert (Klie/ Hils 2009). Betrachtet man die quantitative Bedeutung bürgerschaftlichen Engagements in Pflegekontexten, so wird deutlich, dass bürgerschaftliches Engagement keineswegs dazu dienen kann, die zurückgehende Familienpflegebereitschaft zu kompensieren oder Personalengpässe in Heimen und Pflegediensten zu substituieren. Etwa 10% der Pflegebedürftigen erhalten im Rahmen der häuslichen Pflege Unterstützung durch Freiwillige und dies

---

7 Vom DHPV erfasster Stand 2008, URL: www.hospiz.net/bag/index.html

in einem Umfang von wöchentlich etwa einer Stunde (Schneekloth/Wahl 2005). Auch im stationären Bereich ist bürgerschaftliches Engagement mitnichten überall selbstverständlich und auch hier variieren die Zeitumfänge von bürgerschaftlichem Engagement erheblich (Klie 2007).

Gleichwohl ist zu konstatieren, dass dem bürgerschaftlichen Engagement in Pflegekontexten unter dem Aspekt der Teilhabesicherung, der personalen Beziehung bis hin zu freundschaftlichen Kontakten, eine große Bedeutung zukommt. Die Sicherung der Teilhabe von auf Pflege verwiesenen Menschen gelingt in der Breite nur dann, wenn sich Engagement in der Bürgerschaft auch auf die vulnerablen, auf Unterstützung existenziell Angewiesenen bezieht. Andernfalls besteht die Gefahr der Exklusion. Bürgerschaftliches Engagement kennt auch und gerade in Care-Kontexten nicht nur die koproduktive Art im Rahmen von wohlfahrtspluralistischen Konzepten angelegten Hilfemixturen (Klie/Ross 2004), sondern auch und gerade die kritische Funktion des bürgerschaftlichen Engagements in einer menschenrechtlichen, sozialpolitisch einfordernden und spezifische Qualitätssicherungsaufgaben übernehmenden Funktion. Die neuen Mixturen der Verantwortungsübernahme für die Gestaltung von Pflegeaufgaben unter Einbeziehung bürgerschaftlichen Engagements bieten innovative Perspektiven für eine Zukunft der Sicherung der Pflege nicht nur in fiskalischer, sondern insbesondere auch in kultureller Hinsicht (Dörner 2007). Bürgerschaftliches Engagement in einem zivilgesellschaftlichen Kontext sieht sich Werten verpflichtet, die gerade die Achtung der Menschenwürde eines jeden Menschen in den Mittelpunkt stellt. Dass sich auch und gerade ältere Menschen, und dies mit einem hohen Zeitumfang, Aufgaben der Begleitung auf Pflege verwiesener Menschen stellen, zeigt, dass sich hier besondere Formen intragenerativer Solidarität entwickeln.

Schlussbemerkung

Der demografische Wandel und die je individuelle Perspektive eines vergleichsweise langen Lebens, verändern gesellschaftliche und individuelle Perspektiven von Formen der Lebensgestaltung. Bürgerschaftliches Engagement kann ein Feld sein, in dem sich dieser Wandlungsprozess mit einem erheblichen Innovationspotential experimentieren und innovativ gestalten lässt. Verbunden mit Leitbildern eines produktiven Alterns liegen hier wichtige Perspektiven, die man mit großen Hoffnungen oder auch mit mehr Skepsis begleiten kann. Dass zwischen Markt, Staat und Familie Handlungslogiken, Antworten und Potentiale einer solidarischen Gesellschaft liegen, auf die eine „Gesellschaft des langen Lebens" nicht verzichten kann, dürfte inzwischen unbestritten sein. Eine kommunale und verbandliche Altenhilfe und Altenarbeit wird die Förderung bürgerschaftlichen Engagements zu seinen wesentlichen Aufgaben zählen und dabei in besonderer Weise Prinzipien der Offenheit, der Transparenz, der Heterogenität, der Würdigung und Kompetenzorientierung folgen und von Entfaltungsoptionen im Engagement eher ausgeschlossene Bevölkerungsgruppen besonders in den Blick nehmen. In Care Kontexten kann sich bürgerschaftliches Engagement als Würdesichernde Teilhabe, als Solidarität unter „Fernen", nicht Blutsverwandten bewähren, keinesfalls als Substitut für professionelle Pflege aber doch als neue Kultur und Struktur einer sich sorgenden lokalen Gemeinschaft. Bürgerschaftliches Engagement in einem zivilgesellschaftlichen Kontext wirft immer wieder neu Gerechtigkeitsfragen auf, im intergenerativen Miteinander (Generationengerechtigkeit) aber auch bezogen auf eine gerechtere Verteilung begrenzter Ressourcen – auch zugunsten von Älteren. Bürgerschaftliches Engagement ist nicht ohne neue Ansprüche auf mehr Gerechtigkeit zu haben. Das gilt auch in der Altenhilfe und Pflege. Ältere werden so vom Rand in den Mittelpunkt gesellschaftlicher Aufmerksamkeit – aber auch Mitverantwortung – gerückt (Keane 2009: 181–190).

Literatur

Aner, Kirsten/Hammerschmidt, Peter 2008: Zivilgesellschaftlich produktiv altern. Eine kritische Analyse ausgewählter Modellprogramme. In: Erlinghagen, Marcel/Hank, Karsten (Hrsg.): Produktives Altern und informelle Arbeit in modernen Gesellschaften. Wiesbaden. S. 259–276

Anheier, Helmut 2009: Der Dritte Sektor und die „alternde Gesellschaft" Überlegungen zu institutionellen Strategien und Möglichkeiten. In: Kocka et al. (Hrsg.): Altern: Familie, Zivilgesellschaft, Politik Bd. 8 Altern in Deutschland. Stuttgart. S. 221–234.

Bertelsmann Stiftung (Hrsg.) 2008: NAIS – Neues Altern in der Stadt: Sozialplanung für Senioren. 2. Das Handbuch. Herausgegeben v. d. Bertelsmann Stiftung. Gütersloh.

Blaumeiser, Heinz/Blinkert, Baldo/Blunck, Annette/Klie, Thomas/Pfundstein, Thomas/ Wappelshammer, Elisabeth 2002: Für(s) Alter(n) planen. Beiträge zur kommunalen Altenplanung. Freiburg im Breisgau.

Blaumeiser, Heinz/Blunck, Annette/Klie, Thomas/Pfundstein, Thomas/Wappelshammer, Elisabeth 2002: Handbuch Kommunale Altenpflege. Grundlagen-Prinzipien-Methoden. Frankfurt a. Main/Freiburg.

Blinkert, Baldo 2009: Solidarität und zivilgesellschaftliches Engagement. Vortrag auf der Tagung „Pflege 2030: Herausforderungen und Chancen", vom 1.7.2009 in Berlin

Blinkert, Baldo/Klie, Thomas 2008: Soziale Ungleichheit und Pflege. In: Aus Politik und Zeitgeschichte. 58. Jg. S. 25–33.

Blinkert, Baldo/Klie, Thomas 2004: Solidarität in Gefahr. Kassler Studie. Hannover.

Brauer, Kai 2009: Warum sollten sich Ältere und Jüngere engagieren oder nicht? Qualitative Befunde zum Engagement. In: Kocka, Jürgen et al. (Hrsg.) 2009: Altern: Familie, Zivilgesellschaft, Politik Bd. 8 Altern in Deutschland. Stuttgart. S. 241–261.

Bundesministerium für Familie, Senioren Frauen und Jugend (Hrsg.) 2006: Fünfter Bericht zur Lage der älteren Generation in der Bundesrepublik Deutschland. Potenziale des Alters in Wirtschaft und Gesellschaft – Der Beitrag älterer Menschen zum Zusammenhalt der Generationen und Stellungnahme der Bundesregierung. Berlin.

Deutscher Verein für öffentliche und private Fürsorge: Empfehlung zur Gestaltung der sozialen Infrastruktur in den Kommunen mit einer älter werdenden Bevölkerung, 27.September 2006.

Dörner, Klaus 2007: Leben und Sterben wo ich hingehöre. Neumünster.

Bundesministerium für Gesundheit (Hgsg) 2008: Vierter Bericht über die Entwicklung der Pflegeversicherung. Bundesministerium für Gesundheit. 04, 01-124. 16-1-2008. Berlin. http://www.bmg.bund.de/cln_160/nn_1168258/sid_2CA2907338AB60B674

C2BD27DAD6E9/SharedDocs/Downloads/DE/Pflege/4-bericht-entwicklung-pflegeversicherung.html?__nnn=true (Stand: 12. April 2010)

Deutscher Städte- und Gemeindebund (Hrsg.). 2009: Neuausrichtung gemeindlicher Sozialpolitik für eine aktive Gestaltung eines Kerns gemeindlicher Daseinsvorsorge Berlin. Verlagsbeilage Stadt und Gemeinde, Interaktivausgabe 4/2009.

Erlinghagen, Marcel 2009: Soziales Engagement im Ruhestand: Erfahrung wichtiger als freiverfügbare Zeit. In: Kocka et al. (Hrsg.) 2009: Altern: Familie, Zivilgesellschaft, Politik Bd. 8 Altern in Deutschland. Stuttgart. S. 211–220.

Erlinghagen, Marcel/Hank, Karsten (Hrsg.) 2008: Produktives Altern und informelle Arbeit in modernen Gesellschaften. Theoretische Perspektiven und empirische Befunde. Wiesbaden.

Gensicke, Thomas/Picot, Sibylle/Geiss, Sabine 2006: Freiwilliges Engagement in Deutschland 1999–2004. Empirische Studien zum bürgerschaftlichen Engagement. Wiesbaden.

Hank, Karsten/Stuck, Stephanie et al. 2009: 50plus in Deutschland und Europa. Ergebnisse des Survey of Health, Ageing and Retirement in Europe. Wiesbaden.

Hummel, Konrad 2001: Freiheit statt Fürsorge, Vernetzung als Instrument zur Reform kommunaler Altenhilfe. Hannover.

Keane, John 2009: Civil Society and Aging. In: Kocka, Jürgen u. a. (Hrsg.): Altern: Familie, Zivilgesellschaft, Politik Bd. 8 Altern in Deutschland. Stuttgart. S. 181–190.

Klie, Thomas 2007: Bürgerschaftliches Engagement und die Zukunftsfähigkeit der Städte und Gemeinden. In: Der Bürger im Staat. 57/4 S. 253–259.

Klie, Thomas 2009a: Pflegebudget – Impulse für Politik und Praxis. Ergebnisse des vierjährigen Modellprojektes. In: Die Ersatzkasse, 01/2009. S. 20–22.

Klie, Thomas: Soziales neu gestalten (SONG) (Hrsg.) 2009b: Sozialpolitische Neuorientierung und Neuakzentuierung rechtlicher Steuerung. Expertise. Gütersloh.

Klie, Thomas/Krahmer, Utz 2009: Sozialgesetzbuch XI. Soziale Pflegeversicherung. Lehr- und Praxiskommentar. Baden-Baden.

Klie, Thomas/Pfundstein, Thomas/Hoch, Hans 2007: BELA: Bürgerschaftliches Engagement für Lebensqualität im Alter. Ergebnisse der „Heim- und Engagiertenbefragung". Freiburg.

Klie, Thomas/Ross, Paul-Stefan 2004: Bürgerschaftliches Engagement und seine Förderung im Land und in der Kommune. In: Rosenzweig, Beate/Eith, Ulrich (Hrsg.): Bürgerschaftliches Engagement und Zivilgesellschaft – Ein Gesellschaftsmodell der Zukunft? Bonn. S. 73–105.

Klie, Thomas/Student, Johann-Christoph 2007: Sterben in Würde – Auswege aus dem Dilemma Sterbehilfe. Freiburg i. Brsg.

Klie, Thomas/Hils, Andreas 2009: Care und Bürgerschaftliches Engagement. Zur Bedeutung freiwilligen Engagements in der Begleitung und Unterstützung von Menschen mit Behinderung und Pflegebedarf, Expertise für das WZB. Berlin. http://www.wzb.eu/zkd/zcm/zeng/bericht_zivilengagement.de.htm (Stand: 14. April 2010)

Meister, Dietmar/Schmallenbach, Christian et al.; G. Prognos AG und AMB Generali Holding AG (Hrsg.) 2009: Generali Engagementatlas. Prognos AG. Berlin, Aachen.

Kruse, Andreas 2007: Grundriss Gerontologie, Bd. 21, Das letzte Lebensjahr: zur körperlichen, psychischen und sozialen Situation des alten Menschen am Ende seines Lebens, 1. Aufl., Verlag W. Kohlhammer, Stuttgart

Olk, Thomas 2009: Bestandsaufnahmen und Chancen zur Verbesserung der Integration von älteren Menschen. In: Kocka et al.(Hrsg.): Altern: Familie, Zivilgesellschaft, Politik Bd. 8 Altern in Deutschland. Stuttgart. S. 191–210.

Rosenmayr, Leopold 1983: Die späte Freiheit. Das Alter, ein Stück bewußt gelebten Lebens. Berlin.

Rosenmayr, Leopold 1994: Altersgesellschaft – bunte Gesellschaft? Soziologische Analyse als Beitrag zur politischen Orientierung. In: Evers, Adalbert, Leichsenring, Kai und Marin, Bernd (Hrsg.): Die Zukunft des Alterns. Sozialpolitik für das Dritte Lebensalter. Wien. S. 27–76.

Schettle, In: Hauck, Karl/Noftz, Wolfgang et al. 2007: Sozialgesetzbuch SGB XII: Sozialhilfe. Kommentar. Berlin. § 71 Rz 4.

Schneekloth, Ulrich/Wahl, Hans Werner 2005: Möglichkeiten und Grenzen selbständiger Lebensführung in privaten Haushalten (MuG III). Repräsentativbefundsstudien zu häuslichen Pflegearrangements, Demenz und professionellen Versorgungsangeboten. Integrierter Abschlussbericht im Auftrag des BMFSFJ. München.

Schulz-Nieswandt, Frank 2006: Sozialpolitik und Alter. Stuttgart.

Wahrendorf, Morten/Siegrist, Johannes (2008) Soziale Produktivität und Wohlbefinden im höheren Lebensalter. In: Erlinghagen, Marcel/Hank, Karsten (Hrsg.) (2008): Produktives Altern und informelle Arbeit in modernen Gesellschaften. Theoretische Perspektiven und empirische Befunde. Wiesbaden. S. 51–74.

Wouters, Gerlinde 2005: Zur Identitätsrelevanz von freiwilligem Engagement im Dritten Lebensalter. Anzeichen einer Tätigkeitsgesellschaft. Herbolzheim.

Hasso Lieber

Das Ehrenamt in der Justiz

Die Bandbreite der Ehrenämter in der Justiz reicht von den ehrenamtlichen Richtern und den Schiedsleuten über die ehrenamtlichen Vollzugshelfer bis zu den ehrenamtlichen Bewährungshelfern und Betreuern.

Ehrenamtliche Richter

Rechtsstellung

Die Rechtsprechung wird durch Berufs- und ehrenamtliche Richter ausgeübt (§ 1 DRiG). Nimmt man alle Gerichtsbarkeiten zusammen, so kommt man auf die *Zahl* von über 100.000 ehrenamtlichen Richtern, die damit die der Berufsrichter um ein Mehrfaches übersteigt. Die Amtszeit Ehrenamtlicher beträgt in allen Gerichtsbarkeiten jeweils fünf Jahre. Für die Beteiligung von Nicht-Professionellen gibt es eine Reihe von *Gründen:*

- Verfassungsrechtlich kommt dies in Art. 20 Abs. 2 Satz 1 GG zum Ausdruck: „Alle Staatsgewalt geht vom Volk aus." Ehrenamtliche in der Justiz tragen zur demokratischen Legitimation des Justizsystems bei.
- Ehrenamtliche Richter wirken mit, dass Recht sozialem Wandel und gesellschaftlichem Verständnis von Gerechtigkeit angepasst wird.
- Auf Grund gesunden Menschenverstandes und des Verständnisses von Recht und Gerechtigkeit besitzt der Laienrichter (laikós, gr. aus dem Volke stammend) die Fähigkeit, Gerechtigkeit in den Normen zu erkennen und anzuwenden. Jede Rechtsanwendung lässt einen Entscheidungsspielraum zu, der auch mit der Lebenserfahrung ehrenamtlicher Richter ausgefüllt werden kann. Das Zusammenwirken ggf. unterschiedlicher Auffassungen aus juristischer Dogmatik und Alltagserfahrung macht einen Teil der Akzeptanz der Justiz aus.
- Die Mitwirkung an der Rechtspflege ist Teil der *Rechtskultur* und der Entwicklung des Rechtsbewusstseins. Im Strafverfahren kann sie Verständnis für abweichendes Verhalten wecken, das Kainsmal der Strafe relativieren und den Mythos der Wirkung von Strafe abbauen.
- Eine wesentliche Bedeutung für das Verfahren hat der ehrenamtliche Richter dort, wo er dem Berufsrichter *Wissen über Realität* vermitteln kann, z.B. in der Arbeits- und Sozialgerichtsbarkeit oder im Handelsrecht.
- Die Beurteilung, ob ein geschilderter Sachverhalt der Lebenserfahrung entspricht, ob ein Zeuge lügt, irrt oder die Wahrheit sagt, ist nicht mit rational-akademischen Kriterien allein zu beurteilen. Menschenkenntnis

und berufliche oder erzieherische Erfahrung können bei diesem Erkenntnisprozess hilfreich sein.
- Ehrenamtliche Richter üben Plausibilitätskontrolle aus, wachen über Verständlichkeit von Verfahren und Urteil. Was der Ehrenamtliche nicht versteht, verstehen in aller Regel der Angeklagte oder die Parteien eines Prozesses auch nicht. Ehrenamtliche Richter wachen über eine verständliche Sprache bei Sachverständigen wie Juristen, die allzu oft in ihren Fachjargon verfallen, sollen den Berufsrichter aus seiner juristischen Routine holen und ihm eine präzise und nachvollziehbare Begründung seiner Auffassung abverlangen.
- Ehrenamtliche Richter wirken vor allem in der Beratung mit. Dadurch fällt die Gefahr apokrypher (im Gesetz nicht benannter) Entscheidungsgründe weitgehend weg. Wer einmal einem rein berufsrichterlichen Spruchkörper angehört hat weiß, dass dort anders beraten wird als in Anwesenheit von nicht in das berufsrichterliche System Eingebundener.
- Ehrenamtliche Richter sind häufig politisch interessiert und engagiert, so dass ihre Erfahrungen in den (rechts-)politischen Willensbildungsprozess einfließen können.

Das gerichtliche Verfahren lebt nicht nur von der wissenschaftlichen Professionalität der Berufsrichter und der Beherrschung der verfahrensrechtlichen Techniken. Der französische Philosoph, Mathematiker und Physiker Blaise *Pascal* (1623–1662) hat dies auf die Formel gebracht: „Das Herz hat Vernunftgründe, die die bloße Vernunft nicht kennt." Vor über einem halben Jahrhundert betonte Gerhart *Husserl*: „Die Tätigkeit des (gelehrten) Richters ist die eines fachlich geschulten Juristen, insoweit und in dem Maße als seine Entscheidungen dem Streitsachverhalt ... endgültige rechtliche Form geben. Das ist aber nicht alles, was dem Recht zu tun aufgegeben ist. Oberstes Kriterium in Dingen des Rechts ist die Idee der Gerechtigkeit. In Fragen der Gerechtigkeit kann niemals der Fachjurist das letzte Wort haben ... Aufgabe des Laienrichters ist es, die im Bewusstsein des Volkes (in dem es *auch* Juristen gibt) lebenden Grundvorstellungen von Recht und Unrecht – im Rahmen eines vom geschulten Juristen gelenkten Rechtsverfahrens – zur Geltung zu bringen." (Husserl 1955: 68, 85 f.)

Ehrenamtliche Richter kann man in zwei große Gruppen einteilen: solche, die bestimmte Bevölkerungs- bzw. Berufsgruppen oder Interessenlagen repräsentieren (im Arbeitsgericht ist stets je ein Vertreter der Arbeitnehmer und der Arbeitgeber auf der Bank der ehrenamtlichen Richter vertreten; die Handelsrichter kommen aus der Kaufmannschaft). Andere ehrenamtliche Richter sind Vertreter des Volkes ohne bestimmte Voraussetzungen; dazu gehören im Wesentlichen die Schöffen und die ehrenamtlichen Richter an den Verwaltungsgerichten.

Ehrenamtliche Richter kommen entweder durch *Wahl* oder *Berufung* in ihr Amt. Sie sind Richter im Sinne des Art. 92 GG und in Rechten und Pflichten den Berufsrichtern gleichgestellt, soweit nicht im Einzelfall eine Ausnahme ausdrücklich gesetzlich geregelt ist. Sie werden für fünf Jahre in ihr Amt berufen bzw. gewählt und sind mit *gleichem Stimmrecht* wie die Berufsrichter und mit gleichen prozessualen Rechten ausgestattet. Soweit hiervon durch besondere gesetzliche Regelungen Ausnahmen gemacht werden, entspringt dies der unterschiedlichen Stellung im Verfahren. Der Berufsrichter leitet die Verhandlung; im Strafverfahren werden jugendliche Zeugen unter 18 Jahren nur vom Vorsitzenden vernommen; an den Entscheidungen über die Befangenheit eines Mitglieds des Spruchkörpers nehmen nur die Berufsrichter teil. Auch die *richterliche Unabhängigkeit* ist den Ehrenamtlichen wie den Berufsrichtern garantiert. Sie sind keinen Weisungen unterworfen, nur an Recht und Gesetz gebunden, können nicht versetzt und nur durch eine richterliche Entscheidung aus ihrem Amt entlassen werden. Da sie weder beurteilt noch befördert werden und auch dem Subsystem „Gericht" mit seinen sozialen Beziehungen und Abhängigkeiten nicht angehören, ist ihre innere Unabhängigkeit womöglich größer als die der Berufsrichter.

Die ehrenamtlichen Richter sind *verpflichtet*, an den Sitzungen des Gerichts teilzunehmen. Sie müssen sich in allen Fragen, die das Gericht entscheidet, eine Meinung bilden und abstimmen. Eine Enthaltung ist nicht zulässig. Die Teilnahme an Sitzung und Abstimmung kann ggf. mit einem Ordnungsgeld bis zu 1.000 Euro erzwungen werden. Zugleich werden (zwingend) auch die verursachten Kosten auferlegt.

Entschädigung

Ehrenamtliche Richter erhalten für die Tätigkeit keine Vergütung sondern Entschädigungen nach dem JVEG für:

- Verdienstausfall, der durch Kürzung des Verdienstes aufgrund der Teilnahme an der Gerichtsverhandlung entsteht,
- Zeitaufwand in Höhe von 5 Euro pro Stunde,
- Nachteile bei der Haushaltsführung für nicht erwerbstätige ehrenamtliche Richter, die einen Haushalt für mehrere Personen führen,
- Teilzeitbeschäftigte,
- Fahrtkosten,
- auswärtige ehrenamtliche Richter, wenn die Verhandlung nicht an ihrem Wohn- oder Arbeitsort stattfindet (Tagegeld),
- besonderen Aufwand wie etwa eine Vertretung oder eine notwendige Begleitperson.

Befähigung der ehrenamtlichen Richter

Neben den gesetzlichen Bedingungen sollten ehrenamtliche Richter folgende Voraussetzungen mitbringen:

- Soziale Kompetenz, mit dem sich ehrenamtliche Richter in verschiedene soziale Milieus hineindenken und das Handeln eines Menschen in seinem sozialen Umfeld beurteilen können.
- Menschenkenntnis und Einfühlungsvermögen: Einer der großen Rechtslehrer, Gustav Radbruch, hat für die Rechtsprechung einmal erläutert: „Auf ein Gramm Rechtskenntnis muss ein Zentner Menschenkenntnis kommen."
- Logisches Denkvermögen und Intuition: Ehrenamtliche Richter müssen der Beweisführung folgen, d. h. die Wahrscheinlichkeit, dass sich ein bestimmtes Geschehen ereignet hat oder nicht, aus Indizien und Beweismitteln ableiten können.
- Berufliche Erfahrung: Die Lebenserfahrung, die ehrenamtliche Richter mitbringen müssen, wird sich zu einem Teil aus beruflicher Erfahrung rekrutieren. In der Arbeitsgerichtsbarkeit ist die berufliche Tätigkeit eine gesetzliche Voraussetzung für die Übernahme des Ehrenamtes.
- Vorurteilsfreiheit: Ehrenamtliche Richter müssen Unvoreingenommenheit und Objektivität bewahren können, auch wenn ihnen der Prozessvertreter oder eine Partei bzw. der Angeklagte auf Grund seines Verhaltens zutiefst unsympathisch ist.
- Kenntnisse über die Grundlagen des Verfahrens sowie die Bedeutung der Rolle ehrenamtlicher Richter und deren Rechte und Pflichten. Schöffen sollten sich zudem mit den Ursachen von Kriminalität und den Sinn und Zweck von Strafe auseinandergesetzt haben.
- Mut zum Richten über Menschen, Verantwortungsbewusstsein für den Eingriff in das Leben anderer Menschen.
- Denken in gerechten Kategorien, Gerechtigkeitssinn: Ehrenamtliche Richter haben auch Rechtsfragen mit zu entscheiden – nicht in der rechtswissenschaftlichen Systematik, sondern mit den Mitteln des billig und gerecht Denkenden. Ob eine Nötigungshandlung verwerflich (und damit rechtswidrig), eine Kündigung sozial adäquat oder ein Verhalten kaufmännischen Grundsätzen entspricht, müssen auch ehrenamtliche Richter aus ihrer Sicht rechtlich bewerten.
- Standfestigkeit und Flexibilität im Vertreten der eigenen Meinung: In der Beratung mit den Berufsrichtern müssen ehrenamtliche Richter ihren Urteilsvorschlag argumentativ vertreten können, ohne querulatorisch zu sein, und sich von besseren Argumenten überzeugen lassen, ohne opportunistisch zu sein.
- Kommunikations- und Dialogfähigkeit: Den ehrenamtlichen Richtern steht in der Verhandlung das Fragerecht zu. Sie müssen in der Lage sein, sich entsprechend verständlich zu machen, auf die Prozessbeteiligten einzugehen und an der Beratung argumentativ teilzunehmen.
- Körperliche Eignung und Ausdauer: Ehrenamtliche Richter müssen auch in langen Verhandlungen Ausdauer und Konzentrationsfähigkeit mitbringen, um diese körperlichen und geistigen Anstrengungen zu bewältigen.

Übernahme des Amtes und Schutzrechte

Jeder wählbare Bundesbürger ist *zur Übernahme* des Amtes und seiner Ausübung *verpflichtet*. Eine Befreiung ist nur aus den in den jeweiligen Verfahrensgesetzen aufgeführten Gründen zulässig. Es darf kein *Ausschlussgrund* gegen die Wahl vorliegen. Wer das Amt ablehnen darf, unterscheidet sich nach den Verfahrensordnungen der einzelnen Gerichtsbarkeiten.

Arbeits- und dienstrechtlich genießen die ehrenamtlichen Richter den Schutz des § 45 Abs. 1a DRiG. Danach ist es verboten, ehrenamtliche Richter in der Übernahme oder der Ausübung des Ehrenamtes zu benachteiligen; insbesondere sind sie für die Zeit ihrer Amtstätigkeit vom Arbeitgeber freizustellen. Eine *Kündigung* wegen der Übernahme oder Ausübung des Amtes ist unzulässig. Landesrechtlich sei auf Art. 110 Landesverfassung Brandenburg verwiesen. Dort kann einem ehrenamtlichen Richter nur aus Gründen gekündigt werden, die eine außerordentliche Kündigung rechtfertigen.[1] Das Verbot der Benachteiligung nach dem DRiG beinhaltet, dass Ehrenamtliche bei der *Bewerbung um eine Stelle* nicht benachteiligt werden dürfen, ein Arbeitgeber die Einstellung nicht deshalb ablehnen darf, weil der Bewerber das Schöffenamt ausübt oder bei *Entlohnung, Beförderungen* oder *Höhergruppierungen* benachteiligt. Er darf weder verlangen, dass der ehrenamtliche Richter für die Zeit bei Gericht *Erholungsurlaub* nimmt, noch dass die Arbeit nachgeholt wird. Deshalb ist es auch unzulässig, die durch den Dienst bei Gericht versäumte Zeit bei *gleitender Arbeitszeit* vom Zeitkonto des ehrenamtlichen Richters abzuziehen.[2]

Strafgerichtsbarkeit (Schöffen und Jugendschöffen)

Wahl

Die Wahl der Schöffen liegt weitgehend in der Verantwortung der Kommunen. Die Gemeindevertretungen für die Schöffen in allgemeinen Strafsachen und die Jugendhilfeausschüsse für die Jugendschöffen stellen alle fünf Jahre Vorschlagslisten auf, die mindestens doppelt so viele Bewerber enthalten müssen, wie tatsächlich Schöffen benötigt werden. Diese Listen werden an das zuständige Amtsgericht übersandt, wo ein neunköpfiger Wahlausschuss, dem sieben kommunale Vertrauensleute angehören, die Schöffen für die Jugend- und die Erwachsenengerichte wählt.

Unfähig für das Schöffenamt sind u.a. Nichtdeutsche oder erheblich Vorbestrafte, *ungeeignet* z.B. Personen, die zu Beginn der Wahlperiode noch

---

[1] Zum besonderen Schutz nach Brandenburger Recht siehe *Lieber*, in: Lieber/Iwers/Ernst, Verfassung des Landes Brandenburg, Kommentar, Wiesbaden 2007, Art. 110.
[2] So für das Dienstrecht der Beamten OVG Koblenz, Urteil v. 15.07.2009, Az. 10 A 10171/09.OVG, in: Richter ohne Robe 2009 S. xx; a.A. für den Bereich des TVöD das BAG, Urteil vom 22.01.2009 – 6 AZR 78/08, in: Richter ohne Robe 2009: 47 ff.

nicht 25 Jahre alt sind oder das 70. Lebensjahr bereits vollendet haben, ihren Wohnsitz nicht in der Gemeinde haben, wegen geistiger oder körperlicher Gebrechen das Amt nicht ausüben können oder sich in Vermögensverfall befinden. Bestimmte politische Organe und Angehörige der Justiz und des Justizvollzuges, politische Beamte, Polizeibeamte und Religionsdiener sollen ebenfalls nicht gewählt werden.

Die Berufung zum Schöffenamt dürfen u. a. *ablehnen* Parlamentarier, Schöffen, die bereits vierzig Tage Dienst getan haben, Mediziner wie Ärzte, Krankenschwestern, Hebammen und Apothekenleiter, Personen, die Familienmitglieder pflegen oder für die das Amt wirtschaftlich eine besondere Härte bedeutet.

Einsatz

Jeweils am Jahresende werden die Hauptschöffen der Amts- und Landgerichte auf die Termine des kommenden Jahres ausgelost. Die Hilfsschöffen werden zu Beginn der Wahlperiode in einer festgelegten Reihenfolge ausgelost. In dieser Reihenfolge werden sie vor allem als Vertreter für einen Hauptschöffen oder als Ergänzungsschöffen herangezogen. Das Gericht kann einen Schöffen auf Antrag von der Dienstleistung an bestimmten Sitzungstagen entbinden, wenn er durch unabwendbare Umstände gehindert oder ihm ein Erscheinen nicht zuzumuten ist. Wegen des im Grundgesetz verankerten Anspruchs auf den gesetzlichen Richter ist dies jedoch nur in besonderen Ausnahmefällen möglich

Einfluss

Schöffen nehmen an allen während der Hauptverhandlung zu erlassenden *Entscheidungen* des Gerichts teil, auch an solchen, die nicht in Beziehung zur Urteilsfällung stehen (Ordnungsstrafen, Zeugnisverweigerungsrecht usw.). Sie können *Fragen* an Angeklagte, Zeugen und Sachverständige stellen und sind nicht nur berechtigt, sondern sogar verpflichtet, auf die Aufklärung von Umständen hinzuwirken, die ihnen wesentlich erscheinen. Zu jeder für den Angeklagten nachteiligen Entscheidung, die die Schuldfrage und die Rechtsfolgen der Tat (Art und Höhe der Strafe, Aussetzung zur Bewährung, Anordnung einer Maßregel der Besserung und Sicherung usw.) betrifft, ist eine Mehrheit von *zwei Dritteln* der Stimmen erforderlich. Da in jedem Gericht zwei Schöffen vertreten sind und höchstens drei Berufsrichter, kann gegen die beiden Schöffen niemand verurteilt werden. In Fragen, die das Verfahren betreffen, entscheidet das Gericht mit einfacher Mehrheit.

Probleme und Reformbedarf

Reformbedarf besteht bei Auswahl und Wahl der Schöffen. Das gegenwärtige System ist insbesondere in Großstädten nicht mehr geeignet, für eine ausreichende Qualität der Schöffen zu sorgen. Die Entscheidungen sind zu sehr auf Zufälligkeiten abgestellt. Es ist ein Anachronismus, dass die Amtszeit der Schöffen auf zwei Amtszeiten beschränkt ist. Reformbedarf besteht auch innerhalb der strafprozessualen Regelungen. Zentrale Informationsrechte wie das Recht auf Einsicht in die Akten oder die Aushändigung des Anklagesatzes werden oft von Berufsrichtern ignoriert, solange diese nur durch Verwaltungsvorschriften oder durch die Rechtsprechung geregelt sind.

Verwaltungsgerichtsbarkeit

Ehrenamtliche Richter spielen in der Verwaltungsgerichtsbarkeit seit jeher eine große, in den letzten Jahren allerdings durch den Gesetzgeber eingeschränkte Rolle. Mit der starken Ausdehnung der Zuständigkeiten des Einzelrichters wird die Mitwirkung der ehrenamtlichen Richter drastisch beschränkt. Sie werden in den Verfahren erster Instanz bei den Verwaltungsgerichten eingesetzt. Ob an den Oberverwaltungsgerichten bzw. Verwaltungsgerichtshöfen ehrenamtliche Richter tätig sind, überlässt § 9 Abs. 3 VwGO dem Landesrecht. Keine ehrenamtlichen Richter in der 2. Instanz haben Bayern, Baden-Württemberg, Sachsen, Thüringen und das Saarland.

Wahl

Für die Wahl des ehrenamtlichen Richters gelten zunächst die allgemeinen Voraussetzungen (deutsche Staatsangehörigkeit, Mindestalter von 25 Jahren, Wohnsitz im Bezirk des Gerichtes, dem er angehört). Ausgeschlossen sind Personen, die in der Verfügung über ihr Vermögen beschränkt sind oder das Wahlrecht nicht besitzen. Ebenso können Mitglieder eines Parlamentes oder einer Regierung, Richter, Beamte und Angestellte des öffentlichen Dienstes, Soldaten sowie Rechtsanwälte und Notare nicht gewählt werden.

Die Kreise und kreisfreien Städte stellen in jedem fünften Jahr eine Vorschlagsliste für den jeweiligen Gerichtsbezirk auf, aus der ein Wahlausschuss die erforderliche Anzahl ehrenamtlicher Richter für die fünfjährige Amtszeit auswählt. Bei dem Verwaltungs- und Oberverwaltungsgericht (Verwaltungsgerichtshof) besteht ein Wahlausschuss, dem u. a. sieben vom Landesparlament gewählte Vertrauensleute angehören.

Einsatz

Das Präsidium des jeweiligen Gerichts bestimmt vor Beginn jedes Geschäftsjahres die Reihenfolge, in der die ehrenamtlichen Richter zu den Sitzungen heranzuziehen sind. Für Fälle einer unvorhergesehenen Verhinderung kann eine Hilfsliste aufgestellt werden. Die Regelung zur Besetzung der Richterbank auch für die ehrenamtlichen Richter soll verhindern, dass ein willkürlich bestimmter Richter im Einzelfall zur Entscheidungsfindung herangezogen oder von der Mitwirkung in einer bestimmten Rechtssache ausgeschlossen wird.

Einfluss

Der Einfluss der ehrenamtlichen Richter ist schon deswegen geringer, weil sie stets in der Minderzahl sind und jeweils mit einfacher Mehrheit entschieden wird. Den tatsächlichen Einfluss schätzte ein Vorsitzender einer Kammer eher skeptisch ein: „Auch wer im Grundsatz der Beteiligung ehrenamtlicher Richter an der Rechtsprechung der Gerichte aufgeschlossen gegenübersteht, kann nicht verkennen, dass in der verwaltungsgerichtlichen Rechtsprechung die ehrenamtlichen Richter seit jeher eine wesentlich geringere Rolle gespielt haben als etwa in der Praxis der Arbeits- und Sozialgerichte." (Adam 2001: 11)

Probleme und Reformbedarf

Das größte Problem in der Verwaltungsgerichtsbarkeit ist der Trend des Gesetzgebers, Zuständigkeiten immer stärker auf den Einzelrichter zu übertragen. Die meisten ehrenamtlichen Richter nehmen nur noch etwa zwei bis drei Mal im Jahr an einer Verhandlung teil. Der Gesetzgeber ist gefordert, auch weil der Trend zur einzelrichterlichen Entscheidung zu einer Verminderung der Qualität von Rechtsprechung führt. Will man gleichwohl aus Gründen der Personaleinsparung nicht zur vollen Besetzung der verwaltungsgerichtlichen Kammer zurück, so bietet sich entweder an, die Kammer mit zwei Berufs- und drei ehrenamtlichen Richtern zu besetzen oder die Einführung der kleinen Kammer mit einem Berufsrichter und zwei ehrenamtlichen Richtern.

Arbeitsgerichtsbarkeit

Die Mitwirkung ehrenamtlicher Richter in der Arbeitsgerichtsbarkeit blickt mittlerweile auf eine 80-jährige Tradition zurück. Sie hat sich in dieser Zeit derart bewährt, dass eine arbeitsrechtliche Rechtsprechung ohne eine Einbindung ehrenamtlicher Richter als kaum denkbar erscheint. In gewisser Weise hat sie sich sogar als „Exportschlager" erwiesen. Schließlich wurde in Japan im Jahre 2006 mit Blick nach Deutschland die Mitwirkung ehrenamtlicher Richter in arbeitsrechtlichen Streitigkeiten eingeführt (Wolmerath 2006: 159).

An den arbeitsgerichtlichen Verfahren nehmen immer ein Vertreter der Arbeitnehmer und der Arbeitgeber als ehrenamtliche Richter teil. Ihre Aufgabe ist es, Anschauungen und Kenntnisse der Sozialpartner, die mit den Parteien in den gleichen sozialen Verhältnissen stehen, in die Entscheidungsfindung einzubringen.

Berufung

Die Berufung erfolgt durch die für die Arbeitsgerichtsbarkeit zuständigen Ministerien aus *Vorschlagslisten,* die von den im Gerichtsbezirk bestehenden Gewerkschaften, Vereinigungen von Arbeitnehmern mit sozial- oder berufspolitischer Zwecksetzung und Arbeitgebervereinigungen eingereicht werden. Hierzu bedarf es nicht eines Einverständnisses der vorgeschlagenen Person. *Voraussetzung* für eine Berufung als ehrenamtlicher Richter ist neben den allgemeinen Bedingungen (Deutscher, Vollendung des 25. Lebensjahres, keine Stasi-Mitarbeit) eine Tätigkeit oder Wohnung im Bezirk des Arbeitsgerichts als Arbeitnehmer oder Arbeitgeber. Aus Kreisen der Arbeitgeber kann auch berufen werden, wer vorübergehend oder regelmäßig zu gewissen Zeiten des Jahres keine Arbeitnehmer beschäftigt; ehrenamtlicher Richter aus Kreisen der Arbeitnehmer kann auch sein, wer arbeitslos im Sinne des § 119 SGB III ist.

Vom Amt *ausgeschlossen* ist, wer die Fähigkeit zur Bekleidung öffentlicher Ämter nicht besitzt, zu einer Freiheitsstrafe von mehr als sechs Monaten verurteilt worden oder wegen einer Tat angeklagt ist, die den Verlust der Fähigkeit zur Bekleidung öffentlicher Ämter zur Folge haben kann, das Wahlrecht zum Deutschen Bundestag nicht besitzt, in Vermögensverfall geraten ist oder Beamter bzw. Angestellter eines Gerichts für Arbeitssachen ist.

Für die Berufung an das *Landesarbeitsgericht* muss der ehrenamtliche Richter das 30. Lebensjahr vollendet haben und soll mindestens fünf Jahre ehrenamtlicher Richter eines Gerichts für Arbeitssachen gewesen sein. Ehrenamtliche Richter beim *Bundesarbeitsgericht* müssen das 35. Lebensjahr vollendet haben, besondere Kenntnisse und Erfahrungen auf dem Gebiet des Arbeitsrechts und des Arbeitslebens besitzen und sollen mindestens fünf Jahre ehrenamtliche Richter eines Gerichts für Arbeitssachen sowie längere Zeit in Deutschland als Arbeitnehmer oder als Arbeitgeber tätig gewesen sein.

Einsatz

Ehrenamtliche Richter sind in allen Instanzen der Arbeitsgerichtsbarkeit vertreten. Da sowohl beim Arbeits- wie beim Landesarbeitsgericht jeweils nur der Vorsitzende ein Berufsrichter ist, haben die Ehrenamtlichen in zwei Instanzen die Mehrheit gegenüber dem Berufsrichter. Der Gesetzgeber hat der praktischen Sicht über die Verhältnisse des Arbeits- und Wirtschaftslebens den Vorrang gegenüber der allein juristischen Sicht des arbeitsrechtlichen Streites eingeräumt.

Für den Einsatz auf die einzelnen *Sitzungstage* werden die ehrenamtlichen Richter zunächst vom Präsidium eines Arbeits- oder Landesarbeitsgerichts allen Kammern des Gerichts zugewiesen. Jede Kammer erhält eine bestimmte Anzahl ehrenamtlicher Richter. Den Vorsitzenden der Kammer trifft nun die Pflicht, durch abstrakte Regelungen eine Liste zu erstellen, nach der sie im kommenden Geschäftsjahr zu den Sitzungen herangezogen werden. Damit soll ein vorhersehbarer und gleichmäßiger Sitzungsdienst gewährleistet werden. Dem Erfordernis des gesetzlichen Richters nach Art. 101 Abs. 1 Satz 2 GG wird dadurch Rechnung getragen.

Probleme und Reformbedarf

Bei jedem Arbeitsgericht mit mehr als einer Kammer sowie und bei jedem Landesarbeitsgericht ist ein *Ausschuss der ehrenamtlichen Richter* zu bilden. Dieser besteht aus mindestens je drei ehrenamtlichen Richtern aus den Kreisen der Arbeitnehmer und der Arbeitgeber, die von den jeweiligen Kreisen in getrennten Wahlen gewählt werden. Der Ausschuss hat die Aufgabe, die Interessen der ehrenamtlichen Richter wahrzunehmen. Zudem ist er vor der Bildung von Kammern, vor der Geschäftsverteilung, vor der Verteilung der ehrenamtlichen Richter auf die Kammern und vor der Aufstellung der Listen über die Heranziehung der ehrenamtlichen Richter zu den Sitzungen anzuhören. Aus der Praxis ist häufig zu hören, dass die Vertreter in den Ausschüssen ihre Befugnisse nicht zur Entfaltung bringen und sich auf eine Art „Förderverein für das Gericht" reduzieren lassen. Hier gilt es, durch entsprechende Schulungen die Mitwirkungsmöglichkeiten in der Praxis weiterzuentwickeln.

Handelsrichter

Im Handelsrecht werden bei den Landgerichten spezielle Kammern für Handelssachen eingerichtet, die über zivilrechtliche Streitigkeiten zwischen Kaufleuten entscheiden (Scheck- und Wechselprozesse, Wettbewerbsstreitigkeiten, Börsensachen usw., als Hauptfall Ansprüche aus Handelsgeschäften). In diesen Kammern sind Kaufleute als ehrenamtliche Richter (Handelsrichter) tätig.

Wahl

Handelsrichter kann jeder Deutsche werden, der das 30. Lebensjahr vollendet hat und als Kaufmann, Vorstandsmitglied oder Geschäftsführer einer juristischen Person oder als Prokurist in das Handels- oder das Genossenschaftsregister eingetragen ist oder eingetragen war. Die ehrenamtlichen Richter werden auf Vorschlag der Industrie- und Handelskammer für die Dauer von fünf Jahren ernannt; eine wiederholte Ernennung ist nicht ausgeschlossen. Diese Begutachtung der Kammern wird außerordentlich ernst genommen und sorgfältig durchgeführt, so dass die ehrenamtlichen Richter ein entsprechendes Ansehen genießen. Die Vorgeschlagenen werden vom Präsidenten des Landgerichts zum Handelsrichter ernannt. Die Vorgeschlagenen sind zur Übernahme des Amtes nicht verpflichtet. Eine Obergrenze hinsichtlich des Alters besteht gesetzlich nicht; in der Praxis wird aber eine Berufung oberhalb von 70 bzw. 75 Jahren nicht mehr vorgenommen.

Einsatz

Das Präsidium des Landgerichts weist zunächst den einzelnen Kammern für Handelssachen die ehrenamtlichen Richter genauso zu, wie sie dies bei den Berufsrichtern tut. Der Vorsitzende der Kammer nimmt danach die Verteilung der Ehrenamtlichen auf die einzelnen Sitzungstage des kommenden Jahr vor.

Probleme und Reformbedarf

Besonderer Reformbedarf ist bezüglich der Handelsrichter öffentlich bislang nicht bekannt geworden. Fraglich ist jedoch, ob die Abkoppelung der Handelsrichter von den Entschädigungen des JVEG auf Dauer durchzuhalten ist. Handelsrichter erhalten nach gegenwärtigem Entschädigungsrecht nur ein Tagegeld und die Fahrtkosten erstattet.

Landwirtschaftsgerichte

Ehrenamtliche Richter an den Landwirtschaftsgerichten, auch *Landwirtschaftsrichter* genannt, nehmen an der Rechtsprechung teil, um durch sachkundige Laien die besonderen wirtschaftlichen Gesichtspunkte in Landwirtschaftssachen zu würdigen. Ihre Beteiligung in allen Instanzen des landwirtschaftlichen Verfahrens macht die besondere Bedeutung deutlich, die der Gesetzgeber ihnen beimisst.

Das Landwirtschaftsgericht wird in der Regel mit einem Richter am Amtsgericht als Vorsitzendem und zwei ehrenamtlichen Richtern tätig. Die in zweiter bzw. dritter Instanz zuständigen Senate der Oberlandesgerichte und des Bundesgerichtshofs entscheiden jeweils in der Besetzung mit drei Berufs- und zwei ehrenamtlichen Richtern. Die ehrenamtlichen Richter werden auf Grund einer Vorschlagsliste, die vom Zentralausschuss der Deutschen Landeswirtschaft aufgestellt wird, vom Präsidenten des Oberlandesgerichts auf die Dauer von fünf Jahren für die Amts- und Oberlandesgerichte berufen. Die Heranziehung der ehrenamtlichen Richter vor den

Gerichten für Landwirtschaftssachen erfolgt nach einer vom Vorsitzenden des Gerichts vor Beginn des Geschäftsjahres aufzustellenden Liste. Von der Reihenfolge darf nur in den gesetzlich vorgesehenen Fällen abgewichen werden.

Sozialgerichtsbarkeit

Seit über 120 Jahren ist die Beteiligung ehrenamtlicher Richter ein Merkmal der Rechtsprechung der Sozialgerichte. Jedes Sozialgericht besteht aus dem Berufsrichter als Vorsitzenden der Kammer und zwei ehrenamtlichen Beisitzern. Die Besonderheit der ehrenamtlichen Richter in der Sozialgerichtsbarkeit ergibt sich aus deren Bestellung. Es kommen für dieses Amt nur deutsche Staatsbürger in Betracht, die aktiv und passiv wahlberechtigt sind. Darüber hinaus müssen sie als Arbeitgeber oder Versicherter, als Arbeitnehmer oder Selbstständiger, als Behinderter, Vertragsarzt oder Psychotherapeut im wirtschaftlichen und gesellschaftlichen Leben eine bestimmte soziale Stellung bekleiden.

Bei den Sozialgerichten werden verschiedene Fachkammern gebildet, darunter mindestens für Sozialversicherung (gesetzliche Kranken-, Pflege-, Renten- und Unfallversicherung) und Arbeitsförderung, Angelegenheiten der Grundsicherung für Arbeitssuchende, soziales Entschädigungsrecht und Schwerbehindertenrecht, Vertragsarztrecht (z. B. für Streitigkeiten aus dem Verhältnis zwischen Vertragsärzten und Krankenkassen). Seit dem 1. Januar 2005 entscheiden die Sozialgerichte auch in Angelegenheiten der Sozialhilfe und des Asylbewerberleistungsrechts.

Berufung

Die ehrenamtlichen Richter in den Kammern für Angelegenheiten der Sozialversicherung und der Arbeitsförderung können nur Versicherte (auch Arbeitslose) und Arbeitgeber sein, die paritätisch in der Kammer vertreten sind. In den Fachkammern für Angelegenheiten des sozialen Entschädigungsrechts und des Schwerbehindertenrechts wirken ehrenamtliche Richter mit, von denen einer aus dem Personenkreis stammen muss, der mit dem Entschädigungsrecht oder der Teilhabe behinderter Menschen vertraut ist. Als vertraut gilt jemand, der umfassende Kenntnisse auf einem der Gebiete hat. Der zweite ehrenamtliche Richter wird aus dem Kreis der Versorgungsberechtigten, der behinderten Menschen im Sinne des § 2 SGB IX und der Versicherten berufen. Die ehrenamtlichen Richter der Fachkammer für Angelegenheiten des Vertragsarztrechts stammen aus den Kreisen der Krankenkassen sowie der Vertrags(Zahn)Ärzte und Physiotherapeuten.

Ehrenamtliche Richter aus Kreisen der *Arbeitgeber* können sein

- Personen, die regelmäßig mindestens einen versicherungspflichtigen Arbeitnehmer beschäftigen oder in Betrieben zur Vertretung berufen sind,

- öffentliche Bedienstete nach näherer Anordnung der zuständigen obersten Bundes- oder Landesbehörde,
- Personen, denen Prokura oder Generalvollmacht erteilt ist, sowie leitende Angestellte,
- Mitglieder und Angestellte von Vereinigungen von Arbeitgebern sowie Vorstandsmitglieder und Angestellte von Zusammenschlüssen solcher Vereinigungen, wenn sie zur Vertretung befugt sind.

Versicherter ist, wer einem Zweig der Sozialversicherung oder Arbeitslosenversicherung angehört, sei es auf Grund einer Pflichtversicherung oder auf Grund freiwilliger Versicherung. Der ehrenamtliche Richter in der Fachkammer für Angelegenheiten der Arbeitsförderung kann auch in einem anderen Zweig der Sozialversicherung versichert sein. Nach § 16 Abs. 3 SGG ist eine Berufung als Versicherter auch möglich, wenn man arbeitslos ist oder eine Rente aus eigener Versicherung bezieht. Unter *Versorgungsberechtigten* versteht man Personen, die einen Anspruch nach dem Bundesversorgungsgesetz haben.

Vorschlagsberechtigt sind

- für die Spruchkörper in Angelegenheiten der Sozialversicherung und Arbeitsförderung
- für die Versicherten die Gewerkschaften und selbstständigen Vereinigungen mit sozial- und berufspolitischer Zwecksetzung, sowie Sozialverbände, die Behinderte und Kriegsopfer organisieren,
- für die Arbeitgeber deren Vereinigungen sowie die obersten Bundes- und Landesbehörden,
- für die Spruchkörper in Angelegenheiten des Vertragsarztrechts die Kassen(zahn)ärztlichen Vereinigungen und die Zusammenschlüsse der Krankenkassen,
- für die Spruchkörper des sozialen Entschädigungsrechts und des Schwerbehindertenrechts die Landesversorgungsämter, die Sozialverbände, Gewerkschaften und selbstständigen Vereinigungen mit sozial- und berufspolitischer Zwecksetzung.

Die ehrenamtlichen Richter sollen im Bezirk des Sozialgerichts wohnen, ihren Betriebssitz haben oder dort beschäftigt sein.

Vom Amt *ausgeschlossen* ist u. a. derjenige, der wegen eines unter § 17 Abs. 1. Nr. 1 SGG genannten Deliktes verurteilt wurde, das Wahlrecht zum Deutschen Bundestag nicht besitzt oder in einem Schuldnerverzeichnis eingetragen ist. Auch Mitglieder der Vorstände von Trägern und Verbänden der Sozialversicherung, der Kassen(zahn)ärztlichen Vereinigungen und der Bundesagentur für Arbeit können nicht ehrenamtliche Richter sein. Die Bediensteten der Sozialversicherungsträger und -verbände, der Kassen(zahn)ärztlichen Vereinigungen, der Dienststellen der Bundesagentur für Arbeit und der Kreise und kreisfreien Städte können nicht ehrenamtliche Richter in der Kammer sein, die für Streitigkeiten aus ihrem Arbeitsgebiet zuständig ist.

Die Berufung zum *Landessozialgericht* erfordert, dass der ehrenamtliche Richter sein 30. Lebensjahr vollendet hat. Er soll zudem mindestens fünf Jahre als ehrenamtlicher Richter bei einem Sozialgericht in der ersten Instanz tätig gewesen sein. Erst ab dem 35. Lebensjahr kann man als ehrenamtlicher Richter zum *Bundessozialgericht* berufen werden. Auch hier soll der zu Berufende zuvor eine fünfjährige Tätigkeit als ehrenamtlicher Richter am Sozialgericht oder Landessozialgericht ausgeübt haben.

Die *Übernahme* des Amtes als ehrenamtlicher Richter kann nur *ablehnen*, wer

- die Regelaltersgrenze nach dem SGB VI erreicht hat,
- in den zehn vorhergehenden Jahren als ehrenamtlicher Richter bei einem Gericht der Sozialgerichtsbarkeit tätig gewesen ist,
- durch ehrenamtliche Tätigkeit für die Allgemeinheit so in Anspruch genommen ist, dass ihm die Übernahme des Amtes nicht zugemutet werden kann,
- aus gesundheitlichen Gründen verhindert ist, das Amt ordnungsgemäß auszuüben,
- glaubhaft macht, dass wichtige Gründe ihm die Ausübung des Amtes in besonderem Maße erschweren.

Einsatz

Den jeweiligen Fachspruchkörpern werden entsprechend dem jeweiligen Rechtsgebiet aus den beteiligten Kreisen ehrenamtliche Richter zugeteilt, von denen je einer an der mündlichen Verhandlung und dem anschließend ergehenden Urteil mitwirken muss.

Probleme und Reformbedarf

Obwohl die Beteiligung der ehrenamtlichen Richter weitgehend unumstritten ist, leidet sie ähnlich wie in der Verwaltungsgerichtsbarkeit unter den sog. Entlastungsgesetzen der Justiz. In einfach gelagerten Fällen kann der Vorsitzende bzw. der Berichterstatter durch Gerichtsbescheid ohne mündliche Verhandlung entscheiden. Die Zahl der Fälle, in denen ehrenamtliche Richter an der Entscheidung beteiligt werden, hat dadurch drastisch abgenommen. Die Rechtspolitik muss hier gegensteuern, weil ansonsten gerade die besondere Sachkunde der Ehrenamtlichen verloren geht.

Finanzgerichtsbarkeit

Ehrenamtliche Finanzrichter tragen im Gesamtinteresse der Wirtschaft zur Aufrechterhaltung einer sachbezogenen, objektiven und kontinuierlichen Finanz- und Steuerrechtsprechung bei. Insbesondere sollen sie einer allzu fiskalisch geprägten Rechtsprechung der Berufsrichter entgegenwirken. Sie müssen keine Steuerexperten sein, sollten sich aber mit den Gebräuchen im allgemeinen Geschäftsleben auskennen. Die detaillierte Aufarbeitung der Sachverhalte und die steuerliche Analyse erfolgt vorbereitend durch die hauptamtlichen Richter. Ehrenamtliche Richter wirken bei den Finanzgerichten mit, und zwar jeweils zwei ehrenamtliche Richter mit drei Berufsrichtern. Die Finanzgerichtsbarkeit ist zweistufig aufgebaut. Über Rechtsmittel gegen die Entscheidungen des Finanzgerichts entscheidet der Bundesfinanzhof. Dort entscheiden nur Berufsrichter.

Wahl

Interessenten für das Amt müssen Deutsche sein, das 30. Lebensjahr vollendet haben und den Wohnsitz oder eine gewerbliche oder berufliche Niederlassung innerhalb des Gerichtsbezirks haben. Die ehrenamtlichen Richter werden alle fünf Jahre von einem Wahlausschuss aus einer Vorschlagsliste gewählt, die vom Präsidenten des Finanzgerichtes aufgestellt wird. Vor der Aufstellung der Liste sollen die Berufsvertretungen (Gewerkschaften, Industrie- und Handelskammern, Handwerkskammern, Vertretungen der freien Berufe, Bauernverbände usw.) gehört werden. Vom Amt des ehrenamtlichen Finanzrichters sind neben den allgemeinen Gründen Personen *ausgeschlossen*, die

- durch gerichtliche Anordnung in der Verfügung über ihr Vermögen beschränkt sind,
- in den letzten drei Jahren in einem Zwangsvollstreckungsverfahren wegen einer Geldforderung eine eidesstattliche Versicherung abgegeben haben oder gegen die während dieser Zeit die Haft zur Erzwingung der Abgabe einer solchen eidesstattlichen Versicherung angeordnet ist,
- nicht das Wahlrecht zu den gesetzgebenden Körperschaften des Landes besitzen.

Zum ehrenamtlichen Finanzrichter *können nicht berufen* werden:

- Mitglieder eines Parlamentes oder einer Regierung,
- Richter, Beamte und Angestellte der Steuerverwaltung des Bundes und der Länder, sowie Berufssoldaten und Soldaten auf Zeit,
- Rechtsanwälte, Notare, Patentanwälte, Steuerberater, Vorstandsmitglieder von Steuerberatungsgesellschaften, die nicht Steuerberater sind, ferner Steuerbevollmächtigte, Wirtschaftsprüfer, vereidigte Buchprüfer und Personen, die fremde Rechtsangelegenheiten geschäftsmäßig besorgen.

Der Wahlausschuss besteht aus dem Präsidenten des Finanzgerichts, einem von der Oberfinanzdirektion bestimmten Beamten und sieben Vertrauensleuten, die vom Landesparlament bestimmt werden.

Einsatz

Die Reihenfolge der Heranziehung der ehrenamtlichen Richter zu den einzelnen Terminen bestimmt jährlich vor Beginn des Geschäftsjahres das Präsidium des Finanzgerichts durch Aufstellung einer Liste.

Probleme und Reformbedarf

In der Vergangenheit wurden die ehrenamtlichen Richter häufig unter Berücksichtigung ihrer Branchenkenntnisse individuell zu den Verfahren herangezogen. Diese Praxis ist vom Bundesfinanzhof für verfassungswidrig erklärt worden.[3] Wünschenswert wäre jedoch ein Verfahren, das einerseits den Anforderungen an das Prinzip des gesetzlichen Richters genügt, andererseits die besonderen (tatsächlichen) Kenntnisse der ehrenamtlichen Richter zur Entfaltung bringt.

Andere Gerichte – Überblick

Eine Reihe von Gerichten, in denen ebenfalls ehrenamtliche Richter mitwirken, sollen hier wegen ihrer Sonderrolle nur erwähnt werden. *Wehrdienstgerichte* sind Dienstgerichte für disziplinargerichtliche Verfahren gegen Soldaten und für Verfahren über Beschwerden von Soldaten. Sie gliedern sich in Truppendienstgerichte und zwei Wehrdienstsenate des Bundesverwaltungsgerichts. Ehrenamtlicher Richter eines Wehrdienstgerichtes kann grundsätzlich jeder Soldat (Berufssoldat, Soldat auf Zeit oder Grundwehrdienstleistender) sein. Ausgenommen sind Soldaten, die in den beiden letzten Jahren zu einer Freiheitsstrafe oder gerichtlichen Disziplinarmaßnahme verurteilt oder mit Disziplinararrest gemaßregelt worden sind oder deren Antrag auf Anerkennung als Kriegsdienstverweigerer noch nicht rechtskräftig entschieden wurde. Beim Truppendienstgericht werden die ehrenamtlichen Richter für ein Kalenderjahr, bei den Wehrdienstsenaten für zwei Jahre (außer Grundwehrdienstleistende) berufen.

Berufsgerichte sind solche, die Disziplinarmaßnahmen wegen Verhaltensweisen verhängen können, die mit dem Ansehen des Berufes nicht vereinbar sind. Meist sind die Berufsgerichte auch für die gerichtliche Entscheidung in Verwaltungssachen betreffend die Zulassung zum Beruf oder von Einzelheiten der Berufsausübung zuständig. Praktisch alle freien Berufe verfügen über eine eigene Berufsgerichtsbarkeit, etwa Architekten, Rechtsanwälte, Notare, Richter, Wirtschaftsprüfer, Steuerberater, Ärzte, Zahnärzte, Tierärzte, Apotheker, Architekten und Ingenieure. Den Gerichten gehören neben Berufsjuristen auch immer Angehörige der jeweiligen Berufe als ehrenamtliche Richter an. Wahl und Einsatz richten sich nach den einzelnen Fachgesetzen.

---

3 BFH, Urteil vom 23.08.1966, Az,: I 94/65, in: Bundessteuerblatt Teil III 1966, 655 f.

Schiedspersonen

Die Aufgaben der Schiedspersonen werden im jeweiligen Landesrecht geregelt. Sie werden zur vor- und außergerichtlichen Klärung bestimmter Rechtsstreitigkeiten eingerichtet. So muss bei einigen Straftaten *(Privatklagedelikte)* vor einem Gerichtsverfahren ein Schiedsverfahren (Sühneversuch) durchgeführt werden. Erst wenn dieser „Sühneversuch" scheitert, kann der Verletzte die Klage beim Gericht erheben. Ohne eine Sühnebescheinigung der Schiedsperson ist die Klage unzulässig.

Auch in *vermögensrechtlichen Streitigkeiten* ist es möglich, in einigen Ländern bei geringfügigen Streitwerten sogar zwingend vorgeschrieben, zunächst eine einvernehmliche Lösung mit Hilfe einer Schiedsperson zu suchen. Das empfiehlt sich bei Auseinandersetzungen um Geld- und geldwerte Forderungen, z.B. um die Höhe einer Handwerkerrechnung oder die Höhe des Ersatzes für eine zerstörte Sache. Durch Landesgesetz kann geregelt werden, dass die Erhebung der Zivilklage in bestimmten Verfahren erst zulässig ist, wenn zunächst eine Schiedsperson erfolglos versucht hat, die Streitigkeit einvernehmlich beizulegen.

Die Schiedspersonen führen *Schlichtungsverhandlungen* durch, deren Ziel es ist, die Differenzen, die zwischen den Parteien bestehen, durch einen Vergleich beizulegen. Die Verhandlung ist nicht öffentlich. Sie findet nicht in einer „Amtsstube", sondern in privater Umgebung – meist in der Wohnung der Schiedsperson – statt. Oft lassen sich Streitigkeiten im Gespräch mit der unabhängigen Schiedsperson leicht belegen. Sie hat die nötigen Befugnisse, eine abschließende, rechtlich verbindliche Einigung herbeizuführen. Die Schiedsperson unterliegt der absoluten Schweigepflicht.

Die *Wahl* der Schiedspersonen wird durch die Gemeindevertretung vorgenommen. Voraussetzung für die Wahl ist neben einigen formalen Bedingungen (z.B. Wohnung im Schiedsamtsbezirk) die Eignung für das Amt. Bewerber müssen gut beleumdet sein, einen zur ordnungsgemäßen Amtsführung ausreichenden Bildungsgrad besitzen und über die erforderliche Zeit verfügen.

Schiedspersonen unterliegen im Hinblick auf die Schlichtungstätigkeit der *Aufsicht* des Amtsgerichts (Direktor oder Präsident). Außerhalb der Schlichtungstätigkeit (z.B. wegen der Kosten) nimmt die Gemeinde eine eingeschränkte Dienstaufsicht wahr. Für die Amtstätigkeit erhält die Schiedsperson einen Teil der von ihr erhobenen Gebühren als *Aufwandsentschädigung*.

Ehrenamtliche Bewährungshelfer

Die Wiedereingliederung straffällig gewordener Menschen, sowohl durch Arbeit in der Vollzugsanstalt als auch nach der Haftentlassung, bedarf der Mithilfe engagierter Bürger. Zusätzlich zur professionellen Straffälligenhilfe sind ehrenamtliche Angebote sinnvoll und wichtig, damit Verurteilte Fuß in der Gesellschaft fassen. Durch die Einbeziehung ehrenamtlicher Kräfte in Bewährungs- und Haftentlassungshilfe soll die soziale Betreuung Straffälliger verbessert werden.

Die Einbindung von Bürgern in die Arbeit der Bewährungshilfe erscheint besonders wichtig angesichts irriger Vorstellungen der Bevölkerung über die faktische Bedrohung durch Straftaten und dem daraus resultierenden Wunsch nach härterer Bestrafung. Der Einsatz von Ehrenamtlichen kommt zum Beispiel bei fremdsprachigen Probanden durch Personen, die die Sprache des Inhaftierten sprechen oder bei wirtschaftlichen Schwierigkeiten zur Hilfe bei der Entschuldung in Betracht. Eine Zusammenarbeit mit einer hauptamtlichen Kraft durch ehrenamtliche Bewährungshelfer kann die Einhaltung von Bewährungsauflagen vereinfachen.

Ehrenamtliche Bewährungshelfer sollen mindestens 25 Jahre alt sein. Zu ihren notwendigen *Fähigkeiten* gehören Stabilität, Offenheit, Optimismus im Hinblick auf Veränderungsmöglichkeiten sowie Lebens- und Berufserfahrung. Sie sollten gute Kontakte zu örtlichen Behörden und Unternehmen pflegen und bereit sein, die Tätigkeit langfristig auszuüben. Die ehrenamtlichen Bewährungshelfer sind in der Ausübung ihrer Tätigkeit den hauptamtlichen gleichgestellt. Sie haben grundsätzlich die gleichen Rechte und Pflichten, dokumentieren ihre Tätigkeit, damit der Erfolg der Betreuung nachvollzogen werden kann und sie werden für ihren Aufwand entschädigt. In der Regel betreuen sie zwei, höchstens fünf Probanden. Sie berichten den Gerichten zum Verlauf der Bewährung, organisieren und überwachen die Erfüllung von Bewährungsauflagen.

Ehrenamtliche Vollzugshelfer

a) *Aufgabe des Strafvollzuges* ist es, durch den Vollzug der Freiheitsstrafe den Gefangenen zu befähigen, künftig in sozialer Verantwortung ein Leben ohne Straftaten zu führen. Zugleich dient er auch dem Schutz der Allgemeinheit vor weiteren Straftaten. An der Verwirklichung dieser Ziele können neben den hauptamtlichen Mitarbeitern des Justizvollzuges (allgemeiner Vollzugsdienst und Fachdienste) auch ehrenamtlich Tätige mitarbeiten. Diese haben sich zu einem unverzichtbaren Bestandteil psychosozialer Betreuung in der Straffälligenhilfe entwickelt.

b) Die *Vollzugshelfer* bieten eine Ergänzung der professionellen Behandlungsmöglichkeiten. Inhaftierte bringen den ehrenamtlichen Vollzugshelfern mitunter mehr Vertrauen entgegen als den Bediensteten. Die Aufgabengebiete der Helfer bestehen sowohl in der Einzelbetreuung eines bestimmten Gefangenen, aber auch in der Beteiligung bei Kreativ- und Sportgruppen. Vorwiegend wirken sie im Rahmen von freien Trägern der Straffälligenhilfe. Ehrenamtliche Vollzugshelfer sollten den zum Teil schwierigen Bedingungen einer Vollzugsanstalt gewachsen sein und deshalb folgende Fähigkeiten mitbringen: Besonnenheit und Ausgeglichenheit, Geduld, guter Zuhörer und aufgeschlossener Gesprächspartner sein, Freude im Umgang mit Menschen, gute Allgemeinbildung, ausreichende Distanz.

Die Tätigkeit kann sich auf eine einzelne Person oder auf Gruppenarbeit beziehen. Die Betreuung *einzelner Personen* kann in regelmäßigen Besuchen, die Begleitung bei Ausgängen oder persönliche Hilfestellungen, z.B. bei der Suche nach einem Arbeitsplatz für die Zeit nach der Entlassung, bestehen. Vollzugshelfer können sich auch in Gruppen der *Kreativ-* und Sportbetätigung oder anderen Freizeitaktivitäten der Gefangenen einbringen. Einzel- und Gruppenarbeit kann aber auch mit dem Schwerpunkt der Vorbereitung auf die Entlassung oder in begleitender Betreuung in der ersten Zeit der wieder gewonnenen Freiheit bestehen.

Ehrenamtlicher Vollzugshelfer wird man durch *Zulassung* der Leitung der Vollzugsanstalt, an der der engagierte Ehrenamtliche mitarbeiten möchte. Die Anstaltsleitung wird zu einem persönlichen Gespräch einladen und über die Rechte und Pflichten informieren. Personen, die innerhalb der letzten drei Jahre vor der Zulassung eine Freiheits- oder Jugendstrafe oder eine mit Freiheitsentzug verbundene Maßnahme der Besserung und Sicherung verbüßt haben oder nach einer Verbüßung noch unter Bewährungsaufsicht stehen, dürfen nicht als Vollzugshelfer zugelassen werden. Ehrenamtliche Vollzugshelfer arbeiten eng und vertrauensvoll mit den Bediensteten der Anstalt zusammen. Über vertrauliche Angelegenheiten, insbesondere über die persönlichen Verhältnisse der Gefangenen müssen die ehrenamtlichen Vollzugshelfer Verschwiegenheit wahren. Die Gefangenen können einen ehrenamtlichen Vollzugshelfer allerdings von der Verschwiegenheitspflicht entbinden, wenn sie ein Interesse daran haben.

c) Ein weiteres Ehrenamt innerhalb des Strafvollzugs bekleiden die *Anstaltsbeiräte*. Sie wirken an der Gestaltung der „Lebensbedingungen im Vollzug" mit, indem sie Beschwerden entgegennehmen, Missstände aufdecken und Verbesserungsmöglichkeiten aufzeigen. Als Beiratsmitglieder kommen Vertreter der politischen Parteien vor Ort, der Ausbildungsinstitutionen, der Sportvereinigungen und der Kirchen in Frage.

Ehrenamtliche Betreuer

Ca. 300.000 Menschen in Deutschland, die aufgrund einer psychischen Krankheit oder einer körperlichen, geistigen oder seelischen Behinderung ihre Angelegenheiten ganz oder teilweise nicht besorgen können, stehen unter Betreuung. Es kann sich dabei um Vermögens-, Renten-, oder Wohnungsprobleme, aber auch um Fragen der Gesundheitsfürsorge oder des Aufenthalts handeln, die für diese Menschen geregelt werden müssen. Die Betreuung kann durch berufsmäßige oder durch ehrenamtliche Betreuer wahrgenommen werden. Das Betreuungsgesetz regelt exakt die Anforderungen an die Arbeit der ehrenamtlichen Betreuer. Diese sind vorrangig

Angehörige, Freunde, Nachbarn oder Berufskollegen von Betroffenen, aber auch engagierte Bürger, die dieses Ehrenamt für Menschen übernehmen, zu denen sie bisher keinen Kontakt hatten. Eine wichtige Rolle bei der Begleitung und Beratung ehrenamtlicher Betreuer kommt den Mitarbeitern in den Betreuungsvereinen und -behörden zu.

Abkürzungen (ohne allgemeingebräuchliche wie z. B., u. a., usw.)
DRiG Deutsches Richtergesetz
GG Grundgesetz
gr. griechisch
JVEG Justizentschädigungs- und -vergütungsgesetz
SGB Sozialgesetzbuch
SGG Sozialgerichtsgesetz

Literatur

Adam, Jürgen 2001: Ehrenamtliche Richter in der ersten Instanz der Verwaltungsgerichtsbarkeit – eine aussterbende Art? In: Richter ohne Robe. 13.Jg., Heft 1/2001.
Bader, Peter/Hohmann, Roger/Klein, Harald 2006: Die ehrenamtlichen Richterinnen und Richter in der Arbeits- und Sozialgerichtsbarkeit. Ihre Rechtsstellung, ihre Rechte und Pflichten. 12. neu bearbeitete und erweiterte Aufl. Heidelberg.
Deutsche Vereinigung der Jugendgerichte und Jugendgerichtshilfen 2008: Der Schöffenleitfaden. 5. Auflage, komplett überarbeitet. Hannover.
Eichenhofer, Eberhard 2006: Was leisten ehrenamtliche Richter in der Sozialgerichtsbarkeit? In: Richter ohne Robe. 18. Jg., Heft 1/2006: 3–8.
Husserl, Gerhard 1955: Erfahrung des Rechts. In: Husserl, Gerhard: Recht und Zeit. Frankfurt/Main
Lieber, Hasso/Sens, Ursula (Hrsg.) 1999: Ehrenamtliche Richter – Demokratie oder Dekoration am Richtertisch? Eine rechtspolitische Streitschrift zu Verbesserung und Ausbau der Beteiligung des Volkes an der Rechtsprechung. Festschrift zum zehnjährigen Bestehen der Deutschen Vereinigung der Schöffinnen und Schöffen. Schriftenreihe des Bundesverbandes ehrenamtlicher Richterinnen und Richter; Heft 2. Wiesbaden.
Lieber, Hasso 2005: Das Schöffenamt – Rechte und Pflichten der Schöffen (Fit fürs Schöffenamt; Bd. 1). Hagen/Westf.
Lieber, Hasso 2005: Das Strafverfahren – Grundsätze, Beweisaufnahme, Beweiswürdigung. Fit fürs Schöffenamt; Bd. 2. Hagen/Westf.
Lieber, Hasso 2005: Kriminalität und Strafe – Wie findet man die gerechte Strafe? Fit fürs Schöffenamt; Bd. 3. Hagen/Westf.
Lieber, Hasso 2008: Leitfaden für Schöffinnen und Schöffen. Darstellung. Wiesbaden
Lieber, Hasso 2009: Die Verantwortung der Kommunen bei der Wahl der Schöffen und Jugendschöffen, Loseblattwerk, PRAXIS DER KOMMUNALVERWALTUNG, Bundes-Beitrag L 3, Wiesbaden.
Lindloh, Klaus 2008: Der Handelsrichter und sein Amt. 5. Aufl. München.
Wolmerath, Martin 2003: Der ehrenamtliche Richter in der Arbeitsgerichtsbarkeit. Schriftenreihe des Bundesverbandes ehrenamtlicher Richterinnen und Richter; H. 5. Wiesbaden.
Wolmerath, Martin 2006: 5. Symposium der Deutsch-Japanischen Gesellschaft für Arbeitsrecht in Tokio. In: Arbeit und Recht 54/05: 159.

Hartmut Häussermann

Stadt- und Dorfentwicklung

Nicht nur die Größe unterscheidet Dörfer von Städten, sondern auch die Art der vorherrschenden sozialen Beziehungen.

In Dörfern kennen sich die meisten Bewohner von Kindheit an. Sie wissen auch, was jemand tut, in welchen Verhältnissen die anderen leben, und es gibt eine ‚Wir-Identität'. Man weiß, wer dazu gehört und wer nicht. Man begegnet sich bei den verschiedensten Aktivitäten immer wieder, die Verkehrskreise überlagern sich. Wer dazu gehört oder dazu gehören will, muss sich an bestimmte Regeln halten. Im Dorf gibt es eine soziale Kontrolle, die nur geringe Abweichungen zulässt.

Ganz anders in der Stadt, insbesondere in der Großstadt hier leben sehr viele Menschen auf engem Raum zusammen, und es gibt eine höhere Mobilität als auf dem Dorf. Nachbarn kommen und gehen. Man weiß in der Regel wenig über sie, und man kann auch nicht alle kennen. Die sozialen Beziehungen sind also von Anonymität und Gleichgültigkeit geprägt, denn man kann und will sich nicht mit den Lebensgeschichten all derer beschäftigen, denen man in der Nachbarschaft begegnet. Dies schafft einen Raum der Freiheit, die soziale Kontrolle ist schwach. Kulturelle, soziale und ethnische Heterogenität sind kennzeichnend für die urbane Gesellschaft. Das Wohnen in einer Stadt stiftet nur eine vergleichsweise abstrakte Identität. Die Verkehrskreise sind differenziert und überlagern sich kaum.

Diese Beschreibungen sind stilisiert. Im Zuge der Industrialisierung, der Erhöhung der täglichen Mobilität und der Ausbreitung der elektronischen Kommunikationsmittel haben sich die städtischen und ländlichen Lebensstile einander angenähert. Immer mehr Menschen wohnen in verstädterten Regionen, auf dem Land gibt es immer weniger Bauern, und auch in der Stadt gibt es ‚Dörfer' Nachbarschaften mit großer sozialer und kultureller Homogenität, in denen gemeinsam Straßenfeste gefeiert und soziale Nähe gepflegt wird. Dennoch bleiben die oben genannten Unterschiede prinzipiell bestehen, und so sortieren sich die Einwohner auch danach, ob und wie sehr sie einer lokalen Gemeinschaft zugehören wollen – oder eben nicht.

Die von den feudalen Gewalten befreiten Städte des Mittelalters waren Genossenschaften, gebildet aus den Grund besitzenden Bürgern. Sie verwalteten die lokalen Angelegenheiten in eigener Verantwortung, sie waren gleichsam Stadtstaaten – und erste Formen einer zivilgesellschaftlichen Selbstbestimmung. Freilich waren alle abhängig Beschäftigten und Mittellosen nicht Teil dieser Gesellschaft, sie lebten aber bis zu einem gewissen

Grade im Schutz der ‚Gemeinde'. Trotz der tiefen Spaltung in der Rechtsstellung (und damit in der politischen Teilhabe) repräsentierten Städte daher die frühe Form einer solidarischen Zivilgesellschaft.

‚Gemeinschaft' oder ‚lokale Gesellschaft'?

Im Zuge der Industrialisierung wurden die Städte in die Nationalstaaten eingefügt, sie verloren ihre besondere rechtliche Stellung, denn nun entstanden ‚Nationalökonomien'. Die soziale Fürsorge wurde in einem längerem Prozess weitgehend verstaatlicht, die Städte wurden zu untergeordneten Organen, die zwar noch staatliche Leistungen an die Bürger verteilen, über deren Umfang und ihre Ausgestaltung aber kaum noch selbst bestimmen können. Dennoch heißt es im Grundgesetz (in Artikel 28, Abs. 2) „Den Gemeinden muss das Recht gewährleistet sein, alle Angelegenheiten der örtlichen Gemeinschaft im Rahmen der Gesetze in eigener Verantwortung zu regeln." Städte werden demnach noch immer als ‚örtliche Gemeinschaften' verstanden. Ist das nur eine Erinnerung an die vormodernen Verhältnisse, die sich aber durch die Vereinheitlichung der Gesetzgebung im Nationalstaat und durch die Globalisierung der Kommunikation und von ökonomischen und kulturellen Prozessen grundlegend verändert haben? Rechtlich sind die Gemeinden bis heute keine staatlichen Institutionen, sondern Körperschaften des öffentlichen Rechts, die der Aufsicht durch die Länder unterliegen. Hat es also einen Sinn, wenn von ‚Stadtgesellschaften' die Rede ist, gar von ‚solidarischen Stadtgesellschaften', wie es im Diskurs über die ‚soziale Stadt' inzwischen selbstverständlich geworden ist? Das hängt davon ab, inwieweit sich politische und kulturelle Identitäten an die lokale Ebene heften, inwieweit sich also die Stadtbewohner als Angehörige eines sozialen Verbandes definieren. Daraus ließen sich Zugehörigkeiten ableiten, die für eine solidarische Stadtpolitik höchst bedeutsam wären.

Seit der Industrialisierung waren die Städte die Zentren des ökonomischen Wachstums und die bevorzugten Zielorte von Bevölkerungswanderungen. In ihnen bildete sich die Spaltung der Klassengesellschaft ab. Die Tendenzen zur menschenrechtlich begründeten rechtlichen und politischen Gleichheit verwandelten die ‚Bürgerstädte' zu ‚Einwohnerstädten'. In den deutschen Städten regierte ein liberales Bürgertum, das die kollektiven Infrastruktureinrichtungen (Wasser- und Energieversorgung, Gesundheitswesen, Transport) zunächst durch private Unternehmer organisieren lassen wollte, ab dem letzten Viertel des 19. Jahrhunderts dies aber immer mehr in eigene Regie übernahm. Damit wurden die Stadtverwaltungen, die auch einen wachsenden Einfluss auf die räumliche Struktur durch Stadtplanung gewannen, zu mächtigen Akteuren der lokalen Entwicklung, die sich ‚am Wohle der Stadt' und nicht primär an partikularen Interessen orientierten. Darin war die Charakterisierung als ‚Munizipalsozialismus' begründet. Ab 1918 hatten dann auch in den Städten alle Einwohner das gleiche Wahlrecht, was zu einem größeren Gewicht der linken Parteien in der lokalen

Politik führte und insbesondere den Weg für eine soziale Wohnungspolitik öffnete. Trotz der krassen Klassengegensätze war die Entwicklung der Städte insofern inklusiv, als sie immer mehr Arbeitsplätze, immer mehr und bessere Wohnungen und auch eine funktionierende Wasser- und Energieversorgung in allen Teilen der Stadt sicherstellten.

An dieser gesamtstädtischen Orientierung und an der Vorstellung von der Stadtverwaltung als einem machtvollen lokalen Akteur rüttelte im letzten Drittel des 20. Jahrhunderts die Propaganda einer ‚Modernisierung', die für Marktprozesse eine sehr viel gewichtigere Rolle bei der Gestaltung städtischer Strukturen und Versorgungseinrichtungen reklamierte. Dadurch setzte sich ein Trend zur Privatisierung von kommunalen Einrichtungen durch, in dessen Verlauf immer mehr Bereiche der Steuerung durch die ‚örtlichen Gemeinschaft' entzogen wurden.

Strukturwandel

Begleitet war diese Tendenz von einem grundlegenden Wandel der großen Städte, der die ökonomischen, sozialen und räumlichen Strukturen seit den 1970er Jahren stark verändert hat. Insbesondere die Kernstädte der Agglomerationen waren zunächst die Verlierer dieses Wandels. Während in den ländlichen Gebieten und in den suburbanen Gebieten die Zahl der Arbeitsplätze und der Wohlstand wuchsen, verloren die Großstädte an wirtschaftlichem Gewicht und die sozialen Probleme wuchsen.

Die Arbeitslosigkeit war in den Großstädten seit den 70er-Jahren zum ersten Mal seit Beginn der Industrialisierung höher als auf dem Land, insbesondere der hohe Anteil von Dauerarbeitslosigkeit verwies auf strukturelle Probleme. Ursache dafür war der Abbau von Arbeitsplätzen in der industriellen Produktion, von dem insbesondere die Migranten betroffen sind, die ja als ‚Gastarbeiter' für genau diese Arbeitsplätze angeworben worden waren. Der wachsende Anteil von Nicht-Erwerbstätigen in den Städten erzwang höhere Sozialausgaben. Da aber gleichzeitig wegen des Rückgangs der Zahl der Arbeitsplätze – und durch Änderungen der Steuergesetze – die Steuereinnahmen der Städte zurückgingen, entstand eine chronische Finanznot, die zum Abbau von nicht mehr finanzierbaren Leistungen zwang.

Dem Verlust von Fertigungs-Arbeitsplätzen stand aber immer auch ein Wachstum von Dienstleistungstätigkeiten gegenüber. Einerseits nahm die Beschäftigung in Bereichen wie Beratung, Finanzierung, Versicherungen, EDV, Forschung und Entwicklung, Werbung und Kultureinrichtungen zu, andererseits wuchs die Beschäftigung in unqualifizierten und gering entlohnten Dienstleistungen wie Transport, Reinigung, Bewachung oder Gastronomie. Sowohl der höhere Anteil von Arbeitslosen als auch die größere Ungleichheit der Einkommen in der Dienstleistungsbeschäftigung beförderten eine Tendenz zur sozialen Polarisierung, die sich nach und nach auch in der räumlichen Struktur der Städte niederschlug.

Die wachsende Zahl von Armen wurde auf einem schrittweise liberalisierten Wohnungsmarkt in wenige Quartiere mit geringer Attraktivität gelenkt, in denen sich nun die sozialen Probleme konzentrieren. Deshalb ziehen sich von dort die einheimischen und die ausländischen Mittelschichten zurück, so dass die Segregation der sozial randständigen Bevölkerung stärker wurde. In allen großen Städten sind solche Prozesse der *Residualisierung* von Stadtteilen mit einer hohen sozialen Problemdichte zu beobachten – und in diesen Stadtteilen ist häufig der Migrantenanteil vergleichsweise hoch.

Ursachen

Die Krise der Städte hatte Ursachen in der Ökonomie und in der Bevölkerungsentwicklung. In ökonomischer Hinsicht waren es Verlagerungen und Rationalisierung, insgesamt also die Deindustrialisierung, die zu einem weitgehenden Verschwinden der industriellen Fertigungstätigkeit aus den Städten führte; in demografischer Hinsicht war es die Suburbanisierung, die zur sozialen Entmischung der Großstadtbevölkerung beitrug.

Mit der Ausbreitung des Automobils und wachsender Kaufkraft setzte auch in deutschen Städten nach dem 2. Weltkrieg die massenhafte Abwanderung von jungen Familien mit überdurchschnittlichen Einkommen ins Umland ein. Die Motive dafür sind inzwischen gut bekannt Im Umland bekommt man mehr Fläche fürs Geld im Vergleich zur Stadt. Eigentumsbildung und Wohnungsvergrößerung sind für mittlere Einkommen praktisch nur im Umland möglich gewesen. Das Einfamilienhaus im Grünen wurde außerdem zum Symbol eines harmonischen Familienlebens und zum Ausweis einer gelungenen Biographie („einen Sohn zeugen, einen Baum pflanzen, ein Haus bauen").

Die dadurch verursachte Mobilität von der Kernstadt ins Umland war sozial selektiv. Das heißt, dass die „Besserverdienenden" die Städte verließen und in der Stadt die „A-Gruppen" zurückblieben, deren Konzentration sich dadurch verstärkte Arme, Arbeitslose und Ausländer. Die Folgen dieser Entwicklung waren und sind wachsende Ungleichheiten in dreierlei Hinsicht

- die Einkommensungleichheit in den Städten ist größer geworden;
- die ethnische Heterogenität in den Städten nimmt laufend zu;
- die räumliche Segregation der einkommensschwachen und diskriminierten Haushalte wird größer.

Entwicklungen dieser Art waren nicht nur in Deutschland zu beobachten. Soziale Polarisierung, Spaltung der Städte, Desurbanisierung, Schrumpfen – das sind die Stichworte, die die internationale Diskussion über die Entwicklung großer Städte in den letzten drei Jahrzehnten geprägt haben.

Renaissance?

Seit Mitte der 1990er Jahre ist jedoch auch für die Großstädte in Deutschland eine Trendveränderung zu beobachten, die von manchen Beobachtern bereits als „Renaissance der Stadt" gefeiert wird. Anzeichen dafür sind die Wiederkehr des Wachstums von Arbeitsplätzen in den Städten und die Abnahme der Abwanderungen ins Umland. Haben die Städte die kritischste Phase des Strukturwandels überwunden? Erleben wir das Ende der Suburbanisierung und den Beginn eines neuen ökonomischen Wachstums?

Wirtschaftliche Trends und Bevölkerungsbewegungen sprechen tatsächlich dafür. Die lange Periode des Gewichtsverlusts scheint sich ihrem Ende zu nähern. Der wirtschaftliche Wandel wirkt wieder zugunsten der Städte, und das Umland verliert seine Attraktivität für die jungen Familien.

Neue Ökonomie in der Stadt

Der Übergang von der Industrie- zur Dienstleistungsökonomie ist begleitet von einem Wandel der grundlegenden Prinzipien der wirtschaftlichen Organisation. Der Aufstieg der großen Industrie hat die Städte wachsen lassen, aber er hat sie auch zerstört. Die große Industrie beruhte auf den Organisationsprinzipien des Taylorismus. Nach diesem Modell wurde die höchste Produktivität erreicht, wenn der Produktionsprozess möglichst weitgehend zergliedert und mechanisiert wurde. Voraussetzung dafür waren standardisierte Produkte. Diese Form der Rationalisierung wurde im Konzept des Funktionalismus auf die Städte übertragen.

Die Entflechtung oder Beseitigung der unübersichtlichen, funktionsgemischten Altbaugebiete gehörte ebenso zum Konzept des „modernen" Städtebaus wie die Entdichtung und die Standardisierung der Wohnformen. Eine klare Ordnung musste geschaffen werden. Für alles und jeden einen Ort festzulegen und von zentraler Hand für ein optimales Funktionieren zu sorgen, das war das Konzept der fordistischen Stadt.

In den Großsiedlungen der Nachkriegszeit und in den suburbanen Familienheimgebieten, die beide in der Regel „reine" Wohngebiete waren, wurde dies ebenso sichtbar wie in den auswuchernden Verkehrsflächen und Gewerbegebieten in und am Rande der Stadt. Fordismus bedeutete die Auflösung der urbanen Stadt.

Die Bedeutung fordistischer Produktion ist in den industrialisierten Ländern inzwischen dramatisch gesunken – und in der postindustriellen, postfordistischen Ökonomie gewinnen urbane Orte wieder eine größere Bedeutung. Nachdem die unqualifizierten Fertigungstätigkeiten in Billiglohn-Länder ausgewandert sind, nehmen hochwertige Dienstleistungen in unseren Städten mit großen Wachstumsraten zu Forschung und Entwicklung; Planung, Organisation und Finanzierung von Produktion; Beratungstätigkeiten, Kommunikation und Kulturproduktion. Die Grenzen zwischen Industrie und Kultur sind verschwunden, für das ökonomische Wachstum ist die kulturelle Kreativität zentral geworden.

Die postfordistische Ökonomie unterscheidet sich von der fordistischen Organisation radikal dadurch, dass nicht mehr Großbetriebe die Stadtökonomie beherrschen, sondern vielmehr in wechselnden Kooperationen kleinere Unternehmen projektförmig zusammenarbeiten. In der Kunstproduktion war dies schon immer gang und gäbe, nun wird dieses Modell verallgemeinert. In den Städten entwickelt sich eine Wissensökonomie, die sich nicht mehr auf Handarbeit, sondern vor allem auf intellektuelle Arbeit, Kreativität, soziale Interaktion und Vernetzung stützt. Entscheidend für das ökonomische Wachstum sind, um einen Begriff von Richard Florida zu benutzen, die ‚kreativen Klassen' – und diese bevorzugen urbane Orte zum Leben und Arbeiten.

Ende der Suburbanisierung?

Und warum ziehen nicht mehr so viele Familien ins Umland? Die Suburbanisierung war für die privaten Haushalte ein kapitalintensiver Prozess. Langfristige Investitionen in Immobilien, Automobile und Haushaltstechnik waren Voraussetzung für diesen familienzentrierten Lebensstil. Die langfristige Verschuldung setzte eine hohe Sicherheit des Arbeitsplatzes und steigende Einkommen voraus.

Beides ist heute für jüngere Haushalte nicht mehr selbstverständlich. Einkommenszuwächse sind temporär und können von Einkommensrückgängen abgelöst werden. Die Flexibilität der Arbeitswelt hat eine abnehmende Planbarkeit der beruflichen Einkommen zur Folge, die schwache Inflation fehlt als finanzielle Hilfe für langfristige Entschuldung.

Und die Altersjahrgänge, die typischerweise zu den Suburbanisierern gehörten, werden aufgrund der demografischen Entwicklung zahlenmäßig schwächer. Die Zahl der 26- bis unter 40-Jährigen ist seit 1996 um etwa 25 % zurückgegangen, und sie wird weiter abnehmen, wie die Prognose des Bundesamtes für Bauwesen und Raumordnung zeigt.

Hinzu kommt, dass gerade bei den akademisch Gebildeten die Berufstätigkeit beider Partner immer selbstverständlicher wird. Dies ist eine logische Konsequenz der Zunahme höherer Bildung auch bei den jungen Frauen und der damit verbundenen Veränderung der Frauenrolle. Die Aussicht, im suburbanen Eigenheim für den Fahrdienst, der die Kinder zu den verschiedenen Bildungs-, Freizeit- und Erziehungsstationen bringen muss, zuständig zu sein und die eigenen Qualifikationen verkümmern zu sehen, ist für junge Frauen immer weniger attraktiv. Das Hausfrauenmodell erodiert gerade deshalb, weil sich die Frauen immer seltener wie selbstverständlich in die familiäre Privatsphäre zurückziehen. Der Suburbanisierung geht sozusagen das Personal aus.

Außerdem wird die Trennung von Arbeiten und Leben, die für die Entwicklung der modernen Stadt so charakteristisch war, tendenziell aufgehoben. Die Anforderungen zeitlicher Flexibilität und die beständige Suche nach neuen Kontakten und Kooperationsmöglichkeiten sowie die Vereinbarkeit von Familie und Beruf sind in den multifunktionalen innerstädtischen Altbaugebieten leichter zu organisieren. Funktionsmischung, vielfältige Infrastruktur und kurze Distanzen kommen den Anforderungen der Wissensökonomie ebenso am besten entgegen wie den Lebensstilen, die sie hervorbringt. Dies alles begründet die gestiegene Attraktivität der Innenstädte für die neue Ökonomie, die eine urbane Ökonomie ist.

Die ‚kreative' Stadt

Die ‚kreativen Berufe' sind immer mehr auch ins Zentrum der Stadtentwicklungspolitik gerückt, seit der amerikanische Regionalökonom Richard Florida einen engen Zusammenhang zwischen der kulturellen Qualität einer Stadt und ihrem ökonomischen Erfolg hergestellt hat. Er vertritt die These, dass die Städte, die die Merkmale einer kulturellen Metropole haben, auch das stärkste ökonomische Wachstum aufweisen –und dass es dabei einen erklärbaren Zusammenhang gibt.

‚Kreativität' ist demnach zur zentralen Antriebskraft von Wachstum und Entwicklung von Städten Regionen und Nationen geworden. Der ‚kreative Sektor', der Wissenschaft und Technik, in Forschung, Entwicklung und die technologiebasierten Industrien, die Künste, Musikkultur, ästhetische und Design-Arbeit, die wissensbasierten Berufen des Gesundheitssystems, der Finanzen und des Rechtssystems umfasst, stellt beinahe die Hälfte aller Löhne und Gehälter in den Vereinigten Staaten. Und die Beschäftigten in den wissensbasierten Berufen leben besonders gerne in einer Stadt, die eine tolerante Atmosphäre und viele Bildungsmöglichkeiten bietet.

Da die Fähigkeit, kreatives Potenzial zu entfesseln, der zentrale Schlüssel für ökonomisches Wachstum ist, wird Kultur nicht als disziplinierende Kraft im Sinne der protestantischen Ethik gesehen, sondern als eine grenzenlose Ressource für Innovation und Wachstum, vorausgesetzt, sie ist offen und bestraft Querdenken, Grenzüberschreitungen, Regelverletzungen, Gegen-den-Strom-Schwimmen nicht nur nicht, sondern belohnt sogar solche Abweichungen von der Standard-Kultur.

Die 3 T's sind zur Zauberformel postindustrieller Stadtentwicklungspolitik geworden Technology, Talent, Tolerance

- Forschung und Entwicklung im Bereich *Technologie* ist der erste zentrale Faktor für ökonomisches Wachstum von Städten.

- *Talent*, also Begabung und Bildung, bilden den zweiten zentralen Faktor. Aus dieser Perspektive besteht die Rolle der Städte darin, Humankapital zusammen zu bringen und zu vermehren – und das führt dann auch zu mehr ökonomischem Wachstum.
- *Toleranz* schließlich, der dritte Faktor, ist der Schlüssel für die Fähigkeit von Orten, Technologie und Talent anzuziehen.

Wer ökonomisches Wachstum will, muss daher fragen was macht die Fähigkeit einer Stadt aus, die technologischen Ströme und die kreativen Talente an sich zu binden? Die Antwort lautet Offenheit, Diversität und Toleranz. Die statistische Korrelation zwischen ökonomischem Wachstum und der Eigenschaft von Städten, offen für Migranten, Künstler, Homosexuelle und für ethnische Minoritäten zu sein, macht die urbane Kultur einer Stadt zu einem ökonomischen Faktor.

Innovation ist das zentrale Mantra moderner Technologieförderung. Dabei geht es um die Organisation und die Mobilisierung von Begabungen. Alle Städte betreiben heute diese Art von Innovationsförderung Technologietransfer, Partnerschaften zwischen Universität und Industrie, Gründungszentren, Risikokapital. Aber welche dadurch ökonomisches Wachstum erreichen, hänge – so der förderungstechnische Schluss – an Merkmalen der Lebensqualität von Städten, die sie attraktiv machen für junge, innovative und erfinderische Talente. Diese wird nun mit dem so genannten Bohème-Index (Konzentration von Künstlern, Musikanten, Singles usw.) und einem Gay-Index, also dem Anteil von Homosexuellen an der Wohnbevölkerung, gemessen.

Solche Städte, die alle Arten von Menschen mit all ihren auch wunderlichen Besonderheiten willkommen heißen, seien die erfolgreichsten, sagen nun auch die Unternehmensberater. Folgt man dieser Theorie, dann sind für die Unterstützung des wirtschaftlichen Wachstums attraktive Lebensbedingungen für kulturelle und ethnische Minderheiten ebenso wichtig wie die Förderung von technologischer Forschung, die Kooperation zwischen Wissenschaft und Wirtschaft oder Risiko-Finanzierungen.

Ambivalenzen

Es erscheint wie ein kulturelles Wunder die Förderung von kultureller Diversität, die Präsenz von Widerständigem und Abweichendem paaren sich auf's Schönste mit dem ökonomischen Wachstum. Ein Problem für die Städte ergibt sich aber daraus, dass sich die ‚Kreativen' nach den urbanen Räumen sehnen, die in den Städten bereits von einer alternativen oder migrantischen Szene besetzt sind. So entsteht also ein Kampf um den Raum. Wenn die Stadtverwaltungen mit dem TTT-Konzept ihr Wirtschaftswachstum befördern wollen, so lautet die Konklusion, müssen Sie die Gentrifizierung möglichst vieler Bereiche der Innenstadt unterstützen und in allen Großstädten gibt es Belege dafür, dass dies auch tatsächlich geschieht. Innerstädtische Bereiche werden mit attraktiv erscheinender Architektur überbaut, die ‚Lofts' und andere ungewöhnliche Wohngehäuse beinhalten. Außerdem werden umfangreiche Investitionen in bisher eher dem preisgünstigen Segment des Wohnungsmarktes zugehörigen Altbauten vorgenommen, die durch die daraus resultierenden höheren Mieten zu einer sozialen Umstrukturierung der Quartiere führen. In Städten mit ökonomischem Wachstum – wie München oder Hamburg – beklagen Künstler und alternative Projekte daher den beschleunigten Verlust von räumlichen Möglichkeiten für ihre Aktivitäten, die in der Städtewerbung gerne als Beigaben zum Image der toleranten und diversifizierten Metropole willkommen sind.

So erscheint die ‚Kultur' als Gewinner des ökonomischen Wandels, aber diese Entwicklung produziert auch neue Verlierer, nämlich diejenigen, die in der neuen Ökonomie keinen angemessenen Platz mehr finden. Wenn eine Metropole offen, tolerant und integrativ sein soll, muss sie jedoch das Kunststück fertig bringen, diese Spannungen und Ambivalenzen so zu bearbeiten, dass ihr genau die Merkmale, die sie attraktiv gemacht haben, nicht verloren gehen. Soziale Integration ist daher ein ebenso wichtiges Thema.

Wo kulturelle Minderheiten diskriminiert, wo ausgrenzende ‚Leitkulturen' hochgehalten werden, wo große Teile der Bevölkerung vom Zugang zu höherer Bildung ferngehalten werden, wird nicht nur die ökonomische Entwicklung gefährdet, sondern auch die urbane Qualität einer Stadt beeinträchtigt, und damit ihre Zukunft. Daher ist es nicht nur ein sozialmoralischer Imperativ für die Stadtpolitik, räumliche Marginalisierung und soziale Ausgrenzung in den Städten zu vermeiden und kulturelle Vielfalt dagegen zu fördern.

‚Soziale Stadt'

Die Residualisierung von Stadtquartieren zu bekämpfen, in denen sich die Bevölkerungsteile konzentrieren, die am Arbeitsmarkt marginalisiert und kulturell diskriminiert werden, ist eine Aufgabe der Stadtentwicklungspolitik, die in allen Teilen der Stadt für zugänglichen Wohnraum auch für Haushalte mit geringen Einkommen sorgen muss. Denn die dauerhafte Ausgrenzung durch räumliche Segregation vermindert die Lebenschancen der dort aufwachsenden Kinder und Jugendlichen nachhaltig, weil dort insbesondere die Schulen zu ‚Restschulen' mit einem niedrigen Niveau schulischer Bildung werden. Da die bildungsbewussten Eltern ihre Kinder nicht auf solche Schulen gehen lassen wollen, ist die Schulsegregation sogar noch höher als die soziale oder ethnische Segregation.

In diesen Vierteln überlagern sich hohe Arbeitslosigkeit, Armut und hohe Anteile von ethnisch-kulturellen Minderheiten. Diese komplexen Problemlagen aufzubrechen und der nachwachsenden Generation faire Bildungschancen zu bieten, kann keine noch so perfekte Bildungspolitik allein leisten. Das Bund-Länder-Programm ‚Stadtteile mit besonderem Entwicklungsbedarf – die soziale Stadt' sieht daher eine Integration der Fachpolitiken in einer sozialräumlich orientierten Strategie vor. Sie ist dabei aber auf eine möglichst große Vielfalt zivilgesellschaftlicher Kooperation angewiesen. Integration, Kooperation und Partizipation gehören daher zu ihren Leitprinzipien.

Bleibende Disparitäten

Die Tendenzen einer urbanen Renaissance sind mit der Gefahr einer sozialen und räumlichen Spaltung der Städte verbunden. Außerdem haben sich regionale Disparitäten herausgebildet, die durch die internationale Konkurrenz der Stadtregionen wahrscheinlich noch größer werden. Die Schere in der Entwicklung zwischen den weiterhin wachsenden und den schrumpfenden Städten geht immer weiter auseinander. Dies hat Folgen für die Wanderungsprozesse es gibt Städte mir hoher und solche mit niedriger Binnen- und Außen-Zuwanderung. Und das Ost-West-Gefälle wird durch die hohen Wanderungsverluste gerade bei den jüngeren, qualifizierten Bewohnern für lange Zeit die regionale Struktur prägen. Nicht alle Städte profitieren also bereits von der neuen urbanen Ökonomie, in vielen dominiert Deindustrialisierung die Entwicklung.

Der in den kommenden Jahrzehnten zu erwartende Rückgang der Bevölkerungszahl in Deutschland wird zu einer stärkeren räumlichen Konzentration der dann noch vorhandenen Bevölkerung in den Stadtregionen führen. Denn eine angemessene Infrastruktur wird in den dünn besiedelten Gegenden nicht mehr mit staatlicher Finanzierung aufrecht zu erhalten sein. Hier werden neue Formen der ehrenamtlichen Organisation von Versorgungs- und Transportdiensten entstehen müssen. Und in den schrumpfenden Städten wird das Investitionsinteresse des großen Kapitals die Entwicklung nicht mehr bestimmen. Dadurch öffnen sich aber Chancen für eine Gestaltung, die stärker von den Aktivitäten und Wünschen ihrer Bewohner abhängen. In den Dörfern und in den schrumpfenden Städten muss und kann die Zivilgesellschaft zum entscheidenden Akteur werden.

Literatur

Aehnelt, Rainer/Göbel, Jan/Gornig, Martin/Häussermann, Hartmut 2009: Trends und Ausmaß der Polarisierung in deutschen Städten, (hrsg. vom Bundesministerium für Verkehr, Bau und Stadtentwicklung), Schriftenreihe Forschungen, Heft 137. Bonn.
Dubet, Francois/Lapeyronnie, Didier 1994: Im Aus der Vorstädte. Stuttgart.
Florida, Richard L. 2005: Cities and the creative class. New York.
Hamnett, Chris 2003: Unequal City London in the Global Arena. London.
Häußermann, Hartmut/Läpple, Dieter/Siebel, Walter 2008: Stadtpolitik. (Edition Suhrkamp, Band 2512). Frankfurt am Main.
Häußermann, Hartmut/Kronauer, Martin/Siebel, Walter (Hrsg.) 2004: An den Rändern der Städte. (Edition Suhrkamp, Band 2252). Frankfurt/Main

Institut für Stadtforschung und Strukturpolitik 2004 Die Soziale Stadt. Ergebnisse der Zwischenevaluierung. Herausgegeben vom Bundesminsiterium für Verkehr, Bau- und Wohnungswesen. Berlin.

Siebel, Walter (Hrsg.) 2004 Die europäische Stadt. (Edition Suhrkamp, Band 2323). Frankfurt/Main

Simmel, Georg 1995 (zuerst 1903) Die Großstädte und das Geistesleben. In: Simmel, Georg: Aufsätze und Abhandlungen 1901–1908, Band I. Frankfurt/Main: 116–131.

Susanne Huth

Migration und Integration

Einleitung

In Deutschland leben 15,4 Mio. Menschen mit Migrationshintergrund, ihr Anteil beträgt mit 18,7% annähernd ein Fünftel der Gesamtbevölkerung (Statistisches Bundesamt 2009). Die gesellschaftliche Integration von Migrantinnen und Migranten stellt eine der wichtigsten sozialpolitischen Aufgaben nicht nur der Gegenwart, sondern auch der Zukunft dar. Mit In-Krafttreten des Zuwanderungsgesetzes am 1.1.2005 wurde endlich politisch und gesetzlich anerkannt, dass Deutschland de facto ein Zuwanderungsland ist. Mit dem Ziel, Zuwanderern eine gleichberechtigte Teilhabe am gesellschaftlichen, politischen, kulturellen und wirtschaftlichen Leben zu ermöglichen, gibt es damit seitdem erstmalig gesetzliche Rahmenbedingungen für die Integrationsförderung, die die unterschiedlichsten Integrationsangebote von öffentlichen und privaten Trägern umfassen.

Integration ist jedoch nicht nur eine zentrale Aufgabe des Staates, sondern auch der Zivilgesellschaft, die sich dieser Aufgabe lange vor der Implementierung eines gesetzlichen Rahmens angenommen hat. Neben den hauptamtlich erbrachten Integrationsangeboten zahlreicher Akteure sind es gerade Aktivitäten im bürgerschaftlichen Engagement, die zur gesellschaftlichen Integration von Migrantinnen und Migranten beitragen. So hat das bürgerschaftliche Engagement *für* Migrantinnen und Migranten in Deutschland eine lange Tradition, ob im Rahmen der Wohlfahrtsverbände, in interkulturellen, Ausländer- und Asylbewerberinitiativen, der Antirassismusarbeit oder der Flüchtlingshilfe.

Das freiwillige und bürgerschaftliche Engagement *von und mit* Migrantinnen und Migranten dagegen erlangt erst seit Ende der 1990er Jahre langsam zunehmende Beachtung. Wurden Migrantinnen und Migranten bis dahin als Empfänger von sozialen und ehrenamtlich erbrachten Leistungen und Aktivitäten betrachtet, hat eine Ausweitung der Perspektive stattgefunden, die auch das Engagementverhalten und die Engagementpotenziale von Migrantinnen und Migranten in den Mittelpunkt des Interesses rückt.

Dieser Entwicklung wurde im Nationalen Integrationsplan Rechnung getragen. Hinsichtlich der Integration durch bürgerschaftliches Engagement und einer gleichberechtigte Teilhabe werden u.a. die folgenden Maßnahmen auf staatlicher Ebene propagiert (Bundesregierung 2007: 174):

- Unterstützung des Prozesses interkultureller Öffnung bei traditionellen Vereinen, Verbänden, Kirchen, Religionsgemeinschaften und Migrantenorganisationen;
- Gleichbehandlung und gleichberechtigte Anerkennung der Integrationsanstrengungen von Migrantenorganisationen.

Grundlage dafür ist die Erkenntnis, dass bürgerschaftliches Engagement von und mit Migrantinnen und Migranten deren gesellschaftlicher Partizipation und Integration förderlich ist. Vorbehalte bleiben jedoch gegenüber ethnischen Vergemeinschaftungen von Migrantinnen und Migranten dahingehend bestehen, ob und inwiefern das Engagement von Migrantinnen und Migranten in Migrantenorganisationen zu deren Integration und Partizipation beiträgt oder diese gar behindert. Dazu trägt vor allem bei, dass Migrantinnen und Migranten in vielen Bereichen der Bürgergesellschaft unterrepräsentiert sind und noch immer Unkenntnis über Aktivitäten in Migrantenorganisationen herrscht. Damit ist die Sorge verbunden, das freiwillige Engagement von Migrantinnen und Migranten in Migrantenorganisationen, vor allem religiös geprägten, könne zu einer stärkeren Abschottung gegenüber der deutschen Mehrheitsbevölkerung führen. In diesem Zusammenhang wird nicht selten von der Entwicklung und Verfestigung von Parallelgesellschaften gesprochen.[1]

Um die Empfehlungen des Nationalen Integrationsplans hinsichtlich der Förderung des bürgerschaftlichen Engagements von Migrantinnen und Migranten, ihrer stärkeren Einbindung in bürgergesellschaftliche Strukturen und deren interkulturellen Öffnung sowie die Anerkennung des Engagements in Migrantenorganisationen umzusetzen, ist es somit zentral, zu ermitteln,

- wie Zugänge zum bürgerschaftlichen Engagement im traditionellen Freiwilligensektor gestaltet werden müssen, damit Migrantinnen und Migranten sich auch hier stärker engagieren, und
- welche Auswirkungen das Engagement von Migrantinnen und Migranten in Migrantenorganisationen auf ihre Partizipation und Integration in die Gesellschaft hat.

Besonderheiten des bürgerschaftlichen Engagements von Migrantinnen und Migranten

Bürgerschaftliches Engagement hat eine Vielzahl an konkreten Ausprägungen. Es umfasst deutlich mehr als das klassische Ehrenamt, gemeint sind vielmehr die verschiedensten Aktivitäten und Ausdrucksformen, unabhängig davon, ob sie in einer formalisierten Organisation oder in informellen Bezügen stattfinden. Ausschlaggebend ist also nicht die Form, sondern dass

---

1 Für eine kritische Auseinandersetzung mit dem Begriff der Parallelgesellschaften siehe Schiffauer (2008).

es sich um freiwillige, unentgeltliche und gemeinwohlorientierte Tätigkeiten handelt (Enquête-Kommission 2002).

Bürgerschaftliches Engagement von Migrantinnen und Migranten ist demnach als ein Engagement zu verstehen, das – auch wenn es sich auf die eigene ethnische Gemeinschaft bezieht – durch die Nutzung der gegebenen Partizipationsmöglichkeiten auf die Erschließung und Förderung von Beteiligungs- und Mitgestaltungsmöglichkeiten zielt. Es ist durch ein kollektives Verantwortungsgefühl geprägt und zugleich auf einen größeren sozialen Zusammenhang und damit auf das Gemeinwesen bezogen. Aktivitäten, die auf eine Abschottung gegenüber der deutschen Gesellschaft zielen, können, auch wenn sie freiwillig und unentgeltlich ausgeübt werden, dagegen nicht als bürgerschaftlich bezeichnet werden (Huth 2006: 195).

Ausmaß und Kontexte

Noch immer ist die Datenlage über das Ausmaß und die Kontexte des bürgerschaftlichen Engagements von Migrantinnen und Migranten, ihre Motivlagen zur Übernahme von Engagementaktivitäten und Barrieren gegenüber einem Engagement unzureichend. Neuere Zahlen einer Repräsentativbefragung (Halm/Sauer 2007) zeigen, dass annähernd zwei Drittel (64%) der türkeistämmigen Migrantinnen und Migranten in Vereinen, Verbänden, Gruppen oder Initiativen aktiv sind, wobei eine höhere Bildung und eine längere Aufenthaltsdauer in Deutschland die Beteiligungsquote begünstigen. Dieser Anteil entspricht in etwa dem Aktivitätsgrad der deutschen Gesamtbevölkerung (70%).

Türkeistämmige Migrantinnen und Migranten sind am ehesten in türkischen Vereinen und Gruppen aktiv (40%), vor allem im kulturellen, religiösen und im Freizeitbereich. Ein Drittel der Türkinnen und Türken beteiligt sich sowohl in deutschen Zusammenhängen als auch in türkischen, 16% nur in deutschen Kontexten, 9% in interkulturellen Zusammenhängen. Die Beteiligung in interkulturellen und deutschen Vereinigungen ist dann höher, wenn hier gemeinsame Anliegen und Interessen von einheimischen Deutschen und türkeistämmigen Migrantinnen und Migranten berührt werden, beispielsweise in der politischen und beruflichen Interessenvertretung, im Sport oder bei Aktivitäten am Wohnort.

Über die Beteiligung in Vereinen, Gruppen und Initiativen hinaus sind 10% der türkeistämmigen Migrantinnen und Migranten dort auch ehrenamtlich oder freiwillig engagiert; in der deutschen Gesamtbevölkerung liegt dieser Anteil bei mehr als einem Drittel. Hier ist der Zusammenhang mit dem Bildungsgrad und dem beruflichen und finanziellen Hintergrund noch deutlicher als bei der Beteiligungsquote. Derart besser integrierte Migrantinnen und Migranten engagieren sich häufiger als solche, die weniger gut in die Gesellschaft eingebunden sind.

Für Engagementaktivitäten gilt im Allgemeinen, dass sich Personen zusammenschließen, die ein Interesse oder ein Anliegen teilen und dieses gemeinsam bearbeiten wollen. Gerade im Selbsthilfe- und Nachbarschaftsbereich wird dies besonders deutlich. Für das Engagement von Migrantinnen und Migranten gilt dies ebenso, sie schließen sich allerdings häufiger entlang ethnischer Zugehörigkeiten zusammen. Aber auch die traditionelle Engagementlandschaft in Deutschland ist vielfach durch Zugehörigkeiten sozio-kultureller Art, zu bestimmten Lebensweisen und -stilen geprägt.

Es hat sich gezeigt, dass sich Migrantinnen und Migranten häufig eher informell in Bereichen der gegenseitigen Hilfe und Selbsthilfe und in ihren ethnischen Gemeinschaften engagieren. Das „Migrantin- bzw. Migrant-Sein" bestimmt dabei die Formen und Inhalte des Engagements, die Bewältigung der eigenen Situation bzw. der Situation der eigenen Gruppe in der Migration steht im Mittelpunkt und ist Anlass dafür, sich zu engagieren (Halm/Sauer 2007).

Anlässe, Zugänge und Barrieren

Für Migrantinnen und Migranten gibt es spezifische Anlässe, warum und wie sie einen Weg ins Engagement finden, so sind zur Aufnahme eines Engagements vor allem die folgenden Punkte von großer Bedeutung (Huth 2007):

- Bedarfe aufgrund fehlender Angebote,
- Suche nach Geselligkeit und einem Stück Heimat,
- Ausübung von Religion,
- Schaffung von Begegnungsmöglichkeiten,
- Übernahme von Verantwortung für Bildung, Erziehung und sozialen Umgang von Kindern und Jugendlichen,
- Erweiterung von gesellschaftlichen Beteiligungschancen für Migrantinnen und Migranten und politische Interessenvertretung.

Die meisten Migrantinnen und Migranten finden den Zugang zu ihrem Engagement über den Weg der persönlichen Ansprache, ob durch Bekannte der eigenen ethnischen Community, Ausländervertretungen in den Kommunen und Betrieben oder an Orten, an denen Migrantinnen und Migranten zu einem Engagement durch die eigene Betroffenheit aktiviert werden können, wie in Schulen und Kindergärten.

Dem Engagement in aufnahmegesellschaftlichen Zusammenhängen stehen folgende Barrieren und Hemmnisse entgegen:

- Sprachbarrieren,
- Unkenntnis über Möglichkeiten des freiwilligen Engagements, der Einrichtungen und Angebote,
- Öffentlichkeitsarbeit von Vereinen und Verbänden erreicht Migrantinnen und Migranten kaum,

- Wahrnehmung aufnahmegesellschaftlicher Zusammenhänge als „geschlossene Gemeinschaft",
- mangelnde Ansprache durch Vereine und Verbände trotz vermeintlicher Offenheit für Migrantinnen und Migranten.

Migrantenorganisationen

Seit den 1960er Jahren entwickelten sich im Zuge der so genannten Gastarbeiterzuwanderung ausländische Freizeit-, Kultur-, Religions- und Betreuungsvereine der verschiedenen Zuwanderungsgruppen zu einer ausdifferenzierten Landschaft von Migrantenorganisationen als Reaktion auf die verschiedensten Notwendigkeiten und Bedürfnisse ihrer Mitglieder (Hunger 2002b). Ausschlaggebend dafür waren vor allem unpassende und mangelnde Angebote im Freizeit-, Kultur- und Religionsbereich sowie die Problematik, dass viele Migrantinnen und Migranten durch die Betreuungsangebote der Wohlfahrtsverbände und die Regeldienste aufgrund von Barrieren der Inanspruchnahme und Integrations-, vor allem Sprachdefiziten, kaum erreicht wurden bzw. dort ihre Interessen nicht vertreten sahen.

Weiss/Thränhardt (2005: 35) definieren Migrantenselbsthilfeorganisationen als „sowohl formale als auch informelle soziale Beziehungen von Migranten und Migrantinnen (...), die auf Freiwilligkeit beruhen und gemeinsame Ziele verfolgen, die über rein private Interessen hinausgehen und die autonome Bestimmung von ökonomischen als auch sozio-kulturellen Lebensbedingungen verfolgen." Die Entwicklung und Ausdifferenzierung der Migrantenorganisationslandschaft in Deutschland kann in aller Kürze wie folgt nachgezeichnet werden (Hunger 2002 a, 2002 b; Thränhardt/Hunger 2000; Weiss/Thränhardt 2005):

- *1960er Jahre*: Ausländische Freizeit-, Kultur-, Religions- und Betreuungsvereine, spanische und griechische Elternvereine entstehen.
- *1970er Jahre*: Es erfolgt eine Ausdifferenzierung der Selbstorganisationslandschaft; mehr türkische Vereine und solche mit religiöser Ausrichtung sowie erste Dachverbände entstehen.
- *1980er Jahre*: Regionale und überregionale Interessenvertretungen entstehen; es erfolgt eine stärkere Hinwendung der Aktivitäten und Zielsetzungen zur Situation im Zuwanderungsland und vermehrt gründen sich Dienstleistungs- und Interessenorganisationen.
- *Seit den 1990er Jahren*: Im Zuge der weiteren Ausdifferenzierung rücken zunehmend politische und soziale Themen im Zuwanderungsland in den Mittelpunkt, es gründen sich Unternehmervereine.

Die große Mehrheit der heute in Deutschland eingetragenen ausländischen Vereinigungen wurde in den 1980er- und 1990er-Jahren gegründet; derzeit zählt das Zentralregister des Bundesverwaltungsamt mehr als 16.000 ausländische Vereine (Hunger 2005).

Überall dort, wo Zugewanderte einer Herkunft in der Fremde zusammentreffen, bilden sie Zusammenschlüsse entlang ihrer ethnischen, religiösen oder kulturellen Wurzeln. Solche Vergemeinschaftungen fanden sich unter den polnischen Zuwanderern im Ruhrgebiet in der zweiten Hälfte des 19. Jahrhunderts ebenso wie unter deutschen Eingewanderten in den USA. Einige Zuwanderergruppen bleiben über viele Jahrzehnte eher in ihren eigenen Kreisen verhaftet, andere bleiben weniger lange in ihrer neuen Umgebung zu erkennen – die Gründe dafür sind vielfältig und komplex und noch nicht hinreichend erforscht. Sie beschäftigen die Soziologie seit Georg Simmel (1908), der in seinen „Untersuchungen über die Formen der Vergesellschaftung" wesentliche Grundlagen für die Erforschung der Prozesse und Probleme der sozialen Integration und Vernetzung von Migrantinnen und Migranten in einer Aufnahmegesellschaft gelegt hat.

Engagementverhalten und -potenziale

Sowohl für die Bevölkerung der Aufnahmegesellschaft als auch für Migrantinnen und Migranten gilt, dass sozio-strukturelle Merkmale und Lebensstile ausschlaggebend sind für Beteiligungs- und Engagementpotenziale und -verhalten (Gensicke/Picot/Geiss 2006). Es besteht demnach ein deutlicher Zusammenhang zwischen Bildungsniveau, sozialem Status und der Bereitschaft, sich zu engagieren. Da die soziale Positionierung von Menschen mit Migrationshintergrund vor allem hinsichtlich ihres Bildungs- und Erwerbsstatus schlechter ist als die der deutschen Bevölkerung, ist ihr Beteiligungs- und Engagementpotenzial und -verhalten auch weniger ausgeprägt als dies in der Gesamtbevölkerung der Fall ist. Es liegt zudem nahe, dass ihr Engagementpotenzial und -verhalten sowie die spezifischen Zugangswege von Migrantinnen und Migranten zum bürgerschaftlichen Engagement darüber hinaus wesentlich durch das Ausmaß ihrer Integration in den folgenden Bereichen bestimmt sind:[2]

- kulturelle Integration (hinsichtlich der Sprache und Kenntnis kultureller Verhaltensweisen und Regeln),
- soziale Integration (hinsichtlich der Interaktionsbeziehungen zur deutschen Bevölkerung) und
- emotionale Integration (hinsichtlich ihres Zugehörigkeitsgefühls zur Aufnahmegesellschaft).

---

2 Eine empirische Überprüfung dieser These steht noch aus.

Integrationspotenziale des bürgerschaftlichen Engagements von Migrantinnen und Migranten

Bürgerschaftliches Engagement im Sinne einer freiwilligen Übernahme von Verantwortung für die Mitgestaltung eines Gemeinwesens setzt voraus, dass man zu diesem Gemeinwesen dazugehört. Somit bedingen sich gesellschaftliche Teilhabe und Integration gegenseitig: je besser man integriert ist, umso eher beteiligt man sich und je mehr man sich beteiligt, umso besser gelingt die Integration.

Soziales Kapital

Wenn Migrantinnen und Migranten sich engagieren, so liegt das Hauptaugenmerk darauf, in welchen Zusammenhängen dies geschieht und welche Auswirkungen dies hat. Unstrittig ist, dass das gemeinsame Engagement von Migrantinnen und Migranten und Mitgliedern der Aufnahmegesellschaft Integrationswirkungen besitzt, da es soziale Beziehungen und das gemeinsame Bearbeiten von Interessen und Anliegen zwischen Zugewanderten und der Aufnahmegesellschaft erlaubt.

Strittig sind dagegen die integrationsfördernden Potenziale des Engagements von Migrantinnen und Migranten in Migrantenorganisationen. Von zentraler Bedeutung sind dabei Rolle und Bildung von sozialem Kapital. Soziales Kapital bezeichnet die Gesamtheit der vorhandenen und potenziellen Ressourcen, die mit der Teilhabe an einem Netz sozialer Beziehungen gegenseitigen Kennens und Anerkennens verbunden sind (Bourdieu 1983). Anders als Humankapital ist soziales Kapital nicht an natürliche Personen gebunden, sondern entwickelt sich in den Beziehungen zwischen ihnen. Es bietet für die Einzelnen Zugänge zu sozialen und gesellschaftlichen Ressourcen, bspw. Unterstützung, Hilfeleistung, Anerkennung, Wissen und Verbindungen.

Entscheidend in Bezug auf die integrationsrelevanten Beiträge bürgerschaftlichen Engagements in Migrantenorganisationen ist, ob soziales Kapital – nach der Unterscheidung von Putnam (2001) – innerhalb der Gruppe gebunden wird (bonding) und damit keinen Zugang zu Ressourcen und Anerkennung außerhalb der Gruppe schafft, oder ob es über die Gruppe hinweg verbindend wirkt (bridging), indem beispielsweise die Binnenintegration in eine Migrantenorganisation die Bereitschaft zu einem darüber hinausreichenden Engagement stärkt, Multiplikatoren- und Brückenfunktionen übernommen werden oder Migrantenorganisationen als Gruppe den Zugang in die Aufnahmegesellschaft vereinfachen.

Migrantenorganisationen bieten neben kulturellen, Freizeit- und religiösen Aktivitäten auch in den Bereichen der Alltagsintegration, der Sprachförderung, der Bildungs- und beruflichen Integration sowie in der politischen und Interessenvertretung eine Vielzahl von Aktivitäten und Leistungen an

(Huth 2007). Sie zeichnen sich durch ihren guten Zugang zu schwierigen Zielgruppen aus, wie Frauen und ältere Menschen mit Migrationshintergrund, die institutionellen Integrations- und Begegnungsangeboten eher fern bleiben. So spielen Migrantenorganisationen im Sprachförderbereich eine besondere Rolle, da sie neben konventionellen Formen der Sprachförderung vor allem niedrigschwellige Zugangswege und alternative Lernorte und -formen in Gesprächskreisen und Begegnungsangeboten bieten (Huth/ Schumacher 2007). Zudem übernehmen sie in Kindertageseinrichtungen und Schulen vielfach Multiplikatoren- und Vermittlungsfunktionen zwischen den Fachkräften und Eltern.

Kompetenzerwerb

Das bürgerschaftliche Engagement in Migrantenorganisationen erfordert dabei von den einzelnen Mitgliedern, dass sie mit deutschen Behörden, Institutionen und Einrichtungen in Kontakt treten und sich mit den bestehenden kulturellen Konventionen und Regeln befassen. Dies gilt in gewissem Maße sogar für solche Organisationen, die der deutschen Gesellschaft gegenüber eher verschlossen sind und wenig Kontakte suchen. Die engagierten Migrantinnen und Migranten erwerben so neben sprachlichen auch zahlreiche personenbezogene und Sachkompetenzen, wie Selbstbewusstsein, Kommunikationsfähigkeit, Kooperationsfähigkeit, Institutionenkenntnisse, rechtliches Wissen, politisches Wissen, Organisationsfähigkeit, Kenntnisse von Öffentlichkeitsarbeit und Verwaltung (Huth 2007).

Dabei leiden Migrantenorganisationen häufig unter einem Mangel an finanziellen, personellen, räumlichen und technischen Ressourcen, was ihre Vereinsarbeit behindert und die Kommunikation sowohl innerhalb der Organisationen als auch zwischen ihnen und der Umwelt erschwert. Für ein Gelingen des bürgerschaftlichen Engagements in Migrantenorganisationen und für die Herausbildung verbindenden sozialen Kapitals sind daher Kontakte, Kooperationen und Netzwerkbeziehungen von besonderer Bedeutung, denn dadurch können Migrantenorganisationen auf vielfältige Ressourcen zugreifen, wie bspw. Informationen, Zugang zu Räumlichkeiten, Hilfestellungen bei Vereinsgründung und -management, Zugang zu Projektgeldern, Hilfen bei der Planung und Durchführung von (gemeinsamen) Aktivitäten, Veranstaltungen und Festen. Hier wirken sich gegenseitige- Unkenntnis und Vorurteile und damit mangelnde Anerkennung noch oft hinderlich aus.

Die sozialintegrativen Potenziale bürgerschaftlichen Engagements zeigen sich darin, dass sich Möglichkeiten zum Erwerb gesellschaftlicher Positionen (Zugang, Rechte), zum Erwerb von kulturellem Kapital (Sprache, Wissen, Kompetenzen) und zum Aufbau von sozialem Kapital (soziale Beziehungen, Netzwerkpositionen) ergeben (Braun 2007). Für das bürgerschaftliche Engagement in Migrantenorganisationen gilt somit, dass es dann integrationsfördernd wirken kann, wenn diese Potenziale auch zugänglich sind und genutzt werden können.

Bürgerschaftliches Engagement ist ein Lernort. Im Rahmen von Engagementaktivitäten erlangen Engagierte zahlreiche Kenntnisse und Fähigkeiten. Für Migrantinnen und Migranten haben diese in Hinblick auf ihre Partizipation und Integration eine zentrale Bedeutung. Eine Zuordnung dieser Kenntnisse und Fähigkeiten zu den verschiedenen Integrationsdimensionen zeigt, welche Beiträge das bürgerschaftliche Engagement von Migrantinnen und Migranten hier leisten kann (Huth 2007):

- *kulturell*: Bürgerschaftliches Engagement bietet Gelegenheiten für den Erwerb des nötigen (Alltags-)Wissens, von Kompetenzen hinsichtlich kultureller Konventionen, Regeln und Fertigkeiten und der Sprache.
- *strukturell*: Es ergeben sich Möglichkeiten des Transfers von im Engagement erlangten Kompetenzen ins Erwerbsleben. Engagement hat Auswirkungen auf Aus- und Weiterbildung und berufliche Positionierung.
- *sozial*: Im Engagement bieten sich Gelegenheiten für soziale Kontakte und Interaktionen mit Mitgliedern der Aufnahmegesellschaft.
- *emotional*: Engagementaktivitäten stiften Zugehörigkeitsgefühle zur Aufnahmegesellschaft durch Anerkennung und Verantwortungsübernahme.

Zusammenfassung

Das gemeinsame bürgerschaftliche Engagement von Migrantinnen und Migranten und Mitgliedern der Aufnahmegesellschaft fördert Integration und den sozialen Zusammenhalt der Gesellschaft. Es ermöglicht Menschen mit Migrationshintergrund den Erwerb der deutschen Sprache und kultureller Kompetenzen, den Aufbau sozialer Beziehungen sowie das gemeinsame Bearbeiten von Interessen und Anliegen und dadurch Zugänge zu Ressourcen und Anerkennung auch außerhalb der Migrantencommunities.

Auch im bürgerschaftlichen Engagement in Migrantenorganisationen sind diese sozialintegrativen Potenziale angelegt – die Nutzbarmachung dieser Potenziale ist allerdings von den Rahmenbedingungen und Ressourcen der Migrantenorganisationen und ihren Kontakten und Kooperationsbeziehungen zu Institutionen der Aufnahmegesellschaft abhängig.

Zur Förderung der Beteiligung von Migrantinnen und Migranten in Form bürgerschaftlichen Engagements muss somit auf drei Ebenen angesetzt werden:

- der des Einzelnen durch eine gezielte und geeignete Ansprache,
- der der Vereine und Organisationen durch die Schaffung geeigneter Rahmenbedingungen und
- der der Vernetzung und des interkulturellen Austauschs durch die Schaffung von Begegnungsmöglichkeiten und sozialer Anerkennung.

Die vorstehenden Ausführungen haben deutlich gemacht, dass neben der interkulturellen Öffnung der traditionellen Engagementlandschaft auch die Förderung des bürgerschaftlichen Engagements in Migrantenorganisationen von besonderer Bedeutung für eine gelingende Integration ist. Denn diese schaffen als Brückenbauer und Multiplikatoren Beteiligungs- und Mitgestaltungsmöglichkeiten für Migrantinnen und Migranten am Gemeinwesen und ermöglichen so ihre Partizipation und Integration.

Um eine stärkere Beteiligung von Migrantinnen und Migranten formalen und informellen aufnahmegesellschaftlichen Engagementzusammenhängen zu ermöglichen, sind interkulturelle Kompetenzen und Maßnahmen der interkulturellen Öffnung erforderlich, um bspw. geeignete Wege der Ansprache und Gewinnung von Migrantinnen und Migranten zu entwickeln.

Zur Förderung und Verstetigung des bereits vorhandenen Engagements in Migrantenorganisationen ist eine gezielte Förderung, auch mit geeigneten Weiterbildungs- und Qualifizierungsmaßnahmen nötig, um die Rahmenbedingungen in Migrantenorganisationen sowie ihre Anerkennung und Akzeptanz zu verbessern. Durch die Initiierung von Kooperations- und Vernetzungsstrukturen von Migrantenorganisationen mit aufnahmegesellschaftlichen Organisationen und Institutionen können darüber hinaus eine Verstetigung der Vereinsarbeit und damit eine Erhaltung und Sicherung der Angebote erreicht werden, Ressourcen gebündelt und gezielt eingesetzt und ein Transfer von Kompetenzen zwischen Organisationen ermöglicht werden.

Die Ansätze, die im Nationalen Integrationsplan im Sommer 2007 hinsichtlich der Förderung des bürgerschaftlichen Engagements angelegt sind, verfolgen diese Richtung. Zum einen sollen Migrantenorganisationen als Partner anerkannt und ihre Integrationsanstrengungen durch gleichberechtigte Teilhabe unterstützt und integriert werden, zum anderen wird ein großes Augenmerk auf interkulturelle Öffnung und Vernetzung gelegt.

In den Erklärungen der Bundesregierung, der Bundesländer, der kommunalen Spitzenverbände und von Akteuren der Bürgergesellschaft, die in den ersten Fortschrittsbericht des Nationalen Integrationsplanes eingegangen sind, nimmt bürgerschaftliches Engagement von und mit Migrantinnen und Migranten entsprechend einen besonderen Stellenwert ein; zusammenfassend wird betont (Bundesregierung 2008: 9 f.):

- Integration gelingt nur mit einer engagierten Bürgergesellschaft.
- Starke Migrantenorganisationen werden als Brückenbauer gebraucht.
- Interkulturelle Öffnung wird verstärkt zu einem Querschnittsthema.

Literatur

Bourdieu, Pierre 1983: Die feinen Unterschiede. Kritik der gesellschaftlichen Urteilskraft, 2. Aufl. Frankfurt am Main.

Braun, Sebastian 2007: Sozialintegrative Potenziale bürgerschaftlichen Engagements für Jugendliche in Deutschland. Expertise zum Carl-Bertelsmann-Preis 2007. Bertelsmann Stiftung, Gütersloh.

Bundesregierung 2007: Der Nationale Integrationsplan. Neue Wege – Neue Chancen. Berlin. www.integrationsbeauftragte.de.

Bundesregierung 2008: Nationaler Integrationsplan. Erster Fortschrittsbericht. Berlin. www.integrationsbeauftragte.de.

Enquête-Kommission „Zukunft des Bürgerschaftlichen Engagements", Deutscher Bundestag (Hrsg.) 2002: Bericht: Bürgerschaftliches Engagement: Auf dem Weg in eine zukunftsfähige Bürgergesellschaft. Opladen.

Esser, Hartmut 2001: Integration und ethnische Schichtung. Arbeitspapiere, Mannheimer Zentrum für Europäische Sozialforschung. Bd. 40. Mannheim.

Gensicke, Thomas/Picot, Sibylle/Geiss, Sabine 2006: Freiwilliges Engagement in Deutschland 1999–2004. Wiesbaden.

Halm, Dirk/Sauer, Martina 2007: Bürgerschaftliches Engagement von Türkinnen und Türken in Deutschland. Wiesbaden.

Hunger, Uwe 2002 a: Einwanderer als Bürger. Initiative und Migrantenselbstorganisation. Münsteraner Diskussionspapiere zum Nonprofit-Sektor Nr. 21. Münster.

Hunger, Uwe 2002 b: Von der Betreuung zur Eigenverantwortung – Neuere Entwicklungstendenzen bei Migrantenvereinen in Deutschland. Münsteraner Diskussionspapiere zum Nonprofit-Sektor Nr. 22. Münster.

Hunger, Uwe 2005: Ausländervereine in Deutschland: Eine Gesamterfassung auf der Basis des Bundesausländervereinsregister. In: Weiss, Karin/Thränhard, Dietrich (Hrsg.): SelbstHilfe. Wie Migranten Netzwerke knüpfen und soziales Kapital schaffen. Freiburg i.Br.: 221–244.

Huth, Susanne 2006: Bürgerschaftliches Engagement von Migrantinnen und Migranten. In: Voesgen, Hermann (Hrsg.): Brückenschläge – Neue Partnerschaften zwischen institutioneller Erwachsenenbildung und bürgerschaftlichem Engagement. Bielefeld: 191–204.

Huth, Susanne 2007: Bürgerschaftliches Engagement von Migrantinnen und Migranten – Lernorte und Wege zu sozialer Integration. INBAS-Sozialforschung. Frankfurt am Main. www.inbas-sozialforschung.de.

Huth, Susanne/Schumacher, Jürgen 2007: Bürgerschaftliches Engagement in der Sprachförderung von Migrantinnen und Migranten. Expertise im Auftrag des Bundesamts für Migration und Flüchtlinge. INBAS-Sozialforschung. Frankfurt am Main. www.inbas-sozialforschung.de.

Putnam, Robert D. 2001: Einleitung. In: Ders. (Hrsg.): Gesellschaft und Gemeinsinn. Gütersloh: Verl. Bertelsmann-Stiftung: 15–43.

Schiffauer, Werner 2008: „Parallelgesellschaften". Wie viel Wertekonsens braucht unsere Gesellschaft? Für eine kluge Politik der Differenz. Bielefeld

Simmel, Georg 1908: Soziologie. Untersuchungen über die Formen der Vergesellschaftung, 1. Aufl. Berlin.

Statistisches Bundesamt 2009: Bevölkerung mit Migrationshintergrund – Ergebnisse des Mikrozensus 2007 – Fachserie 1 Reihe 2.2–2007.

Thränhardt, Dietrich/Hunger, Uwe (Hrsg.) 2000: Einwanderer-Netzwerke und ihre Integrationsqualität in Deutschland und Israel. Studien zu Migration und Minderheiten Band 11. Münster, Hamburg, London.

Weiss, Karin/Thränhardt, Dietrich (Hrsg.) 2005: SelbstHilfe. Wie Migranten Netzwerke knüpfen und soziales Kapital schaffen. Freiburg i.Br.

4. Organisationen und Strukturen des bürgerschaftlichen Engagements

4.1 Organisatorische Rahmungen des bürgerschaftlichen Engagements

Annette Zimmer

Vereine

Einleitung

Nach den Ergebnissen des Freiwilligensurvey ist der Verein die wichtigste Organisationsform des freiwilligen Engagements (Gensicke et al. 2006: 107). Für das Jahr 2008 wies die Vereinsstatistik[1] für Deutschland mehr als 550.000 Vereine (e.Vs.) aus (V&M Service GmbH, 2008). Damit ist der Verein einerseits die häufigste organisatorische Rahmung bürgerschaftlichen Engagements, andererseits ist er eine geschichtsträchtige und sehr variable Rechts- und Organisationsform. Ohne die Vielfältigkeit des Vereins vollständig abdecken zu können, wird im Folgenden ein Überblick über den Verein als Rechts- und Organisationsform sowie als freiwillige Vereinigung gegeben.

Der Verein als Rechts- und Organisationsform

Im Unterschied zum Verband (*Heinze*) bezeichnet „Verein" zugleich eine Rechtsform, die erstmals 1872 im BGB festgelegt wurde. Die Rechtsform Verein ist in den §§ 21–79 BGB und damit bundeseinheitlich geregelt. Der Verein als Rechtsform ist ein freiwilliger, auf gewisse Dauer angelegter, körperschaftlich organisierter Zusammenschluss von mehreren natürlichen oder juristischen Personen, die unter einem Gesamtnamen bestimmte gemeinsame Zwecke verfolgen wollen (Rawert/Gärtner 2004). Das Vereinsrecht unterscheidet zwischen wirtschaftlichen und ideellen Vereinen sowie zwischen nichtrechtsfähigen und rechtfähigen Vereinen.

Wirtschaftlichen Vereinen mit der Zwecksetzung eines Geschäftsbetriebs kommt eine eher randständige Bedeutung zu (z.B. Sterbekassen, Ärztliche Verrechnungsstellen). Als organisationale Rahmung bürgerschaftlichen Engagements dienen ausschließlich ideelle Vereine, auch Idealvereine oder nicht-wirtschaftliche Vereine genannt, deren Zweck darin besteht, sich für die Allgemeinheit sowie für gemeinnützige Zielsetzungen einzusetzen. Auch ideelle Vereine können sich wirtschaftlich betätigen. Aber die Aktivität muss den Vereinszweck unterstützen und darf nicht dazu dienen, den Vereinsmitgliedern vermögenswerte Vorteile zu erwirtschaften. Die ideellen Vereine qualifizieren sich hierdurch als gemeinnützige oder Nonprofit Organisationen.

---

1 http://npo-manager.de/vereinsstatistik/2008

Durch den Eintrag ins Vereinsregister, das bei den örtlichen Amtsgerichten geführt wird, erhält der ideelle Verein eine Rechtspersönlichkeit: Der Idealverein wird zu einem eigenständig handlungsfähigen korporativen Akteur, der wie eine natürliche Person z. B. Verträge abschließen kann. Wirtschaftliche Vereine können nicht ins Vereinsregister eingetragen werden. Dem Eintrag ins Vereinsregister vorgeschaltet sind die formalrechtliche Gründung und Satzungsgestaltung des ideellen Vereins. Die Einigung über die Satzungsgestaltung unter den Vereinsmitgliedern (mindestens sieben) und die Beschlussfassung über die Eintragung ins Vereinsregister sowie die diesbezügliche Antragstellung gilt als „Gründungsakt" des ideellen Vereins.

Der Antrag auf Eintragung ins Vereinsregister wird von der zuständigen Behörde (Ortpolizeibehörde oder Landratsamt) auf formale Zulässigkeit und Übereinstimmung mit dem Vereinsrecht geprüft. Bei positivem Entscheid wird der Verein mit Name, Sitz, Tag der Einreichung der Satzung sowie der Nennung der aktuellen Vorstandsmitglieder ins Vereinsregister eingetragen. Mit dem Eintrag in das Vereinsregister erhält der Verein den Zusatz e.V. (eingetragener Verein), was ihn als gemeinnützige Organisation mit Rechtspersönlichkeit auszeichnet. Gemeinnützigkeit ist ein Begriff des Steuerrechts. Die entsprechenden Regelungen für die Freistellung von der Steuer sind in der Abgabenordnung (AO § 51–68) geregelt. E.V.s sind von der Körperschaftssteuer befreit (Besteuerung der Organisation). Entsprechendes gilt für den ideellen Bereich der Vereinstätigkeit (z. B. Einnahmen aus Mitgliederbeiträgen). Über die Steuerfreistellung entscheidet jeweils das zuständige Finanzamt. Da die Abgabenordnung einen erheblichen Interpretationsspielraum zulässt, kommt es hinsichtlich der steuerrechtlichen Behandlung je nach Region und Sachbearbeitung zu erheblichen Unterschieden. Eine grundlegende Reform des Gemeinnützigkeitsrechts wird daher seit langem gefordert (*Jachmann*).

Handlungsfähig sind Vereine durch ihre Organe. Gesetzmäßig vorgeschrieben sind der Vereinsvorstand (§ 26 Abs. 1 BGB) und die Mitgliederversammlung (§ 32 Abs. 1 BGB), die das oberste Organ des Vereins darstellt und durch Beschlussfassung tätig wird. Die zentrale Stellung der Mitgliederversammlung weist den Verein im Vergleich zur Stiftung (*Strachwitz*) als genuine Mitgliederorganisation wie auch als demokratische Organisationsform aus. Der Vereinsvorstand ist das Leitungsgremium der Organisation und kann aus einer oder mehreren Personen bestehen. In der Regel setzt er sich zusammen aus einem ersten und zweiten Vorsitzenden, einem Schriftführer und einem Kassenwart. Der Vorstand wird von der Mitgliederversammlung gewählt und mit der Aufgabe der Vereinsführung betraut. Diese rechtlichen „Minimalanforderungen" – Vorstand und Mitgliederversammlung – machen den Verein im Hinblick auf seine organisatorische Ausgestaltung und Binnenstruktur zu einer sehr flexiblen Organisationsform, deren Grundstruktur in vielfältiger Weise durch zusätzliche Organe (z. B. Abteilungen, Beiräte, Ausschüsse) in Anpassung an die Zwecke und Ziele des betreffenden Vereins ergänzt werden kann. Von dieser Möglichkeit der flexiblen Gestaltung ihrer Binnenstruktur machen Vereine in vielfältiger Weise Gebrauch (Zimmer 2007: 132 ff.).

Der Verein als freiwillige Vereinigung im Geleitzug gesellschaftlicher Entwicklung

Der Terminus Verein steht aber nicht nur für eine Rechtsform, sondern er ist gleichzeitig Synonym für freiwillige Vereinigung bzw. Assoziation. Das Recht der Gründung von Vereinen und Gesellschaften ist in Deutschland grundrechtlich (Art. 9 GG) geschützt und steht in enger Verbindung zur Versammlungsfreiheit sowie zum Recht auf freie Meinungsäußerung (Art. 8 u. Art. 5 GG). Die Vereinigungsfreiheit als „freedom of association" ist Teil der Universal Declaration of Human Rights von 1948. Danach hat zum einen jeder das Recht der friedvollen Zusammenkunft sowie der Gründung von Assoziationen, zum anderen kann niemand gezwungen werden, einer bestimmten Assoziation bzw. freiwilligen Vereinigung anzugehören (Art. 20) (http://www.unhchr.ch/udhr/lang/ger.htm 2008).

Die Freiwilligkeit des Zusammenschlusses und der Organisationszugehörigkeit sind heute selbstverständlich. Doch war dies in vor-modernen Gesellschaften keineswegs der Fall. Zwar waren Gesellschaften auch in der Vor-Moderne organisationsstrukturiert, doch abgesehen von der Zugehörigkeit zu Stand, Clan, Familie oder Kaste, in die man auch heute noch hineingeboren wird, gab es keine frei-wählbaren Formen der Organisationsgründung und -zugehörigkeit. Die Vereinigungsfreiheit als Berechtigung zur Gründung von Vereinen und Gesellschaften sowie als Recht zur freiwilligen Mitgliedschaft steht daher in engem Bezug zur Entwicklung der Moderne.

Dabei war die Bezeichnung „Verein" in Deutschland bereits ein Ergebnis der „Klassischen Moderne". In der „Frühen Moderne" wurden freiwillige Vereinigungen generell als „Assoziationen" bezeichnet (Conze 1960). Das Assoziationswesen war zunächst nicht bereichsspezifisch oder funktional ausdifferenziert. Erst im Laufe der Zeit mit der Entstehung gesellschaftlicher Teilbereiche – Wirtschaft, Wissenschaft, Politik, Sport, Kultur – kam es zur Differenzierung der Assoziationen. Diese erfolgte unter anderem auch auf dem Rechtsweg, indem für spezifische Zwecke eigene Rechts- und Organisationsformen geschaffen wurden. So wurde ein Großteil der Assoziationen – namentlich Firmen und Unternehmen – dem Bereich Wirtschaft zugeordnet. Gleichzeitig wurde die Rechtsform des Vereins im Deutschen Kaiserreich in der zweiten Hälfte des 19. Jahrhunderts als „Allzwecklösung" für diejenigen Organisationen etabliert, die sich der Verfolgung von im weitesten Sinne als gesellschaftlich zu bezeichnender Ziele und Zwecke widmeten. Um den nicht-erwerbswirtschaftlichen Charakter dieser Organisationen zu unterstreichen, wurden sie als „Idealverein" bezeichnet.

Tab. 1: Vereine als Ausdruck gesellschaftlicher, wirtschaftlicher und politischer Veränderung

Epoche	Frühe Moderne	Klassische Moderne	Zweite Moderne
Staat	Liberaler Nachtwächterstaat	Nationaler Wohlfahrtsstaat	Verhandelnder Staat der Postmoderne
Wirtschaft	Agrarstaat, vorindustriell	Industrienation Schwerindustrie	Nachindustrielle Wirtschaft der Dienstleistungen und der Kommunikationstechnologie
Gesellschaft	Entstehung der bürgerlichen Gesellschaft und der Kleinfamilie	Entwicklung unterschiedlicher Milieus, z. B. Arbeitermilieu	Individualisierung, Pluralisierung der Lebensformen,
Vereine	• Lesegesellschaften • Logen, Casinos, • Wohltätigkeitsvereine, • Gesangvereine, • Turnvereine	• Berufsvereinigungen, • Gewerkschaften, • Verbände, • Parteien, Milieuvereine	• Selbsthilfegruppen, • Scheckbuchvereine • Kindertagesstätten, • Fördervereine, • Seniorenvereine

Quelle: Eigene Darstellung

Im deutschsprachigen Raum wird im Unterschied zum angelsächsischen Kontext stärker differenziert zwischen Vereinen und Verbänden, obgleich beide Organisationsformen auf gemeinsame Ursprünge rekurrieren (*Heinze*). Richtungweisend für die wissenschaftliche Differenzierung zwischen „Vereinen" und „Verbänden" war die unterschiedliche Akzentsetzung Max Webers. Während „Verband" für Weber in erster Linie *Herrschaftsverband* war, für den die Momente Organisation, Führung und Gefolgschaft konstitutiv sind (Weber 1976, § 12), charakterisierte er Vereine als ‚gesellschaftliche Gebilde' bzw. als „alles das, was zwischen den politisch organisierten oder anerkannten Gewalten – Staat, Gemeinde und offizielle Kirche – auf der einen Seite und der naturgewachsenen Gemeinschaft der Familie auf der anderen Seite in der Mitte liegt" (Weber 1924: 441 f.). Demzufolge entwickelte sich die Verbändeforschung in Deutschland eher zum Aufgabengebiet der Politikwissenschaft, während die Beschäftigung mit Vereinen mehrheitlich eher der Soziologie sowie u. a. auch der Volkskunde zugerechnet wurde (Zimmer 2007, Kapitel 3). Inzwischen verschwimmen die Grenzen zwischen Verbands- und Vereinsforschung auch in Deutschland zunehmend. Entscheidend hierfür ist das Verständnis von Verband als freiwillige Vereinigung bzw. Assoziation im angelsächsischen Kontext, wobei nicht das Moment der Herrschaft und damit u. a. auch der Staatsnähe, sondern der Assoziationscharakter als Aspekt des Zusammenschlusses von Freien und Gleichen als Gruppe und insofern das Moment der Freiwilligkeit (voluntary association) (Sills 1968) sowie die Zielsetzung der Druckausübung gegenüber dem Staat (pressure group) ins Zentrum der wissenschaftlichen Betrachtung rücken. Während Verbändeforschung in der Tradition von Max Weber primär auf große Organisationen mit bürokratischem Apparat und professioneller Führung (z. B. Gewerkschaften, Kirchen, Parteien, Wohlfahrtsverbände) abzielt, erweitert die Forschung zu freiwilligen Vereinigungen gemäß dem angelsächsischen Verständnis von Assoziation den Blick auf kleinere sowie weniger fest gefügte Organisationen und Gruppen. Im Folgenden wird auf den Verein als freiwillige Vereinigung und Organisationsform im Verlauf der gesellschaftlichen und politischen Entwicklung eingegangen.

Freiwillige Vereinigungen in der Frühen Moderne

In der Zeit der Frühen Moderne waren Vereine insofern Träger gesellschaftlicher und politischer Modernisierung (Conze 1960), als sie erstmals eine Form der Vergesellschaftung offerierten, die auf der freiwilligen Entscheidung des Einzelnen und nicht mehr auf gemeinschaftlichen Bindungen beruhte. Im aufgeklärten Absolutismus des 18. Jahrhunderts kamen über Standesgrenzen hinweg Adelige und Mitgliedern des Bildungsbürgertums zusammen, um im Verein die Chance eines „herrschaftsfreien Diskurses" zu nutzen. Die erste Gründungswelle freiwilliger Vereinigungen verlief daher auch zeitlich parallel zur Entstehung der bürgerlichen Gesellschaft. Gegründet wurden Lesegesellschaften, Casinos, Logen und Geheimbünde, in denen tagespolitische wie verfassungsrechtliche Fragen diskutiert wurden. Diese lokalen freiwilligen Vereinigungen waren Vorläufer unserer heutigen Parteien. Es waren Diskursgemeinschaften, die Themen aufgriffen, verstärkten und eine Demokratisierung des politischen Systems einforderten. Die enge Verbindung zwischen Vereinen und Parteien blieb charakteristisch für die lokale Ebene (Lehmbruch 1979).

Bereits in der Frühen Moderne entstanden aber auch schon freiwillige Vereinigungen, die als Vorläufer kommunaler Sozialstaatlichkeit zu betrachten sind. Die 1765 gegründete Patriotische Gesellschaft in Hamburg ist hierfür ein Beispiel. So zählte z. B. zum Tätigkeitsprofil der Hamburger Patriotischen Gesellschaft ein beachtliches Leistungsspektrum, das von der „Versorgung der Witwen und Waisen" über „Hilfe für die Armen ... durch lohnende Beschäftigung" bis hin zur „Einführung der Blitzableiter" (Freudenthal 1968: 33 f.) reichte. Im Gegensatz zu den Salons und Logen waren diese Vereine als Rahmung bürgerschaftlichen Engagements nicht auf der Input-Seite des politischen Systems im Dienst von Interessenartikulation und Lobbying tätig, sondern sie waren Pioniere einer Sozialstaatlichkeit im Sinne einer engen Zusammenarbeit von staatlichen Instanzen und bürgerschaftlichem Engagement (Sachße 1995).

Vereine in der Klassischen Moderne

Generell gilt das 19. Jahrhundert als „Blütezeit" der freiwilligen Vereinigungen. Während in der ersten Hälfte der Verein von Handwerkern und Kleingewerbetreibenden, der sog. Petit Bourgeoisie, entdeckt wurde, basierte das beachtliche zahlenmäßige Wachstum der Vereine in der zweiten Hälfte des Jahrhunderts insbesondere auf dem Gründungsboom der Vereine von Industriearbeitern in der Folge von Industrialisierung und Urbanisierung. So konstituierten sich Gesangvereine, Turngemeinschaften und studentische Zusammenschlüsse – die Burschenschaften – in der Zeit des Vormärz (bis 1848) als Ausdruck einer national-liberalen Bewegung zunächst als fortschrittlich-demokratische Vereine. Mit ihrer politischen Zielsetzung der Vereinigung der deutschen Länder standen sie damals in Opposition zum Status-quo der „Kleinstaaterei" in Deutschland. Im Kaiserreich von 1870/71 wurde aus diesen ehemals fortschrittlichen Vereinen z.T. ein Hort nationaler, wenn nicht sogar nationalistischer Gesinnung (Bösch 2002). Sowohl Heinrich Mann als auch Max Weber haben darauf hingewiesen, dass sich im Kaiserreich in diesen „geselligen Vereinigungen" eine äußerst gefährliche patriotische Gesinnung in Deutschland breit machte (Mann 1964: 22 f; Weber 1924).

Zahlenmäßig boomte das lokale Vereinswesen vor allem in der zweiten Hälfte des 19. Jahrhunderts. Große gesellschaftliche, politische und wirtschaftliche Wandlungsprozesse, wie die Ausbildung des modernen Wohlfahrtsstaates, die Entstehung der repräsentativen Parteiendemokratie und die Entwicklung der Industriegesellschaft, nahmen damals ihren Ursprung. Vereine hatten einen wichtigen Anteil an der Bewältigung der mit diesen gesellschaftlichen, wirtschaftlichen und politischen Veränderungen einhergehenden gesellschaftlichen Herausforderungen der „Klassischen Moderne". Damals entwickelten sich lokalen Vereine als gesellschaftliche Integratoren, indem sie neuen Gruppen – Arbeitern und Angestellten sowie Migranten – eine Möglichkeit der Selbstorganisation und Vergemeinschaftung boten. Zwei wesentliche Funktionen übernahmen die Vereine damals: Sie trugen dazu bei, die Traditionen der zurückgelassenen Heimat zu bewahren und gleichzeitig eine Adaption und Anpassung an die neuen Gegebenheiten der überwiegend städtischen und von der Industrie geprägten Lebenswelt zu ermöglichen. Auch heute noch kommt den freiwilligen Vereinigungen der Selbstorganisation von Migranten und Migrantinnen diese Funktion zu (Halm/Sauer 2007), obgleich ihnen gegenüber häufig der Vorwurf erhoben wird, dass sie zur Ausbildung und Verstetigung von sog. Parallelgesellschaften führen würden. Insofern wurde damals wie heute kontrovers diskutiert, ob bürgerschaftliches Engagement im Verein sozial integrativ im Sinne einer Brückenfunktion, oder aber eher sozial schließend infolge der Ausbildung von sozial geschlossenen Zirkeln und Gruppen wirkt (*Braun*).

Damals wie heute kam Kleingarten-, Kultur- und Sportvereinen im lebensweltlichen Bereich des Alltags eine wichtige Bedeutung im Hinblick auf die

Organisation des sozialen Lebens zu. Insbesondere in den industriellen Zentren entstand in der zweiten Hälfte des 19. Jahrhunderts ein vielfältiges Spektrum von sog. Arbeitervereinen (Huck 1978). So entwickelte sich um Zechen und Fabrikschlote eine sehr aktive Kultur der Bergmannsvereine und Spielmannszüge. Entsprechendes gilt für die Sportvereine. Bei einer ganzen Reihe lokaler Vereine lassen sich Ursprung und Trägergruppe noch heute am Vereinsnamen ablesen, wie etwa bei den zahlreichen Eisenbahnersportvereinen oder aber den vielen Spielmannzügen „Bergmannsheil".

Doch auch der berufliche Bereich sowie das Feld der Politik wurden zunehmend vereinsmäßig organisiert. Insofern sind auch die lokalen Strukturen der Gewerkschaften sowie die unterschiedlichen, sich damals ebenfalls neu konstituierenden Berufs-, Branchen- und Fachvereinigungen, d. h. unsere heutigen Berufs- und Wirtschaftsverbände, als Vereine organisiert. Entsprechendes gilt für die lokalen Einheiten – die Ortsvereine – der Parteien, wobei insbesondere die Sozialdemokratische Partei Deutschlands erwähnt werden muss, die sich damals als erste moderne Mitgliederpartei konstituierte. Die Sozialdemokratie war die erste moderne Partei in dem Sinne, dass sie von der lokalen Ebene der Mitgliederorganisationen bzw. der Ortsvereine durchstrukturiert war bis zur Top-Ebene der Parteileitung. Entgegen den „Honoratiorenvereinigungen" der bürgerlichen Parteien stützte sich die Sozialdemokratie auf eine breite Mitgliedschaft und war hinsichtlich ihrer Binnenorganisation föderal-hierarchisch strukturiert.

Mit der Sozialdemokratie als Vorreiterin entwickelte sich die spezifische Verzahnung und Kooperation von Vereinen und Verbänden. Der noch heute übliche Aufbau von Mitgliederorganisationen – Parteien, Gewerkschaften, Verbänden – ist somit auch Ergebnis des gesellschaftlichen, wirtschaftlichen und politischen Wandels der Klassischen Moderne. Es entstand zu dieser Zeit in Deutschland die „verbandsstrukturierte Gesellschaft" (Weippert 1964), die sich in Kern und Funktionsweise bis heute erhalten hat. Im Gegensatz zu den nur lokal tätigen kleinen Vereinen der Frühen Moderne ist diese Verbandsstrukturierung mit der Entwicklung hierarchisch aufgebauter Großorganisation typisch für die Klassische Moderne: D.h. auf der lokalen Ebene findet sich eine dichte Landschaft von Vereinen, wobei jeder dieser Vereine einem Verband zur Interessenvertretung und -durchsetzung auf den verschiedenen Ebenen des politischen Systems angeschlossen ist.

Vor diesem Hintergrund entwickelte sich schon bald die interne Kommunikation zwischen den verschiedenen Ebenen der Verbände bzw. Verbünde als zentrales und vor allem demokratietheoretisch wichtiges Thema. „Wer Organisation sagt, sagt Tendenz zur Oligarchie" so lautet bereits 1925 das Urteil von Robert Michels (1925: 25). Gemeint hat er hiermit, dass eine kleine Gruppe von „denen da oben" die Geschicke des Verbandes als Verbundsystem maßgeblich bestimmt, ohne dass die breite, in den lokalen Vereinen organisierte Mitgliedschaft an der Entscheidungsfindung hinreichend beteiligt wäre. Wie organisiert man Loyalität, Legitimität, Gefolgschaft und nachhaltige Mitgliedschaft zählen daher auch heute noch zu den wichtigen Fragen des Vereins- wie des Verbandsmanagements (Zimmer 2008). Lange Zeit jedoch wurde der hierarchische Einbau der lokalen Vereine in die Großorganisationen der Verbände von der Mitgliedschaft weitgehend akzeptiert, und zwar weil Vereine und ihre Verbände jeweils spezifischen sozialen Milieus angehörten. Der lokale Verein und der jeweilige Verband konstituierten für die Mitglieder Gemeinschaft, ja sie stellten sogar so etwas wie „Heimat" dar. Vom Kaiserreich bis in die 1970er Jahre war die deutsche Gesellschaft geprägt durch dichte und relativ geschlossene soziale Milieus, deren organisatorische Kerne u. a. die lokalen Vereine darstellten. Diese waren ihren milieuspezifischen Verbänden angeschlossen, die sich aufgrund ihrer Mitgliedschaft wie auch aufgrund der von ihnen vertretenen Anliegen und Ideen in hohem Maße als „Wertgemeinschaften" verstanden. Es war die „Kultur der Organisation" – ein Kanon von geteilten Werten, Zielen und Symbolen –, die den Zusammenhalt garantierte und die Mitgliedschaft bei der Stange hielt. Während die „geteilten Werte" nach innen die Funktion hatten, den „Verein zusammen zu halten", wirkten sie gleichzeitig nach außen als Grenzmarkierung und Abgrenzung des Vereins gegenüber anderen Milieus. Erst in jüngster Zeit haben die sozialen Milieus in der Bundesrepublik ihre Bindekraft eingebüßt. Dies zeigt sich u. a. daran, dass alle traditionellen Großorganisationen über Rückgänge bei der Mitgliedschaft und über eine mangelnde Bereitschaft klagen, in Verein oder Verband Verantwortung zu übernehmen (Streeck 1987). Die neuen Vereine der Zweiten Moderne sind demgegenüber nicht mehr in gleicher Weise hierarchisch eingebunden und über milieuspezifische geteilte Werte gesteuert.

Vereine in der Zweiten Moderne

Im Gegensatz zur Klassischen Moderne ist unsere heutige Wirtschaft geprägt vom Dienstleistungsbereich und seinen flexiblen Strukturen. Ferner sind Individualisierung und Pluralisierung die heutigen gesellschaftlichen Großtrends. Ferner hat die Globalisierung den Nationalstaat als Bezugsgröße für Wirtschaft wie Gesellschaft deutlich modifiziert. Der Verein als organisationale Rahmung bürgerschaftlichen Engagements hat sich diesen veränderten Umweltbedingungen angepasst. Typisch für die Zweite Moderne sind Vereine, die auf individuelle Bedürfnisse flexibel eingehen, die den Wunsch nach Selbstbestimmung und Eigenverantwortung zum Ausdruck bringen und die Probleme grenzüberschreitend in einem internationalen Kontext angehen. Wie flexibel der Verein als Organisationsform ist, zeigt sich u. a. im sozialen und Gesundheitsbereich. Die Veränderung der Wirtschaftsstrukturen kombiniert mit der zunehmenden Berufstätigkeit der Frau, hat zu einem wachsenden Bedarf personenbezogener Leistungen geführt. Reagiert wird auf diese veränderte Situation mit Selbstorganisation und einer verstärkten Vereinsgründungsaktivität. Der Kindergarten oder die

Kindertagesstätte mit flexiblen Öffnungszeiten ist hier ebenso zu nennen wie die wachsende Zahl privater, von Vereinen getragener Schulen. Ebenfalls zu nennen sind hier die vielen als e.v. geführten Selbsthilfegruppen wie auch die Vereine, die sich Anliegen und Bedürfnissen der wachsenden Gruppe der Senioren und Seniorinnen annehmen. Doch auch auf die Veränderung von Staatlichkeit wird mittels Vereine reagiert. Kaum eine öffentliche Einrichtung kommt noch ohne einen Förderverein aus. Das hier gebundene bürgerschaftliche Engagement ist ein wichtiges Element des Ausgleichs gegenüber dem Rückgang der staatlichen und insbesondere kommunalen Finanzen. Doch dieser Trend beleuchtet nur eine Facette der Veränderung von Staatlichkeit. Als Reaktion auf die Folgen der Globalisierung ist die wachsende Zahl der NGOs, der international tätigen Vereine zu nennen. Viele dieser Vereine sind nicht mehr lokal verankert. Es sind kleine, hoch-professionell geführte Organisationen, die sich als „Scheckbuchvereine" über groß angelegte Spendenkampagnen und Fundraising-Aktionen finanzieren, und die entweder mit Partnerorganisationen in Projektländern zusammenarbeiten oder aber auf dem „Parkett" der internationalen Konferenzen Lobbying für „die gute Sache" betreiben.

War die Entstehung von großen mitgliederbasierten Vereinen sowie die Verbandsstrukturierung – der Anschluss der lokalen Vereine an Verbände – typisch für die organisationale Rahmung bürgerschaftlichen Engagements in der Klassischen Moderne, so ist die Verbetriebswirtschaftlichung der Vereinsorganisation charakteristisch für die Zweite Moderne. Der Verein als auf Reziprozität, d.h. auf Gegenseitigkeit und Miteinander angelegter Personalverbund, verliert an Bedeutung. Demgegenüber gewinnt das körperschaftliche Element, d.h. der Verein als wirtschaftliche tätige Organisation mit professioneller Führung und betriebswirtschaftlicher Steuerung, zunehmend an Relevanz. Welche Folgen ergeben sich hieraus für die Vereinsbindung? Bei den international tätigen „Scheckbuchvereinen" ist eine Mitgliedschaft nicht mehr erforderlich. Auch bei den Fördervereinen stehen nicht Geselligkeit und gemeinschaftliches Miteinander im Vordergrund. Und selbst traditionelle Mitgliedervereine, wie z.B. die Sportvereine, unterliegen einem erheblichen Veränderungsdruck. Vor allem die großen Vereine haben sich in Organisationsaufbau und Führungsstruktur in den letzten Jahren mehr und mehr in Richtung Verbetrieblichung orientiert. Mit dem Verein als organisationaler Rahmen bürgerschaftlichen Engagements hat dies nichts mehr zu tun. Gleichzeitig stärken gerade die großen Sportvereine ihren Charakter als Mitgliederorganisation auf den Abteilungsebenen: So entstehen wieder „kleine Vereine" unter dem Dach der Großorganisation.

Gerade diese Ausbildung von Vereinen im Verein ist ein Indiz dafür, dass die freiwillige Vereinigung als lokale Gemeinschaft und organisationale Rahmung bürgerschaftlichen Engagements in der Zweiten Moderne keineswegs ausgedient hat. Organisationale Vielfalt ist heute wesentliches Charakteristikum der Vereinslandschaften: Scheckbuch-Vereine finden sich neben großen traditionellen Sport- oder Geselligkeitsvereinen (z.B. Karnevals- oder Schützenvereine), professionell geführte kleine Dienstleistungse.Vs. kooperieren mit ausschließlich auf bürgerschaftlichem Engagement basierenden Selbsthilfegruppen. Es ist nicht einfach, den Facettenreichtum der Vereine empirisch zu erfassen, doch lokale Vereinsstudien vermitteln ein zumindest anschauliches Bild von der Vielfältigkeit der Vereine (Zimmer 2007, Teil II; Vortkamp 2008; Jütting et al. 2003). Als Trends und aktuelle Entwicklungen der Vereinslandschaften lässt sich ein zunehmender Bedarf an qualifiziertem Personal festhalten, das bereit ist und genügend Zeit zur Verfügung hat, die doch sehr anspruchsvollen Aufgaben der Leitungs- und Führungstätigkeit in Vereinen zu übernehmen (Beher et al. 2008). Die zunehmende berufliche Mobilität sowie die Auflösung klassischer sozialer Milieus wirken hier problemverstärkend.

Resümee

Als freiwillige Vereinigungen sind Vereine Ausdruck der Moderne und können auf eine lange, bis ins 18. Jahrhundert zurückreichende Tradition zurückblicken. Sie dienen der Integration gesellschaftlicher Gruppen wie des einzelnen Bürgers bzw. der Bürgerin in Gemeinschaft, Gesellschaft und Staat; aber sie können auch dazu beitragen, gesellschaftliche Unterschiede deutlich zu machen und diese festzuschreiben. Insofern wirken Vereine nicht nur integrativ, sondern können auch zur Distinktion und zu Prozessen gesellschaftlicher Desintegration beitragen. Als organisationale Rahmung bürgerschaftlichen Engagements sind Vereine als freiwillige Vereinigungen wie als Rechts- und Organisationsform unverzichtbar. Von ihren Ursprüngen als Mitgliederorganisation entwickeln sich Vereine heute vielfach in Richtung Service-, Dienstleistungs- und Lobbyeinrichtungen, die von Professionellen geführt werden, aber gleichzeitig immer noch in erheblichem Umfang auf bürgerschaftliches Engagement rekurrieren.

Literatur

Beher, Karin/Krimmer, Holger/Rauschenbach, Thomas/Zimmer, Annette 2008: Die vergessene Elite. Führungskräfte in gemeinnützigen Organisationen. Weinheim und München.

Bösch, Frank 2002: Das konservative Milieu. Vereinskultur und lokale Sammlungspolitik. Göttingen.

Conze, Werner 1960: Der Verein als Lebensform des 19. Jahrhunderts. In: Die innere Mission 50. 226–234.

Freudenthal, Herbert 1968: Vereine in Hamburg. Ein Beitrag zur Geschichte der Volkskunde und Geselligkeit. Hamburg.

Gensicke, Thomas/Picot, Sibylle/Geiss, Sabine 2006: Freiwilliges Engagement in Deutschland 1999–2004. Wiesbaden.

Halm, Dirk/Sauer, Martina 2007: Bürgerschaftliches Engagement von Türkinnen und Türken in Deutschland. Wiesbaden.

Huck, Gerhard 1978: Arbeiterkonsumverein und Verbraucherorganisation. Die Entwicklung der Konsumgenossenschaften im Ruhrgebiet 1860–1914. In: Reulekke, Jürgen/Weber, Wolfhard (Hrsg.), Fabrik, Familie, Feierabend. Wuppertal. 215–245.

Jütting, Dieter N./Bentem, Neil van/Oshege, Volker 2003: Vereine als sozialer Reichtum. Empirische Studien zu lokalen freiwilligen Vereinigungen. München.

Lehmbruch, Gerhard 1979: Der Januskopf der Ortsparteien. In: BiS 25. 3–8.

Mann, Heinrich 1964: Der Untertan. München.

Michels, Robert 1925: Zur Soziologie des Parteienwesens in der modernen Demokratie. Untersuchungen über die oligarchischen Tendenzen des Gruppenlebens. Stuttgart.

Rawert, Peter/Gärtner, Janne 2004: Nonprofit Organizations in Germany – Permissible Forms and Legal Framework. In: Zimmer, Annette/Priller, Eckhard (Hrsg.), Future of Civil Society. Wiesbaden (CD).

Sachße, Christoph 1995: Verein, Verband und Wohlfahrtsstaat. In: Rauschenbach, Thomas et al. (Hrsg.), Von der Wertgemeinschaft zum Dienstleistungsunternehmen. Frankfurt. Suhrkamp. 123–149.

Sills, David L. 1968: Voluntary Associations. In: Sills, David L. (Hrsg.), International Encyclopedia of the Social Sciences. New York. Vol. 6. 362–379.

Streeck, Wolfgang 1987: Vielfalt und Interdependenz. Überlegungen zur Rolle von intermediären Organisationen in sich verändernden Umwelten, in: Kölner Zeitschrift für Soziologie und Sozialpsychologie. Jg. 39. 471–495.

Vortkamp, Wolfgang 2008: Integration durch Teilhabe. Das zivilgesellschaftliche Potential von Vereinen. Frankfurt/Main.

V & M Service GmbH in: http://www.npo-manager.de/vereinsstatistik/2008/?z=a&uid=177357, abgerufenam 19.12.2008.

Weber, Max 1976: Wirtschaft und Gesellschaft – Grundriss der verstehenden Soziologie. Tübingen.

Weber, Max 1924: Rede auf dem deutschen Soziologentag in Frankfurt. In: Weber, Max: Gesammelte Aufsätze zur Soziologie und Sozialpolitik. Tübingen. 431–449.

Weippert, Georg 1964: Zum Verständnis der verbandsstrukturierten Gesellschaft. In: Blümle, Ernst-Bernd/Schwarz, Peter (Hrsg.), Wirtschaftsverbände und ihre Funktion. Schwerpunkte der Verbandsforschung Darmstadt. 105–131.

Zimmer, Annette 2007: Vereine – Zivilgesellschaft konkret, Wiesbaden.

Zimmer, Annette 2008: Verbandsmanagement. In: Maelicke, Bernd (Hrsg.): Lexikon der Sozialwirtschaft. Baden-Baden. 1053–1058.

Rolf G. Heinze

Verbände

Obgleich es sehr schwierig ist, die Zahl der Verbände in Deutschland zu quantifizieren, gab es immer wieder Versuche. Schätzungen zufolge waren schon in der „alten" Bundesrepublik über 200.000 Interessenvereinigungen aktiv, darunter ca. 40.000 Sportvereine und über 5.000 Verbände im engeren politischen Sinne. Rund 1.200 Verbände waren bereits in der Bonner „Lobbyliste" registriert; diese Zahl ist in der ‚Berliner Republik' weiter gewachsen (inzwischen sind fast 2.000 Lobbyverbände angesiedelt und davon allein über 400 im Umfeld des Gesundheitsministeriums). Weit über die Hälfte aller Bundesbürger gehören einem Verein an, ein Viertel der Bürger ist sogar Mitglied in mehr als einer Vereinigung. Rechnet man die Mitgliedschaft im ADAC oder sogar in einer der Religionsgemeinschaften dazu, so schrumpft die Zahl der nichtorganisierten Bundesbürger auf eine Minderheit. Allerdings zeigt sich eine auffallende Kluft zwischen formaler Mitgliedschaft einerseits und subjektiver Vereinszugehörigkeit andererseits, die sich aus der passiven Rolle vieler Mitglieder in den Interessenvereinigungen erklären lässt. Aktuellere Schätzungen gehen von „mindestens 4.000 bundesweit tätigen Verbänden aus, während die Zahl der Bürgerinitiativen mittlerweile auf bis zu 50.000 geschätzt wird und rechtsfähige Vereine es im Jahr 2001 sogar auf 544.701 Eintragungen im Vereinsregister brachten" (Sebaldt/Strraßner 2004: 93; vgl. auch die Beiträge in Zimmer/ Weßel 2001 und von Winter/Willems 2007). In anderen Untersuchungen wird die Größenordnung höher eingeschätzt (bspw. in einer Erhebung der deutschen Gesellschaft für Verbandsmanagement; demnach „gibt es in der Bundesrepublik rund 13.900 Verbände, davon werden 8.500 hauptamtlich geführt. Etwa 1.100 Verbände haben ihren Sitz in der Bundeshauptstadt. Der deutsche Föderalismus und die Vielfalt der Verbände schlagen sich darin nieder, dass in jeder Landeshauptstadt, auch in Wirtschaftszentren, Hauptsitze oder Dependancen von Interessenorganisationen angesiedelt sind" (Lösche 2007: 118). Bevor eine Typologie der Verbände skizziert wird, muss zunächst geklärt werden, was unter einem Verband zu verstehen ist. Konsens besteht darin, dass Verbände multifunktionale Organisationen sind, die neben der Interessenvertretung (viele nennen es Lobbying) auch weitere Funktionen abdecken (etwa die Bereitstellung von Dienstleistungen oder die Mobilisierung und Organisierung von Interessen). Gerade die letztgenannte Funktion weist sowohl auf den sozialintegrativen Aspekt als auch auf die Bedeutung bürgerschaftlichen Engagements in den Verbänden hin, denn ohne diese freiwilligen und zumeist unentgeltlichen Leistungen könnte kein Verband bestehen. Die Relevanz ehrenamtlicher Aktivitäten schwankt zwar zwischen den einzelnen Verbandstypen, insgesamt wirken aber viele Bürger über die Verbände an der Gestaltung des Gemeinwesens mit.

Die selbst gewählten Bezeichnungen der Organisationen geben allerdings nur wenig Auskunft über ihre wirklichen Ziele und Vorgehensweisen. Organisationen, die ökonomische Interessen vertreten, tragen die Bezeichnung Verband oder Gewerkschaft, die mehr im Freizeitbereich engagierten Organisationen nennen sich Verein, aber aus diesen Bezeichnungen ist nicht immer klar ersichtlich, welche konkreten Zielsetzungen von den Interessenorganisationen verfolgt werden. Zudem gibt es enge Verbindungen zwischen den beiden Organisationsformen. „Durch überlokalen Zusammenschluss schaffen Vereine sich ihren eigenen Interessenverband, ohne ihre selbständige Vereinsexistenz aufzugeben. Beispiele hierfür sind die Sportvereine und die Kunstvereine, die durch Dachverbände ihre gemeinsamen Interessen gegenüber staatlichen Instanzen und gesellschaftlichen Institutionen vertreten lassen (Bottom-up-Modell), wobei das arbeitsteilige Verhältnis von Basis und Spitze vielfältige Formen annehmen kann" (Müller-Jentsch 2008: 497). Es gibt aber auch Top-down-Modelle, in denen sich ein Zentralverband lokale Ortsvereine schafft (etwa das Rote Kreuz oder der BUND). In der heutigen Diskussion hat sich eine relativ weite Definition von organisierten Interessen durchgesetzt, die sowohl Verbände als auch Vereine umfasst; von Alemann/Heinze (1990) haben eine Typologie organisierter Interessengruppen entwickelt, die sich an Handlungs- und Politikfeldern orientiert:

- Organisierte Interessen im Wirtschaftsbereich und in der Arbeitswelt (Unternehmerverbände, Gewerkschaften, Konsumentenverbände);
- Organisierte Interessen im sozialen Bereich (Sozialanspruchs- und Sozialleistungsvereinigungen, Selbsthilfegruppen);
- Organisierte Interessen im Bereich der Freizeit und Erholung (Sportvereine und -verbände, Geselligkeits- und Hobbyvereine);
- Organisierte Interessen im Bereich von Religion, Kultur und Wissenschaft (Kirchen, wissenschaftliche Vereinigungen, Bildungswerke, Kunstvereine);
- Organisierte Interessen im gesellschaftspolitischen Querschnittsbereich (ideelle und gesellschaftspolitische Vereinigungen).

Aber auch eine solche Typologie hat ihre Schwächen. Es ist schwer, einen ADAC, der gleichzeitig Autosportclub, Autofahrerverbraucherverband, Reiseunternehmen und Dienstleistungsorganisation in einem ist, einzuordnen. Ebenso vertreten auch die Gewerkschaften oder die Kirchen soziale, kulturelle und allgemein gesellschaftspolitische Interessen ihrer Mitglieder. Auf lokaler Ebene ist die überwiegende Mehrzahl der Interessengruppen als Verein organisiert. Sie sehen ihr wichtigstes Ziel nicht in der Durchsetzung sozialökonomischer Interessen. Die unmittelbare politische Relevanz des Vereinswesens ist meist nur randständig, Hauptzweck bleibt die gemeinsame Ausübung von Freizeit- und Hobbyinteressen. Politisch wirken die Vereine in erster Linie indirekt als Vermittler von politischer Sozialisation und Kommunikation, während bei den Verbänden der Aspekt der Interessenvertretung im Vordergrund steht. Beide Organisationsformen erfüllen aber eine wichtige gesellschaftliche, sozialintegrative Funktion. Und hier liegt explizit die Querverbindung zum bürgerschaftlichen Engagement; es wird oft vergessen, dass sich auch in Vereinen und Verbänden ein hoher Anteil bürgerschaftlichen Engagements befindet. Die allermeisten Verbände, Gewerkschaften, Wohlfahrtsverbände, aber auch Kirchen könnten gar nicht ohne diese freiwilligen, unentgeltlichen Tätigkeiten existieren.

In den letzten Jahren hat sich die Verbändelandschaft in Deutschland gewandelt; neue stärker lobbyistisch und auf spezielle Interessen ausgerichtete Verbände sind hinzugekommen, traditionelle Verbände wie etwa die Kirchen oder Gewerkschaften haben hingegen Mitglieder verloren. So gehören die Kirchen zwar mit über 20 Millionen Mitgliedern immer noch zu den größten Gesellschaftsorganisationen in Deutschland (sogar noch vor dem Deutschen Olympischen Sportbund), haben in den letzten Jahrzehnten aber einen kontinuierlichen Mitgliederverlust hinnehmen müssen. Dies gilt auch für die deutschen Gewerkschaften, die noch in der zweiten Hälfte des letzten Jahrhunderts zu den weltweit stabilsten Gewerkschaftsorganisationen zählten, aber seit den 1990er Jahren ebenfalls starke Mitgliederverluste beklagen. „Der Einbruch bei den Mitgliederzahlen hat auch den Organisationsgrad der Arbeitnehmer erheblich vermindert. Der Anteil der Gewerkschaftsmitglieder an den Erwerbspersonen liegt heute nur noch bei 26,6%. Zieht man die Rentner von den Gewerkschaftsmitgliedern ab, sind es sogar nur noch 21,6%. Ganz besonders gering ist die Organisationsneigung bei jüngeren Arbeitnehmern" (Hassel 2007: 178). Neben dem Mitgliederschwund bei den klassischen Großverbänden sind aber auch einige Verbände dazugekommen. So ist etwa die Zahl der Umweltschutzverbände seit den 1970er Jahren stetig gewachsen (etwa Greenpeace, der Bund für Umwelt und Naturschutz Deutschland/BUND oder der Naturschutzbund/ NABU). Ende 2005 hatte Greenpeace mehr als 550.000 Förderer, der NABU mehr als 400.000 Mitglieder und der BUND gut 390.000. In diesen Verbänden manifestiert sich auch ein hohes Maß an bürgerschaftlichem Engagement. Gerade die Umweltschutzverbände speisen sich zumeist aus Protestgruppen und sozialen Bewegungen und sind innerorganisatorisch immer noch durch den Bewegungscharakter geprägt.

Im Zentrum der bisherigen sozialwissenschaftlichen Forschung über Verbände steht dennoch die Einflussnahme auf staatliche Entscheidungen. Bis Ende der 1950er Jahre wurde der Einfluss der Verbände vorwiegend als Gefahr für den Staat gedeutet, oft war von einer „Herrschaft der Verbände" die Rede. Vor allem durch den Einbezug empirischer Untersuchungen über einzelne Politikverlaufsmuster konnten die konservativen Befürchtungen vor einer Übermacht der Verbände, die dem staatlichen Souveränitätsanspruch entgegenstünde, widerlegt werden. Die empirischen Studien zur

Entstehung einzelner Gesetze kamen zu dem Ergebnis, dass im Gesetzgebungsprozess keine alleinige Dominanz einzelner Interessenverbände zu erkennen ist. Von einer ‚Herrschaft der Verbände' in einem umfassenden Sinne ist also in dieser Form nicht zu sprechen. Allerdings nehmen die von den Gesetzgebungsverfahren direkt betroffenen Verbände in den jeweiligen Politikfeldern Einfluss hierauf, wobei sich die großen Wirtschaftsverbände in der Regel gegenüber den kleineren Vereinigungen durchsetzen können. Heute wird in den Debatten um einen wachsenden Lobbyismus auf die sich ausdifferenzierende und spezialisierte Verbändelandschaft hingewiesen, die auch die Großverbände unter Handlungsdruck setzt (vgl. die Beiträge in Kleinfeld et al. 2007 und Leif/Speth 2006). Manche dieser Warnungen über den „Lobbyismus als fünfte Gewalt" sind überzogen, allerdings ist unbestreitbar: Die Verbände haben die Möglichkeit, schon relativ früh im Gesetzgebungsverfahren auf die Ministerialbürokratie einzuwirken, die ihrerseits auf die Informationen der Verbände angewiesen sind.

Schon ein kurzer Blick auf das System der Interessengruppen macht deutlich, dass einige Interessen besonders gut organisiert sind, während andere nur unzureichend im organisierten Interessenspektrum vertreten sind. Am ehesten organisieren sich homogene, durch eine gemeinsame ökonomische Lage und ggf. Deprivationen gekennzeichnete Statusgruppen. Dies zeigt sich sowohl an der Entwicklung der Gewerkschaften als auch bei Unternehmerverbänden und Mittelstandsvereinigungen. Durch diese ökonomische Logik werden allgemeine, außerhalb der Produktionssphäre angesiedelte Interessen strukturell benachteiligt. Hierbei handelt es sich im Wesentlichen um allgemeine Interessen und Bedürfnisse aus den Bereichen Umwelt, Verkehr, Freizeit etc. Wenngleich manche dieser Interessen, vor allem durch die zahlreichen Vereine auf kommunaler Ebene, eine organisatorische Interessenvertretung gefunden haben, und der Eindruck entstehen könnte, jedem Interesse sei eine Organisation zuzuordnen, so müssen doch die vielfältigen organisatorischen Schwierigkeiten und die oft nur lokale politische Bedeutung dieser Gruppierungen gesehen werden, die die strukturellen Restriktionen nicht gänzlich außer Kraft setzen können. Die Organisierung von Interessen und die dabei auftretenden strukturellen Asymmetrien (Organisations- und Konfliktfähigkeit) erweisen sich als wesentliche Filterfunktionen für das real existierende Verbandssystem, in dem nur eine begrenzte Zahl von organisierten Interessen mit unterschiedlichen Machtressourcen vertreten ist.

Bürgerschaftliches Engagement in Verbänden

Wie steht es nun um das freiwillige, bürgerschaftliche Engagement, das sich auch in Verbänden sammelt? Zunächst einmal gibt es entgegen vielen Vermutungen keine Hinweise auf massive Schrumpfungsprozesse des Engagements, auch wenn sich Individualisierungsprozesse gesamtgesellschaftlich ausgebreitet haben, die auch zurückwirken auf die Verbände und Vereine. So ist das alte verbandliche Ehrenamt in überkommene Sozialmilieus eingebunden und durch gesellschaftliche Zentralwerte legitimiert, die an Bedeutung verlieren (christliche Nächstenliebe, Klassensolidarität etc.). Demgegenüber ist das neue Ehrenamt eher durch eine Verbindung von sozialer Gesinnung, persönlicher Betroffenheit, Selbstverwirklichungsmotiven und politischem Veränderungswillen geprägt (vgl. die Beiträge in Heinze/Olk 2001). Die Belohnung für das Engagement muss sich unmittelbar aus der Tätigkeit selbst ergeben. Starre Hierarchien und Vorgaben werden von den Engagierten nicht als Hilfestellung, sondern als Hemmnis bei der Verwirklichung ihrer Ideen wahrgenommen. Die neuen Motive können sich am besten in überschaubaren, lokalen Zusammenhängen und wenig formalisiert entwickeln. Zudem braucht das neue Engagement die biographische Passung, die entsteht, wenn Motiv und Gelegenheit zu freiwilligem sozialen Engagement in einer bestimmten Lebenssituation zusammentreffen. Bestimmte Formen des Engagements werden gewählt, weil in einer spezifischen Lebensphase neue Kontakte gesucht und Netzwerke aufgebaut werden müssen (etwa im Alter). Im Begriff des bürgerschaftlichen Engagements sammeln sich verschiedene Begrifflichkeiten wie Ehrenamt, Selbsthilfe, politische Partizipation, politischer Protest, ziviler Ungehorsam, freiwillige soziale Tätigkeiten, etc. und werden in einen neuen konzeptionellen Zusammenhang gerückt. Bürgerschaftliches Engagement fungiert so als eine Art von Sammel- und Oberbegriff für ein breites Spektrum unterschiedlicher Formen ehrenamtlicher Tätigkeiten bzw. freiwilligen sozialen Engagements in Verbänden, Gewerkschaften, Vereinen, Kirchen und Einrichtungen der Wohlfahrtspflege.

Die Bandbreite des Engagements ist in den letzten Jahren beträchtlich gewachsen – und davon profitieren auch viele Verbände und Vereine. So zeigt sich beispielsweise ein wachsendes Engagement in Sportvereinen auf lokaler Ebene: So steigen seit Jahren die Mitgliederzahlen und es entstehen auch neue Vereine. Im Deutschen Olympischen Sportbund mit seinen zahlreichen Sparten sind über 26 Millionen aktive und passive Mitglieder organisiert, aber auch im Deutschen Sängerbund gibt es rund 1,8 Millionen Mitglieder und im ADAC sogar über 14 Millionen. In den lokalen Sportvereinen sind viele Menschen ehrenamtlich tätig, wobei die Mitgliederpartizipation – wie auch in anderen Vereinen und vielen Verbänden – begrenzt ist und „relativ straffe Führungsstrukturen nach dem Senioritätsprinzip dominieren. Das Engagement in Sportvereinen ist stark familiengeprägt. Die Kinder der Vorsitzenden sind häufig im Sportverein aktiv. Die Vorsitzenden sind häufig männlich, sind in aller Regel erwerbstätig mit durchschnittlichem bis überdurchschnittlichem Einkommen und nehmen die Funktionen überwiegend ehrenamtlich wahr" (Holtkamp/Bogumil 2007: 544). Generell zeigt sich im Bereich des Ehrenamts – sei es in Sportvereinen oder auch Sozialverbänden – eine geschlechtsspezifisch ungleiche Verteilung der Belastungen. Verschiedene empirische Untersuchungen beschreiben den Engagierten als Person mittleren Alters, mit guter Ausbildung und in gehobener Position erwerbstätig. Auffallend ist des Weiteren der positive Zusammenhang zwischen sozialem Engagement und Familiengröße.

Hinsichtlich der Strukturveränderungen ehrenamtlicher Arbeit bzw. bürgerschaftlichen Engagements in Vereinen und Verbänden werden vor allem die Wohlfahrtsverbände genannt, weil sich hier soziales Engagement über Jahrzehnte kumuliert hat. Aber auch ganz allgemein gibt es interessante Befunde hinsichtlich eines Formwandels des Ehrenamts: Erstens hat sich das Engagement der Bürger aus dem Bereich des traditionellen Ehrenamts (z.B. bei den Wohlfahrtsverbänden) in andere Bereiche verlagert. Zweitens hat sich die Auffassung davon, was ehrenamtliches Engagement bedeutet, verändert. Und drittes kann ein qualitativer Wandel innerhalb des Engagements (geringere Intensität, veränderte Motivationen und Einsatzbereitschaft) angenommen werden. Die Debatte um die Potenziale der ‚praktischen Solidarität' ist zudem nicht nur in der Bundesrepublik aktuell, Warnungen vor einem Niedergang des ‚sozialen Kapitals' sind auch aus anderen Ländern zu hören. Die Bindungsfähigkeit der traditionellen Institutionen scheint zurückzugehen, während alternative Formen des bürgerschaftlichen Engagements (innerhalb und außerhalb der Verbände) an Bedeutung gewinnen. Die These der Verlagerung des Engagements aus dem Bereich des klassischen (verbandsförmigen) Ehrenamtes in andere Bereiche wird häufig am Beispiel der Wohlfahrtsverbände exemplifiziert, wobei es gerade in letzter Zeit auch immer mehr Hinweise auf eine Überalterung der ‚Funktionärsschicht' in den Sportvereinen gibt. Die Wohlfahrtsverbände sind sowohl mit einer Überalterung als auch mit einem Rückgang der Engagierten konfrontiert, was allerdings nur schwer anhand von quantifizierbaren Angaben zu belegen ist. Hier – wie auch in anderen Bereichen – gibt es einen erheblichen Bedarf an unabhängigen empirischen Untersuchungen, da sich die meisten Zahlen auf lokale Fallstudien, grobe Schätzungen oder offizielles Verbandsmaterial berufen (was sich oft hinsichtlich der wissenschaftlichen Qualität als nur begrenzt nutzbar erweist). So schätzte etwa die Bundesarbeitsgemeinschaft der Freien Wohlfahrtspflege seit Jahren die Zahl von Ehrenamtlichen auf rund 2,5 bis 3 Millionen, legt aber keine detaillierten Zahlen aus den Wohlfahrtsorganisationen vor (Schmid/Mansour 2007). Klassische Ehrenamtliche (z.B. ältere, nicht erwerbstätige Frauen) werden immer seltener. Tatsächlich dürfte die von den Verbänden genannte Zahl längst unterschritten sein. Das Ehrenamt mit dem klassischen „goldenen Helferherz" stirbt immer mehr aus (vgl. bereits Offe/Heinze 1990 sowie die Beiträge in Evers/Olk 1996).

Die statistischen Unsicherheiten betreffen jedoch nicht nur das verbandliche Bürgerengagement, sondern generell werden die anscheinend so sicheren und bekannten Potenziale bürgerschaftlichen Engagements und deren angebliche Wachstumsraten relativ schnell zu einer eher ‚unbekannten' Größe. Trotz einiger Einzelstudien ist die Forschungslage weiterhin als defizitär zu charakterisieren. Auch ohne die Vorlage genauer Zahlen kann aufgrund der Säkularisierung und Individualisierung von einer Verringerung des Potenzials klassischer ehrenamtlicher, bürgerschaftlicher Arbeit in Großverbänden, Kirchen und Gewerkschaften ausgegangen werden. Empirische Studien weisen darauf hin, wie bspw. die von den Wohlfahrtsverbänden mobilisierte ehrenamtliche Arbeit zum Teil erheblich schrumpft. Dies wird allerdings von den Verbandsführungen nicht gern nach ‚außen' kommuniziert, denn damit gerät ein wesentlicher Pfeiler wohlfahrtsverbandlicher Strukturen, der in Selbstdarstellungen sehr oft als großer Vorteil gegenüber staatlichen Institutionen gepriesen wird, ins Wanken. Obwohl das Potenzial an Ehrenamtlichen sich massiv verändert, geht das regelmäßige bürgerschaftliche Engagement in der Bundesrepublik nicht generell zurück. Es stellt sich folglich nicht nur für die Wohlfahrtsverbände die Frage, wie ehrenamtliche verbandliche Arbeit neu organisiert werden könnte, um diese Ressourcen zu mobilisieren. Festzuhalten bleibt: Die klassischen Verbände repräsentieren in Deutschland in wachsendem Maße nur noch lückenhaft das ‚soziale Kapital'.

Im Folgenden soll der durch den demografischen Wandel immer bedeutsamer werdende Bereich des bürgerschaftlichen Engagements Älterer herausgegriffen werden, um hier exemplarisch auf die produktiven Potenziale Älterer hinzuweisen, die sowohl für die Älteren und deren gesellschaftliche Partizipation als auch für die lokale Ebene insgesamt eine große Bedeutung haben. Bürgerschaftliches Engagement – auch in Vereinen und Verbänden – wirkt sozialintegrativ und kann auch für den Älteren einen Zugewinn an Lebensqualität bedeuten.

Exkurs: Bürgerschaftliches Engagement Älterer

Nach empirischen Studien engagieren sich im Saldo deutlich mehr Menschen in Deutschland als früher. Dies gilt vor allem für ältere Menschen und besonders die Altersgruppe der 55- bis 64-Jährigen (mit einem Plus von 5 Prozentpunkten), aber auch (etwas schwächer) für die ab 65-Jährigen. Aus den letzten Jahren liegen einigen quantitative Einschätzungen zum bürgerschaftlichen Engagementpotenzial dieser Altersgruppe vor (Künemund 2006 sowie die Beiträge in Schroeter/Zängl 2006 und Erlinghagen/Hank 2008). Schon seit den 1980er Jahren zeigt sich in Deutschland ein Wachstum der Engagementbereitschaft und des realisierten Engagements in allen Dimensionen bei den über 60-Jährigen, wobei das freiwillige Engagement älterer Menschen ein weites Spektrum abdeckt, das von Unterstützungsleistungen in der Familie und der Nachbarschaft über freiwillige Aktivitäten in Sportvereinen, Kirchengemeinden und Politik bis zum traditionellen Ehrenamt reicht. Und ganz gleich welche Datenbasis gewählt wird: Vereine und Verbände sind weiterhin ein wichtiger Bestandteil der Lebenswelt Älterer. Insgesamt betrachtet ist unter den altersspezifischen Gruppen die Beteiligung im ‚traditionellen' Vereins- und Verbändebereich am stärksten. Die Quote des freiwilligen oder ehrenamtlichen Engagements der 40- bis 85-Jährigen ist hinsichtlich der Funktionen und Ämter in Vereinen, Gruppen und Verbänden geringfügig von 12,6 auf 13,8 Prozent gestiegen, bei Berücksichtigung aller Funktionen von 16 auf 18,9 Prozent. Dieser Anstieg betrifft nicht alle Altersgruppen, sondern insbesondere die 55- bis 59-jährigen Frauen sowie die Männer der Altersgruppen 55 bis 69 und 70 bis 85 Jahre. An erster Stelle steht bei älteren Menschen weiterhin das Engagement im Bereich der Sportorganisationen; rund 25 Prozent der Älteren engagieren sich hier, wobei die jüngeren Senioren noch stärker aktiv sind. Vergleicht man die Engagementbereiche, in denen ältere Menschen tätig sind, so zeigen alle vorliegenden Studien übereinstimmend, dass neben ‚Sport und Bewegung' die Sektoren ‚kirchlicher und religiöser Bereich' und ‚sozialer Bereich' gefolgt von ‚Freizeit und Geselligkeit' und ‚Kultur und Musik' an der Spitze der Aufgabenfelder stehen, die von älteren Menschen übernommen werden.

Allerdings darf die Diskussion über bürgerschaftliches Engagement Älterer – auch in Verbänden und Vereinen – nicht instrumentell geführt werden. Das Verständnis von Freiwilligen als Ressource, die es aus Gründen der Kosteneffizienz zu aktivieren gelte, geht an den Motiven und vielfach auch der Lebenslage der Engagierten vorbei. Die Hoffnungen, welche in das Bürgerengagement Älterer für die Belebung des Gemeinwesens und die Stärkung der Bürgergesellschaft gesetzt werden, können sich nur in einem freiwilligen Rahmen entfalten. Bürgerengagement darf nicht zur gesellschaftlichen Verpflichtung im Alter werden. Das bedeutet auch den Verzicht auf eine negative gesellschaftliche Sanktionierung derjenigen, die sich daran nicht beteiligen können oder wollen.

Wird der Blick verstärkt auf zivilgesellschaftliche Potenziale gelenkt, dann muss auch der Zustand der Verbände thematisiert werden. Schaut man sich die zentralen Verbände in der Bundesrepublik etwas näher an, dann fallen sofort die nachlassenden Organisationskapazitäten und deutliche Mitgliederverluste auf. Das Steuerungspotenzial aller intermediären Organisationen ist in den letzten Jahren geschrumpft, was auch anhand von Daten über das Organisationsleben nachvollzogen werden kann. „Die Bindekraft traditioneller Verbände lässt nach, immer mehr kleinere, hoch spezialisierte Interessengruppen entstehen. Je präziser ein Verband sein Interesse zu definieren vermag, umso besser vermag er zu agieren und sich durchzusetzen" (Lösche 2007: 117; vgl. auch die Beiträge in von Winter/Willems 2007). Hinsichtlich eines vitalen bürgerschaftlichen Engagements in den Verbänden bedeutet dies allerdings ein Problem, da in vielen genuinen Verbänden immer stärker der Lobbying- und Dienstleistungscharakter dominiert, während die Engagementdimension zurücktritt. Statt gesellschaftspolitischer Dynamik herrscht in den meisten Interessenorganisationen (auch in den politischen Parteien) ein Gefühl der Erstarrung vor, eher beschäftigen sich die politischen Großorganisationen mit sich selbst. Deshalb überrascht auch nicht die Feststellung, dass sich gerade jüngere Menschen immer mehr von der Politik und den klassischen Verbänden abwenden, was sich nachhaltig an den zurückgehenden Mitgliederzahlen und vor allem den internen Aktivitäten zeigen lässt. Dennoch ist vor voreiligen Krisendiagnosen, die eine zunehmende Erosion der traditionellen Verbände prognostizieren, zu warnen. Sicherlich müssen sich viele Verbände einem organisatorisch oft schmerzhaften Wandlungsprozess unterwerfen, dennoch bedeutet dies in den meisten Fällen keinen Untergang, sondern teilweise nur eine Schwächung der Organisationskraft, es sind aber auch neue Verbände (etwa im Umweltbereich) entstanden, die den Wandlungsprozess des Verbändesystems nachhaltig demonstrieren.

Literatur

Alemann, Ulrich von/Heinze, Rolf G. 1990: Vereine und Verbände: Eine Orientierungskarte der Verbändelandschaft in Land und Bund. In: Verein der Freunde NWs (Hrsg.): Vereine und Verbände in Nordrhein-Westfalen. Neuss.
Erlinghagen, Marcel/Hank, Karsten (Hrsg.) 2008: Produktives Altern in modernen Gesellschaften. Wiesbaden.
Evers, Adalbert/Olk, Thomas (Hrsg.) 1996: Wohlfahrtspluralismus. Opladen.
Hassel, Anke 2007: Gewerkschaften, in: Winter, Thomas von/Willems, Ulrich (Hrsg.): Interessenverbände in Deutschland. a. a. O.: 173 ff.
Heinze, Rolf G. 2002: Die Berliner Räterepublik. Viel Rat – wenig Tat?. Wiesbaden.
Heinze, Rolf G./Olk, Thomas (Hrsg.) 2001: Bürgerengagement in Deutschland. Bestandsaufnahme und Perspektiven. Opladen.
Holtkamp, Lars/Bogumil, Jörg 2007: Verbände auf kommunaler Ebene. In: Winter, Thomas von/Willems, Ulrich (Hrsg.): Interessenverbände in Deutschland. a. a. O.: 539ff.
Kleinfeld, Ralf/Zimmer, Anette/Willems, Ulrich (Hrsg.) 2007: Lobbying – Struktur. Akteure. Strategien. Wiesbaden.
Künemund, Harald 2006: Exemplarische Analysen zum ehrenamtlichen Engagement Älterer. In: Schroeter, Klaus R./Zängl, Peter (Hrsg.): Altern und bürgerschaftliches Engagement. a. a. O.: 135 ff.
Leif, Thomas/Speth, Rudolf (Hrsg.) 2006: Die fünfte Gewalt. Lobbyismus in Deutschland. Wiesbaden.
Lösche, Peter 2007: Verbände und Lobbyismus in Deutschland. Stuttgart.
Müller-Jentsch, Walther 2008: Der Verein – ein blinder Fleck der Organisationssoziologie. In: Berliner Journal für Soziologie (18. Jg.). H.3: 476 ff.
Offe, Claus/Heinze, Rolf G. 1990: Organisierte Eigenarbeit. Das Modell Kooperationsring. Frankfurt/New York.
Schmid, Josef/Mansour, Julia I. 2007: Wohlfahrtsverbände. Interesse und Dienstleistung: In: Winter, Thomas von/Willems, Ulrich (Hrsg.): Interessenverbände in Deutschland. a. a. O.: 244ff.
Schroeter, Klaus R./Zängl, Peter (Hrsg.) 2006: Altern und bürgerschaftliches Engagement. Wiesbaden.
Sebaldt, Martin/Straßner, Alexander 2004: Verbände in der Bundesrepublik. Wiesbaden.
Winter, Thomas von/Willems, Ulrich (Hrsg.) 2007: Interessenverbände in Deutschland. Wiesbaden.
Zimmer, Anette/Weßels, Bernhard (Hrsg.) 2001: Verbände und Demokratie in Deutschland. Opladen.

Rupert Graf Strachwitz

Stiftungswesen

Einleitung

Stiftungen gehören zu den ältesten kulturellen Zeugnissen der Menschheit. Sie haben soziale Umwälzungen erstaunlich robust überstanden, sich vielfach als überaus langlebig erwiesen[1] und sind heute weltweit bei Regierungen und Bürgern so beliebt, dass ihre Bedeutung für das bürgerschaftliche Engagement oft weit überschätzt wird. Sie bieten auf den ersten Blick eine hervorragende Möglichkeit, dieses Engagement zu verwirklichen. Historisch sind Stiftungen ein urbanes Phänomen. Der Wunsch, sich von gleichrangigen Mitbürgern abzusetzen, bietet wohl eine Begründung für die besondere Popularität von Stiftungsakten in einer demokratischen Gesellschaft.

Stiftungen beinhalten drei unterscheidbare Konzepte menschlichen Handelns:

1. das Schenkungskonzept,
2. das Erinnerungskonzept,
3. das Bindungskonzept.

Die Wissenschaft ist sich heute weitgehend darüber einig, dass sowohl das Schenken als auch der Wunsch, in Erinnerung zu bleiben, anthropologische Grundkonstanten darstellen, die in jeder Gesellschaft aufscheinen (Adloff 2005). Das Schenken kann sogar bei Primaten beobachtet werden (Godelier 1999). Die Akzeptanz dieser Konstanten ist für das Verständnis des Wesens einer Stiftung ebenso von Bedeutung wie für die Beantwortung der Frage, ob und inwieweit Stiftungen einen Ausdruck bürgerschaftlichen Engagements darstellen, wie deren Verteidiger stets behaupten, doch eher dem privaten Zeitvertreib wohlhabender Bürgerinnen und Bürger zuzuordnen sind, wie ihre Kritiker argumentieren oder letztlich weder das eine noch das andere, sondern lediglich eine simple, mit bestimmten Charakteristiken ausgestattete Organisationsform des Handelns in der Gesellschaft bilden, die gemäß der jeweiligen Interessenlage normativ aufgeladen wird. Idealerweise wird eine Stiftung entstehen, wenn diese drei Konzepte ineinander fallen. Jedoch ist dies nicht in jedem Fall so, und während die ersteren zwei sich vor allem mit dem Gründungsimpuls befassen, verleiht das dritte der Stif-

---

[1] Die ältesten noch bestehenden deutschen Stiftungen gehen vermutlich bis in das 1. Jahrtausend n. Chr. zurück.

tung selbst die dieser eigentümliche Langfristigkeit und Nachhaltigkeit (Flämig 2005: 66 ff.).

Das Stiften lässt sich nicht auf *Rational-Choice*-Argumente im Sinne steuerlicher Optimierungsvorstellungen oder sonstiger Vorteilserwartungen reduzieren. Es gilt gerade hier, dass sich komplexe, zum Teil sehr alte kulturelle Traditionen aufgreifende und sich im Unterbewusstsein abspielende Motivationsbündel nur schwer ausdifferenzieren und bewerten lassen.[2] Zwar lässt sich nicht bei allen heute weltweit bestehenden Stiftungen ein Schenkungsakt oder der Wunsch, in Erinnerung zu bleiben konstatieren[3]; auch führen diese Voraussetzungen nicht notwendigerweise zum Entstehen einer Stiftung, doch bilden Stiftungen, denen diese Aspekte fehlen, Ausnahmen von der Regel. Dies ist nicht zuletzt deshalb bedeutsam, weil Stiftungen auf Grund ihrer Bindung in besonderem Maße historisch verankert sind. Sie beinhalten im Zeitpunkt ihrer Gründung einen zukunftsorientierten investiven Impuls, während sie später notwendigerweise auf eine permanente Reflexion über ihre Gründungsziele angewiesen bleiben. Sie gänzlich der Zustimmung der Zeitgenossen ihres Wirkens zu unterwerfen, hieße, ihre intrinsische Natur zu verkennen.

Es ist gerade aus der Sicht einer Analyse von Engagement nicht abwegig, Stiftungen eine inhärente kulturelle Legitimität zuzusprechen. Diese hat es ihnen ermöglicht, gute und schlechte Zeiten, politische Neuordnungen und Umwälzungen zu überstehen. Sie erscheinen in politisch instabilen Zeiten als Horte der Kontinuität und Stabilität besonders attraktiv. Damit ist freilich die Legitimationsfrage noch nicht beantwortet. Der Verweis auf ein ‚Recht zu stiften' genügt nicht. Ob das Ergebnis eines Schenkungsaktes, welches möglicherweise für Generationen einem politischen Willen überproportionale Durchsetzungskraft verleiht, mit einer politischen Ordnung kompatibel oder von dieser tolerabel ist, kann nicht allein unter juristischen Gesichtspunkten beurteilt werden. So ist etwa im Grundgesetz der Bundesrepublik Deutschland zwar die Vereinigungsfreiheit als Grundrecht definiert (Art. 9); ein Grundrecht zu stiften kennt das Grundgesetz dagegen nicht. Es lässt sich allenfalls aus dem Grundrecht auf freie Entfaltung der Persönlichkeit (Art. 2), ggf. in Verbindung mit der Gemeinwohlbindung des Eigentums (Art. 14 Abs. 2), ableiten. Seit Kant ist die Ermächtigung des Staates, in das Leben von Stiftungen einzugreifen, postuliert, zugleich aber der französischen staatstheoretischen Ablehnung der Stiftung eine Absage erteilt worden.

---

2 Die 2005 von Karsten Timmer im Auftrag der Bertelsmann Stiftung vorgelegte Studie ‚Stiften in Deutschland – Die Ergebnisse der Stifterstudie' (Gütersloh 2005) greift insofern deutlich zu kurz.
3 Vgl. unter vielen anderen die Entstehungsgeschichte der Volkswagen Stiftung

Stiftungen als Organisationsform

Organisationstheoretisch sind Stiftungen heute als eine der zwei klassischen Organisationsformen von Zivilgesellschaft und bürgerschaftlichem Engagement einzuordnen; allerdings spielen die rd. 20.000 Stiftungen (ohne Kirchen- und Kirchenpfründestiftungen) im Verhältnis zu den rd. 1 Million eingetragenen und nicht eingetragenen Vereinen quantitativ nur eine untergeordnete Rolle. Definiert man bürgerschaftliches Engagement als eine freiwillige Hingabe von Zeit, Kreativität, Empathie, Ansehen und Vermögenswerten zum Wohle der Gemeinschaft, so bilden Stiftungen eine interessante Option zur Verwirklichung aller dieser Ausdrucksformen. Sie auf die Hingabe von Vermögenswerten bzw. auf die Ausschüttung von deren Erträgen zu beschränken, wäre eine unzulässige Verkürzung ihrer Handlungslogik. Zwar ist dem Stiftungswesen die Beschränkung auf einen öffentlichen oder gemeinwohlorientierten Nutzen im Kern fremd; jedoch ist es stets vor allem im Zusammenhang mit einem wie immer gearteten Dienst an der Allgemeinheit gesehen worden, wenn dieser auch in verschiedenen Zeiten und Gesellschaften sehr unterschiedlich definiert worden ist.

Die Option Stiftung kann von fünf unterscheidbaren Gruppen von Stiftern genutzt werden:

1. von Bürgerinnen und Bürgern, die allein, als Ehepaar, Familie oder kleine Gruppe eine Stiftung gründen und ihr Vermögenswerte jedweder Art aus ihrem Eigentum widmen;
2. von Unternehmen, die eine Stiftung gründen und ihr eigene Vermögenswerte oder Gewinne aus ihrer wirtschaftlichen Tätigkeit widmen;
3. von Initiatoren, die allein oder in Gruppen eine Stiftung gründen und dieser nicht oder kaum eigene Vermögenswerte widmen, sondern vor allem Dritte sogleich und später als Mitstifter und Spender gewinnen. (Diese schon von alters her gepflegte Entstehungsform erhält in der Form der Bürgerstiftung mit lokalem oder regionalem Bezug seit Ende der 1990er Jahre einen neuen Akzent.)
4. von Organisationen der Zivilgesellschaft, die entweder im Rahmen von strategischen Umstrukturierungen Vermögenswerte aus eigenem Bestand in eine von ihnen neu gegründete Stiftung überführen oder (gelegentlich auch in Kombination mit ersterem) zur Mitfinanzierung ihrer Tätigkeit eine Stiftung gründen, für die sie Dritte sogleich und später als Mitstifter und Spender gewinnen;
5. von öffentlichen Gebietskörperschaften (Bund, Länder und Gemeinden), die entweder Vermögenswerte im Rahmen einer dauerhaften Widmung in eine Stiftung ausgliedern oder (auch in Kombination mit ersterem) zur Erfüllung einer bestimmten Aufgabe die Stiftung als Organisationsmodell nutzen. Bund und Ländern steht hierfür auch die Option der Stiftung öffentlichen Rechts zur Verfügung. (Öffentlich-rechtliche Stiftungen gehören jedoch zur Hoheitsverwaltung des Staates und damit nicht zur Zivilgesellschaft (Zimmer 2005: 9 ff.).

Manche Stiftungen sind von vornherein auf Zuwachs in Form von Zustiftungen angelegt, während andere überwiegend in einem Akt gegründet werden und ihr Vermögen erhalten. Bürgerstiftungen binden darüber hinaus Engagierte besonders häufig langfristig ein und beinhalten daher Vereinselemente. Dass Stiftungen ihre Ziele ausschließlich mit Erträgen eigenen Vermögens erfüllen, ist ein weitverbreiteter Irrtum. Vielmehr stehen ihnen im Grundsatz alle Arten der Einnahmenerzielung offen, allerdings möglicherweise mit steuerlichen Besonderheiten.

Von herausragender quantitativer und historischer Bedeutung für das deutsche und europäische Stiftungswesen sind die nach Schätzungen rd. 100.000 Stiftungen kirchlichen Rechts[4], von denen nur wenige, allerdings bedeutende, zugleich als Stiftungen bürgerlichen Rechts konstituiert sind. Letztere, insbesondere die großen kirchlichen Anstaltsträgerstiftungen können durchaus bürgerschaftliches Engagement anziehen und betreuen.

Die idealtypische Unterteilung zivilgesellschaftlicher Organisationen in solche assoziativen Charakters (*universitas personarum*) und solche, die in der Praxis nicht nur durch den Stifterwillen, sondern auch durch ihre Vermögenswerte definiert sind (*universitas bonorum*)[5], führt vielfach dazu, daraus das Vorhandensein von materiellen Vermögenswerten, schon gar von liquiden Vermögenswerten als definitorisches Merkmal oder Gründungsvoraussetzung einer Stiftung abzuleiten. Dies ist theoretisch nicht haltbar (Strachwitz 2005: 123 ff.). Bedeutende Stiftungen sind ohne materielles Vermögen entstanden, allen voran das Christentum und der Islam, beides Religionsgemeinschaften, die nach eigenem Selbstverständnis Stiftungscharakter tragen (Rassem [1952] 1979: 165/ders. [1956] 1979: 188 f.). Dies vorausgeschickt, bleibt es ohne Zweifel richtig, dass der eigene Wille nachhaltig nicht oder nur mit exzeptionellem Charisma ohne dazugehörige materielle Ressourcen durchsetzbar ist. Die Erfüllung des Stiftungszwecks aus den Erträgen eigenen Vermögens ist jedoch nur eine von zahlreichen Optionen. Die Erwirtschaftung von Mitteln aus eigener Tätigkeit ist beispielsweise ebenso üblich wie die Entgegennahme von Spenden. Der erste Eindruck, der Stiftungen als mit Vermögen ausgestattete Organisationen definiert, bedarf daher einer Korrektur.

Zur Definitionsproblematik

Die US-amerikanische Definition, die über viele Jahrzehnte die öffentliche Diskussion geprägt hat, kommt der engen Vorgabe am nächsten. Jedoch ist angesichts der bis in die ägyptischen Hochkulturen zurückreichenden euro-

---

4 Durch eigene Rechtsetzung im Stiftungswesen machen die Kirchen von der ihnen nach Art. 140 GG eingeräumten Autonomie Gebrauch.
5 Die nicht uninteressante Frage, inwieweit eine Stiftung als Institution letztlich doch einen Personenverband darstellt, soll hier ausgeklammert bleiben, da sie für das folgende ohne Belang ist.

päischen Stiftungstradition in Europe eine breitere Sicht angebracht, mit erheblichen Unterschieden zwischen einzelnen Kulturen (Liermann [1963] 2002). Islamische Stiftungen (*awqa'f*), die auf die gleiche Tradition zurückgehen und schon wegen der überragenden Bedeutung für die islamische Kultur nicht unterschlagen werden dürfen, haben bis heute einen engen religiösen Bezug (Kogelmann 1999: 27) und sind überwiegend operativ tätig, während sowohl europäische als auch US-amerikanische Stiftungen überwiegend die Tätigkeit anderer durch finanzielle Zuwendungen fördern, europäische allerdings in deutlich geringerem Ausmaß (Sprengel/Ebermann 2008: 67 f.).

Die Definition wird zusätzlich durch den Umstand erschwert, dass auf Deutsch ebenso wie in den meisten anderen Sprachen das Wort Stiftung einerseits sowohl den Prozess der Stiftungsgenese als auch das zur Institution gewordene Ergebnis dieses Prozesses beschreibt, andererseits sich sowohl auf das Stiften von Staaten oder Religionen, d.h. sehr große, von einer Vermögensübertragung ganz und gar unabhängige Zusammenhänge, als auch auf kleine und kleinste privatrechtliche Vorgänge bezieht, die in jedem Fall die *universitas bonorum*, d.h. eine fest umrissene, mit Vermögen ausgestattete Organisation zum Ziel haben[6]. Auch ist zu bedenken, dass das Konzept der Stiftung häufig mit dem der Philanthropie verwechselt wird, mit dem es einige Gemeinsamkeiten hat, von dem es aber insgesamt abzugrenzen ist. Stiftungen beschreiben ein weitergehendes Organisationsmodell, während Philanthropie emotionssoziologische und individualpsychologische Erklärungsmuster einbezieht, die hier nur am Rande von Bedeutung sind. Freilich kann der Charakter der Stiftung als investives Geschenk (Strachwitz 2003: 629 ff.) nicht gänzlich außer Betracht bleiben.

Es erhebt sich die Frage, ob es überhaupt eine einheitliche Definition von Stiftung geben kann, die zumindest auf alle Gebilde weltweit zutrifft, die sich Stiftung (*foundation – fondation – fondazione* usw.) nennen, und ob eine solche Definition nicht, etwa durch unterschiedliche rechtliche und kulturelle Entwicklungen, notwendigerweise so verwässert ist, dass sie inhaltslos wird. Dies erscheint nicht zuletzt deswegen wichtig, weil in der nicht zahlreichen theoretischen Literatur zum Stiftungswesen vielfach wesentliche definitorische Merkmale zugunsten einer aus eigenen Erfahrungen abgeleiteten Sicht fehlerhaft außer Acht gelassen werden und nur auf Teilaspekte der Stiftungswirklichkeit Bezug genommen wird. Dies trifft beispielsweise auf Turgot und Kant zu, die im 18. Jahrhundert als fundamentale Kritiker des Stiftungswesens aufgetreten sind, aber auch Hegel, der im

---

6 Der vorliegende Beitrag befasst sich ausdrücklich mit der Stiftung als Konstrukt und Organisationsform und lässt die darüber hinaus gehenden Definitionen des Begriffs weitestgehend außer Betracht.

19. Jahrhundert die Grundlage für eine Stiftungstheorie im modernen Verfassungsstaat gelegt und den Platz für Stiftungen darin normiert hat.[7] Insofern, als man festhalten kann, dass das primäre definitorische Merkmal der Stiftung die Bindung an den bei Gründung niedergelegten Stifterwillen ist, kann eine universelle Definition angeboten werden; die Stiftung ist in ihrem Handeln nicht frei, sondern hat auf Dauer diesen Stifterwillen zu vollziehen. Auch der Ermessens- und Interpretationsspielraum späterer Stiftungsverwalter, ob und in welchem Umfang der Stifterwille späteren Erfordernissen angepasst werden kann, ist selbst Ausdruck des Stifterwillens und entzieht sich insoweit der Entscheidungshoheit späterer Generationen. Diese Definition schützt nicht vor einem irrigen Gebrauch des Begriffs. Es sind entgegen landläufiger Meinung nicht die Stiftungen unecht, die nicht oder kaum über Vermögen verfügen, sondern die, in denen diese Bindung nicht verankert ist. Die Bindung unterscheidet die Stiftung fundamental von der anderen, quantitativ sehr viel häufigeren Organisationsform bürgerschaftlichen Engagements, dem Verein, der definitorisch einen permanenten Willensbildungsprozess seiner Mitglieder beinhaltet.[8] Gesichtspunkte der Rechtsform und andere Formalia, auf die im Stiftungsrecht oft so großer Wert gelegt wird, sind im Verhältnis zu diesem Kern des Stiftungsgedankens peripher.

Der Begriff der Stiftung ist nicht an eine bestimmte Rechtsform gebunden. Beschreibt man sie im engeren Sinne als das Ergebnis der Übertragung von Vermögenswerten an eine mit eigener Satzung ausgestattete Körperschaft, welches so gestaltet ist, dass diese Satzung die Verwalter der Körperschaft bezüglich der Erhaltung und Verwendung des Vermögens dauerhaft bindet, so lässt sich dieses Ziel mit unterschiedlichen rechtlichen Gestaltungsoptionen erreichen. Insofern ist die in §§ 80–89 BGB beschriebene Stiftung des bürgerlichen Rechts (auch rechtsfähige Stiftung genannt) keine Regelform, sondern nur eine von mehreren Varianten. Historisch ebenso alt und häufig ist die nicht rechtsfähige (= rechtlich unselbständige oder treuhänderische oder fiduziarische) Stiftung. Stiftungen in der Rechtsform einer Kapitalgesellschaft (z.B. Robert-Bosch-Stiftung gGmbH) sind Schöpfungen der Nachkriegszeit, während Stiftungen in Vereinsform, der unterschiedlichen Handlungslogik dieser Organisationsform zum Trotz seit dem 19. Jahrhundert nachweisbar sind. Bei den letzteren Formen kann jedoch letztlich das Bindungsgebot im Grundsatz nur bedingt befolgt werden. Es ist daher im Einzelfall zu beurteilen, ob es tatsächlich befolgt wird und die Organisation legitimer weise als Stiftung zu bezeichnen ist. Es muss allerdings festgehalten werden, dass nur die Stiftung bürgerlichen Rechts eine spezifische ge-

---

7 Diese Feststellung untermauert das Argument, dass weder Kant noch Hegel sich tatsächlich mit dem Stiftungswesen auseinandergesetzt, sondern dieses vielmehr *en passant* in ihre Überlegungen einbezogen haben.
8 In diesem Sinn stellt die Stiftung eine vordemokratische Organisationsform dar.

setzliche Grundlage hat (§§80–89 BGB und Landesstiftungsgesetze), während die übrigen Formen sich aus allgemeineren Normen entwickelt haben.

Funktionen von Stiftungen

Stiftungen lassen sich nach ihren Funktionen, d.h. nach der Art oder den Arten, wie sie ihren Zweck verwirklichen, einteilen. Diese Frage berührt auch die Zuordnung der Stiftung zum modernen Verständnis von bürgerschaftlichem Engagement, indem dieses auch hier einerseits dem Engagement als Dienstleistung an der Allgemeinheit unter staatlicher Aufsicht, andererseits aber dem politischen Engagement, das sich auch gegen den Staat richten kann, zugeordnet werden muss.

Vier Funktionstypen sind zu unterscheiden:

1. Die Eigentümerfunktion, z.B. das Eigentum an einem Kirchengebäude (bei weitem der häufigste Funktionstypus). Seine Entstehung beruhte schon seit dem Frühmittelalter überwiegend auf dem Gedanken, dass die Stifter zwar ein religiöses Anliegen in der Form eines Kirchenbaus verfolgen wollten und sich darin auch mit dem Bischof einig wussten, aber doch eine gewisse Separierung ihrer Zuwendung von den Teilen des Kirchenvermögens anstrebten, die der freien Verfügung des Bischofs unterlagen. Hier artikuliert sich ein Stiftungsgedanke, der der modernen Vorstellung von bürgerschaftlichem Engagement nahekommt, indem die Zuweisung an die Allgemeinheit nicht unspezifiziert wie etwa eine Steuer, sondern für einen vom Stifter definierten Zweck erfolgt. Gerade dieser Stiftungstyp hat alle politischen Umwälzungen am besten überstanden. Rund 50.000 solcher Kirchenstiftungen, deren wesentliche Aufgabe darin besteht, die Eigentümerfunktion eines Kirchengebäudes darzustellen und dieses Gebäude dadurch vor Zweckentfremdung zu schützen, bestehen bis heute (Strachwitz 2005: 36; s. auch Campenhausen 2003: 19 ff.; Smith/Borgmann 2001: 2 ff.). Dieser Stiftungstyp entwickelt naturgemäß keine oder kaum korporative Kreativität und bleibt selbst in der Regel gesellschaftlich passiv. Reine Eigentümerstiftungen finden sich auch im Kulturbereich, etwa als Eigentümer von Kunstsammlungen, Mischformen auch im übrigen Stiftungswesen. Eigentümerstiftungen können als rechtsfähige oder nicht rechtsfähige Stiftungen bestehen.

2. Die operative Funktion, die als Anstalts- und als Projektträgerstiftung vorkommt. Häufiger als andere geht diese nicht auf einen einzelnen Stiftungsakt mit einmaliger Vermögensdotation zurück, sondern entsteht mit Hilfe öffentlicher Sammlungen oder wächst über einen längeren Zeitraum durch Zustiftungen. Auch erwirtschaftet eine Stiftung dieser Art regelmäßig, wenn auch nicht immer ausschließlich, durch ihre Tätigkeit selbst Einnahmen. Operative Stiftungen bedürfen durchweg der Rechtsfähigkeit.

3. Die Förderfunktion, die als Hauptgeldstiftung, in der Regel durch die Übertragung eines Barkapitals an eine bereits bestehende Körperschaft, eine lange Tradition hat. Diese Körperschaft, Kirche, Kloster, Stadtgemeinde, Universität oder bereits bestehende Stiftung, hatte dafür zu sorgen, dass dieses Kapital Zinsen erbrachte, welche nach den Vorgaben des Stifters verwendet werden konnten (s. z. B. Börner 1999: 19 ff.). Die Zwecke, die mit solchen Stiftungen verfolgt werden sollten, reichten von Kerzen- und Meßstipendien über Studienstipendien bis zu breit gefächerten Maßnahmen im sozialen Bereich (Rexroth 2000: 111 ff.). Dass auch eine Stiftung dieser Art erhebliches Konfliktpotential bergen konnte, zeigt das Beispiel einer Stiftung, die der Berliner Universität unter der Bedingung zugutekommen sollte, dass Frauen zum Studium zugelassen würden und die deshalb von der Universität abgelehnt wurde (Adam 2007: 51). In der Regel allerdings waren solche Stiftungen auf ihren staatlichen, kommunalen oder kirchlichen Destinatär ausgerichtet und entfalteten nur in Ausnahmefällen eine alternative Tätigkeit. Die moderne Förderstiftung, die als finanzielle Unterstützerin der Tätigkeit anderer Organisationen bekannt ist, agiert in der Regel autonomer, tritt aber in zwei Teilformen auf, zum einen mit festem, bereits durch Stifterwillen verankertem Destinatär, zum anderen mit der Entscheidungsbefugnis der Stiftungsverwalter, im Rahmen des Satzungszwecks immer wieder neu Destinatäre zu bestimmen. Zu den ersteren zählen auch die sehr zahlreichen sog. Pfründestiftungen, die andererseits den Kirchenstiftungen in vielem nah verwandt sind. Wie diese wurden sie kirchlichen Stellen anvertraut, allerdings mit der Maßgabe, dass sie den Unterhalt von Pfarrern und anderem Kirchenpersonal gewährleisten sollten. Viele der bedeutenden Neugründungen des 19. und 20. Jahrhunderts sind Förderstiftungen, darunter die Carl-Zeiss-Stiftung, die Robert-Bosch-Stiftung, aber auch die berühmten amerikanischen Stiftungen wie die Rockefeller oder Ford Foundation, die Carnegie Corporation of New York, die Bill and Melinda Gates Foundation usw. Besonders die großen unter diesen Stiftungen folgen in den letzten Jahren einen Trend, stärker, z. B. als Betreiber von Hochschulen oder Museen operativ zu werden oder sich stärker als aktive Partner ihrer Destinatäre zu verstehen. Sie treten sowohl als nicht rechtsfähige wie als rechtsfähige Stiftungen auf.

4. Die mildtätige Funktion, die ebenfalls aus der alten Hauptgeldstiftung hervorgegangen ist, seit dem Aufkommen des Wohlfahrtsstaates an Bedeutung verloren, sie aber nicht gänzlich eingebüßt hat. Mildtätige Stiftungen haben notwendigerweise keine festen Destinatäre und verwirklichen ihren Zweck durch die Unterstützung hilfsbedürftiger Personen. Sie sind dadurch den Förderstiftungen verwandt, aber doch, schon wegen des ganz anders strukturierten Vergabeverfahrens, von diesen abzugrenzen.

Setzt man die Stiftungen in dieser Funktionsbreite zur Einteilung zivilgesellschaftlicher Organisationen in Dienstleister, Themenanwälte, Selbsthilfeorganisationen und Intermediäre (Europäische Kommission 1997) in Beziehung, lassen sich Stiftungen allen Typen außer der Selbsthilfeorganisation zuordnen. Insofern können sie auch den Anspruch einlösen, nicht nur im Sinne des Staates Dienstleistungen zu erbringen, sondern auch als Wächter oder Themenanwälte selbständig und wo notwendig gegen staatliche Interessen zu handeln.

Schlussbemerkungen

Die politische Dimension bürgerschaftlichen Engagements wird, so lässt sich folgern, von einem Teil der Stiftungen gepflegt. Es ist jedoch nicht zu verkennen, dass die Mehrheit der Stiftungen eher dem strukturkonservativen, korporatistischen Teil der Zivilgesellschaft zuzurechnen ist und eine Nähe zu staatlichem Handeln sucht (Adloff 2004: 106–112). Dies mag in Teilen auch die deutliche Bevorzugung der Stiftungen bei der Novellierung der gesetzlichen Rahmenbedingungen in Deutschland (2000, 2002, 2007) erklären. In der wissenschaftlichen und öffentlichen Debatte wird dennoch gelegentlich die Frage nach der Legitimität[9] von Stiftungen in einer modernen demokratischen Gesellschaft gestellt. Ihr offenkundiges Demokratiedefizit und der weit überproportionale Einfluss, der von einzelnen großen Stiftungen ausgehen kann, lassen daran Zweifel aufkommen. Auch das Selbstverständnis vieler Stifter und Stiftungen, die sich nicht oder nur schwer als Teile einer modernen Zivilgesellschaft sehen, provoziert diese Kritik.

Bezogen auf das bürgerschaftliche Engagement setzen Stiftungen einen individualistisch geprägten Ansatz um, während Vereine eher einen kollektivistischen Ansatz verwirklichen. Dies ist zunächst nicht zu kritisieren. Dass Engagement zu Einfluss führen kann, ist auch außerhalb des Stiftungswesens evident und liegt in der Natur der Sache. Die Beliebtheit der Stiftungen lässt den Schluss zu, dass es einen Bedarf an Individualformen bürgerschaftlichen Engagements gibt, wirft aber die Frage auf, inwieweit so explizit individualistisches Handeln in einer Gesellschaft tolerabel erscheint, die auf Kollektivität der Meinungsbildung und demokratische Entscheidungsprozesse großen Wert legt. Die Stiftungen selbst tun relativ wenig, um sich diesem Diskurs zu stellen und ziehen sich überwiegend auf ihre Popularität als Geldgeber und ihre juristische Legalität zurück. Eine Optimierung ihrer öffentlichen Verantwortlichkeit in Form verbesserter Transparenz lehnen viele Stiftungen ausdrücklich ab.

Schon seit mehr als zwei Jahrhunderten wird diese Frage mit der sogenannten Herrschaft der toten Hand verknüpft, mit dem Problem also, dass Individuen als Stifter nicht nur in ihrer eigenen Generation, sondern weit darüber hinaus Gestaltungsmacht ausüben können. Angesichts der zweifellos auf bürgerschaftlichem Engagement beruhenden kombinierten Stiftungstätigkeit von Bill Gates und Warren Buffett, die zu einer Stiftung mit einem Ausgabevo-

---

9 Legitimität wird hier in deutlicher Unterscheidung von Legalität gebraucht.

lumen geführt hat, die das vieler Staaten überschreitet, ist die Sorge vor gesellschaftlich intolerablen Herrschaftsmechanismen nicht unbegründet. Insofern wird die Gesellschaft mit ihrem Instrumentarium der Machtbegrenzung periodisch über Beschränkungen zu großer Stiftungsmacht nachzudenken haben und wird vermutlich, ob zu Recht oder nicht, dabei demokratietheoretische Legitimitätsargumente ins Feld führen. Allerdings sind sie dabei mit einer weitergehenden theoretischen Überlegung konfrontiert.

Im Grundverständnis einer modernen freiheitlichen und pluralistischen Gesellschaft bilden keineswegs nur das demokratische Prinzip und die Menschen- und Bürgerrechte tragende Säulen, sondern auch der Rechtsstaat (englisch besser *the rule of law*) und die kulturellen Traditionen. Letzteren können die Stiftungen ohne weiteres zugeordnet werden. Dies bedeutet zwar noch nicht, dass hieraus die Legitimität der Stiftungen zwingend abgeleitet werden kann. Aber bei näherem Hinsehen wird deutlich, dass viele Handlungen in der Gesellschaft in einem weiteren Sinn Stiftungscharakter tragen. Hierzu gehören beispielsweise jeder Hausbau und jede Unternehmensgründung. Beide erwerben durch die Legitimität der Gründung auch einen grundsätzlichen Anspruch auf Bestand. Auch eine dagegen gerichtete demokratische Entscheidung scheitert zunächst an diesem Anspruch, der durch das Rechtsstaatsprinzip gedeckt ist. Sie bedarf zu ihrer Legitimierung zusätzlicher Argumente. Eine in diesem Sinn vollständig demokratieabhängige Gesellschaft wäre nicht lebensfähig. Der Kultursoziologe Mohammed Rassem, einer der wenigen Sozialwissenschaftler, die sich in der 2. Hälfte des 20. Jahrhunderts theoretisch mit dem Stiftungswesen auseinandergesetzt haben, geht in seiner Argumentation noch einen entscheidenden Schritt weiter, indem er Stiftungshandeln als Kern gemeinschaftsorientierten Handelns versteht (Dogan 2006: 273). Wer handelt, so seine These, stiftet – natürlich nicht notwendigerweise im Sinne der Organisationsform Stiftung, aber in einer allgemeineren Bedeutung des Begriffs. Insofern kann die Legitimität der Stiftung ursächlich auch mit der kulturellen Tradition einerseits, mit dem bürgerschaftlichen Engagement als Sinnstiftung andererseits verknüpft werden.

Literatur

Adam, Thomas 2007: Stiften in deutschen Bürgerstädten vor dem Ersten Weltkrieg. In: Geschichte und Gesellschaft. 33. Jg., Heft 1.

Adam, Thomas/Lässig, Simone/Lingelbach, Gabriele (Hrsg.) 2009: Stifter, Spender und Mäzene. USA und Deutschland im historischen Vergleich (i.E.).

Adloff, Frank (Hrsg.) 2002: Untersuchungen zum deutschen Stiftungswesen 2000–2002. Berlin.

Adloff, Frank 2004: Wozu sind Stiftungen gut? Zur gesellschaftlichen Einordnung des deutschen Stiftungswesens. In: Leviathan 2/2004: 269–285.

Adloff, Frank/Schwertmann, Philpp 2004: Leitbilder und Funktionen deutscher Stiftungen. In: Adloff, Frank/Schwertmann, Philipp/Sprengel, Rainer/Strachwitz, Rupert: Visions and Roles of Foundations in Europe – The German Report. Arbeitshefte des Maecenata Instituts für Philanthropie und Zivilgesellschaft: Heft 15, Berlin.

Adloff, Frank 2005: Vom Geben und Nehmen. Zur Soziologie der Reziprozität. Frankfurt/Main.
Anheier, Helmut (Hrsg.) 1998: Stiftungen für eine zukunftsfähige Bürgergesellschaft- München.
Bertelsmann Stiftung, (Hrsg.) 2003 (2): Handbuch Stiftungen. Wiesbaden.
Börner, Helmut 1999: Die Stiftungen der Stadt Memmingen. In: Maecenata Actuell Nr. 16. Berlin.
Campenhausen, Axel Freiherr v. 2003: Geschichte des Stiftungswesens. In: Bertelsmann Stiftung (Hrsg.): Handbuch Stiftungen. Wiesbaden.
Dogan, Mattei 2006: In Search of Legitimacy: Similarities and Differences Betweenthe Continents. In: Prewitt, Ken/Dogan, Mattei/Heydemann, Stephen/ Toepler, Stefan (ed.): The Legitimacy of Philanthropic Foundations: United States and European Perspectives. New York.
Egger, Philipp/Helmig, Bernd/Purtschert, Robert (Hrsg.) 2006: Stiftung und GesellschaftBasel.
Enquête Kommission Zukunft des bürgerschaftlichen Engagements 2002: Deutscher Bundestag. Bericht – Bürgerschaftliches Engagement: Auf dem Weg in eine zukunftsfähige Bürgergesellschaft. Opladen.
Europäische Kommission 1997: Mitteilung der Kommission über die Rolle gemeinnütziger Vereine und Stiftungen in Europa. Luxemburg.
Flämig, Christian 2005: Theorie der Besteuerung von Stiftungen. In: Strachwitz, Rupert Graf/Mercker, Florian: Stiftungen in Theorie, Recht und Praxis. Berlin.
Godelier, Maurice 1999: Das Rätsel der Gabe: Geld, Geschenke, heilige Objekte. München.
Kogelmann, Franz 1999: Islamische fromme Stiftungen und Staat. Würzburg.
Liermann, Hans 2002: Handbuch des Stiftungsrechts, Bd. 1. Geschichte des Stiftungsrechts [1963]. Tübingen.
Nährlich, Stefan/Strachwitz,Rupert Graf/Hinterhuber, Eva M./Müller, Karin (Hrsg.) 2005: Bürgerstiftungen in Deutschland. Bilanz und Perspektiven. Wiesbaden.
Rassem, Mohammed 1979: Stiftung und Leistung. Essais zur Kultursoziologie. Mittenwald.
Rexroth, Franz, 2000: Stiftungen und die Frühgeschichte von Policey in spätmittelalterlichen Städten. In: Borgolte, Michael: Stiftungen und Stiftungswirklichkeiten. Berlin.
Smith, James Allen/Borgmann, Karsten 2001: Foundations in Europe: The Historical Context. In: Schlüter, Andreas/Then, Volker/Walkenhorst, Peter (Hrsg.): Foundations in Europe. London.
Sprengel, Rainer (Hrsg.) 2007: Philanthropie und Zivilgesellschaft Frankfurt/Main.
Sprengel, Rainer/Ebermann, Thomas 2007: Statistiken zum deutschen Stiftungswesen 2007, Stuttgart.
Stödter, Helga/Haibach, Marita/Sprengel, Rainer 2001: Frauen im deutschen Stiftungswesen, Berlin.
Strachwitz, Rupert Graf 1994: Stiftungen – nutzen, führen und errichten, ein Handbuch. Frankfurt/Main.
Strachwitz, Rupert Graf 2003: Strategische Optionen für Stifter. In: Bertelsmann Stiftung (Hrsg.): Handbuch Stiftungen. Wiesbaden.
Strachwitz, Rupert Graf/Mercker, Florian (Hrsg.) 2005: Stiftungen in Theorie, Recht und Praxis. Handbuch für ein modernes Stiftungswesen. Berlin.
Strachwitz, Rupert Graf 2008: Stiftungen in einer modernen Gesellschaft. Versucheiner Theoriebildung In: Kohl, Helmut/Kübler, Friedrich/Ott, Claus/ Schmidt, Karsten (Hrsg.): Zwischen Markt und Staat. Gedächtnisschrift für W. Rainer Walz. Köln.
Zimmer, Annette 2005: Stiftungen als Organisationen der Zivilgesellschaft. In: Strachwitz, Rupert Graf/Mercker, Florian (Hrsg.): Stiftungen in Theorie, Recht und Praxis. Berlin.

Karl-Werner Brand

Soziale Bewegungen

Die demokratische Vision der „Bürgergesellschaft" setzt, so die Enquête-Kommission „Zukunft des bürgerschaftlichen Engagements", „eine Gesellschaft selbstbewusster und selbstverantwortlicher Bürger, eine Gesellschaft der Selbstermächtigung und Selbstorganisation" voraus (Enquête-Kommission 2002: 76). Das ist für Gesellschaften wie Deutschland, deren politische Kultur über Jahrhunderte hinweg von obrigkeitsstaatlichen Traditionen geprägt wurde, keineswegs selbstverständlich. Dass zum bürgerschaftlichen Engagement auch „öffentliche Kritik und Widerspruch, d.h. Formen der Selbstorganisation, die neu, unbequem, herausfordernd und (noch) nicht anerkannt sind" (Enquête-Kommission 2002: 74) gehören, hätte noch vor 50 Jahren kaum breite Zustimmung in einem deutschen Parlament gefunden. Dass sich in den vergangenen Jahrzehnten ein derart tief greifender Wandel der politischen Kultur vollzogen hat, der von Max Kaase bereits 1982 als „partizipatorische Revolution" bezeichnet wurde, lässt sich zu einem entscheidenden Teil auf die Mobilisierungs- und Modernisierungseffekte der neuen sozialen Bewegungen der sechziger, siebziger und frühen achtziger Jahre zurückzuführen.

Nun sind gesellschaftliche oder politische Protestbewegungen nicht per se an demokratischen, zivilgesellschaftlichen Leitbildern orientiert. Sie können auch rechtsradikale, ethnisch-separatistische oder religiös-fundamentalistische Ziele verfolgen. Bewegungen dieser Art haben international, auch in Deutschland, seit den 1990er Jahren wieder Konjunktur. Soziale Bewegungen stellen so zwar immer eine Herausforderung der etablierten Ordnung dar und beschleunigen durch ihre polarisierende Kraft gesellschaftlichen und politischen Wandel. Welche Problemdeutungen, Politikstile und institutionellen Regulierungsformen sich in diesen konflikthaften Wandlungsprozessen durchsetzen, ist aber immer eine Frage der gesellschaftlichen Kräfteverhältnisse und des Kontextes, in dem sich die jeweiligen Bewegungen entwickeln. In den prosperierenden Nachkriegsjahrzehnten der westlichen Demokratien waren es, so die These dieses Beitrags, vor allem die neuen, emanzipativ orientierten, systemkritischen Bewegungen (Studenten-, Frauen-, Ökologie-, Alternativ-, Friedensbewegung etc.), die – ebenso wie ein Jahrzehnt später die „Bürgerbewegungen" in der Tschechoslowakei, in Polen, Ungarn und Ostdeutschland – eine zentrale Rolle für die Verbreitung neuer, partizipativer, selbstorganisierter Formen des bürgerschaftlichen Engagements spielten.[1]

---

1 Dieser Beitrag ist eine stark gekürzte und leicht überarbeitete Version des ausführli-

Soziale Bewegungen und bürgerschaftliches Engagement

Freiwilliges politisches Engagement ist nur ein – und zwar ein vergleichsweise kleiner – Teil eines sehr viel breiteren Spektrums an bürgerschaftlichen Aktivitäten. Auch wenn die Daten aus den Freiwilligensurveys aufgrund ihres Zuschnitts hierzu nur begrenzt aussagefähig sind, so lassen sich wohl an die 10 bis 20 Prozent des freiwilligen Engagements dem Bereich des politischen Engagements zurechnen (Enquête-Kommission 2002: 65 ff.). Da das politische Engagement in besonderem Maße auf öffentliche Sichtbarkeit zielt und – insbesondere im Falle breiter gesellschaftlicher Protestaktivitäten – meist auch heftige öffentliche Kontroversen auslöst, spielt es allerdings, auch bei geringeren Beteiligungszahlen, eine bedeutende Rolle für das Selbstverständnis und die Entwicklung eines Gemeinwesens.

Nun sind politische, soziale und kulturelle Formen des Engagements eng miteinander verknüpft (Putnam 2000, Gabriel/Völkl 2005: 565 ff.). So wird auch das Engagement in Kindergärten, Schulen oder Stadtviertelinitiativen, in Umweltgruppen oder im Rahmen beruflicher Interessenvertretung von den Engagierten selbst überwiegend als gesellschaftspolitische Mitgestaltung – „zumindest im Kleinen" – verstanden (Gensicke/Geiss 2006: 322 f.). Während viele Formen des bürgerschaftlichen Engagements, insbesondere die Aktivitäten in Vereinen, Verbänden oder Parteien, aber stärker formalisiert sind, weist die Mitarbeit in sozialen Bewegungen und politischen Kampagnen einen überwiegend informellen Charakter auf. Die Teilnahme an politischen Protesten ist meist situatives Engagement, abhängig „von der Motivation, der zeitlichen Verfügbarkeit und den spezifischen Kenntnissen und Fähigkeiten der Beteiligten" (Rucht 2003: 20). Der öffentliche Protest ist dabei „nur die von außen sichtbare ‚Spitze des Eisbergs' von sozialen Bewegungen und politischen Kampagnen – ein Eisberg, der weit mehr als nur Protest in sich birgt. Dazu gehören unter anderem das Sammeln und Strukturieren von Informationen, die Beschaffung von Geld und anderen materiellen Ressourcen, die Rekrutierung und Motivierung von Gruppenmitgliedern, das Knüpfen von Verbindungen zu anderen Gruppen, zu Fachleuten, Politikern und Journalisten sowie die Vor- und Nachbereitung von Protestaktivitäten" (Rucht 2003: 20). Diese Aufgaben werden üblicherweise von einem dauerhafter engagierten Kern von Aktivisten übernommen, die für diesen Zweck – zumindest vorübergehend – Bewegungsorganisationen bilden oder bereits bestehende nutzen.

Was unter „Protest-" oder „sozialen Bewegungen" zu verstehen ist, wird dabei kontrovers gesehen. Für die europäische Bewegungsforschung war bis in die 1970er Jahre ein an der Arbeiterbewegung des späten 19. Jahrhunderts modelliertes Bewegungskonzept typisch, das unter „sozialen Be-

---

cheren Artikels „Die Neuerfindung des Bürgers. Soziale Bewegungen und bürgerschaftliches Engagement in der Bundesrepublik" in dem von T. Olk, A. Klein und B. Hartnuß 2009 herausgegebenen Band „Engagementpolitik".

wegungen" eine mit dem zentralen gesellschaftlichen Konflikt verbundene kollektive Infragestellung grundlegender Herrschaftsstrukturen verstand (Raschke 1985). Nun spricht vieles dafür, dass mit der wachsenden Komplexität demokratisch verfasster, (post-)moderner Industriegesellschaften auch die Bedingungen für dieses traditionelle Bewegungsverständnis verschwunden sind. Diesem Sachverhalt trägt eine eher formale Definition Rechnung, die soziale Bewegungen als „ein auf gewisse Dauer gestelltes und durch kollektive Identität abgestütztes Handlungssystem mobilisierter Netzwerke von Gruppen und Organisationen" versteht, „welche sozialen Wandel mit Mitteln des Protest – notfalls bis hin zur Gewaltanwendung – herbeiführen, verhindern oder rückgängig machen wollen" (Rucht 1994: 76 f.). Über die gesellschaftliche Zentralität oder Marginalität der jeweiligen Bewegung ist damit nichts mehr ausgesagt. Vom Handlungssystem „sozialer Bewegungen" lassen sich „Protestkampagnen" als „thematisch fokussierte, strategisch geplante und zumindest lose koordinierte Bündel einzelner Protesthandlungen" unterscheiden, die die allgemeineren Ziele einer sozialen Bewegung „in konkretere und greifbarere Anliegen übersetzen" (Rucht 2003: 24). Ich werde im Folgenden dieses Begriffsverständnis übernehmen.

Was die Effekte sozialer Bewegungen betrifft, so hängen diese sowohl von ihrer Fähigkeit, bestimmte Protestthemen auf die öffentliche Agenda zu setzen, als auch von ihren Möglichkeiten der institutionellen Einflussnahme ab. Bewegungsaktivitäten vollziehen sich immer auf einer doppelten Ebene: (a) auf dem Feld symbolisch-diskursiver sowie (b) auf dem Feld organisatorisch-institutioneller Kämpfe um Einfluss und Gestaltungsmacht. Beide Handlungsebenen beeinflussen sich wechselseitig (Hellmann/Koopmans 1998; Rucht 1991). Die eingetretenen Veränderungen – das Maß der Institutionalisierung sozialer Bewegungen und ihrer Anliegen, die Diffusion ihrer gesellschaftlichen und kulturellen Impulse – lassen sich allerdings kaum kausal spezifischen Bewegungsaktivitäten zurechnen. Die Reaktion der politischen und gesellschaftlichen Eliten auf Herausforderungen sozialer Bewegungen wird vielmehr durch die Binnenrationalitäten des politischen, wirtschaftlichen und sozialen Systems vielfach gebrochen. Dennoch lassen sich im internationalen Vergleich in allen westlichen Industrieländern ähnlich gerichtete, tief greifende Veränderungen in den Formen des politischen Engagements erkennen, die eng mit dem Auftreten neuer sozialer Bewegungen verknüpft sind, die seit Mitte der sechziger Jahre die öffentlichen Debatten sowie den Stil der politischen Auseinandersetzungen für ein, zwei Jahrzehnte nachhaltig geprägt haben (Brand 1985; Kriesi 1995). Diese Bewegungseffekte sollen im Folgenden mit Blick auf die deutsche Entwicklung kurz rekonstruiert werden (Roth/Rucht 2008).

Die partizipatorische Revolution: Die „68er Bewegung" und ihre politisch-kulturellen Effekte

Die erste Welle dieser neuen Bewegungen formiert sich in den 1960er Jahren. Wie überall im Westen – mit einem gewissen Vorlauf in den USA – wendet sich eine überwiegend von den Erfahrungen des wirtschaftlichen Aufschwungs, von der Dynamik der technischen Modernisierung und der Herausbildung einer neuen Konsumgesellschaft geprägte neue Nachkriegsgeneration gegen die vorherrschenden bürgerlichen Konventionen und Moralvorstellungen, die dominanten materiellen Sicherheitsorientierungen und das festgezurrte antikommunistische Blockdenken. Ein neuer Hedonismus, das Bedürfnis nach Freiheit und Spontaneität setzt in der jungen Generation millionenfach kleine und große Brüche mit den Konventionen des bürgerlichen Alltags in Gang. Gegenkulturelle Impulse vermischen sich dabei mit gesellschaftskritischen Orientierungen. Der Privatismus der fünfziger Jahre weicht einem kritischen Blick für die Schattenseiten der sich entfaltenden Wohlstandsgesellschaft. Soziale Ungleichheit, autoritäre Strukturen, Rassismus und Neo-Imperialismus stoßen zunehmend auf moralische Empörung und lautstarken Protest.

Die generellen Veränderungserwartungen werden dabei von einem optimistischen Fortschrittsglauben und einem grundsätzlichen Vertrauen in die Machbarkeit gesellschaftlicher Verhältnisse getragen. Das beflügelt sowohl die offizielle politische Reformprogrammatik als auch die radikaldemokratischen Gesellschaftsentwürfe der Neuen Linken. Die Entwicklung dieser Aufbruchsbewegungen der 1960er Jahre kann hier nicht im Einzelnen nachgezeichnet werden. Analytisch lassen sich jedoch drei verschiedene Stränge unterscheiden (Brand et al. 1986; Hollstein 1979; Otto 1977): a) der gegenkulturelle Protest, b) die außerparlamentarische Opposition (APO) und c) die Studentenbewegung mit dem SDS als ihrem ideologischen und organisatorischen Kern. Bildeten der kulturrevolutionäre Impuls der Rockmusik, die massenhaften „be-ins" und „love-ins" der Hippiebewegung, die mit breiter öffentlicher Mobilisierung verbundenen Kampagnen gegen den Vietnamkrieg und die geplanten „Notstandsgesetze", die Massenproteste nach der Erschießung von Benno Ohnesorg und dem Mordversuch an Rudi Dutschke im Gefolge der Anti-Springer-Kampagnen, die Mai-Revolte in Paris und die idealisierte Rezeption der Befreiungsbewegungen in der Dritten Welt die mobilisierenden Kristallisationskerne einer breiten, sozial diffusen, anti-autoritären Protestbewegung, so führte das Scheitern der Anti-Notstands-Kampagne und die Beendigung des „Prager Frühlings" durch den Einmarsch der russischen Truppen im August 1968 rasch zum Zerfall dieser Bewegung. Die bestehenden Spannungen zwischen den verschiedenen Fraktionen brachen auf und setzten einen Dissoziationsprozess der verschiedenen Proteststränge und Handlungsstrategien in Gang. Der gegenkulturelle und der politische Protest entmischten sich. Entwickelte sich aus ersterem – parallel zur raschen Kommerzialisierung der alternativen Musikszene – ein breites Spektrum an Initiativen, Projekten und psycho-spirituellen Bewegungssträngen, die primär auf Selbstveränderung zielten, so spaltete sich der politische Protest in ein nicht minder heterogenes Spektrum reformistischer und sektiererisch-revolutionärer Ansätze, die sich erbitterte Konkurrenzkämpfe lieferten.

Welche Spuren haben die Aufbruchs- und Protestbewegungen der sechziger Jahre im politischen Leben der Bundesrepublik hinterlassen? Zum einen führte die vehemente Gesellschaftskritik und das kulturrevolutionäre Pathos der Neuen Linken zu einer neuen Polarisierung der politisch-kulturellen Landschaft, die als Gegenreaktion, in den späten siebziger Jahren, das Aufleben einer Neuen Rechten beförderte. Diese Polarisierung findet in den periodisch immer wieder aufflackernden Debatten um die Folgen der „68er Bewegung" einen langen Widerhall. Zum anderen hatte der partizipatorische Aufbruch der sechziger Jahre vor allem zwei markante institutionelle Effekte. Der eine betrifft seine latente, gesellschaftlich modernisierende Funktion; der andere seine Rolle als Wegbereiter einer neuen Partizipationskultur, die sich von den großen Organisationen emanzipiert und auf Selbstorganisation und autonome Interessenvertretung setzt.

Unverkennbar ist der kulturell modernisierende Effekt der antiautoritären Bewegung und der Studentenrevolte. Er verhilft dem bis Mitte der sechziger Jahre aufgestauten gesellschaftlichen Innovationsbedürfnis zum Durchbruch. Bildungsreform, verstärkte Integration der Frauen ins Berufsleben, Abbau patriarchalischer Strukturen in Familien, Schulen, Universitäten und Betrieben, Liberalisierung der Sexualmoral und des Rechts, Pluralisierung von Lebensstilen, Aufwertung von Konsum und Freizeit, Bedeutungsgewinn postmaterialistischer Orientierungen, Erosion eines erstarrten Anti-Kommunismus und Bereitschaft zu einer neuen Ostpolitik, aber auch die Faszination für neue Technologien und für die Versprechungen moderner, rationaler Planungs- und Steuerungsinstrumente – all das sind Anpassungsprozesse an die Erfordernisse moderner, postindustrieller Gesellschaften, die von den Bewegungsakteuren der 1960er Jahre aktiv vorangetrieben wurden. Dies geschah nur zum Teil bewusst; überwiegend waren es latente Nebeneffekte einer mit radikaler, systemkritischer Emphase verfolgten gesellschaftlichen Mobilisierung.

Ebenso deutlich waren ihre Wirkungen auf die politische Kultur und die Formen politischer Partizipation. Die außerparlamentarische Opposition war, da sie sich nicht auf die etablierten Parteien und Verbände stützen konnte, zur Entwicklung neuer Organisations- und Aktionsformen gezwungen. Die Unabhängigkeit von der Bevormundung großer Organisationen, von ihren taktischen Rücksichtnahmen und Zwängen, ermöglichte einen beschleunigten politischen Lernprozess, der für eine ganze Generation von Intellektuellen, Studenten, Schülern und Lehrlingen eine neue, partizipativ geprägte politische Identität schuf. Durch die Reformprogrammatik der sozialliberalen Regierung unter Willy Brandt („Mehr Demokratie wagen!")

erhielt dieses partizipative Demokratieverständnis zusätzlichen Rückenwind. Die Bereitschaft zum politischen Engagement, zur autonomen Vertretung eigener Interessen gewann eine neue Selbstverständlichkeit. Radikaldemokratische Positionen gewannen nun auch in den etablierten Institutionen, in Schulen und Universitäten, in Volkshochschulen und gewerkschaftlichen Bildungseinrichtungen, in Massenmedien und Verlagen an Gewicht – was auch die Konflikte innerhalb dieser Institutionen verschärfte. Ohne diese nachhaltigen Veränderungen in Richtung einer konfliktorientierten, partizipativen politischen Kultur wäre die rasche Verbreitung von Bürgerinitiativen und eines neuen Spektrums sozialer Bewegungen in den 1970er Jahren kaum möglich gewesen.

Auf dem Weg in die „Bewegungsgesellschaft": Die neuen sozialen Bewegungen

Zu den neuen sozialen Bewegungen (NSB) werden üblicherweise die in den 1970er und frühen 1980er Jahren sich neu formierende Ökologie-, Frauen-, Alternativ- und Friedensbewegung gerechnet, aus deren Umfeld sich Ende der 1970er Jahre auch eine neue grün-alternative Partei entwickelte (Brand et al. 1986; Klein et al. 1999; Roth/Rucht 1991). Dem Kernbereich der neuen sozialen Bewegungen gehörten aber auch Dritte Welt-, Bürger- und Menschenrechtsbewegungen an. Zu ihrem Umfeld zählen nicht zuletzt Selbsthilfegruppen im Gesundheits- und Sozialbereich, Schwulen- und Lesbenbewegung, Hausbesetzer und militante ‚autonome' Gruppen. Trotz aller Heterogenität der Einzelströmungen verbindet dieses breite Bewegungsspektrum eine vorwiegend radikal-demokratische Grundorientierung „mit dem Ziel solidarischer, selbstbestimmter Lebensweisen und der Verbesserung der Lebensbedingungen vorwiegend in der Reproduktionssphäre" (Roth/Rucht 2002: 297).

Als „neu" definierte sich diese Bewegungsszene zum einen in Abgrenzung von den Themen und Formen der „alten Politik", zum anderen aber auch in Abgrenzung von der elitären Kaderpolitik der Neuen Linken. War den politischen Strategien der „proletarischer Wende" und der „antikapitalistischen Strukturreformen" nur wenig Erfolg beschieden, so wirkten die aus der Entmischung der 68er Bewegung freigesetzten gegenkulturellen und emanzipativen Strömungen umso nachhaltiger fort. Die Frauenbewegung fand darin genauso ihren Nährboden wie der Anfang der 1970er Jahre anhebende Psychoboom, die Landkommunen- und die Kinderladenbewegung, pädagogische und psychiatrische Projekte und die sich verbreitenden subkulturellen Szenen in der Stadt und auf dem Land. Diese inhaltliche Kontinuität wurde auch in personeller Hinsicht gestützt. Das betraf nicht nur die aus dem SDS stammende Gründergeneration der neuen Frauenbewegung; auch das Netzwerk von Projekten, Szenen und politischen Kommunikationsmedien, das sich bis Mitte der 1970er Jahre bildete und das die organisatorische Infrastruktur für die nachfolgenden Mobilisierungswellen der neuen sozialen Bewegungen abgab, wurde überwiegend von den Aktiven der 68er Bewegung geschaffen. Kontinuitäten zeigen sich auch mit Blick auf die Aktionsformen. Es war die Studentenbewegung, die mit ihren go-ins und sit-ins, mit der Ästhetisierung des Protests in Straßentheater und öffentlichen Happenings, mit phantasievollen Demonstrationsformen, symbolischen Provokationen und begrenzten Regelverletzungen (z. B. Blockaden) ein neues Aktionsrepertoire „unkonventioneller Partizipationsformen" (Barnes 1979) in die politische Kultur der Bundesrepublik einführte. Die neuen sozialen Bewegungen konnten daran bruchlos anknüpfen.

Allerdings veränderten sich der Problemkontext und die politisch-kulturelle Stimmungslage in den 1970er Jahren entscheidend. Das Scheitern der Reformpolitik Willy Brandts, die Ölkrise 1973 und die nachfolgende weltweite wirtschaftliche Rezession, vor allem aber auch die sich verschärfende Diskussion um Umweltschutz und drohende Ressourcenerschöpfung ließ die Stimmung gegen Mitte der 1970er Jahre umschlagen: von der Emphase des emanzipativen Aufbruchs und des Glaubens an die unbeschränkte Machbarkeit gesellschaftlicher Verhältnisse zur Betonung der Grenzen des Machbaren, zur Rückbesinnung auf das Kleine und Überschaubare. „Small is beautiful" wurde zur neuen Parole. Im studentischen und alternativen Milieu verschoben sich die Aktivitäten von der politischen zur soziokulturellen Sphäre, zum Aufbau gegenkultureller Netzwerke, zur Praxis einer neuen Lebensweise. Ein neuer Kult der Unmittelbarkeit entstand, der auch das Verständnis des Politischen veränderte („Politik in erster Person"). Romantische Ursprungsmythen vom „einfachen Leben" und „ökotopische" Gegenentwürfe gesellschaftlichen Lebens fanden breite Resonanz. Im Sog der zunehmenden Polarisierung des ökologischen Konflikts gerieten das industrielle Fortschrittsmodell, Wissenschaft und Technik schlechthin, unter einen generellen Herrschaftsverdacht.

Es sind diese industrialismuskritischen Impulse und die gesellschaftlichen Gegenentwürfe einer „sanften", in kleinen Netzen organisierten und basisdemokratisch regulierten Gesellschaft, die nicht nur die Formierung einer grün-alternativen „Anti-Parteien-Partei" beschleunigten (Raschke 1993), sondern auch eine Gründungswelle alternativer Projekte in der zweiten Hälfte der 1970er Jahre auslösten. Diese umfassten ein schillerndes Spektrum von Landkommunen und Handwerkskooperativen, von Dienstleistungsprojekten wie Teestuben, Kneipen, Naturkostläden, Lebensmittel-Coops, Theatergruppen und Kinos, von pädagogischen, medizinischen und sozialtherapeutischen Projekten wie freie Schulen, Jugendzentren und Frauenhäuser bis hin zu alternativen Mediengruppen und Technologieprojekten. Anfang der 1980er Jahre wird die Zahl dieser Projekte für die Bundesrepublik auf 12.000 bis 14.000 Projekte mit etwa 100.000 Mitarbeitern geschätzt, davon 12 % im Produktions-, 70 % im alternativen Dienstleistungs- und 18 % im politischen Bereich (Huber 1980).

Mitte der 1980er Jahre neigt sich der Mobilisierungszyklus der neuen sozialen Bewegungen seinem Ende zu. Die zivilisationskritischen Visionen „sanfter" Vergesellschaftung verpuffen in der postmodernen Stimmungslage der 1980er Jahre. Die alternativen Milieus zerbröseln. Ihre alltagskulturellen Orientierungen werden Teil eines sich dynamisch auffächernden und rasch verändernden Spektrums an Lebensstilen (Vester et al. 1993). Die Impulse der neuen Bewegungen diffundieren in Kultur, Gesellschaft und Politik. Insbesondere die Frauen- und die Umweltbewegung zeigen rasche Professionalisierungs- und Institutionalisierungstendenzen. Das von den verschiedenen Strängen der neuen sozialen Bewegungen geschaffene Netz an Organisationen, Initiativen und Projekten verknüpft sich sukzessive, in engeren oder loseren Kooperationsformen, mit kommunalen und staatlichen Institutionen – was nicht unbedingt mit dem Verlust ihrer themenspezifischer Mobilisierungsfähigkeit einhergeht. Insbesondere auf lokaler Ebene haben sich so in allen größeren Städten vergleichsweise stabile Netzwerke an Initiativen und Gruppen herausgebildet, die sich der verschiedensten Themenfelder annehmen und in wechselnden Rollen agieren, vom kooperativen Nachbarschaftsengagement bis hin zur konfrontativen Mobilisierung öffentlichen Protests. Die Veralltäglichung dieser neuen, zwischen Kooperation und Protest changierenden, themen- oder projektbezogenen Formen politischen Engagements haben Neidhardt (1993), etwas überpointiert, als Trend zur „Bewegungsgesellschaft" interpretiert.

Bürgerbewegungen in der DDR

Auch in der DDR hatte sich Ende der 1970er, Anfang der 1980er Jahre eine oppositionelle Szene an Friedens-, Umwelt-, Frauen-, Menschenrechts- und (alternativen) Lebensstilgruppen herausgebildet, die der der neuen sozialen Bewegungen in vieler Hinsicht ähnelte (Knabe 1988). Diese an „postmateriellen" Themen orientierte oppositionelle Szene blieb zunächst aber marginal und unterhalb der Schwelle öffentlicher Aufmerksamkeit. In der zweiten Hälfte der 1980er Jahre fand auf dem Hintergrund wachsender Unzufriedenheit und Legitimationsprobleme eine zunehmende Politisierung dieses Dissenses statt. Im Sommer 1989 war dieser Politisierungsprozess so weit vorangeschritten, dass die bislang „blockierte Opposition" (Blattert 1995: 416) aus dem kirchlichen Raum heraustreten und sich als unabhängige, oppositionelle Sammlungsbewegung mit reformsozialistischer Stoßrichtung konstituieren konnten. In rascher Folge formierten sich nun aus dem Umfeld des kirchlich-oppositionellen Milieus Organisationen wie das „Neue Forum", „Demokratie Jetzt", „Demokratischer Aufbruch" oder die „Vereinigte Linke", die als Kristallisationskerne der springflutartig anwachsenden gesellschaftlichen Mobilisierung dienten (Rink 2008).

Die Bürgerbewegungen spielten allerdings nur in der kurzen revolutionären Umbruchphase eine entscheidende, katalysatorische Rolle für den gesellschaftlichen Massenprotest. Mit der Öffnung der Grenzen, der Beseitigung des Machtmonopols der SED, der Garantie von Grundrechten und der Herstellung einer liberalen, pluralistischen Öffentlichkeit war ein Großteil der Forderungen der Massenproteste vom Herbst 1989 erfüllt. Die basisdemokratischen, reformsozialistischen Konzepte, die die Bürgerbewegungen in der Hochphase der revolutionären Emphase programmatisch einten, erwiesen sich so rasch als überschießende Utopien, die schnell wieder verblassten und ihre marginale gesellschaftliche Verankerung in den Milieus der DDR-Gesellschaft erkennen ließen (Vester et al. 1995). Auch wenn die Bürgerbewegungen somit eine wesentlich geringere Prägekraft für die weitere Entwicklung der ostdeutschen Gesellschaft besaßen als ihr westdeutsches Pendant, so bildeten ihre Aktionsformen und Symbole, wie z. B. die Montagsdemonstrationen in Leipzig, doch einen deutlichen Bezugspunkt für nachfolgende Protestmobilisierungen, wie sich an den massenhaften Hartz IV-Demonstrationen in ostdeutschen Städten in den Jahren 2003 und 2004 zeigte.

Resümee

Was ergibt sich als Gesamtresümee? Ein zentraler Befund ist, dass seit den 1970er Jahren informelle, situative Formen politischen Engagements gegenüber konventionellen, stärker institutionalisierten Beteiligungsformen wie Wahlen, Mitgliedschaft in Parteien oder Interessenverbänden generell an Gewicht gewonnen haben. Das ist im Wesentlichen eine Folge der Mobilisierungen der 1960er und 1970er Jahre. Die sprunghafte Verbreitung von Bürgerinitiativen und von neuen, dezentralen, netzwerkförmig organisierten Protestaktivitäten führte zu einer raschen Erweiterung des politischen Handlungsrepertoires und zu einer Veralltäglichung ehemals „unkonventioneller" Formen politischer Beteiligung. Durch die in ein, zwei Jahrzehnten gewachsenen linken, feministischen und grün-alternativen Milieus, durch die dichten Netzwerke an selbstorganisierten Projekten und bewegungsförmiger Infrastruktur, wurden – zumindest in den kulturell modernisierten Sektoren der Gesellschaft – die Grundlagen für eine partizipative Bürgergesellschaft geschaffen, die in der Folgezeit auch für weitere Bevölkerungsgruppen eine vergleichsweise hohe Attraktivität gewann. Das gilt insbesondere für die nachwachsenden Generationen. Wie die 1992, 1997 und 2003 durchgeführten DJI-Jugendsurveys zeigen, sind für die 16- bis 29-Jährigen „nicht fest organisierte und klar strukturierte, durch zeitliche Dauer und Regelmäßigkeit gekennzeichnete Formen der Beteiligung attraktiv, sondern eher flexible, zeitlich begrenzte und im Zusammenhang mit besonderen Anlässen stehende Organisationsformen" (Gaiser et al. 2006: 230).

Diese Befunde spiegeln einen generellen Trend, der auch für den Formwandel ehrenamtlichen Engagements eine zentrale Rolle spielt (Enquête-Kommission 2002: 109 ff.). Auf der strukturellen Ebene lässt er sich mit Prozessen der Enttraditionalisierung, Individualisierung, Pluralisierung und

Wertewandel beschreiben. Der antiautoritäre Protest der 1960er Jahre und die neuen sozialen Bewegungen sind selbst zentrale Akteure dieses soziokulturellen Strukturwandels. Sie liefern das „Rollenmodell" für die neuen Formen politischen und sozialen Engagements. Das daraus erwachsene Potenzial bürgerschaftlichen Engagements wird sich allerdings auch in Deutschland in den nächsten Jahren (und Jahrzehnten) in neuen Konfliktkonstellationen bewähren müssen. Da in Krisen- und Umbruchszeiten neben sozialen Protestthemen vor allem auch nationalistische und fundamentalistische Abwehrbewegungen florieren, ist die entscheidende Frage, wie stark das durch die neuen sozialen Bewegungen der vergangenen Jahrzehnte geschaffene Netz an zivilgesellschaftlichen Strukturen ist und welche Kraft die in diesem Rahmen gewachsenen Traditionen einer demokratischen Partizipationskultur besitzen, um sich gegenüber rechtspopulistischen Stimmungslagen, Ausländerfeindlichkeit, nationalistischer Militanz und law-and-order-Bewegungen behaupten zu können. Zivile, demokratische Formen der „Bürgergesellschaft" stabilisieren sich nicht von selbst, sondern müssen als gesellschaftliche Vision immer wieder neu definiert, gegen Widerstände erkämpft und im alltäglichen Engagement gelebt werden.

Literatur

Barnes, Samuel/Kaase, Max et al. 1979: Political Action. Mass Participation in Five Western Democracies. Beverly Hills.

Blattert, Barbara/Rink, Dieter/Rucht, Dieter 1995: Von den Oppositionsgruppen der DDR zu den neuen sozialen Bewegungen in Ostdeutschland? In: Politische Vierteljahresschrift 36: 397–422.

Brand, Karl-Werner (Hrsg.) 1985: Neue soziale Bewegungen in Westeuropa und den USA. Ein internationaler Vergleich. Frankfurt/New York.

Brand, Karl-Werner/Büsser, Detlef/Rucht, Dieter 1986: Aufbruch in eine andere Gesellschaft. Neue soziale Bewegungen in der Bundesrepublik. (Aktualisierte Neuausgabe). Frankfurt/New York.

Enquête-Kommission „Zukunft des Bürgerschaftlichen Engagements" des Deutschen Bundestags 2002: Bericht. Bürgerschaftliches Engagement: Auf dem Weg in eine zukunftsfähige Bürgergesellschaft. Schriftenreihe Band 4. Opladen.

Gabriel, Oscar/Völkl, Kerstin 2005: Politische und soziale Partizipation. In: Gabriel, Oscar/Holtmann, Everhard (Hrsg.): Handbuch Politisches System der Bundesrepublik Deutschland. 3. völlig überarbeitete Auflage. München/Wien. 523–573.

Gaiser, Wolfgang/Gille, Martina/Rijke, Johann de 2006: Politische Beteiligung von Jugendlichen und jungen Erwachsenen. In: Hoecker, Beate (Hrsg.): Politische Partizipation zwischen Konvention und Protest. Opladen. 211–234.

Gensicke, Thomas/Geiss, Sabine 2006: Bürgerschaftliches Engagement: Das politischsoziale Beteiligungsmodell der Zukunft? Analysen auf Basis der Freiwilligensurveys 1999 und 2004. In: Hoecker, Beate (Hrsg.): Politische Partizipation zwischen Konvention und Protest. Opladen. 308–328.

Hellmann, Kai-Uwe/Koopmans, Ruud (Hrsg.) 1998: Paradigmen der Bewegungsforschung. Opladen.

Hollstein, Walter 1977: Die Gegengesellschaft. Alternative Lebensformen. Bonn.

Huber, Josef 1980: Wer soll das alles ändern. Die Alternativen der Alternativbewegung. Berlin.

Kaase, Max 1982: Partizipatorische Revolution – Ende der Parteien? In: Raschke, Joachim (Hrsg.): Bürger und Parteien. Ansichten und Analysen einer schwierigen Beziehung. Schriftenreihe der Bundeszentrale für politische Bildung. Bonn. 173–189.

Klein, Ansgar/Legrand, Hans-Josef/Leif, Thomas (Hrsg.) 1999: Neue soziale Bewegungen. Impulse, Bilanzen, Perspektiven. Opladen.

Knabe, Hubertus 1988: Neue soziale Bewegungen im Sozialismus. Zur Genesis alternativer politischer Orientierungen in der DDR. In: Kölner Zeitschrift für Soziologie und Sozialpsychologie, 3/1988: 551–569.

Kriesi, Hanspeter/Koopmans, Ruud/Duyvendak, Jan/Giugni, Marco 1995: The New Social Movements in Western Europe. A Comparative Analysis. Minneapolis.

Neidhardt, Friedhelm/Rucht, Dieter 1993: Auf dem Weg in die „Bewegungsgesellschaft"? Soziale Welt, 44: 305–326.

Otto, Karl 1977. Vom Ostermarsch zur APO. Geschichte der außerparlamentarischen Opposition in der Bundesrepublik 1960–70. Frankfurt/New York.

Putnam, Robert 2000: Bowling Alone. The Collapse and Revival of American Community. New York.

Raschke, Joachim 1985. Soziale Bewegungen. Ein Grundriss. Frankfurt/New York.

Raschke, Joachim 1993. Die Grünen. Wie sie wurden, was sie sind. Köln.

Rink, Dieter 2008. Bürgerbewegungen in der DDR – Demokratische Sammlungsbewegungen am Ende des Sozialismus. In: Roth, Roland/Rucht, Dieter (Hrsg.): Die sozialen Bewegungen in Deutschland seit 1945. Ein Handbuch. Frankfurt/New York: 391–415.

Roth, Roland/Rucht, Dieter (Hrsg.) 1991: Neue soziale Bewegungen in der Bundesrepublik Deutschland (2. überarbeitete Auflage). Bundeszentrale für politische Bildung. Bonn.

Roth, Roland/Rucht, Dieter 2002: Neue soziale Bewegungen. In: Greiffenhagen, Martin/Greiffenhagen, Sylvia (Hrsg.): Handwörterbuch zur politischen Kultur der Bundesrepublik Deutschland (2. völlig überarbeitete Auflage). Wiesbaden: 296–302.

Roth, Roland/Rucht, Dieter (Hrsg.) 2008: Die sozialen Bewegungen in Deutschland seit 1945. Ein Handbuch. Frankfurt/New York.

Rucht, Dieter (Hrsg.) 1991. Research on Social Movements. The State of the Art in Western Europe and the USA. Frankfurt/Boulder.

Rucht, Dieter 1994: Modernisierung und neue soziale Bewegungen. Deutschland, Frankreich und USA im Vergleich. Frankfurt/New York.

Rucht, Dieter 2003: Bürgerschaftliches Engagement in sozialen Bewegungen und politischen Kampagnen. In: Bürgerschaftliches Engagement in Parteien und Bewegungen. Hrsg. Enquête-Kommission „Zukunft des Bürgerschaftlichen Engagement" des 14. Deutschen Bundestags. Schriftenreihe Band 10. Opladen, 17–156.

Vester, Michael/Oertzen, Peter von/Geiling, Heiko/Hermann, Thoma/Müller, Dagmar 1993: Soziale Milieus im gesellschaftlichen Strukturwandel. Köln.

Vester, Michael/Hofmann, Michael/Zierke, Irene (Hrsg.) 1995: Soziale Milieus in Ostdeutschland. Köln.

Burghard Flieger

Genossenschaften

„Die Genossenschaftsidee hat übrigens bis zum heutigen Tage einen weiteren Vorzug: Sie ist nicht übermäßig bürokratieträchtig. Wenn Gleichgesinnte in ihrem ureigenen Tätigkeits- und Kompetenzbereich ein Hilfs- und Aktionsbündnis schließen, dann brauchen sie dafür in aller Regel keine neue Behörde. Darum sind Genossenschaftsidee und Subsidiaritätsprinzip und ‚Graswurzeldemokratie' Geschwister. Und darum ist übrigens die ‚Genossenschaft' etwas zutiefst Bürgerliches, wenn man den ‚Bürger' eben nicht mit Zylinder und Bratenrock identifiziert, sondern mit Freiheitsliebe, Eigenverantwortung und Solidarität in der Gemeinschaft" (Köhler 2008),

so skizziert Horst Köhler auf einer Veranstaltung zum 200. Geburtstag von Hermann Schulze-Delitzsch die Genossenschaften. Es hätte auch eine Rede zum Bürgerschaftlichen Engagement sein können. Bei Festreden zum Thema Genossenschaften stehen der Gemeinschaftsgedanke, Solidarität, freiwilliges Engagement und die positiven Folgen für das Gemeinwesen regelmäßig im Vordergrund.

Dagegen wird in den meisten, oft juristisch ausgerichteten oder sachorientierten Veröffentlichungen zum Genossenschaftswesen genauso wie in der Debatte um bürgerschaftliches Engagement diese prägnante Seite der Genossenschaften weitgehend vergessen. Genossenschaften sind aber ein sehr alter Bereich des Engagements: „Seit Beginn ihrer Entstehung waren und sind Genossenschaften eine Organisationsform, die für aktive Mitgliederbeteiligung und organisierte Gruppenselbsthilfe steht und damit gleichzeitig ein Ort bürgerschaftlichen Engagements" (Alscher 2008: 1). Zugleich entwickeln sie sich aktuell auf diesem Feld sehr dynamisch. Trotzdem bleiben in den öffentlichen Debatten um zivilgesellschaftliche Engagementformen die potentiellen Zusammenhänge zur genossenschaftlichen Organisationsform überwiegend ausgeblendet. Hierdurch werden „Chancen vertan, den innovativen Potentialen und auch praktischen Erfahrungen alteinhergebrachter sowie neuer Zusammenspielmöglichkeiten zwischen der Rechtsform der Genossenschaft und dem Engagement die nötige Aufmerksamkeit zu bieten" (Alscher 2008: 2)

Hintergrund der folgenden Ausführungen über Genossenschaften und bürgerschaftliches Engagement ist der Versuch, die Gemeinsamkeiten und Unterschiede zwischen beiden Ansätzen herauszuarbeiten. Bürgerschaftliches Engagement erfährt seit Jahren eine große Aufmerksamkeit. Auch das Thema Genossenschaften erlebt eine kleine, wenn auch bescheidene Renaissance. Mit den Themen, die Aspekte des bürgerschaftlichen Engagements stärker betreffen, wie Sozialgenossenschaften, Quartiersentwicklung durch Wohnungsgenossenschaften oder Übernahme kommunaler Aufgaben durch Genossenschaften sind außer den Menschen vor Ort nur wenige Fachleute des Genossenschaftssektors intensiver beschäftigt. Dabei lassen sich hier die Überschneidungen beider Themen bis hin zur konzeptionellen Übereinstimmung am deutlichsten aufzeigen. Die genossenschaftliche Selbsthilfe bekommt in diesen Bereichen oftmals ausgeprägte Unterstützung durch bürgerschaftlich engagierte Mitglieder, die nicht selbst im engeren Sinne Nutzerinnen oder Nutzer dieser Genossenschaften sind. Sie setzen sich aus nicht erwerbswirtschaftlichen bzw. nicht ökonomischen für diese genossenschaftlichen Themenfelder intensiv unbezahlt ein.

Kennzeichen genossenschaftlicher Unternehmen

Hinsichtlich der Genossenschaftlichkeit von Unternehmen gilt es, deutlich zwischen der rechtlichen Frage und der sozialen Organisation zu unterscheiden. Nicht jede eingetragene Genossenschaft (eG) ist auch von ihrer sozialen Ausgestaltung genossenschaftlich. Umgekehrt gibt es zahlreiche Unternehmen, die als Genossenschaften zu bezeichnen sind, auch wenn sie die eG als Rechtsform nicht gewählt haben. Insofern erscheint es sinnvoll, deren Genossenschaftlichkeit anhand der vier wesentlichen Charakteristika einer Genossenschaft zu reflektieren: dem Förder-, dem Identitäts-, dem Demokratie- und dem Solidaritätsprinzip.

- *Förderwirtschaftliches Agieren* ist ein entscheidendes Charakteristikum genossenschaftlicher Unternehmen. Der förderwirtschaftliche Auftrag wurde für eingetragene Genossenschaften (eG) sogar im Gesetz verankert. Er besagt: Nicht die Verwertung von Kapital und das Erwirtschaften von Gewinn soll Hauptzweck einer Genossenschaft sein, sondern die Förderung der Mitglieder in dem Geschäftsfeld, in dem sie angesiedelt ist (Flieger 1996: 21 ff.).
- Das empirisch am leichtesten überprüfbare genossenschaftliche Prinzip und somit das eindeutigste Erkennungsmerkmal stellt das *Identitätsprinzip* dar (Laurinkari/Brazda 1990: 70 ff.; Eschenburg 1971: 6). Zwei Rollen, die sich sonst am Markt gegenüberstehen, fallen in der Personengruppe der Genossenschaftsmitglieder zusammen. Bei der Wohnungsbaugenossenschaft sind es Mieter und Vermieter, in der Konsumgenossenschaft Verbraucher und Händler, in der Produktivgenossenschaft Kapitaleigner und Beschäftigte und bei der Sozialgenossenschaft die Anbieter und Nutzer sozialer Dienstleistungen.
- Mit dem dritten Prinzip, dem *Demokratieprinzip* „ein Mensch eine Stimme", werden Genossenschaften am stärksten verbunden (Winter/ Mändle 1980: 256 f.). Unabhängig von der Anzahl der eingebrachten Kapitalanteile, der Erfahrungen oder der Position im Betrieb verfügt jeder in der Generalversammlung über formal das gleiche Stimmrecht.

Genossenschaften

Tab. 1: Genossenschaftszahlen in Deutschland

Genossenschaftliche Unternehmen 2006 bis 2008

Jahresende	2006	2007	Prognose 2008
Zahl der Unternehmen	7.610	7.583	7.550
Mitglieder in Tsd.	20.177	20.333	20.300
Mitarbeiter[1]	786.400	813.400	800.000

1) Einschließlich aller Mitarbeiter der Edeka-Gruppe und der REWE Group.
DZ Bank Volkswirtschaft, Stand 30.09.2008.

Genossenschaftliche Unternehmen 2007

	Anzahl	Mitglieder In Tsd.	Mitarbeiter
Genossenschaftsbanken	**1.249**	**16.086**	**186.783**
Kreditgenossenschaften[1]	1.232	16.086	160.750
Zentralbanken	2	–	4.977
Spezial-Verbundunternehmen	15	–	21.056
Ländliche Genossenschaften	**2.921**	**716**	**83.320**
Raiffeisen-Genossenschaften[2]	1.985	672	43.500[3]
Zentralen	7	–	16.000[3]
Agrargenossenschaften	929	44	23.820
Gewerbliche Genossenschaften	**1.427**	**286**	**494.013[4]**
Primärgenossenschaften	1.418	286	484.667
Zentralen	9	–	9.346
Konsumgenossenschaften	**36**	**399**	**14.398**
Primärgenossenschaften	35	399	14.056
Zentralen	1	–	342
Wohnungsgenossenschaften	**1.950**	**2.846**	**26.132**
Alle Genossenschaften	**7.583**	**20.333**	**813.400[5]**

1) Einschließlich Kreditgenossenschaften mit Warengeschäft.   2) Ohne Kreditgenossenschaften mit Warengeschäft.   3) Mitarbeiter in Molkereizentralen, Zentralkellereien sowie Vieh- und Fleischzentralen in Primärgenossenschaften enthalten.   4) Einschließlich aller Mitarbeiter der Edeka-Gruppe und der REWE-Gruppe.   5) Einschließlich Mitarbeiter genossenschaftlicher Rechenzentralen, Verbände und Verlage.
DZ BANK Volkswirtschaft, Stand 30.09.2008.
Quelle: Stappel, Michael 2008: Die deutschen Genossenschaften 2008. Entwicklung – Meinungen – Zahlen. Wiesbaden: 6, 8.

- Das *Solidaritätsprinzip* als viertes Prinzip soll an dieser Stelle besonders betont werden, auch wenn es das umstrittenste ist. Bekannter ist der Begriff „Genossenschaftsgeist" (Hettlage 1990: 123–152). Mit diesem Prinzip wird das Thema Unternehmenskultur in besonderem Maße tangiert, weil es um die Ausprägung genossenschaftsspezifischer Werte, Einstellungen und Verhaltensweisen geht. Durch die Betonung und konsequente Anwendung bestimmter Werte und der damit verbundenen Verhaltensweisen kann in genossenschaftlichen Unternehmen eine höhere Stabilität erreicht werden. Das gilt vor allem für die Zeiten der Gründung als auch Zeiten intensiver sozialer Konflikte oder wirtschaftlicher Turbulenzen. Kommt hier das Solidaritätsprinzip nicht zum Tragen, besteht die Gefahr, dass eine Gründung nicht zustande kommt oder die betreffende Genossenschaft in Krisenzeiten relativ schnell auseinander fällt.

Die folgenden Ausführungen konzentrieren sich auf Unternehmen, die sowohl rechtlich als auch von den skizzierten soziologischen Kriterien als Genossenschaften zu bezeichnen sind.

Der Förderauftrag zur Typologisierung genossenschaftlichen Engagements

Bürgerschaftliches Engagement ist, so die einschlägige Definition der Enquête-Kommission des Deutschen Bundestages „Zukunft des Bürgerschaftlichen Engagements", freiwillig, gemeinwohlbezogen und unentgeltlich (Enquête-Kommission 2002: 333). In dem Begriff bündeln sich „unterschiedliche Formen von freiwilligen, nicht auf materiellen Gewinn ausgerichteten, gemeinwohlorientierten und im öffentlichen Raum angesiedelten Tätigkeiten" (Hartnuß/Klein 2007). Neben traditionelle und neue Formen ehrenamtlicher Tätigkeiten in Vereinen und anderen Organisationen werden darunter auch unterschiedliche Varianten der Selbsthilfe sowie die Wahrnehmung verschiedener Formen der (politischen) Beteiligung und Mitbestimmung verstanden. Bürgerschaftliches Engagement findet zwischen den Sphären Staat, Markt und Privatleben statt, indem es in seinen Wirkungen nicht nur auf die unmittelbar Beteiligten zielt, sondern einen Beitrag zur Förderung des Gemeinwohls leistet. Damit kann der Begriff des Bürgerschaftlichen Engagement Verknüpfungen zwischen bislang eher unabhängig voneinander betrachteten Aktivitätsfeldern herstellen, indem er Gemeinsamkeiten unterstreicht und ebenso einen analytischen wie auch einen normativ-konzeptionellen Zusammenhang herausarbeiten hilft (Hartnuß/Klein 2007).

Solidarische und damit Elemente des bürgerschaftlichen Engagements weist letztlich jede Genossenschaft in ihren sozialen Strukturen auf, nicht zuletzt aufgrund des vierten genossenschaftlichen Kennzeichens, dem Solidaritätsprinzip. Der Grad der Überschneidung mit dem bürgerschaftlichen Engagement ist dabei eng mit dem ersten Prinzip, dem Förderauftrag, verbunden. Das Ausmaß bzw. die Annäherung verstärkt sich mit der Verallgemeinerungsfähigkeit der Förderinteressen. Bei vielen Genossenschaften sind die Förderinteressen ausschließlich auf den Kreis der Mitglieder beschränkt. Sie können zudem je nach Geschäftsgegenstand, beispielsweise bei dem genossenschaftlichen Zusammenschluss der Steuerberater, der DATEV eG, stark berufsständische Privilegien beinhalten. Sie haben dann auf den ersten Blick nichts mit bürgerschaftlichen Engagement zu tun. Die Typologie bzw. die unterschiedliche Abstufungen der Solidarität von Genossenschaften nach Engelhardt (Engelhardt 1985: 46) erleichtern hierzu den Abklärungsprozess. Er unterscheidet Genossenschaften, die:

- sich ausschließlich der Förderung ihrer Mitglieder widmen wollen (Fördergenossenschaften);
- sich neben der Förderung der Mitglieder als Hauptziel auch der Erfüllung gruppenspezifischer Aufgaben z.B. sozial schwacher Haushalte verpflichtet fühlen (gruppenwirtschaftliche oder schichtspezifische Genossenschaften);
- neben der Mitgliederförderung auch öffentlichen Interessen beispielsweise durch Selbstverpflichtung zur Sozial- und Umweltverantwortung beitragen wollen (gemeinwirtschaftliche Genossenschaften).

Bei der dritten Art von Genossenschaften geht die Solidarität eindeutig über das eigene Unternehmen und damit auch über den Kreis der Mitglieder hinaus, indem sie dem Gemeinwesen in besonderer Weise verpflichtet sind. Tatsächlich kommt aber auch der zweite Genossenschaftstyp ohne bürgerschaftliches Engagement nicht aus, da in der Praxis die Genossenschaft als Zusammenschluss ausschließlich von „Schwachen" nicht existiert. Bei fast allen Genossenschaftsformen, lässt sich das Phänomen beobachten, dass in der Gründungs- und Aufbauphase Hilfe zur Selbsthilfe durch engagierte Bürger einen sehr hohen Stellenwert einnahmen.

Gero Erdmann weist sehr detailliert nach, dass Lehrer, Pfarrer, Bürgermeister und andere wichtige Akteure aus der Dorfgemeinschaft nicht nur den Anstoß zu den landwirtschaftlichen Genossenschaften gaben, sondern auch bei deren Weiterentwicklung fast durchweg eine ausschlaggebende Rolle spielten (Erdmann 1997: 51 ff.). Ähnlich verhält es sich bei den Konsum-, Wohnungsbau- und Bankgenossenschaften. Sie werden weniger von den eigentlichen nutzenden Mitgliedern initiiert, sondern von Bürgern, die sich gesellschaftspolitisch engagieren. Helmut Faust versucht, diesen Persönlichkeiten, zu denen als bekannteste Schulze-Delitzsch und Raiffeisen zählen, mit seiner „Geschichte des Genossenschaftswesens" ein dauerhaftes Denkmal zu setzen (Faust 1977; Lampert/Althammer 2008: 73 ff.).

Differenzierungsmöglichkeiten des genossenschaftlichen Engagements

Eine andere Unterscheidung verschiedener Formen des Engagements kann in Anlehnung an Mareike Alscher erfolgen: organisationsbezogenes, institutionell-individuelles sowie zivilgesellschaftliches Engagement. Letzteres nutzt sie als Begriff für ein Engagement außerhalb der Genossenschaften. Dagegen stellt das institutionell-individuelle Engagement internes ehrenamtliches Einbringen von Arbeit durch die Mitglieder der Genossenschaft in den Vordergrund. Beim organisationsbezogenem Engagement geht es um Genossenschaftsgründungen als Ganzes, indem sie sich durch die damit verbundene Selbsthilfe, durch die moralökonomischen Elemente sowie Elemente der Sozialfürsorge von anderen Unternehmensgründungen stark unterscheiden. Da das institutionell-individuelle Engagement bisher sehr wenig erforscht wurde, konzentriert sich Alscher in ihrer Monographie darauf und eruiert dies in Form von Interviews mit sechs neu gegründeten Genossenschaften. Das Ergebnis stimmt mit den historischen Erfahrungen überein: die Aufbauarbeit erfordert sehr viel unbezahlte Arbeit und ist Teil der genossenschaftlichen Gründungskultur (Alscher 2008: 16 ff.).

Der Ansatz von Alscher kann weiter differenziert werden, um bürgerschaftliches Engagement in Genossenschaften nach Art und Intensität des Engagements zu veranschaulichen. Zu unterscheiden sind dann:

1. Internes Engagement von Genossenschaftsmitgliedern durch Ehrenamt
   a. Engagement durch klassisches genossenschaftliches Ehrenamt: Dazu gehört Gremienarbeit vor allem in den Aufsichtsräten, aber auch in Beiräten, Vertreter- und Generalversammlung (Hüttl 2000; Großfeld 1984; Großfeld 1988; Beuerle 2005; Mändle 1992).
   b. Ehrenamt für die Umsetzung kommunitärer Aufgaben: Dazu gehört das Engagement von Vorständen und Aufsichtsräten, um Genossenschaften im Bereich sozialer und ökologischer Aufgaben, aber auch die Mitgliederförderung schwacher Personengruppen in Gang zu bringen und zu stabilisieren (Köstler 2006; Alscher 2008).

2. Externes Engagement von Genossenschaftsmitgliedern oder von Genossenschaften
   a. Engagement der Mitglieder durch Partizipationssozialisation: Dazu gehört das Phänomen, dass Mitglieder von Genossenschaften sich oftmals stärker als andere Personengruppen ehrenamtlich in ihrem sozialen Umfeld engagieren wie die Untersuchung am Gerätewerk Matrei verdeutlicht (Hofferbert 1978; Flieger 1996).
   b. Engagement der Genossenschaften durch Sponsoring und Mitgliedereinsatz: Dazu gehört, dass viele Genossenschaften, besonders aus dem Volks- und Raiffeisenbankensektor sich in ihrer Region als wichtige Sponsoren für Kultur, Sport und Soziales hervortun (Michopoulos 2007; Borns 2007).

3. Engagement von Genossenschaften durch erweitertes Verständnis des Geschäftsgegenstandes
   a. Soziales Engagement als Geschäftsgegenstand der Genossenschaften: Hier spielen vor allem Sozialgenossenschaften eine wichtige Rolle, da ihr Geschäftsgegenstand die Unterstützung bzw. Förderung benachteiligter Zielgruppen ist und sie teilweise deshalb auch als gemeinnützig anerkannt werden (Flieger, 2003; Göler von Ravensburg 2004; Münkner/netz e.V. 2000).
   b. Engagement im Umweltsektor bzw. in der Gemeinde: In diesen Bereich ist das gesamte Spektrum der Genossenschaften einzurechnen, die Aufgaben zur Sicherung der Daseinsfürsorge übernehmen vom Erhalt eines Schwimmbads bis hin zur Wasser- und Abwasserversorgung (Hofinger 2007; Deutscher Städte- und Gemeindebund e.V. 2004; Bonow 2005).
   c. Engagement als Multistakeholdergenossenschaften: Neben Erzeuger-Verbraucher-Genossenschaften aus dem Bereich der nachhaltigen Lebensmittelversorgung (sozial, regional, biologisch) gehören schwerpunktmäßig die unterschiedlichsten Ansätze von Quartiers- und Stadtteilgenossenschaften hierzu (Münkner 2002; Flieger 2008b).

Fallbeispiel einer Sozialgenossenschaft: die SAGES eG

Am 9. März 2005 gründeten 28 Arbeitslose in Freiburg im Breisgau die Genossenschaft SAGES – Serviceagentur für Senioren. SAGES bietet ihre Leistungen für ältere und Unterstützung suchende Menschen als Alltagsassistenz in den Bereichen Haushalt, Mobilität und Kontakt an. Zwei gewichtige Faktoren gaben den Anlass zur Gründung: Die Zahl der Seniorinnen und Senioren nimmt in Freiburg – entsprechend dem bundesweiten demografischen Trend – im Laufe der nächsten 15 Jahre weiter zu. Und eine Veränderung der hohen Arbeitslosigkeit wird in absehbarer Zeit nicht eintreten. Zustande gekommen ist die Genossenschaft nur, indem viele so genannte Fördermitglieder sich an der Entwicklung und Umsetzung des Konzepts mit bürgerschaftlichen Engagement einsetzen.

Die SAGES eG ist ein spannendes Experiment bürgerschaftlichen Engagements. Mittlerweile weist die Genossenschaft rund 50 Mitglieder auf. Nur ein Viertel der Beteiligten sind Arbeitslose, die sich durch Eigeninitiative und Selbstverantwortung einen Arbeitsplatz schaffen wollen. Die Mehrzahl der Beteiligten will helfen, ein aus ihrer Sicht sehr unterstützenswertes Experiment auf den Weg zu bringen. Langzeitarbeitslose, oftmals selbst bereits über 50, bekommen oft wenige Chancen auf einen dauerhaften Arbeitsplatz. Dies gilt auch, wenn sie sich intensiv bemühen und regelmäßig Bewerbungen schreiben. Dabei sind ihr Wissen, ihr Verantwortungsbewusstsein und ihr Einsatz oft größer und zuverlässiger als bei Personen, die die Erfahrung längerer Arbeitslosigkeit noch nicht gemacht haben.

Vorstand und Aufsichtsrat bei SAGES machen ihre Arbeit bei SAGES ehrenamtlich. Dazu gehört die Entwicklung des Konzepts, die Öffentlichkeitsarbeit, die Büroorganisation, die Einsatzbesprechung der Arbeitslosen für die Durchführung von Aufträgen, die Information der Mitglieder, das Werben potentieller Arbeitsloser für eine Mitarbeit bei SAGES und die Durchführung von Veranstaltungen vor Senioren, um weitere Mitglieder zu gewinnen und Aufträge zu bekommen. Insofern lässt sich festhalten, dass das bürgerschaftliche Engagement von Nichtarbeitslosen und Arbeitslosen bisher den wesentlichen Teil der Entwicklung und Umsetzung von SAGES ausmacht.

Die Angebote von SAGES erstrecken sich im Haushaltsbereich auf die Schwerpunkte Raumpflege, Wäschepflege, Küchenhilfe sowie Garten und Hof, bei der Mobilitätshilfe auf die Schwerpunkte Begleitung, Einkaufen, Botengänge und Bewegung. Beim dritten Standbein des Unternehmens, der Kontaktpflege, geht es um Dienstleistungen für ältere Bürger wie Schriftverkehr, Unterhaltung und Ausflüge. Die Dienstleistungsangebote richten sich sowohl an Privathaushalte als auch an Menschen, die in Seniorenanlagen leben.

SAGES bietet Leistungspakete in den Bereichen der Grundversorgung an mit speziellen Serviceangeboten. Sie können jederzeit zugunsten neuer Kundenwünsche erweitert werden. Wohnungsgröße und Anzahl der im Haushalt lebenden Personen liefern die Grundlage für eine Kalkulation. Hinzu kommt die Häufigkeit der Inanspruchnahme von Diensten. Die Palette der wöchentlichen, monatlichen, halbjährlichen, jährlichen und saisonbedingten Einsätze wird ergänzt durch Angebote, die nach Bedarf geordert werden. Beispielsweise begleitet SAGES eine Kundin oder einen Kunden bei plötzlich notwendig gewordenem Krankenhausaufenthalt bis ins Krankenzimmer.

Gegenwärtig arbeiten zehn ehemals Langzeitarbeitslose bei der SAGES eG. Einer von ihnen ist mittlerweile fest angestellt, neun arbeiten noch auf Minijobbasis mit dem Ziel, auch für sie feste Arbeitsplätze hinzubekommen. Bisherige Erfahrungen zeigen, dass viele Arbeitslose, die sich bei SAGES engagieren, neue Erfahrungen mit der Übernahme von Verantwortung bei Büroorganisation, Verwaltung, Akquisition, Planungen mit Kolleginnen etc. machen. Viele gewinnen durch den gemeinsamen Rahmen und das Arbeiten in der Gruppe ein neues Selbstbewusstsein, das ihnen über den Verlauf ihrer Arbeitslosigkeit oft verloren gegangen ist. So verwundert es nicht, dass gerade einige, die sich besonders engagieren mit der Zeit einen neuen festen Arbeitsplatz außerhalb von SAGES bekommen. Sie bleiben der Genossenschaft mit ihrem Engagement weiterhin verbunden, da sie selbst am besten wissen, wie wichtig es ist, die Einbindung in einer Gruppe zu erfahren gepaart mit Unterstützung und erste Erfahrungen bei der Arbeitsaufnahme, um wieder selbstbewusster auftreten zu können (www.sages-eg.de).

Tab.1: Neugründungen Genossenschaften 2000–2009
Quelle: Fiedler, Mathias (Zentralverband deutscher Konsumgenossenschaften e.V.) 2009: Neueintragungen Genossenschaftsgründungen. Unveröffentlichte Zusammenstellung. Hamburg.

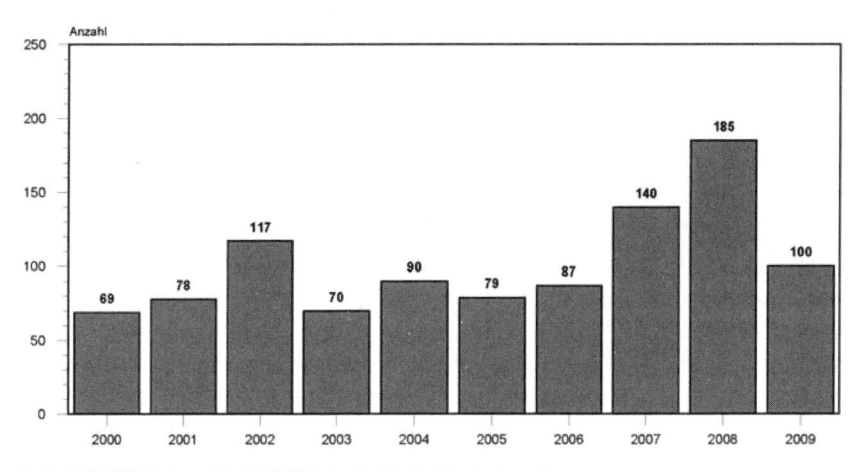

Jahr	Anzahl
2000	69
2001	78
2002	117
2003	70
2004	90
2005	79
2006	87
2007	140
2008	185
2009	100

Quellen: Bis 31.12.2006: http://www.gbi.de; seit 1.1.2007: http://www.handelsregisterbekanntmachungen.de/
Anmerkung: Die Zusammenstellung der Zahlen erfolgte durch den Zentralverband deutscher Konsumgenossenschaften (ZdK). Für das Jahr 2009 sind nur die Gründungen bis Mitte 2009 erfasst.

Stadtteilgenossenschaften: hybride, politische Engagementformen

Unter dem Blickwinkel des bürgerschaftlichen Engagements weisen, stärker noch als die sozialgenossenschaftlichen Ansätze, Stadtteilgenossenschaften eine besondere Perspektive auf. Sie können eindeutig dem dritten Typus bei Engelhard zugeordnet werden und dem letzten Typ in der weitergehenden Differenzierung. Sie werden auch als Multistakeholdergenossenschaften bezeichnet. Im Unterschied zu den meisten anderen Genossenschaftsformen sind unter dem Dach einer Stadtteilgenossenschaft viele sehr unterschiedliche Akteure zusammengeschlossen. Kunden, Förderer, Beschäftigte, Unternehmer, Kommunalvertreter etc. versuchen gemeinsam den Stadtteil, in dem sie leben, wirtschaftlich und sozial attraktiver zu gestalten (Flieger 2008b). Dies erhöht aufgrund der verschiedenen Interessen die Wahrscheinlichkeit von Konflikten, bietet aber durch das Zusammenführen sehr unterschiedlicher Fähigkeiten und Kompetenzen auch die Chance, etwas zu bewegen, wo ansonsten oft schon seit Jahren Stillstand oder gar Niedergang das Bild prägte.

Stadtteilgenossenschaften können ideale Organisationsformen bei der Umsetzung der gemeinsamen Ziele zur Umsetzung integrierter Stadtentwicklungskonzepte sein. In ihnen liegen Chancen, Beschäftigungswirkungen zu erzielen und durch ein hohes Identifikationspotenzial der Mitglieder mit ihrem Stadtteil, Anstöße zur sozialen Veränderungen und wirtschaftlichen

Entwicklungen zu geben. In Verbindung mit dem § 1 des Genossenschaftsgesetzes lassen sich Stadtteilgenossenschaften charakterisieren als stadtteilorientierte „Gesellschaften von nicht geschlossener Mitgliederzahl, welche den Erwerb oder die Wirtschaft ihrer Mitglieder oder deren soziale oder kulturelle Belange durch gemeinschaftlichen Geschäftsbetrieb fördern". Sie erbringen (Dienst-)Leistungen für Mitglieder oftmals auch der Allgemeinheit und sind gekennzeichnet durch eine unabhängige Unternehmensführung mit demokratischen Entscheidungsstrukturen.

In Stadtteilgenossenschaften schließen sich zwei oder auch mehr Gruppen mit unterschiedlichen Förderinteressen in einem überschaubaren Raum (Gemeinwesen) zusammen zur nachhaltigen Verbesserung der Lebensbedingungen vor Ort. Kennzeichen sind die Verbindung von:

- Gemeinwesenarbeit mit lokaler Ökonomie,
- wirtschaftlichen Tätigkeiten mit sozialen Funktionen,
- Bürgerengagement mit wirtschaftlicher Selbsthilfe,
- gemeinnützigem Charakter mit Ertragsorientierung,
- Umsetzung integrierter Stadtteilkonzepte mit Interesseneinbindungen,
- Nutzung und Erweiterung sozialen Kapitals mit externer Unterstützung.

Susanne Elsen sieht solche genossenschaftlichen Umsetzungsformen zwar in der Tradition des bürgerschaftlichen Engagements. Gleichzeitig weisen sie aber ihrer Einschätzung nach weit darüber hinaus: „Sozialökonomische Ansätze im Gemeinwesen ermöglichen sozialproduktives bürgerschaftliches Engagement auch benachteiligter Menschen zugunsten eigener und gemeinsamer Belange. Ein so verstandenes bürgerschaftliches Engagement, welches in Verbindung mit wohnungs-, sozial-, und arbeitsmarktpolitischen Mitteln und Kreditfinanzierung steht, vermag auch Disparitäten der Lebenschancen in einem Quartier nachhaltig zu beeinflussen. Solche Ansätze erfordern jedoch Machtausgleich auf verschiedenen Ebenen, nicht nur im lokalen Gemeinwesen" (Elsen 2007: 388). Ohne Konfliktszenarien sind sie kaum vorstellbar. Entsprechend hinterfragen sie – anders als die meisten Formen bürgerschaftlichen Engagements – tradierte gesellschaftliche Zuständigkeiten, verändern Ressourcenströme und tangieren mächtige Interessenkonstellationen (Elsen 2007: 39).

Elsen grenzt solche wirtschaftlich-genossenschaftlichen Engagementformen gegenüber anderen Formen bürgerschaftlichen Engagements ab: Diese Art der aktiven Teilhabe von Bürger/-innen setzt die Ausweitung gesellschaftlicher Beteiligungsmöglichkeiten und die Demokratisierung auch auf wirtschaftlicher Prozesse voraus (Elsen 2007: 39). Genossenschaftliche Formen des Engagements als Parallel- und Komplementärökonomien sind somit Beispiele für hybride Organisationsformen, die querliegend zu anderen Ansätzen sowohl soziale und ökologische als auch ökonomische Ziele verfolgen. Im Unterschied zu vielen Formen bürgerschaftlichen Engagements agieren sie im ökonomischen System, sind aber gleichzeitig Teil der organisierten Zivilgesellschaft: Ihr Potenzial liegt in der lebensweltlichen Durchdringung als mehrdimensionale, spezifische und synergetische Reaktion auf komplexe Probleme, die sich nur durch die Mischung sozialer und ökonomischer Aktivitäten vermindern lassen.

Insofern erweist sich sozialökonomische Selbsthilfe in Stadtteil- und Selbsthilfegenossenschaften in vielen Fällen als sehr politisch: „Entscheidend ist die Selbsttätigkeit der Menschen, ihre kollektive Aneignung von Rechten, Fähigkeiten, Kreativität, Ressourcen und Macht. Sie bündeln ihre begrenzten Kräfte in assoziativen Formen und versuchen durch Kooperation den Zugang zu den eigenen und gemeinsamen Lebensgrundlagen nachhaltig zu sichern" (Elsen 2007: 51).

Perspektiven genossenschaftlicher Möglichkeiten des Engagements

Wirtschaftlicher Förderauftrag und bürgerschaftliches Engagement müssen sich nicht widersprechen. Dies verdeutlicht das skizzierte breite Spektrum der Engagementformen im genossenschaftlichen Sektor. Trotz der bisher relativ geringen Beachtung bei Praktikern, Theoretikern und Förderern des bürgerschaftlichen Engagements werden solche genossenschaftlichen Ansätze als Folge eines sich im vollen Gange befindlichen Strukturwandels an Bedeutung gewinnen. Hintergrund ist die weiter vonstattengehende gesellschaftliche Spaltung in Arme und Reiche, dem Genossenschaften durch ihre Verknüpfung von sozialem und wirtschaftlichem Engagement mehr als andere Engagementformen entgegenwirken. Entsprechend werden sich einige neuere Genossenschaftsansätze qualitativ und quantitativ weiterentwickeln. Ursache sind die sich dramatisch verschlechternden ökonomischen Bedingungen, die einen dritten Weg zwischen Profitbetrieb und Idealvereinigung regelrecht erzwingen. Durchbrüche werden vor allem dort entstehen, wo die entsprechenden Bedarfe am stärksten sind:

- bei allen Facetten der Arbeitslosigkeit;
- im Umfeld sogenannter überforderter Nachbarschaften bzw. vernachlässigter Wohngebiete;
- bei solidarökonomischen Projekten, in denen es um die nachhaltige Organisation der wirtschaftlichen Förderung benachteiligter Randgruppen in der Gesellschaft geht.

Fördern lässt sich genossenschaftliches Engagement als Ausdruck einer zivilgesellschaftlichen Verantwortung durch ein breites Spektrum an Aktivitäten. Dazu gehört vorrangig erst einmal das intensive Bekanntmachen positiver Beispiele als Modelle für Imitatoren. Fallbeispiele mit den Möglichkeiten, die in der genossenschaftlichen Struktur und Rechtsform stecken, sollten Bürgerinnen und Bürgern kennen, die grundlegend etwas in ihrem Gemeinwesen bewegen wollen. Nur dann können die darin steckenden Chancen auch tatsächlich wahrgenommen werden. Selbst bei vielen der

– überwiegend wirtschaftlich denkenden – Genossenschaftspromotoren sind solche genossenschaftlich organisierte Formen bürgerschaftlichen Engagements nur selten bekannt; es existiert zu wenig Erfahrung und Wissen dazu. Die stärkere Verbreitung von Information über die positiven Möglichkeiten der genossenschaftlichen Ansätze reicht allerdings nicht aus. Begleitet werden muss dies durch den Aufbau einer Unterstützungs- und Entwicklungsinfrastruktur für Genossenschaften mit sozialreformerischem Betriebszweck. Dies gehört zu den Voraussetzungen einer intensiveren Nutzung genossenschaftlicher Engagementformen für die Umsetzung bürgerschaftlichen Engagements mit sozialökonomischer Perspektive. Die innova eG, eine Genossenschaft mit Sitz in Leipzig, die sich als Entwicklungspartnerschaft für Selbsthilfegenossenschaften versteht, hat sich dies zur Aufgabe gemacht (www.innova-eg.de). Hilfreich könnte dafür die am 18. August 2006 in Kraft getretene Novellierung des Genossenschaftsgesetzes sein, die einige Erleichterungen für Neugründungen mit sich bringt.

Mit den aktuellen Änderungen und Erleichterungen für Kleingenossenschaften wird die historische Intention bei der Einführung der genossenschaftlichen Rechtsform gestärkt. Diese war, einen gesetzlichen Rahmen für Menschen zur Verfügung zu stellen, die aus einer Mangelsituation (Not) zur wirtschaftlichen Gruppenselbsthilfe greifen. Genossenschaftliche Selbsthilfe benötigt zu ihrer Entwicklung fast immer Fremdhilfe besonders auch durch bürgerschaftliches Engagement. Dafür ist sie offen. Hierzu bietet das demokratische Grundprinzip von Genossenschaften – „ein Mensch eine Stimme" – ergänzende Vorteile. Die relative Gleichheit von Unterstützern und Betroffenen motiviert zu mehr Einsatz und stärkt die Identifikation beider Teilgruppen für ihre Genossenschaft. Hinzu kommt, der genossenschaftliche Ansatz verbindet soziale Leitbilder dauerhaft mit einer wirtschaftlichen Betriebsform. Genossenschaften stehen für Kooperation, gesellschaftliche Verantwortung, betriebliche und zwischenbetriebliche Demokratie und vor allem für gemeinschaftliche Selbsthilfe: Gute Chancen dafür, bürgerschaftlichem Engagement durch Genossenschaftsgründungen neue Ausdruckformen zu ermöglichen.

Literatur

Alscher, Mareike 2008: Genossenschaften und Engagement. Ein erfolgreiches Zusammenspiel zweier Konzepte. Saarbrücken.
Borns, Rainer/Schuh, Christoph 2007: Radsportsponsoring und Volksbanken – In: Zeitschrift für das gesamte Genossenschaftswesen. Band 57: 116–124.
Beuerle, Iris 2005: Ehrenamt in Wohnungsgenossenschaften. In: Mitgliederzeitschrift des Verbands norddeutscher Wohnungsunternehmen e.V. (Hrsg.): Freiwilliges Engagement – ehrenamtliche Tätigkeit, Potenzial für Wohnungsunternehmen. Mai: 18–19.
Deutscher Städte- und Gemeindebund e.V. (Hrsg.) 2004: Genossenschaften. Miteinander von Bürgern, örtlicher Wirtschaft und Kommunen. DStGB Dokumentation No. 40. Berlin.

Enquête-Kommission „Zukunft des Bürgerschaftlichen Engagements" 2002: Bürgerschaftliches Engagement: auf dem Weg in eine zukunftsfähige Bürgergesellschaft. Deutscher Bundestag Drucksache 14/8900. 14. Wahlperiode. Berlin. 03.06.2002.

Elsen, Susanne 2007: Die Ökonomie des Gemeinwesens. Sozialpolitik und soziale Arbeit im Kontext von gesellschaftlicher Wertschöpfung und -verteilung. Weinheim und München.

Engelhardt, Werner Wilhelm 1985: Allgemeine Ideengeschichte des Genossenschaftswesens. Einführung in die Genossenschafts- und Kooperationslehre auf geschichtlicher Basis. Darmstadt.

Engelhardt, Werner Wilhelm 1983: Gemeinwirtschaftliche Genossenschaften – ein möglicher Widmungstyp von Genossenschaften unter sechsen. In: ZögU. Bd. 6: 30–47.

Erdmann, Gero 1997: Diesseits der Theorie: Partizipation, Demokratie und ländliche Genossenschaftsbewegung in Deutschland. Freiburg.

Eschenburg, Rolf 1971: Ökonomische Theorie der genossenschaftlichen Zusammenarbeit. Tübingen.

Faust, Helmut 1977: Geschichte der Genossenschaftsbewegung. 3. Aufl. Frankfurt a.M.

Flieger, Burghard 1996: Produktivgenossenschaft als fortschrittsfähige Organisation. Theorie, Fallstudie, Handlungshilfen. Marburg.

Flieger, Burghard 2003: Sozialgenossenschaften. Wege zu mehr Beschäftigung. Bürgerschaftlichem Engagement und Arbeitsformen der Zukunft. (Hrsg.): Bundesverein zur Förderung des Genossenschaftsgedankens/Paritätische Bundesakademie. Neu-Ulm.

Flieger, Burghard 2005: Selbsthilfegenossenschaften – Grundidee und Lösungsansätze für ihre Verbreitung. In: Müller-Plantenberg, Clarita/Nitsch, Wolfgang/Schlosser, Irmtraud (Hrsg.): Solidarische Ökonomie in Brasilien und Europa – Wege zur konkreten Utopie. Kassel: 161–189.

Flieger, Burghard 2008 a: Sozialgenossenschaften. In: Maelicke, Bernd (Hrsg.): Lexikon der Sozialwirtschaft. Baden-Baden: 908f.

Flieger, Burghard 2008 b: Stadtteilgenossenschaften. Neue Kooperationen, Stärkung lokaler Ökonomie. In: FORUM WISSENSCHAFT. 25. Jg. 03. September.

Göler von Ravensburg, Nicole (Hrsg.) 2004: Perspektiven für Genossenschaften aus Sicht der Sozialen Arbeit. Marburg.

Großfeld, Bernhard 1984: Mitgliedereinfluss und Ehrenamt in der Genossenschaft. Erlangen-Nürnberg.

Großfeld, Bernhard 1988: Das Ehrenamt in der Genossenschaft und im genossenschaftlichen Verbund. In: Zeitschrift für das gesamte Genossenschaftswesen. Bd. 38: 263–274.

Hartnuß, Birger/Klein, Ansgar 2007: Bürgerschaftliches Engagement. In: Deutscher Verein für öffentliche und private Fürsorge (Hrsg.): Fachlexikon Soziale Arbeit. 6. Aufl. Baden-Baden.

Hettlage, Robert 1990: „Solidarität" und „Kooperationsgeist" in genossenschaftlichen Unternehmungen. In: Arbeitskreis für Kooperation und Partizipation (Hrsg.): Kooperatives Management. Baden-Baden: 123–152.

Hofferbert, Heino 1978: Die Produktivgenossenschaft als industrielle Unternehmensform – Das Gerätewerk Matrei. Dissertation Innsbruck.

Hofinger Hans/Renate Hinteregger 2007: Genossenschaften – eine Perspektive für Kommunen. Wien.

Hüttl, Ludwig 2000: Gewachsen und historisch bewährt. Das genossenschaftliche Ehrenamt im Verlauf der vergangenen Jahrzehnte. In: Genossenschaftsverband Bayern (Raiffeisen/Schulze-Delitzsch) e.V. (Hrsg.): Bayerisches Genossenschaftsblatt. Jg. 104 Nr. 7. München: 20ff.

Köhler, Horst 2008: „Eigenverantwortung, Leistungsbereitschaft und Gemeinsinn stärken" – Grußwort von Bundespräsident zum 200. Geburtstag von Hermann Schulze-Delitzsch. Berlin. 25.09.2008. In: www.bundespraesident.de/Reden-und-Interviews. Zugriff vom 18.12.2009.

Köstler, Ursula 2006: Seniorengenossenschaften – Stabilitätseigenschaften und Entwicklungsperspektiven. Eine empirische Studie zu Sozialgebilden des Dritten Sektors auf Grundlage der Gegenseitigkeitsökonomik. Münster.

Lampert, Heinz/Althammer, Jörg 2008: Lehrbuch der Sozialpolitik. 8. Aufl. Heidelberg.

Laurinkari, Juhani/Brazda, Johannes 1990: Genossenschaftliche Grundwerte. In: Laurinkari, Juhani/Brazda, Johann (Hrsg.): Genossenschaftswesen. Hand- und Lehrbuch. München 1990: 70–77.

Mändle, Eduard 1992: Genossenschaftliches Ehrenamt. In: Mändle, Eduard/Swoboda, Walter (Hrsg.) Genossenschafts-Lexikon. Wiesbaden: 150–153.

Michopoulos, Alex 2007: Social Sponsoring: Genossen helfen Genossen. In: Bankmagazin Jg.56 Nr. 5. Wiesbaden: 24–25.

Ministerium für Arbeit, Gesundheit, Familie und Frauen Baden-Württemberg (Hrsg.) 1991: Selbsthilfe im Alter und Seniorengenossenschaften. Stuttgart. September.

Münkner, Hans-H./netz e.V. (Hrsg.), 2000: Unternehmen mit sozialer Zielsetzung. Rahmenbedingungen in Deutschland und anderen europäischen Ländern, Neu-Ulm.

Münkner, Hans-H. 2002: Organisierte Selbsthilfe gegen soziale Ausgrenzung. „Multistakeholder Genossenschaften". In der internationalen Praxis. Berlin. Bonow, Martin 2005: Befreiungsschlag für Städte und Gemeinden. Bürgergenossenschaft für kommunale Aufgaben. In: Genossenschafts-Kurier Hessen/Rheinland-Pfalz/Saarland/ Sachsen/Thüringen, Nr. 2. Neu-Isenburg: 18ff.

Ringle, Günther, 2007: Bürgerschaftliches Engagement von Genossenschaften. In Verbands-Management 3. Freiburg/Schweiz: 32–39.

Ringle, Günther 2008: Genossenschaften und bürgerschaftliches Engagement. In: Zeitschrift für das gesamte Genossenschaftswesen. Bd. 58: 73 f.

Winter, Hans-Werner/Mändle, Eduard 1980: Genossenschaftliches Demokratieprinzip. In: Mändle, Eduard/Winter, Hans Werner (Hrsg.): Handwörterbuch des Genossenschaftswesens Wiesbaden: Spalte 253–261.

Martin Rüttgers

Netzwerke

Bürgerschaftliches Engagement und Netzwerke: Synchronizität zweier Begriffskarrieren

Netzwerke als Terminus und Phänomen sozialer wie technischer Interaktion erobern in zunehmendem Maße die Alltagswelt moderner Gesellschaften. Der Begriff hat Konjunktur und taucht in den unterschiedlichsten Kontexten auf. So ist z. B. in vielen Konzepten, Förderprogrammen oder Leitbildern von Netzwerken die Rede, und der Begriff begegnet uns mit Blick auf Zusammenschlüsse von Kommunen in Städte-Netzwerken bzw. Betrieben in (regionalen) Unternehmensnetzwerken. Nicht erst seit dem Siegeszug des Internet mit seinen interaktiven Web 2.0-Plattformen kann daher konstatiert werden, dass auch diesseits der virtuellen Online-Welten die Organisationsform des Netzwerks beinahe ubiquitäre Verbreitung erfährt: Die Ebene supranationaler Politik von Regierungs- wie Nichtregierungsorganisationen ist ohne netzwerkartige Abstimmungsprozesse auf internationalen Konferenzen nicht denkbar; zahlreiche Unternehmen und Organisationen schließen sich in brachenspezifischen bzw. interessenverbandlichen sowie kampagnenartigen Netzwerken zusammen; auf der individuellen Ebene wird „Networking" schließlich als Instrument der Karriereplanung empfohlen und online (z. B. www.xing.com) wie offline praktiziert.

Mit Blick auf den Bedeutungszuwachs, den das Phänomen Bürgerengagement seit Mitte der 1990er Jahre erfahren konnte, ist daher eine erstaunliche Synchronizität der Begriffskarrieren augenscheinlich: In den Debatten der (Fach)Öffentlichkeit sowie in der Praxis engagierter und kooperationsbereiter Akteure erlebt bürgerschaftliches Engagement ebenso wie die Arbeit von und in Netzwerken Hochkonjunktur. Beide Phänomene scheinen prädestiniert zu sein, spezifische Antworten auf Steuerungskrisen und Leistungsanforderungen (post)moderner ausdifferenzierter Gesellschaften zu geben. Zudem entsprechen Netzwerke offenbar in besonderer Weise zeitgemäßen Organisationserfordernissen.

Dieser Beitrag soll die signifikante Verbreitung von Netzwerken im Kontext des bürgerschaftlichen Engagements klären helfen. Hierzu werden Kernelemente des Begriffs ‚Netzwerk' definiert, Netzwerke als organisatorische Rahmung und Instrument strategischer Engagementförderung skizziert, empirische Beispiele engagementfördernder Netzwerke auf allen föderalen Ebenen in Kurzform porträtiert sowie deren Erfolgsbedingungen und Entwicklungsperspektiven erörtert.

Begriffsdefinition

Die Vielzahl der in den letzten Jahren entstandenen Netzwerke entspricht der Vielfalt und Unübersichtlichkeit an Definitionen, die im Rahmen von netzwerktheoretischen Abhandlungen und Fachkongressen veröffentlicht worden sind. Der Umstand, dass Netzwerke in diversen ökonomischen (Unternehmensnetzwerke), politischen (UNO, EU, Attac, Campact), medialen (Internet) sowie leider auch kriminellen (Mafia, Al Quaida) Kontexten an Bedeutung gewinnen, macht ‚Netzwerk' zu einem Alltagsbegriff und damit zu einer „crowded category" (Straus 2004: 11). Im Hinblick auf Engagementförderung in und durch Netzwerke wird der Fokus auf solche Definitionen gelegt, die den Zusammenhang von bürgerschaftlichem Engagement und Netzwerken verdeutlichen helfen. Die Bedeutung von Selbstorganisation als Kernelement einer Netzwerkdefinition wird hierbei mehrfach hervorgehoben:

> „Der Begriff ‚Netzwerk' betont die Selbstorganisation bzw. -koordination zwischen de facto autonomen Akteuren zur Erreichung eines gemeinsamen Resultates." (Messner 1997: 33 f.)

> „Netzwerke sind in der Regel informelle Sozialformen, in denen sich die unterschiedlichsten Gruppen, Einrichtungen und Personen zueinander in Beziehung setzen können, ohne ihre jeweilige Eigenständigkeit aufgeben zu müssen. Sie sind deshalb besonders geeignet für Formen der Zusammenarbeit, die über traditionelle bürokratische, politische oder kulturelle Grenzen hinausgehen. Sie beruhen auf der Bereitschaft ihrer Mitglieder, sich bei Bedarf die jeweiligen Fähigkeiten und Kenntnisse gegenseitig zur Verfügung zu stellen." (Birkhölzer 1995: 512)

> „Die Funktionsfähigkeit von Netzwerken setzt die Selbstorganisations-, Leistungs- und Handlungsfähigkeit der beteiligten Akteure und Organisationen voraus. Netzwerke substituieren also nicht etwa das Agieren von einzelnen Organisationen. Aus der Kooperation schwacher Einzelorganisationen werden nur selten leistungsfähige Netzwerke entstehen." (Messner 1997: 57)

Korrespondierend mit dem Aspekt der Selbstorganisation werden zentrale Elemente von Netzwerkstrukturen identifiziert:

> „Die Struktur von Netzwerken ist durch drei wesentliche Elemente charakterisiert: a) die Beziehungslinien zwischen Akteuren in einem Politikfeld sind eher horizontal als hierarchischer Natur; b) dementsprechend handelt es sich um ‚interorganisatorische' Beziehungsgeflechte, während in der traditionellen policy-Forschung einzelne Organisationen im Zentrum standen; c) die Interaktion zwischen Akteuren in Netzwerken sind durch eher lose Beziehungen gekennzeichnet." (Messner 1997: 55)

Die Existenz von Netzwerken, die durch interorganisatorische Beziehungsstrukturen und die abnehmende Bedeutung von zentralen Akteuren gekennzeichnet sind, weist auf die wechselseitigen Abhängigkeitsbeziehungen zwischen den beteiligten Akteuren hin. Diese können zur Bewältigung ihrer Aufgaben nicht alle Ressourcen „aus sich selbst" schöpfen und wirken daher mit anderen Akteuren, die über unterschiedliche Ressourcen verfügen, in einem Netzwerk zusammen. Dass netzwerkartige Interaktion nicht zu verwechseln ist mit konfliktarmer Kooperation, weist auf Machtasymmetrien in vielen vorfindlichen Netzwerken hin und verdeutlicht zugleich deren Konfliktpotenzial:

> „Die Beziehungen in Netzwerken sind in der Regel nicht gleichgewichtig; es existieren also Machtstrukturen. Der Einfluss und die Zentralität eines Akteurs steigen mit der Bedeutung der von ihm kontrollierten Ressourcen (z.B. Informationen, finanzielle Mittel, Rechtsmittel) für die anderen Akteure. (…) Das Zusammenwirken von Akteuren im Netzwerk (,decision styles') ist nicht gleichzusetzen mit harmonischer oder symbiotischer Kooperation. Da die Akteure jeweils eigene, zuweilen auch divergente sowie gemeinsame Interessen verfolgen, spielen Wettbewerb und Kooperation gleichermaßen eine Rolle." (Messner 1997: 56)

Der Begriff des ‚Netzwerks' wird ferner in Abgrenzung zu dem der ‚Organisation' definiert, um die Eigenarten und Unterschiede beider Termini zu verdeutlichen. Während (klassische) Organisationen durch ihre relative Geschlossenheit und Grenzziehung zu anderen Systemen gekennzeichnet sind, ist für Netzwerke deren relative Offenheit konstitutiv. Im Unterschied zur tendenziell hierarchischen und zentralen Steuerung in Verbänden und Institutionen ist für Netzwerke deren dezentraler und horizontaler Steuerungs- und Koordinierungsmodus charakteristisch (Straus 2004: 14). Kommunikation und Interaktion der Netzwerkmitglieder spielen insofern eine wesentliche Rolle zum Funktionieren von Netzwerken: Die Partizipation der Netzwerkmitglieder, mithin deren intrinsisches und freiwilliges Engagement, ist in dieser Perspektive Katalysator und Voraussetzung einer dynamischen Netzwerkarbeit. Bei wachsender Komplexität und Interaktionsdichte sind Netzwerke allerdings darauf angewiesen, organisatorische und Steuerungselemente klassischer Verbände und Organisationen in ihre Arbeit zu integrieren (Aderhold 2004: 27f.).

Netzwerke als organisatorische Rahmung und Instrument strategischer Engagementförderung

Netzwerke als bereichs- und sektorübergreifende Instrumente strategischer Engagementförderung geraten in den letzten Jahren verstärkt in den Fokus der Fachöffentlichkeit. Theoretisch-konzeptionell wird Netzwerken eine wichtige Rolle bei der Stärkung von bürgerschaftlichem Engagement und Zivilgesellschaft zugeschrieben. Netzwerke gelten als eine spezifische Form der Handlungskoordination und Steuerung in komplexen Akteurskonstellationen, denen zumindest konzeptionell zugeschrieben wird, innovative Wege der Kooperation zwischen Staat, Markt und zivilgesellschaftlichen Organisationen zu ermöglichen. Insbesondere auf der landespolitischen Ebene scheint sowohl die Entwicklung als auch die Umsetzung von Strategien und Maßnahmen der Förderung des bürgerschaftlichen Engagements von der Existenz funktionierender Netzwerkbeziehungen zwischen unterschiedlichen Akteursgruppen abzuhängen. Die Etablierung einer Anerkennungskultur, die Entwicklung sektorübergreifender Projekte sowie die Herstellung von Akzeptanz für Ehrenamtsnachweise etc. wären ohne Netzwerke kaum denkbar.

Wichtige Argumente und Anstöße zur Gründung von engagementfördernden Netzwerken sind im Abschlussbericht der Enquête-Kommission „Zukunft des Bürgerschaftlichen Engagements" des Deutschen Bundestags dokumentiert. Die Gründung und Etablierung von Netzwerken könne dazu beitragen, bürgerschaftliches Engagement gesellschaftlich aufzuwerten und geeignete Förderstrategien zu entwickeln und umzusetzen (Enquête-Kommission 2002: 22). Der Aufbau von Vernetzungsstrukturen wird hierbei nicht nur auf allen föderalen Ebenen, sondern auch innerhalb und zwischen den gesellschaftlichen Sektoren von Staat, Markt und zivilgesellschaftlichen Organisationen empfohlen:

> „Um Engagementförderung als Querschnittsaufgabe zu profilieren, ist einerseits eine stärkere Kooperation von Verwaltung, Politik und Fachressorts notwendig. Andererseits bedarf es der ressortübergreifenden Vernetzung von staatlichen und zivilgesellschaftlichen Akteuren und Organisationen." (Enquête-Kommission 2002: 22)

Eine weitere konkrete Empfehlung der Enquête-Kommission bezieht sich auf die Gründung eines bundesweiten Netzwerks, das als Anwalt und Sprachrohr des bürgerschaftlichen Engagements fungieren und zur besseren Zusammenarbeit zwischen allen gesellschaftlichen Sektoren beitragen solle (Enquête-Kommission 2002: 603 f.). Die Gründung des trisektoral strukturierten Bundesnetzwerks Bürgerschaftliches Engagement (BBE) im Jahr 2002 kann in dieser Hinsicht als eine der ersten Umsetzungserfolge der Kommissionsarbeit gewertet werden. Im folgenden Abschnitt werden neben dem BBE weitere engagementfördernde Netzwerke in Kurzform dargestellt.

Empirie und Praxis: Beispiele engagementfördernder Netzwerke

Die Arbeit der Enquête-Kommission „Zukunft des Bürgerschaftlichen Engagements" wirkte als Katalysator zur Gründung diverser Netzwerke der Engagementförderung auf den verschiedenen föderalen Ebenen der Bundesrepublik Deutschland.

Bundesnetzwerk Bürgerschaftliches Engagement (BBE)

Am 5. Juni 2002 durch 31 Organisationen gegründet, arbeiten im BBE (www.b-b-e.de) inzwischen mehr als 200 Mitglieder (Stand: Januar 2009: 222) aus den Sektoren Staat, Wirtschaft und Bürgergesellschaft zusammen. In den Mitgliedsorganisationen des BBE sind viele Millionen Menschen organisiert. Übergeordnetes Ziel des BBE ist die nachhaltige Förderung von Bürgergesellschaft und bürgerschaftlichem Engagement in allen Gesellschafts- und Politikbereichen. Das Netzwerk sieht seinen Auftrag darin, Impulse zur Engagementförderung in der Praxis von Bürgergesellschaft, Staat und Wirtschaft sowie in der Politik zu setzen. Engagementförderung begreift das BBE als eine gesellschaftspolitische Aufgabe, die sich nicht auf einzelne Engagementfelder beschränkt, sondern sämtliche Gesellschafts- und Politikbereiche umfasst.

Landesnetzwerke

Bereits vor dem Jahr 2002 wurden Netzwerkstrukturen konstituiert, die explizit die Förderung von Ehrenamt und bürgerschaftlichem Engagement zum Ziel haben. Als Vorbild für weitere „Engagementnetzwerke" wird in diesem Kontext das „Landesnetzwerk Bürgerschaftliches Engagement Baden-Württemberg" (www.buergerengagement.de) bezeichnet. 1999 gegründet, ist es das älteste Landesnetzwerk in Deutschland, in dem staatliche und kommunale Körperschaften mit Verbänden des Dritten Sektors und Unternehmen zur gezielten Verbesserung der Rahmenbedingungen für engagierte Bürger/innen interagieren. Es präsentiert sich in seiner Grundstruktur als ein „Netz von Netzwerken", das sowohl horizontal (zwischen den im Netzwerk beteiligten Kommunen und Verbänden) als auch vertikal (zwischen der kommunalen und der Landesebene) zur Weiterentwicklung der Engagementförderung in Baden-Württemberg beitragen soll (Centrum für bürgerschaftliches Engagement 2005: 6 f.). Insgesamt sechs selbstorganisierte Teilnetzwerke – Kernstücke sind hierbei die interkommunalen Städtenetzwerke der drei kommunalen Spitzenverbände – bilden hierbei die Schnittstelle zwischen den Institutionen, Mitgliedsorganisationen und der Bürgerschaft (Schmid et al.: 30 f.).

In weiteren Bundesländern haben sich vielfältige Ansätze einer Vernetzung und Kooperation verschiedenster engagementpolitischer Akteure herausgebildet. Dezidiert bereichs- und sektorübergreifende Landesnetzwerke arbeiten hierbei in den Bundesländern Bayern, Berlin und Hamburg an der Verbesserung und Weiterentwicklung des bürgerschaftlichen Engagements (Zentrum für zivilgesellschaftliche Entwicklung an der Evangelischen Fachhochschule Freiburg o. J.: 665 f.). In Rheinland-Pfalz und Sachsen-Anhalt werden entsprechende Netzwerkgründungen vorbereitet.

Das „Landesnetzwerk Bürgerschaftliches Engagement Bayern" (www.wirfuer-uns.de) ist eine landesweite Servicestelle für Fragen rund um das

Thema Ehrenamt. Zum Landesnetzwerk gehören die Landesarbeitsgemeinschaft der Freiwilligenagenturen (lagfa) mit Sitz in Augsburg, die Landesstelle der Mütter- und Familienzentren in München, die Selbsthilfe-Koordination (SeKo) Bayern in Würzburg sowie die Landesstelle der Seniorenbüros in Erlangen. Die Anbindung weiterer „Knotenpunkte" wird angestrebt.

„Aktiv in Berlin" hat sich am 22. Juni 2005 als Landesnetzwerk (www.aktiv-in-berlin.info) gegründet. Es ging aus dem Arbeitskreis Freiwilliges Engagement hervor, der 2001 vom Treffpunkt Hilfsbereitschaft, der Landesfreiwilligenagentur Berlin, initiiert wurde. Damit ist es das einzige Landesnetzwerk in Deutschland, das ohne staatliche Unterstützung von der Bürgerschaft selbst gegründet wurde. Von seinerzeit 33 ist die Anzahl der Mitgliedsorganisationen auf 56 gestiegen. Wertegrundlage von „Aktiv in Berlin" ist die Berliner Charta zum Bürgerschaftlichen Engagement. Das hierauf basierende Selbstverständnis hat die Gründungsversammlung des Landesnetzwerkes im Juni 2005 verabschiedet. Die Mitgliederversammlung von „Aktiv in Berlin" hat im Februar 2007 ein Leitbild beschlossen, das kurz und prägnant die gemeinsam getragenen Leitziele für die Netzwerkpartner darstellt.

Kernaufgabe des „AKTIVOLI"-Netzwerkes (www.aktivoli.de) in der Hansestadt Hamburg ist die zielgruppenspezifische, verbands- und trägerübergreifende Förderung und Weiterentwicklung des freiwilligen Engagements. Das Netzwerk-Leitbild betont hierbei die Vielfalt der Engagementmöglichkeiten (Ehrenamt, Zeit-, Ideen- und Geldspenden) und -motivationen in der Hansestadt. Im Einzelnen koordiniert und lenkt das AKTIVOLI-Netzwerk die gemeinsamen Aktivitäten seiner inzwischen 35 gleichberechtigten Mitglieder zur Information, Beratung, Werbung, Vermittlung, Qualifizierung und Öffentlichkeitsarbeit im Freiwilligenbereich. Aktuell bereitet das Netzwerk die zehnte „Hamburger AKTIVOLI-Freiwilligenbörse" vor.

In den anderen Bundesländern existieren organisationsspezifische Vernetzungsforen und -formen, die perspektivisch für bereichs- und sektorübergreifende Landesnetzwerkgründungen zu berücksichtigen sind. So haben sich z. B. die Freiwilligenagenturen der meisten Bundesländer in „Landesarbeitsgemeinschaften der Freiwilligenagenturen" (lagfa) organisiert, um die Interessen der bundesweit rund 300 Agenturen zu bündeln und die Qualitätssicherung dieser zentralen Vermittlungs- und Entwicklungsinstanzen für Bürgerengagement vor Ort zu gewährleisten (www.bagfa.de). Vergleichbare Vernetzungsformen auf Bundes- und Landesebene bestehen für den Selbsthilfebereich (www.nakos.de). Darüber hinaus haben sich in fast allen Bundesländern Webportale etablieren können, die umfassende und differenzierte Informationen, Veranstaltungs- und Literaturhinweise sowie Ansprechpartner/innen vor Ort online verfügbar machen. Als vorbildlich hinsichtlich Aktualität und Transparenz können hierbei die Portale der Länder Nordrhein-Westfalen (www.engagiert-in-nrw.de) und Rheinland-Pfalz (www.wir-tun-was.de) hervorgehoben werden.

Netzwerke in und von Kommunen

Kommunen, die besondere Fortschritte auf dem Weg zur Bürgerorientierung vorweisen können, haben oftmals engagementfördernde Netzwerkgründungen begleitet und koordiniert. Eine entsprechende Vernetzung kann hierbei auf zwei Wegen erfolgen. Zum einen haben sich „Bürgerkommunen" in Städtenetzwerken organisiert, um die gesammelten Erfahrungen der Bürgerorientierung mit anderen Kommunen zu teilen.

Städtenetzwerke

Der Bundeswettbewerb der Bertelsmann Stiftung „Bürgerorientierte Kommune – Wege zur Stärkung der Demokratie" führte 1999 zur Gründung des Netzwerks „CIVITAS" (www.buergerorientierte-kommune.de). In diesem Städtenetzwerk arbeiteten insgesamt 13 Kommunen über fünf Jahre hinweg an Fragestellungen und Projekten zur Stärkung der Bürgerorientierung in Städten und Gemeinden. Vertreter/innen von neun Kommunen (Bremen, Essen, Heidelberg, Leipzig, Nürtingen, Solingen, Ulm, Viernheim und Weyarn) sind aktuell als sog. „CIVITAS Botschafter/innen" bundesweit aktiv, um das Know-how der Netzwerkarbeit in die kommunale Landschaft weiterzutragen. Die Botschafter/innen sind Bürgermeister und Fachkräfte im Bereich Beteiligung, Planung und Qualifizierung für Bürgerkommunen. Im Jahr 2000 haben die Netzwerkkommunen ein „Leitbild Bürgerorientierte Kommune" entwickelt. In der Präambel des Leitbilds wird auf die herausragende Bedeutung von Städten und Gemeinden zur Verwirklichung einer lebendigen Demokratie hingewiesen. Um die im Leitbild skizzierten Grundsätze und Ziele der Bürgerorientierung zu operationalisieren, haben die beteiligten Netzwerkkommunen Schwerpunkte definiert und in Projekten umgesetzt.

Das „Netzwerk Ruhrgebiet" (www.be-ruhrgebiet.de) ist eine Plattform für den überregionalen Erfahrungsaustausch von kommunalen Stabstellen, Freiwilligenzentralen und ehrenamtlichen Initiativen im Ruhrgebiet. Es setzt sich dafür ein, dass der Aufbau engagementunterstützender Strukturen weiter vorangetrieben wird. Mit der Organisation des „RUHRDAX" (www.ruhrdax.de) konnte das Netzwerk ein innovatives Instrument für Corporate Citizenship erfolgreich implementieren. Auf der Engagementbörse werden nicht im eigentlichen Sinn Waren gehandelt, sondern Partnerschaften zwischen Unternehmen und gemeinnützigen Einrichtungen aufgebaut, konkrete Projekte verabredet und Ideen gemeinsam verwirklicht.

Als Dienstleistungsagentur von Kommunen für Kommunen unterstützt das „Städte-Netzwerk NRW" (www.netzwerk.nrw.de) Städte und Gemeinden auf vielfältige Weise bei der Weiterentwicklung ihrer öffentlichen Einrichtungen. Es organisiert den Erfahrungsaustausch zwischen den Kommunen, berät und begleitet sie, organisiert Fortbildungen und würdigt mittels des „Robert-Jungk-Preises" innovative Zukunftsprojekte. Ein Schwerpunkt seiner Serviceleistungen liegt darin, die neuartige Organisationsform der Bürgerstiftung als Trägermodell für öffentliche Infrastruktureinrichtungen (Kulturzentren, Schwimmbäder oder Bibliotheken) in die Diskussion zu bringen.

Kommunale Netzwerke der Engagementförderung

Auf der anderen Seite haben sich z.B. in Köln, Hannover und Augsburg wichtige engagementfördernde Akteure in Bündnissen oder Netzwerken zusammengeschlossen, um in gemeinsamen Projekten mehr für Bürgerengagement und -beteiligung erreichen zu können.

Als erste bayerische Großstadt hat Augsburg ein Bündnis zur Förderung des bürgerschaftlichen Engagements im Oktober 2002 gegründet. Das „Bündnis für Augsburg" definiert sich als trisektorale Plattform, auf der die Bündnispartner aus Bürgerschaft (Einzelpersonen und Organisationen/Vereine), Wirtschaft und Politik/Verwaltung für eine Kultur des aktiven Bürgerengagements kooperieren. In seinem zehn Punkte umfassenden Leitbild wird das Bündnis als „Verantwortungsgemeinschaft der Bürgerschaft" beschrieben. Gemeinsames Ziel ist die Stärkung von Eigenverantwortung und Solidarität sowie des fairen Chancen- und Lastenausgleichs aller Beteiligten in Augsburg. Das Bündnis versteht sich als eine Brücke zwischen Gruppen, Milieus, Stadtteilen, kulturellen Zugehörigkeiten und Themenbereichen.

Das Kölner Netzwerk Bürgerengagement (www.engagiert-in-koeln.de) hat sich zum Ziel gesetzt, neue Wege der Engagementförderung zu erschließen, bessere Rahmenbedingungen zu schaffen und Perspektiven zur Aktivierung des Bürgerengagements in Köln aufzuzeigen. Nachdem die Netzwerkpartner/innen aus Bürgerschaft, Politik, Verwaltung und Wirtschaft ein ambitioniertes Konzept zur strategischen Förderung des Bürgerengagements entwickelt haben und fortlaufend den Prozess der Konzeptumsetzung koordinieren, reflektiert das Netzwerk derzeit seine Binnenstruktur. Wichtige Erfolge und Impulse zur Stärkung des bürgerschaftlichen Engagements konnten in Projekten zur Vernetzung und Qualifizierung des unternehmerischen Engagements (u.a. durch einen Unternehmenswettbewerb), zur Optimierung der Bürgerbeteiligungsverfahren sowie durch die Erarbeitung von Leitlinien zum bürgerschaftlichen Engagement in Köln erzielt werden, die sowohl gemeinnützige Einrichtungen als auch die Ämter der Stadtverwaltung in ihrer Selbstverpflichtung zur Förderung des bürgerschaftlichen Engagements stärken sollen.

Erfolgsbedingungen von Netzwerken der Engagementförderung

Netzwerke sind dann besonders wirksam, wenn sie die organisations- bzw. institutionsübergreifende Förderung und Entwicklung des bürgerschaftlichen Engagements zum Ziel haben. Konzeption und Praxis von explorativ untersuchten Landesnetzwerken (Centrum für bürgerschaftliches Engagement 2005: 56 ff.) belegen, dass die Arbeit in Netzwerken von den interagierenden Akteuren aus Staat, Kommunen, Wirtschaft und Drittem Sektor neue Sichtweisen und Strategien abverlangt, die mit den herkömmlichen Methoden der Interessenvertretung und des Lobbying nicht vereinbar sind. Netzwerke zur Förderung des bürgerschaftlichen Engagements sind keine Dachverbände zur effektiven Durchsetzung der Interessen ihrer Mitglieder, sondern Plattformen zur diskursiven Aushandlung und Realisierung von engagementförderlichen Projekten – auch und gerade angesichts ihrer heterogenen, sektorübergreifenden Zusammensetzung.

Das Leistungsspektrum von Netzwerken muss für potenzielle Mitglieder attraktiv sein. Der Mehrwert ihrer Angebote sollte klar kommuniziert werden (Magel 2006: 126). Gerade weil Netzwerke nicht als Dach- oder Lobbyorganisationen zur unmittelbaren Interessendurchsetzung ihrer Mitglieder fungieren können, muss mitwirkungsbereiten Interessenten der langfristige Nutzen einer Arbeit in engagementfördernden Plattformen „schmackhaft" gemacht werden. Typische Funktionen und Angebote der Netzwerke für ihre Mitglieder sind hierbei: Information (z. B. virtuelle Infobörsen), Kommunikation (z. B. Fachkongresse und Online-Foren), Beratung (z. B. mit Hilfe von Experten-Pools), Qualifizierung (zielgruppenspezifische Fortbildungen für Bürger/innen, Verwaltung und Politik) und Kooperation (gemeinsame Projektentwicklung).

Unternehmen und deren Verbände brauchen klare Mitwirkungsoptionen für eine effektivere Mitarbeit in Netzwerken. Während staatliche, kommunale sowie gemeinnützige Dritte-Sektor-Organisationen überproportional in den Netzwerken und ihren Gremien vertreten sind, sind Unternehmen und deren Verbände tendenziell unterrepräsentiert (Centrum für bürgerschaftliches Engagement 2005: 57). Obwohl kein Patentrezept hinsichtlich erfolgreicher Mitwirkungsstrategien existiert, um dieses unausgeglichene Kräfteverhältnis der mehrheitlich trisektoralen Netzwerke auszugleichen, sollte dennoch versucht werden, Netzwerkarbeit als ein Instrument für strategisches Corporate Citizenship zu kommunizieren.

Netzwerke brauchen ein effektives und serviceorientiertes Management, um die zumeist ehrenamtliche Mitarbeit ihrer Mitglieder zu unterstützen. Bürgerschaftliches Engagement benötigt erfahrungsgemäß eine Unterstützung durch hauptamtlich besetzte, infrastrukturelle Ressourcen (Universität Duisburg-Essen 2008: 79 f.; Enquête-Kommission 2002: 317), weil es andernfalls durch die diversen Managementanforderungen überfordert werden würde. Dies gilt insbesondere auch für Netzwerke als Bestandteil einer engagementfördernden Infrastruktur, deren Mitglieder Unterstützung durch personelle und finanzielle Ressourcen benötigen, damit die gemeinsam beschlossenen Netzwerkprojekte durch notwendigen, professionellen Service besser koordiniert und umgesetzt werden können.

Die bi- bzw. trisektorale Struktur eines Netzwerks sollte einer multisektoralen Finanzierungsverantwortung entsprechen. Netzwerkstrukturen und -projekte benötigen in der Startphase mittelfristig eine Anschubfinanzierung, die in der Regel durch staatliche Institutionen (Bundes-, Landes- oder kommunale Mittel) bereitgestellt werden müssen. Für eine nachhaltige Konsolidierung der Netzwerkarbeit sollten dann aber komplementäre Finanzierungsarten und -quellen gefunden werden. Daher ist es ratsam, die Netzwerkpartner aus Staat, Wirtschaft und Drittem Sektor von Anfang an zu sensibilisieren für eine gemeinsame Finanzierungsverantwortung zur Stärkung des bürgerschaftlichen Engagements. Die Bereitschaft zur Finanzierung von Netzwerkstrukturen wird hierbei umso höher sein, je erfolgreicher die bis dahin entwickelten Netzwerkprojekte als konkreter Beitrag zur Stärkung des Bürgerengagements in der Öffentlichkeit wahrgenommen werden.

Netzwerk-Arbeit lebt nicht nur von einer zielorientierten, pragmatischen Kooperation, sondern auch von emotionalen Bindekräften der Interaktion. Deshalb kann es sinnvoll sein, gemeinsame Projekte nicht nur für den „Kopf" (wie z. B. Fachkongresse, Moderatoren-Schulungen oder Qualifizierungsmodule), sondern auch für den „Bauch" anzubieten. Ein gutes Beispiel hierfür ist die jährliche Organisation der „Woche des bürgerschaftlichen Engagements" (www.engagement-macht-stark.de) durch das BBE. Im Jahr 2008 zeigten über 1500 Veranstaltungen im gesamten Bundesgebiet die Vielfalt des Engagements in Deutschland.

Evaluation und Perspektiven von Netzwerken der Engagementförderung

Die beachtliche quantitative Ausweitung von Netzwerken zur Förderung des bürgerschaftlichen Engagements insbesondere auf lokaler und regionaler Ebene könnte den Schluss nahe legen, dass über die Funktionsweise und die Erfolgsbedingungen solcher Netzwerke empirisch gesichertes Wissen vorläge. Dies ist allerdings keineswegs der Fall. Die oben lediglich skizzierten Erfolgsfaktoren, vor allem aber die Leistungsstärken und -schwächen sowie Entwicklungsdynamiken solcher Netzwerke sind bislang nicht systematisch erforscht. Zur Frage, ob und inwieweit Netzwerke ein Erfolgsmodell zur Stärkung von Bürgerengagement sind, liegen nur wenige wissenschaftliche Evaluationen vor. Diese Evaluationsstudien beschränken sich zumeist auf einzelne Netzwerke und sind als wissenschaftliche Begleitung angelegt. So evaluierte die Universität Tübingen das Landesnetzwerk Bürgerschaftliches Engagement Baden-Württemberg (Schmid et al. o.J.) und bescheinigte diesem ältesten aller Landesnetzwerke eine hohe Akzeptanz und Wirksamkeit. Zu ähnlich positiven Ergebnissen kommt die Evaluierung des Landesnetzwerks Bürgerschaftliches Engagement Bayern durch die TU München (Magel/Franke 2006). Keine Evaluation, aber zumindest einen Überblick zu den engagementfördernden Netzwerken auf den drei föderalen Ebenen bietet die explorative Studie „Netzwerke der Engagementförderung in Deutschland" (Centrum für bürgerschaftliches Engagement 2005).

Diese Pionierstudien deuten ihrerseits Herausforderungen an, die die strategische Planung der Engagement-Netzwerke tangieren sowie in deren Konsolidierungskurs und Entwicklungsperspektiven beeinflussen. Die Mehrzahl der Netzwerke arbeitet bereits gegenwärtig – „dank" knapper Ressourcen – an den Grenzen ihrer Leistungsfähigkeit (Magel/Franke 2006: 125). Im Hinblick auf die mit dem Wachstum der Netzwerke (neue Mitglieder, Projektentwicklungen und Akteurskonstellationen etc.) künftig eher noch steigenden Anforderungen spielt die Frage nach den Notwendigkeiten und Möglichkeiten einer angemessenen Ressourcenausstattung naturgemäß eine erhebliche Rolle. Die Netzwerke stehen somit vor der großen Herausforderung, einerseits die knappen öffentlichen Mittel von Bund, Ländern und Kommunen als wichtige Grundfinanzierung zu sichern, andererseits ergänzende Finanzierungen von Drittmittelförderern (Stiftungen, Unternehmen) sowie Eigenmittel (Mitgliedsbeiträge) proaktiv zu akquirieren. Da die Bereitschaft von nicht-staatlichen Organisationen zur Finanzierung von Netzwerk-*Projekten* weitaus höher einzustufen ist als die zur Finanzierung von (administrativen oder personellen) Netzwerk-*Strukturen*, sollte die Erwartung an entsprechende Kofinanzierungen realistisch antizipiert werden.

Ohnehin wird die Interaktion von staatlichen Institutionen mit (leitenden/koordinierenden) Akteuren der Engagement-Netzwerke künftig durch ein latentes Spannungsverhältnis zu beschreiben sein. Zur Sicherung der Perspektiven der eigenen Arbeit werden die Protagonisten der Netzwerke neben der Ressourcenfrage weitere strategische resp. neuralgische Punkte z. B. der inhaltlichen Profilbildung und der Netzwerksteuerung zu beantworten haben:

„Entsprechende Netzwerkstrategien fordern dabei zu einem neuen Verständnis von ‚Macht' heraus – es geht im Kontext sozialwissenschaftlicher Steuerungstheorie dabei eher um Positiv-Koordination mit dem Ziel, durch Vernetzung eine Kombination der unterschiedlichen Kräfte aktiv und produktiv werden zu lassen als um absichernde, kontrollierende, regulierende und normierende Negativ-Koordination." (Schmid o. J.: 86)

Der Bedarf an vergleichender und systematischer Forschung und Evaluation zum Typus des engagementfördernden Netzwerks ist hoch und wird zukünftig noch ansteigen (Bertelsmann Stiftung o. J.: 10). Ein Indikator hierfür ist die verstärkte Nachfrage nach Erfahrungsaustausch und Kompetenztransfer zwischen den bestehenden Netzwerken. Ein zweiter Indikator für den wachsenden Forschungsbedarf besteht im steigenden Erwartungsdruck durch Fachöffentlichkeit, Netzwerkmitglieder und nicht zuletzt durch bürgerschaftlich Engagierte selbst an die Leistungsfähigkeit solcher Netzwerke. Eine systematische Evaluation aller beobachtbaren Netzwerke der Engagementförderung kann in diesem Kontext zu mehr empirischem Wissen hinsichtlich der Wirksamkeit und damit zu mehr Planungssicherheit bei den Netzwerkakteuren sowie den Institutionen führen, die dieses strategisch ausgerichtete Förderinstrument mit Ressourcen ausstatten.

Literatur

Aderhold, Jens 2004: Unterscheidung von Netzwerk und Organisation. Netzwerkkonstitution und Potentialität. In: Deutsches Jugendinstitut. Konzepte und Strategien der Netzwerkarbeit. Fachtagung im Rahmen des Bundesmodellprogramms „Entimon – gemeinsam gegen Gewalt und Rechtsextremismus": 20–46.

Bertelsmann Stiftung (Hrsg.), o. J.: Bürgerbeteiligung und Bürgerengagement – Zukunftsaufgabe der Bundesländer. 12 Thesen des CIVITAS-Netzwerkes. Entwicklungsperspektiven und Handlungsansätze zur bürgerorientierten Länderpolitik.

Birkhölzer, Karl 1995: Lokale Ökonomie. In: Flieger, Burghard/Nicolaisen, Bernd/ Schwendter, Rolf (Hrsg.): Gemeinsam mehr erreichen. Kooperation und Vernetzung alternativ-ökonomischer Betriebe und Projekte. AG SPAK/Stiftung MITARBEIT. Bonn: 501–521.

Centrum für bürgerschaftliches Engagement (Hrsg.) 2005: Netzwerke der Engagementförderung in Deutschland. Eine explorative Studie mit dem Schwerpunkt der Förderpraxis in den Bundesländern. Im Auftrag des Ministeriums für Generationen, Familie, Frauen und Integration des Landes NRW. Mülheim.

Enquête-Kommission „Zukunft des Bürgerschaftlichen Engagements" des Deutschen Bundestags (Hrsg.) 2002: Bericht Bürgerschaftliches Engagement: auf dem Weg in eine zukunftsfähige Bürgergesellschaft. Band 4 der Schriftenreihe. Opladen.

Enquête-Kommission „Zukunft des Bürgerschaftlichen Engagements" des Deutschen Bundestags (Hrsg.) 2003: Politik des bürgerschaftlichen Engagements in den Bundesländern. Band 7 der Schriftenreihe. Opladen.

Magel, Holger/Franke, Silke 2006: Landesnetzwerk Bürgerschaftliches Engagement Bayern (LNBE). Evaluierung des LNBE im Auftrag des Bayerischen Staatsministeriums für Arbeit und Sozialordnung, Familie und Frauen. München.

Messner, Dirk 1997: Netzwerktheorien: Die Suche nach Ursachen und Auswegen aus der Krise staatlicher Steuerungsfähigkeit. In: Altvater, Elmar/Brunnengräber, Achim/ Haake, Markus/Walk, Heike: Vernetzt und verstrickt. Münster: 27–64.

Schmid, Josef/Steffen, Christian/Maier, Franziska/Sharma, Manon Rani o. J.: Evaluation des Landesnetzwerks Bürgerschaftliches Engagement Baden-Württemberg im Auftrag des Landessozialministeriums. Tübingen.

Stiftung Bürger für Bürger/Akademie für Ehrenamtlichkeit Deutschland/Thomas Olk (Hrsg.) 2003: Förderung des bürgerschaftlichen Engagements. Berlin.

Straus, Florian 2004: Netzwerktypen und Netzstrategien – Eine Einführung in die Netzwerkperspektive. In: Deutsches Jugendinstitut. Konzepte und Strategien der Netzwerkarbeit. Fachtagung im Rahmen des Bundesmodellprogramms „Entimon – gemeinsam gegen Gewalt und Rechtsextremismus": 10–19.

Universität Duisburg-Essen 2008: Engagementförderung in Nordrhein-Westfalen: Infrastruktur und Perspektiven. Delphi-Studie, gefördert durch das Ministerium für Generationen, Familie, Frauen und Integration des Landes NRW. Essen.

Zentrum für zivilgesellschaftliche Entwicklung an der Evangelischen Fachhochschule Freiburg o. J.: 2. Wissenschaftlicher Landesbericht zu bürgerschaftlichem Engagement und Ehrenamt in Baden-Württemberg in den Jahren 2004/2005/2006.

4.2 Infrastruktureinrichtungen der Engagementförderung

Wolfgang Thiel

Selbsthilfe und Selbsthilfekontaktstellen

Selbsthilfegruppen reagieren auf Lücken und Defizite in der Versorgung und der Gesellschaft. Sie sind getragen von einem erhöhten Gesundheits- und Sozialbewusstsein, von Wünschen nach Ganzheitlichkeit, Überschaubarkeit, sozialer Integration und Auflösung von Stigmatisierungen. Sie stellen eine Gegenbewegung auf negative Professionalisierungseffekte (Überspezialisierung, Technisierung), auf bürokratische Strukturen (Anonymität, Versachlichung, Segmentierung von Zuständigkeiten), auf die Ökonomisierung der Hilfe (Kosten-Nutzen-Kalküle) wie auch auf die Erosion traditioneller Hilfe und Hilfsgemeinschaften im sozialen Nahraum dar.

Hauptmerkmale bei Selbsthilfegruppen und -organisationen sind unmittelbare Betroffenheit und themenspezifischer Arbeitshorizont. Für Selbsthilfekontaktstellen ist ein themen- und ressortübergreifender Unterstützungsansatz durch nicht selbst betroffene, professionelle Fachkräfte charakteristisch. Örtliche Gruppenbildungen, professionelle Vernetzungs- und Unterstützungsstrukturen und verbandlich organisierte Selbsthilfe stellen keine Gegensätze dar. Sie ergänzen sich und vermitteln verschiedene Handlungsformen der gemeinschaftlichen Selbsthilfe miteinander.

Spektrum und Verbreitung der gemeinschaftlichen Selbsthilfe

Die Selbsthilfelandschaft in Deutschland ist sehr differenziert und vielfältig (vgl. Schaubild in NAKOS 2006: 25; Geene et al. 2009: 14). Vertikale (Organisationen und Verbände) und horizontale Organisationsformen (örtliche Selbsthilfegruppen, Selbsthilfekontaktstellen und Netzwerke) bestehen nebeneinander und miteinander. Wie der Übergang zwischen gesundheitlicher, psychosozialer und sozialer Selbsthilfe ist auch der Übergang von Selbsthilfegruppen zur Selbsthilfeorganisation fließend. Ausgehend von einer spezifischen Problemstellung werden unterschiedlichste Aspekte bearbeitet und umfassende Wirkungen entfaltet – nicht nur in der gesundheitlichen und sozialen Versorgung, sondern auch in Familie, Partnerschaft und Freizeit, in der Arbeitswelt, im Stadtteil, in Schule und Ausbildung oder im Hinblick auf Mobilität.

Zwischen Selbsthilfegruppen und -organisationen gibt es in der Praxis zahlreiche Mischformen und Übergänge, die mit Zahl der mitwirkenden Betroffenen, dem Schwerpunkt der Arbeitsrichtung (Binnen- vs. Außenorientierung), mit der Dauerhaftigkeit der Problemstellung und den Tätigkeitsfeldern zusammenhängen. Je nach Zielen und Entwicklungsstand können folgende Tätigkeitsfelder im Vordergrund stehen:

- Austausch und gegenseitige Hilfe innerhalb der Gruppe
- Öffentlichkeitsarbeit/Interessenvertretung
- Information/Hilfe für außenstehende Gleichbetroffene
- Gruppengemeinschaft/Geselligkeit
- Wissenserwerb/gemeinsames Lernen
- Erfahrungsaustausch/Kooperation (Trojan et al. 1988: 43–54).

Im gemeinschaftlichen Selbsthilfeengagement realisiert sich ein anspruchsvolles Verständnis von bürgerschaftlichem Engagement, nämlich beides zugleich zu sein: sowohl soziales Engagement im Sinne von Mit-Tun und Ko-Produzieren sozialer Leistungen als auch politisches Engagement im Sinne von Zivilcourage und Beteiligung an Entscheidungsprozessen (Olk 2009). Beratungs- und Informationsleistungen gelten meist auch Nicht-Mitgliedern bzw. außenstehenden Dritten (bei Bundesvereinigungen der Selbsthilfe: 72%; NAKOS 2008: 21).

Nach Schätzungen bestehen in Deutschland etwa 100.000 Selbsthilfegruppen mit ca. 3,5 Millionen Engagierten. Die Anzahl der Gruppen hat sich innerhalb der letzten drei Jahrzehnte verdoppelt. In diesem Zeitraum ist auch der bevölkerungsbezogene Anteil (der 18- bis 80-Jährigen) Gruppenmitglieder von ca. 1% auf über 4% gestiegen. Über Teilnahmeerfahrungen im Laufe ihrer Lebensgeschichte verfügten im Jahr 2003 fast 9% der über 18-Jährigen; von denjenigen mit einem erhöhten Bedarf an Selbsthilfeaktivitäten (z.B. Behinderte und chronisch Kranke) waren dies sogar 13% (Gaber, Hundertmark-Mayser 2005).

Von der Nationale Kontakt- und Informationsstelle zur Anregung und Unterstützung von Selbsthilfegruppen (NAKOS) wurden bislang mehr als 1.000 abgrenzbare Einzelthemen identifiziert, die der Selbsthilfearbeit zugrunde liegen. Das Spektrum der Problemstellungen reicht dabei von A bis Z – von Adoption und Alkoholsucht bis Zahnmetallschädigung und Zwillingselternschaft. In der NAKOS-Selbsthilfedatenbank werden ca. 350 bundesweite Vereinigungen geführt, die etwa 800 Problemstellungen bearbeiten (Stand: Februar 2009).

Bei über zwei Drittel der Vereinigungen sind gesundheitsbezogene, bei einem knappen Drittel soziale und psychosoziale Problemstellungen Ausgangspunkt für das gemeinschaftliche Selbsthilfeengagement (NAKOS 2008: 20).

Fachpolitische Diskussion und Entwicklung

In der fachlichen und wissenschaftlichen Diskussion „der Selbsthilfe" wurden insbesondere folgende Aspekte betont: die Gruppenorientierung (Moeller 1978/1996; Richter 1972/1995); die Selbstorganisation und Selbststeuerung selbstaktiver Felder (Pankoke 1998); das Hervortreten postmaterieller Werte (Inglehart 1998) bzw. veränderte Relationen von Pflichttugenden und Selbstentfaltungswerten (Klages 2002); Selbstermächtigung/Empowerment (z. B. Stark 1996; Keupp 1997; Herriger 2006); Alltags- und Lebensweltorientierung (Thiersch 2005); die Entwicklung neuer Sozialformen bzw. einer erneuerten Subsidiarität (Thiel 1996); Gesundheitsförderung (z. B. Trojan/Hildebrandt 1990; Geene 2008); Bürgerorientierung im Gesundheitswesen (Badura et al. 1999); Eigeninitiative und Beteiligung im Sozialraum (Hinte/Lüttringhausen 2001); Selbsthilfe als Strukturform gemeinwohlorientierten Handelns (zuletzt Olk 2009) sowie als Modernisierungsherausforderung der gesundheitlichen Versorgung und der sozialen Arbeit insgesamt (z. B. Huber 1995; Trojan 1999; Wohlfahrt et al. 1995; Sting/Zuhorst 2000).

Für die etablierten Wohlfahrtsverbände stellte die Selbsthilfebewegung in den 1980-er Jahren eine erhebliche Herausforderung dar (Boll/Olk 1987), die der Paritätische Wohlfahrtsverband stärker als andere angenommen hat. Er bot sich für viele Gruppen und Vereine wegen seiner weltanschaulichen und konfessionellen Neutralität als Sammelbecken an und profilierte sich als relevanter Träger von Selbsthilfekontaktstellen.

Besonders im Gesundheitssektor wirkte die „Selbsthilfe" als Katalysator für Qualitätsentwicklung und Kooperation der am Versorgungsprozess Beteiligten und für mehr Betroffenennähe. Der gesundheitsbezogenen gemeinschaftlichen Selbsthilfe ist es inzwischen gelungen, als Partner im Versorgungsgeschehen anerkannt und – auch institutionell – beteiligt zu werden (Rosenbrock 2001). Dieser Erfolg ist sowohl auf verbandliche Organisierung und Unterstützung durch Selbsthilfekontaktstellen als auch auf die sich verstetigende finanzielle Förderung in diesem Sektor zurückzuführen. Einen Gesamtüberblick über die gesundheitsbezogene Selbsthilfe bieten das im Rahmen der Gesundheitsberichterstattung des Bundes herausgegebene Themenheft „Selbsthilfe im Gesundheitsbereich" (Robert-Koch-Institut 2004) sowie Borgetto (2002) in einem Forschungsbericht.

Gesellschaftlich von großer Bedeutung ist, dass die Enquête-Kommission „Zukunft des Bürgerschaftlichen Engagements" des Deutschen Bundestags (Deutscher Bundestag 2002) die gemeinschaftliche Selbsthilfe auf der Basis persönlicher Betroffenheit als eine der wesentlichen Engagementformen anerkannt und dargestellt zu hat (Deutscher Bundestag 2002: 515, 517; vgl. auch Olk 2009). In den Handlungsempfehlungen wird im Rahmen einer institutionellen Verstetigung der Engagementförderung der Auf- und Ausbau einer nachhaltigen Beratungs- und Infrastruktur, explizit auch von Selbsthilfekontaktstellen, Freiwilligenagenturen/-Zentren und Seniorenbüros gefordert (Deutscher Bundestag 2002: 314f.). Mit der durch die Enquête vorangebrachten Engagement-Förderdebatte gerieten Profilierungserfordernisse dieser Einrichtungen, Kooperationsfelder sowie Aspekte einer integrierten Engagementförderung verstärkt in den Blick (NAKOS 2002; Braun et al. 2002; Jakob 2008; Geene et al. 2009; Hill 2009).

Im 2002 gegründeten Bundesnetzwerk Bürgerschaftliches Engagement (BBE) stellen die Verbände der engagementfördernden Infrastruktur- und Beratungseinrichtungen gemeinsam einen Vertreter im Koordinierungsausschuss.

Entwicklung und Verbreitung von Selbsthilfekontaktstellen

Selbsthilfekontaktstellen sind eigenständige professionelle Beratungseinrichtungen mit hauptamtlichem Personal zur Anregung, Unterstützung, Beratung und Vernetzung von Selbsthilfeaktivitäten auf lokaler/regionaler Ebene. Das Konzept und der institutionelle Ansatz einer infrastrukturellen Unterstützung und Beratung von Selbsthilfegruppen durch fach-, themen- und trägerübergreifende Selbsthilfekontaktstellen wurde von der Deutschen Arbeitsgemeinschaft Selbsthilfegruppen e.V. (DAG SHG) hervor- und in die Sozial- und Gesundheitspolitik eingebracht – mit einer in Europa und weltweit inzwischen einzigartigen Verbreitung.

Wesentlich befördert wurde dieser Ansatz durch zwei Bundesmodellprogramme: das Programm „Informations- und Unterstützungsstellen für Selbsthilfegruppen" von 1987–1991 für die alten und das Programm „Förderung der sozialen Selbsthilfe" in den neuen Bundesländern von 1992–1996 (BMFuS 1992; BMFSFJ 1997). Die Modellprogramme haben gezeigt, dass in Orten mit Selbsthilfekontaktstelle eine überdurchschnittliche Zunahme und eine größere Stabilität der Arbeit von Selbsthilfegruppen zu verzeichnen ist.

Im Hinblick auf Institutionalisierungserfordernisse und -prozesse wurde schon frühzeitig dafür plädiert, dass die professionelle Selbsthilfeunterstützung keine abgesonderte, ressortierte Spezialaufgabe, sondern sich als soziales Strukturprinzip in Gesellschaft und Versorgung entfalten solle (Olk 1988). Dem entsprechen in der Tat bis heute zwei verschiedene Unterstützungsformen:

- die Unterstützung durch Selbsthilfekontaktstellen als eigenständige Einrichtung mit Selbsthilfeunterstützung als Hauptaufgabe,
- die Selbsthilfeunterstützung als begrenzte institutionelle Nebenaufgabe (z.B. bei Krankenkassen, Wohlfahrtsverbänden, Volkshochschulen, Universitäten oder kommunalen Behörden und Ämtern) mit Integration der Angebote in andere Arbeitsbereiche.

Die ersten Selbsthilfekontaktstellen entstanden in den 1970er Jahren als sog. Regionale Arbeitsgemeinschaften Selbsthilfegruppen. Als erste Einrichtung erhielt die Kontakt- und Informationsstelle für Selbsthilfegruppen

(KISS) in Hamburg öffentliche Fördermittel, 1983 folgten die Selbsthilfe Kontakt- und Informationsstelle (SEKIS) und weitere bezirkliche Selbsthilfekontaktstellen in Berlin (Stand 2008: 16).

Ab Mitte der 1980er Jahre stieg die Zahl der Selbsthilfekontaktstellen sprunghaft an. Im Jahr 1984 (dem Gründungsjahr der Nationale Kontakt- und Informationsstelle zur Anregung und Unterstützung von Selbsthilfegruppen – NAKOS) bestanden 39 Einrichtungen, 121 waren es in 1989 und 214 in 1994; seit 1996 hat sich die Zahl zwischen 260 und 280 eingependelt. Im Jahr 2008 wurden von der NAKOS 271 Selbsthilfekontaktstellen (davon 59 Nebenaufgabestellen) ermittelt, mit 40.000 örtlichen Selbsthilfegruppen im Umfeld. Das Angebot erstreckt sich in den neuen Bundesländern auf durchschnittlich 76 und in den alten Bundesländern auf durchschnittlich 178 Selbsthilfegruppen (Thiel 2008: 13, 17).

Eine Analyse der NAKOS zum Trägerspektrum von Selbsthilfekontaktstellen im Jahr 2007 ergab, dass freie Träger mit ca. 60 % am stärksten vertreten sind (kleine örtliche Vereine 26,2 %, Wohlfahrtsverbände 34,1 %); gut ein Viertel der Einrichtungen (25,9 %) hat öffentliche kommunale Träger (NAKOS 2008: 11).

Zur Zusammenarbeit und Interessenvertretung gibt es in allen Bundesländern Landesarbeitsgemeinschaften. In Berlin, Bayern, Niedersachsen und Nordrhein-Westfalen sorgen vier Koordinierungseinrichtungen und auf Bundesebene die NAKOS für Fachaustausch und Vernetzung und (z. B. über einen jährlichen „Länderrat").

Arbeitsweise und Angebote von Selbsthilfekontaktstellen

Seit den 1980-er Jahren bildete sich in der professionellen Selbsthilfeunterstützung eine neue Fachlichkeit heraus. Jenseits „klassischer" Hilfe wird auf Emanzipation und Selbstbestimmung, auf Selbstwirksamkeit und Betroffenenkompetenz, auf Empowerment, auf Solidarität und partnerschaftliche Kooperation gesetzt (Balke/Thiel 1991; NAKOS 2006). Die Aufgabenvielfalt wurde als „Zehnkampf" beschrieben, mit dem Spezifikum, nicht Spezialist in einer Disziplin, sondern Generalist zur sein (Matzat 1991). Da eine Integration der Selbsthilfeunterstützung in die Ausbildungsgänge der Sozial- und Gesundheitsberufe bis heute kaum über Ansätze hinausgekommen ist, werden Kompetenz- und Qualitätsentwicklung in der professionellen Selbsthilfeunterstützung nach wie vor wesentlich über berufsbegleitende Weiterbildung erreicht (Thiel 2000).

Selbsthilfekontaktstellen arbeiten niedrigschwellig, kooperations- und netzwerkorientiert. Bereit gestellt werden Informationen, Infrastruktur (Gruppenräume, Arbeitsmittel), Unterstützungs- und Beratungsangebote (zu Kernaufgaben vgl. DAG SHG 2001; Thiel 2004; NAKOS 2006). Die Angebote sind themen-, ressort- und trägerübergreifend, d. h. sie sind weder an einzelnen Selbsthilfethemen noch an speziellen Organisationen/Organisationsformen oder an institutionellen Zuständigkeiten ausgerichtet. Besondere Zugangsvoraussetzungen für die Nutzer/innen (z. B. Mitgliedschaft) bestehen nicht. Selbsthilfekontaktstellen stärken Selbstorganisation und Selbstverantwortung, Freiwilligkeit und Gegenseitigkeit sowie die gemeinschaftliche Problemlösungsfähigkeit und Interessenvertretung der Selbsthilfegruppenmitglieder. Sie sind Orte der Begegnung, der Beteiligung in eigener und gemeinsamer Sache und der Herausbildung von bürgerschaftlichem Engagement. Im System der gesundheitlichen und sozialen Versorgung nehmen sie eine Wegweiserfunktion wahr und bieten eine Drehscheibe für die Zusammenarbeit von Selbsthilfegruppen untereinander und mit anderen Organisationen, Verbänden und Einrichtungen auf örtlicher Ebene. Selbsthilfekontaktstellen tragen durch Veranstaltungen und eigene Medien (z. B. Gesamttreffen, Diskussionsforen, Selbsthilfe-Tage, Selbsthilfeverzeichnisse, Selbsthilfezeitung) zu einer größeren Bekanntheit und Akzeptanz in Öffentlichkeit und Fachwelt und zur Entwicklung eines selbsthilfefreundlichen Klimas im Gemeinwesen bei. Im politischen Geschehen setzen sich Selbsthilfekontaktstellen für Verbesserungen der Rahmen- und Arbeitsbedingungen und für die finanzielle Förderung von Selbsthilfegruppen ein.

Besondere konzeptionelle Herausforderungen bestehen für Selbsthilfekontaktstellen in der übergreifenden Zusammenführung der Aspekte „Gesundheitsförderung und Patientenorientierung", „Familie und Gemeinwesen" und „bürgerschaftliches Engagement und Beteiligung". Besondere praktische Herausforderungen bestehen in der Verbesserung von Zugängen für Menschen mit sozialer Benachteiligung.

Formen, gesetzliche Grundlagen und Volumen der Selbsthilfeförderung

Zu den entwickelten Formen der Förderung der gemeinschaftlichen Selbsthilfe gehören:

- die Förderung durch Infrastruktur und Beratung (Selbsthilfekontaktstellen)
- die direkte Einzelgruppen-Förderung mit Bereitstellung von Finanzmitteln durch Kommunen (Selbsthilfefonds), Sozialversicherungsträger, Stiftungen oder Sponsoren
- die politische Förderung durch Selbsthilfe-, Fach- und Förderbeiräte und andere Formen der Beteiligung
- die ideelle Förderung, die auf Anerkennung und die Schaffung eines selbsthilfefreundlichen Klimas zielt
- verbesserte rechtliche Rahmenbedingungen (Körperschafts-, Steuer-, Haftungsrecht und Unfallversicherungsschutz) bei vereinsmäßigem und nicht vereinsmäßigem Selbsthilfegruppenengagement.

Die Selbsthilfeförderung in Deutschland ist wenig normiert, sehr uneinheitlich und vielerorts unzureichend. Sie erfuhr – wie auch die Gestaltung von Beteiligungsrechten – erst in jüngerer Zeit eine Bedeutung in den Büchern des Sozialgesetzbuches, und zwar wesentlich im Feld der gesundheitsbezogenen Selbsthilfe (Helms 2007).

Für die *öffentliche Hand* (Bund, Bundesländer, Kommunen) gibt es keine verbindliche Grundlage; die Selbsthilfeförderung ist eine freiwillige, von der Haushaltslage abhängige Leistung. Auf der Ebene des Bundes werden v.a. vom BMG und BMFSFJ Modellvorhaben, einige bundesweite Selbsthilfeorganisationen sowie die NAKOS gefördert. Einige Länder fördern schwerpunktmäßig Selbsthilfegruppen, andere Infrastruktur und Beratung, d.h. Selbsthilfekontaktstellen. Auf kommunaler Ebene werden sehr unterschiedlich örtliche Selbsthilfegruppen und Selbsthilfekontaktstellen gefördert.

Nach einer NAKOS-Studie von 2007 stellten die Bundesländer knapp 11,5 Mio. Euro zur Förderung der Selbsthilfe zur Verfügung. Örtlichen Selbsthilfegruppen kamen dabei (in 15 von 16 Ländern) 4,6 Mio. Euro, landesweit tätigen Selbsthilfeorganisationen 2,8 Mio. Euro (in 13 von 16 Ländern) und örtlichen Selbsthilfekontaktstellen 3,9 Mio. Euro (in 14 von 16 Ländern) zugute. Das Volumen der Selbsthilfeförderung durch die Bundesländer ist rückläufig. Im Vergleich zu 2005 sank es im Bundesdurchschnitt um 6%, verglichen mit der Hochphase der Landeszuwendungen in 1995 sogar um mehr als 30% (NAKOS 2008: 30–33).

Die *Träger der gesetzlichen Rentenversicherungen* fördern die Selbsthilfe auf der Grundlage des § 31 Abs. 1 Nr. 5 SGB VI durch Zuwendungen für Einrichtungen, die auf dem Gebiet der Rehabilitation forschen oder die Rehabilitation fördern. Es handelt sich ebenfalls um eine freiwillige Kann-Leistung, die auch nicht ausschließlich auf die Selbsthilfe ausgerichtet ist. Das Volumen der Selbsthilfeförderung durch die Rentenversicherung Bund betrug im Jahr 2007 3,2 Mio. Euro (NAKOS 2008: 36).

In der *sozialen Pflegeversicherung* (SGB XI) ist den Ländern, Kommunen, Pflegeeinrichtungen und Pflegekassen auferlegt, mit Selbsthilfegruppen zusammenzuarbeiten, sie zu unterstützen und zu fördern. Durch das Gesetz zur strukturellen Weiterentwicklung der Pflegeversicherung, das am 1.7.2008 in Kraft trat, wurde mit dem § 45d eine Möglichkeit eingefügt, ehrenamtliche Strukturen sowie die Selbsthilfe zur fördern. Neue Möglichkeiten und Herausforderungen für Selbsthilfekontaktstellen können sich auch aus den Regelungen zu den geplanten Pflegestützpunkten (§ 92c) ergeben, wenn sie daran mitwirken, dass Selbsthilfegruppen, z.B. von pflegenden Angehörigen, in die Tätigkeit eines Pflegestützpunktes einbezogen werden.

Für die *gesetzlichen Krankenkassen* schließlich besteht als einzige Sozialversicherung eine Förderverpflichtung. Mit dem Beitragsentlastungsgesetz

(§ 20 Abs. 3 SGB V) wurde die Selbsthilfeförderung 1996 eingeführt, mit dem § 20, 4 SGB V ab dem Jahr 2000 als Soll-Bestimmung gefasst: zu fördern sind Selbsthilfegruppen, -organisationen und -kontaktstellen, die sich die Prävention oder die Rehabilitation von Versicherten bei bestimmten Erkrankungen zum Ziel gesetzt haben. Als Fördervolumen wurde ein Betrag von 0,51 Euro pro Versicherten und Jahr angesetzt, der jährlich zu dynamisieren ist. In den 7 Jahren zwischen 2000 und 2006 wurden von den Krankenkassen 125,6 Mio. Euro verausgabt, aber knapp 110 Mio. Euro nicht verausgabt, obwohl dies möglich gewesen wäre (Priester 2007). Damit das vorgesehene Fördervolumen nicht mehr unterschritten wird, ist seit dem 1.1.2008 die Förderung der gesundheitsbezogenen Selbsthilfe mit Paragraph 20c SGB V verpflichtend geregelt. Mindestens die Hälfte der Mittel ist für eine kassenartenübergreifende Pauschalförderung zur Verfügung zu stellen. Die restlichen Mittel können von den Krankenkassen individuell verausgabt werden. Nicht verausgabte kassenindividuelle Mittel fließen im Folgejahr in einen Überlauftopf und der übergreifenden Gemeinschaftsförderung zu. Bei 0,56 Euro pro Versichertem betrug das auszuschöpfende Fördervolumen im Jahr 2008 39,4 Mio. Euro (Hundertmark-Mayser 2008). Im Jahr 2007 lag das Gesamtfördervolumen bei 28,8 Mio. Euro (für Selbsthilfekontaktstellen 5,7 Mio. Euro, für Selbsthilfeorganisationen 6,4 Mio. Euro, für Selbsthilfegruppen liegen keine Angaben vor).

Tab. 1: Förderspektrum von Bundesvereinigungen der Selbsthilfe in 2006

Durchschnittlicher Anteil am Finanzvolumen der Selbsthilfevereinigungen	Finanz- und Fördermittelgeber
47 %	Eigenmittel
22,1 %	von der GKV
14,5 %	von Spendern/Bußgelder
5,2 %	Öffentliche Hand
4,8 %	von Sponsoren
1,5 %	von Stiftungen
0,3 %	von Rentenversicherungsträgern
0,2 %	von der Bundesagentur für Arbeit
4,6 %	von anderen

Angaben von 208 Vereinigungen (NAKOS 2008: 29)

Tab. 2: Förderspektrum von Selbsthilfekontaktstellen und -unterstützungseinrichtungen in 2007

Von den Selbsthilfe-kontaktstellen erhielten	Finanz- und Fördermittel von	Durchschnittlicher Anteil am gesamten Finanzvolumen
78,8 %	der GKV	40,6 %
61,2 %	den Kommunen	33,5 %
45,4 %	dem Land	14,6 %
38,1 %	Eigenmittel	8,4 %
13,9 %	Spendern	0,7 %
7,0 %	Sponsoren	1,1 %
4,4 %	der Bundesagentur für Arbeit	0,9 %
4,4 %	Rentenversicherungsträgern	0,3 %
2,6 %	Stiftungen	0,2 %
11,7 %	anderen	0,1 %

Angaben von 191 Einrichtungen (NAKOS 2008: 27)

Institutionelle Beteiligungen der gemeinschaftlichen Selbsthilfe im Gesundheitssektor

Vertreter der Selbsthilfe im Arbeitskreis Selbsthilfeförderung der gesetzlichen Krankenkassen

Die Bundesarbeitsgemeinschaft Selbsthilfe von Menschen mit Behinderung und chronischer Erkrankung und ihren Angehörigen e.V. (BAG Selbsthilfe), die Deutsche Arbeitsgemeinschaft Selbsthilfegruppen e.V. (DAG SHG), die Deutsche Hauptstelle für Suchtfragen e.V. (DHS) und der Paritätische Gesamtverband e.V. sind als Spitzenorganisationen der gesundheitsbezogenen Selbsthilfe auf Bundesebene an der Ausgestaltung der Fördergrundsätze beteiligt und arbeiten seit dem Jahr 2000 als „Vertreter der Selbsthilfe" auf Bundesebene gemeinsam mit den Spitzenverbänden der GKV an der Umsetzung der Selbsthilfeförderung, aktuell nach § 20 c SGB V, mit. Sie haben ein Mitberatungsrecht bei der Verteilung der Fördergelder aus der Gemeinschaftsförderung. Auf örtlicher und Landesebene gibt es ebenfalls Arbeitskreise und „Runde Tische".

In der BAG Selbsthilfe (1967 als Bundesarbeitsgemeinschaft Hilfe für Behinderte entstanden) sind 104 Organisationen, 15 Landesarbeitsgemeinschaften, -arbeitskreise bzw. -vereinigungen zusammengeschlossen (Stand: Dez. 2008).

Die DAG SHG (Vereinsgründung im Jahr 1982) ist ein Fachverband zur themenübergreifenden Unterstützung von Selbsthilfegruppen und vertritt die Interessen der örtlichen Selbsthilfekontaktstellen.

In der DHS (1947 als Plattform unter dem Namen Deutsche Hauptstelle gegen die Suchtgefahren gegründet) sind neben Versorgungsträgern, Fach- und Wohlfahrtsverbänden 6 Abstinenz- und Selbsthilfeverbände vertreten (Stand: Feb. 2009).

Im Paritätischen Gesamtverband besteht mit dem „Forum chronisch kranker und behinderter Menschen" seit 1986 ein übergreifender organisatorischer Zusammenschluss von gegenwärtig 39 Mitgliedsverbänden (Stand: Feb. 2009).

Patientenbeteiligung

Mit dem zum 1.1.2004 in Kraft getretenen Gesundheitsmodernisierungsgesetz (GMG) ist die Mitwirkung der Patienten an den Entscheidungen im Gesundheitssystem formal eingeführt worden. Hierzu wurde ein Mitberatungs- und Anhörungsrecht von Patientenorganisationen an den Entscheidungen des „Gemeinsamen Bundesausschusses" (GBA) gesetzlich verankert.

Durch Rechtsverordnung (PatientenbeteiligungsVO) ist der Deutsche Behindertenrat (DBR) namentlich benannt und berechtigt, Vertreter in den „Gemeinsamen Bundesausschuss" zu entsenden. Die Benennung der Vertreter muss gemeinsam und einvernehmlich mit den anderen in der Rechtsverordnung genannten Organisationen erfolgen: dem Bundesverband der Verbraucherzentralen (VzBV), der DAG SHG und der Bundesarbeitsgemeinschaft der PatientInnenstellen (BAG P).

Der DBR (Gründung 1999) versteht sich als Plattform gemeinsamen Handelns und des Erfahrungsaustauschs zur Gleichstellung, Selbstbestimmung, Selbstvertretung und Teilhabe behinderter und chronisch kranker Menschen und ihrer Angehörigen. Er ist kein Dachverband und besitzt damit kein generelles Vertretungsmandat der Mitgliedsorganisationen.

Gesamtwirtschaftlicher Nutzen der Selbsthilfe(förderung)

Wenn auch als „soziales Kapital" bezeichnet, so ist die Bezifferung „menschlicher" Qualitäten – also von Verständnis und Beistand, von Gruppengemeinschaft und gegenseitiger Hilfe, von freiwilliger, selbstbestimmter Initiative, von wirkungsvoller Teilhabe und solidarischem Einsatz für soziale und gesellschaftliche Veränderungen – grundsätzlich problematisch. Gleichwohl können Erkenntnisse über eine Wertschöpfungen, bspw. der vorgenommenen Förderung, Geldgeber überzeugen.

Ein möglicher, ebenfalls schwer bezifferbarer Beurteilungsansatz der ökonomische Wirkung von Selbsthilfegruppen ist ein negativer, besser: ein präventiver, dass diese nämlich nicht so sehr darin liegt, „Leistungen zu erbringen" oder „Gelder einzusparen", als vielmehr von sonst drohenden Kosten zu entlasten.

Über Untersuchungen zum gesamtwirtschaftlichen Nutzen der Arbeit von Selbsthilfegruppen liegt eine synoptische Darstellung von Engelhardt, Trojan und Nickel vor (2009). Auch sie benennen als zentrales Problem für die Erfassung des monetären Werts der Leistungen von Selbsthilfegruppen, „dass sie nicht marktgängig und damit nur vage bis willkürlich zu bewerten sind" (S. 64). Sie ziehen aus vorliegenden Studien zwar das Fazit, dass der Nutzen der Selbsthilfeförderung die Kosten bei weitem übersteigt, sehen aber weiteren Forschungsbedarf.

Aussagen zum Wert des bürgerschaftlichen Engagements in Bayern hat im Jahr 2008 ein Gutachten der Katholischen Stiftungsfachhochschule München getroffen. In dem Gutachten wird der Bedeutung von Selbsthilfegruppen und der Wirkung von Selbsthilfekontaktstellen Rechnung getragen. Dabei zeigte sich, dass die Netzwerkarbeit durch eine Selbsthilfekontaktstelle der Kosten-Nutzen-Faktor enorm steigert. Bei einem Ansatz von 8 Euro pro geleistete Stunde von Engagierten ergab sich in Cham (ohne Selbsthilfekontaktstelle) eine Wertschöpfung im Selbsthilfebereich von 1 zu 2,75 Euro, in Würzburg (mit gut ausgestattetem Selbsthilfebüro) dagegen ein erheblich höherer Faktor von 1 zu 30 Euro. Jeder eingesetze Euro erbrachte also einen Nutzen von 30 Euro. In der Studie wird als Handlungsperspektive formuliert, dass „gezielte kommunale (Anschub-)Investitionen den Nutzwert zu steigern vermögen" und durch „Auf- und Ausbau einer sachlich, finanziell und personell ausgestatten Infrastruktur" die Motivation zu bürgerschaftlichem Engagement erhöht werden kann (Engelhardt 2009: 10).

Von Selbsthilfe-Fördermaßnahmen profitieren sowohl die aktiven und angesprochenen Bürger/innen als auch die Finanzgeber in Versorgung und Gemeinwesen selbst – bei der Daseinsvorsorge, als Gewährleister und Kostenträger. Dies bekräftigt das Postulat der Selbsthilfeförderung als eine Gemeinschaftsaufgabe unterschiedlicher gesellschaftlicher Akteure und Kostenträger, das bereits im Rahmen der Bundesmodellprogramme formuliert wurde (BMFSFJ 1997: 264f.). Konzertiert können öffentliche Hand (Bund, Länder und Kommunen), Sozialversicherungsträger (GKV, Renten-, Unfall- und Pflegeversicherung) im Verbund mit Stiftungen, privaten Geldgebern und Sponsoren eine bedarfsgerechte und nachhaltige Förderung realisieren.

Literatur

Badura, Bernhard/Hart, Dieter/Schellschmidt, Henner 1999: Bürgerorientierung im Gesundheitswesen. Selbstbestimmung, Schutz, Beteiligung. Baden-Baden.

Balke, Klaus/Thiel, Wolfgang (Hrsg.) 1991: Jenseits des Helfens. Professionelle unterstützen Selbsthilfegruppen. Freiburg i. Br.

Boll, Fritz/Olk, Thomas (Hrsg.) 1987: Selbsthilfe und Wohlfahrtsverbände. Freiburg i. Br.

Borgetto, Bernhard/Dick, Gabriele [Mitarb.] 2002: Gesundheitsbezogene Selbsthilfe in Deutschland. Stand der Forschung. Schriftenreihe des Bundesministeriums für Gesundheit Bd. 147. Baden-Baden.

Braun, Joachim/Bischoff, Stefan/Gensicke, Thomas 2002: Förderung des freiwilligen Engagements und der Selbsthilfe in Kommunen. Kommunale Umfrage und Befragung von Selbsthilfekontaktstellen, Freiwilligenagenturen und Seniorenbüros zu Förderpraxis und zur künftigen Unterstützung des freiwilligen Engagements. ISAB: Berichte aus Forschung und Praxis Nr. 72. Leipzig; Köln.

Bundesministerium für Familie und Senioren (Hrsg.) Braun, Joachim/Opielka, Michael 1992: Selbsthilfeförderung durch Selbsthilfekontaktstellen. Abschlussbericht der Begleitforschung zum Modellprogramm „Informations- und Unterstützungsstellen für Selbsthilfegruppen. Schriftenreihe des BMFuS Bd. 14. Stuttgart; Berlin; Köln.

Bundesministerium für Familie, Senioren, Frauen und Jugend (Hrsg.) Braun, Joachim/ Kettler, Ulrich/Becker, Ingo 1997: Selbsthilfe und Selbsthilfeunterstützung in Deutschland. Aufgaben und Leistungen der Selbsthilfekontaktstellen in den alten und neuen Bundesländern. Abschlussbericht der wissenschaftlichen Begleitung des Modellprogramms „Förderung der sozialen Selbsthilfe in den neuen Bundesländern". Schriftenreihe des BMFSFJ Bd. 136. Stuttgart; Berlin; Köln.

DAG SHG (Hrsg.) 2001: Selbsthilfekontaktstellen. Empfehlungen der Deutschen Arbeitsgemeinschaft Selbsthilfegruppen e.V. zu Ausstattung, Aufgabenbereichen und Arbeitsinstrumenten. Gießen.

Deutscher Bundestag 14. Wahlperiode/Enquête-Kommission „Zukunft des Bürgerschaftlichen Engagements" 2002: Bürgerschaftliches Engagements: auf dem Weg in eine zukunftsfähige Bürgergesellschaft. Bericht. Schriftenreihe Bd. 4. Opladen.

Engelhardt, Hans-Dietrich/Trojan, Alf/Nickel, Stefan 2009: Leistungen von Selbsthilfegruppen und deren ökonomische Bewertung. In: Bundesgesundheitsblatt – Gesundheitsforschung – Gesundheitsschutz, Volume 52, Nr. 1 Berlin; Heidelberg: 64–70.

Gaber, Elisabeth/Hundertmark-Mayser, Jutta 2005: Gesundheitsbezogene Selbsthilfegruppen: Beteiligung und Informiertheit in Deutschland. Ergebnisse des Telefonischen Gesundheitssurveys 2003. In: Das Gesundheitswesen Jg. 67, 2005, Nr. 8/9, Sonderdruck. Stuttgart: 620–629.

Geene, Raimund 2008: Gesundheitsförderung als Handlungsfeld und als Identität der Selbsthilfe. In: DAG SHG e.V. (Hrsg.): Selbsthilfegruppenjahrbuch 2008. Gießen: 110–117.

Geene, Raimund/Huber, Ellis/Hundertmark-Mayser, Jutta/Möller-Bock, Bettina/Thiel, Wolfgang 2009: Entwicklung, Situation und Perspektiven der Selbsthilfeunterstützung in Deutschland. In: Bundesgesundheitsblatt – Gesundheitsforschung – Gesundheitsschutz. Volume 52, Nr. 1/Januar 2009. Berlin; Heidelberg: 11–20.

Helms, Ursula 2007: Die Verankerung des Selbsthilfegedankens in den Büchern des Sozialgesetzbuchs. In: DAG SHG e.V. (Hrsg.): Selbsthilfegruppenjahrbuch 2007. Gießen: 152–162.

Hill, Burkhard 2009: Selbsthilfe, bürgerschaftliches Engagement und sozialräumliche ‚Soziale Arbeit'. In: DAG SHG e.V. (Hrsg.): Selbsthilfegruppenjahrbuch 2009. Gießen: 142–155.

Hinte, Wolfgang/Lüttringhaus, Maria/Oelschlägel, Dieter 2001: Grundlagen und Standards der Gemeinwesenarbeit. Ein Reader für Studium, Lehre und Praxis. Münster.
Huber, Ellis 1995: Liebe statt Valium. Plädoyer für ein neues Gesundheitswesen. München.
Hundertmark-Mayser, Jutta 2008: Von der Soll- zur Pflichtleistung. Der neue § 20 c SGB V: Umsetzungserfordernisse und -schritte. In: DAG SHG e.V. (Hrsg.): Selbsthilfegruppenjahrbuch 2008. Gießen: 146–155.
Inglehart, Ronald 1998: Modernisierung und Postmodernisierung. Frankfurt a. M.
Jakob, Gisela 2008: Infrastrukturen und Anlaufstellen zur Engagementförderung in den Kommunen. In: Olk, Thomas/Klein, Ansgar/Hartnuß, Birger (Hrsg.): Engagementpolitik. Die Entwicklung der Zivilgesellschaft als politische Aufgabe. Wiesbaden.
Katholische Stiftungsfachhochschule München 2008: Zusammenfassung des Gutachtens zum Wert des Bürgerschaftlichen Engagements in Bayern. Auf: http://www.ksfh.de/hs_profil/ksfh_new/zusammenfassung-des-gutachtens-zum-wert-des-burgerschaftlichen-engagements-in-bayern/view
Keupp, Heiner 1997: Ermutigung zum aufrechten Gang. Tübingen.
Klages, Helmut 2002: Der blockierte Mensch. Frankfurt a. M.; New York.
Matzat, Jürgen 1991: Spezialistentum und Kooperation. Selbsthilfegruppen-Unterstützung als Element eines umfassenden regionalen Versorgungssystems. In: Balke, Klaus/Thiel, Wolfgang (Hrsg.): Jenseits des Helfens. Professionelle unterstützen Selbsthilfegruppen. Freiburg i. Br.: 188–200.
Moeller, Michael L. 1978/1996: Selbsthilfegruppen. Selbstbehandlung und Selbsterkenntnis in eigenverantwortlichen Kleingruppen. Reinbek.
NAKOS (Hrsg.) 2002: Mit Profil im Netzwerk: Selbsthilfekontaktstellen, Freiwilligenagenturen, Seniorenbüros. NAKOS EXTRA 33, Dezember 2002. Berlin.
NAKOS (Hrsg.) Bobzien, Monika/Hundertmark-Mayser, Jutta/Thiel, Wolfgang 2006: Selbsthilfe unterstützen. Fachliche Grundlagen für die Arbeit in Selbsthilfekontaktstellen und anderen Unterstützungseinrichtungen. Ein Leitfaden. NAKOS Konzepte und Praxis Bd. 1. Berlin.
NAKOS (Hrsg.) Hundertmark-Mayser (Red.) 2008: Zahlen und Fakten 2007. NAKOS Studien. Selbsthilfe im Überblick 1. Berlin.
Olk, Thomas 1988: Kontaktstellen – Einziger Weg einer angemessenen Selbsthilfegruppen-Förderung? NAKOS EXTRA 1, November 1988. Berlin.
Olk, Thomas 2009: Selbsthilfeförderung als Bestandteil einer umfassenden Engagementförderung. In: DAG SHG e.V. (Hrsg.): Selbsthilfegruppenjahrbuch 2009. Gießen, 156–172.
Pankoke, Eckart 1998: Freies Engagement – Steuerung und Selbststeuerung selbstaktiver Felder. In: Strachwitz, Rupert Graf v. (Hrsg.): Dritter Sektor – Dritte Kraft. Versuch einer Standortbestimmung. Düsseldorf. 251–270.
Priester, Klaus 2007: Krankenkassen schöpfen Finanzspielräume bei der Selbsthilfefinanzierung bei weitem nicht aus. In: DAG SHG (Hrsg.): Selbsthilfegruppenjahrbuch 2007. Gießen. 163–173
Richter, Horst Eberhard 1972/1995: Die Gruppe. Hoffnung auf einen neuen Weg, sich selbst und andere zu befreien. Psychoanalyse in Kooperation mit Gruppeninitiativen. Reinbek/Gießen.
Robert Koch-Institut (Hrsg.)/Hundertmark-Mayser, Jutta/Möller, Bettina/Balke, Klaus/ Thiel, Wolfgang 2004: Selbsthilfe im Gesundheitsbereich. Gesundheitsberichterstattung des Bundes, Heft 23. Berlin.
Rosenbrock, Rolf 2001: Funktionen und Perspektiven der gesundheitsbezogenen Selbsthilfe im deutschen Gesundheitssystem. In: Borgetto, Bernhard; von Troschke, Jürgen (Hrsg.): Entwicklungsperspektiven der gesundheitsbezogenen Selbsthilfe im deutschen Gesundheitswesen. Schriftenreihe der Deutschen Koordinierungsstelle für Gesundheitswissenschaften (DKGW), Bd. 12. Freiburg: DKGW: 28–40.

Stark, Wolfgang 1996: Empowerment. Neue Handlungskompetenzen in der psychosozialen Praxis. Freiburg i. Br.

Sting, Stephan/Zurhorst, Günter (Hrsg.) 2000: Gesundheit und Soziale Arbeit. Gesundheit und Gesundheitsförderung in den Praxisfeldern Sozialer Arbeit. Weinheim; München.

Thiel, Wolfgang 1996: Brauchen wir eine neue Sozialethik? In: Zwierlein, Eduard (Hrsg.): Handbuch Integration und Ausgrenzung. Behinderte Menschen in der Gesellschaft. Neuwied, Kriftel, Berlin: 455–468.

Thiel, Wolfgang 2000: Fort- und Weiterbildung für Selbsthilfeunterstützer/innen. In: Sting, Stephan/Zurhorst, Günter (Hrsg.): Gesundheit und Soziale Arbeit. Gesundheit und Gesundheitsförderung in den Praxisfeldern Sozialer Arbeit. Weinheim; München: 79–89.

Thiel, Wolfgang 2004: Beratung im Kontext von Selbsthilfe. Fachliche Grundlagen und gesellschaftliche Implikationen. In: Nestmann, Frank u. a. (Hrsg.): Das Handbuch der Beratung Bd. 1. Disziplinen und Zugänge. Tübingen: 375–389.

Thiel, Wolfgang 2008: NAKOS-Recherche ROTE ADRESSEN 2008: 271 Selbsthilfekontaktstellen und -unterstützungseinrichtungen in Deutschland. Unterstützungsleistungen erstrecken sich auf fast 40.000 Selbsthilfegruppen. In: NAKOS INFO 97, Dezember 2008. Berlin: 13–17.

Thiersch, Hans 2005: Lebensweltorientierte Soziale Arbeit. Aufgaben der Praxis im Sozialen Wandel. 6. Aufl. Weinheim; München.

Trojan, Alf/Halves, Edith/Wetendorf, Hans-Wilhelm 1988: Entwicklungsprozesse und Förderbedarf von Selbsthilfegruppen. Konsequenzen für eine Selbsthilfe unterstützende Sozial- und Gesundheitspolitik. In: Thiel, Wolfgang (Hrsg.): Selbsthilfegruppen-Förderung. Gießen: 43–54.

Trojan, Alf/Hildebrandt, Helmut (Hrsg.) 1990: Brücken zwischen Bürgern und Behörden. Innovative Strukturen für Gesundheitsförderung. Schriftenreihe Forum Sozial- und Gesundheitspolitik Bd. 3. Hamburg.

Trojan, Alf 1999: Selbsthilfe und Gesundheit im nächsten Jahrhundert. In: NAKOS (Hrsg.): NAKOS EXTRA 30 Dezember 1999. Berlin.

Wohlfahrt, Norbert/Breitkopf, Helmut/Thiel, Wolfgang 1995: Selbsthilfegruppen und Soziale Arbeit. Eine Einführung für soziale Berufe. Freiburg i. Br.

Gabriella Hinn

Seniorenbüros

Ausgangslage: Die Bedeutung des freiwilligen Engagements älterer Menschen

Der demografische Wandel bewirkt, dass unsere Bevölkerung durch die sinkende Geburtenrate und die gleichzeitig steigende Lebenserwartung in den nächsten Jahrzehnten schrumpfen und altern wird. Der Anteil der über 60-Jährigen wird sich von heute 25% auf rund 40% im Jahr 2050 erhöhen (Statistisches Bundesamt, 11. Koordinierte Bevölkerungsvorausberechnung). In dieser bisher einmaligen demografischen Situation liegen vielfältige gesellschaftliche Herausforderungen, die gemeinsam von Politik, Wirtschaft und Gesellschaft angegangen werden müssen. Auch einzelne Bevölkerungsgruppen machen zukünftig eine spezifische Betrachtung notwendig: Die Zahl der Migrantinnen und Migranten, die in die nachberufliche Phase eintreten, steigt ebenfalls in den nächsten Jahren deutlich an. Viele haben ihre ursprüngliche Planung, im Alter wieder in ihr Herkunftsland zurückzukehren, aufgegeben und das Altwerden in der neuen Heimat wirft viele Fragen auf.

In der allgemeinen demografischen Entwicklung liegen neben den Herausforderungen auch Chancen und Potenziale, die es zu erkennen gilt. „Das Alter" als homogene, für alle Menschen gleich verlaufende Phase, gibt es nicht, denn der Alterungsprozess ist sehr vielfältig und er verläuft immer individuell. Älter werden ist nicht mit Defiziten und Einschränkungen gleichzusetzen, dies ist leider eine noch weit verbreitete Annahme in der öffentlichen Wahrnehmung. Dieser Einschätzung lassen sich folgende erfreuliche Erkenntnisse entgegensetzen: Mit den demografischen Veränderungen ist ein Anstieg von „aktiven Jahren" zu verzeichnen, die ältere Menschen in der Regel selbstbestimmt, selbstständig und selbstverantwortlich verbringen. Es handelt sich um eine Zeit, in der viele Bürgerinnen und Bürger noch einmal etwas Neues beginnen möchten, eine interessante Aktivität suchen, die Freude macht, den Horizont erweitert und persönliche Entwicklungschancen bietet. Die Menschen, die sich in dieser Phase befinden, sind heute im Durchschnitt gesünder als früher, sie haben größere finanzielle Handlungsspielräume und sie zeichnen sich durch ein höheres Bildungsniveau aus als vorangegangene Generationen. Sie verfügen über umfangreiche Potenziale und Ressourcen und sie sind bereit, diese in die Gesellschaft einzubringen. Ein Weg, den heute schon mehr als ein Drittel der älteren Menschen über 60 Jahre einschlägt, ist die Ausübung eines freiwilligen Engagements in ihrem unmittelbaren Lebensumfeld.

Die bekannten Forschungsberichte belegen die wachsende Bedeutung von freiwilligem Engagement wissenschaftlich. Die deutlichste Steigerung im Vergleich der Altersgruppen wurde bei den älteren Menschen ab 60 Jahren verzeichnet. Die Engagementquote stieg dort von 26% auf 30%. In der Gruppe der jüngeren Seniorinnen und Senioren, d.h. der 60- bis 69-Jährigen, erhöhte sich die Engagementquote sogar von 31% auf 37%, wie die vergleichende Betrachtung der Freiwilligensurveys der Bundesregierung von 1999 und 2004 belegt (Gensicke u.a. 2006: 265 ff.). Die Forschung zeigt, dass bei den noch nicht Engagierten große Potenziale liegen, denn sie geben in Befragungen an, dass sie sich engagieren würden, wenn die Rahmenbedingungen stimmen. In der Gruppe der 55- bis 64-Jährigen stieg die Quote der zu Engagement bereiten Personen von 22% auf 30%, in der Gruppe der 65- bis 74-Jährigen stieg sie um 8 Prozentpunkte von 12% auf 20%. Die richtige Ansprache der zu Engagement bereiten Personen und die Bereitstellung von guten Rahmenbedingungen für freiwilliges Engagement sind notwendig, denn Engagement braucht „Infrastruktur", um sich entfalten zu können. Weiterhin geben viele der schon Engagierten an, dass sie bereit wären, ihr Engagement noch auszuweiten, wenn entsprechende Angebote und Möglichkeiten vorhanden wären. Eine langfristig angelegte Unterstützung von freiwilligem Engagement ist notwendig, wenn nachhaltige Wirkungen erzielt und Engagierte auch langfristig motiviert werden sollen.

Die Entstehungsgeschichte der Seniorenbüros

Die Entstehung und Verbreitung von Seniorenbüros ist durch ein Modellprogramm des Bundesministeriums für Familie und Senioren initiiert worden, das in zwei Modellphasen zwischen 1992 und 1997 durchgeführt und vom ISAB-Institut in Köln wissenschaftlich begleitet wurde.

Damals wurden in 44 Städten und Kommunen Seniorenbüros unter verschiedener Trägerschaft eingerichtet. Mit dem Modellprogramm ging es nicht darum, eine weitere Versorgungseinrichtung im Bereich der offenen Altenhilfe zu schaffen, sondern es sollte ein neues Modell etabliert werden, das vor allem die Aktivität und die Förderung des Engagements von Älteren anregt und unterstützt. Die Zielsetzung war dabei, Möglichkeiten zur Selbstorganisation und Selbsthilfe der Älteren zu schaffen, ihnen Optionen zur gesellschaftlichen Teilhabe zu eröffnen und über ein freiwilliges Engagement zur sozialen Integration beizutragen. Dies erfolgte auch mit Blick auf den gesellschaftlichen Wert, denn die Fähigkeiten und Qualifikationen der aktiven Älteren sollten für ein Engagement erschlossen werden und soziales Kapital sollte auf diese Weise geschaffen werden (Enquête-Kommission 2002).

Die Zahl der erfolgreich arbeitenden Seniorenbüros ist bis Ende 2008 auf mehr als 260 im gesamten Bundesgebiet angewachsen, mit steigender Tendenz.

In Niedersachsen wurde das Profil der Seniorenbüros durch die Einrichtung von Seniorenservicebüros, die ihre Arbeit 2008 aufnahmen und von der Landesregierung für einen Zeitraum von 4 Jahren finanziell gefördert werden, erweitert.

Seniorenbüros in Zahlen

- Mehr als 260 Seniorenbüros sind bundesweit aktiv.
- In den 260 Seniorenbüros sind insgesamt 25.000 Menschen jährlich freiwillig aktiv, die 2,4 Mio. Stunden freiwilliges Engagement pro Jahr leisten.
- Die Angebote von Seniorenbüros werden jährlich von 2,2 Mio. Menschen genutzt.

(Quelle: BaS- Befragung von Seniorenbüros, 2008)

Zielsetzung

Seniorenbüros sprechen als Informations- Beratungs- und Vermittlungsstellen für bürgerschaftliches Engagement in der nachberuflichen Lebensphase insbesondere Menschen ab 50 Jahren an. Sie greifen den Strukturwandel des Alters auf und verbreiten ein neues Bild vom Älterwerden, das auf die Potenziale und Ressourcen der älteren Menschen setzt. Im Unterschied zu klassischen bzw. traditionellen Formen der offenen Altenarbeit mit einer ausgeprägten Angebotsstruktur haben sich Seniorenbüros zum Ziel gesetzt, älteren Bürger/-innen attraktive Tätigkeitsfelder für freiwilliges Engagement aufzuzeigen, sie in ihrem Engagement zu unterstützen und ihre Kompetenzen zu stärken. Mit ihrem Schwerpunkt auf Aktivierung und Selbstorganisation befinden sich Seniorenbüros an der Schnittstelle zwischen moderner Seniorenarbeit und neuen Formen der Engagementförderung (vgl. Jakob 2008). Die Praxis zeigt, dass auch verstärkt jüngere Menschen sich für diese neue Form des Engagements interessieren und in den Seniorenbüros mitarbeiten. Seniorenbüros sprechen Menschen an, die ehrenamtlich und selbstbestimmt aktiv sein wollen und ihr Engagement mit einem gesellschaftlichen Nutzen verbinden möchten. Manche suchen auch zunächst den Kontakt zu den Engagierten, nähern sich langsam der Idee des freiwilligen Engagements und nehmen dann im zweiten Schritt eine Tätigkeit auf. Seniorenbüros schaffen die notwendigen Rahmenbedingungen und Gelegenheiten für Menschen, die sich engagieren möchten. Ein besonderes Merkmal der Seniorenbüros ist die Zusammenarbeit von haupt- und ehrenamtlichen Mitarbeitern. Optimal ist die „Besetzung" eines Seniorenbüros, wenn festes hauptamtliches Personal und freiwillig Engagierte Hand in Hand arbeiten und sich gegenseitig unterstützen und ergänzen.

Aufgabenprofil

Seniorenbüros sind durch ein breites Aufgabenprofil gekennzeichnet, das insbesondere die nachfolgenden Schwerpunkte beinhaltet:

Engagementberatung- und -förderung
- Information und Beratung über Engagementmöglichkeiten und Wege der gesellschaftlichen Teilhabe
- Vermittlung in Engagementfelder
- Erfassung von Angeboten für freiwilliges Engagement
- Erschließung von Tätigkeitsfeldern innerhalb und außerhalb des Seniorenbüros

Initiierung und Durchführung von Projekten innerhalb und außerhalb des Seniorenbüros
- Beratung und Unterstützung von Seniorengruppen und Initiativen
- Unterstützung von Senioren bei der Initiierung und Umsetzung von Projekten
- Entwicklung generationenübergreifender Projekte
- Förderung der Selbstorganisation älterer Menschen

Verbesserung der Rahmenbedingungen für freiwilliges Engagement
- Gewährleistung von Auslagenersatz und Versicherungsschutz
- Anerkennungsformen
- Vereinbarungen bei Aufnahme eines neuen Engagementfeldes
- Beratung von Trägern und Einrichtungen zur Verbesserung der Einsatzbedingungen

Fort- und Weiterbildungsangebote, Begleitung der Freiwilligen
- Schaffung von Fort- und Weiterbildungsangeboten für Hauptamtliche und freiwillig Engagierte: Seminare zum Einstieg in ein Engagementfeld, einsatzfeldbezogene Fort- und Weiterbildung, Supervision
- Begleitung der Engagierten, regelmäßige Treffen und Gesprächsrunden zum Austausch für ehrenamtlich Engagierte

Öffentlichkeitsarbeit
- Aufbau von Kontakten zur Presse
- Begleitung ehrenamtlicher Pressegruppen
- Erstellung von Infomaterial (z. B. Flyer, Zeitschriften)
- Veranstaltungen zur Gewinnung Ehrenamtlicher (Schnuppertage)
- Beteiligung an Veranstaltungen anderer Einrichtungen
- Mitarbeit in kommunalen Gremien
- Herausgabe von Seniorenwegweisern
- Durchführung von Seniorentagen, Seniorenmessen etc.

Netzwerkarbeit
- Zusammenarbeit mit Fachleuten aus Verbänden und Vereinen
- Vernetzung und Kooperation mit kommunalen Einrichtungen
- Initiierung von Projekten in Kooperation mit anderen Trägern, Verbänden
- Kooperation und Vernetzung innerhalb der Kommune (Initiierung von Runden Tischen, Arbeitskreisen „Offene Altenarbeit" etc.)
- Kooperation mit Bildungseinrichtungen
- Vernetzung mit Seniorenvertretungen- und -beiräten, *senior*Trainer*innen* und *senior*Kompetenzteams sowie Freiwilligenagenturen

Serviceleistungen für Kommunen
- Impulsgeber und Berater für die kommunale Seniorenpolitik
- Beteiligung bei der Konzeption von kommunalen Altenplänen
- Übernahme kommunaler Aufgaben im Bereich der Seniorenarbeit
- Netzwerkbildung und Netzwerkarbeit

Angebote für einfachen Zugang zu Engagement
- Durchführung von Veranstaltungen, um noch nicht Engagierten den Weg zum Ehrenamt aufzuzeigen.

Die konkrete Ausgestaltung dieses Aufgabenprofils hängt von den jeweiligen Nutzerinnen und Nutzern des Seniorenbüros, von der Ausstattung mit finanziellen, personellen und räumlichen Ressourcen sowie den lokalen Gegebenheiten und der Zusammenarbeit mit anderen Akteuren vor Ort ab.

Seniorenbüros sind überwiegend mit hauptamtlichen Mitarbeiterinnen und Mitarbeitern besetzt, um regelmäßige Öffnungszeiten und einen verlässlichen Zugang für engagementbereite Ältere zu garantieren. Zugleich sorgen räumliche und sachliche Ressourcen dafür, eigene Projekte und Begegnungsformen neuer Art umsetzen zu können. Die Träger von Seniorenbüros stellen diese Infrastruktur in der Regel zur Verfügung.

Trägerschaft und Finanzierung

Seniorenbüros weisen unterschiedliche Trägerschaften und Finanzierungsformen auf, die sich jeweils aus den örtlichen Bedingungen und Voraussetzungen entwickelt haben. Bei einer schriftlichen Erhebung des Bundesverbandes der Seniorenbüros, der Bundesarbeitsgemeinschaft Seniorenbüros e.V. (BaS) mit Sitz in Bonn, konnten im Jahr 2003 folgende Trägerstrukturen von Seniorenbüros ermittelt werden: Kommunen und Landkreise (27%), Wohlfahrtsverbände (25%), eingetragene Vereine (29%), Seniorenvertretungen (6%), Kirchengemeinden (5%) (BaS- Rundbrief 1/2004).

Die Finanzierungsbedingungen von Seniorenbüros sind vielfältig. Häufig finden sich Mischfinanzierungen, an denen Kommunen, Länder und Wohlfahrtsverbände beteiligt sind. Dazu kommen Eigenmittel der Seniorenbüros durch Mitgliedsbeiträge, Sponsorengelder, Erlöse aus dem Angebot von Dienstleistungen, Teilnahmegebühren für Seminare etc. Die Erfahrungen der vergangenen Jahre haben gezeigt, dass der kommunalen Unterstützung von Seniorenbüros eine besondere Bedeutung zukommt. Bereits in der Modellprojektphase wurde deutlich, dass Seniorenbüros in kommunaler Trägerschaft über die stabilsten Ressourcen verfügen.

Problematischer gestaltet sich insbesondere die Situation von Seniorenbüros in freier Trägerschaft, die nicht auf die Unterstützung durch ressourcenstarke Verbände zurückgreifen können und die auch nicht als zentraler Ansprechpartner der Kommunen wahrgenommen werden. Unter einer prekären Finanzierungssituation leiden beispielsweise viele Seniorenbüros in den östlichen Bundesländern, da die Kommunen geringe Spielräume zur Finanzierung von Seniorenbüros haben, deren Einrichtung nicht zu den Pflichtaufgaben sondern zu den freiwilligen Leistungen einer Kommune gezählt werden.

Ein zentrales Anliegen ist es, die engagementfördernde Infrastruktur für ältere Menschen, die durch Seniorenbüros sichergestellt wird, auf kommunaler Ebene auszubauen und solide zu finanzieren. „Wenn das bürgerschaftliche Engagement ernsthaft als Reformperspektive für die Bürgergesellschaft verstanden wird, muss eine geeignete Infrastruktur vorhanden sein, welche die Prozesse der (Selbst)- Aktivierung der Bürgerinnen und Bürger begleiten und unterstützen kann" (5. Bericht zur Lage der älteren Generation: 388).

Arbeitsfelder von Seniorenbüros

Seniorenbüros agieren als Entwicklungszentren für innovative, Impuls gebende Seniorenarbeit und entwickeln Ideen, deren Umsetzung das Gemeinwesen einer Kommune bereichert und den Zusammenhalt stärkt. Sie haben dabei ein besonderes Gespür und eine hohe Sensibilität für die Wünsche und Anliegen nicht nur der älteren Menschen, sondern auch aller anderen Generationen. Immer wieder erhalten neue Arbeitsbereiche eine besondere Bedeutung oder werden aus einer anderen Perspektive bearbeitet. So wird z. B. die Thematik Wohnen und neue Wohnformen im Alter verstärkt von Seniorenbüros aufgegriffen und in ihre Beratungsleistungen integriert, genauso wie die Themen Umwelt und Umweltschutz. Die Beteiligung an Mehrgenerationenhäusern und damit die gezielte Unterstützung von Familien durch das freiwillige Engagement älterer Menschen gehört ebenfalls zu den Engagementfeldern von Seniorenbüros. Einige Beispiele verdeutlichen die Kompetenzen und die Kreativität der engagierten Seniorinnen und Senioren. Sie unterstützen Grundschulen durch Leselernhelfer/-innen oder Mathematiktrainer/-innen, sie erleichtern Jugendlichen den Weg in Ausbildung und Beruf durch Patenprogramme, sie organisieren Seniorentreffs und andere attraktive Angebote für die eigene Generation, sie bieten Hausaufgabenhilfe für Schulkinder an oder sie unterstützen den Erhalt von Bibliotheken und Museen durch ihren Einsatz. Auch Großeltern auf Zeit, Schuldnerberatung für Jugendliche, Hilfen für Migranten-Familien, Handwerkerdienste für kleine Reparaturen, Internet-Café und Zeitzeugengespräche gehören zu der Vielfalt von durch ältere Menschen initiierten Projekten und Initiativen. Die von Senioren durchgeführten Projekte richten sich an alle Generationen und verbinden diese durch gemeinsame Aktivitäten. Die Beteiligung an der Umsetzung von Bundesmodellprogrammen wie „Ge-Mit" (Generationsübergreifende Freiwilligendienste), „EFI" (Erfahrungswissen für Initiativen) oder „Alter schafft Neues" gehört ebenfalls zu ihrem Aufgabenspektrum.

Bezüglich der fachlichen Entwicklung lässt sich in den letzten Jahren eine Tendenz zur Spezialisierung und Projektarbeit innerhalb der Seniorenbüros beobachten. Die Beratung und Vermittlung von engagementinteressierten älteren Bürgern ist nach wie vor eine Kernaufgabe der Seniorenbüros, aber folgende neue Entwicklungen treten hinzu:

- die Öffnung der Seniorenbüros in das Gemeinwesen hinein und eine verstärkte Kooperation mit anderen lokalen Akteuren wie Schulen und Kindertageseinrichtungen sowie eine damit verbundene Orientierung auf projektbezogenes Arbeiten;
- Seniorenbüros waren Träger des Bundesmodellprogramms „Erfahrungswissen für Initiativen", in dem *senior*TrainerInnen als Initiatoren und Multiplikatoren für neue lokale Engagementstrukturen qualifiziert wurden. Einzelne Seniorenbüros sind Träger im Rahmen der Bundesmodellprogramme „Generationsübergreifende Freiwilligendienste" bzw. „Freiwilligendienste aller Generationen";
- die Öffnung der Seniorenbüros für alle Generationen, z. B. durch die Beteiligung von Seniorenbüros am Bundesmodellprogramm „Mehrgenerationenhäuser";
- Seniorenbüros greifen gesellschaftliche Bedarfslagen auf und orientieren neue Schwerpunktthemen und Projekte daran: beispielhaft seien hier die Themen „Neues Wohnen im Alter" und „pflegeergänzende Angebote" genannt.

Seniorenbüros – Nutzen für die Kommune

Die Älteren halten durch ihr freiwilliges Engagement viele Antworten auf die Herausforderungen des demografischen Wandels bereit, denn sie schließen durch die Projekte, die sie schaffen, Lücken im lokalen Angebot und steigern die Lebensqualität. In vielen Bereichen des Alltags engagieren sich Bürgerinnen und Bürger und gestalten durch ihr Mitdenken und Mithandeln ihr Umfeld maßgeblich mit. Für die zukunftsorientierte Kommune bietet es sich deshalb geradezu an, die aktiven Seniorinnen und Senioren anzusprechen, für ein Engagement zu gewinnen und mit ihnen gemeinsam Projekte zu entwickeln. Hierbei können insbesondere Seniorenbüros, die

die spezifische Bedarfslage der Älteren sehr gut kennen, als Initiatoren und Moderatoren von freiwilligem Engagement eine zentrale Rolle spielen. Seniorenbüros wissen, wie man ältere Menschen für ein freiwilliges Engagement gewinnen kann, sie können einschätzen, welche Qualifizierungsmaßnahmen sinnvoll sind und sie haben umfangreiche, teilweise bereits 15-jährige Erfahrung in der Begleitung und Moderation von Engagementprozessen.

Seniorenbüros sorgen für die lokale Kooperation und Vernetzung von Organisationen und Initiativen im Bereich offener Altenhilfe und Engagementförderung. Sie initiieren „Runde Tische", Gesprächskreise, Arbeitskreise „offene Altenarbeit" und sind ein verlässlicher Partner der Kommunen, der meist in engem Kontakt mit der Verwaltung steht. Dabei integrieren Seniorenbüros vielfach bewährte Ansätze aus der offenen Altenhilfe wie z.B. Begegnungsstätten in die eigene Arbeit. Mit ihren Leistungen stehen Seniorenbüros nicht in Konkurrenz zur herkömmlichen Altenarbeit in Verbänden der freien Wohlfahrtspflege. Indem sie die Zusammenarbeit mit den Verbänden suchen und interessierte Ältere in freiwillige Tätigkeiten vermitteln, tragen die Seniorenbüros zum Ausbau und zur effektiveren Gestaltung der Altenarbeit in der Kommune bei. Durch diese Koordination und leistungsorientierte Vernetzung bestehender Einrichtungen in der Altenhilfe werden vorhandene Ressourcen besser genutzt und das Zusammenspiel im Interesse der Älteren verbessert (Born 2005: 43).

Seniorenbüros erbringen in vielen Gemeinden direkte Serviceleistungen für die kommunale Altenarbeit. Hierzu gehören vielfach die Trägerschaft und ehrenamtliche Durchführung von Angeboten der offenen Altenhilfe durch den Abschluss von Leistungsvereinbarungen zwischen Seniorenbüro und Kommune, Mitwirkung an der kommunalen Altenhilfeplanung, Information über Angebote der offenen und stationären Altenhilfe sowie die Erstellung von Seniorenratgebern.

Die Vorteile der Einrichtung eines Seniorenbüros für die Kommune sind offensichtlich. Die Potenziale der älteren Bürgerinnen und Bürger können durch eine aktivierende Seniorenpolitik, die engagementfreundliche Strukturen bereithält, effektiv einbezogen werden. Ihre Kreativität bereichert die kommunalen Angebote und entwickelt sie weiter zum Wohl der gesamten Bevölkerung, die diese Angebote in Anspruch nimmt. Seniorenbüros unterstützen damit maßgeblich die kommunale Seniorenpolitik und fördern die Entwicklung einer neuen Alterskultur in der Gemeinde.

Seniorenservicebüros Niedersachsen

Das Land Niedersachsen unterstützt als erstes Flächenland in Deutschland die Einrichtung von Seniorenservicebüros. Im Rahmen des Landesprogramms „Leben und Wohnen im Alter" wurden beginnend ab 2008 flächendeckend in jedem Landkreis und jeder kreisfreien Stadt Niedersachsens, Seniorenservicebüros eingerichtet. 2008 ist die Förderung von 16 Seniorenservicebüros für Niedersachsen bewilligt worden, 2009 sollen weitere zehn Seniorenservicebüros gefördert werden. Für einen Zeitraum von vier Jahren unterstützt das Land Niedersachsen diese zentralen Anlaufstellen für ältere Menschen und deren Angehörige mit einem jährlichen Betrag von bis zu 40.000 Euro pro Büro.

Zusätzlich zum Angebot an Informationen und Dienstleistungen aus einer Hand, findet in jedem Büro das landesweite DUO-Qualifizierungs- und Vermittlungsprogramm statt. Damit wird sichergestellt, dass in jedem Seniorenservicebüro qualifizierte Haushaltsassistenzen und Alltagsbegleiter vermittelt werden. Die erforderliche Qualifizierungsmaßnahme findet in Kooperation mit einer Erwachsenenbildungseinrichtung statt. Die Kosten der Qualifizierungsmaßnahme werden ebenfalls vom Land Niedersachsen bis zu einer Höhe von 6.000 Euro pro Jahr auf einen Förderzeitraum von vier Jahren übernommen.

Ebenso gehört die Vermittlung Ehrenamtlicher im Rahmen des Freiwilligen Jahres für Senioren (FJS) zu den Aufgaben eines Seniorenservicebüros in Niedersachsen. Nach erfolgreicher Durchführung zweier Modellprojekte in der Landeshauptstadt Hannover und im Landkreis Osnabrück wird das FJS nun in den Seniorenservicebüros Niedersachsen verankert und stufenweise landesweit ausgebaut werden.

Weitere Aufgaben sind die Kooperation und Vernetzung der örtlichen und regionalen Dienstleister unter Einbeziehung von Selbst- und Nachbarschaftshilfe sowie der Auf- und Ausbau eines Unterstützungssystems für hilfe- und pflegebedürftige alte Menschen. In Kooperation mit dem Niedersachsen Büro – Neues Wohnen im Alter werden Wohnberater/-innen für den Einsatz in den Seniorenservicebüros qualifiziert.

Die Seniorenservicebüros Niedersachsen zielen darauf ab, die Potenziale älterer Menschen zu stärken und zu nutzen, ihre Selbstständigkeit und Lebensqualität zu bewahren und zu fördern. Organisatorisch sind sie an bestehende, örtlich verwurzelte und bei älteren Menschen anerkannten Organisationen wie z.B. den Mehrgenerationenhäusern, Freiwilligenagenturen, Familienservicebüros, Familienbildungsstätten, Kommunalverwaltungen u.ä. Einrichtungen angebunden. Dabei ist eine freie aber auch öffentliche Trägerschaft (z.B. bei Kommune, Landkreis) vorhanden. Wichtig ist, dass keine neuen Strukturen geschaffen werden.

Zuständig für die landesweite Koordinierung und Vernetzung beim Aufbau der Seniorenservicebüros Niedersachsen ist die Landesagentur Generationendialog Niedersachsen in der Landesvereinigung für Gesundheit und Akademie für Sozialmedizin Niedersachsen e.V. (www.generationendialogniedersachsen.de).

Die Bundesarbeitsgemeinschaft Seniorenbüros

Die Seniorenbüros werden durch die Bundesarbeitsgemeinschaft Seniorenbüros (BaS) e.V., intensiv begleitet und unterstützt. Durch die BaS werden die Seniorenbüros regelmäßig über aktuelle Entwicklungen informiert. Die BaS initiiert innovative Projekte auf Bundes- und europäischer Ebene und sorgt auf allen politischen Ebenen – beispielsweise durch die Mitarbeit in vielen Netzwerken auf Bundesebene sowie in Europa – für den Fortbestand von Seniorenbüros. Die BaS wirbt für den Auf- und Ausbau von Engagement fördernden Strukturen und für die Schaffung neuer Seniorenbüros. Sie unterstützt ihre Mitglieder durch Beratung und Fortbildungen durch laufend durchgeführte Seminare und Fachtagungen. Die Mitgliedschaft in der BaS setzt ein qualitätsorientiertes Profil des Seniorenbüros voraus, das regelmäßig den aktuellen Entwicklungen und Erfordernissen angepasst wird.

Die BaS konnte durch ihre Aktivitäten und Kontakte einen Beitrag leisten, dass Seniorenbüros an wichtigen Modellprogrammen der Bundesregierung Beteiligung fanden. (z.B. Modellprogramm Mehrgenerationenhäuser, EFI – Erfahrungswissen für Initiativen mit der Ausbildung zur *senior*Trainer*in* oder zum *senior*Trainer, Beteiligung bei den Modellprojekten zur Erprobung generationsübergreifender Freiwilligendienste, Freiwilligendienste aller Generationen etc.). Das Wichtige an diesen Modellprogrammen ist der generationsübergreifende Aspekt, der noch deutlicher als bisher auch Familien als Adressaten und Partner von Seniorenbüros einbezieht.

Fazit – Ausblick

Der demografische Wandel erfordert in den kommenden Jahren einen ständigen Anpassungsprozess und eine optimierte Nutzung von Handlungsspielräumen. Insbesondere durch die immer knapper werdenden Finanzspielräume in den Kommunen sind innovative Lösungen gefragt. Subsidiarität als gesellschaftliche Entwicklungschance, Solidarität unter den Generationen, gegenseitiges Verständnis und Toleranz werden zunehmend als wichtige Ziele in den Blick der Gesellschaft rücken und ein Umdenken in Politik, Wirtschaft und Gesellschaft erfordern. Die Seniorenbüros und die BaS werden sich den daraus resultierenden Herausforderungen weiterhin stellen und das Ziel der Schaffung einer solidarischen Bürgerkommune mit einem funktionierenden Gemeinwesen weiterverfolgen.

Literatur

Born, Sabrina 2005: Bürgerschaftliches Engagement: stabilisieren, stärken, steigern. Herausgegeben von der Friedrich-Ebert-Ebert-Stiftung. Bonn.
Bundesarbeitsgemeinschaft Seniorenbüros e.V., Institut für soziale Infrastruktur (ISIS) (Hrsg.) 2000: Seniorenbüro: Beispiel für eine neue Altenarbeit in der Kommune; Nutzen- Einrichtung- Finanzierung. Frankfurt a.M.

Bundesarbeitsgemeinschaft Seniorenbüros (BaS) 2008: Befragung von Seniorenbüros. unveröffentlichtes Arbeitspapier.

Bundesministerium für Familie, Senioren, Frauen und Jugend 2005: Fünfter Bericht zur Lage der älteren Generation in der Bundesrepublik Deutschland, Potenziale des Alters in Wirtschaft und Gesellschaft. Der Beitrag älterer Menschen zum Zusammenhalt der Generationen. Berlin.

Enquête-Kommission „Zukunft des bürgerschaftlichen Engagements" 2002: Bürgerschaftliches Engagement – auf dem Weg in eine zukunftsfähige Gesellschaft. Endbericht . Schriftenreihe: Enquête-Kommission „Zukunft des Bürgerschaftlichen Engagements" des Deutschen Bundestages. Bd. 4. Opladen.

Gensicke, Thomas/Picot, Sybille/Geiss, Sabine: Freiwilliges Engagement in Deutschland 1999–2004. (Im Auftrag gegeben und herausgegeben vom Bundesministerium für Familie, Senioren, Frauen und Jugend). Wiesbaden.

Jakob, Gisela 2008: Infrastrukturen und Anlaufstellen zur Engagementförderung in den Kommunen. In: Olk, Thomas/Klein, Ansgar/Hartnuß, Birger (Hrsg.): Engagementpolitik. Die Entwicklung der Zivilgesellschaft als politische Aufgabe. Wiesbaden: 233–259.

Statistisches Bundesamt 2006: 11. Koordinierte Bevölkerungsvorausberechnung. Wiesbaden.

Links

www.seniorenbueros.org
www.bmfsfj.de
www.senioren-initiative.de
www.ge-mit.de
www.bagso.de
www.efi-d.de
www.b-b-e.de
www.bag-lsv.de

Olaf Ebert und Karsten Speck

Freiwilligenagenturen

Entwicklung, Profile und Perspektiven

Seit etwa zehn Jahren lässt sich in Deutschland ein Gründungsboom von Freiwilligenagenturen beobachten, die unterschiedlichste Bezeichnungen tragen (z. B. Freiwilligenagenturen, Freiwilligenzentren, Ehrenamtsbörsen, Engagementzentren u. ä.). Unter Freiwilligenagenturen[1] werden in der Fachöffentlichkeit unabhängige, lokale Infrastruktureinrichtungen verstanden, die an der Schnittstelle zwischen engagementinteressierten Bürgerinnen und Bürgern, gemeinnützigen Organisationen, Politik, Verwaltungen und Unternehmen agieren und das zivilgesellschaftliche Engagement auf der lokalen Ebene über Informations-, Beratungs-, Vermittlungs- und Qualifizierungsangebote, eine breite Öffentlichkeits- und Lobbyarbeit, die Entwicklung neuer Projekte und Engagementformen sowie den Ausbau einer umfassenden Anerkennungskultur fördern.

Der nachfolgende Beitrag beschäftigt sich mit der Entstehung, dem Selbstverständnis, den Profilen und den Entwicklungsaufgaben der Freiwilligenagenturen in der Bundesrepublik Deutschland. Letztlich geht es darum, konzeptionelle Ansprüche und die tatsächliche fachlich-inhaltliche Umsetzung dieses neuen Einrichtungstypus' zu diskutieren, unterschiedliche Profile von Freiwilligenagenturen in Abhängigkeit von ihren lokalen Bedingungen herauszuarbeiten sowie zentrale Herausforderungen der Freiwilligenagenturen in Deutschland zu skizzieren.

Entstehungshintergrund der Freiwilligenagenturen in Deutschland

Der empirische Kenntnisstand zu den Merkmalen und Profilen der Freiwilligenagenturen in Deutschland hat sich Ende der 1990er Jahre/Anfang der 2000er Jahre durch erste bundesweite Studien und Expertisen (Braun/ Bischoff/Gensicke 2001; BMFSFJ 2002; Ebert 2003), wissenschaftliche Begleitungen eines Modellverbundes zu Freiwilligenzentren (Baldas u. a.

---

1 Im Folgenden wird der Begriff der Freiwilligenagenturen (synonym für alle anderen Einrichtungsbezeichnungen, wie Ehrenamtsbörsen, Engagementzentren u.ä.) verwendet, weil er sich bundesweit durchgesetzt hat und den Charakter der Einrichtungen als unabhängige Anlaufstellen mit einem breiten Aufgabenspektrum am besten beschreibt.

2001), mehrere landesweite Studien (vgl. Magel/Franke 2006; Jakob/Koch 2007) sowie einige Erfahrungsberichte aus lokalen bzw. landesweiten Freiwilligenagenturen (Janning/Luthe/Rubart 1998; Schaaf-Derichs 1999) deutlich verbessert, wenngleich weiterhin Forschungsdefizite bestehen (z. B. hinsichtlich der Wirkungspotenziale und -zusammenhänge) und die theoretische Einbettung und Fundierung von Freiwilligenagenturen ausbaufähig ist (z. B. als intermediäre Organisationen und in ihrer Bedeutung für die Bürgergesellschaft und den aktivierenden Sozialstaat).

Die Etablierung von Freiwilligenagenturen in Deutschland geht auf unterschiedliche Ursachen zurück: a) eine wachsende Nachfrage nach Freiwilligen in Non-Profit-Organisationen bei gleichzeitigen Schwierigkeiten der Non-Profit-Organisationen aufgrund des „Struktur- und Motivwandels des Ehrenamtes" mit den herkömmlichen Strategien ausreichend Freiwillige zu gewinnen (Heinze/Olk 1999), b) empirische Befunde, die auf ein erhebliches, bislang noch nicht genutztes Potenzial engagementinteressierter Bürgerinnen und Bürger hindeuten (z. B. die Daten des Freiwilligensurveys: BMFSFJ 2004) sowie c) eine breiten fach- und gesellschaftspolitischen Debatte um Bürgerengagement, Demokratieentwicklung, dem Wandel des Sozialstaates und eine aktive Bürgergesellschaft (z. B. Enquête-Kommission 2002, und die Beiträge in diesem Band, Kapitel 1).

Der seit Mitte der 1990er Jahre nahezu ungebrochene Gründungsboom der Freiwilligenagenturen lässt sich auch quantitativ einordnen: Wurde Anfang der 2000er Jahre noch von einer Grundgesamtheit von ca. 190 Freiwilligenagenturen in der Bundesrepublik ausgegangen (BMFSFJ 2002), existieren nach aktuellen Angaben der bagfa (bagfa 2009) inzwischen 396 Freiwilligenagenturen und vergleichbare Einrichtungen. Der quantitative Sprung bedeutet allerdings keineswegs, dass es in Deutschland eine stabile und damit verlässliche Infrastruktur der lokalen Engagementförderung, wie etwa in den Niederlanden, anderen europäischen Ländern oder den USA, gibt. Vielmehr muss konstatiert werden, dass zahlreiche neue Freiwilligenagenturen entstehen, während ein Teil bereits existierender Einrichtungen aufgrund mangelnder finanzieller Mittel wieder schließen mussten.

Selbstverständnis, Aufgabenspektrum und Profile

Trotz der konzeptionellen Vorarbeiten kann gegenwärtig in der Handlungspraxis in Deutschland noch nicht von einem klaren, vergleichbaren Profil der Freiwilligenagenturen gesprochen werden. Die bestehenden Freiwilligenagenturen unterscheiden sich in der Praxis nach wie vor hinsichtlich der Breite des Aufgabenspektrums und des Kernprofils. So belegen Erkenntnisse aus den bislang vorliegenden Studien und Expertisen (Braun/Bischoff/ Gensicke 2001; BMFSFJ 2002; Ebert 2003), aber auch aktuelle Debatten in der Bundesarbeitsgemeinschaft der Freiwilligenagenturen, dass nicht alle u. g. Aufgabenschwerpunkte von allen Freiwilligenagenturen gleichermaßen intensiv verfolgt werden (können) und sich die Umsetzung von Agentur zu Agentur zum Teil gravierend unterscheidet.

Konzeptionelles Selbstverständnis und Leitbild

Legt man vorliegende Konzepte und Erfahrungsberichte von Freiwilligenagenturen sowie Darstellungen der Bundesarbeitsgemeinschaft der Freiwilligenagenturen zugrunde, dann verstehen sich Freiwilligenagenturen als
– zumeist trägerübergreifende – lokale Infrastruktureinrichtungen zur Förderung des freiwilligen Engagements an der Schnittstelle zwischen engagementbereiten Bürgerinnen und Bürgern, Non-Profit-Organisationen, Einsatzstellen, die mit Freiwilligen arbeiten (wollen) sowie Politik, Verwaltung und ggf. Unternehmen (vgl. zum Folgenden Jakob/Janning 2001; Ebert 2003; Jakob/Koch 2007).

Freiwilligenagenturen haben auf der einen Seite zumeist den eigenen Anspruch, das Engagementpotenzial der Bevölkerung zu aktivieren, potenziell engagementbereite Bürgerinnen und Bürger zu informieren und zu beraten und ihnen eine breite Auswahl individueller Engagementmöglichkeiten unterschiedlicher Art und Intensität, in der Regel spartenübergreifend in den Bereichen Kultur, Ökologie, Sport, Politik sowie im Gesundheits- und Sozialbereich, zu unterbreiten („Vermittlungsfunktion"). Auf der anderen Seite – dies gerät in der fachpolitischen Debatte mitunter aus dem Blick (z. B. Ehrhard 2008) – setzen sich viele Freiwilligenagenturen in Zusammenarbeit mit unterschiedlichen Akteuren und Organisationen in hohem Maße auch für die Verbesserung der öffentlichen Wahrnehmung und Anerkennung sowie der institutionellen und politischen Rahmenbedingungen ein, um das bürgerschaftliche Engagement auf der lokalen Ebene insgesamt zu fördern („Entwicklungsfunktion"). Zahlreiche Freiwilligenagenturen haben angesichts dieses erweiterten Aufgabenspektrums sowie fachlicher Impulse aus den übergeordneten Dachverbänden in den vergangenen Jahren ihr konzeptionelles Selbstverständnis geschärft und ein eigenständiges einrichtungsspezifisches Profil entwickelt, bei dem die Freiwilligenagenturen als „Entwicklungsagenturen für bürgerschaftliches Engagement" dafür zuständig sind (BMFSFJ 2002, Jakob/Koch 2007),

- die Bürgerinnen und Bürger einer Region zum Engagement zu informieren und zu beraten sowie in Non-Profit-Organisationen und Einsatzstellen zu vermitteln und zu qualifizieren,
- konkrete Engagementstrategien, Maßnahmen und Projekte für spezifische Zielgruppen zu entwickeln (z. B. für Jugendliche, Seniorinnen und Senioren, Arbeitslose, Migrantinnen und Migranten u.a.) und sie mit anderen Akteuren gemeinsam umzusetzen,
- Non-Profit-Organisationen, in denen Freiwillige tätig sind bzw. tätig werden könnten, hinsichtlich engagementfreundlicher Rahmenbedingungen zu beraten und zu qualifizieren und die Position der engagierten Bürgerinnen und Bürger als „Zeitspender/innen" zu stärken,

- staatliche und privatgewerbliche Institutionen (z. B. Kindergärten, Schulen, Hochschulen, Kommunalverwaltungen, Unternehmen) für die Zivilgesellschaft und das freiwillige Engagement inner- und außerhalb der eigenen Institution zu öffnen,
- über eine entsprechende Lobbyarbeit in Politik und Verwaltung engagementfreundliche Rahmenbedingungen auf der lokalen Ebene zu fördern,
- die lokale Vernetzung sowie die sektorübergreifende Zusammenarbeit zur Engagementförderung in der Kommune zu fördern,
- das gesellschaftliche Image und die Anerkennung des freiwilligen Engagements über Aktionen, Projekte, Öffentlichkeitsarbeit etc. aufzuwerten und weiterzuentwickeln.

Klärungsbedürftig erscheint nun, inwiefern sich das konzeptionelle Leitbild der Freiwilligenagenturen bereits in der Praxis niedergeschlagen hat.

Zwischen „Vermittlungsagentur" und „Entwicklungsagentur"

Unterscheiden lassen sich in der Praxis stark vereinfacht zum einen Einrichtungen, die sich vom Profil her als „Vermittlungsagenturen" für Ehrenamtliche verstehen und über ein begrenztes Aufgabenspektrum verfügen und zum anderen Einrichtungen, die das Profil lokaler „Entwicklungsagenturen" zur Förderung bürgerschaftlichen Engagements abbilden und dementsprechend ein deutlich breiteres Aufgabenspektrum besitzen (BMFSFJ 2002). Zwischen diesen Polen gibt es weitere Differenzierungen. Insofern sind zwar deutliche Unterschiede im inhaltlich-konzeptionellen Zuschnitt und in der Ausgestaltung der Arbeitsbereiche der einzelnen Freiwilligenagenturen festzustellen, dennoch wird anhand der vorliegenden Befunde deutlich erkennbar, dass Freiwilligenagenturen in ihrer Gesamtheit weit mehr sind als reine „Vermittlungsagenturen" und mehrheitlich ein umfassenderes Profil zur Förderung bürgerschaftlichen Engagements entwickelt haben. Inzwischen dürfte – aufgrund der Fachdebatte und der Qualitätsoffensive der bagfa – die Zahl der Freiwilligenagenturen, die sich als „Entwicklungsagenturen für bürgerschaftliches Engagement" verstehen und ein entsprechendes Aufgabenspektrum aufweisen, weiter zugenommen haben. Eine bundesweite Studie, die als quantitative Wiederholungsbefragung und qualitative Vertiefung zur ersten bundesweiten Studie (BMFSFJ 2002) angelegt ist, Daten für diesen neuen Einrichtungstyp zur Engagementförderung und Wirkungspotenziale von Freiwilligenagenturen insgesamt untersucht, läuft gegenwärtig (Speck/Backhaus-Maul 2008); Untersuchungsergebnisse werden 2010 veröffentlicht.

Versuch einer Typisierung

Der Umfang und die Qualität des Aufgabenspektrums von Freiwilligenagenturen wird, legt man gängige Qualitäts- und Evaluationsmodelle als Analyseraster zugrunde (Stufflebeam 2001), als Prozessvariable sowohl von Kontextvariablen (z. B. Größe des Einzugsbereiches, Zusammensetzung der Bevölkerung, kommunale Unterstützung) als auch von Inputvariablen (z. B. personelle, räumliche und sächliche Ausstattung, Kompetenzen der Mitarbeiterinnen und Mitarbeiter) beeinflusst. Bislang liegt für Deutschland jedoch weder eine Typisierung von Freiwilligenagenturen hinsichtlich des Aufgabenspektrums noch eine Analyse der Wirkungszusammenhänge vor. Im Folgenden wird daher der Versuch unternommen, auf der Grundlage einer Sekundäranalyse vorliegender Studien und Expertisen (Braun/Bischoff/ Gensicke 2001, BMFSFJ 2002, Ebert 2003) und unter Berücksichtigung verschiedener Kontext- und Inputvariablen eine Typisierung der Freiwilligenagenturen in Deutschland vorzunehmen, um die Fachdiskussion über das Aufgabenspektrum und die notwendige Profilschärfung von Freiwilligenagenturen und notwendige Rahmenbedingungen anzuregen. Eine empirische Fundierung liegt mit diesem Vorgehen zwar noch nicht vor, allerdings ist zu erwarten, dass die Studie von Speck und Backhaus-Maul zu den Wirkungspotenzialen von Freiwilligenagenturen hierzu erste Befunde vorlegen wird (2008). Auf der Basis des bisherigen Erkenntnisstandes zeichnen sich bislang drei Entwicklungstypen von Freiwilligenagenturen ab, die sich hinsichtlich des spezifischen Ausgabenspektrums, der einrichtungsspezifischen Merkmale und der lokalen Kontexte unterscheiden:

TYP A „Informations- und Beratungsstellen" rund um bürgerschaftliches Engagement

Typ A ist besonders auf die Information und Beratung von (potenziellen) Freiwilligen und die Mitwirkung an der kommunalen Vernetzung ausgerichtet. Diese Freiwilligenagenturen

- informieren, beraten und vermitteln engagementinteressierte Bürgerinnen und Bürger,
- beraten Organisationen bei der Entwicklung von engagementfreundlichen Rahmenbedingungen,
- informieren über Qualifizierungsangebote,
- wirken bei der Vernetzung zur Engagementförderung in der Kommune mit,
- betreiben Öffentlichkeitsarbeit für bürgerschaftliches Engagement.

Dieser Typ hat mindestens einen eigenen Raum mit entsprechender Ausstattung als Anlauf- und Beratungsstelle, in dem mindestens fünf Stunden pro Woche Beratung angeboten wird, ist häufig fast vollständig ehrenamtlich betrieben oder mit ein bis zwei hauptamtlichen (Teilzeit-)Mitarbeiterinnen und Mitarbeitern ausgestattet. Diese Freiwilligenagentur verfügt über einen Jahresetat von 5.000 Euro bis 50.000 Euro. Die Inputvariablen (Raum, Finanzen, Personal) werden in diesem Umfang, mehr oder weniger stabil, häufig durch die Kommune ermöglicht, flankiert durch zumeist regionale Unterstützer (Organisationen, Unternehmen, Stiftungen).

TYP B: „Freiwilligenagentur mit Profil, Qualität und Kontinuität"

TYP B bietet neben der o.g. Informations-, Beratungs- und Vernetzungsarbeit mindestens noch einen weiteren der folgenden Aufgabenschwerpunkte an:

- Qualifizierung von Freiwilligen und Organisationen,
- Projektentwicklung zur Engagementförderung (zielgruppenspezifisch, d.h. Jugend, Migrantinnen und Migranten, Arbeitslose o.ä. und/oder handlungsfeldorientiert, d.h. Kita, Schule, Pflege o.ä.),
- Impulsgeber für eine umfassende Anerkennungskultur in der Kommune.

Neben Freiwilligen arbeiten mindestens zwei hauptamtliche Mitarbeiterinnen und Mitarbeiter, kontinuierlich, im Umfang von insgesamt mindestens 40 Wochenstunden. Die Beratungsstelle ist mindestens 15 Stunden pro Woche geöffnet. Diese Freiwilligenagentur verfügt über eine weitestgehend stabile Kernfinanzierung von mindestens 50.000 Euro aus kommunalen und/oder Landesmitteln, ergänzt durch zumeist regionale Unterstützer (Organisationen, Unternehmen, Stiftungen). Neben der Kernfinanzierung werden die erweiterten Aufgabenbereiche Qualifizierung und Projektentwicklung meist durch zusätzliche, zeitlich begrenzte Projektförderungen ermöglicht, die von den (Kern-)Mitarbeiterinnen und Mitarbeitern eingeworben und von weiteren hauptamtlichen Mitarbeiterinnen und Mitarbeitern (zeitlich befristet und/oder auf Honorarbasis) umgesetzt werden. Je nach Anzahl der zusätzlichen Projekte können sich das o.g. Jahresbudget und die Zahl der Hauptamtlichen dadurch deutlich erhöhen.

TYP C: „Entwicklungsagentur für Bürgerschaftliches Engagement"

TYP C bietet neben der o.g. Informations-, Beratungs- und Vernetzungsarbeit, die in TYP A abgebildet ist, mindestens noch drei der erweiterten Aufgabenschwerpunkte an:

- Qualifizierung von Freiwilligen und Organisationen,
- Projektentwicklung zur Engagementförderung (zielgruppenspezifisch, d.h. Jugend, Migrantinnen und Migranten, Arbeitslose o.ä. und/oder handlungsfeldorientiert, d.h. Kita, Schule, Pflege o.ä.),
- Impulsgeber für eine umfassende Anerkennungskultur in der Kommune,
- Sensibilisierung und Öffnung von Unternehmen über Beratungsangebote und Projekte (z.B. Corporate-Citizenship),
- Träger von Freiwilligendiensten,
- Selbsthilfeförderung (im Sinne „Agentur für Bürgerengagement", vgl. Braun/Bischoff/Gensicke 2001).

Neben Freiwilligen arbeiten hier mindestens zwei bis drei hauptamtliche Mitarbeiterinnen und Mitarbeiter, kontinuierlich, im Umfang von mindestens 60 Wochenstunden. Die Beratungsstelle ist mindestens 20 Stunden pro Woche geöffnet. Diese Freiwilligenagentur verfügt über eine weitestgehend stabile Kernfinanzierung von mindestens 75.000 Euro aus kommunalen und/oder Landesmitteln, ergänzt durch zumeist regionale Unterstützer (Organisationen, Unternehmen, Stiftungen). Neben der Kernfinanzierung werden die erweiterten Aufgabenschwerpunkte durch zusätzliche Projektförderungen ermöglicht, die von den (Kern-)Mitarbeiterinnen und Mitarbeitern eingeworben und von weiteren hauptamtlichen Mitarbeiterinnen und Mitarbeitern (zeitlich befristet und/oder auf Honorarbasis) umgesetzt werden. Je nach Anzahl der zusätzlichen Projekte und Art der zusätzlichen Aufgabenschwerpunkte erhöht sich das o. g. Jahresbudget und die Zahl der zwei bis drei kontinuierlichen Hauptamtlichen deutlich.

Entwicklungsaufgaben für Freiwilligenagenturen

Freiwilligenagenturen haben sich in den letzten fünfzehn Jahren zu wichtigen Institutionen der Bündelung, Vernetzung und Förderung bürgerschaftlichen Engagements und nicht zuletzt einem selbstverständlichen Bestandteil der lokalen Engagementpolitik entwickelt. Durch ihre Informations-, Beratungs-,und Qualifizierungstätigkeit, die verschiedenen Formen der gezielten Öffentlichkeits- und politischen Lobbyarbeit und ihrer zielgruppenspezifischen Projektentwicklungsarbeit tragen Freiwilligenagenturen dazu bei, dass sich ganz unterschiedliche gesellschaftliche Akteure für die Bürgergesellschaft engagieren. Freiwilligenagenturen leisten damit einen wichtigen Beitrag zur Förderung bürgerschaftlichen Engagements (Enquête-Kommission 2002, Jakob/Koch 2007). Dies schließt nicht aus, dass für Freiwilligenagenturen in der Bundesrepublik noch erhebliche Herausforderungen existieren. Im Folgenden werden daher sieben Entwicklungsaufgaben für Freiwilligenagenturen aufgezeigt, die für die Zukunft der Freiwilligenagenturen in Deutschland entscheidend sein werden.

Profilierung

Gegenwärtig verfügen die Freiwilligenagenturen in Deutschland sowohl über Gemeinsamkeiten als auch deutliche Unterschiede in den Aufgabenschwerpunkten und Profilen. Als Herausforderung für die bundesweite Anerkennung und fachliche Positionierung der Freiwilligenagenturen dürfte sich die Umsetzung eines klar umrissenen und zugleich umfassenden Kernprofils der Freiwilligenagenturen erweisen. Als hinderliche Faktoren kristallisieren sich dabei gegenwärtig noch gravierende Unterschiede zwischen den Freiwilligenagenturen in Bezug auf a) die Ziele, Selbstverständnisse und Arbeitsschwerpunkte, b) die personellen, räumlichen und finanziellen

Rahmenbedingungen, c) die Fördermittelgeber und -interessen sowie d) die lokalen Verankerungen, Kontexte und Bedarfe heraus.

Legt man vorliegende Studien und Befunde zugrunde, sollten Freiwilligenagenturen insbesondere die Beratungs- und Qualifizierungsangebote für staatliche und gemeinnützigen Organisationen sowie privatgewerbliche Unternehmen ausbauen sowie die sektorübergreifende Vernetzung intensivieren, um eine entsprechende Engagementkultur im lokalen Raum zu schaffen. Hier stellt sich für die Freiwilligenagenturen die Herausforderung, verschiedene Organisationen und Einrichtungen für bürgerschaftliches Engagement zu öffnen (z. B. Non-Profit-Organisationen, Kindergärten, Schulen, Pflegeeinrichtungen, Verwaltungen u. ä.) und eine Verankerung der Engagementförderung in der Kommune zu erreichen. Das fachliche Profil der Freiwilligenagenturen darf sich dabei jedoch nicht allein an dem skizzierten, konzeptionellen Leitbild orientieren, sondern muss dem konkreten lokalen Bedarf angepasst werden. Dies bedeutet, Freiwilligenagenturen müssen in regelmäßigen Abständen eine regionale Situationsanalyse zur Engagementförderung durchführen, mit relevanten Organisationen, Einrichtungen und Unternehmen kooperativ zusammenarbeiten und bedarfsbezogen ihre Aufgabenschwerpunkte weiterentwickeln, beispielsweise Projekte für bestimmte Zielgruppen, Beratungsangebote für Unternehmen oder die Etablierung neuer Engagementformen (z. B. Freiwilligendienste aller Generationen).

Sofern es den Freiwilligenagenturen durch ihr breites Aufgabenspektrum gelingt, bislang nicht engagierte Bürgerinnen und Bürger in freiwillige Tätigkeiten zu vermitteln (BMFSFJ 2002), leisten sie einen entscheidenen Beitrag zur Einbindung des „Engagementpotenzials" in der Bevölkerung und ermöglichen geeignete Gelegenheitsstrukturen bürgerschaftlichen Engagements. Angesichts des mehrheitlich breiten Aufgabenspektrums und Profils ist die Arbeit, Qualität und Wirksamkeit der Freiwilligenagenturen keineswegs allein anhand der „Vermittlungsquoten" messbar, sondern bedarf es dafür geeigneter Analyseraster und Erfolgsindikatoren. Diese müssen einerseits von den Freiwilligenagenturen noch offensiver in fachpolitische Diskussionen eingebracht und andererseits im politischen Raum stärker anerkannt werden.

Beteiligung am Qualitätsmanagement

Verfahren und Instrumente der Qualitätsentwicklung und Selbstevaluation werden in den nächsten Jahren in Freiwilligenagenturen sowohl aus fachlichen als auch aus förderpolitischen Gesichtspunkten an Bedeutung gewinnen Die Bundesarbeitsgemeinschaft der Freiwilligenagenturen (bagfa) unterstützt daher seit mehreren Jahre ihre Mitgliedsorganisationen über thematisch einschlägige Fortbildungen, Tagungen, Broschüren und die Entwicklung eines Qualitätsmanagementsystem. Für das einrichtungsinterne Qualitätsmanagement der Freiwilligenagenturen wurde von den Mitgliedsorganisationen der bagfa ein Qualitätshandbuch konzipiert, das fortlaufend weiterentwickelt und den aktuellen Herausforderungen angepasst wird. Freiwilligenagenturen, die sich dem Qualitätsmanagement der bagfa stellen, die im Qualitätshandbuch aufgeführten Qualitätsstandards erfüllen und kontinuierlich an der Weiterentwicklung ihrer Qualität arbeiten, erhalten ein Qualitätssiegel. Das bagfa-Qualitätsmanagement kann dazu beitragen, die eigenen Ziele zu schärfen, die Zielausrichtung, Dokumentation und Arbeitsabläufe zu optimieren, die Zusammenarbeit mit Freiwilligen, Non-Profit-Organisationen und Unternehmen zu verbessern, die Anerkennung bei Entscheidungsträgern in Politik und Verwaltung zu erhöhen sowie Schwachstellen und Veränderungsbedarf zu erkennen (bagfa 2007).

Rahmenbedingungen

Damit Freiwilligenagenturen ihre Kernaufgaben erfüllen können, ist die Finanzierung und Einhaltung bestimmter Qualitätsstandards auf der Konzept-, Struktur-, Prozess- und Ergebnisdimension erforderlich (bagfa 2007). Über notwendige Qualitätsstandards auf der Strukturdimension (Rahmenbedingungen) gibt es – im Gegensatz zur Prozess- und Ergebnisdimension – in der Fachdiskussion inzwischen einen breiten Konsens (BMFSFJ 2002; Ebert 2003; bagfa 2007), ohne dass dies bislang jedoch zu ihrer Umsetzung und Finanzierung der Freiwilligenagenturen beigetragen hat: Hinsichtlich der personellen Rahmenbedingungen wird gefordert, dass für die Arbeit der Freiwilligenagenturen ein Mindestmaß an qualifiziertem, hauptberuflichem Personal zur Verfügung steht. Legt man Einschätzung von Freiwilligenagenturen zur Mindestausstattung zugrunde (BMFSFJ 2002 und die Bedarfsanalyse von ISAB 2001: 109), dann ist bei einer durchschnittlichen Zahl von 340.000 Einwohnern im Einzugsgebiet (BMFSFJ 2002) und dem skizzierten Arbeitsspektrum und Profil ein durchschnittlicher Personalbedarf von 3,5 Personalstellen notwendig. Zusätzliche, zeitlich befristete Mitarbeiterinnen und Mitarbeiter können für die Umsetzung spezifischer Projekte und Zusatzaufgaben eingesetzt werden. Eine wichtiges Qualitätsmerkmal und Arbeitsgrundlage von Freiwilligenagenturen sollte die Einbindung und Partizipation von Freiwilligen in alle Arbeits- und Verantwortungsbereiche bilden (Jakob/Koch 2007: 37). Für regelmäßige kundenfreundliche Öffnungszeiten, eine telefonische Erreichbarkeit und die fachlich anspruchsvolle Beratungstätigkeit ist ein qualifiziertes Team aus freiwilligen und hauptberuflichen Mitarbeiterinnen und Mitarbeitern notwendig. Hinsichtlich der räumlichen und sächlichen Grundausstattung sollten in einer Freiwilligenagentur Beratungs- und Büroräume, eine technische Ausstattung, ein Internetanschluss, ein Sachkostenetat sowie Mittel für Öffentlichkeitsarbeit zur Verfügung stehen (vgl. Abschnitt: Absicherung der Grundfinanzierung der Freiwilligenagenturen).

Trägerschaft in Abhängigkeit von den örtlichen Gegebenheiten

In den Kommunen werden gegenwärtig und ohne Zweifel auch zukünftig unterschiedliche Wege in der Etablierung lokaler Einrichtungen zur Engagementförderung beschritten. Während sich in Großstädten oftmals eigenständige Einrichtungen wie Freiwilligenagenturen, Selbsthilfekontaktstellen und Seniorenbüros in Trägerschaft von Wohlfahrtsverbänden, Bürgerstiftungen oder – für die trägerübergreifende, fachliche Arbeit noch optimaler – eigens gegründete unabhängige Trägervereine etabliert haben, sind in kleineren Kommunen und Landkreisen diese unterschiedlichen Einrichtungstypen teilweise in integrierten Konzepten zusammengefasst. Dort haben sich zum Teil andere Aufgabenschwerpunkte und Konzepte herausgebildet, z. B. Etablierung der Anerkennungskultur im Landkreis, die Engagementförderung im ländlichen Raum durch Engagement-Lotsen o. Ä. Insbesondere bei den kommunalen Anlaufstellen und Koordinationsstellen in den Landkreisverwaltungen werden häufig Mitarbeiterinnen und Mitarbeiter aus der Verwaltung für Aufgaben der Engagementförderung „freigestellt"; allerdings mit sehr unterschiedlichen Stellenumfängen und Aufgabenschwerpunkten. Während eigenständige Einrichtungen aufgrund ihrer Unabhängigkeit häufig flexibler auf einen aktuellen Bedarf mit der Entwicklung neuer Projekte reagieren können, sind die Einrichtungen in kommunaler Trägerschaft oder Trägerschaft eines etablierten Verbandes oder Stiftung häufig besser abgesichert bzw. können die hier vorhandene Infrastruktur besser nutzen. So hat jedes Trägermodell seine Vor- und Nachteile und ist von den örtlichen Gegebenheiten und Rahmenbedingungen abhängig (Ebert 2003, Jakob/Koch 2007).

Kommunale Vernetzung und Unterstützung

Das Verhältnis von Freiwilligenagenturen und Kommunen beruht quasi auf einem „Austauschverhältnis". Freiwilligenagenturen brauchen auf der einen Seite – wie alle anderen lokalen Infrastruktureinrichtungen zur Engagementförderung auch – die Unterstützung ihrer Kommune. Diese Unterstützung kann und sollte sehr vielseitig sein (Jakob/Koch 2007: 37): Vorstellbar sind beispielsweise – neben der Sicherstellung einer Basisfinanzierung und Bereitstellung zentraler Räumlichkeiten – ein Beschluss des Kommunalparlamentes zum Aufbau der Einrichtung, die Benennung eines fachlich kompetenten und entscheidungsbefugten Ansprechpartners in der Verwaltung, regelmäßige Kontakte und Absprachen zwischen Kommunalpolitik/Verwaltung und Freiwilligenagentur, konkrete Aufgabenübertragungen an die Freiwilligenagentur (z. B. Organisation des Freiwilligentages) sowie die öffentliche Wertschätzung und Anerkennung der Einrichtung durch die Kommunalpolitik und Verwaltung. Auf der anderen Seite besteht eine zentrale Aufgabe von Freiwilligenagenturen darin, das bürgerschaftliche Engagement auf der lokalen Ebene zu fördern. Konkret bedeutet dies, dass Freiwilligenagenturen über Konzepte, Kompetenzen und Aktivitäten verfügen müssen, um Engagierte in lokale Organisationen zu vermitteln, mit staatlichen, gemeinnützigen und privatgewerblichen Institutionen zusammenzuarbeiten, engagementfreundliche Rahmenbedingungen auf der lokalen Ebene zu fördern, die lokale Vernetzung und sektorübergreifende Zusammenarbeit zur Engagementförderung in der Kommune zu unterstützen sowie die Anerkennungskultur des freiwilligen Engagements vor Ort weiterzuentwickeln.

Absicherung der Grundfinanzierung der Freiwilligenagenturen

Trotz des quantitativen Ausbaus der Freiwilligenagenturen in den letzten Jahren sind Strukturen, Institutionen und Netzwerke, kurz gesagt die Infrastruktur zur Förderung freiwilligen Engagements, in der Bundesrepublik im Vergleich zu anderen Ländern (etwa die Niederlande, Großbritannien, USA) noch unzureichend entwickelt und keineswegs ausreichend abgesichert. Ein wesentlicher Grund hierfür ist, dass die öffentliche Engagementförderung traditionell in erster Linie auf dem indirekten Weg über die etablierten Träger des Sports, der Kultur und der verbandlichen Wohlfahrts- und Jugendpflege erfolgt. Eine lokale, verbandsunabhängige und spartenübergreifende lokale Infrastruktur zur gezielten Förderung bürgerschaftlichen Engagements durch Informations- und Beratungsangebote, Qualifizierungsmaßnahmen sowie eine breite Öffentlichkeits- und Lobbyarbeit ist in den einzelnen Bundesländern unterschiedlich stark ausgeprägt und wird bislang meist nicht kontinuierlich gefördert. Zwar gibt es inzwischen zahlreiche engagementfördernde Einrichtungen wie Selbsthilfekontaktstellen, Seniorenbüros und Freiwilligenagenturen – allerdings befinden sich insbesondere die – entwicklungshistorisch betrachtet zuletzt entstandenen – Freiwilligenagenturen oftmals in einer prekären Situation. Dies erstaunt, weil der zivilgesellschaftliche Mehrwert von Freiwilligenagenturen in Politik, Kommunen und den Wohlfahrtsverbänden offensichtlich weitgehend anerkannt und unstrittig ist (Enquête-Kommission 2002, Jakob/Janning 2001, Jakob/Koch 2007). Die Gründe hierfür sind vielschichtig: z. B. zum Teil kein anerkanntes Profil, Engagementförderung ist bislang keine Pflichtaufgabe der Kommunen, unklare Wirkungspotenziale der Freiwilligenagenturen, neues Querschnittsthema, Überschneidungen zu anderen Einrichtungen, knappe öffentliche Kassen.

Die Höhe der Finanzierung der Freiwilligenagenturen sollte grundsätzlich von der Größe des Einzugsgebietes, dem Aufgabenspektrum und Profil der Freiwilligenagentur, dem tatsächlichen Nutzerprofil sowie weiteren qualitativen Kriterien abhängig gemacht werden (vgl. hierzu Braun/Bischoff/Gensicke 2001, Ebert/Janning 2001, Ebert 2003). Demnach erweist sich die Arbeit von Freiwilligenagenturen besonders wirkungsvoll, wenn diese

- ein umfassendes Leistungsspektrum (im Sinne der o.g. Kern- und Zusatzaufgaben) zur Förderung bürgerschaftlichen Engagements aufweisen,

was durch ein Team von fachlich qualifizierten, hauptamtlichen Mitarbeiterinnen und Mitarbeitern sowie Freiwilligen gewährleistet wird,
- bürgerschaftliches Engagement in allen Bevölkerungsgruppen (unabhängig von Alter und sozialer Herkunft) fördern,
- bereichsübergreifend in allen Gebieten bürgerschaftlichen Engagements aktiv sind,
- trägerneutral agieren können und
- vernetzt und kooperativ mit anderen Einrichtungen und Institutionen zur Förderung bürgerschaftlichen Engagements auf kommunaler Ebene zusammenarbeiten.

Als Grundausstattung ergibt sich nach Selbsteinschätzungen von Freiwilligenagenturen aus dem Jahr 2001 für die Personal- und Sachkosten ein Finanzierungsbedarf von mindestens 135.000 Euro pro Jahr (BMFSFJ 2002 und ISAB 2001).

Besonders den Kommunen kommt eine Verantwortung bei der Absicherung der Grundfinanzierung „ihrer" Freiwilligenagentur zu, um deren Arbeitsfähigkeit und vor allem lokalen Wirkungen zu gewährleisten. Die bundesweite Etablierung und Professionalisierung der Freiwilligenagenturen sollte jedoch auch durch eine modellhafte Förderung bzw. Anschubfinanzierung des Bundes und der Länder deutlich unterstützt werden. Für dieses auf den ersten Blick finanzpolitische Argument gibt es auch gute fachliche Gründe. Da bürgerschaftliches Engagement in alle Lebensbereiche hineinwirkt und Effekte für die gesamte Bürgergesellschaft, besonders auf der örtlichen Ebene – unabhängig von den verschiedenen Zuständigkeitsbereichen – erbringt, könnte die Etablierung von Freiwilligenagenturen als föderale Gemeinschaftsaufgabe von Bund, Ländern und Kommunen verstanden werden. Auf dieser Basis könnte in der Bundesrepublik ein flächendeckendes Netz von Freiwilligenagenturen entwickelt werden, die auf der Grundlage einheitlicher Qualitätsstandards tätig, aufgebaut und abgesichert sind.

Seit einigen Jahren wird in Teilen der Fachdiskussion explizit vom Bund und von den Ländern eine Beteiligung an der finanziellen Absicherung der Freiwilligenagenturen gefordert (Enquête-Kommission 2002: 316ff. u.v.m.). Einige Bundesländer sind diesen Forderungen gefolgt und beteiligen sich inzwischen an der Finanzierung von Freiwilligenagenturen (z.B. Bayern, Hessen, Niedersachsen, Rheinland-Pfalz, Saarland, Thüringen, Sachsen-Anhalt u.a.). Der Bund jedoch hält sich bislang trotz entsprechender Handlungsempfehlungen der Enquête-Kommission „Zukunft des Bürgerschaftlichen Engagements" (Enquête-Kommission 2002: 316ff. u.v.m.) in diesem Bereich der Engagementförderung immer noch deutlich zurück. Von einem Förderprogramm zur Etablierung von Freiwilligenagenturen würden zweifelsohne positive Impulse und nachhaltige Wirkungen für eine Finanzierungsbeteiligung der Kommunen und Länder ausgehen. Mit einem Modellprogramm des Bundes, welches unter Mitwirkung der Länder, der kommunalen Spitzenverbände und der bagfa erarbeitet werden könnte, würde letztlich eine flächendeckende, qualifizierte Infrastruktur zur Förderung bürgerschaftlichen Engagements in der Bundesrepublik geschaffen werden, wie sie sich in anderen europäischen Ländern seit langem schon bewährt hat. Das „Nationale Forum für Engagement und Partizipation" hat hier einen neuen Diskussionsimpuls geliefert und Handlungsempfehlungen erarbeitet, die nun von der Bundesregierung aufgegriffen und umgesetzt werden sollten.

Stärkung der Interessenvertretung und Qualifizierung

Um eine wirkungsvolle Infrastruktur zur Förderung bürgerschaftlichen Engagements in Deutschland zu etablieren, bedarf es einer starken überregionalen, verbandsübergreifenden Struktur, die auf Bundes- und Landesebene eine Binnen- und Außenfunktion zur Etablierung der Freiwilligenagenturen übernimmt. Nach innen geht es um den Auf- und Ausbau der Freiwilligenagenturen, die Profilschärfung, Professionalisierung und Qualitätsentwicklung über Qualifizierungs- und Beratungsangebote sowie die Vernetzung untereinander. Nach außen bedarf es auf Bundes- und Länderebene fachkompetenter Ansprechpartner, die auch die Interessenvertretung gegenüber Politik und Öffentlichkeit wahrnehmen. Vor diesem Hintergrund empfiehlt sich eine Stabilisierung und fachliche Weiterentwicklung der Bundesarbeitsgemeinschaft der Freiwilligenagenturen (bagfa) sowie der Landesarbeitsgemeinschaften der Freiwilligenagenturen (lagfa's). Hier sind Politik, Verwaltungen und Freiwilligenagenturen gleichermaßen gefordert, eine kontinuierliche professionelle Infrastruktur zur Engagementförderung zu etablieren und die notwendigen Rahmenbedingungen dafür zu schaffen. Diese Supportstrukturen auf der Bundes- und Länderebene können mit dazu beitragen, dass die Gelegenheitsstrukturen für bürgerschaftliches Engagement ausgebaut und ein wirksamer Beitrag zur Entwicklung einer aktiven Bürgergesellschaft in Deutschland geleistet werden.

Literatur

Baldas, Eugen/Bock, Teresa/Gleich, Johann/Helmbrecht, Michael/Roth, Rainer A. 2001: Modellverbund Freiwilligen-Zentren. Bürgerengagement für eine freiheitliche und solidarische Gesellschaft. Ergebnisse und Reflexionen. Schriftenreihe des Bundesministeriums für Familie, Senioren, Frauen und Jugend, Band 203. Stuttgart/Berlin/Köln.

Braun, Joachim/Bischoff, Stefan/Gensicke, Thomas 2001: Förderung des freiwilligen Engagements und der Selbsthilfe in Kommunen. Kommunale Umfrage und Befragung von Selbsthilfekontaktstellen, Freiwilligenagenturen und Seniorenbüros zur Förderpraxis und zur künftigen Unterstützung des freiwilligen Engagements, ISAB-Berichte aus Forschung und Praxis Nr. 72. Köln.

Bundesarbeitsgemeinschaft der Freiwilligenagenturen (bagfa) 2007: Handbuch Qualitätsmanagement. Berlin.

Bundesarbeitsgemeinschaft der Freiwilligenagenturen (bagfa) 2009: http://www.bagfa.de (download am 09.03.2009)

Bundesministerium für Familie, Senioren, Frauen und Jugend (Hrsg.) 2002: Freiwilligenagenturen in Deutschland. Ergebnisse einer Erhebung der Bundesarbeitsgemeinschaft der Freiwilligenagenturen (bagfa). Schriftenreihe Band 227. Berlin.

Bundesministerium für Familie, Senioren, Frauen und Jugend (Hrsg.) 2004: Ergebnisse der Repräsentativerhebung 2004 zu Ehrenamt, Freiwilligenarbeit und bürgerschaftlichem Engagement. Stuttgart, Berlin, Köln.

Ebert, Olaf/Hesse, Andreas 2003: Freiwilligenagenturen in Ostdeutschland. Neue Hoffnungsträger der Engagementförderung? In: Backhaus-Maul, Holger/Ebert, Olaf/ Jakob, Giesela/Olk, Thomas (Hrsg.): Freiwilliges Engagement in Ostdeutschland. Opladen. 219–236.

Ebert, Olaf/Janning, Heinz 2001: Freiwilligenagenturen. In: Möller, Kurt (Hrsg.): Auf dem Weg in die Bürgergesellschaft? Soziale Arbeit als Unterstützung bürgerschaftlichen Engagements. Opladen: 85–100.

Ebert, Olaf 2003: Freiwilligenagenturen: Profile, Erfolgskriterien, Probleme. Gutachten für die Enquête-Kommission „Zukunft des Bürgerschaftlichen Engagements". In: Enquête-Kommission (Hrsg.): Bürgerschaftliches Engagement in den Kommunen. Band 8. Opladen.

Ehrhardt, Jens 2008: Machen Freiwilligenagenturen Sinn? download über http://www.aktive-buergerschaft.de (09.03.2009)

Enquête-Kommission „Zukunft des Bürgerschaftlichen Engagements" des Deutschen Bundestages 2002: Bürgerschaftliches Engagement: auf dem Weg in eine zukunftsfähige Bürgergesellschaft. Schriftenreihe Band 4. Opladen.

Heinze, Rolf/Olk, Thomas 1999: Vom Ehrenamt zum bürgerschaftlichen Engagement. Trends des begrifflichen und gesellschaftlichen Strukturwandels. In: Kistler, Ernst/Noll, Heinz-Herbert/Priller, Eckhard (Hrsg.): a.a.O: 77–100.

Jakob, Gisela/Janning, Heinz 2001: Freiwilligenagenturen als Teil einer lokalen Infrastruktur für Bürgerengagement. In: Heinze, Rolf G./Olk, Thomas (Hrsg.): Bürgerengagement in Deutschland. Opladen: 483–508.

Jakob, Gisela/Koch, Claudia 2007: Lokale Engagementförderung in hessischen Kommunen. Akteure, Infrastrukturen, Instrumente. Bericht der Hochschule Darmstadt; Fachbereich Gesellschaftswissenschaften und Soziale Arbeit. Darmstadt.

Janning, Heinz/Luthe, Detlef/Rubart, Frauke 1998: Qualitätsentwicklung für das Ehrenamt. Die Freiwilligen-Agentur Bremen. In: Forschungsjournal Neue Soziale Bewegungen, 11. Jg., H. 2: 61–67.

Magel, Holger/Franke, Silke 2006: Landesnetzwerk Bürgerschaftliches Engagement Bayern (LNBE). Evaluierung des LNBE 2003–2006, im Auftrag des Bayerischen Staatsministeriums für Arbeit und Sozialordnung, Familie und Frauen, München.

Schaaf-Derichs, Carola 1999: Zehn Jahre ‚Neues Ehrenamt' – Ergebnisse und Erkenntnisse der Berliner Freiwilligenagentur Treffpunkt Hilfsbereitschaft. In: sozialmagazin 24, 3: 33–36.

Speck, Karsten/Backhaus-Maul, Holger 2008: „Evaluation der Wirkungspotenziale von Mittlerorganisationen zivilgesellschaftlichen Engagements", Antrag auf Forschungsförderung an das Bundesministerium für Familie und Senioren, Frauen und Jugend. Unveröffentlichtes Manuskript, Potsdam und Halle.

Stufflebeam, Daniel L. 2001: Evaluations Models, New Directions for Evaluation, A Publication for Evaluation, Number 89, San Francisco.

Annemarie Gerzer-Sass

Mehrgenerationenhäuser

Gesellschaftspolitischer Ansatz des Aktionsprogramms Mehrgenerationenhäuser

Das Aktionsprogramm Mehrgenerationenhäuser versucht, die Generationenbezüge, die bisher vor allem im privat-familialen Bereich verortet waren, in einem öffentlichen Raum zu gestalten. Die Frage ist, warum dies jetzt erst geschieht und nicht schon früher, wo es schon im letzten Jahrzehnt gesellschaftliche Entwicklungen gab, die in diese Richtung gewiesen haben. Doch die Neuausrichtung der Generationenbeziehungen wurde erst durch den intensiven Diskurs zum demografischen Wandel aufgegriffen, wo neben dem Rückgang der Geburten auch die Herausforderung eines neuen Bildes vom Altern in der Gesellschaft stärker thematisiert wurde (BMFSFJ 2005, BMFSFJ 2006). Das Aktionsprogramm greift dabei das auf, was unabhängig von der Rentendebatte nicht mit Geld zu regeln ist, so z.B. Vertrauen, Achtung, Anerkennung zwischen den Generationen und setzt an der Begegnung, der Nachbarschaft und Freundschaft außerhalb der Familien an.

Ein weiteres Anliegen des Aktionsprogramms ist die Stärkung der Zivilgesellschaft, und zwar in der Form, wie ein neuer Mix der Wohlfahrtsgesellschaft (Evers/Olk 1996) hergestellt werden kann. Die heutigen Aufgaben und Herausforderungen des Wohlfahrtsstaates sind durch den gesellschaftlichen Wandel nicht weniger, sondern mehr geworden. Diese Herausforderung zu bewältigen bedeutet, Bürger aktiver als bisher durch Mitbeteiligungsformen einzubeziehen, aber auch eine neue Mischung von Sozialstaat und Verantwortung der Wirtschaft im Sinne von public-private-partnership zu ermöglichen (Beckmann 2007, Braun 2008). Diese Konzepte sind nicht neu, denn in den letzten dreißig Jahren wurde versucht, mit unterschiedlichen Schwerpunkten in entsprechenden Bundes- und Länderprogrammen oder kommunalen Initiativen dies aufzugreifen, so z.B. durch Förderprogramme zur Familienselbsthilfe, zur Öffnung von Betreuungseinrichtungen hinein ins Gemeinwesen, zur Stärkung des Ehrenamtes usw. (BMFSFJ 2001). Diese Ansätze werden nun unter dem Aspekt der öffentlichen Generationenbeziehungen ergänzt, gebündelt und durch Synergieeffekte so verbreitet, damit ein weiterer Beitrag zu einem neuen Wohlfahrtsmix geleistet werden kann.

Dabei versucht das Aktionsprogramm mit seinem sozial integrativen Ansatz, unabhängig von der sozialen, kulturellen oder beruflichen Situation der Menschen, ein Solidarnetz zwischen den Generationen herzustellen. Es richtet sich nicht primär an benachteiligte Kinder, Jugendliche und Erwachsene, sondern will Kontakte stiften zwischen benachteiligten Zielgruppen und denjenigen, die sozial, kulturell und beruflich integriert sind. Der Ansatz fördert Situationen, in denen unterschiedliche Ressourcen, Fähigkeiten und Interessen von den Menschen wahrgenommen und sichtbar werden durch die Möglichkeiten des Austauschs und der Unterstützung untereinander.

Dafür werden Träger, Verbände, Vereine, Stiftungen, Einrichtungen, Gebietskörperschaften und soziale Unternehmen eingebunden, die mit ihren spezifischen Tätigkeitsfeldern das gesamte Spektrum der sozialen Dienstleistungen abdecken. Das Programm fordert sie auf, ihr Wissen und ihre Angebotspaletten zu erweitern, d. h. ihre vorhandenen Angebote im Sinne des Zusammenwirkens der Generationen zu ergänzen und damit auch zu reformieren. Vor diesem Hintergrund stellt das Aktionsprogramm eine bisher noch nicht da gewesene Plattform zur Verfügung, auf der die gesamte Palette der sozialen Dienstleistungen miteinander in Verbindung gebracht werden kann. Es fordert alle beteiligten Disziplinen auf, sich über den eigenen fachlichen Horizont hinaus auszutauschen und von dem jeweiligen Know-How der anderen zu profitieren. Damit wird ein Modernisierungsprozess in Gang gesetzt, der über die fachlichen Grenzen der jeweiligen Institutionen und Disziplinen hinaus reicht.

Mehrgenerationenhäuser als soziales Labor vielfältiger Beziehungen

Das Aktionsprogramm ist gleichzeitig aber auch ein soziales „Labor", das die vielfältigen Beziehungen zwischen Haupt- und Ehrenamt, Dienstleistern und Nutzern von Dienstleistungen, Professionellen und Laien, Erwerbstätigen und Nichterwerbstätigen, sozial benachteiligten und gut positionierten Menschen in vielerlei Hinsicht neu mischt und weiter entwickelt. Grundlage hierfür ist ein offener Treffpunkt als Herzstück eines jeden Mehrgenerationenhauses, der einen niederschwelligen Zugang für alle Interessenten ermöglicht. Dieser offene Treff dient auch dafür, dass sich Menschen nicht nur begegnen, sondern auch interessiert dafür werden, sich hier freiwillig zu engagieren.

Ein weiteres Merkmal eines Mehrgenerationenhauses ist die Zusammenarbeit von haupt- und ehrenamtlichen Kräften auf gleicher Augenhöhe. Das bedeutet, freiwillig Engagierte in ihrem Potenzial zu erkennen, sie zu motivieren und in die Angebotsgestaltung aktiv einzubeziehen. Damit wird gewährleistet, dass auch das Wissen und die Kompetenzen der freiwillig Engagierten zum Tragen kommen und weitergegeben werden können.

Aber nicht nur passende Angebote für sich zu finden macht den Reiz des Mehrgenerationenhauses aus, sondern auch hier Hilfestellung und Entlastung für den eigenen Alltag zu finden. Dies kann in Form von Mittagessenangeboten sein, Fahrtdiensten, haushaltsnahen Dienstleistungen, aber auch Betreuungsangebote sowohl für Kinder als auch für ältere Menschen. Gerade im Bereich dieser Form von Dienstleistungen und Hilfestellungen kommt es zum Solidaritätsaustausch zwischen den Generationen, sowohl Jung für Alt, Alt für Jung als auch insbesondere der älteren Generation gegenüber der mittleren Generation.

Ein Beispiel sind die Betreuungsangebote für Kinder, die mehrheitlich eine Ergänzung zur institutionellen Betreuung darstellen, z. B. durch stundenweise flexible Betreuung, Notfallbetreuung, Hausaufgabenbetreuung bis hin zur Vermittlung von sog. Großelterndiensten, die eine Entlastung der Eltern ermöglichen. Diese Angebote bieten durch die Einbeziehung der älteren Generation, so z. B. bei Hausaufgabenbetreuung, bei Lernpatenschaften, bei Mentorenaufgaben und den erwähnten Großelterndiensten, auch die Möglichkeit, von älteren Menschen zu lernen. Das Mehrgenerationenhaus bietet dafür eine Plattform, so z. B. durch die Vermittlung der Kontaktaufnahme und der Begleitung der Angebotsgestaltung und trägt damit auch zur Qualitätssicherung in dem sensiblen Bereich bei. Damit wird aber auch sehr konkret die Solidarität zwischen den Generationen jenseits der Familie ermöglicht.

Auch die Vernetzung eines Mehrgenerationenhauses in sein lokales Umfeld ist ein zentrales Handlungsfeld. Hierbei geht es darum, ergänzend zu den vorhandenen Infrastrukturangeboten Lücken im Angebotsbereich zu erkennen und zu schließen. Dabei spielt die lokale Wirtschaft eine wichtige Rolle, einerseits als Abnehmer von Dienstleistungen, die ein Mehrgenerationenhaus anbietet, andererseits als Förderer in Form von Spenden, Patenschaften und Unterstützung im Sinne von Corporate Social Responsibility.

Mehrgenerationenhäuser als neue Form des Wissenstransfers und der Generierung von neuem Wissen

Noch nie war es möglich – und dies ist den neuen Technologien wie Internet, Telefonkonferenzen und ihrem konsequenten Einsatz in dem Projekt geschuldet – 500 Mehrgenerationenhäuser und ihre Maßnahmen (es handelt sich um mehr als 10.000 unterschiedliche Angebote vom Mittagstisch bis zur intergenerationellen Disco) gleichzeitig quasi in Echtzeit sichtbar zu machen. Dabei werden die relevanten Akteure miteinander ins Gespräch gebracht, das angesammelte Wissen rasch und effektiv bundesweit, träger- und regionenübergreifend transportiert und interpretiert. Neue Instrumente wie z. B. das Selbstmonitoring und das daraus abgeleitete benchmark (einem Rankingsystem) ermöglichen auch zeitnahe Feedback-Schleifen. Sowohl Misserfolge als auch Erfolge, große Trends und einzelne Sonderentwicklungen lassen sich rasch ablesen – und zwar nicht nur von Experten, sondern insbesondere von den beteiligten Häusern selbst. Es wird schnell sichtbar, welche der positiven Hypothesen und Erwartungen sich einlösen lassen, wo Handlungsbedarf besteht, wo Erwartungen unerfüllbar sind oder ganz neue Trends entstehen. Statt einer Addition einzelner Projekte – eher locker verknüpft durch Geldströme, gelegentliche Konferenzen und Beratung – wie dies in bisherigen Programmen meist der Fall ist, entsteht hier ein hoch dynamisches Wechselgefüge von Institutionen und Wissenstransfer.

Freiwilligenengagement auf „gleicher Augenhöhe" ist konstitutiv für Mehrgenerationenhäuser

500 Mehrgenerationenhäuser sind zugleich 500 Anlaufstellen für bürgerschaftliches Engagement und dies flächendeckend, da in jedem Landkreis, jeder kreisfreien Stadt mindestens ein Mehrgenerationenhaus etabliert wurde. Der Grundsatz, jede, jeder kann sich einbringen und für sich eine passende Aufgabe finden, basiert auf dem Grundgedanken, dass jedes Alter etwas zu bieten hat (BMFSFJ 2005). Diese Potenziale werden in den Mehrgenerationenhäusern aufgegriffen und genutzt, denn niemand ist zu alt, um zu lernen – in der Gemeinschaft und im Umgang miteinander. Deshalb ist konstitutiv, dass Aufgaben in einem Mehrgenerationenhaus aus einem Personalmix von fest Angestellten und freiwillig Engagierten übernommen werden und zwar „auf gleicher Augenhöhe". Idealtypisch bedeutet das eine Zusammenarbeit bei flacher Hierarchie, mit gleichem Stimmrecht bei Entscheidungen. Grundlage dafür ist ein Verständnis der Führung eines Mehrgenerationenhauses, das sich neben dem Einsatz moderner Instrumente vor allem durch Transparenz, Mitbeteiligung und Wertschätzung auszeichnet. Hauptkriterium der Mitarbeit ist somit nicht eine bestimmte Professionalität, sondern die Bereitschaft, sich aktiv einbringen zu wollen und dass, was als Lebenserfahrung und Kompetenzen mitgebracht wird, akzeptiert und anerkannt wird. Hierbei haben professionelle Kräfte vor allem die Aufgabe, Ansprechperson und Koordinator zu sein, d.h. mehr unterstützend als gestaltend zu wirken. Um dies zu ermöglichen, wird im Rahmen der Förderung des Aktionsprogramms eine Koordinatorenstelle ermöglicht.

Mit diesem Ansatz der Zusammenarbeit wird ein kontrovers diskutiertes Thema der Selbsthilfebewegung seit den 1970er Jahren aufgegriffen (Erler 2001). Auch damals stellte sich schon die Frage, wie sich die Zusammenarbeit von „Laien und Professionellen" gestalten kann ohne für die professionelle Seite bedrohlich zu sein. So z.B. wenn „Laien" etwas Ähnliches tun, wozu es eine längere professionelle Ausbildung bedarf, wie z.B. bei Angeboten der Kinderbetreuung. Die Begrifflichkeit des Laien ist dabei nur bezogen auf die meist nicht vorhandene fachlich-pädagogische Ausbildung, oft steht hinter der Laienarbeit ja ein ähnlich qualifiziertes oder z.T. noch höher qualifiziertes Berufsfeld. Entscheidend dabei ist aber, nicht ausschließlich auf diese Fachlichkeit zu rekurrieren, sondern das Alltags- und Erfahrungswissen aufzugreifen und bei den Aktivitäten im Mehrgenerationenhaus nutzbar zu machen (Gerzer-Sass 2001). Diese wurde meist informell im Laufe des Lebens erworben und mit diesem Ansatz können auf der Systemebene die Nachbarschaftshilfe, die Selbsthilfe und die professionellen Dienste zusammengeführt werden.

Freiwilligenengagement auf „gleicher Augenhöhe" – Wie sieht der Alltag in den Mehrgenerationenhäusern aus?

Das Spezifische in einem Mehrgenerationenhaus ist die Gleichzeitigkeit von leben, lernen, lehren und arbeiten. Das kann heißen, in einem für alle offenen Cafébetrieb ganz unverbindlich vorbeizuschauen und vielleicht ein Gespräch mit anderen Menschen zu führen, woraus sich eine lebenspraktische Beratung ergeben kann. Vielleicht auch sich die Angebote von unterschiedlichen Kursen oder Veranstaltungen näher anzuschauen bis hin zu der Möglichkeit, das Mehrgenerationenhaus nicht nur „passiv" zu nutzen, sondern auch aktiv mitzuarbeiten und selbst Angebote mitzugestalten oder anzubieten. Deshalb ruht die Arbeit in einem Mehrgenerationenhaus auf mehreren Schultern, d.h auf Festangestellten, auf freiwillig Engagierten, auf Honorarkräften, auf Selbständigen und damit auf sog. „Bunten Teams". Die Vielfalt der Möglichkeiten erleichtert es außerdem, sich dort zu engagieren, wo die größten persönlichen Stärken liegen.

Die ersten Ergebnisse der Wirkungsforschung liegen inzwischen vor und geben einen ersten Einblick in den Alltag der Mehrgenerationenhäuser.

Welche Altersgruppen sind engagiert?

Alle Altersgruppen sind als freiwillig Engagierte vertreten, aber die mittleren und älteren Erwachsenen sind mit 63% am stärksten vertreten; die 20- bis 30-Jährigen mit gut 15%, die Jugendlichen mit 5%, die Senioren und Seniorinnen mit 16% und schließlich noch die Hochbetagten von über 85 Jahren mit immerhin 1%. Jede/r Fünfte, der sich engagiert, ist zwischen 50 und 65 Jahre alt und ist bis zu sechs Stunden in der Woche tätig (BMFSFJ 2008). Diese Gruppe ist fit, tatendurstig und hat einen reichen Schatz an Lebenserfahrung und Know-how. Sie ist auch diejenige, die häufig die neuen Angebote entwickelt. Das bedeutet, die Mehrgenerationenhäuser sind ein Feld, wo die Potenziale der älteren Generation sichtbar und nutzbar gemacht werden können. Aber auch jeder Fünfte unter dreißig Jahren ist engagiert. Die Nutzerbefragung 2008 weist noch auf ein anderes Phänomen hin, nämlich dass Jugendliche, die zu ihren eigenen Großeltern keinen Kontakt haben, hier im Mehrgenerationenhaus mit Seniorinnen und Senioren in Kontakt kommen und dies positiv sehen.

Im Durchschnitt gibt es 41 Aktive, wobei 28 Personen davon freiwillig Engagierte sind, d. h. 62 % der Aktiven in einem Mehrgenerationenhaus sind freiwillig Engagierte. Davon sind zwei Drittel mindestens einmal pro Woche in einem Mehrgenerationenhaus aktiv und dies gilt für die Mehrheit der Freiwilligen (60 %) schon länger als sechs Monate (BMFSFJ 2008).

Da sich die 500 Mehrgenerationenhäuser flächendeckend auf fast alle Landkreise und kreisfreien Städte in Deutschland verteilen, ergeben sich vielfältige regionale Unterschiede in der Gewinnung und Mitarbeit von freiwillig Engagierten. Unterschiede in Bekanntheitsgrad und Verankerung in der Region verstärken diese Differenzen. So gibt es Mehrgenerationenhäuser z. B. in Trägerschaften von Caritas, Diakonie, Rotes Kreuz oder Vereine wie Mütterzentren und Kirchengemeinden, die auf eine Vielfalt von freiwillig Engagierten auf Grund ihrer bisherigen Tätigkeiten zurückgreifen können. Andere Mehrgenerationenhäuser bauen diesen Ansatz erst systematisch auf. Hilfreich für den Aufbau zeigt sich der Wissens- und Know-how-Transfer in dem Programm, der es möglich macht, durch die Vernetzungsstrukturen voneinander zu lernen und sich untereinander zu beraten.

Wie wird „gleiche Augenhöhe" konkret umgesetzt?

Eine Möglichkeit ist, „gleiche Augenhöhe" über die Tätigkeitsfelder zu beschreiben. In einem Mehrgenerationenhaus können dies Verwaltungsaufgaben, Angebotsdurchführungen, Vernetzungsaufgaben, Unterstützungs- und Hilfsarbeiten bis hin zu einer Leitungsaufgabe sein. „Gleiche Augenhöhe" bedeutet somit, dass ein Angebotsspektrum für freiwillig Engagierte vorhanden ist, das vom Prinzip her alle Tätigkeiten ermöglicht wie auch bei Festangestellten.

Die Auswertungen durch das halbjährlich stattfindende Selbstmonitoring zeigen, dass die meisten Stunden von freiwillig Engagierten in einem Mehrgenerationenhaus für die Erbringung von Angeboten verwandt werden; das sind durchschnittlich 167 Stunden pro Woche. Damit liegt der Schwerpunkt des Engagements liegt bei fast 70 % im Bereich der Angebote und nur zu 17 % bei Unterstützungs/Hilfsarbeiten (BMFSFJ 2008). Dies ist insofern bedeutsam, da die Attraktivität, sich in einem Mehrgenerationenhaus zu engagieren, vor allem darin liegt, seine eigenen Fähigkeiten und Kompetenzen im Rahmen von Angeboten anderen zur Verfügung zu stellen und damit auch Verantwortung übernehmen zu wollen bzw. auch zu können. Dies ist die Grundlage dafür, gebraucht zu werden, eine Aufgabe zu haben und dies auch in Bezug auf Stundenzahl usw. selbst mit bestimmen zu können. Das Spektrum der Angebote reicht von Hausaufgabenbetreuung, stundenweiser Kinderbetreuung über Sprachkurse, Patenschaften bis hin zu

Angeboten im Bereich der haushaltsnahen Dienstleistungen wie z. B. ein Einkaufsservice. Das gilt sowohl für den städtischen wie auch dem eher ländlich geprägten Raum, wenn auch hier freiwillig Engagierte mehr mit Leitungs- und Vernetzungsaufgaben betraut sind. Im Durchschnitt ergibt sich eine Verhältnis von freiwillig Engagierten zu Festangestellten von zwei zu eins, d. h. zwei von drei Beschäftigten in einem Mehrgenerationenhaus sind freiwillig Engagierte. Ihr durchschnittlicher zeitlicher Einsatz beträgt 7 Stunden pro Woche (BMFSFJ 2008). Die Umsetzung von „gleicher Augenhöhe" – mit anderen Worten ausgedrückt „flache Hierarchien, Wertschätzung, Ressourcenansatz" – ist einer der wichtigsten Bausteine für die Attraktivität des Engagements in einem Mehrgenerationenhaus.

Was sind die Motive, sich in einem Mehrgenerationenhaus zu engagieren?

Intrinsische Motivation ist die Grundlage für das Engagement, nicht nur im Mehrgenerationenhaus, sondern auch in vielen anderen Bereichen des freiwilligen Engagements, wie dies der Freiwilligensurvey ermittelt hat (BMFSFJ, 2004). Die Nutzerbefragung 2008 im Aktionsprogramm bestätigt dies und zeigt auf, dass vor allem der Kontakt zu anderen Menschen mit 84% das Hauptmotiv darstellt, sich zu engagieren. Aber auch Freude und Begeisterung für die Arbeit mit 82% und wirkliches persönliches Interesse mit 59% spielen für das Engagement eine wichtige Rolle. Besonders hervorzuheben ist aber das Spezifische des Mehrgenerationenhauses, nämlich einen Beitrag zum Zusammenhalt der Generationen hier leisten zu können. Dies ist für jeden zweiten Freiwillig Engagierten ein zentrales Motiv. Das eröffnet einen neuen Blick auf die Bereitschaft zur Generationensolidarität jenseits von familiären Bezügen.

Wie sieht die Unterstützung der freiwillig Engagierten aus?

Die Zusammenarbeit zwischen fest Angestellten und freiwillig Engagierten bieten auch die Grundlagen für professionell angeleitete Strukturen des Engagements. Das bedeutet, freiwillig Engagierte werden von Fachkräften angeleitet und unterstützt bis hin zu regelmäßigen Reflexionsgesprächen, Weiterbildung und Qualifizierungsmaßnahmen. Damit ist ein Rahmen gegeben, der nicht nur ermöglicht, dass sich die freiwillig Engagierten wohl fühlen, ihre Arbeit anerkannt wird, sondern auch, dass die Menschen eine Bindung zu ihrer Arbeit und dem Mehrgenerationenhaus aufbauen. Die professionelle Begleitung ist damit ein unverzichtbarer Baustein für eine gelungene Einbindung von freiwillig Engagierten und kostet sowohl Zeit als auch Geld – Zeit, für eine gute Begleitung und auch Geld für Qualifizierungsmöglichkeiten von freiwillig Engagierten.

Kultur der Anerkennung – Wie sieht das „Dankeschön"
für freiwillig Engagierte aus?

Die Kultur der Anerkennung setzt sich aus verschiedenen Facetten zusammen, wobei die Mehrgenerationenhäuser je nach Situation vor Ort unterschiedliche Schwerpunkte setzen. Allen gemeinsam aber ist die partnerschaftliche Beteiligung an allen Bereichen des Mehrgenerationenhauses. Dies wird auch von den freiwillig Engagierten im Rahmen der Nutzerbefragung 2008 als wichtigster Punkt genannt. Hierbei wird die Wertschätzung für ihr Engagement deutlich. Vielfältige Veranstaltungen zur Würdigung, sei es mit oder ohne Zertifikate und kleinere Geschenke sind ein zweiter wichtiger Beitrag zur Wertschätzung der geleisteten Arbeit. Die zunehmende Kultur der Zertifizierung hilft vor allem jüngeren Menschen, wenn darin die geleisteten Tätigkeiten mit ihren Anforderungen und den dafür notwendigen Kompetenzen aufgeführt sind. Aber auch für ältere Menschen haben Zertifikate einen wichtigen Stellenwert, vor allem dann, wenn damit im Rahmen der Überreichung eine gewisse Statuserhöhung verbunden ist. Auch Sachleistungen, sei es in Form von Aufwandsentschädigungen, Vergünstigungen bis hin zu kleinen Honoraren sind ein wichtiger Anerkennungsfaktor ebenso wie Angebote im Bereich der Weiterbildung, des Coaching und der Supervision. Das Aktionsprogramm ermöglicht bzw. fördert diese vielfältigen Formen und erhebt somit nicht den „ideologischen" Anspruch, nur eine Form der Wertschätzung sei die Richtige.

Welche neuen Impulse können Mehrgenerationenhäuser für die Stärkung der Zivilgesellschaft geben?

Jenseits der privaten Generationenbeziehungen in familiären Zusammenhängen ist es bisher in den meisten sozialen Projekten durch die immer stärker werdende gruppenspezifische Ausdifferenzierung von Angeboten in der Regel nicht möglich, dass verschiedene Generationen tatsächlich zusammentreffen und sich begegnen. Dazu bedarf es Gelegenheitsstrukturen, die über alltagspraktische Angebote eine intergenerationale Beziehungsaufnahme ermöglichen. Deshalb setzt das Programm an der systematische Öffnung vorhandener Institutionen hin zu den vier Lebensaltern an, wobei ein aktiv gestalteter „offener Treff" als Kristallisationspunkt von Begegnung jeweils zwingende Voraussetzung ist. Querverbindungen zwischen informellen und formellen Lernorten schaffen „intelligente" Gelegenheitsstrukturen, die für die unterschiedlichen Generationen „Win-Win"-Situationen möglich machen. Das Zusammenführen von professionellen Strukturen und freiwilligen Engagement – wobei gerade die ältere Generation, die aus dem aktiven Erwerbsleben ausgeschieden ist, eine hohe Bereitschaft des freiwilligen Engagements mitbringt – schafft auch neue Solidarpotenziale gegenüber denjenigen, die Unterstützung dringend brauchen, wie z.B. Jugendliche und Familien in der „Rush Hour" ihres Lebens, der Phase der Familiengründung und Placierung auf dem Arbeitsmarkt (BMFSFJ 2006).

Literatur

Beckmann, Markus 2007: Corporate Social Responsibility und Corporate Citizenship. Eine empirische Bestandsaufnahme der aktuellen Diskussion über die gesellschaftliche Verantwortung von Unternehmen. Wirtschaftsethik Studie 2007-1. des Lehrstuhls für Wirtschaftsethik an der Martin-Luther-Universität Halle-Wittenberg. Herausgegeben von Pies, Ingo. Halle.
Bundesministerium für Familie, Seniore, Frauen und Jugend 2001: Familienselbsthilfe und ihr Potential für eine Reformpolitik von „unten". Materialien zur Familienpolitik Nr. 15. Berlin.
Bundesministerium für Familie, Seniore, Frauen und Jugend 2005: Fünfter Bericht zur Lage der älteren Generation in der Bundesrepublik Deutschland „Potenziale des Alters in Wirtschaft und Gesellschaft. Der Beitrag älterer Menschen zum Zusammenhalt der Generationen". Berlin.
Bundesministerium für Familie, Seniore, Frauen und Jugend 2006: Siebter Familienbericht „Familien zwischen Flexibilität und Verlässlichkeit". Berlin.
Bundesministerium für Familie, Seniore, Frauen und Jugend 2008: Erste Ergebnisse der Wirkungsforschung im Aktionsprogramm Mehrgenerationenhäuser. Berlin.
Braun, Sebastian 2008: Gesellschaftliches Engagement von Unternehmen in Deutschland. In: Aus Politik und Zeitgeschichte, Heft 31: 6–14.
Erler, Wolfgang 2001: Familienselbsthilfe und die Landschaft des Sozialen. In: Familienselbsthilfe und ihr Potential für eine Reformpolitik von „unten", Materialien zur Familienpolitik Nr. 15. Berlin.
Evers, Adalbert/Olk, Thomas (Hrsg.) 1996: Wohlfahrtspluralismus. Vom Wohlfahrtsstaat zur Wohlfahrtsgesellschaft. Opladen.
Gensicke, Thomas/Picot, Sybille/Geiss, Sabine: Freiwilliges Engagement in Deutschland 1999–2004. (Im Auftrag gegeben und herausgegeben vom Bundesministerium für Familie, Senioren, Frauen und Jugend). Wiesbaden.
Gerzer-Sass, Annemarie 2001: Initiativen und ihr Potential für die künftige Arbeitsgesellschaft. In: Familienselbsthilfe und ihr Potential für eine Reformpolitik von „unten". Materialien zur Familienpolitik Nr. 15. Berlin.
Ramboll-Management 2008: Nutzerbefragung im Rahmen des Aktionsprogramms Mehrgenerationenhäuser – unveröffentlichtes Manuskript. Berlin.

Irmgard Teske

Formen lokaler Infrastruktureinrichtungen

Nachbarschaftshäuser, Mütterzentren/Familientreffs,
Bürgerbüros, lokale Anlaufstellen für Bürgerengagement

Bürgerschaftliches Engagement wird vor allem an der Schnittstelle, wo die Privatsphäre auf den öffentlichen Raum trifft, gelebt. Eine Verschmelzung des öffentlichen und privaten Raums kann bei Nachbarschaftshäusern und Mütterzentren beobachtet werden. Hier wird das „Private" öffentlich und das „Öffentliche" privat. Aktionen der Bundesregierung vom Programm „Soziale Stadt" bis hin zum „Lokalen Bündnis für Familien" und dem Aktionsprogramm „Mehrgenerationenhäuser" bündeln bürgerschaftliches Engagement für und von Familien. Hier werden private und öffentliche Interessen ausgebaut, vernetzt und weiterentwickelt. Die Wiederentdeckung von Nachbarschaft und Gemeinschaft mit den Schlagworten Mitverantwortung und Mitgestaltung als Gegenpol zu Entfremdung, Enttraditionalisierung und Vereinzelung soll zur Stärkung einer Bürger- bzw. Zivilgesellschaft beitragen.

Auf welchen Traditionslinien dabei aufgebaut werden kann, soll im Folgenden deutlich werden.

Erste Annäherung: Lebenswelt als Rahmen, in dem sich soziale Integration vollzieht

Für Habermas ist die Lebenswelt der Rahmen, in dem sich soziale Integration vollzieht. Er unterscheidet dabei zwischen den drei strukturellen Komponenten Kultur, Gesellschaft und Persönlichkeit, die sich historisch herausgebildet haben:

- Lebenswelt enthält einen kulturellen Wissensvorrat der Wert- und Deutungsmuster als gemeinsame Wissensbasis zur Bewältigung der Alltagspraxis;
- Lebenswelt stiftet und regelt durch einen Grundbestand fraglos anerkannter Normen soziale Ordnung und interpersonale Beziehungen;
- Lebenswelt bildet den Hintergrund von Sozialisationsprozessen, die den Einzelnen für eine realitätsgerechte Teilnahme an Interaktionen befähigen, das heißt, sie stiftet personale Identität (Schneider 2005: 212–217).

Thiersch geht davon aus, dass herkömmliche Orientierungsmuster und ein allgemein akzeptiertes „Alltagswissen" ihre Gültigkeit verloren haben und sich infolge dessen vielfältige Formen der Alltagsbewältigung gebildet haben. Alltag bedeutet in seiner sozialen, zeitlichen und räumlichen Überschaubarkeit, dass Menschen sich als Subjekte mit eigenen Erfahrungen und Aufgaben wahrnehmen und sich in einem sozialen Umfeld bewegen. Die Bewältigung der Aufgaben, die der Alltag stellt, ist nur möglich mit Regeln und Routinen. Der Alltag ist für Thiersch Ansatzpunkt für eine *Hilfe zur Selbsthilfe*, indem Lebensmöglichkeiten freigesetzt, stabilisiert und Randbedingungen verändert werden: „Lebensweltorientierung meint damit eine ganzheitliche Wahrnehmung von Lebensmöglichkeiten und Schwierigkeiten, wie sie im Alltag erfahren werden" (Thiersch 1995: 24).

Zweite Annäherung: Sozialraum – eine Orientierung an Ressourcen des sozialen Nahraums

Eng verknüpft mit dem Begriff der Lebenswelt eine Orientierung auf den Sozialraum. Die Ursprünge des Begriffs Sozialraum beziehen sich auf systematische Analysen moderner Städte durch die Chicagoer Schule in den 1920er Jahren. Diese griff Überlegungen von Georg Simmel zum absolutistischen Raumverständnis auf. Danach wird der Raum „erst über die gesellschaftliche Tätigkeit des Menschen zum Sozialraum und wirkt dann als solcher sozial zurück" (Böhnisch 2003: 171). Für Simmel ist die Gestaltung des Raumes durch soziales Handeln bzw. den „Gestaltungen des Gemeinschaftslebens" von Interesse, nicht aber der Raum per se (Simmel 1992: 222). Raum gewinnt also durch menschliches Handeln, welches nach Simmel auf Empfindungen und Vorstellungen beruht, an Bedeutung.

Dies sind erste systematische Ansätze, den sozialen Nahraum gestaltbar und somit als Ressource für Menschen nutzbar zu machen. Konkret umgesetzt wurden diese Ansätze in den Settlements und Nachbarschaftsheimen. Nicht von ungefähr ist eine enge Verbindung von Jane Addams[1] und der Chicago School festzustellen.

Lebenswelt und Sozialraum sind somit immanent für lokale Engagementförderung.

---

[1] Jane Addams, amerikanische Sozialreformerin des 19. und 20. Jahrhunderts, gründete 1889 in einem Chicagoer Elendsviertel das erste Settlement House der USA, eine sozial- und bildungspolitische Einrichtung, die sie bis zu ihrem Tod leitete.

Nachbarschaften und ihr Beitrag zur sozialen Kohäsion

Nachbarschaft – eine Gemeinschaft des Ortes[2]

Lebenswelt und Sozialraum haben vor allem in den traditionellen Nachbarschaften eine große Schnittmenge. Mit *Nachbarschaft* wird eine soziale Gruppe bezeichnet, deren Mitglieder primär wegen der Gemeinsamkeit des Wohnortes miteinander interagieren. In vorindustriellen Städten und Dörfern waren Nachbarschaften formell institutionalisiert (Pumpennachbarschaften, Deichschutz, Feuerwehr z. B.) und erfüllten Aufgaben der infrastrukturellen Versorgung und Sicherung, beispielsweise Hilfe in Not, in Katastrophenfällen, Unterstützung in schwierigen familiären Situationen (Hamm 1989: 463).

Eines der vorgenannten Beispiele, das für das *traditionelle* Verständnis von Nachbarschaft steht, sind *Pumpennachbarschaften*. Diese gab und gibt es vor allem am Niederrhein und in Westfalen. Sie gehen auf die Zeit vor der Erschließung der Wohngebiete mit fließendem Wasser zurück und haben vorindustriell-genossenschaftliche Züge. Es gab pro Straßenzug oder Häusergemeinschaft eine mechanische Wasserpumpe, mit der die Anwohner ihr tägliches Trinkwasser aus dem Grundwasser hochpumpen konnten. Vor der Bildung kommunaler Feuerwehren waren es die Pumpennachbarn, die einander bei Bränden halfen. Für das tadellose Funktionieren dieser für alle so wichtigen Pumpe war ein sogenannter *Pumpenmeister* zuständig.

Neben der primären Aufgabe zur Sicherstellung der Trinkwasser- und Löschwasserversorgung, stellte die Pumpe – wie in anderen Kulturen heute noch – ein soziales Zentrum dar. An der Pumpe wurden Neuigkeiten ausgetauscht und Probleme erörtert. Somit stellte die Pumpennachbarschaft eine soziale Gemeinschaft für die Anwohner dar.

Mit der Erschließung der Wohngebiete hat sich die Bedeutung der Pumpennachbarschaften auf den sozialen Aspekt reduziert. So findet sich in heutigen Pumpennachbarschaften auf einem eigens reservierten Grundstücksstreifen in der Regel noch eine liebevoll betreute Pumpe, die manchmal sogar richtiges Grundwasser zieht. Doch wird diese höchstens noch zu den regelmäßigen Nachbarschaftsfesten in Betrieb genommen. Das Aufgabengebiet des Pumpenmeisters hat sich auf den Teilaspekt der Organisation von Festen reduziert. Geblieben ist in vielen Pumpennachbarschaften ein ausgeprägter nachbarschaftlicher Gemeinschaftssinn in Rat und Tat.

---

[2] *Nachbarschaft* ist in der soziologischen Theorie von Ferdinand Tönnies das Beispiel für eine „Gemeinschaft des Ortes". Auf Tönnes geht die Untersuchung über den grundsätzlichen Unterschied zwischen Gemeinschaft (Wesenswille = das Kollektiv als Zweck) und Gesellschaft (Kürwille = das Kollektiv als Mittel zum eigenen Nutzen) zurück. Er unterschied zwischen „Gemeinschaften des Blutes" (Verwandtschaft) und „des Ortes" (Nachbarschaft) und „des Geistes" (Freundschaft, Genossenschaft) (Hettlage 1989, S. 232).

Bei dieser Form der Nachbarschaftshilfe handelt es sich um eine gegenseitige, *unter Nachbarn gewährte Form der Hilfe und Unterstützung*, bei der auf Entgelt in Form einer Geldzahlung verzichtet und stattdessen Gegenleistungen in ähnlicher Form erbracht werden. *Nachbarschaftshilfe* ist üblicherweise ein gewohnheitsmäßiges und wenig formalisiertes Instrument sozialer Gemeinschaften zur Bewältigung von individuellen oder gemeinschaftlichen Bedürfnissen, Notlagen und Krisen. *Kennzeichen* dieser Gemeinschaften sind somit sozialer Zusammenhalt und gegenseitige Unterstützung. *Voraussetzung* für diesen sozialen Zusammenhalt und für diese gegenseitige Unterstützung sind *soziale Normen,* die auf einer latenten Bereitschaft der Nachbarn beruhen, solche Funktionen der Unterstützung wahrzunehmen. Bevor beispielsweise Hilfe und Unterstützung unter Nachbarn überhaupt zugelassen wird und Hilfenetzwerke greifen, ist es wichtig, dass sich die Nachbarn kennen, vertrauen und füreinander interessieren. Gemeinsame Aktivitäten sind eine Grundvoraussetzung für nachbarschaftliche Hilfe (Scholl 2008: 1).

Aktuelle Bedürfnislagen, die geforderte Gleichwertigkeit ausgetauschter Leistungen und die soziale Homogenität der Haushalte bestimmen darüber, ob, wann und in welchem Ausmaß sozialer Zusammenhalt und gegenseitige Unterstützung aktualisiert werden. Das geschieht daher auf höchst unterschiedliche Weise je nach sozialer *Schichtzugehörigkeit*, Stellung im *Lebenszyklus* und *ethnisch-kulturellem Hintergrund* (beispielsweise kann beobachtet werden, wie sich junge Familien in Neubauvierteln unterstützen oder Hilfen innerhalb ethnischer Gruppen stattfinden).

Die Gestaltung von nachbarschaftlichem, solidarischem Miteinander kann heute als komplexe Aufgabe verstanden werden. Zu einer gelebten Nachbarschaft gehören sowohl das persönliche Kennen und der Kontakt von Menschen, die im gleichen Haus, in der gleichen Straße wohnen, als auch ein solidarisches Miteinander, das nicht allein durch übergreifende Rituale zu bewerkstelligen ist. Rahmenbedingungen, die Begegnung ermöglichen und Hilfe und Unterstützung zulassen, gilt es zu gestalten.

Öffentlich inszenierte Nachbarschafts- und Selbsthilfekonzepte

Es geht also um die Frage: „Wie kann gelebte Nachbarschaft noch gelingen in Zeiten, in denen eine Orientierung durch Schicht, religiöse Zugehörigkeit, Alter, Einkommen und Geschlecht nicht mehr gegeben ist?" Nach Konrad Maier (1997) zeigen Erfahrungen im deutschen und internationalen Städtebau, dass sich in Neubaustadtteilen selbsttragende Beziehungs- und Hilfestrukturen nicht mehr von selbst entwickeln. Für den Freiburger Stadtteil Rieselfeld kann gezeigt werden, dass sich mit professioneller Unterstützung ein lebendiges Gemeinwesen und eine funktionierende Nachbarschaft entwickeln können.[3]

Organisierte Nachbarschaften am Beispiel der Nachbarschaftsheime

Organisierte Nachbarschaften haben in Deutschland eine lange Tradition. Eines der ersten Nachbarschaftsheime in Deutschland war das von engagierten Akademikern 1905 in Hamburg gegründete Hamburger Volksheim. In Berlin gab es analog die Soziale Arbeitsgemeinschaft Berlin-Ost. Schwerpunkte dieser Häuser waren Bildungs- und Jugendarbeit (Müller 1994, Bd. 1).

Die Neugründungen von Nachbarschaftsheimen nach dem Zweiten Weltkrieg sind in einem engen Zusammenhang mit der Quäker-Initiative von Hertha Kraus zu sehen. Vorrangiges Ziel der Nachbarschaftsheime war es, Fürsorge für sozial Benachteiligte zu gewähren. 1951 schlossen sich 12 Heime zum „Verband Deutscher Nachbarschaftsheime e.V."[4] zusammen. Mitte der 60er Jahre des vorigen Jahrhunderts verlagerte sich die Arbeit der bisher in traditionsreichen, innerstädtischen Arbeiterquartieren tätig gewesenen Nachbarschaftsheime auf die Trabentenstädte am Rande der Großstadt (Müller 1992, Bd. 2: 109). Die heute noch existierenden Nachbarschaftsheime (z.B. Nachbarschaftsheim Neukölln e.V.; Nachbarschaftshaus Urbanstraße Berlin, Nachbarschaftsheim Steglitz e.V.; Quäker Nachbarschaftsheim e.V., Köln) sind soziale Einrichtungen in einem Wohnviertel/Kiez oder Stadtteil mit vielfältigen Angeboten und Aktivitäten[5]. So weist das Nachbarschaftsheim Schöneberg darauf hin, dass Grundlage der Angebote die Bedürfnisse und Wünsche der Nachbarschaft sind. Bürgerbeteiligung und die Bereitstellung von Dienstleistungen (beispielsweise Kindertagesstätten, ambulante Krankenpflege, Unterstützung bei der Jugend- und Familienarbeit) gehören zum Hauptanliegen des Nachbarschaftsheims Schöneberg[6]. Einige dieser Häuser, wie beispielsweise das Nachbarschaftsheim Wuppertal e.V.[7], sind im Programm Soziale Stadt und/oder nehmen am Aktionsprogramm „Mehrgenerationenhaus" teil.

Am Beispiel der Nachbarschaftsheime kann aufgezeigt werden, wie aus privaten Initiativen mit fürsorgerischem und pädagogischem Anspruch Orte von und für Bürgerinnen und Bürger werden, die neben einem Dienstleistungsangebot vor allem den Bürgergedanken realisieren und sich auf die traditionelle Idee der Alltagssolidarität berufen.

---

3 Vergleichbare Erfahrungen wurden mit der Quartiersarbeit in einem Stadtteil von Villingen-Schwenningen gemacht (Gögercin/Teske (2000).
4 Heute „Verband für sozial-kulturelle Arbeit" mit ca. 40 Mitgliedern.
5 Oftmals auch Träger von Kinder- und Altentagesstätten und Beschäftigungsinitiativen
6 http://www.nachbarschaftsheim-schoeneberg.de/verein/indexO1d.shtml, Zugriff vom 25.02.09
7 www.nachbarschaftsheim-wuppertal.de

Von Mütterzentren zu Familienzentren

Lange vor der Kinderladenbewegung organisierten Bäuerinnen und Arbeiterfrauen kollektive Beaufsichtigungsmöglichkeiten für ihre Kinder, um Erwerbstätigkeit und Kinderbetreuung zu vereinbaren (Reyer 1992: 49). *Hier sind bereits erste Ansätze der Selbsthilfe zu erkennen, bei der die Erwerbstätigkeit und Versorgung der Kinder im Zentrum stehen.*

Kinderladenbewegung – Geburtsstunde der Eltern-Kind-Gruppen[8]

Als Geburtsstunde der Kinderläden sind die Vorbereitungen der linken Studentenbewegung in Berlin im Januar 1968 auf den Vietnam-Kongress zu sehen. Junge Mütter suchten nach Möglichkeiten, sich intensiver politisch zu beteiligen. Dies erforderte eine Neuregelung der Kinderbetreuung. Bereits im Mai 1968 wurden „Kinderläden" in den Bezirken Neukölln und Schöneberg errichtet. Der Berliner Senat unterstützte im gleichen Jahr drei Kinderläden mit 80.000 DM, da es sich „um interessante Modelle der Kindererziehung" (von Werder 1977: 35) handelte.

Die ersten alternativ entstandenen Kindertageseinrichtungen sollten neben der praktischen Kinderbetreuung eine Veränderung in der Erziehung bieten, denn in den bestehenden Kindergärten waren die Plätze knapp[9] und die Einrichtungen entsprachen in keiner Weise den emanzipatorischen Vorstellungen der (studentenbewegten) Eltern. Eigene, in Selbsthilfe organisierte Projekte wurden somit notwendig, so dass sich seit den 1980er Jahren in der BRD viele Frauen in Elterninitiativen, Mütterzentren und Stillgruppen zusammenschlossen. Schmauch meint, dass Elterninitiativen in erster Linie „Ausdruck des Bestrebens von Frauen seien, ihre Interessen in den beiden Bereichen Familie und Berufsarbeit auf bestmögliche Weise miteinander zu verbinden bzw. ihren Spielraum zwischen den Anforderungen beider Bereiche zu erweitern" (1987: 31). Obwohl dieses Bestreben keinesfalls neu ist, so stellt dies eine kollektive Form dar, in der Frauen eine Lösung für ihre Situation suchen.

Mütterzentren als Versuch, weibliche Versorgungsarbeit aufzuwerten und Familienarbeit öffentlich zu machen

Parallel zu den Stillgruppen und Mutter-(Eltern)-Kind-Gruppen wurde das Konzept der Mütterzentren Ende der siebziger Jahre am Deutschen Jugendinstitut im Rahmen eines Forschungsprojektes zur Elternarbeit (1976–1980) entwickelt. Hintergrund dieser Untersuchung war ein Forschungsauftrag des Familienministeriums mit der Frage, warum Angebote der Familienbildung und der Elternarbeit weitgehend nur von einer kleinen bildungsorien-

---

8 Die Ausführungen beziehen sich auf die Situation in der BRD.
9 In den sechziger Jahren waren für nur ca. 30 % aller Kinder zwischen drei und sechs Jahren Plätze in Kindergärten vorhanden (Grossmann 1987, S. 86).

tierten Mittelschicht wahrgenommen werden (www.dji.de/cgi-bin/projekte/output.php?projekt=326, Zugriff am 15.02.09). Die Untersuchungen ergaben, dass ein „Zugang zu Unterschichtfamilien, eine Partizipation an öffentlichen Bereichen (...) nicht über Bildungsangebote läuft, sondern über selbstverdientes Geld, nicht durch hierarchische Strukturen, sondern durch den ‚Laien mit Laien'-Ansatz" (Tüllmann 1988: 16). Für Greta Tüllmann und Monika Jaeckel ist Elternarbeit dort am produktivsten, wo „Laien mit Laien arbeiten und somit ein wichtiges Potenzial von Selbsthilfe darstellt" (Tüllmann 1988: 14; Jaeckel 1997: 19–21).

Mütterzentren bieten den Zugang zur Öffentlichkeit, zu sozialen Kontakten, zu Selbstbestätigung und in einigen Zentren zu eigenem Einkommen. Mütterzentren bieten Raum für vielfältige Möglichkeiten: Kinder können mitgebracht und familienfreundliche Dienstleistungen in Anspruch genommen werden. Mütterzentren eröffnen einen anderen Zugang zu politischem Handeln. Es entsteht eine familienpolitische Lobby jenseits von Parteien und Verbänden (Jaeckel 2000: 167). Mütterzentren können als Familienselbsthilfe-Einrichtungen und Familienkompetenz-Zentren[10] gesehen werden (Pettinger 1988: 16).

In Mütterzentren besteht eine *Chance* im Perspektivenwechsel: es kann eine Änderung von der *Betroffenen-Perspektive zur Akteurs-Perspektive* stattfinden. Menschen erhalten die Chance, sich durch ihr Engagement im Mütterzentrum/Familienzentrum als wirksame Teilnehmerinnen der Gemeinschaft zu erleben. Sie lernen, zu Akteurinnen ihres Alltags zu werden. Das Handeln kann in modellhafter Weise auch unpolitische Personen von heute, morgen zur gesellschaftlichen Teilhabe motivieren. Insofern lernen die im Familienzentrum bewusst Beteiligten viel über die Wirksamkeit bürgerschaftlichen Engagements.

Die in den letzten zehn Jahren an vielen Orten erfolgte Neudefinition von Mütterzentren zu *Eltern-Kind-Zentren* oder *Familienzentren* verdeutlicht, dass Erziehungsaufgaben heute von Müttern und Vätern wahrgenommen werden, obwohl die Mehrzahl der Aktiven immer noch Frauen sind.

Für Mütterzentren und andere Familienselbsthilfeeinrichtungen ist es von besonderer Bedeutung, dass der Gesetzgeber der Idee der Selbsthilfe und Selbstorganisation von Müttern und Vätern und anderen Erziehungsberechtigten mit dem § 25 SGB VIII „Unterstützung selbstorganisierter Förderung von Kindern durch die Eltern" eine eigene Vorschrift widmet, die die Träger der Jugendhilfe verpflichtet, diese zu beraten und zu unterstützen (Rummel 2003: 8).

---

10 Vgl. Untersuchungen von Gisela Erler und Annemarie Gerzer-Sass zur Entwicklung einer Kompetenzbilanz von Frauen. Die Bedeutung informeller Lernorte im Zusammenhang mit der Familienzeit wird in dieser Studie aufgezeigt (Erler/Gerzer-Sass 2002, S. 11–17).

Familienzentren als Orte früher Hilfen

Familienzentren bieten die Chance, Treffpunkt und Anlaufstelle für bildungsferne Eltern zu sein. Es bedarf jedoch einer Unterstützung durch das System der öffentlichen Dienste, um Ausgrenzungen zu verhindern und Selbsthilfepotenziale von benachteiligten Familien zu entdecken und zu fördern. Gerade in den Anfangsphasen sollten freiwillig Engagierte im Sinne von „Empowerment" beraten, gefördert und unterstützt werden, damit sie befähigt werden, „ihre Ressourcen zu erkennen und zu nutzen und sich so in Entscheidungen über sich und ihre soziale Umgebung einzumischen" (Stark 1996: 17). Seit 1991 verwirklicht das Kreisjugendamt im Bodenseekreis neue Wege niedrigschwelliger Elternarbeit in der Zusammenarbeit mit engagierten Eltern. In den Kommunen gibt es dezentrale Anlaufstellen für Familien, sogenannte „*Familientreffs*", unter Leitung von Mitarbeiterinnen des Kreisjugendamtes. Diese arbeiten eng zusammen mit engagierten Eltern, Elterninitiativen und Eltern-Vereinen. Familientreffs werden definiert als „leicht zugängliche (niederschwellige), familienunterstützende und entlastende Einrichtungen. Familientreffs sind Teil der Sozialplanung der jeweiligen Kommune. Durch ein breit gefächertes Angebot besteht die Möglichkeit der (nachbarschaftlichen) Kontakt- und Kommunikationspflege sowie der Beratung, Bildung und Betreuung, welche die unterschiedlichen Ansprüche verschiedener Familien berücksichtigen, zur Stärkung der Erziehungskompetenz beitragen sowie Selbsthilfepotenziale und Vereinbarkeit von Familie und Beruf fördern" (Landratsamt Bodenseekreis 2009). Die Ressourcen der Familientreffs liegen bis heute vor allem in den Synergieeffekten der Zusammenarbeit von freiwillig engagierten (vor allem) Müttern und Vätern und den Mitarbeiterinnen des Kreisjugendamtes. Der Personalmix von Jugendamtsmitarbeiterin und eigenständig engagierten Eltern bietet Niedrigschwelligkeit für belastete Familien, Kontinuität und zuverlässige Beziehungsgestaltung. Durch Kooperationsvereinbarungen mit den Kommunen, dem Kreisjugendamt und den örtlichen Eltern-Vereinen werden langfristig Strukturen geschaffen, um die Nachhaltigkeit dieses Ansatzes zu gewährleisten.

Eltern und Kindern niedrigschwellige und ganzheitliche Hilfe durch Bildung, Beratung und Betreuung anzubieten ist auch eine Idee der Landesregierung von Nordrhein-Westfalen. Sie hat seit August 2008 mit dem flächendeckenden Ausbau von Kindertageseinrichtungen zu *Familienzentren* begonnen, um eine umfassende Familienförderung zu gewährleisten. Interessierte Kommunen werden ermuntert, sich um die Einrichtung eines Familienzentrums zu bewerben. Voraussetzung für eine Einrichtung als Familienzentrum ist das Gütesiegel „Familienzentrum Nordrhein-Westfalen"[11]. Das Gütesiegel wird als Steuerungsinstrument eingesetzt. Eine Einrichtung

---

11 Die Zertifizierung zum Familienzentrum erfolgt über PädQuis gGmbH, Berlin (vgl. http://www.familienzentrum.nrw.de/fileadmin/documents/pdf/inforundschreiben/info_fz_17_12_08.pdf.

muss in mindestens drei Leistungs[12]- und Strukturbereichen[13] die Gütesiegelfähigkeit erlangen, um das Gütesiegel zu erhalten. In vierjährigem Rhythmus wird das Gütesiegel geprüft und erneuert (Ministerium für Generationen, Familie, Frauen und Integration des Landes Nordrhein-Westfalen 2008). Erste Erfahrungen mit der Implementierung des Gütesiegels als trägerübergreifendes Verfahren deuten auf Skepsis und fachliche Kontroversen hin (Stöbe-Glossey 2008: 207). Aus den vorliegenden Veröffentlichungen ist nicht ersichtlich, in welchem Umfang vorhandene Eltern-Initiativen und Elternkompetenzen beim Ausbau von Kindertageseinrichtungen zu Familienzentren einbezogen werden.

An diesen und anderen Beispielen kann dargestellt werden, dass staatliche Programme[14] auf gesellschaftliche Veränderungen, wie beispielsweise eine veränderte Arbeitswelt, den demografischen Wandel und überforderte Nachbarschaften, reagieren. Sie betonen die Bedeutung des sozialen Nahraums – jedoch meist mit einer entsprechenden Verzögerung. Dabei gehen individuelle wie nachbarschaftliche, stadtteilbezogene Aktivitäten in „politische Vorstöße und sozialpolitische Reformaktivitäten" (…) über und machten (…) „private troubles" zu „public issues" (Staub-Bernasconi 1994: 44).

Förderung von Infrastruktureinrichtungen am Beispiel Baden-Württemberg

Politiker, Verbände und Verwaltungen betonen immer wieder, dass die Zukunftsfähigkeit unserer Städte und Gemeinden davon abhängen wird, wie viel Verantwortung Bürgerinnen und Bürger übernehmen werden. Deshalb sind Kommunen Adressaten sowohl von Bundes- als auch Landesprogrammen, wenn es gilt, gesellschafts- und sozialpolitische Ziele zu erreichen.

Spezielle Förderprogramme in verschiedenen Bundesländern, z.B. Rheinland-Pfalz, Hessen, Baden-Württemberg oder dem Saarland, unterstützen den Aufbau von BE-Prozessen in unterschiedlichen Zielgruppen, vernetzen verschiedene Akteure und etablieren eine Kultur der Anerkennung von Engagement.

Vorreiter vieler dieser Prozesse war und ist das Land Baden-Württemberg. Im baden-württembergischen Konzept zur Förderung bürgerschaftlichen Engagements lassen sich folgende Etappen nachzeichnen: der Aufbau von

---

12 Zu den Leistungsbereichen zählen z.B. Beratung und Unterstützung von Kindern und Familien, Familienbildung und Erziehungspartnerschaft.
13 Zu den Strukturbereichen zählen z.B. Sozialraumbezug, Kooperation und Organisation.
14 Programme wie Lokale Bündnisse für Familien (BMFSFJ), Mehrgenerationenhaus (BMSFFJ), Baden-Württemberg Kinderland etc. (vgl. auch Beitrag von Gerzer-Sass zum Mehrgenerationenhaus in diesem Band)

Seniorengenossenschaften von 1990 bis 1994, die Einrichtung von Bürgerbüros von 1993 bis 1996, die Etablierung kommunaler, generationenübergreifender Anlaufstellen für Bürgerengagement von 1996 bis 2000 und die Entwicklung neuer kommunale Vernetzungsmodelle ab 1999 (Hummel 2000: 320).

Vor allem das 2001 vom Städte- und Gemeindetag Baden-Württemberg und dem Ministerium für Arbeit und Soziales gegründete Gemeinde- und Städtenetzwerk „Landesnetzwerk Baden-Württemberg[15]„ hat als Ziel „Bürgerschaftliches Engagement in Städten und Gemeinden zu fördern, die Netzwerkmitglieder bei der Verankerung Bürgerschaftlichen Engagements innerhalb der kommunalen Politik zu unterstützen und neue Impulse für bürgerschaftlich engagierte Projekte auf kommunaler Ebene zu geben" (www.Gemeindetag-bw.de/php/index.php?d=0action=gemeindenetzwerkbw, Zugriff vom 10.02.09). Die Verantwortung liegt bei der Dachorganisation, dem Städte-bzw. Gemeindetag, und der Fachebene, der Fachberatung und den Fachkräften vor Ort, sowie einer Stabsstelle Bürgerengagement und Freiwilligendienste mit einer interministeriellen Arbeitsgruppe Bürgerengagement im Ministerium für Arbeit und Soziales Baden-Württemberg. Im Mai 2008 waren bereits knapp 100 Städte und Gemeinden Mitglieder im Landesnetzwerk.

Lokale Anlaufstellen als Herzstück einer Engagementförderung

Bei den über 100 existierenden Ehrenamtsbüros, Freiwilligenbörsen oder Geschäftsstellen in BW finden Menschen, die sich engagieren möchten, eine Anlaufstelle für eine für sie geeignete Aufgabe. Ein Spezifikum dieser Anlaufstellen ist, dass nicht nur Vermittlung, sondern auch Beratung und Fortbildung zu ihren Aufgaben gehören. Schließlich erhalten Verbände und Kommunen durch Anlaufstellen Unterstützung und Know-how. Nicht zuletzt ermöglichen Anlaufstellen Kooperationen zwischen engagierter Bürgerschaft, Kommunalverwaltung, Gemeinderat, freien Trägern und Unternehmen und damit neue Formen gemeinsamer Verantwortungsübernahmen für kommunale Aufgaben und eine neue Lebensqualität (Ross et al. 2004: 28).

---

15 Die fachliche Begleitung des Gemeindenetzwerks erfolgte bis Mai 2008 vom Zentrum für zivilgesellschaftliche Entwicklung an der Evangelischen Fachhochschule Freiburg und wird seit dieser Zeit vom Institut für angewandte Sozialwissenschaften an der Dualen Hochschule Baden-Württemberg in Stuttgart geleistet. Schwerpunkte sind eine fachliche Beratung zu örtlichen Entwicklungsprozessen, Organisation von Fachveranstaltungen und Informationsgespräche zum Bürgerschaftlichen Engagement (http://www.sozialministerium.de/sixcms/detai8l.php?id=105764print=true, Zugriff 10. Februar 2009).

Erfahrungen aus der Arbeit der Anlaufstellen zeigen, dass Engagementförderung dann erfolgreich ist, wenn Motive zum Engagement der Freiwilligen beachtet werden, wenn bekannt ist, was Menschen von einem Engagement abhält und wenn die Rahmenbedingungen für das Engagement stimmen. Dazu gehört, dass die Anlaufstelle

- Teil einer politisch gewollten kommunalen Gesamtstrategie zur Förderung von BE darstellt,
- ein breites Spektrum von Aufgaben erfüllt,
- mit Personal- und Sachressourcen für eine professionelle Arbeit ausgerüstet ist
- eine neutrale, breit akzeptierte Trägerschaft aufweist
- mit allen am Ort Engagierten zusammenarbeitet, eine differenzierte und klare Organisationsstruktur hat und in überörtliche Netzwerke eingebunden ist, vom fachlichen Erfahrungsaustausch mit Stellen in anderen Kommunen profitiert und dass das Konzept unter Beteiligung der potenziellen Kooperationspartner entwickelt und den örtlichen Gegebenheiten angepasst ist (Ross et al. 2004: 24).

Der von Konrad Hummel, Robert Hahn und Ralf Vandamme angestoßene Weg der Beratung, Begleitung und Vernetzung bürgerschaftlicher Aktivitäten zeigt, dass eine Förderung und Unterstützung von Kommunen und Landkreisen beim Auf- und Ausbau örtlicher Anlaufstellen durch das Land Baden-Württemberg erfolgversprechend ist. Von Vorteil ist ebenfalls, dass es unterschiedliche Konzepte und Namen gibt: von der Servicestelle für Bürgerschaftliches Engagement, der Kontaktstelle für Selbsthilfe und Bürgerschaftliches Engagement bis hin zur Freiwilligenagentur, dem Seniorenbüro und Begegnungszentrum. Ein weiterer Aspekt erfolgreicher kommunaler Engagementförderstrategie ist die Überwindung von Empfindlichkeiten, Kompetenz- und Bereichsüberschneidungen zwischen unterschiedlichen Trägern und Verbänden, verschiedenen Methoden und politischen Zielen (Hummel 2000: 318; Klie et al. 2004: 266 ff.).

Fazit

Der soziale Nahraum wird verstärkt als Lebensraum für und von Menschen gesehen und beinhaltet eine Gestaltungs-Perspektive. Bereits in der Ottawa-Charta der Weltgesundheitsorganisation ist in der Arbeitsdefinition für eine „Gesunde Stadt" formuliert: „... sie verbessert kontinuierlich die physischen und sozialen Lebensbedingungen und fördert die Entfaltung gemeinschaftlicher Aktions- und Unterstützungsformen, beides mit dem Ziel, die *Menschen zur wechselseitigen Unterstützung in allen Lebenslagen* zu befähigen und ihnen damit die maximale Entfaltung ihrer Anlagen zu ermöglichen" (Löns 2002: 121). Keupp (2000) betont, dass Gemeinsinn, wie er beispielsweise in Müttterzentren gelebt wird kein abstraktes kulturell-moralisch definiertes Projekt darstellt, sondern sich in dem Gebrauchswert für die

Einzelnen zeigt. Aus diesem Grunde fordert er, dass in solche Initiativen investieren werden soll, denn Initiativen können „ein Ferment bilden, das kommunale Wirtschafts-, Sozial-, Gesundheits-, Wohnungs- und Kulturpolitik zunehmend mit der Idee der Selbstorganisation durchwirkt" (Keupp 2000: 251). Sowohl die Sicherstellung einer soliden Basisfinanzierung zur Unterstützung und Aktivierung engagierter Bürgerinnen und Bürger als auch das Vertrauen in Menschen und deren Ressourcen sind Herausforderungen in der Engagementförderung.

Eine Nutzung des sozialen Nahraums – wie sie in der Weiterführung von traditionellen Nachbarschaften, Nachbarschaftsheimen und Mütterzentren aufgezeigt wurde – verdeutlicht unterschiedliche Formen des Engagements: Handelt es sich bei diesen um eine „Bottom-Up-Strategie", bei der engagierte Personen Nachbarschaften organisieren, persönliche Notstände verbessern und politische Maßnahmen zur Verbesserung von Lebensbedingungen durchsetzen, so sind die heutigen Förder- und Aktionsprogramme eher als Top-Down-Programme zu sehen, mit denen gesellschaftliche Ressourcen gefördert und genutzt werden sollen. Damit dies gelingt, muss Partizipation als wesentliches Element von BE berücksichtigt werden. Partizipation fordert Informations- und Entscheidungsteilhabe. Häufig wird bei der Diskussion um Bürgerschaftliches Engagement jedoch die politische Mitbestimmung kaum thematisiert, bzw. sie wird auf kleinräumige Verantwortungsübernahme ohne übergeordnete Gesellschaftskritik reduziert. Bürgerschaftlich Engagierte sind ungeeignet, ein billiges soziales Netz zu bilden, sie beanspruchen mehr als Dienstleister der Gesellschaft zu sein. Um die Nachhaltigkeit staatlicher Programme zu sichern, müssen aus Top-Down-Strategie Bottom-Up-Strategien werden.

Literatur

ARGEBAU, Ausschuss für Bauwesen und Städtebau und Ausschuss für Wohnungswesen 2000: Leitfaden der Gemeinschaftsinitiative „Soziale Stadt". Zweite Fassung. Berlin.
Bitzan, Maria/Klöck, Tilo (Hrsg.) 1994: Jahrbuch Gemeinwesenarbeit 5. Politikstrategien – Wendungen und Perspektiven. AG SPAK Bücher. München.
Böhnisch, Lothar 2003: Pädagogische Soziologie. Eine Einführung. Weinheim und München.
Born, Sabrina 2005: Bürgerschaftliches Engagement: stabilisieren, stärken, steigern. Innovation und Investition in Infrastruktur und Infrastruktureinrichtungen. Studie für den Arbeitskreis „Bürgergesellschaft und Aktivierender Staat" der Friedrich-Ebert-Stiftung. Bonn.
Deutsches Jugendinstitut 2006: Mehrgenerationenhäuser – intergenerative Aktivitäten in unterschiedlichen Institutionstypen. Rechercheberichte im Auftrag des BMFSFJ. München.
Diller, Angelika 2005: Eltern-Kind-Zentren – Die neue Generation kinder- und familienfördernder Institutionen. Grundlagenbericht im Auftrag des BMFSFJ. Deutsches Jugendinstitut München (Hrsg.).
Endruweit, Günther/Trommsdorff, Giesela 1989: Wörterbuch der Soziologie. Stuttgart.

Erler, Wolfgang/Gerzer-Sass, Annemarie 2002: Die Kompetenzbilanz: Trends und Perspektiven bei der Entwicklung – Aufbau und Arbeitsweise. In: Bundesministerium für Familie, Senioren, Frauen und Jugend (Hrsg.): Familienkompetenzen als Potential einer innovativen Personalentwicklung. Die Kompetenzbilanz: Kompetenzen aus informellen Lernorten erfassen und bewerten. Dokumentation der Fachsymposien 06.09.2000 und 31.05.2001 in Brüssel, Berlin/Bonn.

Gerzer-Sass, Annemarie 1998: Familienselbsthilfe und ihr Beitrag zur kommunalen Wertschöpfung. Dokumentation einer Tagung, Deutsches Jugendinstitut München (Hrsg.).

Gögercin, Süleyman/Teske, Irmgard 2000: Stadtteilarbeit durch Bürgerbeteiligung – Quartiersarbeit im Schilterhäusle. In: Teuber, Kristin/Stiemert-Streckert, Siegrid/ Seckinger, Mike (Hrsg.): Qualität durch Partizipation und Empowerment. Einmischungen in die Qualitätsdebatte. Tübingen: 111–122.

Grossmann, Wilma 1987: KinderGarten. Eine historisch-systematische Einführung in seine Entwicklung und Pädagogik. Weinheim, Basel.

Harloff, Hans-Joachim/Christiaanse, Kees/Dienel, Hans-Luidger/Wendorf, Gabriele/Zillich, Karsten (Hrsg.) 2002: Nachhaltiges Wohnen. Befunde und Konzepte für zukunftsfähige Stadtquartiere. Heidelberg.

Hamm, Bernd 1989: Nachbarschaft. In: Endruweit, Günther/Trommsdorff, Giesela: Wörterbuch der Soziologie. Bd. 2 Stuttgart.

Hettlage, Robert 1989: Gemeinschaft. In: Endruweit, Günther/Trommsdorff, Giesela: Wörterbuch der Soziologie. Bd. 1. Stuttgart.

Hummel, Konrad 1995 (Hrsg.): Bürgerengagement. Seniorengenossenschaften, Bürgerbüros und Gemeinschaftsinitiativen, Freiburg im Breisgau: 187–189.

Hummel, Konrad 2000: Chancen und Risiken politischer Förderung „Landesnetzwerk bürgerschaftliches Engagement" In: Zimmer, Annette/Nährlich, Stefan (Hrsg.) Engagierte Bürgerschaft. Traditionen und Perspektiven. Opladen: 303–324.

Jaeckel, Monika u.a. 1997: Mütter im Zentrum – Mütterzentrum, Deutsches Jugendinstitut München.

Jaeckel, Monika 2000: Mütterzentren als dritter Weg. In: Sozialpädagogisches Institut im SOS Kinderdorf e.V. (Hrsg.): Die Rückkehr des Lebens in die Öffentlichkeit. Zur Aktualität von Mütterzentren. Neuwied, Kriftel, Berlin: 163–170.

Keupp, Heiner 2000: Selbstsorge und solidarisches Handeln: Die Zukunftsfähigkeit kommunitärer Projekte. In: Sozialpädagogisches Institut im SOS Kinderdorf e.V. (Hrsg.): Die Rückkehr des Lebens in die Öffentlichkeit. Zur Aktualität von Mütterzentren. Neuwied, Kriftel, Berlin: 243–252.

Klie, Thomas/Roß, Paul-Stefam/Hoch, Hans/Heimer, Franz-Albert/Scharte, Ulrike 2004: Bürgerschaftliches Engagement und Ehrenamt in Baden-Württemberg. 1. Wissenschaftlicher Landesbericht 2002/2003. Zentrum für zivilgesellschaftliche Entwicklung an der Evangelischen Fachhochschule Freiburg.

Landratsamt Bodenseekreis 2009: Konzeption Familientreffs im Bodenseekreis. Friedrichshafen.

Löns, Nikola 2000: Gesundheitsförderung in benachteiligten Stadtteilen. In: Sting, Stephan/Zurhorst, Günther (Hrsg.): Gesundheit und Soziale Arbeit. Gesundheitsförderung in den Praxisfeldern Sozialer Arbeit. Weinheim und München. 116–127.

Maier, Konrad (1997): Das Quartier, nicht der Bewohner ist der Klient. Das Konzept „Quartiersaufbau" für den Freiburger Stadtteil Rieselfeld. In Blätter der Wohlfahrtspflege. Heft 3/1997: 48–51.

Müller, C. Wolfgang 1994: Wie Helfen zum Beruf wurde. Eine Methodengeschichte der Sozialarbeit. Band 1: 1883–1945. Weinheim und Basel.

Müller, C. Wolfgang 1994: Wie Helfen zum Beruf wurde. Eine Methodengeschichte der Sozialarbeit. Band 2: 1945–1990. Weinheim und Basel.

Pettinger, Rudolf 1988/2003: Stellungnahme zur öffentlichen Förderung von Familienselbsthilfeeinrichtungen (z. B. Mütter- und Familienzentren). Deutsches Jugendinstitut München
Rummel, Carl 1988/2003: Vorwort zu Pettinger, Rudolf: Stellungnahme zur öffentlichen Förderung von Familienselbsthilfeeinrichtungen (z. B. Mütter- und Familienzentren). Info-Material Deutsches Jugendinstitut e.V. München.
Reyer, Jürgen/Müller, Ursula 1992: Eltern-Kind-Gruppen. Eine neue familiale Lebensform?. Freiburg im Breisgau.
Ross, Paul.-St./Heimer, Franz-A./Scharte, Ulrike 2004: Aufbau und Weiterentwicklung von örtlichen Anlaufstellen für Engagementförderung. Eine Arbeitshilfe. Hrsg. von der Landesregierung, dem Städtetag, dem Gemeindetag und dem Landkreistag Baden-Württemberg. Freiburg/Stuttgart.
Schmauch, Ulrike 1987: Anatomie und Schicksal. Zur Psychoanalyse der frühen Geschlechtersozialisation. Frankfurt/Main.
Schneider, Wolfgang-L. 2005: Grundlagen der soziologischen Theorie. Lehrbuch. Wiesbaden. Bd. 2, 2. Auflage.
Scholl, Anette 2008: Älter werden im Wohnquartier. Lebendige Nachbarschaft – wie gelingt das? In: Beiträge aus www.forum-seniorenarbeit.de. Themenschwerpunkt „Lebendige Nachbarschaft – wie gelingt das?" (5/2008).
Simmel, Georg 1992: Soziologie. Untersuchungen über die Formen der Vergesellschaftung. Frankfurt am Main.
Sozialpädagogisches Institut im SOS Kinderdorf e.V. (Hrsg.) 2000: Die Rückkehr des Lebens in die Öffentlichkeit. Zur Aktualität von Mütterzentren, Neuwied, Kriftel, Berlin.
Staub-Bernasconi, Silvia 1994: Waren die Frauen von Hull House wirklich Sozialarbeiterinnen?. In: Bitzan, Maria/Klöck, Tilo (Hrsg.): Jahrbuch Gemeinwesenarbeit 5. Politikstrategien – Wendungen und Perspektiven: 40–56.
Stark, Wolfgang 1996: Empowerment. Neue Handlungskompetenzen in der psychosozialen Praxis. Freiburg im Breisgau.
Sting, Stephan/Zurhorst, Günther (Hrsg.) 2000: Gesundheit und Soziale Arbeit. Gesundheitsförderung in den Praxisfeldern Sozialer Arbeit. Weinheim und München.
Stöbe-Blossey, Sybille 2008: Familienzentren in Nordrhein-Westfalen – eine neue Steuerung von niedrigschwelligen Angeboten für Kinder und Familien. In: Diller, Angelika/Heitkötter, Martina/Rauschenbach, Thomas: Familie im Zentrum. Kinderfördernde und elternunterstützende Einrichtungen – aktuelle Entwicklungslinien und Herausforderungen. DJI-Fachforum Bildung und Erziehung: 195–210.
Thiersch, Hans 1995: Lebensweltorientierte Soziale Arbeit. Aufgaben der Praxis im sozialen Wandel. 2. Auflage. Weinheim und München.
Tüllmann, Greta 1988: Entstehungsgeschichte und Konzeptentwicklung der Mütterzentren – eine Antwort auf die heutige Situation von Familien. In: Deutsches Jugendinstitut e.V.: Mütterzentren – ein Beispiel für den Bedarf an innovativer Frauen- und Familienpolitik und entsprechenden Förderungsmöglichkeiten. Tagungsbericht einer Gemeinschaftsveranstaltung des Sozialreferats der Stadt München und dem Deutschen Jugendinstitut vom 13.07.1988: 12–16.
Werder, Lutz von 1977: Was kam nach der Kinderladenbewegung. Berlin.
Zimmer, Anette/Nährlich, Stefan (Hrsg.) 2000: Engagierte Bürgerschaft. Traditionen und Perspektiven. Opladen.

Internetquellen:

http://www.forum-seniorenarbeit.de/output/La1/373.117/373.117/_/tx%7C373.21
   85.1/_/_.html Zugriff vom 25.02.09
www.Gemeindetag-bw.de/php/index.php?d=0action=gemeindenetzwerkbw,
   Zugriff vom 25.02.09
http://www.nachbarschaftsheim-schoeneberg.de/verein/indexO1d.shtml,
   Zugriff vom 25.02.09
www.dji.de/cgi-bin/projekte/output.php?projekt=326, Zugriff am 15.02.09)

5. Methoden und Strategien der Engagementförderung

Thomas Kegel

Freiwilligenmanagement

Freiwilliges Engagement und Ehrenamt haben in Deutschland in Vereinen, Verbänden, Wohlfahrtsorganisationen, Kirchengemeinden etc. – also in den Organisationen des Dritten Sektors – eine altehrwürdige Tradition. Und natürlich wurde das freiwillige Engagement der Bürgerinnen und Bürger auch organisiert – allerdings geschah dies bis weit in die neunziger Jahre des vorigen Jahrhunderts hinein kaum in einer systematischen und planvollen Weise. Und auch heute gibt es keineswegs in einer Mehrzahl von Organisationen ein Freiwilligenmanagement. Allerdings ist eine deutliche Tendenz zum Aufbau eines ebensolchen Managementsystems zu beobachten. Ursache dafür ist der Strukturwandel des Ehrenamts. Engagementinteressierte entwickeln, im Vergleich zu früher, heute oft deutlich formulierte eigene Vorstellungen über ihr Engagement.

Ein gutes Freiwilligenmanagement könnte seinen Anfang nehmen darin, einfach die Motive der Freiwilligen zu erfüllen und entsprechende Organisationsstrukturen und Abläufe aufzubauen. Der Strukturwandel erfasst aber auch die Organisationen selbst. Gesellschaftliche und wirtschaftliche Einflüsse wirken auf die Vereine und Verbände, so dass diese sich ebenfalls verändern. Gerade in diese Veränderungen muss der Aufbau eines Freiwilligenmanagements mit einbezogen werden. Denn allzu häufig werden in Befragungen von Freiwilligen und Ehrenamtlichen als Engagementhindernis die oft nicht besonders guten Rahmenbedingungen für das Engagement genannt: meist gibt es keine auf die zeitlich oft begrenzten Engagementmöglichkeiten der Menschen zugeschnittenen Engagementaufgaben, die Aufgaben sind unklar definiert, häufig gibt es keine hauptamtliche Begleitung und Ansprechperson für die Engagierten, es fehlt die Unterstützung durch die Führungskräfte einer Organisation, zu finden sind mangelnde Wertschätzung und fehlende Anerkennung fürs Engagement (Freiwilligensurvey 2004). Es ist also eine zentrale Entwicklungsaufgabe für NPO, eine eigene Freiwilligenkultur auf- und auszubauen und zum freiwilligen Engagement einzuladen. Es sollte verstanden werden, dass NPO und deren Einrichtungen eine „Mitarbeitendenschaft" haben, die aus zwei unterschiedlichen, sich aber ergänzenden Gruppen besteht: die eine Gruppe sind die bezahlten, hauptamtlichen Professionellen. Die andere Gruppe sind die unbezahlten, freiwillig engagierten Professionellen. Beide Gruppen bilden in dieser Sichtweise ein Ganzes, das gemeinsam erst die vielfältigen Angebote der Organisationen des Dritten Sektors ermöglicht.

Definition Freiwilliges Engagement/Ehrenamt

Freiwilliges Engagement ist eine Tätigkeit, die freiwillig gewählt ist, unbezahlt (Aufwandsentschädigungen und/oder Auslagenerstattungen in gewissen Grenzen sind möglich) und ohne Gewinnabsicht erbracht wird, weitgehend selbstbestimmt ist, gemeinwohlorientiert, und in einem organisierten Rahmen stattfindet. *Ehrenamtliches Engagement* übernimmt dazu noch eine verbindlich vereinbarte Funktion, ein „Amt" in einem Tätigkeitsfeld und einer Organisation. Ehrenamt ist mit einer Wahl oder einer Berufung (z.B. in Kirchen oder Gerichten) verbunden und besitzt oft ein hohes Prestige.

Folgende Formen der Freiwilligkeit lassen sich unterscheiden:

- Freiwilligenarbeit;
- Spenden von Zeit, Wissen, Fähigkeiten und Fertigkeiten;
- Geldspenden;
- Spenden von Naturalien und Infrastruktur;
- Zur-Verfügung-Stellen von Ansehen und Prestige (AfED, Berlin, 2008).

Im eigentlichen Sinn handelt es sich bei allen diesen Formen von Freiwilligkeit um Ergebnisse von menschlicher Arbeit; freiwilliges Engagement kann also als Freiwilligenarbeit bezeichnet werden. Diese verbraucht und schöpft Ressourcen und schafft materielle und immaterielle Werte. Es handelt sich dabei aber um unbezahlte Arbeit, die keinem Erwerbszweck dient. Diese Freiwilligen und Ehrenamtlichen haben Funktionen auf allen Ebenen der NPO inne, sind also an der Basis genauso aktiv in der Ausführung von sozialen oder kulturellen oder sonstigen Dienstleistungen wie sie sich in Leitungsaufgaben engagieren. Oft sind bezahlte, hauptamtliche Mitarbeiterinnen und Mitarbeiter ehrenamtlichen Führungskräften zugeordnet.

Freiwilligenmanagement ist (noch) kein Thema

Erstaunlicher Weise ist diese Situation, obwohl sie seit Gründung der Bundesrepublik besteht, von den Managementwissenschaften kaum aufgegriffen worden. So gibt es kaum Forschung zu diesem Managementspektrum. Weitere negative Aspekte dieser „Nichtbeschäftigung" mit der Freiwilligenarbeit sind, dass das Management der Freiwilligen in der Regel in den Organisationen einfach vergessen wird. Auch wird künftigen bezahlten wie unbezahlten Führungskräften von NPOs nur sehr selten ein Grundwissen in Freiwilligenmanagement vermittelt. Offensichtlich herrscht immer noch die Denkart vor: „Ehrenamtliche hatten wir doch immer schon und die haben bei uns einfach mitgemacht und wir haben immer alles vor Ort geregelt". So findet sich oft ein partielles Beschäftigen mit Problemen, die in der Freiwilligenarbeit entstehen, bspw. im Bereich der Kooperation von Haupt- und Ehrenamtlichen. Dies ist natürlich kein Freiwilligenmanagement, sondern ein problembezogenes Agieren ohne sinnvolle Zielsetzung und Aufgabenstellung. Aber während für die hauptamtliche Arbeit in der Regel in NPO und deren Einrichtungen ein Managementsystem besteht, fehlt ein solches für die Freiwilligen.

Freiwilligenmanagement berührt drei grundlegende Managementbereiche von NPO:

1. den Systembereich – also den Bereich des Organisationsaufbaus, der grundlegenden Ablauforganisation, des Qualitätsmanagements, der Willensbildung, der Politik der NPO, der Führung und des Managements;
2. den des Marketing-Managements – also den Bereich der Positionierung der Organisation/Einrichtung auf dem „Markt" und im Dritten Sektor, des Marketingkonzepts und dessen Umsetzung, dazu gehören auch die Öffentlichkeitsarbeit und die Werbung;
3. den des Ressourcen-Managements – also den Bereich der Mitglieder, der Mitarbeitenden, der Qualifizierung, des Wissensmanagements und des Personalwesens, ebenso dazu gehören auch die Mittelbeschaffung, das Fundraising von Spenden und das Sponsoring.

Abb. 1: Bereiche des FM

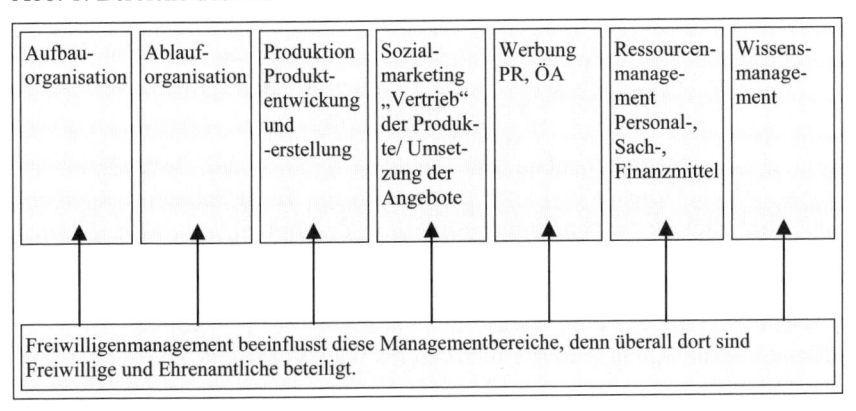

Aufbau-organisation	Ablauf-organisation	Produktion Produkt-entwickung und -erstellung	Sozial-marketing „Vertrieb" der Produk-te/ Umset-zung der Angebote	Werbung PR, ÖA	Ressourcen-manage-ment Personal-, Sach-, Finanzmittel	Wissens-manage-ment

Freiwilligenmanagement beeinflusst diese Managementbereiche, denn überall dort sind Freiwillige und Ehrenamtliche beteiligt.

Alle diese Bereiche werden wesentlich von Freiwilligen und Ehrenamtlichen – in der Regel neben Hauptamtlichen – beeinflusst, gestaltet und umgesetzt. Freiwilligkeit durchdringt damit die NPO. Sie ist eines der wesentlichen Merkmale von NPO. Deshalb muss das Freiwilligenmanagement in allen Bereichen von NPO mitgedacht und strategisch weiterentwickelt werden.

Einführung in das Strategische Freiwilligenmanagement

Für Vereine, Verbände und Einrichtungen, die das freiwillige Engagement der Bürgerinnen und Bürger als Freiwilligenarbeit nutzen wollen, gewinnt die systematisch aufgebaute und strukturiert organisierte Einbindung in den gesamten Stamm der Mitarbeiterinnen und Mitarbeiter der Organisation einen immer höheren Stellenwert. Dies wird durch ein qualifiziertes Freiwilligenmanagement ermöglicht.

Strategisches Freiwilligenmanagement

Unter Freiwilligen- Management wird die Planung, Organisation, Koordination und Aus- und Bewertung von freiwilligem Engagement bzw. von Freiwilligenarbeit in einer Organisation verstanden. Sobald Freiwillige und Ehrenamtliche in einer gewissen Anzahl an der Umsetzung von Zielen einer Organisation beteiligt sind, ergeben sich unweigerlich viele organisatorische Anforderungen, die eine Entwicklung von nachhaltig förderlichen Rahmenbedingungen für die Freiwilligenarbeit erforderlich machen. Hier sei nur hingewiesen auf einige dieser Anforderungen:

- Abgrenzung der Freiwilligenarbeit von der Arbeit angestellter Mitarbeiter/innen hinsichtlich der Aufgabenbereiche, Verantwortungsbereiche, Rechte und Pflichten,
- Kooperation zwischen Haupt- und Ehrenamtlichen oder Freiwilligen,
- Unterstützungssysteme und Unterstützungsangebote für die Freiwilligen,
- Anerkennungskultur,
- Qualifizierungsangebote und -möglichkeiten für die Freiwilligen,
- Evaluation der Qualität der Freiwilligenarbeit.

Strategisches Management bedeutet die Ausrichtung der Organisation an übergeordneten Zielen und Zielvoraussetzungen zu orientieren – hier vor allem am Ziel der nachhaltigen Förderung des freiwilligen, bürgerschaftlichen Engagements in der und durch die Organisation. In der Praxis verlangt diese strategische Orientierung von der Organisation eine Organisationsentwicklung aus dem Aspekt der Förderung der Freiwilligenarbeit begründet. In die Alltagspraxis eines Vereins oder Verbandes übersetzt bringt dies mit sich:

- eine Entscheidung des Vorstands und der Organisations-/Geschäftsleitung pro Freiwilligenengagement,
- eine Unterstützung durch das gesamte Management der Organisation,
- die Entwicklung eines Leitbildes der Organisation mit Aussagen zur Freiwilligenarbeit, daraus abgeleitete Leitlinien, die Vorgaben machen über die Art und Weise der Umsetzung der Freiwilligenarbeit in der Organisation,
- die Entwicklung von nachhaltig förderlichen Rahmenbedingungen für das freiwillige Engagement in der Organisation,
- Qualitätskriterien für die Freiwilligenarbeit und den Einbezug derselben in ein bestehendes oder zu entwickelndes System des Qualitätsmanagements.

Spätestens hier wird deutlich, dass es freiwilliges Engagement weder umsonst gibt, noch dass es kostenlos ist für die Organisation. Zu den Rahmenbedingungen gehört also auf jeden Fall das Vorhalten eines Budgets fürs Ehrenamt.

Organisationsentwicklung für eine Freiwilligenkultur

Alle Vereine und Verbände, die mit Freiwilligen arbeiten, stehen vor der Aufgabe sich für Engagementinteressierte zu öffnen. Diese Forderung nach Entwicklung wurde von der Bundestagsenquetekommission „ Zukunft des Bürgerschaftlichen Engagements" unterstützt: „Bürgerschaftliches Engagement sollte ein systematischer Bestandteil der Organisationsentwicklung werden. Bei der Modernisierung von Organisationsstrukturen und insgesamt bei der Organisationsentwicklung sind vermehrt Möglichkeiten der Partizipation zu schaffen und kooperative Organisations- und Führungsstrukturen zu etablieren. Im Kern geht es mit einer Profilierung der Organisationen als Akteure der Bürgergesellschaft um eine Öffnung der Organisationen nach innen und nach außen. Die innerorganisatorische Öffnung betrifft insbesondere die Aufnahme des bürgerschaftlichen Engagements in das Leitbild und in die fachliche Konzeption der Organisation. Dabei geht es um die kooperative Zusammenarbeit von bürgerschaftlich Engagierten und Hauptamtlichen ebenso wie um die verstärkte Partizipation und Beteiligung der Engagierten an Organisationsabläufen und Entscheidungen, die ihr Engagement betreffen." (Enquête-Kommission 2002: 19)

Was ist Organisationsentwicklung?

Organisationsentwicklung ist ein strategisches Vorgehen auf unterschiedlichen Ebenen einer Organisation und beschäftigt sich damit, „Organisationen als soziale Systeme durch geplante, systematische und anhaltende Bemühungen zu verbessern, die sich auf die Kultur der Organisation mit ihren menschlichen und sozialen Prozessen konzentrieren. Die Ziele der OE sind es, die Organisation wirksamer und lebensfähiger zu machen und es ihr zu ermöglichen, die Ziele sowohl der ganzen Organisation als auch ihrer einzelnen Mitglieder zu erreichen" (French/Bell 1994: 8). Organisationsentwicklung bezeichnet also einen Veränderungsprozess und setzt dabei an den Strukturen und der vorfindlichen Kultur der Organisation an.

Gerade wenn eine Organisation mit Freiwilligen arbeitet oder dies entwickeln will, ist die Entwicklung einer entsprechenden Kultur eine wichtige Frage. Denn besonders die Freiwilligen fragen nach dem Sinn ihrer Freiwilligenarbeit, sie möchten gute Kontakte und Beziehungen zu anderen (freiwilligen und hauptamtlichen) Mitarbeiterinnen und Mitarbeitern einer Organisation, sind interessiert an der Übernahme von Verantwortung, suchen nach Anerkennung und persönlicher Entwicklung.

Organisationsentwicklung bezogen auf das Freiwilligenmanagement will förderliche Rahmen- und Strukturbedingungen für das freiwillige Engagement in der Organisation entwickeln. Es sollen also die Strukturen und die Kultur der Organisation im Arbeitsalltag so verändert werden, dass freiwilliges Engagement ermöglicht, unterstützt und nicht behindert wird.

Ziele der Organisationsentwicklung

Organisationsentwicklung für die Freiwilligenarbeit hat mehrere Ziele:

- eine die Organisation durchdringende Freiwilligenkultur aufbauen,
- die Organisation als Trägerorganisation von freiwilligem, bürgerschaftlichem Engagement kenntlich machen und
- ein Freiwilligenmanagement zur Unterstützung der freiwillig Engagierten und deren Kooperation mit den beruflichen Mitarbeiterinnen und Mitarbeitern einrichten.

Wenn die Organisationsentwicklung gut umgesetzt wird, dann ergibt sich beinahe von selbst ein gutes Freiwilligenmanagement.

Abb. 2: Freiwilligenmanagementprozess

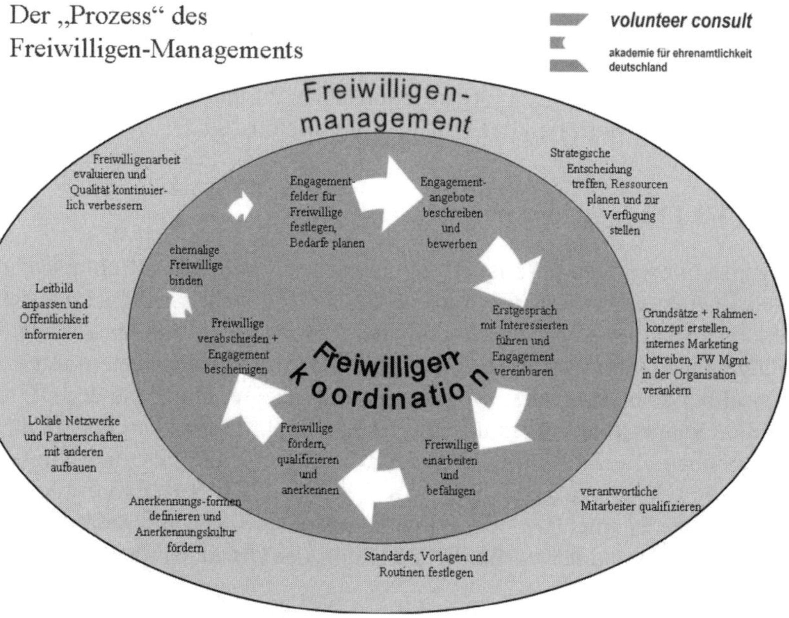

Der „Prozess" des Freiwilligen-Managements

volunteer consult
akademie für ehrenamtlichkeit deutschland

Freiwilligenmanagement

- Freiwilligenarbeit evaluieren und Qualität kontinuierlich verbessern
- Leitbild anpassen und Öffentlichkeit informieren
- Lokale Netzwerke und Partnerschaften mit anderen aufbauen
- Anerkennungs-formen definieren und Anerkennungskultur fördern
- ehemalige Freiwillige binden
- Freiwillige verabschieden + Engagement bescheinigen
- Freiwillige fördern, qualifizieren und anerkennen
- Engagement-felder für Freiwillige festlegen, Bedarfe planen
- Engagement-angebote beschreiben und bewerben
- Erstgespräch mit Interessierten führen und Engagement vereinbaren
- Freiwillige einarbeiten und befähigen
- Standards, Vorlagen und Routinen festlegen
- Strategische Entscheidung treffen, Ressourcen planen und zur Verfügung stellen
- Grundsätze + Rahmenkonzept erstellen, internes Marketing betreiben, FW Mgmt. in der Organisation verankern
- verantwortliche Mitarbeiter qualifizieren

Freiwilligen Koordination

Reifenhäuser/Kegel, AfED, Berlin 2009

Aufgaben des Freiwilligenmanagements

Bedarfseinschätzung an freiwilligen Mitarbeitern und Mitarbeiterinnen und Programmentwicklung der Freiwilligenarbeit in der Organisation

Engagementinteressierten geht es darum, dass ihr freiwilliges Engagement Spaß machen soll, es soll Sinn stiften, aktive Teilhabe in der Bürgerschaft ist wichtig geworden, die Anerkennung der Aktivität spielt eine Rolle, das

Ausprobieren von Fähigkeiten, die bspw. im Beruf nicht gefordert werden, die Übernahme von Verantwortung und das Ziel, etwas Nützliches zu tun. Das ist – nach Beher – die „subjektive" Seite des „Strukturwandels des Ehrenamts" (Beher et al. 2000: 15).

Eine moderne Engagementförderung in den Organisationen des Dritten Sektors muss diese Motive anerkennen. Allerdings bringt dies mit sich, dass damit das freiwillige Engagement von der Organisation sorgfältig vorbereitet werden muss, damit freiwilliges Engagement gewinnbringend für alle Beteiligten – also die Engagierten, die Verbände und Einrichtungen, die angestellten Mitarbeiter bzw. Mitarbeiterinnen – werden kann.

Zuerst steht die Entscheidung an, ob der verstärkte Einsatz von Freiwilligen in definierten Engagementfeldern sinnvoll und gewünscht ist. Aus den Antworten auf die Frage „Warum arbeiten Freiwillige in unserer Organisation bzw. warum wollen wir künftig noch stärker mit Freiwilligen arbeiten?" ergibt sich für das Planungsgremium eine Positionierung zum künftigen Stellenwert der Freiwilligen. Innerhalb der unterschiedlichen Organisationsebenen müssen die Erwartungen an das freiwillige Engagement und unterschiedlichste Interessen (z. B. die der Hauptamtlichen) geklärt werden. Es müssen Prioritäten gesetzt, Vorhaben und Ziele festgelegt und diese in eine verbindliche Strategie integriert werden. Die dann folgende Planungsphase lässt sich dafür nutzen, um so genannte „Leitsätze für die Arbeit mit ehrenamtlichen Mitarbeiter/inn/en, mit Freiwilligen" zu entwickeln. Diese Leitlinien oder -sätze dienen als Arbeitsgrundlage für die praktische Umsetzung des Freiwilligenmanagements und sollten in Arbeitsgruppen, Teambesprechungen, Mitgliederversammlungen und anderen Gremien der Organisation/Einrichtung diskutiert und weiterentwickelt werden.

Engagementförderung kostet ...

Als Merksatz gilt: „Freiwilliges Engagement ist weder umsonst noch kostenlos!" Wenn Organisationen ihren Bedarf an Freiwilligenarbeit einschätzen, bringt dies die Aufgabe mit sich, auch adäquate Rahmenbedingungen für Freiwillige bereitzustellen. Es müssen personelle und finanzielle Ressourcen in die Planung einbezogen werden. So muss beispielsweise Hauptamtlichen ein größerer zeitlicher Aufwand für die Anleitung, Einarbeitung und Begleitung von Freiwilligen eingeräumt werden, es muss die Finanzierung einer Stelle für die Freiwilligen-Koordinatorin, den -Koordinator oder -Manager bzw. -Managerin (Kegel 2001a) gesichert werden und es müssen Kosten für evtl. Auslagenersatz, Fahrgeld, Versicherungsschutz, Aus- und Fortbildung und die Anerkennung der Freiwilligen eingeplant werden.

Aufgabenentwicklung für die Freiwilligenarbeit

Entsprechend der Ziele und Aufgaben des Verbandes müssen Aufgabenbereiche für Freiwillige entwickelt werden, die für die Organisation nützlich und zugleich attraktiv für Freiwillige sind, ohne dass sie mit den Aufgaben der Hauptamtlichen kollidieren. Es ist hierfür hilfreich, bei den bereits aktiven Freiwilligen und den Hauptamtlichen nachzufragen, welche Aktivitäten Hauptamtliche und aktive Ehrenamtliche entlasten und ergänzen könnten oder welche Aufgaben bisher nicht umzusetzen waren. Häufig geht es aber darum, einen ganz neuen Aufgabenbereich zu entwickeln, ein neues Projekt aufzubauen, so genannte „freiwillige Pionierarbeit" (dies ist der Einsatz von Freiwilligen in gänzlich neuen Engagementfeldern) zu leisten oder vorhandene Aktionsfelder einfach zu erweitern.

An einmalige, zeitlich begrenzte Engagementmöglichkeiten muss dabei ebenso gedacht werden wie an eine über einen längeren Zeitraum projektierte Mitarbeit. Beispielsweise eignen sich für regelmäßige Patenschaften von Familien oder für die Begleitung von Jugendlichen in Zeiten des Übergangs von der Schule in den Beruf durch Mentoren nur Freiwillige, die zuverlässig längerfristig zu den vereinbarten Zeiten diese Patenschaften oder Mentorate übernehmen. Freiwillige, die nur gelegentlich Zeit haben, können sich in für diese begrenzten Zeitbudgets komponierten Engagementmöglichkeiten einbringen.

Abb. 3: Vorlage zur Erstellung eines Tätigkeitsprofils

Beispiel für eine ehrenamtliche Tätigkeitsbeschreibung: Kleiderkammerhilfe	
Freiwillige(r) gesucht als ...	Kleiderkammerhelfer(in)
Ziel der Aufgabe	Die gespendete Ware wird von der Bevölkerung gebracht, evtl. neu aufbereitet und zu günstigen Preisen an sozial schwache Menschen wieder verkauft. Der Gewinn wird zur Unterstützung von sozialen Projekten eingesetzt.
Kurze Beschreibung der Tätigkeiten	Kleider sortieren, Regale einsortieren (Winter, Sommer ...), Kleidung reparieren, auspreisen und verkaufen, ein offenes Ohr für die Kundschaft haben, Kasse
Notwendige Kenntnisse, Fertigkeiten, Fähigkeiten	Vertrauenswürdig, kontaktfreudig, Handarbeitserfahrung
Zeitlicher Aufwand	wöchentlich 3-4 Std.
Besondere Anforderungen an den (die) Freiwillige(n)	polizeiliches Führungszeugnis an der Kasse
Weitere Anmerkungen	

In dieser Phase werden also möglichst konkrete „Stellenbeschreibungen" (Engagementprofile/Aufgabenbeschreibungen) für Freiwillige erarbeitet, die Aussagen über deren Einsatzort, die Art der Tätigkeit, die Absichten, Ziele und Anforderungen, den Zeitumfang, die Einsatzdauer sowie über Unterstützungsangebote und Anerkennungsformen für Freiwillige benennen. Diese Stellenbeschreibungen geben auch Auskunft über Zuständigkeiten und Verantwortlichkeiten. Ergebnis dieser Arbeitsphase sollte eine Liste von Möglichkeiten für freiwillige Engagements sein – ergänzt durch Beschreibungen, wie die Arbeit zu tun ist. Mindestens sollten aber bereits bestehende Engagementbereiche kritisch überarbeitet werden mit dem Ziel, ihnen wieder neue Attraktivität zu verleihen.

Anwerbung und Gewinnung von Freiwilligen

Häufig wird von Organisationen die Frage gestellt: „Wie können wir Freiwillige gewinnen?" Aber Organisationen können erst dann erfolgreich in der Öffentlichkeit um Freiwillige werben, wenn intern die notwendigen inhaltlichen und organisatorischen Voraussetzungen für die Einbindung interessierter Freiwilliger geschaffen wurden.

Denn eine gut gemeinte „Werbekampagne" zur Werbung neuer Freiwilliger schlägt fehl, wenn in der Organisation keine Klarheit darüber besteht, was genau die Engagementinteressierten denn tun sollen. Einfach nur zum „mitmachen" einzuladen trifft niemals das Interesse möglicher Freiwilliger.

Abhängig davon, wer als Freiwillige oder Freiwilliger angesprochen und gewonnen werden soll, ist die Freiwilligen-Werbung über persönliche Kontakte, an Orten mit hohem Publikumsverkehr, mit Postkarten, Zeitungsannoncen, mittels Internet, über Freiwilligenagenturen oder mit anderen Werbemedien sinnvoll. Welche Art von Werbung betrieben wird hängt auch davon ab, welche (finanziellen) Möglichkeiten und welches Umfeld die Organisation vor Ort hat.

Wesentlich wichtiger ist es aber, eine überzeugende Botschaft für das Engagement zu entwickeln. Dazu sollten sich die Verantwortlichen zunächst fragen: „Warum macht es Sinn, warum macht es Spaß, sich bei uns im Verband, in der Einrichtung zu engagieren?" (Kegel 2001b). Die Antworten sollten einerseits den Gewinn, Nutzen und Sinn für die engagierten Freiwilligen aufzeigen und andererseits den Nutzen der Freiwilligenarbeit für die Organisation und für die angezielten Engagementinhalte benennen.

Sehr gut nutzbar für die Werbung von freiwillig Engagierten sind die vorhin angesprochenen „Stellen-" und Aufgabenbeschreibungen. Diese können oft ohne größere Veränderungen in der Werbung eingesetzt werden – im Internet, als Aushänge, als Anzeigen in Zeitungen, etc.

Erstgespräche und „Passung" (matching)

Alle diese inhaltlichen und organisatorischen Vorbereitungen werden normalerweise in der Praxis belohnt: an einem freiwilligen Engagement interessierte Bürger und Bürgerinnen fragen nach und zeigen sich für eine ehrenamtliche Mitarbeit interessiert. Dies bedeutet allerdings noch nicht, dass sie tatsächlich entschlossen sind, sich auch wirklich zu engagieren. Aber immerhin gibt dies die Chance, miteinander ins Gespräch zu kommen.

Zunächst werden Interessenten zu einem Treffen eingeladen. Diese Treffs können als Gruppengespräch, als Einzelgespräch oder als einladende Mitmachaktion gestaltet werden.

In einem solchen ersten Treffen oder Erstgespräch findet das beiderseitige Kennenlernen statt; es wird ausgelotet, ob und wie die gegenseitigen Erwartungen und Interessen zusammenpassen können. Die Aufgaben und Engagementmöglichkeiten werden vorgestellt und es wird versucht, entsprechend der individuellen Neigungen, Fähigkeiten und Kompetenzen der Engagementinteressierten deren Mitarbeit zu ermöglichen. Organisationen, die gegenüber neuen Ideen von Freiwilligen offen sind, könnten mit den Engagementinteressierten neue Projekte entwickeln. Dies sollte besonders dann bedacht werden, wenn Freiwillige Spezialkenntnisse oder außergewöhnliche Fähigkeiten und Kenntnisse mitbringen.

In den letzten Jahren sind einige Organisationen dazu übergegangen, eine „Probezeit" zu vereinbaren und sich mit den Freiwilligen über gegenseitige Rechte und Pflichten zu verständigen. Die Freiwilligen haben ein Recht auf Mitbestimmung und -gestaltung (mindestens in Fragen ihres direkten Aufgabenbereichs!) und auf die Förderung ihrer Fähigkeiten und Fertigkeiten durch Aus- und Fortbildung. Dies ist auch im Interesse der Organisation, denn nur so kann eine hohe Qualität der Freiwilligenarbeit gesichert werden. Ebenso wichtig: das „Gehalt", der „Lohn" der Ehrenamtlichen und Freiwilligen ist die Anerkennung für ihr Engagement. Eine Aussage dazu nimmt den Wunsch der Engagierten nach Anerkennung ernst. Im Gegenzug sagen die Freiwilligen zu, die gemeinsam vereinbarten Aufgaben wahrzunehmen, zeitliche Absprachen einzuhalten, eine eventuelle Schweigepflicht zu wahren und bereitgestellte Ressourcen zu nutzen. Solche Engagementvereinbarungen oder Kontrakte werden immer öfter auch schriftlich geschlossen, vor allem dann, wenn die Organisation eine mit Kosten verbundene, für die Ehrenamtlichen aber kostenlose Ausbildung anbietet (z.B. Erste-Hilfe-Kurse, Beratungsausbildung o.ä.). Es ist aber auch dies klarzustellen: Es geht nicht um eine Bürokratisierung von Ehrenamt und freiwilligem Engagement, sondern um mehr Klarheit, Verbindlichkeit und gegenseitige Verantwortung. Nicht jedes Engagement benötigt eine schriftliche Engagementvereinbarung.

Orientierung, Einarbeitung, Aus- und Fortbildung der Freiwilligen

Zu Beginn einer freiwilligen Mitarbeit stehen die Einführung, Anleitung und Einarbeitung der Freiwilligen in das jeweilige Engagementfeld. Dies unterstützt und befähigt die Freiwilligen, die vereinbarten Aufgaben gut zu erfüllen und ihr Engagement im größeren Zusammenhang der Organisation zu sehen. Es ist anzustreben, dass sich die Freiwilligen mit den Zielen der Organisation, in der sie arbeiten, identifizieren können.

Viele Freiwillige engagieren sich nicht allein deshalb, weil sie ihre Fähigkeiten und Fertigkeiten einbringen möchten, sondern oft auch um diese zu erweitern und um Neues zu erlernen. Besonders bei jungen Freiwilligen ist dies häufig der Fall. Spezielle Aus- und Fortbildungen sorgen zielgerichtet dafür, Freiwillige für eine kompetente Mitarbeit zu qualifizieren, sie in ihrem Engagement zu fördern und die Qualität der Freiwilligenarbeit und damit auch der Arbeit der Organisation insgesamt zu sichern.

Die Organisation kann auch durch ein zu ihr passendes System von Aufstiegsmöglichkeiten eine Freiwilligen-Karriere ermöglichen. Diese könnte von einer freiwilligen Mitarbeit an der Basis über die Leitung einer Gruppe von Freiwilligen oder als Verantwortliche für ein Spezialthema oder eine besondere Aufgabe bis hin zu einer ehrenamtlichen Vorstandsfunktion führen. Tatsächlich gibt es dies auch in vielen Freiwilligenorganisationen, viele „Verbandsfunktionäre" sind diesen Weg gegangen. In der Regel wird dies aber nicht als geplanter Prozess gesehen und entsprechend genutzt. Es ist aber für die Organisationen des Dritten Sektors zunehmend wichtig, in eine solcherart gestaltete „Personalentwicklung" auch die engagierten Freiwilligen einzubeziehen. Künftig werden hier – auf Grund der demografischen Entwicklung und der anhaltend hohen Erwerbsarbeitslosigkeit – die Augenmerke besonders auf „Ältere", Migrantinnen und Migranten, Frauen und auch Erwerbslose gerichtet sein müssen. Denn in diesen Gruppen finden sich viele kompetente und engagementbereite Menschen!

Unterstützung, Begleitung und Motivation der Freiwilligen

Freiwillige Mitarbeiter und Mitarbeiterinnen wollen (wie auch Hauptamtliche) gut betreut werden. Formen der „Pflege" (oder von sog. „human resource management") sind daher Unterstützung, Begleitung und Motivation. Besonders wichtig ist hier der möglichst regelmäßige Austausch zwischen den zuständigen Hauptamtlichen und den Freiwilligen und zwischen den Freiwilligen selbst. Aus Umfragen ist abzuleiten, dass regelmäßige Besprechungen (einzeln oder in Gruppen) zentrale Momente motivierender Begleitung sind. Sie bieten die Möglichkeit, sich zu informieren, einen eigenen Platz in der Organisationseinheit zu finden, oder die individuelle

Freiwilligenkompetenz weiterzuentwickeln – indem die Mitarbeit ausgewertet, Raum für Anregungen und Kritik gegeben wird – sowie gemeinsam Veränderungen und neue Herausforderungen zu planen. In bestimmten Fällen könnte ein Coaching-Angebot sinnvoll sein – zum Beispiel für Freiwillige, die bestimmte Leitungsaufgaben haben. Manchmal wird aber an solchen Angeboten gespart – auch bei den Hauptamtlichen. Und es ist klar, dass Konflikte entstehen, wenn die Hauptamtlichen solche Angebote nicht bekommen – wohl aber die Ehrenamtlichen (oder umgekehrt).

Aufbau eines Anerkennungssystems für die Freiwilligen

Anerkennung ist das „Gehalt", die Belohnung für freiwillig Engagierte. Am unmittelbarsten wirkt Anerkennung durch ein gelungenes freiwilliges Engagement. Wird solch ein Erfolg auch gefeiert? Ist die oder der Vorsitzende dann dabei und spricht anerkennende Worte? Diese in den zwischenmenschlichen Beziehungen stattfindende Anerkennung ist essentiell, aber nicht ausreichend. Es ist auch wichtig, sich an lokalen oder regionalen Veranstaltungen der Engagementförderung zu beteiligen – z.B. an den Veranstaltungen zum Internationalen Tag der Freiwilligen, der weltweit am 5. Dezember gefeiert wird. Und auf den allerorten stattfindenden „Märkten der Möglichkeiten" sollte dringend nicht nur auf die konkrete soziale und soziokulturelle Arbeit der Verbände hingewiesen werden, sondern besonders darauf, dass diese von Freiwilligen geleistet wird.

Gewürdigt wird freiwilliges Engagement, wenn Freiwillige beispielsweise:

- in Entscheidungen einbezogen werden sowie deren Ideen und Meinungen gefragt sind,
- an Freiwilligen-Treffen teilnehmen können bzw. ein eigenes Forum haben, um ihren Interessen Ausdruck zu verleihen,
- Gemeinschaft erleben, z.B. durch gemeinsame Feste und Fahrten, Aus- und Fortbildung, Versicherungsschutz, Auslagenersatz, Fahrtkostenerstattung usw. erhalten,
- eine Geburtstagskarte erhalten, ein Preis ausgelobt wird, ihre Aktivitäten von den „Verbandsoberen" gesehen, anerkannt und in der Öffentlichkeit dargestellt werden,
- eine angemessene Verabschiedung erhalten, wenn sie die Mitarbeit im Verband beenden, u.v.a.m.

Qualitätssicherung und Evaluation des Freiwilligen-Managements

Qualitätssicherung und Evaluation hängen eng miteinander zusammen. Seit einiger Zeit finden beide auch Eingang in die Freiwilligenarbeit. Bei der Qualitätssicherung (QS) und Evaluation, also der Überprüfung und Aus-

und Bewertung der Freiwilligenarbeit unter qualitativen Aspekten, handelt es sich nicht um die letzte Phase des Prozesses des Freiwilligen-Managements. QS und Evaluation sollten ein integrierter Bestandteil des Prozesses sein. Beide dienen dazu, sowohl quantitative Aussagen zu treffen, z.B. über die Zahl der Freiwilligen, den zeitlichen Umfang ihres Einsatzes, ihre Aufgabenfelder und die Anzahl von Arbeitseinsätzen. Aber auch qualitative Aussagen können darüber gemacht werden, wie Erwartungen der Freiwilligen erfüllt wurden, wie deren Beteiligungsprozesse gestaltet werden oder welchen äquivalenten Geldwert ihr freiwilliges Engagement hat.

Alle diese evaluierten Ergebnisse können und müssen für Werbung und Lobbyarbeit genutzt werden. Konkrete Zahlen und Fakten dienen hervorragend dazu, den hohen Stellenwert der Freiwilligenarbeit zu untermauern. Sie beweisen, was das bürgerschaftliche Engagement ganz konkret „bringt".

Wer soll ein solches System des Freiwilligenmanagements aufbauen?

Sinnvoll ist der Einsatz von so genannten „Freiwilligen-Koordinatoren bzw. -Koordinatorinnen" für die Arbeit mit Freiwilligen vor Ort. Diese Aufgabe dient der Unterstützung und Förderung der lokalen Freiwilligenarbeit. Es ist auch sinnvoll, wenn sich in den ehrenamtlichen Führungsgremien (vor Ort, aber auch auf allen anderen Verbandsebenen) Vorstandsvertreter gezielt der Aufgabe „Förderung des freiwilligen Engagements" annehmen. Auf weiteren Verbandsebenen oder in größeren Einrichtungen sollten dann hauptamtliche „Freiwilligenmanager und -managerinnen" die Aufgaben der strategischen Förderung des Engagements und der gesamtverbandlichen Entwicklung von nachhaltigen förderlichen Rahmenbedingungen für freiwilliges Engagement übernehmen.

Sowohl der Beruf „Freiwilligen-Koordination oder -Manager/in" als auch das „Freiwilligenmanagement" sind nicht unbedingt etwas gänzlich Neues (Kegel 2001b). In manchen Organisationseinheiten bestehen bereits entsprechende Managementstrukturen und es werden in der Praxis einige oder auch alle Aufgaben des Freiwilligenmanagements seit längerem umgesetzt. Relativ neu ist die Bezeichnung „Freiwilligenmanagement", diese und das damit benannte Management-System (Ellis 1996) sind Mitte der neunziger Jahre von der Akademie für Ehrenamtlichkeit Deutschland aus den USA und Großbritannien übernommen und für die deutschen Verhältnisse weiter entwickelt worden.

Seit wenigen Jahren entwickelt sich dieses neue Berufsfeld, es werden Menschen in den Trägerorganisationen des freiwilligen Engagements in Deutschland mit dieser speziellen Aufgabe eingestellt oder betraut. Sowohl das Berufsbild als auch das Berufsfeld ist in einem dynamischen Entwicklungsprozess. Wichtig ist zu verstehen, dass diese Aufgabe eine ganz klare Service-

Funktion für die Freiwilligen hat. Damit sitzt ein Freiwilligenmanager oder eine Freiwilligenmanagerin häufig zwangsläufig zwischen den Stühlen: Er oder sie muss die Arbeit der Freiwilligen in der Organisation fördern, vertritt einerseits die Interessen der Freiwilligen und andererseits die der Organisation oder Einrichtung. Außerdem sollte auch das Informationsinteresse der Öffentlichkeit im Blick sein. Deshalb ist es wichtig, dass für diese Management- und Koordinationsfunktionen entsprechend qualifizierte Mitarbeiter und Mitarbeiterinnen tätig werden. Trotz manchmal gehörter gegenteiliger Meinung: Dieser Aufgabenbereich erledigt sich nicht „so nebenbei".

Die Existenz vieler Vereine und mancher Verbände hängt daran, dass es gelingt, die Managementfähigkeit der Organisation auf ein nachhaltiges Freiwilligenmanagement auszuweiten. Ein professionelles Freiwilligenmanagement mit entsprechend qualifizierten Freiwilligenkoordinator/innen und Freiwilligenmanager/innen schafft den Engagementinteressierten und den bereits aktiven Freiwilligen genau definierte Möglichkeiten, ihr Engagement umzusetzen und ihre vielfältigen Fähigkeiten und Fertigkeiten in die Aufgabenerfüllung der NPO einzubringen. Je besser das Freiwilligenmanagement arbeitet, desto größer ist der Wettbewerbsvorteil, den die Organisation durch den Einsatz von Freiwilligen hat. Eine Vielfalt des (Dienstleistungs-)Angebots, eine gute Kooperation zwischen Haupt- und Ehrenamt, und eine Selbstdarstellung der Organisation als Freiwilligenorganisation sind im Wettbewerb klare Vorteile. Darauf kann eigentlich kein Verein, kein Verband verzichten.

Literatur

Arbeitsmaterialien der Akademie für Ehrenamtlichkeit Deutschland aus den Basiskursen Freiwilligenkoordination und dem Ausbildungsgang Strategisches Freiwilligenmanagement 2008. Berlin.

Beher, Karin/Krimmer, Holger/Rauschenbach, Thomas/Zimmer, Anette 2005: Führungskräfte in gemeinnützigen Organisationen. Münster, Dortmund.

Beher, Karin/Krimmer, Holger/Rauschenbach, Thomas/Zimmer, Annette 2008: Die vergessene Elite – Führungskräfte in gemeinnützigen Organisationen. Weinheim und München.

Birkhölzer, Karl/Kistler, Ernst/Mutz, Gerd 2004: Der Dritte Sektor – Partner für Wirtschaft und Arbeitsmarkt. Wiesbaden.

BMFSFJ (Hrsg.) 2005: TNS Infratest Sozialforschung; Freiwilliges Engagement in Deutschland 1999–2004 Ergebnisse der repräsentativen Trenderhebung zu Ehrenamt, Freiwilligenarbeit und bürgerschaftlichem Engagement. München.

Deutscher Verein für öffentliche und private Fürsorge e.V. (Hrsg.) 2007: Fachlexikon der Sozialen Arbeit. Baden- Baden.

Enquête-Kommission „Zukunft des Bürgerschaftlichen Engagements" (Hrsg.) 2002: Bericht. Bürgerschaftliches Engagement: auf dem Weg in eine zukunftsfähige Bürgergesellschaft. Opladen.

French, Wendell L./Bell jr., Cecil H. 1994: Organisationsentwicklung- Sozialwissenschaftliche Strategien zur Organisationsveränderung. 4. Aufl. Bern, Stuttgart, Wien.

Kegel, Thomas 2001: Freiwilligen-Manager/in – ein Beruf, der in die Zeit passt. In: Internet-Magazin www.freiwilligen-kultur.de. Ausgabe 03. Berlin.

Kegel, Thomas 2002: Gute Organisation vorausgesetzt – Aufgaben für das Management von Volunteers. In: Rosenkranz, Doris/Weber, Angelika (Hrsg.): Freiwilligenarbeit – Einführung in das Management von Ehrenamtlichen in der Sozialen Arbeit. Weinheim, München.

Kegel, Thomas/Reifenhäuser, Carola/Schaaf-Derichs, Carola 2004: Lehrbuch Strategisches Freiwilligen-Management. Berlin.

Kegel, Thomas/Reifenhäuser, Carola; u. a. 2007: Volunteer Pocket Guide Freiwilligenkoordination – Das Taschenbuch für die Freiwilligenarbeit in Nonprofit Organisationen – Freiwillige gewinnen, integrieren, begleiten und behalten. Berlin.

Kegel, Thomas/Reifenhäuser, Carola/Schaafs-Derich, Carola 2007: Lehrbuch Strategisches Freiwilligenmanagement. Bd. 2. Die Gute Praxis des Freiwilligenmanagements. Berlin.

Müller, C. Wolfgang 1992: Wie Helfen zum Beruf wurde; Bd. 1. 2. Aufl. Weinheim, Basel.

Müller-Schöll, Albrecht 1983: Sozialmanagement. Zur Förderung systematischen Entscheidens, Planens, Organisierens, Führens und Kontrollierens in Gruppen. Frankfurt/Main.

Reifenhäuser, Carola/Hoffmann, Sarah G./Kegel, Thomas 2009: Freiwilligen-Management. Augsburg.

Schwarz, Gotthart 2001: Sozialmanagement. Augsburg.

Schwarz, Peter/Purtschert, Robert/Giroud, Charles/Schauer, Reinbert 2002: Das Freiburger Management-Modell für Nonprofit-Organisationen. Bern, Stuttgart, Wien.

Senge, Peter M. 1996: Die Fünfte Disziplin – Kunst und Praxis der lernenden Organisation. Stuttgart.

Sievers, Burkhard 2000: Organisationsentwicklung als Lernprozess. In: Trebesch, Karsten (Hrsg.): Organisationsentwicklung – Konzepte, Strategien, Fallstudien. Stuttgart.

Trebesch, Karsten (Hrsg.) 2000: Organisationsentwicklung – Konzepte, Strategien, Fallstudien. Stuttgart.

Warum ich Fortbildung für Manager im sozialen Felde mache – und warum ich es so und nicht anders mache. In: Blätter der Wohlfahrtspflege, 130 1983: 85–87

Zimmer, Annette/Priller, Eckhard 2007: Gemeinnützige Organisationen im gesellschaftlichen Wandel. Wiesbaden.

Thomas Röbke

Netzwerkmanagement

Der Begriff des Netzwerks hat in den letzten vier Jahrzehnten den typischen Konjunkturzyklus eines zunächst geheimen Codeworts eingeweihter Insiderzirkel, über das Erkennungssignal wissenschaftlicher Moden bis zum abgenutzten Allerweltsausdruck durchlaufen, der nun jedem Lokalpolitiker locker von der Zunge rollt. Um die Natur des Netzwerkbegriffs zu bestimmen und dem gegenwärtigen Profilierungsverlust durch seine öffentliche Verbreitung entgegenzuwirken, muss man ein wenig Archäologie des Wissens betreiben. In den Anfängen, dort, wo der Begriff gleichsam geboren wird, lassen sich seine wichtigsten Lebensfunktionen erkennen. Hier muss er sich erst einmal durchsetzen und zeigt Konturen. Man kann erahnen, was seinen Erfolg begründet. Vor allem kann man erkennen, welch unterschiedliche Wissenstraditionen sich in ihm vereinen. Unter dieser Voraussetzung können wir in einem nächsten Schritt die Kennzeichen der Netzwerkarchitektur gegenüber anderen sozialen Gebilden klären und versuchen, einen besonderer Typ von Netzwerken einzugrenzen, der mit dem Bürgerschaftlichen Engagement als eigenständiger Ressource oder Gestaltungsform einhergeht. Und schließlich stellt sich die Frage, ob diese Netzwerke des Bürgerschaftlichen Engagements vor spezifischen Herausforderungen stehen. Gibt es also besondere Ausprägungen von, sagen wir: „Engagementnetzwerken", die besondere strategische Arbeitsweisen des Netzwerksmanagements, der Steuerung und Gestaltung auf den Plan rufen?

Die weite Welt des Netzwerkbegriffs – eine Annäherung

Technische und medientheoretische Wurzeln des Netzwerkbegriffs

Der Begriff „Netzwerk" scheint aus dem makrotechnischen Bereich zu stammen. Im letzten Drittel des 19. Jahrhunderts wird von Eisenbahn-, Telegraphen-, Kanal- oder Elektrizitätsnetzwerken gesprochen, die eine Stadt oder ein Land durchziehen (Barkhoff/Böhme 2004). Interessant wird es allerdings erst, als die Netzwerkmetapher auf Formen der sozialen Kommunikation übertragen wird. Die aufkommende Theorie der Medien und die Kybernetik scheinen dabei eine entscheidende Rolle gespielt zu haben. Sie bilden gleichsam den ersten starken Seitenarm des Begriffsflusses. Schaltkreise und technische Netzwerkpläne werden zur Blaupause menschlicher Kommunikationsformen erklärt. In den fortschrittsfrohen 1950er und 60er Jahren verheißt der Netzwerkbegriff die Planbarkeit von Gesellschaft, im

Großen wie im Kleinen. Mit Netzwerkplänen können Arbeitsabläufe von Großbaustellen und Gesetzesvorhaben gleichermaßen koordiniert werden. Die Hoffnung erwacht, dass sich Kommunikations- und Entscheidungsstrukturen auf einen rationalen Kern zurückführen lassen. Netzwerke bestehen geradezu aus Umwegen und sind daher gegen Störungen nicht so anfällig wie eindimensionale Gebilde mit hierarchischen Steuerungseinheiten. Dezentralität ist ein bewusstes Konstruktionsprinzip von Netzwerken. Das Internet als das herausragende Beispiel wurde ursprünglich vom amerikanischen Militär für den Fall eines Ausfalls der linear aufgebauten Kommandostrukturen konzipiert. Auch ohne zentrale Führung sollte es dann möglich sein, überlebenswichtige Kommunikation aufrecht zu erhalten. Je mehr Leitungen ein Netzwerk besitzt, um Informationen zu übermitteln, desto komplexer und zugleich robuster ist es. Sein Funktionieren setzt allerdings eine kontinuierliche Pflege voraus, und diese kann, je nach Umfang des Netzwerks, sehr aufwändig sein. Ein Netzwerk kann also zu einfach sein, wenn es zu wenige Leitungswege enthält, aber auch zu kompliziert, wenn es sich zu einem unüberschaubaren Labyrinth entwickelt.

Netzwerke basieren auf einem Strukturprinzip, das mikrosozialen Prozessen und gesellschaftlichen Megatrends gleichermaßen zugrunde liegt. Die Netzwerkmetapher wird zum Hoffnungsträger, nicht nur einer technologischen, sondern vor allem einer politischen Avantgarde. Es gibt kein erkennbares Machtgefälle mehr, sondern die Zentren sind auf mehrere „Knoten" verteilt, von denen Kanäle abzweigen, die in hohem Maße offen und anschlussfähig sind. Moderne Netzwerke sind nicht wie ein Spinnennetz auf ein Zentrum ausgerichtet, sondern heterarchisch aufgebaut. Unterschiedliche Kulturen treffen aufeinander und setzen Kräfte frei, die als „Synergie" bezeichnet werden (Fuller 1998). Im Schnittpunkt von Medientechnologie und Gesellschaftstheorie wird eine Utopie geboren: ihre Gestalt sind Netzwerke, demokratisch und flexibel, offen und kreativ. Dieser Diskurs verdichtet sich um das Internet und seine Ableger. „Wikipedia" reißt die Grenze zwischen Autor und Leser, Rezipient und Produzent nieder. „YouTube" rückt die demokratische Verheißung Andy Warhols in greifbare Nähe, dass jeder über Nacht zum Star avancieren und es wenigstens für kurze Zeit bleiben kann (Groß 2006). Von „FaceBook" bis „SchülerVZ" entwickeln sich Plattformen mit dem Versprechen umfassender virtueller Sozialkontakte. Die Kanäle sind in alle Richtungen offen. Der Unterschied zwischen Sender und Empfänger verschwindet. Auch dies war eine alte zivilgesellschaftliche Verheißung der neuen Medien (Enzensberger 1970).

Netzwerke als gesellschaftliche Selbstorganisation

Ein zweiter starker Flussarm der Netzwerkgeschichte entspringt am Geburtsort der modernen Soziologie. Georg Simmel hat gleichsam den ersten Spatenstich getan. Er stößt auf grundlegende Unterschiede von Vergesellschaftungsprozessen zwischen modernen und traditionsorientierten Gesellschaften. Die Moderne ist keine stratifizierte Gemeinschaft, wie man es gemeinhin für das Mittelalter annimmt, in der jedes Individuum seinen unbestreitbaren Platz besetzt. Soziale Kreise differenzieren sich aus, so wie sich die moderne Stadt in funktional bestimmte Quartiere einteilen lässt, zu denen das Individuum in größerer Distanz oder Nähe steht. Die sozialen Kreise sind nicht mehr konzentrisch aufgebaut, so, als gehe erst die Familie im Stand und der Stand schließlich in der politischen oder religiösen Herrschaft auf. In der Moderne haben sie keinen gemeinsamen Mittelpunkt mehr, sie überlagern sich.

Die Verknüpfung von Stadtteilbewohnern zu einem sozialen und politisch agierenden Netzwerk, das offiziellen Autoritäten der Kommunalpolitik Paroli bieten kann, steht am Anfang der Erfolgsgeschichte des Community Organizing. Community Organizing bemüht sich um den systematischen Aufbau von Netzwerken im Stadtteil oder einer Region. Es setzt an den für die Bewohner vitalen Grundbedürfnissen an, greift Themen wie Verkehr, Wohnverhältnisse, Gesundheit oder Bildung auf, um sie zur gemeinsamen Angelegenheit zu machen. Community Organizer versuchen, gezielt Meinungsträger und Multiplikatoren im Quartier zu gewinnen, die dem Netzwerk Gewicht verleihen. Sie forcieren aber auch die öffentliche Artikulation, die in kreativen Aktionen ihren Niederschlag findet. Im Lauf der Jahre verliert sich zwar die starke Betonung von Gegenöffentlichkeit, dennoch ist Community Organizing, das dank der Initiativen Leo Pentas (2007) auch hierzulande eine größere Aufmerksamkeit gefunden hat, noch heute politischer als viele der in Deutschland vergleichbaren Ansätze von Gemeinwesenarbeit.

Die wichtigste Methode lebensweltnaher Netzwerkbildung ist das „Empowerment", das man, cum grano salis, mit „Hilfe zur Selbsthilfe" übersetzen könnte. Es geht dabei um die Stärkung der persönlichen Ressourcen und des unmittelbaren sozialen Umfelds mit dem Ziel, die eigenen Angelegenheiten wieder so weit wie möglich selbst in die Hand zu nehmen, aber auch den notwendigen Unterstützungsbedarf klar zur Sprache zu bringen. Betrachten wir Empowerment unter dem Blickwinkel der Kreuzung sozialer Kreise, so bildet es sich an der Schnittstelle zwischen professionellen Institutionen und der Mobilisierung persönlicher oder alltagsweltlicher Ressourcen. Netzwerkkonstellationen, die Hilfe zur Selbsthilfe organisieren sollen, können sehr komplex sein. Die Gemeindepsychologie und Gesundheitsförderung, die sich seit über zwei Jahrzehnten mit diesen Arrangements beschäftigt, zeigen auf, dass bei gelungenen Interventionen drei Typen von Netzwerken kooperieren: das primäre Beziehungsnetz des Klienten, das vor allem seine Angehörigen und engen Freunde bilden. Das sekundäre Netzwerk der Zivilgesellschaft wie Nachbarschaften und Selbsthilfeorganisationen. Und schließlich die tertiären professionellen Netzwerke von Therapeuten, Ärzten oder Gemeindestationen (Otto/Bauer).

Die Stärkung der Eigenkräfte bezieht sich auf jene Dimension der sozialen Kapitalbildung, die Robert D. Putnam „bonding" genannt hat. Damit bezeichnet er die Festigung der binnenorientierten Beziehungen einer Gruppe, ihres Zusammenhalts durch Vertrauen und die Bereitschaft zur gegenseitigen Unterstützung, die für die teilhabenden Individuen zur Energiequelle ihrer eigenen Vorhaben werden können. Freilich ist an dem oben beschriebenen Beispiel des Community Organizing zu sehen, dass zivilgesellschaftliche Strategien der Netzwerkbildung immer auch den öffnenden Aspekt und die außenorientierte Verknüpfung zu anderen sozialen Kreisen im Auge behalten müssen, den Putnam „bridging social capital" nennt (Putnam 2001). Bloße Binnenorientierung kann zwar Identitäten stärken, birgt allerdings die Gefahr der Abkopplung von rechtsstaatlicher Kontrolle und demokratischer Teilhabe. Umgekehrt reicht die reine Außenorientierung nicht aus, eigene Interessen zu definieren. Zivilgesellschaftliche Netzwerkstrategien haben daher immer einen Doppelcharakter.

Empowerment als Stärkung der Eigenkräfte und der Selbstorganisation muss aus zivilgesellschaftlicher Sicht durch ein interkulturelles Netzwerkmanagement ergänzt und austariert werden, das es versteht, eine soziokulturelle Anschlussfähigkeit herzustellen. In den letzten Jahren hat sich dafür der Begriff „Diversity" in Deutschland eingebürgert. Er betont weit mehr als der Begriff der Integration: die Vielfalt als produktive Quelle sozialer Energien (Röbke 2008; Vortkamp 2008).

Netzwerke zwischen Bürokratie und Lebenswelt

Ein dritter Flussarm der Netzwerkgeschichte kommt ebenfalls aus den frühen Tagen der Soziologie. Max Weber setzt die erste Wegmarke. Die Moderne ist nach Weber durch eine bürokratische Herrschaft (der Verwaltung) gekennzeichnet, die sich nicht an durch Tradition verbürgten Abhängigkeiten oder dem Charisma eines Führers, sondern an der Legalität durch geregelte Verfahren ausrichtet (Weber 1972: 122–176). Dieser Typ der Herrschaft ist sehr effizient, weil er verlässliche Standards setzt. Er hat aber auch seine Tücken, die Weber zum Teil selbst gesehen hat, wenn er beispielsweise vom „ehernen Gehäuse" der Hörigkeit spricht, das die moderne Bürokratie aufgebaut habe. Verwaltung erzeugt nicht nur rationale Verfahrensweisen, sondern auch Misstrauen, Entfremdung und Ohnmachtsgefühle.

Das Vertrauen, das der Arbeitsweise der modernen Verwaltung entgegengebracht wird, besteht darin, dass sie jeden Fall nach überprüfbaren Verfahren gleich zu behandeln vorgibt. Offensichtlich reicht dies aber nicht aus. Vertrauen muss zusätzlich über persönliche Beziehungen hergestellt werden. Je anonymer und komplexer der technische und bürokratische Apparat, desto wichtiger werden menschliche Verbindungen, um Entfremdung durch professionelle Deformation auszugleichen.

Das Ehrenamt hat für die Entwicklung informeller Vertrauensnetzwerke eine herausragende historische Bedeutung in der bürgerlichen Gesellschaft erlangt (Nipperdey 1983). Die Erfahrung, dass durch persönliche Kontakte im ehrenamtlichen Bereich berufliche Belange, sozusagen „rein menschlich", vertieft werden können, ist sicher weit verbreitet. Das gegenseitige Unterstützungsnetzwerk ist, um noch einmal Putnam zu zitieren, eine reiche Quelle sozialen Kapitals. Das reicht von der solidarischen Nachbarschaftshilfe über kleine Gefälligkeiten bis zu schwerwiegenden Geschäften, die im Golf- oder Yachtclub verhandelt werden. Aber es wird auch die Ambivalenz deutlich: Der Zugang zum Netzwerk ist eine eminente Frage der Macht. Je stärker sich Netzwerke ausbreiten, umso wichtiger wird die Höhe ihrer Zugangsbarrieren, die zwischen Inklusion und Exklusion entscheiden.

Ein zweiter Aspekt kommt hinzu: Zivilgesellschaftliche Netzwerke sind durch Instrumentalisierung bedroht. Mehr und mehr kann Bürgerschaftliches Engagement seinen Eigensinn verlieren, indem es professionellen Zwecken, zum Beispiel der Karriere, unterworfen wird. Es gibt das schöne Bonmot, die Steigerung des Netzwerks sei der Filz. Zweifellos haben Netzwerke in diesen bürokratischen Milieus nicht nur eine korrigierende Wirkung, sondern können, weil sie sich durch ihren informellen Charakter auch leicht der demokratischen Kontrolle entziehen können, zu einer unkontrollierbaren Macht werden.

Die negative Seite ehrenamtlicher Beziehungsnetzwerke besteht also in der Gefahr, sie für fremde Zwecke dienstbar zu machen und neue gesellschaftliche Barrieren zu errichten. Es gibt freilich auch eine fruchtbare Wirkung bürgerschaftlicher Netzwerke. Sie können ein wirksames Gegengewicht zu Kommerzialisierung und Bürokratisierung, zu Korporatismus und professioneller Deformation bilden.

Diese Eigenschaft zeigt sich vor allem da, wo bestimmte Problemsituationen in einer Kombination von fachlichen Diensten und alltagsweltlichen Unterstützungsnetzwerken bearbeitet werden. Vor diesem Hintergrund tauchte Mitte der 1990er Jahre das Schlagwort vom Wohlfahrtsmix (Evers/ Olk 1996; Evers/Rauch/Sitz 2002) in der sozialpolitischen Debatte auf. Die Ressourcen, die eine professionelle Einrichtung zur Bewältigung ihrer Aufgaben zur Verfügung hat, werden neu interpretiert. Neben Geld und hauptamtlicher Arbeit fällt der Blick nun auf das bislang vernachlässigte Bürgerschaftliche Engagement – nicht mehr nur als nette, zusätzliche Ergänzung der eigentlichen Dienstleistung, sondern als Koproduzent, der unabdingbar an der Aufrechterhaltung der wesentlichen Funktionen mitwirkt.

Netzwerke in der politischen Steuerung

In der Folge des Ausdifferenzierungsprozesses in der Moderne entwickeln sich zwischen den Sphären des Staates, der Wirtschaft und Zivilgesellschaft neue Arrangements der Verantwortungsaufteilung. Dies begründet den vierten und letzten Aspekt unserer Begriffsgeschichte. Zum einen wird unter dem Leitbild der Subsidiarität der Staat, der ursprünglich sowohl für die Überwachung als auch für die Herstellung von öffentlichen Gütern verantwortlich war, zum Kooperationspartner zivilgesellschaftlicher Verbände, die Stück um Stück die sozialstaatlich gebotene Bereitstellung öffentlicher Güter übernehmen. Der Staat gewährleistet die Finanzierung, das Tun überlässt er anderen. Zum anderen wird mit dieser Auslagerung von Diensten in die Bürgergesellschaft aber auch eine Wettbewerbssituation geschaffen, die gemeinnützige Organisationen unter dem Druck des Marktes zu Dienstleistungsunternehmen werden lassen.

Politische Steuerung wird in diesem Gefüge zur kooperativen Aufgabe, die in wechselnden Konstellationen den Konsens zwischen unterschiedlichen Partnern herbeiführen muss. Man könnte auch sagen: Sie wird zum Netzwerkmanagement (Benz 2004).

In der terminologischen Zuspitzung als „Good" Governance wird in der Literatur vor allem der Aspekt umfassender Bürgerbeteiligung an politischen Entscheidungen hervorgehoben. Die Methoden und Wege sind vielfältig. Vor allem die kommunalen Agenda 21-Prozesse haben seit Mitte der 1990er Jahre wichtige Wegmarken gesetzt. So werden in vielen Städten und Gemeinden Leitbilder unter breiter öffentlicher Beteiligung aufgestellt, an deren Formulierung Politiker, Vertreter der Wirtschaft und der Bürgergesellschaft gleichermaßen Anteil nehmen. Bürgerhaushalte geben Bewohnern von Stadtbezirken und Kommunen Gelegenheit, über die Verwendung von Budgets mitzubestimmen. An vielen Orten wird mit unterschiedlichen Beteiligungsverfahren von Bürgern am politischen Prozess experimentiert. Bündnisse für Familien oder andere Runde Tische versuchen, wichtige gesellschaftspolitische Themen in gemeinsamer Verantwortung von Vertretern aus Wirtschaft, Kommunen und Bürgergesellschaft voranzubringen.

Eine wichtige Erfahrung in Bezug auf diese Beteiligungsprozesse ist, dass sie einer nachhaltigen Netzwerkpflege und eines professionellen Schnittstellenmanagements bedürfen, sonst fallen sie nach kurzer Zeit in sich zusammen. So sind viele mit großen Aplomb ins Leben gerufene „Bündnisse für Familien", schon nach einigen Sitzungen in einen längeren Dämmerzustand verfallen.

Vorbildlich ist der mit vielen Preisen und Würdigungen bedachte Agenda21-Prozess der oberbayerischen Gemeinde Weyarn. In einem Verfahren, das mittlerweile auch in der Gemeindesatzung[1] festgelegt ist, werden die Entscheidungskompetenzen der sogenannten Bürgerwerkstätten transparent dargelegt. Diese Arbeitskreise gründen sich autonom, sie müssen aber, um vom Gemeinderat anerkannt zu werden, gewisse Spielregeln beherzigen.

---

1 Satzung zur Weiterführung der Bürgerbeteiligung auf der Grundlage des Bayerischen Dorferneuerungsprogramms, verabschiedet vom Gemeinderat Weyarn am 23. Oktober 2008, www.weyarn.de

Dazu gehört es, einen Sprecher zu wählen, ein Ziel des Arbeitskreises festzulegen, öffentlich einzuladen und Protokolle der Sitzungen zeitnah zu veröffentlichen. Die Ergebnisse der Arbeitskreise werden in einem Steuerungsgremium gebündelt. Der Bürgermeister und je ein Vertreter aus den Arbeitskreisen gehören automatisch dem Steuerungsgremium an. Acht weitere Mitglieder werden für sechs Jahre durch eine Bürgerversammlung gewählt. Das Steuerungsgremium hat die Aufgabe, die Planungen der Arbeitskreise zu sichten und dem Gemeinderat zur Entscheidung vorzulegen. Für dieses zivilgesellschaftlichen Netzwerkmanagement muss der Staat ein bestimmtes Rollenverständnis ausbilden: als ermöglichender oder aktivierender Staat.

Die erste rot-grüne Bundesregierung hat in einem Kabinettsbeschluss das Leitbild des aktivierenden Staates folgendermaßen definiert: „Aktivierender Staat bedeutet, die Selbstregulierungspotenziale der Gesellschaft zu fördern und ihnen den notwendigen Freiraum zu schaffen. Im Vordergrund muss deshalb das Zusammenwirken staatlicher, halbstaatlicher und privater Akteure zum Erreichen gemeinsamer Ziele stehen. Dieses Zusammenwirken muss entwickelt und ausgestaltet werden. Vor allem dem Bund fällt hierbei die Aufgabe zu, die rechtlichen Rahmenbedingungen für einen bürgerorientierten und partnerschaftlichen Staat mit einer effizienten Verwaltung zu schaffen (Bundesregierung 1999, zit. n. Schuppert 2004: 47)."[2]

Wie die Leitidee des aktivierenden Staates praktisch vor Ort umgesetzt werden kann, lässt sich wiederum am Beispiel der Gemeinde Weyarn studieren. Jeder Bürgerarbeitskreis, der sich einem bestimmten Thema wie Verkehr, Energie oder Dorfkerne widmet, kann für seine Arbeit ein Budget beantragen. Er erhält die Unterstützung durch eine hauptamtlich besetzte Koordinationsstelle der Gemeinde, die das Netzwerk der Bürgerbeteiligung managt, seine Ergebnisse öffentlich darstellt und für neue engagementbereite Bürger als erste Anlaufstelle dient. Durch die Arbeit des Steuerungskreises ist sichergestellt, dass die Vorschläge der Arbeitskreise vom Gemeinderat aufgegriffen werden müssen. Jeder Arbeitskreis hat also eine gute Chance, dass seine Ideen verwirklicht werden. Zumindest erhält er eine qualifizierte Antwort der gewählten Gremien, auch wenn seine Ideen nicht zum Zuge kommen sollten.

Der Staat ist hier in der Pflicht, zivilgesellschaftliches Engagement und seine Vernetzung zu fördern. Er muss dies natürlich auf verschiedenen Ebenen tun: auf der kommunalen Ebene beispielsweise wie in Weyarn, aber auch auf der staatlichen Ebene durch die Förderung von Landes- und Bundesnetzwerken des Bürgerschaftlichen Engagements, die es der Zivilgesellschaft ermöglichen, politische Standpunkte im Sinne der Good Governance zu formulieren und auf Augenhöhe zu vertreten.

---

2 Die Bundesregierung (1999): Moderner Staat und moderne Verwaltung. Leitbild und Programm der Bundesregierung. Kabinettsbeschluss vom 1. Dezember 1999

Bürgerschaftliche Ausrichtung von Netzwerken

Entgegen dem ersten Anschein sind Netzwerke nicht die natürliche Organisationsform der Bürgergesellschaft, die auf freiwilligen, solidarischen und gleichberechtigten Beziehungen aufbaut. Sie besitzen auch die Fähigkeit, vorhandene Machtgefälle zu zementieren. Netze sind in ihrer Wirkung ambivalent. Wie ihre realen Vorbilder können sie verstricken oder bergen, gefangen nehmen oder auffangen.

Die Ambivalenz der Netzwerkarchitektur haben wir an verschiedenen Stellen schon aufzeigen können. Man kann sie in all ihren wichtigen Bauteilen und Eigenschaften nachweisen:

- *Geschwindigkeit und Flexibilität:* Ob Netzwerke in ihren Wirkungen so erfolgreich sind, wie es ihre rasante Verbreitung nahe legt, ist nicht leicht abzuschätzen. Auch Krebsgeschwüre können schnell wuchern. Was in einzelnen Feldern seine Effizienz unter Beweis stellen konnte (zum Beispiel Praxisnetzwerke von Ärzten), ist in anderen Aufgabenbereichen durchaus umstritten. Netzwerke haben einen hohen Abstimmungs- und Pflegebedarf, der mit der Zahl der Akteure zunimmt. Zwar können sie Informationen schnell übermitteln, doch ihre multifokale Struktur mit flachen Hierarchien führt häufig zu einem enormen Diskussions- und Rückkopplungsaufwand, wenn es um Entscheidungen geht. Manche Netzwerkgremien erinnern dann an die Sitzungen des ewigen Reichstags in Regensburg, aus denen ja die sprichwörtliche Idee der Wiedervorlage stammt: „Etwas auf die lange Bank zu schieben."

- *Verbindungen:* Im Zentrum der Netzwerkarchitektur steht die Qualität der Verbindungen. Marc S. Granovetter bezeichnet sie als „weak ties" (Granovetter 1973). Schwache Beziehungen erlauben es im Prinzip, in Kontakt zu einer viel größeren Menge von Partnern zu treten, als es enge, aber zeitraubende Verpflichtungen oder Freundschaften zulassen. Dadurch kann der Umfang der sozialen Kreise, denen ein Individuum angehört, enorm erweitert werden. Dies bedeutet beispielsweise ein Mehr an Informationen und Einflussmöglichkeiten. Andererseits beruhen Netzwerke auf der Ressource des Vertrauens, weil sie sich nicht auf starke Regeln stützen, die im Fall ihrer Übertretung wirkungsvolle Sanktionen nach sich ziehen können. Wie aber sollen wir jemandem Vertrauen schenken, den wir nur flüchtig kennen? In manchen Internetforen wird diese Ambivalenz fast zur Absurdität gesteigert. Da tragen sich beispielsweise in den persönlichen Profilen von Facebook Hunderte von Freunden ein, die man im Leben nie zu Gesicht bekommen wird. Netzwerke werden dann uferlos. Schließlich sind alle Teil des universellen Netzwerks, so wie es der amerikanische Soziologe Stanley Milgram, der einen gewissen Kultstatus in diesen Internetforen genießt, herausgefunden haben will. Jeder Mensch kennt eine beliebig gewählte Person auf der Welt über maximal sechs Ecken.

- *Zugänge:* Netzwerke verbinden. Sie können aber auch trennen. Putnam hat diese doppelte Wirkung als „bridging" und „bonding social capital" bezeichnet. Beide Wirkungen können für das Bürgerschaftliche Engagement fruchtbar sein. Bürgerschaftliche Netzwerke bieten einerseits die Aussicht auf einen niedrigschwelligen Zugang zum gesellschaftlichen Leben. Weil Netzwerke oft keine formelle Mitgliedschaft verlangen, ist der Eintritt meist umkompliziert. Andererseits stärken sie auch soziale Gruppenbeziehungen. Diese Funktion wird umso wichtiger, je weiter sich unsere Gesellschaft individualisiert. Gemeinsame altersübergreifende Wohnprojekte, die sich auf die Solidarität ihrer Bewohner gründen wollen, verheißen beispielsweise eine verlockendere Zukunft des Älterwerdens als anonyme Maschinerien der Pflege und Versorgung. Zugleich können starke Binnenbeziehungen aber auch zu Exklusionsprozessen führen. Es gibt Bereiche im Bürgerschaftlichen Engagement, in denen Exklusivität geradezu Teil der Netzwerkphilosophie geworden ist, zum Beispiel bei den Lions- oder Rotaryclubs. Man könnte dies positiv wenden und behaupten, hier entstünde eine besondere Exzellenz, die den Ehrgeiz jedes Mitglieds anstachelt, Gutes zu tun. Solange der Gemeinnutz der bestimmende Zweck bleibt, mag dies auch zutreffen. Problematisch wird es freilich, wenn der Machtgewinn der Netzwerkmitglieder durch Beziehungspflege in den Vordergrund tritt.

- *Kopplungen:* Netzwerke leben als freiwillige Zusammenschlüsse von den Zielen, die sie sich setzen. Je klarer sie formuliert sind und je öfter sie handlungsleitend werden, desto reißfester scheint das Netz gewoben. Ziele stärken die zentripetalen Kräfte gegen die zweifellos vorhandenen Sonderinteressen, die jedes Netzwerkmitglied mitbringt. Wenn es sich um professionelle Partner handelt, die, jeder für sich, ein strategisches Interesse am Netzwerk formulieren, ist dieses Spiel zwischen Sonderinteressen und Netzwerkzielen nicht unproblematisch. Immer wieder kommt es zu Übergriffen, Vereinnahmungen von Interessen, Instrumentalisierung von Partnerschaften. Auf dieser tertiären Ebene des Bürgerschaftlichen Engagements agieren beispielsweise Wohlfahrtsverbände oder Unternehmen, Bildungseinrichtungen oder Beratungsdienste, wenn sie etwa einem Bündnis für Familien beitreten. Ihnen ist ein professionelles Verständnis ihrer Arbeit selbstverständlich und sie können die Schnittstellen, die sie mit dem Netzwerk gemeinsam haben, genau definieren. Es wird aber noch einmal komplizierter, wenn primäre und sekundäre Netze des Bürgerschaftlichen Engagements in dieses tertiäre Beziehungsgeflecht eingezogen werden, die sich auf Selbstorganisation und Eigensinn berufen. Da kann es sein, dass die professionelle Handlungslogik Netzwerke überformt, sie gleichsam an die verlängerte Werkbank setzt und auf diese Weise instrumentalisiert. Müssen wir nicht noch viel tiefer in die Widersprüche von Netzwerkkopplungen eintauchen, die wir heute unter dem Begriff Wohlfahrtsmix subsumieren?

Aufgaben des Netzwerkmanagements

Damit sind schon viele Bruchstellen und Ambivalenzen benannt, die ein Netzwerkmanagement im Bereich des Bürgerschaftlichen Engagements zu bearbeiten hat. Zuallererst müssen alle vier beschriebenen Traditionen der Netzwerkidee strategisch zusammengedacht und zusammengebracht werden. Tatsächlich verlaufen die Diskurse oftmals in ihren eigenen Bahnen, ohne sich je zu berühren. Wir sollten die Synergien erkennen, die durch die Kombination dieser unterschiedlichen Traditionen der Netzwerkidee freigesetzt werden können. Die technischen Zugangsmöglichkeiten eröffnen Chancen der demokratischen Teilhabe. Indem sie den Status des Produzenten und des Konsumenten einander annähern schaffen sie ein neues Subjektverständnis, auf das die Bürgergesellschaft nicht verzichten darf. Verantwortungsaufteilung im Sinne von Governance und Koproduktion sozialer Dienste im Wohlfahrtsmix dürfen nicht getrennt werden, wenn wir nicht neue Ungleichheiten produzieren wollen usw.

Werden stattdessen die Traditionsstränge isoliert weiter verfolgt, so droht unweigerlich eine Entwicklung zur „Bürgergesellschaft light", wie es Ulrich Beck einmal ausdrückte. Gemeinsame politische Verantwortung ohne politische Einflussnahme führt letztlich dazu, den Individuen die Kosten gesellschaftlichen Zusammenhalts aufzubürden, ohne ihnen Gestaltungsmacht zu geben.

Netzwerkmanager sollten die Anschlussstellen zwischen diesen vier Dimensionen sozialer Netzwerke verbreitern, indem sie

1. die Selbstorganisationspotenziale der primären Netzwerke um Familie, Nachbarschaft und Bürgerschaftliches Engagement stärken und dafür sorgen, dass sie im politischen Raum der Öffentlichkeit Gehör finden (Empowerment);
2. die Abschließung von Netzwerken aufbrechen und soziale Kreise für Prozesse der gesellschaftlichen Kooperation und Koproduktion begeistern (Diversity);
3. den Eigensinn des Bürgerschaftlichen Engagements gegenüber Versuchen professioneller Rationalisierung bewahren;
4. Netzwerke von professionellen Partnern auf eine behutsame Zusammenarbeit mit bürgerschaftlich organisierten Netzwerken vorbereiten;
5. bürgerschaftliche Netzwerke als Korrektiv der Pathologien professioneller Dienste und Organisationen zur Geltung bringen;
6. Netzwerkideen stärken, die Menschen aus den Fängen von Monopolen befreit, indem es sie in die Lage versetzt, vom bloßen Konsumenten zum Produzenten zu werden;
7. Plattformen der Begegnung zivilgesellschaftlicher, wirtschaftlicher und politischer Akteure schaffen (Governance);
8. sich um die Evaluation der Netzwerkarbeit kümmern und den Netzwerkpartnern die Chancen, die ihr Einsatz bietet, bewusst machen.

Netzwerkmanager leben wie Menschen in einer Zwischenwelt. Sie müssen eine prekäre Balance organisieren: Zwischen Öffnung und Abschließung, Identität und Kooperation, Verantwortungsübernahme und Überforderung, sozialpolitischer Zielformulierung und lebensweltlichem Eigensinn. Sie haben es dabei mit Lobbyisten zu tun, die die Macht von Verbänden hinter sich wissen, Politikern, die der Parteiräson verpflichtet sind oder Verwaltungen, die auf gesatzte Ordnungen pochen. Sie verhandeln mit professionellen Organisationen, die einen hohen Grad von Arbeitsteilung und Spezialisierung vorweisen. Auf der anderen Seite steht die alltagsweltliche Solidarität. Netzwerkmanager müssen Makler sein. Sie sind Stellvertreter der bürgerschaftlichen Selbstorganisation und müssen doch die Anliegen der professionellen Strukturen sozialer und kultureller Arbeit, der staatlichen Steuerung, die Interessen der Wirtschaft und Vorschriften der Verwaltung kennen, um Synergien freizusetzen. Am besten funktioniert ein Netzwerk dann, wenn sich alle Partner der Chancen, aber auch der Sensibilität der Kooperation bewusst sind und gemeinsam die wichtigen Schnittstellen an Interessen und Aufgaben pflegen. Egon Endres (Endres 2006) hält daher Grenzgänger, die mit einem unternehmerischen Sinn für Innovationen ausgestattet sind und zugleich die Fähigkeit besitzen, sozial auszugleichen, für die besten Netzwerkmanager. Sie müssen einerseits die Balance halten, andererseits aber auch einem gewissen Strukturkonservatismus, der sich in Netzwerken einschleicht, entgegenwirken. Netzwerkmanager sollten Dialektiker sein. Im Grunde genommen müssen sie arbeiten wie ein Trimmruder: Kurs halten, aber dann, wenn es geboten ist durch kleine Bewegungen große Richtungsänderungen herbeiführen.

Literatur

Barkhoff, Jürgen/Böhme, Hartmut 2004: Netzwerke – Eine Kulturtechnik der Moderne. Wien, Köln, Weimar.
Bauer, Petra/Otto, Ulrich (Hrsg.) 2005: Mit Netzwerken professionell arbeiten. Band 1: Soziale Netzwerke in Lebenslauf- und Lebenslagenperspektive. Band 2: Institutionelle Netzwerke in Steuerungs- und Kooperationsperspektive. Tübingen.
Benz, Artur (Hrsg.) 2004: Governance – Regieren in komplexen Regelsystemen. Wiesbaden.
Endres, Egon 2006: Wie lassen sich soziale Organisationen bewegen. Über die Gestaltungskraft von Innovationen und Visionen.
www.ksfh.de/hs_profil/hs_publi/vortr_doku/dat_vortdoku/Endres_Ges.pdf
Evers, Adalbert/Thomas Olk (Hrsg.) 1996: Wohlfahrtspluralismus. Vom Wohlfahrtsstaat zur Wohlfahrtsgesellschaft. Opladen.
Evers, Adalbert/Rauch, Ulrich/Sitz, Uta 2002: Von öffentlichen Einrichtungen zu sozialen Unternehmen. Hybride Organisationsformen im Bereich sozialer Dienstleistungen. Berlin.
Fuller, Richard Buckminster 1998: Bedienungsanleitung für das Raumschiff Erde und andere Schriften. Amsterdam, Dresden.
Groß, Thomas 2006: Per Anhalter durchs Pluriversum. In: „Die Zeit". 14. Januar 2006.
Keupp, Heiner/Ahbe, Thomas/Gmür, Wolfgang 2002: Identitätskonstruktionen. Das Patchwork der Identitäten in der Spätmoderne. Hamburg.

Nipperdey, Thomas 1983: Deutsche Geschichte. 1800–1866. Bürgerwelt und starker Staat. München.

Penta, Leo (Hrsg.) 2007: Community Organizing. Menschen verändern ihre Stadt. Edition Körber-Stiftung. Hamburg.

Putnam, Robert D. (Hrsg.) 2001: Gesellschaft und Gemeinsinn. Sozialkapital im internationalen Vergleich. Gütersloh.

Röbke, Thomas 2008: Grußwort. In: Bundesnetzwerk Bürgerschaftliches Engagement, Landesnetzwerk Bürgerschaftliches Engagement Bayern, Institut für soziale und kulturelle Arbeit (Hrsg.): Migrantenorganisationen als Akteure der Zivilgesellschaft: Integrationsförderung durch Weiterbildung. Fachtagung 14.-15.12.2007 in Nürnberg.

Schuppert, Gunnar Folke 2004: Gemeinwohlverantwortung und Staatsverständnis. In: Anheier, Helmut K./Then, Volker (Hrsg.): Zwischen Eigennutz und Gemeinwohl. Neue Formen und Wege der Gemeinnützigkeit. Gütersloh: 25–59.

Vortkamp, Wolfgang 2008: Integration durch Teilhabe. Das zivilgesellschaftliche Potenzial von Vereinen. Frankfurt am Main.

Weber, Max 1972: Wirtschaft und Gesellschaft. Grundriss der verstehenden Soziologie, Tübingen.

Birger Hartnuß und Thomas Kegel

Qualifizierung

Kompetenzerwerb im bürgerschaftlichen Engagement

Freiwilliges Engagement und die dabei stattfindenden informellen Bildungsprozesse z. B. in Vereinen, Projekten und Initiativen eröffnen Möglichkeiten für ein informelles Lernen in lebensweltlichen Zusammenhängen, für ein gemeinsames Problemlösen zusammen mit anderen. Dabei steht der Erwerb von Wissen in engem Zusammenhang mit der Aneignung bürgerschaftlicher Kompetenzen. Wissen wird dadurch intensiver und nachhaltiger vermittelt; Teamfähigkeit, Verantwortlichkeit und demokratisches Handeln sind Teil des Lernvorgangs.

Gelernt wird im Engagement selbst und durch das Engagement. Das Lernfeld „Bürgergesellschaft" zeigt sich dabei sehr differenziert: es sind die mehr als hunderttausend Vereine, die Jugendverbände, Seniorenorganisationen, Initiativen, Projekte, informelle soziale Bewegungen. Zu finden sind hier formale Strukturen – von Orts-, Kreis-, Landes- bis zu Bundesverbänden – ebenso wie informelle Strukturen lokaler oder regionaler Zusammenschlüsse von Bürgerinitiativen. Die formalisiert aufgebauten Verbände haben meist mit ihrer Gründung eigene Bildungseinrichtungen und eigenes Bildungspersonal etabliert. Auch in den eher informellen Strukturen der neuen sozialen Bewegungen der achtziger Jahre der alten Bundesrepublik haben sich in und außerhalb dieser Bewegungen eigene Bildungseinrichtungen entwickelt. Gelehrt und gelernt wurde in diesen Bildungsorten praktisches, auf den jeweiligen Vereinszweck oder die Ziele der Initiative ausgerichtetes Handlungswissen. Seien es Trainingsmethoden für Sport, Rechnungswesen für Kassenwarte in einem Verein, Erste-Hilfe-Kurse, Jugendverbandsrecht, Informationen über Aufsichtspflichten für ein Ferienzeltlager, gewaltfreie Konfrontationsmethoden, Pressearbeit etc. Sowohl das Wissen als auch die Wege der Wissensvermittlung wurden und werden reflektiert und hinterfragt. Insofern ist dieser Bildungsort in allen seinen Schattierungen von Gewicht – es handelt sich hier um genuine Orte der Erwachsenenbildung ebenso wie um Orte, in denen neue Pädagogiken entstehen, wie z. B. eine auf gender mainstreaming orientierte geschlechtersensible Pädagogik oder spezifische Methoden bspw. der Erlebnispädagogik.

Gelernt wird aber auch Demokratie, Bürgersinn, bürgerliche Selbstvertretung, öffentliches Reden und Handeln. Ob es um die Leitung einer Mitgliederversammlung geht oder Gespräche mit Verwaltung und Politik in einer Auseinandersetzung um bestimmte Ziele einer Bürgerinitiative – gelernt wird die gewaltlose Konfliktlösung, das Herstellen von Mehrheiten, das Ausbalancieren von Meinungen in Entscheidungsfindungsprozessen, der Umgang mit Niederlagen in Abstimmungen und das Abwägen von Argumenten in öffentlicher Rede und Auseinandersetzung. Hier erweist sich freiwilliges, bürgerschaftliches Engagement als Lernort grundlegender demokratischer Kompetenzen.

Qualifizierung – Angebote, Themen, Träger

In vielen Bereichen des freiwilligen, bürgerschaftlichen Engagements ist es Bedingung für die Engagierten, sich für eine bestimmte, genau profilierte Aufgabe zu qualifizieren. Sei es das Engagement als Konfliktmediator/-in an Schulen, sei es die Tätigkeit als Bibliothekar/-in einer öffentlichen Bibliothek der Kirchen, Übungsleiter-/innen im Sport, eine Aktivität als Rettungsassistent/-in bei Rettungsdiensten, die Telefonberatung der Telefonseelsorge oder an einem sonstigen Beratungstelefon – diese hoch spezialisierten Engagements bedingen eine fundierte Qualifizierung. Deshalb werden von den Trägern des Engagements solche Qualifizierungen auch angeboten; das interne Bildungswesen sorgt für die Umsetzung von Curricula speziell für Freiwillige bezogen auf diese Engagementprofile. Hier hat sich seit Jahren eine eigene Lehr- und Lernkultur herausgebildet, als eigenständige Rahmenbedingung für das bürgerschaftliche Engagement.

„Qualifizierung ... knüpft an das Bedürfnis der Engagierten nach Selbstentfaltung, Persönlichkeitsentwicklung und Mitgestaltung an. Die Enquête-Kommission empfiehlt die Weiterentwicklung bereits bestehender und den Ausbau zusätzlicher Angebote und Maßnahmen der Qualifizierung. Qualifizierungsstrategien sollten sich dabei nicht allein auf die bürgerschaftliche Engagierten konzentrieren, sondern ebenso auf die hauptberuflich Tätigen und auf die Organisationen." (Enquête-Kommission 2002: 21) Während Engagierte relativ oft auf Qualifizierungsangebote zurückgreifen können, sind hauptberuflich Tätige in Fragen der Kooperation mit Freiwilligen häufig weder ausgebildet worden noch gibt es ausreichend Qualifizierungsmöglichkeiten. Weder in Fachschulen noch in entsprechenden Hochschulausbildungen erfahren die Studierenden, dass in ihren Berufsfeldern die Kooperation mit Freiwilligen, mit den Bürgerinnen und Bürgern zu erwarten ist. In der Praxis des bürgerschaftlichen Engagements führt dies dazu, dass Freiwillige und Hauptamtliche oft genug nebeneinander her arbeiten statt miteinander zu kooperieren.

Dabei käme es darauf an, sich über die jeweiligen Aufgaben und Verantwortungsbereiche zu verständigen, gemeinsame Aktivitäten und Schnittstellen in den Arbeitsprozessen zu klären und vor allem, jeweilige oder gemeinsam errungene Erfolge der Arbeit miteinander zu feiern. Dort, wo ein nachhaltiges Freiwilligenmanagement etabliert ist, werden in der Regel die freiwillige und die berufliche Tätigkeit miteinander verzahnt. In allen den

Organisationen, welche Freiwillige einsetzen, aber deren Tätigkeiten und die Tätigkeiten der hauptberuflichen Mitarbeiterinnen und Mitarbeiter wenig verbunden nebeneinander her laufen, ist eine entsprechende Organisationsentwicklung angezeigt. Diese Organisationsentwicklung hat zum Ziel, sowohl eine die Organisation durchdringende Freiwilligenkultur aufzubauen, die Organisation als Trägerorganisation von freiwilligem, bürgerschaftlichem Engagement kenntlich zu machen als auch ein Freiwilligenmanagement zur Unterstützung der freiwillig Engagierten und deren Kooperation mit den beruflichen Mitarbeiterinnen und Mitarbeitern einzurichten.

„Bürgerschaftliches Engagement sollte ein systematischer Bestandteil der Organisationsentwicklung werden. Bei der Modernisierung von Organisationsstrukturen und insgesamt bei der Organisationsentwicklung sind vermehrt Möglichkeiten der Partizipation zu schaffen und kooperative Organisations- und Führungsstrukturen zu etablieren. Im Kern geht es mit einer Profilierung der Organisationen als Akteure der Bürgergesellschaft um eine Öffnung der Organisationen nach innen und nach außen. Die innerorganisatorische Öffnung betrifft insbesondere die Aufnahme des bürgerschaftlichen Engagements in das Leitbild und in die fachliche Konzeption der Organisation. Dabei geht es um die kooperative Zusammenarbeit von bürgerschaftliche Engagierten und Hauptamtlichen ebenso wie um die verstärkte Partizipation und Beteiligung der Engagierten an Organisationsabläufen und Entscheidungen, die ihr Engagement betreffen." (Enquête-Kommission 2002: 21)

Diese Handlungsempfehlungen der Enquêtekommission sind zielführend. Allerdings ist der Prozess der Neuorientierung der Trägerorganisationen des bürgerschaftlichen Engagements auf diese Entwicklungsaufgaben ein eher langsamer. Weder gibt es bei der überwiegenden Anzahl der Organisationen eine entsprechende Organisationsentwicklung, noch wird ein qualifiziertes Freiwilligenmanagement eingeführt. Es wird jedoch immer deutlicher, dass die Organisationen, die sich diesen Entwicklungsaufgaben stellen, einen Vorteil vor denen haben, die weitermachen wie bisher. Nicht nur, dass sich die Ersteren als „lernende Organisationen" verorten, sie haben auch eher die Chance, neue Freiwillige zu gewinnen und Engagementinteressierte auf sich und ihre Engagementmöglichkeiten aufmerksam zu machen. Im Wettbewerb um die Engagementinteressierten ist dies ein echter Wettbewerbsvorteil. Zuvor bedeutet dies jedoch, sich internen Lernvorgängen zu stellen und diese zu initiieren. Es geht dabei im Kern um Organisations- und Personalentwicklung sowie um die Einrichtung entsprechender Managementstrukturen (Kegel 2002, 2004 sowie besonders Reifenhäuser/ Hoffmann/Kegel 2009).

Qualifizierungsangebote für freiwillig Engagierte

Maßnahmen der Fortbildung und Qualifizierung für ehrenamtliche Mitarbeiter/innen werden in unterschiedlichster Form, mit unterschiedlicher Didaktik/Methodik, für verschiedene Inhalte und Ziele sowie von verschiedenen Akteuren angeboten.

Formen der Qualifizierung

Es lassen sich grob folgende Formen der Qualifizierung unterscheiden. Sie unterscheiden sich – unabhängig von Inhalt und Gegenstand – deutlich im Grad ihrer Formalität, ihrer Intensität sowie der zeitlichen Dauer.

- *Einarbeitungshilfen/-angebote*
  (wie Einführungs- und Schnupperkurse, persönliche Einführung in ein Arbeitsfeld, Hilfen bei der Einarbeitung, Vorbereitungskurse und Schulungen zur Einführung, Fortbildungen für Einsteigerinnen und Einsteiger)

- *Inhaltlich-arbeitsfeldbezogene praxisbegleitende Angebote*
  (wie Training on the job, Praxisbegleitung, Coaching, Rückmelde- und Entwic-klungsgespräche, Qualifikation „auf dem Weg durch die Verbandsstrukturen")

- *Kooperationsbezogene praxisbegleitende Angebote*
  (wie Super- und Intervision, Teamtrainings, Mentoring)

- *Informelle Angebote für Ehrenamtliche*
  (wie Erfahrungsaustausch zwischen Ehrenamtlichen, Projekttreffen, Diskussionsrunden, Informationsbörsen, Beratungsangebote)

- *Verfügbarmachung von Materialien zur selbständigen Fortbildung*
  (wie Publikationen (Literatur, v.a. Handbücher sowie Internetmaterialien), Verbandszeitschrift(en), Handreichungen, Arbeits- und Praxishilfen, Broschüren, aktuelles Informationsmaterial)

- *Verbandliche und überverbandliche Fortbildungsveranstaltungen*
  (wie Seminare (z.B. Tages- oder Wochenendseminare), Kurse, Workshops, Fachtagungen, Ausbildungsgänge (z.B. an Bundesakademien)

Gegenstand und Inhalte von Qualifizierung

Stärker noch als die Formen der Qualifizierungsangebote differenzieren sich die in ihnen vermittelten Inhalte. „Einen Katalog verbindlicher Qualifizierungsthemen nach Art eines Studien- oder Lehrplans kann es angesichts der Pluralität von Funktionen und Leistungen freiwillig Tätiger und der vielfältigen Aufgabenstellungen von sozialen Organisationen, Projekten und Einrichtungen nicht geben. Bei der Definition von Themen gehen die Interessen und Bedürfnisse der Freiwilligen/Ehrenamtlichen sowie die Anliegen der Organisationen, in denen sie in der Regel tätig sind, ein. Hier ist die systematische Daueraufgabe gegeben, die Bedarfe der einen Seite mit den Kapazitäten der jeweils anderen Seite fortlaufend abzugleichen und zu passenden Lösungen für Fortbildungsthemen zu kommen" (Burmeister 2000: 16). Zentrale Gegenstandsbereiche von Qualifizierung sind:

- Schlüsselqualifikationen,
- Organisation und Management sowie
- arbeitsfeldbezogene fachspezifische Qualifikationen.

Im Zentrum der Vermittlung von *Schlüsselqualifikationen* stehen vor allem individuelle, personenbezogene Kompetenzen. Bildungsangebote zielen u. a. auf die Förderung von Selbst- und Sozialkompetenz, die Aneignung von rhetorischen, kommunikativen, kooperativen Kompetenzen sowie den Umgang mit modernen Informations- und Kommunikationstechnologien.

Zu den Qualifizierungsangeboten im Bereich *Organisation und Management* zählen Themen wie insbesondere Grundlagen der Vereinsarbeit, Finanzierungsfragen, Projektmanagement, Qualitätsentwicklung, Presse- und Öffentlichkeitsarbeit. Seit einigen Jahren neu hinzugekommen sind Themen der Organisationsentwicklung und vor allem des Freiwilligenmanagements.

Fachspezifische Qualifizierungen beziehen sich unmittelbar auf die je konkreten Aufgaben- und Tätigkeitsfelder bürgerschaftlichen Engagements. Inhalte und Themen ergeben sich direkt aus der Praxis und dem täglichen „Geschäft" von Vereinen, Verbänden, Organisationen, Einrichtungen und Diensten (Burmeister o.J.: 16) und sind dementsprechend facettenreich. Sie unterscheiden sich nicht nur nach den unterschiedlichen Aufgabenfeldern und dem dafür notwendigen „Handwerkszeug", sondern hängen auch von den jeweiligen Vorkenntnissen, Qualifikationen, Kompetenzen und Erfahrungen der ehrenamtlich Aktiven ab. Fachspezifische Qualifizierungen werden häufig von den Organisationen und Einrichtungen bzw. Vereinen und Verbänden „in eigener Regie" vermittelt. Es gibt allerdings auch (Dach-) Verbände und Zusammenschlüsse einzelner Bereiche und Arbeitsfelder, die eigenständige Qualifizierungsprogramme anbieten (Wagner 2000: 319). Ausdifferenzierte Fortbildungsprogramme für Engagierte gibt es bspw. *im Sport*, in der Suchtkrankenhilfe, der Hospizarbeit, der AIDS-Hilfe, der Straffälligenhilfe. Hiezu zählen auch die Jugendleiterausbildungen in den Jugend- und Sportverbänden, aber auch Qualifizierungsangebote der politischen Stiftungen. Und es haben sich seit Ende des letzten Jahrhunderts einige wenige eigenständige Bildungsinstitutionen entwickelt, die sich ausschließlich der Qualifizierung von Freiwilligen, Ehrenamtlichen und mit ihnen kooperierenden oder diese anleitenden beruflichen Mitarbeiterinnen und Mitarbeitern widmen.

Anmerkungen zur Didaktik in Qualifizierungen für Ehrenamtliche und freiwillig Engagierte

In der Regel sind die Engagierten hoch motiviert, denn sie haben sich ihre Tätigkeit und ihr Engagementfeld selbst ausgesucht. Genauso ist davon auszugehen, dass die Engagierten ein gutes Maß an Wissen, Erfahrungen, Fähigkeiten und Fertigkeiten ins Engagement einbringen können. Diese besondere Ausgangslage verlangt spezifische didaktische Vorgehensweisen.

Durch ein Anknüpfung an vorhandene individuelle Erfahrungen und Ressourcen (skills) werden Persönlichkeit und Herkommen der Engagierten geachtet und als eigenständige Ressource aufgeschlossen. Eine gezielte Erweiterung von Wissen und Können, bzw. Fertigkeiten der Engagierten nutzt dieses Wissen, diese Fähigkeiten grundlegend und kann spezifisch erforderliches Wissen für das Engagement aufbauend vermitteln.

Da die Engagierten sich aus unterschiedlichsten Motiven heraus unbezahlt als Arbeitskraft zur Verfügung stellen, ist es eine Form des Dankes und der Anerkennung, wenn auf diese individuell bedeutsamen Motivlagen und Einstellungen in der Freiwilligenarbeit sowie besonders in Qualifizierungsangeboten eingegangen wird.

Erfahrungsgemäß besonders wichtig ist der Austausch von Freiwilligen untereinander sowie mit Beruflichen über die eigenen Engagement- und Arbeitserfahrungen. Dafür muss Zeit innerhalb der Qualifizierungsangebote eingeplant werden. Eine gewisse moderatorische Unterstützung bei der Aussprache über mitgebrachte, persönlich wichtige Themen und über die gemachten Erfahrungen dient der Reflexion und damit dem Lernen. Damit einher gehen die Wertschätzung und Förderung einfacher, aus dem Alltag entnommener Kommunikations- und Kontaktformen zwischen Teilnehmern (Erfahrungsaustausch, Treffen, Beisammensein); dies bedeutet, dass dem informellen Lernen auch in den Qualifizierungen besonderes Gewicht zukommt. Ebenso gilt, dass in der Regel weniger „Schulungen" und mehr „Workshops" stattfinden sollten – somit ist gewährleistet, dass die Beteiligten ihre Themen und Interessen in die Qualifizierungen einbringen können.

Zu bedenken ist auch, dass das freiwilliges Engagement in der „Freizeit" stattfindet und dass die Engagierten aktiv sein möchten – Lernen ist dabei eher Nebensache. Damit müssen Arbeitsformen und Programmzeiten so gestaltet werden, dass Qualifizierung und Beratung sowie soziales Miteinander aufeinander abgestimmt sind. Und nicht zuletzt gilt es, „freiwilligenfreundliche" Rahmenbedingungen hinsichtlich der Fortbildungszeiten und -zeiträume sowie der Erreichbarkeit der möglichen Lernorte zu bedenken.

Träger von Qualifizierungsmaßnahmen

Angeboten und getragen werden Qualifizierungsmaßnahmen für Engagierte insbesondere von:

- Vereinen, Verbänden, Einrichtungen und Organisationen, die „ihre" Freiwilligen selbst weiterbilden bzw. qualifizieren,
- Bildungsstätten und Bildungswerken von Verbänden und Dachverbänden,
- politischen Stiftungen,
- Bundesakademien und speziellen Freiwilligenakademien,
- Freiwilligenagenturen, -zentren u. ä. Einrichtungen,
- Seniorenbüros,
- Selbsthilfekontaktstellen,
- regionalen und kommunalen Bildungseinrichtungen (insbesondere Volkshochschulen).

Qualifizierung von hauptberuflich Tätigen: Freiwilligenmanagement

Qualifizierungsangebote für Hauptamtliche richten sich unter der Überschrift „Ehrenamt oder Freiwilligenarbeit" vor allem an diejenigen Professionellen, die in ihrer täglichen praktischen Arbeit unmittelbar mit ehrenamtlich bzw. freiwillig Tätigen zu tun haben. Häufig sind auftretende Spannungen und Probleme zwischen haupt- und ehrenamtlich Tätigen in den Einrichtungen und Organisationen der Anlass für entsprechende Fortbildungen. Ziel ist dann die Bearbeitung von und die Auseinandersetzung mit konkreten Berührungs- und Verdrängungsängsten, Kompetenzkonflikten und fehlender Partnerschaftlichkeit.

In den vergangenen Jahren werden jedoch vermehrt auch Kurse oder Seminare angeboten, in denen Professionelle grundständig auf den Umgang mit Ehrenamtlichen bzw. Freiwilligen vorbereitet werden und Wissenselemente für ein modernes Freiwilligenmanagement erwerben können.[1] Inzwischen haben die Themen „Ehrenamt" bzw. „Zusammenarbeit von Haupt- und Ehrenamt" in sämtlich großen Verbänden einen festen Platz in den Qualifizierungsangeboten der Mitarbeiterinnen und Mitarbeiter eingenommen. In vielen Organisationen gibt es eigenes Personal, das sich ausschließlich dieser Aufgabe widmet.

In diesem Zusammenhang ist allerdings auch an eine stärkere Berücksichtigung von Themen und Inhalten des Freiwilligenmanagements in den einschlägigen (pädagogischen, sozial- und kulturwissenschaftlichen) Ausbil-

---

1 Die Akademie für Ehrenamtlichkeit Deutschland (Berlin) bietet bundesweit seit 1998 spezielle Ausbildungen im Freiwilligenmanagement an, die sich sowohl an Ehrenamtliche als auch an Professionelle richten. Bis Mitte 2009 wurden ca. 1900 Personen als Freiwilligenkoordinator/inn/en oder Freiwilligenmanager/innen qualifiziert.

dungsgängen zu denken. Gegenwärtig findet jedoch das Thema ehrenamtliches bzw. bürgerschaftliches Engagement an Fachhochschulen und Universitäten allenfalls in einzelnen Veranstaltungen Berücksichtigung. Eine curriculare Verankerung des Themenbereichs ist derzeit – bis auf wenige Ausnahmen – noch nicht auszumachen.

Qualifizierung fürs Freiwilligenmanagement

Freiwilligenmanagement wird mehr und mehr als eine wichtige Aufgabe von Organisationen angesehen, welche Freiwillige als spezifische Mitarbeiterschaft einsetzen in dem Wissen, dass von Freiwilligen eigene und zusätzliche Angebote der Organisation ermöglicht werden. Dieser eigenständige Managementbereich setzt neben den anderen Zielen der Organisationen das Ziel der Förderung der Freiwilligenarbeit und des Ehrenamts in der Organisation um. Hier kommt es vor allem darauf an, die Freiwilligenarbeit strategisch in der Aufbau- und Ablauforganisation zu verankern, sowie nachhaltig förderliche Rahmenbedingungen für das freiwillige Engagement in der Organisation zu etablieren.

Unter Freiwilligenmanagement wird die Planung, Organisation, Koordination und Aus- und Bewertung von freiwilligem Engagement bzw. von Freiwilligenarbeit in einer Organisation verstanden. Einige besondere Anforderungen des Freiwilligenmanagements sind:

- Abgrenzung der Freiwilligenarbeit von der Arbeit angestellter Mitarbeiterinnen und Mitarbeiter hinsichtlich der Aufgabenbereiche, Verantwortungsbereiche, Rechte und Pflichten,
- Kooperation zwischen Haupt- und Ehrenamtlichen oder Freiwilligen,
- Unterstützungssysteme und Unterstützungsangebote für die Freiwilligen,
- Anerkennungskultur,
- Qualifizierungsangebote und -möglichkeiten für die Freiwilligen sowie
- Evaluation der Qualität der Freiwilligenarbeit.

Eine solche „zusätzliche" strategische Orientierung auf die freiwillig Engagierten verlangt eine Organisationsentwicklung, die den Aspekt der Förderung der Freiwilligenarbeit nicht am Rande bearbeitet sondern in den Mittelpunkt der Entwicklungsprozesse stellt. In die Alltagspraxis übersetzt bedeutet dies:

- eine klare Entscheidung des Vorstands und der Organisations- bzw. Geschäftsleitung pro Förderung des Freiwilligenengagements,
- die Unterstützung durch das gesamte Management (die Leitungsebenen) der Verbände auf allen Ebenen der Organisation,
- die Ergänzung der Leitbilder der Verbände mit Aussagen zum bürgerschaftlichen, freiwilligen, ehrenamtlichen Engagement,
- daraus abgeleitete Leitsätze, mit Vorgaben über die Art und Weise der Umsetzung der Freiwilligenarbeit auf allen Verbandsebenen,

- die Entwicklung von nachhaltig förderlichen Rahmenbedingungen für das freiwillige Engagement auf allen Verbandsebenen,
- die Entwicklung von Qualitätskriterien für die Freiwilligenarbeit und den Einbezug derselben in mögliche bestehende oder zu entwickelnde Systeme des Qualitätsmanagements sowie nicht zuletzt
- die Zuweisung des Aufgabengebiets Freiwilligen-Koordination und -management an eine hauptamtliche und dafür qualifizierte Kraft im Verband, am besten auf mehreren (allen) Verbandsebenen.

Spätestens hier wird deutlich, dass es freiwilliges Engagement weder umsonst gibt, noch dass es kostenlos für die Organisationen ist. Zu den Rahmenbedingungen gehört also auf jeden Fall das Vorhalten eines Budgets für die Engagementförderung.

Fazit und Perspektiven: 10 Thesen für künftige Förderstrategien im Feld der Qualifizierung freiwillig Engagierter

Wenn über Möglichkeiten der Förderung bürgerschaftlichen Engagements in unserer Gesellschaft nachgedacht wird, findet auch das Thema „Qualifizierung" in zunehmendem Maße Beachtung. Für die Weiterentwicklung von Strategien, die auf eine Stärkung und einen Ausbau von Qualifizierungsangeboten abzielen, gilt es, folgende Aspekte zu bedenken:

1. Wer sich freiwillig engagiert, bringt Kenntnisse, Fähigkeiten und Erfahrungen in das jeweilige Betätigungsfeld ein. Engagierte sind also durchaus qualifiziert, sie verstehen sich selbst so und können erwarten, dass dies respektiert wird. Fort- und Weiterbildungen können daran anknüpfen und positive Effekte sowohl für die Engagierten als auch die Organisationen und Einrichtungen, in denen sie tätig sind, erzielen. Qualifizierungsmaßnahmen dürfen aber nicht „aufgezwungen" werden, sie müssen sich als freiwillige Option an die Engagierten richten. Qualifizierungsangebote dürfen dabei nicht zu einer Abwertung und „Dequalifizierung" der bisher geleisteten Arbeit als laienhaft und unqualifiziert führen.

2. Gleichwohl ist zu akzeptieren, dass es bestimmte Felder und Formen bürgerschaftlichen Engagements gibt, in denen eine Qualifizierung für die freiwillige Tätigkeit eine Voraussetzung darstellt. So ist es bspw. in der Telefonseelsorge, in der Hospizarbeit oder im Rettungswesen erforderlich, dass sich die Freiwilligen vor Aufnahme ihrer Arbeit das dafür erforderliche Wissen und Know-how aneignen. Ohne eine – auch formale – Qualifikation ist ein freiwilliges Engagement hier nicht möglich.

3. Die Qualifizierung freiwillig Engagierter kann durchaus dazu beitragen, den steigenden professionellen und betriebswirtschaftlich-ökonomi-

schen Anforderungen an die Arbeit von Einrichtungen und Diensten gerecht zu werden. Die zentralen Begründungsfiguren für Qualifikation sollten allerdings eindeutig die Engagierten, ihre Interessen und Perspektiven in den Mittelpunkt rücken. Qualifizierung sollte also nicht als Strategie missverstanden werden, mittels derer Engagierte für Professionalisierungs- und Ökonomisierungsbemühungen von Trägern einseitig instrumentalisiert werden.

4. Möglichkeiten der Qualifizierung sollen den Engagierten signalisieren, dass sie und ihre Arbeit ernst genommen und anerkannt werden. Qualifizierung ist wichtiger Bestandteil einer Anerkennungskultur.

5. Qualifizierungschancen können als Anreiz und Motivation für ein Engagement verstanden werden. Erworbene Qualifikationen müssen nicht ausschließlich dem jeweiligen Engagementfeld zugutekommen, sie können durchaus auch für die Erwerbsarbeit und die berufliche Karriere der Engagierten relevant sein und gegebenenfalls eine Integration in den Arbeitsmarkt fördern.

6. Qualifizierungsstrategien sollten sich nicht einseitig auf die freiwillig Engagierten konzentrieren. Von ebenso großer Bedeutung sind die Qualifizierung von beruflich Tätigen und die Entwicklung eines modernen Freiwilligenmanagements in den Organisationen, Einrichtungen und Diensten. Gerade der Organisationsentwicklung sollte besonderes Augenmerk geschenkt werden, da auf diesem Wege eine Öffnung von Institutionen für die Zusammenarbeit mit Freiwilligen erzielt und effektive Strategien für eine wirksame Kooperation zwischen hauptberuflich Tätigen und freiwillig Engagierten entwickelt werden können.

7. Die Rolle staatlicher Institutionen ist in diesem Bereich weniger die des Akteurs und Anbieters von Fort- und Weiterbildungen, sondern sie sollte sich stärker darauf beziehen, günstige Rahmenbedingungen zu schaffen, Qualifizierung zu ermöglichen und Anreize für Qualifikation zu setzen (Staat als „Rahmengeber", „Ermöglicher" und „Aktivierer"). Staatliche Aufgaben wären demnach insbesondere die Absicherung von Finanzierungsmöglichen, die Klärung von Freistellungsregelungen und die Schaffung einer nachhaltigen Infrastruktur zur Förderung von bürgerschaftlichem Engagement im Allgemeinen, von Qualifizierung im Besonderen.

8. Rechtliche Regelungen können zwar für mehr Sicherheit im Feld der Qualifizierung sorgen, sie bergen aber auch die Gefahr, dass sie durch eine damit häufig einhergehende Bürokratisierung neue Hürden setzen. Ziele und „Nebenfolgen" rechtlicher Regelungen sollten daher genau abgewogen werden.

9. Die Zertifizierung von Qualifikationen könnte zu einer einheitlichen Praxis in der Anerkennung erworbener Kenntnisse und Fähigkeiten beitragen und darüber hinaus die Verwertbarkeit der Qualifikationen stei-

gern. Gleichwohl gilt es auch hier zu bedenken, dass die Entwicklung von Standards (Curricula, Prüfungen, Zeugnisse) mit der Erhöhung bürokratischer und verwaltungstechnischer Erfordernisse verbunden sein könnte.

10. Strategien zur Förderung von Qualifizierung im bürgerschaftlichen Engagement müssen davon ausgehen, dass es bereits ein vielfältig entwickeltes Angebot von Fort- und Weiterbildungen gibt. Bevor ein Ausbau und damit ein „mehr" an Qualifizierung anvisiert wird, sollten Möglichkeiten und Wege einer stärkeren Kooperation und Vernetzung bestehender Angebote gesucht werden. Eine Möglichkeit dafür wäre die Förderung lokaler oder regionaler Qualifikationsverbünde oder die Kooperation mit bundeszentralen Einrichtungen.

Literatur

Burmeister, Joachim 2000: Qualifizierung für Ehrenamt und Freiwilligkeit. Herausgegeben durch die Robert-Bosch-Stiftung. Stuttgart.

Düx, Wiebken/Prein, Gerald/Sass, Erich/Tully, Claus J. 2008: Kompetenzerwerb im freiwilligen Engagement. Wiesbaden.

Enquête-Kommission „Zukunft des Bürgerschaftlichen Engagements" (Hrsg.) 2002: Bericht. Bürgerschaftliches Engagement: auf dem Weg in eine zukunftsfähige Bürgergesellschaft. Opladen.

Kegel, Thomas 2002: Gute Organisation vorausgesetzt. Aufgaben für das Management von Volunteers. In: Rosenkranz, Doris/Weber, Angelika (Hrsg.): Freiwilligenarbeit. Einführung in das Management von Ehrenamtlichen in der Sozialen Arbeit. Weinheim und München.

Kegel, Thomas u. a. 2004: Lehrbuch Strategisches Freiwilligen-Management. Berlin.

Reifenhäuser, Carola 2004: Motivation und Weiterbildung von Freiwilligen. In: Stiftung & Sponsoring. Das Magazin für Non-Profit-Management und –Marketing. Heft 4. 5.

Reifenhäuser, Carola 2005: So motivieren und binden Sie Freiwillige dauerhaft. Personalentwicklung von Freiwilligen. Bonn.

Reifenhäuser, Carola/Hoffmann, Sarah G./Kegel, Thomas, 2009: Freiwilligen-Management. Augsburg.

Schaaf-Derichs, Carola 2009: Eröffnung neuer Chancen für Tätigsein – Anerkennung informell erworbener Kompetenzen. Berlin.

Wagner, Bernd 2000: Anerkennung durch Qualifizierung. In: Wagner, Bernd (Hrsg.): Ehrenamt, Freiwilligenarbeit und bürgerschaftliches Engagement in der Kultur. Bonn: 311–321.

Hannes Wezel

Anerkennungskultur

Theorie der Anerkennungskultur

Die Anerkennung ist ein zentraler und nicht zu unterschätzender Baustein, wenn es darum geht, bürgerschaftliches Engagement zu fördern und zu unterstützen. Im Bericht der Enquête-Kommission des Bundestages wird die Anerkennungskultur wie folgt beschrieben: „Die Zuerkennung von Ehre, Prestige und Ansehen trägt dazu bei, dass bestimmte Leistungen und Tätigkeiten gesellschaftlich positiv definiert werden" (Vogt 1997: 60 in Enquête Kommission 2002: 268). Obwohl inzwischen klar und deutlich ein Unterschied zwischen Ehrenamt und Bürgerengagement gemacht wird, spielt gerade bei der Anerkennung der Begriff der „Ehre" eine gewichtige Rolle: „Bürgerschaftliches Engagement bedeutet nicht allein Verantwortungsübernahme für die Gesellschaft, sondern ist auch Ausdruck persönlicher Disposition, Motive und Ziele." (Enquête-Kommission des Deutschen Bundestages, Drucksache 14/8900 2000: 127). Pankoke spricht gar von Ehre als Sinnelement und geht noch einen Schritt weiter; Anerkennung schließt demnach Freiwilligkeit und Ansprüche der Engagierten mit ein (Pankoke 1988: 207 ff. in Enquête-Kommission 2002: 268).

Auffallend ist, dass je weiter die Entwicklung des bürgerschaftlichen Engagements in der Praxis der späten 1990er Jahre voranschreitet, desto konkreter werden auch die Erklärungen dafür, was Anerkennungskultur ist. Thomas Olk meint gar, dass das zentrale Sinnelement von Anerkennung darin bestehe, dass sie den engagementbereiten Bürgerinnen und Bürgern glaubhaft deutlich macht, dass es wirklich auf sie ankommt und dass ihr Beitrag zur Gesamtleistung einer Organisation oder zum Erfolg eines Vorhabens bedeutsam ist" (Olk 2001a: 14 in Enquête Kommission 2002: 268). Wiederkehrend in der „Anerkennungsdebatte" ist, dass es nicht nur darum gehen soll, sich auf Instrumente der Anerkennung zu beschränken. Anerkennung braucht Vielfalt und bedarf einerseits Kreativität und Phantasie, andererseits benötigt sie einen realen Alltagsbezug in der Kommunikation und Interaktion. Der Kontext der Ankerkennung richtet sich immer an der Lebenswelt der Engagierten aus. „Erst aus einer begleitenden Überprüfung nämlich der Angemessenheit von Anerkennungsformen ist zu lernen, was Engagierte brauchen, was sie motiviert, was ihnen gut tut" (Langfeld/Wenzel/Wolf 2001: 115). Olk plädiert denn auch für „eine breit angelegte Palette von Maßnahmen und Instrumenten zu einer nachhaltigen Würdigung, Anerkennung und Ermutigung bürgerschaftlichen Engagements, die damit zur besseren öffentlichen Darstellung, Beachtung und Wertschätzung in der Gesellschaft beitragen würde" (Olk 2001 a: 13 in Enquête-Kommission 2002: 269).

Die Anerkennung kann in aller Stille stattfinden, aber sie bedarf immer wieder einer Öffentlichmachung, sowie dem Vorzeigen: schaut her, hier engagiert man sich freiwillig und es wird für die Gesellschaft gearbeitet. Die Öffentlichkeit sind hierbei Vereine, Initiativen, die Kommunen und „zu besonderen Höhepunkten auch die Öffentlichkeit des ganzen Landes" (Enquête-Kommission 2002: 269).

Die Anerkennungskultur im bürgerschaftlichen Engagement – oder weitergedacht auch in der Bürgergesellschaft – darf nicht im rein kreativen Wertschätzungschor enden. Konsequente Anerkennungskultur stellt das gesellschaftliche Werte- und Haltungssystem auf den Prüfstand und ist mit der Bereitschaft von Politik und Verwaltung verbunden, das Kräfteverhältnis neu zu denken und im Alltag auch anzuwenden. Im Bericht der EnquêteKommission heißt es dazu: „Ein weiterer zentraler Bestandteil von Anerkennungskultur ist eine grundlegende Haltung in Institutionen und bei Entscheidungsträgern, die deutlich macht, dass Engagement tatsächlich gewollt und möglich ist" (Enquête-Kommission 2002: 269). Und weiter: „Anerkennung in diesem Sinne bedeutet, den Engagierten Möglichkeiten der Mitsprache und Beteiligung bei Entscheidungen, die ihr Engagement betreffen, zu eröffnen." Langfeld, Wezel und Wolf beschreiben die Ermöglichungshaltung im Rahmen von Anerkennungskultur folgendermaßen: „Dazu gehört auch, Selbstorganisation nicht nur zuzulassen, sondern auch als Impuls und Innovationsquelle für Politik ernst zu nehmen: den Bürgerinnen und Bürgern etwas zuzutrauen und ihnen zu vertrauen." (Langfeld/Wezel/Wolf 2001: 117)

Formen von Anerkennung

Immaterielle Anerkennungsformen sind am meisten verbreitet und umfassen eine große Palette unterschiedlicher Praxisinstrumente, die von Organisationen aber auch von kommunalen und staatlichen Trägern den engagierten Bürgerinnen und Bürgern entgegengebracht werden. Dazu gehören Auszeichnungen, Ehrungen, Berichterstattung in den Medien, Ehrenmitgliedschaften, Wettbewerbe und Dankeschönveranstaltungen. Allerdings sollten innerhalb dieser immateriellen Formen die klassischen von den „neuzeitlichen" getrennt betrachtet werden. Es erscheint hier doch notwendig, zwischen althergebrachten, traditionellen und neueren, kreativen Formen zu unterscheiden. Nicht nur die einfache und kostengünstige Realisierung, sondern auch die Festlegung der Vergabe nach Zeit- und Leistungskriterien lässt sich steuern und erhält somit einen großen Verbindlichkeitscharakter. Und dennoch muss klar sein, dass es sich um mehr handelt als Orden und Ehrenzeichen zu verleihen. Engagierte brauchen mehr, sie wollen alltäglich erfahrbare Wertschätzung für ihr Engagement.

Beispiele für *geldwerte Anerkennungsformen* sind die kostenlose Nutzung des ÖPNV, Sponsorenleistungen durch lokale Wirtschaft, Handel, Banken, usw., ebenso wie eine Berücksichtigung des Engagements bei der Vergabe von Kindergartenplätzen, Fort- und Weiterbildungsangebote oder die Zertifizierung von Engagement für die Anerkennung in Schule, Studium und Beruf. Bewährt hat sich bei diesen Formen die Verbindung mehrerer geldwerter Anerkennungsformen in Freiwilligenpässen oder Freiwilligen-Cards, die zwischenzeitlich von vielen Kommunen und einigen Ländern angeboten werden und über die kommunalen Anlaufstellen organisiert werden können. Dabei weisen die geldwerten Anerkennungsformen eine große Nähe zu den monetären Formen auf (Enquête-Kommission 2002: 272).

Monetäre Anerkennungsformen finden sich in geringfügigen Entgelten oder Taschengeldern sowie als Aufwandsentschädigungen, entweder als Rückerstattung entstandener Kosten oder auch als pauschale Aufwandsentschädigungen. Steuerbefreiungen, Beitragszahlungen von Versicherungen oder aber die Übernahme von pauschalen Unfall- und Haftpflichtversicherungen für Engagierte sind die am häufigsten angewandten monetären Anerkennungsformen. Speziell wirtschaftlich leistungsfähige Verbände zahlen häufig pauschale Aufwandsentschädigungen. „Sie können – neben der Entlastung von Bürokratie – ein sinnvolles Instrument sein, um Motivation zu erhalten und die Engagierten zu unterstützen" (Enquête-Kommission 2002: 272). Finanzielle Vergünstigungen stehen in der Debatte der besseren Anerkennung des Bürgerengagements derzeit hoch im Kurs. Damit wird der Forderung Nachdruck verliehen, dass auch für finanziell schlechter Gestellte oder nicht Erwerbstätige Zugänge zum Engagement eröffnet werden; finanzielle Anreize können dafür ein geeignetes Instrument sein (BMFSFJ 2005).

Hier wurden gerade auch in den letzten Jahren durch 1-Euro-Jobs oder Projekte wie das Jugendbegleiter-Programm zur Einführung der Ganztagesschule in Baden-Württemberg, bei dem freiwillig Engagierte bis zu 13 Euro pro Stunde erhalten, unterschiedliche Erfahrungen gemacht. Die pauschale Aussage im Bericht der Enquête-Kommission lautet: „Direkte Vergütungen sind als Strategie für Anerkennung bürgerschaftlichen Engagements ungeeignet" (Drucksache 14/8900: 130). In einer immer vielfältiger werdenden Anerkennungslandschaft lässt sich diese Aussage pauschal nicht halten. Dennoch sollte als Kernaussage gelten: „Es wäre verkehrt, einer Strategie der Anerkennung das Menschenbild eines allein auf rationales Kalkül setzenden ‚homo oeconomicus' zugrunde zu legen" (Enquête-Kommission 2002: 273).

Qualifizierung als Anerkennung stellt eine besondere, moderne und immaterielle, manchmal aber auch geldwerte Form der Anerkennung dar. Einerseits sind dies die Qualifizierungsangebote an die Engagierten selber, damit sie ihren Aufgaben gewachsen sind und zum reinen „learning by doing" das erworbene Erfahrungswissen vertiefen können. Andererseits bezieht sich die Qualifizierung aber auch darauf, dass sich Träger und Organisationen, die mit freiwillig Engagierten arbeiten, ihre Hauptamtlichen im Umgang mit Engagierten qualifizieren. So erfährt bürgerschaftliches Engagement eine Aufwertung und wird nach außen noch mehr sichtbar. Ein wichtiger Aspekt ist auch darin zu sehen, dass die im Engagement erworbenen Fähigkeiten und Kompetenzen bestätigt und zertifiziert werden und somit für die eigene persönliche und berufliche Entwicklung von Nutzen sein können. Die Zahlen des Freiwilligensurveys 2004 sprechen deutlich dafür. Bei 44 % der freiwilligen Tätigkeiten würde „in sehr hohem Maße" bzw. „in hohem Maße" gelten, dass Freiwillige Fähigkeiten erwerben würden, die für sie persönlich wichtig sind (Gensicke et al. 2006).

Gesellschaftliche Anerkennung

Zwei weitere Aspekte sollten bei der Bewertung von Anerkennungskultur eine wichtige Rolle spielen: einerseits die Verankerung bürgerschaftlichen Engagements im Bereich der *Organisationsentwicklung,* andererseits der Ausbau von Formen *gesellschaftlicher Anerkennung* von Engagement in Politik und öffentlicher Verwaltung. Bausteine bei der Organisationsentwicklung (vgl. Sprengel in diesem Band) werden insbesondere in der Mitbestimmung und Mitgestaltung, der Selbstorganisation, in Angeboten zur Verfügungstellung eigener Räumlichkeiten und im Verhältnis zwischen Haupt- und ehrenamtlichen Mitarbeitern gesehen. Hierbei kommen u. a. auch Mentoren- oder Beratungsangebote sowie dem Freiwilligenmanagement (vgl. Kegel in diesem Band) besondere Bedeutung zu. Die gesellschaftliche Anerkennung findet sich vor allem in der Gestaltung einer engagementfreundlichen und -fördernden Politik und Verwaltung, die sich u. a. in der Einrichtung von Anlaufstellen, dem Auf- und Ausbau einer engagementfördernder Infrastruktur, der Etablierung von Netzwerkstellen, aber auch in der wissenschaftlichen Begleitung von Projekten und der Verbreiterung der Wissensbasis über bürgerschaftliches Engagement ausdrückt.

Anerkennungsbilanz

Die Enquête-Kommission kommt zu der Aussage, dass alle angewandten Anerkennungsformen im Zusammenspiel das Kernstück einer veränderten Wertschätzung bürgerschaftlichen Engagements in der Bürgergesellschaft ausmachen. Vor dem Hintergrund der Zahlen des Freiwilligensurveys 2004 lässt sich die Entwicklung einer Anerkennungskultur im bürgerschaftlichen Engagement gegenüber 1999 durchaus positiv bewerten. Die Frage nach Verbesserungswünschen der Freiwilligen an die Organisationen zeigt auf, dass gegenüber 1999 Fortschritte erzielt wurden: egal ob es um die Bereitstellung von Räumen geht, bessere Weiterbildungsmöglichkeiten, fachliche Unterstützung oder die bessere Anerkennung der Freiwilligen durch die Hauptamtlichen. Auch bei der Frage nach „Verbesserungsvorschlägen der

Freiwilligen an den Staat bzw. die Öffentlichkeit" wird ein positiver Trend gegenüber 1999 sichtbar. Die Notwendigkeit einer „zielgenauen und bedarfsgerechten Information über freiwilliges Engagement sowie eine angemessene Medienpräsenz sollen in Zukunft neben einem ausreichenden Versicherungsschutz für freiwillig Engagierte die Zukunftsaufgaben der öffentlichen Förderung des freiwilligen Engagements sein" (Gensicke et al. 2006).

Quantensprung der Anerkennungskultur

Ein Quantensprung innerhalb der Anerkennungsdebatte war der Bundeswettbewerb der Bertelsmann Stiftung „Bürgerorientierte Kommune – Wege zur Stärkung der Demokratie" im Jahr 1999 (www.bürgerorientiertekommune.de). Unter diesem Titel riefen die Bertelsmann Stiftung und der Verein Aktive Bürgerschaft zu einem bundesweiten Wettbewerb auf. Angesprochen waren Orte der Demokratie, die bereits eine innovative Zusammenarbeit zwischen Kommunalpolitik, lokaler Verwaltung sowie Bürgerinnen und Bürgern praktizieren und bei denen bürgerschaftliche Beteiligung sowie die Unterstützung von bürgerschaftlichem Engagement auf der Tagesordnung stehen.

Die Jury erkannte der baden-württembergischen Stadt Nürtingen für ihre strategisch angelegten Bemühungen um eine umfassende Anerkennungs- und Beteiligungskultur den ersten Preis zu. Die Großstädte Leipzig und Bremen erhielten für ihre vielfältigen Bemühungen um eine lokale Bürgerorientierung gemeinsam den zweiten Preis. Im ersten Arbeitszyklus zwischen 1999 und 2002 arbeiteten im Städtenetzwerk Civitas, insgesamt 13 Kommunen mit. Schwerpunkt war u. a. die Leitbildentwicklung einer Anerkennungskultur für bürgerorientierte Kommunen. Die Kooperation mit der Enquêtekommission des Deutschen Bundestages nahm dabei großen Raum ein. Nach Ablauf der Förderung durch die Bertelsmann Stiftung einigte man sich darauf, das erarbeitete Know-how und die Fachkompetenz zu erhalten, am Thema interessierte Kommunen zu beraten und die Neuausrichtung der kommunalen Zukunft im Sinne von Bürgerkommunen als „Civitas-Botschafter" weiter zu verfolgen. Die Best Practices beschäftigen sich mit der „Förderung einer lokalen Anerkennungs- und Beteiligungskultur durch Qualifizierung, Zertifizierung und neue Formen der Anerkennung".

Anerkennungsinstrumente – Beispiele und Erfahrungen

Im Rahmen des Civitas-Netzwerkes der Bertelsmann Stiftung erarbeiteten die Kommunen Essen, Leipzig, Weyarn, Nürtingen, Ulm und Viernheim zentrale Entwicklungsbausteine einer Beteiligungs- und Anerkennungskultur für das Freiwilligenwesen. Interessant ist dabei die Unterschiedlichkeit der Ansätze: *Essen* und *Leipzig* zeichneten sich hier vor allem durch Projekte aus, in denen Bürgerinnen und Bürger an der Stadtentwicklung beteiligt wurden, z.B. durch Quartiersmanagement und Stadtteilarbeit, Perspektivenwerkstätten zu Platzgestaltungen u.ä. In *Leipzig* standen z.B. die Entwicklung des Waldstraßenviertels als Beteiligungsprojekt an, aber auch die Entwicklung der Verwaltung und Handlungsempfehlungen hin zu mehr Bürgerorientierung. Nürtingen entwickelte den ersten Freiwilligenpass Deutschlands, inzwischen von unzähligen Kommunen kopiert, das „Tu-Was-Tagebuch für Jugendliche", der Gemeinderat gründete eine Freiwilligenakademie für die Qualifizierung, das Freiwilligenmagazin „Bingo!" erscheint als eigenständiges öffentliches Printmedium zur besseren Sichtbarmachung und Anerkennung von Bürgerengagement. Die Stadt *Ulm* stand dem in nichts nach und entwickelte eine Freiwilligencard zur Wertschätzung und Anerkennung und zeigte sich mit einer Bürgerkarawane oder der „Netzfee" als erste virtuelle Freiwilligenagentur überaus kreativ. *Viernheim* setzte stark auf die Jugend, was sich im Bereich des Bürgerengagements bis dahin noch niemand recht traute. Das Viernheimer Jugendparlament ist ein Instrument zur Jugendbeteiligung und zur Anerkennung freiwilligen gesellschaftspolitischen Engagements von jungen Menschen. Interessant ist auch der Viernheimer Ansatz der verstärkten Förderung und Vernetzung von Selbsthilfe und Gesundheitsförderung (so wurde u.a. eine Gesundheitskonferenz mit dem Schwerpunkt Selbsthilfe und Bürgerengagement durchgeführt) und schließlich auch hier die immer häufiger auftauchende Bürgerkarawane, bei der ein Team von Bediensteten der Stadtverwaltung verschiedene Stadtteile besucht, um vor Ort Kontakt zu den Bewohnerinnen und Bewohnern Viernheims zu bekommen. Last but not least die Gemeinde *Weyarn* in Bayern, die als gelungenes Beispiel für Anerkennung und Beteiligung den gemeinschaftlichen Schulhausbau in den Netzwerkknoten Anerkennungskultur einbrachte.

Anerkennungskultur in der Praxis

Mit Abstand betrachtet setzte damals eine regelrechte Flutwelle der Anerkennungskultur ein. Vieles wurde auf dem Hintergrund einer langjährigen Erfahrung im Bereich Bürgerengagement und Bürgerorientierung entwickelt und erprobt. Anerkennungskultur, das ist zentral, braucht den kommunalen, überschaubaren, erfahrbaren Nahbereich als „Anerkennungs-Mikrokosmos". Anerkennungskultur muss die Menschen erreichen und emotional erlebbar sein. Anerkennungskultur umfasst dabei generell zwei Bereiche: die Engagementförderung und die Beteiligungsförderung. Idealfall ist ein integriertes Gesamtkonzept einer Bürgerkommune.

Engagementförderung: Räume, Infrastruktur und Freiwilligenpass

Die kostenlose Bereitstellung von öffentlichen Räumen als Kristallisationspunkte für Bürgerengagement ist zugleich Anerkennung und Grundvoraussetzung dafür, dass sich Menschen treffen und engagieren können. Ob als expliziter Bürgertreff oder aber in Schulen, Kindergärten und Rathäusern. Die Räume bedürfen einer Grundinfrastruktur mit Telefon, PC, Internetanschluss, aber auch eine Möglichkeit zur Bewirtung und Geselligkeit. Dies begünstigt Bürgerorientierung und Bürgerengagement.

Wenn – so wie in Nürtingen – seit Anfang der 1990er Jahre ein Bürgertreff direkt beim Rathaus angesiedelt ist, quasi integriert ins ganz alltägliche Rathausgeschehen, mit direktem Zugang zur Verwaltungsspitze und zum Gemeinderat, ist dies optimal und wird ganz alltäglich und selbstverständlich. Gerade diese selbstverständliche Nähe und der unkomplizierte Umgang von Bürger, Verwaltung und Politik macht Wertschätzung aus. Vielleicht ist es intuitiv die „Nähe zur Macht", das Dazugehören, das integrierte und selbstverständliche Moment, was alle drei Gruppierungen hier Anerkennung schöpfen und erfahren lässt. In Nürtingen ist man zur Verdeutlichung dessen, was mit ernsthafter Anerkennung und Wertschätzung gemeint ist, im Jahr 2003 noch einen Schritt weitergegangen: Wieder einmal war es der Impuls aus einer „Sozialkonferenz". Im Europäischen Jahr der Menschen mit Behinderungen wurde über die Integration nachgedacht und kreativ gearbeitet – übrigens mit Behinderten, deren Angehörigen, Gemeinderäten und Vertretern von Behinderteneinrichtungen. Ein Ergebnis aus der Konferenz: ein integratives Café mit Arbeitsplätzen für Menschen mit Behinderung. Nicht irgendwo, nicht am Stadtrand oder in der Fußgängerzone, sondern im Bürgertreff auf dem Rathausareal! Die Realisierung dauerte ein gutes halbes Jahr und seitdem ermöglicht das „Café Regenbogen" nicht nur Menschen mit Handicap einen überaus abwechslungsreichen Arbeitsplatz, es ist fester Bestandteil des Rathauses. Ob sie den beliebten Eiskaffee in die Büros der Verwaltung bringen oder die gemeinderätlichen Sitzungen bewirten: Integration pur ist hier ein gegenseitiges Wertschätzen und Anerkennen, das als Grunderfahrung allen bestens bekommt.

Der Bürgertreff platzt nach 18 Jahren inzwischen mit 1.700 Belegungen im Jahr aus allen Nähten. Der Gemeinderat steht fester denn je zum Bürgerengagement und stattet diese Einrichtung mit einem soliden jährlichen Budget auch in schwierigen und sparsamen Zeiten aus. Die kostenlose Überlassung der Räume ist eine Form der Anerkennung, die sich auch rechen lässt. Im Haushaltsplan der Stadt Nürtingen sind für die kostenlose Nutzung der Räume im Bürgertreff 26.000 Euro eingestellt. Es gibt zwischenzeitlich 80 ausgebildete Bürgermentoren als Brückenbauer für die unterschiedlichsten Projekte in der Stadt.

Freiwilligenpass

Wie jedes Jahr im Dezember, rechtzeitig zum „Internationalen Freiwilligentag", liegt 2009, der 14. Freiwilligenpass im Bürgertreff zur Verteilung bereit. Er bietet engagierten Bürgerinnen und Bürger, Initiativen, Vereinen und pflegenden Angehörigen ein breites Spektrum an erlebbarer Anerkennungskultur. Im Jahr 2008 kamen über 150 Wunschschecks von Wirtschaft, Geschäftswelt, Stadtwerken, Krankenkassen und Stadtverwaltung zusammen. Theater- oder Kinokarten, Freifahrten bis in die Bundeshauptstadt Berlin, oder aber Warengutscheine für Kaufhäuser, Bäcker und Metzgereien sind für die Freiwilligen Anreiz und Anerkennung. Der Freiwilligenpass ist eine öffentliche Anerkennung als Gemeinschaftsleistung innerhalb einer Kommune. Es steckt aber noch ein weiterer qualitativer, menschlicher Aspekt in einem solchen Freiwilligenpass: Die Initiativen bieten selbst Gutscheine an, nehmen also nicht nur in Anspruch, sondern bringen ihr Engagement mit ein. Ob astronomische Führungen, Kirchturmrundblick oder Bootspartie – ein Freiwilligenpass schafft die Voraussetzungen für einen Tauschring von Geben und Nehmen.

Anerkennungskultur durch Beteiligungsförderung

Seit Anfang der 90er Jahre hat sich in Politik und Planung die Erkenntnis entwickelt, dass die Beteiligung der Bürger/innen nicht nur der demokratischen Grundordnung gut tut, sondern zugleich eine wertvolle Ressource bedeutet. Beteiligung vergrößert die Informationsbasis für Entscheidungen einerseits, hilft Planungen stärker an den Bedürfnissen der Bevölkerung auszurichten und führt gleichzeitig zu einer höheren Legitimation und Unterstützung. Ob Planungszellen, Zukunftswerkstätten oder Open Space – die Beteiligungsverfahren werden immer hinsichtlich der Planungsaufgabe und des Planungsziels ausgewählt und auf die Beteiligten abgestimmt. Beteiligung ist ein Indikator für Selbstorganisation und Anerkennung. Klaus Selle von der TU Aachen spricht von „political correctness", wenn es um die Umsetzung von Beteiligungsverfahren geht. Er warnt letztlich jedoch auch vor „Sandkastenbeteiligung", bei welcher die großen Dinge Chefsache bleiben, vor Instrumentalisierung für bereits getroffene Entscheidungen, Popularisierung und Banalisierung von Beteiligung wie in den Medien durch TeD und Co oder vor dem St. Florians-Prinzip und den „NymBIs" (not in my backyard) als Vertretung von Partikularinteressen. Selle plädiert in diesem Zusammenhang dafür, nicht mehr bilateral Probleme und Gegensätze anzugehen, sondern multilateral. Das soll heißen, dass Beteiligung Akzeptanz in Verwaltung und Politik braucht sowie Anlaufstellen und Fachpersonal, das nicht technokratisch oder verwaltend denkt und handelt, sondern aus „Betroffenen Beteiligte macht" (Mitarbeit 4/2004, Stiftung Mitarbeit Bonn).

Beteiligungsförderung konkret

Die gewählten Kommunalpolitiker des Gemeinderates gehen schon immer im Nürtinger Bürgertreff ein und aus. Sie haben schnell gemerkt, was ihnen eine solche „permanente Bürgerversammlung" bringt. Und umgekehrt haben die Bürger die Nähe zu Gemeinderat und auch Verwaltungsspitze als unverkrampft und selbstverständlich erlebt. Bürgerorientierung und Bürgerengagement stehen grundsätzlich im Spannungsverhältnis und im „magischen Dreieck" zwischen Bürger, Politik und Verwaltung. So suchte man nach einer Möglichkeit, die Beteiligung an dieser Stelle lebendig werden zu lassen. Dafür wurde gemeinsam mit unserer lokalen Zeitung ein „Dämmerschoppen-Dialog" – Kommunalpolitiker fragen – Bürger antworten" erfunden, der zwischenzeitlich seit 15 Jahren läuft und nun den Titel „Demokratie vor Ort" trägt. Mit einer paradoxen Methode wird das Dialogprinzip auf den Kopf gestellt. Das bedeutet, wer sonst immer redet, hört jetzt zu (die Politiker), und wer sonst eher nicht zu Wort kommt, ist jetzt am Zug (die Bürger). Beteiligung wird hier exemplarisch zur Methode erhoben und von Bürgermentoren moderiert. Ob Beteiligung an der Freibadsanierung oder wie ganz aktuell einer breiten Beteiligung im Vorfeld beim Bau einer Biogasanlage, hier entstehen Impulse und neue Ideen, auch aus manchen ausweglos scheinenden Situationen.

Ein wichtiges Anerkennungs- und Beteiligungsinstrument ist in Nürtingen die seit 1997 jährlich stattfindende Sozialkonferenz, die auch methodisch auf Formen der informellen Beteiligung setzt. Expertenbeteiligung steht hier immer für Betroffenenpartizipation.

Konsequente Beteiligungsförderung

Hinter dem Wunsch nach mehr Partizipation und Anerkennung steht immer auch die Frage nach der Politik und somit auch nach dem Zustand der Demokratie in den Kommunen. Wenn es um die Beteiligungsförderung geht, ist „Schluss mit lustig". Dann geht es nicht mehr nur um ein bisschen Ehrenamt oder dass sich die Bürger schön engagieren sollen und dafür auch belohnt werden. Das erklärt auch, dass man in der Debatte um die Anerkennungskultur laut dem Freiwilligensurvey 2004 nur um einige Prozentpunkte weiterkommt. Die Förderung des Bürgerengagements ist in vielen Kommunen und auch Bundesländern nur halbherzig, eben auf das Engagement, das aktive, praktische Tun bezogen, nicht aber auf die Beteiligungsförderung, also auf mehr Mitsprache und mehr Demokratie. Im Jahr 2002 erreichte damals, auch wiederum über das Civitas-Netzwerk der Bertelsmann Stiftung, eine ganz neue Form der Beteiligungsförderung Deutschland, die lokale Demokratiebilanz aus Schweden.

Systematik der Beteiligungsförderung

Beteiligungsförderung ist keine Spielwiese. Die Ernsthaftigkeit, ob und wie Bürgerinnen und Bürger beteiligt werden, hängt vom Gesamtkonzept der Anerkennungskultur ab. Beteiligung geht über den normalen Rahmen des vielfältigen Engagements in vielen Bereichen hinaus. Beteiligung ist mehr als ein bisschen Ehrenamt und geht an die Basis der traditionellen Rollen, vor allem von Verwaltung und Politik, heran. Deshalb erscheint es auch als gute Vorübung, wenn in einer Kommune parallel auf beide Bereiche, also auf Engagementförderung und Beteiligungsförderung, gesetzt wird.

Beide Bereiche bedürfen einer Systematisierung, die gemeinsam von Bürgern, Politik und Verwaltung entwickelt wird. Beteiligung wird von der Mehrzahl der Bürgerinnen und Bürger als große Anerkennung angesehen. Sie wollen einbezogen werden, beteiligt sein und dazugehören.

In Nürtingen haben wir in den 18 Jahren dazugelernt und folgende Systematik entwickelt die wir für durchaus übertragbar halten: Regelmäßig finden nach der ersten großen und umfassenden Bürgerbefragung sogenannte „Bürgerpanels" zu ausgewählten Fragenkomplexen statt. Nürtingen unterhält zu nahezu allen kommunalen Fragestellungen sogenannte Beteiligungsforen. Dort arbeiten Bürger zusammen mit Gemeinderäten und Verwaltungsmitarbeitern an Themen, organisieren Projekte und bereiten auch Anträge für den Gemeinderat vor. Diese Foren sind grundsätzlich öffentlich. Die Federführung liegt bei den ausgebildeten Bürgermentoren und den „Verwaltungspaten". Die Gemeinderäte bringen sich auch außerhalb ihrer Ratstätigkeit aktiv ein, hören somit rechtzeitig „wo es brennt" und wie die Stimmung zu bestimmten Themen in der Bürgerschaft ist. Sie beziehen regelmäßig Themen aus den Foren in ihre Haushaltsanträge mit ein und machen die Erfahrung, je früher sie beteiligen, desto größer ist die Akzeptanz für ihre Entscheidungen. Diese Systematik ist dann vollkommen, wenn sie in der Hauptsatzung verankert wird. Daran arbeiten wir momentan mit guten Aussichten auf Erfolg.

Anerkennungskultur als Gesamtstrategie für die Bürgerkommune

Je nachhaltiger das Bürgerengagement eine Anerkennungs- und Beteiligungskultur entwickelt, desto konsequenter ist ihre Umsetzung in der Kommune möglich. Anerkennung und Beteiligung sind die zentralen Voraussetzungen für das Gelingen von Bürgerengagement in Kommunen. Es genügt nicht, „Bürger irgendwie" machen zu lassen und sie einmal jährlich ins Rathaus zu einem Empfang zu bitten. Den Weg zu mehr gelebter Demokratie müssen Bürger, Politik und Verwaltung gemeinsam finden.

Zentraler Aspekt der Anerkennungskultur ist aber, dass sie entlang zweier Bereiche gedacht und entwickelt wird: Einerseits der Beteiligungsförderung und andererseits der Engagementförderung. Helmut Klages verbindet diese beiden großen Bereiche 2007 in der Veröffentlichung „Beteiligungsverfahren und Beteiligungserfahrungen". Klages bringt am Beispiel von Nürtingen diese beiden Kernelemente zusammen und trifft damit wohl genau das, was auch schon in früheren Jahren immer wieder bei der Diskussion um eine Anerkennungskultur eine Rolle spielte. Er kommt in seiner Betrachtung zu dem Ergebnis, dass es Sinn macht, keine strenge Grenzziehung zwischen Beteiligungsförderung und Engagementförderung zu praktizieren, kein Nebeneinander, sondern vielmehr eine Verbindung dieser beiden großen Bereiche anzustreben (Klages 2007).

Literatur

Bundesministerium für Familien, Senioren, Frauen und Jugend 2000: Freiwilliges Engagement in Deutschland. Kohlhammer. Berlin.

Enquête-Kommission „Zukunft des Bürgerschaftlichen Engagements" 2002: Bericht. Bürgerschaftliches Engagement: auf dem Weg in eine zukunftsfähige Bürgergesellschaft. (Schriftenreihe der Enquête-Kommision, Band 4.) Opladen.

Gensicke, Thomas/Picot, Sibylle/Geiss, Sabine 2006: Freiwilliges Engagement in Deutschland 1999–2004. (In Auftrag gegeben und herausgegeben vom Bundesminsiterium für Familie, Senioren, Frauen und Jugend). Wiesbaden.

Klages, Helmut 2007: Beteiligungsverfahren und Beteiligungserfahrungen. Friedrich-Ebert-Stiftung. Bonn.

Jakob, Gisela 1993: Zwischen Dienst und Selbstbezug. Eine biographieanalytische Untersuchung ehrenamtlichen Engagements. Wiesbaden.

Langfeld, Gabriele/Wezel, Hannes/Wolf, Guido 2001: Nürtinger Anerkennungskultur in der Freiwilligenarbeit. In Langfeld, Gabriele/Wezel, Hannes/Wolf, Guido (Hrsg.): Bürgergesellschaft konkret, Initiativen und Erfahrungen in Nürtingen. Gütersloh: 115–136.

Olk, Thomas 2001a: Die Förderung des bürgerschaftlichen Engagements als gesellschaftspolitische Herausforderung. Ausblick auf den Abschlussbericht der Enquête-Kommission „Zukunft des Bürgerschaftlichen Engagements". In: Forschungsjournal Neue Soziale Bewegungen, H.3: 9–22.

Pankoke, Eckart 1988: Ehre, Dienst und Amt. Zur Programmgeschichte „ehrenamtlichen" Engagements. In: Müller, Siegfried/Rauschenbach, Thomas (Hrsg.): Das soziale Ehrenamt. Nützliche Arbeit zum Nulltarif. Weinheim und München: 207–222

Selle, Klaus: Abschied vom alten Denken. In Mitarbeit 4/2004. Stiftung Mitarbeit Bonn: 3–4.

Vogt, Ludgera 1997: Zur Logik der Ehre in der Gegenwartsgesellschaft. Frankfurt a.M.

Rainer Sprengel

Organisationsentwicklung

Im folgenden Beitrag geht es um das das Verhältnis von Bürgerschaftlichem Engagement und Organisationsentwicklung. Die Enquête-Kommission „Zukunft des Bürgerschaftlichen Engagements" hat in der Organisationsentwicklung zivilgesellschaftlicher Organisationen ein Arbeitsfeld gesehen, das für die Zukunft der Bürgergesellschaft mindestens so wichtig ist, wie die Reform des Gemeinnützigkeitsrechts. Gleich in der ersten Handlungsempfehlung der Kommission heißt es: „Bürgerschaftliches Engagement sollte ein systematischer Bestandteil der Organisationsentwicklung werden. Bei der Modernisierung von Organisationsstrukturen und insgesamt bei der Organisationsentwicklung sind vermehrt Möglichkeiten der Partizipation zu schaffen und kooperative Organisations- und Führungsstrukturen zu etablieren" (Deutscher Bundestag, Enquête-Kommission „Zukunft des Bürgerschaftlichen Engagements" 2002: 19). Im Unterschied zu politischen Reformen, die man im Zweifelsfall aus bequemer Distanz fordern und deren Ausbleiben man beklagen kann, ist Organisationsentwicklung stets eine Angelegenheit der zivilgesellschaftlichen Organisationen selbst.

Der Begriff Organisationsentwicklung, wie er in Folge verwendet und mit OE abgekürzt wird, klärt sich leicht, wenn man ihn vom scheinbar ähnlichen Begriff des Organisationswandels abgrenzt.

Organisationswandel bezeichnet einen ständigen Vorgang, der zumeist unbemerkt verläuft, als Ergebnis vieler, häufig unscheinbarer Variablen, die innerhalb oder außerhalb der Organisation angesiedelt sind. Im Bewusstsein der Akteure erscheinen Entscheidungen im Kontext von Organisationswandel stets notwendig und unvermeidbar zu sein. Altkanzler Helmut Schmidt hatte das Verdienst, dafür den Begriff des „Sachzwangs" zu popularisieren.

Organisationsentwicklung (OE) bezeichnet im Unterschied dazu einen spezifischen, *aktiven* und zeitlich begrenzten Umgang mit Organisationswandel, bei dem in besonderer Weise *partizipative* und *demokratische Vorstellungen* berücksichtigt werden. Dabei „(…) wird als essentiell angesehen, dass die Betroffenen von Anfang an in organisatorische Veränderungs- und Anpassungsprozesse eingeschaltet werden und diese in allen Phasen aktiv mitgestalten können („Betroffene zu Beteiligten machen")"(Preisendörfer, Peter 2005: 116).

Es handelt sich bei OE insofern um eine *spezifische Art* der Anpassung einer Organisation an extern oder intern verursachte Veränderungen. Diese haben dabei in der Regel eine krisenhafte, d.h. auch chancenreiche Zuspitzung erfahren, die als Ergebnis des Organisationswandels den Gedanken mehrheitsfähig macht, dass sich etwas ändern muss.

Diese Aussagen meinen auch, dass OE keine Dauerveranstaltung sein kann und zudem nicht jede Art von Organisation gleichermaßen OE verträgt. So sollte es für einen Mitgliederverein kein systematisches Problem darstellen, einen solchen aktiven Umgang mit Organisationswandel zu initiieren. Eine streng durchgegliederte, hierarchische Organisationsstruktur mit einem strikten Befehlssystem von oben nach unten hingegen kann keine OE im hier gemeinten Sinn betreiben, denn sie lebt davon, dass sich die von Befehlen Betroffenen gerade nicht als Beteiligte (und damit auch Mit-Verantwortliche) verstehen, sondern als ausführendes, entsprechend der oberen Ebene untergeordnetes Organ. Sollte sie es gleichwohl versuchen, führt dies entweder zu einem fundamentalen Wechsel der Organisationsstruktur oder aber es findet lediglich eine Simulation von OE statt. Letzteres ist ein besonderes Risiko in großen bürokratischen Organisationen.

OE kann sowohl in Nonprofit-Organisationen als auch in For-Profit-Organisationen betrieben werden. Im Weiteren soll lediglich dargestellt werden, was unter Berücksichtigung des bürgerschaftlichen Engagements bei der OE zivilgesellschaftlicher Organisationen zu beachten ist. Dazu wird ein Viereck an Reflexionsebenen aufgezeigt, die für eine erfolgreiche OE als Prozess anzugehen sind. Diese vier Ebenen sind:

- die Geschichte der Organisation,
- ihre rationale Struktur,
- Herausforderungen aus dem nahen Umfeld,
- Auswirkungen umfassenderer Änderungen außerhalb ihrer Kontrolle.

Eine Organisation hat eine Geschichte, die mehr ist als Historie

OE setzt immer schon eine vorhandene Organisation mit einer identifizierbaren Geschichte voraus. Dabei ist zu unterschieden zwischen zufälligen Geschichten und der Geschichte der Struktur der Organisation.

Heimerl/Meyer (2002) argumentieren zum Beispiel, dass sich bei zivilgesellschaftlichen Organisationen ein Vier-Phasen-Modell organisationaler Entwicklungen anwenden lässt. Dabei unterscheiden sie Pionierphase, Differenzierungsphase, Integrationsphase und Assoziationsphase.

Blickt man auf die Pionierphase von bürgerschaftlichen Organisationen, fällt bis hin zur inter- und transnationalen Selbstorganisation der Zivilgesellschaft die zentrale Rolle von Einzelpersonen auf, die aufgrund ihrer Ideen, ihrer persönlichen Ressourcen, ihrer sozialen Stellung, ihres Charismas, ihres besonderen Zugangs zu Medien oder zu internationalen Organisationen eine herausragende Bedeutung für die effektive Selbstorganisation zivilgesellschaftlicher Akteure haben. Historische Beispiele sind Henry Dunant als Ideengeber des 1863 gegründeten Internationalen Komitees vom Roten Kreuz, Pierre de Coubertin als Initiator des Internationalen Olympischen Komitees (1894) oder Hermann Gmeiner als Gründer des ersten S.O.S.-Kinderdorfes (1949). Jüngere Beispiele stellen Peter Eigen, Gründer von Transparency International (1993), Wangari Mathaai, Initiatorin der Green Belt Movement (1977) oder Bernard Kouchner als Mitgründer von Médecins sans Frontières (1971) bzw. Médecins du Monde (1980) dar. Diese „großen" Namen stehen stellvertretend für eine Vielzahl an Personen, die im kleineren Rahmen, im lokalen Umfeld Initiativen kultureller, sozialer, sportlicher oder anderer Natur ins Leben rufen.

Erst mit dem Übergang von der Pionierphase in die Differenzierungsphase findet im eigentlichen Sinne eine Organisationsbildung statt, die sich systemisch von ihren Begründern emanzipiert, auch wenn diese noch lange eine zentrale Rolle spielen können. Es kommt zur Ausbildung einer versäulten Struktur, die gerade durch eine zu starke Fortschreibung der Ursprünge in eine existentielle Krise führt. Die Organisation muss sowohl die Innenbezüge (Integrationsphase) als auch die Außenbezüge (Assoziationsphase) neu organisieren, wobei die Phasen drei und vier immer wieder neu durchlaufen werden können.

Für jede OE und den realen wie potenziellen Status, den bürgerschaftliches Engagement dabei haben kann, ist es wichtig, eine entsprechend modellierende Verortung der Organisationsgeschichte vorzunehmen. Bürgerschaftliches Engagement in der Pionierphase einer Organisation bedient andere Motiv- und Gefühlslagen, als bürgerschaftliches Engagement unter den Bedingungen einer versäulten und integrierten Organisation. Es ist geradezu erwartbar, dass eine Organisation im Zuge ihrer Versäulung oder auch bei späteren Veränderungen Engagierte verliert, weil diesen etwas abhandengekommen ist – fatal wäre es allerdings dann, mit den Mitteln einer früheren Phase versuchen zu wollen, neue Engagierte zu gewinnen.

Ein typisches Beispiel für die hier aufgezeigte Aufgabe ist das Thema, wie man neue Freiwillige/Ehrenamtliche für eine Organisation gewinnt. Soll man einen Beauftragten für die Rekrutierung und Betreuung neuer Freiwilliger für die Organisation einrichten oder nicht. Diese Frage ist je nach Entwicklungsstand der Organisation unterschiedlich zu beantworten. Die Einrichtung eines Beauftragten ist nicht nur ein sicheres Indiz für eine fortgeschrittene Versäulung, sondern dann auch eine Notwendigkeit, wenn man bürgerschaftliches Engagement als Teil der Organisationskultur behalten bzw. entwickeln will. Bei kleineren Organisationen kann es dabei nur darum gehen, dass eine Person dies als eine Aufgabe neben anderen übernimmt.

Entscheidend daran ist, dass man mit diesem Schritt anerkennt, dass man für die Umwelt nicht mehr eine Ansammlung von Persönlichkeiten ist, die man bei Interesse anspricht, sondern zuallererst eine (anonyme) Organisation mit ausdifferenzierten Zuständigkeiten und Kompetenzen bei den Organisationsmitgliedern. Eine versäulte Organisation, die dagegen nach außen so tut, als ob sie ganz offen und unstrukturiert sei, wird die meisten Interessenten eher abschrecken, da dies unprofessionell wirkt.

Ganz anders sieht das in der Pionierphase aus. Hier kann es eher misstrauisch machen, wenn eine Organisation sich gleich zu Beginn eine ausdifferenzierte Beauftragten- und Zuständigkeitenstruktur schafft. Wer als Interessent in solchen Gründungsphasen zu einer Organisation stößt, wird häufig vom Projekthaften und Offenen angezogen.

Eine Organisation hat eine rationale Struktur als Teil ihrer Identität

In Rechtsstaaten leben wir in einer Organisationsgesellschaft (Wex/Thomas 2004). Das bedeutet auch, dass eine Organisation schon deshalb eine rationale Struktur hat, weil sie in irgendeiner Weise einer kodifizierten Rechtsform und weiteren rechtlichen Regulierungen unterliegt. Aus der jeweils gewählten Form folgen spezifische Verfahren, Möglichkeiten und Restriktionen, die einzuhalten sind. Allerdings stellt diese Art der juristischen Rationalität keine Gewähr dafür dar, dass eine optimale Verfolgung der Organisationsziele, also der Zwecke erreicht wird. Im Rahmen von OE kann es daher zum Thema werden, ob die bis dahin gewählte juristische Rationalität den Zielen und Umfeldbedingungen noch adäquat ist, d.h. ob ein aktiver Rechtsformwechsel nötig ist bzw. ob Teiltätigkeiten ausgegründet werden müssen oder wieder zu reintegrieren sind.

So wurde in den vergangenen 20 Jahren die Rechtsform der Stiftung als Fundraisinginstrument, aber auch als Trägereinrichtung im gemeinnützigen Bereich wieder entdeckt. Nicht zuletzt im Kulturbereich hat es hier einige Erfahrungen und Diskussionen gegeben (Strachwitz/Then 2004). Eine noch größere Rolle spielt allerdings die Überführung von Einrichtungen in handelsrechtliche Formen, insbesondere in die der GmbH. Solche Überführungen in eine andere Rechtsform können sehr konflikthaft ablaufen, denn die vorhandene Rechtsform ist nicht nur nicht zufällig gewählt worden, sondern um sie herum haben sich im Zuge der Versäulung einer Organisation konkrete Praktiken, Handlungsstile und Gesten etabliert, die über das rechtlich Nötige hinausgehen oder teilweise eigentlich vorhandene Restriktionen korrigieren. Neben den offiziellen Befassungswegen haben sich informelle Wege etabliert. So lange alles funktioniert, erscheinen formelle wie informelle Strukturen und Praktiken den Beteiligten rational – und diese Rationalität gibt Handlungssicherheit.

Damit OE möglich wird, muss mindestens bei zentralen Beteiligten die Überzeugung vorhanden sein, dass die von der Organisation verkörperte Rationalität nur Handlungen absichert, die nicht mehr im Einklang mit den zu erreichenden Zielen steht. OE hat deshalb typischer Wiese ihren Ort in Krisenlagen einer Organisation, da mit ihr die vorhandene Rationalitätsstruktur, die die Organisation mit ihren Abläufen, internen Zuständigkeiten usw. darbietet, in Frage gestellt wird. Die folgende Grafik visualisiert schematisch die verschiedenen Stadien einer Organisation.

Abb. 1: Phasen der Unternehmensentwicklung nach dem neuen St.-Galler Management-Modell

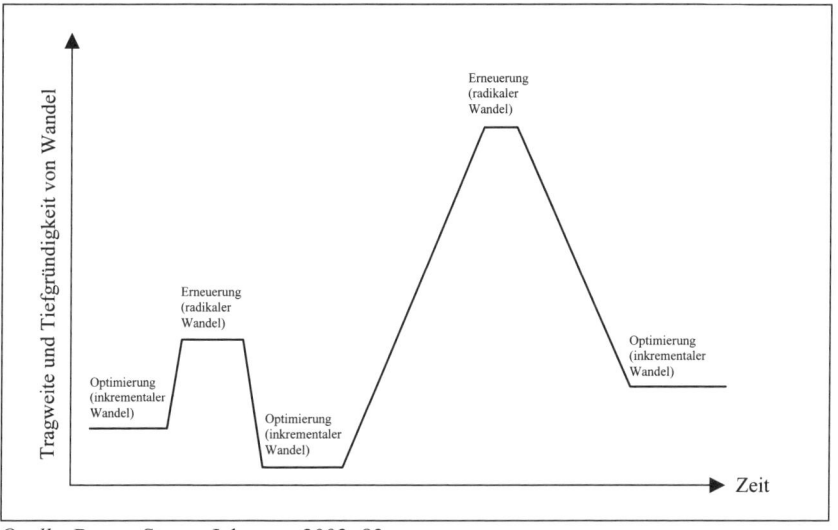

Quelle: Ruegg-Sturm, Johannes 2003: 83.

Aus dieser Überlegung folgt auch, dass OE in rund laufenden Organisationen, in denen keine Krise und kein Krisenbewusstsein herrschen, schlicht überflüssig ist. Zugleich wird erkennbar, was die größte Gefahr ist: nicht dass eine Organisation sich in einer Krise befindet – das ist von Zeit zu Zeit unvermeidbar –, sondern dass diese von relevanten Akteuren der Organisation geleugnet wird.

Eine Organisation hat externe Herausforderungen im Nahbereich

Die Rationalität einer Organisation kann man auch so ausdrücken, dass eine Organisation sich selbst organisiert und insofern sich selbst genug ist. Entsprechend konnte Neumann (2005) bei NPO empirisch zeigen, dass es als eine (vorgebliche) Anpassungsform bei NPO das Prinzip der Überwinterung gibt, d.h. dass man gegenüber Zuwendungs- und Geldgebern nur so tut, als ob die Organisation an veränderte ökonomische und politische Rahmenbedingungen angepasst wird (Neumann 2005: 232). In den meisten Fällen konnte Neumann aber feststellen, dass es zu aktiven Anpassungsvorgängen an externe Herausforderungen kommt, wobei der Nahbereich einer Organisation dabei eine herausragende Bedeutung hat.

Unter Nahbereich sind dabei alle Umgebungsfaktoren zu verstehen, die in unmittelbarer und identifizierbarer Kommunikation mit der Organisation stehen. Dazu gehören Geldgeber und Förderer, Mitglieder und Unterstützer, Kunden und Zielgruppen. Für eine Elterninitiative kann dieser Nahbereich aus einem Lehrerkollegium und der Schülerschaft, dem Stadtteil oder einer Kommune bestehen, für eine international tätige Organisation kann es sich dabei um das Außenministerium oder die Weltbank handeln. Der Nahbereich ist also relativ zum Handlungsraum einer Organisation zu verstehen und zu analysieren.

Um im Rahmen von OE die Herausforderungen adäquat reflektieren zu können, erweist sich der Begriff Stakeholder als besonders fruchtbar, zumal er als Begriff in den letzten Jahrzehnten zu einer Schnittstelle von Wirtschaft, Politik und Zivilgesellschaft geworden ist. Ein ‚stake' ist ein Interesse oder eine Form der Anteilnahme an einer beliebigen Unternehmung. „In short, a stakeholder may be thought of as „an individual or group who can affect or is affected by actions, decisions, policies, practices, or goals of the organization." (Carroll/Buchholtz 2000: 66)

Dabei lassen sich insbesondere drei Verwendungsweisen unterscheiden. Erstens eine im betriebswirtschaftlichen Bereich, bei der es um das strategische Management von Unternehmen jeglicher Art geht. Zweitens wird der Begriff stakeholder im zivilgesellschaftlichen Bereich im Sinne einer Brücke zwischen Protest und Beteiligung verwendet. Und drittens spielt er eine wichtige Rolle im Kontext von Global Governance, wobei hier zum einen die Frage nach erweiterten Partizipationsverfahren ebenso analysiert wird wie die Funktion von Stakeholdern im Rahmen einer kooperativ angelegten Entwicklungszusammenarbeit (Smillie/Helmich 2005).

Alle drei Ebenen sind eng miteinander verbunden. So öffnet der Begriff des Stakeholders die Brücke zu betriebswirtschaftlichen Stakeholdermanagementkonzepten. „Stakeholder sind Anspruchsgruppen im Umfeld oder innerhalb einer Organisation. (...) Bei weiter Auslegung sind als Stakeholder alle Individuen und Gruppen zu kennzeichnen, die auf die Erreichung der Organisationsziele Einfluß nehmen können oder selbst durch die Verfolgung der Organisationsziele betroffen sind. (...) Für NPOs ist die weite Stakeholder-Definition zweckmäßiger. Sie verhindert, dass beispielsweise Personen, für die unentgeltlich Leistungen bereitgestellt werden, aus der Betrachtung herausfallen." (Theuvsen 2001: 2)

Ein zentraler Aspekt des Stakeholder-Konzepts besteht darin, dass Interessen/Ansprüche/Betroffenheiten auch dann prinzipiell berücksichtigt werden sollen, wenn es sich nicht um rechtlich kodifizierte Ansprüche auf Gehör oder Mitentscheidung handelt, sondern dies aus anderen Gründen, etwa der managerialen Klugheit oder ethischer Überzeugungen angezeigt erscheint. Ob nun in der betriebswirtschaftlichen Managementdiskussion oder in Diskussionen um globales Regieren, allen Stakeholder-Ansätzen ist daher vom Prinzip her eines gemeinsam: Sie überschreiten den Bereich der rechtlich abgesicherten Entscheidungs- und Mitspracherechtitel: Das macht sie geeignet dafür, nicht in die Falle einer reinen Rechtsformwahldiskussion als Lösungsstrategie für empfundene oder erkannte Probleme zu laufen.

Es geht also nicht mehr nur um die Frage, wen man um seine Meinung oder eventuell notwendige Zustimmung fragen *muss*, damit das eigene Handeln eine *legale* Grundlage hat. Orientiert man sich am Begriff des Stakeholders, dann geht es darum, dass alle diejenigen um ihre Meinung oder eventuell als notwendig erachtete Zustimmung gefragt werden sollen, die irgendwie vom eigenen Tun betroffen sind bzw. sein könnten. Das schließt naturgemäß diejenigen ein, die über Rechtstitel verfügen (z. B. Vereinsmitgliedschaft, Aktien, Gesellschafteranteile u. ä.) und insofern stellt man auch über diesen Weg die Legalität des Handelns her.

Der Stakeholderansatz erlaubt es zugleich, künftige Stakeholder in Form noch nicht geborener Generationen einzubeziehen (wie auch der vergangenen Generationen). Und akzeptiert man, dass zur Betroffenheit von Handlungen nicht als Voraussetzung gehört, ein Mensch zu sein, schließt diese Diskussion auch andere Lebensformen ein. So heißt es in einer internationalen Deklaration von NGO, die u. a. von Amnesty International, CIVICUS, Greenpeace International, Oxfam International und Transparency International initiiert wurde: „Our stakeholders include:

- Peoples, including future generations, whose rights we seek to protect and advance;
- Ecosystems, which cannot speak for or defend themselves;
- Our members and supporters
- Our staff and volunteers;
- Organisations and individuals that contribute finance, goods or services;
- Partner organisations, both governmental and non-governmental, with whom we work;
- Regulatory bodies whose agreement is required for our establishment and operations;
- Those whose policies, programmes or behaviour we wish to influence;
- The media; and
- The general public.

In balancing the different views of our stakeholders, we will be guided by our mission and the principles of this Charter (…)" (INGO Accountability Charter (Hrsg.) 2005: 2).

Damit wird auch klar, dass mit dem Begriff Stakeholder im Rahmen von OE nicht mit einer unüberschaubaren Menge an Personen physisch gesprochen werden soll, denn der Einbezug von nicht lebenden Menschen oder die Berücksichtigung von Interessen von nicht menschlichen Lebensformen setzt Interpretation und Vermutungen voraus. Für bürgerschaftlich geprägte Organisationen ist dieser Schritt aber besonders wichtig, weil sie gemeinwohlorientierte Ziele verfolgen, die über ihre eigene unmittelbare Betroffenheit in der Regel weit hinausgehen sollen. Deshalb kann OE nicht nur eine Angelegenheit derjenigen sein, die in dieser Organisation tätig sind oder denen diese Organisation de jure gehört.

Eine Organisation unterliegt externen Veränderungen im Fernbereich

Neben Änderungen im Nahbereich sind Organisationen auch vor Anpassungsdruck an externe Wandlungen gestellt, die jenseits davon anzusiedeln sind. Mit Fernbereich sind externe Prozesse gemeint, die sich in sehr allgemeiner Form vollziehen und die Handlungsgrundlage sehr vieler Akteure modifizieren. Klimawandel und Großwetterlage sind Begriffe, die mittlerweile nicht nur metaphorisch solche Veränderungen im Fernbereich beschreiben, die den allgemeinen Rahmen des Handelns für die meisten Organisationen und für ihre Stakeholder im Nahbereich verändern.

Ein nachhaltig wirkender Bruch stellte das Ende der Konkurrenz der politischen Systeme vor 20 Jahren dar, mit dem sich die politischen Grundlagen und damit die Rahmenbedingungen des wohlfahrtsstaatlichen Arrangements änderten. Einerseits verflüssigten sich Staats- und Bürgerverständnisse unter dem Eindruck der Rolle zivilgesellschaftlicher Akteure von der Solidarnosc bis zu Václav Havel bei der Überwindung des real existierenden Ostblocks. Doch auch im Westen war einiges passiert. Neue soziale Bewegungen und neue zivilgesellschaftliche Aktionsformen hatten die politische und öffentliche Agenda verändert und Umweltschutz, Internationale Menschenrechte oder eine Modernisierung des Geschlechterverhältnisses in den Blickpunkt öffentlicher Debatten gerückt.

Eine Rückbesinnung auf die Potenziale bürgerschaftlicher Selbstorganisation und bürgerschaftlichen Engagements begann, die seitdem nicht nur in Deutschland, sondern in vielen Ländern der Erde auf allen Kontinenten zu politischen und gesetzlichen Verbesserungen geführt haben. In Deutschland widmete man sich seit 1998 mehrfach der Reform des Stiftungs- und Gemeinnützigkeitsrechts, in Japan wurde 1998 mit einem NPO-Gesetz Raum für eine neue Organisationskultur geschaffen und Frankreich hat 2003 gleich sein gesamtes Vereins-, Spenden- und Stiftungsrecht erheblich reformiert, um privates bürgerschaftliches Engagement zu ermutigen. In diesem Fall führt die Übersetzung eines gesellschaftlichen Prozesses in rechtliche Kodifizierung letztlich mit Zeitverzögerung zu einem Handlungszwang für NPO.

Eine zweite externe Herausforderung im Fernraum kann mit dem Stichwort Ökonomisierungsdruck bezeichnet werden. Der eigentliche Paradigmenwandel besteht in einer fast sakralen Orientierung an Markt- und Konkurrenzlogik als heiligem Weg zu Effizienz und Effektivität: Vor dem Blick auf das Wetter folgt unvermeidlich die Deutung der Börse und Leiter von Wirtschaftsforschungsinstituten mutieren zu Weisen mit seherischen Gaben. Zwar ist letzteres durch die aktuelle Wirtschaftskrise etwas relativiert worden, aber verbunden mit der vermeintlichen Erkenntnis, dass der Staat mehr tun müsse. Deshalb kann man eher davon ausgehen, dass der Ökonomisierungsdruck wegen der staatlich potenzierten Mittelverschwendung für viele bürgerschaftliche Organisationen zunehmen wird, insofern sie auf Mittel der öffentlichen Hand angewiesen sind. Dabei geht es nicht einfach um Fragen der Finanzierung, sondern auch des orientierenden Leitbildes. So ist der „Kunde" das Korrelat dieser Marktorientierung. Die Kundenidee korreliert am besten mit dem Primat ökonomischer Effizienz- und Effektivitätskriterien und ist ein wesentlicher Bestandteil der unterschiedlichen Ausprägungen des Neuen Steuerungsmodells (NSM) in Kommunen und Ländern. Da die Ideen des NSM mittlerweile nicht mehr so neu sind, gibt es eine Reihe von Kritiken und neue Zielorientierungen. Für den Bereich des bürgerschaftlichen Engagements sind dabei die Vorschläge, die „Dienstleistungskommune" zur „Bürgerkommune" weiter zu entwickeln, von besonderem Interesse (Bogumil/Grohs/Kuhlmann/Ohm 2008).

Solche und weitere Fernraumdimensionen sind im Zuge einer OE deshalb mit zu reflektieren, weil sie sich früher oder später in rechtlichen Kodifizierungen oder in Anspruchslagen und Problemhorizonten von Stakeholdern niederschlagen werden. Eine Reflexion erlaubt zugleich den Entwurf von Strategien, wie man sich als zielorientierte Organisation möglicherweise gezielt gegen diese Großwetterlagen aufstellt, um sie zu korrigieren – z.B. indem man zu einem veränderten Konsens über Auftrag und Leitbilder für Kommunen beiträgt, die für viele bürgerschaftliche Organisationen die primären Partner sind.

Bürgerschaftliches Engagement als Thema und Herausforderung von OE

Im Kontext des dargestellten Reflexionsquadrats verfügen bürgerschaftlich geprägte Organisationen über einen Kompass für OE, dessen Nadel in zwei Richtungen zeigt. Diese steht für die Haupt- und Ehrenamtlichen einer Organisation. Diese stellen die konkreten Träger und die wichtigste Ressource einer OE dar. Deshalb ist es von außerordentlicher Bedeutung, die qualitative Besonderheit dieser Beteiligten im Verhältnis zu ihrer Organisation in den Blick zu nehmen.

Der größte Fehler in einer OE ist es, wenn man den evolutionär-selektiven Charakter einer bürgerschaftlich geprägten Organisation nicht berücksichtigt, die aus zwei Dimensionen folgt: Der ersten Dimension, eine zielorientierte Organisation zu sein, die nicht existiert, um Profit für private Eigentümer zu erwirtschaften; und der zweiten Dimension, die daraus folgt, dass Ehrenamtliche nicht unbezahlte Arbeitskräfte, sondern sich für die Bürgerschaft Engagierenden sind. Diese Dimensionen führen zu einer selektiven Auswahl des Personals, das überhaupt ehren- oder hauptamtlich in einer solchen Organisation tätig ist oder tätig sein will. Was z.B. im Profitbereich gut funktioniert, kann in bürgerschaftlichen Organisationen dysfunktional sein bzw. dazu führen, dass sie sich in Richtung auf eine Profitorganisation inklusive einer anderen Art von Personal verändert. Ein Beispiel ist das im Profitbereich gut funktionierende Anreizsystem der leistungs- oder umsatzbezogenen Prämien, die in vielen gemeinnützigen Organisationen nicht funktionieren oder nur um den Preis, dass diese Organisation sich de facto zu einer Profitorganisation hin entwickelt.

Die Besonderheit der Motivationslagen und Erwartungen von Zeitspendern, wie sie im Freiwilligensurvey (BMFSFJ/tns infratest Sozialforschung (Hrsg.) 2005) und vielen anderen Studien erkennbar ist (Sprengel/Strachwitz 2008), ist im Rahmen dieses Handbuchs mehrfach Gegenstand. Wie sieht es aber mit den Hauptamtlichen aus?

So konnte Frantz (2005) z.B. für hauptamtliche Führungskräfte in der Entwicklungszusammenarbeit aufzeigen, dass es sich bei ihnen keineswegs um ganz normale Angestellte handelt. Ihre Tätigkeit in einer zivilgesellschaftlichen Organisation ist auch Ausdruck einer politischen Zielstellung, einer individuellen Sinnentscheidung, altruistischer oder idealistischer Motive. Deshalb nehmen sie auch einen finanziellen NGO-Abschlag im Vergleich zu einer ihrer Qualifikation angemessenen Tätigkeit im Profitsektor in Kauf bzw. verzichten auf die Sicherheit, die sich teilwiese im Staatssektor finden lässt. Im Gegenzug erhalten die NGO-Aktivisten aber nicht nur ein höheres Maß an Sinnstiftung, sondern ebenso ein stärker empfundenes Maß an (gesellschafts-)politischer Teilhabe und an Gestaltungspotenzial. Im Regelfall konnte Frantz dabei auch eine in der Kindheit beginnende Prägung feststellen, die für eine Karriere in NGO prädestiniert.

So banal diese Einsicht in frühe kindliche Prägungen auch scheint, ist sie alles andere als trivial, da sie auf eine hohe und intensive Wertbindung und ideologische Fundierung der Tätigkeit der Hauptamtlichen hinweist.

Dies wird durch eine groß angelegte Befragung von ehren- und hauptamtlichen Führungskräften in deutschen NPO bestätigt, in dessen Rahmen 2.040 Interviews durchgeführt wurden (Beher/Krimmer/Rauschenbach/Zimmer 2006). Dabei zeigte sich im Vergleich der ehren- und hauptamtlichen Führungskräfte, dass die hauptamtlichen Akteure sogar über eine dichtere und intensivere ehrenamtliche Engagementbiographie verfügen, als die ehrenamtlichen Führungskräfte. In allen Altersgruppen ist es so, dass die hauptamtlichen Führungskräfte in einem deutlich höheren Prozentsatz schon zuvor ehrenamtlich engagiert waren, als die ehrenamtlichen Führungskräfte. Bei den unter 30-jährigen hauptamtlichen Führungskräften waren 62,5% vor ihrer hauptamtlichen Leitungsaufgabe schon ehrenamtlich in NPO in verantwortlicher Position tätig gewesen, aber nur 51,9% der ehrenamtlichen Führungskräfte. Bei der Altersgruppe ab 51 Jahre sind 76,1% der hauptamtlichen und 70,6% der ehrenamtlichen Führungskräfte zuvor schon ehrenamtlich in NPO entsprechend tätig gewesen (Beher/Krimmer/Rauschenbach/Zimmer 2006: 33). Die dichtere Engagementbiographie wird von 60% der hauptamtlichen Führungskräfte als wichtige Voraussetzung ihrer aktuellen Tätigkeit bejaht. Die Autoren der Studie resümieren diesen Aspekt zumindest für Deutschland so: „An diesen Ergebnissen wird auch aus inhaltlicher Perspektive der Stellenwert des Ehrenamts als berufliche Sozialisationsinstanz für gemeinnützige Organisationen ... erkennbar" (Beher/Krimmer/Rauschenbach/Zimmer 2006: 35).

Fazit

OE ist ein tiefgreifender, gleichwohl zeitlich begrenzter Vergewisserungs- und Neuordnungsprozess einer Organisation, der typischer Weise im Rahmen einer empfundenen Organisationskrise angezeigt ist. In dieser Situation bedeutet OE eine partizipativ angelegte Reflexion der Vergangenheit und der routinierten Praktiken der Organisationsbeteiligten, bei der Erwartungen und Interessen ihrer Stakeholder und darüber hinaus reichende Tendenzen einbezogen werden. Ziel ist die robuste Neuaufstellung der Organisation im Dienst ihrer bürgerschaftlich orientierten Ziele.

In Form einer Handlungsanleitung sind für OE aus der obigen Argumentation folgende grundlegenden, praktischen Schritte abzuleiten

Am Anfang steht die Frage, ob die Organisation in einer relevanten Krise ist oder nicht. Nur wenn dies mit Ja zu beantworten ist, kommt OE in Frage.

Dann folgt die Frage, ob relevante Organisationsbeteiligte die Krisendiagnose teilen bzw. von dieser überzeugt werden können. Nur wenn dies gelingt, macht OE Sinn.

Als nächstes ist zu klären, dass man OE macht und wer den Prozess koordiniert bzw. steuert, denn: Partizipation ohne Organisation führt stets nur zur Herrschaft der Durchsetzungsstärksten in Versammlungen.

Der Koordinator sollte dann feststellen, wer die einzelnen Ebenen des Reflexionsquadrats innerhalb der Organisation (Haupt- und Ehrenamtliche) abarbeiten kann und will und ob der Arbeitsaufwand von diesen Personen realistisch bewältigt werden kann. Vorsicht: Das Argument des Wissens kann hier in die Irre führen. Da es um eine partizipativ verfahrene Neuaufstellung der Organisation geht, geht es teilweise auch um eine Generierung neuen Wissens bzw. um eine Neuinterpretation des Bisherigen. Da wo Lücken bleiben, etwa bei dem Thema, wie man externe Stakeholder einbeziehen kann, ist zu prüfen, ob man von außen punktgenaue Unterstützung mit oder ohne Bezahlung gewinnen kann.

Schließlich muss der Koordinator einschätzen, ob er sich in der Lage sieht, OE selbst zu moderieren oder ob nicht der Einbezug eines externen Berater und Mediators nötig und trotz damit ggf. verbundener Kosten möglich ist.

Von hier ab zerteilen sich alle weiteren Verfahren und Prozesse in Abhängigkeit von Variablen wie Größe, Arbeitsbereich usw. der Organisation, wobei als Konstante allerdings für den ganzen Prozess stets die Besonderheiten bürgerschaftlicher Organisationen berücksichtigt werden sollten. Das kann auch die Frage einschließen, ob sie überhaupt noch eine solche Organisation ist oder weiter sein sollte.

Literatur

Beher, Karin/Krimmer, Holger/Rauschenbach, Thomas/Zimmer, Annette 2006: Führungskräfte in gemeinnützigen Organisationen – Bürgerschaftliches Engagement und Management. Münster.

Bogumil, Jörg/Grohs, Stephan/Kuhlmann, Sabine/Ohm, Anna K. 2008: Zehn Jahre Neues Steuerungsmodell: Eine Bilanz kommunaler Verwaltungsmodernisierung. 2.Auflage, Berlin.

Bundesministerium für Familie, Senioren, Frauen und Jugend (Hrsg.) 2000: Freiwilliges Engagement in Deutschland: Ergebnisse der Repräsentativerhebung zu Ehrenamt, Freiwilligenarbeit und bürgerschaftlichem Engagement. Bd.1: Gesamtbericht. Stuttgart.

Bundesministerium für Familie, Senioren, Frauen und Jugend (Hrsg.) 2000: Freiwilliges Engagement in Deutschland: Ergebnisse der Repräsentativerhebung zu Ehrenamt, Freiwilligenarbeit und bürgerschaftlichem Engagement. Bd. 2: Zugangswege zum freiwilligen Engagement. Engagementpotenzial in den neuen und alten Bundesländern. Stuttgart.

Bundesministerium für Familie, Senioren, Frauen und Jugend (Hrsg.) 2000: Freiwilliges Engagement in Deutschland: Ergebnisse der Repräsentativerhebung zu Ehrenamt, Freiwilligenarbeit und bürgerschaftlichem Engagement. Bd. 3: Frauen und Männer, Jugend Senioren, Sport. Stuttgart.

Bundesministerium für Familie, Senioren, Frauen und Jugend, München/tns infratest Sozialforschung (Hrsg.) 2005: Freiwilliges Engagement in Deutschland 1999–2004. Ergebnisse der repräsentativen Trenderhebung zu Ehrenamt, Freiwilligkeit und bürgerschaftlichem Engagement. Langfassung. Berlin.

Carroll, Archie. B./Buchholtz, Ann K. 2000: Business and Society. Ethics and Stakeholder Management. Ohio.

Enquête-Kommission „Zukunft des Bürgerschaftlichen Engagements" 2002: Bericht Bürgerschaftliches Engagement: auf dem Weg in eine zukunftsfähige Bürgergesellschaft. Opladen.

Frantz, Christiane 2005: Karriere in NGOs. Politik als Beruf jenseits der Parteien. Wiesbaden.

Frantz, Christiane 2007: Politik als Beruf in NGOs. In: Sprengel, Rainer (Hrsg.), Philanthropie und Zivilgesellschaft. Frankfurt am Main: 79–95.

Heimerl, Peter/Meyer, Michael 2002: Organisation und NPOs. In: Badelt, Christoph (Hrsg.): Handbuch der Nonprofit Organisation – Strukturen und Management. 3. überarbeitete Auflage. Stuttgart: 259–290.

INGO Accountability Charter (Hrsg.) 2005: International Non Governmental Organisations' Accountability Charter, www.ingoaccountabilitycharter.org/cmsfiles/ ingo-accountability-charter-eng.pdf, (besucht am 25. August 2009).

Neumann, Sven 2005: Non Profit Organisationen unter Druck, eine Analyse des Anpassungsverhaltens von Organisationen des Gesundheitswesens und der Sozialen Dienste in der Freien Wohlfahrtspflege. München und Mering.

Preisendörfer, Peter 2005: Organisationssoziologie: Grundlagen, Theorien und Problemstellungen. Wiesbaden.

Ruegg-Sturm, Johannes 2003: Das neue St.-Galler Management-Modell. Grundkategorien einer integrierten Managementlehre, der HSG-Ansatz. 2. durchgesehene Auflage. Bern, Stuttgart, Wien.

Smillie, Ian/Helmich, Henry (Hrsg.) 2005: Stakeholders. Governments-NGO Partnerships for International Development, London.

Sprengel, Rainer/Strachwitz, Rupert Graf 2008: Private Spenden für Kultur. Bestandaufnahme, Analysen, Perspektiven. Stuttgart.

Strachwitz, Rupert Graf/Then, Volker 2004: Kultureinrichtungen in Stiftungsform, Gütersloh.

Theuvsen, Ludwig 2001: Stakeholder-Management. Möglichkeiten des Umgangs mit Anspruchsgruppen. Münster.

Wex, Thomas 2004: Der Nonprofit-Sektor der Organisationsgesellschaft Wiesbaden.

Jörg Deppe

Bürgerschaftliches Engagement im Internet

Kein Medium bringt Menschen, Ideen, Projekte so wirkungsvoll zueinander wie das Internet. Über räumliche Entfernungen, über institutionelle und kulturelle Grenzen hinweg formen sich soziale Netze, sektorübergreifende Projekte, gesellschaftliche Innovationen – und die Zivilgesellschaft, auch in Deutschland, hat begonnen, die Chancen der neuen Technik beim Schopf zu packen.

Am Ende dieses ersten Jahrzehnts im 21. Jahrhundert findet sich kaum ein Verein mehr ohne eigene Homepage, kaum ein Aktivist ohne Internetanschluss, kaum ein Verband ohne Online-Datenbank. Die interne Kommunikation der Organisationen ist ohne E-Mails, ihre Öffentlichkeitsarbeit ohne Online-Aktivität kaum mehr denkbar. Das neue Medium hat unumkehrbar Einzug ins Vereins- und Verbandsleben gehalten.

Und doch: Noch immer steht die bürgerschaftliche Nutzung des Internet in Deutschland ganz am Anfang. Die Technik ist angekommen, aber ihre Möglichkeiten werden erst bruchstückhaft genutzt. Ausgerechnet die Zivilgesellschaft verschmäht in ihrer großen Mehrheit noch immer die neuen Wege zur Öffnung und Transparenz von Organisationen, zur Mitsprache ihrer Mitglieder, zur Vernetzung und Kooperation untereinander.

Verglichen mit den medialen Entwicklungen im öffentlichen Sektor (E-Government) und in der Wirtschaft (E-Commerce) nimmt sich der informationstechnische Entwicklungsstand im Dritten Sektor weiterhin bescheiden aus. Die Online-Affinität der Haupt- und Ehrenamtlichen in gemeinnützigen Organisationen ist gering. In sozialen Organisationen kommen auf 1,2 Millionen Beschäftigte nur 400.000 bis 500.000 PC-Arbeitsplätze (Kreidenweis 2008: 13), und Freiwillige, so der Befund im Freiwilligensurvey der Bundesregierung, nutzen das Internet für gerade einmal 43 % ihrer Tätigkeiten (Gensicke et al. 2005: 63f.)

Wer nacheinander die Online-Auftritte der großen Sozial-, Umwelt- und Kulturverbände anklickt[1], findet fast überall Menupunkte wie „Engagement", „Ehrenamt" oder „Freiwillig aktiv": Kaum eine große gemeinnützige Organisation verzichtet mehr darauf, im Netz über bürgerschaftliches Engagement zu informieren. Doch in der Regel bleibt es bei der Präsentation eigener Projekte aus eigener Organisationssicht. Die Auswahl und Darstellung der Informationen folgt erkennbar meist eher dem Interesse der Anbieter als dem der Nutzer. Und fast durchgängig handelt es sich um reine

---

1 Stand: Mai 2009

Informations-, nicht Kommunikationsangebote; kaum einmal werden den Nutzern die neuen Beteiligungsmöglichkeiten des „Mitmach"-Internet 2.0 angeboten.

Gerade organisationsübergreifend sind die neuen Chancen der Engagementförderung bei weitem nicht ausgeschöpft. Selbst eher klassische „Web 1.0"-Anwendungen – die in anderen Internetbereichen durchaus noch immer den Löwenanteil der Nutzer-Reichweiten ausmachen – sind im Dritten Sektor noch kaum angekommen. Online-Auskunftssysteme nach Art von Stellen- oder Wohnungsbörsen etwa sind aus dem Alltagsleben der Gesellschaft kaum mehr wegzudenken, und angesichts der unübersichtlichen Vielfalt gemeinnütziger Projekte hätten sie gerade im zivilgesellschaftlichen Internet eine herausragende Rolle verdient: An erster Stelle, deutlich vor anderen Nennungen, wünschen sich engagierte Menschen in Deutschland mehr Informationen über Gelegenheiten des freiwilligen Engagements (Gensicke et al. 2005: 193 f.). Doch noch immer bietet nur eine Minderheit der Organisationen den Interessierten solche Kontaktbösen an; und engagementbereite Menschen, die sich organisationsübergreifend über Einstiegsmöglichkeiten in zivilgesellschaftliche Projekte informieren möchten, finden nur bruchstückhafte Übersichten.

Abb. 1: Gefragter denn je: Publicity für Engagement
Was sich Freiwillige in Deutschland wünschen

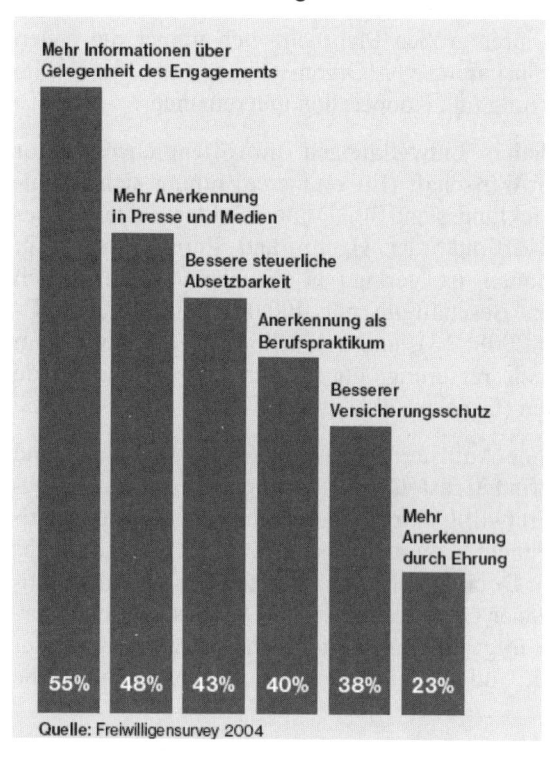

Mehr Informationen über Gelegenheit des Engagements	Mehr Anerkennung in Presse und Medien	Bessere steuerliche Absetzbarkeit	Anerkennung als Berufspraktikum	Besserer Versicherungsschutz	Mehr Anerkennung durch Ehrung
55%	48%	43%	40%	38%	23%

Quelle: Freiwilligensurvey 2004

Es sind eher junge, verbandsunabhängige Initiativen, oft auch lokale Freiwilligenagenturen und -netzwerke, die sich die neuen Online-Möglichkeiten der Engagementförderung zu ihrer Sache gemacht haben. Deren interaktive Engagementbörsen, Spendendienste, Online-Kampagnen und sozialen Netze im Web 2.0 eröffnen neue Zugangswege zu Engagement und Beteiligung – und zeigen beispielhaft die neuen Spielräume der Bürgergesellschaft im Internet.

Die neuen digitalen Chancen

Welche enorme Bedeutung das Netz als Zugangsweg zum Engagement noch gewinnen kann, deutet sich bereits heute vor dem Hintergrund der Mediengewohnheiten junger Menschen an. Während nur 40,7 Prozent der Deutschen über 50 Jahre das Internet regelmäßig nutzen, sind es bei den 14- bis 29-Jährigen satte 96,1 Prozent – das Web hat hier bereits das Fernsehen vom ersten Platz der Nutzungsstatistiken verdrängt[2].

So liegt es gewissermaßen in der Technik der Sache, dass internetaffine Jugendlichen über neue Medien leichter als andere Altersgruppen für bürgerschaftliches Engagement gewonnen werden können. Eine im Jahr 2006 vorgelegte Studie der Northwestern University of Chicago (Cassell 2006: 436–449). hat deutlich positive Effekte des Internet auf das politische und soziale Engagement junger Menschen beschrieben. Wissenschaftler des Massachusetts Institut of Technology hatten dafür eine im Internet eingerichtete Online-Community von Jugendlichen untersucht, den „Junior Summit 1998". An diesem Gipfel nahmen über mehrere Monate 3.000 Jugendliche aus 139 Ländern und mit unterschiedlichem sozio-ökonomischem Hintergrund und Computerwissen teil. Justine Cassell kam bei der Analyse zu dem Schluss: „Wir stellten fest, dass diese jungen Mitglieder der Online-Community in hohem Ausmaß gesellschaftliches Engagement zeigten. Mit Leidenschaft setzen sie sich für ihr soziales Umfeld und die Welt ein." (Cassell 2006: 436)

Die digitalen Chancen der Engagementförderung zeigen sich besonders deutlich in den USA, wo beide Themen – die Nutzung des Internet und das Engagement für das Gemeinwohl – seit langem im gesellschaftlichen Alltag weit stärker als hierzulande verankert sind. Engagementbereite US-Bürgerinnen und Bürger können sich in Online-Portalen wie www.volunteermatch.org oder www.networkforgood.org orts- und organisationsübergreifend über zehntausende zivilgesellschaftliche Projekte informieren, Kommentare und Spenden auf den Weg bringen und Einstiege in ein freiwilliges Engagement finden.

---

2 ARD/ZDF-Online-Studie 2009: Vorveröffentlichung, http://www.daserste.de/service/ studie.asp

Und die Plattform www.serve.gov demonstriert, dass auch staatliche Internetanbieter ohne Berührungsängste die Vielfalt der Zivilgesellschaft – in all ihrer Unabhängigkeit und Eigensinnigkeit – präsentieren können. Als offizielles Informationsangebot der US-Regierung bietet serve.gov ein trägerübergreifendes, landesweites Datenbank-Netz aus zwanzig verschiedenen Internetplattformen mit vielen Tausend Engagementmöglichkeiten – und liefert damit zugleich den deutschen Nonprofit-Organisationen ein schönes Beispiel für die Chancen von Kooperation und Vernetzung im Internet.

Fast unscheinbar finden sich unter den Angeboten dieser Plattformen immer wieder auch Menupunkte wie „From Home" oder „Virtual", hinter denen sich eine weitere bemerkenswerte, in Deutschland noch kaum wahrgenommene Entwicklungsperspektive bürgerschaftlichen Engagements verbirgt: Amerikanische Nonprofit-Organisationen bieten Interessenten vielfältige Möglichkeiten an, sich zuhause am eigenen Computer für gemeinnützige, zum Teil weit entfernte Projekte zu engagieren, durch Text- oder Designarbeiten, Datenerfassung oder Programmierung, Korrektur- oder Übersetzungstätigkeiten und viele weitere Varianten des „Online Volunteering". Für tausende US-Bürgerinnen und Bürger – nicht zuletzt auch Menschen mit eingeschränkter Mobilität – entsteht so eine ganz neue Engagement- und Teilhabechance.

Gerade für die Beteiligung von Bürgern eröffnet das „Mitmach"-Internet 2.0 ungeahnte neue Möglichkeiten. Unzählige amerikanische Websites bieten ihren Nutzern die Chance, sich in Blogs oder durch Petitionen gesellschaftlich einzumischen. Außergewöhnlich ist vor allem das Projekt www.change.org, das zeigt, wie Angebote des Web 2.0 mit der organisierten Zivilgesellschaft verbunden werden können: Die Plattform ist mit den Profilen hunderttausender Nonprofit-Organisationen verknüpft und ermöglicht ihren Nutzern zudem über die Zusammenarbeit mit dem Spendendienst www.networkforgood.org direkte Online-Spenden.

Die Hemmnisse

Gerade wegen der immensen Chancen der neuen Medien für bürgerschaftliches Engagement sind aber auch die Barrieren auf dem Weg zum „Engagement 2.0" zu beachten. Hemmend wirkt nicht nur die Technikferne des Dritten Sektors (siehe oben); auch auf Seiten der Adressaten, der engagementbereiten Menschen, sind Hindernisse zu bedenken. So gibt es noch immer erhebliche Unterschiede in der Internetnutzung verschiedener Bevölkerungsgruppen. Während fast 92 Prozent der Deutschen mit Abitur über einen Internetanschluss verfügen, sind es bei Menschen mit Volks- oder Hauptschulabschluss nicht einmal 47 Prozent (Gerhards 2008: 366) – das Internet ist noch immer ein Medium der höher Gebildeten. In die gleiche Richtung weisen die Ungleichheiten zwischen den Bildungsgruppen im Hinblick auf die Bereitschaft zum bürgerschaftlichen Engagement selbst (Gensicke et al. 2005: 292) – so dass für internetgestützte Engagementangebote eine doppelte Einschränkung des Adressatenkreises in Rechnung zu stellen ist.

Und spätestens im modernen Web 2.0 wird die „digitale Spaltung" auch zur Altersfrage. Denn während für junge Menschen die Nutzung des „Internet zum Mitmachen" längst Alltag ist, haben andere Altersgruppen – besonders die mit überdurchschnittlich hoher bürgerschaftlicher Aktivität – die Möglichkeiten eigener Mitwirkung im Web noch gar nicht entdeckt. Mehr als 74 Prozent der 14- bis 19-Jährigen sind bei einer oder sogar mehreren Online-Communitys registriert – während es bei den 40-49Jährigen gerade einmal 13 Prozent sind (Fisch 2008: 362).

Ein „digitaler Graben 2.0" tut sich zudem besonders für solche Web 2.0-Angebote auf, bei denen es nicht ums Flirten, Chatten oder „Gruscheln", sondern um Textbeiträge und Kommentare geht – also die für bürgerschaftliche Teilhabe besonders gefragten Funktionen. Nur 2 Prozent der Onliner aller Altersgruppen nutzen Weblogs, und weniger als 40 Prozent dieser Nutzer bringen selbst Beiträge oder Kommentare ein. „Massenattraktiv ist nicht der Mitmachgedanke des Web 2.0, sondern ein schlichtes Unterhaltungs- und Informationsbedürfnis, welches durch user-generierte Inhalte einer Minderheit befriedigt wird." (Fisch 2008: 363).

Abb. 2: Engagementförderung online: Zielgruppen klären, Ziele definieren

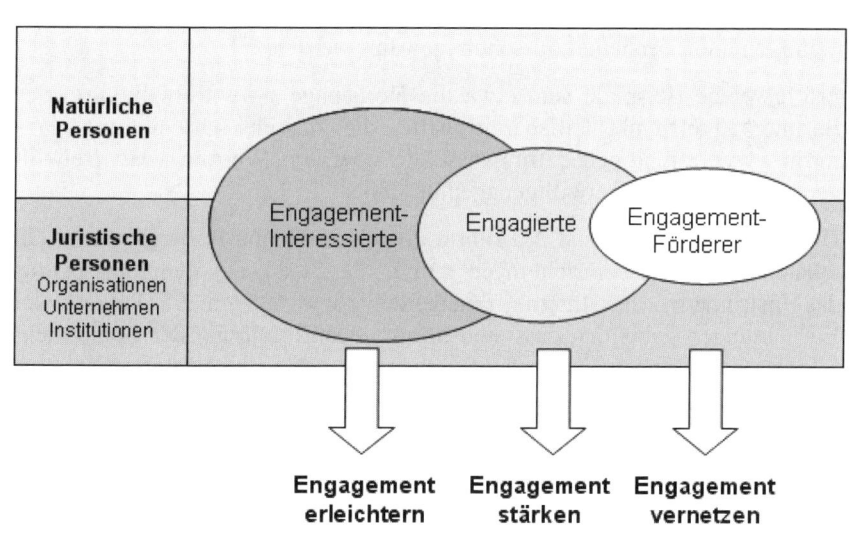

Die sozialen Netze des Mitmach-Internet sind also keineswegs ein bürgerschaftlicher Selbstläufer – sondern es ist Sache der Zivilgesellschaft selbst, die beeindruckenden neuen Chancen im Web zu erschließen. Und alle Internetvorhaben zur Engagementförderung, welche Techniken auch immer sie nutzen, brauchen im allerersten Schritt eine klare Vergewisserung bezüglich ihrer Zielgruppen und Ziele – die mindestens die in Abbildung 2 benannten Unterscheidungen betreffen sollte.

Es gilt also, das Potenzial der IT-Technik für die Zivilgesellschaft zu erobern, und gefordert sind diesbezüglich vor allem die Netzwerke und Akteure der Engagementförderung. Gefragt sind Angebote

- für Engagement-Interessierte, um den Einstieg in ein Engagement zu erleichtern;
- für Engagierte, um ihr Engagement zu stärken;
- für Engagement-Förderer, um bürgerschaftliches Engagement besser zu vernetzen.

Engagement erleichtern

Vor allem lokale Freiwilligenagenturen, -zentren und Seniorenbüros sind es, die das Netz zunehmend nutzen, um konkrete Einstiegsmöglichkeiten in freiwillige Aktivitäten bekannt zu machen. Nicht mehr nur in ihren Sprechstunden, sondern auch auf ihren Homepages informieren sie interessierte Bürger über die Mitmachangebote der örtlichen Vereine und Verbände. In digitalen Engagementbörsen und mit wenigen Mausklicks können sich Interessenten so rund um die Uhr ein eigenes Bild verschaffen; sie erfahren, zu welchen Themen und zu welchen Zeiten Freiwillige gesucht werden, welche Qualifikationen gefragt sind und ob beispielsweise Aufwandsentschädigungen oder Versicherungsschutz gewährt werden.

Erfolgreiche Beispiele sind etwa die Homepage www.freiwillig.info des Berliner „Treffpunkt Hilfsbereitschaft", die Kasseler Orientierungsplattform www.freiwilligenzentrumkassel.de oder die Website www.freiwilligen-agentur.de der Freiwilligenagentur Halle.

Die gemeinnützige Sozial AG führte im Juli 2007 eine Befragung unter 28 lokalen Freiwilligeneinrichtungen durch, die zu diesem Zeitpunkt bereits das Instrument einer Internet-Engagementbörse nutzten. 95 Prozent der Einrichtungen gaben an, dass sich infolge der Einführung der Börse mehr Interessenten melden; 76 Prozent berichteten von mehr erfolgreichen Vermittlungen in ein Engagement; und 93 Prozent gaben an, dass die über das Internet gewonnenen Freiwilligen jünger als der Durchschnitt aller vermittelten Engagierten seien. (Im Mittel gaben die befragten Agenturen den Altersschnitt der insgesamt durch ihre Einrichtung vermittelten Freiwilligen mit 48 Jahren an – während sie das durchschnittliche Alter der online gewonnenen Engagierten auf 36 Jahre veranschlagten; Deppe 2007).

Auch Kommunen entdecken zunehmend, wie Bürgern via Internet der Zugang zu einem Engagement vereinfacht werden kann. Immer mehr Städte, Gemeinden und Landkreise werben auf ihren Webseiten – oft auch in Zusammenarbeit mit lokalen Freiwilligeneinrichtungen – für mehr Gemeinwohleinsatz ihrer Bürger.

Bürger, die solche Auskunftsdienste im lokalen Internet nutzen, profitieren vom großen Vorzug des Internet, selbst hoch differenzierte Interessenslagen von Menschen – sei es in Bezug auf Themen, Tätigkeiten, Orte oder Zeiten – passgenau mit gegebenen Angeboten zusammen bringen zu können. Das gilt beispielsweise auch für viele zigtausend Jugendliche, die sich jedes Jahr auf die Suche nach geeigneten Einsatzmöglichkeiten im Freiwilligen Sozialen oder Ökologischen Jahr und im internationalen Dienst machen. Auf der Portalseite „Wegweiser Freiwilligendienste" (www.freiwilligendienste.de) – ebenfalls in Trägerschaft des Bundesnetzwerks Bürgerschaftliches Engagement, betrieben von den Trägerorganisationen der Freiwilligendienste selbst – können die jungen Leute ihre thematischen Interessen, von der Altenhilfe über Sport und Kultur bis zum Naturschutz, genauso eingeben wie gewünschte Einsatzorte im In- oder Ausland – und erfahren mit wenigen Klicks, an welche Trägerorganisation sie sich wenden können.

Eben diese Selektionsmöglichkeiten des Internet sind in einer segmentierten, immer unübersichtlicheren (Bürger-)Gesellschaft naturgemäß von wachsender Bedeutung. Die Zeiten lebenslanger Ehrenämter sind vorbei; engagementbereite Menschen wenden sich in immer kürzeren Abständen immer neuen gemeinnützigen Projekten zu.

Das gilt auch und gerade für das Engagement durch Geldspenden – und macht den zunehmenden Stellenwert der Spendenportale im Internet aus. Schon über 2.000 gemeinnützige Initiativen, Vereine und Verbände haben sich dem 2001 gegründeten „Spendenportal" (www.spendenportal.de) angeschlossen; und mehr als 700 überwiegend international aktive Hilfsorganisationen nutzen das Portal „helpdirect" (www.helpdirect.org). Die Zahl derartiger Spendenportale wächst ständig; allein 15 neue „Weltretter-Communities" zählte im Jahr 2008 „Spiegel Online" (Roloff 2008). Ob www.weltretter.org, www.betterplace.org, www.helpedia.de oder www.reset.to: Die Orientierungsplattformen für den guten Zweck ermöglichen es gerade kleineren Projekten, spendenbereite Unterstützer und freiwillige Helfer für Ideen und Initiativen zu gewinnen – für Online-Kampagnen genauso wie für Umweltschutzprojekte in der Nachbarschaft oder im Regenwald.

Gerade die Web 2.0-Neugründungen demonstrieren dabei, wie auch die Internetnutzer selbst ins Spiel kommen können. Bei „betterplace" etwa werden die Nutzer zur Kontrollinstanz: Durch Kommentare und Hinweise von Projektfürsprechern, -trägern oder -sponsoren helfen sie anderen, die Hilfsprojekte besser einschätzen zu können. Und „helpedia"-Besucher engagieren sich als aktive Spendensammler, präsentieren eigene Charity-Aktionen und laden Freunde, Verwandte und Kollegen zu Online-Spenden ein.

All diese neuen Internet-Initiativen eint die Erkenntnis, dass ein guter Organisationsname allein schon lange kein ausreichendes Motiv mehr ist, bürgerschaftlich aktiv zu werden. Engagementbereite Bürger wollen heute „die Gesellschaft zumindest im Kleinen mitgestalten" (Gensicke et al. 2005:

96 f.), möchten die Projekte und Anliegen der Organisationen kennen lernen. Um Transparenz geht es; Organisationen, die Anteilnahme und Engagementbereitschaft der Menschen wecken möchten, müssen vor allem erst einmal deren Informationsinteresse ernst nehmen. Das ist es, was besonders Umwelt- und Entwicklungsorganisationen verstanden haben und mit immer differenzierteren Online-Informationsangeboten berücksichtigen. Die Homepages www.greenpeace.de, www.wwf.de, www.welthungerhilfe.de oder www.arzte-ohne-grenzen.de liefern laufend aktuelle Projektberichte – und diese sind nur einen Mausklick von der Online-Spende oder dem Einstieg in ein freiwilliges Engagement entfernt.

Und auch organisationsübergreifend entstehen immer mehr Angebote im Netz, die am Informationsbedürfnis zivilgesellschaftlich interessierter Bürger anknüpfen. Das Nachrichtenportal „Social Times" (www.socialtimes.de) bietet tägliche Meldungen rund ums Engagement und ist direkt mit den Spendendiensten des „Spendenportals" vernetzt; die „ngo-online" (www.ngo-online.de) konzentriert sich auf thematische Schnittmengen zwischen Politik und Zivilgesellschaft; und der „glocalist" (www.glocalist.de) berichtet mit Schwerpunkt auf Wirtschaftsethik und unternehmerischem Engagement. Die ersten Schritte zum Engagement, das ist der Leitgedanke dieser publizistischen Projekte, sind Information, Interesse und Anteilnahme – und Journalisten, die sich den Themen der Zivilgesellschaft widmen, können entscheidend zur Aktivierung bürgerschaftlichen Engagements beitragen.

Engagement stärken

Und nicht nur den Interessierten, auch den bereits Engagierten bietet das Internet innovative neue Möglichkeiten. Der „Wegweiser Bürgergesellschaft" der Stiftung Mitarbeit (www.buergergesellschaft.de) etwa stellt den Aktiven aus Vereinen und Initiativen wertvolle Praxishilfen zur Verfügung, sei es zum Vereinsrecht, zum Versicherungsschutz, zur Gründung einer Bürgerstiftung oder zu staatlichen Fördermöglichkeiten – ein Wegweiser in und für die Bürgergesellschaft, so heißt denn auch das Motto dieses umfangreichen Informationsportals.

Praxishilfen in Hülle und Fülle findet zudem, wer im eigenen Bundesland nach Unterstützung sucht. Alle sechzehn Landesregierungen bieten inzwischen über ihre zuständigen Ressorts – oder die jeweiligen Landesnetzwerke der Engagementförderung – Orientierungsplattformen an, auf denen vielfältige Angebote zur Unterstützung der Bürgeraktivitäten im Land vorgestellt werden:

Baden-Württemberg	www.ehrenamt-bw.de
Bayern	www.wir-fuer-uns.de
Berlin	www.berlin.de/buergeraktiv

Brandenburg	www.stk.brandenburg.de
Bremen	www.buergerengagement.bremen.de
Hamburg	www.hamburg.de/engagement
Hessen	www.gemeinsam-aktiv.de
Mecklenburg-Vp.	www.netzwerk-mv.net
Niedersachsen	www.freiwilligenserver.de
Nordrhein-Westf.	www.engagiert-in-nrw.de
Rheinland-Pfalz	www.wir-tun-was.de
Saarland	www.pro-ehrenamt.de
Sachsen	www.wir-fuer-sachsen.de
Sachsen-Anhalt	www.engagiert-in-sachsen-anhalt.de
Schleswig-Holst.	www.ehrenamt-sh.de
Thüringen	www.thueringer-ehrenamtsstiftung.de

Jedes dieses Portale bündelt landesspezifische Informationen zur Engagementförderung, von Ehrenamtskarten über Wettbewerbe, Fördertipps und Landesnachweisen bis zu Qualifizierungsangeboten und Tipps zum Freiwilligenmanagement; und hilft damit den Engagierten vor Ort in der Organisation ihrer alltäglichen Aktivitäten.

Freiwillige brauchen Kenntnisse, und es nimmt nicht wunder, dass auch das Wissensmanagement für Engagierte längst online gegangen ist. Die Berliner „Stiftung Bürgermut", die sich als „Informationsbroker" des bürgerschaftlichen Engagements versteht, hat im Juni 2009 die Plattform „weltbeweger" (www.weltbeweger.de) freigeschaltet – ein Wissenstransfersystem, das bürgerschaftlich aktiven Menschen ortsübergreifend den Austausch von Erfahrungswissen und den Zusammenschluss von Gruppen im Internet ermöglichen soll.

Ähnliche Ambitionen hat die „Bewegungsplattform" der Berliner „tageszeitung" (www.bewegung.taz.de), die ebenfalls mit Web 2.0-Techniken zivilgesellschaftliches Engagement stärken möchte. Aktivisten und Organisationen können sich hier anmelden, Termine veröffentlichen, Aktionen bekannt machen, sich austauschen und gemeinsam Projekte starten.

„Empowerment" heißt das Stichwort, das auf diese Weise im „Mitmach-Internet" zu neuer Bedeutung kommt. Wer sich engagiert, möchte sich auch beteiligen, und das Web 2.0 macht ganz neue Formen der politischen Mitsprache möglich. Das Kölner „Unortkataster" (www.unortkataster.de) ist ein treffendes lokales Beispiel dafür, wie unkompliziert Bürger im „Internet für alle" in die Stadtplanung einbezogen werden können: Nach dem erfolgreichen Vorbild des englischen „Fix-My-Street"-Projekts (www.fix-my-street.com) können Bürger hier Mängel im Stadtbild melden und bewerten und sich so aktiv in die Diskussion um die Ziele der Stadtentwicklung einbringen.

Der Bürgerbeteiligung im Netz hat sich auch das Aktionsportal „Campact" (www.campact.de) verschrieben. Der Name „Campact" setzt sich aus „Campaign" und „Action" zusammen, und entsprechend organisiert das Netzwerk – das im Juni 2009 nach eigenen Angaben über 128.000 Aktive zählte – Online-Kampagnen zu aktuellen, meist ökologischen Themen. Und die Seite www.abgeordnetenwatch.de, im Dezember 2004 als ein Projekt des Hamburger Landesverbandes von „Mehr Demokratie" gegründet, hat sich zu einem weit vernetzten Angebot entwickelt, das es Bürgerinnen und Bürgern auf einfachste Weise ermöglicht, Abgeordnete auf Landes- und Bundesebene zu aktuellen Themen zu befragen.

Engagement vernetzen

In diesem ersten Jahrzehnt des neuen Jahrhunderts haben sich in Deutschland auf Bundes-, Landes- und Kommunalebene, parallel zur immer stärkeren Verbreitung des Internets, neue Strukturen der Förderung bürgerschaftlichen Engagements entwickelt. Rund um das 2002 gegründete Bundesnetzwerk Bürgerschaftliches Engagement (BBE) haben öffentliche und gemeinnützige Träger – oft gemeinsam – Netze der Engagementförderung aufgebaut, von lokalen Freiwilligenagenturen und -zentren, Anlaufstellen und Seniorenbüros über Landesnetzwerke bis hin zum „Nationalen Forum für Engagement und Partizipation" zur Entwicklung einer bundesweiten Engagementstrategie und -gesetzgebung.

Die neu entstandene Fachöffentlichkeit rund um die Förderung bürgerschaftlichen Engagements aber tauscht sich online noch wenig aus. Zwar entwickelt sich die Homepage des BBE (www.b-b-e.de) immer mehr zu einer engagementpolitischen Informationszentrale; zweiwöchentlich versorgt der BBE-Newsletter einen wachsenden Abonnentenkreis mit aktuellen Fachnachrichten zum Thema; und zusammengenommen erreichen die Newsletter des BBE, der Stiftung Mitarbeit (www.mitarbeit.de) und der Aktiven Bürgerschaft (www.aktive-buergerschaft.de) bereits rund 10.000 Experten und Entscheidungsträger aus Bund, Ländern, Kommunen, Wirtschaft und Zivilgesellschaft.

Doch eine interaktive Vernetzung, ein Kommunkationsverbund der Engagementförderer ist immer noch ein Zukunftsprojekt. Es gilt, das „neue" Internet mit den „neuen" Infrastrukturen der Engagementförderung zu verbinden – und der wohl chancenreichste Versuch entsteht seit Ende 2008 mit dem Projekt eines bundesweiten Portals „Engagiert in Deutschland" (www. engagiert-in-deutschland.de).

Das Ziel dieses hoch ambitionierten Projektes ist ein „Web-Markt" für zivilgesellschaftliches Engagement, ein Internet-Umschlagplatz für die

Gemeinwohlbeiträge von Bürgern, Unternehmen, Organisationen und Institutionen. Vernetzt mit Bund, Ländern, Kommunen, Unternehmen und gemeinnützigen Organisationen, soll ein digitaler Marktplatz der Zivilgesellschaft entstehen, der Bürgern, Aktiven, Experten und ihren Organisationen unkomplizierte Zugänge zu Engagement- und Beteiligungsmöglichkeiten eröffnet. Im Mittelpunkt soll dabei die Nutzung des „Mitmach"-Internet 2.0 stehen; in „thematischen Räumen" sollen Nutzer selbst Erfahrungen, Informationen, Meinungen einbringen können.

Engagement Online – Chancen und Grenzen

Trotz seiner rasanten Entwicklung, trotz seiner großartigen Potenziale – das Internet ist kein Heilsbringer. Der weit verbreiteten Euphorie zum Trotz, die besonders rund ums Web 2.0 grassiert, bleibt festzuhalten: Alle Technik ist nur so gut, wie die Menschen, die sie nutzen. Und ohne Bezugspunkte in der Wirklichkeit entstehen lebendige „soziale Netze" auch im Internet nicht.

Es kommt also darauf an, die neuen Internet-Chancen mit den – teils ebenfalls noch jungen – bürgerschaftlichen Strukturen in Deutschland zu verknüpfen. Jedes noch so innovative Engagementangebot im Netz braucht die Bodenhaftung der organisierten Zivilgesellschaft, soll es sich nicht in der Weite des virtuellen Raumes verlieren. Rund um das Bundesnetzwerk Bürgerschaftliches Engagement (BBE) sind in diesem Jahrzehnt beachtliche Kompetenzen, Förder- und Unterstützungsmöglichkeiten für Bürger, Organisationen und Institutionen entstanden. Dieses zivilgesellschaftliche Potenzial, von Praxishilfen über Spendenservices bis zu Nachrichtendiensten, nützt allen Akteuren, die bürgerschaftliches Engagement via Internet vereinfachen, stärken oder vernetzen möchten.

Das schmälert nicht die Faszination des neuen Mediums. Wer heute die Werbetrommel für bürgerschaftliches Engagement rühren möchte, wer Freiwillige, Spender, Partner oder Förderer sucht, wer sich austauschen und vernetzen möchte, kommt um Aktivitäten im World Wide Web nicht mehr herum – und tut gut daran, sich an den vielfältigen, innovativen Beispielen der Online-Engagementangebote junger Internet-Initiativen zu orientieren.

Literatur

Cassell, Justine/Huffaker, David/Tversky, Dona/Ferriman, Kim 2006: The Language of Online Leadership: Gender and Youth Engagement on the Internet. Developmental Psychology 42 (3). Evanston/Chicago.

Deppe, Jörg 2007: Engagementbörsen im Internet. In: BBE-Newsletter 18/2007. Online abrufbar unter http://www.das-buergernetz.de/download/Umfrage_Inter netboersen_070823.pdf

Fisch, Martin/Gscheidle, Christoph 2008: Mitmachnetz Web 2.0: Rege Beteiligung nur in Communitys. Ergebnisse der ARD/ZDF-Onlinestudie 2008. Media Perspektiven. Heft 7/2008: 356–364.

Gensicke, Thomas/Picot, Sibylle/Geiss, Sabine 2005: Freiwilliges Engagement in Deutschland 1999–2004. TNS Infratest Sozialforschung im Auftrag des Bundesministeriums für Familie, Senioren, Frauen und Jugend. München.

Gerhards, Maria/Mende, Annette 2008: Ein Drittel der Deutschen bleibt weiter offline, Ergebnisse der ARD/ZDF-Offlinestudie 2008. Media Perspektiven. Heft 7/2008: 365–376.

Habbel, Franz-Reinhard/Huber, Andreas (Hrsg.) 2008: Web 2.0 für Kommunen und Kommunalpolitik. Neue Formen der Öffentlichkeit und der Zusammenarbeit von Politik, Wirtschaft, Verwaltung und Bürger. Boizenburg.

Kreidenweis, Helmut/Halfar, Bernd 2008: IT-Report für die Sozialwirtschaft 2008/2009. Katholische Universität Eichstätt-Ingolstadt.

Reiser, Brigitte 2009: Social Media und die Bürgergesellschaft – wie können gemeinnützige Organisationen vom Mitmach-Internet profitieren? In: BBE-Newsletter 2/2009. Online abrufbar unter http://www.b-b-e.de/fileadmin/inhalte/ aktuelles/2009/03/nl02_reiser.pdf

Roloff, Lu Yen 2008: Online-Communitys. Helfer weben das Weltretter-Web. In: Spiegel Online. 20.11.2008. Online abrufbar unter www.spiegel.de/netzwelt/web/0,1518,593286,00.html.

Seifert, Waltraud 2007: Online-Volunteering und Freiwilligenmanagement. Wie gemeinnützige Organisationen über das Internet neue Ressourcen erschließen können. Diplomarbeit Evang. Fachhochschule Berlin.

Sippel, Hanns-Jörg 2009: Online-Kommunikation und bürgerschaftliches Engagement. In: BBE-Newsletter 2/2009. Online abrufbar unter http://www.b-b-e.de/fileadmin/inhalte/aktuelles/2009/03/nl02_sippel.pdf

Zerfaß, Ansgar/Welker, Martin/Schmidt, Jan (Hrsg.) 2008: Kommunikation, Partizipation und Wirkungen im Social Web. Bd. 1. Grundlagen und Methoden: Von der Gesellschaft zum Individuum. Neue Schriften zur Online-Forschung 2. Deutsche Gesellschaft für Online-Forschung e.V. Köln.

Zerfaß, Ansgar/Welker, Martin/Schmidt, Jan (Hrsg.) 2008: Kommunikation, Partizipation und Wirkungen im Social Web. Bd. 2. Strategien und Anwendungen. Perspektiven für Wirtschaft, Politik und Publizistik. Neue Schriften zur Online-Forschung 3. Deutsche Gesellschaft für Online-Forschung e.V. Köln.

Carola Schaaf-Derichs

Öffentlichkeitsarbeit

Wozu Öffentlichkeitsarbeit für das Bürgerschaftliche Engagement?

„Wenn eine Ente ein Ei legt, dann tut sie das still und zurückgezogen in einem Busch. Wenn jedoch ein Huhn ein Ei legt, so gackert es laut und flattert herum. Und der Erfolg? Die ganze Welt isst Hühnereier!", so erklärte Henry Ford I, 1863–1947, US Autoindustrieller und Begründer des Fordismus seine Idee von Öffentlichkeitsarbeit. Die Schlussfolgerung daraus liegt nahe: „Wer sich nicht zeigt, kann nicht gesehen werden." Diese scheinbare Tautologie beschreibt die Aufgaben von Öffentlichkeitsarbeit oder Public Relations allgemein. Das ist im Bereich des Bürgerschaftlichen Engagements nicht anders. Die zentralen Aufgaben der Öffentlichkeitsarbeit für das Bürgerschaftliche Engagement lauten:

- eine Beziehung zur öffentlichen Wahrnehmung aufzubauen,
- die Bedeutung des Bürgerschaftlichen Engagements für die Gesellschaft zu vermitteln,
- Informationen zu Formen und Vielfalt des Bürgerschaftlichen Engagements zu bieten,
- die Aktualität und den Bezug zu aktuellen Entwicklungen und gesellschaftlichen Fragen herzustellen,
- Schlagzeilen für Entwicklungen im Feld des Bürgerschaftlichen Engagements zu zeitigen,
- die Werte des Bürgerschaftlichen Engagements aufzuzeigen,
- Einblicke in die Welt der Akteure im Bürgerschaftlichen Engagement zu gewähren, in ihr Handeln, in ihr Denken.

Dies ist nur ein kurzer Rundumschlag und er macht bereits deutlich, wie vielschichtig die Anforderungen an eine aktuelle, interessant gestaltete Öffentlichkeitsarbeit für das Bürgerschaftliche Engagement sind. Eine Definition der Deutschen Public Relations Gesellschaft (DPRG) fasst Öffentlichkeitsarbeit zusammen „... *als das bewusste, geplante Bemühen um ein Vertrauensverhältnis zwischen Unternehmen, Institutionen, Personen und ihrer Umwelt. Öffentlichkeitsarbeit meint vor allem aktives Handeln durch Information und Kommunikation auf konzeptioneller Grundlage. Sie vermittelt Identität, Zielsetzungen und Interessen einer Organisation sowie deren Tätigkeiten und Verhaltensweisen nach innen und außen. Sie ist darum bemüht, Konflikte zu vermeiden oder bereinigen zu helfen.*" Dieser umfassende Anspruch steht in der Praxis oft in hartem Widerspruch zu den Ressourcen, die für das Gelingen einer professionellen Öffentlichkeitsarbeit bereit zu stellen sind. Insbesondere kleine Organisationen und Netzwerke, bei denen der personelle Überbau überschaubar groß ist, leiden unter einem Defizit von realisierter Öffentlichkeitsarbeit für die wichtigen Beiträge, die sie andererseits durch ihre Arbeit leisten. Allerdings wird damit nicht unterstellt, dass Öffentlichkeitsarbeit für das Bürgerschaftliche Engagement ein „Nebenhergeschäft" oder gar ein „Selbstläufer" sein könne. Vielmehr wird im Sinne der o.g. Definition betont, wie eng der Zusammenhang ist zwischen der nach innen gerichteten Aufmerksamkeit für Aspekte und Ergebnisse der eigenen Arbeit und einer gelingenden Öffentlichkeitsarbeit nach außen. Gute Öffentlichkeitsarbeit fängt also im Inneren der Organisation an, unabhängig von deren Aufgabenstellung, Größe und Form. Damit wird unterstrichen, dass gelingende Öffentlichkeitsarbeit eine Frage der personellen Aufstellung dazu ist: wer in unserer Organisation kümmert sich wie um die Öffentlichkeitsarbeit? Welchem Auftrag fühlen sich die „Öffentlichkeitsarbeiter/innen" verpflichtet? Wurde und wird dieser Auftrag konkret formuliert? Wie eng sind die Verbindungen und der Austausch zwischen der Leitung und dem Bereich Öffentlichkeitsarbeit? Wie ist unsere Strategie für die Öffentlichkeitsarbeit? Was wollen wir öffentlich bewirken? Mit den beiden letzten Fragen ist offenbar geworden, wie sensibel der Bereich der Öffentlichkeitsarbeit ist: ohne klare Zielstellung kann Öffentlichkeitsarbeit ihren Sinn verfehlen, ja sogar zum „Flop" werden. Gleichzeitig steckt in der Öffentlichkeitsarbeit mehr als nur die Aufgabe, die guten Nachrichten nach außen zu vermitteln.

Wer sich auf glaubwürdige, authentische Öffentlichkeitsarbeit stützen kann, wird deren Funktion als Motor für Entwicklungsarbeit und Innovation in seiner Organisation nicht mehr missen wollen. Und das gilt ganz besonders für gemeinnützige Organisationen, d.h. Vereine, Initiativen, Netzwerke, Verbände. Öffentlichkeitsarbeit kann, wenn sie gut verstanden und betrieben wird, ein Existenzfaktor mit Langzeitwirkung sein. Gelungene Beispiele der Ansprache und Information bleiben lange in Erinnerung, gerade bei den bürgerschaftlich Aktiven. Misserfolge oder Fehlwirkungen in der Öffentlichkeitsarbeit sind schwer korrigierbar. Insgesamt gilt hier noch immer der Rettungsspruch aus der Pressearbeit: „Any press is good press." Bekannt werden ist alles.

Wen spricht die Öffentlichkeitsarbeit des Bürgerschaftlichen Engagements an?

Hier stellt sich die Frage: wer soll mit der Öffentlichkeitsarbeit angesprochen werden? Da Öffentlichkeitsarbeit eine umfassende Perspektive für mögliche Zielgruppen zur Grundlage haben sollte, bietet sich hier das folgende Schema an:

Tab. 1: Zielgruppen von Öffentlichkeitsarbeit

	Hauptgruppen	Untergruppen	Spezielle Zielgruppen
I	Gesellschaft	Medien, Presse, öffentliche Meinung	z. B.: Meinungsführer, gesellschaftliche Gruppen
II	Geldgeber	Fördermittelgeber, Unterstützer, Sponsoren, Spender, Mäzene	z. B.: Ministerien, Ämter, Verbände, Stiftungen, Unternehmen, Privatpersonen
III	Freiwillige	Engagierte Bürger/innen, Freiwilligenprojekte/ -initiativen, lokale Bürgergesellschaft	z. B.: Junge, ältere, noch unentschlossene, familiär un-/gebundene, erwerbslose/-tätige, immigrierte, gehandicapte, un-/erfahrene, un-/geschulte Freiwillige
IV	Organisationen	Mittlerorganisationen, Kooperationspartner, Netzwerke, Verbände, Verbünde, Stiftungen, Unternehmen, Regierungsorganisationen	z. B.: Kollegen, Haupt-/ Ehrenamtliche, Entscheider bzw. Leitungsverantwortliche, Konkurrenten im Feld, Fachöffentlichkeit, Wissenschaft, Forschung
V	Mitarbeiter/innen	Freiwillige im eigenen Haus, Vorstand, Geschäftsführung, Personalbereich bzw. Human Resources, Kommunikationsbereich, Medienbereich, Marketingbereich	z. B.: Eigene Freiwilligenprojekte bzw. -gruppen, internes Freiwilligenmanagement, Leitung bzw. Vorgesetzte, Kollegen, Projektentwicklung, Außenvertretung, Werbeabteilung

© Carola Schaaf-Derichs: 5-Felder-Schema der Zielgruppenbestimmung, 2009

Mit diesem Schema ist es möglich, eine erste Orientierung zur Ausrichtung auf Hauptgruppen der geplanten Öffentlichkeitsarbeit zu erhalten. Zugleich zeigt das Schema auf, wie präzise die Untergruppen und die speziellen Zielgruppen zu definieren sind. Ein Gespräch mit Kollegen kann hierzu Wunder wirken! Meist bedarf es einer systematischen Klärung, wer worauf angesprochen werden soll, oder wer zu welchem Zweck erreicht werden soll. Spätestens, wenn die Zielgruppe in ihren Besonderheiten und Merkmalen beschreibbar wird, kann mit der weiteren Planung begonnen werden.

Ganz wichtig ist das Verständnis dafür, dass jede zielgruppengeleitete Öffentlichkeitsarbeit auch eine Wirkung nach innen in die eigene Organisation hat. Es geht um die persönliche Auseinandersetzung und Identifikation mit der öffentlichkeitswirksamen Botschaft, um die Information jedes einzelnen Mitwirkenden im Verein, dem Projekt oder der Initiative, seien sie hauptoder ehrenamtlich aktiv. Alle Mitarbeiter/innen sollten hier zu Beteiligten gemacht werden, dann sind sie viel mehr bereit und in der Lage, die öffentliche Strahlkraft des Vorhabens mit ihren eigenen Kräften zu unterstützen. Auch die konstruktiv-kritische Begleitung von Maßnahmen der Öffentlichkeitsarbeit durch ausgewählte Fachkolleg/innen oder Projektgruppen kann ab der Planung außerordentlich hilfreich sein. Es gilt zu verstehen, dass „die Öffentlichkeit" stets aus Teilöffentlichkeiten besteht. Und die beginnen bereits einen Arbeitsplatz, besser gesagt: einen Menschen weiter.

Schließlich ist die Beteiligung von interessierten Freiwilligen aus dem eigenen Hause an der Entwicklung von Maßnahmen der Öffentlichkeitsarbeit eine Gelegenheit zur gegenseitigen Unterstützung und zum Kennen lernen der verschiedenen Perspektiven. Erst wenn der sog. „Perspektivwechsel" erreicht und die Empathie oder Einfühlung in die Sicht der Zielgruppe möglich wird, kann Öffentlichkeitsarbeit gelingen.

Freiwillige sind die „Grenzgänger" der Organisation: sie verfallen weniger in Betriebsblindheit, können sich leichter von der Organisationsperspektive frei machen und in die Perspektive von Zielgruppen hinein denken. Öffentlichkeitsarbeit kann daher ein elementares Beteiligungsprojekt für interessierte Freiwillige sein, mehr noch: Freiwillige können für sich kompetenzförderliche Felder erobern und nutzen. In der Bilanz sollten alle von einer gelungenen Öffentlichkeitsarbeit profitieren: die beteiligten Freiwilligen, die für die Öffentlichkeitsarbeit Verantwortlichen, die Organisation insgesamt und die angesprochene Öffentlichkeit.

An diesem Punkt stellt sich Frage, wen die Öffentlichkeitsarbeit erreichen soll. Für das Bürgerschaftliche Engagement sollten in der Regel eine Menge von Zielgruppen erreicht werden. So vielfältig und plural wie die Gesellschaft ist und in ihr verschiedenste Engagementformen und Engagierte existieren, so vielfältig gilt es, Ansprachformen und Botschaften öffentlichkeitswirksam zu gestalten. Das ist auch für die lokale Bürgergesellschaft zutreffend, also die lokal aktiven Menschen, Organisationen und Unterstützer etc. Denn mit der Globalisierung, mit den Einwanderungswellen und der zunehmenden Individualisierung streut die Vielfalt an Menschen in der Gesellschaft immer mehr. Die Herausforderung besteht in der Gestaltung der Öffentlichkeitsarbeit für das Bürgerschaftliche Engagements weniger darin, gezielt bestimmte Gruppen heraus zu filtern. Vielmehr geht es um die Entdeckung des gemeinsamen Nenners, der gemeinsamen Themen und Fragen vieler unterschiedlicher Menschen und Gruppen. Heribert Prantl, Süddeutsche Zeitung, hat das Bürgerschaftliche Engagement als den Sauerstoff einer demokratischen Gesellschaft benannt, den sie folglich benötigt, um zu atmen und lebendig zu sein (Prantl 2009).

Was will Öffentlichkeitsarbeit für das Bürgerschaftliche Engagement erreichen?

Für diejenigen, die selbst aktiv engagiert sind, erscheint es z. T. schwer vorstellbar, dass noch immer eine Menge an negativen Vorstellungen, Bildern und schlicht klischeehaften Zuschreibungen über das Bürgerschaftliche Engagement in der Öffentlichkeit existiert. Sowohl über die „Akteure" (die „wohlsituierten Witwen über 50 Jahre") als auch über die Tätigkeiten („Hilfsjobs", „Springertätigkeit", „Kümmerarbeit") bestehen noch immer wenig zutreffende Beschreibungen, wenngleich das Bild der Engagierten und des dazu gehörigen Feldes in der allgemeinen Presse und den Medien in den letzten Jahren deutlich an Präzision gewonnen hat. Zwei gegenläufige Tendenzen, die nur durch aktive Aufklärung, konkrete Vorstellung von Fakten und Aussagen aus der Praxis auf den richtigen Kurs gebracht werden können. Eine erste Feststellung lautet daher: Je mehr an konkreter Praxis veröffentlicht wird, umso weniger behalten Klischees ihre Bedeutung.

Öffentlichkeitsarbeit dient dem Bekanntheitsgrad und der Transparenz von Bürgerschaftlichem Engagement. Sie soll die Akzeptanz und das Interesse am Bürgerschaftlichen Engagement fördern. Es geht darum, Menschen neugierig auf das Bürgerschaftliche Engagement zu machen, über die Arbeit im Bürgerschaftlichen Engagement zu informieren, den Bekanntheitsgrad des Bürgerschaftlichen Engagements zu erhöhen, Einfluss auf Entwicklungen nehmen zu können und Lobbyarbeit zu machen. Damit sollte auch das Bild vom Bürgerschaftlichen Engagement aktuell und realistisch vermittelt werden. Es kommt darauf an, das Bild und damit das Image des konkreten Bürgerschaftlichen Engagements selbst zu formen und zu gestalten, bevor es andere tun.

Spätestens hier erweist sich der Vorteil einer strategischen, aktiven Gestaltung von Öffentlichkeitsarbeit. Eine Grundhaltung könnte sein, nicht nur abzuwarten, wann ein Interview mit der Presse oder den Massenmedien aus Fernsehen und Radio angeboten wird. Dieser Ansatz für die Öffentlichkeitsarbeit bleibt passiv und ist abhängig von der selektiven Auswahl durch die freie journalistische Berichterstattung. Empfehlenswert ist es daher, ein Gesamtkonzept für die Öffentlichkeitsarbeit zu erstellen. Dies geschieht z. B. durch einen Jahresplan, in dem Events im Bürgerschaftlichen Engagement, ein wiederkehrendes Motto oder eine Themen-Initiative untergebracht werden können. Dadurch kann ein spezifisches Interesse an den konkreten Aufgaben oder Feldern im Bürgerschaftlichen Engagement geweckt werden.

Die PR-Strategie anlegen

Um nun die gewünschte Systematik im Vorgehen für eine strategische Öffentlichkeitsarbeit zu entfalten, wird hier ein Raster hilfreicher Fragen vorgestellt (→ Tab. 2).

Mit diesem Schema wird deutlich, wie sehr eine gut angelegte Öffentlichkeitsarbeit auch ein gut betreutes Projektmanagement bedeutet. In dem Maße, wie diese Fragen beantwortet werden können, nimmt die Vorbereitung auf das konkrete Vorhaben der Öffentlichkeitsarbeit Gestalt an. Das hier vorgestellte Schema erhebt keinen Anspruch auf Vollständigkeit, dazu sind die Projekte und die sie organisierenden Personen zu verschieden. Es versteht sich als Checkliste zur persönlichen Rückversicherung des Verantwortlichen für Öffentlichkeitsarbeit.

Wichtig ist die Erkenntnis, dass für eine gelingende Öffentlichkeitsarbeit die Zusammenarbeit mit anderen Mitarbeitern, mit Verantwortlichen und mit Ideen-Gebern, in der Regel nicht nur nützlich oder notwendig ist, sondern auch sehr anregend. Den inneren „Öffentlichkeitsarbeiter" bei anderen zu wecken, kann nicht nur unterstützend, sondern auch kreativ und beflügelnd wirken. Nicht zu vergessen, dass kommunikative Arbeit die humorvolle Seite des Lebens und Schaffens unterstreicht. Unter diesem Gesichtspunkt sollte auch die Bewertung von paradoxen Ergebnissen der Öffentlichkeitsarbeit verstanden werden.

Zum besseren Verständnis dieser Haltung sei ein Beispiel aus der bürgerschaftlichen Praxis geschildert: ein Verein möchte gezielt junge Männer als Freiwillige ansprechen und schaltet ein Plakatmotiv mit Portraits der Zielgruppe, die darauf in Aktion zu sehen sind. Die Plakat-Kampagne schlägt gut an, es kommen aber überwiegend Frauen, die sich zum einen für das Bürgerschaftliche Engagement interessieren, zum anderen aber fragen, ob denn die hier abgebildeten Männer dort bereits tätig wären. Das augenzwinkernde Fazit zu diesem Ergebnis von Öffentlichkeitsarbeit: Kommunikation misst sich an der Botschaft, die beim Empfänger ankommt und nicht daran, was der Sender meinte.

Tab. 2: PR-Strategie

Schritt	Phase	Fragen
I	Status quo	Um welches Thema geht es? Wie ist die zu beschreibende Situation? Was ist der Anlass für die Öffentlichkeitsarbeit?
II	Ziele	Was soll vermittelt werden? Was soll damit erreicht werden? Welche Wirkung, welcher Eindruck soll vermittelt werden?
III	Zielgruppen	Wer soll erreicht werden? Wie bekannt, vertraut ist die Zielgruppe? Was soll der Zielgruppe vermittelt werden?
IV	Bisherige Öffentlichkeitsarbeit	Welche Erfahrungen liegen bereits vor? Was war gut, was war nicht gut gelaufen? Welche Gründe gibt es für Fortsetzung oder Wiederholung, welche für ein neues Vorgehen?
V	Zeit	Wie viel Zeit steht zur Verfügung? Geht es um schnelle Reaktion oder langfristige Planung? Wer oder was bestimmt das Zeitfenster? Passt die verfügbare Zeit zu den Zielen?
VI	Maßnahmen	Welche Instrumente stehen zur Verfügung? Auf welchen Kommunikationswegen kann die Zielgruppe erreicht werden? Welche Form, welches Format des Vorgehens passt zum (angestrebten/vorhandenen) Image in der Öffentlichkeit?
VII	Geld – Mittel	Welche Kosten entstehen? Welche Budgets stehen zur Verfügung, welche Mittel müssen eingeworben werden? In welcher Zeit? Wie können die Ziele auch mit geringen Mitteln erreicht werden? Wer kann als Unterstützer gewonnen werden? (Gemeinsame Zielsetzung!)
VIII	Team	Wer kann/soll die Organisation unterstützen? Wo sind interne Abstimmungen notwendig: Leitung, Kollegen, andere Teams? Wer kann für ein „Kreativ-Team" gewonnen werden? Wer hat Lust, mitzuarbeiten? (Freiwillige, Interne, Externe)
IX	Verlaufskontrolle	Welche Schritte sind noch unklar, noch offen? Welche Zeitfenster sind einzuhalten, wo besteht noch kein Zeitdruck? Wer kann auf die Entwicklung achten? Wer gibt Feedback zu den bisherigen Schritten, zum Verlauf, zum Eindruck bis hier?
X	Erfolgskriterien	Woran wird der Erfolg gemessen? Wer bzw. was misst den Erfolg? (z. B. Anzahl der Abdrucke, der aktiv Beteiligten, der Presse-Reaktionen) Was wäre der größte Erfolg? Was wäre zufriedenstellend, was wäre ein Flop? Wie wird das Projekt abgeschlossen?

© Carola Schaaf-Derichs, Die PR-Strategie-Fragen, 2009

Wege und Formen der Öffentlichkeitsarbeit im Sektor des Bürgerschaftlichen Engagements

Die Instrumente der Öffentlichkeitsarbeit für das Bürgerschaftliche Engagement unterscheiden sich nicht grundsätzlich von denen anderer Bereiche oder Themenfelder. Hier werden ausgewählte Formen der Öffentlichkeitsarbeit vorgestellt, die mit den Möglichkeiten des Engagement-Sektors arbeiten. Interessanterweise durchlaufen sie das sog. AIDA-Modell, das für die Werbung kennzeichnend und ausschlaggebend ist.

A – Attraction/Anziehungskraft
I – Information
D – Desire/Begehren
A – Action/Handlung, Umsetzung

Das Format der „Freiwilligentage" möge als Beispiel dienen. Ursprünglich wurde dieses Format aus dem Day of Caring von New York Cares abgeleitet. Freiwilligenagenturen und Kommunen sprechen über gängige Formen der Ansprache und Information (Anzeigen, redaktionelle Beiträge in der Presse, Broschüren, Plakate u. ä.) interessierte Menschen in der lokalen Bevölkerung an, um für einen Tag im Jahr (z. B. zweiter Samstag im September) durch praktische Mitarbeit in verschiedene Bereiche des Bürgerschaftlichen Engagements hinein zu schnuppern. Zum Beispiel in Berlin konnten bis zu 100 Mitmach-Gelegenheiten für konkretes Freiwilligenengagement von Vereinen und Initiativen angeboten werden. Interessierte wählen sich ihr Freiwilligentags-Engagement aus und bringen sich im Rahmen einer ergebnisorientierten freiwilligen Arbeit in ca. 2 bis 4 Stunden ein. Bei der anschließenden Auswertung der PR-Instrumente muss nun die klassische Öffentlichkeitsarbeit (Pressearbeit, Druckerzeugnisse, Anzeigen) genauso ausgewertet werden wie die Darbietung und Kommunikation zu den einzelnen Mit-Mach-Gelegenheiten im Bürgerschaftlichen Engagement, die es an diesem Tag zu erleben galt. Insofern spielen die Regeln des Freiwilligenmanagements für die konkrete Aktion genauso eine stilbildende Rolle wie die Regeln der PR. Öffentlichkeitsarbeit für das Bürgerschaftliche Engagement kann also sowohl den Weg der Information der Öffentlichkeit, den der Bewerbung von Freiwilligen (Zielgruppen) und den der Projektvermarktung (Mitmach-Aktionen) nehmen, sie durchläuft das o.g. AIDA-Schema und profitiert von den vielseitigen, sich gegenseitig verstärkenden Möglichkeiten zur Kommunikation.

Bevor es das Spektrum der Instrumente zu beleuchten gilt, sei auf die Wirkweise der Öffentlichkeitsarbeit im Bürgerschaftlichen Engagement hingewiesen. Praxiserfahrungen belegen, dass Menschen auf Öffentlichkeitsarbeit ansprechen und aktiv werden, wenn sie über zwei oder drei unterschiedliche Wege (z. B. Zeitungsbericht, persönliche Empfehlung, Flyer, Internetbesuch) mit einem für sie relevanten Interesse oder Thema erreicht wurden. Offenkundig sind die unterschiedlichen Informationswege ausschlaggebend für die wahrgenommene Glaubwürdigkeit und Relevanz und die Inhalte behalten ihre Bedeutung über längere Zeit. Ein Umstand, der bei der Zusammenstellung der Mittel und Instrumente der Öffentlichkeitsarbeit berücksichtigt werden sollte. Gerade Einrichtungen mit geringen Geldmitteln sollten sich daher auf mittel- und langfristige Wirkungen ihrer Öffentlichkeitsarbeit ausrichten.

Pressearbeit

Nichts geht ohne Pressearbeit, das ist ein Grundsatz aller Öffentlichkeitsarbeit. Der Kontakt zu den lokalen oder den überregionalen Zeitungen und Druckerzeugnissen der Fachpresse ist das Kapital der Öffentlichkeitsarbeit. Die journalistischen Standards, denen wir mit unseren Mitteilungen und Informationen entsprechen sollten, lauten:

- tagesbezogene Aktualität der Informationen und Anlässe,
- Informationsgehalt: kurz, sachlich, prägnant,
- konkrete Ereignisse, Fragen, Ergebnisse etc. benennen,
- die handelnden Menschen in den Mittelpunkt stellen,
- den lokalen Bezug herstellen,
- ausgewählte Hintergrundinformationen und Zusammenhänge einbringen,
- Angaben zur Informationsquelle (Wer ist verantwortlich in Sachen der Presse?),
- Hinweise auf weitere Informationsmöglichkeiten (Interview, Pressekonferenz).

Es ist immer wieder eine Herausforderung, die wichtigsten Informationen im ersten Satz einer *Pressemitteilung* unterzubringen, denn dieser soll aus Gründen der Verständlichkeit nicht länger als zwölf bis fünfzehn Worte sein. Journalist/innen haben den Auftrag, die Bevölkerung über alles zu informieren, was in ihrem regionalen Bereich von öffentlichem Interesse ist. Neben der Tagesaktualität wird vor allem der Adressat „Familie" journalistisch hoch bewertet. Pressearbeit sollte also die Interessen aller Altersgruppen berücksichtigen.

Die *Kontaktaufnahme* mit der Presse sollte persönlich und mit einem aktuellen Aufhänger geschehen. Journalist/innen möchten sich ihr Bild gerne selbst machen können und bevorzugen daher das direkte Gespräch. Die Zusendung von Informationsbroschüren kann danach als Hintergrundmaterial erfolgen. Um Pressemitteilungen zu Veranstaltungen oder Einladungen zu einer Pressekonferenz zu versenden, wird die rechtzeitige Anlage eines *Presseverteilers* notwendig. Neben den persönlichen Kontakten und der Dokumentation von lokaler und Fachpresse empfiehlt sich, hierzu z.B. über den Verlag Zimpel (Postfach 402060, 80720 München) ein Standardnachschlagewerk zu erwerben. Im Falle spontaner Anfragen durch die Presse ist eine *Pressemappe* hilfreich. Sie enthält grundsätzliche Informationen zur Organisation, zu den Verantwortlichen für die Pressearbeit und jüngste

Veröffentlichungen. Zugleich dient sie als solide Grundlage für das Gespräch und kann nach Bedarf weiter bestückt werden.

Printmedien

In den Zeiten der Internetkommunikation ist der Nachrichtenwert von Druckerzeugnissen rapide gesunken. Für die konzeptionelle Entscheidung zu einem Printmedium ist ausschlaggebend, wie lange es seinen Informationsgehalt aktuell behält und ab wann das „Verfallsdatum" zu erwarten ist. Gegen alle Vorhersagen ist die Wirkung der Druckerzeugnisse immer noch eine nachhaltige und langzeitliche. Menschen nehmen wichtige Informationen gerne in gedruckter Form mit sich. Im Folgenden werden die wichtigsten Formen von Printmedien kurz vorgestellt:

- *Das Infoblatt*: auf einer DIN A4 Seite sind Nachrichten von aktueller Bedeutung zusammengestellt, es geht darum, viele Menschen in kurzer Zeit damit zu erreichen, z. B. bei einer Aktion in der Fußgängerzone.

- *Das Faltblatt*: hier werden Informationen aufbereitet, die von längerer Dauer sind. Informationen zur Organisation, das Faltblatt für die erste Beratung zu einem Engagement, Rechtliche Hintergrundinformationen zum Bürgerschaftlichen Engagement u. ä. Das Faltblatt – auch Flyer genannt – hat einen Basistext, der regelmäßig aktualisiert wird.

- *Die Broschüre*: Für umfassende Themen oder Dokumentationen von Fachtagungen eignen sich Broschüren. Sie weisen einen Herstellungstermin aus, der dem Leser zur Einschätzung des Aktualitätsgrades dient. Sie enthalten fachliche Neuerungen oder Diskussions- und Entwicklungsergebnisse, die über das Jahr hinaus weisen. Ein Impressum, fachliche Quellen- und Autorenangaben sind Standard.

- *Das Plakat*: Plakate unterstützen Ereignisse oder Kampagnen als visuell gehaltener Blickfang mit den notwendigsten Informationen. In der Regel ist der Druck weniger teuer als erwartet, aber die Schaltung von Plakaten kann hohe Kosten nach sich ziehen. Netzwerkorganisationen, Verbände u. ä. können davon profitieren, dass sie die Verteilung und das Aufhängen der Plakate mit Hilfe ihrer Mitglieder organisieren. So können Flächen meist kostenlos genutzt werden, da sie der Mitgliedsorganisation gehören. Alternativ empfiehlt sich, die kostenfreie, da gespendete Schaltung auf sog. Freiflächen der Werbebranche anzufragen. Für das Gemeinwohl und zur Förderung des Bürgerschaftlichen Engagements.

Internetportale für das Bürgerschaftliche Engagement

Was das Verfallsdatum für den Flyer ist, ist der Datenfriedhof für die www.Gemeinde. Zwar gibt es inzwischen sehr viele Portale zum Bürgerschaftlichen Engagement, aber welches ist das aktuellste und das passende für unsere Öffentlichkeitsarbeit? Es hängt sehr davon ab, was ich wem vermitteln möchte, um meine Auswahl richtig zu treffen. Wir unterscheiden in:

- *Kommunale Portale*: in der aktuellen Situation sind die Portale der Kommunen und Länder noch sehr divers, was Strukturen und Inhalte zum Bürgerschaftlichen Engagement betrifft. Mittels einer bundesweiten Initiative (www.engagierte-kommunen.de) wird derzeit angestrebt, dass sowohl regionale Identität und Vielfalt als auch Vergleichbarkeit im Service und den Strukturen entstehen soll. Grundsätzlich ist ein kurzer redaktioneller Beitrag mit Foto von den berichtenswerten Ereignissen oder aktuelle Hinweise auf Veranstaltungen die geeignete Form, im kommunalen Portal erwähnt zu werden. Im Gegenteil: die Erfahrung zeigt, dass regelmäßige Beiträge das oft noch geringe Informationsaufkommen eher belebt.

- *Verbandliche Portale*: bieten sich dann an, wenn eine Organisation Mitglied in einem Dachverband ist und darüber die Mitglieder informiert werden. Allerdings ist dies kein Ersatz für die Information der breiten Öffentlichkeit. Vielmehr eignet sich das Verbandsportal besonders für fachliche und die Organisation betreffende Nachrichten und Diskussionen.

- *Überregionale Engagementportale*: können am ehesten mit der „Broschüre" aus dem oben genannten Printmedienbereich verglichen werden. Welche meiner Nachrichten haben überregionalen Charakter und Adressaten? Z.B. Studien, Tagungsreader, Fachdiskussionen erscheinen hierfür am geeignetsten.

- *Netzwerkportale*: wer sich als Netzwerk zusammenschließt im Bürgerschaftlichen Engagement, verfolgt gemeinsame Interessen und Ziele. Ob das Bundesnetzwerk Bürgerschaftliches Engagement oder Landesnetzwerke zum Bürgerschaftlichen Engagement, hier ist das Informationsbedürfnis unter den Mitgliedern sehr groß, hier wird ein Fachdiskurs geführt sowie die Engagementpolitik verfolgt und kommentiert.

- *Eigene Portale*: je spezifischer die Ansprache bzw. die Zielgruppe(n), umso wichtiger wird eine eigens auf sie zugeschnittene Präsenz im Internet. Nur so kann gewährleistet werden, dass ein spezifisches Informationsinteresse zum Bürgerschaftlichen Engagement durch entsprechende Links oder Hypertext auf der eigenen Homepage oder dem Portal landet. Die Internetwelt ist inzwischen eine so selbstverständliche Informationsquelle, dass sie für jede Art von Öffentlichkeitsarbeit zwingend notwendig ist. Neben der technischen Funktion und der Positionierung auf Suchmaschinen sind Struktur, Design und Inhalte sehr stilprägend. Die Bindung des Users geschieht über Elemente, mit denen er sich als Informationssuchender schnell und gut zufrieden gestellt sieht oder mit denen er sich persönlich identifiziert. Form und Inhalt bedingen einander. Die Zielgruppe und ihre subkulturellen Werte geben hier die Richtung für die Öffentlichkeitsarbeit an.

Television, Spots, Videos und Co.

Die Kraft des bewegten Bildes ist auch für die Öffentlichkeitsarbeit im Bürgerschaftlichen Engagement eine Eröffnung neuer Horizonte. Bei Fernsehaufzeichnungen ist es derzeit noch relativ schwer, über das Format der Reportage hinaus zu kommen. Dank der Kooperation mit den öffentlich-rechtlichen Sendeanstalten konnte z.B. die jährliche Aktionswoche des Bundesnetzwerkes Bürgerschaftliches Engagement neue Akzente setzen und Spots zum Bürgerschaftlichen Engagement im Fernsehen unterbringen. Aber das ist noch kein Regelfall.

Daneben gibt es die Vielfalt des „Selbstgemachten" im Internet zusehen. Der Grad an Professionalität ist sehr unterschiedlich. Eigene Spots bzw. selbst gemachte Videos können wunderbare Geschichten vom Bürgerschaftlichen Engagement erzählen. Ob es um große Ereignisse wie „Freiwilligenbörsen" oder sog. „Marktplätze" handelt, ob es sich um die Vorstellung bestimmter Einrichtungstypen wie Seniorenbüros, Stadtteilzentren oder Freiwilligenagenturen dreht, ein Videofilm gibt die notwendige Zeit und Muße, um Interessierte hinter die Kulissen schauen zu lassen. Zunehmend mehr dieser selbst erstellten Videos sind unter www.youTube.de zu sehen, was die Breitenwirkung zwar erhöht hat, nicht aber die Bandbreite der verfügbaren Themen oder Aufhänger. So gesehen verfügt das Fernsehen über eine völlig andere Klasse von Öffentlichkeit. In einigen Regionalsendern hat das Bürgerschaftliche Engagement inzwischen einen festen Sendeplatz. Die Experten streiten, ob dadurch nicht ein „Sendeghetto" entstehen könnte. Dies möge der mündige Zuschauer und kritische Öffentlichkeitsarbeiter selbst entscheiden. Aber wir dürfen die Kraft der bewegten Bilder in keinem Falle unterschätzen!

Fotografie

Auch wenn sie nicht bewegt ist, so bleibt doch die Zauberkraft der visuellen Kommunikation das große Pfund der Fotografie, die in den meisten Fällen zw. 70 bis 80% unserer Aufmerksamkeit bindet. Übrig bleiben daher nur noch 20 bis 30% für die inhaltlichen Mitteilungen. Nutzen wir daher diese Faszination und bauen Bilder, Momentaufnahmen und erlebbare Situationen durch Fotos in unsere Öffentlichkeitsarbeit optimal ein. Hier ein paar Empfehlungen zur Umsetzung:

- Das „*Foto-Book*": Bereits zu günstigen Preisen können viele einzelne gute Fotografien als „Buch" thematisch zusammengestellt und gebunden präsentiert und weiter gegeben werden. Dadurch entstehen visuelle Eindrücke, die der Betrachter als ästhetisch, beeindruckend oder z.B. überraschend in sich aufnehmen kann. Können Geschichten aus dem Bürgerschaftlichen Engagement besser erzählt werden als über ihre faszinierenden Bilder?

- *Ausstellungen*: Gute Fotos in Rahmen gebracht erzeugen den Galerie-Effekt. Wenn wir jetzt noch kahle, weiße Wände finden, um sie stilvoll in Szene zu setzen, ist die Ausstellung schon perfekt. Portraits von Freiwilligen, Szenen des Still-Lebens aus dem Engagement: sie alle fordern förmlich zu dieser intensiven Präsentationsform auf. Übrigens: als Leih- oder Wander-Ausstellung können wir auch bei anderen Organisationen die Faszination des Bürgerschaftlichen Engagements versprühen.
- *Kalender*: eine andere Form des Jahresbegleiters ist der Engagement-Kalender. Ein Foto für jeden Monat und das Jahr kann engagiert begleitet werden. Der Übergang zu einem Instrument der Anerkennung für Bürgerschaftliches Engagement ist hier noch näher.

Fazit: es lohnt sich, die Aktionen, Treffen und das erlebbare Bürgerschaftliche Engagement mit einem Fotografen zu begleiten, sei es für die Präsentation im Internet oder als eines der genannten Foto-Instrumente für eine inspirierende Öffentlichkeitsarbeit.

Kampagnen und Messen für das Bürgerschaftliche Engagement

Im Jahr 1999 wurde in Hamburg die erste „*Freiwilligenbörse*" durchgeführt. Ein Format zur Präsentation der Gelegenheiten im Engagement, das an eine Messe erinnert. An einem zentralen, prominenten Ort werden von einer Vielzahl von Ausstellern, also Vereinen und Organisationen des Bürgerschaftlichen Engagements, die Möglichkeiten zum Engagement für die interessierten Bürgerinnen und Bürger an professionell gestalteten Ständen angeboten. Information und persönliche Beratung, verschiedene Serviceleistungen wie Kinderbetreuung, Catering, Animation und Entspannung auf der Börse runden das Angebot ab. Die Freiwilligenbörse wird von klassischer Pressearbeit, Anzeigenschaltung und Plakatierung begleitet. Der Erfolg ließ bisher nicht auf sich warten und hat dieses Format zu einem Renner gemacht. Die Besucherzahlen rangieren mindestens im vierstelligen Bereich, die Rückmeldungen von Ausstellern und Besuchern sind ebenfalls nur ermutigend. Nicht erwünscht ist die reine Selbstdarstellung der beteiligten Vereine und Organisationen. Die Engagementangebote stehen im Mittelpunkt.

Der erste *Freiwilligentag* wurde 2001 in Berlin durchgeführt. Angeregt von einem Besuch von „New York Cares" in Berlin ging es darum, an einem Tag die ganze Stadt auf die engagierten Beine zu bekommen. Als Attraktionen sind die sog. Mit-Mach-Aktionen für diesen Tag von (in Berlin z. B. bis zu 100) beteiligten Vereinen und Organisationen vorzubereiten. Über ein Anmeldeportal werden die Angebote eingeworben und präsentiert, begleitet von klassischer Pressearbeit, Anzeigen, Broschüren und Plakaten. Stilbildend für die vielfältige Freiwilligenkultur, die so zum Ausdruck gebracht wird, kommen auch Pins und T-Shirts zum Einsatz, die dem gesamten Ereignis eine identifikatorische Klammer geben. So hat sich auch dieses

Format bundesweit ausgedehnt und wird überwiegend im frühen Herbst von über 100 Freiwilligenagenturen in den jeweiligen Kommunen oder Regionen organisiert und angeboten.

Fazit: Kampagnen sind generell aufwändig und benötigen nicht nur umfangreiche personelle Ressourcen, sondern auch ein größeres Budget. Je nach den Voraussetzungen können neben öffentlichen auch unternehmerische Unterstützungsleistungen eingeworben werden, denn dies sind Praxisprojekte im Bürgerschaftlichen Engagement mit hohem PR-Wert. Ein wunderbarer Nebeneffekt ist die Netzwerkbildung durch die Zusammenarbeit so vieler unterschiedlicher Organisationen. Es ist kein Zufall, dass diese Kernkompetenz die Freiwilligenagenturen in die Veranstalterrolle gebracht hat. Der Erfolg in Sachen Öffentlichkeitsarbeit, Profilbildung sowie die anstiftende Wirkung sprechen dafür, dass sich der Aufwand mehr als lohnt.

Events im Bürgerschaftlichen Engagement

Was wäre das soziale Leben der Akteure im Bürgerschaftlichen Engagement ohne Empfänge, Galas, Soirées und get-together-parties? Ein ganz bestimmtes Stückchen reizloser. Sehen und gesehen werden, reden und gehört werden, zusammenkommen und sich wiedersehen: dies sind neben der Pflicht und dem Arbeitseifer des Alltages die Kür-Anteile im bürgerschaftlichen Zusammenleben. Die sozialen Mechanismen einer großen Gemeinschaft benötigen genauso Pflege wie die Beziehungen der einzelnen ihrer Mitglieder untereinander. Diese Rituale benötigen Gelegenheiten, die es zu schaffen gilt. Hier ist schon vieles passiert, was neidlos den Vergleich mit den amerikanischen networking-parties aufnehmen kann. Auf alle Fälle spricht ein lebendiger Event-Kalender für eine aktive Anerkennungskultur des Bürgerschaftlichen Engagements. Auch hier gilt, dass Unternehmen und Stiftungen als Unterstützer, die Kommunen als Ermöglicher angesprochen und eingebunden werden sollten. Das schafft eine weitere Aufwertung des Ereignisses und zusätzliche Imagepunkte für die öffentlichkeitswirksame Berichterstattung danach.

Wettbewerbe und Preise im Bürgerschaftlichen Engagement

Wettbewerbe gibt es inzwischen zahlreich im Feld des Bürgerschaftlichen Engagements, und es fehlt ihnen nicht an Teilnehmern. Das bedeutet, dass viele engagierte Organisationen und Personen danach streben, aus der Menge an Mitbewerbern durch einen Preisgewinn herausgehoben und öffentlich anerkannt zu werden. Diese Anerkennungskultur fällt zu einem Teil auf die auslobende Einrichtung glanzvoll zurück, denn sie kürt die Sieger und verleiht sich damit öffentliches Ansehen. Ein Wettbewerb muss dennoch gut überlegt sein als Mittel zur Öffentlichkeitsarbeit, denn hier ist ein Flop besonders unangenehm. Die Bewerbungs- und Auswahl-Kriterien, begleitende Jurys und Laudatoren, der attraktive Veranstaltungsort, um nur einige der notwendigen Ingredienzen für einen funktionierenden Wettbewerb zu nennen, sind nicht nur aufwändig in der Akquise, sondern gleichsam ein glattes Parkett für Neueinsteiger. Umso prestigeträchtiger fällt dann ein erfolgreich umgesetzter Wettbewerb aus. Wettbewerbe sind die Highlights des öffentlichen Lebens der Engagement-Gemeinde und können nachhaltig mit umfassender Öffentlichkeitsarbeit vor- und nachbereitet werden.

Literatur

Bundesministerium für Familie, Senioren, Frauen und Jugend (Hrsg.) 2009: Handbuch der Öffentlichkeitsarbeit für das Programm „Alter schafft Neues". Familie Redlich. erscheint voraussichtlich 2009.

Institut für sozialwissenschaftliche Analysen und Beratung (ISAB) (Hrsg.) 2005: PR-Handbuch zur Öffentlichkeitsarbeit für das Engagement von SeniorTrainerinnen, ISAB-Berichte aus Forschung und Praxis. Nr. 92.

Michelsen, Gerd/Jasmin Godemann (Hrsg.) 2005: Handbuch Nachhaltigkeitskommunikation. Grundlagen und Praxis. München.

Pleiner, Günter/Britta Heblich 2009: Lehrbuch der Pressearbeit. Grundlagen und Praxismethoden für die soziale Arbeit. Weinheim und München.

Prantl, Heribert 2009: Bürgerschaftliches Engagement – was die Gesellschaft braucht: Anreger, Anstifter, Aufreger. In: ARD-Generalsekretariat/Bundesnetzwerk Bürgerschaftliches Engagement (Hrsg.): Bürgerschaftliches Engagement im Spiegel der Medien. Von den Helden des Alltags bis zur gesellschaftspolitischen Diskussion. Berlin: 8–13.

6. Forschung zum bürgerschaftlichen Engagement

Thomas Gensicke

Freiwilligensurvey

Ursprünge des Freiwilligensurveys

Die *Bürger- und Zivilgesellschaft* rückte in Deutschland seit den 1990er Jahren verstärkt in den Blick der Öffentlichkeit, aber erst seit 1999 besitzen wir in Form des Freiwilligensurveys (Ehrenamt, Freiwilligenarbeit und Bürgerschaftliches Engagement), detaillierte, verallgemeinerbare und belastbare Informationen zu diesem Thema. Der Freiwilligensurvey ist ein *öffentliches Informationssystem*, das bundes- und landesweite sowie regionale Informationen über die verschiedenen Formen des freiwilligen Engagements[1] von Bürgerinnen und Bürgern in Deutschland zur Verfügung stellt. Umfang, Qualität und Leistungen des Engagements werden ebenso erfasst wie Bedürfnisse engagierter Bürgerinnen und Bürger nach öffentlicher Unterstützung und Verbesserung der Rahmenbedingungen des Engagements. Basis dieses Informationssystems sind repräsentative, telefonisch durchgeführte *Bevölkerungsbefragungen*, 1999 und 2004 bei jeweils ca. 15.000 zufällig ausgewählten Befragten. Im Jahr 2009 werden innerhalb der regulären Stichprobe des Freiwilligensurveys ca. 17.000 Menschen befragt werden. Darüber hinaus könnte es zu einer deutlichen Erweiterung der Stichprobe auf Länder- und Kommunalebene kommen.

Den ersten Anstoß für einen „Ehrenamtsurvey", wie er zunächst hieß, gab eine Große Anfrage der Bundestagsfraktionen der CDU/CSU und der FDP an die Bundesregierung aus dem Jahre 1996, die folgendermaßen beantwortet wurde: „Die Recherchen im Rahmen der Beantwortung der Großen Anfrage ergaben, dass systematische, alle Bereiche der ehrenamtlichen Tätigkeit und das ganze soziale Spektrum der ehrenamtlichen Tätigkeit ab deckende Untersuchungen derzeit nicht vorliegen" (Bundesministerium für Familie, Senioren, Frauen und Jugend 1996: 2). Das war ein deutliches Signal für die Notwendigkeit eines Freiwilligensurveys. Es erfolgte eine öf-

---

1 Der allgemeine „Querschnittsbegriff" des Freiwilligensurveys ist das „freiwillige Engagement", vor allem um einen einheitlichen wissenschaftlichen Sprachgebrauch zu gewährleisten. Immerhin stufen sich im Survey auch die meisten Engagierten als Freiwillige ein. Auch die internationale Anschlussfähigkeit dieses Begriffes ist wichtig (vgl. das englische „Volunteering"). Der Begriff „bürgerschaftliches Engagement" wird vor allem in der Politik verwendet, um den Gemeinwohlbezug des Bürgerengagements zu betonen. In der unmittelbaren Alltagspraxis scheint jedoch weiterhin der Begriff des „Ehrenamtes" bzw. der „ehrenamtlichen Tätigkeit" zu dominieren.

fentliche Ausschreibung, die der Projektverbund „Freiwilligensurvey"[2] für sich entscheiden konnte. Mit der Wiederauflage des Surveys im Jahr 2004 begann in Deutschland die *repräsentative Dauerbeobachtung* der Bürger- und Zivilgesellschaft. Beide repräsentativen Bevölkerungsbefragungen wurden durch TNS Infratest Sozialforschung durchgeführt, das im Jahre 2009 den nunmehr dritten Freiwilligensurvey erheben und auswerten wird.

Ein neues Verständnis „freiwilligen Engagements"

Grundlage des Freiwilligensurvey ist ein erweiterter Engagementbegriff, der über die Vorstellung des herkömmlichen „Ehrenamtes" hinausgeht. Dieser Begriff berücksichtigt, dass das Feld des freiwilligen Engagements äußerst vielfältig und in den letzten Jahrzehnten unübersichtlicher geworden ist: Sportliches und kulturelles Engagement wird ebenso erfasst werden wie verantwortliche Tätigkeiten in Kindergarten und Schule, im Umwelt- und Naturschutz, bei der Vertretung von politischen und beruflichen Interessen. Weiterhin geht es um Engagement für soziale und gesundheitliche Belange, im kirchlich-religiösen Bereich, im Umfeld von Kriminalitäts- und Justizangelegenheiten bis hin zur Freiwilligen Feuerwehr, den Rettungsdiensten sowie um lokales Bürgerengagement (→ Abbildung 1). Außerdem werden neben den klassischen Organisationsformen und Institutionen Verein, Verband, Partei, Gewerkschaft und Kirche auch lockere Strukturen einbezogen wie Gruppen, Initiativen und Projekte sowie das Engagement in öffentlichen Einrichtungen.

Wenn Menschen wie in herkömmlichen Befragungen unmittelbar auf „unentgeltliches Ehrenamt" oder auch auf „unbezahlte Arbeit" angesprochen werden, denken sie zuerst an *soziale Hilfen* oder *politisches Engagement*. Dieses populäre Verständnis ist jedoch eine Verengung dessen, was eine moderne Bürger- und Zivilgesellschaft ausmacht. Wie der Survey zeigen konnte, erfolgt die bürgerschaftliche Mitgestaltung der Gesellschaft und die freiwillige Investition von Zeit und Energie in größerem Umfang in den vielen Sport-, Kultur- und Geselligkeitsvereinen sowie in anderen Zusammenhängen, ohne dass damit ein (im strengen Sinne) politischer und sozialer Anspruch verbunden wäre. Der Freiwilligensurvey stuft (ohne die besondere Bedeutung des sozialen und politischen Engagements zu verkennen) den *vorpolitischen* Raum sowie Tätigkeitsformen, die nicht primär auf die Unterstützung benachteiligter „Klienten" ausgerichtet sind, sogar als „Rückgrat" der Zivilgesellschaft ein (Gensicke/Olk 2009).

---

2 Der Projektverbund hieß ursprünglich „Projektverbund Ehrenamt" und benannte sich im Laufe der Projektarbeit parallel zur Umbenennung des „Ehrenamtsurveys" in „Projektverbund Freiwilligensurvey" um. Ihm gehörten das Institut ISAB Köln an, das IES Hannover, das Forschungsinstitut für öffentliche Verwaltung Speyer sowie – federführend – TNS Infratest Sozialforschung.

Abb. 1: Bereichszuordnung freiwilliger Tätigkeiten (2004)
Alle freiwilligen Tätigkeiten (Angaben in %)

Segment	%
(1) Sport und Bewegung	20%
(2) Schule/Kindergarten	13%
(3) Kirche und Religion	10%
(4) Sozialer Bereich	10%
(5) Kultur/Musik	10%
(6) Freizeit und Geselligkeit	9%
(7) Politik/Interessen	5%
(8) Unfall-/Rettungsdienst	5%
(9) Umwelt/Natur/Tiere	4%
(10) Jugend/Bildung	4%
(11) Beruf/Interessen	4%
(12) Lokales Bürgerengagement	3%
(13) Gesundheit	2%
(14) Justiz/Kriminalität	1%

Quelle: Freiwilligensurveys 1999 und 2004 — tns infratest Sozialforschung

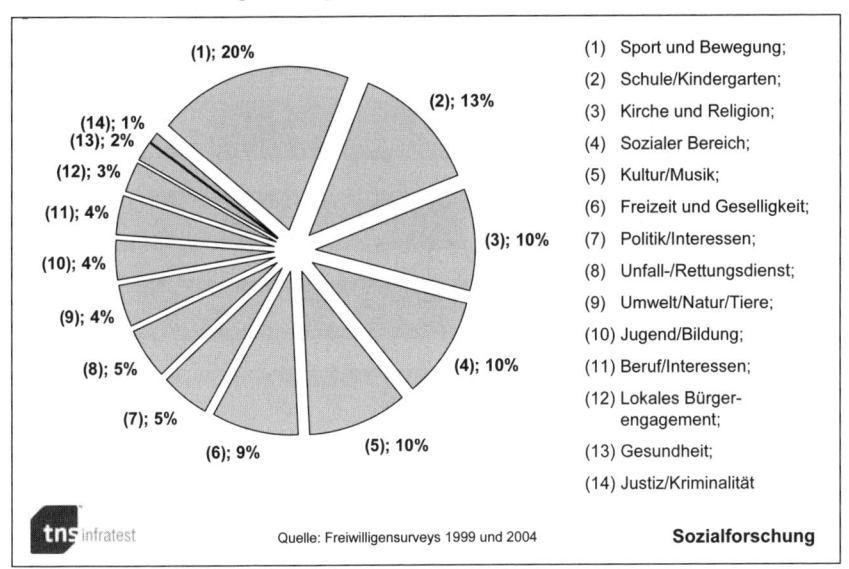

Ohne eine mit der unmittelbaren Lebenswelt vieler Menschen in den Städten und vor allem auf dem Lande eng verbundene Struktur fehlte der Zivilgesellschaft in Deutschland ihre *flächendeckende* und *sozialstrukturell breit gestreute* Präsenz. Auf diese Weise werden große Teile der Bevölkerung in die Zivilgesellschaft einbezogen, können Freiwillige je nach Motivation und Umfeld „mit ihren Aufgaben wachsen". Hier wird zumeist im Kleinen und unspektakulär Verantwortung übernommen und Mitgestaltung geübt. Es entwickelt sich *soziale Integration* der verschiedensten Bevölkerungsgruppen; von Jüngeren und Älteren, von Männern und Frauen, von einfachen und gehobenen sozialen Schichten, von Einheimischen und von Zugewanderten. Unmittelbar politische Motivation spielt zwar auch eine Rolle, steht aber hinter einem gesellschaftlichen Gestaltungsanspruch allgemeiner Art zurück[3] (→ Abbildung 2). Mit dem Bedeutungsverlust der Parteipolitik und der zunehmenden Distanz vieler Menschen gegenüber großen Organisationen und Institutionen wird diese flächendeckende Verankerung der Zivilgesellschaft in der Lebenswelt der Menschen und deren gesellschaftliche Integrationsfunktion immer wichtiger (Gensicke/Geiss 2006).

---

[3] Ebenso wie ein erweiterter Engagementbegriff ist somit auch ein *erweiterter Politikbegriff* nötig, um diesen Gestaltungsanspruch der Bürgerinnen und Bürger angemessen zu würdigen.

Abb. 2: Gründe für das freiwillige Engagement
Alle Freiwilligen (Angaben in %)

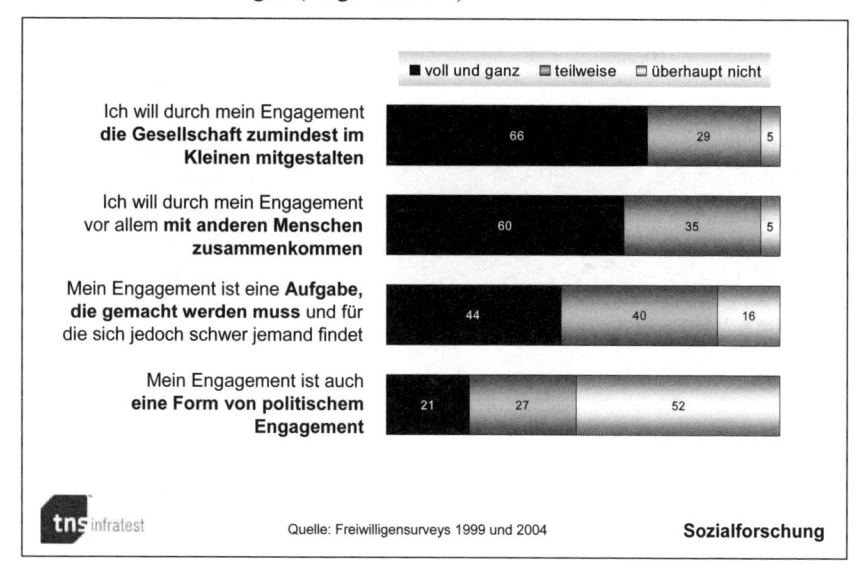

	voll und ganz	teilweise	überhaupt nicht
Ich will durch mein Engagement **die Gesellschaft zumindest im Kleinen mitgestalten**	66	29	5
Ich will durch mein Engagement vor allem **mit anderen Menschen zusammenkommen**	60	35	5
Mein Engagement ist eine **Aufgabe, die gemacht werden muss** und für die sich jedoch schwer jemand findet	44	40	16
Mein Engagement ist auch **eine Form von politischem Engagement**	21	27	52

tns infratest   Quelle: Freiwilligensurveys 1999 und 2004   **Sozialforschung**

Methodische Umsetzung des erweiterten Engagementbegriffs

Der Freiwilligensurvey wird dem erweiterten Engagementbegriff und den Notwendigkeiten einer umfassenden Erhebung des freiwilligen Engagements durch verschiedene Verfahren gerecht. Kern der Methodik ist ein kompliziertes, *mehrstufiges Messverfahren*. Der Fragebogen des Freiwilligensurveys nähert sich, ausgehend von einem weiten Ausgangsfilter, systematisch verengend dem Bereich des Freiwilligenengagements an. Auf der ersten Erfassungsstufe wird mittels eines Filters zunächst eingegrenzt, ob sich Befragte überhaupt im Einzugsbereich der „Infrastruktur der Zivilgesellschaft" bewegen.[4] Dieses relativ weite Filterkriterium ist als „teilnehmende Aktivität" definiert bzw. als „Gemeinschaftsaktivität" (jeweils außerhalb des Bereichs privater oder beruflicher Zwecke). Nur wer innerhalb der Bandbreite von 14 öffentlichen Bereichen entsprechende Aktivitäten angibt, wird in der zweiten Filterstufe nach der Ausübung einer oder mehre-

---

4 Die Zugehörigkeit zu jener *organisierten* „Infrastruktur der Zivilgesellschaft" (vgl. zu diesem Begriff van Deth 2004b sowie Pollack 2004) bzw. die Nutzung von deren Angeboten ist ein notwendiges, aber nicht hinreichendes Kriterium dessen, was der Freiwilligensurvey als „freiwilliges Engagement" einstuft. Außerdem ist das „informelle Engagement" in Form von Nachbarschaftshilfe, von familiären und freundschaftlichen Unterstützungsnetzwerken usw. nur am Rande Gegenstand des Freiwilligensurveys.

rer freiwilliger bzw. ehrenamtlicher Tätigkeiten befragt. Die technischen Möglichkeiten der CATI-Programmierung[5] sind dabei eine wichtige Hilfe. Zweistufigkeit des Verfahrens bedeutet also, dass der Freiwilligensurvey nicht wie herkömmliche Befragungen „mit der Tür ins Haus fällt" und geradeheraus fragt: „Wie oft im Monat sind Sie ehrenamtlich tätig bzw. leisten sie unbezahlte Arbeit"? Diese unmittelbare Ansprache würde es dem Zufall überlassen, was Befragte darunter verstehen. Sie hätten außerdem nicht die Möglichkeit, sich an *weniger häufige Aktivitäten* zu erinnern, die ja zum freiwilligen Engagement dazugehören. Abbildung 3 zeigt anhand des schematisierten Befragungsablaufs, wie im Survey der Bereich des eigentlichen freiwilligen Engagements Schritt für Schritt eingegrenzt wird. Dieser Ablauf, der den Befragten die ganze Bandbreite des Spektrums freiwilligen Engagements vorführt, dient auch der Orientierung und vermittelt die nötigen Informationen, damit schließlich geklärt werden kann, ob entsprechende Tätigkeiten ausgeübt werden oder nicht.[6]

Abb. 3: Freiwilligensurvey: Erfassung des Engagements

Block A:

A 1 Sind Sie irgendwo aktiv ....
 im Bereich (1) usw. bis Bereich (14)?

 Wenn in keinem Bereich ⇨ ENDE BLOCK A
 Wenn in mindestens 1 der Bereiche „Ja":

A 2/3 „Schwellenfrage" für den jeweiligen Bereich:
 Haben Sie dort Aufgaben oder Arbeiten übernommen ....?

 Wenn nein: Sprung zum nächsten Bereich oder ggf. ENDE BLOCK A
 Wenn ja:
 (a) In welcher Gruppe, Organisation oder Einrichtung?
  Name / Stichwort (offene Angabe)
 (b) Und was machen Sie dort konkret?
  Aufgabe / Arbeiten (offene Angabe)
 (c) Gibt es noch eine andere Gruppe, Organisation oder Einrichtung in diesem Bereich X, in der Sie Aufgaben/Arbeiten übernommen haben, die Sie freiwillig oder ehrenamtlich ausüben?
 Wenn ja: Zusatzfragen (a) und (b) wie oben
 Wenn nein: Sprung zum nächsten Bereich oder ggf. zu Block B

tns infratest   **Sozialforschung**

---

5 CATI bedeutet „Computer-Assisted Telephone Interviewing"
6 Große Teile des Fragebogens der Freiwilligensurveys, die auch 2009 die Basis des dritten Surveys bilden werden, gehen auf *Bernhard von Rosenbladt* zurück, der auch die Erstberichterstattung des Freiwilligensurveys 1999 verantwortete (vgl. Rosenbladt 2001). Er konnte sich dabei auf den Fragebogen des Wertesurveys 1997 (Wertewandel und Bürgerschaftliches Engagement) stützen, ein für das Thema richtungsweisendes Forschungsprojekt und eine repräsentative Bevölkerungsbefragung, die *Helmut Klages* und der Autor dieses Beitrages 1995 bis 1999 im Auftrag der Thyssen Stiftung und der Bosch Stiftung durchgeführt hatten. Befragungsinstitut war bereits damals TNS Infratest. Vgl. Klages/Gensicke 1998, Gensicke 2000.

Neu und aufwändig war die Idee des Freiwilligensurveys, die Eigenart und Anbindung aller ermittelten freiwilligen Tätigkeiten *wörtlich* durch die Interviewer zu erfassen. Daraus ergibt sich ein hoher Grad an Konkretion und es eröffnen sich weitgehende *Kontrollmöglichkeiten*. Außerdem wird dadurch gesichert, dass wie angestrebt *aktuelles* Engagement erfasst wird und nicht etwa frühere Tätigkeiten oder das vage Gefühl, irgendwie engagiert zu sein. Im Rahmen jeder Welle des Freiwilligensurveys werden Tausende offen erfasste Tätigkeitsangaben auf ihre Validität geprüft. Die „Rohquote" des freiwilligen Engagements reduzierte sich dadurch bei der ersten Welle des Surveys von 36 % auf eine validierte Quote von 34 %.

Über die Ermittlung des Umfangs der Beteiligung von Bürgerinnen und Bürger am freiwilligen Engagement hinaus beschäftigt sich der Freiwilligensurvey erstmals in bundes- und landesweit repräsentativer Form mit einer ganzen Reihe konkreter Fragen, die für Politik und Organisationen von großer Wichtigkeit sind. In welcher Form und in welcher Höhe erhalten Freiwillige Entschädigungen oder Entgelte im Zusammenhang mit ihrem Engagement? In welchem Wechselverhältnis steht das Engagement zur Berufsarbeit und zum Arbeitsmarkt? (Beides wird heute unter dem Stichwort der „Monetarisierung"[7] des Engagements diskutiert.) Welches Zeitbudget wenden die Freiwilligen unter der Woche und verteilt über Tages- und Nachtzeiten für ihr Engagement auf? Welche Tätigkeitsinhalte sind für Freiwillige typisch und welchen Anforderungen müssen sie dabei gerecht werden? Gibt es Weiterbildungsmöglichkeiten und wie können diese wahrgenommen werden? Welchen Verbesserungsbedarf sehen Freiwillige bei den Rahmenbedingungen für freiwilliges Engagement in den Organisationen, Einrichtungen und Institutionen bzw. seitens der Politik und der Öffentlichkeit?

Von der „Krise des Ehrenamtes" zur Förderung des freiwilligen Engagements

Ein wichtiger Erfolg des Freiwilligensurveys bestand darin, dass sich in Deutschland aufgrund der nunmehr gesicherten und ansehnlichen Zahlen[8] (→ Abbildung 4) zum Umfang des freiwilligen Engagements der Tenor der öffentlichen Debatte über die Zivilgesellschaft veränderte. Mit der Zeit wurde weniger über eine „Krise des Ehrenamts" geredet und eine positive Diskussionslinie eröffnet, der es vor allem um die *Verbesserung der Rah-*

---

7 Vgl. hierzu ausführlich Farago/Ammann 2006 und den dortigen Beitrag von Gensicke und Geiss auf Basis des Freiwilligensurveys.
8 1995 wurde aufgrund einer (methodisch eher zweifelhaften) internationalen Umfrage die Behauptung aufgestellt, in Deutschland würden sich nur 18 % der Bevölkerung freiwillig engagieren (Gaskin, Smith, Paulwitz 1996). Inzwischen zeigen alle neueren Umfragen, dass sich das Engagement in Deutschland auf einem guten Niveau in der oberen Mitte der entwickelten Länder bewegt. Van Deth 2004a und b, Gabriel 2004. European Commission 2007.

Abb. 4: Umfang der Gemeinschaftsaktivität und des freiwilligen Engagements, Bevölkerung ab 14 Jahren (Angeben in %)

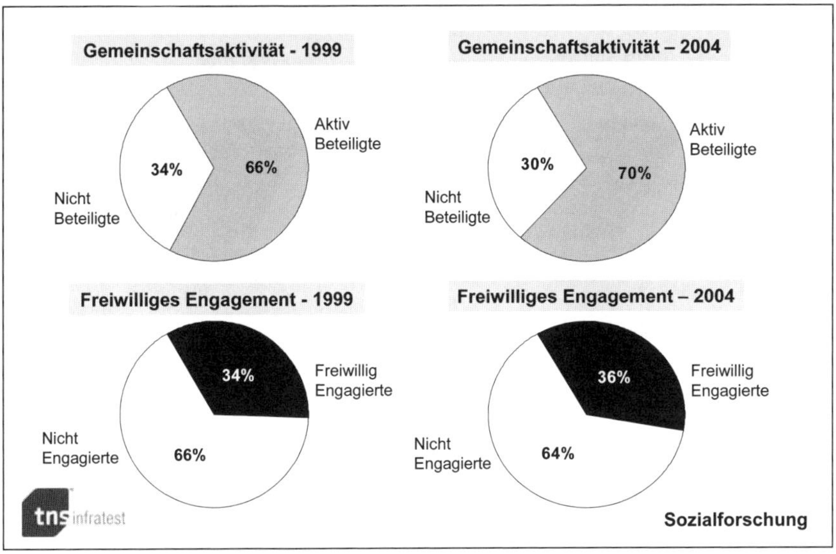

Gemeinschaftsaktivität - 1999: Nicht Beteiligte 34%, Aktiv Beteiligte 66%
Gemeinschaftsaktivität – 2004: Nicht Beteiligte 30%, Aktiv Beteiligte 70%
Freiwilliges Engagement - 1999: Nicht Engagierte 66%, Freiwillig Engagierte 34%
Freiwilliges Engagement – 2004: Nicht Engagierte 64%, Freiwillig Engagierte 36%

tns infratest Sozialforschung

menbedingungen für freiwilliges Engagement ging. Die Tatsache, dass der Freiwilligensurvey Deutschland sowohl eine lebendige Zivilgesellschaft bescheinigte als auch ein großes Potenzial zu deren Erweiterung und Vertiefung (→ Abbildung 5), führte zu neuen Fragen: Wird dieses ausgeprägte Engagement auch in Zukunft unter den Bedingungen sozialer Reformen und des demografischen Wandels erhalten bleiben? Gibt es genügend Nachwuchs in allen Altersgruppen und sozialen Schichten? Warum wird das hohe Engagementpotenzial bei nicht Engagierten so wenig abgerufen? Unter welchen Bedingungen, mit welchen Angeboten wäre das möglich?

Eine große politische Unterstützung für die Zivilgesellschaft in Deutschland war die Enquête-Kommission des Bundestags „Zukunft des bürgerschaftlichen Engagements" (Enquête-Kommission 2002), die die neue Denkrichtung zu ihrer Leitlinie erhob und darin durch den Freiwilligensurvey gestärkt wurde. Ein Unterausschuss des Bundestags beschäftigt sich inzwischen dauerhaft mit dem bürgerschaftlichen Engagement. Der Projektverbund stand mit der Enquête-Kommission in einem produktiven Austausch über die Ergebnisse und vor allem über die Konsequenzen des Freiwilligensurveys. Unter großen Anstrengungen konnte das Projekt des Freiwilligensurveys über die Regierungswechsel hinweg gesichert werden und damit die langfristig angelegte Beobachtung der Bürger- und Zivilgesellschaft in Deutschland. Das war eine besondere Leistung von *Martin Schenkel*, erst Leiter des Sekretariats der Enquête-Kommission, dann im BMFSFJ (neben anderen Aufgaben im Bereich der Engagementförderung) zuständig für den Survey.

Abb. 5: Freiwilliges Engagement und Bereitschaft zum freiwilligen Engagement, Bevölkerung ab 14 Jahren (Angaben in %)

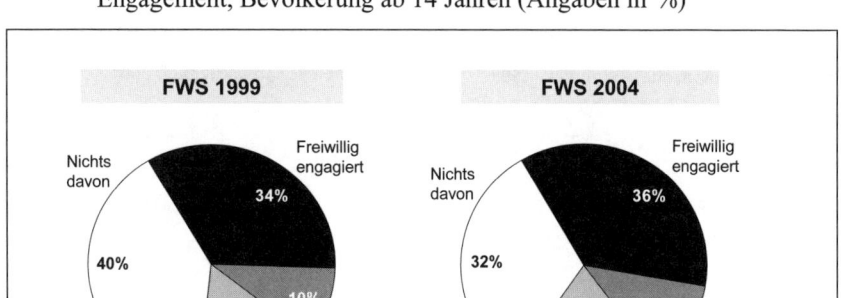

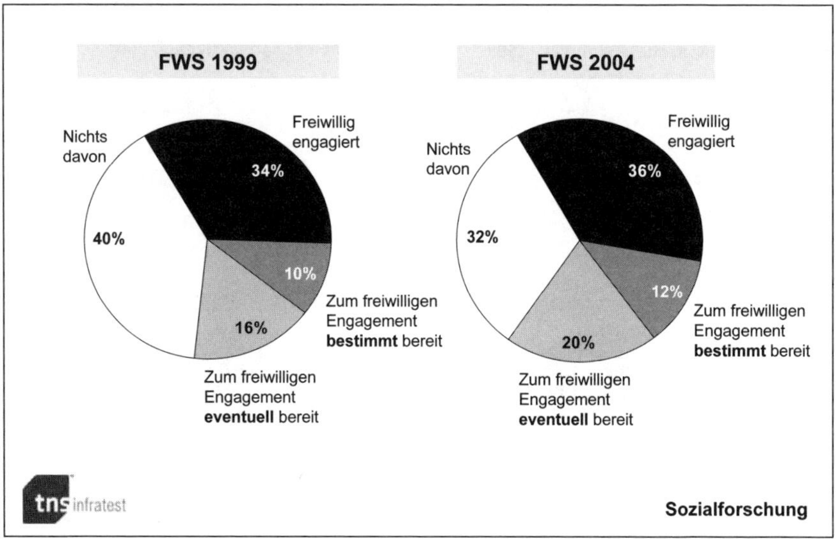

FWS 1999
- Freiwillig engagiert: 34%
- Zum freiwilligen Engagement bestimmt bereit: 10%
- Zum freiwilligen Engagement eventuell bereit: 16%
- Nichts davon: 40%

FWS 2004
- Freiwillig engagiert: 36%
- Zum freiwilligen Engagement bestimmt bereit: 12%
- Zum freiwilligen Engagement eventuell bereit: 20%
- Nichts davon: 32%

tns infratest — Sozialforschung

Für die Verantwortlichen in Politik, Verwaltung und in den Kommunen sowie in den Einrichtungen und Organisationen, die „Freiwillige" beschäftigen, ergaben sich mit dem Freiwilligensurvey Fragen, die nicht immer bequem waren: Anstatt der fast schon ritualisierten Klage über eine angeblich sinkende Bereitschaft der Menschen, „Ehrenämter" zu übernehmen, standen jetzt ganz andere Fragen auf der Agenda: Stimmen eigentlich die Rahmenbedingungen, damit sich Menschen, die heute immer mehr durch die gesellschaftliche Modernisierung und den *Wertewandel* (Gensicke 2009) geprägt sind, gerne freiwillig engagieren? Gibt es dafür eigentlich schon genügend passende Tätigkeitsprofile? Könnte es nicht deutlich mehr Bürgerengagement geben, wenn die Bürger den Eindruck hätten, dass ihr Engagement wirklich gewünscht ist und vor allem, wenn es hinreichend anerkannt würde? Erfahren die Bürgerinnen und Bürger tatsächlich jene kreativen Freiräume und jene Befriedigung in verantwortlichen Rollen, die sie sich vom freiwilligen Engagement versprechen?

Wege aus dem Individualisierungsdilemma

Unsere Gesellschaft steht heute vor dem Problem, dass den herkömmlichen Sozial- und Organisationsstrukturen, die sie teilweise überwunden hat, nur bedingt neue gefolgt sind. In den noch vorhandenen älteren Strukturen fühlen sich die Menschen heute weniger wohl als früher. Der Prozess der Erweiterung des menschlichen Handlungsspielraums in der Moderne wird auch als *Individualisierung* bezeichnet. Das klassische „Ehrenamt" vollzog sich in hierarchisch gegliederten Großorganisationen oder öffentlichen Institutionen (Kirchen, Wohlfahrtsverbände). Zwar haben die Großorganisationen auch in der Moderne Überlebensvorteile gegenüber locker geknüpften Kleinstrukturen mit Initiativen und Gruppencharakter, schon weil sie gute Beziehungen zu Staat und Politik unterhalten und diese ihnen als berechenbare Großakteure wohl gesonnen sind. Dennoch fehlen ihnen zunehmend die „Ehrenamtlichen" oder diese werden immer älter.

Dasjenige, was im Zuge der politisch-öffentlichen Mobilisierung seit den 1960er Jahren gewachsen war, hatte oft eine instabile Struktur. Diese fragile Struktur entsprach einer neuen Mentalität von Menschen, die auf individuelle Selbstbestimmung mehr Wert legten als früher und die auch lebensweltlich weniger in traditionelle Strukturen eingebunden waren. Diese Veränderung wurde mit dem Begriff „Wertewandel" (*Helmut Klages*) beschrieben. Es gibt heute eine Reihe von Hinweisen auf eine „realistische" Lösung des modernen Individualisierungsdilemmas. Das Problem besteht darin, dass die Individualisierung zwar nicht zurückzunehmen ist, sich aber mit stabilen Engagementstrukturen in einem gewissen Konflikt befindet.

Abb. 6: Mitentscheidungsmöglichkeiten für Freiwillige nach organisatorischer oder institutioneller Anbindung der Tätigkeit
Alle freiwilligen Tätigkeiten (Angaben in %)

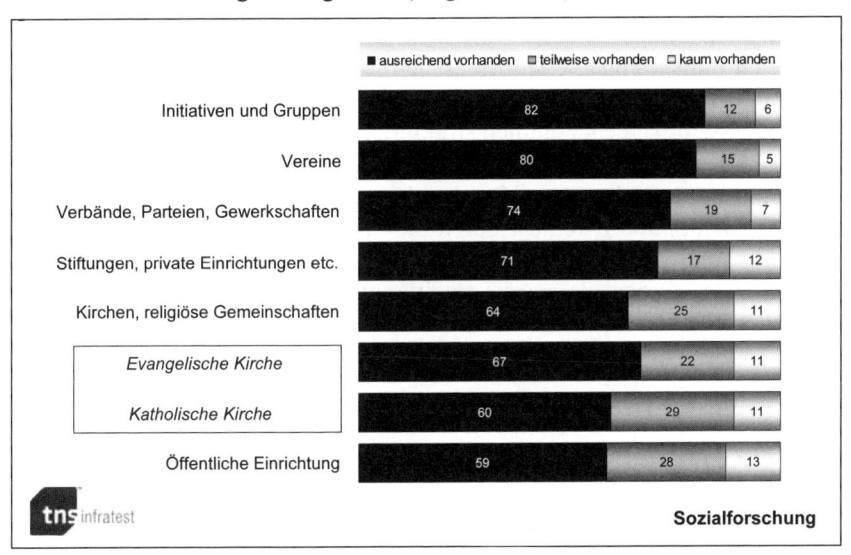

	ausreichend vorhanden	teilweise vorhanden	kaum vorhanden
Initiativen und Gruppen	82	12	6
Vereine	80	15	5
Verbände, Parteien, Gewerkschaften	74	19	7
Stiftungen, private Einrichtungen etc.	71	17	12
Kirchen, religiöse Gemeinschaften	64	25	11
Evangelische Kirche	67	22	11
Katholische Kirche	60	29	11
Öffentliche Einrichtung	59	28	13

tns infratest   Sozialforschung

Für die größeren Organisationen scheint es eine sinnvolle Strategie zu sein, sich intern zu „individualisieren". Das heißt, die Strukturen werden bewusst geändert, indem sie mit (vernetzten) Inseln für selbstbestimmtes Engagement durchsetzt werden. Das ist ein Modell für die Kirchen ebenso wie für die großen Verbände, aber eine besonders große Herausforderung für die Rahmenbedingungen in den öffentlichen Einrichtungen. Der Freiwilligensurvey konnte zeigen, dass die Selbstbestimmung des Engagements in den

Institutionen und Einrichtungen den größten Nachholbedarf hat (→ Abbildung 6).

Ein anderes Phänomen, das der Freiwilligensurvey zwischen 1999 und 2004 am Beispiel des Umwelt- und Naturschutzes beobachtet hat, ist eine zunehmend festere Strukturierung einer vormals eher „graswurzelhaften" Bewegung. Für eine generelle Neustrukturierung der modernen Gesellschaftsformen anhand kreativer Kombinationen aus (flexibler) Struktur und neuen Freiräumen haben sich in den letzten zwei Jahrzehnten die mentalen Voraussetzungen deutlich verbessert. In der Bevölkerung (insbesondere auch bei jungen Menschen) hat sich eine Neigung herausgebildet, gesellschaftliche Strukturen wieder zu bejahen. Die mentalen Resultate des Wertewandels sind allerdings weiter wirksam. Das selbstbestimmte Leben steht bei den meisten Menschen weiterhin im Mittelpunkt der Lebensbedürfnisse. Neu ist allerdings, dass diese Grundorientierung inzwischen weniger als Gegensatz zu den gesellschaftlichen Normen und Regeln empfunden wird. Wertewandel ist damit zunehmend in eine Art von „Wertesynthese" (Helmut Klages) übergegangen.[9]

Diese Überlegungen erklären, warum die Daten des Freiwilligensurveys letztlich weder denen Recht gaben, die eine Auflösung herkömmlicher Ordnungsstrukturen befürchten, noch denen, die eine solche Entwicklung als radikalen Strukturwandel wünschen. *Sibylle Picot* konnte zeigen, dass die vielen jungen engagierten Menschen sich keineswegs hauptsächlich in lockeren und unverbindlichen Strukturen bewegten, sondern zumeist in einem organisatorisch eher ähnlich strukturierten Umfeld wie die Engagierten anderer Altersgruppen auch (Picot 2006). Der Freiwilligensurvey wies aber auch auf ein neues Problem hin. Zunehmende *Mobilität* und schwindende *soziale Milieubindung* können durch die Flexibilisierung der großen Organisationen und die Etablierung von „Graswurzelbewegungen" allein nicht ausgeglichen werden, da sie die traditionellen Zugangswege in das Engagement erschweren.

Niederschwellige öffentliche Infrastruktur oder individuelle Steuererleichterungen?

Flexiblere Organisationsstrukturen müssen heutzutage gerade in großstädtischen Gebieten dringend durch einen neuen Typ der Rekrutierung von Freiwilligen ergänzt werden. Gerade dort wachsen immer weniger Menschen – vermittelt über eine lange Ortsansässigkeit oder durch einen milieuspezifischen Zugang – quasi von selbst in ein freiwilliges Engagement hinein. Das betrifft die jüngere deutschstämmige Bevölkerung, besonders aber die *Zuwanderer*, die sich in großstädtischen Kernbereichen konzentrieren,

---

9 Vgl. die beiden letzten durch TNS Infratest durchgeführten Shell Jugendstudien (Deutsche Shell 2002 und 2006).

während viele Einheimische an die *grünen Stadtränder* abgewandert sind, wo das Bürgerengagement blüht. Auch aus diesem Grund warnt der Freiwilligensurvey vor einer einseitigen Strategie der steuerlichen Förderung des Bürgerengagements. Diese kommt in der Regel den gut situierten Mittelschichten entgegen, die sich ohnehin vermehrt engagieren. Junge Leute, Geringverdiener, Arbeitslose und nicht Erwerbstätige haben zumeist nur wenig davon. Es ist auch kaum anzunehmen, dass *sozial isolierte Menschen* in Großstädten durch Steuererleichterungen Anstöße zum Engagement erhalten.

Abb. 7: Verbesserungswünsche Freiwilliger an Staat und Öffentlichkeit
Zeitaufwändigste freiwillige Tätigkeiten (Angaben in %)

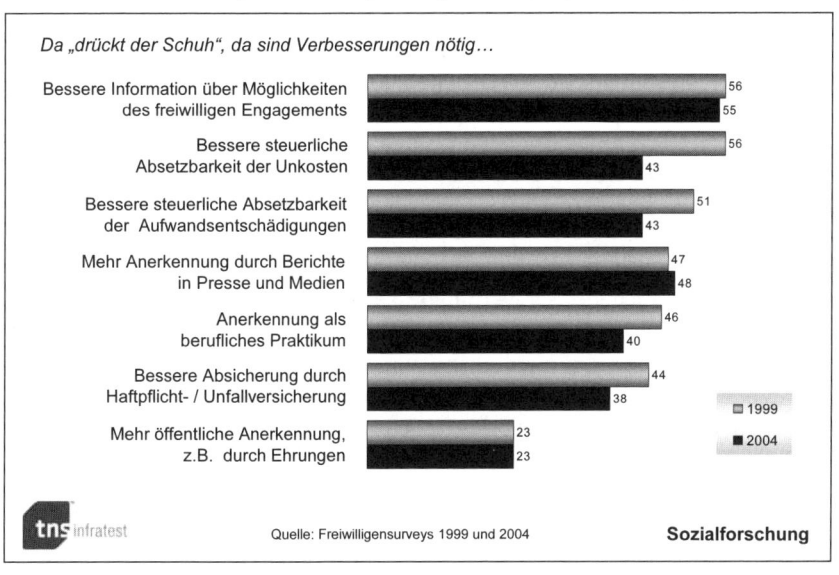

Da „drückt der Schuh", da sind Verbesserungen nötig...	1999	2004
Bessere Information über Möglichkeiten des freiwilligen Engagements	56	55
Bessere steuerliche Absetzbarkeit der Unkosten	56	43
Bessere steuerliche Absetzbarkeit der Aufwandsentschädigungen	51	43
Mehr Anerkennung durch Berichte in Presse und Medien	47	48
Anerkennung als berufliches Praktikum	46	40
Bessere Absicherung durch Haftpflicht- / Unfallversicherung	44	38
Mehr öffentliche Anerkennung, z.B. durch Ehrungen	23	23

Quelle: Freiwilligensurveys 1999 und 2004 — tns infratest Sozialforschung

Die Lösung besteht darin, öffentliche Gelder systematisch in die Förderung einer einfach zugänglichen und flächendeckenden Infrastruktur von *Beratungs- und Informationsstellen für freiwilliges Engagement* zu investieren, einer öffentlichen Infrastruktur, von der alle Bevölkerungsgruppen gleichermaßen profitieren. Abbildung 7 zeigt, dass eine klare Priorität in diese Richtung inzwischen auch durch die Freiwilligen gesetzt wird. Hierin stößt der Freiwilligensurvey bisher zwar auf offene Ohren bei den Fachleuten, aber gleichzeitig auf politische Widerstände. Vor allem die Bundes- und Landespolitik scheut die Kosten und die Festlegungen, die mit einer solchen infrastrukturellen Strategie verbunden sind. Der politische Blick der Volksparteien ist zu einseitig auf die Wählermacht der Mittelschichten gerichtet, denen man in Zeiten steigender Lebenshaltungskosten entgegenkommen will.

Zivilgesellschaftliche Vermittlungsstellen wie Freiwilligenagenturen, Seniorenbüros und Selbsthilfekontaktstellen gibt es inzwischen in großer Zahl. Ihre Finanzierung ist jedoch zumeist prekär. Auf diesem Niveau können sie vielleicht gerade noch ihrer klassischen Funktion der Vermittlung von Freiwilligen gerecht werden. Schon das Wort „Vermittlung" muss jedoch viel weiter ausgelegt werden als bisher, indem diese Einrichtungen die Rolle *kommunaler Clearingstellen* der lokalen Zivilgesellschaft und *bürgerschaftlicher Entwicklungsagenturen* erfüllen können. Vernetzung aller wichtigen Beteiligten aus Politik, Verwaltung, Organisationen, Institutionen, Wirtschaft und Medien ist dabei ebenso wichtig wie Beratung und Organisationsentwicklung bei den Trägern, die Freiwillige beschäftigen. Dazu kommen Aufgaben der Qualifizierung und Weiterbildung. Für die Realisierung eines solchen anspruchsvollen Aufgabenspektrums ist jedoch eine bessere und dauerhaftere Finanzierung der Agenturen nötig (Braun/Abt/Bischoff 2001; Braun/Bischoff/Gensicke 2001).

Ausblick: Neue Aspekte im dritten Freiwilligensurvey 2009

Der dritte Freiwilligensurvey will sowohl inhaltlich als auch mit seinem regionalen Design neue Schwerpunkte setzen. Drei Themen werden 2009 gegenüber 2004 erheblich vertieft. Erstens werden die Veränderungen des *Arbeitsmarktregimes* auf dem Stand von 2009 erfasst sowie das aktuelle *Zeitregime* der Bevölkerung detailliert dargestellt. Hartz IV, Leih- und Zeitarbeit sowie die Sicherung des Lebensunterhalts durch Nebenjobs spielten 2004 noch keine bzw. eine geringere Rolle. Es werden die Beziehungen dieser neuen Lebensrealität zur Zivilgesellschaft und zum freiwilligen Engagement zu untersuchen sein. Ebenso stellen sich Fragen zum veränderten Zeitregime von Schülern und Studenten. Ein zweiter Komplex neuer Fragen wird sich mit dem *Kompetenzerwerb* im freiwilligen Engagement beschäftigen. Dabei geht es sowohl um organisatorische und rhetorische als auch um prosoziale Fähigkeiten, die mit dem Engagement zusammenhängen, aber auch anderweitig verwertbar sind bzw. Nutzen stiften können. Drittens soll der Survey von 2009 wieder vertiefende Aussagen zum *Engagementpotenzial* und zu Hinderungsgründen für freiwilliges Engagement erlauben, wobei auf Fragen zurückgegriffen wird, die bereits 1999, aber nicht 2004 gestellt wurden.

Das *regionale Design* des Freiwilligensurveys soll mit der dritten Welle deutlich erweitert werden. Das Engagement der Länder bei der Ausweitung der Landesstichproben soll ebenso gesteigert werden wie bei der vertiefenden Auswertung ihrer Daten. Neben der Ebene der Bundesländer soll der dritte Survey nunmehr erstmals auch die *kommunale Ebene* der Städte und Landkreise erschließen. Mit Augsburg und dem Landkreis Offenbach zeichnen sich erste Modellprojekte ab, die auch in anderen Kommunen umgesetzt werden sollen. Zum Beispiel werden ausschließlich in Augsburg 1.000 Interviews des Surveys durchgeführt und vertiefend ausgewertet. Angestrebt werden solche kommunalen Surveys über möglichst viele Bundesländer und Regionen hinweg. Nach dem seit dem zweiten Freiwilligensurvey den meisten Bundesländern *Landesstudien* als „Arbeitsbücher" zur Förderung der Zivilgesellschaft zur Verfügung gestellt wurden[10], sollen nunmehr auch interessierte Kommunen solche kommunalen „Arbeitsbücher der Zivilgesellschaft" erhalten. Der vierte Survey 2014 wird auch eine Evaluation dessen sein, was die Engagementförderung des Bundes, der Länder und der Kommunen in der Periode seit dem dritten Survey erreicht hat.

Literatur

Berichtswerke zum Freiwilligensurvey

Gensicke, Thomas/Picot, Sibylle/Geiss, Sabine 2006: Freiwilliges Engagement in Deutschland 1999–2004. Ergebnisse der repräsentativen Trenderhebung zu Ehrenamt, Freiwilligenarbeit und bürgerschaftlichem Engagement. Wiesbaden.

Klages, Helmut/Braun, Joachim (Hrsg.) 2001: Zugangswege zum freiwilligen Engagement und Engagementpotential in den neuen und alten Bundesländern. Bd. 2 der Berichte zur Repräsentativerhebung 1999 Schriftenreihe des Bundesministeriums für Familie, Senioren, Frauen und Jugend, Stuttgart/Berlin/Köln. 2. Aufl.

Picot, Sibylle (Hrsg.) 2001: Freiwilliges Engagement in Deutschland: Frauen und Männer, Jugend, Senioren, Sport. Bd. 3 der Berichte zur Repräsentativerhebung 1999, Schriftenreihe des Bundesministeriums für Familie, Senioren, Frauen und Jugend, Stuttgart/Berlin/Köln. 2. Aufl.

Rosenbladt, Bernhard v. (Hrsg.) 2001: Freiwilliges Engagement in Deutschland. Ergebnisse der Repräsentativerhebung zu Ehrenamt, Freiwilligenarbeit und bürgerschaftlichem Engagement in Deutschland. Bd. 1, Schriftenreihe des Bundesministeriums für Familie, Senioren, Frauen und Jugend, Bd. 194.1, Stuttgart/Berlin/Köln. 2. Aufl.

Andere Literatur

Braun, Joachim/Abt, Hans Günter/Bischoff, Stefan 2001: Leitfaden für Kommunen zur Information und Beratung über freiwilliges Engagement und Selbsthilfe. Köln.

Braun, Joachim/Bischoff, Stefan/Gensicke, Thomas 2001: Förderung des freiwilligen Engagements und der Selbsthilfe in Kommunen. Kommunale Umfrage und Befragung von Selbsthilfekontaktstellen, Freiwilligenagenturen und Seniorenbüros zur Förderpraxis und zur künftigen Unterstützung des freiwilligen Engagements. ISAB-Berichte aus Forschung und Praxis 72. Köln.

Bundesministerium für Familie, Senioren, Frauen und Jugend 1996: Große Anfrage der Fraktionen der CDU/CSU und der FDP. Drucksache des Bundestags 13/5674.

Deutsche Shell (Hrsg.) 2002: Jugend 2002. Zwischen robustem Materialismus und pragmatischem Idealismus. Frankfurt/Main.

Deutsche Shell (Hrsg.) 2006: Jugend 2006. Eine pragmatische Generation unter Druck, Frankfurt/Main.

---

10 TNS Infratest hat Länderberichte des Freiwilligensurveys für Rheinland-Pfalz, Hessen, Berlin, Bayern, Brandenburg, Niedersachsen, Nordrhein-Westfalen, Sachsen-Anhalt und Sachsen erstellt.

Enquête-Kommission „Zukunft des Bürgerschaftlichen Engagements" des Deutschen Bundestages 2002: Bericht. Bürgerschaftliches Engagement: auf dem Weg in eine zukunftsfähige Bürgergesellschaft. Wiesbaden.

European Commission 2007: European Social Reality. Special Eurobarometer 273, Directorate General Communication. (Download February 2007).

Farago, Peter/Ammann, Herbert (Hrsg.) 2006: Monetarisierung der Freiwilligenarbeit. Referate und Zusammenfassungen der 5. Tagung der Europäischen Freiwilligenuniversität 2005 in Luzern. Zürich.

Gabriel, Oscar W. 2004: Politische Partizipation. In: Deth, Jan v. (Hrsg.): Deutschland in Europa. Wiesbaden: 317–338.

Gaskin, Katherina/Smith, Justus D./Paulwitz, Irmtraut (Hrsg.) 1996: Ein neues bürgerschaftliches Europa. Eine Untersuchung zur Verbreitung und Rolle von Volunteering in zehn Ländern. Freiburg.

Gensicke, Thomas 2009: Wertewandel. In: Handwörterbuch des politischen Systems der Bundesrepublik Deutschland. Wiesbaden: 774–779.

Gensicke, Thomas 2008: Gemeinschaftsaktivität und freiwilliges Engagement älterer Menschen. In: Erlinghagen, Marcel/Hank, Karsten (Hrsg.): Produktives Altern und informelle Arbeit in modernen Gesellschaften. Wiesbaden: 119–143.

Gensicke, Thomas 2000: Deutschland im Übergang: Lebensgefühl, Wertorientierungen, Bürgerengagement. Speyerer Forschungsberichte 204. Forschungsinstitut für öffentliche Verwaltung. Speyer.

Gensicke, Thomas/Olk, Thomas/Reim, Daphne/Schmithals, Jenny/Dienel, Hans-L. 2009: Entwicklung der Zivilgesellschaft in Ostdeutschland. Quantitative und qualitative Befunde. (hrsg. Von Bundesministerium für Verkehr, Bau und Stadtentwicklung) Wiesbaden.

Gensicke, Thomas/Geiss, Sabine 2006: Bürgerschaftliches Engagement: Das politischsoziale Beteiligungsmodell der Zukunft? Analysen auf Basis der Freiwilligensurveys 1999 und 2004. In: Hoecker, B. (Hrsg.): Politische Partizipation zwischen Protest zwischen Konvention und Protest. Opladen: 308–328.

Gensicke, Thomas/Geiss, Sabine 2004: Erfassung des Freiwilligen Engagements im Freiwilligensurvey und in der Zeitbudgetstudie. In: Statistisches Bundesamt (Hrsg.): Alltag in Deutschland – Analysen zur Zeitverwendung. Band 43 der Schriftenreihe Forum der Bundesstatistik. Stuttgart: 357–372.

Klages, Helmut/Gensicke, Thomas 1998: Wertewandel und bürgerschaftliches Engagement an der Schwelle zum 21. Jahrhundert. Speyerer Forschungsberichte 193. Forschungsinstitut für öffentliche Verwaltung, Speyer.

Picot, Sibylle 2006: Freiwilliges Engagement Jugendlicher im Zeitvergleich 1999–2004. In: Gensicke/Picot/Geiss 2006: 177–223.

Pollack, Detlef 2004: Zivilgesellschaft und Staat in der Demokratie. In: Klein, Ansgar/Kern, Kristine/Geißel, Brigitte/Berger, Maria (Hrsg.): Zivilgesellschaft und Sozialkapital. Wiesbaden: 23–40.

Rosenbladt, Bernhard v./Gensicke Thomas 2003: Perspektiven des freiwilligen Engagements in Deutschland aus Sicht der empirischen Sozialforschung. In: Olk, Thomas. et al. (Hrsg.): Förderung des bürgerschaftlichen Engagements. Fakten, Prioritäten, Empfehlungen. Berlin: 155–159.

Van Deth, Jan 2004 (Hrsg.): Deutschland in Europa. Ergebnisse des European Social Survey 2002–2003. Wiesbaden 2004 a.

Van Deth, Jan 2004: Soziale Partizipation. In: Deth, Jan v. (Hrsg.) 2004: Deutschland in Europa. Wiesbaden: 295–315.

Thomas Olk

Qualitative Forschung

Einleitung

Im Folgenden soll ein Überblick über die bislang vorliegende qualitative Forschung zum freiwilligen bzw. bürgerschaftlichen Engagement im deutschsprachigen Raum gegeben werden. Nach einer kurzen Einführung in Logik, Gütekriterien und Potenziale qualitativer Forschung sollen die Erkenntnisse aus qualitativen Forschungen nach inhaltlichen Schwerpunkten gegliedert vorgestellt und abschließend einige Desiderata der Forschung benannt werden.

Warum qualitative Engagementforschung?

Obwohl auch die qualitative Forschungsperspektive durch unterschiedliche theoretische Forschungsansätze und -schulen geprägt ist, haben qualitative Vorgehensweisen einige Merkmale gemeinsam, die ihr besonderes Potenzial und ihre Erkenntnismöglichkeiten ausmachen. Anders als quantitative Forschungsstrategien, die mit objektivistischen Methoden und standardisierten Definitionen und Konzepten arbeiten, sind qualitative Vorgehensweisen offener und dadurch näher am Untersuchungsgegenstand (vgl. z.B. Flick u.a. 2005). Durch offene Formen der Interviewführung, biografische Erzählungen, ethnographische Beschreibungen und teilnehmende Beobachtungen gelingt es, ein wesentlich konkreteres und plastischeres Bild der subjektiven Relevanzsetzungen und Bedeutungszuschreibungen der betroffenen Akteure herauszuarbeiten als es mit standardisierten Forschungsmethoden möglich wäre. Die Stärke qualitativer Forschungsverfahren liegt also in „gegenstandsangemessenen" Methoden der Datengewinnung, die eine möglichst detaillierte und „dichte" Beschreibung und Rekonstruktion subjektiver Sichtweisen, Deutungsmuster und Handlungszusammenhänge der Akteure erlauben. Während quantitative Forschungsstrategien relativ klare Vorstellungen über den untersuchten Gegenstand voraussetzen, um standardisierte Erhebungsinstrumente konstruieren zu können, sind qualitative Forschungsverfahren offener gegenüber Überraschungen und unbekannten Sichtweisen und Zusammenhängen im Untersuchungsfeld.

In qualitativen Studien steht die Untersuchung der Sinnorientierungen und Biografieverläufe der Engagierten im Mittelpunkt; das Engagement wird hier als Teil des biografischen Prozesses der Engagierten betrachtet. Wie die freiwillig Engagierten ihren spezifischen Zugang zu einem Aufgabenfeld erhalten haben und wie sie darin handeln, steht zumeist im Zusammenhang mit biografischen Prozessen der Erfahrungsaufschichtung und der auf die Zukunft gerichteten Erwartungshaltungen. Hier geht es also um die subjektiv-biografischen „Sinnquellen" des Engagements und ihre möglichen Veränderungen im Verlauf der Lebensgeschichte (vgl. Corsten u. a. 2008).

Im Hinblick auf das hier interessierende Forschungsfeld lassen sich also insbesondere zwei zentrale Gründe dafür benennen, ergänzend und vertiefend zu quantitativen Untersuchungsverfahren auch qualitative Forschungsstrategien anzuwenden. Qualitative Verfahren sind besonders gut geeignet neue Forschungsfelder zu erschließen (Felderkundung). Die Frage nach den besonderen subjektiven Relevanzsetzungen und Perspektiven unterschiedlicher Bevölkerungsgruppen in Bezug auf das freiwillige bzw. bürgerschaftliche Engagement und die Klärung spezifischer Hemm- und Unterstützungsfaktoren für das Engagement ist zweifellos immer noch als ein relativ neues Forschungsfeld einzuordnen. Wenn nur wenig konkrete Vorstellungen und Befunde über den untersuchten Gegenstand existieren, sind explorative Herangehensweisen besonders geeignet. „Exploration" bedeutet für die forschende Person, dass sie sich zunächst als „lernend", nicht als „wissend" begreift und dass sie die befragten Personen als Expertinnen und Experten für das fragliche Thema begreift. Viele qualitativen Untersuchungen folgen diesem Ansatz. Auch erheben sie den Anspruch, einen ersten Einstieg in das Feld zu bewerkstelligen, indem sie die alltägliche Funktionsweise realer Engagementprojekte möglichst präzise zu beschreiben versuchen (vgl. z. B. Vogt 2005 sowie Dörner/Vogt 2008). Solche Vorgehensweisen lassen sich als „Forschung im Lebensraum einer Gruppe durch den Untersuchenden unter Bedingungen, die ‚natürlich' sind, also nicht für Untersuchungszwecke verändert werden", beschreiben (Legewie 1995: 189).

Forschung zum Motivwandel des freiwilligen Engagements

Angesichts des Rückzugs einiger Gruppen von freiwillig Engagierten aus den großen Organisationen und Verbänden der Wohlfahrtspflege und dem Aufkommen neuer Organisationsformen wie Initiativen, Projekten und Selbsthilfegruppen setzte in der zweiten Hälfte der 1980er Jahre eine sozialwissenschaftliche Debatte über einen „Strukturwandel des Ehrenamtes" (vgl. Olk 1987 sowie Beher u. a. 2000) ein. Mit Blick auf die organisatorische Verfasstheit und die äußeren Bedingungen wurde eine wachsende Vielfalt unterschiedlicher Formen des Engagements festgestellt, die von „klassischen" Formen des Engagements als langfristige Mitwirkung an fest umrissenen Aufgaben im Rahmen einer formalen Organisation bis hin zu eher schwach institutionalisierten und sporadischen Formen – wie dem gelegentlichen Mitwirken in Vereinen und Initiativen, der zeitlich begrenzten themenorientierten Mitwirkung an einem Projekt etc. – reichen können. In der Engagementforschung wurde angenommen, dass diesem Strukturwandel ein Wandel in den Motiven zum freiwilligen und unentgeltlichen Engagement entspricht (vgl. Olk 1987 zusammenfassend Hacket/Mutz 2002 sowie Enquête-Kommission 2002: 113 ff.). In der Wertewandelforschung wurde dieser Befund weiter ausdifferenziert und präzisiert. Es wurde ein Wandel von pflichtbezogenen hin zu stärker selbstbezogenen Werten festgestellt, von dem angenommen wurde, dass er sich auch in einem Motivwandel des Engagements niederschlagen würde (vgl. Klages 1998). Im Zuge dieser Veränderungen – so die These – treten altruistische Begründungen und Orientierungen einer Dienst- und Pflichterfüllung in den Hintergrund, während das Engagement zunehmend mit Erwartungen einer Bereicherung der eigenen Lebenserfahrung, einer Erweiterung der individuellen Fähigkeiten und Kompetenzen sowie dem Wunsch nach einer Mitgestaltung des persönlichen Lebensumfeldes verbunden wird. Dabei können sich die Mitgestaltungsmotive sowohl auf das unmittelbare eigene Umfeld als auch auf darüber hinaus gehende politische Entscheidungsprozesse auf nationaler oder transnationaler Ebene beziehen.

In der quantitativen Forschung konnte ein solcher Motivwandel des freiwilligen bzw. bürgerschaftlichen Engagements bislang nicht eindeutig nachgewiesen werden. Dies hängt zum Teil mit den skizzierten Schwierigkeiten zusammen, mit Hilfe standardisierter Fragebögen und Antwortvorgaben komplexe und biografisch veränderliche Motivlagen erfassen zu können. Abgesehen davon liegen bislang empirische Ergebnisse zu den Motiven freiwillig Engagierter zu unterschiedlichen Erhebungszeitpunkten aus repräsentativen quantitativen Untersuchungen nicht vor. Auch der Freiwilligensurvey kann diese Forschungslücke zurzeit noch nicht schließen, da erst in der zweiten Erhebungswelle im Jahre 2004 nach Motiven im eigentlichen Sinne gefragt wurde. Darüber hinaus ist zu berücksichtigen, dass das individuelle Handeln von Personen von einer Mehrzahl von Motivationen beeinflusst werden kann. Die vorliegende Forschung spricht daher nicht von isolierbaren Einzelmotiven, sondern vielmehr von „Motivbündeln". So differenziert etwa Böhle (vgl. 2001: 35) auf der Basis vorliegender quantitativer Studien die folgenden fünf übergreifenden Motivgruppen, die im Hinblick auf bürgerschaftliches Engagement bedeutsam sind:

1. altruistische Gründe (Pflichterfüllung und Gemeinwohlorientierung),
2. gemeinschaftsbezogene Gründe (Kommunikation und soziale Integration),
3. gestaltungsorientierte Gründe (aktive Partizipation und Mitbestimmung),
4. problemorientierte Gründe (Bewältigung eigener Probleme und Veränderung gesellschaftlicher Missstände),
5. entwicklungsbezogene Gründe (personales Wachstum und Selbstverwirklichung).

Es ist davon auszugehen, dass im Zusammenhang mit dem skizzierten Strukturwandel des Engagements, der mit einer Vervielfältigung von Engagementformen und einer Individualisierung des Engagements verbunden ist, auch eine Ausdifferenzierung in den Motivlagen zum Engagement einhergeht. Vor diesem Hintergrund kommt qualitativen Studien, die den komplexen und veränderlichen subjektiven Orientierungen und Deutungsmustern (potentiell) freiwillig Engagierter in lebensweltoffenen Verfahren der Datengewinnung nachgehen, eine besondere Bedeutung zu. Die Fruchtbarkeit qualitativer Forschungsstrategien zeigt sich auch in amerikanischen Untersuchungen (vgl. Wuthnow 1997 sowie 1998), die an Hand von Interviews mit freiwillig Engagierten eindrucksvoll zeigen können, dass bei der überwiegenden Mehrzahl der Befragten selbstbezogene und gemeinschaftsbezogene Motive miteinander vereinbar sind und vielfältige Engagements im öffentlichen Raum auslösen können. Eine starke Bindung an die typischen Werte des amerikanischen Individualismus (Freiheit als persönliche Autonomie und Unabhängigkeit, Glaube an Erfolg durch Leistung sowie ein ausgeprägtes Eigeninteresse) verbindet sich hier mit Motiven einer „Sorge für andere", also der Bereitschaft, sich für andere Menschen einzusetzen und im Sinne des Gemeinwohls tätig zu werden.

Die vorliegenden qualitativen Studien zum bürgerschaftlichen Engagement in Deutschland untersuchen die Motive und Verlaufsformen des Engagements zumeist im Kontext der Lebensgeschichte der Probanden. Dabei konzentrieren sich diese Studien bislang auf die Bereiche Soziales bzw. Wohlfahrtspflege und Kirche (vgl. Jakob 1993, Glinka/Jakob/Olk 1994, Nadai 1996), Jugend (vgl. Reichwein/Freund 1992) sowie Frauen (vgl. Wessels 1994).

Zieht man nur die biografieanalytischen Studien zu den Sinnorientierungen bzw. Motivstrukturen ehrenamtlicher Mitarbeiterinnen und Mitarbeiter im Bereich der Wohlfahrtspflege heran, dann lassen sich beispielhaft die folgenden drei unterschiedlichen Typen identifizieren: bürgerschaftliches Engagement als Ausdruck einer religiös oder weltanschaulich fundierten Überzeugung, freiwilliges Engagement als Ausdruck biografischer Anliegen und im Kontext selbstgeschaffener Ausdrucksformen sowie freiwilliges Engagement als Bewältigung von Lebenskrisen. Während die Engagierten des erst genannten Typs ihr freiwilliges Engagement als Ausdruck einer Pflichterfüllung bzw. einer moralischen Verpflichtung zum Engagement verstehen, die in der Regel eine hohe biografische Kontinuität entfaltet und insbesondere von solchen Probandinnen und Probanden geäußert ist, die in traditionellen sozialkulturellen Milieus aufgewachsen sind, geht es bei dem zweit genannten Typ um Formen und Inhalte des freiwilligen Engagements, die einen klaren Bezug zu eigenen Interessen und lebensbiografischen Bedürfnissen aufweisen. Eigene biografisch bedingte Themenstellungen und Interessen werden mit den Anforderungen des jeweiligen Engagements verknüpft und die Engagierten dieses Typs entwickeln eigeninitiierte Handlungs- und Organisationskontexte, (z.B. selbstgegründete Arbeitskreise, Projekte und Initiativen), in denen sie ihre spezifischen Sinnorientierungen ausleben können. Probanden dieses Typs sind in der Regel nach dem zweiten Weltkrieg aufgewachsen und fanden bereits günstigere Bedingungen für die Entwicklung biografischer Planungen und Handlungsprojekte vor als die Gruppe der „Pflichtbewussten". Bei dem dritt genannten Typ spielt das freiwillige Engagement eine wichtige Rolle bei der Bearbeitung individueller Krisen und Konflikterfahrungen (Tod eines nahen Angehörigen, biografische Krise etc.) bzw. bei der Realisierung von subjektiv bedeutsamen Lebenszielen (z. B. die Nutzung des freiwilligen Engagements nach der Familienphase für die Rückkehr in die Erwerbstätigkeit, die Realisierung aufgeschobener biografischer Projekte etc.).

Ein weiteres Beispiel für die Verfolgung lebensgeschichtlich bedingter Ziele und Interessen ist die Untersuchung von bürgerschaftlich Engagierten in Umweltschutzgruppen von Ulrike Schumacher (vgl. 2003). Mit den Kriterien „Verstärkung", „Ergänzung", „Überbrückung", „Ausgleich" und „alternative Aufgabe" arbeitet sie fünf Typen der Kombination von (Nicht-)Erwerbstätigkeit und bürgerschaftlichem Engagement heraus. So geht etwa beim Typ „Verstärkung" ein intensiv ausgeübtes Engagement mit einer starken Orientierung an beruflichen Inhalten und einem hohen Einsatz in der Erwerbsarbeit bzw. im Studium einher, was zugleich auf Kosten weiterer Tätigkeitsbereiche (wie z. B. Familienarbeit) geht. Beim Typ „Ergänzung" tritt das Engagement dagegen neben die Berufsarbeit im Sinne einer subjektiv als sinnvoll erlebten Freizeitbeschäftigung. Beim Typ „Überbrückung" wird das Engagement in Phasen der Erwerbslosigkeit oder in diskontinuierlichen Erwerbsbiografien als Ausgleich für das fehlende berufliche Umfeld eingeschoben, in der Hoffnung, auf diese Weise aktiv bleiben und die eigenen Chancen auf eine berufliche Wiedereingliederung erhöhen zu können. Beim Typ „Ausgleich" wird das Engagement neben einer Erwerbstätigkeit als Kompensation von Erfahrungen und Bedürfnissen, die in der Berufsarbeit verwehrt werden, ausgeübt, und beim Typ „alternative Aufgabe" ersetzt das bürgerschaftliche Engagement in Lebensabschnitten wie z. B. dem Ruhestand oder der „Empty-Nest-Phase" quasi die Erwerbstätigkeit.

Inwieweit sind nun die vorgestellten qualitativen Studien geeignet, einen Wandel in den Motivlagen, subjektiven Orientierungen und biografischen Sinnquellen des Engagements zu belegen? Da es sich bei diesen Untersuchungen nicht um Längsschnittstudien bzw. Wiederholungsbefragungen im engeren Sinne handelt, die einen echten historischen Vergleich erlauben, können sie einen solchen Wandel von Sinnorientierungen und Motivlagen nur bedingt nachweisen. Allerdings wird es durch den Einbezug von Befragten aus unterschiedlichen Geburtskohorten durchaus möglich, erste Hinweise auf solche über längere historische Zeiträume ablaufende Verschiebungen und Umstrukturierungen in den Sinnstrukturen und Motivlagen zu eruieren. Insbesondere die biografieanalytisch angelegten Studien von Jakob (vgl. 1993) sowie Glinka, Jakob und Olk (vgl. 1994) arbeiten auf der Grundlage eines kontrastiven Fallvergleichs unterschiedlicher Verlaufsformen und Sinnorientierungen des Engagements einen solchen Motivwandel heraus. Vor dem Hintergrund gesellschaftlicher Veränderungen, die durch eine Pluralisierung von Lebenslagen und eine Auflösung tradierter sozialer Milieus gekennzeichnet sind, schwächt sich die Wirkungskraft tradierter Entwürfe eines lebenslangen Engagements als Ausdruck einer Dienst- und Pflichterfüllung ab, während „biografische Passungen" für die Übernahme freiwilliger Engagements immer wichtiger werden. Veränderungen in den gesellschaftlichen Bedingungen – wie die Verbesserung des materiellen Lebensstandards, Bildungsexpansion, Expansion des Wohlfahrtsstaates insbesondere in der Phase nach dem Zweiten Weltkrieg – eröffnen neue Möglichkeiten zur Entwicklung biografischer Planungen und Entwürfe, die sich weniger an vorgegebenen Handlungsanforderungen und Pflichten und mehr an selbst definierten Anliegen und Projekten orientieren.

Die Folge solcher Entwicklungen ist weniger ein Übergang von einer einheitlichen „traditionellen" Motivstruktur freiwilligen Engagements (Dienst- und Pflichtbewusstsein) zu einer einheitlichen „neuen" Motivstruktur (Selbstverwirklichung), sondern vielmehr eine Ausdifferenzierung unterschiedlicher, gleichzeitig feststellbarer Motivbündel. Neben die Gruppe der „klassischen", an Pflicht- und Akzeptanzwerten orientierten Engagierten treten weitere Gruppen, die sich von verschiedenen Motivstrukturen leiten lassen. Dieser Schlussfolgerung entsprechen auch die Ergebnisse einer qualitativen Untersuchung aus dem Bereich der Caritas. Neben einer im Auftrag des DCV im Jahr 2006 durchgeführten repräsentativen Erhebung des Instituts für Demoskopie Allensbach unter ehrenamtlich (875 Befragte) und beruflich (312 Befragte) Mitarbeitenden wurden 81 Ehrenamtliche aus Caritas und Gemeinden mit Hilfe eines Leitfadeninterviews befragt (vgl. Baldas/Bangert 2008). Danach lassen sich vier Gruppen von Ehrenamtlichen in diesen spezifischen Tätigkeitsfeldern nachweisen: Neben einer Gruppe von Ehrenamtlichen, die stark durch traditionelle Pflicht- und Akzeptanzwerte geprägt und eng in Kirche und Gemeinde eingebunden ist (klassisches Ehrenamt), tritt eine weitere Gruppe, die stärker durch persönliche Bedürfnisse und Erwartungen geleitet ist und sich eher im Rahmen überschaubarer und befristeter Projekte engagiert (modernisiertes Ehrenamt) sowie eine dritte Gruppe von Ehrenamtlichen, die zwar auch an Pflicht- und Akzeptanzwerten orientiert ist, allerdings weniger in Kirche und Gemeinde eingebunden ist (expressiv-gemeinschaftlich orientiertes Ehrenamt). Diese Gruppe ist oft eher zufällig in Kontakt zur Caritas gekommen. Eine vierte Gruppe schließlich ist stark an eigenen Bedürfnissen und Erwartungen ausgerichtet und ihr Engagement basiert auch nicht auf der Bindung zu Kirche, Gemeinde oder Caritas. Diese Gruppe nähert sich dem Konstrukt des „neuen Ehrenamtes" am stärksten an. Auch in dieser Untersuchung zeigt sich, dass unterschiedliche Motivlagen zu einem Engagement führen können und dass Erwartungen eines persönlichen Nutzens wie etwa der Einstieg in berufliche Tätigkeitsbereiche, Selbstverwirklichung, Erschließung neuer Sozialkontakte etc. eine wachsende Rolle spielen. Auch wird – ebenso wie in den ebenfalls in der Caritas durchgeführten biografieanalytischen Studien – festgestellt, dass der Anteil der Ehrenamtlichen zunimmt, der vor seinem Engagement keine intensive Bindung an Kirche oder Caritas hatte und der in erster Linie an bestimmten Handlungs- und Tätigkeitsfeldern interessiert ist.

Informelles Lernen und Bildung sozialen Kapitals

Seit der Jahrtausendwende lässt sich – parallel zum gesellschaftspolitischen Diskurs – eine Veränderung in den Fragestellungen und Erkenntnisinteressen qualitativer Studien zum freiwilligen bzw. bürgerschaftlichen Engagement beobachten. Mit der Verschiebung der Debatte von individuellen Motivlagen und Lebensumständen freiwillig Engagierter zu den gesellschaftlichen Effekten des Engagements nehmen Fragen nach dem Beitrag des freiwilligen Engagements zur Bildung von Sozialkapital sowie zur Rolle des Engagements als Bildungsfaktor eine zunehmend wichtige Rolle ein. So untersucht etwa Oshege (2002) auf der Grundlage von qualitativen Interviews mit neun Probanden aus unterschiedlichen Engagementbereichen die Rolle von Engagierten als „Träger und Produzenten sozialen Kapitals" sowie darüber hinaus auch die Bedeutung des Engagements als einen nonformalen und informellen Lernort. Er konnte zeigen, dass nahezu alle Interviewten durch ihr freiwilliges Engagement Beziehungen knüpfen und eine Vernetzung der Bürgerinnen und Bürger auf lokaler Ebene vorantreiben konnten, was als Aufbau sozialen Kapitals verstanden werden kann. Auch äußerten alle Befragten ein zwar schwach ausgeprägtes, dennoch aber abrufbares Bewusstsein über Lernprozesse und Lernmöglichkeiten durch ihre Tätigkeiten in den freiwilligen Vereinigungen. Die meisten Befragten erwähnten sowohl fachbezogene und methodische Kompetenzen als auch personale und soziale Kompetenzen, die sie durch ihre freiwillige Tätigkeit erworben haben.

Vogt (vgl. 2005 sowie Dörner/Vogt 2008) konzentriert sich in ihrer Analyse der Freiwilligenarbeit von Bürgerinnen und Bürgern im Kontext einer lokalen Stiftung bzw. von drei Organisationen in diesem Bereich auf die hiermit ausgelösten Prozesse der Produktion und Reproduktion sozialen Kapitals, auf Motive und Nutzenerwartungen der Akteure, Karrieremuster, Vergemeinschaftungsprozesse sowie auf die Ungleichheiten und Asymmetrien in der Bürgergesellschaft. Auch für sie ist die Kombination aus altruistischen und egoistischen bzw. gemeinsinnigen und nutzenorientierten Motiven charakteristisch für das freiwillige Engagement. Sowohl Lern- und Qualifikationsgewinne aus freiwilliger Tätigkeit wie auch die Produktion „weicher" Formen von Sozialkapital (in Form lockerer Bekanntschaften, fester Kontakte etc.) konnten nachgewiesen werden. Entsprechend den Befunden der quantitativen Engagementforschung zeigt ihre Lokalstudie, dass die Mitwirkung insbesondere in neuen Formen freiwilliger Organisationen (wie etwa einer Bürgerstiftung) individuell voraussetzungsreich ist, also zumeist mit einer höheren Ausstattung sowohl mit Bildungs- als auch mit ökonomischem Kapital verbunden ist. Darüber hinaus fällt auf, dass auch neue Formen freiwilliger Vereinigungen auf gute Kooperationsbeziehungen mit etablierten Akteuren im lokalen Raum (kommunale Politik und Verwaltung, Wirtschaftsunternehmen, traditionelle Wohlfahrtsverbände etc.) angewiesen sind, also des „Vertrauenskapitals" kooperativer Beziehungen vor Ort bedürfen.

Insbesondere der Aufbau unterschiedlicher Fähigkeiten und Fertigkeiten durch freiwilliges Engagement im Jugendalter hat in den letzten Jahren im Mittelpunkt des Interesses qualitativer Forschung gestanden. Während dazu in den USA bereits ein breiter Korpus an Studien vorliegt (vgl. z.B. Youniss 2006), nimmt die Anzahl entsprechender Forschungsprojekte im deutschsprachigen Raum erst langsam zu (vgl. Reinders 2009 sowie Düx u.a. 2008). Um die Bildungseffekte freiwilliger Tätigkeiten unabhängig von Bildungseffekten anderer Bereiche (wie z.B. Schule, Familie etc.) analysieren zu können, sind komplexe, quasi-instrumentelle Forschungsdesigns mit Längsschnittcharakter erforderlich, die für den deutschsprachigen Kontext bislang nicht vorliegen. Allerdings zeigt der Freiwilligensurvey (Welle 2004), dass insbesondere die Altersgruppe der 14- bis 24-jährigen Befragten angaben, durch ihr freiwilliges Engagement Fähigkeiten erworben zu haben, die für sie wichtig sind. Die diesbezüglichen Werte sind in der genannten Altersgruppe höher als bei allen anderen Altersgruppen. Dieser Fähigkeitserwerb bezieht sich insbesondere auf die Entwicklung von Schlüsselqualifikationen. In der Studie von Düx u.a. (2008), die auf einer repräsentativen Stichprobe von 1.500 ehemals ehrenamtlich engagierten Erwachsenen zwischen 25 und 40 Jahren und einer qualitativen Studie bei engagierten Jugendlichen beruht, geht ebenfalls hervor, dass die jungen Menschen neben sozialen und personalen insbesondere organisatorische und Leitungskompetenzen erwerben und das dieser Kompetenzerwerb ganz offensichtlich auch im späteren Erwachsenenalter von Bedeutung ist. Folgt man dieser Studie, dann sind diejenigen Erwachsenen, die sich in ihrer Jugend freiwillig engagiert hatten, in höherem Maße freiwillig engagiert als Erwachsene, für die dieses nicht zutrifft. Die Befunde dieser Studie müssen allerdings unter der Perspektive bewertet werden, dass es sich hierbei um eine Querschnittsbefragung handelt, bei der kausale Zusammenhänge zwischen freiwilligem Engagement und Kompetenzaufbau nicht schlüssig nachgewiesen werden können.

Qualitative Forschung zum bürgerschaftlichen Engagement in Ostdeutschland

Im Folgenden sollen einige ausgewählte Studien zum bürgerschaftlichen Engagement in Ostdeutschland vorgestellt werden (vgl. ausführlich Olk u.a. 2009). Qualitative Studien zum freiwilligen Engagement in Ostdeutschland konzentrieren sich zum Teil auf den regionalen bzw. lokalen Kontext und gehen insbesondere der Bedeutung des Engagements für die Aufrechterhaltung von Angeboten der Infrastruktur in ländlichen Räumen angesichts des demografischen Wandels nach (vgl. Dienel u. a. 2009, Neu 2007, Laschewsky u. a. 2006 sowie Stöber 2006). Sie umfassen qualitative Befragungen in einzelnen mittelgroßen Städten in Thüringen (Dienel u. a.), Brandenburg (Dienel u. a., Stöber) und Mecklenburg-Vorpommern (Berger/Neu, Laschewsky u. a.). Insbesondere die Dorfstudien von Berger/Neu, Laschewsky u. a. und Stöber geben sehr tiefgehende und umfassende Erkenntnisse zum Engagement in den untersuchten Dörfern wieder.

Aus den Studien geht hervor, dass durch das freiwillige und unentgeltliche Engagement der Bewohnerinnen und Bewohner in diesen ländlichen Orten bestimmte Bereiche der Grundversorgung (soziale Kontakte, Freizeitgestaltung, Kultur, Bildung etc.) aufrechterhalten werden, was insbesondere zur Attraktivität dieser Orte beiträgt. Insbesondere dort, wo an ein gemeinschaftliches Dorf- oder Ortsleben angeknüpft werden kann, Orte des Zusammenkommens und der sozialen Kommunikation existieren und genutzt werden und wo auch die kommunalen Honoratioren diese gemeinschaftlichen Aktivitäten fördern und unterstützen, kann sich ein vielfältiges Gemeinschaftswesen entfalten mit der Folge einer hohen Identifikation mit dem Wohnort und einer Attraktivität des Ortes auch für potenzielle Neubürger. Die Studien belegen allerdings ebenso, dass hemmende Bedingungen wie Armut, Arbeitslosigkeit, fehlende Ressourcen sowie fehlendes Know-how eine Entfaltung des bürgerschaftlichen Engagements vielfach behindern. Insbesondere fehlt engagierten Gruppen und Initiativen oftmals das Wissen über Mittel und Wege zur Finanzierung ihrer freiwilligen Aktivitäten und zur Durchführung von Projekten und Aktivitäten. Verlässliche und stabile Einrichtungen und Angebote der Infrastruktur erweisen sich als bedeutsam, um das Engagementpotenzial in diesen Orten mobilisieren zu können. Die durchaus vorhandenen Engagementpotenziale sowohl junger als auch alter Menschen können oftmals nicht ausgeschöpft werden, weil beide Bevölkerungsgruppen Diskriminierungen seitens der etablierten Organisationen und Akteure (Bürgermeister, Vertreter der politischen Parteien und Verbände etc.) ausgesetzt sind.

Bürgerschaftliches Engagement von Senioren

Das freiwillige bzw. bürgerschaftliche Engagement älterer Menschen ist in einer Vielzahl qualitativer Studien untersucht worden. Dieses besondere Interesse am Engagement älterer Menschen hat vor allem zwei Gründe: zum einen belegten quantitative Studien bis zur Jahrtausendwende vergleichsweise niedrige Engagementquoten bei älteren Menschen und zum anderen schienen politische Strategien der Vorverlegung des Übergangs in den Ruhestand eine neue Lebensphase (drittes Lebensalter) zu schaffen, die durch ein geringes Maß an gesellschaftlichen Verpflichtungen und ein hohes Maß an disponibler Zeit gekennzeichnet ist.

Aner (vgl. 2005) arbeitet in ihrer qualitativen Befragung von ehemaligen Beschäftigten des Volkswagenwerks in Baunatal „übersituative Handlungslogiken" zivilgesellschaftlichen Engagements heraus, die die Ausdrucksformen des freiwilligen Engagements im Ruhestandsalter prägen. Aus ihrer Studie geht hervor, dass biografisch konstituierte Handlungsprojekte, bislang nicht realisierbare Themenstellungen (wie etwa Bildung) sowie biografisch konstituierte Erleidensprozesse sowohl die Zugänge zu als auch die Umgangsformen mit bürgerschaftlichem Engagement im Seniorenalter prägen. Ähnliche Befunde arbeiten Jakob, Olk und Opielka (2006) anhand einer Befragung ost- und westdeutscher Teilnehmerinnen und Teilnehmer an Bildungsmaßnahmen für Senioren mit Hilfe narrativ-biografischer Interviews heraus. Es wurden sechs Bewältigungsmuster des Vorruhestands identifiziert, die sich zwischen den Extrempolen „Vorruhestand als umfassende Sinnkrise" einerseits und „Vorruhestand als Lebensphase, die neue Erfahrungen und Aktivitäten ermöglicht" andererseits verorten lassen. Es konnte gezeigt werden, dass die Möglichkeit, die Phase des Vorruhestands lebensgeschichtlich zu nutzen, um eigene biografische Themen und Anliegen aufzugreifen, von bestimmten Kontextbedingungen abhängig ist. Solche Formen sind vor allem dann zu beobachten, wenn der Eintritt in den Vorruhestand freiwillig und überwiegend selbst gewählt erfolgt, eine entsprechende materielle Absicherung besteht sowie der Abschluss des Berufslebens nicht als erzwungener Abbruch oder als Prozess der Entwertung erlebt wird.

Auch Studien aus Ostdeutschland (vgl. Albrecht/von Blanckenburg 2007) belegen, dass sich die befragten engagierten Senioren als aktive Mitgestalter der lokalen Gemeinschaft erleben. Allerdings sehen sich die Befragten mit einem in der Gesellschaft vorherrschenden negativen Altenbild konfrontiert, das auch durch die Medien verstärkt wird. Auch Verschlechterungen der materiellen Situation werden von den befragten Senioren als Hemmnis für ehrenamtliche Tätigkeiten wahrgenommen. Der Abbau (verkehrs-)technischer, sozialer und kultureller Infrastruktur in den Wohngemeinden gerade in den ostdeutschen ländlichen Räumen führt in der Einschätzung der Befragten zu Hemmnissen für das freiwillige Engagement. Dementsprechend wünschen sich die befragten Senioren mehr professionelle bzw. hauptamtliche Begleitung und Unterstützung sowie Wertschätzung durch Schlüsselpersonen (wie Bürgermeister, Leitungskräfte aus Vereinen und Verbänden etc.). Auch die Studie von Aulerich u.a. (2001) zeigt, dass bürgerschaftliches Engagement von Senioren als eine sinnvolle Option für die nachberufliche Lebensphase empfunden wird. Senioren fungieren ganz offensichtlich als tragende Stützen für Vereine, Gruppen, Verbände im örtlichen Leben gerade auch der neuen Bundesländer. Es handelt sich allerdings bei den Engagierten vornehmlich um relativ gut abgesicherte Ruheständler, die zwar vorzeitig in den Ruhestand gehen mussten, aber überwiegend noch gesundheitlich fit und (sehr) gut qualifiziert sind.

Forschungsdesiderata

Der Überblick über ausgewählte qualitative Studien zum freiwilligen Engagement in der deutschen Wohnbevölkerung zeigt, dass inzwischen durchaus ein umfangreicher Korpus an qualitativer Forschung vorliegt. Allerdings handelt es sich überwiegend um Einzelforschung zu diversen Themenstellungen, was die Kumulation des Erkenntnisfortschritts einschränkt. Vor diesem Hintergrund lassen sich folgende Forschungsbedarfe ableiten:

(1) Bislang liegen keine qualitativen Längsschnittstudien zum freiwilligen bzw. bürgerschaftlichen Engagement und seine institutionelle Einbettung in Deutschland vor. Dies bedeutet, dass sich keine empirisch abgesicherten Aussagen zum Wandel von Motivlagen und Formen des Engagements im Verlaufe der Biografie sowie darüber hinaus keinerlei Aussagen über den Wandel von subjektiven Orientierungen und Ausdrucksformen des Engagements über längere historische Phasen hinweg treffen lassen. Um lebensgeschichtlich bedingte Veränderungen im Engagement erfassen zu können, wären qualitative Untersuchungsdesigns erforderlich, die Wiederholungsbefragungen identischer Personengruppen in Echtzeit ermöglichen. Mit solchen Vorgehensweisen könnte überprüft werden, inwieweit die Beendigung bzw. die Aufnahme konkreter Engagements mit biografischen Konstellationen, Wendepunkten, Problemlagen und Erfahrungen zusammenhängen bzw. in welchem Ausmaß die Weiterführung, Beendigung oder Neuaufnahme von Engagements mit äußeren Gelegenheitsstrukturen oder mit biografisch-lebensgeschichtlichen Ereignisabläufen zusammenhängen. Um Veränderungen in den Formen der Ausgestaltung und der subjektiven Bedeutung freiwilligen Engagements über längere historische Phasen hinweg ermitteln zu können, wären darüber hinaus qualitative Designs erforderlich, die eine Befragung vergleichbarer Personengruppen zu unterschiedlichen Zeitpunkten mit identischem Erkenntnisinteresse bzw. Fragestellungen vorsehen. Solche Untersuchungen wären aber von hohem Erkenntniswert, da auf diese Weise gesellschaftliche Transformationsprozesse und ihre Auswirkungen auf Ausdrucksformen, Motivstrukturen und Organisationsweisen freiwilligen Engagements analysiert werden könnten.

(2) Trotz einzelner Studien bleibt weiterhin ungeklärt, wie Erwerbsarbeit, Familienarbeit und bürgerschaftliches Engagement im Verlaufe des Lebens bei unterschiedlichen Bevölkerungsgruppen kombiniert werden. Es besteht ein erhebliches Forschungsdefizit im Hinblick auf die Frage danach, welche subjektive Bedeutung die Akteure diesen Kombinationsmustern zumessen und auf welche Weise es den Engagierten gelingt, angesichts veränderter Anforderungslagen und biografischer Konstellationen bzw. biografischer Brüche, neue, subjektiv sinnhafte und befriedigende Beteiligungsformen an

Erwerbsarbeit, Familienarbeit und freiwilligem Engagement zu entwickeln. Die möglichen Übergänge und Interdependenzen zwischen dem System der Erwerbsarbeit und dem freiwilligen Engagement sind sowohl für junge Menschen als auch für erwerbslose, ältere Menschen sowie Ruheständler relevant. So wäre etwa näher zu analysieren, ob und inwieweit freiwilliges Engagement von jungen Menschen als ein Lernort auch von berufsbedeutsamen Kompetenzen betrachtet und genutzt wird und inwieweit hier gruppenspezifische Unterschiede bestehen. Im Hinblick auf Erwerbslose stellt sich die Frage, welche Bedeutung freiwilliges Engagement hinsichtlich der Erhöhung der Wiedereingliederungschancen in den Arbeitsmarkt hat oder aber inwieweit dieses Engagement als minderwertiger Ersatz empfunden wird. Im Hinblick auf ältere Langzeitarbeitslose bzw. im Ruhestand befindliche Personengruppen stellt sich die Frage, welche Rolle das freiwillige Engagement bei der Bewältigung des Übergangs in den freiwilligen bzw. unfreiwilligen Übergang in den Ruhestand spielt.

(3) Darüber hinaus liegen kaum qualitative Studien zur organisatorischen Einbettung des Engagements in Vereinen, Initiativen und Verbänden vor. Qualitative Studien zur Organisationskultur und zum mikropolitischen Umgang von Führungs- und Leitungskräften sowie Hauptamtlichen mit freiwillig Engagierten wären aber von großer Bedeutung, um hemmende bzw. begünstigende Bedingungen für den Einbezug Engagierter in organisationale Strukturen und Handlungsabläufe identifizieren zu können.

(4) Auch im Hinblick auf den Ost-West-Vergleich bestehen Forschungslücken. Während die westdeutsche qualitative Engagementforschung eine Reihe von Anhaltspunkten und Belegen für eine Pluralisierung von Motiven des freiwilligen Engagements beibringen konnte, fehlen entsprechende Studien für Ostdeutschland. Damit ist zum gegenwärtigen Zeitpunkt ungeklärt, ob auch in Ostdeutschland Phänomene eines Motivwandels bzw. einer Pluralisierung von Motiven zum freiwilligen Engagement zu verzeichnen sind. Solche Informationen wären hilfreich, um geeignete Instrumente und Modelle der Förderung und Unterstützung entwickeln sowie im Bereich der Organisationen entsprechende „passförmige" Strukturen und Handlungsabläufe herstellen zu können.

Literatur

Aner, Kirsten 2005: „Ich will, dass etwas geschieht". Wie zivilgesellschaftliches Engagement entsteht – oder auch nicht. Berlin

Albrecht, Peter-Georg/von Blanckenburg, Christine 2007: Junge Alte in der Mitte der Gesellschaft: Modelle für einen produktiven Umgang mit dem demografischen Wandel in den Neuen Ländern. Projektbericht. Nexus-Institut Berlin

Aulerich, Gudrun/Bootz, Ingeborg/Buggenhagen, Pamela/Busch, Sigrid/Gogolek, Kerstin/Hartmann, Thomas/Heller, Peter/Hesse, Geneviève/Scholz, Hartmut/Trier, Matthias/Wolle, Octavia (2001): Lernen im sozialen Umfeld: Entwicklung individueller Handlungskompetenz. Positionen und Ergebnisse praktischer Projektgestaltung. QUEM-

report. Heft 70. Hg. von der Arbeitsgemeinschaft Betriebliche Weiterbildungsforschung e. V. Berlin. Download unter:
http://www.abwf.de/content/main/publik/report/2001/Report-70.pdf.
Baldas, Eugen/Bangert Christopher 2008: Ehrenamt in der Caritas. Allensbacher Repräsentatvbefragung. Qualitative Befragungen. Ergebnisse – Perspektiven. Freiburg
Beher, Karin/Liebig, Reinhard/Rauschenbach, Thomas 1998: Das Ehrenamt in empirischen Studien – ein sekundäranalytischer Vergleich. Hrsg. v. Bundesministerium für Familie, Senioren, Frauen und Jugend. Stuttgart/Berlin/Köln.
Beher, Karin/Liebig, Reinhard/Rauschenbach, Thomas 2000: Strukturwandel des Ehrenamts. Gemeinwohlorientierung im Modernisierungsprozeß. Weinheim / München.
Böhle, Fritz 2001: Motivationswandel des bürgerschaftlichen Engagements, Teil C des Gesamtgutachtens für die Enquête-Kommission „Zukunft des Bürgerschaftlichen Engagements" des Deutschen Bundestages: „Struktur- und Motivationswandel bürgerschaftlichen Engagements bei Erwerbstätigen und Arbeitslosen unter besonderer Berücksichtigung der Gender-Perspektive". Augsburg.
Corsten, Michael/Kauppert, Michael/Rosa, Hartmut 2008: Quellen Bürgerschaftlichen Engagements. Die biografische Entwicklung von Wir-Sinn und fokussierten Motiven. Wiesbaden
Dienel, Hans-Liudger/Reim, Daphne/Schmithals, Jenny/Olk, Thomas 2009: Fallstudien Entwicklung zivilgesellschaftlicher Infrastruktur am Beispiel von zwei ostdeutschen Modellkommunen. In: Gensicke, Thomas/Olk, Thomas/Reim, Daphne, Schmithals, Jenny/Dienel, Hans-Liudger: Entwicklung der Zivilgesellschaft in Ostdeutschland. Quantitative und qualitative Befunde. Wiesbaden. S. 155-174
Dörner, Andreas/Vogt, Ludgera 2008: Das Gefecht aktiver Bürger. „Kohlen" – eine Stadtstudie zur Zivilgesellschaft im Ruhrgebiet. Wiesbaden
Düx, Wiebken/Prein, Gerald/Sass, Erich/Tully, Cornelia 2008: Kompetenzerwerb im freiwilligen Engagement. Eine empirische Analyse zum informellen Lernen im Jugendalter. Wiesbaden
Enquête-Kommission „Zukunft des Bürgerschaftlichen Engagements" des Deutschen Bundestages 2002: Bericht. Bürgerschaftliches Engagement: auf dem Weg in eine zukunftsfähige Bürgergesellschaft. Opladen.
Flick, Uwe/Kardorff, Ernst von/Steinke, Ines 2005: Was ist qualitative Forschung? Einleitung und Überblick. In: Flick, Uwe/Kardorff, Ernst von/Steinke, Ines (Hrsg.): Qualitative Forschung. Ein Handbuch. 4. Aufl., Reinbek bei Hamburg. S. 13-29.
Glinka, Jürgen/Jakob, Gisela/Olk, Thomas 1994: Ehrenamt und Caritas. Kurzfassung der Ergebnisse der Studie. Unveröffentlichtes Manuskript. Halle.
Hacket, Anne/Mutz, Gerd 2002: Empirische Befunde zum bürgerschaftlichen Engagement. In: Aus Politik und Zeitgeschichte, B 9 / 2002: 39-46.
Jakob, Gisela 1993: Zwischen Dienst und Selbstbezug. Eine biografieanalytische Untersuchung ehrenamtlichen Engagements. Opladen.
Jakob, Gisela/Olk, Thomas/Opielka, Michael 1996: Engagement durch Bildung – Bildung durch Engagement: Materialien zum Projekt „Aktiver Vorruhestand"; Abschlussbericht der wissenschaftlichen Begleitforschung. Herausgegeben von der Katholischen Bundesarbeitsgemeinschaft für Erwachsenenbildung (KWE). Würzburg.
Klages, Helmut 1998: Engagement und Engagementpotential in Deutschland. Erkenntnisse der empirischen Forschung. In: Aus Politik und Zeitgeschichte, B 28 / 1998: 29-44.
Kohli, Martin/Freter, Hans-Jürgen u. a. 1993: Engagement im Ruhestand. Rentner zwischen Erwerb, Ehrenamt und Hobby. Opladen.
Laschewski, Lutz/Neu, Claudia/Fock, Theodor 2006: Agrarkonzept 2000. Ländliche Entwicklung in Mecklenburg-Vorpommern. Das Projekt „Das aktive und lebendige Dorf". Hg. vom Ministerium für Ernährung, Landwirtschaft, Forsten und Fischerei

Mecklenburg-Vorpommern. Download unter:
http://www.lu.mv-regierung.de/frame_public.htm

Legewie, Heiner 1995: Feldforschung und teilnehmende Beobachtung. In: Flick, Uwe/ Kardoff, Ernst von/Keupp, Heiner/Rosenstiel, Lutz von/Wolff, Stephan (Hrsg.): Handbuch Qualitative Sozialforschung, Weinheim, S. 189-193.

Nadai, Eva 1996: Gemeinsinn und Eigennutz. Freiwilliges Engagement im Sozialbereich. Bern / Stuttgart / Wien.

Neu, Claudia 2007: Bürgerschaftliches Engagement als Erfolgsfaktor für den ländlichen Raum. In: UNESCO heute, Zeitschrift der Deutschen UNESCO-Kommission, 54. Jg., Ausgabe 2 (2. Halbjahr), http://www.unesco.de/uh2-2007.html?&L=0

Olk, Thomas 1987: Das soziale Ehrenamt. In: Sozialwissenschaftliche Literatur Rundschau, 10. Jg., Heft 14: 84-101.

Olk, Thomas/Reim, Daphne/Schmithals, Jenny 2009: Qualitative Studie. In: Gensicke, Thomas/Olk, Thomas u. a.: Entwicklung der Zivilgesellschaft in Ostdeutschland. Quantitative und qualitative Befunde. Wiesbaden, S. 87-146

Oshege, Volker 2002: Freiwillige: Produzenten und Träger sozialen Kapitals. Eine empirisch-qualitative Untersuchung zum Engagement in freiwilligen Vereinigungen. Münster/New York/München/Berlin.

Reinders, Heinz 2009: Bildung und freiwilliges Engagement im Jugendalter. Expertise für die Bertelsmann-Stiftung. Forschungsbericht Nr. 10 des Lehrstuhls Empirische Bildungsforschung. Würzburg: Universität Würzburg

Reichwein, Susanne / Freund, Thomas 1992: Jugend im Verband: Karrieren, Action, Lebenshilfe. Hrsg. von der Jugend der Deutschen Lebensrettungsgesellschaft. Opladen.

Schumacher, Ulrike 2003: Lohn und Sinn. Individuelle Kombinationen von Erwerbsarbeit und freiwilligem Engagement. Opladen.

Stöber, Silke 2006: Lebendige Dörfer in Brandenburg – Bürgerbeteiligung im Alltag. Ergebnisse einer Befragung in 5 Dörfern. Berlin/Potsdam. Download unter: http://www.la21bb.de/service/downloads2.html.

Vogt, Ludgera 2005: Das Kapital der Bürger: Theorie und Praxis zivilgesellschaftlichen Engagements. Frankfurt a. M.

Wessels, Christiane 1994: Das soziale Ehrenamt im Modernisierungsprozeß. Chancen und Risiken des Einsatzes beruflich qualifizierter Frauen. Pfaffenweiler.

Wuthnow, Robert 1997: Handeln aus Mitleid. In: Beck, Ulrich (Hrsg.): Kinder der Freiheit. Frankfurt a. M., S. 34-84.

Wuthnow, Robert 1998: Loose Connections: Joining Together in America's Fragmented Communities. Cambridge, Mass. u. a.

Youniss, James/Hart, Dan 2006: The Virtue In Youth Civic Participation. In: Diskurs Kindheits- und Jugendforschung, 1 Jg., Heft 2: 229-243

Mareike Alscher und Eckhard Priller

Organisationsbezogene Daten

Warum werden organisationsbezogene Daten benötigt?

Bürgerschaftliches Engagement ist in einem hohen Maße organisationsgebunden organisiert. Allerdings findet diese Tatsache bislang bei wissenschaftlichen Analysen, bei der Datenerhebung und hinsichtlich der Verfügbarkeit von empirischen Angaben weit weniger Beachtung als die individuelle Ebene. Letztere stellt den einzelnen Bürger in den Mittelpunkt der Analysetätigkeit (Alscher/Dathe/Priller/Speth 2009a). Untersucht werden dabei vor allem das Ausmaß seines Engagements, dessen verschiedene Ausprägungen, die Intensität, die unterschiedlichen Formen, die Bereitschaft sowie die Motive.

Dank zahlreicher Untersuchungen, von denen in diesem Zusammenhang besonders der Freiwilligensurvey (vgl. Beitrag von Gensicke in diesem Band) als die wichtigste Untersuchung und Datenquelle in Deutschland hervorzuheben ist, hat sich die empirische Situation auf der individuellen Engagementebene in Deutschland deutlich verbessert. Obwohl organisationsbezogene Angaben zum Engagement zwar noch immer stark defizitär sind, liefert der folgende Beitrag einen Überblick zu verfügbaren Daten. Gleichzeitig werden die weiter bestehenden Lücken und mögliche Schritte zu ihrer Schließung aufgezeigt.

Dass die organisationsbezogene Ebene des bürgerschaftlichen Engagements in Deutschland bislang wenig Beachtung fand, hat, wie an anderer Stelle noch dargestellt wird, unterschiedliche Ursachen.

Die Organisationen, die oft das Attribut „zivilgesellschaftlich" erhalten, sind nicht nur Ausdruck von Engagement sowie Initiator und Rahmen, sondern stellen auch die Infrastruktur des bürgerschaftlichen Engagements. Organisationen und Engagement sind in diesem Sinne zusammen zu denken. Für die Gründung und Entstehung der zahlreichen Organisationen müssen sich Bürgerinnen und Bürger von einer gemeinsamen Idee inspiriert zusammenfinden und Verantwortung übernehmen – sich engagieren. Dies schlägt sich zumeist in der Übernahme von Aufgaben oder bestimmten Funktionen, dem sogenannten Ehrenamt, nieder.

Organisationen bündeln nicht nur Interessen, sie organisieren auch deren Durchsetzung. Ein legitimes Mittel und eine wichtige Ressource stellt dabei das bürgerschaftliche Engagement dar, durch das zugleich die Arbeits- und Funktionsfähigkeit der Organisationen aufrechterhalten wird. Es bestimmt auch ihre weitere Entwicklung. Von und mittels Organisationen wird Engagement gefördert und unterstützt: Durch die Organisationsebene werden Bedarfe und Einsatzmöglichkeiten sichtbar, es wird die Projektentwicklung befördert, und Räume sowie finanzielle Mittel werden bereitgestellt. Außerdem spielt die Organisationsebene eine wichtige Rolle bei der Wertschätzung und Anerkennung des Engagements. Individuelles Engagement und die Organisationsebene sind folglich eng miteinander verbunden. Der Entwicklungsstand des Engagements reflektiert sich nicht zuletzt in einer vielfältigen und funktionierenden Organisationslandschaft. Die verstärkte Nachfrage nach Daten zum Engagement und zur Zivilgesellschaft resultiert insgesamt aus deren gestiegenen eigenständigen Stellenwert im wirtschaftlichen, sozialen und kulturellen Leben.

Gleichwohl besteht ein nicht zu unterschätzender Anteil bürgerschaftlichen Engagements, der sich in organisationsungebundenen Formen, z. B. Initiativen und Nachbarschaften, vollzieht und dem für die Zukunft eine wachsende Bedeutung beigemessen wird (Alscher/Dathe/Priller/Speth 2009 b: 32).

Organisationen als institutioneller Kern oder Infrastruktur des Engagements

Die organisatorischen Träger des Engagements sind vor allem Vereine, Verbände, Gewerkschaften, Parteien, Stiftungen und Genossenschaften, die als institutioneller Kern oder Infrastruktur der Zivilgesellschaft angesehen werden. Doch auch kommunale Vertretungsorgane oder Einrichtungen zählen zu den organisatorischen Trägern von Engagement.

Ein großer Teil der Organisationen wird häufig in Abgrenzung zu Staat, Markt und Familie unter den Begriffen „Dritter Sektor" oder „Nonprofit-Sektor" zusammengefasst (Anheier et al. 2000). Diese zivilgesellschaftlichen Organisationen sind durch eine formale Struktur, organisatorische Unabhängigkeit vom Staat, eigenständige Verwaltung, gemeinnützige Ausrichtung und freiwilliges Engagement gekennzeichnet. Sie begegnen uns in unterschiedlichen Bereichen und Funktionen: Ob in der Freizeit, in der Kultur, bei sozialen Diensten oder in lokalen, beruflichen und anderen politischen Interessenvertretungen – all diese Organisationen sind in ihrer Gesamtheit inzwischen unentbehrlich für das Funktionieren der Gesellschaft geworden. Als zeitgemäße Formen der Selbstorganisation und Selbstverantwortung der Bürgerinnen und Bürger bieten sie wesentliche Potenziale bei der Interessenbündelung, Interessenartikulation und Interessenvertretung. Ihnen kommen wichtige Aufgaben bei der Weiterentwicklung der Demokratie, der Bereitstellung wohlfahrtsstaatlicher Leistungen und bei der Integration des Bürgers in kollektive Zusammenhänge und damit bei der Sicherung des sozialen Zusammenhalts der Gesellschaft zu.

Der Freiwilligensurvey weist auf eine Dominanz des Engagements in Vereinen hin (→ Tab. 1).

Tab. 1: Organisatorischer Rahmen des bürgerschaftlichen Engagments, 1999 und 2004 (in Prozent)

Organisatorischer Rahmen	1999	2004
Verein	43,2	43,4
Kirche/religiöse Vereinigung	14,1	14,9
Verband	7,5	7,0
Private Einrichtung/Stiftung	2,1	3,2
Partei	3,8	2,8
Gewerkschaft	2,1	1,8
Selbsthilfegruppe/Initiative/Projekt[1]	16,4	14,9
Staatliche/kommunale Einrichtung	10,8	12,0
Gesamt	**100,0**	**100,0**

1 Einschließlich Sonstiges.
Datenbasis: Freiwilligensurvey 1999 und 2004; eigene Berechnungen.

Ein wichtiger Ort für das Engagement sind auch die Kirchen, religiöse Vereinigungen und selbstorganisierte Gruppen in Form der Selbsthilfe, in Projekten und Initiativen. Unterschiede zeigen sich bei der Organisationsbindung in den Engagementbereichen: Das vereins- und verbandsgestützte Engagement ist in den Bereichen Sport, Kultur, Freizeit und Geselligkeit sowie im Umwelt-, Natur- und Tierschutz sehr präsent. Für das Engagement in den Bereichen Schule und Kindergarten, politische Interessenvertretung (z. B. Stadtbezirksversammlung, Gemeindevertretung) und Justiz/Kriminalität (z. B. Schöffen, Bewährungshelfer) sind staatliche und kommunale Einrichtungen die wichtigsten Organisationsformen (Alscher/Dathe/Priller/Speth 2009 b: 33). Gerade zum Engagement in den kommunalen Kontexten liegen bisher kaum Untersuchungen und nur wenige Daten vor.

In den letzten Jahren weisen die zivilgesellschaftlichen Organisationen maßgebliche Veränderungen auf. Diese beziehen sich auf ihre Funktionszuschreibung im gesellschaftlichen, politischen und ökonomischen Kontext. Durch den gesellschaftlichen Wandel hat sich ein Rollen- bzw. Funktionswandel vollzogen und eine immer stärkere Aufgabenteilung zwischen Staat, Markt und Zivilgesellschaft herausgebildet. Der wirtschaftliche Druck auf die Organisationen ist dabei gestiegen, auf den sie durch ein verbessertes Management und/oder die Erschließung zusätzlicher Finanzierungsquellen (z. B. Spenden) zu reagieren versuchen (Witt/von Velsen-Zerweck/Thiess/

Heilmar 2006). Gleichzeitig stellt sich die Frage, ob die Organisationen angesichts dieser Entwicklungen ihre zivilgesellschaftliche Ausrichtung beibehalten können. Eine Richtungsänderung kann dazu führen, dass das individuelle Engagement der Bürgerinnen und Bürger für die Organisationen an Stellenwert verliert und sie es aufgrund wirtschaftlicher Erwägungen vernachlässigen. Schon heute haben sich die Bindungsmuster gewandelt – und damit das Verhältnis zwischen Organisation und Engagement.

Gegenwärtige Situation im Bereich organisationsbezogener Daten

Während in Deutschland bislang relativ wenige Daten zu den Organisationen der Zivilgesellschaft zur Verfügung stehen, sind in anderen Ländern, darunter die USA, Australien, Italien, Belgien oder auch Ungarn, die Fortschritte zur Erfassung und zur Dauerbeobachtung der Zivilgesellschaft weiter vorangeschritten und entsprechende Daten bereits wichtiger Bestandteil der amtlichen Statistik.

Trotz der unübersehbaren Präsenz der zivilgesellschaftlichen Organisationen (Maecenata 2006) und des Engagements von Bürgerinnen und Bürger liegen nur lückenhafte empirische Informationen zu diesem Bereich und den hier erfolgenden Veränderungen vor. Das hängt hauptsächlich mit der erst recht spät einsetzenden eigenständigen wissenschaftlichen Erschließung dieses Gesellschaftsbereichs zusammen. Hinzu kommt eine äußerst vielfältige Organisationslandschaft, deren Breite nicht leicht zu erfassen ist. Besonders kompliziert ist die Datenlage nicht zuletzt deshalb, weil zivilgesellschaftliche Organisationen eine spezielle Handlungslogik, eigene Funktionen und spezifische organisatorische Strukturen aufweisen, die bislang in einem nur geringen Maße gezielte Aufmerksamkeit und Berücksichtigung erfahren haben.

Die amtliche Statistik und andere Daten bereitstellende Informationssysteme weisen die zivilgesellschaftlichen Organisationen nur partiell gesondert aus – und dies in der Regel auch nicht durchgehend. Häufig werden zivilgesellschaftliche Organisationen oder deren Leistungen noch immer unter den Kategorien von Staat und Wirtschaft subsumiert, und ihre eigenständigen Organisationsformen finden in den Datenerhebungen der amtlichen Statistik und in anderen Untersuchungen keine spezielle Berücksichtigung.

Benötigt werden Daten über die Größe dieses Bereichs, den Umfang der von ihm erbrachten Leistungen, zu seiner gesellschaftspolitischen Einbindung und Entwicklung. Ermittelt werden können darüber die Beiträge zivilgesellschaftlicher Organisationen zur Lösung gegenwärtiger und künftiger gesellschaftlicher, aber auch organisationsbezogener Probleme. Aktuelle und zugleich differenzierte Angaben sind erforderlich, um den Stellenwert der zivilgesellschaftlichen Organisationen und des in ihrem Kontext erfolgenden Engagements sowie dessen Wirksamkeit und Effizienz näher bestimmen zu können. Im Vergleich zur individuellen Ebene des Engagements ist die Untersuchung seiner organisationalen Rahmung aber bislang kein zentrales Thema der Engagementforschung in Deutschland. Die zivilgesellschaftlichen Organisationen, die die wesentliche Infrastruktur des bürgerschaftlichen Engagements darstellen, stehen bisher kaum im Fokus.

Quellen für organisationsbezogene Daten

Amtliche Statistik

In verschiedenen Statistiken des Statistischen Bundesamtes sind partiell Angaben zu zivilgesellschaftlichen Organisationen enthalten. Die erhobenen Merkmale liefern allerdings nur teilweise und über mehrere Statistiken verstreut Daten zur Anzahl der Organisationen, zu den Beschäftigten, zum Finanzvolumen der Organisationen sowie zu deren Leistungen, Ergebnissen und Kapazitäten. Die zivilgesellschaftlichen Organisationen werden dabei nicht vollständig abgebildet, da in der Regel nur jene Organisationen Berücksichtigung finden, die zumindest einen sozialversicherungspflichtigen Beschäftigten haben. Einige Erhebungen basieren auf der Klassifikation der Wirtschaftszweige (WZ03) und auf Rechtsformklassifikationen, die sich aber nicht vollständig mit den typischen Tätigkeitsbereichen und Rechtsformklassifikationen zivilgesellschaftlicher Organisationen decken. Daher bleibt die Aussagefähigkeit der Daten eingeschränkt.

In der amtlichen Statistik sind organisationsbezogene Daten im Einzelnen in folgender Hinsicht zu finden:

a) *Volkswirtschaftliche Gesamtrechnung:* Daten zur Bruttowertschöpfung und zu den Beschäftigten der Organisationen

b) *Unternehmensregister:* Daten zum Umsatz, zur Anzahl und zu den Beschäftigten der Organisationen

c) *Einkommensteuerstatistik:* Daten zum Finanzvolumen (Einnahmen) der Organisationen durch Spendenaufkommen der privaten Haushalte

d) *Körperschaftsteuerstatistik:* Daten zum Finanzvolumen (Einnahmen und Ausgaben durch Spenden; Angaben zu den Gewinnen und Verlusten) der Organisationen

e) *Privatschulerhebung:* Daten zur Anzahl, zu den Beschäftigten, zu den Einnahmen und Ausgaben der Privatschulen

f) *Hochschulstatistiken (Rechtsformzuordnung per Eigenrecherche erforderlich):* Daten zur Anzahl der Hochschulen und zu den Beschäftigten, Ausgaben, Einnahmen und Leistungen

g) *Forschungsstatistik außeruniversitärer Forschungseinrichtungen:* Daten zur Anzahl der Einrichtungen und der Beschäftigten, zu den Ausgaben und Einnahmen

h) *Kinder- und Jugendhilfestatistik:* Daten zur Anzahl der Einrichtungen, zu den Ergebnissen und Einnahmen

i) *Statistik des Gesundheitswesen:* Daten zur Anzahl der Einrichtungen und Beschäftigten, zu den Leistungen und Kapazitäten

j) *Laufende Wirtschaftsrechnung:* Daten zum Finanzvolumen (über Angaben zu den Einnahmen sowie zu Spenden und Mitgliedsbeiträgen) der Organisationen

k) *Einkommens- und Verbraucherstichprobe:* Daten zum Finanzvolumen (über Angaben zu den Einnahmen und über Spenden und Mitgliedsbeiträge) der Organisationen

l) *Zeitbudgeterhebung (derzeit keine Daten – zuletzt 2002):* Daten zum Engagement bzw. zu dessen zeitlichem Volumen, das den Organisationen als ehrenamtlich geleistete Arbeit zugutekommt

Statistiken der zivilgesellschaftlichen Organisationen

Neben den Daten der amtlichen Statistik, die sich durch eine hohe Stabilität in der Erhebungsmethodik und eine Verfügbarkeit über längere Zeiträume auszeichnen, stellen vor allem die Angaben der Dachverbände eine wichtige Quelle für statistische Analysen dar.

Das hier vorhandene Datenmaterial weist jedoch gewisse Unvollständigkeiten und Unregelmäßigkeiten auf. Verantwortlich hierfür sind verschiedene Faktoren: Zum einen ist die Transparenz zivilgesellschaftlicher Organisationen in Deutschland noch nicht sehr weit entwickelt und wird durch entsprechende steuerliche Gesetzgebung staatlicherseits nur eingeschränkt gefordert. Zum anderen sind die Mitgliedsorganisationen der Dachverbände oder sogar regionale Einheiten dieser Dachverbände auf Länderebene jeweils selbständige und unabhängige Rechtseinheiten und somit zur Bereitstellung von Daten nicht verpflichtet. Durch Unvermögen oder Verweigerungshaltungen kommt es immer wieder zu Lücken und Ausfällen.

Die folgenden Datenquellen belegen, dass zivilgesellschaftliche Organisationen dennoch nicht zu vernachlässigende Datenlieferanten sind. Zumeist erfassen sie die Anzahl der Organisationen bzw. der Mitgliedsorganisationen, deren Leistungen und Kapazitäten sowie die Anzahl der Beschäftigten und der Engagierten. Exemplarisch seien drei Beispiele von Statistiken zivilgesellschaftlicher Organisationen genannt:

a) *Gesamtstatistik der Freien Wohlfahrtspflege:* Daten zur Anzahl der Einrichtungen, Kapazitäten, Beschäftigten und Engagierten

b) *Statistische Gesamterhebung der Museen:* Daten zur Anzahl der Einrichtungen und deren Leistungen sowie zur Anzahl der Beschäftigten

c) *Datenbank des Bundesverbandes Deutscher Stiftungen:* Daten zur Anzahl der Stiftungen sowie zu deren Vermögen und Förderleistungen

Wissenschaftliche Erhebungen und Untersuchungen

Bislang existiert in Deutschland weder eine Forschungstradition noch eine ausgereifte Methodik zur wissenschaftlichen Analyse zivilgesellschaftlicher Organisationen. Für die Durchführung repräsentativer Erhebungen fehlt es an genauen Kenntnissen der Grundgesamtheit solcher Organisationen. Zwar sind über die Vereinsregister, die bei den Amtsgerichten geführt werden, Angaben zu den eingetragenen Vereinen zu ermitteln, und auch deren Zuordnung zu bestimmten Tätigkeitsbereichen und Regionen ist auf diesem Wege möglich (Alscher/Dathe/Priller/Speth 2009b: 71; V&M Service GmbH 2008). Allerdings stellen die eingetragenen Vereine nur einen Teil der zivilgesellschaftlichen Organisationen dar. Eine kontinuierliche und repräsentative Untersuchung zur Etablierung einer Dauerbeobachtung, wie sie sich mit dem Freiwilligensurvey zur Erfassung des individuellen Engagements etabliert hat, steht für diese Organisationen noch aus. Ein entsprechendes Projekt hat eine Reihe von Fragen zu lösen: Die zivilgesellschaftlichen Organisationen müssen zur Kooperation und Mitwirkungsbereitschaft gewonnen werden, zu berücksichtigen sind auch deren häufig nur kurzfristige Existenz sowie insgesamt die starke Dynamik in diesem Bereich.

Obwohl in Deutschland nur wenige Organisationserhebungen durchgeführt wurden, gibt es einige Untersuchungen, die ausgehend vom individuellen Engagement auf der Organisationsebene Rückschlüsse ermöglichen. Beispielhaft werden im Folgenden fünf wichtige Projekte und Untersuchungen vorgestellt.

a) Johns Hopkins Project

Einen wesentlichen Schritt, um die prekäre Datensituation zu verbessern, stellte in der Vergangenheit das international vergleichende „Johns Hopkins Comparative Nonprofit Sector Project"[1] dar. Hierbei handelt es sich um ein inzwischen über 30 Länder umfassendes, vom Institute for Policy Studies der Johns Hopkins University in Baltimore (USA) koordiniertes Großprojekt, das in Deutschland bislang zu den Berichtszeitpunkten 1990 und 1995 Ergebnisse vorgelegt hat (Zimmer/Priller 2007). Das Projekt startete 1990 mit einer Gruppe von sieben Industrie- und fünf Entwicklungsländern. Mitt-

---

1 Berücksichtigt wurden Organisationen, die formell strukturiert, organisatorisch unabhängig vom Staat und nicht gewinnorientiert sind, eigenverantwortlich verwaltet sowie bis zu einem gewissen Grad von freiwilligen Beiträgen getragen werden und keine Zeckverbände darstellen (vgl. Anheier et al. 1997: 15).

lerweile hat sich der Kreis der teilnehmenden Länder deutlich erweitert. In der zweiten Phase (1995–1999) waren Länder aus Nord- und Südamerika sowie aus West- und Osteuropa stark vertreten. Lücken, die es zuvor noch in Afrika und Asien gegeben hatte, konnten in den letzten Jahren durch weitere Länderberichte geschlossen werden.

Das Projekt erfasst den gemeinnützigen Sektor quantitativ auf Länderebene in seinen strukturellen Dimensionen und untersucht ihn qualitativ in seinen nationalen Einbettungsstrukturen. Die deutsche Teilstudie des Projekts war in der zweiten Phase am Wissenschaftszentrum Berlin für Sozialforschung und am Institut für Politikwissenschaft der Universität Münster angesiedelt.

In dem internationalen Vergleichsprojekt hatte man sich auf die folgenden empirischen Erfassungsmerkmale geeinigt:

- Anzahl der Organisationen
- Anzahl der Beschäftigten bzw. Arbeitszeitaufwand (Haupt- und Ehrenamtlichkeit) in den Organisationen
- Finanzvolumen der Organisationen
- Anteil der verschiedenen Finanzierungsquellen am Finanzvolumen
- Verwendung der Mittel
- Tätigkeitsfelder der Organisationen
- Leistungen, die von den Organisationen erbracht werden

Zum einheitlichen Forschungsdesign gehörte eine international gültige Klassifikation der Organisationen nach Tätigkeitsbereichen: die „International Classification of Nonprofit Organizations" (ICNPO). Dieser Klassifikation zufolge wurde der Sektor in zwölf abgegrenzte Bereiche eingeteilt, die eine Untersuchung der internen Strukturierung des Sektors ermöglichten. Die ICNPO enthält folgende Bereiche:

- Kultur und Freizeit
- Vertretung von Bürger- und Verbraucherinteressen
- Bildungswesen und Forschung
- Förderstiftungen, Spenden und ehrenamtliche Arbeit
- Gesundheitswesen
- Internationale Aktivitäten
- Soziale Dienste und Hilfen
- Wirtschafts- und Berufsverbände, Gewerkschaften
- Umwelt- und Naturschutz
- Religion
- Wohnungswesen und (lokale) Wirtschaftsentwicklung
- Sonstiges

Für den Aufbau einer Dauerbeobachtung wurden mit dem John Hopkins Project wesentliche Grundlagen durch die Entwicklung einer entsprechenden Methodik geschaffen. In Zusammenarbeit mit der Statistikabteilung der Vereinen Nationen entstand das „Handbook on Nonprofit Institutions in the System of National Accounts", das Empfehlungen und Anleitungen für den

Aufbau nationaler Informationssysteme bereitstellt. In einer Reihe von Ländern – in Europa sind es u. a. Belgien, Italien und Frankreich – wird dieser Ansatz bereits realisiert. In Deutschland stehen entsprechende administrative Entscheidungen und praktische Schritte noch aus. Vorstellbar und realisierbar ist die Umsetzung dieser Methodik durch die enge Zusammenarbeit von Wissenschaft, amtlicher Statistik und zivilgesellschaftlichen Organisationen.

Gegenwärtig wird mit einem von der Bertelsmann Stiftung, der Fritz Thyssen Stiftung und dem Stifterverband für die Wissenschaft geförderten Projekt „Zivilgesellschaft in Zahlen" versucht, die Empfehlungen des „Handbook on Nonprofit Institutions in the System of National Accounts" in Deutschland umzusetzen.

b) Freiwilligensurvey

Beim Freiwilligensurvey handelt es sich um eine repräsentative Individualbefragung von Personen, die älter als 14 Jahre sind (vgl. Gensicke in diesem Band). Die wissenschaftlich gesicherten Daten des Freiwilligensurveys bieten umfassende Analysemöglichkeiten zur Ausrichtung, zum Umfang und zum Potenzial des Engagements in Deutschland. Gleichzeitig sind Angaben zur Engagementbereitschaft enthalten (Gensicke/Picot/Geiss 2006). Darüber hinaus ermöglicht das breite Fragenspektrum teilweise einen Bezug zum organisatorischen Rahmen, in dem das jeweilige Engagement erfolgt. Obwohl der Anteil der Fragen mit Organisationsbezug von 1999 bis 2009 zugenommen hat, bleibt die Aussagekraft zu den Organisationen aufgrund der Individualausrichtung begrenzt.

c) Allgemeine Bevölkerungsumfrage der Sozialwissenschaften (ALLBUS)

ALLBUS ist eine repräsentative Querschnittserhebung der bundesdeutschen Bevölkerung, die alle zwei Jahre erhoben wird. Sie enthält Angaben zu den Einstellungen, Verhaltensweisen und zur Sozialstruktur der Bevölkerung. Das Engagement in zivilgesellschaftlichen Organisationen spielt bei der ALLBUS in Bezug auf Mitgliedschaften und Ehrenämter eine Rolle. Seit 1980 werden Mitgliedschaften getrennt nach Gewerkschaften, Parteien, Verbänden, Vereinen und anderen Organisationen erhoben. Zusätzlich wurde in den Wellen 1998, 2002, 2004 und 2008 nach einem Ehrenamt in einem Verein oder einer anderen Organisation gefragt. Für das Jahr 2008 erfolgte dies erstmals bereichsbezogen.

d) Das Sozio-oekonomische Panel (SOEP)

Das SOEP ist eine seit 1984 jährlich durchgeführte Haushaltsbefragung, die Angaben zur Lebenssituation der bundesdeutschen Bevölkerung liefert. Mit dem Themenschwerpunkt „Gesellschaftliche Partizipation und Zeitverwendung" stellt das SOEP eine wesentliche Datenquelle für die statistische Erfassung des zivilgesellschaftlichen Engagements dar. Es wird dabei das an bestimmte Organisationsformen gebundene Engagement erhoben. Die Angaben sind zwar nicht nach Bereichen des Engagements differenziert, sie eignen sich aber besonders zur Darstellung der allgemeinen Entwicklung im Zeitverlauf. Außerdem können Zeitreihenanalysen und Analysen zu sozialstrukturellen Einflussfaktoren durchgeführt werden.

e) Das IAB Betriebspanel

Das IAB-Betriebspanel, dessen Daten in erster Linie am Institut für Arbeitsmarkt- und Berufsforschung ausgewertet werden, erfasst Betriebe mit mindestens einem sozialversicherungspflichtigen Beschäftigten. Insofern sind in der Stichprobe jene zivilgesellschaftlichen Organisationen vertreten, die bezahlte Beschäftigte haben. Die Erhebung bietet Angaben sowohl zu den Beschäftigten als auch zu den Organisationen. Da sie sich aber auf wirtschaftlich tätige Betriebe konzentriert, ist das breite Spektrum zivilgesellschaftlicher Organisationen, die zu einem großen Teil nur über das bürgerschaftliche Engagement agieren, unzureichend abgebildet.

f) European Social Survey (ESS)

Der ESS ist eine auf Anregung der European Science Foundation entstandene repräsentative Bevölkerungsumfrage, an deren erster Welle (2002/ 2003) 22 Länder[2] teilgenommen haben, für die, bis auf die Schweiz und die Tschechische Republik, Daten zum zivilgesellschaftlichen Engagement vorliegen. Langfristiges Ziel des ESS ist es, die Interaktionen zwischen den sich wandelnden politischen und ökonomischen Institutionen und den Einstellungen, Überzeugungen sowie Verhaltensmustern der Bevölkerung der jeweiligen Länder zu untersuchen. Zu den Schwerpunkten in der ersten Welle gehörte der Themenkomplex „Citizenship, Involvement, Democracy". In der Erhebung 2002/2003 wurde ein vierstufiger Ansatz zur Engagementerfassung verwendet, bei dem (1) die Mitgliedschaft in zivilgesellschaftlichen Organisationen, (2) die Teilnahme an der Arbeit der Organisationen, (3) das Spendenverhalten für Organisationen und (4) das Engagement in den Organisationen erhoben wurden.

---

2 Belgien, Dänemark, Deutschland, Finnland, Frankreich, Großbritannien, Griechenland, Irland, Israel, Italien, Luxemburg, Niederlande, Norwegen, Österreich, Polen, Portugal, Schweden, Schweiz, Slowenien, Spanien, Tschechische Republik und Ungarn.

Datenlücken und Verbesserung der Datensituation

Die Darstellung der derzeitigen Datensituation verdeutlicht, dass von einem umfassenden und ausgebauten Informationssystem zu organisationsbezogenen Daten keine Rede sein kann. Während das individuelle Engagement durch eine Reihe von Untersuchungen analysiert wird, gibt es in Bezug auf die zivilgesellschaftlichen Organisationen noch Defizite und Datenlücken. Bislang erscheint das aktuelle Bild, das sich aus rund 600.000 Vereinen, über 14.000 Stiftungen, rund 7.000 eingetragenen Genossenschaften und zahlreichen anderen Organisationen zusammensetzt, lediglich sehr schemenhaft. Informationen zu neu entstandenen oder aufgelösten Organisationen sind in der Regel nur über verschiedene Register möglich.

Es fehlen vor allem größere Organisationserhebungen, wie sie in anderen Ländern in letzter Zeit auch im Rahmen der amtlichen Statistik erfolgen, so beispielsweise in Österreich: In Kooperation mit der Nationalen Statistik (Statistik Austria) wird hier als Pilotprojekt eine Paneluntersuchung der gemeinnützigen Organisationen mit mindestens einem Mitarbeiter durchgeführt, die in zentralen wohlfahrtsstaatlichen Bereichen tätig sind (Alten- und Pflegeheimsektor, Kinderbetreuung). Diese Untersuchung ist insofern interessant, als mit zwei Vergleichs- bzw. Kontrollgruppen gearbeitet wird. In die Untersuchung einbezogen sind deshalb auch gewinnorientierte Unternehmen und öffentliche Einrichtungen. Untersuchungen mit einer solchen Ausrichtung und Methodik können besonders eindrucksvoll einen vertieften Einblick in die dynamischen Veränderungen der Ausrichtung und der Tätigkeiten zivilgesellschaftlicher Organisationen gewährleisten.

Doch auch in Deutschland sind neben den vielfach auszumachenden Datenlücken bestimmte Verbesserungen bei der Datensammlung und -erhebung auszumachen. Zu nennen sind insbesondere die beiden folgenden Projekte:

a) „Zivilgesellschaft in Zahlen"

Die insgesamt als mangelhaft zu bewertende Datenlage in Bezug auf die Zivilgesellschaft haben einige Stiftungen zum Anlass genommen, bis 2010 das Projekt „Zivilgesellschaft in Zahlen" zu finanzieren. Dabei handelt es sich um den Aufbau eines Berichtssystems hauptsächlich auf der Grundlage von Datenbeständen des Statistischen Bundesamtes. Im Mittelpunkt stehen eine ökonomische Bilanz und das gesellschaftliche Leistungsprofil der zivilgesellschaftlichen Organisationen. Erfasst werden in erster Linie alle Nonprofit-Organisationen mit mindestens einem sozialversicherungspflichtigen Beschäftigten. Das bürgerschaftliche Engagement kann dabei allerdings nicht erhoben werden. Durch das Projekt, das bei der Wissenschaftsstatistik GmbH des Stifterverbandes für die Deutsche Wissenschaft angesiedelt ist, sollen Grundlagendaten für weitergehende Untersuchungen bereitgestellt werden. In Anlehnung an die Konzepte und Methoden des Johns Hopkins Project und inzwischen vorhandene internationale Standards soll mittelfristig ein Satellitensystem zur Volkswirtschaftlichen Gesamtrechnung etabliert werden.

b) Spendenberichterstattung

Vor dem Hintergrund zunehmender Forderungen nach mehr Transparenz im Spendenbereich und eines wachsenden Wettbewerbs unter den gemeinnützigen Organisationen erfolgt der Aufbau einer nationalen Spendenberichterstattung. Die hierfür am Wissenschaftszentrum Berlin für Sozialforschung erarbeitete Methodik (Priller/Sommerfeld 2009) ist u.a. auf Angaben zum Spendenvolumen, zu den Spendern, Spendenzwecken und Spendenmotiven ausgerichtet. Sie beschränkt sich aber nicht nur auf Umfragedaten zum Spendenverhalten, sondern bezieht die Angaben spendensammelnder Organisationen mit ein. Der Spendenbericht wird am Deutschen Zentralinstitut für soziale Fragen (DZI) erstellt und erscheint erstmalig 2010.

Ausblick

Ohne Zweifel wird das bürgerschaftliche Engagement nicht nur politisch, sondern insgesamt gesellschaftlich künftig weiter an Stellenwert gewinnen. Insofern ist von einer verstärkten Nachfrage nach Daten und Analysen auszugehen. Langfristig stellt sich die Aufgabe – ähnlich, wie es in anderen Gesellschaftsbereichen schon lange der Fall ist –, ein aussagefähiges und in sich weitgehend geschlossenes System der Datenerhebung und -bereitstellung aufzubauen.

Organisationsbezogenen Daten kommt dabei ein hoher Stellenwert zu. Um die Situation in diesem Bereich zu verbessern, kann an die beschriebenen und bereits vorhandenen Erhebungen und Datenbasen angeknüpft werden. Neben einer stärkeren inhaltlichen und methodischen Abstimmung sind Merkmale und Kategorien der zivilgesellschaftlichen Organisationen in andere Datenerhebungen zu integrieren. Ein wesentlicher Fortschritt bestünde darin, die Rechtsformen zivilgesellschaftlicher Organisationen bzw. deren gemeinnützige Ausrichtung als Erhebungsmerkmal in Untersuchungen zu berücksichtigen. Die Analysebasis ist auch dadurch zu optimieren, indem umfangreiche Erhebungen wie der Mikrozensus Fragen zum Engagement mit aufnehmen. Diesbezügliche Erfahrungen aus Österreich zeigen, dass sich die Datenverfügbarkeit und Datenqualität mit einem solchen Ansatz deutlich verbessert.

Nicht zuletzt ist die Durchführung von größeren Erhebungen, die auf zivilgesellschaftliche Organisationen gerichtet sind, voranzutreiben. Gesichtspunkte einer neu zu entwickelnden Wirkungsforschung für diesen Bereich sowie die Evaluierung bestimmter Strukturen und Praktiken müssen dabei an Stellenwert gewinnen.

Literatur

Alscher Mareike/Dathe, Dietmar/Priller, Eckhard/Speth, Rudolf 2009 a: Monitor Engagement, Ausgabe Nr. 1. Nationaler und internationaler Stand der Engagementforschung. Erstellt von der Projektgruppe Zivilengagement, Wissenschaftszentrum Berlin für Sozialforschung, herausgegeben vom Bundesministerium Familie, Senioren, Frauen und Jugend. Berlin.

Alscher, Mareike/Dathe, Dietmar/Priller, Eckhard/Speth, Rudolf 2009 b: Bericht zur Lage und zu den Perspektiven des bürgerschaftlichen Engagements in Deutschland. Erstellt von der Projektgruppe Zivilengagement, Wissenschaftszentrum Berlin für Sozialforschung, herausgegeben vom Bundesministerium für Familie, Senioren, Frauen und Jugend. Berlin.

Anheier, Helmut K./Priller, Eckhard/Seibel, Wolfgang/Zimmer, Annette (Hrsg.) 1997: Der Dritte Sektor in Deutschland. Organisationen zwischen Staat und Markt im gesellschaftlichen Wandel. Berlin.

Anheier, Helmut K./Priller, Eckhard/Zimmer, Annette 2000: Die zivilgesellschaftliche Dimension des Dritten Sektors. In: Klingemann, Hans-Dieter/Neidhardt, Friedhelm (Hrsg.): Zur Zukunft der Demokratie. Herausforderungen im Zeitalter der Globalisierung. WZB-Jahrbuch 2000. Berlin: 71–98.

Gensicke, Thomas/Picot, Sybille/Geiss, Sabine 2006: Freiwilliges Engagement in Deutschland 1999–2004. Ergebnisse der repräsentativen Trenderhebung zu Ehrenamt, Freiwilligenarbeit und bürgerschaftlichem Engagement, in Auftrag gegeben und herausgegeben vom Bundesministerium für Familie, Senioren, Frauen und Jugend. Wiesbaden.

Maecenata-Institut 2006: Bürgerengagement und Zivilgesellschaft in Deutschland. Stand und Perspektiven. Studie. Berlin.

Priller, Eckhard/Sommerfeld, Jana 2009 a: Spenden und ihre Erfassung in Deutschland: Vergangenheit – Gegenwart – Zukunft. In: Priller, Eckhard/Sommerfeld, Jana (Hrsg.): Spenden in Deutschland. Analysen – Konzepte – Perspektiven. Münster: 5–74.

Witt, Dieter/von Velsen-Zerweck, Burkhard/Thiess, Michael/Heilmair, Astrid 2006: Herausforderung Verbändemanagement. Handlungsfelder und Strategien. Wiesbaden.

V&M Service GmbH 2008: Vereinsstatistik 2008. Konstanz.

Zimmer, Annette/Priller, Eckhard 2007: Gemeinnützige Organisationen im gesellschaftlichen Wandel. Ergebnisse der Dritte-Sektor-Forschung. Wiesbaden.

Marcel Erlinghagen und Karsten Hank

Engagement im internationalen Vergleich

Einleitung

Wir konzentrieren uns in unserem Beitrag auf zwei Formen unbezahlter Arbeit, die wichtige Teilbereiche „Bürgerschaftlichen Engagements" darstellen (zur Begriffsdefinition von „Bürgerschaftlichem Engagement" vgl. unterschiedliche Beträge in diesem Handbuch). Wenn wir im Folgenden unbezahlte Arbeit thematisieren, die in Anbindung an eine Organisation außerhalb des privaten Haushalts erbracht wird (z.B. Vereine oder Verbände), sprechen wir von „ehrenamtlicher Arbeit". Geht es um unbezahlte, von den Aktiven selbst organisierte Arbeit, sprechen wir von „informeller Hilfe". Informelle Hilfe ist dabei von Eigenarbeit (unbezahlte Arbeit für den Eigenbedarf) und familialer Hilfe (unbezahlte Arbeit zum Nutzen von Familienangehörigen) zu unterscheiden; Nutznießer „informeller Hilfe" sind demnach Nachbarn, Freunde oder mehr oder weniger ‚Fremde' (Erlinghagen 2000a).

Mit dem „European Social Survey" (ESS) sowie dem US-amerikanischen Survey „Citizenship, Involvement and Democracy" (CID) existieren Daten, die einen internationalen Vergleich des Ausmaßes, der Determinanten und der Dynamik ehrenamtlicher Arbeit und informeller Hilfe erlauben (Stolle/Howard 2008). Nachdem wir in Abschnitt 1 zunächst einige knappe theoretische Überlegungen zum internationalen Vergleich bürgerschaftlichen Engagements angestellt haben, werden wir dann in Abschnitt 2 die von uns verwendeten Daten näher beschreiben. Abschnitt 3 stellt anschließend einige ausgewählte empirische Befunde vor. Abschnitt 4 beschließt den Beitrag mit einer Zusammenfassung und Bewertung der vorgestellten Ergebnisse.

Theoretische Überlegungen

Ob Menschen sich unentgeltlich engagieren, hängt in entscheidendem Maß von den Ressourcen ab, über die sie verfügen. Verschiedene nationale und internationale Studien haben auf Basis ganz unterschiedlicher Daten in den vergangenen Jahren gezeigt, dass mit wachsendem Einkommen, zunehmender Bildung und besserer Gesundheit auch die Wahrscheinlichkeit wächst, dass sich Menschen unentgeltlich engagieren (Wilson/Musick 1997; Erlinghagen 2000b; Tang 2006). Ferner ist in den vergangenen Jahren auch zunehmend die Bedeutung des Lebensverlaufs für die Beteiligung an informeller Arbeit thematisiert worden. Dabei ist zwischen der kurzfristigen Wirkung singulärer Lebensereignisse wie z.B. der Heirat, Scheidung, Tod des Partners oder aber der Geburt eines Kindes (Erlinghagen 2000b; Rotolo 2000; zur informellen Arbeit von Paaren vgl. Rotolo/Wilson 2006) und der langfristigen Wirkung von zurückliegenden Erfahrungen wie z.B. der Sozialisation in der Familie (Janoski/Wilson 1995; Mustillo et al. 2004) oder der kulturellen Prägung ganzer Geburtskohorten (Goss 1999; Rotolo/ Wilson 2004) im Lebensverlauf zu unterscheiden. Gleichzeitig konnte auch die Bedeutung zurückliegender Engagementerfahrungen nachgewiesen werden. Wer sich in jungen Jahren bereits sozial engagiert hat, zeigt auch ein höheres Engagement in späteren Lebensabschnitten (Mutchler et al. 2003; Erlinghagen 2008).

Hinzu kommt, dass soziales Engagement nicht isoliert vom breiteren gesellschaftlichen Kontext, in dem sie stattfindet, betrachtet werden darf (vgl. Bühlmann/Freitag 2004). So stellen z.B. Anheier und Salamon (1999: 43) fest, dass „as a cultural and economic phenomenon, volunteering is part of the way societies are organized, how they allocate social responsibilities, and how much engagement and participation they expect from citizens." Während also hinsichtlich der individuellen Faktoren wie Ressourcenausstattung und Lebensverlauf ähnliche Zusammenhänge in ganz unterschiedlichen Ländern zu beobachten sind, sollte das Ausmaß, die organisatorische Struktur und die inhaltliche Ausrichtung bürgerschaftlichen Engagements aufgrund der historisch gewachsenen, kulturell heterogenen institutionellen und sozialen Kontextbedingungen und unabhängig von sozialstrukturellen Unterschieden von Land zu Land variieren.

Daten

Die folgenden Analysen basieren im Wesentlichen auf den Daten des „European Social Surveys" (ESS). Der ESS ist eine gemeinsam von der Europäischen Kommission, der European Science Foundation (ESF) und nationalen forschungsfördernden Institutionen finanzierte Erhebung. Derzeit stehen drei Wellen des ESS zur Auswertung zur Verfügung. Die Daten wurden 2002/2003 (Runde 1), 2004/2005 (Runde 2) sowie 2006/2007 (Runde 3) erhoben. Zu beachten ist, dass es sich beim ESS nicht um eine Längsschnitt-, sondern um eine wiederholte Querschnittsbefragung handelt und in jeder Runde neue, für die einzelnen Länder repräsentative Stichproben gezogen werden. Der Kern der teilnehmenden Länder ist in allen drei Runden vertreten, jedoch gibt es auch Länder, die nicht an allen Wellen teilgenommen haben. Die Zahl der teilnehmenden Länder schwankt so von Runde zu Runde (für weitere Informationen vgl. www.europeansocial survey.org).

Ferner ist von Bedeutung, dass in allen Ländern im Wesentlichen ein einheitlicher Fragebogen verwendet wird. Der Interviewbogen besteht aus mehreren Modulen, wobei zwei dieser Module den stabilen Kern des Surveys umfassen, das heißt, dass diese Module in allen drei Befragungsrunden zum Einsatz gekommen sind („core modules'). Die anderen Module sind variabel und haben in den drei Befragungsrunden einen unterschiedlichen Inhalt („rotating moduls').

Für die Analyse der Beteiligung an informeller Hilfe verwenden wir die ESS-Daten der Runde 3 aus dem Jahr 2006/2007. Dort wird gefragt: „Abgesehen davon, was Sie für Ihre Familie, an Ihrem Arbeitsplatz oder in Vereinen, Verbänden und Organisationen tun, wie oft haben Sie in den letzten 12 Monaten anderen Menschen geholfen?" mit den Antwortmöglichkeiten „mindestens einmal pro Woche", „mindestens einmal pro Monat", „mindestens einmal alle drei Monat", „mindestens einmal in den vergangenen sechs Monaten", „mindestens einmal in den vergangenen 12 Monaten" oder „nie". Wir definieren im Folgenden aktiv Helfende als Personen, die angeben, regelmäßig (also mindestens monatlich) anderen Menschen zu helfen.

Auch ehrenamtliches Engagement wird auf ähnliche Weise in der ESS-Runde 3 abgefragt. Wir verwenden allerdings aus unterschiedlichen Gründen zur Messung der ehrenamtlichen Beteiligung die Daten aus ESS-Runde 1 aus 2002/2003. Diese Daten haben den Vorteil, dass den Befragten ein Katalog von 12 unterschiedlichen Betätigungsbereichen vorgelegt wurde. Sie wurden gefragt, ob sie in den folgenden Organisationen innerhalb der vergangenen 12 Monate ehrenamtliche Arbeit geleistet haben: (a) Sportverein, (b) Organisation für kulturelle Aktivitäten oder Hobbies, (c) Konsumentenvereinigung/Automobilclub, (d) humanitäre Organisation, (e) Organisation für Umwelt/Frieden/Tierschutz, (f) sozialer Verein, (g) Gewerkschaften, (h) Berufs-/Unternehmensverbände, (i) politische Parteien, (j) Organisation zur Förderung von Wissenschaft/Erziehung bzw. Lehrerverband, (k) religiöse Organisation oder Kirche sowie (l) sonstige Organisationen. In Runde 1 wird zwar nicht wie in Runde 3 die Häufigkeit des Engagements abgefragt, jedoch ist aufgrund der unterschiedlichen Bedeutung der Organisationsbereiche in den unterschiedlichen Ländern dadurch gewährleistet, dass die Befragten möglichst umfassend von Ihren Aktivitäten berichten. Somit stellen die auf Basis dieser Daten berechneten Engagementquoten wohl Obergrenzen der Beteiligung dar. Wir gehen davon aus, dass eine Person ehrenamtlich aktiv war, wenn sie angibt, in mindestens einem der genannten Organisationsbereiche in den vergangenen 12 Monaten ehrenamtlich tätig gewesen zu sein.

Eine Verwendung der ESS-Daten aus Runde 1 bietet sich im Übrigen auch deshalb an, weil die für die USA im 2005 erhobenen „Citizenship, Involvement, Democracy" (CID) erhobenen Daten zur Erfassung ehrenamtlichen Engagements, wie im Übrigen auch bei einer ganzen Reihe weiterer Fragen, auf das ESS-Instrument zurückgreifen (für weitere Informationen vgl. www.uscidsurvey.org). Auch den CID-Teilnehmern wird die Frage gestellt, in welcher der genannten Organisationen sie in den vergangenen 12 Monaten ehrenamtliche Arbeit geleistet haben. Zusätzlich zu den 12 ESS-Kategorien werden des Weiteren folgende fünf Organisationsbereiche zusätzlich abgefragt: (m) Bedürftigenhilfe, (n) Selbsthilfegruppe, (o) Veteranenorganisation, (p) ethnische Interessenorganisation und (q) Nachbarschafts- oder Grundeigentümervereinigung. Somit können zumindest für den Bereich des ehrenamtlichen Engagements zusätzlich zu den europäischen Zahlen auch Vergleichswerte aus den USA vorgestellt werden.

Ausgewählte empirische Befunde

Ehrenamtliches Engagement

Abbildung 1 zeigt die Anteile ehrenamtlich Aktiver im internationalen Vergleich. Es zeigen sich deutliche Unterschiede mit der höchsten Beteiligung in Norwegen, Schweden und den Niederlanden, wo 36,6 bzw. 34,7 und 30,6 Prozent der Bevölkerung in den 12 Monaten vor dem Interview in irgendeiner Form ehrenamtlich aktiv gewesen sind. Mit deutlich geringeren Engagementquoten finden sich Portugal (6,1 Prozent), Polen (5,6 Prozent) und Italien (4,6 Prozent) am Ende der Liste. In Deutschland ist etwa ein Viertel der Bevölkerung ehrenamtlich aktiv, was in etwa den Werten entspricht, die aus anderen Untersuchungen auf Basis der Daten des Soziooekonomischen Panels (SOEP) (Erlinghagen 2008) oder des „Freiwilligensurveys" (Gensicke et al. 2005) bekannt sind. Die deutsche Engagementquote liegt deutlich über dem internationalen Durchschnitt (17,6 Prozent) und ist somit in etwa gleichauf mit Ländern wie Großbritannien, Belgien oder den USA. Die Daten zeigen des Weiteren ein klares regionales Muster mit der höchsten ehrenamtlichen Beteiligung in Skandinavien und den Niederlanden, einer mittleren Beteiligung in Westeuropa und den USA und einer vergleichsweise niedrigen Beteiligung in Süd- und Osteuropa.

Ehrenamtliches Engagement unterscheidet sich im internationalen Vergleich allerdings nicht nur hinsichtlich des aktiven Anteils der Bevölkerung. Es zeigt sich auch, dass zwischen den Ländern erhebliche Unterschiede im Hinblick auf den organisatorischen Kontext des Engagements bestehen. Abbildung 2 zeigt die Struktur ehrenamtlichen Engagements in Bezug auf die jeweilige organisatorische Ausrichtung innerhalb der Aktiven in Europa und den USA. Zu diesem Zweck sind die 12 bzw. 17 im ESS bzw. CID abgefragten ursprünglichen Organisationstypen von uns zu den fünf Kategorien (1) Freizeit, (2) Soziales, (3) Politisches, (4) Religiöses und (5) Sonstiges zusammengefasst worden; welche Originalausprägung welcher Kategorie zugeordnet worden ist, lässt sich Tabelle 1 entnehmen. Die Werte in Abbildung 2 geben somit an, wie viel Prozent der ehrenamtlich Aktiven in einem Land sich in den fünf unterschiedlichen Ehrenamtsbereichen engagieren. Werte über 100 Prozent bezeichnen hierbei den Anteil der Aktiven, die in mehr als einem Bereich aktiv sind.

Engagement im internationalen Vergleich 737

Abb. 1: Prozentuale Anteile ehrenamtlich Aktiver im internationalen Vergleich (2002/2003)*

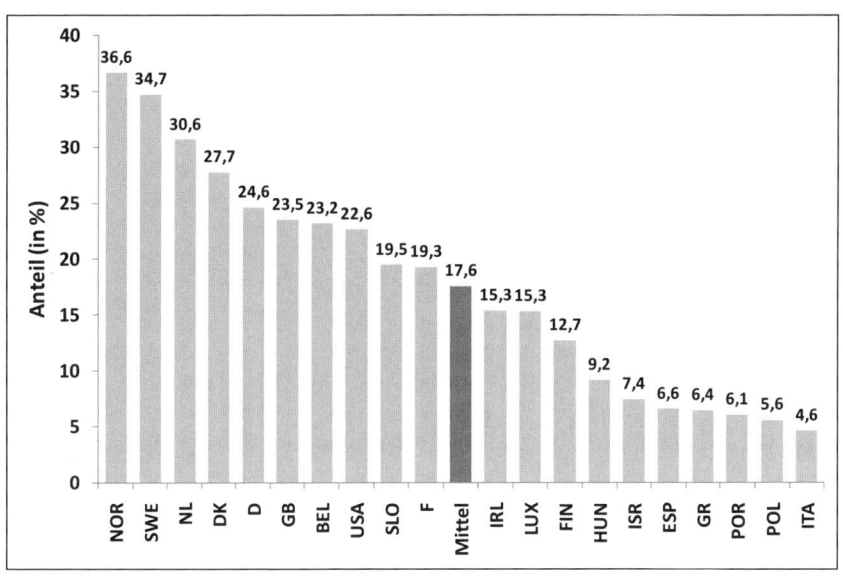

Land	Anteil (in %)
NOR	36,6
SWE	34,7
NL	30,6
DK	27,7
D	24,6
GB	23,5
BEL	23,2
USA	22,6
SLO	19,5
F	19,3
Mittel	17,6
IRL	15,3
LUX	15,3
FIN	12,7
HUN	9,2
ISR	7,4
ESP	6,6
GR	6,4
POR	6,1
POL	5,6
ITA	4,6

* Daten für die USA aus 2005
Quelle: ESS (Round 1) & CID, eigene Berechnungen (gewichtet)

Tab. 1: Zuordnung unterschiedlicher Originalausprägungen zu den fünf Organisationskategorien ehrenamtlichen Engagements in den Daten des ESS bzw. CID

Kategorie	Originalausprägung
Freizeit	Sportverein, Organisation für kulturelle Aktivitäten oder Hobbys,
Soziales	Konsumentenvereinigung/Automobilclub, humanitäre Organisation, Organisation für Umwelt/Frieden/Tierschutz, sozialer Verein, Bedürftigenhilfe*, Selbsthilfegruppe*
Politisches	Gewerkschaften, Berufs- & Unternehmensverbände, politische Parteien, Organisation zur Förderung von Wissenschaft/Erziehung bzw. Lehrerverband, Veteranenorganisation*, ethnische Interessenorganisation*, Nachbarschafts- oder Grundeigentümervereinigung*
Religiöses	religiöse Organisation oder Kirche
Sonstiges	sonstige Organisationen

* nur USA (Quelle: CID)

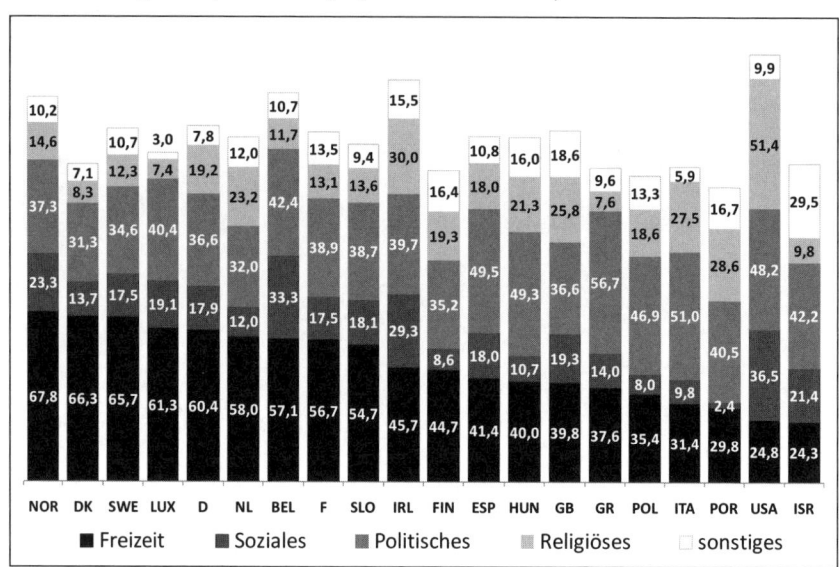

Abb. 2: Organisationsstruktur ehrenamtlichen Engagements im internationalen Vergleich (2002/2003)* (Anteile in Prozent)

*Daten für die USA aus 2005
Quelle: ESS (Round 1) & CID), eigene Berechnungen (gewichtet)

67,8 Prozent der ehrenamtlich aktiven Norweger engagieren sich im Freizeitbereich und nehmen damit in dieser Kategorie den Spitzenwert im internationalen Vergleich ein. Ihnen folgen die Dänen und die Schweden mit einer Quote von 66,3 bzw. 65,7 Prozent. Am anderen Ende der Skala finden sich Portugal, die USA und Israel. In diesen Ländern engagieren sich weniger als ein Drittel der Ehrenamtlichen in Freizeitorganisationen. Die Kategorie „Soziales" wird durch die Aktiven aus den USA, Belgien und Irland dominiert. In diesen Ländern arbeitet etwa ein Drittel der ehrenamtlich Aktiven in diesem Organisationsbereich. Relativ schwach ist diese Kategorie hingegen in Finnland, Polen und Portugal mit zum Teil deutlich unter 10 Prozent liegenden Anteilen.

Unter den vergleichsweise wenigen Aktiven in Südeuropa haben Ehrenämter in politischen Organisationen offensichtlich eine hohe Bedeutung. Etwa jeder zweite Ehrenamtliche in Griechenland, Italien und Spanien engagiert sich in diesem Bereich. Allerdings ist auch zu berücksichtigen, dass politischen Organisationen grundsätzlich eine hohe Bedeutung bei der Aktivierung von sozialem Engagement zukommt. So sind in allen betrachteten Ländern wenigstens ein Drittel aller ehrenamtlich Aktiven im politischen Organisationskontext aktiv. Betrachtet man abschließend noch den Bereich der religiösen Organisationen, ist hier insbesondere die Dominanz der USA bemerkenswert. Mehr als jeder zweite Aktive in den USA übt sein Ehrenamt in Anbindung an eine religiöse Organisation aus. Mit weitem Abstand folgt als nächstes Land mit relativ hoher Bedeutung religiöser Organisationen Irland, wo 30 Prozent der Aktiven in einem religiösen Kontext arbeiten.

Informelle Hilfe

Im europäischen Vergleich nimmt Deutschland bei der regelmäßigen informellen Hilfe den Spitzenplatz ein (→ Abbildung 3). Knapp 56 Prozent der Deutsche gibt an, mindestens einmal im Monat einem Freund oder Nachbarn unentgeltlich zu helfen. Ähnlich hohe Werte werden in Dänemark (54,5 Prozent), Schweden, Slowenien jeweils 51,8 Prozent) und der Schweiz (49,9 Prozent) erreicht (→ Abbildung 3). Abgesehen von Einzelfällen lässt sich insgesamt vergleichbar mit dem räumlichen Muster ehrenamtlichen Engagements auch ein Gefälle von Nord-West- nach Süd-Ost-Europa feststellen. Die süd- und osteuropäischen Länder liegen auch bei der regelmäßigen unentgeltlichen Hilfe am unteren Ende der Rangfolge. Die letzten drei Plätze belegen Russland mit einem Anteil von knapp 18 Prozent, Bulgarien mit einem Anteil von knapp 16 Prozent und Portugal mit einem Anteil von 9,5 Prozent regelmäßig Helfender an der erwachsenen Bevölkerung.

Das Streudiagramm sowie die dazugehörige Regressionsgerade in Abbildung 4 zeigen auf Basis der Länder, die sowohl in der ersten als auch der dritten Befragungsrunde des ESS teilgenommen haben, dass es einen klaren positiven Zusammenhang zwischen dem Ausmaß ehrenamtlich Aktiver und dem Anteil unbezahlt Helfender in einer Gesellschaft gibt ($R^2 = 0,58$).

Abb. 3: Anteile regelmäßig unentgeltlich Helfender im internationalen Vergleich (2006)

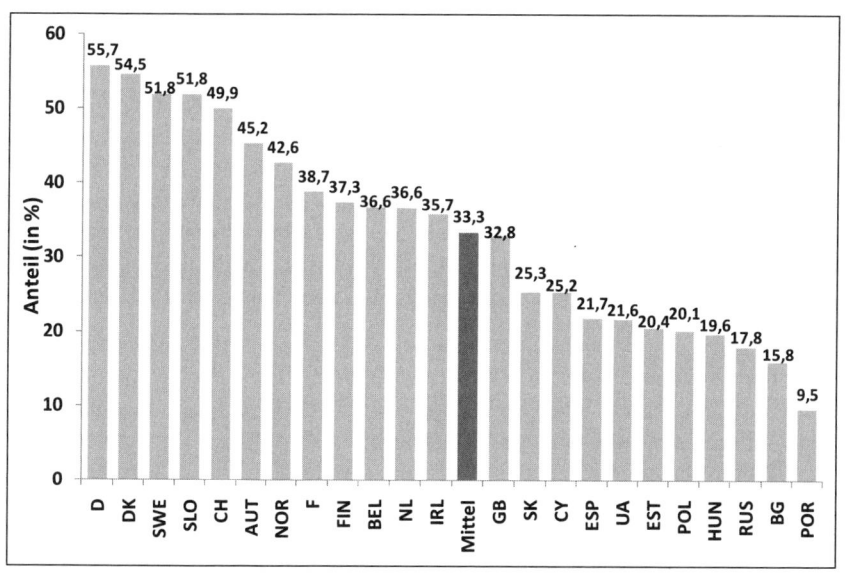

Quelle ESS (Round 3), eigene Berechnungen

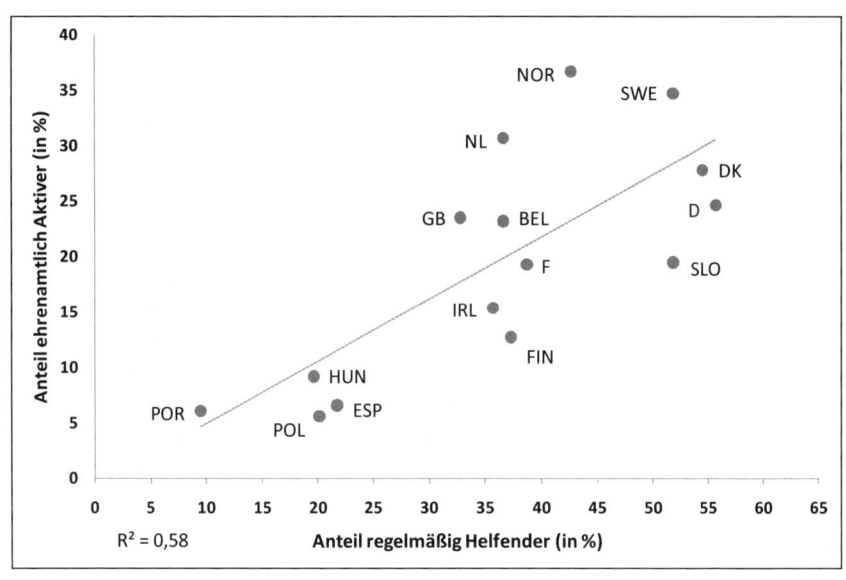

Abb. 4: Zusammenhang zwischen regelmäßiger unbezahlter Hilfe und ehrenamtlichen Aktivitäten

[Streudiagramm: Anteil ehrenamtlich Aktiver (in %) gegen Anteil regelmäßig Helfender (in %); $R^2 = 0{,}58$. Länderpunkte: POR, POL, ESP, HUN, IRL, GB, BEL, NL, F, FIN, NOR, SWE, DK, D, SLO.]

Quelle ESS (Round 1 & 3), eigene Berechnungen

Ursachen für die zu beobachtenden Länderunterschiede

Da – wie in Abschnitt 1 bereits dargelegt – die Wahrscheinlichkeit bürgerschaftlichen Engagements deutlich mit der Verfügbarkeit individueller Ressourcen wie Gesundheit, Bildung und Einkommen korreliert, ist zunächst plausibel, die auf Länderebenen beobachteten Unterschiede hinsichtlich des ehrenamtlichen Engagements oder der unbezahlten Hilfe auf sozialstrukturelle Unterschiede zwischen den Gesellschaften zurückzuführen. Jedoch zeigen Untersuchungen etwa auf Basis des Survey of Health, Ageing and Retirement in Europe, dass ein solcher Gruppenkompositionseffekt nur sehr eingeschränkt zur Erklärung bestehender Länderunterschiede geeignet ist (Erlinghagen/Hank 2006; Hank/Stuck 2009). Vielmehr scheinen institutionelle Rahmenbedingungen eine wesentliche Rolle für die individuelle Beteiligung an Ehrenämtern zu spielen (siehe auch Curtis et al. 2001; Salamon/Sokolowski 2003).

Ruft man sich das räumliche Muster mit dem klaren Engagementgefälle von Nord-West- nach Süd-Ost-Europa erneut ins Gedächtnis, scheint es auf den ersten Blick augenfällige Parallelen zur Typologie unterschiedlicher Wohlfahrtsstaatsregime zu geben (Esping-Andersen 1990). Zumindest für das ehrenamtliche Engagement scheint ein solches Raster eine gewisse Erklärungskraft zu besitzen. So sind die Bürger sozialdemokratischer Wohlfahrtsstaaten (Norwegen, Schweden, Dänemark) zu einem besonders hohen Anteil engagiert, gefolgt von Menschen aus konservativen (Niederlande,

Deutschland, Belgien, Frankreich) und liberalen Wohlfahrtsstaaten (USA, Großbritannien), während die Einwohner osteuropäischer Transformationsländer und Menschen aus den Mittelmeerländern sich insgesamt in geringerem Umfang beteiligen. Betrachtet man allerdings die informelle Hilfe, ist das Wohlfahrtsstaatskonzept nicht so einfach anwendbar, auch wenn hier ebenso ein ähnlicher grundsätzlicher Unterschied zwischen Nordwest- und Südosteuropa besteht. So inspirierend und instruktiv das Konzept unterschiedlicher Wohlfahrtsstaatsregime auch ist – offensichtlich ist seine Erklärungskraft und Reichweite begrenzt. Man kommt daher nicht umhin, konkrete institutionelle Einflüsse auf das Bürgerschaftliche Engagement theoretisch herzuleiten und empirisch zu überprüfen (Hank/Stuck 2009).

Um mehr über mögliche institutionelle Einflüsse auf das Ausmaß bürgerschaftlichen Engagements in Europa und den USA zu erfahren, haben wir zwei konkrete Indikatoren ausgewählt, die beispielhaft unterschiedliche institutionelle Rahmenbedingungen bürgerschaftlichen Engagements abbilden sollen. Dabei handelt es sich zum einen um den Grad politischer und religiöser Freiheit, den wir mit Hilfe des „Freedomhouse Index of Civil Liberties" operationalisieren (vgl. www.freedomhouse.org). Dieser Index mit einem Wertebereich von 0 bis 60 wird auf der Basis von Experteneinschätzungen erstellt und setzt sich aus folgenden Unterkategorien zusammen: Meinungs- und Religionsfreiheit, Vereinigungsfreiheit und Organisationsrechte, Rechtsstaatlichkeit, individuelle Autonomie und individuelle Rechte. Dabei werden nicht nur formalrechtliche Kriterien berücksichtigt, sondern es wird auch die aktuelle Praxis innerhalb des jeweiligen Landes mit einbezogen. Zum anderen verwenden wir als Maß für den Grad der Sozialstaatlichkeit in den beobachteten Ländern die von der OECD bereitgestellten Pro-Kopf-Sozialausgaben. Die Werte sind jeweils in US-Dollar angegeben und in Kaufkraftparitäten umgerechnet.

Aus theoretischer Perspektive ist keinesfalls von vornherein die Richtung der zu erwartenden Zusammenhänge zwischen den beiden Makroindikatoren und bürgerschaftlichem Engagement klar. So ist ex ante denkbar, dass mit zunehmenden Sozialausgaben das bürgerschaftliche Engagement sowohl steigt (z. B. durch eine verbesserte Infrastruktur für die aktiven Bürger) als auch sinkt (z. B. durch die Verdrängung von Selbsthilfeaktivitäten durch staatliche Bereitstellung). Ähnliches gilt für das Ausmaß gesellschaftlicher Freiheit: Sie kann Bürgerengagement initiieren (z. B. durch großzügige rechtliche Spielräume für Selbsthilfeorganisationen) oder aber behindern (z. B. indem staatlich vorstrukturierte Engagementfelder fehlen[1]).

---

1 Dass ein Mehr an Freiheit Engagement zumindest für eine gewisse Periode verringern kann, lässt sich z. B. nach der Wende in Ostdeutschland beobachten. Nach 1990 geht das bürgerschaftliche Engagement in den neuen Bundesländern binnen kurzer Zeit dramatisch zurück, was zum Teil sicherlich durch das Wegbrechen alter, Engagement strukturierender Organisationen (VEBs, Parteiorganisationen etc.) zu erklären ist (Erlinghagen 2008).

Abb. 5: Zusammenhang zwischen dem Anteil ehrenamtlich Aktiver (2001/2002) bzw. regelmäßig Helfender (2003/2004) und dem Grad gesellschaftlicher Freiheit bzw. den Sozialausgaben im internationalen Vergleich

Ehrenamtliches Engagement[a] & gesellschaftliche Freiheit[c]

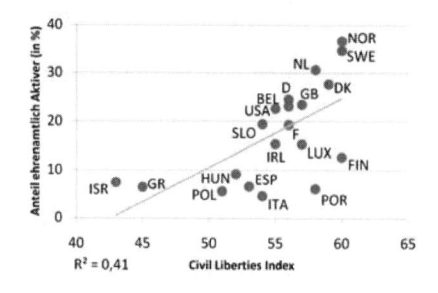

Ehrenamtliches Engagement[a] & Sozialausgaben[d]

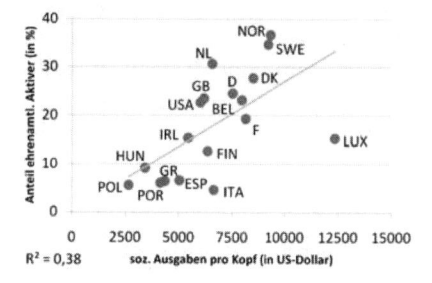

Regelmäßige Hilfe[b] & gesellschaftliche Freiheit[c]

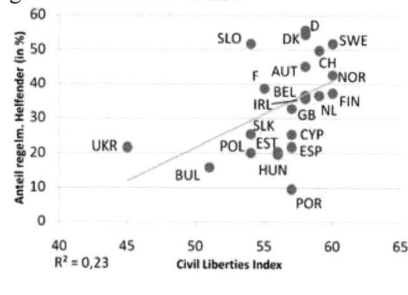

Regelmäßige Hilfe[b] & Sozialausgaben[d]

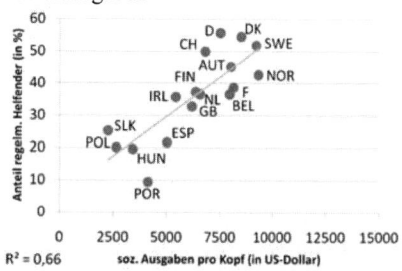

Quellen
a ESS (Round 1, eigene Berechnungen)
b ESS (Round 3, eigene Berechnungen)
c Freedomhouse Civil Liberties Index
d OECD (Angaben in aktuellen Preisen und umgerechnet in Kaufkraftparitäten)

Abbildung 5 zeigt mit Hilfe von vier Streudiagrammen und den sich daraus jeweils ergebenen Regressionsgeraden, dass zwischen den beiden ausgewählten Makroindikatoren und dem Ausmaß ehrenamtlicher Aktivitäten bzw. informeller Hilfe ein positiver Zusammenhang besteht. Am schwächsten ist dieser Zusammenhang zwischen dem Ausmaß gesellschaftlicher Freiheit und dem Anteil regelmäßig helfender Bürgern ($R^2 = 0,23$). Hinsichtlich der gesellschaftlichen Freiheit und ehrenamtlicher Arbeit zeigt sich schon eine deutlichere Beziehung ($R^2 = 0,41$). Besonders stark ist hingegen der Zusammenhang zwischen der Höhe der Pro-Kopf-Sozialausgaben und dem Anteil Helfender: Je mehr eine Gesellschaft für soziale Belange ausgibt, desto höher ist dann – statistische gesehen – der Anteil der Menschen, die Ihren Nachbarn und Freunden regelmäßig helfen ($R^2 = 0,66$). Ein ähnlicher Zusammenhang ergibt sich auch zwischen Sozialausgaben und ehrenamtlichem Engagement, wenngleich sich hier mit 0,38 ein vergleichsweise niedriger Korrelationswert ergibt. Allerdings ist zu berücksichtigen, dass dieser Befund durch den „Ausreißer" Luxemburg verzerrt wird. Berechnet man den Zusammenhang zwischen der Höhe der Pro-Kopf-Sozialausgaben und ehrenamtlichem Engagement ohne Luxemburg, ergibt sich mit einem R^2-Wert von ebenfalls 0,66 ein deutlich höherer Korrelationswert.

Zusammenfassung und Fazit

Hinsichtlich der Beteiligung an ehrenamtlicher Arbeit oder aber dem Anteil regelmäßig unbezahlt helfender Menschen gibt es deutliche internationale Unterschiede. Das bürgerschaftliche Engagement ist in Nordwest-Europa und den USA zum Teil deutlich überdurchschnittlich, während in Südost-Europa ein zum Teil sogar nur sehr geringer Bevölkerungsanteil bürgerschaftliches Engagement zeigt. In gewissem Umfang lassen sich diese Unterschiede auf sozialstrukturelle Ursachen zurückführen: Da die individuelle Beteiligung an bürgerschaftlichem Engagement wesentlich durch die Verfügbarkeit von Ressourcen wie Einkommen, Bildung und Gesundheit abhängt, werden gerade solche Länder hohe Partizipationsraten erzielen, in denen die Bevölkerung über einen vergleichsweise hohen Bildungs- und Gesundheitszustand verfügt. Will man bürgerschaftliches Engagement langfristig fördern, scheint uns daher zur Erreichung dieses Ziels eine qualitativ hochwertige Gesundheits- und Bildungsversorgung der Bevölkerung besonders gut geeignet, da durch sie möglichst viele Menschen mit den Ressourcen ausgestattet werden, die soziales Engagement erst ermöglichen.

Die im vorliegenden Beitrag gezeigten Analysen machen aber auch deutlich, dass von den institutionellen Rahmenbedingungen ein nicht unerheblicher Einfluss auf das gesamtgesellschaftliche Ausmaß bürgerschaftlichen Engagements ausgeht. Dort, wo Menschen über mehr gesellschaftliche Freiheit verfügen, ist der Anteil sozial Engagierter besonders hoch. Ein noch deutlicherer Zusammenhang besteht zwischen der Höhe der Pro-Kopf-Sozialausgaben und dem Anteil sozial engagierter Bürger: Die vorgestellten Befunde unterstreichen daher, dass ein gut ausgebauter Sozialstaat keinesfalls die ehrenamtliche Arbeit und Selbsthilfeaktivitäten seiner Bürger verhindert. Im Gegenteil scheint sich jeder in das Sozialsystem investierte Euro durch die dadurch stimulierte unentgeltliche Hilfe von ‚Laien' zum Teil zu refinanzieren. Aktivierung bürgerschaftlichen Engagements ist folglich nicht zum Nulltarif zu haben. Von politischer Seite gilt es daher, gesellschaftliche Freiheit zu garantieren und gleichzeitig durch einen gut ausgebauten Sozialstaat die personelle und sachliche Infrastruktur zur Unterstützung bürgerschaftlichen Engagements bereitzustellen.

Literatur

Anheier, Helmut K./Salamon, Lester M. 1999: Volunteering in Cross-National Perspective: Initial Comparisons. In: Law and Contemporary Problems 62 (4): 43–65.

Bühlmann, Marc/Freitag, Markus 2004: Individuelle und kontextuelle Determinanten der Teilhabe an Sozialkapital. In: Kölner Zeitschrift für Soziologie und Sozialpsychologie 56 (2): 326–349.

Curtis, James E./Bear, Douglas E./Grabb, Edward G. 2001: Nations of Joiners: Explaining Voluntary Association Membership in Democratic Societies. In: American Sociological Review 66 (6): 783–805.

Erlinghagen, Marcel 2000a: Informelle Arbeit. Ein Überblick über einen schillernden Begriff. In: Schmollers Jahrbuch 120 (2): 239–274.

Erlinghagen, Marcel 2000b: Arbeitslosigkeit und ehrenamtliche Tätigkeit im Zeitverlauf. Eine Längsschnittanalyse der westdeutschen Stichprobe des Soziooekonomischen Panels (SOEP) für die Jahre 1992 und 1996. In: Kölner Zeitschrift für Soziologie und Sozialpsychologie 52 (2): 291–310.

Erlinghagen, Marcel 2008: Die Beteiligung an ehrenamtlicher Arbeit und Netzwerkhilfe nach dem Renteneintritt. Analysen mit dem Sozio-oekonomischen Panel (SOEP). In: Erlinghagen, Marcel/Hank, Karsten (Hrsg.): Produktives Altern und informelle Arbeit in modernen Gesellschaften. Theoretische Perspektiven und empirische Befunde. Wiesbaden: 93–117.

Erlinghagen, Marcel/Hank, Karsten 2006: Participation of Older Europeans in Volunteer Work. In: Ageing & Society 26 (4): 567–584.

Esping-Andersen, Gosta 1990: The Three Worlds of Welfare Capitalism. Princeton.

Gensicke, Thomas/Picot, Sibylle/Geiss, Sabine (Hrsg.) 2005: Freiwilliges Engagement in Deutschland 1999–2004. Ergebnisse der repräsentativen Trenderhebung zu Ehrenamt, Freiwilligenarbeit und bürgerschaftlichem Engagement. Berlin.

Goss, Kristin A. (1999): Volunteering and the Long Civic Generation. In: Nonprofit and Voluntary Sector Quarterly 28 (4): 378–415.

Hank, Karsten/Erlinghagen, Marcel 2008: Dynamics of Volunteering. In: Börsch-Supan, Axel et al. (Hrsg.): Health, Ageing and Retirement in Europe (2004–2007). Starting the Longitudinal Dimension. Mannheim: 237–244.

Hank, Karsten/Stuck, Stephanie 2009: Gesellschaftliche Determinanten produktiven Alterns in Europa. In: Börsch-Supan, Axel et al. (Hrsg.): 50+ in Deutschland und Europa. Ergebnisse des Survey of Health, Ageing and Retirement in Europe. Wiesbaden: 71–93.

Janoski, Thomas/Wilson, John 1995: Pathways to Voluntarism: Family Socialization and Status Transmission Models. In: Social Forces 74 (1): 271–292.

Mustillo, Sarah/Wilson, John/Lynch, Scott M. 2004: Legacy Volunteering: A Test of Two Theories of Intergenerational Transmission. In: Journal of Marriage and Family 66 (2): 530–541.

Mutchler, Jan E./Burr, Jeffrey A./Caro, Francis G. 2003: From Paid Worker to Volunteer: Leaving the Paid Labor Force and Volunteering in Later Life. In: Social Forces 81 (4): 1267–1293.

Rotolo, Thomas 2000: A Time to Join, A Time to Quit: The Influence of Life Cycle Transitions on Voluntary Association Membership. In: Social Forces 78 (3): 1133–1161.

Rotolo, Thomas/Wilson, John 2004: What Happens to the „Long Civic Generation"? Explaining Cohort Differences in Volunteerism. In: Social Forces 82 (3): 1091–1121.

Rotolo, Thomas/Wilson, John 2006: Substitute or Complement? Spousal Influence on Volunteering. In: Journal of Marriage and Family 68 (2): 305–319.

Salamon, Lester M./Sokolowski, S. Wojciech (2003): Institutional Roots of Volunteering: Towards a Macro-Strucutral Theory of Individual Voluntary Action. In: Dekker,

Paul/Halman, Loek (Hrsg.): The Values of Volunteering. Cross-Cultural Perspectives. New York et al.: 71–90.
Stolle, Dietlind/Howard, Marc M. 2008: Civic Engagement and Civic Attitudes in Cross-National Perspective: Introduction to the Symposium. In: Political Studies 56 (1): 1–11.
Tang, Fengyan 2006: What Resources are Needed for Volunteerism? A Life Course Perspective. In: Journal of Applied Gerontology 25 (5): 375–390.
Wilson, John/Musick, Marc 1997: Who Cares? Towards an Integrated Theory of Volunteer Work. In: American Sociological Review 62 (5): 694–713.

Chantal Munsch

Engagement und soziale Ungleichheit

Der Zusammenhang zwischen sozialer Ungleichheit und bürgerschaftlichem Engagement ist komplex und weitgehend verdeckt. So spielen soziale Benachteiligung und Ausgrenzung im öffentlichen und politischen Diskurs über bürgerschaftliches Engagement keine wesentliche Rolle. Dies ist einer starken integrativen Norm geschuldet, der zu Folge im bürgerschaftlichen Engagement alle Menschen mit ihren unterschiedlichen Fähigkeiten gebraucht und integriert werden, Ungleichheit im Rahmen des Engagements also nicht von Bedeutung sei. Gleichzeitig unterliegt diesem Diskurs ein implizites Bild des klassischen „Aktivbürgers", der nicht von sozialer Benachteiligung betroffen ist. Sozial benachteiligte Gruppen werden also als AkteurInnen bürgerschaftlichen Engagements wenig wahrgenommen. Jedoch ist ein Grund für das große staatliche Interesse an bürgerschaftlichem Engagement und die vielen damit verbundenen Förderprogramme und Projekte wie auch die Enquête-Kommission „Zukunft des bürgerschaftlichen Engagements" seit Mitte der 1990er Jahre die Hoffnung, bürgerschaftliches Engagement ermögliche neue Wege der Integration. Diese werden vor allem angesichts der Krise der Erwerbsgesellschaft sowie der im Kontext von Pluralisierung und Entgrenzung sich auflösenden traditionellen sozialen Gemeinschaften bedeutsam. Im Gegensatz zum öffentlichen Diskurs, der die solidarische und integrative Kraft der Bürgergesellschaft hervorhebt, verdeutlichen konstruktivistische und ethnografische Analysen schließlich, wie bürgerschaftliches Engagement, verdeckt unter dem Anspruch der Solidarität, soziale Ungleichheit und Machtverhältnisse reproduziert.

Pluralisierung, Entgrenzung und der Bedarf nach Integration

Das Bild der Bürgergesellschaft als Ort sozialer Integration wird zu einem historischen Moment bedeutsam, in welchem herkömmliche Integrationsmechanismen brüchig werden. Insbesondere durch die Krise der Erwerbsgesellschaft ist ein zentraler Integrationsaspekt für viele Menschen unsicher geworden. Charakteristisch für die Erwerbsgesellschaft ist bzw. war der starke identitätsbildende Wert von Erwerbsarbeit. Sie garantiert(e) soziale Teilhabe nicht nur durch Einkommen, sondern auch, indem sie den sozialen Status eines Menschen definiert(e), soziale Kontakte ermöglichte und Lebensläufe strukturiert(e). Diese soziale Einbindung und Strukturierung über Erwerbsarbeit wird im Kontext einer langfristigen und strukturell verursachten hohen Erwerbslosenquote für viele Menschen zunehmend brüchig.

Aber auch andere traditionelle soziale Beziehungen lösen sich im Kontext von Pluralisierung und Entgrenzung zunehmend auf (Böhnisch/Schröer/ Thiersch 2005). So haben die mit der Industrialisierung und der Frauenbewegung in Gang gesetzten Emanzipationsprozesse einerseits zu größeren Wahlmöglichkeiten von Familien- und Partnerschaftsmodellen geführt, diese werden andererseits aber auch als Bedrohung tradierter Sicherheiten erlebt. Nachbarschaften sind aufgrund größerer Mobilität nur noch selten verlässliche Netzwerke. In Ostdeutschland wurde diese Auflösung von Nachbarschaften nach der Wende besonders abrupt spürbar (Günther/Nestmann 2000). Im Kontext von Migration, Globalisierung und Transnationalisierung verlieren nationalstaatliche Regelungen und Zugehörigkeiten an Bedeutung. Während Pluralisierung größere Wahlmöglichkeiten bedeutet, so gehen diese Prozesse gleichzeitig mit der Freisetzung aus traditionellen Rollen und Beziehungsmustern einher, welche zwar einerseits Grenzen gesetzt, andererseits aber auch Stabilität geboten haben. Gerade für sozial benachteiligte Gruppen überwiegt der Aspekt der Freisetzung, da Ressourcen fehlen, um Wahlmöglichkeiten nutzen zu können.

Angesichts dieser Entgrenzungs- und Freisetzungsprozesse verspricht bürgerschaftliches Engagement neue Möglichkeiten sozialer Teilhabe. In Bezug auf Erwerbsarbeit soll es die Chance auf „sinnvolle Tätigkeiten" jenseits von Erwerbsarbeit eröffnen und soziale Kompetenzen für Erwerbsarbeit vermitteln. Dies war ein grundlegender Gedanke z.B. im frühen Ansatz der Bürgerarbeit von Ulrich Beck (1999), der allerdings später im Kontext der Politik des „Förderns und Forderns" so stark instrumentalisiert wurde, dass er heute mit freiwilligem bürgerschaftlichen Engagement nicht mehr viel gemein hat. Auch in Bezug auf Menschen mit Migrationshintergrund wird bürgerschaftliches Engagement als Weg zur Integration thematisiert. Das diesen Diskursen über bürgerschaftliches Engagement als Integration und Sozialkapital förderndes Instrument zu Grunde liegende Ziel ist gesellschaftliche Stabilität. In diesem Sinne werden auch desintegrative Tendenzen, insbesondere „unzivile Formen" von Engagement zunehmend kritisch diskutiert (Roth 2008). Eine Veränderung hin zu einer Gesellschaft mit weniger sozialer Ungleichheit wird demgegenüber kaum als Ziel bürgerschaftlichen Engagements thematisiert.

Individualisierende, kulturalisierende und gesellschaftstheoretische Erklärungen

Während bürgerschaftliches Engagement u.a. als Weg zu gesellschaftlicher Integration diskutiert und gefördert wird, verdeutlichen empirische Studien, dass sozial benachteiligte Gruppen sich signifikant weniger engagieren als andere (Erlinghagen et al. 1999). So weist auch der letzte Freiwilligensurvey darauf hin, dass sich nicht nur „hohes Bildungsniveau, hohes Einkommen und gute persönliche wirtschaftliche Lage" positiv auf das Engagement auswirken, sondern auch „Wohnsitz in den alten Ländern, Erwerbstätigkeit und Männlichkeit" (Gensicke/Picot/Geiss 2005: 88). Menschen mit Migrationshintergrund sind in den Statistiken zu freiwilligem Engagement ebenfalls unterrepräsentiert (Gensicke/Picot/Geiss 2005: 364–379).

Um den Zusammenhang zwischen sozialer Ungleichheit und bürgerschaftlichem Engagement verstehen zu können, ist es wichtig, soziale Benachteiligung nicht als individuelles Merkmal, sondern als Ergebnis „relativ dauerhafte[r] und von gesellschaftlichen Machtverhältnissen gestützten Formen der Begünstigung und Bevorrechtigung einiger, der Benachteiligung und Diskriminierung anderer Individuen oder Gruppen von Menschen" (Kreckel 2001: 1729) zu analysieren. Soziale Benachteiligung wird verstanden als dauerhaft eingeschränkter Zugang zu „allgemein verfügbaren und erstrebenswerten sozialen Gütern und/oder zu sozialen Positionen, die mit ungleichen Macht- und/oder Interaktionschancen ausgestattet sind, [...] [wodurch] die Lebenschancen der betroffenen Individuen, Gruppen oder Gesellschaften beeinträchtigt" werden (Kreckel: 1731). Die gesellschaftliche Verankerung dieser verwehrten Zugänge bedeutet, dass einzelne Individuen oder soziale Gruppen aufgrund bestimmter Merkmale dauerhaft von ihnen betroffen sind. Dies betrifft insbesondere ethnische Minderheiten, die sogenannte Unterschicht, Frauen, sexuelle Minderheiten, behinderte und alte Menschen.

Soziale Benachteiligung als eingeschränkter Zugang zu Gütern und Positionen bedeutet, dass Menschen über weniger materielle und soziale Ressourcen für Engagement verfügen. Dieser Aspekt bestimmt die gängigen Erklärungen der statistischen Zusammenhänge zwischen Erwerbslosigkeit, Bildungsstatus, Einkommen und bürgerschaftlichem Engagement. So wird darauf verwiesen, dass die für das Engagement notwendigen Ressourcen mit steigenden Schul- und Berufsabschlüssen sowie Einkommen und Erwerbsarbeit zunehmen. Am stärksten thematisiert werden diesbezüglich soziale Kompetenzen. So verlangt Engagement z. B. nach organisatorischen Fähigkeiten. Es bedarf des notwendigen Selbstbewusstseins und kommunikativer Kompetenzen, auf fremde Menschen zuzugehen oder für ein Projekt Verantwortung zu übernehmen. Insbesondere sozial benachteiligte Bevölkerungsgruppen würden sich dieser Argumentation zufolge weniger engagieren, weil ihnen die dafür notwendigen Voraussetzungen fehlten. Die Bedeutung sozialer Kompetenzen und die damit einhergehenden Ausgrenzungsprozesse nehmen angesichts des *„Rückgang[s]* der Partizipation in ‚klassischen' Organisationen sozialer und politischer Teilhabe wie in Gewerkschaften, Kirchen, Wohlfahrtsverbänden und Parteien und [...] [der] starke[n] *Zunahme* kleiner, selbstorganisierter und projektorientierter Organisationsformen wie Selbsthilfegruppen, Bürgerinitiativen, Tausch- und Kooperationsringe" (Brömme/Strasser 2001: 8, H.i.O.) zu. An der Ursache fehlender sozialer Kompetenzen setzen deswegen viele Programme an, um das bürgerschaftliche Engagement sozial benachteiligter Gruppen zu fördern. Auch der Bericht der Enquête-Kommission fordert, „den betreffenden

Gruppen mehr individuelles und kollektives Selbstbewusstsein zurückzugeben" (Enquête-Kommission 2002, 108), um auf diese Weise ihr Engagement zu stärken. Die Vermittlung kommunikativer Techniken spielt ebenfalls bei der Gemeinwesenarbeit eine wichtige Rolle, die v. a. sozial benachteiligte Gruppen in sozialen Brennpunkten dabei unterstützt, ihre Interessen zu vertreten.

Nicht nur soziale Kompetenzen, sondern auch finanzielle und materielle Rahmenbedingungen sind notwendig, um sich außerhalb von Familie und Freundeskreis engagieren zu können. Armut und Erwerbslosigkeit bedeuten nicht nur, dass weniger Ressourcen für bürgerschaftliches Engagement zur Verfügung stehen, sondern v. a., dass der Kampf um die eigene Existenz bzw. diejenige der Familie viel Kraft kostet, die dann für ein bürgerschaftliches Engagement außerhalb von Familie und Erwerbsarbeit fehlt. Ein garantiertes Existenzgeld für alle Menschen, wie es von einzelnen Initiativen und Verbänden, zunehmend auch von Parteien gefordert bzw. diskutiert wird, wäre in diesem Sinn eine wichtige Unterstützung für das bürgerschaftliche Engagement sozial benachteiligter Gruppen.

Insgesamt können eine eher individualisierende und/oder kulturalisierende Perspektive und eine eher gesellschaftstrukturelle unterschieden werden. Als individualisierend können v. a. Erklärungsmuster kritisiert werden, welche allein die fehlenden sozialen Kompetenzen einer bestimmten Gruppe für deren geringeres bürgerschaftliches Engagement verantwortlich machen. Kulturalisierend sind diese Argumente dann, wenn sie diese fehlenden sozialen Kompetenzen der Kultur einer bestimmten sozialen Gruppe, v. a. der sog. Unterschicht, aber auch ethnischen Minderheiten oder Frauen und Angehörigen der Neuen Bundesländer zuschreiben. Gesellschaftsstrukturelle Erklärungen beziehen sich demgegenüber v. a. auf die gesellschaftlich strukturierten eingeschränkten Zugänge zu sozialen und materiellen Ressourcen.

Der Begriff des bürgerschaftlichen Engagements

Während individualisierende Erklärungen zur Unterrepräsentanz sozial benachteiligter Gruppen im bürgerschaftlichen Engagement dominieren, bleiben sowohl die Praxis wie auch der Begriff des bürgerschaftlichen Engagements zumeist unhinterfragt. Dies ist zu einem wesentlichen Teil dem Umstand geschuldet, dass das Konstrukt einer integrativen und solidarischen Bürgergesellschaft (Eder 2009), an der alle Menschen sich beteiligen können, so wirkmächtig ist, dass Ausgrenzungsprozesse in ihrem Kontext kaum wahrgenommen werden.

Eine wichtige Erklärung für die statistische Unterrepräsentanz sozial benachteiligter Gruppen in den zitierten empirischen Studien zu bürgerschaftlichem Engagement besteht in dem ihnen zu Grunde liegenden, kulturell eindimensionalen Begriff bürgerschaftlichen Engagements. In den Interviews und Fragebögen wird nach bestimmten Formen von Engagement v.a. in Vereinen und Verbänden gefragt, welche durch einen organisationellen Rahmen (formelle Mitgliedschaft, Ämter etc.) gekennzeichnet sind. Dieses formell organisierte Engagement entspricht jedoch v.a. den Gewohnheiten von Menschen aus westlichen Kulturen und mit höheren Bildungsabschlüssen und überwiegend männlichen Angehörigen der Mittelschicht. Gleiches gilt auch für kleinere, selbstorganisierte Formen wie Selbsthilfegruppen und Projekte, auch wenn sie weniger formalisiert sind als Vereine und Verbände. Dieser organisationelle Rahmen spielt in Definitionen bürgerschaftlichen Engagements eine wichtige Rolle, auch wenn er nicht absolut gesetzt wird. In Übereinstimmung mit vielen anderen Autor/-innen (vgl. z.B. Kistler/Noll/Priller 1999, Heinze/Olk 2001) definiert die Enquête-Kommission „Zukunft des Bürgerschaftlichen Engagements" bürgerschaftliches Engagement in diesem Sinne als Tätigkeit, welche sich „in der Regel in Organisationen und Institutionen im öffentlichen Raum der Bürgergesellschaft" (Enquête-Kommission 2002: 90) entfaltet. Als Bedingung nennt die Enquête-Kommission die „Öffentlichkeit", welche Transparenz und „Anschlussfähigkeit für potenzielle Kooperationspartner" (Enquête-Kommission 2002: 88) garantieren soll. Faktisch beschränkt sich die Diskussion um bürgerschaftliches Engagement weitgehend auf Tätigkeiten in Vereinen, Verbänden und anderen Organisationen. Dies hat zur Folge, dass andere Formen von Engagement weniger wahrgenommen werden bzw. in empirischen Vergleichsstudien kaum auftauchen. Dies betrifft v.a. informelle Unterstützungsleistungen in der Nachbarschaft[1], im Freundeskreis und unter Verwandten, aber auch Formen „alltäglicher Widerständigkeit" (Rein 1997: 73).

Dieses organisationsbezogene Verständnis von bürgerschaftlichem Engagement beruht auf einem Verständnis von Öffentlichkeit, welches klassischen Konzepten von Politik zu Grunde liegt. Der Ort politischer Entscheidungsfindung ist demzufolge die politisch-öffentliche Sphäre, welche als Gegensatz zur privat-persönlichen Sphäre verstanden und dargestellt wird. Dieser Gegenüberstellung zu Folge ist die politisch-öffentliche Sphäre durch Interaktionsformen geprägt, welche durch „Sachlichkeit, Apersonalität, Distanziertheit und Verfahrensregulierung" (Holland-Cunz 1994: 227) gekennzeichnet sind. Zumeist implizit gedachter Akteur dieser Sphäre ist der männliche „Aktivbürger", welcher sich, frei von der Sorge um das tägliche Leben, sachlich, unemotional und ohne direkten Bezug zu seinem eigenen Leben, im Rahmen eines klar regulierten öffentlichen Raumes für das allgemeine Wohl engagieren kann. Diese Dichotomie zwischen öffentlich-politisch und privat-persönlich wurde v.a. von der feministischen Politikforschung (vgl. Fuchs 2000; Holland-Cunz 1994; Sauer 1994; Ferree 2000) aber auch von Diversity- Theoretiker/-innen (Benhabib 1996) kriti-

---

[1] Unterstützung in der Nachbarschaft wird zunehmend in Befragungen zur Erfassung bürgerschaftlichen Engagements berücksichtigt, auch wenn sie zum „unscharfen Rand" freiwilliger Tätigkeiten (Gensicke/Picot/Geiss 2005, 424) gezählt wird und in der Diskussion insgesamt keine wesentliche Rolle spielt.

siert. Ihre Analyse, wie Herrschaft und soziale Ungleichheit durch die dichotome Konstruktion beider Sphären reproduziert werden, kann auf andere sozial benachteiligte Gruppen übertragen werden (vgl. Munsch 2005: 141–143; Munsch 2010).

Die Dichotomie von öffentlich-politischer und privat-persönlicher Sphäre reproduziert soziale Ungleichheit zum einen, indem *Themen* als unpolitische ausgegrenzt werden, die dem vorpolitischen bzw. privaten Raum, z.B. der Familie, zugeschrieben werden. Erfahrungen sozialer Ausgrenzung äußern sich jedoch, so analysieren feministische wie postkoloniale Theoretiker/-innen, in persönlichem Erleben. Die Ausgrenzung persönlicher Erfahrungen und Nöte aus einer entpersonalisierten öffentlichen Meinungs- und Entscheidungsbildung und ihre Verdrängung in eine entpolitisierte Privatsphäre tragen also zur Ausblendung von Ausgrenzungserfahrungen bei. Dementsprechend besteht ein zentrales Ziel von Minoritätenbewegungen, wie z.B. dem *black mouvement*, der Frauen- sowie der Lesben- und Schwulenbewegung darin, als privat zugeschriebene Problemlagen als politische und öffentliche umzudefinieren, d.h. als Probleme, welche in der öffentlich-politischen Sphäre verhandelt und gelöst werden müssen.

Des Weiteren werden *Aktionsformen* als unpolitische delegitimiert, weil sie von privaten Erfahrungen und Emotionen geprägt sind. In der konstruktivistischen Kritik stehen v.a. deliberative Demokratiemodelle, welche den Wert öffentlicher Diskussionsformen betonen, bei denen die Argumentation zwischen verschiedenen Standpunkten und der Sieg des besseren Arguments im Vordergrund stehen (Ferree/Gamson/Gerhards/Rucht 2002). Die Grundlage dieses argumentativen Streitgespräches ist die Sichtweise von Bürger/-innen als freie und gleiche bzw. das Ideal einer Verhandlungssituation, in der Machtunterschiede und ökonomische Differenzen keine Rolle spielen, in der also die Qualität der Argumente und nicht die Positionen der Sprecher/-innen entscheiden (vgl. z.B. Habermas 1996). Der in diesen deliberativen Demokratietheorien geforderte wettkampfähnliche Austausch von Argumenten privilegiert jedoch v.a. soziale Gruppen, die es gewohnt sind, sich selbstbewusst und konfrontativ zu äußern. Vorläufig tastende, erklärende und versöhnliche Aussagen werden weniger wertgeschätzt. Unemotionale entkörperlichte Kommunikationsformen werden als „vernünftige" höher bewertet, während emotionale und gestikulierende abgewertet werden. Auf diese Weise werden besonders die Sprechweisen sozialer Minderheiten, insbesondere von ethnischen Minderheiten, Frauen und Angehörigen der Unterschicht ausgegrenzt (vgl. Young 1996). Doch wenn Menschen sich aus eigener Betroffenheit, aus der Sorge um alltägliche und existenzielle Fragen engagieren, spielen Emotionen wie z.B. Wut eine wichtige Rolle. Aus einer sicheren und anerkannten sozialen und materiellen Lebenslage heraus ist demgegenüber ein Engagement für das sogenannte Allgemeinwohl, losgelöst von eigenen Ängsten und Unsicherheiten, viel eher möglich (Munsch 2008: 30–32).

Obwohl bürgerschaftliches Engagement im Gegensatz zur politischen Partizipation „vielfältige Formen" (Enquête-Kommission 2002: 62) umfasst und diese Vielfalt an Engagementformen positiv hervorgehoben wird, so beruht es dennoch auf einem beschränkten und wenig reflektierten Begriff von Öffentlichkeit, welcher die „Privatsphäre von Familie und Haushalt" (Enquête-Kommission 2002: 88) explizit ausschließt. Die Grenze zwischen der privat-persönlichen und der öffentlich-politischen Sphäre wurde im Ansatz des bürgerschaftlichen Engagements sowohl in Bezug auf die Themen als auch in Bezug auf den Habitus des Engagements zwar durchlässiger, keinesfalls jedoch überwunden. Diesbezüglich muss zwischen dem öffentlichen Diskurs über bürgerschaftliches Engagement und den impliziten Normen unterschieden werden, welche sowohl die Praxis als auch den Diskurs prägen. Im öffentlichen Diskurs wird positiv hervorgehoben, dass sich Bürger/-innen mit ihren ganz unterschiedlichen Erfahrungen, Fähigkeiten und Kenntnissen beteiligen können – also gerade auch mit Erfahrungen, die sie in der privat-persönlichen Sphäre gewonnen haben. Es wird ein Bild einer inklusiven Bürgergesellschaft gezeichnet, welche vom Reichtum unterschiedlicher Erfahrungen profitiere. Eine ethnografische Analyse der Praxis bürgerschaftlichen Engagements, welche sich nicht auf diese Aussagen verlässt, verdeutlicht jedoch, dass Menschen, welche sich in anderer Weise als der implizit vorausgesetzten beteiligen wollen, oft als störend erlebt und tendenziell ausgegrenzt werden. Als störend erlebt wird insbesondere eine zu große Betroffenheit. Denn die implizit vorausgesetzten Interaktionsformen im Rahmen bürgerschaftlichen Engagements sind immer noch von den entpersönlichten, unemotionalen Formen geprägt, welche das klassische Verständnis von Politik kennzeichnen (Munsch 2005).

Das Konzept der Dominanzkultur von Birgit Rommelspacher (1995) vermag diesen scheinbaren Widerspruch zwischen inklusivem Anspruch und Ausgrenzung zu klären. Grundlage der von ihr beschriebenen Dominanzkultur ist der egalitäre Anspruch der westlichen Gesellschaften. Da Gleichheit und Gleichberechtigung wichtige Normen darstellen, muss Ausgrenzung verdeckt geschehen. Normalität wird zum wichtigsten Mechanismus der Reproduktion von Ausgrenzung und sozialer Ungleichheit. Für bürgerschaftliches Engagement bedeutet das, dass sehr viel Wert auf die Norm der Inklusion gelegt wird. In offiziellen Erklärungen von Projekten oder Freiwilligenagenturen wird betont, jeder Mensch werde mit seinen Fähigkeiten und Erfahrungen gebraucht. Ausgrenzung durch Normalität bedeutet in diesem Kontext, dass bestimmte Formen von Engagement, welche v. a. Mittelschichtangehörigen, Männern und westlich sozialisierten Menschen vertraut sind, verallgemeinert und implizit für alle als normal gesetzt werden. Verdeckt bleibt, dass die impliziten Verhaltens- und Interaktionsvorgaben sowie die Räume, in denen das Engagement stattfindet, Menschen ausgrenzen, welche andere Formen und Orte von Engagement bevorzugen bzw. deren Probleme nach anderen Formen von Engagement verlangen oder nicht als in diesem Rahmen bearbeitbar erscheinen.

Systemische und lebensweltliche Passung

Um die kulturelle Eindimensionalität und die damit einhergehende Reproduktion sozialer Ungleichheit aufzubrechen, sind eine systematische Dekonstruktion und Neuordnung der Perspektive auf soziales und politisches Engagement notwendig (vgl. zum Folgenden: Munsch 2010). Um dominanzkulturelle Verallgemeinerungen und Verdeckungen zu vermeiden, muss die Reflexion der Zusammenhänge zwischen Engagement und sozialer Ungleichheit auf zwei Ebenen ansetzen. Aus biografischer und lebensweltlicher Perspektive muss bürgerschaftliches Engagement als biografisch erlernte, lebensweltlich eingebettete Bewältigungsform biografisch wichtiger Themen verstanden werden (Munsch 2005; Jakob 2003; Miethe 2000; Ferree 2000). Während positive Erfahrungen mit bürgerschaftlichem Engagement im Kontext von Vereinen und Verbänden sowie selbstorganisierten Projekten v. a. bei Angehörigen der Mittelschicht dominieren, finden sich in Stadtteilen, die durch Armut und Arbeitslosigkeit geprägt sind, eher informelle Formen der Solidarität in der Familie und unter Freunden, aber auch alltägliche Widerständigkeit. Ein Begriff des sozialen und politischen Engagements, welcher die Vielfalt unterschiedlicher, lebensweltlich eingebetteter Formen umfasst, mag eine eindeutige Zuordnung von Handlungen als bürgerschaftliche erschweren. Er hilft jedoch, die Diversität von Engagement in unterschiedlichen Lebenswelten zu reflektieren, ohne die mit ihr verbundene Hierarchie zu reproduzieren. Dass soziales und politisches Engagement eine Form der Bewältigung biografischer Themen ist, scheint für sozial benachteiligte und Selbsthilfegruppen einleuchtend. Die Bearbeitung biografischer Themen prägt jedoch das Engagement aller sozialen Milieus, wie z. B. die Studie von Gisela Jakob (1993) verdeutlicht. Sie ist in besser situierten Milieus tendenziell jedoch weniger explizit und verbirgt sich hinter einem sachlichen Habitus.

Im Vergleich dazu verdeutlicht die strukturelle Passung des sozialen und politischen Engagements den Zusammenhang zwischen sozialer Ungleichheit und Engagement aus der Metaperspektive. Sie verweist zum einen auf den für sozial benachteiligte Gruppen eingeschränkten Zugang zu materiellen und sozialen Ressourcen, die im Rahmen sozialen und politischen Engagements eingesetzt werden können. Aus diesen (eingeschränkten) Zugängen ergeben sich auch die Themen des Engagements, d. h. das, wofür sich Menschen engagieren können oder müssen. Die strukturelle Passung betrifft aber auch den Zugang zur öffentlich-politischen Sphäre, in der Engagement besonders sichtbar wird, und welcher für sozial benachteiligte Gruppen erschwert ist. Besonders deutlich wird dies im internationalen Vergleich des sozialen und politischen Engagements ethnischer Minderheiten. In manchen Ländern gefördert und strukturell vorgesehen, wird es in anderen tendenziell als Bedrohung wahrgenommen und erschwert (Soysal 1994).

Systemische und lebensweltliche Passung durchdringen sich gegenseitig. Sie sind im Habermas'schen Sinn (Habermas 1995) als zwei begriffliche Abstraktionen, zwei Perspektiven zu verstehen, welche die komplexen Zusammenhänge sozialen und politischen Engagements zu analysieren helfen. Für soziale Ungleichheit von Bedeutung sind sie vor allem deswegen, weil sie verallgemeinernde, kulturell eindimensionale Vorstellungen bürgerschaftlichen Engagements zu hinterfragen und zu dekonstruieren helfen, kulturalisierende und individualisierende Positionen relativieren und den Blick für systemisch strukturierte Zugänge und ihre Auswirkungen auf Engagement öffnen.

Konflikt und Protest

Insgesamt wird soziale Benachteiligung v.a. in Bezug auf den *Zugang* zu bürgerschaftlichem Engagement diskutiert. Kaum thematisiert im Diskurs zu bürgerschaftlichem Engagement wird hingegen die *Veränderung* gesellschaftlicher Strukturen, welche sozialer Ungleichheit zu Grunde liegen. Obwohl „Widerspruch, Spannungen, Konflikte und Proteste" (Enquête-Kommission 2002: 328) als Teil bürgerschaftlichen Engagements anerkannt werden (a. a. O.), geschieht dies nur am Rande. Insgesamt spielen „die zentralen Kategorien des politischen Konflikts und der politischen Gegner keine Rolle" in der Debatte zur Bürgergesellschaft (Mielke 2001: 708). Lothar Böhnisch und Wolfgang Schröer (2002: 77) beschreiben letztere deshalb als eine „Ansammlung überschaubarer und befriedeter Oasen". Diesbezüglich unterscheidet sich der Diskurs über bürgerschaftliches Engagement grundlegend von demjenigen über Soziale Bewegungen oder politische Partizipation. Erklärt werden kann dies durch den Wandel der Bürgergesellschaft, welche nicht mehr „von unten" im Konflikt gegen den Staat, sondern vielmehr als Partnerschaft mit dem Staat inszeniert wird. Bürgerschaftliches Engagement ist in diesem Sinne als lösungsorientierter Ansatz im Wandel von Wohlfahrtsstaat und Erwerbsgesellschaft zu verstehen und nicht als Quelle von Auseinandersetzungen und gesellschaftsstrukturellen Veränderungen und dies prägt wesentlich den Blick auf und den Umgang mit sozialer Ungleichheit.

Literatur

Benhabib, Seyla (Hrsg.) 1996: Democracy and Difference. Contesting the Boundaries of the Political. Princeton. New Jersey.
Böhnisch, Lothar/Schröer, Wolfgang 2002: Die soziale Bürgergesellschaft. Zur Einbindung des Sozialpolitischen in den zivilgesellschaftlichen Diskurs. Weinheim und München.
Böhnisch, Lothar/Schröer, Wolfgang/Thiersch, Hans 2005: Sozialpädagogisches Denken. Wege zu einer Neubestimmung. Weinheim und München.
Eder, Klaus 2009: The Making of a European Civil Society: „Imagined", „Practised" and „Staged". In: Policy and Society, Jg. 28, H. 1.

Enquête-Kommission „Zukunft des Bürgerschaftlichen Engagements" 2002: Bericht. Bürgerschaftliches Engagement. Auf dem Weg in eine zukunftsfähige Bürgergesellschaft. Opladen.

Erlinghagen, Marcel/Rinne, Karin/Schwarze, Johannes 1999: Ehrenamt statt Arbeitsamt? Sozioökonomische Determinanten ehrenamtlichen Engagements in Deutschland. In: WSI Mitteilungen 4/1999: 246–255.

Ferree, Myra M. 2000: Was bringt die Biografieforschung der Bewegungsforschung? In: Miethe, Ingrid/Roth, Silke (Hrsg.): Politische Biografien und sozialer Wandel. Gießen: 111–127.

Ferree, Myra M./Gamson, William A./Gerhards, Jürgen/Rucht, Dieter 2002: Four models of the public sphere in modern democracies. In: Theory and Society 31: 289–324.

Fuchs, Gesine 2000: Feministische Partizipationsforschung. In: Braun, Katrin/Fuchs, Gesine/Lemke, Christiane/Töns, Katrin (Hrsg.): Feministische Perspektiven in der Politikwissenschaft. Tübingen: 254–268.

Gensicke, Thomas/Picot, Sybille/Geiss, Sabine 2005: Freiwilliges Engagement in Deutschland 1999–2004. Ergebnisse der repräsentativen Trenderhebung zu Ehrenamt, Freiwilligenarbeit und bürgerschaftlichem Engagement. Durchgeführt im Auftrag des Bundesministeriums für Familie, Senioren, Frauen und Jugend. München.

Günther, Julia/Nestmann, Frank 2000: „Quo vadis Hausgemeinschaft? Zum Wandel nachbarschaftlicher Beziehungen in den östlichen Bundesländern". Gruppendynamik 31, 3: 221–238.

Habermas, Jürgen 1995: Theorie des kommunikativen Handelns. Frankfurt a. M.

Habermas, Jürgen 1996: Three Normative Models of Democracy. In: Benhabib, S. (Hrsg.): Democracy and Difference. Contesting the Boundaries of the Political. Princeton, New Jersey: 21–30

Heinze, Rolf G./Olk, Thomas 2001: Bürgerengagement in Deutschland – Zum Stand der wissenschaftlichen und politischen Diskussion. In: dies. (Hrsg.): Bürgerengagement in Deutschland. Bestandsaufnahmen und Perspektiven. Opladen: 11–26.

Holland-Cunz, Barbara 1994: Öffentlichkeit und Intimität – demokratietheoretische Überlegungen. In: Biester, Elke/Holland-Cunz, Barbara./Sauer, Birgit (Hrsg.): Demokratie oder Androkratie? Theorie und Praxis demokratischer Herrschaft in der feministischen Diskussion. Frankfurt a.M. und New York: 227–246.

Jakob, Gisela 1993: Zwischen Dienst und Selbstbezug. Eine biografieanalytische Untersuchung ehrenamtlichen Engagements. Opladen.

Jakob, Gisela 2003: Biografische Strukturen bürgerschaftlichen Engagements. Zur Bedeutung biografischer Ereignisse und Erfahrungen für ein gemeinwohlorientiertes Engagement. In: Munsch, Chantal (Hrsg.): Sozial Benachteiligte engagieren sich doch. Über lokales Engagement und soziale Ausgrenzung und die Schwierigkeiten der Gemeinwesenarbeit. Weinheim und München.

Kreckel, Reinhard (2001): Soziale Ungleichheit. In: Otto, Hans-U./Thiersch, Hans (Hrsg.): Handbuch Sozialarbeit Sozialpädagogik. Neuwied: 1729–1735.

Miethe, Ingrid 2000: Biografie als Vermittlungsinstanz zwischen öffentlichen und privaten Handlungsräumen: Das Beispiel von Frauen der DDR-Opposition. In: Miethe, Ingrid/Roth, Silke (Hrsg.): Politische Biografien und sozialer Wandel. Gießen: 163–188

Munsch, Chantal 2005: Die Effektivitätsfalle. Bürgerschaftliches Engagement und Gemeinwesenarbeit zwischen Ergebnisorientierung und Lebensbewältigung. Hohengehren.

Munsch, Chantal 2010: Engagement und Diversity. Das soziale und politische Engagement von ethnischen Minderheiten und MigrantInnen im Kontext von Dominanz und sozialer Ungleichheit. Weinheim und München.

Rommelspacher, Birgit 1995: Dominanzkultur. Texte zu Fremdheit und Macht. Berlin.

Roth, Roland 2008: Die unzivile Zivilgesellschaft. In: Embacher, Serge/Lang, Susanne (Hrsg.): Lern- und Arbeitsbuch Bürgergesellschaft. Bonn: 68–88.
Sauer, Birgit 1994: Was heißt und zu welchem Zwecke partizipieren wir? Kritische Anmerkungen zur Partizipationsforschung. In: Biester, Elke/Holland-Cunz, Barbara/Sauer, Birgit (Hrsg.): Demokratie oder Androkratie. Frankfurt a.M. und New York: 99–130.
Soysal, Yasemin N. 1994: Limits of Citizenship. Migrants and Postnational Membership in Europe. Chicago und London.
Young, Iris M. 1996: Communication and the Other: Beyond Deliberative Democracy. In: Benhabib, Seyla (Hrsg.): Democracy and Difference. Contesting the Boundaries of the Political. Princeton, New Jersey: 120–135.

7. Engagementpolitik

Birger Hartnuß, Thomas Olk und Ansgar Klein

Engagementpolitik

Begriffliche Klärung

Der Terminus Engagementpolitik beschreibt ein sich entwickelndes, eigenständiges politisches Handlungsfeld, das sich auf die Förderung der unterschiedlichen Formen und Spielarten des bürgerschaftlichen Engagements bezieht. Die Förderung freiwilliger Tätigkeiten als ein eigenständiges Politikfeld zu beschreiben, ist keineswegs selbstverständlich. Denn bis in die späten 1980er Jahre hinein erfolgte die Förderung des bürgerschaftlichen Engagements (damals noch Ehrenamt genannt) indirekt durch Förderung gemeinnütziger Organisationen sowie als Teilaspekt etablierter Bereichspolitiken wie Sozial-, Familien-, Bildungs-, Gesundheits- oder Umweltpolitik. Die Zusammenhänge zwischen bereichsspezifischen und bereichsübergreifenden Entwicklungen von Zivilgesellschaft und bürgerschaftlichem Engagement werden jedoch zunehmend erkannt und lassen die Notwendigkeit von Engagementförderung als einer politischen Querschnittsaufgabe deutlich werden. Mit dem „wachsenden Staatsinteresse" (Olk 1990) an bürgerschaftlichem Engagement verbinden sich mit Engagementpolitik daher Aufgaben und Anliegen wie die Verbesserung rechtlicher und finanzieller Rahmenbedingungen auf nationaler und europäischer Ebene, engagementfreundliche Organisations- und Institutionenentwicklung, die Gewährleistung engagementfördernder Infrastrukturen sowie nicht zuletzt die Stärkung von Demokratie und Partizipation durch neue Beteiligungsformen. Eine Politik zur Förderung des bürgerschaftlichen Engagements lässt sich nicht auf ein spezifisches politisches Ressort – etwa das Sozial- oder Gesundheitsressort – beschränken, sondern ist eine Querschnittsaufgabe, die grundsätzlich in allen Politikbereichen relevant wird. Engagementpolitik hat damit – auf kommunaler, Landes- oder Bundesebene – eine doppelte strategische Ausrichtung. Es muss sowohl ein übergreifendes Leitbild einer engagementpolitischen Weiterentwicklung des Gemeinwesens entwickelt als auch dafür Sorge getragen werden, dass in den einzelnen politischen Ressorts Maßnahmen und Programme entwickelt und umgesetzt werden, die sich an diesem übergreifenden Leitbild orientieren.

Für eine politikwissenschaftliche Analyse der Entwicklungen im Feld einer sich verselbstständigenden „Engagementpolitik" bietet sich die in den Politikwissenschaften üblich gewordene Trennung in die drei Dimensionen „Policy", „Politics" und „Polity" an (Rohe 1994). „Policy" steht in diesem Zusammenhang für die inhaltliche Dimension von Politik und bezieht sich auf die Gegenstände, Ziele und Wirkungen dieses Politikfelds. „Politics" beschreibt dagegen die prozessuale Dimension und bezieht sich auf den konfliktreichen, durch Interessenkonkurrenzen geprägten Prozess der Durchsetzung von Zielen, Inhalten und Verteilungsentscheidungen. Hier geht es also um Prozesse der Interessenvertretung und des Lobbying durch unterschiedliche Akteure, die auf diese Weise bemüht sind, Einfluss auf die Engagementförderung und -politik zu nehmen. Mit „Polity" ist schließlich die strukturelle Dimension von Politik angesprochen, also Aspekte wie der politische Ordnungsrahmen und die Institutionen, die in dem jeweils fraglichen Politikfeld eine Rolle spielen. Mit Blick auf die inhaltliche Dimension, also die „Policy" wird der politische Prozess als ein Vorgang der Problemverarbeitung verstanden. Politische Akteure identifizieren politisch relevante Handlungsprobleme und Herausforderungen in einem Politikfeld, entwickeln entsprechende Maßnahmen und versuchen, bestimmte Ziele zu erreichen. Solche Prozesse lassen sich in verschiedene Phasen bzw. Teilprozesse der politisch-administrativen Problemverarbeitung unterteilen, wobei in der Regel zwischen der Phase der Politikformulierung (Agenda-Settings), -durchführung und -wirkung bzw. -überprüfung unterschieden wird.

Agenda-Setting und Wegmarken der Engagementpolitik

Die allmähliche Entstehung von Engagementpolitik als eigenständiges Politikfeld hängt zunächst eng mit der Identifizierung von „Lücken" in der Versorgung der Bevölkerung mit spezifischen personenbezogenen Dienstleistungen im Verlaufe der 1980er Jahre zusammen. Angesichts der demografisch bedingten Alterung der Bevölkerung und des Anstiegs von immateriellen Hilfebedürftigkeiten wie Pflegebedürftigkeit und chronisch degenerative Erkrankungen wurden von der Politik bedrohliche Ungleichgewichte zwischen Angebot und Nachfrage nach sozialen Dienstleistungen diagnostiziert. Freiwillige und unentgeltliche Tätigkeiten wurden als eine bislang ungenutzte gesellschaftliche Ressource entdeckt und erste Maßnahmen und Programme zur Mobilisierung dieser „knappen Ressource Ehrenamt" entwickelt. Diese politischen Maßnahmen setzten zunächst ausschließlich auf der „Angebotsseite" an, indem sie darauf abzielten, möglichst viele Menschen für ein freiwilliges und unentgeltliches Engagement zu gewinnen (Rekrutierungsansatz).

Das eigentliche „Agenda-Setting" setzte allerdings erst mit der Einsetzung einer Enquête-Kommission „Zukunft des bürgerschaftlichen Engagements" des Deutschen Bundestages im Jahre 1999 ein. Die Arbeit dieser Enquête-Kommission markiert den eigentlichen Beginn von Engagementpolitik als einem Politikfeld. Im Jahre 2002 erschien der Bericht der Enquête-Kommission. In diesem Bericht wird nicht nur eine Bestandsaufnahme des bürgerschaftlichen Engagements in unterschiedlichen gesellschaftlichen Bereichen vorgelegt, sondern vor allem auch eine engagementpolitische Agenda entworfen, die Zivilgesellschaft und bürgerschaftliches Engagement als ein umfassendes Konzept zur Reform der bundesdeutschen Gesellschaft und ihres Institutionensystems entwirft. Danach ist die Stärkung von Zivilgesellschaft und bürgerschaftlichem Engagement mehr als eine eingeschränkte Ressortpolitik, die die Rahmenbedingungen für das Ehrenamt verbessern hilft. Vielmehr geht es um eine ganzheitliche, „holistische" Variante von zivilgesellschaftlicher Reformpolitik, die sich sowohl auf die einzelnen Bürger als auch auf die politische Kultur und das Staatsverständnis bezieht. Es geht um ein gesellschaftliches Leitbild, in dem die Bürgerinnen und Bürger über erweiterte Einfluss- und Handlungsmöglichkeiten im öffentlichem Raum verfügen, in dem eine beteiligungsorientierte politische Kultur dominiert, in dem das sozialstaatliche Institutionensystem ein breites Spektrum von Beteiligungs- und Mitwirkungschancen eröffnet und der Staat sich als ein Engagement und Partizipation ermöglichender Akteur versteht.

Obwohl es bislang nicht gelungen ist, die Stärkung von Zivilgesellschaft und bürgerschaftlichem Engagement als zentrale Leitlinien und programmatische Eckpunkte der Reformpolitik amtierender Bundesregierungen zu verankern, sind die Wirkungen der Enquête-Kommission keineswegs gering zu veranschlagen. Denn seit dem Übergang in das 21. Jahrhundert ist es gelungen, auf allen Ebenen des föderalen Staates (siehe die Beiträge von Lang/Embacher, Heuberger und Hummel i. d. B.) eine engagementpolitische Agenda herauszubilden, engagementpolitische Akteure zu etablieren und entsprechende Institutionen und Instrumente zu entwickeln. Engagementpolitische Anliegen und Vorhaben sind sowohl im politischen Tagesgeschäft über die Wahlperioden hinweg als auch im politischen Institutionensystem stabil verortet und institutionell verankert. Die wichtigsten Wegmarken im Prozess der Entwicklung von Engagementpolitik auf der Bundesebene lassen sich der folgenden Auflistung entnehmen.

Wegmarken im Prozess der Entwicklung von Engagementpolitik
auf Bundesebene seit Mitte der 1990er Jahre

01.10.1996	Große Anfrage der CDU/CSU zum Ehrenamt im Deutschen Bundestag
Dezember 1999	Einsetzung der Enquête-Kommission „Zukunft des Bürgerschaftlichen Engagements" in der 14. Legislaturperiode
1999	1. Freiwilligensurvey der Bundesregierung
2001	Internationales Jahr der Freiwilligen (IJF) – deutsche Kampagnenumsetzung
2001	Gründung des Gesprächskreises „Bürgergesellschaft und aktivierender Staat" der Friedrich-Ebert-Stiftung
2002	Abschlussbericht der Enquête-Kommission
	Steuerrechtliche Stiftungsreform
	Das BMFSFJ bekommt die Querschnittskompetenz für das Thema zugesprochen

2002	Gründung des Bundesnetzwerks Bürgerschaftliches Engagement (BBE) durch die Mitglieder des Nationalen Beirats des IJF (2010: über 250 Mitgliedsorganisationen)
Seit 2002	Verstärkt Einrichtung von Referaten und Stabsstellen für Engagementförderung in den Ländern
2003 (9.4.2003)	Einsetzung eines Unterausschusses Bürgerschaftliches Engagement (zugeordnet dem Familienausschuss) in der 15. Legislaturperiode
2004	Regierungskommission „Impulse für die Zivilgesellschaft"
	2. Freiwilligensurvey der Bundesregierung
	Zivilrechtliche Stiftungsreform
	Erste „Woche des Bürgerschaftlichen Engagements" des BBE
2005	Erneute Einsetzung des Unterausschusses in der 16. Legislaturperiode
	Verbesserte Unfallversicherungsregelung für Engagierte
2006	Konstituierung der Projektgruppe zur Reform des Gemeinnützigkeits- und Spendenrechts (Große Dachverbände und BBE, Wissenschaft, Politik)
September 2006	Zweite „Woche des bürgerschaftlichen Engagements"
2007	„Gesetz zur weiteren Stärkung des bürgerschaftlichen Engagements" (Spenden- und Gemeinnützigkeitsrecht)
	Gesetz zur Förderung der Jugendfreiwilligendienste
August 2007	Regierungsinitiative „ZivilEngagement Miteinander – Füreinander", in diesem Zusammenhang; Benennung eines Beauftragten für „ZivilEngagement" durch das BMFSFJ
September 2007	Dritte „Woche des bürgerschaftlichen Engagements"
2008	Neuer Freiwilligendienst des Bundesministeriums für Wirtschaftliche Zusammenarbeit (BMZ) „weltwärts"
	Pflege-Weiterentwicklungsgesetzes (PfWG) (mit Bezügen auch zur Förderung von Engagierten in der Pflege)
September 2008	Vierte „Woche des bürgerschaftlichen Engagements"
November 2008	Verankerung der ersten Legaldefinition für den „Freiwilligendienst aller Generationen" in Artikel 4a des SGB VII
April/Mai 2009	Nationales Forum für Engagement und Partizipation erarbeitet Agenda für eine Nationale Strategie zur Förderung bürgerschaftlichen Engagements
Juli 2009	Bundeskabinett beschließt Eckpunkt zur Erarbeitung einer nationalen Engagementförderstrategie
2009	3. Freiwilligensurvey der Bundesregierung
Juli 2009	Erster im Auftrag der Bundesregierung vom WZB Berlin erstellter Engagementbericht
Oktober 2009	Fünfte „Woche des bürgerschaftlichen Engagements"
April/Mai 2010	Nationales Forum für Engagement und Partizipation erarbeitet Handlungsempfehlungen für eine nationale Engagementförderstrategie
September 2010	Sechste „Woche des bürgerschaftlichen Engagements"
Herbst 2010	2. Kabinettsbeschluss zur „Nationalen Engagementstrategie"

Die Auflistung engagementpolitischer Wegmarken lässt die Dynamik der Entwicklung der letzen 15 Jahre erkennen. Mit den programmatischen Aussagen des Berichts der Enquête-Kommission sind die übergreifenden und spezifischen Ziele und Gegenstandsbestimmungen dieses Politikbereichs erstmals grundlegend definiert, mit der Zuordnung von Zuständigkeiten und der Bildung neuer Institutionen sind politische Akteure und Akteursnetzwerke etabliert und durch die Entwicklung und Erprobung von Fördermaßnahmen und Instrumenten die Umrisse einer engagementfördernden Politik in den einzelnen Fachressorts konkretisiert worden. Inzwischen lassen sich auch unterschiedliche Phasen der programmatischen Ausrichtung von Engagementpolitik auf Bundesebene erkennen: nach einer ersten Phase, bei der es zentral um die Mobilisierung freiwilliger und unentgeltlicher Tätigkeiten zur Schließung von Dienstleistungslücken im Sozial- und Gesundheitssektor ging, folgte eine Phase, die durch die reformpolitische Programmatik der Enquête-Kommission geprägt war und Engagementpolitik als Bestandteil von Gesellschaft- und Demokratiepolitik zu etablieren versuchte. Inzwischen haben sich – nicht zuletzt als Folge veränderter politischer Mehrheitsverhältnisse – die programmatischen Grundorientierungen erneut verändert. So ist die schwarz-gelbe Regierungskoalition unter Bundeskanzlerin Angela Merkel bestrebt, mit ihrer Nationalen Engagementstrategie bürgerschaftliches Engagement zur Bewältigung gesellschaftlicher Herausforderungen (vor allem in Bezug auf den demografischen Wandel, auf die Integration von Migrantinnen und Migranten sowie die Gewinnung von Freiwilligen im Kontext der Aussetzung der Wehrpflicht) zu mobilisieren.

Hier wird deutlich, dass engagementpolitische Ziele und Schwerpunkte auch parteilpolitischen Prioritätensetzungen unterliegen. So zeigt ein Blick in die Grundsatz- und Wahlprogramme der politischen Parteien, dass die Themen Bürger- bzw. Zivilgesellschaft und bürgerschaftliches Engagement an Relevanz gewonnen haben, allerdings die Gewichtungen in den Zielsetzungen und Bedeutungszuschreibungen unterschiedlich ausfallen (Klein/Olk/Hartnuß 2010). Auch haben die Ausführungen zu Zivilgesellschaft und bürgerschaftlichem Engagement in Parteiprogrammen oft präambelhaften Charakter, während ihr Bezug zu politischen Reformstrategien und Fachpolitiken oftmals vage und unverbindlich bleibt. Auch im Koalitionsvertrag der amtierenden schwarz-gelben Regierungskoalition finden sich vielfältige Bekenntnisse zu bürgerschaftlichem Engagement und Ankündigungen einzelner engagementpolitischer Vorhaben. Insbesondere kündigen die Regierungsparteien die Erarbeitung einer „Nationalen Engagementstrategie" an und beziehen sich dabei auf die Ergebnisse des „Nationalen Forums für Engagement und Partizipation", das vom Bundesnetzwerk Bürgerschaftliches Engagement (BBE) im Auftrag der Bundesregierung veranstaltet wird. Weiterhin kündigt die Koalition ein „Gesetz zur Förderung des bürgerschaftlichen Engagements" für die neue Legislaturperiode an. Insgesamt ist dem Koalitionsvertrag und weiteren politischen Dokumenten der Bundesregierung zu entnehmen, dass Engagementpolitik in der laufenden Legislaturperiode einen durchaus bedeutsamen Stellenwert erhalten soll.

Engagementpolitik als Politikfeld: Gegenstand, Handlungslogik und Steuerungsprinzipien

Wie bereits erwähnt, hat die Entwicklung engagementpolitischer Ziele, Maßnahmen, Programme und Interventionsformen insbesondere seit der Jahrtausendwende an Dynamik gewonnen. So sind in der Nachfolge der Enquête-Komission eine Reihe von neuen Institutionen (Unterausschuss Bürgerschaftliches Engagement, BBE, Landesnetzwerke etc.) entstanden (→ Abschnitt „Institutionen und Akteure"), engagementpolitische Maßnahmen und Programme entwickelt und konkrete Instrumente erprobt worden. Engagementpolitische Akteure auf Bundes- und Landesebene sind insbesondere die großen (und kleinen) überörtlich organisierten Vereine und Verbände (Verbände des Sports, der Wohlfahrt, der Rettungsdienste, Feuerwehr, Kultur, Umweltschutz etc.) sowie neue soziale Bewegungen und sonstige Dritte Sektor-Organisationen. Im politisch-administrativen System sind die Vertreter kommunaler Räte, die Abgeordneten von Landesparlamenten und Bundestag sowie die Vertreter der politischen Parteien ebenso zu nennen wie die Fachabteilungen der einschlägigen Fachbereiche, Behörden und Ministerien auf kommunaler-, Landes- und Bundesebene. Im Wirtschaftbereich haben sich insbesondere große und kleinere Unternehmen, die sich im Bereich von Corporate Citizenship oder Corporate Social Responsibility engagieren, und ihre verbandlichen Zusammenschlüsse sowie regionalen Unternehmensnetzwerke als engagementpolitische Akteure profiliert.

Der ordnungspolitische Rahmen von Engagementpolitik (Polity) ist in Deutschland insbesondere durch das Subsidiaritätsprinzip und den Föderalismus geprägt. Das Subsidiaritätsprinzip besagt, dass die Förderung der unterschiedlichen Formen des bürgerschaftlichen Engagements zunächst eine Aufgabe der zivilgesellschaftlichen Organisationen selbst und erst dann eine Verantwortung des Staates darstellt. Damit wird den zivilgesellschaftlichen Akteuren in diesem Politikfeld eine entscheidende Rolle zugeschrieben. Darüber hinaus sind die Zuständigkeiten für engagementpolitische Vorhaben und Programme arbeitsteilig zwischen Bund, Ländern und Kommunen verteilt, was komplexe Aufgaben der Abstimmung und Koordination mit sich bringt (vgl. Schmid 2010). Die Formulierung und Gestaltung engagementpolitischer Vorhaben setzt also die Abstimmung und Koordination unterschiedlicher Partner voraus. Mit Blick auf die politisch-administrativen Akteure meint dies in vertikaler Hinsicht eine Abstimmung zwischen Bund, Länder und Kommunen und in horizontaler Perspektive eine Abstimmung zwischen den verschiedenen Ressorts. Darüber hinaus bedarf es allerdings auch einer Kooperation zwischen staatlichen Institutionen und der Zivilgesellschaft. Auch hier haben es die staatlichen Akteure mit einer Vielfalt unterschiedlicher Organisationen und Akteure (kleine und große Vereine, Verbände, Netzwerke etc.) zu tun. Auch wirtschaftliche Akteure müssen einbezogen werden, wobei auch hier die strukturelle Vielfalt nicht unterschätzt werden darf, entwickeln doch kleine und mittlere Unternehmen ganz andere engagementpolitische Interessen als große Unternehmen und folgen börsenorientierte Unternehmen anderen Handlungsrationalitäten als Familienunternehmen. Das engagementpolitische Handlungsfeld ist also durch eine Vielfalt staatlicher und nicht-staatlicher Akteure geprägt, die jeweils unterschiedliche Interessen verfolgen und divergierende Handlungsrationalitäten aufweisen.

Hinzu kommt, dass der Gegenstand von Engagementpolitik, nämlich das freie und unentgeltliche Engagement nicht einfach verordnet werden kann, sondern einer durch Selbstbestimmung und Selbstorganisation geprägten eigensinnigen Handlungslogik folgt. Im Feld der Engagementpolitik können daher herkömmliche Formen hierarchischer politischer Steuerung immer nur eine begrenzte Rolle spielen. Angesichts der Vielzahl und Diversität möglicher „Mitspieler" in diesem Feld gewinnt bei der Suche nach angemessenen Formen des Regierens und der Handlungskoordination eine Perspektive an Gewicht, die in jüngster Zeit unter dem Begriff „Governance" verhandelt wird (vgl. grundlegend Benz 2004). Dem liegt die Einschätzung zu Grunde, dass der Staat nicht mehr als die alleinige Instanz zur Lösung kollektiver gesellschaftlicher Probleme angesehen werden kann und auch die Erwartung schwindet, dass staatliche Institutionen gesellschaftliche Entwicklungen allein steuern könnten. Vielmehr wächst die Einsicht, dass drängende Probleme in modernen Gesellschaften mit den herkömmlichen Mitteln der Exekutive und Verwaltung (also insbesondere durch Gesetze, Erlasse und Verordnungen) kaum mehr zielgerichtet bewältigt werden können. Effektive Formen der Handlungskoordination können unter diesen Bedingungen nur noch als Mischformen des Handelns politischer, staatlich-verwaltungsbezogener, marktförmiger und zivilgesellschaftlicher Akteure gedacht werden. Dies gilt insbesondere auch für den Bereich der Engagementpolitik, der ja von vornherein als eine Politikform beschrieben wurde, in der staatliche und nicht-staatliche Akteure kooperieren müssen. Hinzu kommt, dass für die Erreichung engagementpolitischer Ziele die Selbstregierungsfähigkeiten, die Selbstorganisation und Eigenmotivation zivilgesellschaftlicher Akteure unabdingbar sind. Eine Ausweitung und Stärkung zivilgesellschaftlichen Engagements kann daher nicht einfach topdown angeordnet und durch (Zwangs-) Instrumente durchgesetzt werden sondern bedarf der Ermutigung, Wertschätzung und Unterstützung von eigenmotivierten freiwilligen Selbstverpflichtungen zivilgesellschaftlicher Akteure, was für die prominente Rolle von bottom-up-Ansätzen in diesem Politikfeld spricht. Das Kernproblem einer Politik der Förderung und Unterstützung bürgerschaftlichen Engagements besteht also darin, einerseits die besondere Produktivität und den „Eigensinn" solcher Formen freiwilliger und unentgeltlicher Tätigkeiten zu stärken, um deren Produktivitätspotenzial zur Entfaltung bringen zu können und zugleich Ziele wie die Eröffnung von Zugangswegen zum Engagement für alle potenziell Interessierten und die Ausweitung des Volumens des bürgerschaftlichen Engagements bei Einhaltung bestimmter Qualitätsstandards (wie Verlässlichkeit, Verhinderung von Missbrauch etc.) zu gewährleisten. Staatliche Engagementpolitik steht vor diesem Hintergrund immer in der Gefahr, das freiwillige Engagement der Bürgerinnen und Bürger zum Zwecke der Schließung von Dienstleistungslücken zu instrumentalisieren und damit die fragile Motivationsbasis der „freiwilligen Selbstverpflichtung" zu zerstören.

Im Bereich konkreter Maßnahmen und Instrumente hat Engagementpolitik auf allen Ebenen des föderalen Instanzenzuges inzwischen erkennbar an Konturen gewonnen. Ordnet man diese Maßnahmen und Instrumente nach den jeweils intendierten Wirkungsmechanismen, so lassen sich Überzeugungsprogramme, finanzielle Anreize, Maßnahmen der infrastrukturellen Steuerung sowie Strategien der Zwangsverpflichtung unterscheiden (Olk 1990). Mit Überzeugungsprogrammen sind alle diejenigen Maßnahmen und Instrumente gemeint, die darauf abzielen die Einstellungen, Orientierungen und den Informationsstand der Bevölkerung zum bürgerschaftlichen Engagement durch Maßnahmen der Öffentlichkeitsarbeit in positive Richtung zu verändern. Dabei geht es sowohl darum, unterschiedliche Bevölkerungsgruppen über Möglichkeiten und Formen des bürgerschaftlichen Engagements zu informieren als auch das Image dieses Engagements ganz allgemein zu verbessern bzw. die Bedeutung des bürgerschaftlichen Engagements für das Gemeinwesen herauszustellen. Finanzielle Anreize sind mit Unkostenerstattungen, pauschalen Aufwandsentschädigungen, Steuernachlässen und geringfügigen Entgelten genannt. Insbesondere hinsichtlich dieser Instrumente ist in den letzten Jahren unter dem Begriff der Monetarisierung eine intensive Debatte um mögliche schädliche Nebenwirkungen finanzieller Anreize und um den Missbrauch steuerlicher Vergünstigungen (z. B. der sog. Übungsleiterpauschale) durch gemeinnützige Organisationen entbrannt. Infrastrukturelle Förderung erfolgt durch Maßnahmen und Einrichtungen wie Freiwilligenagenturen, Selbsthilfekontaktstellen, Seniorenbüros, unterschiedlichen Formen von Netzwerken und Bündnissen (Lokale Bündnisse für Familien etc.) neuen Formen von Freiwilligendiensten, Mehrgenerationenhäuser etc. (vgl. die Beiträge von Teske und Gerzer-Sass i.d.B.). Die Etablierung und Sicherung einer Infrastruktur der Förderung und Vermittlung des bürgerschaftlichen Engagements ist das Rückgrat der Engagementpolitik und zugleich eines der schwierigsten und umstrittensten Bestandteile einer engagementfördenden Politik. So ist mit dem Verbot der Mischfinanzierung im Gefolge der Förderalismusreform und der restriktiven Handhabung des Zuwendungsrechts im Hinblick auf institutionelle Förderung weitgehend ungeklärt, wie die Daueraufgabe der Finanzierung infrastruktureller Einrichtungen und Maßnahmen im Rahmen der verfassungsmäßigen Zuständigkeiten von Bund, Ländern und Kommunen gesichert werden kann. Diese Aufgabe ist auch deshalb so dringlich, weil nichtstaatliche Akteure wie Stiftungen, Wirtschaftsunternehmen etc. ausschließlich finanzielle Förderungen für zeitlich befristete Projekte und Modellvorhaben bereitstellen.

Auf allen föderalen Ebenen werden seit einigen Jahren darüber hinaus zivilgesellschaftlich inspirierte politische Steuerungsinstrumente erprobt. Den Prinzipien von Partizipation, Diskurs und Aushandlung besonders angemessen sind insbesondere Lern- und Entwicklungsnetzwerke, Moderations- und Mediationsverfahren sowie Modelle der Bürgeraktivierung und Bürgerbeteiligung (siehe hierzu die Beiträge von Röbke und Rüttgers i.d.B.).

Mit dem Instrument der „Zwangsverpflichtung" ist die Handlungsoption für den Staat angesprochen, seine Bürgerinnen und Bürger unter bestimmten Umständen zu einem Pflichtdienst einzuberufen. Ein solcher – in diesem Falle sozialer – Pflichtdienst, entweder nur für junge Frauen oder für junge Männer und Frauen, wird seit den 1980er Jahren in regelmäßigen Abständen auf der bundespolitischen Ebene als politische Forderung lanciert. Dies war erneut in den letzten Monaten der Fall, als im Kontext der sich ankündigenden Aussetzung der Wehrpflicht nach Kompensationsmöglichkeiten für den dann auch wegfallenden Zivildienst gesucht wurde. Im Falle der Einführung eines solchen Pflichtdienstes, gegen den sowohl pragmatische als auch grundsätzliche Erwägungen vorgebracht werden, würde das für den Bereich der Engagementpolitik konstitutive Prinzip der Freiwilligkeit und Eigenmotiviertheit durch eine staatlich verordnete Pflicht ersetzt, was den Grundprinzipien dieses Politikbereiches widersprechen würde. Trotz der hohen verfassungsrechtlichen Hürden und der leicht erkennbaren negativen Begleiteffekte (Notwendigkeit der Vorhaltung einer umfangreichen Bürokratie, unkalkulierbare Auswirkungen auf die Qualität und Motivationsbasis dieses Dienstes etc.) erfreut sich die Idee eines Pflichtdienstes einer periodischen „Wiederentdeckung" durch die (Bundes-)Politik.

Institutionen und Akteure

Ein zentraler Topos bei der Vermessung des sich entwickelnden Feldes der Engagementpolitik ist die Etablierung bestehender und die Entstehung neuer Institutionen und Akteure, die im wechselseitigen Zusammenspiel den politischen Rahmen für die Engagementförderung, die engagementpolitische Agenda und ihre Prioritäten sowie konkrete Maßnahmen und Programme aushandeln und bestimmen. Im Folgenden sollen daher wichtige Institutionen auf Bundesebene vorgestellt werden, die in den vergangenen Jahren den engagementpolitischen Diskurs entscheidend mit geprägt haben (vgl. hierzu ausführlich Klein/Olk/Hartnuß 2010).

Der Unterausschuss „Bürgerschaftliches Engagement" im Deutschen Bundestag

Die Gründung eines eigenen Unterausschusses für „Bürgerschaftliches Engagement" zu Beginn der 15. Legislaturperiode verdankte sich dem fraktionsübergreifenden Impuls der Enquête-Kommission „Zukunft des Bürgerschaftlichen Engagements", deren zahlreiche politische Handlungsempfehlungen durch den Unterausschuss abgearbeitet werden sollten. Damit ist es gelungen, das Thema Engagementpolitik auf der Ebene der Legislative zu verankern. Die Arbeitsform des Unterausschusses „Bürgerschaftliches Engagement" wird durch seine strukturelle Einbindung in den Deutschen Bundestag geprägt. Der Unterausschuss ist dem Hauptausschuss „Familie, Senioren, Frauen und Jugend" des Deutschen Bundestages zugeordnet, weil das entsprechende Bundesministerium (BMFSFJ) in der Bundesregierung federführend für die Engagementförderung ist. Ein eigener Unterausschuss garantiert eine höhere Aufmerksamkeit, eine größere Durchdringungstiefe und eine Kontinuität bei der Behandlung von Fachthemen und stellt sicher, dass Engagementthemen und -anliegen ihre Randständigkeit verlieren. Der operative Einfluss eines solchen Unterausschusses im Gefüge der Ausschüsse ist allerdings begrenzt.

Im Vordergrund der Arbeit des Unterausschusses steht die Vorbereitung von gesetzgeberischen Maßnahmen im Bereich des bürgerschaftlichen Engagements. Hierzu zählten in den vergangenen Jahren insbesondere die Verbesserung des Haftpflicht- und Unfallversicherungsschutzes freiwillig Engagierter, die Verbesserung der steuerrechtlichen Rahmenbedingungen für bürgerschaftliches Engagement, die Verwaltungs- und Verfahrensvereinfachung, die Stärkung und der Ausbau der Freiwilligendienste sowie die Reform des Gemeinnützigkeits- und Spendenrechts. Daneben standen Themenbereiche wie das bürgerschaftliche Engagement von Migrantinnen und Migranten, das gesellschaftliche Engagement von Unternehmen, die Auswirkungen der Arbeitsmarktreformen auf das bürgerschaftliche Engagement sowie das bürgerschaftliche Engagement als Bildungsziel in der Schule auf der Tagesordnung des Unterausschusses (vgl. Deutscher Bundestag 2009).

Die Engagementförderung des Bundesministeriums für Frauen, Senioren, Familie und Jugend (BMFSFJ)

Das BMFSFJ hat innerhalb der Bundesregierung (Exekutive) die Aufgabe der Federführung und Koordination für die Förderung des bürgerschaftlichen Engagements inne. Neben Förderungen des traditionellen Ehrenamtes insbesondere in sozialen Bereichen spielten in den vergangenen Jahren neue Themen und Handlungsprogramme wie etwa das Modellprogramm „Erfahrungswissen für Initiativen" (EFI), die Initiative „Lokale Bündnisse für Familien" oder das Aktionsprogramm „Mehrgenerationenhäuser" eine prominente Rolle. Auffällig ist, dass dem Thema Zivilgesellschaft eine zunehmend wichtige strategische Relevanz beigemessen wird. So hat die damalige Familienministerin Ursula von der Leyen im August 2007 die Initiative „ZivilEngagement Miteinander – Füreinander" entwickelt (BMFSFJ 2007), die dem Thema Bürgergesellschaft und bürgerschaftliches Engagement einen höheren Stellenwert in der politischen Prioritätensetzung und Kommunikation des Hauses verleiht (siehe auch den Beitrag von Lang/Embacher in diesem Band).

Darüber hinaus hat das BMFSFJ hat in den vergangenen Jahren eine Vielzahl von speziellen Programmen aufgelegt, die zur Förderung bürgerschaftlichen Engagements und zur Entwicklung einer aktiven Bürgergesellschaft in verschiedenen Bereichen beitragen sollen. Zu den besonderen Schwerpunkten aber gehörten und gehören sicher der Ausbau der Freiwilligendienste (Jakob i.d.B.), die Förderung der Forschung zum bürgerschaftlichen Engagement (Gensicke i.d.B.), die Stärkung des Engagements bei der Gestaltung des demographischen Wandels (u. a. mit dem Programm „Aktiv im Alter"), die Förderung von Bürgerengagement bei der Auseinandersetzung mit Extremismus und Fremdenfeindlichkeit (Programme wie „Civitas", „Xenos" und „Entimon" sowie das Folgeprogramm „Vielfalt tut gut") sowie nicht zuletzt die Unterstützung von Netzwerken und Zusammenschlüssen der Zivilgesellschaft.

Eine wichtige Rolle spielt das BMFSFJ auch in der Abstimmung und Koordinierung engagementpolitischer Vorhaben und Programme zwischen Bund, Ländern und Kommunen. Wichtigster Ort hierfür ist die Bund-Länder-Kommunen-Arbeitsgruppe „Bürgerschaftliches Engagement", in der sich in halbjährigem Rhythmus Vertreterinnen und Vertreter aus den Ländern (Stabs- und Leitstellen aus Staatskanzleien und Ministerien der Länder), der kommunalen Spitzenverbände sowie aus dem Bundesfamilienministerien über aktuelle Themen und Vorhaben in diesem Feld verständigen.

Mit der Förderung des vom BBE veranstalteten „Nationalen Forums für Engagement und Partizipation" (BBE 2009a und b, 2010) geht das BMFSFJ neue Wege bei der Einbindung von Akteuren aus Zivilgesellschaft, Wissenschaft und Wirtschaft in die Politikformulierung. In diesem besonderen Format der Politikberatung erhalten Experten aus zivilgesellschaftlichen Organisationen und aus der Wissenschaft die Möglichkeit, in themenbezogenen Dialogforen zentrale engagementpolitische Anliegen zu identifizieren und konkrete Maßnahmen und Programme vorzuschlagen. Diese Vorschläge werden vom zuständigen Fachministerium gesichtet und für die Entwicklung engagementpolitischer Maßnahmen, Programme und Kabinettsbeschlüsse der jeweiligen Bundesregierung genutzt. Dabei werden die Akteure der Zivilgesellschaft und der Wissenschaft nicht als Lobbyisten im üblichen Sinne sondern als Experten dieses Politikbereichs angesprochen, um unabhängig von üblichen Politikritualen des partikularistischen Lobbying (Anhörungen, Kamingespräche etc.) den Sachverstand gesellschaftlicher Akteure für fachlich gute gemeinwohlorientierte Lösungen zu mobilisieren. Das Bundeskabinett hat im Juli 2009 auf Initiative des BMFSFJ und auf der Grundlage der Ergebnisse der ersten Runde von Dialogforen des Nationalen Forums den Beschluss zum Aufbau einer Nationalen Engagementstrategie gefasst und die neue schwarz-gelbe Regierungskoalition hat in ihrer Koalitionsvereinbarung die Fortsetzung dieser Kooperation von Politik und Zivilgesellschaft für die laufende Legislaturperiode angekündigt und das Nationale Forum für Engagement und Partizipation damit beauftragt, die Bundesregierung bei der Entwicklung ihrer Nationalen Engagementstrategie zu beraten. Ob und wie die Bundesregierung die in diesem Modell der Politikberatung liegenden Chancen und Potenziale für die Entwicklung engagementpolitischer Vorhaben nutzen wird, lässt sich erst am Ende der Legislatur bewerten.

Das Bundesnetzwerk Bürgerschaftliches Engagement (BBE)

Das Bundesnetzwerk Bürgerschaftliches Engagement wurde im Juni 2002 durch die 31 Mitgliedsorganisationen des „Nationalen Beirats" des Internationalen Jahres der Freiwilligen (IJF) gegründet. Inzwischen haben sich dem Netzwerk über 250 Organisationen angeschlossen. Das besondere Handlungspotenzial des BBE ergibt sich aus seiner trisektoralen Zusammensetzung: In diesem Netzwerk sind alle drei großen gesellschaftlichen Sektoren – Bürgergesellschaft, Staat und Kommunen sowie Wirtschaft/Arbeitsleben – mit dem Ziel vernetzt, bürgerschaftliches Engagement und Bürgergesellschaft zu fördern. In den vergangenen Jahren hat das BBE eine dynamische Entwicklung genommen, die sich nicht nur auf die rein quantitative Vermehrung der Mitgliedsorganisationen beschränkt. In praktisch allen Prozessen der Feldentwicklung, der Erprobung neuer Institutionen und Vernetzungsformen, der politischen Erörterung von einschlägigen Handlungsprogrammen auf allen Ebenen des föderalen Staates und der Vorbereitung von Gesetzesvorhaben, der Koordination und Kooperation zwischen Akteuren unterschiedlichster Bereiche werden die Leistungen und Kompetenzen des BBE in Anspruch genommen. Zugleich bündelt das BBE in seinen Arbeitsgruppen ein enormes Potenzial an Fachkompetenz und Netzwerkbeziehungen.

Mit dem Format des „Nationalen Forums für Engagement und Partizipation" hat das BBE einen wichtigen Entwicklungsschritt vollzogen. Im Dialog von Staat, Zivilgesellschaft und Wirtschaft werden zentrale Fragen der Förderung von Engagement- und Demokratieförderunge verhandelt und Eckpunkte einer engagementpolitischen Agenda entwickelt (vgl. BBE 2009, 2010).

Engagementpolitik als Politikfeld

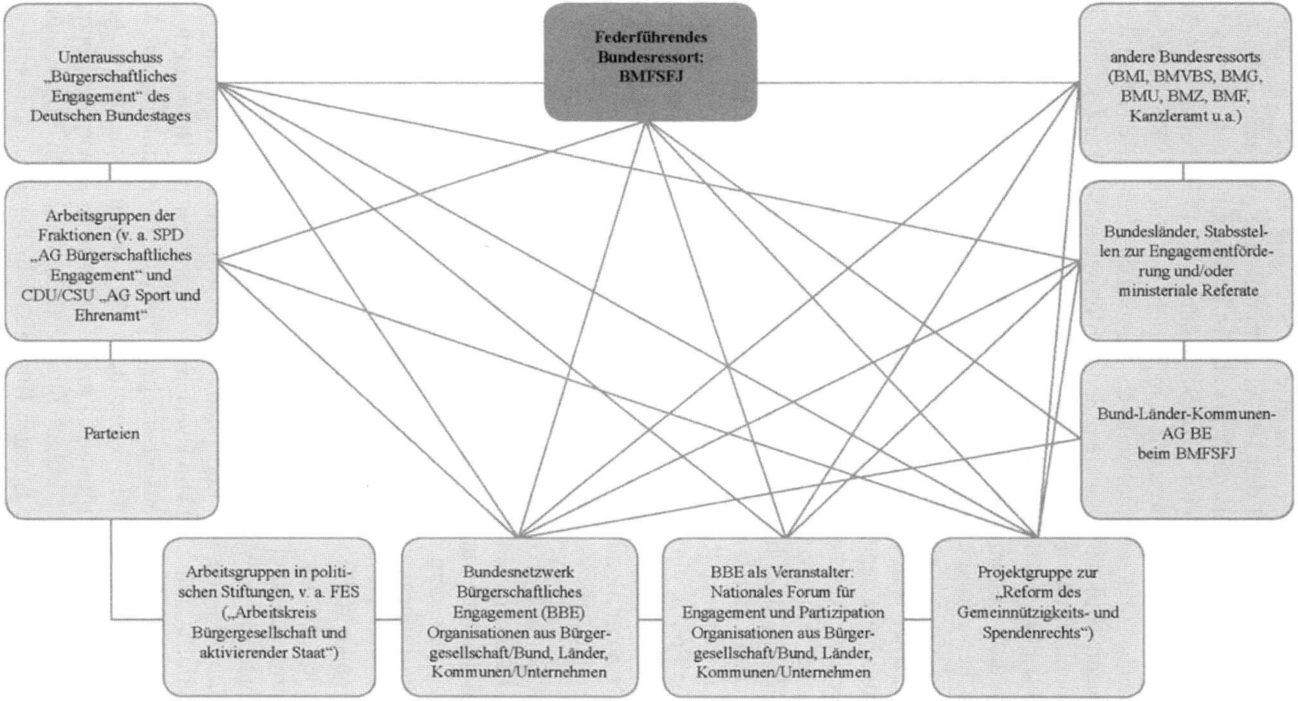

Federführendes Bundesressort: BMFSFJ

- andere Bundesressorts (BMI, BMVBS, BMG, BMU, BMZ, BMF, Kanzleramt u. a.)
- Bundesländer, Stabsstellen zur Engagementförderung und/oder ministeriale Referate
- Bund-Länder-Kommunen-AG BE beim BMFSFJ
- Projektgruppe zur „Reform des Gemeinnützigkeits- und Spendenrechts"
- BBE als Veranstalter: Nationales Forum für Engagement und Partizipation Organisationen aus Bürgergesellschaft/Bund, Länder, Kommunen/Unternehmen
- Bundesnetzwerk Bürgerschaftliches Engagement (BBE) Organisationen aus Bürgergesellschaft/Bund, Länder, Kommunen/Unternehmen
- Arbeitsgruppen in politischen Stiftungen, v. a. FES („Arbeitskreis Bürgergesellschaft und aktivierender Staat")
- Parteien
- Arbeitsgruppen der Fraktionen (v. a. SPD „AG Bürgerschaftliches Engagement" und CDU/CSU „AG Sport und Ehrenamt"
- Unterausschuss „Bürgerschaftliches Engagement" des Deutschen Bundestages

Zwei Dekaden Engagementpolitik – Wo stehen wir?

Lässt man die hier skizzierte Entwicklung zu einer eigenständigen Engagementpolitik seit den 1980er Jahren Revue passieren, dann lässt sich Folgendes feststellen: nach ersten Anfängen mit einer rein angebotsseitigen „Rekrutierungspolitik" zur Schließung von Dienstleistungslücken ist es gelungen, insbesondere mit dem Bericht der Enquête-Kommission ein umfassendes und reformorientiertes Agenda-Setting für das Politikfeld Engagementpolitik zu etablieren. Seitdem ist weitgehend anerkannt, dass Engagementpolitik nicht nur aus einer Anzahl konkreter Instrumente zur Förderung des bürgerschaftlichen Engagements besteht, sondern der konzeptionellen Grundlagen und einer integralen Politikstrategie bedarf, die die unterschiedlichen Akteure aus Bund, Ländern und Gemeinden ebenso einbezieht wie die Akteure aus Zivilgesellschaft und Wirtschaft. Darüber hinaus kann festgehalten werden, dass nach ersten Anfängen auf kommunaler und landespolitischer Ebene nun auch die Bundespolitik ein Interesse an der Förderung des bürgerschaftlichen Engagements entwickelt hat. Aus der Sicht politischer Akteure in Bund, Ländern und Kommunen ist programmatisch unbestritten, dass bürgerschaftliches Engagement die Lebensqualität im politischen Gemeinwesen steigert, sozialen Zusammenhalt stiftet und zum Aufbau sozialer Kompetenzen beiträgt. In den letzten Jahren kam hinzu, dass die Politik ein zunehmendes Interesse an der Mobilisierung bürgerschaftlichen Engagements als eine Ressource zur Bewältigung gesellschaftlicher Herausforderungen (wie demografischer Wandel, Integration von Migranten etc.) entwickelt hat.

Was die Durchführung und Umsetzung von Engagementpolitik anbelangt, so kann davon ausgegangen werden, dass vor allem im Bereich konkreter Maßnahmen und ressortspezifischer Programme (im Sinne von „Policy") – wie z.B. dem Bund-Länder-Programm „Die Soziale Stadt", das gezielt auf den Einbezug des Engagements für die Entwicklung von Stadtteilen setzt, die von Desintegration und Abwertung bedroht sind (vgl. Bock/Böhme/Franke 2007) – Fortschritte erzielt worden sind. Auf allen Ebenen des föderalen Staates sind in nahezu allen Politikfeldern zivilgesellschaftliche Instrumente und zivilgesellschaftlich inspirierte Politikprogramme entwickelt und erprobt worden. Es sind neue politische Steuerungsinstrumente eingeführt worden, wie Lern- und Entwicklungsnetzwerke, Wettbewerbe, Moderations- und Mediationsverfahren, Strategien der Bürgeraktivierung, innovative Organisationsentwicklungsprozesse in Organisationen, Vereinen und Verbänden, zivilgesellschaftliche Aktivierungsprogramme gegen rechtsextremistische Strömungen und Bewegungen sowie die Nutzung der Ressource Bürgergesellschaft für die Integration von Migrantinnen und Migranten. Auch die Lokalen Bündnisse für Familie, die ursprünglich keineswegs als zivilgesellschaftliches Instrument konzipiert worden waren, stellen grundsätzlich eine zivilgesellschaftliche Mobilisierungsstrategie dar und gehören insofern faktisch in den Kontext der Engagementpolitik.

In diesem Zusammenhang sind ebenso eine Reihe von neuen und z. T. innovativen engagementpolitischen Institutionen entstanden, die – im Sinne von „Politics" –Einfluss auf engagementpolitische Aushandlungsprozesse nehmen und die engagementpolitische Agenda mitbestimmen (Agenda-Setting). Zu den engagementpolitischen Institutionen zählen der Unterausschuss „Bürgerschaftliches Engagement" im Deutschen Bundestag, das Bundesnetzwerk Bürgerschaftliches Engagement, Netzwerke auf Landes- und regionaler Ebene, überregionale Fortbildungsinstitutionen, Stabsstellen bei Ministerpräsidenten, ressortübergreifende Arbeitsgruppen, Ausschüsse etc. In vielen politischen Handlungsfeldern ist es inzwischen selbstverständlich geworden, die Ressource Bürgergesellschaft bzw. bürgerschaftliches Engagement ins Spiel zu bringen und auf die Leistungspotenziale dieser Ressource zu bauen. Erhebliche Defizite und Unklarheiten bestehen allerdings im Hinblick auf die Wirkungen und die Evaluation engagementpolitischer Vorhaben und Modelle. Ob die einzelnen Maßnahmen und Interventionen der Engagementpolitik die von ihnen angezielten Wirkungen erreichen oder nicht, kann auf dem gegenwärtigen Stand des Wissens kaum beurteilt werden. Die Gründe hierfür sind vielfältig. So werden gerade im engagementpolitischen Handlungsfeld Ziele und Ergebniserwartungen oft unklar und zum Teil widersprüchlich formuliert, fehlen Indikatoren zur Erfolgsmessung und werden die Programme und Maßnahmen in der Regel finanziell schlecht ausgestattet oder mit zu kurzen Laufzeiten versehen. Auch ist der Stand der wissenschaftlichen Forschung zum Engagement keineswegs soweit entwickelt, dass verlässliche Forschungsergebnisse zu Wirkungszusammenhängen in diesem Feld vorlägen.

Abgesehen davon ist es bislang nicht gelungen, das Projekt der Förderung bürgerschaftlichen Engagements aus seinem Status eines „weichen" Themas herauszuführen und in den Kern politischer Maßnahmen und Programme zu integrieren. Dies ist deshalb erforderlich, weil der politische Ordnungsrahmen (im Sinne von „Polity") einer Neujustierung bedarf, wobei insbesondere eine Neuverteilung von Aufgaben und Verantwortlichkeiten zwischen Staat, Zivilgesellschaft und Wirtschaft ganz oben auf der politischen Tagesordnung stehen müsste. Insofern liegen die Erfolgskriterien für Engagementpolitik auf zwei unterschiedlichen Ebenen: während es auf der einen Seite gilt, die Wirksamkeit engagementpolitischer Vorhaben, Programme und Instrumente zu verbessern, geht es auf der anderen Seite auch darum, das politische Institutionensystem der Bundesrepublik Deutschland derart weiterzuentwickeln, dass Zivilgesellschaft und bürgerschaftlichem Engagement gegenüber Markt und Staat eine gewichtigere Rolle eingeräumt wird.

Literatur

Benz, Arthur 2004: Governance – Regieren in komplexen Regelsystemen. . Eine Einführung. Wiesbaden.
Bock, Stephanie/Böhme, Christa/Franke, Thomas 2007: Aktivierung und Beteiligung in der integrativen Stadtteilentwicklung. In: Forschungsjournal Neue Soziale Bewegungen. Jg. 20, Heft 2: 64 – 71.
Bundesnetzwerk Bürgerschaftliches Engagement (BBE) (Hrsg.) 2009 a: Nationales Forum für Engagement und Partizipation. Erster Zwischenbericht. Berlin.
Bundesnetzwerk Bürgerschaftliches Engagement (BBE) (Hrsg.) 2009 b: Nationales Forum für Engagement und Partizipation. Zweiter Zwischenbericht. Berlin.
Bundesnetzwerk Bürgerschaftliches Engagement (BBE) (Hrsg.) 2010: Nationales Forum für Engagement und Partizipation. Dritter Zwischenbericht. Berlin.
Bundesministerium für Familie, Senioren, Frauen und Jugend (BMFSFJ) 2007: Miteinander, Füreinander: Initiative ZivilEngagement. Berlin.
Deutscher Bundestag 2009: Ausschuss für Familie, Senioren, Frauen und Jugend, Unterausschuss „Bürgerschaftliches Engagement" (Hrsg.) 2009: Bericht über die Arbeit des Unterausschusses „Bürgerschaftliches Engagement" in der 16. Wahlperiode:
Enquête-Kommission „Zukunft des Bürgerschaftlichen Engagements" (Hrsg.): Bericht. Bürgerschaftliches Engagement: auf dem Weg in eine zukunftsfähige Bürgergesellschaft. Opladen 2002.
Forschungsjournal Neue Soziale Bewegungen 2007: Themenheft „Bürgergesellschaft – Wunsch und Wirklichkeit", Jg. 20, Heft 2.
Klein, Ansgar/Olk, Thomas/Hartnuß, Birger 2010: Engagementpolitik als Politikfeld: Entwicklungen und Perspektiven. In: Olk, Thomas / Klein, Ansgar/Hartnuß, Birger (Hrsg.): Engagementpolitik. Die Entwicklung der Zivilgesellschaft als politische Aufgabe. Wiesbaden. S. 24–59.
Olk, Thomas 1990: Förderung und Unterstützung freiwilliger sozialer Tätigkeiten – eine neue Aufgabe für den Sozialstaat? In: Heinze, Rolf G./Offe, Claus (Hrsg.): Formen der Eigenarbeit. Theorie, Empirie, Vorschläge. Opladen. S. 244–265.
Rohe, Karl 1994: Politik. Begriffe und Wirklichkeiten. Eine Einführung in das politische Denken. 2. Auflage. Stuttgart.
Schmid, Josef, unter Mitarbeit von Christine Brickenstein (2010): Engagementpolitik auf Landesebene – Genese und Strukturierung eines Politikfeldes. In: Olk, Thomas/ Klein, Ansgar/Hartnuß, Birger (Hrsg.): Engagementpolitik. Die Entwicklung der Zivilgesellschaft als politische Aufgabe. Wiesbaden. S. 352–381

Konrad Hummel

Kommune

Zum Auftrag der Kommunen in der bürgergesellschaftlichen Entwicklung

Die Förderung des Gemeinwohls ist im Grundgesetz, die Unterstützung bürgerschaftlichen Engagements in einigen Gemeindeordnungen und der Aufbau einer engagementfördernden Politik in Zielorientierungen moderner zivilgesellschaftlicher Verbände und Institutionen mehr oder weniger deutlich enthalten.

„Die Gemeinde fördert in bürgerschaftlicher Selbstverwaltung das gemeinsame Wohl ihrer Einwohner. Die verantwortliche Teilnahme an der bürgerschaftlichen Verwaltung ist Recht und Pflicht des Bürgers (Art. 1, Gemeindeordnung (GO), BaWü 1955)".

In der Regel überwiegen Appelle, Aufzählung von Instrumentenkoffern (Steuer- und Versicherungsaspekte), vorsichtige Forderungen nach einer zusätzlichen Infrastrukturhilfe (z.B. Freiwilligenbüros) und best-practice-Beispiele werden zur Nachahmung empfohlen.

Die volle Breite der Selbstverwaltung, des Vereinswesens, des Ehrenamtes, der Bürgerinitiativen, Stiftern, Mäzenaten, den Stadträten und ihren Parteien selbst und vieler „Grau- und Schattenmärkte", die es vor Ort zwischen offiziellen Ausschreibungen, sozialversicherungspflichtigen Verhältnissen und Nachbarschafts- und Verwaltungshilfe gibt, ist im Zusammenhang zu sehen, wenn es um eine systematische Beschäftigung mit der Bürgergesellschaft geht.

Kommunale Vereinsförderung berührt unmittelbar Bürgerengagement. Bei der Pflege und Vergabe von Sportplätzen, bei der freiwilligen Feuerwehr, bei der Unterstützung von Jubilarehrungen, beim kommunalen Status von Senioren- oder Jugendbeiräten wird Engagementpolitik praktisch berührt, gefördert, gelegentlich behindert, in jedem Fall institutionalisiert.

Der „ehrenamtliche" Stadtrat selbst kann sich trotz Sitzungsentgelt als Engagierter verstehen und er/sie wird in jedem Fall eher gewählt, wenn er/sie über zahlreiche Engagements verfügt. Auf der kommunalen Ebene reichen Gremien wie ein Ausländerbeirat weit über die nationalen Möglichkeiten eines (begrenzten) Ausländerwahlrechtes hinaus. In bestimmten lokalen Ausschussformen wie dem Jugendhilfeausschuss sind mehr Akteure (z.B.

Verbandsvertreter) stimmberechtigte Mitwirkende als durch die Kommunalwahlen entsandt werden können.

In den Städten greift dies weit zurück in die kommunale Selbstverwaltung und Geschichte, besonders z. B. der Hanse- und Reichsstädte und ihren Zünften und Mitwirkungsformen unterschiedlicher Berufs- und Statusgruppen.

Auch die einen Stadtrat umgebenden Strukturen, wie auf Seiten der Wirtschaft eine IHK Industrie- und Handelskammer), eine HWK (Handwerkskammer) mit ihren ehrenamtlichen Vertretungs- und Prüfungsgremien oder auf Seiten der Zivilgesellschaft eine Arbeitsgemeinschaft der Vereine, Parteien und Kirchen, sind von zentraler Bedeutung für die „Landschaft", in der Engagementpolitik stattfindet.

Zu den vorherrschenden Leitbildern

Auf lokaler Ebene waren die deutschen Kommunen die letzten 20 Jahre deutlich geprägt vom Leitbild der Dienstleistungskommune oder des aktivierenden Staates. Engagement wird einem solchen Staatsverständnis folgend zu einem „Förderungsgegenstand".

Vorliegende Analyse versucht gegen dieses eindimensionale Verständnis vom staatlichen Förderprogramm aktiver Bürger ein mehrschichtiges Bild eines Kräftefeldes zu entwerfen, in dem Engagement produktiv entsteht oder – absichtsvoll oder auch nicht – verhindert und verharmlost wird. Dieses Feld soll entlang der drei Sektoren – Staat, Wirtschaft, Zivilgesellschaft – „abgeschritten" werden.

Auf der staatlichen Seite haben Kommunen ständig nationale Gesetze, Leistungstransfers oder Landesvorschriften zu vollziehen. Dabei bedient sich der verschlankte Staat immer mehr dritter Träger. Vor Ort wirkt sich das oftmals aus wie ein Verstecken der Politik hinter Institutionen. Werden Probleme komplex, wie bei der Hartz IV-Arbeitsmarktreform, der Pflegeversicherung etc. werden viele Ausführungen den Kommunen „überlassen".

Natürlich können dezentrale Lösungen ein Einstieg in eine bürgerengagementorientierte Politik sein, wenn die Kommune „vorbereitet" durch offene Institutionen und Öffnungsklauseln des Gesetzgebers, der Auslegungsspielräume bewusst ermöglicht. Ist dies nicht der Fall, wie am Beispiel der Hartz IV-Reform, ist das Chaos vorprogrammiert und das Bundesverfassungsgericht rüffelt die „Nicht-Ehe" der gemeinsamen Arbeitsgemeinschaft von Bund und Kommunen zum Arbeitsmarkt, weil sie weder dem Gesetz noch den Regeln effizienter Organisation gerecht werden. In solchen Grundkonflikten bleibt Bürgerengagement in der Regel völlig auf der Strecke.

Zu den neuen Schwerpunkten gehören die Vereinbarkeit von Familie und Beruf und der Ausbau der Kindereinrichtungen. Was aber tut eine Kommune, wenn von der Landesebene nur klassische Kinderversorgungseinrichtungen gefördert werden bzw. Geld weitergegeben wird für Regeleinrichtungen von Montag bis Freitag? Was tut eine Kommune, wenn sie beispielsweise nur unzureichend über eine Wohnbaugesellschaft verfügen kann, um alternativen, gemeinschaftsfördernden intergenerativen Wohnbau mitten in die Stadt zu bekommen?

Länder ziehen sich auf Beispielprogramme zurück, die wie Brosamen über das Land gestreut werden als Appetizer der öffentlichen Meinung, die ihrerseits die Kommunen unter Nachfragedruck setzen sollen. Besser wäre es, Bürgerschaftsgruppen zu stärken im Diskurs, in Foren (inzwischen auch Internet, Community-Foren aller Art über neue Lebensformen) und diese Bürger sich selbst Investitionen zutrauen.

Die staatliche Politik versteckt sich ein weiteres Mal hinter Wettbewerbs- und Marktnormen, im Zweifel immer hinter „Rechnungshöfen". Viele Maßnahmen im lokalen (engagementnahen) Kontext können nicht verwirklicht werden, weil sie z.B. bundesweit rein wettbewerbsrechtlich ausgeschrieben werden müssen. Ganze Heerscharen kompetenter (und nebenher engagierter) Handwerksmeister mussten z.B. deshalb schon umsatteln oder entlassen werden, weil andere Ausbilder als Billigexperten auf diese prekären Ausbildungsmarktmaßnahmen drängten.

Staatliche Politik versteckt sich auch in der Gewährleistungsformel des Jugendschutzes. Wenn z.B. im Jugendhilfegesetz (KJHG) die Kindswohlarbeit immer stärker professionalisiert wird, schmälert es den Spielraum jedes örtlichen Jugendamtes mit Freiwilligen, Nachbarn o.Ä. zu arbeiten, ohne die Wächterrolle aufzugeben.

Wie schwierig es ist eine solche Phalanx von Staat zu Verbändeinstitutionen zu brechen, zeigt das Beispiel der Schuldnerberatung. Ehrenamt: „soweit so gut", wie es den professionellen Zuweisungsrahmen an Verbände nicht verändert. Umgekehrt würde ein Schuh daraus: Wer mit freiwilliger Kompetenz den Entschuldungsprozess (ein gesellschaftliches Gesamtpaket) optimiert, verdient den besten Zuschuss.

Staatliche Politik wird die Geister (Institutionen), die sie gerufen hat, nicht mehr los – aber Engagement bleibt der Kollateralschaden. Die ausführenden Institutionen werden bestärkt in Effizienz und formaler Beteiligungskultur, nicht aber in der notwendigen Öffnung hin zu den Menschen, ihrem Umfeld, ihren Motiven und Netzwerken. Öffnung bedeutet die Einbeziehung aller Beteiligten und nicht deren Ausschluss zur Versachlichung der Dienstleistung.

Bürgerinteressen lauter und leiser Art

Im zivilgesellschaftlichen Sektor vor Ort dominieren Interessenvertretungen. Der hohe Anspruch heutigen Bürgerengagements geht weit über traditionelle zivilgesellschaftliche Formen hinaus: Warum soll sich der jetzige Mieterverein auch noch Gedanken über künftige Mietformen, Mietgenerationen machen, die erst noch geboren werden, Nachbarschaft gestalten, etc.? Wie kann das verlangt werden, wenn der Haus- und Grundbesitzerverein daneben genauso als zivilgesellschaftliche Formation anerkannt und beachtet wird, aber viel klarer und härter nichts als seine Eigeninteressen formuliert?

Warum soll von einem Stadtjugendring erwartet werden, dass er alle jungen Menschen in der Stadt im Blick hat, wenn seine Mitgliederorganisationen aber (abnehmend) nur ca. 30 bis 40% der Jugendlichen vertreten? Wer vertritt denn die anderen 60%? Kennen wir sie? Wer ist dafür verantwortlich?

Zivilgesellschaft ist mehr als Summe ihrer Vereinigungen. Es ist prinzipiell jede/r darin verankerte(r) Bürger(in). Sie umfasst auch eine Einzelperson, die sich dem Spielplatz um die Ecke oder einem afrikanischen Patenkind widmet und deren Organisation weit weg in einer anderen Stadt sitzt. Ein ungenannter Spender und jemand, der 60 Jahre aktiv bei der Eisenbahngewerkschaft war, aber nicht mehr aktiv ist, alle diese sind Zivilgesellschaft. Sie in wieder extra „Parlamenten" zusammenzuführen, stülpt dieser Tatsache eine Form über, die dem Wesen nicht gerecht wird.

Im Zuge der verstärkten Stadtbauplanungsbeteiligung bis hin zu Agenda 21 und Bürgerbegehrenprozessen ist die Zivilgesellschaft „politisiert" worden, d.h., an parlamentarische Entscheidungsregeln angedockt worden mit fatalen Folgen. Engagement wird zurückgeschraubt auf formale Mitwirkung: das Stimmkreuz machen, Forderungen formulieren, für Ideen werben. So wird in der Kommune immer wieder deutlich, dass Beiräte und Verbände eine Stimme der Bürgerschaft sind – derer aber gibt es mehrere, die gar nicht organisiert und gehört werden.

Die Entfremdung zwischen Lebensweise und Demokratie hat letztlich zugenommen. Die Entwicklung vieler fortschrittlicher weitgehenden Bürgerbegehrensregelungen zeigt, dass Kleingruppen gestärkt werden, ihre Interesse in den Vordergrund zu rücken. Was als antibürokratisches Kontrollinstrument gedacht war, gerät zur Abstimmungsmaschine über diesen und jenen Park, Hochhaus oder Buslinie, also zur Gegenüberstellung von Einzelinteressen und Gesamtinteressen, zur Machtprobe nicht zur Herrschaftskritik. Bürgerengagement ist dabei nur die Organisation des Begehrens nicht Anlass und Folge des Begehrens. Für die kommunalen Spitzenvertreter ist diese schleichende Entwicklung leider eine der entscheidenden Vorwände, nicht für mehr engagementfördernde Politik einzutreten. Während der einzelne Stadtrat in vielerlei Hinsicht „in der Pflicht" ist, seine Suppe mit auszulöffeln, ist dies bei diesen Begehrensformen selten und allein schon deshalb zivilgesellschaftlich kontraproduktiv. Es stärkt nicht individuelle Verantwortung. Bürgerengagement, Bürgerbeteiligung hat auf kommunaler Ebene dort eine Sollbruchstelle zur gewählten demokratischen Bürgervertretung, die früher oder später immer aufbricht.

Ein ähnliches Dilemma zeigt sich bei der beschworenen Infrastruktur der Freiwilligenzentren, Agenturen und Bürgerbüros. Sind sie reine „Dienstleistungsagenturen", bleiben sie in einem äußeren Konzept gefangen und beliebig – genauso konsequent ignoriert von den meisten Kooperationspartnern und Verbänden vor Ort. Einigen ist es gelungen, zu Eigenverantwortungsplattformen und zu sinnvollen, begrenzten, selbstkritischen Projektschnittstellen zu werden. Meist zeichnen sich diese nicht durch „one-man-shows" aus oder durch bekannte Zentralverbände, sondern durch miteinander verflochtene Teams, Gremien, die sowohl in der Politik eingebunden als auch in Teilbereichen „abwählbar" sind, also politische Formen mischen aber nicht spiegeln.

Konkurrenz und Vielfalt der kommunalen Engagementlandschaft

Auf lokaler Ebene ist solches direkt zu beobachten. Punktuelle Effekte (z.B. Fanmeilen), gesamte Atmosphären und Kulturen in Stadtteilen und der Gesamtstadt gehören zur Gesamtheit eines Engagementumfeldes, von dem die Generierung von mehr Engagement abhängig ist.

Selten sind es Nullsummenspiele, was die Herrschenden immer fürchten, sondern Zugewinnprozesse. Wenn Engagement im einen Bereich vorankommt, kann es andere Bereiche mitziehen. Selten ist ein Potenzial – etwa das Zeitbudget der Menschen – so festgelegt, dass sich nichts bewegen ließe. Hat sich Enttäuschung eingeschlichen oder zermürbende Konkurrenz, ist allerdings jede Aktion „zu zeitaufwendig".

Autonome Initiativen treten neben traditionellen Stadtteilvereinen auf, die mit Stadträten verbandelt sind. Es gibt Stadtteilvereine, die sich nie zu Wort melden und Einzelbürger, die behaupten, ganze Heerscharen von Aktiven hinter sich zu haben. Aktive Mieter, die alles versprechen und Großorganisationen, die nur über Profis agieren und selbst gespalten dem Engagement gegenüberstehen. Freie Gruppen und Leserbriefschreiber, Bischöfe, die selbstredend tausende Ehrenamtliche für sich in die Pflicht nehmen.

Die kommunale Landschaft ist vielfältig und zivilgesellschaftlich vermint. Wer sich hier naiv bewegt unterschätzt die Sprengkraft von Organisationsstrukturen, Medien, Emotionen oder verschieden ausgeprägten Persönlichkeiten – vor allem, wenn diese in den Dienst von Macht gestellt werden rund um Wahlen. Wer auf kommunaler Ebene einen Mangel an Engagement beklagt, meint in der Regel eine Werthaltung, an der es vermeintlich fehle rund um den gemeinwohlorientierten Mehrwert, mit dem es leichter gelinge, Gegensätze zu überbrücken.

Aber auch in den berühmten Wohnsilos, Schlafstädten und Brennpunktstadtteilen ist ein genauer Blick notwendig. Oft fehlt es dort nicht an Engagement, aber am Spannungsbogen für nachhaltiges Mitwirken, am Mut zur eigenen zivilcouragierten Position. Es mag falsche Solidaritäten geben aber auch stumme Mitgliedsbeitragskarrieren und Hand- und Bringedienste auf Gegenseitigkeitsniveau. Hier ist der Widerspruch greifbar zwischen affirmativer Selbsthilfe und emanzipativem Engagement, zwischen Selbstmitleid und aufrechtem eigenen Gang, zwischen Schweigen und Zivilcourage. Schließlich gilt in der Zivilgesellschaft, dass Massenloyalität und bewusstes Individualengagement durchaus in einem Spannungsverhältnis stehen können, „multiple Identitäten", überlagernde Zugehörigkeiten, möglich machen.

Die Mittlerrolle der Kommunen

Kommunalpolitik ist in der konkurrenzierenden Gemengelage ganz nahe dran, näher als es die herrschende Kommunalpolitik gerne hätte und es den Parteien als „Gruppenführer" der zivilgesellschaftlichen Mannschaften überlassen würde. Diese Ebene ist zutiefst an Neutralität im Sinne eines Waffenstillstandes interessiert.

Entsprechend bemühen sich Dezernate in der Regel exklusiv und verschieden jeweils um ihre Vereine und Freiwilligen. Sport würdigt Sportvereine, Kultur würdigt Kulturfreunde, Bürgermeister würdigen „Bürgerliche" und jene neuen Initiativen und „Bürgerschaftlichen" soll die Kommunalpolitik selbst lösen. So wurden die Initiativen der lokalen Agenda 21 „inkorporiert". Sie wurden mit und an Teams oder Stabsstellen angekoppelt und zu Verwaltungseinheiten entpolitisiert, wobei Bürger allzu oft stolz waren, diesen Status errungen zu haben. Professionell wird von dort Engagement als Politikanhang verwaltet. Vorgaben sind dann Plansollzahlen. Die Umweltler sollen mehr Menschen messbar gewinnen für Solarzellen, die Sozialen sollen doppelt so viel Solidarität organisieren für Arme als im letzten Jahr usw. Und über alles soll es eine staatlich-städtische Bonuskarte für Engagement geben. Leitbild ist, dass Aufklärung Menschen zur Aktivität veranlasst.

Milieus in der Stadt

Etablierte, traditionell-bürgerliche und Arbeitermilieus bis hinein in die materialistischen (Armuts-)Milieus glauben weniger an die Gestaltungsräume, an den öffentlichen Raum und dessen Vielfalt. Sie sind in Vereinen, Kirchen, Verbänden und vielleicht noch bei Kindern und Alten dabei, achten auf homogene Beziehungsgruppen. Pflichtbewusste engagierte Traditionalisten fühlen sich überfordert mit dem, was Bürgerengagement heraushebt, nämlich dem Handeln im und über den öffentlichen Raum, bzw. sie gehen andere hierarchische und repräsentative Wege. Dieser Raum, eine Art „neue Nachbarschaft" ist bunt und verbirgt sich für viele – alternativ zu Vereins- und Kircheninstitutionen – hinter „Bürgerinitiative, Stadt-/Stadtteilinitiative und Bürgerbüro", jenen Begriffen, die die demokratieorientierten Planer beseelen aber derzeit weniger als 5 % der Bevölkerung zum Engagement „beflügeln". Auffällig ist, dass es aber über ein Drittel des Engagementpotenzials bei 6 der 10 Milieus umfassen könnte in Zukunft, wenn denn die Hindernisse weggeräumt wären

Vieles der „alten" Stadt mit ihren Status- und Klassengrenzen lebte aus und im Spannungsverhältnis oben-unten, zwischen traditionellem Arbeitermilieu in den citynahen Wohnrandgebieten und den Etablierten und Intellektuellen in Eigenheim und Innenstadt. Vieles wird hier in Gewerkschaftsengagement einerseits und Kirchen und Initiativen andererseits gebunden und auch festgeschrieben mit- und gegeneinander.

Vieles in der „neuen" Stadt mit ihren fließenden Milieugruppengrenzen, wird leben aus dem Spannungsverhältnis zwischen den „working poor", die zwischen Hartz IV, einfachen Jobs und Renten und russlanddeutscher Zuwanderungsratlosigkeit Perspektiven suchen, und der neuen technischen Intelligenz, die mobil ihren Arbeits- und Familienort bestimmen und Kompetenz teuer zu verkaufen wissen. Wie werden ihre Engagementformen aussehen? Wie sehr können sie ihr Angewiesensein auf große Versorgungsinstitutionen und damit ihre Ambivalenz verbinden mit Engagement für sich und Andersdenkenden? Diese neuen Mittelschichten werden viel für ihre und andere Kinder im Stadtteil tun. Sie erwarten flexible effiziente Dienstleistungen und halten viel Differenzen aus: tolerant und ungeduldig. Große Institutionen müssen mit ihrem Misstrauen rechnen. Lässt eine Kommune sich auf neue Projekte wie Mehrgenerationentreffpunkte ein, wird sie die neuen Milieus erreichen können, aber auf Misstrauen bei den Versorgungsinstitutionen der alten Milieus treffen. Unterlässt eine Kommune den Versuch, werden sich die Vertreter neuer Milieus still und nachhaltig (wie Konsumenten auf dem Markt) anderen Projekten, Themen oder gar Standorten zuwenden. Dies lässt sich in Großstädten auch territorial, sozialräumlich fassen und präzisieren. Bezirke und Stadtteile haben ihr Profil, ihre Milieudominanz und „ticken" entsprechend verschieden. Solche kommunalen Milieuentwicklungen werden das Erscheinungsbild des Bürgerengagements dominieren.

Aber auch im traditionellen Vereinsbereich gibt es nicht mehr ein eindimensionales Verständnis von Engagement. Stadtteilvereine präsentieren sich und ihre Mitstreiter (etwa in örtlichen Arbeitsgemeinschaften der Vereine) als Garanten einer „heilen Dorfwelt" oder eines „weltstädtischen Ambiente", als autonome Einheiten, die mit gleichzeitig städtischem Planungsbemühen um Sanierung oder Jugendhilfe nichts zu tun haben wollen oder umgekehrt umfassende Subventionierung erwarten. Viele Stadtentwicklungsprojekte im Förderprogramm „Soziale Stadt" haben abstrakt und normativ Bürgerbeteiligung eingeklagt aber von solchen milieu- und modernitätsspezifischen Analysen abgesehen. Sie legen nahe, dass es völlig verschiedene Beteiligungsformen je Stadtteil geben kann, wenn es darum geht, das zivilgesellschaftliche Feld zu aktivieren, zu motivieren und zu erweitern. Eine Bürgergesellschaftsdebatte, die einen allgemeinen Engagementbegriff und einheitliche Beteiligungsmethoden kennt, kann praktisch nicht greifen in der Stadtgesellschaft. Selbst in den Institutionen können und müssen Differenzierungen erfolgen, die durchaus dem gleichen Ziel der Bürgergesellschaft dienen.

Städtische, gemeinwohlorientierte Wohnbauträger haben sich auf einen solchen Weg gemacht. Sie wissen darum, dass hinter ihren Wohnungstüren noch einmal eine andere soziale Gemengelage wohnt als in der Gesamtstadt.

Management der Vielfalt hilft dem Bürgerengagement

Die Kulturleistung unserer modernen Städte ist nicht die Höchstleistung, sondern die „Zivilisierung der vielen Differenzen". Völlig anders als beispielsweise die „jungen" Millionenstädte der Entwicklungsländer sind die europäischen Großstädte heute nicht mehr Zuwanderungsstädte der jungen Menschen, Orte der industriellen Erwerbsarbeit und der Klassenauseinandersetzungen innerhalb der gesellschaftlichen Eliten.

Europäische Städte sind Verkehrsknotenpunkte geworden für Menschen aller Zuwanderungskulturen, mit doppelt so hohen Ausländeranteilen als das umgebende flache Land. In ihnen wachsen fast nur Dienstleistungen, arm und reich begegnen sich nicht beim Kampf um die industrielle Wertschöpfung, sondern um abgesonderte Wohngebiete und Lebensstilkulturen. Die Entwicklungen betreffen nicht nur die Menschen der Stadtgesellschaft und ihre spezifischen Engagementformen (z.B. Migrantenvereine), sondern auch veränderte ökonomische Vorgehensweisen der Kommunalverwaltungen in Zeiten der Globalisierung.

Die Dienstleistungsaufträge der Stadt gehen nicht mehr vorrangig an Betriebe in der Stadt, sondern per Wettbewerbsvorschriften an beliebig-billige Auftragnehmer im ganzen Land – und umgekehrt operieren kleinste Betriebe der Stadt weltweit und benötigen dafür Verkehrsinfrastruktur, nicht aber den Stadtrat. Das wird z.B. Engagement von Betrieben ändern.

Diese beliebig fortzusetzende Liste zeigt, dass sich die Merkmale europäisch-urbaner Kultur im Laufe der letzten 30 Jahre auf den Kopf gestellt haben. Hat die Stadt noch in der frühen Industrialisierung aus der bunten Vielfalt des Landvolkes einheitliche Arbeitnehmer gemacht, ein der Stadt verpflichtetes Unternehmertum, ein ähnliches Dienstleistungs-Versorgungsniveau, so ist die Stadt heute der Inbegriff der Vielfalt, des Individualismus der postmodernen Art, der Neben- und Nacherwerbsphase, des Multikulturalismus, der Durchsetzung unterschiedlichster Dienstleistungswerte nebeneinander.

Was ist die Antwort auf die hier skizzierte Entwicklung der europäischen Großstadt?

Die Städte haben in der ersten Phase mit formalen Aufwertungsmaßnahmen in Form von Ausländerbeiräten und Ausländerberatungsstellen begonnen. In der Sprache der Engagementpolitik: Wertschätzung und Fürsorge vor Teilhabe. In einer zweiten Phase wurde der Schwerpunkt auf kulturelle Symbolarbeit gelegt. Veranstaltungswochen, Tage der offenen Moschee, Ausstellungen. Das wiederum schiebt die politisch-symbolische Beteiligung vor Teilhabe. Erst in einer dritten Phase rückt zivilgesellschaftliche Teilhabe in den Vordergrund. Gemeinsame Trägerverantwortungen entstehen. Mitwirkung von Migranteneltern an Kita und Schule, Migrantenpflegevereinen an der Altersversorgung, Transparenz der innerethnischen Interessengruppen und Milieus. Hearings in eigener Sache, Daten, die Integrationsprobleme in den Vordergrund schieben und nicht formale Zugehörigkeiten. Sofort rückte die russlanddeutsche Frage neben die türkisch-muslimische Frage als verdrängtes Migrationsthema in den Vordergrund. Im Mittelpunkt steht nun ein Management der Verantwortung, weniger der Interessenvertretung.

Immer wieder brechen in der Stadtgesellschaft alte Gegensätze auf, moralische Appelle für Ausländer einerseits, aggressive Abgrenzungen einzelner Gruppen andererseits, was insgesamt dann die Forderung nach einem einheitlichen Ausländerintegrationskonzept nach sich zieht und dem höchst ungleichzeitigen Modernitätsgrad der Migranten-Communities nicht gerecht wird (beispielsweise Männer und Frauen in arabischen Gruppen, alte Russlanddeutsche und junge Kinder aus den GUS-Staaten).

Die Wirklichkeit ist weiter: Die Stadt fordert Rechte und Pflichten aktiver Bürgerschaft ein, aktiver Toleranz und Unterstützung unabhängig von nationalstaatlichen Ethnien. Interkulturelles Management bedeutet für eine Stadt , die Schnittstellen zu den Dienstleistungen vielkulturell und mehrsprachig zu gestalten, die innerethnischen Vereinigungsstrukturen transparent zu machen und zu öffnen, Beteiligung, Wertschätzung, Teilhabe weiterzuentwickeln auf Teilhabechancen mit Rechten und Pflichten.

Kommunen im demografischen Wandel

Was bedeuten die Veränderungen der Altersgruppen für kommunale Engagementformen? Wie steht es um „die Gruppe" älterer Menschen, ein Drittel unserer Städte? Eine Gruppe, die von einer eigenen Welt unendlicher Entscheidungsmöglichkeiten im Alltag, aber endlicher Zeitperspektive geprägt ist, von eindeutigen Gesundheitsrisiken aber höchst uneindeutigen zivilgesellschaftlich gemischten Versorgungsvorstellungen. Es benötigt mehr als bisher Handlungsräume, in denen sowohl ältere Menschen eine produktive Rolle im Generationenverhältnis spielen als auch zwischen den Generationen selbstverständlicher nachbarschaftlicher „Hand angelegt" wird.

Die „Mehrgenerationenhäuser" ermöglichen, dass darüber gesprochen und Alltagsbeispiele ausgetauscht werden. Die Bundespolitik will damit positive Zeichen setzen. Die Bertelsmann-Stiftung flankiert dies quasi mit umfangreichen Planungsdaten zum demografischen Wandel und die Wohnungswirtschaft legt mit Städtetag und Bauministerium einen parlamentarischen Bericht vor, der die Breite des demografischen Wandels bis hin zur Veränderung der gesamten Infrastruktur etwa beim Rückbau der Leitungssysteme im Tiefbaubereiche, der Verkehrsmittel, der Wohnaufzüge deutlich macht. Neue Institutionen können neue Wert- und Familienmuster aufbauen, stehen aber unvermittelt zu den alten Institutionen und ihren Regeln. Sie werden starkes Bürgerengagement brauchen, damit sie die „Leuchttürme" neuer „Landstriche" auf der städtischen Sozialkarte zum leuchten bringen können. Auch für das hohe Alter, die Pflege und Gesundheitspolitik gelten neue Mischungen. Auch hier mischen sich die Sektoren staatlichen, wirtschaftlichen und zivilgesellschaftlichen Handelns vor Ort: Apotheken greifen weit über ihr Marktbetreiben in Beratung, Netzwerke und Gruppen im Alter ein, Volkshochschulen organisieren in der Grauzone zwischen Bürgerengagement, Selbsthilfe und kommerzialisierter Bildung Altersjoga, Wandern, Gehirnjogging. Städte stützten ambulante Dienste und versuchen Wohnungsträger, Verbände und Pflegestützpunkte verschieden erfolgreich zusammenzukommen. Es macht sehr viel Sinn an dieser Stelle „Botschafter", Paten, einzusetzen, die den Verstehensprozess in alle Richtungen beschleunigen. Modellprojekte prüfen derzeit wie weit solche neue Rollen im Gemeinwesen auf Akzeptanz stoßen. Diese freiwillig Engagierten helfen nicht direkt und sind nicht Betroffene, sondern sie stehen sowohl Angehörigen zur Seite, helfen Dienstleistern – z.B. haben Banken längst das Problem entdeckt, wie sie mit solchen alleinlebenden Kunden umgehen sollen – und nehmen sich die Zeit für „compliance" im Gesundheitsprozess, d.h. Akzeptanz und eigenständige Umsetzung dessen, was das Gesundheitssystem diagnostiziert, verschreibt aber auch offen lässt. Kommunen müssen an solchen informellen Verbindungsbrücken mindestens so interessiert sein wie an der Gestaltung umbauter Dienstleistungen oder sozialer Leistungstransfers.

Was lässt sich beispielhaft machen?
Augsburg und andere Kommunalbeispiele

Wichtig erscheinen neue Formen in den Kommunen beim Start der Engagementförderung. Unter dem Namen „Bündnis für Augsburg" folgten zahlreiche Vertreter aus den drei Sektoren Kommunalverwaltung/-politik, Wirtschaft/Arbeitgeber- und -nehmer, Vereine/Verbände einem Aufruf des Sozialreferates, der einen gemeinsamen Wertebezug (unsere Stadt) herstellte und auf Vereinsstrukturen verzichten konnte. Auftakt war eine Veranstaltung im Rathaus. Anschließend wurde mit jährlicher Umbildung ein gemischtes Steuerungsgremium geschaffen mit gesetzten Vertretern aus drei Stadtratsfraktionen, von IHK, Sparkassen, Gewerkschaften und gewählten Aktivbürgern aus Projekten (zeitweise waren auch Vertreter von Kirchen und Beiräten dabei). Der Oberbürgermeister wurde durch den Dezernenten ständig vertreten, war aber zuverlässig bei den Hauptversammlungen (z. B. am 5.12. als Freiwilligentag) dabei. Die Inanspruchnahme von alten Erdgeschossräumen direkt im Verwaltungsteil des Rathauses (Bürgertreff) unter Einbeziehung des Freiwilligenzentrums (eines katholischen Verbandes) und weiteren „Untermietern" wie der Bürgerstiftung und einem Schülerengagementprojekt „change-in" sowie dem Knotenpunkt des Landesnetzwerkes der Agenturen setzten ein sehr wirksames symbolisches Zeichen für den Platz des Engagements. Damit war ein Feld direkt zwischen traditioneller Vereinsarbeit/-förderung und Verwaltungspolitik mit wenig Konkurrenz besetzt und ausbaubar. Bis Mitte 2008 haben ca. 800 Freiwillige in ca. 20 Projekten mitgemacht und Angebote aufgezogen, die auch weit ins traditionelle Engagementfeld Ehrenamt hineinreichten. Die Verbindung von klassischem Ehrenamt und stadtteilorientierten Projekten wurde jahreslang sehr medienwirksam mit einem shuttlebus in die Stadtteile durchgeführt. Völlig neu besetzt wurde der Aufgabenbereich Neubürgerempfang, den Freiwillige gleichberechtigt neben dem Oberbürgermeister einige Jahre erfolgreich vornahmen mit jeweils ca. 500 Teilnehmern aus den angeschriebenen 6.000 Neubürgern je Kalenderjahr.

Sehr bald wurden für prinzipiell alle Politikfelder Paten- oder Botschaftersysteme angeboten (Job-, Demenz-, Sozial-, Familienpaten, Kulturbotschafter etc.). Mit dieser Rolle nebst zugehöriger Schulung durch das jeweilige städtische Amt und der Unterstützung durch das Freiwilligenzentrum wurde ein Einsatzfeld eröffnet, in dem professionelle Mitarbeiter (z. B. des Sozialamtes bei der Schuldnerberatung) und Freiwillige als „Tandem" zusammenarbeiten, sich kennen, Sprechstunden z.T. vor Ort in Pfarrräumen durchführen etc. Das zuständige städtische Amt öffnete sich. Die effiziente Organisation und das öffentliche Image bescherte den Sozialpaten ein ständiges Wachstum, wobei das Sozialamt für sich selbst eine umfassende Armutsprävention formulierte. Kleinere Verbände (zuständig für Wärmestuben) kooperierten, große Verbände (mit Schuldnerberatung) ignorierten das Konzept, anerkannten aber die große Akzeptanz der Sozialpaten.

Mit einem umfassenden Beteiligungsansatz (zuerst ein Grünbuch zur Integration in der Stadt mit Befragung aller Verbände; dann ein Weißbuch mit 20 Integrationsthesen unter Berücksichtigung aller abgefragten Positionen) gelang es, die Migration in der Stadt mit den Themen Demografie und Wertewandel zusammen zu thematisieren ohne alte Reflexe aus ausländerfeindlichen Lagern hervorzurufen. Es gelang darüber unter Beteiligung örtlicher Experten zu informieren (Hearings) und das Vertrauen ethnischer Gruppen zu erwerben. Dies war möglich durch konkrete Teilhabeschritte (keine unverbindlichen Befragungen und Statistiken sondern Kleinstprojekte, z. B. mit deutsch-russischer Landsmannschaft und türkischen Vereinen). Hilfreich war eine völlige Neuausrichtung der Sozialplanung auf diese Art von bürgerschaftlicher Sozialraumplanung.

In einem für Augsburg und viele Großstädte beispiellosen Prozess breiter Beteiligung „aus der zweiten Reihe" der Betroffenen (unter dem Titel Stadtteilmütter und unter „Öffnung" des bisher „rein deutschen" Kinderschutzbundes) wurden hunderte von Migrantenmütter für die Unterstützung zweisprachiger Kindererziehung gewonnen und Kindertagesstätten um Mitwirkung gebeten. Daneben entstanden muttersprachliche Sorgentelefone (russisch/türkisch) auf Freiwilligkeitsbasis. Deutschsprachige und konfessionelle Beratungsstellen wurden um Kooperation gebeten.

Zusammenfassend zu den Bausteinen einer Bürgerengagementpolitik gehört vor allem eine Art systematisches Vorgehen, ein „hermeneutisches Herangehen", Fragen vor Antworten; die richtigen Fragen stellen wegen der Motivation. Es gilt mit der Bürgerschaft zuerst:

- richtige Fragen zu stellen (lebensweltliche),weil sie motivieren,
- an Informationen teilhaben zu lassen (z. B. Hearings),
- Kompetenzen zu erkennen (vgl. Patensystem),
- richtige Schnittstellenmanager zu finden,
- politische Verlässlichkeit zu schaffen (z. B. bei Migranten),
- Handlungsspielräume aufzumachen ohne Angst um Haftung, Sicherung etc.,
- Identifikationen und Symbole für Bürgerengagement bejahen,
- Anerkennungskultur (Bereitstellen von Räumen, Spielregeln, Wertschätzung) zu pflegen,
- die Besonderheit von lokalen und globalem, universalem Engagement nicht gegeneinander auszuspielen,
- Bürgerengagement im umbauten Raum zu verstetigen.

Das können 10 praktische Fragen sein, die erörtert werden müssen, bevor der Werbeflyer gedruckt wird.

Bürgerengagement am Wohnungsstandort Stadt

Die Wohn- und Stadtentwicklungspolitik hat bisher zwei grundlegende Tendenzen, mit denen sie auf die sozialen Konflikte jeder Stadtgesellschaft reagiert:

Entweder entmischen sie Notlagen und Gegensätze, den Wohnungsmarkt in Wohnblöcken, Vororten, Anstalten oder Sonderquartieren in bester Absicht. Es soll die Wohnunterbringung, das soziale Überleben der Gruppen gesichert werden wie damals in den alten Hospitalstiften am Rande der Reichsstädte oder in den Arbeitervorortquartieren, die wenigstens freier von Nässe, Not und Krankheitserregern waren als Slums oder Altstadtnischen. Es soll in Neubaugebieten beim Wiederaufbau der Städte nach dem Krieg, der erschwingliche Wohnraum für Familien auf etwas billigerem Grund und Boden ermöglicht werden.

Die zweite Tendenz ist sozusagen genau andersherum mit einer Durchmischung und Zentralisierung in bestimmten Quartieren. Auf größter Nähe werden alle Versorgungseinheiten geplant vom Kindergarten bis zum Polizeirevier, von der Beratungsstelle bis zur Turnhalle neben dem Kirchengemeindehaus auf Sicht und fußläufig wird die gesamte Wohnungspolitik „erledigt". Alle Sonderwohnformen, in denen ambulante Pflege oder barrierefreie Strukturen gebraucht werden, werden nahe an- oder aufeinander gebaut, was sich neben typischen Großstadtquartieren und den Wohnhöfen in den Anstalten des 19. Jahrhunderts (Bethel etc.) widerspiegelt. Fürsorge, ökonomische Effizienz und soziale Kontrolle fallen hier zusammen. Wie viel Nähe, Differenz und wie viel Toleranz bei den Menschen für eine solche Durchmischung notwendig ist, wird seltener gefragt. Mit beiden Strategien soll der offene Markt zugunsten sozialen Ausgleichs korrigiert werden. Beide Tendenzen galten als sozialer Beitrag einer Wohn- und Stadtentwicklung. Und sie beeinflussen Bürgerbeteiligung, Bürgerengagement und eine lokale Kultur des Ermutigens.

Wohnungs- und eine bürgerschaftliche Stadtentwicklung müssen immer und konsequenter lokal zusammenarbeiten, aufeinander reagieren, Landes- und Bundesförderung konkret machen. Wohnungspolitik braucht Akteure, die steuer- und handlungsfähig sind und mehr sind, als die Summe von Privathausbesitzern. Wohnungspolitik braucht keine Akteure, die alles selbst machen und ihre Mieter mit billiger Dienstleistung ruhig halten. Wohnungspolitik muss die Kooperation suchen – zu den Mietern wie zu den Dienstleistern, zur Stadtentwicklung und zu den öffentlichen Plätzen, zu den Mieter-/Bürgergruppen der verschiedenen Generationen und Kulturen, diese aber in ihrer Selbstverantwortung belassen

Förderprogramme der Stadtsanierung und Bürgerengagement

In der Kommune treffen die Engagementbereiche direkt aufeinander (Sport, Umwelt, Kinder etc.), präsentieren sich in unterschiedlich modernen oder milieugebundenen Formen und vor allem in den Stadtteilen und Quartieren höchst eigensinnig-vielfältig, suchen den Ausgleich miteinander, aber auch Abgrenzung an Einfluss und Kampf um Unterstützung. Dabei ist auch das Ausbleiben von Engagement, die Verweigerung oder „negatives kriminelles Engagement" ein wichtiger Faktor der Stadtentwicklung. In der Kommunalpolitik spiegeln sich die drei Sphären der Bürgergesellschaft beispielsweise in der Lobby für Wirtschafts- oder Vereinsvertreter. Es spiegelt sich

Stadtteilinteressen quer zu Parteien und Milieuinteressen – spätestens wenn es um die Förderung von Kulturinvestitionen geht oder Standortentscheidungen von Bauwerken. Stadtentwicklung und kommunale Entwicklungsplanung sind aber lange rein städtebaulich und infrastrukturell verstanden worden. Entsprechend wurden Indikatoren gebildet und Quartiere identifiziert, Stadtteilbrennpunkte benannt. Im Vor- und Umfeld (vgl. Quartierfonds in den Niederlanden, Wohnen in Nachbarschaft in Bremen, Expertisen des DIFU-Institutes, Ergänzung der Programme durch Quartiersmanager) wurde das Programm sozial erweitert, aber nicht auf bürgergesellschaftliche Beine gestellt.

Bürgerengagement steuern oder moderieren in den Städten?

Die Kommune ist, jenseits der Parteien, als Selbstverwaltungsorgan an einem gewissen Interessensausgleich aller engagierten Menschen interessiert – sie muss sozusagen nicht erst interessiert werden für Engagement. Gelegentlich steuert die Kommune gegen alte Strukturen an (alte Stadtteile haben einflussreiche Vereine, neue Stadtteile werden „gepuscht") oder ringt um rituelle oder paritätische Kompromisse (Träger, Religionsgruppen und Kompromisse zwischen ethnischen Gruppen). Von entscheidender Bedeutung für die Weiterentwicklung einer kommunalen Engagementpolitik ist, ob der Interessenausgleich als Befriedung oder als Bereicherung durch Spannung und Vielfalt verstanden wird. Die jetzigen Kommunalverwaltungen haben sich solcher sozialer Vorgänge mit verschiedener Kompetenz bemächtigt und zur Dienstleistung, zum Verwaltungsvollzug umgewandelt (Ressorts, Stabstellen, Förderrichtlinien, etc.). Für die Stadtplanung haben Kommunen professionelle Bürgerbeteiligungsverfahren vorgesehen, für das traditionelle Ehrenamt die Ressorts und Verbandsförderstrukturen, für Senioren bundesgeförderte Seniorenbüros oder Mehrgenerationstreffpunkte und für neue Engagement-Formen Freiwilligenagenturen – meist bei anderen Trägern. Darin liegt freilich ein Strukturdilemma: kommunales Handeln folgt prinzipiell rechtlich überprüfbaren, kontrollierbaren, transparenten, mehrheitsfähigen, rationalen Normen. Bürgerschaftliches Engagement ist in seinem inneren Kern und Wesen genau das Gegenteil. Parteilich, emotional, gegensteuernd, gruppenorientiert. Alle Städte, die sich derzeit auf weitergehende Konzeptionen und Anlaufstellen für Engagement eingelassen haben, brauchen darauf eine plausible organisatorische Antwort (Bonn, Augsburg, Nürtingen, Köln, Berlin usw.; am ehesten löst das vielleicht noch Nürtingen mit der symbolisch-sprachlichen Trennung von Beteiligung und Engagement).

Im traditionellen Verständnis von Ehrenamt und kommunaler Selbstverwaltung ist dies Sache des jeweiligen Oberbürgermeisters mit entsprechender Anerkennungskultur der Empfänge und Würdigungen bis zu Auszeichnungen (Bürgermedaillen). Deren satzungsrechtliche Kriterien stabilisieren die Wahrnehmung, dass es um langjährige Treue und Mitarbeit geht. Ebenso wird Engagement sektoral und hierarchisch gedacht. Wirtschaftsverbände und Gewerkschaften ehren ihre Ehrenamtler, Bund, Länder und Kommunen weisen unterschiedliche Regelungen zu Ehrungen aus. Einige Kommunen haben sich um Leitbilder bemüht (Arnsberg, Rheine, Köln) und versuchen den Weg der Lokalen Agenda 21 fortzusetzen, der eine neue nachhaltige Politik auf den alten und für traditionelle Planer verstehbaren Straßen der kommunalen Stadtentwicklung umsetzen will. Dies führt paradoxerweise dann zu Beschlüssen, wonach eine Kommune das Engagement innerhalb von x Jahren um y steigern soll. Finanziell werden keine Querschnittshaushaltsstellen gebildet, etwa dass jedes städtische Dezernat die Kosten von teilbezahltem Ehrenamt (bei einigen Naturschutzbeauftragten etc.), Qualifikation (Schulungen), Versicherungen oder Empfänge einheitlich ausweist oder auch kostenrelevante freie Dienstleistungen für Vereine – vom gebührenbefreiten Infostand bis zur überlassenen Halle – einbezieht.

Ein gewichtiger Bereich ist die ko-produktive Dienstleistung. Ein Grünflächenamt stellt Fahrzeug und Mitarbeiter, um mit Freiwilligen am Samstag Flächen zu bearbeiten. Ein Sozialamt stellt Mitarbeiter, Räume und Fortbildung, um mit Freiwilligen Schuldnerberatung zu machen. Wie wird dies kalkuliert und systematisch geplant und evaluiert? Einige Kommunen haben Freiwilligenpässe oder Ehrenamtscards entwickelt. Einige haben dies kombiniert mit Vergünstigungen für sozial Schwache (so z. B. Ulm). Einige setzen dafür Steuermittel ein, andere werben bei Unternehmen um Preisnachlässe. Dahinter stecken z. T. völlig unterschiedliche Staatsverständnisse. Würdigt der Staat in Form von städtischen Geldern und Patronage das Engagement oder moderiert die Stadt einen Prozess, wo alle in der Zivilgesellschaft sich gegenseitig auf Würdigungs- und Belohnungsstrukturen einigen (Ansatz in Nürtingen). Einige Städte greifen bundesweit geregelte Formen wie das freiwillige soziale Jahr auf, andere delegieren dies an den Stadtjugendring oder bauen selbst Strukturen auf. So wird das Engagement aller vierzehnjährigen angeregt durch ein Austauschprogramm zwischen Schulen, Einsatzstellen, freiwilligen Mentoren und Schülern (in Augsburg das change-in-Programm, hinter dem u. a. Mittel im Umfang von ca. einer Planstelle stehen und das Land Baden-Württemberg mit dem JES-Programm für junge Mentoren). Manche Städte bedienen sich ganz der Stiftungen (Zeppelin in Friedrichshafen) oder initiieren Bürgerstiftungen. Wo es umfangreiche Stiftertraditionen gibt (von Augsburg bis Hamburg) stellen sich wieder die gleichen Fragen der Modernisierung. Öffnen sich alte Stiftungen (mit Stiftungszwecken, die nur Katholiken oder nur Mädchen galten) den Erfordernissen einer demokratischen Zeit oder wahren Stiftungshüter Traditionen, die letztlich sogar gemeinwohlschädigend sind?

Wirtschaft, Stadt und Bürgerschaftlichkeit

Solche Lernprozesse sind ungleich länger geworden durch die Aufteilung des Konzerns Stadt. Tochterfirmen und Betriebe z. B. auch Wohnbaugesellschaften orientieren sich am marktwirtschaftlichen Vorbild und nicht an bürgergesellschaftlichen Leitbildern. Dort werden sie eingeholt von einer modernen Mieter- und Kundenorientierung, die über Corporate Citizenship/ Responsibility-Konzepte abfragt, was Unternehmen für die Bürgergesellschaft tun. Es erweist sich ein hoher Bedarf, den Prozess des bürgerschaftlichen Engagements mehr zu begleiten als nur zu appellieren an ein „ressortübergreifendes Querschnittsarbeiten". Es erfordert deshalb ein Gesamtkonzept der Stadtentwicklung, das Bürgerengagement mit der Infrastruktur zusammen zu entwickeln, das die kommunale Landschaft auslotet in allen Quartieren, Themenfeldern und Gruppen. Die moderne „urban governance"-Debatte zielt auf den gleichen Tatbestand: wie kann eine Gesamtentwicklung mit gleichberechtigten Akteuren und Spielregeln zur Regel und nicht zum Zufall werden.

Diese Sichtweise ergänzt die bisherige Stadtplanung des umbauten Raumes und die Sozialplanung des Raumes von Gruppen in ungleichen Lebenslagen. Bürgerschaftliche Stadtentwicklung zielt darauf ab, dass alle Bürger (in, neben und ohne ihre Gruppen) Rollen finden können in der Stadtgesellschaft.

Sozialraumplanung als Bürgerschaftsinstrument

Wo Raumgrenzen im urbanen Raum völlig diffus sind, wird ein Quartiers- und Milieubewusstsein und damit ein Quellelement von Bürgerengagement blockiert. Stadtplanung teilt oft lieblos in Bezirke auf. Historische Traditionalisten ziehen Grenzen wie in Kolonialzeiten. Ämter dominieren mit Mess- und Indikationszahlen die Stadtteile. Postleitzahlen und Verkehrslinien beeinflussen Identitäten, Zeitungen mühen sich um Stadtteilausgaben und schalten Informationswege quasi wie Lichtleitungen an und aus.

Deshalb kann es Sinn machen, Zuständigkeitsräume (z. B. Sozialraumplanung) ressortübergreifend neu zu ordnen, um alle einzubeziehen. Von zentraler Bedeutung für die „Quellenergie" von Bürgerengagement in der Kommune kann sein, diese Stadträume transparent zu ordnen. Beispielsweise können Ämterzuständigkeiten von der alphabetischen Karteiführung zur territorialen übergehen. Es können Ämterteile vor Ort kooperieren, Zuschüsse oder Zuständigkeiten territorial gebündelt werden. Die Neigung von Trägern, z. B. ihre Schulsozialarbeiter trägerspezifisch zusammenzuführen, kann gewandelt werden, sie sozialräumlich in die Kooperation zu schicken. Statistiken können gleiche Räume umfassen wie die vorgefundenen. Schulsprengel könnten beweglicher werden, Einzugsbereiche von Pflegediensten andere Tarife im Referenzstadtteil erheben. Dann können Budgets Sinn machen, innerhalb derer sich Quartiere andere Prioritäten setzen können, Milieuspezifika pflegen und Stärken entwickeln können und Engagement komplementär entsteht um dieses „Gemeinwesen" zu verlebendigen.

Quartiers- und bürgernahe Altenarbeit als Orte des Engagements

„Rechte und Pflichten", Verhaltensmaximen des Bürgers anzuschauen ist weder ein Rückfall in die soziale Kontrolle des Dorfes oder die kostenlose Mithilfe an Staatsprogrammen, noch die Verpolitisierung aller Alltagsvorgänge. Es ist die Abwägung, dass dies individuell ein Kompromiss sein muss zwischen den Lebensstilen, Lebensweisen, interkulturellen und religiösen Normen und macht Stadtentwicklungsplanung zu einem dauernden Prozess der Reflexion und des Diskurses. Entsprechend muss dieser Prozess organisiert werden. Es ist eher die Formel, dass künftige Demokratieentwicklung Bürgerengagement nicht mehr am Ende einbezieht, sondern von Anfang an – von der Formulierung bis zur Lösung von gesellschaftlichen Problemen. Ohne engagierte Bürger gibt es keine integrationsfähige Kommune. Diese Selbstverständlichkeit ist nicht mehr selbstverständlich in der Komplexität heutiger Stadtverwaltung, die oftmals alles über die „Dienstleistungskommune" lösen will. Engagement ist nicht beliebig herstellbar, ergibt sich nicht von selbst. Engagement im Quartier ist derjenige Anteil öffentlichen Handelns, der jenseits vom Helfen und Ausüben ehrenamtlicher Pflichten vorsieht, dass der Einzelne etwas, was ihm für seinen Lebensentwurf hilft und einen gewissen gegenseitigen Austausch verbessert und ermöglicht, vereint in einem Verhalten, das wir bürgerschaftlich nennen. Formen der Selbsthilfe, der Bürgerbeteiligung und des Ehrenamtes verbinden sich in der Situation und auf der persönlichen Handlungsebene zu einer Verhaltensdimension, bei der die Betroffenen zu Koproduzenten der lokalen Daseinsvorsorge werden. Je weniger wirksam große Familien und Institutionen uns ihre Normen überziehen, desto mehr hat jeder sein Alter, sein Alleinsein, seine Religionszugehörigkeit, sein Hobby, seine Neigungen auf der Bühne der Gesellschaft selbst zu verteidigen. In der Regel geschieht dies mit Brauchtumspflege der neuen Art. Frauen, Senioren oder Mitglieder bestimmter Glaubensrichtungen tun sich verstärkt zusammen. Es kommt darauf an, in der Öffnung dieser Differenzen und Milieus die allseitige Wertschätzung zu erhöhen. Seniorenclubs kochen für Wärmestuben, Motorradfahrervereine gestalten eine Behindertenausfahrt, Umweltgruppen kooperieren mit Managern.

Differenzerfahrungen werden zu Reibungs- und Entzündungspunkten bei jenen Bürgern führen, die nicht von vornherein altruistisches, fürsorgliches Engagement vor sich hertragen. Selbst die Institutionen im Quartier tun sich schwer mit „Zuständigkeitsüberschreitungen" und haben zahlreiche Rechtfertigungen dafür.

Manager in der bürgerschaftlichen Stadtentwicklung?

Quartiersmanagement jongliert bei solchen Lebensentwürfen, Milieus und Teilhabewünschen und balanciert mit Sachzwängen, Ressorts, Großorganisationen oder Verbänden, ohne die Veränderungen nicht nachhaltig sind. Individuelles Fallmanagement und politische Strategiearbeit müssen beim Quartiersmanagement kein Widerspruch sein. Ziel des Quartiersmanagement ist letztlich der engagierte Bürger, nicht das Quartier als solches. Ziel der Stadtentwicklung ist dann die Pflege des Quartiers, in dem Verwurzelung und aktiver Aufbruch möglich sein müssen. Stadtentwicklung wird sich noch weiter weg von der Bauerschließung und Wohnbebauung bewegen hin zu einer stadtgesellschaftlichen Entwicklungsarbeit. Bürgerengagement ist in der Stadtentwicklung weniger ein Mittel zum Zweck der Baurealisierung sondern ist selbst ein Stück des Zieles, dem Stadtentwicklung zu dienen hat, nämlich Menschen Raum zu bieten, in dem sie sich engagieren wollen und Chancen und Anlässe dafür haben. Die klassische Stadtplanung tut sich noch schwer, Bürgerengagement anders darzustellen, einzusetzen und wahrzunehmen als in Broschüren (mit Methoden wie den Bürgerzirkeln), Marketingveranstaltungen (mit Slogans wie die beste Bürgerstadt schlechthin) oder empirischen Zählungen (wer die meisten Vereine hat). Stadtplanung muss ein breiteres Bild von Engagement in der Stadt abbilden und sich im Sinne der Aktionsforschung auch an Schnittstellen einsetzen, wo Bürger Alternativen oder Parteilichkeit beanspruchen.

Idealistisches Bürgerengagement oder starke Kommunen?

Selbstverständlich braucht die Zivilgesellschaft einen starken aber selbstkritischen Staat, eine effiziente aber nachhaltige Wirtschaft, also auch eine starke Stadt.

Konservative Populisten trennen dies, weil sie das Bürgerengagement gerne auf die Wiese vor der Stadt stellen und die Zivilgesellschaft nicht mit ihren eigenen Widersprüchen, Herrschaftsstrukturen aber auch ihrem legitimen Förder- und Qualifikationsbedarf konfrontieren. Michael Walzer bringt es am genauesten auf den Punkt, indem er der auffächernden Entwicklung gerecht wird und vorsichtig sagt: „Die zivile Gesellschaft ist ein Projekt von Projekten. Sie verlangt viel Organisationsstrategie und neue Formen staatlichen Handelns. Sie erfordert eine neue Empfänglichkeit für das, was lokal, spezifisch und kontingent ist." (Walzer 1992: 97)

In den Städten ist noch wenig politischer Handlungswille, Zivilcourage und systematisches Planungswissen um die Entwicklung von Bürgerengagement vorhanden. Noch beschränkt es sich auf die dargestellten „Auslagerungen" in Förderagenturen, Methoden und Anerkennungsprogramme. Dieses „Projekt der Projekte" entsteht nicht durch die Gewinnung einiger Helfer, sondern durch den Umbau politischer Prozesse. Neben der konkreten Quartiers- oder Projektarbeit erfordert es im größeren kommunalen und politischen Raum ein methodisch gesichertes Vorgehen. Dies ist in einigen Städten an vielen Integrationsbeispielen gelungen mit erheblichen positiven Auswirkungen auf Menschen („Betroffene zu Beteiligten machen") und Institutionen und ihrer Öffnung. Stadtentwicklung wird sich auf den alten Auftrag von Alexander Mitscherlich (1965) besinnen müssen, dass die Kommune als der „Ort der Entstehung der Freiheit als Lebensgefühl" auch der Ort der Ermöglichung von Bürgerengagement sein muss, also der Umsetzung von Rechten, Pflichten, Rollen und Teilhabechancen aller in der Stadt.

Wo Stadt dazu ihrer Bürgerschaft nicht nur Engagement ermöglicht, sondern auffordert, vernetzt, öffnet, individuell stärkt und selbst mit Herausforderungen des Wandels konfrontiert, wird sie ihrer Rolle als Integrationszentrum gegen die zentrifugalen Kräfte eines gespaltenen, parzellierten Gesellschaft gerecht. Dort verdient sie, sich im Sinne von „citizen governance work" für das nächste Jahrzehnt zu rüsten (Box 1999). So vermeidet die Stadt, sich zurückzuentwickeln zu einem festungsähnlichen, erstarrten, kurzum manipulierenden, passiven Ort einer Burg oder Zitadelle gegen die globalisierte Welt „draußen", eines reinen Wirtschaftsstandorts oder Unterhaltungsjahrmarkts.

Literatur

Box, Richard 1999: Citizen Governance. Californien.
Mitscherlich, Alexander 1965: Die Unwirtlichkeit unserer Städte. Frankfurt.
Walzer, Michael 1992: Zivile Gesellschaft und amerikanische Demokratie. Berlin.

Frank W. Heuberger

Bundesländer

Dass den Ländern im föderalen System der Bundesrepublik Deutschland auch oder gerade im Hinblick auf die Förderung bürgerschaftlichen Engagements eine große Bedeutung zukommt, liegt einerseits an ihrer Gesetzgebungskompetenz in so wichtigen Bereichen wie Schule, Kultur, Polizei oder auch Kommunalverfassung, in der auch die Beteiligungsrechte und -möglichkeiten der Bürgerinnen und Bürger auf Gemeindeebene festgelegt sind. Andererseits aber – und letztlich noch entscheidender – an der Impuls gebenden und aktivierenden Funktion, die landesbezogene Förderkonzepte und -instrumente zur Entfaltung zivilgesellschaftlicher Aktivitäten auf fast allen gesellschaftlichen Feldern spielen (Enquête-Kommission 2002: 350–376). Zwar sind Ehrenamt und bürgerschaftliches Engagement immer konkret, finden vor Ort in der Gemeinde, im Stadtteil, in Schule, Sportverein, Feuerwehr oder Selbsthilfegruppe statt, jedes Engagement ist aber zugleich an strukturelle und auf Seiten der Akteure subjektive Voraussetzungen gebunden, ohne deren Berücksichtigung und konsequente Weiterentwicklung sie ihr Ziel langfristig verfehlten.

Betrachtet man die Länder nach den unterschiedlichen Ausprägungen und Schwerpunkten ihrer Förderung von Ehrenamt und bürgerschaftlichem Engagement, so wird im Rückblick auf die letzten zehn Jahre zunächst zweierlei deutlich. Zum einen wurde und wird weiterhin den regionalen, traditionellen und politisch-kulturellen Gegebenheiten des Engagements im jeweiligen Bundesland Rechnung getragen, worin sich die Erfahrung reflektiert, dass auch nach einem Jahrzehnt noch kein allgemeingültiges Rezept, kein „blueprint" gefunden wurde, für die *eine* erfolgreiche Förderstrategie. Die länderspezifischen Erwartungen seitens Politik und organisierter Zivilgesellschaft sind nach wie vor zu unterschiedlich, als dass sie mit einem übergeordneten Konzept befriedigt werden könnten.

Zum anderen kommt der politische Gestaltungswille einiger Landesregierungen auf diesem noch eher jungen Politikfeld in dem Bemühen zum Ausdruck, von partikularen und fragmentierten Förderanstrengungen einzelner Fachressorts mit primärer Unterstützung ihrer Zielgruppen wegzukommen und überzugehen zu einem neuen, integrierten und im Einzelfall am Leitbild Bürgergesellschaft orientierten Förderprofil bürgerschaftlichen Engagements. Hier finden sich auch Anzeichen einer Förderpolitik, die neben den vielfältigen Formen des Engagements auch Bürgerbeteiligungen im Sinne des Ausbaus politischer Partizipation auf Länder- und Kommunalebene mit im Auge hat.

Einem solchen, ressortübergreifenden und integrierten Anspruch konnte allerdings bisher weder die Politik der Bundesregierung noch die der Länder gerecht werden. Ganz vereinzelt lassen sich vor dem Hintergrund der bundesweiten Nachhaltigkeitsdebatte Ansätze erkennen, bürgerschaftliches Engagement zum integralen Bestandteil der Nachhaltigkeitsstrategie eines Landes zu erklären und ihm auch politisch einen entsprechenden Stellenwert einzuräumen (Nachhaltigkeitsstrategie Rheinland-Pfalz, 2006). Den erweiterten Bedeutungs- und Anspruchshorizont von bürgerschaftlichem Engagement gegenüber Ehrenamt haben aber inzwischen alle Landesregierungen unabhängig ihrer parteipolitischen Zusammensetzung akzeptiert.

Für die Relevanz des Engagementthemas und die Herausbildung eigener Engagementprofile der Länder waren die so genannten Freiwilligensurveys von 1999 und 2004 (die Ergebnisse des dritten Surveys werden für Mitte 2010 erwartet) von prägender Bedeutung (Gensicke/Picot/Geiss 2006). Bereits der Freiwilligensurvey von 1999 lieferte wichtige Grundlagen sowohl für eine längerfristige Bearbeitung des Freiwilligenengagements in Deutschland als auch für die Möglichkeit, die bundesweit erhobenen Daten einer länderspezifischen Auswertung zu unterziehen. Die von einigen Ländern in Auftrag gegebenen Landesstudien wurden zur wichtigsten Quelle für die Etablierung eigener Förderstrategien und Impulssetzungen für die organisierte Zivilgesellschaft der Länder. Die Studien gaben erstmals einen differenzierten Überblick über Strukturen und Zielgruppen, Engagementbereiche und Motivlagen, Problemfelder und Verbesserungswünsche der Engagierten. Ebenso deutlich wurde, welch ungenutztes Potenzial Engagementwilliger auf Einsatzmöglichkeiten wartet und welche Ermöglichungsstrukturen auf Länderseite ausgebaut oder neu geschaffen werden müssen, um diesem Entfaltungschancen zu bieten. Mit dem durch die bundesweit erhobenen Daten offen gelegten Rankings der Länder auf Basis ihrer Engagementquote wurde ein zusätzliches Anreizelement geboten, die eigene Förderstrategie im Lichte des Erfolgs anderer Länder zu überprüfen (Gensicke/Picot/Geiss 2006: 66 f.; vgl. auch Engagement-Atlas 2009).

Entwicklungslinien länderspezifischer Förderpolitik bürgerschaftlichen Engagements

Zu Recht haben Schmid und Brickenstein darauf aufmerksam gemacht, dass Engagementpolitik nicht als eine „(normale) Form der staatlichen Aktivitäten" gefasst werden kann (Schmid/Brickenstein 2010: 354). Denn die Spannung zwischen staatlichen Fördermaßnahmen und zivilgesellschaftlicher Interessenstruktur kann nicht durch die Bereitstellung finanzieller Mittel aufgehoben werden. Vielmehr ist sie – wie im Begriff bürgerschaftliches Engagement bereits verdeutlicht – konstitutiv für eine gesellschaftliche Sphäre, die sich aus eigenen sozial-moralischen Ressourcen und einer eigenen Handlungslogik speist, die nicht mit der staatlichen oder wirtschaftlichen Handelns verwechselt werden darf (Münkler/Wassermann 2008). So sind staatlicher Steuerung hier klare Grenzen gesetzt, Grenzen, die durch wohlmeinende Alimentierung einerseits und die Bereitschaft zu „mehr Demokratie wagen" andererseits gekennzeichnet sind.

Um von den singulären Fördermaßnahmen der Fachressorts wegzukommen, ohne deren legitimes Interesse zur weiteren Unterstützung ihrer Zielgruppen in Frage zu stellen, entstanden in den letzten Jahren in der überwiegenden Zahl der Länder Stabs- oder Leitstellen, die entweder in den Staatskanzleien (Rheinland-Pfalz, Berlin, Hessen, Niedersachsen, Sachsen-Anhalt, Brandenburg) oder in den Sozialministerien (Nordrhein-Westfalen, Baden-Württemberg, Hamburg, Mecklenburg-Vorpommern) angesiedelt sind (Alscher/Dathe/Priller/Speth 2009: 160). Soweit diese nicht als bloße Referate agieren, die das Thema bürgerschaftliches Engagement auch durchaus in Konkurrenz zu Ansprüchen anderer Fachressorts landespolitisch besetzen, sondern als Leitstellen mit eigenem Team und operativem Budget der Förderpraxis des Landes ressortübergreifend Gehör und politische Sichtbarkeit verschaffen (z.B. Brandenburg, Rheinland-Pfalz), kann von einer Institutionalisierung im Sinne einer integrierten Förderpolitik gesprochen werden. Dabei wird der ressortübergreifende Ansatz dort besonders deutlich, wo Leitstellen in der Staatskanzlei dem Ministerpräsidenten direkt zuarbeiten und das Thema zur Chefsache erklärt wird. Diese Entscheidung manifestiert sich in einer zunehmend bereichsübergreifenden Bearbeitung engagementpolitischer Fragestellungen und der strategischen Verankerung des Themas in der Politik des Ministerpräsidenten. Zur besseren Finanzierung, Koordinierung, Vernetzung und gleichzeitigem Abbau von Doppelzuständigkeiten zwischen den Ressorts sind unter der Federführung der Leitstellen interministerielle Arbeitsgruppen (IMA) eingerichtet worden, die diesen Prozess unterstützen und als weiterer Schritt zur Etablierung bürgerschaftlichen Engagements als Querschnittsaufgabe und eigenem Politikfeld gelten können. Passt das Engagementthema zur politischen Linie und zum Stil des Ministerpräsidenten, besteht die Chance, einen landesspezifischen Weg zur Bürgergesellschaft einzuschlagen, eine ministerpräsidentielle Engagementpolitik zu betreiben und bürgerschaftliches Engagement mit Demokratiepolitik zu verbinden.

Zusammenarbeit von Bund und Ländern

Auf Bundesebene hat bereits 2002 das Bundesfamilienministerium (BMFSFJ) als federführendes Ressort eine ständige Arbeitsgruppe Bürgerschaftliches Engagement eingerichtet, in der sich Bund, Länder und Kommunen in der Regel im Abstand von sechs Monaten über eine enge Abstimmung der Engagementförderung, ihrer Aktivitäten, Vorhaben und Programme verständigen. Darüber hinaus greift der Bund hier zur Fortentwicklung seiner eigenen Förderprogramme auf die Erfahrungen und Kompetenzen der Länder zurück, und zugleich dienen diese regelmäßigen

Treffen der Diskussion zwecks Umsetzung zeitlich befristeter Bundesmodellprogramme, die häufig der Kofinanzierung seitens der Länder bedürfen. Die bekanntesten Beispiele derartiger Modellprogramme sind: „Erfahrungswissen für Initiativen: SeniorTrainerIn" (2002–2006), „Lokale Bündnisse für Familie" (2004–??), „Generationsübergreifende Freiwilligendienste" (2005–2008), „Mehrgenerationenhäuser" (2006–2011), „Aktiv im Alter" (2008–2009), „Freiwilligendienste aller Generationen" (2009–2011). Länder und Bund ziehen, was Schwerpunkt, Finanzierung, Umsetzung und Laufzeit derartiger Modellprogramme angeht, nicht automatisch an einem Strang. Häufig sehen sich die Länder nach einigen Jahren Laufzeit derartiger Programme mit Modellruinen konfrontiert, deren politisch missliche Abwicklung dann ihnen allein obliegt. Hier wird in Zukunft bessere Abstimmung von Nöten sein. Neuere Entwicklungen auf Bundesebene setzen bereits erste positive Signale. In einem Beschluss des Bundeskabinetts vom 15. Juli 2009 wird als zentrales Anliegen formuliert, die Förderung des bürgerschaftlichen Engagements als Querschnittsaufgabe aller Bundesressorts zu verankern und die Koordination zwischen Bundes-, Landes- und kommunaler Ebene weiter zu entwickeln. Diesem Beschluss war die Einberufung eines „Nationalen Forums für Engagement und Partizipation" im Frühjahr 2009 vorausgegangen, auf dem – organisiert vom Bundesnetzwerk Bürgerschaftliches Engagement – über 300 Expertinnen und Experten aus Zivilgesellschaft, Staat, Verwaltung und Wirtschaft Eckpunkte einer engagementpolitischen Agenda erarbeiteten, die alle föderalen Ebenen mit einbezieht und deren Ergebnisse in einen „Nationalen Engagementplan" einfließen sollen. Ob ein solcher Plan ressortübergreifend akzeptiert und im Konsens der föderalen Ebenen auch umgesetzt wird und sich daraus eine neue Dialogkultur vor allem auch mit den Ländern etablieren kann, bleibt abzuwarten (Nationales Forum für Engagement und Partizipation 2009).

Beispielhafte Maßnahmen ressortspezifischer und ressortübergreifender Förderpolitik

Unfall- und Haftpflichtversicherungen

Der Abschluss von Haftpflicht- und Unfallversicherungsverträgen durch die Länder hat die Rahmenbedingungen für bürgerschaftliches Engagement nachhaltig verändert. Inzwischen haben alle Länder Sammelversicherungsverträge abgeschlossen, um der Furcht der Engagierten wirkungsvoll zu begegnen, während der Ausübung ihres Ehrenamts nicht abgesichert zu sein und selbst für die Folgen eines erlittenen oder verursachten Schadens aufkommen zu müssen. Die Schadensstatistik der vergangenen Jahre zeigt allerdings, dass Versicherungsfälle größeren Ausmaßes sehr selten sind. Gleichwohl verfehlte die politische Botschaft der Länder, ihre Engagierten im Schadensfalle nicht allein zu lassen, ihre positive Wirkung nicht.

Landesnetzwerke

Landesnetzwerke sind ein wichtiges und wirkungsvolles Instrument zur Stärkung der Engagementpolitik. So haben sich beispielsweise in einigen Ländern Landesnetzwerke gegründet, die „top-down" auf Initiative von Politik und Verwaltung – mit oder ohne Einbeziehung der kommunalen Spitzenverbände – den wichtigsten Trägern und Akteuren des bürgerschaftlichen Engagements im Land eine Plattform für den Erfahrungs- und Wissensaustausch rund um das Engagement bieten. In Baden-Württemberg arbeitet das erfolgreichste Netzwerk dieser Art. Das „bottom-up"-Modell eines nichtstaatlichen Landesnetzwerk wurde dagegen in Bayern gewählt, wo es aus einer Geschäftsstelle und dem Netzwerkknoten Selbsthilfekoordination, Landesarbeitsgemeinschaft der Freiwilligenagenturen, Netzwerk der Mütter- und Familienzentren und der Landesarbeitsgemeinschaft der Seniorenbüros besteht. In Hamburg und Berlin bestehen ebenfalls bereits Netzwerke, in Sachsen-Anhalt und Rheinland-Pfalz sind diese geplant. Dennoch ist nicht zu erwarten, dass in Zukunft in allen Ländern derartige Netzwerke entstehen werden, denn mit ihnen geht je nach Charakter ein nicht unerheblicher Einfluss auf die Engagementpolitik eines Landes einher, ein Einfluss, dem sich nicht jede Landesregierung aussetzen wird.

Engagement- und Kompetenznachweise/Freiwilligenpässe

Diese Nachweise dokumentieren und zertifizieren ehrenamtliches Engagement und die im Engagement erworbenen Kompetenzen. Sie dienen zur Anerkennung und Würdigung freiwillig geleisteter Arbeit in allen Altersgruppen. Für Jugendliche ist der Nachweis zusätzlicher Qualifikationen im Bedarfsfall bei einer Bewerbung um einen Ausbildungs-, Studien- oder Arbeitsplatz hilfreich. Unternehmen interessieren sich immer häufiger für neben der formalen Bildung erworbene soziale Fähigkeiten.

Ehrenamtscards

Überdurchschnittlich engagierte Menschen erhalten mit der Karte Vergünstigungen bei öffentlichen und privatgewerblichen Anbietern (z.B. beim Besuch von Museen, Schwimmbäder, Kinos, Sportveranstaltungen). Die landesweit gültige Ehrenamtskarte verbindet symbolische Formen der Anerkennung mit geldwerten und monetären Vorteilen für die Engagierten. Sie wird von den beteiligten kommunalen Gebietskörperschaften ausgegeben und hat eine begrenzte Laufzeit von zwei bis drei Jahren. Derzeit haben sechs Länder solche Karten bereits eingeführt (Hessen, Nordrhein-Westfalen, Niedersachsen, Thüringen, Bayern und Schleswig-Holstein.)

Internetplattformen

Alle Länder verfügen über eigene Internetauftritte zu bürgerschaftlichem Engagement und Ehrenamt. Zur kontinuierlichen Verbesserung der Informationslage der Bürgerinnen und Bürger wie auch der Organisationen der Zivilgesellschaft wird das Internet zur Information, Beratung, Vermittlung, Antragstellung zur Projektförderung etc. genutzt. Dort, wo gleichzeitig Vereinsdatenbanken in den Auftritt integriert sind, können sich die Organisationen, Projekte und Initiativen selbst darstellen, austauschen und vernetzen (→ Anhang: Länderhomepages zum bürgerschaftlichen Engagement).

Preise und Wettbewerbe

Neben den traditionellen Ehrungen und Auszeichnungen etwa im Sport oder den Rettungsdiensten vergibt jedes Land jährlich eine Reihe ganz unterschiedlicher zielgruppenorientierter Preise und Würdigungen und führt zahlreiche Wettbewerbe durch (z. B. „Hilde-Adolf-Preis", Bremen; „ENTERPreis-Wettbewerb", Nordrhein-Westfalen; Wettbewerb „Unbezahlbar und freiwillig – Der Niedersachsenpreis für Bürgerengagement"; „Brückenpreis", Rheinland-Pfalz; „Annen-Medaille", Sachsen).

Herausgehobene Veranstaltungen

Freiwilligentage, landesweite Ehrenamtstage und Ehrenamtsmessen, Demokratietage an Schulen, Fachtagungen zu Rechtsfragen im Ehrenamt, Migration/Integration, zum Dialog der Generationen oder zum Ausbau der Engagementförderung im Jugendbereich etc. werden in vielen Ländern regelmäßig veranstaltet.

Freiwilliges Soziales Jahr (FSJ)/ Freiwilliges Ökologisches Jahr (FÖJ)

Das Freiwillige Soziale Jahr und Freiwillige Ökologische Jahr haben in der Politik fast aller Länder einen hohen Stellenwert. Die Nachfrage nach Plätzen übersteigt seit Jahren das Angebot an Trägereinrichtungen und Einsatzstellen. Die Attraktivität, sich nach Beendigung der Schule und vor der Aufnahme einer Ausbildung oder eines Studiums für einen längeren Zeitraum zu engagieren, ist ungebrochen.

Qualifizierungsmaßnahmen für Haupt- und Ehrenamtliche

Ein Ergebnis der Freiwilligensurveys von 1999 und 2004 war die Forderung nach verbesserten Qualifizierungs- und Weiterbildungsangeboten für ehrenamtlich Tätige. Ausbildungsgänge zum Freiwilligenkoordinator, Freiwilligenmanager, Schulungen und Ausbildungsmodule für kommunale Fachkräfte, Seniorenqualifizierungsprogramme oder eine Ausbildung zum

Integrationslotsen oder Erziehungslotsen gehören heute vielfach zum Angebotsrepertoire der Länder.

Lotsen-Programme

Neben der Unterstützung und Förderung von Infrastruktureinrichtungen verschiedenen Typs und Aufgabenstellung vertrauen die Länder immer häufiger auf Engagement-Lotsen, die eine wichtige Begleitfunktion zu Ausbau und Weiterentwicklung bürgerschaftlichen Engagements auf lokaler Ebene übernehmen. Sei es um Bürgerinnen und Bürger zu freiwilligem Engagement zu motivieren, die Arbeit von Initiativen und Vereinen zu begleiten, oder die Öffentlichkeitsarbeit für freiwillige Einrichtungen auszubauen. Die Einsatzmöglichkeiten sind sehr vielfältig, oft gehen Qualifikationen dem Einsatz dieser hoch motivierten Kräfte voraus.

(Bürger-)Stiftungstage

Mit dem Boom an Stiftungsgründungen der letzten Jahre, insbesondere von Bürgerstiftungen, haben es sich viele Länder zur Aufgabe gemacht, aktiv das Stiftungsgeschehen in ihrem Land zu begleiten. Regionale und landesweite Stiftungstage, die Gründung von Stiftungsnetzwerken sowie die Projektförderung von Bürgerstiftungen sind gängige Bestandteile der Förderprofile der Länder geworden. Bürgerstiftungen als Stiftungen von Bürgern für Bürger verfolgen ausschließlich gemeinnützige Zwecke. Sie sind unabhängig von Kommunalverwaltungen, staatlichen Instanzen und politischen Organisationen und erfüllen gerade deshalb den politisch hoch geschätzten Status zivilgesellschaftlicher Einrichtungen mit einem hohen Maß an Unabhängigkeit und großer Gemeinwohlverpflichtung.

Gesellschaftliches Engagement von Unternehmen

Mit dem ursprünglich aus den Niederlanden stammenden Konzept „Marktplätze" wurde (mit besonderer Unterstützung der Bertelsmann Stiftung) eine innovative Methode zur Anbahnung von Kooperationen zwischen Unternehmen und gemeinnützigen Einrichtungen in den Ländern etabliert, mit deren Hilfe es zu niedrigschwelligen, partnerschaftlichen „guten Geschäften" kommt, bei denen die ausgehandelten unentgeltlichen Arrangements als „Win-Win-Situation" für die beteiligten Unternehmen und die Non-for-Profit-Organisationen erfahren werden. Ähnliches leisten die zunächst auf eintägige Kooperationen abzielenden „Aktionstage". Daneben beginnen sich „Corporate-Volunteering"-Einsätze von Unternehmen in der Zusammenarbeit mit Kommunen zu etablieren, bei denen durch den freiwilligen Einsatz kurzfristig freigestellter Firmenmitarbeiter ein Beitrag zur Lösung gemeinnütziger kommunaler Aufgaben geleistet wird, die mangels finanzieller Mittel sonst nicht hätten erledigt werden können. Dass Unternehmen sich im eigenen Interesse und jenseits ihres Kerngeschäftes dem Gemeinwesen gegenüber verantwortlich zeigen und als „good corporate citizens" agieren, verdankt sich der Erkenntnis, dass gesellschaftliche Stabilität, soziale Integration und Zusammenhalt auch Voraussetzungen erfolgreichen Wirtschaftens darstellen, die jedoch nicht durch Wirtschaftshandeln erzeugt werden, sich aber in diesen „guten Geschäften" reproduzieren.

Länderprofile der Engagementpolitik

Bereits diese ausschnitthafte Übersicht unterschiedlicher Programme, Instrumente und Fördermaßnahmen bürgerschaftlichen Engagements auf Länderebene zeigt einerseits, wie vielgestaltig die Förderlandschaft aktuell ist, wie stark andererseits aber auch bestimmte (Erfolgs-)Programme die Grenzen des einzelnen Bundeslandes bereits überschritten haben und als „Common Sense" die Förderprofile aller Länder kennzeichnen. Vor diesem Hintergrund verblassen die Unterschiede landestypischer Engagementförderung wie auch die Markierung des Etappenziels, an dem sich die Länder im Kontinuum zwischen fragmentierten, ressortspezifischen Fördermaßnahmen und Engagementpolitik als integriertem Bestandteil einer am Leitbild Bürgergesellschaft und Bürgerbeteiligung orientierten Landespolitik befinden. Für einen ersten guten Überblick und zur Systematisierung der Länderaktivitäten hat sich die Typologie von Schmid/Brickenstein bewährt, die mit ihrer Unterscheidung dreier Typen von Politikprofilen in Sachen bürgerschaftlichen Engagements eine Schneise in die schwer überschaubare Komplexität dieses Feldes schlagen (Schmid/Brickenstein 2010: 352–381; vgl. zur Typologie der Länderaktivitäten auch Enquête-Kommission 2002: 366 f.).

Der segmentiert-feldspezifische Typ: „Dieser Typ repräsentiert den politisch-administrativen Normalzustand, bei dem mehrere Ministerien für unterschiedliche Zielgruppen und Programme zuständig sind. Auf der Informations- und Entscheidungsebene dominiert das Prinzip der negativen Koordination; eine gemeinsame politische Strategie oder Förderung des bürgerschaftlichen Engagements wird nicht entwickelt und die landespolitische Relevanz des Themas ist eher mittel, ebenso die finanziellen Aufwendungen. Kontakte zu den Verbänden, Vereinen und kommunalen Akteuren sind auf einzelne Ministerien und Programme bezogen und können dort durchaus intensiv und kooperativ sein" (Schmid/Brickenstein 2010: 373).

Der symbolisch-diskursive Typ: „Dem Thema bürgerschaftliches Engagement kommt eine hohe öffentliche Bedeutung zu, dem umfassenden Agenda-Setting folgen aber nur relativ kleine Maßnahmen und Programme. Charakteristisch sind eine begrenzte administrative Umsetzung samt geringer Ressourcenausstattung sowie die traditionelle Aufgabendelegation an die Verbände. Betont werden vor allem Diskurse, Diskussionen und prozedurale Elemente. Allerdings ist diese Variante keine bloß ‚symbolische' Politik, sondern eher eine Form weicher staatlicher Steuerung" (Schmid/Brickenstein 2010: 373).

Der integriert-prozedurale Typ: „Es erfolgt eine systematische Bündelung bzw. Integration der Einzelmaßnahmen und Instrumente zu einer umfassenden Gesamtstrategie der Förderung des bürgerschaftlichen Engagements. Eine ressortübergreifende Vernetzung der Programme ist vorhanden. Auf der politischen Agenda ist das Thema weit oben angesiedelt und die finanzielle Ausstattung ist relativ hoch. Die politische und gesellschaftliche Kommunikation des Politikfeldes und die Integration aller Akteure nimmt einen großen Stellenwert ein." (Schmid/Brickenstein 2010: 373)

Diese Typologie erleichtert es, einen unverstellten analytischen Blick auf die Förderpolitik der Länder zu werfen und erlaubt es bei aller Vorsicht zugleich, eine gewisse Qualitätseinschätzung dieses noch jungen Politikfeldes im Kontext der politischen Gesamtagenda eines Landes vorzunehmen, wenn man bereit ist, den integriert-prozeduralen Typ als Messlatte anzulegen. Dabei sollte beachtet werden, dass keiner der vorgestellten Idealtypen die Realität des Politikfeldes eindeutig abbildet und kein Land in Gänze einem Typ entspricht. Vielmehr sind es die Mischungsverhältnisse zwischen den Typen, die der Praxis am nächsten kommen. Allerdings ist gegenwärtig auf kommunaler-, Landes- und Bundesebene die Dynamik in diesem Politikfeld derart groß, dass Verschiebungen und strategische Neujustierungen etwa in Abhängigkeit von neuen Koalitionsbildungen oder des politischen Stils des amtierenden Ministerpräsidenten an der Tagesordnung sind, die eine eindeutige Verortung der Länder innerhalb der Typologie erschweren und fehleranfällig machen.[1]

Von der Ehrenamtsförderung zur Engagementpolitik auf Länderebene

Orientiert sich die Förderpolitik eines Landes am Leitbild Bürgergesellschaft, lassen sich eine Fülle von Schlussfolgerungen und Konsequenzen ableiten, sowohl für staatliches Handeln, Unternehmen als auch die Zivilgesellschaft. Das Modell Bürgergesellschaft verlangt, dass sich staatliche Institutionen, Verbände und Wirtschaftsunternehmen für bürgerschaftliche Mitwirkung öffnen, bürgerschaftliche Verantwortung teilen und mittragen

---

1 Aus den genannten Gründen wird hier auf eine Zuordnung aller Länder zu den Idealtypen von Schmid/Brickenstein verzichtet. Bei den acht von den Autoren empirisch untersuchten Fällen ergeben sich zum Zeitpunkt 2007 folgende Zuschreibungen im Kräftedreieck der Idealtypen: Baden-Württemberg kommt dem integriert-prozeduralen Typ am nächsten, Rheinland-Pfalz bewegt sich etwa in der Mitte zwischen dem symbolisch-diskursiven und integriert-prozeduralen Typ. Niedersachsen, Bayern und Thüringen sind im Mittelfeld angesiedelt und verkörpern so von jedem Idealtyp verschiedene Elemente. Sachsen tendiert eher zum symbolisch-diskursiven, während Nordrhein-Westfalen dem segmentiert-feldspezifischen Typ zugerechnet wird. Schleswig-Holstein steht dem segmentiert-feldspezifischen Typ näher als dem diskursiv-symbolischen (vgl. ebd. sowie die Selbstdarstellung der Länder „Aktuelle Entwicklungen in der Engagementförderpolitik der Länder 2009").

sowie neue Formen der Zusammenarbeit und Partnerschaft über die Grenzen der gesellschaftlichen Sektoren hinweg entwickeln (Enquête-Kommission 2002: 59). Eine engagement- und demokratiepolitische Agenda eines Landes in diesem Sinne hätte für die nächsten Jahre insbesondere die folgenden Aufgaben und Herausforderungen zu bearbeiten:

Dialog und Kooperation mit den Bürgerinnen und Bürgern auf Dauer stellen

Die Erfahrungen aus Beteiligungsprozessen (Beispiel Kommunal- und Verwaltungsreform in Rheinland-Pfalz; Bürgerbeteiligung bei der Gestaltung von Stadtquartieren in Berlin) haben gezeigt, dass eine gezielte Einbeziehung der Bürgerinnen und Bürger in die Bearbeitung gesellschaftlich relevanter Fragen möglich ist. Sie sind gewillt und in der Lage, sich bei ernst gemeinten Partizipationsangeboten als Expertinnen und Experten in eigener Sache einzubringen, damit die Suche nach tragfähigen Lösungen zu bereichern und Akzeptanz und Nachhaltigkeit politischer Entscheidungen zu erhöhen. Diesen Weg aktiver Bürgerbeteiligung gilt es konsequent fortzusetzen und auf kommunaler wie auf Landesebene auszubauen. Dafür bieten sich der Politik vielfältige, oft erst ungenügend wahrgenommene Optionen. Die Beteiligungsforschung hält ein großes Spektrum an Partizipationsmodellen bereit, die offensiv aufgegriffen, je nach Aufgabe erprobt und evaluiert werden sollten. Dabei ist es eine besondere Herausforderung, möglichst allen Bevölkerungsgruppen, auch bildungsfernen, angemessene Mitwirkungsmöglichkeiten zur Verfügung zu stellen (vgl. Roth 2010).

Bürgerschaftliches Engagement in der Bildungspolitik der Länder verankern

Die verstärkte Aufmerksamkeit für Bildungsfragen auf Seiten der Bürgergesellschaft findet bislang allerdings kaum eine Entsprechung auf Seiten der Bildungspolitik. PISA, IGLU und andere Schulvergleichsuntersuchungen, die diagnostizierte Krise des schulischen Lernens und die davon ausgehenden Reformbemühungen in unserem Bildungssystem, insbesondere die Ganztagsschule, haben neue Chancen eröffnet, in denen auch bürgergesellschaftliche Perspektiven Platz finden. Trotz zahlreicher Beispiele guter Praxis steht diese Debatte jedoch erst am Anfang. Es wird entscheidend darauf ankommen, den Stellenwert bürgerschaftlicher Kompetenzen für ein modernes Bildungsverständnis zu bestimmen und zu klären, was diese Kompetenzen ausmacht und wie sie erworben werden. Im Kontext künftiger Bildungspolitik geht es um die grundlegende Neubestimmung des Verhältnisses der Bildungsinstitutionen zur Bürgergesellschaft. Hierbei stehen Fragen der Öffnung der Bildungseinrichtungen gegenüber dem lokalen Gemeinwesen, der Kooperation und Vernetzung, Bündnisse zwischen Bildungseinrichtungen und Gemeinwesen sowie neue Partnerschaften etwa mit Unternehmen im Mittelpunkt (Hartnuß/Heuberger 2010).

Infrastrukturen der Engagement- und Demokratieförderung auf kommunaler und Landesebene stärken und ausbauen

Die Entfaltung einer lebendigen Zivilgesellschaft ist wesentlich an die Bereitstellung angemessener Engagement fördernder Infrastrukturen gebunden. Hierzu ist es nötig, die bestehenden Strukturen der Ansprache und Gewinnung ehrenamtlich Engagierter in den traditionellen Vereinen und Verbänden zu modernisieren und sich dabei auf veränderte Motivlagen und Gestaltungswünsche der Engagierten einzustellen. Darüber hinaus ist der zukunftssichere Ausbau und die Etablierung lokaler Anlauf- und Beratungsstellen für Engagementinteressierte wie insbesondere Freiwilligenagenturen, Ehrenamtsbörsen, Seniorenbüros und Selbsthilfekontaktstellen zu gewährleisten. Nur so können die Engagierten den von ihnen selbst und der Gesellschaft artikulierten Erwartungen gerecht werden. Von entscheidender Bedeutung ist es, die häufig noch sehr ungenügende Vernetzung zwischen diesen Einrichtungen und den kommunalen Verwaltungen voranzutreiben, um eine nachhaltige Verankerung der Engagementförderung im kommunalen Raum zu ermöglichen. Zu einer effektiven, Engagement fördernden Infrastruktur gehören aber auch stetige Information und Beratung auf Landesebene, verlässliche Ansprechpartner, mehrsektorale Vernetzungen sowie nicht zuletzt die Koordinierung und Abstimmung von Programmen und Maßnahmen zwischen Kommunen, Land und Bund.

Rechtliche und finanzielle Rahmenbedingungen für bürgerschaftliches Engagement verbessern

Rechtliche und finanzielle Rahmenbedingungen sind die Korsettstangen bürgerschaftlichen Engagements. Sie können die Initiativen der Menschen unterstützen, fördern und ermöglichen, aber auch einschränken oder behindern. In den vergangenen Jahren sind auf Bundes- und Länderebene erhebliche Verbesserung erreicht worden, die sich positiv für die Organisationen der Zivilgesellschaft und die Engagierten selbst ausgewirkt haben. Dieser Prozess sollte konsequent weiterverfolgt werden. Notwendig erscheinen insbesondere Weiterentwicklungen auf den Gebieten des Gemeinnützigkeits-, des Zuwendungs- und Haftungsrechts. Auch das Vereins- und Stiftungsrecht gilt es fortzuentwickeln; nicht zuletzt müssen die bestehenden Regelungen „europatauglich" gemacht werden, um Vernetzungsmöglichkeiten europäischer Zivilgesellschaften zu ermöglichen. Besonderes Augenmerk sollte auf die finanzielle Absicherung der Engagement fördernden Infrastrukturen gelegt werden, die nach wie vor häufig unter prekären Bestandsbedingungen arbeiten. Ausdruck einer bürgergesellschaftlichen Politikstrategie wäre es auch, innovative Finanzierungsmodelle für zivilgesellschaftliche Einrichtungen zu entwickeln, bei denen die vorherrschende Staatsfinanzierung schrittweise Mischfinanzierungen weicht, an denen sich sowohl staatliche Institutionen, Wirtschaftsunternehmen als auch die Zivilgesellschaft selbst beteiligen.

Potenziale bürgerschaftlichen Engagements für gesellschaftliche Integration herausstellen und nutzen

Bürgerschaftliches Engagement kann Menschen in allen gesellschaftlichen Bereichen zusammenbringen und miteinander verbinden. Dies wird besonders deutlich im Miteinander von Menschen mit und ohne Behinderung, in der Begegnung und im Dialog von Jung und Alt sowie im gemeinsamen Tun von Engagierten unterschiedlicher Herkunft, Sprache und Hautfarbe. Überall dort, wo die Gesellschaft auseinander zu driften droht, können durch gemeinsames Engagement neue Brücken gebaut und gesellschaftlicher Zusammenhalt gestärkt werden. Der Integrationsgedanke kann in grundsätzlich allen Feldern des bürgerschaftlichen Engagements zum Tragen kommen. Er wird sichtbar im Sozialen, im Sport, in der Kultur, im Umwelt- und Naturschutz, in den Hilfs- und Rettungsdiensten, im politischen Engagement oder auch im Kampf gegen Rechtsextremismus, Fremdenfeindlichkeit und Ausgrenzung. Dies gilt es, in Zukunft verstärkt in den Landespolitiken zu berücksichtigen.

Gesellschaftliche Verantwortung von Unternehmen stärken und Modelle mehrsektoraler Partnerschaften ausbauen

Gesellschaftliche Verantwortung von Unternehmen (Corporate Citizenship/ Corporate Social Responsibility) steht für einen neuen Trend des Wirtschaftens. Es geht um Nachhaltigkeit und Verantwortung einschließlich ihres Nachweises mit neuen Instrumenten, die neben dem ökonomischen auch das soziale und ökologische Handeln von Unternehmen bilanzieren. Es geht um bewusstes Verbraucherverhalten und den gezielten Einsatz von Marktmacht zur Sanktionierung sozial- und ökologisch verantwortungslosen Verhaltens durch Konsumentenentscheidung. Jenseits vieler positiver Einzelbeispiele in Deutschland steht eine breite Debatte über Corporate Citizenship in Deutschland noch aus. Unternehmensverbände, Regierungen und organisierte Zivilgesellschaft sind noch nicht in einen offenen Dialog miteinander getreten. Weder ist bisher von Seiten der Politik eine klare Strategie in Sachen Corporate Citizenship erkennbar, noch sind Rahmenkonzepte für Partnerschaften zwischen Staat, Unternehmen und Zivilgesellschaft entwickelt worden. Dabei geht es nicht um gesetzliche Regelungen, sondern um Plattformen für neue Modelle der Kooperation der drei Sektoren. Umgekehrt ist seitens der Wirtschaft noch immer eine zögerliche Haltung zu Corporate Citizenship als moralisch erzwungene und vom eigentlichen Geschäftsinteresse ablenkende Verpflichtung erkennbar. Hier hätte Politik die Aufgabe, als Vermittler und Moderator zwischen den Sektoren tätig zu werden (Heuberger 2008, 2009).

Homepages de Länder zum Bürgerschaftlichen Engagement

Baden-Württemberg	http://www.sozialministerium.de/de/Buergerengagement_in_Baden-Wuerttemberg/81089.html
Bayern	http://www.stmas.bayern.de/sozialpolitik/ehrenamt
Berlin	http://www.berlin.de/buergeraktiv/be/verwaltung/sengsv.html
Brandenburg	http://www.stk.brandenburg.de/sixcms/detail.php/lbm1.c.377938.de
Bremen	http://www.buergerengagement.bremen.de/sixcms/detail.php?gsid=bremen02.c.730.de
Hamburg	http://www.aktivoli.de/index.html
Hessen	http://www.gemeinsam-aktiv.de/
Mecklenburg-Vorpommern	http://www.regierung-mv.de/cms2/Regierungsportal_prod/Regierungsportal/de/sm/Themen/Soziales/Buergerschaftliches_Engagement/index.jsp
Niedersachsen	http://www.freiwilligenserver.de/
Nordrhein-Westfalen	http://www.engagiert-in-nrw.de/
Rheinland-Pfalz	http://www.wir-tun-was.de/
Saarland	http://proehrenamt.projektweb.at/index.php?option=com_frontpage&Itemid=1
Sachsen	http://www.wir-fuer-sachsen.de/
Sachsen-Anhalt	http://www.sachsen-anhalt.de/LPSA/index.php?id=8227
Schleswig-Holstein	http://www.ehrenamt-sh.de./
Thüringen	http://www.thueringen.de/de/tmsfg/familie/ehrenamt/

Literatur

Aktuelle Entwicklungen in der Engagementförderpolitik der Länder (o.V.) 2009. In: Nationales Forum für Engagement und Partizipation. Erster Zwischenbericht. Bundesnetzwerk Bürgerschaftliches Engagement (Hrsg.). Berlin: 198–260.

Alscher, Mareike/Dathe, Dietmar/Priller, Eckhard/Speth, Rudolf 2009: Bericht zur Lage und zu den Perspektiven des bürgerschaftlichen Engagements in Deutschland. Wissenschaftszentrum Berlin für Sozialforschung (WZB). Bundesministerium für Familie, Senioren, Frauen und Jugend (BMFSFJ) (Hrsg.). Berlin.

Engagement-Atlas 2009. Daten. Hintergründe. Volkswirtschaftlicher Nutzen. Herausgeben von Prognos und Generali Deutschland Holding AG. Aachen.

Enquête-Kommission „Zukunft des Bürgerschaftlichen Engagements" 2002: Bericht. Bürgerschaftliches Engagement: Auf dem Weg in eine zukunftsfähige Bürgergesellschaft. Opladen.

Gensicke, Thomas/Picot, Sibylle/Geiss, Sabine 2006: Freiwilliges Engagement in Deutschland 1999–2004. Ergebnisse der repräsentativen Trenderhebung zu Ehrenamt, Freiwilligenarbeit und bürgerschaftlichem Engagement, in Auftrag gegeben und herausgegeben vom Bundesministerium für Familie, Senioren, Frauen und Jugend. Wiesbaden.

Hartnuß, Birger/Frank W. Heuberger 2010: Ganzheitliche Bildung in Zeiten der Globalisierung. Bürgergesellschaftliche Perspektiven für die Bildungspolitik. In: Olk, Thomas/Klein, Ansgar/Hartnuß, Birger (Hrsg.): Engagementpolitik. Die Entwicklung der Zivilgesellschaft als politische Aufgabe. Wiesbaden: 459–490.

Heuberger, Frank W. 2008: Weichen für die Zukunft stellen. Aktuelle Herausforderungen an Corporate Citizenship in Deutschland. In: Bürsch, Michael (Hrsg.): Mut zur Verantwortung. Mut zur Einmischung. Bürgerschaftliches Engagement in Deutschland. Bonn: 111–122.

Heuberger, Frank W. 2009: Topmanagement in gesellschaftlicher Verantwortung. Wie Wirtschaftsführer gesellschaftliche Verantwortung wahrnehmen. Ergebnisse einer qualitativen Studie. Berlin: CCCD.

Münkler, Herfried/Wassermann, Felix 2008: Was hält eine Gesellschaft zusammen? Sozialmoralische Ressourcen der Demokratie. In: Bundesministerium des Innern (Hrsg.): Theorie und Praxis gesellschaftlichen Zusammenhalts. Berlin: 3–22.

Nationales Forum für Engagement und Partizipation 2009: Erster Zwischenbericht. Bundesnetzwerk Bürgerschaftliches Engagement (Hrsg.). Berlin.

Perspektiven für Rheinland-Pfalz – Nachhaltigkeitsstrategie – 2006: Ministerium für Umwelt, Forsten und Verbraucherschutz (Hrsg.). Mainz.

Roth, Roland 2010: Engagementförderung als Demokratiepolitik: Besichtigung einer Reformbaustelle. In: Olk, Thomas/Klein, Ansgar/Hartnuß, Birger (Hrsg.) Engagementpolitik. Die Entwicklung der Zivilgesellschaft als politische Aufgabe. Wiesbaden: 611–636.

Schmid, J. (unter Mitarbeit von Christine Brickenstein) 2010: Engagementpolitik auf Landesebene – Genese und Strukturierung eines Politikfeldes. In: Olk, Thomas/Klein, Ansgar/Hartnuß, Birger (Hrsg.) Engagementpolitik. Die Entwicklung der Zivilgesellschaft als politische Aufgabe. Wiesbaden: 352–381.

Susanne Lang und Serge Embacher

Bundespolitik

Engagementpolitik ist einer dieser sperrigen Begriffe, die schon im Ansatz ein gewisses Unbehagen auslösen: Wenn die Welt des bürgerschaftlichen Engagements die Welt der selbstbestimmten, sich selbst organisierenden Bürgerinnen und Bürger ist, die ihre Geschicke in die eigene Hand nehmen – oft genug gegen staatliche Vorgaben, aber jedenfalls unabhängig von ihnen –, dann wird schon die Rede von Engagementpolitik in einem bestimmten Sinne verdächtig. Schon in den historischen Anfängen einer öffentlichen Engagementpolitik in Deutschland – der Preußischen Städteordnung, mit der im frühen 19. Jahrhundert das „Ehrenamt" etabliert wurde – zeigen sich im Kern all die Ambivalenzen staatlicher Engagementförderung: Mit der Gewährung kommunaler Selbstverwaltungsrechte wurden zugleich die Emanzipationsansprüche des aufstrebenden Bürgertums qua „Amt" in den preußischen Staat eingebunden und staatsverträglich kanalisiert. Gleichzeitig wurde im Zeichen der „Ehre" eine Verwaltungsstruktur geschaffen, welche die Staatskassen nicht weiter belastete. So lauert bis heute hinter der staatlichen Förderung bürgerschaftlichen Engagements immer auch dessen Vereinnahmung als Ersatz für staatliches Handeln. Und Partizipationsmöglichkeiten, die von Staats wegen eingeräumt werden, sind nicht ohne weiteres verträglich mit Prinzipien der Selbstorganisation und Selbstbestimmung, die Kernelemente von Bürgergesellschaft sind.

Indessen ist die Engagementpolitik von heute nicht mehr die Ehrenamtspolitik vergangener Jahrhunderte. Politisch-programmatische Weichenstellungen, wie sie vor allem die Enquête-Kommission „Zukunft des bürgerschaftlichen Engagements" vorgenommen hat, haben Maßstäbe insbesondere in Sachen Beteiligungsorientierung gesetzt. Die Enquête-Kommission hat gelehrt, dass Engagement und Beteiligung entgegenkommende Rahmenbedingungen brauchen – im Staat, aber auch in den Organisationen der Zivilgesellschaft und in der Wirtschaft. Diese Rahmenbedingungen zu gestalten, ist die vorrangige Aufgabe einer öffentlichen Engagementpolitik.

Am Anfang war das Ehrenamt

Die Engagementpolitik auf Bundesebene – und nicht nur hier – war über lange Zeit geprägt vom Paradigma „Ehrenamt". Es ist freilich keine direkte Linie, die uns aus dem historischen Preußen in die Zeit der Regierung Kohl führt. Es ist ein anderer Akzent, den Bundeskanzler Helmut Kohl in seiner ersten Regierungserklärung vom 13. Oktober 1982 setzt:

> „Wir werden einen Wettbewerb sozialer Initiativen ins Leben rufen und besondere Beispiele praktischer Mitmenschlichkeit auszeichnen. Wir wollen in der Bundesrepublik nicht nur über die schlechten Beispiele klagen, sondern wir wollen durch gute Beispiele Zeichen setzen." (zit. nach Deutscher Bundestag 1996: 22)

Daraus wurde die Kampagne „Reden ist Silber, Helfen ist Gold", die in den Folgejahren Initiativen der Freien Wohlfahrtspflege und der Altenarbeit in Deutschland ausgezeichnet hat.

Im Ehrenamtsdiskurs und in der ihm wahlverwandten Politik geht es idealtypisch um das Engagement eines oder mehrerer Einzelner, von dem das Gemeinwesen in unterschiedlicher Form profitiert. Die Förderung des Ehrenamts konzentriert sich zum einen auf die symbolische Anerkennung von ehrenamtlich Aktiven durch Auszeichnungen, Orden und andere öffentlichen Ehrungen. Zum anderen stellt sie darauf ab, die finanziellen und rechtlichen Rahmenbedingungen für das individuelle Engagement zu verbessern, das heißt z.B., die steuerlichen Vorteile für Engagierte auszubauen und ihren Schutz vor Risiken zu verbessern, die sich aus ihrem Engagement ergeben.[1]

Vierzehn Jahre später, am 1. Oktober 1996, verabschiedete die Bundesregierung – noch immer unter Bundeskanzler Kohl – die Antwort auf eine Große Anfrage der damaligen Regierungsfraktionen CDU/CSU und FDP zur „Bedeutung ehrenamtlicher Tätigkeit für unsere Gesellschaft" (Deutscher Bundestag 1996). Wie sich einige Jahre später herausstellen sollte, war damit ein Meilenstein in der Geschichte der Engagementpolitik Deutschlands gesetzt. Denn letztlich war die Veröffentlichung dieser Bestandsaufnahme über Ehrenamt und Freiwilliges Engagement Anlass für den ersten Freiwilligensurvey von 1999 (Rosenbladt 2000) sowie für die Einsetzung einer Enquête-Kommission im Deutschen Bundestag im selben Jahr.

Die Antwort der Bundesregierung auf die Große Anfrage lässt nichts davon ahnen, welchen Paradigmenwechsel sie wenig später auslösen wird. Sie atmet den Geist des traditionellen Ehrenamts. So heißt es in der Präambel:

> „Unser Gemeinwesen wäre nicht denkbar, wären nicht Millionen von Menschen aus freiem Entschluss bereit, sich in Wohlfahrtsverbänden, Kirchengemeinden, Vereinen, Parteien, Verbänden, Organisationen, Bürgerinitiativen und Selbsthilfegruppen für eine gemeinwohlorientierte Aufgabe zu engagieren. Von der Vielzahl und Vielfalt freiwilliger Tätig-

---

1 Dass Steuervorteile ein Einkommen voraussetzen, man sich also als den typischen Ehrenamtlichen als einen Angehörigen der Mittelschicht vorstellt, sei hier wenigstens angemerkt. Die Anmerkung berührt die Frage, dass auch diese Variante staatlicher Förderpolitik, die auf den ersten Blick kaum Risiken und Nebenwirkungen befürchten lässt, möglicher Weise kontraproduktive Effekte zeitigt, hier die Verstärkung des Mittelschichtsbias im bürgerschaftlichen Engagement.

keiten hängt die Qualität des Lebens in unserem Lande entscheidend ab" (Deutscher Bundestag 1996). Zur Aufwertung ehrenamtlicher Tätigkeit empfiehlt die Bundesregierung neben allgemeinen Kampagnen der Öffentlichkeitsarbeit und öffentlichen Anerkennung einen Katalog von üblichen Maßnahmen, z. B. auf dem Gebiet des Steuerrechts, bei Aufwandsentschädigungen und -pauschalen, in der Unfallversicherung etc. Wir haben es gewissermaßen mit Dauerbrennern der Engagementförderung zu tun, die für sich genommen nicht falsch, jedoch einseitig auf die Förderung individuellen bürgerschaftlichen Engagements gerichtet sind, nicht aber auf die Förderung einer Kultur von Partizipation und Anerkennung. Ein Verständnis von Engagementpolitik als gesellschaftlicher Querschnittsaufgabe im Sinne einer Förderung von Bürgergesellschaft in allen gesellschaftlichen Lebensbereichen liegt diesen Empfehlungen jedenfalls nicht zugrunde.

Die Enquête-Kommission „Zukunft des Bürgerschaftlichen Engagements" – Bürgergesellschaft als Leitbild von Engagementpolitik

Die Enquête-Kommission, die 1999 eingesetzt wurde und 2002 ihren Abschlussbericht vorgelegt hat (Enquête-Kommission 2002), bedeutete in zweifacher Hinsicht einen Richtungswechsel in Engagementpolitik und -diskussion:

Zum einen steht die Enquête-Kommission für eine neue Begriffspolitik: Sie führte mit dem „bürgerschaftlichen Engagement" eine neue Terminologie ein, die für eine systematische Abkehr vom „Ehrenamt" und der darin implizierten verengten Perspektive auf die Beteiligungsformen der bürgerlichen Mittelschicht stand. Bürgerschaftliches Engagement ist zwar ein zunächst sperrig anmutendes Kunstwort, doch ist es inklusiv und offen genug, die Vielfalt von Engagementformen aufzunehmen und gelten zu lassen: Ehrenamt (damals noch dazu gerne unterschieden in „altes" und „neues"), Freiwilligenarbeit, Selbsthilfe, Engagement, (Corporate) Volunteering. So steht „bürgerschaftliches Engagement" für das Prinzip der Vielfalt von Engagementformen und damit für ein inklusives Verständnis, das viele Engagementformen gelten lässt. Der neue Name steht für einen neuen Ansatz, der einer neuen Wortgebung bedurfte. Der Begriff will sowohl sammeln als auch und vor allem verbinden; er wird

> „eingesetzt [...], um Brücken zu schlagen, d.h. alte und neue Formen gemeinsam und nicht gegeneinander zur Sprache zu bringen. Es geht eben nicht um eine schroffe Gegenüberstellung, sondern eine Verbindung von klassischer Gemeinderatstätigkeit und moderner Protestpolitik in Bürgerinitiativen, von religiös motiviertem lebenslangem Engagement in einer Kirchengemeinde und projektorientierter, mit hohen Selbstver-

wirklichungsansprüchen aufgeladener, neuer Ehrenamtlichkeit, von hundertjährigen Genossenschaften und selbstverwalteten Betrieben der Alternativszene. Mit der Bezeichnung ‚Bürgerschaftliches Engagement' werden sie mit Bedacht in den gleichen Begriffstopf geworfen." (Roth 2000: 32)

All die vielen Namen, die von unterschiedlichen Personengruppen für unterschiedliche Aktivitäten und *Peer Groups* gefunden worden waren, wurden nunmehr unter einem begrifflichen Dach versammelt, mit drei gemeinsamen Merkmalen versehen – „freiwillig, gemeinwohlorientiert, nicht auf materiellen Gewinn gerichtet" – und damit als möglicher Objekt- und Gestaltungsbereich einer öffentlichen Engagementpolitik überhaupt erst konstituiert.

Zum anderen hat die Enquête-Kommission eine gesellschaftspolitische Ebene in das Thema eingezogen, die über die bloße Vielfalt möglicher Engagementformen hinausgeht. Wenn man nur vom Prinzip der Vielfalt ausgeht, wird bürgerschaftliches Engagement allzu leicht zu einem bunten Markt der individuellen Entfaltungs- und Hilfemöglichkeiten verkürzt. Daneben gibt es jedoch noch eine zweite Leitlinie für die Engagementpolitik:

> „Die Förderung bezieht sich nicht nur auf die aktiven Bürgerinnen und Bürger und deren je individuelles Engagement, sondern hat auch und vor allem eine gesellschaftspolitische Dimension" (Enquête-Kommission 2002: 8).

So gesehen geht es weder um die quantitative Aufgabenstellung, mehr Menschen für bürgerschaftliches Engagement zu gewinnen. Noch kann man sich damit zufrieden geben, das Engagement zu ermöglichen und anzuerkennen. Entscheidend ist vielmehr ein engagementfreundliches, partizipatives und inklusives Klima in der Gesellschaft, eine Anerkennungskultur, die mehr umfasst als Ehrennadeln und Sonntagsreden, die Stärkung von demokratischer Beteiligung und gesellschaftlicher Integration, die Öffnung sozialstaatlicher Institutionen für zivilgesellschaftliche Mitwirkung – kurz: Es geht um Engagementpolitik im Zeichen des Leitbilds Bürgergesellschaft.

> „Bürgergesellschaft beschreibt ein Gemeinwesen, in dem die Bürgerinnen und Bürger auf der Basis gesicherter Grundrechte und im Rahmen einer politisch verfassten Demokratie durch das Engagement in selbstorganisierten Vereinigungen und durch die Nutzung von Beteiligungsmöglichkeiten die Geschicke des Gemeinwesens wesentlich prägen können." (Enquête-Kommission 2002: 59)

Die Enquête-Kommission verstand sich ausdrücklich als eine praktische Instanz, die im politischen Prozess wirksam werden sollte. Es ging dabei nicht nur um die Entwicklung eines neuen *Leitbilds Bürgergesellschaft*, sondern auch und vor allem um dessen Konkretisierung und Umsetzung in den verschiedenen Politikfeldern und -programmen (vgl. auch Bürsch

2006). Nicht zuletzt galt (und gilt) es, Kriterien zu entwickeln und anzuwenden, anhand derer sich staatliche Programme darauf prüfen lassen, ob sie bürgergesellschaftliche Eigenverantwortung und Problemlösungskompetenz stärken oder aber alten Vorstellungen von staatlicher Steuerung und Allzuständigkeit verhaftet bleiben. Prüfkriterien wären etwa die Übertragung von Gestaltungs- und Finanzverantwortung an zivilgesellschaftliche Träger oder die kommunale Verankerung von Programmen. Kurz: Die Enquête-Kommission „Zukunft des bürgerschaftlichen Engagements" entwickelte einen systematischen Bezugsrahmen für Engagementpolitik, der die Bedeutung dieses Politikfeldes als Querschnittsaufgabe ausmaß:

> „Die oft zitierte Aufgabe der ‚Verbesserung der politischen Rahmenbedingungen' für bürgerschaftliches Engagement sollte nicht nur gleichgesetzt werden mit mehr finanzieller Förderung und mit der Lösung von Fragen, die den rechtlichen Status einzelner engagierter Personen betreffen. Denn zu einer wirksamen Engagementförderung zählen auch allgemeine Maßnahmen (‚Ehrung'/‚Anerkennung') und die Bereitstellung zusätzlicher Mittel und Infrastrukturen des Engagements, etwa in der Form von Freiwilligenagenturen u.ä. Entscheidend ist jedoch vor allem die Stärkung einer Kultur des kooperativen Handelns und Entscheidens, die zentrale Lebensbereiche und Institutionen prägen sollte. Dies bedeutet auch, die Rahmenbedingungen für bürgerschaftliches Engagement in Politik und einzelnen Handlungsfeldern, z.B. Gesundheit, Soziales, Arbeit und Kultur zu verbessern. Den Bürgerinnen und Bürgern sollte die Möglichkeit geboten werden, nicht nur als Kunde und Klient Einfluss zu nehmen, sondern auch Mitverantwortung tragen und kompetent mitreden und mitwirken zu können. Engagementförderung in diesem Sinne muss als eine Querschnittsaufgabe verstanden werden. Für die Politik wird es darauf ankommen, ressortspezifische Lösungen mit ressortübergreifenden Querschnittsfragen einer Förderung von Bürgergesellschaft zu verbinden" (Enquête-Kommission 2002: 16f.).

Engagementpolitik nach der Enquête-Kommission

Die Enquête-Kommission hat, so viel ist unbestritten, Engagementdiskurs und Engagementpolitik systematisiert und dynamisiert. Das belegt die Bilanz umgesetzter Handlungsempfehlungen (Deutscher Bundestag 2005; Presse- und Informationsamt der Bundesregierung 2005). Das belegen auch die direkten und indirekten institutionellen Folgen der Enquête-Kommission: das Bundesnetzwerk Bürgerschaftliches Engagement, als 2002 gegründetes nationales zivilgesellschaftliches Netzwerk eine der zentralen Empfehlungen der Enquête und mittlerweile als einer der wichtigsten Protagonisten einer Engagementpolitik in Deutschland etabliert; der Unterausschuss Bürgerschaftliches Engagement, der im Deutschen Bundestag die engagementpolitische Agenda weiterbewegt; auch der Arbeitskreis „Bürgergesellschaft und Aktivierender Staat" unter dem Dach der Friedrich-

Ebert-Stiftung, der seit 2001 maßgebliche Expertinnen und Experten des bürgerschaftlichen Engagements zusammenbringt und sowohl Engagementpolitik als auch engagementrelevante politische Entwicklungen begleitet, reflektiert und kommentiert; nicht zuletzt das ambitionierte Projekt einer Nationalen Engagementstrategie, die das Bundesministerium für Familie, Senioren, Frauen und Jugend unter breiter Beteiligung von Aktivisten, Förderern und Begleitern des bürgerschaftlichen Engagements in der 17. Legislaturperiode entwickeln und umsetzen will.

Allerdings bedeuten diese institutionellen Meilensteine noch nicht, dass die Engagementpolitik auf Bundesebene sich notwendig von alleine auf der richtigen Spur bewegt. Nach wie vor gibt es häufig begriffliche Verwirrung und damit verbunden auch politische Steuerungsprobleme. So bleibt festzuhalten,

> „dass der ‚große Durchbruch' des Projekts Bürgergesellschaft bislang nicht gelungen ist. Allerdings muss die Nachfrage erlaubt sein, was hieran überraschend sein soll. Hatte irgendjemand erwartet, dass in einem Land, in dem das staatsfixierte Denken eine lange Tradition hat, […] das Projekt Bürgergesellschaft vehement vorangetrieben würde? […] Überraschend ist vielmehr der Sachverhalt, dass sich unterhalb der Ebene großer politischer Entwürfe und programmatischer Absichtserklärungen [in Bund, Ländern und Kommunen] eine engagementpolitische Agenda herauszubilden beginnt, die es gerechtfertigt erscheinen lässt, von Engagementpolitik als einem sich neu konstituierenden Politikfeld zu sprechen. […] [Es] war nicht absehbar, dass es gelingen würde, engagementpolitische Anliegen und Vorhaben sowohl im politischen Tagesgeschäft als auch im politischen Institutionensystem erstaunlich stabil zu […] verfestigen." (Olk 2007)

So gibt es also Licht und Schatten. Während sich für die Jahre 2002–2005, der zweiten Amtszeit der Regierung Schröder, noch mit einiger kontrafaktischer Entschlossenheit am Prinzip Hoffnung festhalten ließ, bedeutete die Große Koalition zunächst – jedenfalls in den Jahren bis 2007 – große Enttäuschung. Die „Initiative ZivilEngagement", die Bundesfamilienministerin von der Leyen im Sommer 2007 ausrief, hingegen bedeutete eine Trendwende, mit der die Engagementpolitik bis heute wirkungsvoll auf der politischen Agenda platziert wurde (Lang 2009). Man darf allerdings bezweifeln, ob der umfassende demokratiepolitische Anspruch des Projekts Bürgergesellschaft im Profil der Engagementpolitik aufgehoben ist. Der Eindruck ist eher, dass mit dem Projekt einer Nationalen Engagementstrategie eine Fachpolitik eigenen Rechts in der Entstehung begriffen ist. Auch dies wäre indes ein nicht gering zu schätzender Fortschritt; wichtig ist allerdings, dass die zivilgesellschaftlichen Akteure wachsam bleiben für die damit verbundenen Risiken und Nebenwirkungen.

Ein etwas genauerer Blick auf die Zeit nach der Enquête-Kommission offenbart folgende Analyse:

Die Legislaturperiode 2002–2005: das Prinzip Hoffnung

Bundeskanzler Schröder selbst hatte in einem damals viel beachteten Artikel Anlass zu engagementpolitischer Hoffnung gegeben. Er hatte schon im Frühjahr 2000 unter dem Titel „Die zivile Bürgergesellschaft" (Schröder 2000) in einem Grundsatzbeitrag „Anregungen zu einer Neubestimmung der Aufgaben von Staat und Gesellschaft" vorgelegt. Darin hatte er unter anderem gegen den damaligen Trend, die Politik für ohnmächtig zu erklären, für eine Rückkehr der Politik geworben – in einer sehr spezifisch modernisierten Gestalt, die die Zivilgesellschaft als eine Modernisierungsinstanz eigenen Rechts neben Markt und Staat setzt:

„Allerdings muss die Politik sich auf ihre zentralen Aufgaben besinnen. Und die lauten nicht nur, den geschäftlichen und sozialen Verkehr durch Recht und Gesetz zu regeln, sondern auch [...] ein gesellschaftliches Projekt zu entwickeln: Wie wollen, wie sollen wir in Zukunft Gerechtigkeit und Beteiligung, Solidarität und Innovation erreichen, wie gestalten wir eine lebenswerte Gesellschaft, die nicht ausgrenzt und in der die Fähigkeiten aller am besten zur Geltung kommen? Wie die Initiative fördern, die Schwachen schützen und die Stärkeren zu ihrem Beitrag ermuntern? Dies sind die Fragen, vor deren Hintergrund wir die aktuellen Überlegungen um eine grundsätzliche Stärkung und Erneuerung der Zivilgesellschaft diskutieren sollten." (Schröder 2000: 186)

Auch im Koalitionsvertrag war das Leitbild Bürgergesellschaft im Prinzip präsent und der Horizont einer Engagementpolitik umrissen, wenngleich in ihren reform- und fachpolitischen Implikationen weithin unterbestimmt.

Kurz: Sowohl rhetorisch als auch programmatisch war der Weg bereitet, die Bürgergesellschaft als Medium und Partner der Reformpolitik der Bundesregierung zu wählen und deren Stärkung zum roten Faden des Regierungshandelns zu machen. So schienen jedenfalls nennenswerte Teile der rot-grünen Bundesregierung 2002 auf dem Weg zu einer systematischen Engagementpolitik. Umso enttäuschter waren selbst die wohlmeinendsten Beobachterinnen und Beobachter, als mit der „Agenda 2010" nur wenige Monate später dieses engagementpolitisch intonierte „gesellschaftliche Projekt" unversehens hinter andere politische Prioritäten zurückfiel. In der Arbeitsmarkt- und Sozialpolitik etwa war auch unter engagementpolitischen Aspekten unmittelbar eine Kursänderung erkennbar, weil zum Beispiel die Chance auf eine produktive Verknüpfung von Engagement, Arbeitsförderung und Erwerbsarbeit völlig ungenutzt blieb.

Engagementpolitik der Großen Koalition: Licht und Schatten

Mit der Engagementpolitik der Großen Koalition drohte zunächst ein Rückfall in den Ehrenamtsdiskurs der 1990er Jahre. Es gab zwar wichtige Maßnahmen zur Förderung des individuellen Engagements – etwa die Novelle des Gemeinnützigkeits- und Spendenrechts oder das 2005 aufgelegte Programm „Generationsübergreifende Freiwilligendienste". Eine engagementpolitische Gestaltungs- oder gar eine bürgergesellschaftliche Leitidee indes war nicht zu erkennen. Vielmehr atmeten Koalitionsvertrag und Regierungserklärung einen anderen Geist. Das Programm der Mehrgenerationenhäuser etwa war prominent platziert: Mehrgenerationenhäuser sollten „Engagement generieren". Ob und in welchem Sinne jedoch die quasi-familiale und familiensubstitutive Gemeinschaft eines häuslichen Lebenszusammenhangs, wie sie das Konzept der Mehrgenerationenhäuser nahe legt, als Bürgergesellschaft in einem engagementpolitisch anspruchsvollen Sinne gelten kann, ist jedenfalls eine Diskussion wert. Im besten Falle wird hier gesellschaftliche Solidarität erzeugt und erhalten – fraglos ein verdienstvoller Beitrag. Demokratiepolitisch relevante Beteiligungsideen aber sind in der Idee der „Mehrgenerationenhäuser" nicht enthalten. So stand die Engagementpolitik in der Legislaturperiode 2005 ff. gewissermaßen auf einem Bein – das zweite, beteiligungs- und demokratiepolitische Standbein einer bürgergesellschaftlich ambitionierten Engagementpolitik hingegen fehlte. Und ließe man sich darauf ein, diese Hälfte als Ganzes eigenen Rechts gelten zu lassen, nähme man eine verhängnisvolle Verkürzung des Konzepts in Kauf. Bürgergesellschaft ist immer (mindestens) zweierlei – Solidarität *und* Partizipation, Hilfe für andere *und* Einmischung in die eigenen Angelegenheiten, gesellschaftlicher Zusammenhalt *und* lebendige Demokratie. Der demokratiepolitische Aspekt der res publica schien jedoch im bürgerschaftlichen Engagement einstweilen suspendiert – in engagementpolitischen Orientierungen gesprochen: Hier ließ man sich eher vom Geist der Ehrenamtsförderung als dem Ziel der Stärkung der Bürgergesellschaft leiten.

Diese besorgte Lesart wurde gestützt durch ergänzende Impressionen etwa aus der ersten Regierungserklärung von Bundeskanzlerin Merkel vom 30. November 2005: „Freiheit wagen" – ein Leitmotiv nicht nur dieser Rede – wird hier näher bestimmt in Kategorien von „Wachstumsbremsen lösen" und „von Bürokratie und altbackenen Verordnungen befreien" (Merkel 2005: 3 f.). Die Bürgergesellschaft taucht unterdessen – deutlich später – in folgendem Kontext auf:

> „Das ehrenamtliche Engagement ist ein unersetzbarer Bestandteil dieser Bürgergesellschaft. Wo immer es geht, wollen wir dieses ehrenamtliche Engagement stärken. Genau das, was viele Menschen in ungezählten Kultur-, Musik- und Gesangvereinen in ihrer Freizeit tun, hält unsere Gesellschaft zusammen. Bei allen Rechtsansprüchen, die wir uns durch Gesetze setzen, müssen wir immer bedenken, dass noch ausreichend Spielraum genau für dieses ehrenamtliche Engagement bleibt." (Merkel 2005: 9)

So sind Markt und Staat im Zeichen der Freiheit prominent platziert, und auch in unserer ehrenamtlichen (sic!) Freizeit dürfen wir beim munteren Singen und Musizieren auf mehr Freiheit hoffen. Die Bürgergesellschaft in einem reform- und demokratiepolitisch anspruchsvollen Sinn aber hat in dieser Modernisierungsrhetorik keinen Ort. Die ersten programmatischen Lebensäußerungen der ersten Merkel-Regierung boten in diesem Sinne wenig Anlass zu der Hoffnung. Die Absichtserklärungen richteten sich überwiegend auf Maßnahmen zur Förderung des individuellen bürgerschaftlichen Engagements, nicht aber auf strukturpolitische Weichenstellungen zugunsten einer systematischen Förderung von Infrastruktur für Engagement, Beteiligungsorientierung von staatlichen Verwaltungen, Erweiterungen bürgergesellschaftlicher Partizipationschancen etc.

Im August 2007 überraschte Familienministerin von der Leyen die zivilgesellschaftliche Öffentlichkeit dann aber mit einem neuen, breit angelegten Politikprogramm zur Förderung des bürgerschaftlichen Engagements und zur Stärkung der Zivilgesellschaft: die *Initiative ZivilEngagement*. Als Auftakt legte sie ein 6-Punkte-Programm vor, das Aktivitäten in sechs verschiedenen Feldern in Aussicht stellte: den Ausbau der Freiwilligendienste, eine Kampagne zur Stärkung der Anerkennungskultur, die Förderung von Infrastruktureinrichtungen, die Zugänge ins Engagement schaffen, die Öffnung des Engagements für Menschen mit Migrationshintergrund, die Einbeziehung von Unternehmen als aktive Partner der Bürgergesellschaft sowie besondere Maßnahmen zur Förderung von Engagement und Zivilgesellschaft in Ostdeutschland (BMFSFJ 2007).

Dieses Programm leitete die engagementpolitische Trendwende für die Legislaturperiode 2005 ff. ein. Eine Chance für die Engagementpolitik war die Initiative ZivilEngagement schon insofern, als das zuvor eher randständige Thema wieder in den Mittelpunkt der Ressortpolitik rückte. Ob diese Initiative engagementpolitischen Aufbruch bedeutet, entscheidet sich indes nicht allein an der Programmatik, sondern auch und vor allem an der praktischen Implementierung. Glaubwürdige und wirksame Engagementpolitik erfordert partizipative Politikformulierung und -umsetzung – ein Anspruch, den man jedenfalls im Frühjahr 2009 mit der Einberufung eines Nationalen Forums für Engagement und Partizipation, das die Bundesregierung bei Formulierung und Umsetzung der Engagementstrategie beraten und begleiten soll, eindrucksvoll aufgenommen hat. Die jetzt begonnene neue Legislaturperiode, in der die Nationale Engagementstrategie Gestalt gewinnen soll, wird zeigen, wie ernst die Absicht des angekündigten „Zusammenwirkens mit nichtstaatlichen Akteuren" genommen werden darf. Die Anfänge sind durchaus viel versprechend. Wie weit sie führen, wird sich nicht zuletzt daran entscheiden, ob die zivilgesellschaftlichen Akteure der Versuchung widerstehen, die angebotene Mitwirkung bei der Gestaltung der Rahmenbedingungen für bürgerschaftliches Engagement schon für umfassende Beteiligungschancen und beteiligungsorientierte Politik hält und damit Gefahr läuft, an der eigenen freiwilligen Selbstbegrenzung mitzuwirken (Evers 2007). Engagement und Beteiligung bewähren sich dann und nur dann, wenn sie auch in Bereichen stattfinden, in denen sie nicht „willkommen" sind. Die Neugestaltung der globalen Finanzmärkte wäre dabei nicht minder ein Thema als die Frage der Finanzierung von Engagementinfrastruktur,

Steuerpolitik nicht minder als die Abzugsfähigkeit von Spenden, Datenschutz in der digitalen Welt nicht minder als die „Informationsbedarfe der Bürgergesellschaft", auf die ein Web 2.0-Portal für Engagement antwortet. Die Zivilgesellschaft hat a priori ein politisches Mandat für Fragen, die sehr viel weitergehender sind als die Verhandlung ihrer eigenen „Arbeitsbedingungen".

Es sollte deutlich geworden sein, dass – im Falle der Engagementpolitik nicht anders als in allen anderen Politikfeldern – die normative Orientierung bei der Politikformulierung entscheidet. Eine Politik zur Förderung des Ehrenamts ist eine andere als eine Politik, die dem Leitbild Bürgergesellschaft verpflichtet ist. Die eine wie die andere wird sich Engagementpolitik nennen, und die eine wie die andere hat erhebliche Konsequenzen für die Gestaltung der Rahmenbedingungen für Bürgerinnen und Bürger, die sich „in die eigenen Angelegenheiten einmischen".

Literatur

Bürsch, Michael 2006: Leitbild lebendige Bürgergesellschaft. Plädoyer für einen neuen Gesellschaftsvertrag zwischen Staat, Wirtschaft und Zivilgesellschaft. In: Betrifft Bürgergesellschaft, Heft 01. Schriftenreihe des Arbeitskreises Bürgergesellschaft und Aktivierender Staat der Friedrich-Ebert-Stiftung.

Bundesministerium für Familie, Senioren, Frauen und Jugend (BMFSFJ) 2007: Initiative ZivilEngagement. Online unter: <http://www.initiative-zivilengagement.de/die-initiative/die-idee/artikel/37/initiative-zivilengagement-investiert-in-buergerinnen-und-buerger.html>.

Deutscher Bundestag 1996: Bedeutung ehrenamtlicher Tätigkeit für unsere Gesellschaft. Antwort der Bundesregierung auf die Große Anfrage der Fraktion der CDU/CSU und der Fraktion der F.D.P. Drucksache 13/5674 vom 01.10.96.

Deutscher Bundestag 2005: Bericht über die Arbeit des Unterausschusses „Bürgerschaftliches Engagement" (Berichtszeitraum Mai 2003 bis Juni 2005). UA-Drucksache 15/090 vom 16.06.2005.

Embacher, Serge/Lang, Susanne 2008: Lern- und Arbeitsbuch Bürgergesellschaft. Bonn.

Enquête-Kommission 2002: Bürgerschaftliches Engagement – auf dem Weg in eine zukunftsfähige Bürgergesellschaft. Enquête-Kommission 'Zukunft des bürgerschaftlichen Engagements' des Deutschen Bundestages. Schriftenreihe Band 4. Opladen.

Evers, Adalbert 2007: Dabei sein ist alles? Wie die Bürgergesellschaft Eingang in Politik und Sozialstaat findet. In: Forschungsjournal Neue Soziale Bewegungen. Nr. 2/2007: 48–54.

Lang, Susanne 2009: Und sie bewegt sich doch ... – eine Dekade Engagementpolitik auf Bundesebene. In: Olk, Thomas/Klein, Ansgar/Hartnuß, Birger (Hrsg.). Engagementpolitik. Die Entwicklung der Zivilgesellschaft als politische Aufgabe. Wiesbaden: 329–351.

Merkel, Angela 2005: Regierungserklärung vom 30.11.2005. Online unter: <http://www.bundesregierung.de/nn_1502/Content/DE/Regierungserklaerung/2005/11/2005-11-30-regierungserklaerung-von-bundeskanzlerin-angela-merkel.html> (Stand: 28.05.2007).

Olk, Thomas 2007: Hat sich Engagementpolitik etabliert? In: In: Forschungsjournal Neue Soziale Bewegungen. Nr. 2/2007: 15–26.

Presse- und Informationsamt der Bundesregierung 2005: Ehrensache – Bürgerschaftliches Engagement in Deutschland. Berlin.
Rosenbladt, Bernhard von 2000: Freiwilliges Engagement in Deutschland – Freiwilligensurvey 1999. Ergebnisse der Repräsentativerhebung zu Ehrenamt, Freiwilligenarbeit und bürgerschaftlichem Engagement. Bd. 1: Gesamtbericht. Hrsg. v. Bundesministerium für Familie, Senioren, Frauen und Jugend. Stuttgart.
Roth, Roland 2000: Bürgerschaftliches Engagement – Formen, Bedingungen, Perspektiven. In: Zimmer, Annette/Nährlich, Stefan (Hrsg.): Engagierte Bürgerschaft. Traditionen und Perspektiven. Bürgerschaftliches Engagement und Non-Profit-Sektor. Bd. 1. Opladen: 25–48.
Schröder, Gerhard 2000: Die zivile Bürgergesellschaft. Zur Neubestimmung der Aufgaben von Staat und Gesellschaft. In: Neue Gesellschaft/Frankfurter Hefte. Nr. 4/2000.

Markus Held

Engagementpolitik in Europa

Engagementpolitik ist nicht nur auf lokaler, regionaler und nationaler Ebene ein sich konstituierendes Politikfeld: Auch die Institutionen der Europäischen Union haben sie für sich entdeckt, wenn auch nicht systematisch und schon gar nicht unter diesem Titel. Innerhalb des letzten Jahrzehnts hat die EU aber ein Mosaik an Maßnahmen auf den Weg gebracht, die getrost als Teil einer Engagementpolitik betrachtet werden können: Die Förderung der organisierten Zivilgesellschaft und des „Zivilen Dialogs" sowie des freiwilligen Engagements der Europäerinnen und Europäer[1] nehmen v. a. seit den späten 1990er Jahren auf der politischen Agenda einen festen Platz ein. So gehört es für die Kommission mittlerweile zum guten Ton, Organisationen der Zivilgesellschaft aber auch die Bürgerinnen selbst an ihren Entscheidungen, zumindest auf dem Papier, mitwirken zu lassen. Verschiedene Aktionsprogramme zur Förderung einer „Aktiven Europäischen Bürgerschaft" haben sich dazu gesellt und sollen freiwilliges Engagement der Europäerinnen fördern und es mit dem Gedanken der europäischen Integration verknüpfen. Wie lässt sich dieses gesteigerte Interesse der EU an der Zivilgesellschaft und Aktiver Bürgerschaft erklären? Passt das Vokabular bürgerschaftlichen Engagements tatsächlich nicht so recht in die staatlich administrative Kultur der EU wie Anheier/Toepler (2002: 51) feststellen? Dieser Artikel gibt einen Überblick über die Aktivitäten der EU in diesem Bereich und stellt zentrale Konzepte vor, die im EU-Jargon verwendet werden.

Historischer Abriss

Zwei Bereiche einer Engagementpolitik sollen hier beleuchtet werden: Der Umgang der EU mit ihrer Zivilgesellschaft und die Förderung freiwilligen Engagements. Bei der Auswahl dieser beiden Bereiche, die eng verknüpft aber nicht deckungsgleich sind, folgt der Autor der Argumentation von Sachße (in Freise 2008b: 36), wonach die Organisationen der Zivilgesellschaft die „soziale Infrastruktur" für das freiwillige Engagement und bürgerschaftliche Partizipation seien. Dies deckt sich mit Tocquevilles Beobachtung, zivilgesellschaftliche Organisationen und freiwillig Engagierte seien schlechthin die Eckpfeiler der Demokratie (in Anheier/Salamon 1999: 49).

---

1 Im Folgenden werde ich die männliche und weibliche Schriftweise der Namen abwechselnd und innerhalb von Absätzen einheitlich wiedergeben, um die Wiederholung beider Formen oder aber die m.E. unschöne Verwendung von Großbuchstaben oder Schrägstrichen zur Kennzeichnung beider Geschlechter zu vermeiden.

Zunächst einmal hatten die Gründungsväter des heute als Europäische Union bekannten Gebildes jedoch wenig für beide Bereiche übrig. Einmal abgesehen von einer ersten zaghafte Erwähnung der Rolle der Zivilgesellschaft im Rahmen der sich etablierenden europäischen Entwicklungshilfe Mitte der 1970er Jahre, herrschte bis weit in die 1990er Jahre die Überzeugung vor, die europäische Integration sei vor allem auf Regierungs- oder „Eliten"-ebene voranzutreiben (Armstrong 2002: 103): Solange es wirtschaftlich in der EU aufwärts gehe und Frieden vorherrsche, so die Argumentation, sei das Einigungsprojekt hinreichend attraktiv ohne dass die Beteiligung der Bürger am Einigungsprozess eine besondere Berücksichtigung erfordere. Dieser „permissive consensus", also eine Art stillschweigendes Einverständnis oder passives Wohlwollen der Bürger ohne allzu viel direkte Einmischung in die Angelegenheiten der EU (siehe u. a. Scheingold in Knodt/Finke 2005: 11) konnte bis in die 1990er Jahr hinein beobachtet werden.

Historischer Abriss zur EU[2]

1951 und 1957	Verträge von Paris und Rom: 6 Gründerstaaten der Europäischen Gemeinschaften (EG)
1979	Europäisches Parlament zum ersten Mal direkt gewählt
1986	Einheitliche Europäische Akte zur Vervollständigung des Europäischen Binnenmarktes
1992	Vertrag von Maastricht zur Europäischen Union
1997	Vertrag von Amsterdam
2001	Vertrag von Nizza und Grundrechtecharta der EU
2004 und 2007	Nach Erweiterungen der EU zu Mittel- und Osteuropa zählt die EU 27 Mitgliedstaaten
2005	Scheitern des Europäischen Verfassungsvertrages
2007	Vertrag von Lissabon, Ratifizierung offen

Erste Erwähnungen engagementpolitisch relevanter Maßnahmen kommen aus dem Europäischen Parlament. Es ruft 1983 dazu auf, freiwilligen Tätigkeiten mehr Aufmerksamkeit zu schenken, den Aufbau einer Infrastruktur des freiwilligen Engagements zu fördern, es bei politischen Maßnahmen auf europäischer Ebene systematisch zu berücksichtigen sowie einen europäischen Freiwilligenstatus zu schaffen (Europäisches Parlament 1983). Im selben Impetus lancierte es kurz darauf 1984 die Initiative für einen rechtlichen Status des „Europäischen Vereins": Dem Engagement von Bürgerinnen in transnational agierenden bzw. vernetzten Organisationen sollte eine europäische Dimension verliehen werden. Europäische Vereine seien Orte, an denen sich engagierte Bürgerinnen und Bürger europäischer Themen bewusst werden, gegenseitiges Verständnis fördern und sozusagen „euro-

---

2 Es sind jeweils die Jahre der Unterzeichnung der Verträge angegeben.

päisch sozialisiert" werden, was ein wesentlicher Baustein hin zu einer „Aktiven Europäischen Bürgerschaft sei (Europäisches Parlament 1993).

Allerdings verhallten diese Forderungen zunächst einmal. Das Europäische Parlament hatte ja zu jenem Zeitpunkt noch recht beschränkte Machtbefugnisse und die allein mit dem Initiativrecht ausgestattete Europäische Kommission hatte in den 1980er Jahren mit ihrer Einheitlichen Europäischen Akte, also der Vollendung des europäischen Binnenmarktes, andere Prioritäten.

Die Geburt der „European Governance" – ziviler Dialog als Mittel gegen das „demokratische Defizit"?

Maastricht läutet dann jedoch eine neue Phase ein: Die „Europäischen Union", eine gemeinsame Währung und eine „Unionsbürgerschaft" werden geschaffen und geben dem Integrationsprozesses eine neue „institutionellen Leitidee" weg vom gemeinsamen Binnenmarkt hin zu einer politischen Einheit (Wasner 2005: 130). Der signifikante Zuwachs an Kompetenzen für die EU war allerdings flankiert von einem zunächst schleichenden, später rasant zunehmenden Ansichtsverlust des europäischen Einigungsprozesses: Zuerst schreckten die ersten negativen Referenden zu den Verträgen Europa auf. Dann sanken die Wahlbeteiligung an den Europawahlen (zuletzt unter 50%) und die Zustimmung zur EU selbst in den Gründungsnationen Niederlande, Italien und Deutschland auf nie dagewesene Werte (Hix 2008). Dieses Phänomen eines objektiven Machtzuwachses bei gleichzeitig abnehmender öffentlicher Zustimmung wurde über die Jahre als „demokratisches Defizit" der EU bekannt. Verschiedene Maßnahmen wurden in der Folge ergriffen, dem zu begegnen: Einerseits wurden die Instrumente der repräsentativen Demokratie gestärkt (das Parlament ist die einzige Institution, die über die Jahre hinweg stetig an Einfluss gewann). Jedoch schien dies alleine nicht die „gefühlte" Ferne der Bürger von der EU und ihren Entscheidungsprozessen maßgeblich zu reduzieren (De Schutter 2002 und Armstrong 2002). Und so hielt auch in der EU Einzug, was Friedrich (2008: 69) den „democracy mix" nennt, nämlich die Ergänzung repräsentativer Elemente der Demokratie mit partizipativen und deliberativen Instrumenten. Mit anderen Worten: Die Institutionen der EU suchten nach Wegen, ihre Legitimation zu steigern und mehr Akzeptanz bei Ihren Bürgern zu erreichen: Der Begriff der „governance" wird geboren und die Zivilgesellschaft als Partizipationsort und Identifikationsfläche rückt ins Fadenkreuz der EU (Freise 2008a/2008b; Armstrong 2002).

Zunächst entwickelt sich in der Sozialpolitik ein reger Austausch zwischen der Kommission und europäischen NGO-Netzwerken, im Rahmen dessen zum ersten Mal Mitte der 1990er Jahre der Begriff des Zivilen Dialogs geprägt wird und die Kommission direkt europäische NGO-Netzwerke zu fördern beginnt, die sie als privilegierte Dialogpartner betrachtet.

In der Folge stellt die Europäische Kommission die Rolle gemeinnütziger Vereine und Stiftungen in Europa heraus (Europäische Kommission 1997), legt ein Diskussionspapier über eine „partnerschaftliche Zusammenarbeit" mit Nichtregierungsorganisationen vor (Europäische Kommission 2000), und veröffentlicht ein Weißbuch zum Europäischen Regieren (Europäische Kommission 2001a) sowie Mindeststandards für eine „verstärkte Kultur der Konsultation und des Dialogs" (Europäische Kommission 2002). Tenor dieser Texte ist, dass zivilgesellschaftliche Organisationen das Bewusstsein einer „Europabürgerschaft" fördern können und dass Europäisches Regieren durch ihre Beteiligung an Qualität gewinnt. Freise (2008a) zeigt trefflich, dass sich die EU da wohl mit der Zivilgesellschaft eine „eierlegende Wollmilchsau" wünscht, die der EU bei ihrem Kampf gegen das Demokratiedefizit als Alliierte zur Seite steht, als Sprachrohr engagierter Bürgerinnen und benachteiligter sozialer Gruppen zu Entscheidungsprozessen gehört wird, Expertenwissen bereithält und als „Schule der Demokratie" darüber hinaus Europäerinnen direkt in die Debatten um EU-Politik einbezieht. Heinrich (2008: 60) spricht gar davon, die Kommission möchte die Schaffung einer europäischen Identität und eines Bürgersinns an die Organisationen der Zivilgesellschaft „outsourcen".

Parallel hierzu haben sich in der Tat in Brüssel zivilgesellschaftliche Akteure – sei es als Zusammenschlüsse nationaler Netzwerke aus verschiedenen Ländern, sei es als Europabüros nationaler Verbände – seit den 1990er Jahren rasant vermehrt (siehe u. a. Greenwood 2007; Held 2003). Vor allem im Sozialbereich mit der „Social Platform" und ihren über 40 Mitgliedsorganisationen, in der Handelspolitik, in der Entwicklungshilfe und in der Umweltpolitik haben die Institutionen auf Basis der oben genannten Dokumente Dialogprozesse entwickelt und fördern aktiv die Beteiligung und Einbeziehung der Netzwerke über Konsultationen, Dialogforen und regelmäßigen Informationsaustausch. In den meisten Fällen werden eigene Fördertöpfe bereitgestellt, um diese Netzwerke zu befähigen, zumindest einen Teil der oben genannten Rollen zu übernehmen. Einen ersten Höhepunkt nahmen die Dialogprozesse wohl in den beiden Konventen, die 1999/2000 und 2002/2003 die Europäische Grundrechtecharta und den ersten Entwurf für eine Europäische Verfassung erarbeitet haben, und zu denen zumindest in den ersten Phasen Organisationen der Zivilgesellschaft gezielt beitragen konnten – ein Novum bei europäischen Vertragsverhandlungen.

Wichtigste Etappen Europäischer Engagementpolitik

1983 und 1984	Das Europäische Parlament fordert rechtlichen Status für freiwillig Engagierte und den „Europäischen Verein".
1996	Europäisches Sozialforum: Ziviler Dialog erstmals genannt
1997	Erklärung 38 zum Vertrag von Amsterdam; Kommissionspapier zur Förderung von Vereinen in Europa
1998	Pilotprojekt Europäischer Freiwilligendienst
1999	EWSA zur Rolle der organisierten Zivilgesellschaft

2000	Kommission zur partnerschaftlichen Zusammenarbeit mit Nichtregierungsorganisationen
2001	Weißbücher der Kommission zum Europäischen Regieren und zur Jugendpolitik; Einrichtung der OMK im Jugendbereich
2002	Kommission zu Mindeststandards für Konsultationen
2006	CEV Manifest für Freiwilliges Engagement in Europa; Einsetzung einer Arbeitsgruppe im Europäischen Parlament; EWSA Bericht zur Rolle des freiwilligen Engagements in Europa
2007	Neue Generation der Aktionsprogramme „Jugend in Aktion" und „Europa für die Bürgerinnen und Bürger"; Vertrag von Lissabon; erste AGORA des Europäischen Parlamentes
2008	Europäisches Parlament: Harkin-Bericht (Plan V) und Schriftliche Erklärung zum Europäischen Jahr des freiwilligen Engagements 2011;
2009	Europäisches Parlament: Bericht zur Ausgestaltung des Zivilen Dialog nach dem Vertrag von Lissabon;
2009	Kommission schlägt Europäisches Jahr der Freiwilligentätigkeiten 2011 vor.

Eine einheitliche Definition dieses Zivilen Dialogs oder festgelegte Regeln gibt es allerdings bis zum heutigen Tage nicht. Beim Ministerrat beispielsweise sind Verlautbarungen über einen Zivilen Dialog noch weitgehend Fehlanzeige. Nicht zuletzt deshalb wird von verschiedenen Seiten Kritik laut: Von den Netzwerken der organisierten Zivilgesellschaft wird bemängelt, dass sie immer noch zu sehr vom „grace and favour" der Institutionen abhingen und keine einklagbaren Rechte besäßen (Friedrich 2008: 77). Die Partizipation der Zivilgesellschaft sei darüber hinaus lediglich auf Konsultationen reduziert, in denen die konsultierten Parteien keinerlei Einfluss darauf hätten, worüber sie konsultiert werden und wie die Kommission mit den jeweiligen Beiträgen verfährt. Darüber hinaus wird in Frage gestellt, inwiefern die von der Kommission geförderten europäischen Netzwerke überhaupt die in sie gesetzten Erwartungen erfüllen können: Sie seien selbst zu weit von den Europäern entfernt, um die Lücke zu Ihnen zu schließen (Armstrong 2002). Sie könnten mit der Basis, den Vertretern der Realität vor Ort, gar kein „intimate face to face" herstellen (Rose 2006: 4). Smismans (2003: 484) kritisiert, dass die EU-Institutionen die Zivilgesellschaft für ihre „institutionellen Eigeninteressen" instrumentalisieren ohne jedoch ihrer Beteiligung auf EU-Ebene oder ihrem Bestand einen rechtlichen Status zu geben. Der Zivile Dialog laufe daher Gefahr, als „demokratisches Feigenblatt" der oben genannten Elitendemokratie zu dienen (Freise 2008b: 15).

Trotz aller Kritik hat das Thema des Zivilen Dialogs und der Förderung des Engagements in zivilgesellschaftlichen Organisationen auf europäischer Ebene in den letzten Jahren an Fahrt gewonnen. Mit dem Vertrag von Lissabon, sollte er ratifiziert werden, bekäme der „offene, transparente und regelmäßige Dialog mit den repräsentativen Verbänden und der Zivilgesellschaft" sogar Vertragsrang (Europäische Union 2007, Artikel 8b). Auch das Europäische Parlament hat jüngst nach langjährigem Zögern den Zivilen Dialog für sich entdeckt: Seit 2007 wurden zwei unter dem Namen AGORA bekannt gewordene Dialogforen mit der Zivilgesellschaft organisiert. Anfang 2009 wurde mit großer Mehrheit eine Entschließung verabschiedet, mit der das Parlament einheitliche und für alle Institutionen geltende Regeln für den Zivilen Dialog vorschlägt und den Organisationen der Zivilgesellschaft einen entsprechenden Status verleihen will (Europäisches Parlament 2009).

Freiwilliges Engagement als Ausdruck einer „Aktiven Europäischen Bürgerschaft"?

Parallel mit der gestiegenen Aufmerksamkeit gegenüber der organisierten Zivilgesellschaft etabliert sich auch freiwilliges Engagement auf der Handlungsagenda der EU. Hat die EU also den Vorwurf aufgenommen, sie fördere die Professionalisierung der Zivilgesellschaft ohne eine entsprechende Mobilisierung des Terrains? (Heinrich 2008,: 60)

Nach einer Flaute in den 1990er Jahren findet freiwilliges Engagement zum ersten Mal 1997 im Vertrag von Amsterdam Erwähnung, der freiwilligen Diensten in Europa einen wichtigen Beitrag zur Entwicklung der europäischen Solidarität zuerkennt und größere Förderung seitens der EU in diesem Bereich zusagt (Europäische Union 1997, Erklärung 38). Tatsächlich wird Ende der 1990er Jahre mit dem Europäischen Freiwilligendienst (EFD) das erste Pilotprogramm der EU eingerichtet, das das freiwillige Engagement von jungen Europäerinnen in anderen (zunächst nur europäischen) Ländern fördert. Seither ist das Programm mehrfach verlängert und in der aktuellen Programmperiode 2007 bis 2013 erheblich ausgeweitet worden: So können sich die jungen Freiwilligen nun auch weltweit engagieren und sich seit 2007 mit dem „Youthpass" ihre Lernerfahrung im Rahmen des Dienstes anerkennen lassen. Zwar ist das Programm mit seinen ca. 4.000 europäischen Freiwilligen jährlich noch eher symbolischer Natur. Man kann ihm aber zugutehalten, dass es eine Art Pionierfunktion hatte und in seiner Folge auch anderen Bereichen der Engagementförderung Aufmerksamkeit zuteilwurde.

Zunächst blieb die Förderung freiwilligen Engagements auf den Jugendbereich beschränkt. Im Zuge der oben erwähnten aufkeimenden Debatte über „Europäisches Regieren" hat die EU 2001 in einem Weißbuch zur Jugendpolitik (Europäische Kommission 2001b) Maßnahmen zur Förderung von Partizipation von Jugendlichen gefordert. Als wichtige Neuerung und nicht zuletzt dem Vorwurf begegnend, die Europäischen Institutionen sprächen allein mit den europäischen Organisationen der Zivilgesellschaft, führt dieses Weißbuch die „Offene Methode der Koordinierung" (OMK) in der Jugendpolitik ein. Die OMK ist ein Kooperationsmechanismus, über den nationale Regierungen in einem Politikbereich ihre Maßnahmen vergleichen und (im Idealfall) von ihren jeweiligen Erfahrungen gegenseitig profitieren. Ein Schwerpunkt der OMK in der Jugendpolitik ist die Förderung der „Freiwilligenarbeit von Jugendlichen" und eine aktive Beteiligung von nationalen Jugend- und Freiwilligenorganisationen bei der Bestandsaufnahme und der Überprüfung nationaler Politik in diesem Bereich. Auch wenn das Europäische Jugendforum der Methode bisher eher mäßigen Erfolg bescheinigt (Europäisches Jugendform 2006), so könnte die OMK im Jugendbereich speziell zur Freiwilligenpolitik durchaus als Modell für eine Kooperation der Mitgliedstaaten im Rahmen einer Engagementpolitik im weiteren Sinne dienen.

Neben der Jugendpolitik hat sich seit 2004 die Debatte um die Unionsbürgerschaft als zweiter Hauptpfeiler für eine Engagementpolitik der EU etabliert. Die EU hat alarmiert zur Kenntnis genommen, dass nur 53 % der EU-Bürgerinnen sich zu einem gewissen Grad europäisch fühlen, und 44 % sich sich nur mit ihrer Nationalität identifizieren (vgl. Nissen 2004). Eine Eurobarometerumfrage (Europäische Kommission 2008) zeigt, dass zwar 75 % den Begriff „Unionsbürgerschaft" kennen (22 % haben noch nie davon gehört); allerdings nur 41 % wissen, was darunter zu verstehen sei und nur 18 % können ihre Rechte auf einer Liste wiederfinden und richtig identifizieren. Besson und Utzinger (2007: 574) sprechen gar von der Unionsbürgerschaft in ihrer derzeitigen Form als „leerer Hülse".

Mit dem 2004 eingerichteten und für die Periode 2007 bis 2013 weiterentwickelten „Aktionsprogramm Europa für die Bürgerinnen und Bürger" hat sich die EU nun daran gemacht, diese Hülse auszufüllen (Europäisches Parlament und Rat der Europäischen Union 2006). Als Aktionsschwerpunkte werden z. B. Städtepartnerschaften, Bürgerprojekte und die „Aktive Zivilgesellschaft in Europa" gefördert. Die Europäische Kommission erklärt in den Ausführungsvorschriften (Europäische Kommission 2007: 32) „ehrenamtliche Arbeit als Ausdruck einer aktiven europäischen Bürgerschaft" zu einem horizontalen Schwerpunkt des Aktionsprogramms. Es bleibt jedoch zu bemerken, dass das Programm mit 215 Mio. Euro für sieben Jahre geradezu winzig erscheint, um als Hoffnungsträger für eine breit angelegte europäische Engagementpolitik zu dienen. Hinzu kommt, dass die Kritik Thams (2007: 5) wohl auch zum Teil auf dieses Programm übertragen werden kann:

„Wie das Konzept einer Europäischen Bürgergesellschaft jedoch konkret aussieht, in welchen Aktionen Bürgerbeteiligung umgesetzt werden sollen und worauf sich die europäische Dimension der Bürgerschaft bezieht, bleibt im Vagen (…). Es fehlt eine allgemein gültige Definition von Europäischer Bürgergesellschaft ebenso wie die Ausdifferenzierung der damit verbundenen Absichten."

Die Kommission unternahm den Versuch, dieser Unschärfe zu begegnen: 2006 hat sie eine Studie zur „Aktiven Bürgerschaft in Europa" veröffentlicht (Europäische Kommission 2006), die Indikatoren vorschlägt, aktive Bürgergesellschaft in den Mitgliedstaaten der EU zu vergleichen. Ausdrücklich aber wird bestätigt, dass das Konzept der „Aktiven *Europäischen* Bürgerschaft" noch genauer bestimmt werden müsste und weitere Forschung nötig sei.

Auch in anderen Feldern findet der Wert der Freiwilligen für europäische Politik in der Folge Berücksichtigung: Das Aktionsprogramm zum Zivil- und Katastrophenschutz (1999–2006), die „INTI" Pilotprogramme in der Integrationspolitik (2003–2006), das Programm für lebenslanges Lernen 2007 bis 2013, das Weißbuch zum Sport aus dem Jahr 2007 oder das 2009 anlaufende „GIVE" Programm für Freiwillige im Seniorenalter sind einige Teile des Mosaiks und lassen darauf schließen, dass sich jenseits von Jugendpolitik und „Aktiver Europäischer Bürgerschaft" andere Bereiche etablieren könnten, in denen freiwilliges Engagement gefördert wird.

Europäische Netzwerke wie das CEV fordern allerdings seit längerem eine systematischere Herangehensweise auf EU-Ebene und eine Ende der Fragmentarisierung freiwilligen Engagements in die verschiedenen Politikbereiche (siehe u. a. CEV 2006). Der Europäische Wirtschafts- und Sozialausschuss (2006) pflichtet dem in seiner Stellungnahme „Freiwillige Aktivitäten, ihre Rolle in der europäischen Gesellschaft und ihre Auswirkungen" bei. Und auch das Europäische Parlament meldet sich 2006 in der Engagementpolitik zurück, indem es eine überparteiliche Arbeitsgruppe für freiwilliges Engagement ins Leben ruft, deren Vorsitzende Marian Harkin im April 2008 einen „Plan V – for Valuing, Validating and ensuring Visibility of Volunteers" mit der Zustimmung von 639 der 785 Parlamentarier vorlegt (Europäisches Parlament 2008: 6).

Eine Idee zur Engagementförderung kommt in fast allen jüngsten Verlautbarungen europäischer Institutionen und Akteure vor: Der Ruf nach einem Europäischen Jahr des freiwilligen Engagements. Das CEV hat eine entsprechende Debatte 2006 angestoßen und ist mit einer Allianz der Zivilgesellschaft[3] für das Jahr eingetreten. Im Juni 2009 hat die Europäische Kommission diesen Vorschlag aufgegriffen und ein solches Jahr vorgeschlagen. Europäische Jahre können eine gute Gelegenheit sein, ein Thema in die europäische Öffentlichkeit zu bringen und dauerhaft auf der Tagesordnung der europäischen Institutionen zu verankern. Das von den Vereinten Nationen 2001 ausgerufene Internationale Jahr der Freiwilligen hat gezeigt, dass solche Initiativen dazu führen können, dass Mitgliedstaaten an einer nationalen Engagementpolitik arbeiten und ihre Aktivitäten in diesem Bereich

---

3 Die informelle Allianz für das Europäische Jahr wird koordiniert vom CEV und reicht vom Europäischen Jugendforum (YFJ), über den Weltverband der Pfadfinder, dem Europabüro des Roten Kreuzes, der Caritas Europa, Volonteurope, AGE, Solidar, ENGAGE, den Johanniter International, AVSO bis hin zum europäische Netzwerk der Sportorganisationen (ENGSO und ENGSO Jugend). Siehe www.eyv2011.eu (13.08.09).

regelmäßig überwachen. In den europäischen Politikjargon übersetzt könnte ein solches Jahr Ausgangspunkt der bereits angesprochenen OMK für mehr Kooperation der Mitgliedstaaten in der Engagementpolitik sein.

Das gestiegene Interesse der EU an ihren Freiwilligen lässt sich wohl auch daran erkennen, dass mit dem Vertrag von Lissabon freiwilliges Engagement seinen Einzug in die Europäischen Verträge finden wird. Und zwar nicht in einem deklaratorischen Anhang wie noch in Amsterdam geschehen, sondern durch seine Erwähnung in einen Artikel zum Sport (Artikel 149) und zur Einrichtung eines „Europäischen Freiwilligencorps für humanitäre Hilfe" (Artikel 188j). Auch hier bleibt also das freiwillige Engagement zwar direkt mit Politikfeldern verknüpft – diese könnten aber in der Folge als Präzedenzfälle für weitere Maßnahmen der EU in diesem Bereich dienen.

Resümee

Die EU hat, vor allem seit den späten 1990er Jahren, zwei Bereiche der Engagementförderung für sich entdeckt: Die Partizipation der organisierten Zivilgesellschaft auf europäischer Ebene im Rahmen des Zivilen Dialogs und die Förderung des freiwilligen Engagements. In beiden Bereichen lässt sich eine spürbare Zunahme an Aufmerksamkeit beobachten, die nicht zuletzt in der Tatsache zum Ausdruck kommt, dass sowohl der Dialog mit der Zivilgesellschaft als auch das aktive Engagement der Bürger in den Vertrag von Lissabon aufgenommen wurden und damit, unter Vorbehalt dessen Ratifizierung, Vertragsrang bekämen. Es scheint aber auch so zu sein, dass die Institutionen beide Konzepte auch aus „institutionellem Eigeninteresse" heraus (Smismans 2003: 484) verwenden: Die Einbeziehung der Zivilgesellschaft soll die Legitimierung europäischen Regierungshandelns steigern und wird im Allgemeinen als bloße Konsultation der europäischen zivilgesellschaftlichen Netzwerken praktiziert. Die Förderung freiwilligen Engagements ist unter anderem mit der Hoffnung verbunden, den Begriff der Unionsbürgerschaft mit Leben zu füllen, die Maßnahmen hier bleiben aber bislang fragmentiert in einem Mosaik an Programmen. Obwohl beide Konzepte also auch auf EU-Ebene angekommen sind, scheinen zudem die zugrundeliegenden Begriffe und Konzepte der europäischen Zivilgesellschaft, des Zivilen Dialogs oder der Aktiven Europäischen Bürgerschaft keineswegs abschließend geklärt. Dies dürfte aber zum Teil ein genuines Dilemma eines Bereiches sein, der sich ja gerade durch eine Vielzahl an Akteuren und Aktionsformen auszeichnet. Der Bereich der Engagementpolitik steckt auf EU-Ebene noch in den Kinderschuhen. Hilger (2008: 194) dürfte Recht haben, dass sich die Debatten auf europäischer und nationaler Ebene noch recht unabhängig voneinander entwickeln. Die Diskussionslage ist auf beiden Ebenen unübersichtlich und noch wenig systematisch ist. Ein regelmäßiger Austausch der 27 Mitgliedstaaten über ihre Maßnahmen im Rahmen einer Engagementpolitik brächte hier sicherlich mehr Klarheit und wäre ein positives Resultat des europäischen Jahres.

Literatur

Anheier, Helmut K./Toepler, Stefan 2002: Bürgerschaftliches Engagement in Europa: Überblick und gesellschaftspolitische Einordnung. In: Aus Politik und Zeitgeschichte B9/2002: 31–38.

Anheier, Helmut K./Salamon, Lester 1999: Volunteering in Cross-National Perspective: Initial Comparisons. In: Law and Contemporary Problems. Vol. 62, No. 4: 43–65.

Armstrong, Kenneth A. 2002: Rediscovering Civil Society: The European Union and the White Paper on Governance. In: European Law Journal, vol. 8, no. 1: 102–132.

Besson, Samatha/Utzinger, André 2007: Introduction: Future Challenges of European Citizenship – Facing a Wide-Open Pandora's Box. European Law Journal 13(5): 573–590.

CEV, The European Volunteer Centre 2006: Manifest für Freiwilliges Engagement in Europa.
http://www.cev.be/data/File/CEVManifesto_EN_FR_DE.pdf (29.01.2009).

De Schutter, Olivier 2002: Europe in Search of its Civil Society. In: European Law Journal, vol. 8, no.2: 198–217.

Europäische Kommission 1997: Mitteilungen der Kommission über die Förderung der Rolle gemeinnütziger Vereine und Stiftungen in Europa, KOM(1997) 241. Brüssel.

Europäische Kommission 2000: Diskussionspapier der Kommission: Ausbau der Partnerschaftlichen Zusammenarbeit zwischen der Kommission und Nichtregierungsorganisationen, KOM (2000) 11. Brüssel.

Europäische Kommission 2001 a: Europäisches Regieren. Ein Weißbuch, KOM (2001) 428. Brüssel.

Europäische Kommission 2001 b: Weißbuch der Kommission: Neuer Schwung für die Jugend Europas, KOM (2001) 681. Brüssel.

Europäische Kommission 2002: Mitteilung der Kommission: Hin zu einer verstärkten Kultur der Konsultation und des Dialogs – Allgemeine Grundsätze und Mindeststandards für die Konsultation betroffener Parteien durch die Kommission, KOM (2002) 704. Brüssel.

Europäische Kommission 2006: Measuring Active Citizenship in Europe. DG Joint Research Centre/CRELL Centre for Research on Lifelong Learning). Luxemburg.

Europäische Kommission 2007: Programm „Europa für die Bürgerinnen und Bürger", Programmleitfaden (29.01.2009). http://eacea.ec.europa.eu/citizenship/guide/documents/programme_guide_de.pdf

Europäische Kommission 2008: Flash Eurobarometer 213 „EU Citizenship".
http://ec.europa.eu/public_opinion/index_en.htm (29.01.2009).

Europäischer Wirtschafts- und Sozialausschuss 1999: Stellungnahme „Die Rolle und der Beitrag der organisierten Zivilgesellschaft zum europäischen Einigungswerk". CESE 851/99. Brüssel.

Europäischer Wirtschafts- und Sozialausschuss 2006: Stellungnahme „Freiwillige Aktivitäten, ihre Rolle in der europäischen Gesellschaft und ihre Auswirkungen", CESE 1575/2006. Brüssel.

Europäisches Jugendforum (Hrsg.) 2006: Evaluation Study of the Open Method of Coordination in the youth field, research conducted by Rahja, Nina/Sell, Anna/the Finnish Youth Research Institute. Brüssel.

Europäisches Parlament 1983: Résolution sur le volontariat (11525/83), 16. Dezember 1983. Parlamentsarchiv ASSRE 431. A. o.O.

Europäisches Parlament 1993: Legislative Entschließung zu dem Vorschlag der Kommission an den Rat für eine Verordnung über das Statut des Europäischen Vereins (51993AP0001). Amtsblatt 1993/C 42/89. Brüssel.

Europäisches Parlament (2008): Stellungnahme über Freiwilligentätigkeit als Beitrag zum wirtschaftlichen und sozialen Zusammenhalt (2007/2149(INI)). Brüssel.

Europäisches Parlament 2009: Entschließung zu den Perspektiven für den Ausbau des Dialogs mit den Bürgern im Rahmen des Vertrags von Lissabon (2008/2067(INI)). Brüssel.

Europäisches Parlament und Rat der Europäischen Union 2006: Beschluss Nr. 1904/2006/EG über das Programm „Europa für die Bürgerinnen und Bürger" zur Förderung einer Aktiven Europäischen Bürgerschaft 2007–2013. Brüssel.

Europäische Union 1997: Vertrag von Amsterdam (…), Amtsblatt 1997/C340. Brüssel.

Europäische Union 2007: Vertrag von Lissabon zur Änderung des Vertrags über die Europäische Union und des Vertrags zur Gründung der Europäischen Gemeinschaft. unterzeichnet in Lissabon am 13. Dezember 2007. Amtsblatt 2007/C 306/01. Brüssel.

Freise, Matthias 2008a: Was mein Brüssel eigentlich, wenn von Zivilgesellschaft die Rede ist? In: Forschungsjournal Neue Soziale Bewegungen, Jg. 21. Heft 2.

Freise, Matthias (Hrsg.) 2008b: European Civil Society on the Road to Success? Baden-Baden.

Friedrich, Dawid 2008: Actual and Potential Contributions of Civil Society Organisations to democratic EU Governance; In: Freise, Matthias (Hrsg.) 2008: European Civil Society on the Road to Success? Baden-Baden: 67–87.

Greenwood, Justin 2007: Interest Representation in the European Union, 2nd edition. Houndmills, Basingstoke, Hampshire.

Heinrich, Volkhart F. 2008: Assessing Civil Society in Europe: Comparative Findings of the CIVICUS Civil Society Index. In: Freise, Matthias (Hrsg.) 2008: European Civil Society on the Road to Success? Baden-Baden: 45–63.

Held, Markus 2003: La participation de la société civile dans l'environnement politique européen: Les ONG et le dialogue civil. MA European Public Policy Dissertation. London, Brüssel, Paris. (unveröffentlicht).

Held, Markus 2009: Engagementpolitik der EU – Flickwerk oder Strategie? In: Olk, Thomas/Klein, Ansgar/Hartnuß, Birger (Hrsg.): Engagementpolitik. Die Entwicklung der Zivilgesellschaft als politische Aufgabe. Wiesbaden.

Hilger, Peter 2008: Engagement Policies in European Governance. In: Freise, Matthias (Hrsg.): European Civil Society on the Road to Success? Baden-Baden: 181–199.

Hix, Simon 2008: What's wrong with the European Union & How to fix it. Cambridge.

Knodt, Michèle/Finke, Barbara (Hrsg.) 2005: Europäische Zivilgesellschaft, Konzepte, Akteure, Strategien, Wiesbaden.

Nissen, Sylke 2004: Europäische Identität und die Zukunft Europas. In: Aus Politik und Zeitgeschichte B 38/2004. http://www.bpb.de/publikationen/IO6M95,2,0, Europ%E4ische_Identit%E4t_und_die_Zukunft_Europas.html (29.01.2009).

Rose, Richard. 2006: First European Quality of Life Survey: Participation in Civil Society; European Foundation for the Improvement of Living and Working Conditions. Luxemburg.

Smismans, Stijn 2003: European Civil Society: Shaped by Discourses and Institutional Interests. In: European Law Journal, Vol 9, No 4: 473–495.

Tham, Barbara 2007: Europäische Bürgergesellschaft und Jugendpartizipation in der Europäischen Union. Centrum für angewandte Politikforschung (CAP). http://www.cap-lmu.de/publikationen/2007/cap-analyse-2007-09.php (29.01.2009).

Wasner, Barbara (2005): Europäische Institutionen Politik und die Vernetzung sozialpolitischer Verbände, in: Knodt, Michéle/Finke, Barbara (Hrsg.): Europäische Zivilgesellschaft, Konzepte, Akteure, Strategien, Wiesbaden: 129–152.

Abkürzungen

CEV	Europäisches Freiwilligenzentrum (Centre européen du volontariat/ European Volunteer Centre)
EFB	Programm „Europa für die Bürgerinnen und Bürger"

EFD	Europäischer Freiwilligendienst
EG	Europäische Gemeinschaft(en)
EGKS	Europäische Gemeinschaft für Kohle und Stahl
EU	Europäische Union
EWG	Europäische Wirtschaftsgemeinschaft
EWSA	Europäischer Wirtschafts- und Sozialausschuss
OMK	Offene Methode der Koordinierung
NGO	Non-governmental Organisation

Annex: Augsgewählte Links zum Thema (Alle: Stand 29.01.2009)

Europäische Netzwerke der Zivilgesellschaft

http://www.act4europe.org: EU Kontaktgruppe der Zivilgesellschaft, der die großen Familien von NRO-Netzwerken angehören

http://www.socialplatform.org: Die Social Platform mit über 40 europäischen Netzwerken als Mitgliedern

http://www.concordeurope.org/: CONCORD Netzwerk für Organisationen in der Entwicklungshilfe

http://www.act4europe.org/code/en/about.asp?Page=41&menuPage=41: Das HRDN Netzwerk für Demokratie und Menschenrechte zu dem beispielsweise Amnesty International EU (*http://www.amnesty-eu.org* und Human Rightgs Watch gehören (*http://www.hrw.org/*)

Die „Grünen 10", ein informelle Kontaktgruppe im Umweltbereich, die unter anderem Greenpeace (*http://www.greenpeace.org/eu-unit/*), WWF (*www.panda.org/epo*) und das Europäische Umweltbüro (*http://www.eeb.org/*) zusammenbringt

http://www.eucis.net/about.asp: Die Plattform für Lebenslanges Lernen

http://www.epha.org/: Netzwerk für „Public Health"

http://www.efah.org: Culture Action Europe – Das Europäische Forum für Kultur und – erbe

http://www.womenlobby.org/: Die europäische Frauenlobby

http://www.cedag-eu.org: Das europäische Forum für Vereine und freie Verbände in Europa CEDAG

http://www.beuc.org/: Das Europäische Verbraucherschutzbüro

Europäische Netzwerke der Zivilgesellschaft mit einem Schwerpunkt auf Förderung des freiwilligen Engagements

http://www.cev.be: Das Europäische Freiwilligenzentrum (CEV)

http://www.scout.org/en/europe: Europabüro der Pfadfinderbewegung

http://www.redcross-eu.net/: Das Europabüro des Roten Kreuzes

http://www.avso.org/: Netzwerk für Freiwilligendienste (AVSO)

http://www.youthforum.org/: Das Europäische Jugendforum

http://www.age-platform.org/: AGE Netzwerk für ältere Menschen

EU Institutionen

http://europa.eu: Internetportal der EU

http://ec.europa.eu/dgs/education_culture/index_de.html:
Europäische Kommission, Generaldirektion Bildung und Kultur

http://ec.europa.eu/youth/youth-in-action-programme/doc82_de.htm:
Portal zum Europäischen Freiwilligendienst

http://ec.europa.eu/citizenship/index_de.htm
Portal zum Programm Europa für die Bürgerinnen und Bürger

http://ec.europa.eu/civil_society/index_de.htm
Portal der Europäischen Kommission zur Zivilgesellschaft

http://eesc.europa.eu: Europäischer Wirtschafts- und Sozialausschuss

http://ec.europa.eu/prelex/apcnet.cfm?CL=de: PRELEX Datenbank für offizielle EU Rechtsdokumente

Vereinte Nationen

http://www.unv.org/
Das Freiwilligenprogramm der Vereinten Nationen mit Sitz in Bonn

Sachregister

Abgabenordnung 104, 454
Agenda 21-Gruppen 271
Agenda-Setting 762
Aidshilfe 325
Alten(hilfe)politik 398
Altenhilfe 391
Altenpflege 391
Anerkennung 574, 636
Anerkennungskultur 553, 598, 635, 790
Anlaufstelle, lokale 586
Armenfürsorge 18, 317
Armenpflege 18, 317
Assoziationen 455
Aufwandsentschädigung 300, 637
Ausländerbeirat 293
Behinderte Menschen 344
Behindertenarbeit 343
Betreuer 425
Bewährungshelfer 423
Beziehungsnetzwerk 55
Bildung 338
Bildungspolitik 362, 806
Biografieanalytische Studien 708
Biografische Passungen 710
Bundesland 797
Bundesministerium für Frauen, Senioren, Familie und Jugend (BMFSFJ) 770
Bundesnetzwerk Bürgerschaftliches Engagement (BBE) 772
Bundespolitik 811
Bund-Länder-Kommunen- Arbeitsgruppe „Bürgerschaftliches Engagement" 771
Bund-Länder-Programm „Die Soziale Stadt" 774
Bürger 18, 30
Bürgerausstellung 213
Bürgerbegehren 203, 206
Bürgerbeteiligung 43, 203, 642, 670, 781, 806
Bürgerbüro 262, 577
Bürgerengagement 357, 781
Bürgerentscheid 203, 206
Bürgergesellschaft 29, 58, 273, 351, 487, 811
Bürgergutachten 204, 208
Bürgerhaushalt 49, 84
Bürgerinitiative 270

Bürgerkommune 41, 86, 174, 519, 635
Bürgerkonferenz 210
Bürgerliche Gesellschaft 30
Bürgerpanel 204, 212
Bürgerschaft 291
Bürgerschaftliche Kompetenz 356
Bürgerschaftliches Engagement 67, 77, 163, 305, 306, 312, 440, 468, 481, 488, 504, 813
Bürgerschaftliches Engagement von Senioren 713
Bürgerstiftung 131
Bürgertum 30, 247, 428
Bürokratisierung 18
Citoyen 32
Civic Education 353
Civil Society 32
Community Involvement 350
Community Organizing 613
Corporate Citizenship 38, 217, 350, 808
Corporate Foundation 218
Corporate Giving 218
Corporate Social Responsibility 38, 217, 808
Corporate Volunteering 218, 323
Daseinsvorsorge 18
Daten, organisationsbezogene 719
Demenz 378
Demografischer Wandel 65, 471, 541, 567, 785
Demokratie 77
  assoziative 85
  Bürgerdemokratie 82
  deliberative 203
Demokratielernen 338, 358
  direkte 203
  partizipative 85
  Postdemokratie 82
  repräsentative 79, 85
Demokratietheorie 34, 47
Demonstration 270
Diversität 754
Dritter Sektor 170, 174, 234, 305, 720
E-Government 661
Ehrenamt 18, 66, 163, 238, 259, 281, 307, 312, 329, 811
  expressiv-gemeinschaftlich

orientiertes 710
klassisches 710
kommunalpolitisches 317
modernisiertes 710
neues 710
soziales 18
Strukturwandel des 319, 337
Ehrenamtlicher Bürgermeister 295
Ehrenamtliches Engagement 257, 596
Ehrenamtlichkeit 297
Ehrenamtsbörse 553
Ehrenamtscard 801
Eigenarbeit 175
Eigeninitiative 169
Elberfelder System 18, 317
Elternförderverein 360
Empowerment 351, 613
Empowermentbewegung 343
Engagement als Bildungsfaktor 711
Engagement- und Kompetenznachweis 801
Engagementförderung 43, 514, 515, 554
Engagementforschung 62, 66, 723
Engagementlernen 358
Engagementpolitik 37, 790, 805, 811
Enquête-Kommission „Zukunft des bürgerschaftlichen Engagements" 762
Erwerbsarbeit 275, 366
Europäische Union 824
Europäischer Freiwilligendienst (EFD) 191
European Social Survey 734
Familie 365
    lokales Bündnis für 370, 577
Familienpolitik 365
Familientreff 577
Familienzentrum 369
Felderkundung 706
Förderung, infrastrukturelle 768
Förderverein 245, 461
Forschungsbedarf 715
Freie Wohlfahrtspflege 321, 401
Freiwillige Feuerwehr 286
Freiwilligenagentur 262, 264, 320, 323, 347, 553, 666
Freiwilligenarbeit 67, 329, 596
Freiwilligendienst 667
Freiwilligendienste 185, 326
    aller Generationen 194, 402
Freiwilligenengagement 317
Freiwilligenkoordination 275
Freiwilligenkoordinator(in) 350, 601
Freiwilligenmanagement 257, 595, 625, 638

Freiwilligensurvey 236, 250, 260, 274, 309, 318, 331, 355, 372, 397, 453, 542, 691
Freiwilligenzentrum 553, 666
Freiwilliges Engagement 329, 596
Freiwilliges Ökologisches Jahr (FÖJ) 186, 802
Freiwilliges Soziales Jahr (FSJ) 186, 802
Freiwilliges Soziales Trainingsjahr (FSTJ 189
Freiwilligkeit 169, 596
Fundraising 246
Ganztagsschule 358
Gemeinnütziger Zweck 103
Gemeinnützigkeitsrecht 103, 129
Gemeinwohl 777
Genossenschaft 499
Geschlechterdifferenz 65, 66
Geschlechterungleichheit 66
Gesetz zur Förderung des bürgerschaftlichen Engagements 765
Gesundheitswesen 377, 529
Gewerkschaft 307, 459, 466
Governance 34, 47, 616, 767, 825
Grüne Damen, Grüne Herren 377, 402
Haftpflichtversicherung 92
Hauptamt 274, 625
Hauptausschuss Familie, Senioren, Frauen und Jugend 770
Hilfs- und Rettungsdienst 277
Hospiz 378, 402
Hospizbewegung 325
Humankapital 54
Individualisierung des Engagements 708
Infrastruktureinrichtung 577
Initiative „Lokale Bündnisse für Familien" 770
Initiative „ZivilEngagement Miteinander – Füreinander" 771
Initiative ZivilEngagement 816
Inklusion 344, 615
Integration 343, 391, 439, 444, 808
Interessengruppe 466
Interessenorganisation 305
Interessenpolitik 305
Interessenverband 305
Interessenvereinigung 465
Interessenvertretung 330, 491
Internationaler Vergleich 733
Internet 661, 802
Jugend- und Wohlfahrtsverband 319
Jugendarbeit 322, 329
Jugendleitercard 336

Jugendpolitik 829
Jugendverband 307
Justiz 407
Kinder- und Jugendparlament 79
Kinderpolitik 78
Kirche 307, 319, 322
Kleiderkammerhelfer(in) 603
Koalitionsvertrag 765
Kommunale Selbstverwaltung 291
Kommunalpolitik 291
Kommune 777
Kompetenzerwerb 338, 446, 623
Konsensuskonferenz 210
Ko-Produktion 176
Körperschaft 103, 480
Krankenhaus 378
Kultur 245
Kulturpolitik 245
Kulturweit 191
Kunst 245
Laie 570, 583
Laienhilfe 176
Landesnetzwerk 801
Lernen
  informelles 354, 623, 711
  soziales 355
Lotsen-Programm 803
Mediation 209
Mehrgenerationenhaus 369, 567, 770
Migrant(inn)en 439
Migrantenorganisation 440
Migration 439
Modellprogramm „Erfahrungswissen für Initiativen" (EFI) 770
Monetarisierung 165, 768
Motivwandel des freiwilligen Engagements 706
Mütterzentrum 577
Nachbarschaft 579
Nachbarschaftshaus 577
Nachbarschaftshilfe 580
Nachhaltigkeitsdebatte 272
Nachhaltigkeitsstrategie 798
Nationale Engagementstrategie 765
Nationales Forum für Engagement und Partizipation 765
Natur- und Umweltschutz 267
Netzwerk 513, 611
Netzwerkmanagement 611
Neue soziale Bewegungen 33
NGO 33
Non-Profit-Organisation 453, 554
Non-Profit-Sektor 305, 720

Öffentlichkeitsarbeit 673
Online Volunteering 664
Organisationsentwicklung 598, 625, 638, 647
Ost-West-Vergleich 716
Partei 305, 307, 459
Partizipation 77, 330, 349, 353, 357, 515
Patenschafts- und Mentoringprojekt 360
Patientenbeteiligung 536
Patientenfürsprecher 378
Patientenvertreter 387
Pflegebegleiter 402
Pflegeversicherung 400, 533
Pflichtdienst 769
Philanthropie 479
Planungszelle 204, 208
Politikverdrossenheit 45
Privatwohltätigkeit 20, 325
Professionalisierung 18, 238, 269, 299
Programm „Aktiv im Alter" 771
Protest 270, 488
Protestaktivität 488
Protestkampagne 489
Public-Privat-Partnership (PPP) 219
Qualifizierung 238, 257, 623, 637, 802
Qualitative Forschung 705
Quartiersmanagement 794
Ratsmitglied 293
Schiedsperson 423
Schöffe 411
Schöffenamt 411
Schule 353
Schulkultur 357
Selbsthilfe 173, 527, 542, 578, 721
Selbsthilfebewegung 320, 570
Selbsthilfeförderung 532
Selbsthilfegruppe 173, 176, 366, 380
Selbsthilfeinitiative 366, 371
Selbsthilfekontaktstelle 349, 385, 527, 530
Selbsthilfeorganisation 176, 371, 380, 527
Selbsthilfevereinigung 380
Selbstorganisation 234, 330, 487, 491, 514, 528, 542, 612, 720
Selbstverwaltung, kommunale 17
Seniorenbüro 264, 541, 666
Service Learning 361
Soziale Arbeit 319
Soziale Bewegungen 270, 487
Soziale Stadt 435, 577
Soziale Ungleichheit 56, 490, 747
Soziales Kapital, Sozialkapital 36, 53, 445, 615
Soziales Lernen 339

Sozialpolitik 18
Sozialpraktikum 360
Sozialraumplanung 792
Sozialstaat 325, 369, 394
Sozialstruktur 65
Spende 219
Spendenabzug 111
Spendenrecht 103, 111
Sponsoring 219
Sport 233
Sportverband 235
Sportverein 235
Stadt- und Dorfentwicklung 427
Stadtentwicklung 794
Stadtentwicklungspolitik 433, 788
Stakeholder 652
Statistik 723
Steuerbefreiung 637
Stiftung 129, 219, 246, 475
Stiftungsaufsicht 138
Stiftungskapital 130, 133
Stiftungsrecht 129
Stiftungsregister 138
Stiftungswesen 25, 129, 475
Strukturwandel des Ehrenamtes 706
Subsidiarität 529
Subsidiaritätsprinzip 23, 169, 766
Teilhabe 747
Telefonseelsorge 378
Überzeugungsprogramme 768
Übungsleiterpauschale 166
Unentgeltlichkeit 165, 298
Unfall- und Haftpflichtversicherung 637, 800
Unfallversicherung 91

Unterausschuss Bürgerschaftliches Engagement 766, 770
Verband 271, 305, 319, 459, 465
Verberuflichung 238, 259, 324, 337
Verberuflichungsprozess 320
Verein 19, 167, 252, 453, 721
  bürgerlicher 21
  eingetragener 117
Vereinskultur 18, 334
Vereinsmitglieder 122
Vereinsorgane 123
  Mitgliederversammlung 125
Vorstand 123
Vereinsrecht 117
Vereinsregister 127, 454
Versicherungsschutz 91
Vervielfältigung von Engagementformen 708
Volksbegehren 203, 204
Volksentscheid 203
Vollzugshelfer 424
Wahlprogramme der politischen Parteien 765
Weiterbildung 238
Weiterbildungs- und Qualifizierungsmaßnahmen 448
Weltwärts 191
Wertewandelforschung 707
Wohlfahrtsmix 368, 615
Wohlfahrtspflege, freie 22
Wohlfahrtsverband 21, 307, 319, 322, 470, 529
Workfare 368
Zertifizierung 574
Zivilgesellschaft 29, 33, 174, 305, 319
Zukunftswerkstatt 204, 208

Die Autorinnen und Autoren

Mareike Alscher, Wissenschaftszentrum Berlin für Sozialforschung (alscher@wzb.eu)

Gertrud M. Backes, Prof. Dr., Universität Vechta, Zentrum Altern und Gesellschaft (gertrud.backes@uni-vechta.de)

Holger Backhaus-Maul, Martin-Luther-Universität Halle-Wittenberg, Institut für Pädagogik (holger.backhaus-maul@paedagogik.uni-halle.de)

Jörg Bogumil, Prof. Dr., Ruhr-Universität Bochum, Fakultät für Sozialwissenschaft (joerg.bogumil@ruhr-uni-bochum.de)

Karl-Werner Brand, Prof. Dr., Sustainability Research Consulting (SRC); ehem. Technische Universität München, Lehrstuhl für Soziologie (post@src-brand.de)

Sebastian Braun, Prof. Dr., Humboldt-Universität zu Berlin, Forschungszentrum für Bürgerschaftliches Engagement (braun@staff.hu-berlin.de)

Ulrich Brömmling, Brömmling • Stiftungen • Kommunikation, Berlin (ulrich@broemmling.de)

Daniel Buhr, Dr., Eberhard Karls Universität Tübingen, Institut für Politikwissenschaft (daniel.buhr@uni-tuebingen.de)

Cornelia Coenen-Marx, Oberkirchenrätin, Evangelische Kirche in Deutschland, Sozial- und Gesellschaftspolitik (cornelia.coenen-marx@ekd.de)

Jörg Deppe, Sozial-Aktien-Gesellschaft Bielefeld (deppe@sozialaktiengesellschaft.de)

Hans-Liudger Dienel, Dr., Leiter des Zentrum Technik und Gesellschaft der TU Berlin und nexus Institut für Kooperationsmanagement und Interdisziplinäre Forschung, Berlin (dienel@ztg.tu-berlin.de)

Wolf R. Dombrowsky, Prof. Dr., Steinbeis Hochschule Berlin, Lehrstuhl Katastrophenmanagement (wdombro@arcor.de)

Wiebken Düx, Dipl.-Päd., Technische Universität Dortmund, Fakultät Erziehungswissenschaft und Soziologie (wduex@fk12.tu-dortmund.de)

Serge Embacher, Politikwissenschaftler und Publizist (info@serge.embacher.de)

Olaf Ebert, Landesarbeitsgemeinschaft der Freiwilligenagenturen Sachsen-Anhalt e.V. (olaf.ebert@freiwilligen-agentur.de)

Marcel Erlinghagen, PD Dr., Universität Duisburg-Essen, Fakultät für Gesellschaftswissenschaften (marcel.erlinghagen@uni-due.de)

Burghard Flieger, Dr., Vorstand und wissenschaftlicher Leiter der innova eG Entwicklungspartnerschaft für Selbsthilfegenossenschaften (genossenschaft@t-online.de)

Peter Friedrich, Dipl.-Päd., Martin-Luther-Universität Halle-Wittenberg, Institut für Pädagogik (peter.friedrich@paedagogik.uni-halle.de)

Thomas Gensicke, Dr., TNS Infratest Sozialforschung München, Senior Consultant, Bereich „Familie und Bürgergesellschaft" (thomas.gensicke@tns-infratest.com)

Annemarie Gerzer-Sass, Deutsches Jugendinstitut München/Serviceagentur des Aktionsprogramms Mehrgenerationenhäuser (annemarie.gerzer@mehrgenerationenhaeuser.de)

Dieter Grunow, Prof. Dr., Universität Duisburg-Essen, Fakultät für Sozialwissenschaften (dieter.grunow@uni-due.de)

Hartmut Häussermann, Prof. Dr., Humboldt-Universität zu Berlin, Institut für Sozialwissenschaften (hartmut.haeussermann@sowi.hu-berlin.de)

Franz Hamburger, Prof. Dr., Johannes Gutenberg-Universität Mainz, Institut für Erziehungswissenschaft (franz.hamburger@uni-mainz.de)

Karsten Hank, Prof. Dr., Universität zu Köln, Wirtschafts- und Sozialwissenschaftliche Fakultät (hank@wiso.uni-koeln.de)

Birger Hartnuß, Staatskanzlei Rheinland-Pfalz, Leitstelle Bürgergesellschaft und Ehrenamt (birger.hartnuss@stk.rlp.de)

Rolf G. Heinze, Prof. Dr., Ruhr-Universität Bochum, Fakultät für Sozialwissenschaft (rolf.heinze@rub.de)

Markus Held, Direktor, European Volunteer Centre (CEV), Bruessel (markus.held@cev.be)

Frank W. Heuberger, Dr., Beauftragter des BBE für Europäische Angelegenheiten (fheuberger@arcor.de)

Gabriella Hinn, Geschäftsführerin der Bundesarbeitsgemeinschaft Seniorenbüros e.V., (BaS), Bonn, (hinn@seniorenbueros.org)

Lars Holtkamp, Prof. Dr., FernUniversität Hagen, Fakultät für Kultur- und Sozialwissenschaft (lars.holtkamp@fernuni-hagen.de)

Konrad Hummel, Dr., Beauftragter der Stadt Mannheim für Konversion und Bürgerbeteiligung (konradhummel@web.de)

Susanne Huth, Dipl.-Soz., INBAS-Sozialforschung GmbH (susanne.huth@inbas-sozialforschung.de)

Monika Jachmann, Prof. Dr., Bundesfinanzhof sowie Ludwig-Maximilian-Universität, Jur. Fakultät, München (jm@jachmann.com)

Gisela Jakob, Prof. Dr., Hochschule Darmstadt, Fachbereich Gesellschaftswissenschaften und Soziale Arbeit (gisela.jakob@h-da.de)

Karin Jurczyk, Dr., Deutsches Jugendinstitut München, Abteilung Familie und Familienpolitik (jurczyk@dji.de)

Thomas Kegel, Dipl. Päd., Akademie für Ehrenamtlichkeit Deutschland, Berlin (fjs e. V.) (kegel@ehrenamt.de)

Ansgar Klein, PD Dr., Geschäftsführer des Bundsnetzwerks Bürgerschaftliches Engagement (BBE) und Privatdozent für Politikwissenschaften an der Humboldt-Universität zu Berlin (ansgar.klein@snafu.de)

Thomas Klie, Prof. Dr. jur., Evangelische Hochschule Freiburg, Zentrum für zivilgesellschaftliche Entwicklung (klie@eh-freiburg.de)

Susanne Lang, Dr., CCCD – Centrum für Corporate Citizenship Deutschland, geschäftsführende Gesellschafterin (susanne.lang@cccdeutschland.org)

Hasso Lieber, Staatssekretär, Senatsverwaltung für Justiz Berlin (hasso.lieber@t-online.de)

Martina Löw, Dipl.-Päd., Bund für Umwelt und Naturschutz Deutschland e. V. (BUND) Berlin, Leitung Freiwilligenreferat (martina.loew@bund.net)

Jürgen Matzat, Dipl.-Psych., Kontaktstelle für Selbsthilfegruppen Gießen (juergen.matzat@psycho.med.uni-giessen.de)

Chantal Munsch, Prof. Dr., Universität Siegen, Fachbereich Erziehungswissenschaft und Psychologie (munsch@fb2.uni-siegen.de)

Thomas Olk, Prof. Dr., Martin-Luther-Universität Halle-Wittenberg, Institut für Pädagogik (thomas.olk@paedagogik.uni-halle.de)

Eckhard Priller, Dr. sc. oec., Wissenschaftszentrum Berlin für Sozialforschung. Wissenschaftszentrum Berlin für Sozialforschung (priller@wzb.eu)

Marion Reiser, Dr., Goethe-Universität Frankfurt, Institut für Politikwissenschaft (reiser@soz.uni-frankfurt.de)

Volker Rittner, Prof. Dr., Deutsche Sporthochschule Köln, Institut für Sportsoziologie (rittner@dshs-koeln.de)

Thomas Rauschenbach, Prof. Dr., Technische Universität Dortmund, Fakultät 12 „Erziehungswissenschaft und Soziologie" (rauschenbach@dji.de)

Thomas Röbke, Dr., Geschäftsführer, Landesnetzwerk Bürgerschaftliches Engagement Bayern (roebke@iska-nuernberg.de)

Roland Roth, Prof. Dr., Hochschule Magdeburg-Stendal (FH), Fachbereich Sozial- und Gesundheitswesen (roland.roth@hs-magdeburg.de)

Martin Rüttgers, Institut für Politikberatung & Forschung Köln (info@politikberatung-ruettgers.de)

Christoph Sachße, Prof. em. Dr., Universität Kassel, Fachbereich Sozialwesen (sachsse@uni-kassel.de)

Carola Schaaf-Derichs, Treffpunkt Hilfsbereitschaft – Landesfreiwilligenagentur Berlin (schaaf-derichs@freiwillig.info)

Josef Schmid, Prof. Dr., Universität Tübingen, Institut für Politikwissenschaft (josef.schmid@uni-tuebingen.de)

Karsten Speck, Prof. Dr., Carl von Ossietzky Universität Oldenburg, Institut für Pädagogik (karsten.speck@uni-oldenburg.de)

Rainer Sprengel, Dr. M.A. (LIS), Maecenata Institut für Philanthropie und Zivilgesellschaft an der Humboldt-Universität zu Berlin (rainersprengel@cityweb.de)

Karin Stiehr, Dr., Institut für Soziale Infrastruktur (ISIS), Frankfurt am Main (stiehr@isis-sozialforschung.de)

Rupert Graf Strachwitz, Dr., Maecenata Institut an der Humboldt Universität zu Berlin (rs@maecenata.eu)

Michael Stricker, Prof. Dr., Fachhochschule Bielefeld, Fachbereich Sozialwesen (michael.stricker@fh-bielefeld.de)

Georg Theunissen, Prof. Dr., Martin-Luther-Universität Halle-Wittenberg, Institut für Rehabilitationspädagogik (georg.theunissen@paedagogik.uni-halle.de)

Irmgard Teske, Prof. Dr., Hochschule Ravensburg-Weingarten, Fakultät Soziale Arbeit, Gesundheit und Pflege (teske@hs-weingarten.de)

Wolfgang Thiel, stv. Geschäftsführer der Nationalen Kontakt- und Informationsstelle zur Anregung und Unterstützung von Selbsthilfegruppen (NAKOS) (wolfgang.thiel@nakos.de)

Bernd Wagner, Dr., wissenschaftlicher Leiter des Instituts für Kulturpolitik der Kulturpolitischen Gesellschaft, Bonn/Frankfurt am Main (b.wagner.ffm@t-online.de)

Wolfram Waldner, Dr. M.A., Notar, Bayreuth, Lehrbeauftragter an der Universität Erlangen-Nürnberg (stanich26@gmx.de)

Hannes Wezel, Dipl.-Päd., Stabsstelle Bürgertreff Stadt Nürtingen und Fachberater Freiwilligendienste aller Generationen Städtetag Baden Württemberg (hannes.wezel@staedtetag-bw.de)

Annette Zimmer, Prof. Dr., Westfälische Wilhelms-Universität Münster, Institut für Politikwissenschaft, (zimmean@uni-muenster.de)

Ivo Züchner, Dr., Deutsches Institut für Internationale Pädagogische Forschung (zuechner@dipf.de)